人民日报评论年编·2019

人民论坛

人民日报社评论部 编

人民日报出版社
北京

图书在版编目（CIP）数据

人民日报评论年编 . 2019. 人民论坛、人民时评、评论员观察 / 人民日报社评论部编 . —北京：人民日报出版社，2020.1
ISBN 978-7-5115-6319-4

Ⅰ.①人… Ⅱ.①人… Ⅲ.①《人民日报》－时事评论－2019－文集 Ⅳ.① D609

中国版本图书馆 CIP 数据核字（2020）第 020553 号

书　　名：人民论坛（人民日报评论年编 2019）
　　　　　RENMIN LUNTAN (RENMIN RIBAO PINGLUN NIANBIAN 2019)
编　　者：人民日报社评论部

出 版 人：刘华新
责任编辑：曹　腾　高　亮
封面设计：阮全勇

出版发行：人民日报出版社
社　　址：北京金台西路 2 号
邮政编码：100733
发行热线：（010）65369527　65369509　65369510　65369846
邮购热线：（010）65369530　65363527
编辑热线：（010）65369523
网　　址：www.peopledailypress.com
经　　销：新华书店
印　　刷：大厂回族自治县彩虹印刷有限公司

开　　本：710mm×1000mm　1/16
字　　数：1530 千字
印　　张：99
版次印次：2020 年 3 月第 1 版　2020 年 3 月第 1 次印刷

书　　号：ISBN 978-7-5115-6319-4
定　　价：188.00 元（共三册，含光盘）

编辑说明

评论是报纸的旗帜与灵魂。2019年，人民日报评论坚持"上接党心，下接民心"，紧紧围绕党和国家工作大局，聚焦重大主题宣传，立足发挥导向作用、旗帜作用、引领作用，守正创新，努力创造党报评论价值增量，在舆论场中不断激发评论新优势，让舆论引导更接地气，让党报声音更加响亮，体现了人民日报"中流砥柱""定海神针"的作用。

本书汇集了"人民论坛""人民时评""人民观点""评论员观察"四个专栏2019年刊发的全部文章，其中"人民论坛"217篇，"人民时评"238篇，"人民观点"91篇（"人民观点"文章的作者均为人民日报评论部，不再一一标明），"评论员观察"113篇，并附有电子版，敬请读者参阅、指正。

人民日报社评论部

2020年1月

目 录

激活蛰伏的发展潜能　　　　　　　　　　　　　　周人杰／1

"中国之治"展现制度自信
　　　——坚定我们的制度自信①　　　　　　任　平／3

"中国制度"的深厚历史底蕴
　　　——坚定我们的制度自信②　　　　　　任　平／5

中国制度为何具有显著优势
　　　——坚定我们的制度自信③　　　　　　任　平／7

"中国制度"具有强大生命力
　　　——坚定我们的制度自信④　　　　　　任　平／9

"中国制度"具有自我完善能力
　　　——坚定我们的制度自信⑤　　　　　　任　平／11

中国制度的"最大优势"
　　　——坚定我们的制度自信⑥　　　　　　任　平／13

以人民为中心的价值旨归
　　　——坚定我们的制度自信⑦　　　　　　任　平／15

中国式民主行得通很管用
　　　——坚定我们的制度自信⑧　　　　　　任　平／17

公平正义的阳光为何普照
　　　——坚定我们的制度自信⑨　　　　　　任　平／19

为人民创造更美好的生活	
——坚定我们的制度自信⑩	任　平／21
聚天下英才而用之	
——坚定我们的制度自信⑪	任　平／23
中国经济发展前景光明	
——坚定我们的制度自信⑫	任　平／25
集中力量办大事	
——坚定我们的制度自信⑬	任　平／27
筑牢民族复兴的精神支撑	
——坚定我们的制度自信⑭	任　平／29
把握中国经济发展大势	李　拯／31
用制度优势托举更大奇迹	殷　鹏／33
始于初心　成于坚守	宋　威／35
安"清贫"　乐"正道"	郭牧龙／37
从"接力跑"看初心传承	李　斌／39
"我自岿然不动"的战略定力	陈垂培／41
劳动者最美　奋斗者最幸福	徐文秀／43
共产党人的"特长"	马祖云／45
抱持事业心态	柳　杰／47
确保中国经济航船行稳致远	周人杰／49
"战略性看多中国经济"	李　拯／51
迸发新时代爱国主义伟力	李　斌／53
开放，让上海拔节生长	何鼎鼎／55
大江大河，奔腾向前	彭　飞／57
在日常生活中养成好品行	郭牧龙／59
做守家庭美德的好成员	石　羚／61
做有职业道德的好建设者	李洪兴／63
做讲社会公德的好公民	李　斌／65
激扬爱国主义的民族魂	李中军／67
用奋斗成就未来	李建广／69
在现代城市中诗意栖居	于　石／71

国之大典，盛大亮相	石　羚 / 73
国之大典，豪迈宣示	李洪兴 / 75
国之大典，伟力凝聚	达　仁 / 77
中华民族奋斗的基点是自力更生	曹　平 / 79
与"新生事物"一起成长	徐文秀 / 81
一堂激扬奋进的新时代思政课	达　仁 / 83
一堂厚重隽永的爱国主义教育课	李　斌 / 85
一堂鲜活生动的新中国历史课	李浩燃 / 87
"我们的道路多么宽广"	盛玉雷 / 89
出行脚步丈量国家进步	辛士红 / 91
对祖国最深情的告白是奋斗	李　斌 / 93
"为中华崛起而拼搏"	李　斌 / 95
把忠诚执着朴实写入心田	李　拯 / 97
"举国体制"意味着什么	李浩燃 / 99
感谢您，亲爱的祖国	米博华 / 101
女排精神历久弥新	习　骅 / 103
共同描绘美丽山河	智春丽 / 105
亿万个你我成就中国	史鹏飞 / 107
拿出筑梦家国的最美姿态	陈　峰 / 109
月饼的老味道与新体验	石　羚 / 111
每个人都是时代的主角	李洪兴 / 113
崇高的义利观	石　羚 / 115
"梦想清单"照见奋斗征程	魏　寅 / 117
爱国是本分，报国是职责	李　斌 / 119
葆有充沛顽强的斗争精神	李浩燃 / 121
不辜负我们这个伟大时代	乔东君 / 123
勇做新时代的"劲草真金"	余谓之 / 125
应战敢战善战方能止战	宋国友 / 127
用进取精神践行初心使命	李洪兴 / 129
团结奋斗　同心筑梦	李建广 / 131

收回黑手　悬崖勒马	芦　樵 / 133
且看香港激进势力如何裹挟民意	芦　樵 / 135
知史爱党　知史爱国	李　斌 / 137
止暴制乱，香港才有未来	王　尧 / 139
破坏交通　不得人心	木　鸣 / 141
反暴力是香港最大诉求	程　龙 / 143
大道之行，初心不移	
——民生巨变激扬奋进力量①	李秦卫 / 145
以百姓心为心	
——民生巨变激扬奋进力量②	李洪兴 / 147
践行"奋斗哲学"	
——民生巨变激扬奋进力量③	魏　寅 / 149
"身入"实际　"心至"群众	盛玉雷 / 151
让生命在奋斗中绽放光彩	向贤彪 / 153
让文明之花长开	李　斌 / 155
饮其流者怀其源	向迎佳 / 157
以"工笔"画准"自画像"	马祖云 / 159
跨越七十年的信仰力量	刘维涛 / 161
以革故鼎新开辟未来	张　凡 / 163
"到位"的深刻启示	陈　峰 / 165
祖国有我，我有祖国	于　石 / 167
让城市管理像绣花一样精细	李洪兴 / 169
根治形式主义	谭用发 / 171
干净与干劲	习　骅 / 173
"说到就要做到，也一定能够做到"	李浩燃 / 175
不做以权谋私、蜕化变质的贪官	任　平 / 177
不做推诿扯皮、不思进取的庸官	任　平 / 179
不做饱食终日、无所用心的懒官	任　平 / 181
不做政治麻木、办事糊涂的昏官	任　平 / 183
"十年功"托举"一分钟"	李　斌 / 185

兼济天下的"人类情怀"	徐文秀	187
为政底气从哪儿来	李洪兴	189
倡导清清爽爽的同志关系	向贤彪	191
铸牢使命意识	魏　寅	193
以好的作风确保好的效果	李　斌	195
一片冰心在报国		
——大力弘扬新时代科学家精神①	李　斌	197
创新敢为天下先		
——大力弘扬新时代科学家精神②	张　凡	199
千淘万漉只为真		
——大力弘扬新时代科学家精神③	何鼎鼎	201
不为名利遮望眼		
——大力弘扬新时代科学家精神④	姜　赟	203
集智攻关无不成		
——大力弘扬新时代科学家精神⑤	彭　飞	205
甘为育人"铺路石"		
——大力弘扬新时代科学家精神⑥	桂从路	207
百年大党看"朝气"	张　垚	209
中国人要有中国人的志气	马望原	211
自尊自信才能走好自己的路	宁　采	213
敢于斗争才能赢得尊严	华　宁	215
共产党人的政治气节	林永兴	217
"大人不华，君子务实"	鲁　平	219
理论学习最忌"虚浮气"	李浩燃	221
用心呵护自然之美	智春丽	223
摒弃"恐美崇美"心态	常　盛	225
有我与忘我	袁清媛	227
爱国情感绝非民粹主义	宁　采	229
与树为伴　以树为师	向迎佳	231
最美的科研誓言是报国	张　凡	233

以坚定的理想信念坚守初心	李浩燃 / 235
把论文写在祖国大地上	彭　飞 / 237
中国经济发展为世界作出巨大贡献	李浩燃 / 239
中国的发展是世界的机遇	陈　凌 / 241
中国经济的"压舱石"	林丽鹂 / 243
深藏功名背后的坚守	彭　飞 / 245
中国经济的活力澎湃	赵展慧 / 247
让老区人民过上幸福生活	李浩燃 / 249
初心与恒心	李浩燃 / 251
最重要的是把自己的事做好	李　斌 / 253
中国经济的大势所趋	李浩燃 / 255
中国经济的信心所依	刘志强 / 257
"不怕打贸易战"的底气	纪　帆 / 259
擦亮"欣赏所有文明之美的眼睛"	石　羚 / 261
中国经济的创新动力	白天亮 / 263
中国经济的空间广阔	李　斌 / 265
中国经济的无限潜能	陆娅楠 / 267
中国经济的深层优势	李　拯 / 269
中国经济的底气所在	周人杰 / 271
一起做"读书种子"	向贤彪 / 273
"云时代"当有"云阅读"	白　龙 / 275
"一起播撒合作的种子"	李　斌 / 277
开放时代呼唤命运共同体意识	李　斌 / 279
做青年群众的引路人	张　凡 / 281
做青年工作的热心人	陈　凌 / 283
做青年朋友的知心人	李　斌 / 285
为实现中国梦增添强大青春能量	李　斌 / 287
一起奋斗　向前奔跑	李　斌 / 289
"最牵挂的一件大事"	李　斌 / 291
善用语言的力量	何冠军 / 293

"按规矩办"最省心	周人杰／295
涵养深沉的家国情怀	石 羚／297
无悔 无怨 无憾	田 丰／299
让守信者得"甜头" 让失信者有"痛感"	石 羚／301
从心灵变迁感悟历史巨变	丁德良／303
减负不减责，潜心干事业	郭光文／305
把思政课讲得有滋有味	魏建周／307
懂得看"桅杆"	徐文秀／309
媒体融合是一场不容回避的自我革命	钟轩研／311
激励更多干部担当作为	马祖云／313
实干兴业	陈垂培／315
"文明如水，润物无声"	张 凡／317
多些潜移默化的隐性教育	辛士红／319
身心齐入练脚力	夏锦文／321
梅花"清"气满乾坤	向贤彪／323
决心就是力量，信心就是成功	李秦卫／325
让家庭成为厚德之所 　　——家庭是人生的第一个课堂①	李 斌／327
"清白家风不染尘" 　　——家庭是人生的第一个课堂②	张 凡／329
一心装满国，一手撑起家 　　——家庭是人生的第一个课堂③	盛玉雷／331
惟创新者行稳致远	刘根生／333
为基层减负 促干部实干	李浩燃／335
"实实在在、心无旁骛做实业"	周人杰／337
为政以公，行胜于言	李 斌／339
"活力中国"从哪里来	纪东冲／341
乡村兴则国家兴	李浩燃／343
"不获全胜、决不收兵"	李 斌／345
"把学问写进群众心坎里"	李 斌／347

用明德引领风尚	金　苍 / 349
聆听民主政治的铿锵足音	李洪兴 / 351
共识是奋进的动力	李浩燃 / 353
全面小康"硬任务"必须完成	
——贯彻落实好中央一号文件精神①	赵永平 / 355
坚持农业农村优先发展总方针	
——贯彻落实好中央一号文件精神②	朱　隽 / 357
做好"三农"工作关键在党	
——贯彻落实好中央一号文件精神③	
高云才　顾仲阳 / 359	
"快思维"与"慢思维"	王跃岭 / 361
始于梦想　基于创新　成于实干	李　斌 / 363
"胜负之征，精神先见"	李慧勇 / 365
自觉堵住思想上的"病变"	陈　峰 / 367
解好基层治理"方程式"	李浩燃 / 369
"不懂装懂"与"懂装不懂"	燕祖涛 / 371
找到自己的"燃"点	宋　威 / 373
多些"无声的联系"	徐文秀 / 375
领悟昨天　奋斗今天　拥抱明天	马祖云 / 377
追梦路上再出发	郑海鸥 / 379
春节里细品文化的佳酿	李　斌 / 381
领导干部要多一点"历史感"	
——从历史中汲取走向未来的智慧①	金　苍 / 383
涵养我们的历史思维	
——从历史中汲取走向未来的智慧②	范正伟 / 385
党史是最好的营养剂	
——从历史中汲取走向未来的智慧③	李　斌 / 387
增强做中国人的骨气和底气	
——从历史中汲取走向未来的智慧④	石　羚 / 389

读懂历史的大逻辑
　　——从历史中汲取走向未来的智慧⑤　　　　白　龙／391
对历史保持一颗敬畏之心
　　——从历史中汲取走向未来的智慧⑥　　　　盛玉雷／393
让公众感受历史的魅力
　　——从历史中汲取走向未来的智慧⑦　　　　桂从路／395
困难是成长的"维他命"　　　　　　　　　　　朱海豹／397
勿陷"惯性思维"泥潭　　　　　　　　　　　　李慧勇／399
"作之不止"，方有不凡　　　　　　　　　　　杨卫国／401
"总开关"岂能常年失修　　　　　　　　　　　李　斌／403
激发再攀高峰的动力　　　　　　　　　　　　黄福特／405
边边角角尤须"扫帚多到"　　　　　　　　　　马洲兵／407
多"烧脑"才能少"挠脑"　　　　　　　　　　向贤彪／409
以改革开放的姿态走向未来
　　——新时代改革开放再出发①　　　　　　李　斌／411
让改革开放精神标识更鲜明
　　——新时代改革开放再出发②　　　　　　李　斌／413
焕发我们民族的变革和开放精神
　　——新时代改革开放再出发③　　　　　　尉承栋／415
创新是改革开放的生命
　　——新时代改革开放再出发④　　　　　　孟祥夫／417
激扬"志不改、道不变"的信念
　　——新时代改革开放再出发⑤　　　　　　李　斌／419
中国何以让"不可能成为了可能"
　　——新时代改革开放再出发⑥　　　　　　李　拯／421
顺应潮流者"与时代同行"
　　——新时代改革开放再出发⑦　　　　　　李洪兴／423
伟大梦想是拼出来干出来的
　　——新时代改革开放再出发⑧　　　　　　马祖云／425

激扬我们的雄心壮志

  ——新时代改革开放再出发 ⑨   刘根生／427

见证当代中国最壮丽的气象

  ——新时代改革开放再出发 ⑩   李 斌／429

信仰，信念，信心

  ——新时代改革开放再出发 ⑪   盛玉雷／431

为下一代人跑出一个好成绩

  ——新时代改革开放再出发 ⑫   魏 寅／433

激活蛰伏的发展潜能

周人杰

即将过去的 2019 年，我们从容应对错综复杂的风险挑战，中国经济风景这边独好。成绩来之不易，同时要看到，当前遇到的困难和压力，并非经济体本身发生了"器质性病变"，而是周期和结构因素交织，使部分潜力和动能"阶段性淤滞"，包括内需潜力亟待进一步释放，行政效能亟待进一步提升，营商环境亟待进一步改善。新的一年，我们要继续坚持顶压拼搏、逆风前行，运用好逆周期调节工具，更重要的是转变作风、开动脑筋、找准着力点，把蛰伏的发展潜能激活。

比如，有的地方以"打酱油的钱不能买醋"为借口，数十、上百亿元财政资金无法及时统筹使用，甚至二次沉淀造成巨大浪费。有的地方专项债发行后"前怕狼、后怕虎"，资金跟不上项目，导致开工难、效率低，或者"半拉子工程"、效益差。相反，还有的地方不顾实际、片面突出招商"高大上"，形成"高水平"产能过剩，压制了本该具备的比较优势。正是这种种懒作为、慢作为、乱作为，侵蚀了民生福祉，耽搁了动能转换，影响了发展后劲。困难越多就越要加快改革，越要按照习近平总书记的要求"既要做显功，也要做潜功"，千方百计把该花的钱花在刀刃上，让短板变成发展的"潜力板"。

中国经济的最大潜能是什么？就是制度潜能——靠改革把制度优势转化为治理效能。近年来，宏观调控的突出特点就是与全面深化改革有机结合，以改革促调控、以改革挖掘潜力。明年打赢三大攻坚战、保持经济运行在合理区间，仍要靠改革。事实上，无论老旧小区改造、垃圾分类处理，还是破除城乡二元结构、推进智慧城市建设，潜能都不会自行释放，只能通过改革解放。发展每向前一步，改革都要再开拓一步；改革与创新释放红利，"六稳"才有真底气。

人，是生产力中最活跃的因素，是一切价值的最终源泉。解放和发展生产力，说到底是要解放人的思想、绽放人的才华。改革一方面要推动教育更加公平更有质量，进一步健全基本医疗卫生制度，加大社会保障力度，锻造高素质劳动者大军。另一方面要推动简政放权、优化服务，持续激发市场主体活力、创造力，促进企业家的才能转化为创新创业、提质增效的实绩，让各类所有制企业在科技创新和市场竞争的第一线奋勇拼搏。而作为改革推动者的各级领导干部，尤其要敢担当、善作为，坚决杜绝形形色色的形式主义、官僚主义。邓小平同志曾语重心长地强调，"干革命、搞建设，都要有一批勇于思考、勇于探索、勇于创新的闯将"。新时代的劳动者、创业者和各级领导干部，都要无畏风急浪高、道阻且长，争做闯将，做攀登者、奋斗者，推动全面改革开放向纵深发展，激荡起亿万人民的无限"潜智"。

"隆冬蛰伏、当春发生"，是万物生长的特点。振奋精神、紧紧扭住新发展理念推动高质量发展，务实功、求实效，一定能清淤散滞、化"潜能"为动能，让企业更有活力，让群众日子过得更好，坚决夺取全面建成小康社会伟大胜利。

（2019年12月31日）

"中国之治"展现制度自信

——坚定我们的制度自信 ①

任 平

"中国为世界经济点亮明灯",第二届中国国际进口博览会吸引了全世界的目光。此次参加的国别、地区、国际组织和参展商均超过首届,世界500强和行业龙头企业参展数量超过250家,国内外采购商和专业观众有望超过50万人,境外采购商由去年3600人左右增至7000多人……规模更大、范围更广、热度更高,这一国际性盛会不仅展示出中国扩大开放的坚定决心,更从一个侧面生动说明中国经济发展的巨大实力和旺盛活力。

中国经济绩效优、发展潜力大,背后是制度优势强、治理效能高。从更大视野看,新中国70年来,我们之所以能创造世所罕见的经济快速发展奇迹和社会长期稳定奇迹,中华民族迎来了从站起来、富起来到强起来的伟大飞跃,是因为党领导人民建立和完善了中国特色社会主义制度,不断加强和完善国家治理。正所谓"现实的成功是最好的理论,没有一种抽象的教条能够和它辩论","中国之治"是我国制度优势最有说服力的证明,也是我们坚定制度自信的现实根基。

"凡将立国,制度不可不察也。"制度优势是一个国家的最大优势。党的十九届四中全会从13个方面系统总结了我国国家制度和国家治理体系的显著优势,目的就是推动全党全国各族人民坚定制度自信,使我国国家制度和治理体系多方面的显著优势更加充分地发挥出来。在历史与现实、理论与实践的把握中，在时与势、破与立的思考中，新时代中国共产党人发出了坚持和发展中国特色社会主义的政治宣言，吹响了开辟"中国之治"新境界的号角。正如习近平总书记所豪迈宣示的，"当今世界，要说哪个政党、哪个国家、哪个民族能够自信的话，那中国共产党、中华人民共和国、中华民族是最有理由自信的。"

一个国家选择什么样的制度和治理体系，是由这个国家的历史传承、文化传统、经济发展水平决定的。只有扎根本国土壤、汲取充沛养分的制度，才最可靠，也最管用。衡量一个社会制度是否科学、是否先进，主要看是否符合国情、是否有效管用、是否得到人民拥护。中国特色社会主义制度之所以行得通、有生命力、有效率，就是因为它是从中国的社会土壤中生长起来的。我们的制度自信，奠基于960多万平方公里的广袤土地，来源于5000多年悠久灿烂的文明传承，根植于近14亿人民发自内心的自觉认同。

"改革是社会主义制度的自我完善"。40多年的改革开放有力推动中国特色社会主义制度和国家治理体系在革除体制机制弊端的过程中不断走向成熟。特别是党的十八大以来，我们全面深化改革，充分显示出我国国家制度和国家治理体系的强大自我完善能力。正是将坚守道路与自我完善并举、将原则的坚定性与策略的灵活性结合起来，我们才能够根据实际情况不断推动制度创新，让中国特色社会主义制度不断自我完善。可以预期，随着全面深化改革向纵深推进，我国国家制度和国家治理体系必将在国际竞争中赢得更大的比较优势，展现出更为旺盛的生机活力。我们有这样的自信，把邓小平同志的预言变为现实："它将吸收我们可以从世界各国吸收的进步因素，成为世界上最好的制度。"

中国特色社会主义制度好不好、优越不优越，中国人民最清楚，也最有发言权。

（2019年11月08日）

"中国制度"的深厚历史底蕴

——坚定我们的制度自信 ②

任 平

近年来,许多国家纷纷"向东看",希望探寻中国巨变的"发展哲学",解开中国奇迹的"制度密码"。人们想知道,"中国制度"何以在实践中显现出强大适应性和生命力?

知所从来,才能明其将往。理解中国特色社会主义制度,需要有更大的历史坐标,把握其深刻的历史逻辑。

在几千年的历史演进中,中华民族创造了灿烂的古代文明,形成了关于国家制度和国家治理的丰富思想。从"大道之行,天下为公"的大同理想,到"民惟邦本,本固邦宁"的民本思想;从"孝悌忠信,礼义廉耻"的道德操守,到"周虽旧邦,其命维新"的改革精神……这些思想中的精华,是中华优秀传统文化的重要组成部分,也是中华民族精神的重要内容。马克思主义传入中国后,科学社会主义的主张受到中国人民的热烈欢迎,并最终扎根中国大地、开花结果,绝不是偶然的,而是由我国历史传承和文化传统决定的,是同我国传承了几千年的优秀历史文化和广大人民日用而不觉的价值观念融通的。

中国在人类发展史上曾经长期处于领先地位,形成了一整套国家制度和国家治理体系。进入近代以后,无数仁人志士为改变当时中国面临的落后挨打的局面,开始探寻新的国家制度和国家治理体系。

中国共产党的成立,成为开天辟地的大事变。正是在中国共产党成立后，中国人民和中华民族才找到了实现民族独立、人民解放和国家富强、人民幸福的正确道路。新民主主义革命时期，我们党团结带领人民探索建立新民主主义经济、政治、文化制度，为新中国建立人民当家作主的新型国家制度积累了宝贵经验。新中国成立后，我们党团结带领人民完成社会主义革命，确立社会主义基本制度，推进社会主义建设，完成了中华民族有史以来最为广泛而深刻的社会变革，为当代中国一切发展进步奠定了根本政治前提和制度基础。改革开放以来，我们党团结带领人民开创了中国特色社会主义，不断完善中国特色社会主义制度和国家治理体系，使当代中国焕发出前所未有的生机活力。特别是党的十八大以来，以习近平同志为核心的党中央推进全面深化改革，推动中国特色社会主义制度更加完善、国家治理体系和治理能力现代化水平明显提高，为推动党和国家事业取得历史性成就、发生历史性变革发挥了重大作用。

制度是定国安邦之根本，制度稳则国家稳。历史深刻昭示，我们党把马克思主义基本原理同中国具体实际结合起来，在古老的东方大国建立起保证亿万人民当家作主的新型国家制度，使中国特色社会主义制度成为具有显著优越性和强大生命力的制度，保障我国创造出世所罕见的经济快速发展奇迹和社会长期稳定奇迹。实践充分证明，中国特色社会主义制度和国家治理体系是以马克思主义为指导、植根中国大地、具有深厚中华文化根基、深得人民拥护的制度和治理体系，是党和人民长期奋斗、接力探索、历尽千辛万苦、付出巨大代价取得的根本成就，我们必须倍加珍惜，毫不动摇坚持、与时俱进发展。

历史照亮未来，征程未有穷期。回望走过的路，远眺前行的路，我们更加坚定制度自信。奋进新时代，逐梦新征程，推动中国特色社会主义制度不断自我完善和发展，我们必将创造新的更大奇迹。

（2019年11月11日）

中国制度为何具有显著优势

——坚定我们的制度自信 ③

任 平

不久前,北京大兴国际机场国际航线正式通航。开工以来,在不到5年的时间里,就完成了"三纵一横"4条跑道、70万平方米的航站楼、268个机位的站坪以及相关配套设施的建设。这座外观宛如金色凤凰的机场,被国际媒体列为"新世界七大奇迹"之首,也从一个侧面展现出中国强大的治理能力和制度优势。

"独特的制度优势让中国实现一项项伟大成就""中国制度因高效赢得赞赏""中国的治理体系和治理能力在现代世界中具有相当的竞争力"……现在,世界上越来越多的人开始探寻中国发展背后的制度优势。党的十九届四中全会全面系统总结我国国家制度和国家治理体系的发展成就和显著优势,目的就是推动全党全国各族人民坚定制度自信,使我国国家制度和国家治理体系多方面的显著优势更加充分地发挥出来。世界在关注:中国制度的显著优势源自何处?

"中国特色社会主义制度的生命力,就在于这一制度是在中国的社会土壤中生长起来的"。我国国家制度和国家治理体系之所以具有多方面的显著优势,很重要的一点就在于我们党在长期探索实践中,坚持将马克思主义基本原理同中国具体实际相结合,用中国化的马克思主义、发展着的马克思主义指导国家制度和国家治理体系建设,不断深化对共产党执政规律、社会主义建设规律、人类社会发展规律的认识,及时把成功的实践经验转化为制度成果,使我国国家制度和国家治理体系既体现了科学社会主义基本原则,又具有鲜明的中国特色、民族特色、时代特色。

"人民是历史的创造者,是我们的力量源泉"。始终代表最广大人民根本利益,保证人民当家作主,体现人民共同意志,维护人民合法权益,是我国国家制度和国家治理体系的本质属性,也是我国国家制度和国家治理体系有效运行、充满活力的根本所在。习近平总书记强调,"中国共产党的一切执政活动,中华人民共和国的一切治理活动,都要尊重人民主体地位,尊重人民首创精神,拜人民为师"。坚持以人民为中心,既有"为了人民"的价值指向,又有"依靠人民"的深厚动力。我国国家制度和国家治理体系能够始终着眼于实现好、维护好、发展好最广大人民根本利益,着力保障和改善民生,使改革发展成果更多更公平惠及全体人民,从而最大范围地凝聚共识、最大程度地激发力量。

"以数千年大历史观之,变革和开放总体上是中国的历史常态"。我国国家制度和国家治理体系,具有"坚持改革创新、与时俱进,善于自我完善、自我发展,使社会充满生机活力的显著优势"。改革开放40多年来,我们有力推动中国特色社会主义制度和国家治理体系在革除体制机制弊端的过程中不断走向成熟。特别是党的十八大以来,我们全面深化改革,中国特色社会主义制度日趋成熟定型,为推动党和国家事业取得历史性成就、发生历史性变革发挥了重大作用。强大的自我完善能力,使我国国家制度和国家治理体系始终保持强大生命力。

"经国序民,正其制度。"知向何处则方向不惑,明所从来则动力充足。了解我们的制度优势源自何处,让我们的制度优势更加充分地发挥出来,我国国家制度和国家治理体系必将展现出更为旺盛的生机活力。

(2019年11月18日)

"中国制度"具有强大生命力

——坚定我们的制度自信 ④

任 平

近日,全国政协成立70年来有影响力重要提案评选表彰名单公布。"请政府明定10月1日为中华人民共和国国庆日""尽快实行每周五天工作制"……100件被表彰提案,或聚焦经济社会发展重要问题,或关注群众普遍关心的民生问题,充分表明协商民主的重要价值,彰显我国社会主义民主政治的独特优势。

这为观察我国国家制度和国家治理体系提供了一个独特视角:我们的制度能够把各方面智慧和力量凝聚起来,形成海内外中华儿女心往一处想、劲往一处使的强大合力。正如党的十九届四中全会所指出的,中国特色社会主义制度和国家治理体系,"是具有强大生命力和巨大优越性的制度和治理体系"。

"听言不如观事,观事不如观行。"我国国家制度和国家治理体系管不管用、有没有效,实践是最好的试金石。新中国成立70年来,我们党领导人民创造了世所罕见的两大奇迹。一是经济快速发展奇迹。我国大踏步赶上时代,用几十年时间走完了发达国家几百年走过的工业化进程,跃升为世界第二大经济体,综合国力、科技实力、国防实力、文化影响力、国际影响力显著提升,人民生活显著改善,中华民族以崭新姿态屹立于世界的东方。二是社会长期稳定奇迹。我国长期保持社会和谐稳定、人民安居乐业,成为国际社会公认的最有安全感的国家之一。可以说,在人类文明发展史上,除了中国特色社会主义制度和国家治理体系,没有任何一种国家制度和国家治理体系能够在这样短的历史时期内创造出这样的奇迹。

"履不必同,期于适足;治不必同,期于利民。"一个国家选择什么样的国家制度和国家治理体系,是由这个国家的历史文化、社会性质、经济发展水平决定的,是由这个国家的人民决定的。中国特色社会主义制度的生命力,就在于它符合国情、有效管用、得到人民拥护。"中国制度"不是天上掉下来的,而是在中国的社会土壤中生长起来的,是经过革命、建设、改革长期实践形成的,是马克思主义基本原理同中国具体实际相结合的产物,是理论创新、实践创新、制度创新相统一的成果,凝结着党和人民的智慧,具有深刻的历史逻辑、理论逻辑、实践逻辑。

一个国家、一个民族的命运,与其制度紧密相连。中国特色社会主义制度和国家治理体系是党和人民长期奋斗、接力探索、历尽千辛万苦、付出巨大代价取得的根本成就,我们必须毫不动摇坚持、与时俱进发展。我国国家制度和国家治理体系过去和现在一直生长在中国的社会土壤之中,未来要茁壮成长,也必须深深扎根于中国的社会土壤之中。因此,完善和发展我国国家制度和国家治理体系,必须坚持从国情出发,从实际出发,既把握长期形成的历史传承,又把握党和人民在我国国家制度建设和国家治理方面走过的道路、积累的经验、形成的原则,不能照抄照搬他国制度模式。任何时候任何情况下都要坚定中国特色社会主义道路自信、理论自信、制度自信、文化自信,真正做到"千磨万击还坚劲,任尔东西南北风"。

"中国制度"具有强大生命力,充分证明我们正走在成功的大路上。鼓起"自信人生二百年,会当水击三千里"的勇气,沿着这条道路继续前进,我们就一定能全面实现国家治理体系和治理能力现代化,坚定不移开辟新天地、创造新奇迹。

(2019年11月25日)

"中国制度"具有自我完善能力

——坚定我们的制度自信⑤

任 平

翻开《中华人民共和国大事记（1949年10月—2019年9月）》，新中国70年披荆斩棘、砥砺奋进的坚实足印，令人感慨万端。从热火朝天的建设时期，到激情燃烧的改革岁月，这份沉甸甸的成绩单背后，正是一个制度创新的过程。

制度优势是一个国家的最大优势。新中国成立70年来，中华民族之所以能迎来从站起来、富起来到强起来的伟大飞跃，最根本的是因为党领导人民建立和完善了中国特色社会主义制度，形成和发展了党的领导和经济、政治、文化、社会、生态文明、军事、外事等各方面制度，不断加强和完善国家治理。今天，我国稳居世界第二大经济体，复兴号奔驰在祖国广袤的大地上，神州处处有最新最美的文字，处处见最新最美的图画，我们比历史上任何时期都更接近、更有信心和能力实现中华民族伟大复兴的目标。中国特色社会主义制度是当代中国发展进步的根本保障，这是从历史和现实中得出的鲜明结论。

"明者因时而变，知者随事而制。"科学社会主义和空想社会主义的一大区别，就在于前者不是一成不变的教条，而是把社会主义看作是一个不断完善和发展的实践过程。中国特色社会主义制度优势的一个重要方面，就是坚持改革创新、与时俱进，善于自我完善、自我发展，使社会始终充满生机活力的显著优势。党的十八大以来，我们全面深化改革，充分显示出我国国家制度和国家治理体系的强大自我完善能力。这个世界上没有放之四海而皆准的制度模式，好的制度就是要具有应对形势变化的适应能力，能够根据时与势的不同而灵活调整，做到因势而谋、应势而动、顺势而为。

制度更加成熟更加定型是一个动态过程，治理能力现代化也是一个动态过程，不可能一蹴而就，也不可能一劳永逸。正如习近平总书记指出的，"我们必须不断有所发现、有所发明、有所创造、有所前进，使中国特色社会主义永远充满蓬勃生机活力。"我们从来不排斥任何有利于中国发展进步的他国国家治理经验，而是坚持以我为主、为我所用，去其糟粕、取其精华。比如改革开放以来，我们不断扩大对外开放，把社会主义制度和市场经济有机结合起来，极大解放和发展了社会生产力。正是坚持自主与开放相结合，我们的制度既立足中国，又借鉴人类优秀文明成果，保持了不断适应变化的能力。

实践发展永无止境，制度创新未有穷期。我们制度的自我完善，从来都具有很强的"问题意识"，都是在解决实际问题中不断发展。党的十八大以来，为适应新型城镇化发展，我们进一步推进户籍制度改革，让户口本不再成为城乡流动的阻隔；为解决看病难、看病贵问题，我们不断深化医药卫生体制改革，加快推进健康中国建设。各个领域的体制机制改革创新，既有解决现实问题的一时之功，也有久久为功的长远之效，共同推动中国特色社会主义制度和国家治理体系更加完善、不断发展。

"犯其至难而图其至远"。坚持和完善支撑中国特色社会主义制度的根本制度、基本制度、重要制度，着力固根基、扬优势、补短板、强弱项，构建系统完备、科学规范、运行有效的制度体系，我们就一定能推动中国特色社会主义制度不断自我完善，推进国家治理体系和治理能力现代化。

（2019年11月27日）

中国制度的"最大优势"

——坚定我们的制度自信⑥

任 平

"在中国共产党日趋坚强、成熟的领导下，中国走出符合本国国情的中国特色社会主义道路""中国取得巨大发展成就，这一切都是中国共产党带领十几亿中国人民坚持走中国特色社会主义道路的结果"……外国专家学者这样评价中国国家制度和治理成就。

"中国共产党领导是中国特色社会主义最本质的特征，是中国特色社会主义制度的最大优势，党是最高政治领导力量。"党的十九届四中全会通过的《决定》，突出党的领导制度在中国特色社会主义制度和国家治理体系中的统领地位，彰显出我们党牢记初心使命、以坚强领导铸就千秋伟业的责任担当。中国共产党是中国特色社会主义事业的领导核心，坚持和完善党的领导制度体系，对推动新时代中国特色社会主义破浪前行、凝聚各方面智慧和力量为实现中华民族伟大复兴而奋斗，具有重要而深远意义。

习近平总书记强调："中国有了中国共产党执政，是中国、中国人民、中华民族的一大幸事。"从生灵涂炭、一穷二白，到创造经济快速发展奇迹和社会长期稳定奇迹；从铁钉、火柴都要进口，到自力更生造出"两弹一星"、实现"嫦娥"奔月"蛟龙"入海……只要我们深入了解中国近代史、中国现代史、中国革命史，就不难发现，如果没有中国共产党领导，我们的国家、我们的民族不可能取得今天这样的成就，也不可能具有今天这样的国际地位。从嘉兴南湖上起航的小小红船,将一个暮霭沉沉的中国摆渡出沉沦深渊,载向民族复兴的光明未来,这个历史性壮举充分表明,"中国共产党是国家最高政治领导力量,是实现中华民族伟大复兴的根本保证"。

面对当今世界百年未有之大变局,置身中国发展的历史机遇期,党的领导是我们应对挑战、赢得主动的主心骨,是中国特色社会主义事业的中流砥柱。党的十九届四中全会就坚持和完善党的领导制度体系作出重大部署,明确提出要建立不忘初心、牢记使命的制度,完善坚定维护党中央权威和集中统一领导的各项制度,健全党的全面领导制度,健全为人民执政、靠人民执政各项制度,健全提高党的执政能力和领导水平制度,完善全面从严治党制度。我们必须坚决维护党中央权威,健全总揽全局、协调各方的党的领导制度体系,把党的领导落实到国家治理各领域各方面各环节。

"天下将兴,其积必有源。"中国特色社会主义进入新时代,我们党的领导和我国社会主义制度坚强牢固、充满活力,中国人民和中华民族前程伟大、前途光明。把党的领导这一最大优势更加充分发挥好,我们必将在中国特色社会主义发展史上,在中国特色社会主义制度建设上,在中华民族伟大复兴的浩荡征程中,书写下新的璀璨篇章。

(2019年12月02日)

以人民为中心的价值旨归

——坚定我们的制度自信 ⑦

任 平

为什么人的问题,是检验一个政党、一个政权性质的试金石。

历史已经见证,新中国成立 70 年来,中国从一穷二白迈向全面小康,从百废待兴迈向繁荣富强,7 亿多人实现脱贫,人民生活不断改善,靠的是我们党不忘初心、牢记使命,坚持以人民为中心,并由此展开一系列制度安排。从确立人民代表大会制度保证人民当家作主,到"枫桥经验""小岗改革"依靠人民首创精神推动改革创新,再到努力兑现全面建成小康社会"一个都不能少"的庄严承诺,世界上没有一个政党像中国共产党这样,在理论上鲜明提出、在思想上明确要求、在实践中始终践行以人民为中心的发展思想。

习近平总书记强调:"我们国家的名称,我们各级国家机关的名称,都冠以'人民'的称号,这是我们对中国社会主义政权的基本定位。"人民是共和国的坚实根基,人民是我们党执政的最大底气。我国国家制度深深植根于人民之中,能够有效体现人民意志、保障人民权益、激发人民创造力。党的十九届四中全会系统总结我国国家制度和国家治理体系的显著优势,其中之一,就是"坚持人民当家作主,发展人民民主,密切联系群众,紧紧依靠人民推动国家发展的显著优势"。坚持一切为了人民,以满足人民对美好生活的向往和实现人的全面发展为价值旨归,为"中国之治"写下生动注脚。

"经国序民,正其制度。"提出"建立不忘初心、牢记使命的制度""健全为人民执政、靠人民执政各项制度",把人民情怀厚植于党的领导制度体系;要求坚持和完善人民当家作主制度体系,"确保人民依法通过各种途径和形式管理国家事务,管理经济文化事业,管理社会事务";论述"坚持和完善统筹城乡的民生保障制度,满足人民日益增长的美好生活需要"……党的十九届四中全会作出的一系列重大部署,彰显出我们党治国理政的不变初心与使命担当。以人民为中心加强和完善国家治理,为推进国家治理体系和治理能力现代化注入不竭智慧和磅礴动力。

怎样不断做大收入"蛋糕"、更公平地分配"蛋糕"？如何应对加速到来的老龄化社会,实现老有所养、老有所乐？在前进道路上,始终坚持以人民为中心的价值取向,始终把保证人民当家作主落实到各项国家制度设计和治理体系建设中,是我们不断迈向"中国之治"更高境界的信心之本、动力之源。我们必须始终把人民对美好生活的向往作为我们的奋斗目标,让人民共享经济、政治、文化、社会、生态等各方面发展成果,有更多、更直接、更实在的获得感、幸福感、安全感。我们必须不断健全民主制度、拓宽民主渠道、丰富民主形式、完善法治保障,使国家制度设计和治理工作具备坚实的民意基础,充分激发蕴藏在人民群众中的创造伟力。

"人民是历史的创造者,是真正的英雄。"当此中华民族比历史上任何时期都更接近、更有信心和能力实现中华民族伟大复兴的时刻,党和人民同呼吸、共命运、心连心,向着坚持和完善中国特色社会主义制度、推进国家治理体系和治理能力现代化的总体目标迈进,一定能在新时代创造中华民族新的更大奇迹。

（2019 年 12 月 06 日）

中国式民主行得通很管用

——坚定我们的制度自信⑧

任 平

"游行队伍抬着巨大的《中华人民共和国宪法》模型进入天安门广场时,全场立刻欢腾起来……"1954年新中国第一部宪法获得表决通过,第一届全国人大代表胡兆森老人回忆,游行模型徐徐打开后,出现八个大字——"一切权力属于人民"。

人民当家作主是社会主义民主政治的本质和核心。从在抗日根据地建立"三三制"民主政权到发布"五一口号"号召为建立新中国而共同奋斗,从确立人民代表大会制度到创立协商民主这一社会主义民主政治的特有形式……回望历史,我们党自成立之日起就致力于建设人民当家作主的新社会,领导建立起人民当家作主的新型政治制度,在中国政治发展史乃至世界政治发展史上都是具有划时代意义的。

"履不必同,期于适足;治不必同,期于利民。"在人民当家作主制度体系中,坚持发挥党总揽全局、协调各方的领导核心作用,切实防止群龙无首、一盘散沙现象;坚持国家一切权力属于人民,切实防止选举时漫天许诺、选举后无人过问现象;坚持和完善中国共产党领导的多党合作和政治协商制度,切实防止党争纷沓、相互倾轧现象;坚持和完善民族区域自治制度,切实防止民族隔阂、民族冲突现象;坚持和完善基层群众自治制度,切实防止人民形式上有权、实际上无权现象;坚持和完善民主集中制的制度和原则,切实防止相互掣肘、内耗严重现象。由此更容易理解,为什么党的十九届四中全会把"坚持人民当家作主,发展人民民主,密切联系群众,紧紧依靠人民推动国家发展的显著优势",列为我国国家制度和国家治理体系的显著优势之一。

习近平总书记强调:"民主不是装饰品,不是用来做摆设的,而是要用来解决人民要解决的问题的。"社会主义民主不仅需要完整的制度程序,而且需要完整的参与实践。人民当家作主必须具体地、现实地体现到中国共产党执政和国家治理上来,具体地、现实地体现到中国共产党和国家机关各个方面、各个层级的工作上来,具体地、现实地体现到人民对自身利益的实现和发展上来。人大监督制度不断健全,协商民主渠道不断扩展,社会长期保持和谐稳定,亿万人民筑梦力量不断凝聚……这些事实充分证明,"中国式民主在中国行得通、很管用",社会主义民主是维护人民根本利益的最广泛、最真实、最管用的民主。

"没有民主就没有社会主义,就没有社会主义的现代化,就没有中华民族伟大复兴。"发展社会主义民主政治,是推进国家治理体系和治理能力现代化的题中应有之义。在前进道路上,我们必须落实好党的十九届四中全会关于"坚持和完善人民当家作主制度体系,发展社会主义民主政治"的重要部署,以保证人民当家作主为根本,以增强党和国家活力、调动人民积极性为目标,厚植党和国家兴旺发达、长治久安的制度保障。我们完全有信心、有能力把我国社会主义民主政治的优势和特点充分发挥出来,推动中华民族伟大复兴的巨轮抵达光辉的彼岸,为人类政治文明进步提供中国智慧、作出中国贡献。

(2019年12月09日)

公平正义的阳光为何普照

——坚定我们的制度自信 ⑨

任 平

在刚刚过去的国家宪法日和宪法宣传周,全国各地纷纷开展宪法进企业、进农村、进机关、进校园、进社区、进军营、进网络等活动,许多地方人民法院、人民检察院也举行宪法宣誓仪式,砥砺初心、勇担使命。让宪法精神活起来、扎下根,让公平正义的阳光照进人民心田,折射出法治中国建设的实实在在成效。

法律是治国之重器,法治是国家治理体系和治理能力的重要依托。新中国成立70年来,我们党领导人民不断探索实践,逐步形成了中国特色社会主义国家制度和法律制度,为当代中国发展进步提供了根本保障,也为新时代推进国家制度和法律制度建设提供了重要经验。从党的十八大提出"进一步深化司法体制改革",到党的十九大要求"深化依法治国实践",再到十九届四中全会部署"坚持和完善中国特色社会主义法治体系",以习近平同志为核心的党中央擘画社会主义法治国家宏伟蓝图,把全面依法治国纳入"四个全面"战略布局一体推进,为党和国家事业发展提供了根本性、全局性、长期性的法治制度保障。

"立善法于天下,则天下治;立善法于一国,则一国治。"中国特色社会主义国家制度和法律制度,植根于中华民族5000多年文明史所积淀的深厚历史文化传统,吸收借鉴了人类制度文明有益成果,经过了长期实践检验,是被实践证明了的科学制度体系,具有显著优势。党的十九届四中全会系统总结我国国家制度和国家治理体系具有的显著优势，其中一个重要方面就体现在"坚持全面依法治国，建设社会主义法治国家，切实保障社会公平正义和人民权利的显著优势"。坚持依法治国，坚持法治国家、法治政府、法治社会一体建设，为解放和增强社会活力、促进社会公平正义、维护社会和谐稳定、确保党和国家长治久安发挥了重要作用。

理国要道，在于公平正直。公正是法治的生命线，促进社会公平正义是政法工作的核心价值追求。废止劳动教养制度、推行员额制改革、实施立案登记制改革，不断破解影响司法公正、制约司法能力的重大问题和关键问题；开展扫黑除恶专项斗争，严惩严重危害群众生命财产安全犯罪、危害食品药品安全犯罪、电信网络犯罪等，让人民群众切实感受到公平正义；加大产权司法保护力度，妥善审理各类涉民营企业案件，增强了企业家人身、财产安全感和创业信心……全面依法治国紧紧围绕保障和促进公平正义来进行，让人民群众的获得感、幸福感、安全感更加充实、更有保障、更可持续。坚持人民主体地位，坚持法治为了人民、依靠人民、造福人民、保护人民，才能使法律及其实施充分体现人民意志，确保社会在深刻变革中既生机勃勃又井然有序。

"努力让人民群众在每一个司法案件中都感受到公平正义"，这一重要理念，已经成为社会主义法治进步和法治优势的生动见证。落实好党的十九届四中全会对全面依法治国的重要部署，把坚持党的领导、人民当家作主、依法治国有机统一起来，形成有效的社会治理、良好的社会秩序，促进社会公平正义，让人民群众安居乐业，必能为新时代坚持和发展中国特色社会主义、实现"两个一百年"奋斗目标和中华民族伟大复兴的中国梦提供坚强法治保障。

（2019年12月12日）

为人民创造更美好的生活

——坚定我们的制度自信 ⑩

任 平

新中国成立前夕,国际上有人预言,中国人的吃饭问题,新中国解决不了。然而70年过去,新中国不仅成功实现了从贫困到温饱的巨大跨越,还即将实现从总体小康到全面小康的历史性跨越。

人民生活翻天覆地的变化,成为新中国民生事业发展进步的生动注脚。70年来,中国居民人均可支配收入实际增长59.2倍,人均预期寿命从35岁增长到77岁;7亿多农村贫困人口摆脱贫困,对全球减贫贡献率超过70%,创造了人类减贫史上的传奇。尤其是党的十八大以来,从"人民对美好生活的向往,就是我们的奋斗目标"的重要宣示,到"全面深化改革必须以促进社会公平正义、增进人民福祉为出发点和落脚点"的踏石留印,我们党始终坚持以人民为中心,不断补齐民生短板、增进民生福祉、促进社会公平正义,让改革发展成果更多更公平惠及全体人民。

关注民生、重视民生、保障民生、改善民生,是我们党一脉相承的人民立场、一如既往的赤子情怀、一以贯之的价值坚守。反映到国家制度和国家治理上,集中体现为"坚持以人民为中心的发展思想,不断保障和改善民生、增进人民福祉,走共同富裕道路的显著优势"。比如,在发展任务上,强调不断促进人的全面发展、全体人民共同富裕。再比如,在文化事业上,要求提供丰富的精神食粮,满足人民过上美好生活的新期待。还比如,在生态建设上,注重提供更多优质生态产品以满足人民日益增长的优美生态环境需要。坚持以人民为中心,把增进人民福祉、促进人的全面发展作为一切工作的出发点和落脚点,不仅顺应了人民群众对美好生活的向往,织就了密实的民生保障网,也为党和国家事业兴旺发达、长治久安筑就了力量之基、培厚了信心之源。

习近平总书记强调:"保障和改善民生是一项长期工作,没有终点站,只有连续不断的新起点。"经济增速有所放缓形势下,如何确保饭碗端得更牢、钱包揣得更鼓、米袋菜篮更满?脱贫攻坚决胜在即,怎样提高脱贫效果持续性,确保"难啃的硬骨头"不重现?面对民生工作的新情况、新特点,党的十九届四中全会强调"坚持和完善统筹城乡的民生保障制度,满足人民日益增长的美好生活需要",从健全有利于更充分更高质量就业的促进机制、构建服务全民终身学习的教育体系、完善覆盖全民的社会保障体系、强化提高人民健康水平的制度保障等方面作出部署。更好保障和改善民生,就必须以更新的理念、更高的标准、更实的举措满足人民多层次多样化需求,更好推动人的全面发展、社会全面进步,努力为人民创造更美好的生活。

民生无小事,枝叶总关情。前不久,一段国家医保准入谈判现场"砍价"的视频感动许多网友。医保谈判分毫必争,彰显出让老百姓切切实实用上好药、用得起好药的民生关怀。坚持以人民为中心的发展思想不动摇,坚持实现共享发展不动摇,在推动发展中不断提高人民生活水平,必能更好发挥我们的制度优势,让人民群众有更多获得感、幸福感、安全感。

(2019年12月16日)

聚天下英才而用之

——坚定我们的制度自信⑪

任 平

国以才立，政以才治，业以才兴。从建设时期知识青年"滚一身泥巴，炼一颗红心"，到实行改革开放之后"尊重知识、尊重人才"蔚然成风，再到新时代树立好干部标准、深化人才发展体制机制改革，人才培养和发展向来被摆在国家治理重要位置。不断脱颖而出的优秀干部、优秀人才，成为国家兴旺发达、人民安居乐业的中坚与基石。

"吸引人才、留住人才、用好人才，最好的环境是良好体制机制。"能不能让人才源源不断脱颖而出，是衡量一个国家综合国力的重要指标，也是判断一种制度有没有优越性的重要标准。新中国成立70年特别是改革开放40多年来，我国人才队伍规模日益壮大，人才成长环境日益优化，各项人才工作取得积极进展。党的十九届四中全会系统总结我国国家制度和国家治理体系的显著优势，充分肯定了"坚持德才兼备、选贤任能，聚天下英才而用之，培养造就更多更优秀人才的显著优势"。实践证明，中国特色社会主义制度的这一显著优势，极大地调动了各类人才的积极性和创造性，不断把各方面优秀人才团结集聚到党和国家事业中，汇聚起社会主义现代化建设的磅礴力量。

体制顺则人才聚，人才聚则事业兴。中国特色社会主义进入新时代，以习近平同志为核心的党中央坚持党管干部、党管人才原则，以聚天下英才而用之的眼界、魄力，大兴识才爱才敬才用才之风：以新时代党的组织路线为指引，加强干部监督管理，严把选人用人政治关、品行关、作风关、廉洁关，培养造就了一支忠诚干净担当的高素质干部队伍；以人才强国为目标，深入实施人才优先发展战略，各类人才在中国大地上各得其所、大展其长。人才资源对经济社会发展的基础性、战略性、决定性作用不断增强。

"人材者，求之则愈出，置之则愈匮。"只有坚定制度自信，完善和发展人才治理体系，为人才成长培植沃土、提供环境、搭建平台，才能涵养好人尽其才、人尽其用、人才辈出的良好环境。党的十九届四中全会提出："坚持党管干部原则，落实好干部标准，树立正确用人导向""尊重知识、尊重人才，加快人才制度和政策创新，支持各类人才为推进国家治理体系和治理能力现代化贡献智慧和力量"。制度的生命力在于执行，制度优势和治理效能同样依托于执行。自觉尊崇制度、严格执行制度、坚决维护制度，就能进一步夯实人才发展的制度基础、政策环境。

习近平总书记强调："实现中华民族伟大复兴，坚持和发展中国特色社会主义，关键在党，关键在人，归根到底在培养造就一代又一代可靠接班人。"党的执政基础能不能坚如磐石，党和人民的事业能不能无往不胜，关键靠不断提高党的领导水平和执政水平，靠培养造就一大批高素质人才。寻觅人才求贤若渴，发现人才如获至宝，举荐人才不拘一格，为各类人才铺就成长进步、施展才华的舞台，提供人生出彩、梦想成真的机会，党和国家的事业必将越来越兴旺。

（2019年12月18日）

中国经济发展前景光明

——坚定我们的制度自信⑫

任 平

前三季度经济增速6.2%，在全球经济总量1万亿美元以上的经济体中增速最快；前10月全国城镇新增就业1193万人，提前实现全年城镇新增就业1100万人以上的目标；2019年全国粮食总产量66384万吨，创历史最高水平……一份份成绩单，反映出中国经济无惧风雨、稳步前行的坚强韧性，凸显了稳中向好、长期向好的基本趋势。

回望过去一年，面对国内外风险挑战明显上升的复杂局面，我国经济发展迎难而上，负重前行，成绩来之不易。经济社会持续健康发展，根本原因在于我们坚持党中央集中统一领导，保持战略定力，坚持稳中求进，深化改革开放，充分发挥中央和地方两个积极性。党的十九届四中全会系统总结我国国家制度和国家治理体系具有的显著优势，其中一个重要方面就体现在"坚持公有制为主体、多种所有制经济共同发展和按劳分配为主体、多种分配方式并存，把社会主义制度和市场经济有机结合起来，不断解放和发展社会生产力的显著优势"。我国经济发展韧性强、潜力足、回旋余地大，推动民族复兴巨轮驶入更加开阔的水域。

解放和发展社会生产力，是社会主义的本质要求。公有制为主体、多种所有制经济共同发展，按劳分配为主体、多种分配方式并存，社会主义市场经济体制等社会主义基本经济制度，既体现了社会主义制度优越性，又同我国社会主义初级阶段社会生产力发展水平相适应，是党和人民的伟大创造。公有制经济是长期以来在国家发展历程中形成的，为国家建设、国防安全、人民生活改善作出了突出贡献。民营经济是社会主义市场经济发展的重要成果，是推动社会主义市场经济发展的重要力量。按劳分配为主体、多种分配方式并存，让社会发展成果更多更好地惠及普通劳动者。社会主义市场经济体制把社会主义制度和市场经济有机结合起来，既充分发挥市场在资源配置中的决定性作用，又更好发挥政府作用。我国的基本经济制度是中国特色社会主义制度的重要支柱，为实现经济高质量发展奠定了制度基础。

当前，我国经济运行总体平稳、稳中有进，主要指标保持在合理区间。同时，我国经济发展的不确定性明显上升，下行压力有所加大。"狂风骤雨可以掀翻小池塘，但不能掀翻大海"。从贯彻新发展理念到打好三大攻坚战，从完善科技创新体制机制到建设更高水平开放型经济新体制，社会主义基本经济制度厚植起经济发展的创新活力、持续动能、发展空间。保持定力，增强信心，集中精力办好自己的事情，是我们应对各种风险挑战的关键。按照党的十九届四中全会部署，坚持和完善社会主义基本经济制度，推动经济高质量发展，切实把党领导经济工作的制度优势转化为治理效能，我们不仅有信心和底气，更有条件和能力引领中国经济行稳致远。

"万物得其本者生，百事得其道者成。"有党的坚强领导和中国特色社会主义制度的显著优势，有改革开放以来积累的雄厚物质技术基础，有超大规模的市场优势和内需潜力，有庞大的人力资本和人才资源，中国经济一定能加快转入高质量发展轨道，中国人民一定能战胜前进道路上的一切困难挑战，中国一定能迎来更加光明的发展前景。

《人民日报》（2019年12月23日）

集中力量办大事

——坚定我们的制度自信⑬

任 平

不久前,港珠澳大桥珠海口岸工程荣获2018—2019年度中国建设工程鲁班奖。被赞誉为伶仃洋上"作画"、大海深处"穿针"的港珠澳大桥,是我国经济、科技等方面集成式创新的硕果,成为社会主义制度集中力量办大事的一个生动体现。

回望历史,中国共产党领导和我国社会主义制度能够集中力量办大事的政治优势,是中国实现一个又一个"不可能"、创造一个又一个难以置信的奇迹的根本原因。新中国成立初期百废待兴,却克服一切困难建立起独立工业体系,改变贫穷落后面貌。20世纪六七十年代,全国"勒紧裤腰带"在极其艰难的环境下研制成功"两弹一星",保障了国家安全,提高了国际地位。中国特色社会主义进入新时代,我们解决了许多长期想解决而没有解决的难题,办成了许多过去想办而没有办成的大事。中国用短短几十年的时间走过了西方发达国家几百年走过的工业化历程,从"现代化的迟到国"一跃成为"现代化的视觉中心",靠的正是党的集中统一领导,靠的正是全国上下一心,靠的正是集智攻关、积力远行。

集中力量,才能保证重点;集中资源,才能实现突破。习近平总书记指出:"我们最大的优势是我国社会主义制度能够集中力量办大事。这是我们成就事业的重要法宝。"70年来新中国走过的辉煌历程证明,我们的国家制度和国家治理体系,具有"坚持全国一盘棋,调动各方面积极性，集中力量办大事的显著优势"。无论是建设现代化工业体系还是攻关重大科技项目，无论是建设国家重大工程还是贯彻防灾救灾、脱贫攻坚、生态保护等重要部署，无不需要善于在社会主义市场经济条件下发挥举国体制优势，无不需要下好全国一盘棋、集中力量协同攻关。正是因为始终在党的领导下，集中力量办大事，国家统一有效组织各项事业、开展各项工作，才能成功应对一系列重大风险挑战、克服无数艰难险阻，始终沿着正确方向稳步前进。

制度的生命力在于执行，制度的活力寄托于创新。从我国国情出发，继续加强制度创新，才能进一步巩固好制度优势、拓展好治理效能。"健全党中央对重大工作的领导体制""健全充分发挥中央和地方两个积极性体制机制""健全推动发展先进制造业、振兴实体经济的体制机制""构建社会主义市场经济条件下关键核心技术攻关新型举国体制"……党的十九届四中全会就更好发挥社会主义集中力量办大事的制度优势作出一系列重要部署。"万夫一力，天下无敌"。在前进道路上，面对改革发展稳定任务，面对各类艰难险阻、风险挑战，我们必须毫不动摇坚持、与时俱进发挥集中力量办大事的制度优势，运用制度威力应对风险挑战的冲击，为推进社会主义现代化建设注入不竭动力。

"奇迹是干出来的，社会主义是干出来的。"中华民族伟大复兴绝不是轻轻松松、敲锣打鼓就能实现的，必须进行具有许多新的历史特点的伟大斗争。新时代新征程，发挥好坚持全国一盘棋、调动各方面积极性、集中力量办大事的显著优势，集中精力办好自己的事情，必能推动中华民族伟大复兴的航船乘风破浪、扬帆远航。实践已经证明还将继续证明，中国人民一定能，中国一定行。

（2019 年 12 月 27 日）

筑牢民族复兴的精神支撑

——坚定我们的制度自信⑭

任 平

染衣、酿酒、织布、古法造纸、制作胭脂口红……最近，一个叫李子柒的姑娘，把传统文化和田园生活拍成视频上传网络，引发海内外网友关注。传播中国文化，讲好中国故事，活出中国人的精彩和自信，是李子柒带给我们的生动启示。

增强文化自觉和文化自信，是坚定道路自信、理论自信、制度自信的题中应有之义。习近平总书记多次强调，文化自信是更基本、更深沉、更持久的力量。从我国国家制度和国家治理体系来看，"坚持共同的理想信念、价值理念、道德观念，弘扬中华优秀传统文化、革命文化、社会主义先进文化，促进全体人民在思想上精神上紧紧团结在一起的显著优势"，为增强文化自觉和文化自信，提供了坚实制度和治理保障。我们坚持和完善繁荣发展社会主义先进文化的制度，使全体人民在理想信念、价值理念、道德观念上紧紧团结在一起，一定能为实现中国梦提供强大精神支撑。

一个国家，一个民族，要同心同德迈向前进，必须有共同的理想信念作支撑。没有中华优秀传统文化、革命文化、社会主义先进文化的底蕴和滋养，信仰信念就难以深沉而执着。无论过去、现在还是将来，对马克思主义的信仰，对中国特色社会主义的信念，对实现中华民族伟大复兴中国梦的信心，都是指引和支撑中国人民站起来、富起来、强起来的强大精神力量。我们必须坚持马克思主义在意识形态领域指导地位的根本制度，在全党全社会持续深入开展建设中国特色社会主义宣传教育，不断增强道路自信、理论自信、制度自信、文化自信，让理想信念的明灯永远在全国各族人民心中闪亮。

价值观念在一定社会的文化中是起中轴作用的，文化的影响力首先是价值观念的影响力。近年来，从"守岛英雄"王继才到"给地球做CT"的海归科学家黄大年，从"太行山上的新愚公"李保国到破荒开路的"樵夫"廖俊波，无数楷模树起精神标杆，引领全社会把社会主义核心价值观内化为人们的精神追求、外化为人们的自觉行动。社会主义核心价值观是当代中国精神的集中体现，是凝聚中国力量的思想道德基础。我们必须坚持以社会主义核心价值观引领文化建设制度，加快构建充分反映中国特色、民族特性和时代特征的价值体系，为国家治理提供源源不断的价值滋养。

"重莫如国，栋莫如德"。提高国家文化软实力，一个很重要的工作就是从思想道德抓起，从社会风气抓起，从每一个人抓起。中国共产党领导人民在革命、建设和改革历史进程中，坚持马克思主义对人类美好社会的理想，继承发扬中华传统美德，创造形成了引领中国社会发展进步的社会主义道德体系。前不久，中共中央、国务院印发《新时代公民道德建设实施纲要》，全面推进社会公德、职业道德、家庭美德、个人品德建设。持续深化社会主义思想道德建设，才能更好构筑中国精神、中国价值、中国力量。只要中华民族一代接着一代追求美好崇高的道德境界，我们的民族就永远充满希望。

一个国家、一个民族的强盛，总是以文化兴盛为支撑的，中华民族伟大复兴需要以中华文化发展繁荣为条件。坚定文化自信，牢牢把握社会主义先进文化前进方向，激发全民族文化创造活力，推动社会文明进步和国家发展壮大就有了强大精神力量。

（2019年12月30日）

把握中国经济发展大势

李 拯

这段时间,有几组经济数据颇为亮眼。11月份,全国规模以上工业增加值同比增长6.2%,增速比上月加快1.5个百分点;11月份,社会消费品零售总额同比增长8.0%,增速比上月加快0.8个百分点。工业与消费强劲拉升,表明中国经济活力充沛,可以在基本面"稳"的基础上实现高质量发展的"进"与"好"。

"我国经济稳中向好、长期向好的基本趋势没有改变"。短期波动并未改变长期趋势,暂时压力不能阻挡深层动力,中国经济在负重中前行、于承压中向好,这让越来越多的人开始认识到,看待中国经济,不能被短期指标牵着鼻子走,而应该客观、全面、辩证、积极看待发展形势。

所谓"客观",就是坚持实事求是的原则,不能被主观情绪或先入之见带偏了。分析经济形势应该基于客观事实、统计数据,而不是主观臆测、片面猜想。事实是什么?事实是中国经济保持了中高速增长,是中国进出口总值继续保持了增长,是中国前11个月城镇新增就业完成全年目标……以事实为基本,以数据为依据,以逻辑为推理,就不会听风就是雨,就会多一些客观分析、理性判断。

所谓"全面",就是运用系统思维来看待问题,不能只顾一点不及其余。我们既要立足国内,也要放眼世界。当前世界经济增长持续放缓,中国目前的增速在世界主要经济体仍然居于前列。既要看到旧格局,也要看到新变化。今年11月份,信息传输、软件和信息技术服务业增长16.3%,增速快于全国服务业生产指数9.5个百分点。这说明转型升级正在悄然凝聚势能。具备全局视野,就会通盘考虑、做到心中有数。

所谓"辩证",就是用发展的眼光看问题,不能落入机械、静止的认知陷阱。尤为重要的就是辩证看待风险挑战。要认识到"问题是时代的声音",中国经济一直都是在克服重重困难中发展起来的,问题克服了就是窗口,风险化解了就是机遇。同时,从发展的眼光来看,很多问题都是前进中的问题,是"成长的烦恼",完全可以通过发展来解决,并在不断解决问题中保持动态均衡。我国正处在转变发展方式、优化经济结构、转换增长动力的攻关期,转型过程中会有阵痛,但只要解决深层次结构性问题,就能够为可持续发展打下坚实基础。

所谓"积极",就是保持长期乐观心态,不能因为一时波动而丧失信心。改革开放以来,中国发展了民营经济,推动了国企改革。在这个过程中,唯有那些长期看好中国的人,才有可能抓住中国经济发展的财富机会。

一位经济学家说过,"社会过程实际上是一个不可分割的整体。在它的洪流中,研究工作者的分类之手人为地抽出了经济的事实"。经济体作为一个包含多个方面的复杂系统,不能人为割裂地简单看待。客观、全面、辩证、积极看待中国经济,我们就能得出正确结论、增强必胜信心。

(2019年12月26日)

用制度优势托举更大奇迹

殷 鹏

"中国走出了一条独具中国特色的发展道路",在一位外国观察家眼里,关注中国坚定走自己的现代化道路的能力,有助于更好理解中国的重要性和影响力。的确,这一能力的一个重要方面就体现在,中国在长期实践探索中形成的国家制度和国家治理体系。实践告诉我们,只要坚持和完善中国特色社会主义制度,就一定能够实现国家治理体系和治理能力现代化。

"新中国70年取得的历史性成就充分证明,中国特色社会主义制度是当代中国发展进步的根本保证。"70年来,我们党领导人民创造了"当惊世界殊"的发展成就,用几十年时间走完了发达国家几百年走过的工业化进程,大踏步赶上了时代。与此同时,我国长期保持了社会和谐稳定、人民安居乐业,成为国际社会公认的最有安全感的国家之一。我们之所以能创造经济快速发展、社会长期稳定的奇迹,最根本的是因为党领导人民建立和完善了中国特色社会主义制度,不断加强和完善国家治理。

中央经济工作会议指出,我们有党的坚强领导和中国特色社会主义制度的显著优势,有改革开放以来积累的雄厚物质技术基础,有超大规模的市场优势和内需潜力,有庞大的人力资本和人才资源。这是我们战胜各种风险挑战的定力所在,也是中国经济稳中向好、长期向好的底气所在。制度优势是一个国家的最大优势。发挥好制度优势,运用好制度威力，我们就能攻坚克难，不断从胜利走向新的胜利。

更好发挥制度优势，需要不断推进社会主义制度自我完善、自我发展。"以数千年大历史观之，变革和开放总体上是中国的历史常态"。我国国家制度和国家治理体系，具有"坚持改革创新、与时俱进，善于自我完善、自我发展，使社会充满生机活力的显著优势"。着眼当前，无论是坚持"两个毫不动摇"，促进公有制经济和非公有制经济共同发展；还是改革分配制度，既做大"蛋糕"又分好"蛋糕"；抑或是推进经济体制改革，让"看不见的手"和"看得见的手"形成合力，都说明不断自我完善、自我革新，就能以制度优势激发经济社会发展的蓬勃活力。

更好发挥制度优势，需要更好贯彻以人民为中心的发展思想。习近平总书记强调，"中国共产党的一切执政活动，中华人民共和国的一切治理活动，都要尊重人民主体地位，尊重人民首创精神，拜人民为师"。坚持以人民为中心，既有"为了人民"的价值指向，又有"依靠人民"的深厚动力。世界最大的社会保障网，世界规模最大的教育体系，世界上减贫人口最多的国家……一项项成就，道出了千家万户追梦圆梦的喜悦，更激发起经济社会发展最广泛、最深层的动力。正所谓"人民是历史的创造者，是我们的力量源泉"，在新时代发展征程中，更好贯彻以人民为中心的发展思想，就能最大范围凝聚共识、最大程度激发力量。

知向何处则方向不惑，明所从来则动力充足。不断自我完善、紧紧依靠人民，就能更好发挥制度优势，实现经济快速发展和社会长期稳定相得益彰、相互补充，"中国之治"一定能不断跃上新水平，创造新的更大奇迹。

（2019年12月25日）

始于初心　成于坚守

宋　威

前不久读报，被两位老人的故事深深感动。退休老教师叶连平，退休近三十载仍坚守三尺讲台，为学生义务补课，被誉为余热生辉的"乡村烛光"；蒙古族老人班都，生活在气候干旱、环境恶劣的沙漠边缘，年逾八十仍坚持打井挖河，引水灌溉，像呵护孩子般照料着沙漠中的胡杨。育人、种树，不一样的选择，却有着一样的坚守。

两位耄耋老人看似单调的坚守，却收获众多点赞。在他们身上，那种为了心中目标而不吝付出的纯粹，那种甘于奉献而不畏清苦的精神，令人感动，也启人思考。

我们常说，不忘初心，方得始终。初心是什么？因职业不同、经历相异，每个人会给出自己的答案。对于叶连平来说，"学生满堂，桃李遍天下"是他的初心；对于班都来说，"我就想留在这里，这里的胡杨需要我"就是初心。初心，可以助人坚定信仰，激发奋斗的意志，即便历经艰难仍旧甘之如饴。"我一直按我入党宣誓的去做"。老英雄张富清在战争年代不怕牺牲、出生入死，在和平时期深藏功名、扎根大山，支撑他的正是那份宝贵的初心。

初心是奋斗的"原点"，坚守如同"半径"，唯有二者兼备，才能画好事业之圆、人生之圆。现实中，很多人一开始也拥有高远的目标、美好的愿景，最终却没有抵达目的地。究其原因，要么是走得太远、忘记了为什么出发，逐渐偏离了正常的轨道；要么是耐不住"板凳要坐十年冷"的寂寞，抵不住"乱花渐欲迷人眼"的诱惑，不愿花时间和精力去凿一口深井，自然也就难以品尝到成功的甘泉。事实证明，做任何事情都是始于初心、成于坚守，守得住、行得稳，才能积蓄力量、厚积薄发。

干事创业、为民造福，更需要守初心、担使命。今天我们开展"不忘初心、牢记使命"主题教育，正是为了教育引导广大党员干部永远铭记初心，永远不负使命担当，以用心坚守成就更大作为。不久前，中央和国家机关工委组织优秀驻村第一书记先进事迹巡回宣讲。这些驻村第一书记离开大城市，毅然投身脱贫攻坚一线，日夜奋战、摸爬滚打，为群众谋取实实在在的利益，用奋斗诠释共产党人的初心使命。一位驻村第一书记说，每每夜深人静，他时常自问："我来村里的初衷是什么？我为扶贫做了什么？"这样的省思与叩问，映照着为人民服务的赤子之心，启示我们该如何坚守自己的岗位。

每一次抵达，都意味着新的出发。以恒心坚守初心、用执着诠释坚守，坚定信念、勇毅前行，我们定能不断开辟发展的新境界，攀登人生的新峰峦。

（2019年12月19日）

安"清贫" 乐"正道"

郭牧龙

"心有三爱奇书骏马佳山水,园栽四物青松翠竹洁梅兰。"在位于江西省弋阳县的方志敏故居,方志敏画像两侧挂着方志敏青年时期亲手写下的这副对联,诉说着方志敏同志高雅之情趣、清白之追求。从《清贫》里"为革命而筹集的金钱,是一点一滴地用之于革命事业",到《可爱的中国》中"敌人只能砍下我们的头颅,决不能动摇我们的信仰",方志敏身上展现出来的为革命甘于清贫、为真理勇于牺牲的崇高品德,至今看来依然令人敬佩、备受鼓舞。

安"清贫",乐"正道",正是共产党人的鲜明品格。习近平总书记曾深情回忆:"我多次读方志敏烈士在狱中写下的《清贫》。那里面表达了老一辈共产党人的爱与憎,回答了什么是真正的穷和富,什么是人生最大的快乐,什么是革命者的伟大信仰,人到底怎样活着才有价值,每次读都受到启示、受到教育、受到鼓舞。"一代代共产党人安贫乐道、勇毅笃行,铸就了辉煌伟业,也锻造出垂范青史的精神丰碑。今天我们守初心、担使命,更加需要保持艰苦奋斗的情怀,激发坚守正道的自觉。

安贫是力量之源,也是对乐道的检验。方志敏说得好:"清贫,洁白朴素的生活,正是我们革命者能够战胜许多困难的地方!"从战争年代"红米饭、南瓜汤"的乐观豁达,建设时期"勒紧裤腰带搞生产"的自力更生,到如今"厉行勤俭节约,反对铺张浪费"的踏石留印,中国共产党之所以能不断战胜困难、不断成长壮大,靠的就是不畏困苦、艰苦奋斗。在生活富足的今天,崇尚艰苦奋斗不是要吃咸菜、喝白粥,而是要保持崇高远大的追求,拒当不思进取、坐享其成的守业者,保持那样一股"艰难困苦,玉汝于成"的创业劲头。以民为本,以廉为美,以清为荣,以干为乐,聚合起来的力量一定是谁也无法阻挡的。

乐道是事业之基,也是对安贫的升华。我们党是一个有9000多万党员、领导近14亿人民的大国执政党,每一个党员干部理论上是否清醒、政治上是否坚定、信念上是否牢固,关系重大、牵动全局。特别是,"四大考验""四种危险"长期存在,如果经不起检验,精神"钙质"就会流失,理想信念就会滑坡,个人追求就会趋于堕落,逐渐陷入安于现状、不思进取、贪图享乐的泥淖,在一片喝彩声、赞扬声中丧失革命精神和斗志。"千磨万击还坚劲,任尔东西南北风",信仰坚贞、信念坚定、信心坚决,任何时候都应倍加珍视。只有在培基固本上下足了功夫,不为困难所扰、不为矛盾所惑、不为利益所诱,党员干部才能练就金刚不坏之身,才会有强大的免疫力、战斗力。

荷出污泥而清雅,竹有虚心而高尚,松生贫瘠而威严。无论什么时候,"洁白朴素的生活"都不会过时,"愿意牺牲一切"的崇高信仰都值得尊崇。共产党员的安贫乐道,既是艰苦岁月的志存高远,也是和平年代的知止有定,更是复兴路上的凯歌以行。擦亮安"清贫"、乐"正道"的政治本色,必能凝聚起无坚不摧的精神动能。

(2019年12月17日)

从"接力跑"看初心传承

李 斌

最近,八任书记接力干、任任干出好成绩的浙江省三门县城西村火了。

自 1957 年建立党支部以来,章正合、金积贵、章以齐、叶加法、章宏将、章宏军、章平、章以家等八任书记团结带领党员群众,把一个落后的贫穷村建设成为村庄富强、农民富裕、乡风文明的小康村,打了一个跨越普遍贫困、实现全面小康的漂亮"翻身仗"。总结城西村的经验,"初心"无疑是最重要的一个关键词。

初心激发责任担当。一张张住房设计图纸,几任书记接力传递、接续奋斗,圆了村民们的安居梦;禁赌拒腐的两条铁规,几经修订完善成 2000 余字的村规民约,化作提升村风民风的无形力量……"只要是党组织定下来的事,不管接力到哪届班子、哪任干部手上,都要盯到底,直到见成效。"八任书记一任接着一任干、任任干出好成绩,这一场持续 62 年的"接力跑",充分体现了功成不必在我的境界和功成必定有我的担当。群雁高飞靠头雁,八任书记一颗初心连到底、为民实事办到底,成为农村发展"领头雁"的优秀代表,树起了守初心、担使命的榜样。

初心凝聚人心力量。我们党来自于人民,为人民而生,因人民而兴,人民是我们党执政的最大底气。从"把自己的事全都抛下,把乡亲的事放在最大"的先公后私,到"有事摊桌面、遇事要开会"的民主参与,再到"从未受过任何处分,没有被信访举报过"的廉洁自律,城西村党员干部为乡亲谋幸福的殷殷初心,凝聚起全村百姓强村富民的信心和意志。时间砥砺信仰,岁月见证初心。始终与人民心心相印、与人民同甘共苦、与人民团结奋斗,就能始终得到人民拥护,厚植党和国家事业的民心合力。

初心托举制度优势。农村富不富,关键看支部。党的基层组织是党的全部工作和战斗力的基础,党员干部守初心、担使命,党的领导的政治优势和制度优势才能充分释放出来。回顾城西村的创业史,历任党组织班子始终听党话、跟党走,在每个历史时期都不折不扣地落实好党的方针政策,把乡亲们对美好生活的向往作为奋斗目标,推动城西村实现了从穷到富、由富而强的历史巨变。今天我们强调不忘初心、牢记使命,就要从基层治理各领域各方面各环节体现初心、担当使命,把制度优势更好转化为治理效能,以为民谋利、为民尽责的实际成效取信于民。

所有的传承,惟理想信念、初心使命的传承最能持久也最为重要。在城西村,不仅新老干部"传帮带"成为一项传统,培养选拔后备干部也常抓不懈,确保了基层工作后继有人,让初心在薪火传递中持续散发芬芳。党的十九届四中全会提出,把不忘初心、牢记使命作为加强党的建设的永恒课题和全体党员、干部的终身课题,形成长效机制,这为锤炼党员、干部忠诚干净担当的政治品格筑牢了制度根基。教育引导广大基层党员干部坚守初心使命,充分发挥先锋模范、骨干带头作用,一定能进一步夯实基层基础,把党建设得更加坚强有力。

"只有不忘初心、牢记使命、永远奋斗,才能让中国共产党永远年轻。"城西村的筑梦故事生动说明,唯有守初心、担使命、永奋斗,方可告慰先辈,方可赢得民心,方可一往无前。光荣属于初心不改、奋斗以行的实干者,光荣属于意气风发、再创辉煌的未来中国。

(2019年12月13日)

"我自岿然不动"的战略定力

陈垂培

1928年秋,国民党军向井冈山黄洋界哨口发起进攻。坚守井冈山的少量红军将士,发动人民群众构筑"山下旌旗在望,山头鼓角相闻"的战略防线,最终取得了"黄洋界上炮声隆,报道敌军宵遁"的战斗胜利。"敌军围困万千重,我自岿然不动",这就是战略定力的宝贵价值。

回望历史,在中国革命、建设和改革的实践中,拥有坚定的战略定力,是中国共产党的鲜明特征、强大优势。习近平总书记强调:"战略问题是一个政党、一个国家的根本性问题。"党和人民的事业之所以始终立于不败之地,一个重要原因在于我们党战略上判断得准确,战略上谋划得科学,战略上赢得主动,遇到节点科学谋划、开创新局,遇到挑战冷静应对、化危为机,遇到困难精准研判、攻克艰险。在中国这样一个社会主义大国,在民族复兴曙光在前这样一个关键时刻,战略定力无疑是披荆斩棘、砥砺奋进的重要保证。

战略定力发源于对理想信念的忠诚坚守。对一项工作的极端负责,对一项事业的真正热爱,对一个目标前赴后继,靠的都是忠贞不渝的信仰信念。没有信仰就没有"主心骨",没有信念就会得"软骨病"。建设社会主义现代化强国、实现民族复兴的信心之本、力量之源,就在于坚守对马克思主义的信仰,坚守对中国特色社会主义的信念。无论过去、现在还是将来,共产党人为人民谋幸福、为民族谋复兴的初心不会变、恒心不会改。只要信仰有光芒、信念有定力，奋进身影就会愈战愈勇，逐梦征程就会所向披靡。

战略定力植根于对光明前景的远见卓识。"我自岿然不动"的战略定力，就是因为看到了光明的未来所以处变不惊、临危不乱，不会对眼前的困难和遭遇束手无策。在中国革命最艰难的时候，以毛泽东同志为代表的共产党人却眺望到胜利航船的"桅杆尖头"。苏东剧变后，当世界社会主义运动陷入低潮，以邓小平同志为代表的共产党人，坚持基本路线不动摇，走出一条中国特色社会主义的康庄大道。习近平总书记强调："全党要坚定道路自信、理论自信、制度自信、文化自信，继续沿着党和人民开辟的正确道路前进，不断推进国家治理体系和治理能力现代化。"走在正确的大路上，更加美好的未来等待中国人民奋力创造。

坚定战略定力，关键在于朝着既定目标笃定前行。"泰山崩于前而色不变，麋鹿兴于左而目不瞬。"心中有目标，脚下才有力量。当今世界正经历百年未有之大变局，面对国内外风险挑战明显上升的复杂局面，尤须呼唤"咬定青山不放松"的勇毅担当。脱贫攻坚如何再接再厉攻克深度贫困？产业基础高级化、产业链现代化的攻坚战，如何打得有声有色有成果？防治环境污染的决心，会不会因为经济增速放缓而有所减弱？笃定战略目标，保持战略定力，稳扎稳打落实好每一项改革发展任务，没有任何力量能够阻挡中国人民和中华民族的前进步伐。

"千磨万击还坚劲，任尔东西南北风"。胸怀大历史，阔步新时代，巍然屹立在世界东方的社会主义中国，必将创造让世界刮目相看的新的更大奇迹。

（2019年12月11日）

劳动者最美　奋斗者最幸福

徐文秀

2019年元旦前夕，习近平主席在新年贺词中为快递小哥深情点赞。春节前夕考察调研北京市时，他特意来到快递服务点，看望仍在工作中的快递小哥。在庆祝新中国成立70周年群众游行中，快递小哥的身影出现在"美好生活"方阵，成为今日中国发展画卷中的一道亮丽风景；作为普通劳动者中的新职业群体，快递小哥频频进入公众视野。

"平凡孕育着伟大。"快递小哥成明星，意料之外，又在情理之中。

劳动最光荣，奋斗最幸福。对快递小哥的礼赞，折射出社会对劳动和奋斗的格外崇尚。老舍先生曾经说过，不劳动，连棵花也养不活，这难道不是真理吗？脱离劳动创造奢望一夜暴富，或者靠歪门邪道、旁门左道等捷径来致富，到头来只会是竹篮打水一场空。五彩斑斓的世界靠劳动来创造，一切美好生活靠奋斗来获得。无论是体力劳动还是脑力劳动，都值得尊重和鼓励。快递员是这些年涌现出来的新职业之一，快递小哥常年风里来雨里去，奔走在大街小巷，穿梭于车水马龙，勤勤恳恳、任劳任怨。对快递小哥的赞许和推崇，其实就是对劳动创造幸福生活的赞许和推崇，擦亮了"劳动最光荣、劳动最崇高、劳动最伟大、劳动最美丽"的价值底色。

劳动者最美，奋斗者最幸福。快递小哥是普通劳动者的剪影。对快递小哥的青睐，透视出人们对普通劳动者的尊重和欣赏。工作无贵贱，行业无尊卑。从"宁肯一人脏，换来万人净"的环卫工人时传祥、"公交车有终点，服务没有终点"的公共汽车售票员李素丽，到"人民楷模"称号获得者朱彦夫、李保国，新中国成立70年来，千千万万普通劳动者积极投身社会主义革命、建设、改革伟大实践，辛勤劳动、诚实劳动、创造性劳动，助力整个国家创造出改天换地、彪炳史册的发展奇迹。普通劳动者是社会财富的创造者，是社会生活中缺不了、少不得、离不开的群体。这些年，大学保安奋发图强考上名牌大学，快递小哥脱颖而出夺得诗词大会冠军，中国技工刻苦钻研勇夺世界技能大赛冠军，类似新闻不绝于耳，让人们见证了普通劳动者的大美。

对快递小哥的厚爱，也反映出社会的进步和文明的提升。有社会学家说过，一个社会对待基层群体的态度就是这个社会的文明程度。在社会主义大家庭里，人没有高低贵贱之分，职业同样没有高低贵贱之别，每个人都享有人格尊严，对每个职业选择都应该报以平等相待的目光。想当年，刘少奇同志在人民大会堂接见时传祥时说：你当清洁工是人民的勤务员，我当主席也是人民的勤务员，这只是革命分工的不同。如今中国特色社会主义进入新时代，普通劳动者获得了越来越多的国家赞誉和社会尊重。

新时代的劳动者是伟大的追梦者。心怀梦想的人，都值得大家肃然起敬。有梦想的人多了，国家就有力量，社会就会进步，梦想就能照亮祖国的天空。全社会都崇尚劳动、崇尚奋斗，汇聚起来的逐梦力量就将奔腾不息，社会前进的步伐就会更加铿锵有力。

（2019年12月10日）

共产党人的"特长"

马祖云

为民服务解难题,是"不忘初心、牢记使命"主题教育的具体目标之一。第二批主题教育中,多地坚持从群众关切出发,着力解决群众的操心事、烦心事,以为民谋利、为民尽责的实际成效取信于民,传递出浓浓的人民情怀。

习近平总书记曾这样概括自己的执政理念:"为人民服务,担当起该担当的责任。"全心全意为人民服务是党的根本宗旨,是我们党自成立以来赓续至今的优良传统。立党为公、执政为民,既是一种红色基因,连接着历史与现实,也蕴藏着无穷力量,激励着一代又一代共产党人攻坚克难、一往无前。对广大党员干部来说,为人民服务,就是自己的"特长"。

这样的"特长",映照着用鲜血染红的如磐初心。回望峥嵘岁月,"为有牺牲多壮志"。无数仁人志士为了实现民族独立、人民解放,舍生忘死、血染山河,开创出"一唱雄鸡天下白"的光明前景。据不完全统计,1921年至1949年,党领导的革命队伍中,有名可查的烈士就达370多万名。开国大将徐海东的宗亲中,有66位亲人为革命献身。近代以来,没有一个政党能像我们党这样,为国为民作出如此巨大的牺牲。共产党人的初心,是以理想书写、用鲜血染红的,是靠信仰坚守的。

这样的"特长",坚定着以奋斗铸就伟业的人民立场。新中国成立之初,面对满目疮痍的破败景象,共产党人激扬"敢教日月换新天"的豪迈气概,带领人民顽强拼搏,绘制出奋发图强的幸福画卷。70年披荆斩棘,70年砥砺奋进,我们与时俱进不断增强人民的获得感、幸福感、安全感。今天,我国已稳居世界第二大经济体,累计完成减贫7亿多人,实现基本医保覆盖率超过95%,基本养老保险已覆盖超过9.5亿人……一个个数据,诠释了共产党人始终坚持以人民为中心的发展思想。情系人民、造福于民,我们交出了一张张无愧于时代、无愧于人民的答卷。

这样的"特长",激励着共产党人舍我其谁的担当精神。新中国成立以来,无数优秀干部以"一枝一叶总关情"的情感为民倾心,以"俯首甘为孺子牛"的姿态为民奉献,以"泰山压顶不弯腰"的担当为民作为,充分展示出人民公仆的崇高形象。带领兰考群众治"三害"、拔穷根、建家园的楷模焦裕禄,引领员工大胆试、大胆闯、大胆干的改革先锋袁庚,驻山村、献青春、奋力脱贫攻坚的年轻干部黄文秀……历史时期虽有不同,但在共产党人的精神手册中,为了人民别无所求、造福人民勇于担当、建功人民前赴后继的境界与追求,是一以贯之、传承至今的。

"人民就是江山,江山就是人民。"牢记全心全意为人民服务的根本宗旨,以坚定的理想信念坚守初心,努力发挥为人民服务的"特长",我们就能汇聚起坚不可摧的力量,走好我们这一代人的长征路,创造更加幸福美好的生活。

(2019年12月03日)

抱持事业心态

柳 杰

1960年，一纸命令将程开甲调入北京，加入中国核武器研究队伍，他从此在学术界销声匿迹，却在西北戈壁滩带出10位院士和40多位将军，被人们称作"核司令"。在遭受重重封锁的情况下，于敏接受研制氢弹的任务，先后3次与死神擦肩而过，最终罗布泊沙漠腹地的一声核爆惊雷，为他赢得"氢弹之父"的称号。

回顾新中国70年历程，功勋人物不胜枚举，而且都有一个共同的特点：立足自身岗位，不满足于守成，不屑于安逸，把有限的生命投入到无限的爱国奉献事业中。不忘初心，上下求索，为伟大事业贡献毕生精力，同时也成就了光辉人生与不凡功绩。面对工作，或以为职业，或以为事业。二者虽一字之差，却折射出不同的价值追求与人生格局，成为决定人生意义的重要分水岭。

抱持职业心态的人，往往视之为养家糊口的谋生手段，考虑更多的是经济报酬和人生的阶段任务，斤斤计较于付出最小化、回报最大化。任由职业目标功利化发展，忙于守"自留地"、打"小算盘"，进步空间必然变得狭窄。把工作当事业的人，往往只问耕耘不问收获。他们将工作与自己的人生目的、人生价值、人生幸福融合为一体，对所从事的行业和岗位发自内心热爱，在工作上迸发出一种强烈的责任感和使命感。正因为笃定了事业心而不只是职业心，才能坚定执着守好每班岗、心无旁骛地干好每件事，才能从工作中寻找幸福、体味人生、感悟神圣。

职业和事业是不能截然分开的，职业是事业的基础，事业是职业的升华。很多人能达到忘我工作、不懈进取的事业境界，得益于不断打磨职业技能、锤炼职业价值、涵养职业情感。"两弹一星"元勋钱三强说过，古往今来，凡成就事业，对人类有所作为的，无一不是脚踏实地、艰苦攀登的结果。知之深才能爱之切，只有品尝得了职业过程中的任何酸甜苦辣，才能坚定职业选择，在不断追求、不断攀登、不断超越中实现事业升华。涵养事业心态，关键就在于将对职业的热爱化为对事业的坚守，在积极地、主动地、创造性地劳动中，实现职业价值，为社会作出贡献。

从选择职业到铸就事业，理想信念的导引作用同样显著。古人早就说过，"举而措之天下之民，谓之事业"。在党的干部队伍中，曾出现过一个叫做"南下干部"的特殊群体。1948年，中央作出了"调干南下"的重大决策。"南下干部"大多在解放区刚刚过上安定的生活，但为了革命需要，他们毅然告别家乡和亲人，重返硝烟战场，完成了随军筹粮、城市接管、组建政权、支前土改、剿匪反霸、生产建设等各项重大任务。从他们身上，我们看到了"随时准备为党和人民牺牲一切"的忠贞信仰，看到了"舍小家顾大家"的无私胸怀和"功成必定有我"的历史担当。党的旗帜引领，心中的信仰召唤，化为无数共产党人前赴后继的勇毅行动，托举起经得起历史检验的辉煌事业。

"行非常之事，乃有非常之功"。民族复兴曙光在前，处处都有干事创业的机遇，处处都是大显身手的舞台。陶冶事业心态，激发职业担当，无论职位高低，不管岗位轻重，平凡的职业历练一定会成就不平凡的事业，中国梦必将如美丽画卷般渐次展现在我们眼前。

（2019年11月28日）

确保中国经济航船行稳致远

周人杰

看待当前的中国经济发展,需要坚持辩证法的观点,稳妥处理战略与战术的关系。战略上,观全局、察大势,信心满满,保持定力,一切前进中的困难不过是"纸老虎",总体上看好、看多中国经济。但在战术层面,又必须时刻居安思危、未雨绸缪,树立起风险意识与底线思维,坚持正确工作方法,确保中国经济航船行稳致远。

应当看到,在前三季度稳中有进基础上,10月份主要经济数据继续处于合理区间,但部分指标出现了一定波动,经济面临下行风险压力。从国际情况看,今年以来,国际货币基金组织连续5次下调世界经济增长预期。面对错综复杂的内外部环境,我们要有效防范化解重大风险,坚持问题、目标、结果导向,运用改革开放的办法解决发展中的困难和问题,一步步攻坚克难,一招招克敌制胜。

把解决突出问题作为工作重点。因地制宜落实宏观调控,第一位的就是要精准识别风险隐患点,逐个排除、一一击破。比如,各地共性问题主要是有效需求不足,但有的是制造业和民间投资不力,有的是消费尤其是农村消费不振,还有的是对转移的产能"接招"不够。对此要明确主攻方向、有所侧重,科学组合政策、配置火力,及时对症下药、靶向施策。

对照全年目标任务找差距、补短板。各地的经济和社会发展年度计划,是对人民群众的庄严承诺,是有法律刚性约束力的,必须尽全力实现目标、完成任务。比如有的地方基层财政压力增大、收支矛盾凸显,就要加快改善营商环境,力促制造业企业安心专心做好生产经营。再如对影响民生的重要商品的保障,必须层层分解任务、层层对表考核,不遗余力做好保供稳价。只有把差距落实为责任、把短板转化为动力,"六稳"工作才能不落空、不打折。

力戒形式主义、官僚主义,以工作实效作为衡量标准。无论深入推进供给侧结构性改革,还是坚定不移打好三大攻坚战,都贵在一个"实"字,也都难在一个"实"字。比如,有的地方结构性去杠杆喊得震天响,但落到属地责任又顾虑多、留一手;有的地方关键核心技术攻关方案做得漂亮,可在项目审批、人才引进上"关卡"还不少。集中精力办好自己的事,必须利用倒逼机制,一件件压茬推进,确保主要经济指标实现稳中有进。

为官避事平生耻。年终将近,做好当前经济工作,既要有战略上的乐观自信,又要有战术上的只争朝夕、奋力拼搏。各级领导干部都要清醒认识到,"不简单以 GDP 论英雄"不等于"不要 GDP",而是强调要更全面、更高质量的发展,我们肩上的担子不是变轻了,而是更重了,更需要人人敢于担当、人人勤勉任事。在党中央的集中统一领导下,尽心竭力、稳扎稳打,我们一定能将社会主义制度优势和市场经济资源配置优势结合好、发挥好,为 2020 年全面建成小康社会打下更坚实基础。

(2019 年 11 月 26 日)

"战略性看多中国经济"

李 拯

这段时间,"买买买"让世界见识中国的超大规模消费市场。先是在第二届中国国际进口博览会上,累计意向成交711.3亿美元,比首届增长23%;接着是"双11"带来网购狂欢,各大电商平台交易数据均创新高,成就"全世界最热闹的网上购物节"。从世界工厂到世界市场,中国向世界展现巨大的消费能力。

强劲的消费,也折射出中国经济的韧性与活力。近日公布的10月份统计数据显示,增长、就业、物价以及国际收支等主要指标,仍然运行在合理区间内,经济运行总体上保持了总体平稳、稳中有进的发展态势。与此同时,一些指标出现短期波动,外部不确定性因素增加。那么,如何正确看待中国经济的发展?

要判断中国经济发展的成色,就要放在世界的坐标中来观察。在世界经济整体下行的大背景下,中国经济前三季度仍保持了6.2%的中高速增长;在世界贸易增速持续下降、贸易摩擦并未解除的情况下,中国前10个月进出口仍保持可观的增长;在全球资本流动规模萎缩的情况下,中国前三季度利用外资同比仍增长6.5%……从世界范围来看,中国的发展成绩可谓逆势上扬、来之不易,在主要国家里仍然是最好的。正因为此,很多经济界人士在逐步形成一个方法论共识:看待中国经济,不能被短期指标牵着鼻子走,而应从长远大势坚定看多中国经济。很多人把这种方法论称之为"战略性看多中国经济"。

"战略性看多中国经济",因为中国完全有条件应对暂时波动,赢得长远发展优势,正所谓"长期有基础,短期有支撑"。经过多年发展,中国积累了雄厚的物质技术基础,基础设施日益完善,产业体系逐渐完备,人力资源非常丰富,高素质人才不断增加,市场规模也在培育壮大。除此之外,中国还有一个独特优势,那就是中国之大。中国不仅有超大规模,而且有战略纵深、腾挪空间,能适应变化、自我进化。

"战略性看多中国经济",因为中国完全有能力完成经济的深度调整,推动经济发展转型升级。前10个月数据中,有一个"反差"耐人寻味:尽管固定资产投资同比增长略有回落,但高技术产业投资保持了两位数增长,包括高技术制造业、高技术服务业,都保持14%左右的增长。这说明在经济下行压力之下,中国经济正在书写另一个意义更为重大、影响更为深远的故事——这就是产业的升级、动能的转换。继续推进供给侧结构性改革、发展方式转变、经济结构调整,就能解决经济运行的深层次、结构性问题,用短期阵痛换来长远优势,为中国经济持续健康发展打下坚实基础。

"战略性看多中国经济",因为与中国共同成长才能赢得未来。国际金融危机10多年以来,经济界早已形成两个共识,一个是,凡是离开中国的人都失去了中国市场的机会;另一个则是,投资中国就是投资未来。尽管中国已经取得了巨大发展成就,未来的成长空间仍然十分巨大。经济史上的无数次波动也都说明,长期乐观主义才是最后的胜利者。保持长期乐观,与中国共同成长,必将获得更多机遇。

中国经济是一片大海,而不是一个小池塘。保持战略定力和历史耐心,战略性看多中国经济,就不会为一时波动变化所惑,不会为一时杂音噪音所困,从而凝聚起坚定信心和改革动能,推动中国经济实现转型升级、走向更高境界。

(2019年11月19日)

迸发新时代爱国主义伟力

李 斌

"你属于你的祖国,正如你属于你的母亲。"热爱祖国,为祖国的前途命运而奋斗,是新时代赋予每个人的职责。

"弘扬爱国主义精神,必须把爱国主义教育作为永恒主题。"庆祝新中国成立70周年之际,中共中央、国务院印发《新时代爱国主义教育实施纲要》,提出弘扬爱国主义精神,推动爱国主义教育融入贯穿国民教育和精神文明建设全过程。这一重要纲要,对于振奋民族精神、凝聚全民族力量实现中华民族伟大复兴的中国梦,具有重大意义。爱国主义教育是在思想灵魂里搞建设,固本培元离不开建构引领,凝心铸魂尤需成风化人。唱响爱国主义赞歌,坚持全员全过程全方位育人,必将迸发出排山倒海的新时代爱国主义伟力。

爱国主义是中华民族情感系于斯、认同归于斯的民族心、民族魂。"你是中国人吗?你爱中国吗?你愿意中国好吗?"1935年,南开大学张伯苓校长用"爱国三问",鼓励青年人奋发图强。从五四运动"国土不可断送、人民不可低头"的豪迈誓言,到抗日战场"一寸山河一寸血"的御侮奋争,从建设时期"地动三河铁臂摇"的热火场景,到改革开放"团结起来,振兴中华"的万众齐心,爱国主义激励着一代又一代中华儿女自强不息、不懈奋斗,托举起有着"可赞美的光明前途"的中国。今天我们为什么更加重视爱国主义?因为"爱国心为立国之要素",因为"我们是国家的主人,应该处处为国家着想",更是因为"爱国是本分,也是职责"。

爱国主义也是政治认同、历史认同、文化认同的生动体现。加强新时代爱国主义教育,只有突出思想武装才能增进认同、坚定信念。中国共产党为什么"能"、马克思主义为什么"行"、中国特色社会主义为什么"好"?红色政权是从哪里来的,新中国是怎么建立起来的?对这些问题形成深刻认识,有助于坚定干部群众对中国特色社会主义的道路自信、理论自信、制度自信、文化自信,进一步激发全体人民爱党、爱国、爱社会主义的巨大热情。习近平总书记深刻强调:"只有坚持爱国和爱党、爱社会主义相统一,爱国主义才是鲜活的、真实的,这是当代中国爱国主义精神最重要的体现。"

一代人有一代人的奋斗,一个时代有一个时代的担当。和平年代远离了烽火硝烟,但存亡考验仍然有;时代潮流消弭了剑拔弩张,但风险威胁依然在。难以设想,面对当今世界百年未有之大变局,一个没有爱国主义强大支柱的民族,如何屹立于世界民族之林。爱国主义,是我们在新时代标定梦想航向的船舵、阔步强国征程的路标。加强新时代爱国主义教育,必须深刻把握实现中华民族伟大复兴中国梦这一鲜明时代主题,着眼培养担当民族复兴大任的时代新人,激发全体人民爱党爱国爱社会主义的巨大热情,凝聚同心筑梦、奋斗圆梦的磅礴伟力。

"以身许国,何事不可为?"《新时代爱国主义教育实施纲要》提出,弘扬爱国主义就要倡导知行合一,推动爱国之情转化为实际行动。新时代的长征路,呼唤每一位实干家、追梦人、建设者,以爱国主义为坚定信念、精神力量和自觉行动,主动融入祖国改革发展的伟大事业之中、融入人民创造历史的伟大奋斗之中,齐心协力走向中华民族伟大复兴的光明前景。爱国之情绵延不绝,强国之志生生不息。

(2019年11月14日)

开放,让上海拔节生长

何鼎鼎

第二届中国国际进口博览会落下帷幕,四方宾客乘兴而来、满意而归。上海,再次以开放的气质、创新的品格、包容的气度,为世界打开了一扇认识中国、走进中国的窗口。

大都会、洋气、中西合璧、海派文化……都是对上海耳熟能详的描述。而蕴藏其中的,正是"开放"这个关键词。不积小流,无以成江海;没有开放,无以成上海。如今超高建筑林立的陆家嘴,当年只是阡陌农田。时光是魔术师,但真正发力的那只手,是开放。应开放而生、因开放而兴,开放的品格成就了上海的拔节生长。

上海的海纳百川,不是暂时的取舍,是始终不变的姿态。170多年前,开埠后的上海,就抓住"大航海时代"开辟的"全球化1.0"机遇,让原本只是打鱼纺纱的小地方,驶入城市发展快车道,并在数十年之后成长为"远东第一大都市";上世纪90年代初,开发浦东的上海干部,大胆地提出"站在地球仪旁思考浦东开发",硬是在浦西的万国建筑群对面,开辟出让全球顶尖公司抢滩逐鹿的新疆场;今天,从世博会到进博会,上海更是在"全球城市"的基础上,提出要建设"卓越的全球城市","对标国际最高标准、最好水平"成了它的新座右铭。

从中国地图上看,上海处于长江与东海的交汇处,襟江面海,得天独厚。但开放所指,不只地理位置,更是心理位置;不是一句口号,而是一个动词。去年，习近平主席在首届进博会上对上海提出的3条进一步开放要求，上海已基本落实。瞄准"更高水平开放"，上海跑出了加速度。从沪港通到沪伦通，上交所马不停蹄，打开通向世界的新通道；从上海自贸区到临港新片区，改革的"试验田"还在生长，对外开放的圆越画越大。据世界银行发布《2020年营商环境报告》显示，中国营商环境全球排名从去年的四十六位跃升至今年的三十一位，上海权重占55%，这是不可忽视的"上海分量"；特斯拉上海超级工厂从签约、拿地到开工，只花了不到半年时间，这是让世界惊叹的"上海速度"。

"长江、尼罗河、亚马孙河、多瑙河昼夜不息、奔腾向前，尽管会出现一些回头浪，尽管会遇到很多险滩暗礁，但大江大河奔腾向前的势头是谁也阻挡不了的。"这是中国对经济全球化的深刻判断，也是对这个时代开放潮流的深刻洞察。在这条大江大河中，总有站在潮头浪尖者，引领开放风气之先。上海推出的扩大开放100条落地生根，其他城市也纷纷试行扩大开放的新举措；上海自贸区改革作出诸多创新型探索，310多项制度创新成果渐次在全国复制推广。开放，不仅是对外开放，也是向内打开。我们需要更多城市与整个国家一起，打开视野、放眼世界，迈开步子、走向世界。

1995年，美国前国务卿基辛格到上海参观，在东方明珠电视塔上无限感慨：西方报纸说浦东开发只是一种姿态，但我看了浦东的规划后，觉得你们是实际行动，不是空话。今天，走出"四叶草"，世界各国参展商正准备在中国大展身手。"拉手"而不是"松手"，"拆墙"而不是"筑墙"，中国开放的大门不会关上，一定会越开越大。

（2019年11月12日）

大江大河,奔腾向前

彭 飞

去年首届中国国际进口博览会上,有 100 多家美国企业参展,3.6 万多平方米的参展面积位列前 3 名。今年,美国企业更加踊跃,报名参展的数量超过 190 家,参展面积达到 4.75 万平方米,居各参展国首位,由此可以看出美国企业对中国市场的重视和热情。这也从一个侧面表明,合作共赢始终是世界发展的主旋律,经济全球化始终是不可阻挡的大趋势。

"长江、尼罗河、亚马孙河、多瑙河昼夜不息、奔腾向前,尽管会出现一些回头浪,尽管会遇到很多险滩暗礁,但大江大河奔腾向前的势头是谁也阻挡不了的。"在第二届中国国际进口博览会开幕式主旨演讲中,习近平主席以气势磅礴的江河为喻,深刻揭示了经济全球化的不可逆转。在贸易保护主义和逆全球化思潮泛起的背景下,这一登高望远的判断,更加深邃厚重,更显责任担当。

经济全球化是人类社会科技进步和生产力发展的必然结果。回看历史,第一次工业革命催生国际分工,英国棉纺厂加工来自世界各地的棉花,棉布成为最早的全球化商品。上世纪 70 年代以来,信息技术革命席卷全球,以互联网为代表的数字经济使得人们生活在一个互为邻里的"地球村"中。面向未来,人工智能、大数据、量子通信、区块链等新一轮科技革命和产业变革正在积聚力量,它们本身所具有的开放、共享等特征,将进一步推动经济全球化深入发展。这是历史规律,也是时代潮流,不可能以人的意志为转移。

在生产要素自由流动的全球市场中，不同国家能够充分发挥自身优势，开展良性竞争，在互通有无中积累财富，改善国民生活。中国的进博会就是典型的例子。以进博会为平台，来自孟加拉国贫困地区的手工黄麻工艺品摆进上海商场的橱窗，美国夏威夷的新鲜水果现身中国的茶饮店，意大利企业的"网红"小家电牵手中国电商……自由贸易创造了真正的双赢、多赢局面，经济全球化进程极大促进了财富增长和社会发展。"智者建桥梁，愚者筑高墙"，倘若以邻为壑、故步自封，甚至把一己之利凌驾于人类利益之上，最终只能是损人不利己。

经济全球化不可阻挡，各个国家渴望和平与发展的心愿也不可阻挡。新中国成立70年来特别是改革开放40多年来，积极融入全球市场、参与国际分工，逐渐发展成为全球第二大经济体。如今，更多发展中国家希望汲取中国成功的经验，期待在公平有序的国际环境中扩大对外开放，深度参与经济全球化进程，进而在国际贸易中创造更多财富、改变国家命运。没有谁能够阻挡世界各国人民迈向美好生活的脚步，也没有谁能抑制世界各国人民对和平、发展、进步的渴望。

曾担任国际货币基金组织总裁的拉加德这样评价进博会："今天的中国正在搭建三座桥：通往世界之桥，通往繁荣之桥，通往未来之桥。"中国是经济全球化的坚定维护者，是自由贸易的坚定捍卫者，更是人类社会美好未来的忠诚守望者。中国开放的大门只会越开越大，并将以更多务实行动和举措，助力经济全球化的时代浪潮长河浩荡、奔腾不息。

（2019年11月06日）

在日常生活中养成好品行

郭牧龙

"建筑人格长城的基础,就是道德。"道德不仅是和谐社会秩序的基石,对个体而言,也是自我修为的价值彰显、人格魅力的美丽呈现。

中华民族历来重视个人品德修养,一直强调"修、齐、治、平"传统。社会主义核心价值观从个人层面提出"爱国、敬业、诚信、友善",要求弘扬个人品德、磨砺个体品行。《新时代公民道德建设实施纲要》提出,"推动践行以爱国奉献、明礼遵规、勤劳善良、宽厚正直、自强自律为主要内容的个人品德,鼓励人们在日常生活中养成好品行。"这一鲜明主张,充分反映了新时代对公民个人品德提出的新的更高要求,为促进社会全面进步、促进人的全面发展指明努力方向。

个人品德是公民个人在修养身心、规范举止方面的道德依循,与社会公德、职业道德、家庭美德,形成了由全体到个体、由外在到身心的完整道德链条。"核潜艇之父"黄旭华执着于爱国奉献,"隐'功'埋名三十载,终生报国不言悔";在抗美援朝战场上失去四肢和左眼的朱彦夫,几十年奋斗不止带领老百姓蹚出脱贫新路;"小巷总理"的武荷香,把社区当成自己家,把社区居民当亲人……一个个榜样楷模,让人们感动于爱国奉献的家国大义,知晓了明礼遵规的文明法则,读懂了勤劳善良的奋斗之美,领略了宽厚正直的德性纯真,感受到自强自律的人格光辉。"美德好比宝石,它在朴素的背景衬托下反而更加美丽"。高尚的个人品德修养，足以让一个人终身受益。

"君子敬以直内，义以方外，敬义立而德不孤"。"德不孤"，首要在于发挥个体主观能动性，发乎真心地讲道德、尊道德、守道德，从我做起、从现在做起、从小事做起。有人说得好："一个人做了这样或那样一件合乎伦理的事，还不能说他是有德的，只有当这种行为方式成为他性格中的固定要素时，才可以说他是有德的。"这提醒人们，锤炼个人品德，必须时时处处地提升，持久不懈地发力。一两件事上挺身而出见义勇为值得点赞，一辈子崇德向善、践行道义也值得敬佩。让个人品德积累于一点一滴中，绵绵用力、久久为功，善行义举必将蔚然成风。

自律之外，他律不可忽视。实践表明，放任自流不是文明养成之道，一个社会整体文明素养的演进，往往都是依法治理、持续管理的结果。"醉驾入刑"，推动"开车不喝酒，喝酒不开车"蔚然成风；立法强制垃圾分类，节约资源渐成文明时尚；以法治破解高铁"霸座"，无赖行径受到严惩……好品行、好风尚，既需要个体主动作为，也需要榜样引领示范，还需要法律法规的强力托底。法律是成文的道德，道德是内心的法律。发挥法治对道德建设的保障和促进作用，把道德导向贯穿法治建设全过程，方能以法治的力量维护道德、凝聚人心，推动全民道德素质和社会文明程度达到新高度。

"道不可坐论，德不能空谈。"道德建设能否成风化人，有赖于多做细致入微的实功，不务大而空泛的虚名。每一个小我点亮一盏明德惟馨的心灯，簇起一团崇德向善之火，成就以德兴国的中国力量，必能为中国特色社会主义事业提供源源不断的精神动力和道德滋养。

（2019年11月01日）

做守家庭美德的好成员

石 羚

"读书，起家之本；循理，保家之本；和顺，齐家之本；勤俭，治家之本。"中华民族有着深深的家庭情结，注重家庭、注重家教、注重家风，注重发扬家庭美德、促进家庭和睦。

习近平总书记强调："家庭教育涉及很多方面，但最重要的是品德教育，是如何做人的教育。"作为公民道德建设的关键一环，家庭的作用不可或缺。中共中央、国务院印发的《新时代公民道德建设实施纲要》，明确提出"推动践行以尊老爱幼、男女平等、夫妻和睦、勤俭持家、邻里互助为主要内容的家庭美德，鼓励人们在家庭里做一个好成员"。新时代新征程，培育家庭美德，崇尚良好家风，才能为家庭谋和谐、为他人送温暖、为社会作贡献。

家庭不仅是婚姻关系、血缘关系的呈现，也是道德践履的平台、品德养成的起点。在古代，孝悌恭敬是伦理道德的重要范畴，立业兴家是人生奋斗的基本追求。今天的生活格局虽然发生巨变，但作为拔苗育穗的温室、幸福生活的港湾、安享晚年的依托，家庭的功能没有变化，"家和万事兴"的道理并未过时，家庭美德建设依然至关重要。作为社会生活的"练兵场"，从价值观到财富观，从文明习惯到是非判断，家庭生活在潜移默化中塑造着每个人的行为方式。亲子、夫妻、兄弟姐妹各自担起自己的家庭责任，一方容身之所才称得上温暖和睦的"家庭"。

有什么样的家风，就有什么样的家庭。"积善之家，必有余庆"。家风中既有传统文化的延续传承，也有现代生活的生成聚合。家庭美德建设，不仅需注重发扬光大中华民族传统家庭美德，也要紧密结合培育和弘扬社会主义核心价值观。《新时代公民道德建设实施纲要》明确提出：要弘扬中华民族传统家庭美德，倡导现代家庭文明观念，推动形成爱国爱家、相亲相爱、向上向善、共建共享的社会主义家庭文明新风尚，让美德在家庭中生根、在亲情中升华。一方面传承中华孝道，养成孝敬父母、尊敬长辈的良好品质，另一方面倡导忠诚、责任、亲情、学习、公益的理念，让家庭成员相互影响、共同提高，就能涵养好家风，建设好家庭。

有什么样的家教，就有什么样的个人。家庭是人生的第一所学校，追求家庭和顺美满，关键要用良好家教家风涵育道德品行。爱国华侨陈嘉庚兴巨资办学却对家人很"抠门"，勤俭家教让子女养成了和他一样的公益情怀；人民教育家于漪耕耘教坛60多年，儿子、孙女在她的熏陶下相继走上教师岗位。家教家风与家庭美德绝不仅仅是居家生活的相处之道，更连通着国家发展和社会和谐。缺少必要的正确家教，家庭就会成为人性弱点的避风港、不良风气的滋生地。重言传、重身教，教知识、育品德，以身作则、耳濡目染，用正确道德观念塑造美好心灵，新时代的家庭就将绽放出美丽的道德光芒。

"我们要重视家庭文明建设，努力使千千万万个家庭成为国家发展、民族进步、社会和谐的重要基点，成为人们梦想启航的地方。"家庭向善，国家向上。让美德植根每个家庭成员心灵，以千千万万家庭的好家风支撑起全社会的好风气，每个人、每个家庭都将为中华民族大家庭作出贡献，为实现中国梦凝聚力量。

（2019年10月31日）

做有职业道德的好建设者

李洪兴

一砖一瓦砌成事业大厦，一点一滴创造幸福生活。世间一切美好，往往都蕴含着职业道德的光芒，凝聚着建设者的品德风范。

一个推崇敬业乐业的民族，必定是令人肃然起敬的民族；一个弘扬职业理想的社会，必定是一个活力涌流、文明进步的社会。近日发布的《新时代公民道德建设实施纲要》要求，"推动践行以爱岗敬业、诚实守信、办事公道、热情服务、奉献社会为主要内容的职业道德，鼓励人们在工作中做一个好建设者"。明确职业道德内涵、倡导践行职业道德，不仅是新时代公民道德建设的重要内容，也是培育和践行社会主义核心价值观、弘扬民族精神和时代精神的内在要求，对于推进中国特色社会主义事业、建设社会主义现代化国家具有重要意义。

"敬事而信""执事敬"，敬业品德中国自古有之。在今天我们这个礼敬崇高职业理想、张扬高昂奋斗精神的社会主义大家庭，在"劳动最光荣、劳动最崇高、劳动最伟大、劳动最美丽"的新时代，职业道德的重要性不言而喻：不仅其本身是一笔宝贵的社会精神财富，更直接引领社会物质财富的创造；不仅厚植起个人安身立命的坚实基础，更为强国建设、复兴征程注入澎湃活力。在新时代培养担当民族复兴大任的时代新人，一个重要内容就在于以职业道德建设引领行业文明进步，让高尚的职业情操、坚实的职业奉献，为社会文明风尚凝心聚力，为经济高质量发展固本培元。

"尽职者无他,正己格物而已。"精益求精为火箭焊接发动机的"铁裁缝"高凤林有句名言:"顶天立地是为工,利器入门是为匠。"从"最美奋斗者"到"共和国勋章"获得者,无不在各自岗位上取得了非凡成就,在共和国发展征程上立下了不朽功勋。他们身上散发出来的职业之光,充分诠释出以爱岗敬业、诚实守信、办事公道、热情服务、奉献社会为主要内容的职业道德。弘扬职业道德,真正做到干一行爱一行钻一行,就要在脚踏实地的同时仰望星空,从刻苦工作中领略到高尚情操、体现出价值意义。工作即是事业,事业即是爱好,爱好滋润品德,品德回馈工作。职业价值和职业品德,正是我们参与工作、参与劳动的意义所在。

"凡职业没有不是神圣的,所以凡职业没有不是可敬的。"有了职业道德的托举,"伟大出自平凡,平凡造就伟大"的奋斗哲理更显深刻有力。加强职业道德建设,对个人而言,意味着砥砺职业操守、恪守职业本分、干好本职工作,每件事、每个细节、每项产品力求无愧本心;对社会而言,需要弘扬道德楷模精神、营造爱岗敬业氛围,形成学有榜样、行有示范的良好风气;对国家而言,也需要完善政策、搭建平台、健全机制,让广大劳动者敢想敢干、敢于追梦。当崇高的职业道德落实为掷地有声的职业行动,实现中国梦就有了强大精神力量和道德支撑。

马克思说,历史承认那些为共同目标劳动因而自己变得高尚的人是伟大人物;经验赞美那些为大多数人带来幸福的人是最幸福的人。新时代是奋斗者的时代。坚守职业道德,奋斗职业理想,我们就能以职业贡献为荣,追逐人世间的美好梦想,抵达生命里的辉煌。

(2019年10月30日)

做讲社会公德的好公民

李 斌

"人而无德,行之不远。"一个社会文明有序,既靠先善其身的私德,也离不开相善其群的公德。

新时代公民道德建设,"要把社会公德、职业道德、家庭美德、个人品德建设作为着力点"。近日,中共中央、国务院印发《新时代公民道德建设实施纲要》,明确阐释新时代公民道德建设的总体要求、重点任务,鼓励人们"在社会上做一个好公民""在工作中做一个好建设者""在家庭里做一个好成员""在日常生活中养成好品行"。这就为不断提高人民思想觉悟、道德水准、文明素养提供了遵循,对于培养担当民族复兴大任的时代新人,推动全民道德素质和社会文明程度达到一个新高度,具有重大指导意义。

道德是社会关系的基石、人际和谐的基础,社会公德作为社会交往和公共生活的基本准则,是新时代公民道德建设的重要内容。纲要提出,"推动践行以文明礼貌、助人为乐、爱护公物、保护环境、遵纪守法为主要内容的社会公德,鼓励人们在社会上做一个好公民"。五个方面的社会公德内容,涵盖了维护社会关系、促进社会和谐的最起码的道德要求,既针对全体公民也面向领导干部,有着重要的现实针对性和实践指导性。把这些社会公德要求融入日常生活,强化制度保障特别是法律法规保障,使之成为人们日用而不觉的道德规范和行为准则,促进社会全面进步、人的全面发展。

"每个人都不是一座孤岛,都是广袤大陆的一部分。"培护社会公德,关键在于引导公众超越个人狭隘眼界和功利目的,从公益众利层面实现小与大、私与公、家与国的融洽协调。"环保是别人的事情,与我无关""大善做不了,小善不想做""凭啥自己冒风险助人为乐"……公德遇阻,说到底是因为公共意识、规则意识、群己权界观念等的缺失。张扬社会公德的要诀,就在于唤起人们的公共责任心、公民义务感,破除"事不关己,高高挂起"的狭隘心理。广大民众明礼守法的公共文明意识,其实正是最宝贵、最强大的道德资源。

道德是生活的哲学。道德建设既重对孰善孰恶的辨析,更重知行合一。从公共场所举止文明到邻里相处和睦互助,从举手之劳保护环境到心底无私为民服务,人人谨守社会公德,努力实现精神之美、行为之善、思想之真,就能让道义的力量汇流成河,润泽社会和谐有序运转。加强新时代公民道德建设,必须坚持提升道德认知与推动道德实践相结合,引导人们向往和追求讲道德、尊道德、守道德的生活。对个人而言,激发"见善如渴,闻恶如聋"的意愿,增进"己所不欲,勿施于人"的行动力,就能成为一个"精神富有"的人,成为一个有益于他人和社会的人。

每个人心底都蕴藏着善的种子,"人皆可以为尧舜"。《新时代公民道德建设实施纲要》强调:"加强新时代公民道德建设,是推进中国特色社会主义事业的一项基础性、战略性工程。"高举光照世道人心的公德火炬,培护引领社会和谐的公德高地,激励人们行动起来守卫心中的道德律,一定可以奏响新时代的精神文明和声,让德耀中华、德佑未来成为现实。

(2019年10月29日)

激扬爱国主义的民族魂

李中军

1958年开工建设的成昆铁路,所穿越的深谷峻岭被多国专家断言为"筑路禁区",地质灾害隐患点位分布之高,世所罕见。然而,筑路大军不怕苦与累,不惧险和难,硬是在技术装备落后的情况下,打通了这条西南地区交通大动脉,被联合国列为"二十世纪人类征服自然的三大奇迹"之一。

岁月流逝,精神不朽。当今天的人们乘坐列车行进在成昆线上,依然可以感受到当年建设者身上的耀眼精神印记,那是对国家和民族的强烈责任感、使命感,那是在艰苦卓绝环境下挺直起的不屈不挠的精神脊梁。"先锋者为成功者奠定了基础,它们在生命的高度上应该是一致的"。这句植物学家钟扬的肺腑之言,同样适用于千千万万投身国家建设、奉献社会发展的无私爱国者。他们以身许国的情怀,让我们感受到陶醉心田、打动灵魂的爱国主义的力量;他们奋斗不息、奉献不止的身影,激励我们昂首逐梦的脚步更加铿锵有力。

习近平总书记强调:"爱国主义精神深深植根于中华民族心中,是中华民族的精神基因,维系着华夏大地上各个民族的团结统一,激励着一代又一代中华儿女为祖国发展繁荣而不懈奋斗。"为什么70年来新中国发生天翻地覆的变化、取得"当惊世界殊"的成就?为什么中华民族实现了从站起来、富起来到强起来的伟大飞跃?无数人的殷殷爱国心、慷慨报国行,成为我们国家屹立于世界东方、我们民族挺立于世界民族之林的胜利之本、力量之源。一棵树只有深植沃土方能挺立不倒郁郁苍苍,一个民族惟有铸就精神长城方能饱经沧桑重铸辉煌。爱国主义,就是中华民族的民族魂,就是中国人的精神沃土。

1983年,时任国防部部长张爱萍将军视察四川省绵阳市梓潼县长卿山的"两弹城"时,看到科学家们在大山沟里艰苦卓绝地工作,即兴赋诗一首:"二十二年难忘情,崎岖道路信踏平。屡建奇功震寰宇,更创奇迹惊鬼神。"从"两弹一星"到载人航天,从三峡大坝到港珠澳大桥,正是靠着一代代人的奋斗报国、忘我奉献,才有了中国经济总量稳居世界第二位的"风景这边独好",有了造就"国家和民族发展的壮丽史诗"的东方传奇。也正是因为亿万民众汇聚起"沛然莫之能御"的报国伟力,我们在面对世界风云变幻时,有了"稳坐钓鱼台"的淡定与底气。

"滴水是有沾润作用,但滴水必加入河海,才能成为波涛"。70年来的奋斗实践启示我们,个人的理想奋斗,惟有融入爱国主义的万顷洪流,方能形成排山倒海、无往不前之势。三代塞罕坝人用汗水和生命凝结成塞北"绿色明珠",龙周才加十多年如一日守卫在可可西里生态保护的一线,廖俊波把为党和人民工作当作最大快乐……平凡造就伟大,平凡演绎卓越。心怀祖国,无需挑剔选择,能做事的做事,能发声的发声,有一分热就发一分光。

万里功名在实干,百舸争流看今朝。今天的中国,何处不是干事创业的机遇,何处不是大显身手的舞台?只要我们以爱国情怀为帆,以实干逐梦为舵,每个人做好一件事,拼起来就是伟大祖国的绚丽明天。

(2019年10月28日)

用奋斗成就未来

李建广

小时候生活在农村，上厕所很让人头疼。"一个土坑两块砖，三尺土墙围四边"，厕所的其中一边和猪圈连在一起，被人们称为"连茅圈"。回想起来，每次进去都要屏住呼吸，小心翼翼寻一块立足之地，既不方便也不卫生。

厕所问题不是小事，它是基本的民生问题，也是重要的文明窗口。很长一段时间以来，厕所可谓是我国社会文明和公共服务体系的一块短板。近几年回乡，"连茅圈"早已成为历史，村里很多家庭都搭建起水冲厕所。如今，厕所更干净、方便了，村子也更美了，"厕所革命"正推动越来越多乡村旧貌换新颜。这样的民生细节，折射着乡村变迁："土坯房"变成钢筋混凝土小楼，"蓝灰黑"被时尚衣着取代，小汽车驶入"寻常百姓家"……时间向前，越来越多的农民过上富足生活。

在时空坐标系中体察，新中国成立 70 年来发生的历史巨变，广袤乡村是重要的方面。吃饱穿暖、丰衣足食，这个今天看来最基本的需求，却是中国农民千百年来的不懈追求。"谁来养活中国？"面对曾经的质疑，我们用自己的双手养育了世界近 1/5 的人口，把饭碗牢牢端在自己手里。"芝麻开花节节高"，70 年来，中国农民早已超越温饱梦想，正朝着全面小康奋力奔跑。今天，在乡村振兴大舞台上，到处都活跃着农民辛劳的身影，到处都能看到创新与创造。更多元的成功路径，更充分的权利保障,更宽广的发展平台……走过70年,中国农村告别了封闭落后,充满生机与希望。

是什么力量,创造了如此惊人的变化?从土地改革到包产到户,从取消农业税到告别城乡二元户籍制度……是顺应民心的制度变革,激发出亿万农民创造的活力。从改革开放以来7亿多农村贫困人口脱贫,到义务教育全免费,再到织就世界最大的社保体系……是为民造福的不变初心,托举起亿万农民对"更好的日子还在后头"的信心。可以说,中国共产党的领导,是一切变量背后最重要的常量。正是在党的坚强领导下,广大农民走上了奔向幸福的康庄大道,用汗水和智慧创造了美好生活。

农村现代化既包括"物"的现代化,也包括"人"的现代化,还包括乡村治理体系和治理能力的现代化。今日之乡村,蕴藏着无限希望,也面临着新的挑战。"绿树村边合,青山郭外斜"般的田园风光,如何有效留存?"路不拾遗,夜不闭户"的文明乡风,如何涵养赓续?一切问题,都是与解决问题的条件一起产生的。习近平总书记指出:"随着我们第一个百年奋斗目标的实现、第二个百年奋斗目标的开启,乡村振兴的要素会更加活跃,那里仍然是一片大有可为的土地、希望的田野。"在实干中求解答案,用奋斗成就未来,推动农业变强、农村变美、农民变富,我们必将迎来更加美好、更令人向往的乡村。

"中国的昨天已经写在人类的史册上,中国的今天正在亿万人民手中创造,中国的明天必将更加美好。"在广阔天地中勇于追梦、不懈奋斗,老百姓的日子一定会越过越红火,祖国的未来必定更加美好。

(2019年10月25日)

在现代城市中诗意栖居

于 石

小时候生活在农村,距离县城不过10里地。夏夜里最喜欢的事,就是坐在父亲的摩托车上,驶过长长的土路,到城里的广场逛夜市、听歌、玩游戏。那时,广场的灯光还不足以亮过漫天的星光,双向两车道的马路对来往车辆来说绰绰有余。一个个寻常的夜晚,构成了我对"城"的最初印象:颠簸、混杂,却又热闹得很。

人在不断长大,城市也在逐渐生长。背上行囊,离家求学,时而返乡——此后与县城的每一次相遇,总能发现新的变化。广场告别了散落的地摊,步行街上人头攒动;原来宽敞的路口开始变得拥堵,新的车道正在扩建;满眼尽是五光十色的霓虹彩灯……记忆中的那个只能供人短暂享受夏夜的小县城,已经悄然升级为繁华的"不夜城"。

不胜枚举的小城故事,可说是城市空间演变的生动样本,见证着新中国成立以来尤其是党的十八大以来的巨大变迁。城市建设突飞猛进,城市面貌日新月异,城市品质跨越式提升,城市群格局基本形成……时光荏苒中,我们经历了世界历史上规模最大、速度最快的城镇化进程。漫步于大街小巷,不难发现,城市的细节越来越饱满,格局越来越开阔,服务越来越便捷。今天的城市,不再只是地理意义上人口的集聚、建筑意义上楼宇的集合,已经日益成为孵化梦想的空间、创造机遇的舞台、寄托心灵的场所,承载着无数人对美好生活的向往。

在发展进程中,每一座城市都在形成独特风貌,也在岁月中沉淀着个性化的城市气质。家乡是个农业县,每年举办农产品展销会之时,就是广场上最热闹的日子,仿佛一座城市迎来盛大节日。实际上,每座城市都拥有独一无二的精神气质。从历史古都到文化名城,从草原明珠到边关要塞,从江南水乡到海滨城市……不同的城市,演绎着各自的精彩。今天,城市规划早已跳出大马路大广场的大开大合,城市建设不再盲目追求钢筋水泥的都市丛林。当文化地标越来越多、特色小镇生机勃勃、公共空间不断延伸,各美其美的城市气质,浸润了一方水土,涵养着人文气息,让生活在其中的人们感受到更多美好。

城市,刻印着文明的进步,承载着无数的梦想与希冀。城市发展的归宿,是让更多人诗意地栖居。如今,见惯了繁华与喧闹,越来越多的城市居民向往自然的回归。绿色,正在城市中不断铺展开来。南京的明城墙绿道、成都的天府绿道、上海的黄浦江绿道……日渐多起来的城市绿道,不仅是树林掩映的步行道,也成为如诗如画的生活频道。从田园城市到花园城市,从海绵城市到生态城市,"让城市融入大自然,让居民望得见山、看得见水、记得住乡愁"的美好愿景,正在生态优先、绿色发展的理念与行动中,一步步化为现实。

城市既是有机体,也是生命体。让城市生活更美好,是城市建设、发展、治理的价值所在。在新中国成立70周年的历史节点上,观察城市、思考城市,努力建设和谐宜居、富有活力、各具特色的现代化城市,我们的城市必将在新时代展现更大魅力、绽放更多光彩。

(2019年10月24日)

国之大典，盛大亮相

石 羚

波澜壮阔的奋斗，沧海桑田的巨变。透过国之大典，我们更加清晰地感受到，中国的伟大传奇正向未来延伸。

习近平总书记强调，新中国成立70周年庆祝活动，"是在当今世界正经历百年未有之大变局的形势下，中华人民共和国始终巍然屹立于世界东方，并且愈发蓬勃、愈发健强的一次盛大亮相。"恰如国庆群众游行"建国创业""改革开放""伟大复兴"三个篇章所表现的，70年来中国实现了从"赶上时代"到"引领时代"的伟大跨越，中华民族迎来了实现伟大复兴的光明前景。70年的不凡岁月，无论是在中华民族历史上，还是在世界历史上，都是"一部感天动地的奋斗史诗"。

这70年，我们人民共和国历经风雨、走向辉煌。70年间，中国创造了"当惊世界殊"的发展成就，走完了发达国家几百年走过的工业化历程，让形形色色的"中国崩溃论"崩溃、"历史终结论"破产。对于地域广阔、人口众多的中国，改变现实的每一步都不容易。中国取得的成就不是天上掉下来的，更不是别人恩赐施舍的，而是全党全国各族人民用勤劳、智慧、勇气干出来的。光辉历程充分证明："没有任何力量能够撼动我们伟大祖国的地位，没有任何力量能够阻挡中国人民和中华民族的前进步伐。"

走过70年，中华民族迸发出旺盛的创造伟力。新中国成立初期，面对缺医少药的困境,科研人员将自主发现的两种抗生素命名为"自力霉素""更生霉素"。自力更生,艰苦奋斗,中国在一穷二白的白纸上绘就了最新最美的画图。从过去的贫困人口数量最多、文盲人数最多,到实现减贫人口最多、货物贸易总额最高、社会保障网规模最大、高铁里程最长,"世界之最"的嬗变记录下中国人民对国强民富的不懈追寻。70年来,中国人民在游泳中学会游泳,创造了人类发展的奇迹,中华民族以更加昂扬的姿态屹立于世界民族之林。

走过70年,中国人民矢志为人类作出新的更大贡献。在庆祝新中国成立70周年群众游行中,由中外青年携手并行组成的"人类命运共同体"方阵首次亮相,传递出新时代中国和世界更加紧密联系、更加良性互动的鲜明信号。日益走近世界舞台中央的中国,是世界和平的建设者、全球发展的贡献者、国际秩序的维护者。"中国制造"让国外消费者享受到物美价廉的便利,共建"一带一路"串联起各国人民的发展梦想,构建人类命运共同体等理念成为国际共识……中国智慧、中国方案、中国贡献一次次汇入世界和平与发展的潮流,中国愿同世界各国一道,共创人类美好未来。

风从东方来,万千气象新。今天,威武而可敬、和平而可亲的"东方醒狮"自信前行在新征程上。我们的伟大祖国,正迈着谋发展、求和平的脚步,踏着促合作、图共赢的鼓点,以崭新姿态走向世界、面向未来。

(2019年10月23日)

国之大典，豪迈宣示

李洪兴

在庆祝中华人民共和国成立70周年阅兵仪式上，接受检阅的空中梯队战鹰列阵，飞出气势，尽显国威军威。我国综合国力和国防实力蒸蒸日上，人民意气激发，民族精神振奋。

"这次庆祝活动是国之大典"。习近平总书记强调，中华人民共和国成立70周年庆祝活动，"是在实现中华民族伟大复兴中国梦的征程上，全体中华儿女对共同理想所作的一次豪迈宣示"。新中国70年来的壮丽画卷，记录下中国共产党带领中国人民创造的奇迹。当此全面建成小康社会决胜期、"两个一百年"奋斗目标的历史交汇期，庆祝活动所展现的信仰、信念、信心，所汇聚的爱国主义豪情，激励全体中华儿女勇往直前再出发、同心共筑中国梦。

"向前，向前，向前"，历史不断向前。实现中华民族伟大复兴，是近代以来中华民族最伟大的梦想，是激励中华儿女团结奋进、开辟未来的精神旗帜。以1949年新中国成立为标志，前100年中华民族命运悲怆；而以中国共产党的诞生为开天辟地大事变，后100年从站起来到富起来再到强起来，在中国共产党的领导下，中华民族昂首奋进、直向复兴。习近平总书记强调："我们所要坚守的政治方向，就是共产主义远大理想和中国特色社会主义共同理想、'两个一百年'奋斗目标，就是党的基本理论、基本路线、基本方略。"坚守政治方向，增强战略定力，不懈奋斗进取，中国的未来不可阻挡，也不可限量。

向着共同理想奋斗，中国人民更有信心凯歌以行。70年来，中国人民发愤图强、艰苦创业，创造了"当惊世界殊"的发展成就，千百年来困扰中华民族的绝对贫困问题即将历史性地画上句号，书写人类发展史上的伟大传奇。今天，社会主义中国巍然屹立于世界的东方，中国特色社会主义道路、理论、制度、文化不断发展。当今世界，要说哪个政党、哪个国家、哪个民族能够自信的话，那中国共产党、中华人民共和国、中华民族是最有理由自信的。当巨大的成就震撼世人，伟大的道路领航征程，我们更有信心和能力实现中华民族伟大复兴的目标。

向着共同理想奋斗，中华民族更有决心奋斗自强。我们即将全面建成小康社会、实现第一个百年奋斗目标，还要乘势而上，开启全面建设社会主义现代化国家新征程，向第二个百年奋斗目标进军。实现伟大理想，从来没有平坦的大道，我们走过了千山万水，还要继续跋山涉水。一路走来，只有把对祖国最深沉的爱、对民族最浓烈的情，融入"奋斗"二字中，才能遇难不畏、遇险不惧、遇挫不倒。伟大梦想都是拼出来干出来的，信守的理想不能灭，奋斗的脚步不能停。前进道路上，坚持把我们自己的事情办好，就没有什么挑战不能克服，没有什么险阻不能跨越。

只要坚持，梦想总可以实现；只要奋斗，未来总能够抵达。70年，对于中华民族，沧桑巨变换了人间。从70华诞这个承前启后的时间节点从发，我们掌好舵、加满油、划好桨，中华民族伟大复兴的中国梦一定会如期实现。待到梦圆时，中华更壮美。

（2019年10月21日）

国之大典，伟力凝聚

达 仁

欢歌忆过往，豪情寄未来。当气势如虹的人民解放军接受祖国和人民检阅，铿锵威武的国威军威召唤起礼赞祖国、向慕未来的万众情感。当意气风发的群众游行队伍行进在长安街上，奋斗追梦的抖擞英姿凝聚起自强不息、团结奋斗的国家合力。

"庆祝活动是在第一个百年即将到来之际，全党全军全国各族人民万众一心，朝着全面建成小康社会目标奋进的一次伟力凝聚；是在实现中华民族伟大复兴中国梦的征程上，全体中华儿女对共同理想所作的一次豪迈宣示；是在当今世界正经历百年未有之大变局的形势下，中华人民共和国始终巍然屹立于世界东方，并且愈发蓬勃、愈发健强的一次盛大亮相。"习近平总书记在主持召开中央政治局常委会会议时，深刻阐述国庆70周年活动成功举办的重大意义，充分肯定庆祝活动筹办工作，对深化和拓展庆祝活动成果提出明确要求。习近平总书记的重要讲话，是振奋人心的号召，是自信豪迈的宣示，对激发亿万人民群众奋进新时代、共筑中国梦具有重大而深远意义。

物换星移，岁月如歌。从一穷二白的烂摊子上建起人民当家作主的新生政权，从百业待兴中闯出决定当代中国命运的改革开放之路，从历史性成就和变革中推动中国特色社会主义进入新时代，70年弹指一挥间，一个豪情壮志的自信中国、一个物阜民丰的富强中国、一个创新奔腾的精彩中国，巍然屹立在世界东方。这次庆祝活动是国之大典，充分展示了新中国成立70年来的辉煌成就，深刻揭示出新中国来之不易、中国特色社会主义来之不易的历史哲理，昭示共产党人守初心、担使命，激励中华儿女同追梦、共奋斗。奋发有为，再立新功，成为人们感受时代辉煌之后发自心底的意愿。

这场气势恢弘、大度雍容的国之大典，砥砺了中国人民的爱国情、强国志、报国行。70年来，在中国共产党的坚强领导下，中国人民发愤图强、艰苦创业，在创造"当惊世界殊"的发展成就的同时，也创造了"幸福都是奋斗出来的"这一实干哲学，迸发出"敢教日月换新天"的创造伟力。可爱的人民共和国，为人民而生，因人民而兴，靠人民而强。作为人民群众爱国主义精神的集中展示，这次庆祝活动留下了宝贵的精神财富，为朝着全面建成小康社会目标奋进凝聚起强大动力。每个人爱国奉献、奋斗实干的涓涓细流，汇成中华民族爱国主义的汪洋大海，中国梦必将因为亿万人民的共同奋斗更加宏伟壮丽。

这场纲维有序、礼乐交融的国之大典，坚定了中国人民接续奋斗实现伟大目标的决心和信心。当前，全面建成小康社会已经进入倒计时。困扰中华民族几千年的绝对贫困问题即将历史性地得到解决，这将为全球减贫事业作出重大贡献。我们必须走在困难的前面，聚焦补齐全面建成小康社会短板，坚决打赢三大攻坚战，不获全胜决不收兵。我们必须走在时间前面，响鼓重槌加油奔跑，既为全面建成小康社会跑好"最后一公里"，又乘势而上开启全面建设社会主义现代化国家新征程。

"新时代的中国，更需要使命在肩、奋斗有我的精神。"越是满怀信心瞻望未来，越要激扬斗志奋斗当下。奋斗，正是对新中国70华诞的最好祝福，也是实现中华民族伟大复兴中国梦的最佳途径。砥砺初心、肩负使命，实干担当、奋发有为，我们迈向社会主义现代化强国的步伐，更加勇毅而沉稳！

（2019年10月18日）

中华民族奋斗的基点是自力更生

曹 平

"成功的花,人们只惊羡她现时的明艳!然而当初她的芽儿,浸透了奋斗的泪泉,洒遍了牺牲的血雨。"站在中国这片充满活力和朝气的热土上,回望新中国 70 年来从积贫积弱到国强民富的巨变,不禁为历经挫折而奋起、历经苦难而辉煌的发展历程震撼,不禁为中国人民自强不息、自力更生的奋斗精神感动。

习近平总书记指出:"中华民族奋斗的基点是自力更生"。抚今追昔,自力更生正是新中国实现从赶上时代到引领时代伟大跨越的经验总结。旧中国有过"中国人能近代化吗"的困惑,新中国成立之初也曾面临"一穷二白"、百废待兴的艰难困境。然而,无论是帝国主义的"核威慑"还是旧中国留下的"烂摊子",都不可能把站起来的新中国吓倒,反而激发出中国人民愈是困难愈向前的志气和骨气。在中国人民的字典里,自力更生意味着志气如铁、气贯长虹,意味着毅然奋起、百折不挠。

从王进喜"宁肯少活 20 年,拼命也要拿下大油田",到三峡工程实现"高峡出平湖",到华为海思芯片形成一片绚丽彩虹……中国人民横下一条苦干心、拧成一股奋进绳,缔造出前所未有的成就、惊艳世界的辉煌。党的十八大以来,正是靠着自力更生,涌现出嫦娥落月、北斗组网、大飞机试飞、航母起航、港珠澳大桥通车等许多成就。中华大地升腾起生机勃勃的复兴气象,中国人民的创造精神迸发出来,厚植起中华民族自立于世界民族之林的信心和根基。

支撑一代代人苦干实干、攻坚克难的精神内核，是对祖国的无限热爱、对社会主义的坚定信心。当王进喜看到公共汽车上背着的"煤气包"时，不禁哭起来，泱泱大国如此缺油，让这个新中国的石油工人倍感耻辱，这也支撑他以"铁人"之毅力，投身到大庆油田建设中。当身在美国的华罗庚看到新中国成立的消息，他欣喜若狂："为了抉择真理，我们应该回去；为了祖国，也应该回去。"即便美国不惜重金挽留他，也无法阻止他返回祖国。70年来，无数中华儿女对国家富强起来、人民幸福起来愿望强烈，激发出"敢教日月换新天"的慷慨之志，砥砺着"一寸丹心图报国"的勇毅之行，汇流成推动国家强盛的磅礴力量。

一代人有一代人的使命，自力更生的精气神任何时候都不能丢。我国正处于一个大有可为的历史机遇期，也应清醒看到，宏伟的征途，往往不会一帆风顺，只有付出长期不懈的艰苦努力才能成功。什么时候都不要想象可以敲锣打鼓、欢天喜地进入现代化。越是风险隐患增多、国际形势复杂，越要保持战略定力，自力更生、团结奋斗，就能牢牢掌握发展主动权，就能战胜可以预见和难以预见的各种艰难险阻。

"中国要发展，最终要靠自己。"集中力量把中国自己的事情办好，风雨无阻奋力追梦，就没有任何力量能够阻挡中国人民和中华民族的前进步伐，亿万人民的伟大梦想一定能够早日实现。

（2019年10月17日）

与"新生事物"一起成长

徐文秀

"芳林新叶催陈叶,流水前波让后波。"只有拥抱新生事物,和新生事物一起成长,才能跟上时代前进的步伐。

所谓新生事物,就是那些符合事物发展客观规律和前进趋势、具有强大生命力的事物,从旧事物内部产生,因为克服了旧事物中腐朽落后的东西,汲取了旧事物中积极的因素,所以具有远大前途和未来。新生事物出现之初,并不容易崭露头角。但是,"任何新生事物在开始时都不过是一枝幼苗,一切新生事物之可贵,就因为在这新生的幼苗中,有无限的活力在成长,成长为巨人,成长为力量"。

回顾新中国成立的这70年,何尝不是一部与新生事物同行、和新生事物一起成长的历史?社会主义中国的出现,在中国历史上、世界社会主义历史上具有划时代意义。社会主义市场经济体制使经济发展迸发出活力。我们实行改革开放,这场"第二次革命"成为当代中国最显著的特征、最壮丽的气象,让中国焕发青春,插上了腾飞的翅膀。我们实行"一国两制",为实现祖国统一开创出一条光明大道。

从新中国成立初期的社会主义"三大改造",到改革开放初期的农村家庭联产承包责任制,再到国有企业的股份制改革、民营企业的发展壮大;从产业扶贫中的"公司+合作社",到城市共享经济的"互联网+",再到云计算、大数据、区块链、物联网……新生事物层出不穷,一桩桩一件件，体现出发展不止、变革常新的社会发展规律，刻印下国家与新生事物一起成长的深深足迹。

实践证明，什么时候积极地拥抱新生事物，与新生事物同行，什么时候就能站在时代的前列，并且大踏步地向前。如今，中国之所以能成长为世界第二大经济体、成长为推动世界和平与发展的重要力量，一个重要原因就在于，中国持续不断地探索新生事物，接纳新生事物，与新生事物同生共长。

"苟日新，日日新，又日新。"与新生事物一起成长，顺应了时代发展的潮流，顺应了人类发展的规律，顺应了广大人民群众对美好生活的向往。在与新生事物一起成长的过程中，我们需要倾注满腔热情，善于发现和培育新生事物；需要保持包容开放的心态，去接受新生事物一时的不足与不成熟；需要树立学习创新的精神，融入新生事物的发展变化中去。

"惟改革者进，惟创新者强，惟改革创新者胜"。正如习近平总书记所深刻指出的，历史只会眷顾坚定者、奋进者、搏击者，而不会等待犹豫者、懈怠者、畏难者。既保持定力和自信，又注重锐意改革、激励创新，我们一定能不断创造新成就、开辟新境界，为中国赢得璀璨未来。

（2019年10月16日）

一堂激扬奋进的新时代思政课

达 仁

庆祝新中国70华诞,是丰盈心灵的公开课,亦是登高望远的宣言书。透过这堂新时代的思政课,我们增强了民族自豪感和自信心,加深了对历史方位和初心使命的认知,激发起追梦新时代、奋进新征程的行动自觉。

浇花浇根,育人育心,触动心灵的教育才称得上是成功的教育。国庆庆典以其宏大的成就场景、生动的历史叙事、深刻的哲理领悟、感人的家国故事,引发无数人的思想律动和心灵共鸣。这堂新时代的思政课,是一个让全体中华儿女共同瞩目的"国家时刻",集中展示中华民族从站起来、富起来到强起来的伟大飞跃,增进了国家认同和民族自信;又像极了一幅新中国发展、新时代奋进的斑斓画卷,激励人们坚持中国道路、弘扬中国精神、凝聚中国力量,把实现中国梦作为不懈追求。

一堂阐释"大道理"的实践之课,教育引导青少年立鸿鹄志、做奋斗者。实践是最好的老师。国庆庆典的大课堂,既有历史视野、国际视野,也有哲理深度、情感热度,同学校思政课的小课堂形成行与知、实与形、活与美的相得益彰,使"时刻准备着"的崇高志向在青少年心中牢牢扎根。一堂优秀的思政课,思想引领和价值引导不可或缺。中国共产党的领导哲学和艺术,马克思主义的真理光芒,中国特色社会主义的实践伟力,赋予这堂思政课以生动有力的理论支撑和实践支撑,帮助人们尤其是青少年充分认识思想之光、实践之果,树立正确的世界观、人生观、价值观。

一堂传承"大使命"的信仰之课,擦亮了共产党人的初心和使命。国庆庆典是一次树国威、扬军威、增自信、促认同的国民教育,也是一次共产党人守初心、担使命的思想教育。党员干部在国庆庆典中拉近了与革命前辈、党史大事、历史大势的距离,心灵为之震撼,精神受到洗礼,更鲜活也更真实地读懂了初心信仰的内涵,知晓了使命担当的分量。"善歌者使人继其声,善教者使人继其志。"国庆庆典是为了铭记和传承,更是为了明志和前行。共产党人唯有不忘初心、牢记使命、永远奋斗,方可告慰历史、赢得民心、创造美好未来。

一堂彰显"大情怀"的家国之课,引领中国人民意气风发投身新时代的壮阔征程。凌云之志、图强之梦,不是凭空产生的,往往萌生于历史现实,激发于美好愿景,实现于宏图伟业。深藏功名、坚守初心的老英雄"圈粉"无数,"干惊天动地事,做隐姓埋名人"的科学家备获尊崇,一辈子躬耕三尺讲台的教育家受人爱戴……国庆庆典活动突出礼敬先驱先烈和共和国建设者,彰显了"国家好,民族好,大家才会好"的历史逻辑,激励人们传承家国情怀,主动投身国家改革发展的伟大事业之中。

"谁在凯旋中战胜自己,谁就赢得了两次胜利"。从国庆庆典中找寻胜利的本源、汲取发展的智慧、汇聚奋斗的力量,我们将无愧今天的幸福时代、不负明天的伟大梦想,在新时代演绎更为精彩的筑梦故事,书写中华民族的不朽荣光。

(2019年10月15日)

一堂厚重隽永的爱国主义教育课

李　斌

"欢呼呵！歌唱呵！跳舞呵！到街上来，到广场上来，到新中国的阳光下来，庆祝我们这个最伟大的节日！"盛世华诞，我们收获满满。这是一堂厚重、隽永的爱国主义教育课，让我们产生"一刻也不能分割"的爱国主义共鸣。

从隆重颁授国家勋章和国家荣誉称号、举行盛大阅兵仪式和群众游行及联欢活动，到各地纷纷开展歌唱祖国快闪、国旗下宣誓等活动，再到"向祖国告白""70年，我对中国说"等网络话题吸引数以亿计网友参与，一场全民性的国庆盛典，抒发出全国人民对伟大祖国的无限依恋，增进了海内外儿女对中华民族的归属感和荣誉感。特别是对正处于人生"拔节孕穗期"的青少年来说，庆典犹如一次历史观、民族观、国家观、文化观的集中教育，帮助他们在心灵中播撒下爱国主义的种子。

越是深沉的爱国主义精神，越是建构在深刻的现实认知基础上。新中国70年，有太多横空而出的旷世成就，有太多感人至深的奋斗故事，也有太多重大启示和宝贵经验值得记取。从切身经历的发展变迁中加深对"道路决定命运"的理解，从感人至深的榜样楷模中接受"平凡孕育着伟大"的启迪，从触摸得着的幸福生活中感悟新思想的鲜活力量，从近在眼前的复兴图景中把握"办好中国的事情，关键在党"的重大命题……当人们把思绪集中于新中国走过的革命、建设、改革的光辉岁月，聚焦于新时代中国特色社会主义的生动实践，油然而生的爱国情愫，因为政治认同的增进和文化认同的深化而倍显强烈。

有理论的清醒，就有政治的坚定，就有爱党、爱国、爱社会主义的融而为一。70年弹指一挥间，中国书写出世所罕见的经济快速发展奇迹和社会长期稳定奇迹，推动了中国历史上最广泛最深刻的社会变革，这样的中国故事让世界为之瞩目，这样的奋斗历程也让中国人豪情满怀。中国共产党"能"，马克思主义"行"，中国特色社会主义"好"，中国人民最清楚都明白，中华民族最有理由自信。中国的命运和党的命运、社会主义的命运，从来都密不可分。今日中国发展成就"当惊世界殊"，正是得益于科学的思想引领、坚强的政治领导、正确的道路选择。未来中国舒展宏图伟业，因为中国人民坚定的道路、理论、制度和文化自信而前景光明。

一位作家说："我们不是只靠吃米活着。"精神依靠像物质依靠一样，立身存世不可或缺。实现中华民族伟大复兴的中国梦，是当代中国爱国主义的鲜明主题。对每个人而言，深厚的爱国情、高远的强国志，归结点在于务实的报国行。将融进骨子里的家国情怀，转化为对中国特色社会主义的深刻理解、深刻认同，不论贡献大小，每一朵生命之花都会明媚绽放。做好自己的事，成就我们的国，新时代新征程召唤中华儿女抖擞精神再出发。

"中国的昨天已经写在人类的史册上，中国的今天正在亿万人民手中创造，中国的明天必将更加美好。"让爱国主义成为每一个中国人的坚定信念和精神依靠，把所有对祖国的礼赞和祝福汇合成磅礴的爱国奋斗潮流，伟大的人民共和国必将风雨无阻、高歌行进。

（2019年10月14日）

一堂鲜活生动的新中国历史课

李浩燃

在历史长河中，总有一些精彩瞬间，会定格为永恒。

盛大阅兵仪式上，人民军队虎贲云集、战车浩荡、战机翱翔，将士们的步伐铿锵有力；群众游行队伍中，主题方阵绚丽多彩，人民群众载歌载舞。一个个镜头、一幅幅画面，传递着国庆盛典的喜庆，让人听到了新中国70年一路走来的足音。"我和我的祖国，一刻也不能分割"。刚刚过去的国庆节，人们为人民共和国70华诞祝贺，为祖国史诗般的进步礼赞，前所未有地抒发着爱国情感。

历史，总是在一些特殊年份给人们以汲取智慧、继续前行的力量。今年是新中国成立70周年，一系列盛大庆典的举行，不正是一次爱国主义的集中教育吗？习近平总书记指出："近14亿中国人民人心空前凝聚，爱国热情空前高涨，更坚定了我们排除一切艰难险阻走中国特色社会主义道路、把自己的事情办好、立足世界民族之林的信心和决心。"在这样的特殊年份、难忘时刻，从繁华城市到广袤乡村，从沿海地区到内陆边疆，无数人都在回首70年、思索70年、致敬70年，沉浸于一堂生动的新中国历史课。亿万中华儿女共同唱响"我爱你中国"，凝聚起再出发的磅礴力量。

走过70年，我们深深懂得，不忘本来才能开辟未来。犹记新中国成立前夕，毛泽东同志豪迈宣示："中国人民的不屈不挠的努力必将稳步地达到自己的目的。"甩掉"东亚病夫""一穷二白"的帽子,成为世界第二大经济体,迎来从站起来、富起来到强起来的伟大飞跃……70年砥砺奋进,我们的国家发生了天翻地覆的变化,我们的人民书写了一部感天动地的奋斗史诗。今天,神州处处有最新最美的文字,处处见最新最美的图画,社会主义中国巍然屹立在世界东方,没有任何力量能够撼动我们伟大祖国的地位,没有任何力量能够阻挡中国人民和中华民族的前进步伐!

走过70年,我们尤应铭记,信仰信念信心至关重要。国庆期间,一位外国网友由衷感慨,"我虽不懂中文,但镜头告诉我中国人民是多么欢乐与热爱和平"。70年雄关漫道真如铁,如果没有坚定的信仰、如磐的信念、必胜的信心,中国人民怎能创造"当惊世界殊"的发展成就?又怎能收获今天的欢乐、祥和与自豪?中国特色社会主义进入新时代,中华民族迎来了历史上最好的发展时期。在新的长征路上,坚定信仰信念信心,保持永不懈怠的精神状态和一往无前的奋斗姿态,我们必能攻坚克难、踏平坎坷,书写崭新的篇章。

走过70年,我们尤须团结奋斗、同心筑梦。70年的"时间哲学"深刻启示,"有梦想,有机会,有奋斗,一切美好的东西都能够创造出来"。实干,永远是对梦想最好的致敬。在通向伟大梦想的征途上,激扬团结奋进的精气神,不兴伪事、不务虚功,始终坚持走中国道路、弘扬中国精神、凝聚中国力量,才能接过历史的接力棒、跑好手中的这一棒。新时代必将是大有可为的时代。永不懈怠、永不停滞,过了一山再登一峰,跨过一沟再越一壑,我们必定创造新的历史。

"一切伟大成就都是接续奋斗的结果,一切伟大事业都需要在继往开来中推进。"70年披荆斩棘、70年山河巨变,今天的人民共和国,已经再一次挺立于新的历史起点。在历史前进的逻辑中前进、在时代发展的潮流中发展,向着"两个一百年"奋斗目标稳步行进,我们终将创造新的更大奇迹。

(2019年10月12日)

"我们的道路多么宽广"

盛玉雷

"今年是新中国成立70周年。我们举行了一系列盛大庆典,这也是一次爱国主义的集中教育。"习近平主席在会见外宾时指出,近14亿中国人民人心空前凝聚,爱国热情空前高涨,更坚定了我们排除一切艰难险阻走中国特色社会主义道路、把自己的事情办好、立足世界民族之林的信心和决心。谆谆话语,道出了中国人民的爱国心声,凝聚起继续把我们的人民共和国巩固好、发展好的磅礴力量。

道路问题不能含糊。中国近代以来的历史充分证明,道路决定命运。从浴血奋斗中闯出一条革命之路,从自力更生中铺就一条建设探索之路,从敢闯敢试中开启一条改革开放之路,从砥砺奋进中擘画一条强国富民之路……几十年来,中国共产党带领亿万人民勇于探索、不断实践,成功开拓出大踏步赶上时代、引领时代发展的康庄大道。来之不易的中国特色社会主义道路,凝结着无数共产党人、先贤志士的奋斗牺牲,承载着中国人民的盼望向往,为中国走向繁荣富强提供了坚强保障。

扎根中华文明的内在逻辑,源于近代以来的比较选择,历经立足国情的艰辛探索,中国道路具有无比旺盛的生命力。在这条通向民族复兴的人间正道上,有璀璨的真理光辉,有党的坚强领导,有人民的磅礴伟力,也有制度的明显优势。在这条道路上,意气风发的中国人民奋力开创着幸福美好生活,文明久远的中国阔步行进在现代化征程,饱经沧桑的中华民族巍然屹立于世界民族之林。新中国70年来创造的经济快速发展奇迹和社会长期稳定奇迹,无可辩驳地表明,中国特色社会主义道路正是实现社会主义现代化、创造人民美好生活的必由之路。

世界是多向度发展的,人类历史也是多线路前进的。进入新时代,中国特色社会主义道路、理论、制度、文化不断发展,拓展了发展中国家走向现代化的途径,为解决人类问题贡献了中国智慧和中国方案。中国实现和平发展,绝不走历史上其他国家国强必霸的老路,也宣告了"历史终结论""中国崩溃论"的失败。沿着中国特色社会主义道路,中华民族伟大复兴的梦想,汇流于和平与发展的世界潮流,托举起人类命运共同体的美好蓝图。

只要路走对了,就不怕遥远。对世界来说,正确理解中国所走的道路,才能认识一个真实立体全面的中国;对中国而言,深刻认识所处的历史方位,就能在奔腾的浪潮中保持前进定力。面对风云变幻的国际形势,面对繁重艰巨的发展任务,只有砥砺志不改、道不变的坚定,才能把发展的主动权牢牢掌握在中国自己手中;也只有付出不屈不挠的努力,才能稳步实现中国梦的伟大目标。坚定走中国道路,坚定把自己的事情办好,"没有任何力量能够撼动我们伟大祖国的地位,没有任何力量能够阻挡中国人民和中华民族的前进步伐"。

"我们的道路多么宽广,我们的前程无比辉煌,我们献身这壮丽的事业,无限幸福无上荣光。"一首《我们走在大路上》,创作于上世纪60年代初,至今依然风靡大江南北,唱出了社会主义中国的豪情壮志。沿着几代人开辟的光辉道路,迎着民族复兴的壮丽前景,让我们一起守初心、担使命,奋力开拓更好未来!

(2019年10月11日)

出行脚步丈量国家进步

辛士红

"开车回乡还是让爸妈进城？""订高铁票还是飞机票？"每逢节假日，如何团聚、怎样安排行程，经常成为家庭热门话题。与多年前的"人在囧途"相比，今天的出行方式十分便捷，给人以更加多元的选择。

犹记第一次坐火车，是1993年考上离家千里的军校。那时，对铿锵有声、曳着长烟的火车充满向往，总想象着铁轨通向的远方就是自己的梦想所在。然而，挤火车时的扰攘、车厢内的拥挤、20多个小时的站立，让人真切体会到旅途的艰辛和无奈。后来，一次次加入春运潮的大军、黄金周的人流，翻过车窗、坐过椅背、听惯了"瓜子花生方便面"的吆喝。备受煎熬的旅程，愈发感觉时间过得太慢。

车轮飞驰，不觉经年。如今，绿皮车换成了贴地飞行的"复兴号"，网上订票代替了通宵排队；我国高铁总里程位居世界第一，航空运输规模稳居世界第二；村村通公路打通了"最后一公里"，私家车走进了千家万户……"从此山不再高路不再漫长"，朝夕之间便可跨越万水千山。

有人说，在空间上有两种东西永远让人类迷恋，一是故乡，一是远方。不论求学还是出差，探亲还是旅游，每一次远行，都让我们以最直接、最生动的方式，感受着时代的脉动、社会的发展。路还是那条路，然而，我们在不一样的时间刻度上观察着，"中国号"列车究竟是以怎样的姿态，一次次驶过历史的站台。

出行的路，连着发展的路；出行的脚步，丈量着国家的进步。70 年披荆斩棘，70 年砥砺奋进，70 年厚积薄发。从满目疮痍、一穷二白起步，历经艰辛奋斗、顽强拼搏，今天，我国交通事业取得举世瞩目的历史性成就，构筑起四通八达的立体交通网，为大国复兴铺就了前行的坦途。仅以铁路为例，我国铁路营业里程就从 1949 年的 2.18 万公里增长到如今的 13.1 万公里以上，列车时速提升到 350 公里。伴随着路网的延伸、交通的巨变，人畅其行、货畅其流成为常态，为无数人打开了追梦的空间。

从愚公移山的故事，到"蜀道难，难于上青天"的喟叹，出行便捷始终是老百姓的朴素愿望。新时代，人民群众不仅渴望提高出行速度，更渴望改善出行品质，期盼在与国家共命运、共发展中，过上更美好的生活。取消省界收费站、让高速公路更加畅通无阻；创新服务方式、让高铁上的乘客收到沿途的外卖；多措并举、努力提高航班正点率……今天，路网在加密、列车在提速、服务在优化，一个流动的中国，正在向着"人悦其行、物优其流"的愿景稳步行进。经济发展每前进一步，民生改善就跟进一步，始终承载着的是我们党不变的初心和使命。

新故相推舒画卷，丹青妙手向翠峰。今天的中国，已成为世界最大出境游客源国；今天的中国人，可以来一场说走就走的出国旅行。感受沧桑巨变、凝聚奋进动力，在现代化的征程上一锤接着一锤敲、一步紧跟一步行，我们定能凝聚再出发的磅礴力量，为民族复兴标注新的高度、书写新的荣光。

（2019 年 10 月 09 日）

对祖国最深情的告白是奋斗

李 斌

新中国70华诞,让这个国庆长假成为人们向祖国表达深厚情感的节日。"我爱你,中国"的由衷礼赞,"奋斗吧,中华儿女"的共同心声,响彻在无数中国人心中,涌动在祖国大地各个角落。

国之庆典,民之荣光。从一穷二白到国强民富,从赶上时代到引领时代,多少美妙憧憬变为现实,多少崭新图景映入眼帘。在这个举国欢庆的节日里,每个人都有足够底气和理由为新中国"当惊世界殊"的发展成就骄傲自豪。人们怀着无比喜悦的心情忆国史、抒深情,彰显出作为新中国伟大成就创造者和享有者的意气风发,也展示出走在中国特色社会主义道路这条大路上的自豪自信。

光荣属于祖国,成功源自人民。历览新中国成立70年来开天辟地的创业史、震撼世界的造物记,有无数精彩故事由人民奋斗书写,有无数中国奇迹由人民携手创造。从推翻旧中国"倒海翻江卷巨澜",到建设新中国"敢教日月换新天",再到中国特色社会主义进入新时代"人间正道是沧桑",无数优秀中华儿女在中国共产党领导下,在爱国主义旗帜感召下,以一场爱国主义的伟大实践,让社会主义中国巍然屹立在世界东方。几代人的夙愿,亿万人的奋斗,汇集成矢志民族复兴的伟力。"共和国的大厦是靠一块块砖垒起来的,人民是真正的英雄"。这是对恢弘历史的深刻总结,更是对辉煌未来的深邃擘画。

"我们现在目睹的正是光荣的全面回归。这光荣属于那些奋斗者们",国庆之际,一位学者作出如是观察。从首次以国家最高规格褒奖国家勋章和国家荣誉称号获得者,到隆重举行烈士纪念日向人民英雄敬献花篮仪式,再到百面铁血战旗、百首英雄赞歌闪耀国庆阅兵,缅怀先贤烈士、致敬功勋楷模的国家态度,引领全社会形成敬仰英模、学习英模的崇高风尚。历史不会忘记那些把国家和民族大义高举过头顶的人,新时代新征程更召唤那些一身浩然正气、满腔报国热忱的人。共筑中国梦,我们更加需要从革命前辈和英雄模范那里汲取光荣的精神力量,砥砺许党许国、报党报国的奋斗品质,筑就坚不可摧的宏图伟业。

国庆长假期间,武警战士、外卖小哥、环卫工人、出租车司机等一大批美好生活的创造者、守护者,立足本职、坚守岗位,撑起万家灯火,守望一方安乐。新时代是奋斗者的时代。爱国不需低调,也无需华丽,惟需实干与奋斗。祖国的强大磁场,吸引新时代的追梦人重整行装再出发,一起拼搏一起奋斗,一起追梦一起圆梦。美好生活、美好时代、美好未来都要靠辛勤的双手创造出来,国家富强、民族振兴、人民幸福都要靠奋勇的实践开拓出来。爱国是最深沉的情感,奋斗就是最长情的告白。所有为国家、为民族躬身奋斗的身影,组合起来就是人世间的最美画卷。

山高人为峰,海阔梦为舵。"共和国勋章"获得者黄旭华动情地说:"我和我的同事们,此生属于祖国,此生无怨无悔。"拳拳爱国之情,感动无数人。奏响爱国主义主旋律,勇当社会主义现代化攀登者,争做民族复兴追梦人,中国人民和中华民族必将在改造中国、改造世界的拼搏中迸发出排山倒海的历史伟力!

（2019年10月08日）

"为中华崛起而拼搏"

李 斌

铿锵玫瑰最迷人，追梦健儿最美丽。10 月 1 日，天安门广场群众游行花车上的女排姑娘们引人瞩目。此前结束的 2019 年女排世界杯比赛中，中国队取得十一连胜的骄人成绩，成功卫冕世界杯冠军，第十次荣膺世界排球"三大赛"冠军，为新中国 70 华诞献上一份沉甸甸的礼物。

"女排精神代表着一个时代的精神，喊出了为中华崛起而拼搏的时代最强音。"习近平总书记亲切会见中国女排代表，高度赞扬中国女排展现出的祖国至上、团结协作、顽强拼搏、永不言败的精神面貌，号召大力弘扬新时代的女排精神、开创新时代我国体育事业新局面，让中国女排队员、教练员们倍感振奋，让亿万人民深受鼓舞。把为国争光当作崇高荣誉，以奋勇拼搏为坚定责任，中国女排不畏强手、敢打敢拼，打出了风格、赛出了水平，不仅很好诠释了奥林匹克精神和中华体育精神，更激发了全国人民的爱国热情，增强了全国人民的民族自信心和自豪感。

"全面建设社会主义现代化强国，需要在各方面都强起来。"如果说体育强国梦是中华民族伟大复兴中国梦的一个激昂篇章，那么女排精神所体现的，恰是中国人民实现国家富强、民族振兴、人民幸福的共同情结。回想改革开放之初，中国女排"五连冠"的佳绩，奏响了"振兴中华"的时代强音。中国特色社会主义进入新时代，中国女排在 2015 年世界杯、2016 年奥运会、2019 年世界杯三度夺魁，展现出自信自尊自强的新的气质形象,成为中华儿女逐梦复兴征程的靓丽缩影。女排精神可敬,女排姑娘可爱,中国女排的魅力早已超越体育本身,凝结为鼓舞中国人民的精神标杆、偶像力量。

精神不是万能的,但没有精神是万万不行的。民族复兴征程,本身就内含着"精神力"的塑造和比拼。竞技体育没有常胜之师,比夺得金牌更有价值的是展现顽强拼搏的勇气,比赛事输赢更重要的是砥砺超越自我的追求。一路走来,中国女排获得过胜利和荣耀,也经历过失败与挫折,但她们胜不骄、败不馁,从不言弃。靠着那么一股不服输的拼劲、打不垮的韧劲,中国女排重登巅峰再创辉煌。习近平总书记强调:"平凡孕育着伟大。"女排姑娘平凡而伟大的拼搏奋斗充分表明,"一切平凡的人都可以获得不平凡的人生,一切平凡的工作都可以创造不平凡的成就"。

有多勇毅的行动,就有多壮丽的征程;有多坚定的信念,就有多光明的未来。今天,社会主义中国巍然屹立在世界东方。从建设体育强国到推动全面深化改革,从实现高质量发展的目标到决战决胜脱贫攻坚的硬仗,都可以从女排精神中汲取把困难踩在脚下、把责任扛在肩上、把梦想化作风帆的精神力量。新时代是大有作为的时代。越是对梦想充满渴望,就越需要振奋民族自信心,鼓起奋斗精气神,汇聚发展正能量,团结协作、顽强拼搏,争取事业新胜利。再艰难的跋涉,只要坚持不懈努力奋斗,终将抵达梦想彼岸。

"把握生命里的每一分钟,全力以赴我们心中的梦"。从站起来、富起来到强起来,我们愈发懂得"一代人有一代人的使命"的厚重内涵,感受到"一万年太久,只争朝夕"的时间紧迫。大力弘扬新时代的女排精神,不断构筑中国精神、中国价值、中国力量,我们一定能够在国家发展、民族进步的竞技场上创造新的辉煌。加油,中国体育健儿!加油,逐梦复兴征程的中华民族梦之队!

(2019年10月03日)

把忠诚执着朴实写入心田

李 拯

崇尚英雄才会产生英雄,争做英雄才能英雄辈出。

"今天我们以最高规格褒奖英雄模范,就是要弘扬他们身上展现的忠诚、执着、朴实的鲜明品格。"在国家勋章和国家荣誉称号颁授仪式上,习近平总书记高度评价英雄模范的丰功伟绩和鲜明品格,号召大家敬仰英雄、学习英雄,矗立起爱国奉献、担当作为的精神灯塔,把个人奋斗汇入逐梦复兴的时代洪流。

赤胆忠心献身国防事业,鞠躬尽瘁推动科技创新,一辈子深藏功名、埋首奉献,讲台上传道授业、心系国运……拳拳爱国心、殷殷报国情,国家勋章和国家荣誉称号获得者,是千千万万为党和人民事业作出贡献的杰出人士的代表。伟大时代呼唤伟大精神,崇高事业需要榜样引领。对全党全社会而言,对英雄模范历史功绩的最好铭记,对他们英雄风范的最好尊崇,就是学习他们身上展现的忠诚、执着、朴实的鲜明品格,转化为兴党兴国兴军的强大动力。

忠诚是事业之魂。国家勋章和国家荣誉称号获得者身上闪耀着一个共同特征,这就是心中洋溢着对祖国的深沉大爱,生命里盛装着对人民的无限忠诚。为了给500米口径球面射电望远镜(FAST)项目选到合适的台址,南仁东每天翻山越岭,走遍了贵州上百个窝凼,只是为了"中国的天文学研究就有可能领先国际几十年"。从"两弹一星"到杂交水稻,从防沙治沙到巡边护边，英雄模范之所以能够以非常之品格成就非常之事业，最大的精神支撑就是家国情怀，最大的事业支撑就是许党许国的忠诚担当。

执着是动力之源。英雄模范不是一天炼成的，在这个快速变化的时代，英雄模范向人们展示着执着和朴实的价值。于漪用68年的从教生涯，写就了"站上讲台就是生命在歌唱"的教育传奇；于敏隐姓埋名28年，为氢弹关键技术突破作出了卓越贡献……英雄模范所展现的执着，就是为国为民奉献的志向坚定不移，对党和人民事业的坚守无怨无悔。这种志不改、道不变的坚定，这种积跬步、至千里的坚持，既是我们这个时代所呼唤的品质，也恰恰是每一个人实现精彩人生的必需品格。

朴实是立身之本。"誓干惊天动地事，甘做隐姓埋名人。"在平凡的工作岗位上忘我工作、无私奉献，不计个人得失，舍小家顾大家，是英雄模范们所共有的品质。两次获得"战斗英雄"荣誉称号的张富清，60多年来刻意尘封功绩，退役转业主动选择到湖北省最偏远的来凤县工作，为贫困山区奉献一生。朱彦夫在战场上失去了四肢和左眼，退伍后仍担任村支书25年，带领群众治山治水、脱贫致富。功成不必在我，功成必定有我，英雄模范的感人事迹充分证明，伟大出自平凡，平凡造就伟大。

"榜样是看得见的哲理"。我们讴歌英雄、崇尚模范，不应该止于"诚心正意"的敬仰，而应该有起而行之、始于足下的行动。向先锋看齐，向英雄学习，筑起的将是永不流失的精神钙质。让个人奋斗与国家发展同频共振，把实现个人梦、家庭梦融入国家梦、民族梦之中，在自己的赛道上顽强拼搏，每个人都能拥有精彩的人生，为祖国和民族作出贡献。人人如此，个个争先，涓滴之水终将汇聚成不可阻挡的时代洪流。

（2019年10月01日）

"举国体制"意味着什么

李浩燃

岁月如歌,岁月为证。国庆节临近之际,人们纷纷回首70年、礼赞新时代,从新中国发展的壮阔征程中体悟历史变迁、寻找巨变逻辑,凝聚再出发的磅礴力量。

面对不凡成就,有关"举国体制"的讨论又热起来。正在读大学的小表弟从微信上发来自己的经历:宿舍的一次例行"卧谈会"上,围绕着举国体制究竟是否适应时代要求,几位室友热烈讨论,意犹未尽,第二天上网查找相关资料,激发大家深入思考。

尽管历史是不接受假设的,但我们完全可以试想:离开举国体制,筚路蓝缕、白手起家的新中国,就难以展开以"156项工程"为核心的数百个大中型建设项目,为独立完整的工业体系奠定基础;离开举国体制,"两弹一星"等重大科技成果就不知何时能取得突破,进而铸就国防安全的战略基石;离开举国体制,就难以创造出三峡工程、高速铁路、"神舟"飞天、"蛟龙"入海等一大批标志性成就;离开举国体制,就更难以想象,何以应变局、平风波、战洪水、防非典、抗地震、化危机。毫无疑问,举国体制蕴藏着社会主义集中力量办大事的独特政治优势和制度优势,是中国特色社会主义取得举世瞩目成就的秘诀之一。

举国体制的一大优势在于民主集中制,把充分的民主和正确的集中有机结合起来,更能作出科学的、正确的决策。同时,举国体制具有强大的资源整合能力，可以迅速、高效地调动各方面优势力量，聚焦一个主要目标，系统性地攻坚克难、破解难题。举国体制的优势还在于，能够超越局部利益、短期效益的纷争，为国家利益、长远价值谋篇布局、蓄积势能。今年2月，习近平总书记在会见探月工程嫦娥四号任务参研参试人员代表时，肯定嫦娥四号任务是"探索建立新型举国体制的又一生动实践"。实践证明，举国体制不仅没有过时，还亟待我们立足新的时代条件加以改革完善，不断发扬光大。

环顾寰宇，今日之世界正面临百年未有之大变局，综合国力竞争日趋激烈，新一轮科技革命和产业变革孕育兴起，变革突破的能量正在不断积累。方此之时，坚持并发展新型举国体制，对于抢占创新高地、赢得国际竞争，具有不可替代的作用。奋进新时代，立足于社会主义市场经济条件，只要更加注重弘扬科学精神、尊重客观规律，更加注重处理好政府与市场的关系，更加注重激发各类主体的创新活力，就能进一步优化资源配置，让新型举国体制释放出推动发展进步的强大力量。

"积力之所举，则无不胜也；众智之所为，则无不成也。"回望来路，远眺未来，我们不敢有丝毫的自满，但怀有无比的自信。坚定信心、务实奋斗，在实践中探索建立新型举国体制，我们还将创造新的更大奇迹。

（2019年09月28日）

感谢您,亲爱的祖国

米博华

节日氛围渐浓。

中国的老百姓正在筹划着国庆节的节目。高铁"爆棚",南方的人们期待着北上看秋;餐饮火热,城乡居民早早定上一桌丰盛的"合家欢";娱乐丰富,孩子们盛装登场,高歌《我和我的祖国》……而网上刷屏的是:"国庆大阅兵"、北京展览馆正在举行的大型成就展,还有被外媒誉为"新世界奇迹"的北京大兴国际机场正式投入运营。

街头巷尾洋溢着和煦的气氛,乐观、自信、踏实、轻松,这些都满满地包裹着发自内心的共鸣——感谢您,亲爱的祖国。

国家,是一个神圣的概念,包含着历史、文化、社会等极为丰富的内容;但国家对于个人,又是生活、工作、学习以及无数细节构成的内心感受和别样人生。生活是平凡的,正是平凡的生活才能真切体悟,国家发展,国运昌隆,就是幸福的温度。

感谢我们有14亿进取、勤劳和聪明的手足同胞。回望激荡百年史,即使在风雨如磐的年代和艰苦卓绝的日子里,中国人不曾忘却振兴中华。我们从来不甘人后,从来不接受欺辱霸凌,从未熄灭烈火雄心,憋着一股劲,一代一代接力奋斗。中华儿女求实务实,我们胼手胝足努力,夜以继日劳动,谦虚而执着学习,用肩扛手提,用辛勤汗水建设起世界上最为完备的工业体系和国民经济巨厦。中国制造、中国创造、中国建造书写着唯勤劳、勤奋、勤俭才能造就的人间奇迹。

感谢我们有一个伟大的党。从抗击外辱到站立起来,从一盘散沙到聚合起亿万人民力量,从改革开放到民族振兴,由石库门走向天安门,中国共产党始终是民族解放、发展、复兴的中坚与核心力量。时代发生巨变,任务代有更新,但共产党人"为中国人民谋幸福,为中华民族谋复兴"的初心和使命,从未改变。从拨乱反正的伟大转折到全面深化改革的战略决策,从解放和发展生产力到坚持走共同富裕道路,从对腐败零容忍的雷霆惩治到保持先进性和纯洁性的自我革命,透过"全面小康路上一个不能少",透过对"老少边穷"地区扶贫攻坚,透过养老、医疗、教育等改善民生巨额投入,我们看到,在中国,"老百姓是天,老百姓是地",老百姓的福祉是共产党人永远的牵挂。

感谢我们找到了中国特色社会主义这条康庄大道。百余年来,从文化改良,到师夷之长的洋务运动,我们曾上下求索却不得其门而入。新中国成立特别是改革开放以来,中国现代化建设进入崭新境界,获得巨大成功。我们认识到,中国现代化没有现成样本,更不能照搬西化摹本,而要立足中国基本国情,以中国人民利益为根本,咬定现代化建设目标不放松,不为困难所惧,不被风雨所阻,不听"忽悠"所惑,一代接着一代干,一张蓝图干到底。中国特色社会主义以旺盛的活力向世人证明,它应该成为世界多元文化发展中一个成功的范例,它提供了一个占世界人口五分之一的发展中国家持续发展的典范。

民族复兴的先行者们和我们的父辈经历了无数内忧外患,分裂、战争、贫穷等等。相比而言,今天的中国政通人和、国泰民安,来之不易,应该十分珍惜。无论从何种意义上来说,生活在中国,做一个堂堂正正的中国人,都是幸运和幸福的。

(2019年09月27日)

女排精神历久弥新

习 骅

在 3∶0 完胜日本女排、3∶2 力克劲敌巴西女排、3∶0 横扫美国女排之后，今天中国女排迎来开赛八连胜，再一次为球迷们展现出历久弥新的中国女排精神。

回想中国女排第一次夺得世界大赛冠军的情景，依然让人心潮澎湃。1981 年，第三届女排世界杯在日本举行。11 月 16 日傍晚，无数中国人围坐在黑白电视机前，焦虑地观看女排战况。面对实力强大的东道主日本队，在决胜局比分落后的不利形势下，女排姑娘咬紧牙关拼搏到底。随着"铁榔头"郎平一记重扣，中国队以 3∶2 险胜，"三大球"首个世界冠军诞生！电视机前的观众热泪纷飞，"中国万岁！女排万岁！"的呐喊响彻夜空，这一幕至今那样清晰。

女排魅力 30 多年不衰，粉丝遍中华，纵跨几代人，是因为总赢球吗？竞技场上没有常胜将军，女排输过比赛，丢过冠军，很少轻松取胜，还经历过漫长低谷。但是女排有性格，有那么一股劲。用郎平的话说，"在实现自己梦想过程中，会遇到很多困难，应发扬永不放弃的精神去战胜它"。咬紧牙关拼到底，正是女排精神的内核。2004 年在雅典奥运会、2016 年在里约热内卢奥运会，女排都上演过绝地逆转的奇迹。女排精神的魅力就在于，无论形势多严峻，总会拼到底，永远保持向上奋斗的姿态。

女排气质塑造于改革开放新时期，女排精神是改革开放精神的产儿。从夺得首冠起，女排姑娘成为向世界证明中国体育强起来的时代英雄，激励几代人为国家富强、民族振兴、人民幸福而奋斗。1981年女排夺得世界杯冠军次日，人民日报头版都是关于女排的新闻。评论员文章《学习女排，振兴中华》豪迈地写道："用中国女排的这种精神去搞现代化建设，何愁现代化不能实现？"女排夺冠敲响了"团结起来，振兴中华"的战鼓，激发起一代代人滚烫的爱国热情，聚合起全国人民拥护改革、投身改革、建设国家的磅礴合力。

女排精神植根于中华历史文化的沃土，女排的性格是中华民族性格的灿烂映射。世界历史上的四大文明古国中，一脉相承绵延至今的只有中国，5000年里数不尽的挫折，生成了中华民族永不低头的倔强、愈挫愈奋的耐力、从容应对的智慧。精神强大是民族复兴的开始，也是民族复兴的必然。30多年来，中国女排创造了"五连冠"的神话，9次获得世界冠军，显露出祖国至上、顽强拼搏、胜不骄败不馁的英者风范，成为中华民族历经苦难艰辛而重新屹立于世界民族之林的生动见证。女排姑娘们的勇毅和坚定，极大激扬了中国人的自豪、自尊和自信。

"体育承载着国家强盛、民族振兴的梦想。"习近平总书记的这一金句，悬挂在国家体育总局一楼大厅里，激励每一位体育工作者为中国梦挺身而出、奋勇担当。体育强则国家强，国运兴则体育兴。实现中华民族伟大复兴中国梦的关键时期，前进道路上挑战和风险仍有许多，难以想象的惊涛骇浪也有可能出现，除了奋发图强、勇敢斗争，我们别无选择。发扬好女排精神，保持昂扬斗志和磐石般定力，我们一定能在新征程上赢得新胜利，拓展新境界。

女排加油！中国加油！

（2019年09月25日）

共同描绘美丽山河

智春丽

老爸60岁后学会了用微信。如果早晨7点之前我的手机响了,那一准儿就是他又去爬山了。点开他发来的视频,青山翠绿,鸟鸣啾啾,让人怎么也不敢相信这就是记忆中的"南山"。

因为山在镇的南边,人们随口就叫它"南山"。印象中,山上缺水少绿,时不时还能看到采石场留下的大坑。因此,儿时的我非常不情愿和家人一起上山,总是央求父亲带我去几十公里外的城市公园。现在,"南山"竟然也变成了公园!原来,经过近年来的加强治理、引水绿化,如今的山上已是木栈道曲径通幽、观景台风光旖旎。老爸感慨:"这么大的变化,以前想都不敢想。"而从"不敢想"到"在眼前",不正是我们身边生态环境的真切变化吗?

这种变化,映照着需求和认知的改变。父亲回忆,他小时候山上没有采石场,泉眼多得很,可那时"看风景填不饱肚子",进山多是埋头挖野菜。我小时候,小镇流淌着"致富"激情,大年初一照样开门营业,琳琅满目的商品就摆在尘土飞扬的街道边,至于"南山"秃了还是绿了,少有人顾及。如今,早晚散步锻炼的人多了起来,不少人热衷于去景区观光游览。如果说几十年前人们对小康生活的设想还停留在"楼上楼下,电灯电话",那么现在大家对美好生活的向往,则以"蓝天白云,绿水青山"为底色。

变化的背后,是发展方式与生活方式的转变。与人们的需求相呼应,市里的规划也与时俱进——"南山"周边区域成了未来重点发展的生态功能区。整洁的乡村公路旁,"农家乐""采摘园""开心农场"的牌子纷纷竖立,仿佛美好生活的路标。发生转变的,不只是"南山"。曾经"火车一响,黄金万两"的大兴安岭林区,伐木工成了护林员;长江边的湖北宜昌,为了治理"化工围江",经历了GDP增速断崖式下跌后又触底反弹;国土空间规划方面,正划出一条条生态保护红线……壮士断腕、忍痛转型,各地都在谱写绿色发展的新篇章。

"不敢想"的变化背后,有着历史的必然。在共和国广袤的土地上,从塞罕坝的茫茫林海,到故乡邻县就有的天然林保护工程,从中央环保督察制度实施,到山上采石场关闭、工厂不再排出污水,守护绿水青山的故事不胜枚举。今天,"像保护眼睛一样保护生态环境"的理念深入人心,"绿水青山就是金山银山"成为发展共识。已经和正在发生的变化,让我们对明天充满期待。

"发展经济是为了民生,保护生态环境同样也是为了民生""不能一边宣布全面建成小康社会,一边生态环境质量仍然很差,这样人民不会认可,也经不起历史检验"。习近平总书记掷地有声的话语,要求我们牢固树立以人民为中心的发展思想,大力推进生态文明建设。"让群众望得见山、看得见水、记得住乡愁"。在全面建设社会主义现代化国家的新征程中,我们尤须深刻理解人与自然的关系,保持加强生态文明建设的战略定力,以美好环境不断增强群众的获得感。

美丽中国属于每一个人,需要我们一起建设。未来等待着我们,以实干为画笔,共同描绘出更加美丽的山河。

(2019年09月23日)

亿万个你我成就中国

史鹏飞

90后香港青年陈贤翰,2018年初来到广州创业,在天河区港澳青年之家的帮助下成立建筑设计公司,在服务粤港澳大湾区建设中收获了个人事业的成功;80后的江西小伙毛浩夫主动放弃英国生活,继承和发扬爷爷"毛秉华工作室"的精神,毅然回到井冈山担任教师工作,笃志传播井冈山精神……让梦想在奉献祖国、服务人民中升华,让青春在创新创造、奋斗逐梦中闪光,祖国正是有志青年最好的圆梦舞台。

心之所系是家国,情之所归是圆梦。回望新中国成立70年来的奋斗征程,从"四化"起步到三线建设,从上山下乡到改革创业,从市场经济到走向全球,历史胶片里中国人追梦逐梦的背影,折射出中国从追赶时代到引领时代的巨大飞跃。放眼今日神州大地,"满眼生机转化钧,天工人巧日争新",伟大祖国前途似锦欣欣向荣,亿万人民逐梦奋斗步履不辍。不管时代如何变化,不论形势如何发展,历史的高光时刻总属于那些为党为国为民鼎力担当的人。

"祖国终将选择那些选择了祖国的人"。家国因其大义而成其大,因为人人拼搏而成其伟,因为梦想辽阔而成其远。"精卫衔微木,将以填沧海。刑天舞干戚,猛志固常在。"人的胸襟和抱负,人的决心和行动,正是为时代着色、为历史添彩的决定性力量。汇聚无数个体的力量,就能形成滔滔不息的时代潮流。穿越时光的隧道,感念共同走过的奋斗道路,感慨发生在自己身边的中国奇迹,寻找到这样一个答案,如同千万条江河流向大海,大家都是历史巨变的参与者、推动者和见证者,共同成就伟大中国。

山碧千峰竞翠,水清百舸争流。新时代新征程,今天的中国正处在中华民族历史上最好的发展时期,每个人面临着难得的建功立业的人生际遇。减税降费、扩大开放、助力创新等政策激励,增强了企业做大做强的必胜信心;教育、医疗、户籍等一系列民生领域改革持续推进,让人民群众的获得感、幸福感、安全感不断提升……澎湃的发展动力、强劲的发展势头,为中华儿女追梦逐梦提供了宽广舞台。习近平总书记指出:"只有把人生理想融入国家和民族的事业中,才能最终成就一番事业。""天降大任"的时代使命,召唤人们拿出舍我其谁的激情和不负韶华的担当,为家庭美满、为国家昌盛、为民族复兴贡献才智与力量。

中国梦归根结底是人民的梦,实现中国梦必须坚持中国道路,弘扬中国精神,凝聚中国力量。迎着全面建设社会主义现代化强国的美好愿景,让我们加倍努力,不以事艰而无为,只因任重而奋行,共同用奋斗成就更美好的未来!

(2019年09月19日)

拿出筑梦家国的最美姿态

陈　峰

　　时间的佳酿如何醉人，越是经历沧桑变化的人体会越深。从吃不饱穿不暖到丰衣足食，从狭窄的筒子楼到宽敞的生活空间，从坐绿皮车出差到乘高铁出游，搭上"中国号"蓬勃发展的快车，我们这代人可称幸运。岁月变迁中，深刻感受今昔"哪里不一样"，深情感怀现在"为什么能这样"，深切领悟未来"应该怎么样"，其中，饱含国庆的意义。

　　近代史的辛酸过往表明，国力孱弱，国防废弛，个人命运便如惊涛中的扁舟，随时可能遭遇灭顶之祸。国是家的依靠，国家好小家才会好，国家强盛个体才会有荣光，国防牢固人民安全才会有保障。2015年，也门战火纷飞，千钧一发之际，中国海军舰艇编队从也门撤侨。一艘飘扬五星红旗的军舰，一句"中国人到这里来"，让多少游子泪流满面。个人无论身居何处，无论走得多远，都是祖国母亲的孩子。祖国的强大，成为我们生命最厚重的底色；祖国的兴盛，是我们行走世界最大的底气。

　　所站立的地方是祖国，所牵挂的家园也是祖国。一位环卫工大叔在保洁清理时，只要发现有小国旗，就会小心翼翼整理好，插在电瓶车后座上。一个小朋友骑着童车路过一面飘扬的国旗，他突然停下来，举起稚嫩的右手，端端正正向国旗敬礼。他知道，祖国护佑他的成长。无论从事什么职业，无论多么平凡，无论身在何处，我们心中都可以装下祖国的万里山河。爱国是人世间最深层、最持久的情感，我们无需回避，尽情流露就好。

赤心爱国，至诚报国。科学家于敏，默默无闻28年，舍小家为大家，为国防安全构筑起坚强的核武护盾。在开山岛守卫32年的王继才，坚持每天升国旗，把守岛职责履行到生命最后一刻。"位卑未敢忘忧国"的担当，"苟利国家生死以"的忠贞，无不装点着民族复兴的星辰大海。习近平总书记强调："中国社会发展，中华民族振兴，中国人民幸福，必须依靠自己的英勇奋斗来实现，没有人会恩赐给我们一个光明的中国。"每个人是护盾，祖国就是钢铁长城；每个人是浪花，祖国就是奔腾江河。

家是国的微缩，国是家的放大，我们每个人，正是"小家"和"大家"的连接点。接力国家强盛的火炬，也照亮自己前行的道路；浇灌祖国成长的森林，也为家庭积攒一片阴凉。建设心仪的家园，其实就是爱国；守护国家的温暖，其实就是爱家。希望祖国有怎样的未来，我们不妨就作出怎样的努力，选择把祖国建设得更好更强，选择用行动垫起祖国伟岸的高度。在生命牵连、命运交织中，每个人在祖国羽翼的呵护下生长，而人人擎起一片碧空，一往无前接续奋斗，反过来也能凝聚起"九万里风鹏正举"的筑梦力量。

当今的中国，如同一艘稳健航行的巍巍巨轮，搭载亿万人民的梦想乘风破浪，不断驶向光辉的彼岸。我们跳动中国心，中国就有无穷的力量；我们共筑中国梦，中国就有光明的未来。在新中国成立70周年这样一个历史交汇点，每位中华儿女拿出筑梦家国的最美姿态，走出坚实有力的铿锵步伐，把个人奋斗的前行动力融入祖国强盛的时代经纬，必能奏响实现民族复兴的恢弘乐章。

（2019年09月17日）

月饼的老味道与新体验

石 羚

几处笙歌邀月老,万家糕饼乐中秋。又是一年中秋节,新产品、新体验、新渠道,共同构成了今年月饼销售市场的新趋势。从食材选用到营销推广,从产品创新到概念创新,从馅料、包装升级到内涵、趣味挖掘,月饼的品质提升之路越走越宽,打造出一个百亿级的消费市场。

在消费升级背景下,一块小小的月饼,被赋予了更多的时尚元素和文化创意,各种充满创意的"网红月饼"吸引了大量消费者。有的融入人文元素,推出"文创+月饼";有的力求包装新颖美观,在文案和配色上下足功夫;有的打出健康牌,100%莲子生产的莲蓉、使用麦芽糖醇的无糖月饼赚足眼球;有的打造智慧门店,将月饼销售、品牌展示与消费者互动融于一体……同时,随着大量APP、社区电商的崛起,团购、线上产品销量持续上升。

无论外在形式如何变化,月饼始终承载着家的温情与传统文化的寓意。有位作家曾这样描写过去吃月饼的场景:家境好的,自然是一人一个,家境差点的,拿刀将月饼切成几块,递到每个人手中,这月饼吃起来,就不只是月饼的味,还有一家人和睦喜气的味。今天,月饼早已不再是节日的"稀缺品",人们关注的焦点也从"吃不吃得到"变成"吃不吃得好""吃不吃得美"。提供多样化产品、个性化选择的月饼市场,折射出消费风尚的变化和供给水平的提升,不断满足着人民日益增长的美好生活需要。

有人说：传承与创新是月饼行业的永恒主题。数百年形成的口味早已深入人心，但面对层出不穷的新业态，老字号并不能高枕无忧。从饮食偏好上看，尽管地域口味相对稳定，但人们同样渴望舌尖上的新体验，高油高糖的老式月饼，已经不能完全适应时下消费者的口味。老字号要守住传统优势但不能囿于老工艺、旧口感。同样，新品牌创意无限但少不得制作的匠心。事实上，无论老还是新，品质都是最核心的竞争力。围绕品质搞创新，在老味道与新体验、在情怀牌和时尚范、在工业生产和个性定制间寻找平衡，才能满足差异化需求，实现行业高质量发展。

美食之"美"虽然没有统一标准，但月饼作为舌尖上的精耕细作，食品安全、行业标准和市场监管不能有丝毫松懈。有数据显示，前几年被网友"嫌弃"的五仁月饼，近来重新成为最受消费者欢迎的口味之一。究其原因，除了难忘"家的味道"外，2015年公布的"月饼国家标准"也起到了重要作用。从明确馅料构成、优化糖油配比，到明确食品添加剂、保鲜剂使用，新修订的月饼国标无疑为月饼生产划定了一条底线。设立行业标准，加强行业监管，旨在把严质量的关口，才能避免创新误入歧途。

买月饼是餐饮消费，也是文化消费。购买月饼重温传统记忆，分享月饼感受亲情友情，自制月饼传递健康环保的生活方式，为月饼带来了使用价值之外的文化附加值，也为传统节日赋予了新的表达形式。我们期待，激活传统节日的市场效应，让传统文化与消费市场良性互动。

（2019年09月13日）

每个人都是时代的主角

李洪兴

在四川汶川映秀镇,"茶祥子"制茶坊被称为"映秀会客厅"。无论本地人还是游客,都可以来坐一坐、聊聊天,喝口免费茶。不久前,在这里采访到茶坊老板蒋维明,和他聊起近年来的发展变化。

蒋维明是在震后来到映秀的,一心想为灾区做点事。刚来时,做茶出身的他发现,这里荒地多,东一窝茶树、西一窝茶树,不连片、没品牌,要想把窝窝茶做成产业,谈何容易。后来,他发现这里有茶马古道的遗迹、有秀美的自然山水,从长远看,只要把家园建设好、把青山守护好,种茶、制茶一定前景可期。从此,便扎下根来艰苦创业,让荒山一天天起了变化。

只要肯努力,荒山也能结金果,成为事业发展的一方大舞台。这则小故事给人以深刻启示:奋斗是人生出彩的密码,蕴藏着无限可能。在人民共和国的土地上,山再高,只要肯攀登,终能领略"无限风光在险峰";林再密,只要敢探索,就没有什么能阻挡前进的步伐。从无到有、从简单到丰富、从贫穷到富足、从弱小到强大……把握机遇、敢闯敢干,人人都享有人生出彩的机会,都可以写就属于自己的成功故事。

心有多大,舞台就有多大。最近,一位学弟在微信朋友圈分享自己的创业感悟。刚毕业没几年的他,毅然跳出待遇不错的单位,加入了创业大军。他曾预想到了其中的艰辛,幸而与团队一起齐心协力,在"快速试错、改错、调整、更新"中稳步前进,"更接近曙光"。现实中,一批又一批弄潮儿勇立创新创业的潮头,向着梦想英勇进军。新时代,亿万人民都是追梦人。心向远方、逐梦前行,有志于到中流处击水、在奋进中勃发,人人都拥有梦想成真的机会。

其实,个人的梦想,从来都与国家的发展紧密相连。回溯新中国成立以来的不凡征程,正因综合国力一步步增强,每个人实现梦想的路径和平台才得以前所未有地拓展。70年砥砺奋进,70年披荆斩棘,各行各业的建设者们不畏险阻、顽强拼搏,书写了感天动地的奋斗史诗,也在历练中增长了才干、成就了自我。可以说,个人的奋斗,最终融汇成国家的集体叙事;在国家向前的历史进程中,每个人都有机会发出自己的那一分光和热。正如一位科学家感慨,在尊重人才、鼓励创新的今天,每个人都可以是"名角儿"。新时代是奋斗者的时代,我们都可以成为时代的主角。

这是一个千帆竞发、梦想起航的时代。高扬奋斗之帆,才能拥抱出彩人生,不辜负伟大时代。一位朋友说,"自己历经千辛万苦所酿造的生活之蜜,肯定比轻而易举拿来的更有滋味"。诚哉斯言,我们之所以豪情满怀、充满自信,不正是因为一切伟大成就都是我们在接续奋斗中、用自己的双手创造的吗?现在,我们具备过去难以想象的基础条件,面临以往无法比拟的发展机遇。拿出勇气、蓄积干劲,奏响人生的凯歌,让个人的梦想旋律汇集成祖国的"最美和声",我们定能走向更加美好的未来。

"中国梦归根到底是人民的梦"。并肩携手、同心筑梦,在新时代奋力奔跑,我们就能用汗水浇灌希望,让成功的阳光照亮每一个梦想。

(2019年09月10日)

崇高的义利观

石 羚

千百年来，中华民族形成了重义轻利、见利思义的价值取向，培厚了"因民之所利而利之""先天下之忧而忧，后天下之乐而乐"的义利选择。那么，共产党人的义利选择是什么？

观察新中国成立70年来的发展进步，从亿万人民翻身当家作主，到发展生产、告别饥饿、跨过温饱，再到百尺竿头更进一步迈向全面小康，人民至上是最为鲜明的价值标识。时代环境条件不断变化，中国共产党人的初心使命永远不变，喻于公义、喻于民利的本色愈发鲜明。习近平总书记强调，"始终要把人民放在心中最高的位置，始终全心全意为人民服务，始终为人民利益和幸福而努力工作"。肺腑言语，铿锵嘱托，深刻彰显我们党不变的人民情怀。

共产党人的"见利思义"，是对以人民为中心的发展思想的坚定笃信，是对家国情怀、民生福祉的高度张扬。70多年前，毛泽东同志就曾指出："我们这个队伍完全是为着解放人民的，是彻底地为人民的利益工作的。"周恩来同志的话很形象："下山不忘山，进城不忘乡""如果忘了，就是忘本。"心中有民、心中有责，想群众之所想、急群众之所急、忧群众之所忧，这样的义利选择可谓崇高。身处现代社会，我们不必谈"利"色变，但共产党人谋求的利，不是个人私利、家庭小利，不是当大官、发大财、扬大名，而是天下太平、众业祥和、人民安康。

面对公与私的选择,共产党人每每能破除私心、成全公义,正是担当民族大义、托举人民幸福的毫不推辞,是先苦后乐、实干兴邦的毅然前行。古人说得好:"一心可以丧邦,一心可以兴邦,只在公私之间尔。"在深藏功名的老英雄张富清、廉洁奉公的时代楷模廖俊波的事迹里,在千万个扎根一线的驻村书记、艰苦奋斗的援藏干部的身影中,都可以发现践行人民至上的"兴国之光"。革命时代冲锋在前、建设时代吃苦在前、改革时代奋斗在前,一代代共产党人始终把国家和人民利益放在首位,为成全大义夙夜忙碌、奉献自我,推动"中国号"巨轮劈波斩浪,不断抵达新的蓝海。

所重者家国大义,所轻者个人私利,共产党人的人格力量源自于此,国家兴盛、人民幸福的"复兴密码"正在于此。时下,民族复兴的光明前景就在眼前,历史的接力棒交到我们这一代人手里,如何创造无愧于人民、无愧于历史的成绩?无论是完成好脱贫攻坚重任、兑现"不落一人"的庄严承诺,还是在入之愈深、其进愈难的改革深水区实现更大突破、增进人民获得感,只有心底无私、天下为公,才能汇聚党群一心、同心奋斗的磅礴合力。党员干部要明大德,认清大是大非、锤炼坚强党性;要守公德,以人民为中心、为百姓谋福祉;要严私德,当官就不发财、公事不掺私情。

"一饭膏粱颇不薄,惭愧万家百姓心"……革命先辈时刻萦绕在心头的万千责任,彰显着担当公义、为民谋利的深挚情怀。我们汲取红色历史的教益,擦亮心中的奋斗灯火,不断校正"小我"与"大我"的关系,摆正"人民"二字在心中的位置,始终同人民群众同甘苦、共命运,同忧乐、共奋进,一定能为中国赢得一个更加美好的明天。

(2019年09月09日)

"梦想清单"照见奋斗征程

魏 寅

家里有台蝴蝶牌缝纫机,已经用了几十年,成了我眼中的老古董。母亲舍不得扔,平常用来缝缝补补,其实不过是有些怀旧:"别看它现在算不上什么稀罕物,想当年,可是家家户户向往的'三大件'之一。"

"三大件",真可谓一个具有时间感的词语。新中国成立以来,随着岁月变迁,内容不断发生着"迭代"——从计划经济时代的"手表、自行车、缝纫机",到改革开放初期的"彩电、冰箱、洗衣机";从象征小康生活的"空调、电脑、录像机",到新世纪的"汽车、商品房、旅游度假"……"三大件"的变迁,见证着翻天覆地的国家变化,映照着日新月异的时代进步。

昔时"珍奇华美多贵重",今日"飞入寻常百姓家"。光阴流转之中,人们心目中曾经的一些"大件",逐渐成为生活必需品,甚至历经时间淘洗而终被淘汰。与此同时,新的"大件"顺次补位,成为理想生活的标配、体面生活的标识。从某种意义上说,"三大件"的每一次更新换代,都对应着老百姓生活品质的进阶,生活理念的升级。这个略显怀旧而又常谈常新的词,其实呼应的正是人民日益增长的美好生活需要。从中不难发现,随着腰包变鼓、品位提升、眼界放宽,千千万万中国家庭的"梦想清单",因时代发展而水涨船高。

70年来,亿万人民砥砺奋进,勇于造梦,用勤劳、智慧的双手书写了国家和民族发展的壮丽史诗。在相当意义上说,正是中国人民敢于追梦、把别人眼里的"不可能"变成了"可能",创造了中国发展进步的人间奇迹。在这一历史进程中,无数人怀揣对生活的憧憬与梦想,不懈奋斗,矢志进取,不断改善着自己的生活。更重要的是,在"中国号"巨轮高歌前行的进程中,无数人通过奋斗,不仅实现了自己的梦想,也共同创造了未来的更多可能。从某种意义上说,千万家庭的"梦想清单",照见着个人的奋斗之路,又从总体上照见了国家的奋斗征程。

今天的"三大件"究竟是什么?没有人能给出标准答案,这恰恰从一个侧面反映出时代的发展进步。当大众消费需求由模仿型、同质化、排浪式向差异化、个性化、多元化升级,当不断翻新的"四大件""五大件"乃至"N大件"进入人们的视野,美好生活的内涵变得更加丰富、更有品质。甚至,百姓的消费需求已经超前于产品的供给,悄然带动着产业的升级换代。可以说,正是在多样化、个性化的美好生活需求中,一切更美好的东西被创造出来,不断满足着人们的需要,又不断激励着人们去奋斗、去创造。

习近平总书记这样铿锵有力地宣示:"中国共产党的追求就是让老百姓生活越来越好""让老百姓过上好日子是我们一切工作的出发点和落脚点"。一起奋斗,向前奔跑,努力追梦,百姓的日子一定会越过越红火,祖国的明天一定会越来越美好。

(2019年09月06日)

爱国是本分，报国是职责

李 斌

去新疆旅行，有两面写满人名的墙让人印象深刻。

一面在昭苏县昭苏镇吐格勒勤村的灯塔知青馆，名为"高原永远不会忘记你们"，密密麻麻而又整齐有序记录着近千个名字。上世纪60年代末，北京、上海、江苏、乌鲁木齐、伊宁等地知青分批进驻昭苏高原，与当地各族群众一起发展农牧业生产，为保卫边疆、建设边疆作出巨大贡献。"滚一身泥巴，炼一颗红心"，历史记住了他们。

一面在尼勒克县的乔尔玛烈士陵园，完整记载着为修建独库公路而牺牲的168名烈士。上世纪70年代，数万名筑路官兵为修建横跨天山的独库公路奋战10年，硬是在黄羊都难插脚的悬崖绝壁间开辟大路，在冰天雪地的达坂上凿通隧道，创造了我国公路建设史上的奇迹。168名筑路官兵献出宝贵生命，年龄最小的只有16岁。雪岭云杉，成为他们最美芳华的见证。

"为有牺牲多壮志，敢教日月换新天。"先辈们的付出与奉献，早已凝结为昭苏高原的水草丰美、独库公路的景色奇绝。灼灼年华，熠熠成就，无数青春之约，共同引向今天的幸福生活。我们所拥有的一切，无不凝聚着英烈们的巨大牺牲，浸透着前辈们的艰辛打拼。一代代人英雄般的壮举，正如灯塔一样，为后来的航行者照亮远方；又像极了穿越峰峦的天路，引领新的跋涉者直抵峰巅。碧血丹心的爱国之情、豪情干云的强国之志、舍我其谁的报国之行,在时代洪流中挺立起家国大义,为实现民族复兴聚合起永葆初心、奋斗前行的强大能量。

和平年代,战火硝烟早已远去。从"芯片上虽然没有印国旗,但芯片是有国籍的",到"青春不只是眼前的潇洒,也有家国与边关",爱国与奉献依然是无数中华儿女心中的守望。历史告诉我们,从来就没有一蹴而就的伟业,从来也没有风和日丽的通途;没有崇高品质的托举,我们一定难以抵达梦寐以求的美好生活。爱国主义精神,是安邦定国的宝贵财富。每一个伟大的民族,无不从爱国主义中寻找精神的给养。砥砺骨子里的爱国情愫、信仰之光、奋斗激情,我们必能以英风浩气引航民族复兴的关键一程。

爱国是本分,报国是职责。就在近日,8名"共和国勋章"建议人选、28名国家荣誉称号建议人选公示。于敏为氢弹研制隐姓埋名二十八载,张富清深藏功名为贫困山区奉献一生,袁隆平数十年致力于杂交水稻技术的研究、应用与推广……为什么他们的追求并不功利?因为他们胸怀祖国、志在四方。为什么他们的选择并不艰难?因为他们心有大我、至诚报国。透过一位位模范人物,爱国的意蕴、职责的分量,不言自明。以他们为标杆,在国家坐标中明辨个体责任,在忠诚担当中展现个人作为,把见贤思齐、崇德向善的力量转化为谋富强、图复兴、聚福祉的生动实践,唤醒的必是深藏于民众之中的复兴伟力。

爱国是最高的品德,报国是最大的成功。一个人的事业格局,因为自觉与国家需要和民族命运相结合而倍显雄伟。一个时代的气质品格,因为千百万人以身许国、无私奉献而光芒万丈。为着祖国驰而不息奋斗,将书写无限精彩。

(2019年09月05日)

葆有充沛顽强的斗争精神

李浩燃

斗争是一种态度、一种方法，也是一种思维、一种智慧。敢于斗争、善于斗争，才能突破藩篱、攻克堡垒，最终赢得胜利，赢得尊严。

"广大干部特别是年轻干部要经受严格的思想淬炼、政治历练、实践锻炼，发扬斗争精神，增强斗争本领"。在中央党校（国家行政学院）中青年干部培训班开班式上，习近平总书记勉励领导干部要主动投身到各种斗争中去，培养和保持顽强的斗争精神、坚韧的斗争意志、高超的斗争本领。高屋建瓴的指引，语重心长的嘱托，给人以重整行装再出发的奋进力量，深刻警示我们永不停滞、永不懈怠，始终葆有充沛顽强的斗争精神。

斗争意味着艰辛，但离开斗争就难言成功。长征路上，多少红军将士英勇献身，如果没有大无畏的斗争精神，怎能血战湘江、四渡赤水、强渡大渡河、飞夺泸定桥，征服冰山雪岭、穿越沼泽草地，击退上百万敌人的围追堵截？新中国成立之初，志愿军"雄赳赳，气昂昂，跨过鸭绿江"，如果没有敢于亮剑的斗争精神，怎能不惧牺牲、克敌制胜，打出中国人的威风和志气？改革开放惊涛拍岸，如同新的觉醒、新的革命，如果没有敢闯敢试的斗争精神，怎能涉过险滩、夺下隘口，杀出一条条血路来？实践充分证明，斗争精神蕴藏着无穷伟力，是值得我们赓续传承的一大法宝。

马克思曾言,如果斗争只是在有极顺利的成功机会的条件下才着手进行,那末创造世界历史未免就太容易了。斗争精神不是天赋的,需要在大风大浪甚至惊涛骇浪中去历练。承平日久,最可怕的不是风险,而是缺乏斗争意志,嗅不出敌情、分不清是非、辨不明方向。现实中,有的人得了"软骨病"、不愿斗争,宁当"好好先生""开明绅士";有的人患上恐惧症、不敢斗争,不接"烫手山芋"、不钻"矛盾窝";有的人搞一团和气、不言斗争,凡事追求四平八稳、"差不多就行"。古人云:"斗则得,服则失。"不斗争就意味着妥协退让,意味着得过且过。长此以往,只会精神委顿、斗志尽失,每遇风浪则脑发蒙、腿发软、心发慌。

激扬斗争精神,贵在坚定斗争意志,勇于取得斗争胜利。最近一段时间,面对美方主动挑起、肆意升级的中美经贸摩擦,一些人感到格外焦虑和担忧,"恐美崇美"言论再现。类似心态,折射着斗争动力不足。事实上,越是强大的对手,越尊重意志上的强者。"打得一拳开",才会"免得百拳来"。今天,世界面临百年未有之大变局,"黑天鹅""灰犀牛"频现,亟待我们深刻把握世情、国情、党情,以斗争精神坚定推进社会革命和自我革命,走好新时代的长征路。人到半山、船到中流,愈进愈难、愈进愈险,惟有站稳脚跟、奋力拼搏,才能用今天的斗争为明天的梦想铺路。

胜利要靠斗争获得,谁也不会送给我们。"中华民族伟大复兴,绝不是轻轻松松、敲锣打鼓就能实现的。"更多人"放使干霄战风雨",在斗争中经风雨见世面、长才干强筋骨,做敢于斗争、善于斗争的战士,不做爱惜羽毛的绅士,我们必将凝聚起无坚不摧的磅礴力量,满怀自信为共和国书写崭新篇章。

(2019年09月04日)

不辜负我们这个伟大时代

乔东君

中午饭后,在小园散步。沐着秋日的暖阳,披着和爽的金风,看嘉木葱茏,听小鸟欢鸣,思绪一下子飘到少年时,想起那些在大山里砍柴的日子。

那时已上学,但"穷人的孩子早当家",课余得帮家里砍柴、放牛、打猪草,做一切力所能及的事。其中数砍柴最辛苦,得爬上大山走十几里山路。每每汗水湿透而小憩之际,俯瞰群山绵延,任凉风吹拂,听山鸟和鸣,也是难得的惬意时刻。

相似的情境,唤醒心境,不禁感慨万千。一晃到北京快30年了,物事变化如沧海桑田,而心境却能与往昔相通者,大抵在于初心未改,梦想依然。想少年时,之所以不曾被寒苦的日子压倒,再苦再累时仍能享受片刻的时光、欣赏大自然的馈赠,在于怀揣梦想。有了梦想,虽然过着贫困的生活,心中依然带着光。有了梦想,那无数平凡的日子,就都生了辉。

前些时,几位在京城的同乡故友小聚,聊起各自这几十年来的变化,莫不由衷感叹。大家出生在贫穷落后的山村,都以能力为圆心,以奋斗为半径,圆着自己的梦,不仅扎根京城,而且事业有成。大家之所以都能有此际遇,别开生面,不是得着天上掉下的什么馅饼,只不过都没有辜负自己的梦想,抓住了各自的机会,脚踏实地地奋斗,才铺就这一路事业发展的基石,迎来人生的高光时刻。大家经历不同、轨迹不同,却共同印证了这样一个结论:有梦想,有机会,有奋斗,一切美好的东西都能够创造出来。

从更大的视野看,我们几个人的变化,不过是这个时代嬗变的一个小小缩影。新中国成立70年来,特别是改革开放以来,神州大地仿佛"造梦空间",大江南北、长城内外遍布无数"梦工厂"。无数自嘲"一无所有"却怀揣梦想的人们,在"造梦空间"里造梦,在"梦工厂"里追梦,以接续奋斗、不懈奋斗共同托举中国梦,也成就了个人梦。"到那时,到处都是活跃的创造,到处都是日新月异的进步……"当年革命者的憧憬,今天已然化为灿烂的现实。

诚然,没有人随随便便就能成功。有奋斗就会有艰辛,可能被坎坷羁绊,被烦恼折磨。然而,回首来路,这一切不过是成长的代价,进步的阶梯。"国家好、民族好、大家才会好。"国家发展了,时代进步了,每个人获得的机会更多了,大家"共同享有人生出彩的机会,共同享有梦想成真的机会,共同享有同祖国和时代一起成长与进步的机会"。这也是为什么很多人在回望自己的人生旅途时,会由衷地说出这句话:感谢这个伟大进步的时代,使我有机会去实现自己的梦想和价值。

习近平总书记曾豪迈宣示:"13亿多中国人民意气风发、豪情满怀,我们960多万平方公里的祖国大地生机勃发、春意盎然,我们5000多年的中华文明光彩夺目、魅力永恒,我们党的领导和我国社会主义制度坚强牢固、充满活力,中国人民和中华民族前程伟大、前途光明。"诚哉斯言。处在这样一个伟大时代,是我们的幸运。为这个伟大时代奋斗,是我们的责任。"不辜负我们这个伟大时代",是历史的回声,也是我们的心声。

奋进新时代,不忘初心,我们还将创造更多更大更好的可能。个人如是,国家更如是。

(2019年09月03日)

勇做新时代的"劲草真金"

余谓之

习近平总书记指出,"我们现在所处的,是一个船到中流浪更急、人到半山路更陡的时候,是一个愈进愈难、愈进愈险而又不进则退、非进不可的时候。"处在中华民族伟大复兴的关键时期,遭遇艰险不可避免,碰到难事不可避免。惟其艰难方知勇毅,惟其磨砺始得玉成,正可谓越是难干越是难得。

越是难干越显担当。知责任者,大丈夫之始也;行责任者,大丈夫之终也。"能否敢于负责、勇于担当,最能看出一个干部的党性和作风。"当前,外部环境愈加复杂、风险挑战更趋严峻,是知难而进,还是畏葸不前,最能体现境界,最能看出担当。历史的接力棒已经交到我们手里,义无反顾地做起而行之的行动者、攻坚克难的奋斗者,方能不负初心使命,成就伟大事业的万千气象。

越是难干越能砺志。好事尽从难处得,少年无向易中轻。越是艰苦环境、吃劲岗位,越是困难大、矛盾多的地方,越能磨砺意志。现在"80后""90后"日益成为干部队伍的骨干,他们大多数成长在生活宽裕的时代,复杂斗争的经验和艰苦环境的考验较为缺乏。其实,难干的事最能磨炼一个人心性、最能锤炼一个人意志。碰到复杂矛盾,敢抓敢管敢于碰硬,再碰就会少一分慌乱;遇见重大难题,敢闯敢试敢为人先,再遇就会多一分从容。只有经过踏平坎坷成大道的淬火锻压,方有斗罢艰险又出发的坚忍不拔,做到关键时刻冲得上去、复杂局面稳得住脚、危急关头豁得出去。

越是难干越长才干。犯其至难方能图其至远。干部成长无捷径可走,经风雨、见世面才能壮筋骨、长才干。现在有些干部,应对一般的事、容易的事还行,但一遇急事难事,常是脑中一锅粥、手中一团麻。"略裕于学,胆经于阵"。党员干部不经历几次"风吹浪打",不接几块"烫手山芋",不做几回"热锅上的蚂蚁",就很难练就攻坚克难的本领。当前,我们面临的"四大考验"是长期的、复杂的,面临的"四种危险"是尖锐的、严峻的。对此,我们要有把攻坚当"磨刀"的意识、把克难当"练兵"的豪情,以舍我其谁的气概涉险滩、破坚冰、攻堡垒、拔城池,在游泳中学会游泳、在斗争中学会斗争,学得一身文武艺,方能担得起民族复兴的大任。

越是难干越出成绩。志不求易者成,事不避难者进。经验证明,困难和成绩总是相伴相随,困难越大,战胜困难后取得的成绩也越大。"过去几年来改革已经大有作为,新征程上改革仍大有可为。"当前,改革发展稳定的任务艰巨,特别是防范化解重大风险、精准脱贫、污染防治三大攻坚战尤其繁重,而且越往"后半程"越是难中之难、坚中之坚。挑战虽艰,希望更大,成绩愈显。今天的我们有着先贤先辈先烈们难以企及的资源和条件,只要我们增强信心、勠力同心,就一定能解决好"发展起来以后的问题""成长中的烦恼",创造出无愧于时代、无愧于人民、无愧于历史的丰功伟绩。

"历史只会眷顾坚定者、奋进者、搏击者,而不会等待犹豫者、懈怠者、畏难者。"生逢伟大时代,勇做新时代的"劲草真金",同人民一起克难,与祖国一起攻坚,越是难险越向前,全身心融入中华民族圆梦今朝的时代洪流,是无比幸运的事,也是无比幸福的事。

(2019年08月30日)

应战敢战善战方能止战

宋国友

面对中美经贸摩擦,有一种观点认为中国不该反击,而应放低姿态、委曲求全,尽可能满足美方要求。这种观点显然是错误、幼稚的,也是非常有害的。

产生这种观点的根源在于,有的人没有看清美国一些人挑起经贸摩擦是零和博弈及霸权思维在作怪。从历史上看,自从美国成为头号世界强国以来,当一个国家的经济总量达到或超过其60%时,美国就会下狠手打压。当前,美国一些人将中国视为战略对手,认为中国迅速发展对美国霸权构成了挑战。美国一些人不会因为中国委曲求全而改变维护自身霸权的目标,只会得寸进尺,直到把中国发展势头完全压制住。那种认为只要中国示好让步、美方就会止步的观点,误判了中美经贸摩擦发生的根本原因,也没看透美国一些人的霸权本质。面对中美经贸摩擦,只有应战、敢战、善战方能止战。

面对美方极限施压,中国不会委曲求全。因为中国有坚定的信心和十足的底气。委曲求全论者大多认为中国比美国实力弱,与美斗争中国必输。应当看到,中美经贸摩擦固然会对我国对外开放、企业经营产生不利影响,增加经济下行压力,但以全局、长远的眼光审视,这种影响总体是可控的,我国经济发展的综合优势明显。中国共产党的坚强领导,完整的工业体系,不断优化的营商环境,不断扩大的国内市场规模,日益完善的基础设施,与世界经济体系的紧密联结,都是中国应对中美经贸摩擦的信心和底气所在。

从维护国际基本道义准则出发,中国不会委曲求全。美国一些人无视多边贸易规则,单方面对多国提高关税,严重干扰基于市场规则的全球产业链分工,损害全球自由贸易基础和经济全球化进程,给世界经济带来重大风险,给整个国际体系平稳运行带来巨大冲击。从这个意义上说,美国是"失道"一方,中国是"得道"一方。得道多助、失道寡助,正义一方自当秉持正义、伸张正义,与不义之举作坚决斗争。

从历史上看,那些被美国当作竞争对手而受到打压的国家,有的曾经采用过退让策略,但并没有换来美国的"高抬贵手",反而使自己错失发展良机。

从更深层看,对美国一些人在国际社会所采取的行为的本质应有清醒认识,不可抱有幻想。多年来,美国努力把自己打扮成"无私""自由"的国际体系领导者角色。但是美国一些人的所作所为,更多体现出一味追求本国利益的自私算计,不但正在侵蚀二战后构建起来的国际经济政治秩序,也在摧毁其自己设计的国际形象。美国一些人此前宣扬的那些价值观只是美国实力高高在上时的幌子,一旦实力下降、发展受挫、国内不稳,就会把那些用来标榜自己的价值观扔到一边,大行霸权之道。

中国对待中美经贸摩擦的立场和态度一直是不愿打,不怕打,必要时不得不打。中国不会畏惧美方升级经贸摩擦的威胁,一定会坚决斗争到底。同时,中国始终坚信,国与国之间只要平等相待、互谅互让,就没有通过协商解决不了的问题。中国将继续推动建设相互尊重、公平正义、合作共赢的新型国际关系,坚定不移走和平发展道路,推动构建人类命运共同体。

(2019年08月29日)

用进取精神践行初心使命

李洪兴

7月26日19时12分,嫦娥四号着陆器完成唤醒设置,进入第八月昼工作期。作为人类探索月球的一个重要里程碑,中国探月工程瞄准月背软着陆这一被国际同行视作"不可能完成的事情"攻坚克难,最终填补一系列国际国内空白。这一探月壮举再次证明,"为之,则难者亦易矣;不为,则易者亦难矣"。

路不行不到,事不为不成。无论一项事业还是一国发展,都是在攻坚克难中才能实现。张骞"凿空西域",郑和万里探海,中国人素来具有不畏艰难、敢于开拓的勇毅品格。新中国成立之初,一穷二白、百废待兴。然而,再大困难也吓不倒中国共产党和中国人民,我们凭着一股精神,"踏平坎坷成大道,斗罢艰险又出发"。70年来,探索国家建设、打破国际社会封锁,推动改革创新、打开国门搞建设,全面深化改革、全面扩大开放,人民共和国在闯关隘、涉险滩、啃硬骨头中披荆斩棘,实现了从赶上时代到引领时代的伟大跨越。在没路的地方踏出坦荡大路,从只有荆棘的地方开辟出沃野良田,靠的正是不畏艰难、知难迎难、攻坚克难。

志不求易、事不避难,迎难而上、知难而进,体现的是进取精神,彰显的是初心使命。从在腥风血雨中一次次绝境重生,到推动改革开放不断从胜利走向胜利,共产党人作为革命者,既敢于也善于"在困难面前逞英雄"。回顾党的历史,为什么我们党能历经苦难而不屈服、能由弱到强不断壮大,根本原因就在于我们党始终坚守为中国人民谋幸福、为中华民族谋复兴这个初心和使命,义无反顾向着这个目标前进。不忘初心,方得始终。今天开展"不忘初心、牢记使命"主题教育,一项具体目标就在于引导广大党员干部干事创业敢担当,"保持只争朝夕、奋发有为的奋斗姿态和越是艰险越向前的斗争精神"。

一位革命先烈说,我们吃尽苦中苦,是为了让我们的下一代能够享受福中福。为了我们最崇高的理想,我们是舍得付出代价的。伟大梦想不是等得来、喊得来的,而要靠一代代人前赴后继拼出来、抓铁有痕干出来。今天的中国,有党的领导的政治优势,有社会主义集中力量办大事的制度优势,任何困难都阻挡不了中国人民矢志复兴的逐梦步伐。面对新长征路上的"娄山关""腊子口"和"雪山草地",只有坚定与各种问题难题作斗争的意志,鼓足"明知山有虎,偏向虎山行"的勇气,激发"黄沙百战穿金甲,不破楼兰终不还"的韧性,才能不断赢得更多更大的胜利。船到中流浪更急,奋楫者总能率先争渡;人到半山路更陡,志坚者终将傲视群山。

"千古风流在担当,万里功名须躬行。"共产党人肩扛民族复兴之责,担负增进人民福祉之任,自当做起而行之的实干家、拒当坐而论道的清谈客,做开拓创新的行动者、拒当不思进取的旁观者。担当起该担当的责任,我们这一代人必将创造无愧历史和人民的业绩。

(2019年08月28日)

团结奋斗 同心筑梦

李建广

"泰山之溜穿石,单极之绠断干。水非石之钻,索非木之锯,渐靡使之然也。"古人所言"滴水穿石""绳锯木断",今天依然有着现实意义。

聚焦目标、持之以恒,既是一种能力,也是一种品格。前不久,习近平总书记给福建省寿宁县下党乡的乡亲们回信,祝贺他们实现了脱贫,鼓励他们发扬滴水穿石精神,走好乡村振兴之路。这启示我们,打赢脱贫攻坚战、实现乡村振兴,需要一锤接着一锤敲;成就任何事业、攻克艰难险阻,也都离不开滴水穿石般的坚韧与勇毅。

锲而不舍,金石可镂。滴水穿石,体现着朴素哲理,象征着精神力量。从目标、过程、结果来看,水滴虽小,却有一种矢志不移的目标感;水滴虽弱,却蕴藏百折不挠的"过程哲学"。保持奋斗之姿,以坚韧、实干和奉献向着目标迈进,共产党人正是这样始终不渝地守初心、担使命。奋进新时代,广大党员领导干部只有不弃微末、久久为功,蓄积滴水穿石的韧劲,为团结奋斗、同心筑梦凝聚更强动能,才能让伟大梦想变成灿烂现实。

彰显滴水穿石的力量,就应咬定目标、锲而不舍。一寸一寸凿、一尺一尺敲,黄大发带领村民在绝壁中修出"生命渠";从一棵树到一片"海",塞罕坝人把荒漠变成了绿洲。正所谓"行之苟有恒,久久自芬芳"。"以百姓心为心,与人民同呼吸、共命运、心连心,是党的初心,也是党的恒心。"对共产党人来说，永恒不变的初心使命就是为中国人民谋幸福，为中华民族谋复兴。

彰显滴水穿石的力量，也应不畏险阻、迎难而上。现实中，有人害怕困难，畏首畏尾、能躲就躲；有人不正视困难，好高骛远、急功近利。殊不知，面对困难既要有敢字当头的勇气，也要有实事求是的态度。事实证明，正是靠着恒久坚韧的坚持，一个个山乡实现了脱贫摘帽，一户户村民过上了好日子。但也应看到，无论是深化改革、扩大开放，还是发展经济、治理环境，都难以一蹴而就、一劳永逸。强化过程意识，发扬攻城拔寨的精神，把事情一件件办好，让难题一项项破解，才能不断增强人民群众的获得感。

彰显滴水穿石的力量，还应着眼长远、前赴后继。一滴水，既小且弱，顽石面前，它未必能亲见自身的价值和成果，但日积月累、终能穿石。干事业也是如此，功成之前，必须有人做默默无闻甚至需要牺牲的铺垫。砥砺"功成不必在我"的精神境界，坚定"功成必定有我"的历史担当，不贪一时之功、不图一时之名，铸牢使命意识，方能"不畏浮云遮望眼"，最终"积跬步以至千里"。

逆水行舟，一篙不可放缓；滴水穿石，一滴不可弃滞。一代人有一代人的长征，一代人有一代人的担当。在岁月的接力赛中，永葆造福百姓的初心，蓄积滴水穿石的韧劲，我们必能汇聚无坚不摧的力量，不断从胜利走向胜利。

（2019年08月26日）

收回黑手　悬崖勒马

芦 樵

香港激进势力连续两个多月的非法集会和暴力活动，已经把香港搞得乌烟瘴气、民怨沸腾。眼看香港社会止暴制乱的呼声愈加强烈，暴力乱港行径不得人心，一些西方国家的政客按捺不住了，公然赤膊上阵走上前台煽风点火，为激进暴力分子撑腰打气，不惜扯掉面具干涉中国内政，在香港暴力活动中扮演了极不光彩的角色。

从幕后走向前台，一些西方国家的政客连遮羞布都不要了。回顾20世纪末期以来的几场"颜色革命"，西方势力通常只是隐身于暴力示威者背后操纵，或是披上"道义"外衣大肆鼓噪，出谋划策。在香港，他们屡试不爽的那一套把戏并不好使。他们想抹黑、打倒的香港警队不仅专业克制，而且恪尽职守、意志坚定，压力面前毫不退缩。广大市民撑警活动声势愈发浩大，更有多个社团分赴各区警署慰问，称赞香港警察是"护港之盾"。相比之下，一些西方国家的政客面授机宜、用心调教、重金支持的香港激进暴力分子的表演，越来越不得人心。越来越多的香港市民希望止暴制乱、恢复秩序，还香港一片安宁和朗朗晴空。眼看乱港图谋就要打水漂，一些西方国家的政客自然"急火攻心"。

"一国两制"之下的中国香港，是全球最自由的经济体，营商环境和国际竞争力得到广泛认可。一些西方国家的政客以为制造几个借口、贩卖几句口号、培植几个搞手，就能把香港搞乱，这未免过于天真自负。

要知道,求稳定、求安宁是香港社会的最大公约数。在大是大非的问题上,香港市民看得清楚,全中国人民绝不含糊!

"项庄舞剑,意在沛公。"一些西方国家的政客热衷于插手香港事务、策动暴力事件,暴露的是他们"乱港反华"的不可告人动机,暴露的是他们不择手段遏制中国的丑恶行径。美国副总统彭斯近期放言,要将中美经贸谈判进展与香港问题挂钩,是赤裸裸的政治讹诈。这些西方政客,既低估了香港特区政府依法施政和警方严正执法的能力、低估了香港市民人心思稳的强烈意愿,更低估了中国政府维护国家主权、安全、统一和香港繁荣稳定的决心和意志。

历史终将证明,不论是外部势力还是香港激进势力,搞乱香港是倒行逆施,"乱港反华"更是痴人说梦。

捣乱,失败,再捣乱,再失败,这是外部"黑手"和香港激进暴力分子的必然下场。香港事务纯属中国内政,不容任何国家、组织和个人干预。任何妄想在香港制造混乱、遏制中国发展的图谋都注定不会得逞,任何企图破坏香港繁荣稳定和挑战"一国两制"原则底线的行径,必将遭到包括香港同胞在内的全体中国人民的迎头痛击。正告一些西方国家的政客,马上收回"黑手",立即悬崖勒马!

(2019 年 08 月 22 日)

且看香港激进势力如何裹挟民意

芦 樵

一段时间以来,香港激进势力以"反修例"为幌子,变本加厉地进行暴力破坏活动。从冲击立法会大楼、肆意侮辱国旗和国徽、阻碍交通到丧心病狂围殴记者、游客,其气焰之嚣张、行径之恶劣,令人发指。

恶行累累,证据确凿,这些人却不知羞耻地一再狡辩,甚至混淆是非倒打一耙。他们肆无忌惮,自认为成功裹挟了香港一部分民意,有资本向香港社会和特区政府叫板,愈加恶性膨胀。他们裹挟香港民意的卑劣手段,归纳起来有三种:

一是胁迫。在香港的许多角落,一打开手机蓝牙往往就能收到激进势力发送的电子海报,这些海报除了美化自我、丑化警察,还大肆推送一些威胁性、煽动性内容,甚至有诸如"如果你还要撑警,我觉得你不配做人"这样粗鄙无理的口号。毫无心理准备的人们接到这样的海报大多会心里一惊,后背发凉。这便是他们胁迫市民的把戏,假借正义之名对别人颐指气使,用上纲上线的口号和威逼用语让人站队。似乎同意他们就符合道德,不同意他们就连人都不配做了。这种胁迫,给一些不了解实际情况的市民特别是涉世未深的青少年构成心理压力。

二是恐吓。这两天,一则新闻引起大家关注。香港茶餐厅老板娘李凯瑚,因为在店里贴了一张支持警察的标语,就遭到示威者的骚扰和诋毁,餐厅接到无端差评和投诉,几乎关门。对于那些敢于跟他们唱反调的市民，激进势力极尽所能地打击报复，渲染恐怖氛围，好让其他市民知道，公开反对他们是怎样的"下场"。好在李凯瑚没有被吓住，仍然"200%支持警察"。香港市民也没有被吓住，纷纷去给李凯瑚打气，撑警的口号越喊越响。

三是欺骗。激进势力为裹挟民意，使自己的行为看起来显得正当，要么无中生有恶意攻击内地，为"反送中"张目，要么夸大其词构陷警察，为暴徒辩护。总之就是要想方设法让编造、臆造的"送中"变得可怕，让专业克制的香港警察变得可恶。他们深知三人成虎的道理，纵然自身实际人数有限，也要在网络上制造出较大声量。他们以欺骗编织的所谓"正义"，骗不了那些有一定人生阅历的人，但却会误导部分青年，让一些香港青年对现实认知产生严重偏差，进而成为被利用的对象。结果往往是，他们蛊惑蒙骗他人"冲锋陷阵"，犯法入狱，而自己却早已备好后路，一走了之。

这些效法"颜色革命"的把戏，已经随着"颜色革命"恶果的显现而声名狼藉。纵然美国一些政客不断摇旗呐喊，蛊惑香港民意，纵然美西方反华势力不断操纵制造假民意，也阻挡不了香港社会爱国爱港真民意的表达。在最近举行的"反暴力、救香港"大集会上，逾47万爱国爱港市民发出了停暴力、止破坏、返正轨等共同心声。激进势力那一套裹挟民意的把戏正在失效，团结起来的香港市民将打掉乱港势力的气焰，还香港安宁有序，还明日晴空万里。

（2019年08月21日）

知史爱党　知史爱国

李　斌

"五星红旗迎风飘扬，胜利歌声多么响亮，歌唱我们亲爱的祖国，从今走向繁荣富强……"连日来，从广东深圳到四川泸州，从湖南耒阳到浙江义乌，一场场礼赞祖国的快闪活动，唤起无数人心中炽热的家国情怀，展现出中华儿女对祖国的崇高礼赞。

为什么像《歌唱祖国》《我和我的祖国》这样传唱多年的歌曲，每次听来依然让人心潮澎湃？嘹亮昂扬的歌声里，有大国小家筚路蓝缕的拼搏回忆，有亿万人民为梦想接续奋斗的壮丽征程，有古老民族历经磨难、矢志复兴的雄心壮志。生活因奋斗之历程而丰富多彩，历史因不朽之精神而活泼灵动。我们党98年的奋斗史、新中国70年的发展史，记录着震古烁今的理论创新、奇迹创造和实践探索，也见证了信仰之美与使命之重、英雄之气与崇高之志、梦想之力与时代之光。愈是亲身经历，愈是透彻了解，就愈能清晰知道中国从哪里来、往哪里去，愈能扣紧全民族团结奋进的脉搏。

欲知大道，必先为史。历史是最好的教科书、最好的老师、最好的清醒剂、最好的营养剂，总能让人受益匪浅。一个民族的历史，是一个民族走向未来的基石。每一次对历史的回眸，都是一次思想的洗礼、精神的升华。千秋伟业，百年恰是风华正茂，正如习近平总书记强调的，坚持从历史走向未来，从延续民族文化血脉中开拓前进，我们才能做好今天的事业。再走长征路、追忆建设史、回望改革潮,以史铸魂、以史明理、以史励志,我们才能看清楚历史的脉络和规律,把握历史的大势和主流,坚定道路、理论、制度和文化的自信。

初心如炬,使命如山。做人最大的事情,"就是要知道怎么样爱国";当党员最重要的事情,必须"常怀忧党之心、为党之责、强党之志"。在新中国成立70周年之际开展"不忘初心、牢记使命"主题教育,正当其时。把学习党史、新中国史作为重要内容,正是为了加强对我们党先进的政治属性、崇高的政治理想、高尚的政治追求、纯洁的政治品质的深刻认识,加强对中国从站起来、富起来到强起来的艰辛探索和历史必然的深刻认识,加强对党的执政使命和根本宗旨的深刻认识,加强对一代人有一代人担当的本质内涵的深刻认识,加强对我们党靠忠诚经受考验、靠忠诚战胜困难、靠忠诚发展壮大的深刻认识。从党史、新中国史中探寻初心、牢记使命,筑牢信仰之基、补足精神之钙、把稳思想之舵,无论风云如何变幻,我们都将无坚不摧、无往不胜。

昨天的辉煌成就今天的历史,今天的奋斗续写明天的辉煌。起自救亡图存,兴于独立自主,矢志国富民强,沿着实现社会主义现代化和中华民族伟大复兴这条近代以来中国历史发展的主线,我们豪情万丈,我们信心满怀。回望青史问初心,传承精神再进发,跑好历史的接力赛,跑出经得起时间检验的好成绩,正是我们这一代人的责任。

(2019年08月19日)

止暴制乱，香港才有未来

王 尧

8月17日下午，香港各界人士齐聚金钟添马公园，参加"反暴力、救香港"大集会。尽管遭遇雷雨，参加集会的市民队伍依然绵延几百米。现场，五星红旗、香港特区区旗飘扬，"支持警察、严正执法""我爱中国、我爱香港"口号声不断。参加集会的市民们表示，无论天气多么糟糕，他们也一定要出来发声，反对一切形式的暴力，让香港尽快恢复安宁，集中精力重振经济。

持续两个多月的激进示威活动，已经对香港繁荣稳定造成严重伤害，正在把香港拖向危险的深渊，每一个爱国爱港的人都深感忧虑。越来越多的人认识到，香港不能再乱下去了！正是在这样的背景下，香港各界人士纷纷站出来"撑警队"、坚决向暴力说"不"；正是在这样的背景下，数十万香港市民在"反暴力、救香港"大集会上，表达了"乱够了、停暴力、勿扰民、止破坏、守法治、阻撕裂、返正轨"七大诉求。现在，摆在所有香港市民面前的选择十分明确，就是止暴制乱、恢复秩序。

和平稳定犹如阳光和空气，受益而不觉，失之则难存。持续升级的非法集会和暴力冲击，让机场瘫痪、交通堵塞、商铺歇业，正严重动摇香港经济民生根基。访港旅客人数从7月中旬开始持续下跌，8月初跌幅扩大至31%，已经对餐饮、零售、旅游等服务业产生了巨大的冲击，普通百姓不得不为暴力示威游行"埋单"。据香港生产力促进局的调查，中小企业经营者的信心指数跌至三年来最低。不仅如此,香港经济陷入衰退的风险正在急剧上升,特区政府已经将2019年经济实质增长率预测由此前的2%—3%,下调至0%—1%。

关键时刻,为了纾解民困、应对风险,香港特区政府公布开支规模191亿港元的系列措施。但正如香港舆论指出的,只有止暴制乱、恢复法治,才能重振香港经济。作为国际金融中心和旅游城市,良好的国际形象和营商环境对香港至关重要,良好的法治、便捷的交通、便利的金融、高效的公共服务等,一直是香港引以为傲的优势。持续升级的非法集会和暴力冲击,伤及的正是香港的核心价值和竞争力,损害的正是香港的光明前途和700多万香港市民的福祉。

无数事实证明,"利莫大于治,害莫大于乱。"稳定是发展的重要前提,没有和谐稳定的社会环境,一切都无从谈起。发展经济是香港的安身立命之本,也是解决香港各种问题的金钥匙。香港经济发展的深层次问题和诸多民生问题,都需要在"止暴制乱、恢复秩序"的前提下解决。人为制造对立、对抗,让香港深陷社会纷争的泥沼,会严重阻碍经济社会发展,损害香港的整体利益。如果为了一己之私,用暴力劫持香港这样的法治社会,迫使全体香港市民卷入政治纷争,注定会事与愿违,也必然遭受市民的唾弃和法律的严惩。

严惩暴力,止息纷争,恢复理性。任何一个地方,都经不起反复折腾,都经不起持续动荡。当前,特区政府正在想方设法稳定人心、提振信心,采取措施推动经济发展、纾解民困。这迫切需要社会各界同声同气群策群力,香港的稳定和繁荣,需要爱国爱港者勠力同心共同维护。不能再让香港的繁荣稳定和经济民生成为暴力的牺牲品,止暴制乱、恢复秩序,尽快回到稳定发展的正道,香港才有未来!

(2019年08月18日)

破坏交通 不得人心

木 鸣

香港激进示威者把阻断公共交通作为利器,从堵塞道路、阻碍地铁运行,到围堵机场抵离港大厅,致使地铁停驶、飞机停飞,人们无法出门、出工,耽误出入港旅客行程。这严重扰乱了香港社会秩序,严重影响了香港市民的生产生活,更对香港这个自由经济体造成深层创伤。这种违法行径,是以破坏交通来达到其不可告人的目的,社会危害十分严重。

近一段时间,香港国际机场受到全球关注,但画面实在令人痛心。激进示威者密集坐在抵离港大厅,近1000个航班被迫取消,旅客们怨声载道。一位外国旅客愤怒地表示:"我以后不会选择在香港转机了。"示威者还多次堵塞地铁,阻止列车运行。上班族因此迟到甚至无法上班,还有孕妇受困在闷热的车厢中出现不适。在空间封闭、人口密集的地铁里示威,影响的不仅是出行,更增加了乘车安全隐患。

破坏交通,令香港旅游业雪上加霜。香港地狭人稠,畅达的公共交通素来为市民和游客称道。如今,地铁混乱,机场航班不确定,再加上暴力事件频发,香港旅游业一滑再滑。有数字显示,7月下旬以来,访港旅客大跌三成。有旅游业者表示,情况比金融危机时还要糟糕。旅游业涉及吃、住、行、游、购、娱等多方面,相关从业人员人数众多。面对旅游业遭受的重创,他们无计可施,欲哭无泪。

破坏交通,有形损失尚可计算,无形损失则无法估量。作为世界最繁忙的机场之一，香港机场已经多年蝉联全球机场货运量第一名，其高效运行、完善设施享誉全球。然而，此次机场瘫痪令良好信誉严重蒙尘。如果香港机场再乱下去，国际航运中心的地位也将动摇。古人云"树之难而去之易"，香港机场给旅客留下的噩梦般的体验，要花费多少时间和努力才能化解和消除？如果对香港运输能力失去信心，企业还能安心留在香港吗？牵一发而动全身，瘫痪机场的后果，恐怕如一石击浪、余波难了。

总之，破坏交通，致使地铁停驶、航班停飞，影响的是普通百姓的生活生计，动摇的是香港世界航运中心的地位，损害的是香港经济长期繁荣稳定，实在是不得人心！

（2019 年 08 月 16 日）

反暴力是香港最大诉求

程 龙

"反暴力是香港现在最大及唯一的'一大诉求'"。全国政协原常委、香港工商界知名人士吴光正11日发表声明,旗帜鲜明地反对暴力,揭露这些所谓"和平示威游行"背后的险恶用心。这也道出了绝大多数香港民众的心声。

两个多月来,反修例事件已经变质,甚至如香港不少人士所说,已经带有明显的"颜色革命"特征。"为达到某些政治目的而以暴力和恐吓等不合法行为攻击人民",吴光正在声明中引用牛津字典对"恐怖主义"的定义,他说,近期香港"人多欺压人少的暴力及街头欺凌无日无之。"围攻与己意见不一的路人,在其背后粘上标语;以堵塞道路和地铁等蛮横的方式阻止人们上班;用烟幕弹、汽油弹、弓箭等致命武器袭击警察;非法禁锢、欺凌、殴打旅客和记者……暴力、恐吓已经成为他们的惯用手段,这与和平示威完全背道而驰,与香港主流民意完全背道而驰。

特区政府多次表示修例工作已彻底停止,但是反对派和一些激进势力继续以"反修例"为幌子进行各种激进抗争活动,"其居心何在?"吴光正的这一问,也是绝大多数香港市民的疑问。吴光正认为,他们只不过是打着"反修例"的旗帜,"欺骗香港,欺骗年轻人""为争取基本法以外的东西铺路""与中央争权,改基本法""使反对派能掌控立法会",这才是反对派现在仍不收手的阴谋和最终目标!裹挟民意,祸港乱港,其行可恶！其心可诛！

"再这样下去不会有赢家""请不要再令香港再付出沉重代价！"正如吴光正所呼吁的，"反暴力是香港现在最大及唯一的'一大诉求'"。不可否认，香港社会有各种各样的民意和诉求，但当前最大的民意是反对暴力，最迫切的任务是止暴制乱。

希望更多的香港市民积极行动起来，为自己、为香港大声向暴力说"不"，激浊扬清，以正压邪，还香港天朗气清、繁荣安定！

（2019年08月15日）

大道之行,初心不移

——民生巨变激扬奋进力量 ①

李秦卫

前不久回陕西老家探亲,来到一处移民搬迁安置小区时,91 岁的何大爷由衷感慨:"咱老百姓能齐刷刷住上这么好的屋子,是因为咱的社会制度'嫽扎咧'(陕西方言"好极了"的意思)!"

居住环境的升级,为 70 年沧桑巨变写下生动注脚。衣着从"黑蓝灰"到"个性化",饮食从"吃饱肚子"到"吃出健康",居住从"狭窄蜗居"到"优质社区",出行从"行路难"到"四通八达"……回首 70 年壮丽征程,老百姓的生活发生了翻天覆地的变化。民生领域一个个看得见、摸得着的改变,切实增强了群众的获得感、幸福感、安全感,彰显着中国特色社会主义制度的优越性。

教育、医疗、住房、养老……举凡民生热点难点问题,往往都是老百姓的操心事。"我们的人民热爱生活,期盼有更好的教育、更稳定的工作、更满意的收入、更可靠的社会保障、更高水平的医疗卫生服务、更舒适的居住条件、更优美的环境,期盼孩子们能成长得更好、工作得更好、生活得更好。"党的十八大以来,以习近平同志为核心的党中央着眼于人民群众日益增长的美好生活需要,持续发力保民生、惠民生,推动各项民生指标日新月异。织密世界最大社保网,每年新增就业超 1300 万人,老旧小区改造陆续展开,17 种抗癌药大幅降价并纳入国家医保目录……我们振奋"撸起袖子加油干"的精气神,书写了"无边光景一时新"

的民生篇章。

"胸中有丘壑,眼里存山河。"70载风雨、70年家国,民生巨变的背后,刻印着一代代奋斗者的足印。这些实实在在的变化,也用最直接、最可感、最可信的方式告诉世界:中国特色社会主义制度植根于中国大地、充分反映人民意愿,集中体现了中国共产党坚持人民至上、人民利益高于一切的价值追求,因而具有强大生命力和显著优越性。

方向决定前途,道路决定命运。2017年,当我国医保覆盖率达全部人口的95%以上时,一位美国学者感叹:"中国的人口是美国的4倍,却让十几亿人享受同样的社会福利,我们应该思考,中国是怎么做到的?"换言之,中国为什么始终葆有集中力量和长期奋斗的决心?最根本的,就在于坚持和发展中国特色社会主义。事实证明,中国特色社会主义制度承接文化传统而有其源,熔铸红色基因而有其根,符合现实国情而有其据,提升发展能力而有其道。不忘初心、牢记使命,坚定"四个自信",一切为了人民,一切依靠人民,我们必将在奋进中成就更多辉煌、创造历史伟业。

沧桑巨变,显大道之行。牢记初心使命,激发制度优势,奋力攻坚克难,我们就能在幼有所育、学有所教、劳有所得、病有所医、老有所养、住有所居、弱有所扶上不断取得新进展,书写更为壮丽的民生画卷,为实现民族复兴的伟大梦想汇聚坚不可摧的力量。

(2019年08月12日)

以百姓心为心

——民生巨变激扬奋进力量 ②

李洪兴

我们党来自人民、植根人民、服务人民,党的根基在人民、血脉在人民、力量在人民。带领人民创造幸福生活,是我们党始终不渝的奋斗目标。

"治国有常,而利民为本"。回首波澜壮阔的奋斗征程,我们党干革命、搞建设、抓改革,都是为了让人民过上幸福生活。为人民谋幸福是我们党的初心,砥砺前行的力量之源。长征途中,红军之所以能战胜一切困难和风险,就在于同人民风雨同舟、血脉相通、生死与共;改革路上,我们之所以能不断书写中国特色社会主义新篇章,就在于自觉同人民想在一起、干在一起。今天,我们开展"不忘初心、牢记使命"主题教育,也正是要教育引导广大党员干部坚守人民立场,真正做到为民谋利、为民尽责。

民生连着民心,民心关系国运。新中国成立70年来,我们党紧紧依靠人民,跨过一道又一道沟坎,取得一个又一个胜利。70年披荆斩棘,70年风雨同舟,中华民族迎来了从站起来、富起来到强起来的伟大飞跃。中国发展成就归结到一点,就是亿万中国人民生活日益改善。以粮食为例,前不久,袁隆平在接受采访时说,上世纪60年代,很多人吃不饱饭。当问及这种场景会不会再出现时,他连说了两个"不可能了"。衣食住行等方方面面的巨大变化,映照着以人民为中心的发展思想是具体的、实践的,也启示我们永远要以百姓心为心,紧紧抓住群众最关心最直接最现实的利益问题,不断保障和改善民生。

答好"民生答卷",就应培厚为民情怀,把群众安危冷暖记挂在心。党的十八大以来,习近平总书记心系困难群众,考察调研总是进村入户、访贫问苦,惦记的就是群众愁不愁吃穿,教育、医疗、住房有没有保障。民生工作既是发展工作,也是群众工作。着力改善民生,千方百计让老百姓都过上好日子,应是一切工作的出发点和落脚点。扑下身子、扎根基层、沉下心来,带着感情改善民生,才能想百姓之所想、急百姓之所急,真正践行全心全意为人民服务的宗旨,也才能跳出小我、成就大我,以真心换取支持,用真情赢得信任。

答好"民生答卷",就应勇于担当作为,多解民生之忧。"一个行动胜过一打纲领"。造福于民,不仅要看是怎么说的,更要看是怎么做的。今天,决胜全面小康时不我待,打赢脱贫攻坚战重任在肩,容不得我们喘气歇脚、有丝毫懈怠。一切不思进取、庸政怠政、明哲保身、得过且过的思想和行为都是同人民群众期盼、同新时代新要求格格不入的。面对人民对美好生活的向往,面对民生领域的种种现实问题,敢于动真碰硬、拿出真招实招,善于以改革创新的精神与智慧破解难题,才能以实际成效取信于民。无论时代如何变迁,我们都应深深铭记:实干方能兴邦强国,实干方能为民富民。

"利民之事,丝发必兴;厉民之事,毫末必去。"坚守初心使命,始终为人民谋幸福、为群众谋利益,昭示共产党人的政治本色。时刻把百姓冷暖放在心头,笃行"民之所好好之,民之所恶恶之",人民的生活必将一年更比一年好,我们的国家也一定会更加繁荣富强。

(2019年08月13日)

践行"奋斗哲学"

——民生巨变激扬奋进力量③

魏 寅

有人说,生活的理想,就是为了理想的生活。然而,近代以来的中国饱经磨难,追求理想生活的人们,一度面临"山穷水尽诸路皆走不通"的无奈。新中国成立后,我们用70年的时间,开创了一场"走得通"的伟大实践,让亿万人民迎来了属于自己的美好生活。"在中国人民手中,不可能成为了可能。"从站起来、富起来到强起来,正是靠着一代代人披荆斩棘、砥砺奋进,这个曾经"温饱都成问题"的国家,成就了"史诗般的进步"。

时间是神奇的变量,见证着时代的变迁。年逾八旬的徐州市民邱从贵没想到,他能在有生之年搬出棚户区,住上梦想中的"大房子"。近年来,各级党委政府加快推进保障性安居工程建设,成千上万的人像邱从贵这样,告别土坯房、茅草房、筒子楼,迎来安居宜居的新生活。如今,越织越密的社会保障网,温暖着更多心灵,也为每个奋斗者增添了实现梦想的底气。

人世间的一切幸福都需要靠辛勤的劳动来创造。令人感慨的民生巨变,源自每个人朝着好日子的不懈努力。无怪乎有经济学家判断,中国经济最大的潜力就是每个人都过上美好生活的愿望。每一个人奋力谱写生命的乐章,终将汇成一曲雄浑的交响。

今天,即将迈入全面小康的中国人民,已不再仅仅满足于吃穿用度,而是追求更有品质的生活。我们已走过千山万水，但仍需跋山涉水。在我们面前，改革发展稳定任务繁重，转变经济发展方式、优化经济结构、推动高质量发展已经进入攻坚克难的关键阶段，打好三大攻坚战尤须付出艰巨努力。坚定自信心、激发进取心，涵养不辞万难、不畏险阻的心态，保持风雨兼程、攻坚克难的姿态，才能战胜前进道路上的一切困难和挑战，用双手创造更加美好的生活。

今年夏粮再获丰收，一位农民难掩喜悦："被丰收压弯了腰哕！"从麦浪滚滚的田野，到机器轰鸣的工厂，再到灯火通明的实验室……在这片广袤的热土上，无数人正播种着希望，收获着信心。历史和现实证明，谁的"丰收"都不是天上掉下来的，而是拼出来、干出来的。新时代是奋斗者的时代，践行"奋斗哲学"、投身"勤劳革命"，苦干巧干、逐梦前行，实干者何愁不能迎来人生出彩的时刻。

不敢有丝毫的自满，但怀有无比的自信。砥砺坚如磐石的信心、激扬接续奋斗的雄心，争做美好生活的创造者、守护者，我们就一定能在新长征路上成就振奋人心的更大奇迹。

（2019 年 08 月 14 日）

"身入"实际 "心至"群众

盛玉雷

调查研究不仅是一种工作方法,而且是关系党和人民事业得失成败的大问题。回首我们党 98 年的奋斗史、新中国 70 年的发展史,深入调查研究始终是做好各项工作的一件传家宝。

"调查研究要注重实效,使调研的过程成为加深对党的创新理论领悟的过程,成为保持同人民群众血肉联系的过程,成为推动事业发展的过程。"在"不忘初心、牢记使命"主题教育工作会议上,习近平总书记对领导干部做好调查研究提出明确要求。对领导干部而言,只有深入实际、深入群众、注重实效,才能正确认识客观世界、更好改造主观世界,也才能深入转变工作作风、增进同人民群众的感情。

好的调查研究的一大共性,在于"身入"实际、"心至"群众。调查研究是否实事求是、能否促进工作,不在于调研的规模有多大、时间有多长,关键要看调研的实效、看调研结果的运用、看能不能把问题解决好。一场高质量的调查研究,既要"调查",也要"研究",通过"身入"实际、"心至"群众,找到事物的本质规律,找到解决问题的正确办法。

身入,才能克服研而不调,避免凌空蹈虚。人民群众中有无穷智慧,基层实践里有万千高招。如果只满足于看材料、听汇报、上网络,凭经验办事、拍脑袋决策,就很难捕捉层出不穷的新情况新问题,很难应对形势发展变化提出的新课题新挑战。正因如此,有些地方负责人将主题教育的课堂搬到基层现场，广泛听取意见、认真检视反思；有的党员干部扑下身子、迈开步子，在车间码头、田间地头蹲点调研……把实际情况调查清楚，把问题的本质和规律把握准确，把解决问题的思路和对策研究透彻，就要这样眼睛向下、脚步向下，问计问需于民。

心至，才能杜绝调而不研，防止形式主义。1961年刘少奇来到湖南调研，诚恳地说："我是向大家求教的""希望大家帮助我，向我提供真实情况"。在场的干部群众十分感动，反映的真实情况促使相关政策得到及时调整。把群众当亲人、和群众"坐一条板凳"，虚心接受群众的批评意见，人民群众才会知无不言、言无不尽。反观一些干部在调研中听不到真话、取不到真经，一个重要原因就在于没有放下架子、敞开心扉。调查研究远不止于"转转、听听、看看"，只有带着一颗为民之心下去，才能满载百姓期盼、基层经验、群众智慧而归。

成熟的麦穗总低垂着脑袋，浩瀚的大海总敞开着胸怀。无数成功案例说明，调查研究是谋事之基、成事之道。身入心至搞好调查研究，我们一定能察实情、出实招、办实事、求实效，推动各项事业乘风破浪、再创佳绩。

（2019 年 08 月 09 日）

让生命在奋斗中绽放光彩

向贤彪

"在我驻村满一年的那天,我的汽车仪表盘的里程数正好增加了25000公里,我简单地发了一个朋友圈:'我心中的长征,驻村一周年愉快'。"这是广西百色市乐业县新化镇百坭村第一书记黄文秀"扶贫手记"中的一段话。谁知写完这段文字不到3个月,她就倒在扶贫路上,将生命永远定格在30岁。

革命先驱李大钊说:"高尚的生活,常在壮烈的牺牲中。"深味这句话,仿佛看到无数英烈站在我们面前,从他们坚定的眼神中感受到如钢的意志,从他们伟岸的身躯上领略到生命的意义、牺牲的价值。

"拼却头颅血浮舟,赢得自由满神州。"那是长征路上的红军军需处长,首先想的是战士们的吃穿,自己在路旁冻成一座"冰雕";那是舍身炸碉堡的董存瑞,为了人民的翻身解放,他毅然拉响了炸药包;那是走向刑场的江姐,为了保全党的秘密,她甘愿忍受一切痛苦的折磨……哲人有言,牺牲永远是成功的代价。正是无数革命先烈舍小家为大家,毅然担当起时代重任与使命,用奋斗甚至生命诠释理想信念和赤子之心,我们才赢得古老大国屹立世界东方的尊严。

"将士受命之日则忘其家,临阵之时则忘其亲,击鼓之时则忘其身。"革命的道路充满艰辛,离不开流血牺牲;改革发展之路也会不平坦,同样需要牺牲精神。今天,决胜全面建成小康社会重任在肩,打赢脱贫攻坚战时不我待，人们同样被一个个"忘其家""忘其亲""忘其身"的模范人物所感动。黄文秀就是他们中的典型代表。大学毕业后，她本来可以在城里找份舒适的工作，却毅然奔赴艰苦的扶贫一线。"一个人要活得有意义，生存得有价值，就不能光为自己而活，要用自己的力量为他人、为国家、为民族、为社会做出贡献。"黄文秀入党申请书中的这段话，正是对她一次次人生选择的最好注释，也启示我们深刻省思生命的意义与价值。

一代人有一代人的长征，一代人有一代人的担当。当年红军长征险象环生，无数革命先烈抛头颅、洒热血，开辟了胜利的道路；今天，脱贫攻坚战同样充满艰险，许多党员干部舍身忘我、冲锋在前，有的甚至付出了宝贵的生命。时间，割不断血脉的联系、精神的传承。为中国人民谋幸福，为中华民族谋复兴，是中国共产党人的初心和使命。永葆初心，肩负使命，在伟大事业中找到自己的位置，一个人才能活出精彩、活得有价值。

马克思说过，如果斗争是在极顺利的成功机会的条件下才着手进行，那么创造世界历史未免就太容易了。回眸过去，我们走过千山万水，取得骄人成就；展望未来，我们还要继续跋山涉水，向着更加伟大的目标进发。在船到中流浪更急、人到半山路更陡之际，我们更当保持"行百里者半九十"的清醒，拿出"事不避难，义不逃责"的担当，求真务实、真抓实干，不畏艰险、不怕牺牲，走好自己的长征路，让生命在奋斗中绽放绚丽的光彩。

（2019年08月08日）

让文明之花长开

李 斌

古人言:"风有厚薄,俗有淳浇。"社会风俗的改易、文明风尚的养成,遵守怎样的规律,又有怎样的经验可循?

一种新风尚犹如一颗种子,历经岁月洗礼方能枝干遒劲、苍翠挺拔。以生态文明为例,砍树容易造林难,改变人的观念和习惯更难。但是,风尚总会在点滴积累中慢慢变化。从一棵松发展到百万亩林海的河北塞罕坝林场,60多年接力植树造林的山西右玉,实现了从"沙进人退"到"绿进沙退"转变的内蒙古库布其,这些创造了生态建设奇迹的地方,同样创造出建设生态文明的宝贵经验。在经年累月地增绿护绿中,干部群众养成了视林木若生命的生态文明观,建立起以绿色发展为己任的生态责任意识,生态环境保护的自觉行动成为装点祖国大地的一道亮丽风景。

的确,精神的成长、文化的发展、风气的变化,相比物质文明进步而言是一个缓慢的过程,既需要重视方式方法也考验定力耐力。这其中,人的能动作用尤为关键。从蛮荒到开化,从落后到先进,在时间的催化过程里,人的主观能动性无疑是最具决定作用的酵素。与此同时,加强制度建设,善于"两手抓",推动思想建设和制度建设齐头并进、相得益彰。

中医有一句话,叫"急则治其标,缓则治其本。"弘扬新风尚、改易旧习俗,治标与治本皆不可忽视。比如作风建设,既离不开雷厉风行、令行禁止的整治行动,也离不开坚持不懈、持之以恒的耐心和韧劲,否则就可能功败垂成。古人总结得好:"物暴长者必夭折,功卒成者必亟坏。"精神文明建设,需要以"滴水穿石"的韧劲,"铁杵磨成针"的功夫,不断提升精神文明建设的境界。

文明风尚养成,快慢结合更有效。在上海,垃圾分类工作成为新时尚,垃圾综合处理吸引越来越多的人参与其中,人们相互交流垃圾分类做法,垃圾分类"金点子"频出。今天,绿色发展方式和生活方式,正成为新风尚。这是应该予以肯定和赞扬的。也应看到,"变成法易,变世风难"。难就难在移风易俗最忌一曝十寒、三心二意,因此更要强调锲而不舍、久久为功。我们全方位发力建设生态文明,提倡低碳环保、绿色消费、节约资源等理念,时时处处推广这种新风尚,就是为了让生态文明成为社会共识、绿色生活成为人人的生活方式。

"风气之变必以渐也"。涵养时代风尚、建设精神文明、锻造核心价值,应固本培元,激浊扬清,与时俱进。正如马克思所说,"再没有什么比利用时间和机会更能促进我们事业的兴旺"。切准文明风尚的快慢规律,在常和长上走心入脑、润泽灵魂,一定能让文明之花长开,精神之河长清。

(2019 年 08 月 06 日)

饮其流者怀其源

向迎佳

一盏马灯，一双草鞋，一个水壶———一幅题为《初心》的油画，画面十分简约，却启人深思。

在一些革命旧址纪念馆，我们常能看到一盏盏马灯。马灯是照明工具，也见证了真理的播撒、前进的征程。马灯下、窑洞里，毛泽东同志写下篇篇雄文，它们犹如灯塔照亮了中国革命的前程；马灯下、战壕中，革命前辈舍生忘死，为了一个光明的新中国抛头颅、洒热血。对真理的追求、对马克思主义的信仰，推动一批批共产党人摆脱庸碌生活和物质羁绊，流血牺牲、英勇奋斗。

"无论是处于顺境还是逆境，我们党从未动摇对马克思主义的信仰。"信仰的力量是无穷的，当其融入血液、注入灵魂，我们便无坚不摧、战无不胜，跨过一道又一道沟坎，创造一个又一个奇迹。今天，置身于快速变革的时代环境，又该如何从理想信念中汲取前行的力量？其中一个重要方面，就是从我们党的初心中去感悟和践行，筑牢信仰之基、补足精神之钙、把稳思想之舵，让信仰、信念、信心深深植根于心田。

位于江西于都的中央红军长征出发纪念馆里，陈列着红军战士谢志坚珍藏的一双草鞋。今年5月，习近平总书记参观纪念馆时，在这件展品前停下脚步、久久凝视。在纪念馆的墙壁上，有一幅由80双草鞋组成的中国地图。1934年，一支脚踏草鞋的队伍从这里出发，跋山涉水、九死一生，走完了两万五千里长征，把一个国家带向新的航程。

一双双普通的草鞋，承载的是历史，凝聚的是精神。老区人民说：“这鞋一穿到红军的脚上，就成‘量天尺’了，地再广，山再高，你们也能把它‘量’完。”红军战士也对草鞋有着特殊感情，他们穿上老区人民送的草鞋，把一切艰难险阻踩在脚下。穿草鞋的历史已经远去，但草鞋中所蕴含的艰苦奋斗精神却永远不会过时。面对复杂严峻的国际形势和艰巨繁重的国内改革发展稳定任务，我们更应坚定信念，彰显“敢教日月换新天”的气概，砥砺“咬定青山不放松”的意志，激扬“越是艰险越向前”的精神，以奋斗创造实绩。

饮其流者怀其源。油画《初心》中的水壶，寓意着党的根基在人民、血脉在人民。回首艰苦卓绝的革命战争年代，正是人民用坚实的臂膀筑起了铜墙铁壁，也正是人民用小推车推出了一个又一个胜利。

“从来经国者，宁不念樵渔”。无论时代如何变迁，人民群众始终是我们战胜一切困难的力量源泉，情系人民应是我们需要恪守的政治品格。今天，我们开展“不忘初心、牢记使命”主题教育，就是要继续教育引导广大党员干部自觉践行党的根本宗旨，把群众观点、群众路线深深植根于思想中、具体落实到行动上。不断溯源、思源、怀其源，永远同人民想在一起、干在一起，我们党才能永葆青春活力，永远立于不败之地。

饮水思源，初心不改；征途漫漫，奋斗不止。坚守理想信念、葆有奋斗精神、保持党同人民群众的血肉联系，是我们的成功之道、胜利之本。从信仰中汲取力量，从奋斗中汲取力量，从人民中汲取力量，不忘来时路、走好新征程，我们必定能攻坚克难、闯关夺隘，走好新时代的长征路。

（2019年08月05日）

以"工笔"画准"自画像"

马祖云

解决问题,贵在实实在在、不搞形式主义。开展"不忘初心、牢记使命"主题教育,只有客观认识自我、找准差距短板,才能有的放矢进行整改,牢牢把握"守初心、担使命,找差距、抓落实"的总要求。

在国画传统中,工笔与写意大不相同,前者的鲜明风格是"求工整而逼真""有巧密而精细"。这次主题教育,一项重点措施就是整改落实,而整改的前提是通过检视问题找到差距、找准病灶。这就需要广大党员干部用"工笔"画准个人的"自画像"。激扬自我革命精神,真实刻画自我,画准画细存在的病灶,有利于对症下药、药到病除。

习近平总书记在"不忘初心、牢记使命"主题教育工作会议上指出,"找差距,就是要对照新时代中国特色社会主义思想和党中央决策部署,对照党章党规,对照人民群众新期待,对照先进典型、身边榜样,坚持高标准、严要求,有的放矢进行整改。"在现实中,有少数人虚与委蛇、"雨过地皮湿",不认真检视问题、查找差距,试图以扭曲的"写意"巧绘"自画像"。有的"雾里看花",讲班子有板有眼,谈自己模糊不清;有的"抑扬失度",讲成绩夸夸其谈,查问题三言两语;有的"爱惜羽毛",讲差距避重就轻,揭痛点轻描淡写;有的"旧版翻新",举例子老调重弹,析原因套话连篇。如此种种,不愿把问题往实里讲、把根源往深处挖、把教训往个性上找,自我画像也自然难以精准。说到底,还是私心在作怪，怕问题讲实了、查深了，会自损形象、影响升迁，甚至遭到惩处。

画准"自画像"，就要对党忠诚。"天下至德，莫大于忠"。"忠诚干净担当"，忠居首位，足见其重。忠诚，是衡量党员政治品格的重要标准、检验党员党性纯度的试金石，也是找准解决问题路径的铺路石。在党言党、对党忠诚，不忘初心，以刀刃向内的勇气，才能彰显襟怀坦荡的品格。

画准"自画像"，就要修身自省。"人非圣贤，孰能无过"，关键是要认清自己的"不完美"。政治清醒的革命者，皆有躬身自省的高度自觉。周恩来同志常以"我的修养要则"检视不足，陈毅同志每每在"中夜尝自省"中改正缺点，谢觉哉同志坚持在每晚睡前与自己"打官司"论是非……赓续老一辈革命家的优良传统，矢志自我净化、自我完善、自我革新、自我提高，才能提高境界，更好坚守初心、砥砺恒心。

画准"自画像"，就要解剖自我。共产党人是拥有彻底的自我革命精神的。这是一种觉悟，敢于对自己说"不"，不陶醉于个人的一时之功；是一种风骨，勇于对自己亮丑，敢用显微镜照见个人的缺点不足；是一种境界，善于对自己较真，永不自满、永不懈怠。常跟自己过不去，注重检视自身存在的问题，党员干部才能公而忘私、清正廉洁，不做昏官、懒官、庸官、贪官。

"但立直标，终无曲影"。拿出刮骨疗伤、毒血涤尽的勇毅，认清自己、对准标尺、检视问题，我们终能坚持真理、修正错误，锻造担当任事的"宽肩膀""铁肩膀"，走好我们这一代人的长征路。

（2019 年 08 月 02 日）

跨越七十年的信仰力量

刘维涛

一张4年前的大学毕业照，眉清目秀、俊朗白皙；一张日常训练照，身板孔武有力，皮肤黝黑，目光坚毅。前后判若两人，刻印下西部战区陆军某旅玉树独立骑兵连连长尼都塔生从军报国、奉献青春的时光。

"大城市不缺我一个，高原上更需要我。"尼都塔生本可以走出高原，但他却选择了回到养育他的地方，光荣参军戍守祖国疆土。他也本可以像康巴汉子那样自在生活，但他却选择了以群众幸福为幸福，一腔热忱扑在为人民服务上。有人追问，为什么一个年纪轻轻的小伙，竟有如此坚定的许党许国的觉悟担当？心中有了信仰，脚下才有力量。这一切，正是尼都塔生的信仰选择，也见证尼都塔生一家四代赓续传承的红色基因的深厚力量。

1949年，尼都塔生的曾祖父土登宫保把共产党赠送的五星红旗毅然升起在自家门楼上，青海囊谦地区升起了第一面五星红旗；面临旧贵族武装叛乱，祖父彭措旺扎虽然年轻，却选择了和祖国站在一起，成为玉树"康巴世族"后代入党第一人；父亲东坝阿宝是玉树地区各族干部群众学习的楷模，玉树地震时带病救灾，多次晕倒在一线；尼都塔生身上也有个"第一"，第一个参军入伍的玉树"康巴世族"后代……每每在重大选择面前，尼都塔生一家总是义无反顾跟党走。跨越70年的信仰选择，成就了关于忠诚与坚守的传奇。代代传承的红色基因，也成为打不垮、冲不散、抢不走的宝贵精神财富。

不忘初心,方得始终。"父亲和爷爷留下来的东西,儿子和孙子要把它接住",这句浅白的藏族谚语,说明了赓续红色基因的意义。红色基因是立根铸魂的价值底色,更是生死以赴的精神支柱。正如习近平总书记强调的,"走得再远、走到再光辉的未来,也不能忘记走过的过去,不能忘记为什么出发"。红色基因中有我们党、我们国家走向胜利、创造辉煌的密码。传承好红色基因,可以认清我们从哪里来、要到哪里去,像尼都塔生以及千千万万优秀共产党员那样,牢记全心全意为人民服务的根本宗旨,以坚定的理想信念坚守初心,把红色铺陈成人生的底色。

勇担使命,才能续写辉煌。尼都塔生一家人用奋斗与奉献,书写着对理想信念的执著、对祖国和人民的忠诚,其事迹令人感佩,其品格令人敬仰,其精神令人振奋。一代人有一代人的使命,一代人有一代人的担当。今天,发展正乘风破浪,改革正乘势而上,我们靠什么凝聚亿万人民同心圆梦的力量,用什么来激发攻坚克难的勇气与斗志?尼都塔生说得好,好骑兵都是摔出来的,伤疤是骑兵的勋章。其实每个人都需要像尼都塔生那样,用红色基因铸就人生航道,在各自岗位上肩负历史使命、勇于担当负责、积极主动作为。凝聚起无坚不摧的红色能量,我们就可以激扬坚忍不拔的意志和无私无畏的勇气,战胜前进道路上的一切艰难险阻。

习近平总书记深刻指出,"共和国是红色的,不能淡化这个颜色""无数的先烈鲜血染红了我们的旗帜"。今年是新中国成立 70 周年,最好的纪念包括传承红色基因、赓续红色血脉、争当红色传人。以初心换真心,以使命聚合力,我们一定能团结依靠各族群众,为实现中华民族伟大复兴的中国梦汇聚磅礴力量。

(2019 年 07 月 31 日)

以革故鼎新开辟未来

张 凡

回首 70 年波澜壮阔的不凡征程，正因锐意进取、勇于开拓，我们不断创造发展的新成就；正因激扬以改革创新为核心的时代精神，我们迎来了新时代走向复兴的万千气象。

"改革越到深处，越要担当作为、蹄疾步稳、奋勇前进，不能有任何停一停、歇一歇的懈怠。"前不久，在中央全面深化改革委员会第九次会议上，习近平总书记强调全面深化改革是我们党守初心、担使命的重要体现，勉励大家紧密结合"不忘初心、牢记使命"主题教育，提高改革的思想自觉、政治自觉、行动自觉，迎难而上、攻坚克难，着力补短板、强弱项、激活力、抓落实，坚定不移破除利益固化的藩篱、破除妨碍发展的体制机制弊端。殷切的嘱托，催动我们永不僵化、永不停滞，给人以深刻启示。

开拓创新是一种鲜明的政治品格，也是共产党人应有的责任担当。历史和现实证明，越伟大的事业，往往越充满艰难险阻，越需要激发改革创新、开拓进取的精神。今天，船到中流、人到半山，尤其需要我们认真检视自己，有没有失去披荆斩棘、一往无前的锐气，有没有累积安于现状、不思进取的惰性？面对前进路上的风险挑战，我们尤其需要按照习近平总书记所要求的，"勇于推进理论创新、实践创新、制度创新、文化创新以及各方面创新，通过革故鼎新不断开辟未来"。保持开拓创新的姿态，坚定革故鼎新的意志，锐意改革、热情创新、超越自我，才能在新中国的史册上不断书写新华章。

革故鼎新，就应增强问题意识，勇于自我革命。现实中，一个人如果缺乏自我审视的自觉，不注重反思、不勇于纠错，就容易骄傲自满、裹足不前。周恩来同志曾书写下《我的修养要则》，其中就有多条与检视问题、改正错误有关。"要注意检讨和整理，要有发现和创造""要与自己的他人的一切不正确的思想意识作原则上坚决的斗争""具体的纠正自己的短处"……这些充满自我警醒意味的"要则"，照见共产党人永不懈怠、追求卓越的精神状态，也为做合格党员树立榜样。不粉饰缺点、不回避问题，知错即改、立行立改，才能在推陈出新中不断超越过去、超越自己。

革故鼎新，也应提高创新意识，善于打开局面。邓小平同志曾谆谆告诫："世界形势日新月异，特别是现代科学技术发展很快。现在的一年抵得上过去古老社会几十年、上百年甚至更长的时间。不以新的思想、观点去继承、发展马克思主义，不是真正的马克思主义者。"今天，面对新的时代环境和条件，更要激发创造性思维，激扬创新的朝气，奔着问题去、朝着问题改，大胆革除阻滞发展的一切羁绊或藩篱，让创新源泉充分涌流、创新成果充分汇聚，我们就一定能勇立时代潮头，开辟改革发展的新境界。

"芳林新叶催陈叶，流水前波让后波。"始终守初心、担使命，一刻不放松地解决自身存在的问题，一刻不停歇地推进改革发展，我们就一定能凝聚坚不可摧的奋进力量，在革故鼎新中不断开辟未来。

（2019年07月29日）

"到位"的深刻启示

陈 峰

"抓思想认识到位""抓检视问题到位""抓整改落实到位""抓组织领导到位",习近平总书记在内蒙古考察并指导开展"不忘初心、牢记使命"主题教育时,提出"四个到位"的明确要求,为确保主题教育质量指明了方向,也给予我们以深刻启示。

"到位",就是到达该到达的位置。譬如打井,与其到处挖坑,不如找准位置深打一眼井。开展"不忘初心、牢记使命"主题教育,就是要打通信仰信念信心的清泉,打开干事创业的无尽动力。只有不断深化对主题教育重大意义的认识,深化对党的初心和使命的认识,深化对党面临的风险考验的认识,才能在思想认识上到位。只有把问题找到找准,把根源挖深,明确努力方向和改进措施,才能在检视问题上到位。只有把该完善的体制机制完善起来,该堵塞的漏洞堵塞好,该批评的认真批评,该处理的严肃处理,才能在整改落实上到位。只有主要领导同志带头学习、带头调查研究、带头检视问题、带头整改落实,发挥表率作用,才能在组织领导上到位。做到"四个到位",才能实现主题教育的目标。

在主题教育过程中,一些地方、部门和单位存在的一些问题值得正视。比如,学习不够聚焦,浮在表面、深度不够,联系实际不够紧密;调查研究聚焦主题不够鲜明,存在泛化问题;检视问题、整改落实处于初试阶段,边学边查边改力度不够大,问题导向和实际效果还不明显;

相较深学细悟、细照笃行，更在意赶时间、抢进度，许多要求停留在一般号召、按部就班上……抓学习浮光掠影、搞调查浅尝辄止、查问题不求甚解、促整改半途而废，如此认认真真走过场、轰轰烈烈走形式，实质就是没有做到"四个到位"，就难以解决实质问题，达不到实际效果。

有定力才更见功力。浅尝辄止容易半途而废，走马观花容易流于形式。"到位"意味着必须用心专一、用力持久。"到位"的过程，实际上是认识提升、思维集成、实践创新的过程。正如毛泽东同志曾指出的，调查就像"十月怀胎"，解决问题就像"一朝分娩"。保持恒劲和韧性，愿下笨功夫，肯下苦功夫，才能迎来大功告成时。如果只在意面上好看，只希望当下凑合，初心与使命必会因形式主义而毁弃。正所谓，"名不可简而成也，誉不可巧而立也"。无论是守初心、担使命，还是抓学习、干工作，都需要付出久久为功、善作善成的持久努力。

初心与恒心相伴，使命与担当相连。做到"四个到位"，就要从实处发力、向深处扎根，既走向基层更深入群众，既带着问题下去更带着成果回来，真正把初心厚植于人民的厚土，把使命牢牢扛在自己的肩上。激发"讲认真"的精气神，我们必能以好的作风确保好的效果，以主题教育的实际成效取信于民。

（2019年07月26日）

祖国有我，我有祖国

于 石

爱国，是人世间最深层、最持久的情感，是一个人立德之源、立功之本。今年是新中国成立70周年。站在这样的时间节点上，回溯70载不凡征程，省思"我和我的祖国"，我们会对这片土地爱得更加深沉。

"新中国70年发生了怎样的变化""中国经济奇迹是如何创造的""中国老百姓日子怎样越过越红火""中国未来为什么前景可期"……前不久，由中宣部理论局组织编写的"理论热点面对面2019"——《新中国发展面对面》与读者见面，社会反响热烈。这本书深入浅出、文风清新，对新中国70年来的伟大历程、辉煌成就和宝贵经验进行深刻揭示，为人们同心筑梦、团结奋斗提供了强有力的精神激励。

"我的名字叫建国""寻找身边的建国"。今年以来，不少地方发起寻访共和国同龄人的活动。"建国"，这个刻印着时代色彩、沉淀着家国情怀的名字，见证着个体70年的人生轨迹，象征着国家前行的历史足迹。人有志，家有谱，国有史。从筚路蓝缕的探索之路，到改革开放的富强之路，再到走向复兴的圆梦之路，新中国的发展史是一部开天辟地的创业史，更是一部永不停滞的奋斗史。

奋斗不止，因为"祖国有我"。70载披荆斩棘，70载砥砺奋进，最深刻的变化在于人，最根本的利益归于人，最强大的动力源于人。在我们身边，快递小哥大街小巷穿梭忙碌，环卫工人顶风冒雨守护城市，基层干部扎根一线脱贫攻坚,边防战士无怨无悔保家卫国,消防队员不惧牺牲赴汤蹈火……无数个身影,千万种表情,汇聚成一个时代永不懈怠的精神状态和一往无前的奋斗姿态。不管身处何方,无论何种岗位,人们因祖国而热血沸腾,为祖国而勇往直前。

奋楫向前,源自"我有祖国"。在"我和我的祖国"主题征文活动中,多彩的人生故事蕴藏着共和国行进的历史印记。一盏盏不断更替的灯盏,"照亮了我们一家的过去与未来,也同样照亮了脚下这片土地的过去与未来";一口口日新月异的水井,让"每一滴水,都在奔跑、跳跃、旋转,每一滴水都在舞蹈";一次次翻越千山万水的跋涉,见证"整个车厢就像一个大蒸笼"向"宽敞整洁、有说有笑"的转变……其实,每个人的小故事,汇集成国家的"伟大的叙事";国家的发展与进步,也让每个人对美好生活的向往最终变为现实。

"浪是海的赤子,海是那浪的依托。"在祖国的恢弘乐章中,每个人都是灵动的音符。"祖国有我"的感召、"我有祖国"的自豪,归根结底都来自我与祖国无法割舍的深厚感情。习近平总书记指出,"中国梦是中华民族的梦,也是每个中国人的梦。"当民族复兴的梦想渐行渐近,我们更应挽紧臂膀,向前奔跑。连缀每一次奋斗、汇聚每一点成绩,不畏艰险、开拓奋进、久久为功,我们必将书写无愧于伟大时代的璀璨篇章。

《新中国发展面对面》如是说:"每个人奋斗的样子,构成了今天中国的表情和节奏。"涓涓细流汇成大海,每个人都是新时代的见证者、开创者、建设者。让我们相信奋斗、选择奋斗、依靠奋斗,携手开启祖国更加美好的明天。

(2019 年 07 月 25 日)

让城市管理像绣花一样精细

李洪兴

最近，一些城市存在的管理乱象，引发社会关注。一些街道隔离桩违规设置，行人屡屡受伤；一些"钉子"围挡围而不建，影响居民出行；一些旧停车位画线清理不及时不干净，车主被罚冤枉钱……从城市主干道到背街小巷，种种乱象给人带来不便，甚至造成安全隐患。

近年来，我国城市发展迅速，面貌日新月异。在城区面积和人口持续增加的背景下，如何进一步提高城市管理的科学化、精细化水平，成为一道现实课题。

"城，所以盛民也。"习近平总书记指出，"城市管理应该像绣花一样精细"。作为生产空间、生活空间、生态空间的综合体，城市要实现生产空间集约高效、生活空间宜居适度、生态空间山清水秀，需要在细微处下功夫。比如，隔离桩是城市道路中常见的辅助设施，但如何设置、怎样分布、谁来维护，都考验着管理精细度；又如，井盖是城市基础设施的重要构成，但能否实现"多盖合一"并进行智能定位与网格化管理？可以说，城市越发展，越是大城市，越需要讲精细、讲科学、讲智慧。

一座城市的建设、发展与治理水平，关乎市民的获得感、幸福感与安全感。中央城市工作会议指出，抓城市工作，一定要抓住城市管理和服务这个重点，不断完善城市管理和服务，彻底改变粗放型管理方式，让人民群众在城市生活得更方便、更舒心、更美好。一切从人的感受和体验出发,着力提升精细化管理水准,切实改善城市环境,才能让城市生活更有温度、更加美好。菜市场该关停还是规范,公交站牌疏一些还是密一点,城市公园该建在哪里,斑马线上如何礼让行人……这些看似细微琐碎的事项,无不与百姓日常生活紧密相关。以人民为中心的城市管理,就应时时处处以百姓之心为心,以百姓需要为出发点。下足"绣花"功夫,在细节上追求尽善尽美,才能让城市运行更有序、更安全,也才能让城市空间更亮丽、更温馨。

城市是见证国家发展的重要地标。1949年,毛泽东同志发出号召,"必须用极大的努力去学会管理城市和建设城市"。70年披荆斩棘,70年砥砺奋进,我国城市建设取得举世瞩目的成就。在推进城镇化进程中,城市发展带动了经济社会发展,为现代化建设注入强大动力。与此同时,城市治理也是国家治理体系和治理能力现代化的重要内容。决胜全面建成小康社会、加快实现现代化,尤应抓好城市这个"火车头",既有效化解各种"城市病",又科学提高城市管理水平,在政府、社会、市民的共建、共治、共享中,不断开辟中国特色城市发展道路。

"城市,你若把它视为一种精神,就会尊敬它、保护它、珍惜它;你若把它只视为一种物质,就会无度地使用它,任意地改造它,随心所欲地破坏它。"城市是有机生命体,是富有温度的公共空间,是传承文明的"特殊的构造"。从点滴处入手、由细微处着眼,更好优化城市空间,加强基础设施建设,让城市管理像绣花一样精细,我们的城市就能更和谐、更宜居。

(2019年07月24日)

根治形式主义

谭用发

有基层干部说:"形式主义久治不愈,一个很重要的原因,就是搞形式主义得甜头,有利可图。如果搞形式主义尝的尽是苦头,搞的人自会少起来。"这番感悟,引人深思。

基层一线干的是实际工作,直接面向广大老百姓。在基层,形式主义问题由来已久、令人反感。用轰轰烈烈的形式代替扎扎实实的落实,用光鲜亮丽的外表掩盖矛盾和问题——细察种种形式主义现象,其实质是主观主义、功利主义,根源是政绩观错位、责任心缺失。形式主义、官僚主义的出现,从主观上找原因,无非是"最卑鄙的个人主义"。

党的十八大以来,党中央持续深入反"四风",推动党风政风社风为之一新。习近平总书记强调,"要把力戒形式主义、官僚主义作为重要任务"。大力整治形式主义,就要从讲政治的高度来审视,从思想和利益根源上来破解。

扫除形式主义积弊,应当深挖思想根源,解决思想根子问题。为解决一些困扰基层的形式主义问题,更好为基层干部松绑减负,中央将今年确定为"基层减负年"。当前,要紧密结合正在开展的"不忘初心、牢记使命"主题教育,引导广大党员干部提高政治站位、坚定理想信念、增强宗旨意识、树立正确政绩观,着力从思想根源上纠偏正向,全面清除个人主义、功利主义及"官本位"思想的影响和危害。党员干部更好守初心、担使命,形式主义就难有生存的土壤。

扫除形式主义积弊,应当聚焦利益根源。基层一些地方,形式主义依然禁而难绝,究其根源,在于有些干部心存一个"私"字。其实,他们心里很清楚,工作中弄虚作假、欺上瞒下,做表面文章、搞花架子,群众是有意见的;之所以明知故犯,无非是为了一己之私。现实中,少数人确实有机会钻空子、得名利。在逆向激励的影响下,一些本不想沾染形式主义的人,也自觉不自觉地跟着搞了起来。这是明显违背党的宗旨性质、损害群众利益的。

扫除形式主义积弊,还应有效强化制度约束。形式主义病症久治难消,监督惩戒不力是重要因素。在对形式主义问题的查处上,仍有少数地方"说得凶,行得松",甚至对上级要求严肃查处的问题拖延处置、消极应对,导致一些人对形式主义不以为然、麻木不仁。这就要求我们加大对形式主义问题的监督查处力度,让搞形式主义的人不仅无利可图,还会付出沉重代价。同时,树立正确用人导向,进一步完善干部考核评价、提拔任用等相关制度并加强落实,真正让群众信得过的干部得到褒奖和重用,才能从根本上促进干部作风的转变。

"善除害者察其本,善理疾者绝其源。"追根溯源、对症下药、久久为功,下大气力整治形式主义,我们才能破解形式主义难题,推动党员干部坚定初心与恒心,以担当作为书写新光荣、成就新气象。

(2019 年 07 月 23 日)

干净与干劲

习　骅

忠诚、干净、担当，一样也不能少。只有做到自身正、自身净、自身硬，才能确保既想干事、能干事，又干成事、不出事。

习近平总书记在中央和国家机关党的建设工作会议上强调，"必须正确处理干净和担当的关系，决不能把反腐败当成不担当、不作为的借口。"这深刻警示我们，当干部就要有担当，有权力就有责任，有责任就要能作为、敢担当。

现实中，确实存在把干净与担当割裂开的现象。有的干部觉得，现在中央要求严，我不贪不占就行了。不贪就是好干部吗？清人纪晓岚在《阅微草堂笔记》中讲了这样一个故事：一官员去世后碰上阎王爷，很是志得意满的样子，自称"所至但饮一杯水，今无愧鬼神"。阎王爷讥道："但不要钱即为好官，植木偶于堂，并水不饮，不更胜公乎？"的确，如果不贪不占即为好官，那还不如一个木偶，人家连水也不喝。清廉不是不作为的挡箭牌。做事怕闪了腰，表态怕得罪人，这样的干部不是为老百姓谋幸福，实际上只是处处为自己打算。为官者无功即是过，我们要有这样的基本认识。

领导岗位首先是政治岗位，处在特殊位置，长期不作为，本身就是严重的政治问题。有职责而不承担，有义务而不履行，好比军人临阵脱逃，司机开车大撒把，无论党纪还是国法都是决不允许的。现实中不乏自恃手脚干净,自以为无过就是功,优哉游哉混日子,从而酿成大祸的案例。湖南衡阳原市委书记童名谦并无经济腐败记录,但作为第一责任人,对换届工作不闻不问不管,直接导致衡阳贿选案发生,造成极坏影响,自己也因玩忽职守罪锒铛入狱。占着位子当"神仙",只讲干净不讲干劲,耽误的是事业发展,损害的是人民福祉。对这样的干部,党和人民是不能容许的。

干劲足不足、精气神够不够,也会受作风净不净、身子正不正的影响。有的同志不是不知道干部就应该干事,但由于过去在作风或纪律上有过小瑕疵,有的还受过组织处理或纪律处分,觉得低人一等、没了前途,所以丧失进取心、奋斗志。这些同志对自己的病症了如指掌,却开错药方。严肃党纪国法,拔除烂树,修枝除虫,为的是维护整个"森林生态"的健康,为广大干部奋发有为创造良好政治环境,绝非要"一篙子打翻一船人";为的也是惩前毖后、治病救人,避免作风、政德有微恙者犯更大错误,绝非让他们"永无翻身之日"。虽犯过错误但真心悔过改正的同志,只要努力干事创业、做出工作成绩,党组织会看在眼里,老百姓也会记在心中。

干净与干劲,其实是相辅相成的,在正风反腐的大环境下,越干净就越应有干劲。最近在某地一次主题教育学习会上,一位领导干部讲述自己身边政治生态变化的发言,打动与会者。过去,她工作的地方政治生态很差,接连几个主要领导严重腐败,洁身自好的同志倍感压抑。党的十八大后,涉腐者受到党纪国法的严惩,正直的人们庆幸新逢新时代,因而倍加珍惜,充满干劲与活力。这一亲身经历与感悟从一个侧面表明,政治生态风清气正,干部自身一身正气,更会确保能干事、干成事、不出事。

全面从严治党永远在路上,守初心、担使命永远在路上。坚持严管和厚爱相统一,完善监督管理机制,捆住一些人乱作为的手脚,放开广大党员、干部担当作为、干事创业的手脚,就能充分激发广大党员、干部的积极性、主动性、创造性。对于广大党员、干部来说,把干净和担当、勤政和廉政统一起来,勇于挑重担子、啃硬骨头、接烫手山芋,才能推动党和人民事业攻坚克难、越沟迈坎。

(2019 年 07 月 22 日)

"说到就要做到,也一定能够做到"

李浩燃

世界上怕就怕"认真"二字,共产党就最讲认真。言出必行、重信践诺、说到做到,是中国共产党人一以贯之的政治品格。

"开展'不忘初心、牢记使命'主题教育,归根结底就是中国共产党必须始终为中国人民谋幸福、为中华民族谋复兴""共产党说到就要做到,也一定能够做到"。近日,在内蒙古考察并指导开展"不忘初心、牢记使命"主题教育时,习近平总书记重申党的初心和使命,强调各地区各部门在开展主题教育中要注意抓"四个到位",全面把握守初心、担使命、找差距、抓落实这个总要求,把学习教育、调查研究、检视问题、整改落实贯通起来,努力取得实实在在成效。掷地有声的话语,映照着深厚的人民情怀,给人以深刻的启示。

习近平总书记深刻指出,"人民群众对我们拥护不拥护、支持不支持、满意不满意,不仅要看我们是怎么说的,更要看我们是怎么做的。"这次在内蒙古考察,他强调抓思想认识到位、抓检视问题到位、抓整改落实到位、抓组织领导到位,要把群众观点和群众路线落实到各个工作环节和具体行动中,让群众办事更方便、更踏实。

人民群众拥护和支持是我们党最可靠的力量源泉。长征路上,中国共产党和红军始终同人民风雨同舟、血脉相通、生死与共。"半条被子"的故事定格成经典瞬间。回溯历史,无论是艰苦卓绝的革命年代,白手起家的建设岁月,还是波澜壮阔的改革时期,我们党始终同人民同呼吸、共命运、心连心,为人民的利益而英勇斗争、不懈奋斗。沿着时间的轴线深思,我们为什么能攻克一个个"娄山关""腊子口",立于不败之地?为什么能涉过险滩、啃下硬骨头,不断书写发展的新奇迹?最根本的就在于,我们党始终坚守为中国人民谋幸福、为中华民族谋复兴的初心和使命。

坚守初心、兑现承诺,就要坚定信仰、加强修养,永怀对人民的赤子之心。刘少奇同志经常轻装简从、深入群众、深入基层,倾听群众呼声,心系群众安危,他同掏粪工人时传祥结下的友情,成为党同人民群众血肉联系的生动缩影。赓续传承老一辈革命家的优良作风,铭记"得众则得国,失众则失国"的警醒,坚定信仰、信念、信心,有助于走好我们这一代人的长征路。把人民放在心中最高位置,以牢固的公仆意识践行初心,永不脱离群众、轻视群众、漠视群众疾苦,才能不负共产党员的光荣称谓。

坚守初心、兑现承诺,就要不兴伪事、不务虚功,做"说到做到"的实干家。历史和现实告诉我们,实干方能兴邦、实干方能强国、实干方能富民。这次开展主题教育,正是要引导广大党员干部坚守初心、砥砺恒心,以更好的精神状态和奋斗姿态勇毅前行,用行动兑现对人民的承诺;激励大家担当作为、增强执行力,以实实在在的成果造福于民、取信于民。

上下同欲者胜。我们党有9000多万党员和400多万个基层党组织,只要始终守初心、担使命,那就无坚不摧;只要始终言出必行、矢志奋斗,那就永远年轻。牢记船到中流浪更急、人到半山路更陡,把不忘初心、牢记使命作为终身课题,自觉同人民想在一起、干在一起,我们就一定能无往而不胜,为成就伟大梦想凝聚更加磅礴的力量。

(2019年07月19日)

不做以权谋私、蜕化变质的贪官

任 平

"政者，正也""公生明，廉生威"。清正廉洁，是党员干部为官从政的基本底线。在共产党人的字典里，公与私、廉与贪，从来都是泾渭分明、水火不容的。

党的十八大以来，以习近平同志为核心的党中央坚持反腐败无禁区、全覆盖、零容忍，坚定不移"打虎""拍蝇""猎狐"，反腐败斗争取得压倒性胜利。然而也应当看到，形势依然严峻复杂，党员、干部时刻面临被"围猎"、被腐蚀的风险，有少数人依然不收敛、不收手，心存侥幸、铤而走险。在中央和国家机关党的建设工作会议上，习近平总书记告诫党员领导干部"不做以权谋私、蜕化变质的贪官"，直指要害，让人警醒。

以权谋私，是各种腐败现象的实质所在。当前，在反腐败高压态势下，一些人的贪腐方式更加隐蔽、手段更为精巧，出现了不少新花样、新变种，但实质仍是用手中权力谋取自己的私利、满足自己的私欲。领导干部被"围猎"、被腐蚀，根本就在于手中的权力可以被用来变现、交易。可以说，抓住权力这个关键，恪守"权力只能用来为党分忧、为国干事、为民谋利"底线，始终做到依法用权、秉公用权、廉洁用权，任何"围猎"与腐蚀都会无效；对权力进行有效监督和制约，盯住权力运行全过程，把权力装进制度的笼子里，一体推进不敢腐、不能腐、不想腐，权权、权钱、权色交易就会得到有效遏制。

一些干部以权谋私、腐化堕落,都是从思想上的蜕化变质开始的。从一些人的蜕变轨迹看,他们起初也能廉洁奉公,但随着职务提升、诱惑渐多,慢慢就欲望膨胀、贪念滋生。有的人觉得人家送点土特产,"苟不纳之,彼必疑且忿",担心不收人家会不高兴,导致工作不好开展,其结果就是"针尖大的窟窿透过斗大的风",一发而不可收;有的人觉得小贪小占不算腐便频频伸手,以至"身后有余忘缩手,眼前无路想回头",却已回不了头了;有的人觉得为工作操劳辛苦,偶尔享受一下没什么,私门一开,便欲壑难填;有的人掌握了一点权力之后,享乐主义、拜金主义的种子就生根发芽,在腐败的泥淖中不能自拔。

习近平总书记指出,"对党员、干部来说,思想上的滑坡是最严重的病变"。以权谋私、蜕化变质,说到底还是理想信念出了问题。"总开关"没拧紧,不能正确处理公私关系,缺乏正确的是非观、义利观、权力观、事业观,各种出轨越界、跑冒滴漏就在所难免了。坚定理想信念,坚守共产党人精神追求,做到心中有党、心中有民、心中有责、心中有戒,就会一身正气、两袖清风。古人讲"正心以为本,修身以为基"。加强廉洁自律,把法律的戒尺、纪律的戒尺、制度的戒尺、规矩的戒尺、道德的戒尺牢记于心,始终守住底线、不踩红线、不碰高压线,就能抵达清风明月不染尘的境界。

"清廉是福,贪欲是祸。"习近平总书记曾多次告诫党员干部:"当官发财两条道,当官就不要发财,发财就不要当官。"在全党开展的"不忘初心、牢记使命"主题教育,把"清正廉洁作表率"作为一个具体目标,体现的正是我们党对新时代党员干部廉政方面的基本要求。广大党员干部要正确处理公私、义利、是非、情法、亲清、俭奢、苦乐、得失的关系,自觉同特权思想和特权现象作斗争,坚决预防和反对腐败,清清白白为官、干干净净做事、老老实实做人,展现为民务实清廉的政治本色,做到无愧于党、无愧于民、无愧于心。

(2019年07月18日)

不做推诿扯皮、不思进取的庸官

任 平

近年来，一些地方就干部作风进行的调查显示，推诿扯皮等现象最让群众反感和诟病。这从一个侧面说明，推诿扯皮、不思进取的官僚主义顽疾，具有顽固性和反复性，必须辨证施治。

倘若给推诿扯皮者画像，他们就是那种"踢皮球"踢来踢去的样子，对群众反映强烈的问题消极应付、态度生冷、高高在上，口头禅是"这事不归我们管"，潜台词是不想负责、怕担责任；就是那种"打乒乓球"推来挡去的样子，遇到问题往上推、落实责任往下移，出了问题把板子打到基层，把压实责任变成往下"甩锅"；就是那种"击鼓传花"怕沾手的样子，"躲"字当头、"推"字当先，遇到矛盾绕道走，不敢接烫手山芋，不敢定事做决断，只会层层请示、层层画圈。

推诿扯皮者易辨难治，根源在于他们往往有一颗不思进取的心。他们精神萎靡，甘于平庸，安于现状而不思奋进、安坐官位而不想干事、安享"俸禄"而不愿奉献，表面上似乎与世无争，实际上是心里打着个人利益的"小九九"。他们笃信"干事越多，得罪人越多、风险越大"，奉行"明哲保身，但求无过"，一心想的是当"太平官"，混日子、熬年头、"软着陆"，只求平安守成，不求建功立业。以这种不思进取的精神状态干工作，必然就怕担责任、怕冒风险，遇事能推则推，能躲就躲。

"不做推诿扯皮、不思进取的庸官"。在中央和国家机关党的建设工作会议上,习近平总书记对广大党员领导干部的告诫,振聋发聩。庸官之庸,庸就庸在丧失了党员干部该有的事业心、责任感,庸就庸在无视职责使命、甘愿尸位素餐。他们之所以令群众深恶痛绝,就在于他们只求自己安稳度日,而不管群众急事难事烦心事,占着为民排忧解难的位子,却任由小事拖大、大事拖炸。这样的庸官当治,这样的庸政当戒。

习近平总书记强调:"干部就要有担当,有多大担当才能干多大事业,尽多大责任才会有多大成就。不能只想当官不想干事,只想揽权不想担责,只想出彩不想出力。"面对党的使命任务,敢担当、敢作为就是要"在困难面前逞英雄",直面问题、正视矛盾,敢啃硬骨头、勇挑重担子;就是要"逢山开路遇水架桥",勇于开拓、不懈进取;就是要"明知山有虎、偏向虎山行",真正成为带领人民群众攻坚克难的主心骨。今天,我们强调要坚持严管和厚爱结合、激励和约束并重,要充分发挥干部考核评价的激励鞭策作用,要切实为敢于担当的干部撑腰鼓劲,要坚持优者上、庸者下、劣者汰,目的也正是要树立正确的用人导向,让干部敢于担当、敢于斗争、敢于胜利。

"志不求易、事不避难"。今天,中华民族伟大复兴到了滚石上山的关键时刻。方此之时,"我们千万不能在一片喝彩声、赞扬声中丧失革命精神和斗志,逐渐陷入安于现状、不思进取、贪图享乐的状态,而是要牢记船到中流浪更急、人到半山路更陡"。广大党员干部决不能停留"舒适区"、坐享"避风港",必须守初心、担使命,真正把人民放在心上,把责任扛在肩上,努力担当任事、主动进取作为,创造无愧于党和人民的业绩。

(2019 年 07 月 17 日)

不做饱食终日、无所用心的懒官

任 平

为官一任、造福一方，是从政者应当恪守的政德。在其位，却不谋其政，群众会戳脊梁骨。到基层调研，有时会听到"某某领导不干事"的说法，失望之情溢于言表，发人深省。

党的十八大以来，全面从严治党产生了良好政治效应，整个干部队伍干事创业的精气神昂扬向上，广大党员干部既讲干净又讲担当，把心思和精力用在勤政为民上，勇于挑重担子、啃硬骨头、接烫手山芋，展现了新时代好干部的担当作为。然而，也还有那么一些人饱食终日、无所用心，漠视百姓疾苦，贻误改革发展时机，甚至让矛盾问题拖大拖炸。习近平总书记在中央和国家机关党的建设工作会议上对这类干部做了画像，提出了"不做饱食终日、无所用心的懒官"的明确要求，值得各级干部警醒。

饱食终日，在当前最突出的表现，就是尸位素餐、怠惰无为，"庸庸碌碌守摊子，平平安安占位子，浑浑噩噩混日子"。他们只想享受当官的"好处"，不想承担做官的责任，讲求工作"清闲"，追求个人安逸，一心只做"太平官"。职位、待遇面前，他们伸手要、私下"跑"、拉下脸争；遇到困难矛盾，他们能躲就躲、能推就推，争功诿过、绕险避难。

无所用心，就是那种心不在焉、得过且过的精神状态。他们把反腐败当成不担当、不作为的借口，把"不贪不占，啥也不干""宁愿不做事，只求不出事"当为官之道,一副不干事也不犯错其奈我何的样子。他们贯彻上级决策部署照本宣科、有口无心,不结合实际、无实招硬招;在岗不在状态,调研不走心,不察实情、不解难题,心中无数、脑中无事、眼里无活、手里无牌、落实无果;把"动辄得咎"挂嘴边,面对风险不想预案,面对挑战不想对策,面对难题不想办法,碌碌无为等退休,一心想着"软着陆"。

"干部干部,干是当头的,既要想干愿干积极干,又要能干会干善于干,其中积极性又是首要的。"全国优秀县委书记廖俊波笃信"开局就是决战,起步就是冲刺""能到现场就不在会场",埋首实干,以担当标注了一名共产党员应有的精神境界。黄文秀同志研究生毕业后,放弃在大城市的工作机会,毅然回到家乡,在脱贫攻坚第一线倾情投入、奉献自我,用美好青春诠释了共产党人的初心使命,谱写了新时代的青春之歌。这些勤政为民、勇于担当作为的干部像一面镜子,照出懒官们的"丑"来。懒官之懒,懒就懒在思想上无所用心、行动上无所作为、精神上不求上进。以优秀干部为标杆,才能见贤思齐,不负芳华、不辱使命。在全党开展"不忘初心、牢记使命"主题教育,正是要引导广大党员干部"守初心、担使命,找差距、抓落实",永不懈怠、永不停步,用实干书写未来。

为政之要,贵在力行,勿以懒惰虚度光阴。以勤为先、用心投入,铆足劲头,总能把工作干出起色;反之,能混则混、无动于衷,即便个人禀赋再好,也终将一事无成。"我们做人一世,为官一任,要有肝胆,要有担当精神,应该对'为官不为'感到羞耻"。习近平总书记的谆谆告诫,应成为每一名党员干部激励自我、砥砺奋进的座右铭。

(2019年07月16日)

不做政治麻木、办事糊涂的昏官

任 平

"嘀嗒,嘀嘀嗒",电报从河北平山县西柏坡村的中央军委作战室发出,传给几百公里外的辽沈、淮海、平津三大战役指战员,党中央"一不发枪,二不发粮,三不发人,就是每天往前线发电报,就把国民党打败了"。这背后潜藏着怎样的"密码"?

无线电波指挥千军万马,靠的是解放军将士政治坚定、纪律严明、一切行动听指挥。从战争时期"革命的政治工作是革命军队的生命线",到和平年代"到什么时候都得讲政治",旗帜鲜明讲政治是我们党作为马克思主义政党的特质。习近平总书记多次强调,党的政治建设是党的根本性建设。对党员干部而言,始终做到政治过硬,更是第一位的要求。

党的十八大以来,在全面从严治党实践中,党的政治建设摆上突出位置,取得明显成效。但也要看到,党内一些不讲政治、忽视和淡化政治的问题还不同程度存在。在中央和国家机关党的建设工作会议上,习近平总书记入木三分地给昏官、懒官、庸官、贪官四类人画像,把"不做政治麻木、办事糊涂的昏官"列在第一位,具有极强的现实针对性。

何谓"政治麻木"?对"四个意识""四个自信""两个维护"常表态、不表率,脑子里浑浑噩噩、内心里不以为然;对党的创新理论和党中央精神学习不走心、领会不深入,对党的方针政策知其然不知其所以然,甚至"歪嘴和尚念歪经";在重大原则问题和大是大非面前装糊涂、玩暧昧,听到错误言论也无动于衷,甚至给有严重政治错误的思想言论提供讲台,缺乏应有的政治敏锐性、鉴别力和斗争精神。他们干工作忘了政治这回事,做事情少了政治这根弦。

何谓"办事糊涂"?贯彻落实党中央决策部署重表面、轻实效,"传达不过夜、过夜就完事",以文件会议落实会议文件,形式主义成顽疾;重业务、轻政治,讲业务谈半天,讲政治不沾边,甚至觉得讲政治就是"左";对思想政治工作嘴上喊重要,干起来次要,忙起来不要,党的工作弱化、虚化、边缘化;从严管党治党主体责任落实不到位,或当甩手掌柜,或搞击鼓传花,或奉行好人主义,在监督执纪问责上放水。他们看似很精明,实则是政治上的糊涂人。

昏官之昏,昏在思想上不清醒、政治上不坚定。而思想是基础,政治是统领。大量事实表明,政治上的昏官往往也是懒官、庸官、贪官,甘肃祁连山国家级自然保护区生态环境遭破坏问题、秦岭北麓西安境内违建别墅问题等反面案例,都证明了这一点。

马克思主义政党具有崇高政治理想、高尚政治追求、纯洁政治品质、严明政治纪律。如果政治上麻木、糊涂,党的先进性和纯洁性就无从谈起。党的政治建设的首要任务,就是保证全党服从中央,维护党中央权威和集中统一领导。讲政治是具体的,"四个意识""两个维护"要体现在坚决贯彻党中央决策部署的行动上,体现在履职尽责、做好本职工作的实效上,体现在党员、干部的日常言行上。

"要炼就一双政治慧眼,不畏浮云遮望眼,切实担负起党和人民赋予的政治责任"。习近平总书记用"政治慧眼"一词,生动阐明新时代党员领导干部应当具备的政治能力。这就要求我们,观察分析形势要提高政治站位,筹划推动工作要落实政治要求,处理解决问题要防范政治风险,锻造忠诚干净担当的政治品格,自觉做政治上的明白人、老实人。

(2019年07月15日)

"十年功"托举"一分钟"

李　斌

常言道,"台上一分钟,台下十年功"。

迅疾生长、芳华尽展,最能呈现生命的曼妙姿态。力争上游、保持领先,对个体来说是成功的重要标准;千帆竞发、百舸争流,于社会而言是充满活力的体现。从"一万年太久,只争朝夕"的时间观,到"更快、更高、更强"的竞技观,人们对成功的渴求,正像草木蔓发、花朵向阳,让世间充满希望和色彩。然而,从来少有唾手可得的成功,所谓"饭未煮熟,不能妄自一开;蛋未孵成,不能妄自一啄",比追求成功更重要的,是扣紧功到自然成的成功规律。

有句话说得好,"志士惜年,贤人惜日,圣人惜时"。分秒时间的价值,正在于它们构成的是鸿篇巨制的每一个细部针脚。看得见成功之时"一日看尽长安花"的风光无限,更要看见日复一日年复一年寒窗苦读的孤寂和艰辛。看得见民谣歌手一曲成名,更要看见他们十几年如一日的不懈坚持。贾岛锤字炼句精益求精,"两句三年得,一吟双泪流","推敲"佳话永留后世。冯友兰素以"不着急"闻名,一部《中国哲学史新编》的皇皇巨著,他80余岁动手,90多岁才宣告完成。在日积月累中厚积薄发,其实才是立长青之业、达天地之远的不二法门。

追求快速成功是进取精神的一种体现,扎实积累才是生命的积极存在。无论是谁,都不可能用百米冲刺的速度去跑马拉松,慢一些反而可以跑得更远。欲速则不达，慢工出细活，磨刀不误砍柴工，有时慢一些反而可以弯道超车。安营扎寨、步步为营的耐心，同披坚执锐、长驱直入的热烈，并不矛盾。任何事业都难以一蹴而就，都有一个循序渐进、量变积累的过程。"涓流积至沧溟水，拳石崇成泰华岑"。慢是成事出活的基础，坐足冷板凳，攒够基本功，最后月中折桂是必然。

专注于日积月累，所以成功才能举重若轻、驾轻就熟。然而，也有许多人，并不懂得这个道理，或是变换奋斗目标如同看电视换台，三天打鱼两天晒网，或是渴望一夜暴富，工于取巧、偷奸耍滑。殊不知，拔苗助长必适得其反，急功近利必自毁长城。成于坚忍，毁于急躁，世间事往往遵循这样的规律。从"起跑线恐慌""成名趁早焦虑"，到"速度情结""换挡焦虑"，倘若"时间感"被急躁和盲目所驱使，急不可耐、急于求成，到头来只会是万事归空、一无所成。

河北塞罕坝机械林场的年轻人说，外面的世界"太热了"，他们宁愿选择一棵一棵地造林种树。他们可能错过了精彩大千世界，但一望无际的林海，却诉说着他们的成功。祛除虚浮之气，给梦想一个蓄力驿站，给精彩一个释放空间，人生自然充实而潇洒。

（2019年07月12日）

兼济天下的"人类情怀"

徐文秀

"修之于天下，其德乃普。"

不久前，中国载人航天工程办公室与联合国外空司共同宣布围绕中国空间站开展空间科学实验的第一批项目入选结果，共有来自17个国家、23个实体的9个项目成功入选。打开大门、敞开怀抱，让世界搭乘中国科技发展的便车，共同分享逐梦太空的机会，折射出一个泱泱大国的"人类情怀"。

从"世界大同，天下一家"的世界认识，到"大道之行也，天下为公"的公义观念，再到"达则兼济天下"的宏大抱负，中国的人类情怀，根植于源远流长的中华文明，发轫于对和平发展、合作共赢的价值追求，是一种真正的大格局、大自觉。新中国成立后，毛泽东同志提出："中国应当对于人类有较大的贡献。"1985年，邓小平同志讲道："到下世纪中叶……社会主义中国的分量和作用就不同了，我们就可以对人类有较大的贡献。"近年来，习近平主席倡导构建人类命运共同体，推动"一带一路"建设高质量发展，以中国理念和务实行动生动阐释"建设什么样的世界"。

人类情怀，基础在人民情感。中国兼济天下的人类情怀，体现在对世界人民的一种朴素情感上。当埃博拉疫情肆虐西非，坚守到底的中国医疗队，彰显出中国人民同非洲人民站在一起、患难与共的决心；当亚丁湾海域海盗出没，中国海军护航编队挺身而出，10年护航让"最危险海域"重新成为"黄金航道"；当也门紧张局势持续升级，中国海军舰艇编队在执行撤离中国公民行动中，还协助罗马尼亚、印度、埃及等国的侨民平安撤离……一次次挺身而出，见证中国人民对世界人民的大爱。"世界好，中国才能好；中国好，世界才更好。"近代以来饱经风雨沧桑的中国人民对美好生活满怀渴望，同时也尊重并支持各国人民追求幸福生活的权利。

人类情怀，根本在勇毅担当。中国兼济天下的人类情怀，体现在对世界和平发展的责任担当上。世界银行报告显示，"一带一路"倡议可加快数十个发展中国家的经济发展与减贫，倡议全面实施可使3200万人摆脱中度贫困。既各美其美又美美与共，既授人以鱼又授人以渔，中国不搞成果独享，求的是"百花齐放春满园"，乐意于各国人民搭乘中国发展的"快车""便车"。人类情怀，说到底是以世界和平与发展为己任，积极为人类社会进步增添正能量，为世界人民过上幸福美好生活作贡献。

"世界上最宽阔的是海洋，比海洋更宽阔的是天空，比天空更宽阔的是人的胸怀。"中国的人类情怀，可以从习近平主席治国理政和关于全球治理的一言一行中读懂，可以从每一次的"中国方案""中国智慧"和"中国主张"中读懂，可以从中国人民对于世界的看法、想法和态度中读懂。中国的人类情怀，宽比海洋，高过天空，无论征程是晴是雨，中国都将始终与时代潮流同向同行，努力让世界变得更加美好。

（2019年07月11日）

为政底气从哪儿来

李洪兴

人们常说,做事要有底气。那么,做官为政的底气从哪里来?一位干部说:"真做实事了,就会有底气",这话发人思考。

对于干部来说,为政的底气,是面对群众利益时,做到"天视自我民视,天听自我民听";是心存疑难困惑时,懂得"善学者尽其理,善行者究其难";是需要攻坚克难时,坚持"为国不可以生事,亦不可以畏事";是在利益诱惑面前,"仰不愧天,俯不愧人,内不愧心"。心中有民、躬身亲为、清廉干净,为政才能顶天立地,做人才能坦坦荡荡。"不忘初心、牢记使命"主题教育,具体目标之一是清正廉洁作表率,其重点正在于教育引导广大党员干部保持为民务实清廉的政治本色,清清白白为官、干干净净做事、老老实实做人。

为政底气从群众中来。拜群众为师,历来是党的优良传统和优势。习近平总书记在2019年新年贺词中强调:"人民是共和国的坚实根基,人民是我们执政的最大底气。"对于各级干部来说,离群众近,与群众心意相通,做决策、办事情就会底气十足。那些自以为"肚中有墨水""眼中有世界"的干部,遇事主观独断,刚愎自用,不听群众意见,看似"意气"风发,却往往会成事不足、败事有余。不接"地气",难有底气。相信群众,依靠群众,尊重群众首创精神,就有干事创业的坚实底气。

为政底气从实干中来。全国优秀县委书记廖俊波有句名言,"开局就是决战,起步就是冲刺"。威望是干出来的,实绩是干出来的,担当有力的肩膀总会给周围的人以有力依靠。相比之下,个别干部觉得"干得好"不如"写得好""说得好",以"注水材料"做成绩,用故弄玄虚替代务实真干,不免迷失了为政方向。实干是事业之本,也是底气之源。敢于担当、忠于职守,才能力挑千钧;真正俯身作为,才能挺直腰板。敢作为、真作为、实作为,就会有底气。不图虚名、不务虚功,把政治担当、历史担当、责任担当挺在前面,党员干部才能创造属于新时代的优秀成绩。

为政底气从清廉中来。明代《官箴》中写道:"吏不畏吾严而畏吾廉,民不服吾能而服吾公。公则民不敢慢,廉则吏不敢欺。公生明,廉生威。"为政以公,不言而信。领导干部守住做人、处事、用权、交友的底线,不仅是守住党和人民交给自己的政治责任、守住自己的政治生命线的必需,也是树立公信和权威的必需。为政若有私心杂念,势必会到处碰壁,甚至葬送大好职业生涯。领导干部砥砺初心,在廉洁自律、公正处事方面做好表率,才能挺直腰杆、脊梁,赢得一方百姓的信任和拥戴。

"在常学常新中加强理论修养,在真学真信中坚定理想信念,在学思践悟中牢记初心使命,在细照笃行中不断修炼自我,在知行合一中主动担当作为",习近平总书记曾这样叮嘱广大干部特别是年轻干部,要做到信念坚、政治强、本领高、作风硬。无论做人还是为官,有那么一股子底气,常怀一颗赤子初心,就可以处事果断有力,就可以不怕艰难险阻,在党和人民事业的答卷上不断书写新的精彩。

(2019年07月10日)

倡导清清爽爽的同志关系

向贤彪

自古以来,从"折梅逢驿使,寄与陇头人"到"鹅毛赠千里,所重以其人",中华民族就有"君子之交淡如水"的传统。共产党人强党性、守初心,重视君子之交,倡导清清爽爽的同志关系。习近平总书记提出明确要求:"党内要保持健康的党内同志关系,倡导清清爽爽的同志关系、规规矩矩的上下级关系,坚决抵制拉拉扯扯、吹吹拍拍等歪风邪气,让党内关系正常化、纯洁化。"坦诚相见、心心相印,既讲感情又讲原则,涵养亲密无间的同志关系、同志情谊,更能彰显共产党人的人格力量。

"同德则同心,同心则同志。"一位"老延安"重回延安,曾激动地对着窑洞问同行者:"你看,它像不像同心同德的'同'字?"窑洞的洞口、横楣和方窗,恰如写意化了的"同"字。而中国革命的胜利,不正是同心同德、团结奋斗的结果吗?事实表明,不忘初心、牢记使命,对党忠诚、为民尽责,也具体体现在处理同志之间关系上。只有建立在共同理想信念基础上的同志关系,才是清清爽爽的关系;只有以事业为基础的团结,才是牢不可破的团结。共产党员无论职务高低、职业异同,为着共同的理想信念同向而行,因为共同的为民宗旨竭诚奋斗,构成清清爽爽的同志关系的坚实基础。

倡导清清爽爽的同志关系,就要坚决抵制拉拉扯扯、吹吹拍拍等歪风邪气。搞庸俗关系学,处心积虑经营"小圈子",密织形形色色的关系网,是不讲党性、不讲原则、不讲纪律、不讲规矩的表现,不仅把同志关系、上下级关系搞得变了味,搞得乌烟瘴气,还会严重危及党和人民的事业。试看那些落马官员的堕落轨迹,往往与"小圈子"相关。共产党人也有七情六欲,同志之间也有礼尚往来,但这种往来必须以坚强的党性为基础,超越物质层面而达至心灵契合。只有真正以党性为准则、以党纪为规矩,摈弃"择利而交"的功利化交往、"择权而交"的实用化交往、"择富而交"的庸俗化交往,才能让事业成其久远。

"难得是诤友,当面敢批评",这是同志之间关系真诚纯洁的表现,也是我们党特有的政治优势。正是真诚的帮助、及时的批评,才使党内政治生活的大熔炉越烧越旺,让党性变得更纯粹、同志间关系更纯洁。当前,党内政治生活总体是好的,但也面临许多挑战,社会上的所谓人脉关系、庸俗交往,难免会投射进来。在这样的情况下,尤其需要用好批评与自我批评这一锐利武器,无论对上还是对下,该提醒的就提醒,该批评的就批评,通过"红脸""流汗"清除思想上的灰尘。

习近平总书记在"不忘初心、牢记使命"主题教育工作会议上强调,"要继续教育引导广大党员干部自觉践行党的根本宗旨,把群众观点、群众路线深深植根于思想中、具体落实到行动上"。倡导清清爽爽的同志关系,不仅是为了让每个党员都能从中获得正向的激励、真诚的友谊,更是为了以健康纯洁的党内政治生活为基础,更好为实现人民群众对美好生活的向往而奋斗。全党同志同心同德、团结奋斗,一定能凝聚起实现民族复兴的磅礴合力。

(2019 年 07 月 09 日)

铸牢使命意识

魏 寅

有人说,成就一番了不起的事业,尤须葆有使命意识。铸牢使命意识,切实履行使命,这样的精神,在百姓眼中就"了不起"。

老兵张富清立过"特等功",获得过"战斗英雄""人民功臣"称号;但他深藏功与名,让荣誉尘封了一辈子,就更加难能可贵。张富清之所以令人深受感动、由衷钦佩,正是因为在他身上,人们感受到一种精神。这种精神弥足珍贵、众所向往,堪称"了不起"。

纵观历史长河,那些经得住岁月冲刷而不改底色的,那些经历了时间淘洗而仍熠熠生辉的,总与精神有关。从范仲淹的"先天下之忧而忧,后天下之乐而乐",到林则徐的"苟利国家生死以,岂因祸福避趋之",再到王进喜"宁可少活二十年,拼命也要拿下大油田"、沈浩的"为了小岗村发展,哪怕牺牲自己生命"、黄大年的"请把我的电脑交给国家"……他们用生命标定了永不磨灭的精神坐标,绘就了震撼人心的精神图景,为铸牢使命意识、切实履行使命写下生动注脚。

长存使命意识,意志坚如磐石。李大钊曾说:"有时走到艰难险阻的境界,这是全靠雄健的精神才能够冲过去的。"从艰苦卓绝的革命年代,到筚路蓝缕的建设岁月,再到大浪逐新的改革时代,中国共产党人孕育和形成了独特的红色精神谱系。红船精神、井冈山精神、长征精神、延安精神、西柏坡精神,大庆精神、"两弹一星"精神、改革精神、抗洪精神、抗震救灾精神、载人航天精神、塞罕坝精神……这些精神，映照着共产党人的初心，在薪火相传中绵延赓续，激扬着澎湃的力量，展现共产党人的使命。今天，我们开展"不忘初心、牢记使命"主题教育，就是要推动广大党员干部筑牢信仰之基、补足精神之钙、把稳思想之舵，让初心更加坚定，让使命意识更加牢固。

精神在，力量就在，希望就在。树立牢固的使命意识，就会成就了不起的事业。现实中，一些人沉湎于物质生活的享受，忽视了精神家园的守望，少了那么一股"气呀、劲呀"。久而久之，与使命意识背道而驰，与了不起的事业渐行渐远。一颗钉子，看似没什么了不起，但雷锋充分发扬善于挤、善于钻的"钉子精神"，在并不起眼的岗位上干出了不凡事业；一粒种子，看似没什么了不起，但钟扬充分发扬质朴、坚韧、奉献的"种子精神"，在日复一日的坚守中成就了大写人生。"欲运落落雪鹤之精神，必先养皑皑冰雪之心志。"不忘初心、守护初心，努力追寻"能使自己值得贡献的某个东西"，坚持铢积寸累、日积月累，一个人就能定义属于自己的"了不起"。

去年年初，贵州遵义"90后"扶贫干部徐梅在赶往习水县督导扶贫工作的途中，遭遇车祸不幸遇难，她的微信头像旁边，永远留下一句签名："努力到无能为力，坚持到感动自己。"走在新长征路上，我们每个人都应增强使命意识，燃旺心中的一团火，深挖事业的一眼泉，在激情奋斗中成就梦想。

（2019 年 07 月 08 日）

以好的作风确保好的效果

李 斌

态度决定成效，标准决定结果。以好的作风开展主题教育，坚决防止形式主义，是党中央对"不忘初心、牢记使命"主题教育提出的明确要求。

连日来，各地区各部门各单位部署"不忘初心、牢记使命"主题教育工作，强调作风事项。从现实看，一些潜在的走形式、走过场问题确实值得警惕。比如，满足于上大课、走形式、大呼隆，"银样镴枪头，好看不顶用"；又如，为学习而学习，学习与工作"两张皮"，"天桥把式，光说不练"；再有，停留在一般号召上，聚焦问题深度不够，整改落实力度不足，"只听楼梯响，不见人下来"。没有好作风，就没有好效果。始终坚持严实要求和效果导向，教育引导党员干部树立正确政绩观，真抓实干、转变作风，方能激荡起新变化新气象。

严实要求不能松。无论党性修养还是作风建设，在主题教育中防止形式主义，既要严定标准、严格要求、严格把关，又要落实政策、找准问题、取得实效。学习教育不能有虚浮气，必须静下心、坐下来读原著、学原文、悟原理，发扬理论联系实际优良学风；调查研究不搞"作秀式""盆景式"调研，哪些方面问题突出就聚焦哪些方面调研；检视问题大排查、大扫除，不留死角、不搞例外；整改落实发扬自我革命精神，杜绝抓落实虎头蛇尾、改问题久拖不决。"讲实话、干实事最能检验和锤炼党性。"从严要求、务求实效,那些理论武装淡化、宗旨意识弱化、调查研究浮化、责任担当虚化、自我要求软化、个人观念膨化等问题自然无处遁形。

效果导向最关键。缺少效果导向,或是曲解效果内涵,就可能费力不讨好,好心办坏事,助长走形式之风。比如"留痕"有所必要,但过度看重读书笔记篇数、心得体会字数、学习讨论打卡次数等"留痕"内容,效果可能适得其反。习近平总书记强调,主题教育本身要注重实际效果,解决实质问题。坚持学以致用,注重解难纾困,强化整改落实,正是守初心、担使命的题中之义。主题教育开展得怎么样,归根结底要用党员干部更务实、更清廉、更为民的实际行动来体现,要用广大人民群众更具体、更直接、更实在的获得感、幸福感、安全感来检验。

干部带头不能少。作风好不好,关键看领导。此次主题教育,是一次面向实践的履约践诺。领导干部是作风建设和主题教育的组织者、管理者、推动者,切实担负好领导指导责任,对主题教育取得务实效果尤为重要。领导机关和领导干部既要先学一步、学深一点,先改起来、改实一点,当好"领头羊",做好"领路人";同时也要强化督促指导,对分管领域加强作风维护,不断巩固和拓展主题教育成果,当好"守门员",做好"把关人"。

托之空言莫如见之实行,新时代是奋楫前行的时代。"不忘初心、牢记使命"主题教育,为激扬新气象、砥砺新作为创造了重要契机。以好的作风确保好的效果,以好的效果检验好的作风,一定可以更好地以党的自我革命来推动党领导人民进行的伟大社会革命。

(2019年07月05日)

一片冰心在报国

——大力弘扬新时代科学家精神 ①

李 斌

心牵挂的地方叫家乡，梦扎根的地方是祖国。

回望新中国成立 70 年来的峥嵘岁月，心系家国天下、逐梦科技强国，一代又一代科技工作者，以强烈的爱国情怀、高尚的人格品行、深厚的学术造诣、宽广的科学视角，谱写出可歌可泣的人生绚丽篇章，为祖国和人民作出彪炳史册的重大贡献，不愧为"国家的财富、人民的骄傲、民族的光荣"。近日，中办、国办正式印发《关于进一步弘扬科学家精神加强作风和学风建设的意见》，倡议大力弘扬以爱国、创新、求实、奉献、协同、育人为内涵的新时代科学家精神，为广大科技工作者建功立业新时代确立了精神标杆，为建设世界科技强国凝聚起精神动能。

"繁霜尽是心头血，洒向千峰秋叶丹。"以钱学森、邓稼先、郭永怀等"两弹一星"元勋、西安交通大学"西迁人"等为代表的老一辈科学家，以黄大年、李保国、南仁东、钟扬等为代表的新时代优秀知识分子，无不展现出碧血丹心的爱国之情、舍我其谁的报国之志，在时代洪流中挺立起家国大义。站在国家发展新的历史起点上，建设世界科技强国的进军号角已经吹响。大力弘扬新时代科学家精神，首先就是要大力弘扬胸怀祖国、服务人民的爱国精神，激励和引导广大科技工作者以国家强盛、人民幸福为己任，鞠躬尽瘁为报国。

殷殷爱国情，熔铸于个人价值同国家需要的紧密对接中。黄旭华隐姓埋名专注科研30年，从志在必得的少年到白发苍苍的老年，只为设计出中国的核潜艇；黄大年把自己变成"科研疯子"，带领团队突破国外技术封锁，用5年时间完成发达国家20多年走过的路程；南仁东埋首技术攻关，24年甘坐冷板凳，为的是打造世界最大单口径射电望远镜……爱国是最高的道德，报国是最大的成功。科学家的事业追求，因为自觉与国家需要和民族命运相结合而倍显光辉。无论是打破核心技术瓶颈、牢牢掌握竞争和发展的主动权，还是抓住新一轮科技革命和产业变革的重大机遇、实现高质量发展，把深沉的家国情怀融入科技强国的创新实践中，科技工作者必将大有可为，也必将大有作为。

拳拳赤子心，展现在人生追求同人民福祉的牢牢相连上。为民是科学的原色，把论文写在大地上，把学问做进人民心坎里，让科学植根于人民、造福于人民，是科技工作者的天然使命。袁隆平裤管沾满泥水，成功培育高产杂交稻，重重稻浪筑起粮食安全根基；李保国"把自己变成农民，把农民变成自己"，太行山上的果实飘香化作生命的持久芬芳。大格局成就大事业，大情怀激荡大奉献。科技工作者弘扬爱国精神，必须与大地贴得更近，与人民贴得更亲，把满足人民对美好生活的向往作为科技创新的落脚点，把惠民、利民、富民、改善民生作为科技创新的重要方向，在服务人民、贡献社会中实现个人抱负。

非常之功，必待非常之人。习近平总书记深刻指出："中国要强，中国人民生活要好，必须有强大科技。"建设科技强国，实现民族复兴，都不是轻轻松松就能实现的，我国越发展壮大，遇到的阻力和压力就会越大。科技工作者砥砺"以国家之务为己任"的报国热忱，激扬"以身许国，何事不可为"的勇毅担当，在国家和人民最需要的地方散发光芒，一定能创造出无愧时代、无愧历史的更大业绩。

（2019年06月13日）

创新敢为天下先

——大力弘扬新时代科学家精神 ②

张 凡

国家科技进步奖获得者刘宽胜曾讲到这样一段往事：国内石化大型乙烯装置系统的关键助剂，一度依赖进口，国外垄断企业常常漫天要价；当中国研发出优质关键助剂，国外公司扭转态度，反过来寻求与中国合作。刘宽胜感慨："在世界舞台上与同行高手竞技，我们必须自创一派'中国功夫'，如果没有自己的一套本事，只能被动挨打。"

回望中国科技发展历程，从载人航天、超级杂交水稻到三峡工程、港珠澳大桥，举世瞩目的成就，映照着一段段自主创新、攻坚克难的科技发展历程；从钱学森、黄旭华到屠呦呦、南仁东，灿若星辰的名字，昭示着科技工作者敢为天下先的勇毅和坚韧。党的十八大以来，我国科技事业密集发力、加速跨越，实现了历史性、整体性、格局性重大变化，重大创新成果竞相涌现，广大科技工作者为此作出巨大贡献。当此科技实力从量的积累向质的飞跃、点的突破向系统能力提升的重要时期，广大科技工作者尤需弘扬勇攀高峰、敢为人先的创新精神，勇做新时代科技创新的排头兵。

创新意味着攻坚克难。大力弘扬创新精神，就要在独创独有上施展作为，在关键核心技术上敢于突破。习近平总书记深刻指出："自力更生是中华民族自立于世界民族之林的奋斗基点，自主创新是我们攀登世界科技高峰的必由之路。"我国科技整体水平大幅上升，但自主创新能力不强、关键核心技术受制于人的局面还没有从根本上改变。从"两弹一星"成功研制，到国产航母跃然于世，无不充分说明，关键核心技术是要不来、买不来、讨不来的，必须立足自主创新、自立自强。面向世界科技前沿、面向国民经济主战场、面向国家重大战略需求，在解决受制于人的重大瓶颈问题上强化担当作为，正是当代科技工作者的职责使命。

创新意味着敢为人先。大力弘扬创新精神，就要敢为天下先，激扬创新的自信和勇气。给地球"做CT"的"矿工院士"何继善，曾发现国内外教科书上关于传统电磁勘探理论的公式存在错误。当时不少人认为：教科书不可能错。但何继善与团队不盲从盲信，大胆突破国外理论，建构出全新的电磁勘探理论和公式。自主创新天宽地阔，万类霜天竞自由。科技创新，就要抱持强烈的信心和决心，敢于提出新理论、开辟新领域、探寻新路径，不断抵达新高度。

创新意味着只争朝夕。大力弘扬创新精神，也需要付出时不我待、分秒必争的努力。科技竞赛赛道长如马拉松，却又要求拿出短道速滑的拼劲。当前，新一轮全球科技竞争方兴未艾，亦步亦趋不行，等待观望不行，必须增强紧迫感。广大科技工作者既要有"亦余心之所善兮，虽九死其犹未悔"的豪情，也要坚定"日日行，不怕千万里；常常做，不怕千万事"的信念，不畏挫折、敢于试错、迎难而上，努力为我国科技发展贡献更多智力支持、创新支持。

物理学家于敏说过："一个人的名字，早晚是要消失的，留取丹心照汗青，能把自己微薄的力量融进强国的事业之中，也就足以欣慰了。"勇于创新、不断创新，是科技工作者实干报国、奋斗圆梦的根本途径。在创新中建功立业、书写有价值的人生，广大科技工作者一定能为建设世界科技强国作出新的更大贡献。

（2019年06月14日）

千淘万漉只为真

——大力弘扬新时代科学家精神 ③

何鼎鼎

瑞典古生物学家雅尔维克曾用多年时间研究得出结论：总鳍鱼类是包括人类在内的四足动物祖先。这个观点一度被视为权威结论写进教科书。然而，他的学生、中国科学家张弥曼，在用化石连续磨片方法还原"杨氏鱼"后发现：老师错了。张弥曼的较真，为水生脊椎动物向陆地的演化提供了新观点，推动人类对生物进化史的认知进入新阶段。这段"吾爱吾师，但吾更爱真理"的科学史话，擦亮了"求实"这一科学家应有的精神底色。

"弘扬科学报国的光荣传统，追求真理、勇攀高峰的科学精神，勇于创新、严谨求实的学术风气"，在去年两院院士大会上，习近平总书记这样嘱托两院院士。近日中办、国办印发的《关于进一步弘扬科学家精神加强作风和学风建设的意见》，对新时代"大力弘扬追求真理、严谨治学的求实精神"提出了明确要求。广大科技工作者应把热爱科学、探求真理作为毕生追求，始终保持对科学的好奇心，坚持求真务实，不断探问真相、发现规律、更新知识，为推动科技进步作出实实在在贡献。

发扬求实精神，坚持"解放思想、独立思辨、理性质疑""不迷信学术权威"尤为重要。2000多年前的中国人就深谙此理。《列子·汤问》专门写了"两小儿辩日"的寓言故事，不仅说明了知识无穷、学无止境的道理，同时也赞扬了孔子实事求是、敢于承认学识不足的胸襟。从地心说到日心说，从牛顿力学到相对论，人类科学事业的圆环之所以能越画越大，原因正在于科学家以探求真理为科学追求，孜孜不倦、上下求索，不断拓展人类认知边界。

现代科学的意义之一，在于提供了一套实证方法，讲究严密的推理论证。这就要求，广大科技工作者在"大胆假设"的同时，必须发扬求实精神"认真求证"。海水稻到底能不能在盐碱地里丰收？即使是被称为"杂交水稻之父"的袁隆平，也只能在多地多年试种后才能确定答案。尽管今天对科技创新速度提出了更高要求，但我们的研究态度却急不得躁不得，必须求实为上。尊重科学规律、严谨科学态度，有一分结果说一分话，才能让科研成果站得住脚。

探索未知世界，既是科学事业，也是道德事业。弘扬求实精神，广大科技工作者必须"坚持立德为先、诚信为本，在践行社会主义核心价值观、引领社会良好风尚中率先垂范"。科学皇冠上的明珠熠熠生辉、催人奋进，但有时也可能产生让人迷失自我的副作用。若没有道德支撑，假借科学之名作伪行恶，后果不堪设想。科学家的求真是双向的，既是对人也是对己，既要敢于挑战已有结论，更要学会正视自己，实事求是，来不得半点虚假。

千淘万漉虽辛苦，吹尽狂沙始到金。追求真理、严谨治学，是广大科技工作者应有的操守。将求实精神自始至终贯穿于科技事业的全过程，科技工作者必能有所建树、取到真经，不断为建设创新型国家、建设世界科技强国贡献力量。

（2019年06月18日）

不为名利遮望眼

——大力弘扬新时代科学家精神 ④

姜 赟

奉献精神,是科学家最可宝贵的品质,是需要大力弘扬的一种科学家精神。

"两弹一星"功勋科学家"许身国威壮河山",扎根戈壁大漠默默奉献;黄旭华为研制核潜艇"甘做隐姓埋名人",30年"水下长征"无怨无悔;黄大年"加入献身者的滚滚洪流中",用生命开拓中国的地球深部探测事业……新中国成立70年来,一代一代科学家,为科学事业舍身探索,为国家民族鞠躬尽瘁,为造福人类无私奉献,不仅推动了中国科研事业的长足进步,也在人们心中耸立起矢志奉献的丰碑。

近日,中办国办印发《关于进一步弘扬科学家精神加强作风和学风建设的意见》,明确提出"大力弘扬淡泊名利、潜心研究的奉献精神"。这一要求赋予新时代科学家奉献精神以深刻内涵。面对推动科技跨越发展、勇攀科技高峰的时代重任,广大科技工作者唯有大力弘扬淡泊名利、潜心研究的奉献精神,甘坐"冷板凳",肯下"数十年磨一剑"的苦功夫,勇做新时代科技创新的排头兵,才能在科学探究的道路上直达远方。

科学是精益求精的事业,弘扬奉献精神就要潜心研究,静心笃志、心无旁骛。据统计,2018年度国家科学技术奖获奖项目,从立项到结题的研究时间平均为11.4年。从科研规律看,研究成果往往难以一蹴而就,都有一个循序渐进、量变积累的过程。越是科技创新的要求迫切,越是要下一番沉潜专注功夫。那种盲目追逐热点、随意变换研究方向的做法，往往挖不到重大科技成果的真金。"从事基础研究，要瞄准世界一流，敢于在世界舞台上与同行对话；从事应用研究，要突出解决实际问题，力争实现关键核心技术自主可控。"如此用心一处，刻苦钻研，方能取得世所惊叹的成果突破。

科学是持之以恒的事业，弘扬奉献精神就要淡泊名利、力戒浮躁，不为虚名所扰，不被功利所惑。以"科学家亦不能免俗"为借口，把精力放到争待遇、抢帽子上；耐不住清静孤寂，不愿下苦功夫、笨功夫，稍小有成就便浅尝辄止……凡事先计名利而后动，只会在浮躁浮夸中迷失方向，丢失科研初心。对科学家而言，只有经千难万险而不放弃、长坐"冷板凳"而不盲从、遇各种诱惑而不动摇，才能创造出经得起历史检验的科学成就。同时也要看到，大力弘扬科学家的奉献精神，不等于让科学家辛苦又清贫。我们必须落实好各项改革要求，进一步完善待遇和激励机制，营造尊重科研规律、适合潜心研究的环境氛围，为科技工作者心无旁骛做科研创造有利条件。

"常常是最后一把钥匙打开了门"，钱学森揭示的这一真谛，解释科学路上为何最需要静心笃志。"请等一等，让我打好这篇论文再走"，身患重病的著名冶金学家叶渚沛用人生最后一篇论文，诠释了何为科学家的一生挚爱……伟大的事业呼唤伟大的精神，千千万万个科技工作者脚踏实地、默默耕耘、同心奋斗，世界科技强国的美好愿景必能早日实现。

（2019年06月20日）

集智攻关无不成

——大力弘扬新时代科学家精神⑤

彭 飞

第一颗原子弹试验攻关会战期间，先后有 26 个部门，20 个省区市，900 多家工厂、科研机构和大专院校参与其中；载人航天工程指挥部一声令下，西安的火箭发动机、天津的飞船太阳帆板、河南的电连接器，一天就能送达北京总装车间；为推动高铁自主研发，有近 30 家一流科研机构、院校与近 50 家骨干企业组成了产学研用密切结合的创新联合体……

新中国 70 年来，一部科技发展史，可以说也是一部集智攻关、团结协作的历史。没有团结协作的意识，没有众志成城的精神，我们就不可能创造一个又一个科技发展的奇迹。站在全球新一轮科技革命和产业变革的风口，我国科技创新已步入以跟踪为主转向跟踪和并跑、领跑并存的新阶段，跨界融合、团队协同、国际合作越发变得重要。日前，中办、国办印发《关于进一步弘扬科学家精神加强作风和学风建设的意见》，就大力弘扬集智攻关、团结协作的协同精神提出明确要求，对于引导广大科技工作者勇攀科技高峰、汇集各方才智建设世界科技强国具有重要意义。

弘扬协同精神，需要厚植团队意识。单丝不成线，"单打独斗"式的科研既难以适应时代要求，也不利于科研人员自身成长。中国自主研发的深海潜水器蛟龙号，如何让各个分系统整合后能衔接得"天衣无缝"？蛟龙号团队把"互相补台，互不拆台"作为不可违背的工作原则，将每个分系统的各项指标制成表格，按表工作，大大提高了效率和质量。在科研难题面前，无论团队内部还是各个单位部门之间，只有拧成一股绳、通力配合，才能不断攻坚克难、实现突破。

弘扬协同精神，需要强化跨界融合思维。现代科学日新月异，其发展的深度、广度和复杂程度前所未有，各个学科间不断交叉融合是必然要求。比如，材料科学已经与化学、物理、生物等学科深度融合；如火如荼的人工智能，正在探索进一步与脑科学牵手。从各种"前沿交叉学科研究院"到多学科交叉的"未来实验室"，打破学科壁垒已逐渐成为国内科技工作者的自觉。与此同时，科学数据资源的"孤岛"现象，"宁愿单打独斗、不愿开门合作"的问题，仍在一定程度存在。弘扬协同精神，让不同领域互补成为常态，让携手攻关成为风尚，科技创新方能形成集智攻关的强大合力。

弘扬协同精神，需要坚持全球视野。环顾世界，经济全球化大潮奔涌，商品、技术、信息、人才等要素自由流动大势所趋。不拒众流，方为江海。对科学研究而言，只有深化国际交流合作，聚天下英才而用之，才能实现创新资源优化配置，提高创新效率和水平。不久前，中国载人航天工程办公室宣布，中国空间站计划于2022年前后建成，17个国家23个实体的9个项目已经成为入选的首批科学实验项目。中国自主建造的空间站开放成为人类共享的科研平台，正是科技造福人类的生动写照。坚持全球视野，加强国际合作，秉持互利共赢理念，中国将为推动科技进步、构建人类命运共同体贡献更多智慧。

积力之所举则无不胜，众智之所为则无不成。我们既发挥集中力量办大事的制度优势，又激扬集智攻关、团结协作的协同精神，聚四海之气、借八方之力，一定能以科技发展之大成，托举起经济高质量发展的美好未来。

（2019年06月24日）

甘为育人"铺路石"

——大力弘扬新时代科学家精神 ⑥

桂从路

如何涵养一个国家的创新活力？既做科技创新的开拓者，又做提携后学的领路人，无数科学家用坚定行动给出答案。

著名实验物理学家钱三强服从党和国家的需要，将主要精力投入到科学组织中，他领导的原子能所成为人才辈出的科技大本营。地球物理学家黄大年回国后，根据学生不同情况采取个性化培养模式，学生喜欢什么就努力传授什么，学生哪方面有潜力就着重去挖掘……一代代优秀科学家，不仅鞠躬尽瘁勇做科技浪潮的争渡者，也甘为人梯、奖掖后学，为我国科技发展事业兴旺、人才辈出筑就坚实道路。

"一年之计，莫如树谷；十年之计，莫如树木；终身之计，莫如树人。"习近平总书记曾引用这句古语，强调要把人才资源开发放在科技创新最优先的位置。今日之中国，正朝着世界科技强国的目标阔步前行。越是对人才需求迫切，就越要按《关于进一步弘扬科学家精神加强作风和学风建设的意见》所要求的，"大力弘扬甘为人梯、奖掖后学的育人精神"。"种得桃李满天下，心唯大我育青禾"。广大科技工作者肩负起培养青年科技人才的责任，慧眼识才，言传身教，不断发现、培养、举荐人才，为拔尖创新人才脱颖而出铺路搭桥，一定能培养造就一支规模宏大、结构合理、素质优良的创新型科技人才队伍。

科学事业是接力事业，建设世界科技强国是一场接力跑。只有薪火相传才能推动科学事业拾级而上、登高望远。特别是，许多重大科研项目周期长、跨度大，广大科技工作者主动当好"铺路石"和领路人，做好传帮带，跑好接力跑，意义不言而喻。著名作物遗传育种学家卢永根院士担任大学校长时，致力于破解人才断层困局、破除论资排辈风气，甚至在罹患重症之际，还捐出毕生积蓄，奖励贫困学生与优秀青年教师。心意之深，眼光之远，令人感佩。大力弘扬育人精神，一方面要放下身段潜心育人，为学生的成长成才搭梯子，另一方面也要坚决破除论资排辈的陈旧观念，打破各种利益纽带和裙带关系，营造人尽其才、人才辈出的公平环境，为人才施展才华提供更加广阔的天地。

科学事业的未来属于年轻人，大力弘扬育人精神就要善于发现培养青年科技人才，确保科技工作活水涌流、基业长青。"桐花万里丹山路，雏凤清于老凤声。"航天报国的嫦娥团队、神舟团队平均年龄是33岁，北斗团队平均年龄是35岁，大批青年科技人才在重大科研任务中"扛大旗""挑大梁"，见证科学事业"江山代有才人出"。置身新一轮科技革命浪潮，面对日趋激烈的科技竞争态势，年轻的冲劲不可或缺。这就要求广大科技工作者要经常用欣赏和赞许的眼光看待青年的创新创造，把发现、培养青年人才作为一项重要责任，敢于放手、支持青年人才在重大科研任务中担当大任。青年英杰数不胜数，青春光芒恣意绽放，是国家创新活力之所在，也是科技发展希望之所在。

马克思说过，"科学绝不是一种自私自利的享乐，有幸能够致力于科学研究的人，首先应该拿自己的学识为人类服务"。科技工作者在潜心研究的同时肩负起人才培养的使命，把发现、培养青年人才作为一项重要责任，在创新实践中发现人才、在创新活动中培育人才、在创新事业中凝聚人才，中国的科技建设一定能蒸蒸日上，创造更多辉煌。

（2019年07月04日）

百年大党看"朝气"

张 垚

立志于千秋伟业,百年恰是风华正茂。中央组织部最新党内统计数据显示,截至 2018 年底,"80 后、90 后"党员已超过党员总数的 1/3。年轻党员的数量和比例继续呈现增长态势,新鲜血液在党的肌体内不断充盈,推动百年大党青春正好、活力无限。

马克思说:"一个时代的精神是青年代表的精神,一个时代的性格是青年代表的性格。"回望历史,1921 年上海石库门的小洋房里,13 名代表云集一堂,拉开一个伟大政党的序幕,他们的平均年龄 28 岁。周恩来参加中国共产党时是 23 岁,邓小平参加旅欧中国少年共产党时是 18 岁,方志敏入党时 25 岁,焦裕禄入党时 24 岁,雷锋入党时不到 20 岁……党员有朝气,党就有朝气;党员有活力,党就有活力。正如习近平总书记深刻指出的,"党的队伍中始终活跃着怀抱崇高理想、充满奋斗精神的青年人,这是我们党历经百年风雨而始终充满生机活力的一个重要原因。"

有"三岁之翁",也有"百岁之童"。青春是一个年龄阶段,更是一种年轻心态。1938 年 4 月,毛泽东同志号召即将从延安迁到瓦窑堡的抗大队员,"要有朝气,就是要有蓬蓬勃勃向上发展之气"。后来他又把"共产党员一定要有朝气",郑重写进了一篇重要文章中。马克思主义政党永葆朝气,除了党员层面吐故纳新,管党治党要适时而动,学习教育要因势而为,精神涵养也要勇于革新。"革命人永远是年轻,他好比大松树冬夏常青",对党员干部个人而言,只有保持革命者的本色,焕发改天换地的革命精神,才能心态常青、活力常青。

创业难,守成更难。我们党作为百年大党,如何永葆先进性和纯洁性、永葆青春活力,如何永远得到人民拥护和支持,如何实现长期执政,是我们必须回答好、解决好的一个根本性问题。习近平总书记曾以四个"不容易"告诫领导干部:功成名就时做到居安思危、保持创业初期那种励精图治的精神状态不容易,执掌政权后做到节俭内敛、敬终如始不容易,承平时期严以治吏、防腐戒奢不容易,重大变革关头顺乎潮流、顺应民心不容易。今天,决胜全面建成小康社会的艰巨任务、实现中华民族伟大复兴的历史使命,对我们党提出了前所未有的新挑战新要求,我们比以往任何时候都更需要朝气蓬勃的状态和力量。

"一个政党,如一个人一样,最宝贵的是历尽沧桑,还怀有一颗赤子之心。"习近平总书记在中央政治局第十五次集体学习时深刻指出:"我们党要求全党同志不忘初心、牢记使命,就是要提醒全党同志,党的初心和使命是党的性质宗旨、理想信念、奋斗目标的集中体现,越是长期执政,越不能忘记党的初心使命,越不能丧失自我革命精神"。党员干部守初心、担使命,必须永葆忧患意识,砥砺自我革命精神,克服懒散惰性,避免暮气袭身。在主题教育中砥砺正视问题的自觉和刀刃向内的勇气,真刀真枪解决问题,历练自我、塑造自我、提升自我,我们党一定能不断激发新的生机和活力。

"只有不忘初心、牢记使命、永远奋斗,才能让中国共产党永远年轻。"奋进新时代、踏上新征程,每一名党员都要当勇于自我革命的新时代奋斗者,用自己的蓬勃朝气来丰裕党的蓬勃朝气,更加自觉地为新时代党的历史使命而努力奋斗。"赶考"路上的共产党人,必将创造出更多惊世伟业。

(2019 年 07 月 02 日)

中国人要有中国人的志气

马望原

去年 3 月至今，美国对华贸易战"易胜""速胜"的企图已经破灭。然而，国内极少数人的"恐美"情绪依然没有完全消散。

"恐美"心态，脱胎于过度"崇美"，是心理上的两个极端。"恐美症"与"崇美症"，都根源于近代中国的积贫积弱，根源于殖民地半殖民地的社会心理。旧中国，看到上海滩堂而皇之竖立的"华人与狗不得入内"的牌子时，有骨气的中国人会憋一肚子气，没骨气的就可能顿生自惭形秽之感，低下头悄悄躲开。历史上，面对列强侵略，有多少志士仁人抛头颅、洒热血奋起反抗，但也有一些人当汉奸、做走狗留下万世骂名。

如今的新中国与半殖民地的旧中国早已不可同日而语。新中国成立 70 年特别是改革开放 40 多年来取得的成就举世公认，即使是美国那些对华抱有敌意的人也不能不承认中国的发展成就，只不过他们硬要把这些成就说成是美国的"恩赐"。即便如此，今天中美两国的发展水平仍有很大差距，美国在经济、科技、军事等方面依然拥有明显优势。改革开放以来，我们打开国门看世界，看到了差距，绝大多数国人看来了奋起直追的志气，但也有极少数人看出的是"美国的月亮比中国的圆"，以致匍匐在地、顶礼膜拜，至今都直不起腰来。40 多年来我们一直是向世界发达国家、先进水平学习的，其中美国就是我们一个重要的学习对象，"学习借鉴"成了我们的"后发优势"，我们取得的发展成就与学习借鉴分不开。这个过程中,就有极少数人当"学生"当惯了,面对"老师"的蛮横霸道不讲理,也只会低三下四、忍气吞声。

现在可以看得很清楚,美国一些人就是要借经贸摩擦遏制中国,甚至扬言把中国"打回第三世界"。在这个时候,恐惧、害怕是没有用的。近14亿中国人不可能放弃追求美好生活的权利,中国也不可能改变已经被实践证明了的正确发展道路。中国如果在霸权压力下一味退让,那就真要犯颠覆性的历史错误。上世纪90年代初,面对美国等西方国家的制裁,邓小平同志坚定地说:"中美关系要搞好,但不能怕,怕是没有用的。中国人应该有中国人的气概和志气""你越怕,越示弱,人家劲头就越大"。小平同志这番话,是总结历史和现实得出的结论。

其实,患有"恐美症"的人真该拨开迷雾看世界。世界正面临百年未有之大变局,一大批发展中国家群体性崛起,而美国等西方国家却深陷各种麻烦、面临变革压力。现在很多国家的日子都不好过,相比之下,中国的日子算好过的。美国一些人找中国的麻烦,就是见不得我们过好日子,小心眼儿里满是"羡慕嫉妒恨",对中国使出"围追堵截"百般手段,想把中国挡住、摁住、掐住,不让我们奔跑追梦。然而,公道自在人心,美国一系列单边主义、破坏规则、蛮横霸凌、任性胡来的行为,已经引起国际社会普遍谴责,正在尽失人心。

中国人要有中国人的志气,关键时刻,更不能做"长他人志气,灭自己威风"的事情。我们走的是正道、行的是大道,人心和道义在我们这一边。集中精力办好我们自己的事情,无论什么样的大风大浪,都打乱不了中国发展的节奏,都阻挡不了我们奔跑追梦的脚步!

(2019年06月27日)

自尊自信才能走好自己的路

宁 采

在走向世界、走向未来的历史进程中,既要有自尊的人格,又要有自信的心态,这是中国人民在历史和现实中感悟到的真谛。

然而,也有极少数人承继了中国历史上长期存在的崇洋媚外心理,在面对中美经贸摩擦时,不去客观判别是非曲直,而是近乎本能地认为美国的做法"总是有理",中国跟美国斗是"鸡蛋碰石头",最后倒霉的是自己。这种病态的"崇美症",根源于中国近代积贫积弱、备受列强欺凌的屈辱历史,是一种殖民地半殖民地文化的回光返照。

从文明发展史看,为什么中华文明成为人类历史上唯一一个未曾中断的伟大文明?为什么中华文明虽经5000多年的历史变迁而能始终一脉相承?这不仅在于中华文明具有开放包容、兼收并蓄的品格,能够以和而不同、取长补短的态度学习借鉴其他文明的长处,而且因为中华文明在同其他文明交流互鉴中葆有的那一份强烈的自尊自信。"天行健,君子以自强不息;地势坤,君子以厚德载物",就是对中华文明这种特质的写照。中国历史已经证明,凡是继承弘扬中华文明这一特质的时期,国家就发展繁荣、民族就振兴进步;凡是背离这种特质的时期,国家就落后衰败、民族就苦难深重。

新中国的成立,意味着中华民族结束了近代一百多年来被侵略被奴役的屈辱历史,中国人民从此站起来了,成了国家的主人;也意味着中国人民从此挺直了精神脊梁，挺起了自尊自信自强的国格与人格。正如毛泽东同志当年豪迈的宣示："我们中华民族有同自己的敌人血战到底的气概，有在自力更生的基础上光复旧物的决心，有自立于世界民族之林的能力。"新中国成立70年特别是改革开放40多年来，我们走过了发达国家几百年才走完的工业化历程，创造了人类发展史上的奇迹，中国从来没有像今天这样接近民族复兴的伟大目标，中国人民从来没有像现在这样在世界上扬眉吐气！

改革开放以来中国的发展进步，是我们打开国门、虚心向世界上一切先进文明成果学习的结果，今后我们还要这样做，坚定不移做下去。而现在美国一些人的做法，恰恰是背道而驰，企图关起门来，用隔绝、隔离、封闭来实现美国的"再次伟大"，这注定不会成功。中美经贸摩擦的是非曲直正在接受世界的检视，谁对谁错、谁高谁下，世人自有公论。奉劝极少数"崇美症"患者，是把自卑自弃、崇洋媚外的心态抛到太平洋里去的时候了！

习近平总书记说过，"中国要发展，最终要靠自己"。我们深深懂得，中华民族伟大复兴，绝不是轻轻松松、敲锣打鼓就能实现的，我们已经做好为实现伟大梦想付出更为艰巨、更为艰苦的努力的准备。在实现伟大梦想的道路上，自尊而不自负，自信而不自傲，清醒而执着地朝着目标前进，我们就一定能赢得主动、赢得优势、赢得未来！

（2019年06月26日）

敢于斗争才能赢得尊严

华 宁

一段时间以来,美国政府频频挑起经贸摩擦,全方位对华施压,不仅激起中国人民的强烈反对,也受到国际社会的广泛批评。然而,舆论场上也有极个别人发出"与众不同"的杂音,称美方的打压是因为中国"高调"所致,现在应该"忍让为上",宁可"委曲求全",也不可"硬碰硬"。

真的是"高调招敌"吗?忍让真能求安、委曲真能求全吗?

新中国成立70年特别是改革开放40多年来,我们创造了"木秀于林"的成就,也迎来了"树大招风"的时刻,这是合乎规律的事情,不以我们的意志为转移。中国已经是世界第二大经济体、制造业第一大国、货物贸易第一大国、外汇储备第一大国,综合国力迅速跃升。今天中国的体量,已经不是"低调"就能隐藏的了,就像一头大象不可能隐身于小树之后。就是我们想韬光养晦,也不可能做到了。而在美国的逻辑里,存在一个"60%定律",即一国经济规模达到其60%时,美国就会将之视为威胁其霸权的对手,千方百计加以遏制,不管是当年的苏联、日本,还是现在的中国,概莫能外。中国的经济规模已经超过美国的60%,按照"美式霸权"逻辑,岂是"低调"就能躲得过去的,美国一些人不是宣称"遏制中国已经动手晚了"吗?

世人都知道,美国一些人信奉的是"丛林法则"。丛林法则是什么?

就是欺软怕硬、弱肉强食。面对视"丛林法则"为圭臬的人,服软、示弱能求得安全吗?恰恰相反,你越服软,人家越是会看你软弱可欺;你越示弱,人家越是要拿你当任其宰割的鱼肉。这样的事实,中外历史上实在太多了。当年,清王朝要"量中华之物力,结与国之欢心",却招致被瓜分豆剖、亡国灭种的危机;上世纪80年代,日本迫于美国压力签下"广场协议",最终让日本陷入"失落的二十年"。历史一再警示我们,霸权主义的逻辑从未改变,霸权者恃强凌弱的本性也从未改变,在"丛林法则"面前,退让一步只能换来得寸进尺,委曲一次只会招致更高要价。

以和为贵的中华文明涵养了中国人"不惹事"的民族禀赋,不屈不挠的中华民族在历经磨难中锻造了"不怕事"的民族品格。新中国成立之初,面对封锁禁运、强敌压境、核武讹诈,中国人民正是以决不服软、决不退让的硬气,以敢于斗争、敢于胜利的精神,赢得了国家生存发展的空间。以斗争求安全则安全存,以退让求安全则安全亡,这是中国人民在斗争实践中得出的结论。回望历史,我们正是在一次次敢于斗争、善于斗争中,取得了新胜利,开创了新局面,也赢得了包括对手在内的世人的尊重。在具有许多新的历史特点的伟大斗争中,我们更要靠发扬斗争精神去赢得民族尊严、创造发展空间。

由此可见,那种"高调招敌""忍让为上""委曲求全"的论调,不是别有用心,就是犯了幼稚病。面对霸权主义,靠示弱不能求得一隅之安;面对强大对手,一味退让只会被彻底打翻在地。中国人民深深懂得,美国政府对中国的遏制打压,是中国发展壮大必然要承受的外部挑战,是中华民族伟大复兴进程中必须迈过的一道坎儿。奋进新征程,我们不会妄自尊大,中国志在和平发展,永远不称霸;我们也不会委曲求全,中国早已不是那个半殖民地的旧中国,任何人不要幻想让中国吞下损害自身利益的苦果。集中精力做好自己的事情,不卑不亢走向世界,从容自信面向未来,我们的道路一定会越走越宽广!

(2019年06月25日)

共产党人的政治气节

林永兴

"铁肩担道义,妙手著文章",李大钊曾以此为联赠送朋友。这副对联,也是他一生的写照。从留学日本期间起草《警告全国父老书》组织爱国活动,到俄国十月革命后积极传播马克思主义,至奋不顾身领导党的北方组织坚持革命斗争,李大钊以对马克思主义的忠诚信仰,生动展现出共产党人的崇高气节。

常言道,人无刚骨,安身不牢。气节是人生的灵魂支柱和精神脊梁。孔子用"三军可夺帅也,匹夫不可夺志也"称赞气节,孟子倡导"善养吾浩然之气"涵养气节。清代的魏源,把"立节"同《左传》提出的"立德、立功、立言"并列,将"三不朽"补充为"四不朽"。纵观历史不难发现,"凡有成就者,必有高风亮节"。有了气节,人品就有了高度,人格就有了硬度,就能成就一个个顶天立地"大写的人"。

政治气节体现在对党忠诚。气节纯则党性纯,党性正则骨气硬。正因为心中信仰笃定、初心如磐,一个人才能站得直、立得正,遇事压不弯、打不败。习近平总书记在2019年春季学期中央党校(国家行政学院)中青年干部培训班开班式上勉励广大干部,要用知重负重、攻坚克难的实际行动,诠释对党的忠诚、对人民的赤诚。政治气节犹如壁立千仞,耸立起共产党人的声誉和威望。

政治气节需要坚韧,以坚韧体现共产党人的坚定初心。站稳政治立场,牢记初心使命,政治气节必然坚韧挺拔。从"砍头不要紧,只要主义真"的大无畏,到"威武不能挫其气,利禄不能动其心"的大气概,再到"忠诚印寸心,浩然充两间"的大胸襟,无不直接或间接地源于政治气节。不久前印发的《中共中央关于加强党的政治建设的意见》,明确提出推动中华优秀传统文化创造性转化、创新性发展,培育党员干部政治气节、政治风骨,为新时代培养合格党员、加强党的政治建设指明方向。

政治气节强者往往免疫力强。勤俭自律、克己奉公是党的优良传统。有政治气节,就有一种清正气场,腐蚀近不了身、诱惑入不了心。方志敏说过:"清贫,洁白朴素的生活,正是我们革命者能够战胜许多困难的地方。"在政治灰尘和腐败微生物面前,有强大的政治气节就能造就"铁打的堡垒"。无私则无畏,无欲则无求。能不能不为权权交易、权钱交易、权色交易等不正之风所诱,不为关系学、厚黑学、官场术等封建糟粕所惑,关键就看有没有政治气节,有没有初心恒心。

政治气节体现在敢于斗争。"革命坚决、斗争勇敢,是每一个共产党员必须具备的宝贵品质"。要做勇于斗争的"战士",不做爱惜羽毛的"绅士",斗争精神历来是共产党人的精神财富。只有敢于同忽视政治、淡化政治、不讲政治的现象作斗争,一个共产党员才能经风雨、见世面、长才干、壮筋骨。我们必须擦亮气节的底色,以"踏平坎坷成大道,斗罢艰险又出发"的顽强意志,时刻进行具有许多新的历史特点的伟大斗争。

像松一样铁骨铮铮、遒劲有力,像竹一样坚韧不拔、刚正不阿,像梅一样经霜傲雪、知难而进,像菊一样高风亮节、惟吾德馨。守护初心使命,砥砺政治气节,磨炼政治风骨,党员干部就有力量,我们党就有力量。千千万万个脊梁挺立起来,就能筑起民族复兴最坚强的政治保障。

(2019年06月21日)

"大人不华,君子务实"

鲁 平

在辽宁凤城大梨树村万亩果园最高峰,矗立着一座近10米高的"干字碑",见证着致富带头人毛丰美苦干实干的三十余载岁月。他在世时与大家一起不懈奋斗,硬是把一个吃粮靠救济的穷山沟,建设成为远近闻名的富裕村、文明村。看见"干字碑",想起毛丰美,不禁对实干担当的体悟又加深了一层。

今年是新中国成立70周年。70年披荆斩棘,70年砥砺奋进。一个又一个人间奇迹,无不是广大干部群众通过实干奋斗创造出来的。可以说,如果没有一代又一代人勇往直前、持之以恒的担当作为,就没有今日中国蓬勃发展的壮丽景象。在各个岗位上,广大党员干部用实干诠释忠诚,以担当书写人生,在改革发展实践中创造新业绩,续写新篇章。

然而,也应看到,当前仍有少数干部说得多、做得少,观望多、行动少。有的眼皮朝上,不专注于解决实际问题,推动工作只看花和朵,不管瓜和果,上级关注就抓一抓,乐于搞短平快。有的言必称理想信念、忠诚担当,口号喊得山响,表态比谁都早,看似大张旗鼓,实则有声无影、难觅实绩。更有甚者,对上级决策不落实、假落实、搞变通,甚至阳奉阴违。近年来,从中央查处的一些大案要案,到地方通报的一些典型案例,都能找到这类人的身影。这些人的做派,影响了社会风气,污染了政治生态,倘若任其蔓延,极易造成"劣币驱逐良币",让实干苦干者心寒。

"中国特色社会主义不是从天上掉下来的"。历史与现实均证明,美好的蓝图不会自动实现,真抓实干才能梦想成真。如果没有一代又一代弄潮儿勇立涛头,一批又一批实干家奋力攻坚,我们就不可能拥有今天的自信与底气。正因如此,越是面临风险挑战,越应崇尚苦干实干,创造性地落实各项部署和要求,把理想信念时时处处体现为行动的力量。无论什么时候,只有在各自岗位上履职尽责、积极作为、锐意进取,才谈得上真正的忠诚与担当。

"把初心使命变成党员干部锐意进取、开拓创新的精气神和埋头苦干、真抓实干的自觉行动,力戒形式主义、官僚主义"。习近平总书记在"不忘初心、牢记使命"主题教育工作会议上提出的要求,值得我们深思警醒。广大党员干部尤其是领导干部,都应当找一找自己存在的问题,查一查自己的差距和不足。有没有对贯彻党中央决策部署不在乎、装样子、搞变通?有没有假忠诚、假担当,搞那种光说不练的假把式、大呼隆的假大空?有没有只想揽权不想担责,碰到问题往上推、落实责任往下移,出了问题简单把板子打到基层,把压实责任变成往下"甩锅"?只有让思想灵魂来一次深刻洗礼,砥砺守初心、担使命的精神品格,才能不负党的重托,不负人民期待。

"大人不华,君子务实"。在前进的道路上,力戒华而不实的虚浮之气,锻造求真务实的朴素本色,方可在辛勤耕耘中改变面貌、升华境界。空谈误国、实干兴邦,应是所有奋斗者的座右铭。

(2019年06月19日)

理论学习最忌"虚浮气"

李浩燃

伟大的实践，离不开思想的引领。思想理论的魅力与价值，惟有扎实学习才能深刻体悟。

举办专题读书班，开展研讨交流活动，征集学习心得文章……"不忘初心、牢记使命"主题教育工作会议召开以来，各地区各部门迅速行动、积极动员，形成了更加重视学习、加强学习的好风气。然而，也有少数地方或领导干部对理论学习缺乏"静气"，热衷于喊口号、唱高调，声势可谓不小，学习却难觅实效。主题教育中的个别形式主义、官僚主义苗头，值得高度警惕。

"一个民族要想站在科学的最高峰，就一刻也不能没有理论思维。"理论是实践的指南，蕴藏着强大力量。我们党之所以历经艰难困苦而不断发展壮大，一个重要原因就在于始终重视思想建党、理论强党，坚持理论创新每前进一步、理论武装就跟进一步，从而使全党保持统一的思想、坚决的行动。奋进新时代、踏上新征程，摆在我们面前的使命更光荣、任务更艰巨、挑战更严峻、工作更伟大，如果缺乏理论武装，难以战胜各种风险挑战。事实证明，政治上的坚定、党性上的坚定，都离不开理论上的坚定。开展主题教育，如果在理论学习上不深入、不到位，就背离了初衷、达不到目的，必须力戒形式主义，祛除"虚浮气"。

祛除"虚浮气"，就要舍得花精力，潜心读原著、学原文、悟原理。

延安时期,毛泽东同志说:"《共产党宣言》,我看了不下一百遍""每阅读一次,我都有新的启发"。习近平新时代中国特色社会主义思想博大精深、内涵丰富,只有坚持读原著、学原文、悟原理,往深里走、往实里走、往心里走,在原有学习的基础上取得新进步、达到新高度,不断加深对新思想重大意义、科学体系、丰富内涵、思想方法等的理解,学深悟透、融会贯通、真信笃行,才能增强贯彻落实的自觉性坚定性,提高运用党的创新理论指导实践、推动工作的能力。

祛除"虚浮气",就要舍得下苦功夫,全面系统学、深入思考学、联系实际学。马克思有句名言:"在科学上没有平坦的大道,只有不畏劳苦沿着陡峭山路攀登的人,才有希望达到光辉的顶点。"理论学习没有捷径可走,最忌浮皮潦草、心态浮躁。只有全面系统学、深入思考学、联系实际学,经过一番深刻的学思践悟,才见思想之光、理论之美。只有下苦功夫,坚持学思用贯通、知信行统一,自觉对表对标,及时校准偏差,才能筑牢信仰之基、补足精神之钙、把稳思想之舵。一步一个脚印,由表及里、由浅入深,才能借由量的积累实现质的提升,最终拨云见日、廓清迷雾,抵达"不畏浮云遮望眼,自缘身在最高层"的境界。

"阅读经典著作,本身就是增长知识、开阔眼界、增加思想深度和训练思维方式的过程,就是培养高瞻远瞩的战略洞察力和脚踏实地的工作作风的过程"。前不久,中共中央发出关于印发《习近平新时代中国特色社会主义思想学习纲要》的通知,要求"组织全体党员认真读原著、学原文、悟原理,并紧密结合'不忘初心、牢记使命'主题教育,把《纲要》纳入学习计划"。把理论学习的氛围搞得浓浓的,我们的理论武器必将更有威力,我们的初心与恒心必将更加坚定。

(2019年06月17日)

用心呵护自然之美

智春丽

红日初升，光芒万丈；月涌大江，悠远静谧；夏之原野，苍翠欲滴；雪后山川，纯洁无瑕。自然如同多彩的万花筒，时刻展示着美丽，也提醒人们用心去感受、用情去呵护。

"我们要坚持绿色发展，致力构建人与自然和谐共处的美丽家园""为子孙后代留下碧水蓝天的美丽世界是我们义不容辞的责任"。习近平主席在第二十三届圣彼得堡国际经济论坛全会上的致辞，洋溢着热爱自然的情怀，传递着绿色发展的理念，让世人深刻省思人与自然的关系。人生天地间，我们应当珍视赖以生存的空气、水源、土壤，善待草木山川、鸟兽虫鱼，与自然和谐共处。

用心呵护自然之美，就是保护人类自身。天人合一是中华传统文化的精髓。人类衣食来源皆赖自然所赐。近代地理大发现以来，人类开启了系统记录生物多样性、探求自然秩序的进程，博物学、生物学、地质学等学科相继确立，人类也得以更好地认识自身。孟德尔从豌豆杂交中读出了遗传的奥秘，袁隆平从野生稻中研发出超级水稻，屠呦呦从青蒿中提取青蒿素……这里面闪耀着人类的智慧，但自然乃是一切发现的前提。人，永远无法脱离自然而独立存在。

用心呵护自然之美，才能安放绵延不断的乡愁。大自然是人类共同的家园，不仅慷慨地供给着物质，也给人以精神慰藉。"人生天地间，忽如远行客",大自然的春花秋月、高山峡谷、流水潺潺、大海浩荡,不知给了孤独的灵魂多少抚慰。那些流传至今的文学经典,满是美好的草木情缘。难以想象,倘若有一天,天不再蓝,水不再绿,没有了蒹葭苍苍、白露为霜,星垂平野、月涌大江,人类那些细腻的情感记忆,又该如何寄托?无论工业文明如何发达,即便"异乡的机器模糊了家乡的虫鸣",人们的田园情结也从未消失。因为,人们渴望诗意地栖居,"再没有比自由地欣赏广阔的地平线的人更幸福的了"。

用心呵护自然之美,就当在汲取教训中行进。"如果说人靠科学和创造性天才征服了自然力,那么自然力也对人进行报复"。随着时代的变迁、文明的演进,人们从遭遇的环境灾难出发,深入思考人与自然的辩证关系。伦敦烟雾事件导致数千人死亡,洛杉矶光化学烟雾事件危害延续数十年,日本的水俣病成为惨痛记忆……20世纪的一次次生态危机,促使人类集体反思,促进了工业文明到生态文明的转向。今天,我们这颗星球依然遭受着各类环境污染,仍有约百万种物种濒临灭绝,生态环境保护形势十分严峻。自然的美,我们要用心呵护;自然的痛,我们也要用心体察。

哲人有言:"自然总是美的。"倡导尊重自然、爱护自然的绿色价值观念,让天蓝地绿水清深入人心,形成深刻的人文情怀,我们就能促使更多人葆有热爱自然、呵护自然的心灵,享有简约适度、绿色低碳的生活方式。你所爱的自然,必将因你的呵护而更加美好。

(2019年06月12日)

摒弃"恐美崇美"心态

常 盛

既不妄自菲薄,也不妄自尊大,而是以一种沉着冷静、从容自信的心态走向世界、面向未来,这是中国人民在经风雨、见世面中铸就的精神品格。在中美经贸摩擦中,面对美方挥舞关税大棒,面对极限施压、蛮横霸凌的做法,中国人民的这一精神品格再次得到生动呈现,也让极少数人的"恐美症""崇美症"显得另类而可鄙。

从历史看,新中国成立之初,我们一穷二白、百废待兴,同时遭到西方帝国主义的全面封锁。但就是这个当时连"一辆拖拉机都不能造"的国家,硬是靠着自力更生、艰苦奋斗,顶住了帝国主义经济、军事围堵压力,不仅建立起比较完备的国民经济体系,而且还研制出了"两弹一星",挺起了中国人民的脊梁。也是在新中国成立之初,当时不可一世的美军把朝鲜战争的战火烧到鸭绿江边,为了保家卫国,中国人民志愿军抗美援朝、浴血奋战,硬是把美军打回到"三八线"以南、打到谈判桌前。当时中美的实力差距是多么巨大,但中国人民靠着不怕鬼、不信邪、敢于斗争、敢于胜利的勇气,向世界宣告中国"站起来了"的尊严。今天的中国,又怎么可能被美方的无理施压和讹诈吓唬住?今天的中国人民又怎么会在美方的蛮横霸凌面前低头?

从现实看,改革开放以来中国创造了人类发展史上的奇迹,让世界刮目相看。换个角度看中美贸易战,正是因为中美力量对比发生了深刻变化,才引起了美国一些仇华、反华政客的焦虑,企图打压、遏制中国的发展。正如有学者所言,美国的遏制恰恰标志着中国的实质性崛起。今日之中国是全球第二大经济体、第一大工业产品制造国、第一大货物贸易国、第一大外汇储备国。中国如此大的体量,绝非一时的风雨就能撼动。正如习近平总书记所强调的:"狂风骤雨可以掀翻小池塘,但不能掀翻大海。经历了无数次狂风骤雨,大海依旧在那儿!经历了5000多年的艰难困苦,中国依旧在这儿!面向未来,中国将永远在这儿!"中国人民坚信,有中国共产党的坚强领导,有集中力量办大事的政治优势,有万众一心、众志成城的民族精神,有改革开放以来持续高速发展积累的雄厚物质技术基础,有巨大发展韧性、潜力、回旋余地,有丰富的宏观调控经验和充足的政策空间,我们完全有条件、有能力、有信心应对各种风险挑战。

极少数人的"恐美症""崇美症",根子不在现实,而在心理,与中国历史上面对列强欺凌时的投降派一脉相承。恐美与崇美,是一枚硬币的两面,平日里看到的是"外国的月亮比中国的圆",一遇风浪,就心慌气短、脚跟发软、六神无主、吓破了胆。照着他们的主张,中国只有投降退让一条路可走,只有成为美国附庸、受其控制、为其打工才有活路,为此不惜葬送近14亿中国人追求美好生活的梦想。对此,中国人民怎么可能答应?!

一位外国政要直言不讳:"就算我们想,我们也不可能阻止中国的增长。"近14亿中国人追求美好生活的权利不容剥夺,中国发展的步伐不可阻挡。正如习近平总书记所说,"只要我们保持坚定理想信念和坚强革命意志,就能把一个个坎都迈过去,什么陷阱啊,什么围追堵截啊,什么封锁线啊,把它们通通抛在身后!"

(2019年06月11日)

有我与忘我

袁清媛

生而平凡却人格熠熠,生命无华却贡献赫赫,老英雄张富清身上的"强烈反差",启发人们思考,什么是信仰与忠诚,什么是使命与担当。

战场上冒着枪林弹雨炸掉敌人4个碉堡,只因"坚决听党的话,保证完成任务";转业后前往鄂西山区,为一方百姓夙夜在公、奉献服务,只因"我是共产党员,哪里有困难,哪里条件艰苦,我就去哪里";深藏功与名,甘守清与苦,自家日子再难也从不向组织开口,只因"党把我培养成一个革命军人、一个国家干部,我就要努力为党、为人民做点事"……

心中有信仰,行动有力量。张富清坚持"为党和国家分忧,不能跟党讲价钱",几十年来履职尽责、许党报国,做到了以党交付的工作为己任,以主动作为、迎难而上为义务。革命斗争中舍生忘死、不惧牺牲,和平年代深藏功名、默默奉献,充分显示出一名优秀党员的勇于担当、高风亮节、大公无私。我们党成立90多年来,正因为有一大批像张富清一样心怀大我的优秀同志,以"功成不必在我"的精神境界和"功成必定有我"的历史担当,为国家和民族从站起来、富起来到强起来汇聚起丰沛动能。

责任担当有我,有我就要"公家之利,知无不为"。能否敢于负责、勇于担当,最能看出一个干部的党性和作风。提到焦裕禄,人们感念他

"拼上老命大干一场,决心改变兰考面貌";提到谷文昌,人们缅怀他"不治服风沙,就让风沙把我埋掉";提到廖俊波,人们动情于"只要是为了发展、为了群众就大胆去干,有责任我来担"。作为一名党员干部,就要按照习近平总书记在"不忘初心、牢记使命"主题教育工作会议上所要求的,"自觉践行党的根本宗旨,把群众观点、群众路线深深植根于思想中、具体落实到行动上"。在其位、谋其政,尽其责、成其事,"做起而行之的行动者、不做坐而论道的清谈客,当攻坚克难的奋斗者、不当怕见风雨的泥菩萨",广大党员干部要用知重负重、攻坚克难的实际行动,诠释对党的忠诚、对人民的赤诚。

利益得失忘我,忘我才能"以公灭私,民其允怀"。光明磊落、坦荡无私,是共产党人的光辉品格,也是干部应该锤炼的品质修养。是关注小我之私利还是更注重人民之公利,党员干部对这个问题的回答不容含糊,必须修好公而忘私、大公无私这堂思政课。"革命事业还很长,我做什么工作都是为革命,不能斤斤计较"。出身富裕阶层的叶剑英,为了理想和信仰毅然投身革命事业,无论面对高官厚禄还是面对白色恐怖,他都始终初心不改、无怨无悔。在他眼中,生命都可以牺牲,个人名利又有什么可争的呢?"乱云飞渡"之时保持平和心态,"乱花渐欲迷人眼"之际看淡个人进退得失,处理好公和私、义和利、是和非、正和邪、苦和乐的关系,共产党人才能脱离低级趣味,才能在有益于社会和人民中实现自身价值。

有我与忘我,统一于共产党员的初心,是党性坚强、事业观正确的具体体现。坚持事业为上、实干担当,坚持推功揽过、甘为人梯,干部才能在重大风险考验的斗争中靠得住、拿得起、立得牢、叫得响。习近平总书记强调,"干部要把党的初心、党的使命铭刻于心,这样,人生奋斗才有更高的思想起点,才有不竭的精神动力"。砥砺初心、牢记使命,以大我情怀引领小我进取,实现好个人抱负与党和人民事业的有机统一,我们就一定能建功立业新时代,书写好个人奋斗、共同追梦新篇章。

(2019年06月10日)

爱国情感绝非民粹主义

宁 采

爱国，是人世间最深层、最持久的情感，是一个人立德之源、立功之本。

爱国，是天然的、质朴的；爱国，也是需要表达的。一段时间以来，中美经贸摩擦升级，美国一些政客试图强硬打压中国甚至全面遏制中国发展的举动，伤害了中国普通百姓的感情。面对美国的极限施压、无理打压，中国人怎么可能心如止水、毫无波澜？从网络空间到现实生活，越来越多的人发出爱国强音，用心为中国严正立场点赞，用情为中国有力行动鼓掌。然而，这种爱国情感的流露、爱国意志的汇聚，在一些人眼中却成了"民粹主义"，这实在是令人匪夷所思。

把正常的爱国情感与民粹主义联系到一起，显然是别有用心。且不说这种论调偷换概念、是非不分、混淆视听，其无端臆测表达情感的正当性，刻意抹黑爱国之情、报国之志，在本质上反映的是极少数人价值观的扭曲与错位。如果任由相关言论传播扩散、肆意流布，会伤害众多爱国者的朴素情感，危害甚深。

朴素的爱国情怀是最可宝贵的，也是永远值得珍惜的。祖国是"所有音符中最动人的音符，所有色彩中最鲜艳的色彩"，而热爱自己的祖国，乃是一个人的本分。对于中国人而言，爱国既是赓续千载的优良传统，也是家国情怀的集中体现。自古而今，"先天下之忧而忧，后天下之乐而乐"的境界,"繁霜尽是心头血,洒向千峰秋叶丹"的赤诚,"苟利国家生死以,岂因祸福避趋之"的担当……一代又一代中华儿女用生命诠释爱国,让爱国主义成为中华民族的精神基因,形成了深厚持久的爱国主义传统。可以说,在中华民族绵延发展的历史长河中,爱国主义始终是激昂的主旋律,始终是激励人民自强不息的强大力量。对于中国人民来说,岂容把爱国与民粹画等号?

更可贵的是,中国人民爱国情感的表达是理性的,心态是开放的。孙中山先生曾说,做人最大的事情,"就是要知道怎么样爱国"。面对美方的不合理要求,网友留言"谈,可以!打,奉陪!欺,妄想!"这怎么能是民粹?面对美方莫须有的指控、搞霸凌主义的行径,国人相互勉励要集中精力做自己的事,立足平凡岗位努力奋斗、自强不息,这怎么能是民粹?无论在什么国度,"利于国者爱之,害于国者恶之""常思奋不顾身,而殉国家之急",这都是再朴素不过的情感,再正常不过的态度。面对美方的种种无理之举,中国人民依然相信太平洋足够宽广,真诚期待中美两个大国携手合作,足见中国人民的胸襟是开阔的、视野是高远的,这怎么能是民粹?

"无论我走到哪里,你都是我心中最美的歌。"近日,国务院新闻办公室发布庆祝中华人民共和国成立70周年活动标识,有人用歌词跟帖留言。爱国情感绝非民粹主义,爱国行为更非走向封闭。今日中国国民心态日臻成熟,在"怎么样爱国"这件事上,我们有足够的理由自信。

(2019年06月06日)

与树为伴　以树为师

向迎佳

有人说，树是地球上的君子。也有人说，树是大自然赐予人类最忠实的朋友，让人类得以诗意地栖居。人们喜欢与树为伴，以树为师，从树的身上感悟到美好和高贵，以丰盈生命、完善自我，滋养自己的灵魂。

西汉的辞赋家枚乘在著名的《七发》一书中写了一株梧桐树，有人将其枝干制成琴，音质奇好，"使师堂操畅，伯子牙为之歌"，真是天下独一份的琴声。在枚乘的眼里，这株梧桐树及用它制成的琴，是天底下不可多得的精灵，凝聚了天地间的灵气。

刘禹锡在《天论》中言："天之能，人固不能也；人之能，天亦有所不能也。"人是有主观能动性的，有思维、有感情、更有创造。当年，焦裕禄带领群众治"三害"、植泡桐树，把千里盐碱地变成了良田，人们亲切地称这种泡桐为"焦桐"；谷文昌为改变飞沙走石的东山面貌，带领群众广植木麻黄，使昔日的荒岛变为闻名遐迩的"东海绿洲"。因此，兰考泡桐、东山木麻黄从此成为"焦裕禄精神""谷文昌精神"的鲜活写照。焦裕禄、谷文昌胸怀为民造福的崇高理想，以种树为改变恶劣环境的抓手，获得了巨大的成功，也从泡桐、木麻黄不畏盐碱、不惧风沙，在恶劣自然环境里扎根成长的精神中，汲取了战胜困难的勇气和力量，最后把自己也活成了一棵树——一棵为人们遮风挡雨的大树，一棵象征着共产党人品格和精神的大树。

在老家鄂西山区，人们遍植一种叫厚朴的中草药，它的别名有紫朴、温朴、紫油朴，为木兰科。厚朴树长得并不挺拔，枝干朴实无华，摸上去略显粗粝。但正是朴实无华的外表却能开出好看的花，结出金贵的果，其皮、叶和果都可入药。当地人不仅因种植厚朴而致富，还从厚朴中挖掘出厚道质朴、回报桑梓的精神，使之成为"乡土教材"。如今，"厚朴精神"进入千家万户，带来"事业隆昌春意满，家庭和顺福缘长"的喜人景象。本来是一棵平常的树、一种普通的药材，但人们却赋予它美好的精神内核，真所谓"人非天地不生，天地非人不灵"。

有的党员干部联系今天的实际，从柳树、松树、银杏、桃李中感悟自己的品格、志趣与行动，引人思考：要像柳树那样可亲，以"插到哪里就在哪里活起来"的柳树精神联系群众，与百姓打成一片；像松树那样坚定，稳定可靠，做到像陶铸在《松树的风格》一文中所说的那样，"不管在怎样恶劣的环境下，都能茁壮地生长，顽强地工作，永远不被困难吓倒，永不屈服于恶劣环境。"同时，还要学习一点银杏的精神，经得住时光的打磨，沉得下心生长，在"百年"后的秋光里笑对金风、收获硕果；学习一点桃李的风格，"桃李不言，下自成蹊"，以埋头苦干、默默奉献成就人生和事业。

自古以来，人们喜欢把许多宝贵的品格和精神赋予一种植物。莲花，出淤泥而不染；兰花，山中君子品自高；而红梅品格、竹子情操、胡杨精神，更为人们所倾慕。反过来，许多人又以其品格与精神来砥砺自己、修养自己。也正因此，我们才能活出一个不同凡响的人生。

（2019 年 06 月 05 日）

最美的科研誓言是报国

张 凡

信仰无声,拳拳赤子心就是最好的名声;生命无华,殷殷报国行就是最好的芳华。

以身许国,何事不可为?以身许国,何事不敢为?上世纪70年代的曲周,盐碱成灾,满目荒凉。"一定要治理好北方盐碱地!"中国农业大学师生响应党和国家号召,抱着"治不好碱,我们就不走"的誓言,扎根曲周开启一段轰轰烈烈的改土治碱战役。他们用"到农民身边去"的务实学风,论证了科研服务经济社会发展主战场的重要旨归;他们用"只讲奉献,不求回报"的高尚风格,回答了"人的一生应该怎样度过"的经典命题;他们用"想国家之所想、急国家之所急"的薪火相传,树起一座受人敬仰的精神丰碑。心有大我,至诚报国。用热血挥洒爱国之情,用奋斗书写报国之志,知识分子就能勇担大任、不辱使命,在时代洪流中书写精彩人生。

爱国从来都是无私的、奉献的,砥砺爱国奋斗精神,就要服务人民、心有大我。1973年,农大老师辛德惠背着铺盖卷从北京来到河北曲周,一头扎进曲周改土治碱的科研实践。一生中最宝贵的时光,自此奉献给了曲周。翻开他的日记本,"无私无畏,忘我无我,利他利国"的话语,令人动容。46年来,像辛德惠这样的几代农大师生把小我融入大我,坚守初心、接续奋斗,将昔日茫茫碱滩改造成生机勃勃的绿洲。"动人以言者,其感不深；动人以行者，其应必速。"挺立起知识分子的精神脊梁，关键就在于国家需求什么、人民想要什么，在祖国最需要的地方建功立业。

爱国从来都是具体的、实践的，砥砺爱国奋斗精神，就要脚踏实地、实干兴邦。从"住百家屋、吃百家饭"的第一代农大人，到"从城市一下子被扔到农村"的科技小院学生，曲周的土地，刻印下几代农大人艰苦奋斗的身影。在漏土的房子里蒙着塑料布做实验，刮风下雨天蹚着泥水跑到田间；年逾70岁的詹英贤，每天在地里一待就是8小时；孩子年幼的辛德惠，每年有300多天待在曲周……农大人之所以赢得百姓口碑、捧得科技进步金杯、创造中国农业史上的治碱奇迹，靠的正是刻苦钻研、埋头苦干，靠的正是立足岗位、不负使命。"在平凡的工作岗位上，每个人都有成为英雄的机会。"兢兢业业、恪尽职守，所产生的力量必定深沉而持久。

"功以才成，业由才广。"回望过去，一代代知识分子像农大师生那样怀揣赤子之心、砥砺爱国行动，为新中国70年来翻天覆地的变化作出重要贡献。今天我们早已告别了"三漏房"、苦咸水，但无论时代场景如何改变，党和国家对知识分子激扬家国情怀为国奋斗的期许始终没有变。报国正当其时，圆梦适得其势。无论是改变核心技术受制于人的局面，还是破解基层改革发展的难题，都需要知识分子胸怀忧国忧民之心、爱国爱民之情，激荡知识与技术的力量，为中国号巨轮破浪前行蓄力。

广大知识分子激发爱国之情、砥砺强国之志、实践报国之行，将满怀忠诚、毕生所学倾注到实现伟大梦想的坚实步伐中，就一定能创造无愧于时代、无愧于人民的成绩，在祖国大地上矗立起知识分子的时代丰碑。

（2019年06月03日）

以坚定的理想信念坚守初心

李浩燃

党的根基在人民、血脉在人民、力量在人民。

"以坚定的理想信念坚守初心""永远不能脱离群众、轻视群众、漠视群众疾苦",在"不忘初心、牢记使命"主题教育工作会议上,习近平总书记发表重要讲话,深刻指出"开展这次主题教育是保持党同人民群众血肉联系的迫切需要",明确要求"广大党员干部自觉践行党的根本宗旨,把群众观点、群众路线深深植根于思想中、具体落实到行动上"。真挚深厚的人民情怀、为民造福的宗旨意识,标注着共产党人的精神坐标,鼓舞和动员全党同志要永葆赤子之心、永远和人民奋斗在一起。

解放战争时期,一位多名亲人牺牲、丈夫仍在前线的农村妇女,挖出藏在山里的仅有的十几斤谷子,连夜碾米,第二天送给部队,背上的孩子却饿死了。彭德怀同志感慨,人民恩德如山。回溯近百年来栉风沐雨、攻坚克难的苦难辉煌征程,正因秉持立党为公、执政为民的价值理念,我们党从人民群众中汲取了无穷力量,创造了举世瞩目的中国奇迹;正因坚守一切为了人民、紧紧依靠人民,我们党凝聚起同心筑梦的澎湃动力,不断书写着伟大事业新篇章。

不忘初心,方得始终。今天,我国经济总量已逾 90 万亿元、稳居全球第二大经济体,我们在一个又一个领域写下从追赶到超越的精彩叙事,推动中国号巨轮劈波斩浪、行稳致远,我们比历史上任何时期都更接近中华民族伟大复兴的目标,比历史上任何时期都更有信心、有能力实现这个目标。"大人者,不失其赤子之心者也"。在前进的道路上,无论走得有多远,无论收获多少荣光,我们都不能忘记当初为什么出发,都不能忘却共产党人的初心与使命。

"政之所兴在顺民心,政之所废在逆民心。"与人民心心相印,就当敬民、亲民。党的十八大以来,党中央正风反腐,驰而不息,让老百姓由衷称赞"党心民心更近了"。历史与现实深刻证明,密切联系群众是我们党的最大政治优势,对此,我们须臾不可忘记,必须以百姓心为心,带领人民不断创造美好生活。

"人民对美好生活的向往,就是我们的奋斗目标。"与人民心心相印,就当爱民、利民。利民之事,丝发必兴;厉民之事,毫末必去。想群众所想,急群众所急,从一点一滴实事抓起,出实招、见真章,勇于担当作为,着力解决群众最关心最现实的利益问题,就能增强人民群众对党的信任和信心。

事业发展永无止境,但共产党人的初心永不改。以开展这次主题教育为契机,不忘初心、砥砺恒心,站稳人民立场、厚植人民情怀,在新长征路上继往开来再出发,我们必能凝聚起万众一心奋斗新时代的强大力量。

(2019年06月01日)

把论文写在祖国大地上

彭 飞

一颗种子很难抵御盐碱,但千千万万颗带着感情的种子却能依靠科技的力量,变坑洼盐碱地为平川良田。中国农业大学师生接力帮助河北曲周从千年盐碱滩变身"米粮川"的故事,犹如一个"看得见的哲理",谱写出科技为民、科学报国的生动诗篇。

历史上的曲周饱受旱、涝、碱、咸综合危害,"春天白茫茫,夏天水汪汪,只听楼声响,不见粮归仓",是一个连"老鼠路过都会含着泪离开"的地方。从1973年农大人来到曲周盐碱最厉害的张庄村建立"治碱实验站"开始,46年来,农大师生靠着顽强毅力和坚定信念,持续把"改土治碱、造福曲周"的科技兴农事业发扬光大。习近平总书记期许,"广大科技工作者要把论文写在祖国的大地上,把科技成果应用在实现现代化的伟大事业中。"扎根曲周的农大师生,无疑是这一要求的积极践行者。

把论文写在祖国大地上,民生赖之以兴。"理论一经掌握群众,也会变成物质力量。"曲周的巨变,正是得益于对农业科技的充分掌握、恰当使用。曲周老百姓回忆,46年前,农大师生"挽着裤腿,背着自己的行李,蹚着泥水进村";他们与老百姓一个锅里吃饭,"一身泥、一身汗"地在盐碱滩上摸爬滚打。农大师生所孜孜以求的,概括起来就是惠民、利民、富民、改善民生。习近平总书记深刻指出,"人民的需要和呼唤,是科技进步和创新的时代声音。"农大师生的事迹启示我们,推动科技创新、科技报国,必须坚持以人民为中心,真正把满足人民对美好生活的向往作为科技创新的落脚点。

把论文写在祖国大地上,学问赖之以成。从最初的改土治碱,到帮助编制农业发展规划,再到推动产业化经营、绿色发展,农大师生始终聚焦曲周农业生产中的实际问题,用科研创新服务乡村振兴、"三农"发展的现实需要,让学问走出书斋,散放出强烈的实践之光、科技之美。"穷理以致其知,反躬以践其实。"科学研究不单纯是书斋里的创造,也是实践经验的凝结,而广袤的基层大地,恰有取之不尽的科研素材。在经济和民生需求中体现价值,在祖国最需要的地方建功立业,知识分子大有可为也大有作为。

把论文写在祖国大地上,人才赖之以强。46年来,曲周实验站先后走出两任农大校长、3位院士,培养出50多名教授、500多名研究生,也为当地贡献了5000多名农业技术人员。源于曲周的"科技小院"模式已经走向全国,让300多名研究生长期在农村、农企一线"零距离"学以致用,成长为懂农业、懂经营的科研人才。"纸上得来终觉浅,绝知此事要躬行",广阔的田野是最好的授业课堂,也是最广的成才舞台。农大在曲周探索出的德智体美劳全面发展的育人模式,为培育时代新人丰富了实践路径。

"纤纤不绝林薄成,涓涓不止江河生。"农大师生急国家之所急、解发展之所难,用实际行动服务于经济社会发展和广大人民群众,赋予了科学研究强大生命力,也在祖国大地上书写下精彩人生。不忘初心、牢记使命,以科技报国的远大抱负,发动科技创新的强大引擎,向着世界科技强国不断前进,我们一定能为实现亿万人民的伟大梦想奠定更为坚实的基础。

(2019年05月31日)

中国经济发展为世界作出巨大贡献

李浩燃

来自200多个国家和地区的采购商踊跃参与，高技术、高品质、高附加值的参展产品成为"香饽饽"，累计出口成交额达1995亿元……不久前闭幕的第125届广交会，人潮涌动、交易活跃，折射出我国外贸势头好、动能足。世贸组织发布的数据显示，2018年中国占全球出口、进口的份额分别是12.8%、10.8%，成为全球贸易运行的"稳定器"。贸易如同一个生动缩影，印证着一个朴素道理：中国的发展离不开世界，世界的发展也离不开中国。

国际货币基金组织总裁拉加德曾表示，"世界需要中国，全球经济增长离不开中国的持续发展。"观察中国发展、认识中国经济，既要看中国取得了什么成就，更要看中国为世界作出了什么贡献。在外国观察家眼中，改革开放以来中国的发展，堪称"我们这个时代最激动人心的事件"。今天，中国制造、中国创造、中国建造共同发力，继续改变着中国的面貌；中国经济勇立潮头、发展壮大，练就了强健筋骨，也为世界作出了巨大贡献。

中国经济的贡献，体现于作为全球经济增长的重要引擎，拉动世界经济可持续发展。改革开放至今，中国经济多年保持快速稳定增长，创造了举世瞩目的东方传奇，占世界经济的比重逐渐增加。国际金融危机爆发以来，中国经济增长对世界经济增长的贡献率年均在30%以上。

2018年,中国经济实现了6.6%的较高增速,经济总量首次突破90万亿元大关。今年前4个月,中国经济开局良好,保持了良好增长态势,主要经济指标数据超出预期,提升了全球经济复苏的信心。国际社会公认,中国经济已成为世界经济发展的稳定之锚。

中国经济的贡献,体现于主动向世界开放市场,让各国人民搭乘中国发展的快车、便车。近年来,中国扩大开放的努力令世界瞩目。在第二届"一带一路"国际合作高峰论坛上,中国又推出5个方面的扩大开放举措,与会各国工商界人士签署了640多亿美元的项目合作协议,合作共赢的"蛋糕"越做越大。世界第二大经济体、第一大货物贸易国、第一大外汇储备国,拥有世界上规模最大的中等收入群体,消费增长潜力巨大……今日之中国,既是品类齐全的"世界工厂",也是规模超大的"世界市场"。预计未来15年,中国进口商品和服务将分别超过30万亿美元和10万亿美元。一个全方位对外开放的中国,释放着无尽的发展红利,对世界而言机遇无限,贡献更大。

中国经济的贡献,体现于推动经济全球化,完善全球经济治理。在经济全球化进程遭遇挑战的形势下,中国秉持"和""合"理念,倡导合作共赢、共同发展,为推动经济全球化注入源源不断的动力和活力。中国倡导共建"一带一路",顺应经济全球化的历史潮流,顺应全球治理体系变革的时代要求,为世界经济增长开辟了新空间,为国际贸易和投资搭建了新平台,为完善全球经济治理拓展了新实践。中国同一大批国家的联动发展,使全球经济发展更加平衡。中国支持多边贸易体制,促进贸易和投资自由化便利化,致力于做全球经济治理体系的建设者,努力为解决全球治理赤字、信任赤字、和平赤字、发展赤字贡献中国智慧、中国力量。

"浩渺行无极,扬帆但信风"。对于一个拥有近14亿人口的发展中大国而言,中国把自己的事情办好了,对世界而言就是贡献。中国经济具有持续稳定增长的韧劲,不惧料峭春寒,经得起风浪考验,必将继续为世界经济的稳定、健康、持续发展注入新动能。

(2019年05月30日)

中国的发展是世界的机遇

陈 凌

如今，对于许多中国普通民众来说，进口樱桃早已不是什么稀罕物。然而，很多人却不知道，小小樱桃在中国的走红，竟给大洋彼岸带来了商机。今年年初，8个装满阿根廷巴塔哥尼亚新鲜樱桃的集装箱抵达中国港口，樱桃在春节期间很快被抢购一空。这意味着，继智利之后，阿根廷樱桃进入中国市场。这样的"甜蜜共享"，既是合作共赢的生动写照，也是中国开放大门越开越大的有力印证。

今天的中国，不仅是"世界工厂"，也是"世界市场"。以2018年的数据测算，在中国市场，仅一个小时，外贸进出口值就超过5亿美元，百姓用于购物和餐饮的消费达43亿，快递企业处理的快递超过600万件。如此巨大基数，如此强劲势头，外国企业家感慨："中国市场规模之大、范围之广令我折服，中国市场活力之盛、潜力之深始终令我惊叹"。大市场孕育大机遇。一个近14亿人口的庞大消费市场，一个世界上规模最大、成长最快的中等收入群体，这既是中国独一无二的市场潜力所在，也是世界寻找新动力、开拓新空间的发展机遇所在。

更重要的是，中国市场，不仅有量的扩大，更有质的提升。放眼中国，以前大家关心的是"有没有"，现在更注重"好不好"；以前想的是"买啥货"，现在多考虑"买啥牌"，人们的消费偏好正从"越便宜越好"向多元化、个性化、品质化转型，消费升级浪潮正涌。这为越来越多的跨国企业提供更多潜在机遇。从特斯拉成为首个在中国落地的外资独资新能源车企,到星巴克计划每年在中国大陆新增门店 600 家,再到德国巴斯夫投资 100 亿美元在广东湛江建设精细化工一体化基地,为何越来越多的外国企业纷纷扩大在华投资?他们看中的,正是中国经济转型升级带来的宝贵机遇。可以说,中国的发展,是世界的机遇;中国发展越快,世界机遇就越多。

经济全球化时代,哪里有市场,哪里更具开放的诚意,企业就到哪里去。无论是出台外商投资法,还是实施准入前国民待遇加负面清单管理模式;不管是继续削减行政审批和许可事项,还是宣布"将进一步降低关税水平,消除各种非关税壁垒",中国始终以坚强的决心、坚定的步伐,不断深化改革开放,持续优化营商环境。满满的诚意,也让中国成为投资的热土:在 2018 年全球跨国投资下降 19% 的情况下,中国却逆势增长,实际使用外资 1383 亿美元,稳居发展中国家首位;全年新设外资企业超过 6 万家,增长 69.8%。一个潜力无穷、更加开放的中国,必将如同一块超级磁石一样,受到外资的青睐。

立己达人,兼善天下。中国人深知"独行快,众行远"的道理,中国愿意和其他国家分享发展机遇,也欢迎别国搭乘中国发展的列车。中国人历来重信践诺,与中国打交道,只会收获合作共赢的友谊与实实在在的利益。历史已经证明,并将继续证明,"一个更加开放的中国,将同世界形成更加良性的互动,带来更加进步和繁荣的中国和世界"。

(2019 年 05 月 29 日)

中国经济的"压舱石"

林丽鹂

国内生产总值增速连续 14 个季度保持在 6.4%—6.8% 区间,消费连续 5 年成为经济增长第一驱动力,数字经济增速已连续 3 年排名世界第一……一个超 10 万亿美元的经济体在高质量发展中保持中高速增长,这是世界经济史上绝无仅有的奇迹。

当今世界,正处于百年未有之大变局,贸易保护主义重新抬头,"笼罩着世界经济的乌云正变得越来越重"。然而,尽管风云变幻、洋流涌动,但中国经济巨轮劈波斩浪、行稳致远,成为引领世界经济走出阴霾、推动经济全球化继续前行的希望之光。正所谓"任凭风浪起,稳坐钓鱼船",中国经济之所以能表现出超预期的稳健,主要得益于超稳固的"压舱石"。

比如,工业筋骨更壮。在海底放一台"3D 打印机"水下铺"路",这不是科幻电影特效,而是由我国自主研发、在江苏南通下水的自升式碎石铺设整平船"一航津平 2"的真实工作场景。工业是实体经济的重要组成部分,工业筋骨壮则经济筋骨强。今年一季度不仅工业增加值增速加快,工业对经济增长的贡献率也比上季度提高 2.5 个百分点。新技术、新产业孕育新动能,3D 打印设备、石墨烯、新能源汽车等技术含量和附加值较高的工业新产品产量快速增长,见证中国经济在高质量发展的新航程中动力十足。

又如,农业势头更好。农业发展得好不好,直接关乎能不能真正"把饭碗端在自己手里"。当前,我国第一产业产值占 GDP 的比例已下降到不足 8%,但农业仍是广大农民安居乐业、增收致富的固本产业。今年第一季度,第一产业增加值、农村居民人均可支配收入延续"双增长"。从"互联网+农业"到绿色农业,从更加重视"质量安全"到不断优化从田间到餐桌的供应链,我国已经迈入依靠科技创新推进农业农村现代化的发展阶段。农业稳中有进、量质并举,从一个侧面深刻表明我国农业农村好形势正得到巩固发展,"三农"压舱石作用正得到更好发挥,为有效应对各种风险挑战赢得主动,为全国发展大局厚植了坚实基础。

再如,消费块头更大、外贸结构更优。国内消费火热到什么程度,"五一"小长假的特写镜头是个很好说明:3467 万人次走进电影院,1.95 亿人次出行旅游,平均每天有 9266 趟列车飞驰、1.6 万架航班起落。消费强则经济内生动力强,国内市场的确定性,让中国经济在应对外部环境不确定性时更加淡定从容。与此同时,外贸稳、外资稳的态势没有改变。今年前 4 个月我国货物贸易进出口总值比去年同期增长 4.3%,一季度中国实际使用外资额同比增长 6.5%,进出口商品结构进一步优化,外资用实际行动对中国经济投出"信任票"。

最强大的压舱石,在于党中央的坚强领导、科学决策。英国《金融时报》援引摩根大通观点说:"最近的数据表明,(中国)政府稳定经济的政策正在起效。"从宏观看,我国宏观调控"工具箱"储备多,政策组合拳打法灵活,日臻成熟稳健,效果愈发显著。发挥好党中央对经济工作的集中统一领导作用,有制度优势"压舱",中国经济便不怕风吹浪打。

"事莫明于有效,论莫定于有证"。中国始终是世界经济的稳定之锚、增长之源,并以实际行动传递出全面深化改革、全面扩大开放和推进自由贸易的积极信息。只要我们抓住机遇,积极作为,乘势而上,必将书写逐梦复兴的更美诗篇。

(2019 年 05 月 28 日)

深藏功名背后的坚守

彭 飞

如果不是一次退役军人信息采集，老英雄张富清的故事可能依旧会无人知晓。

近日，通过媒体的报道，人们才了解到他的英雄传奇。他在解放战争的枪林弹雨中九死一生，先后荣立一等功三次、二等功一次，被西北野战军记"特等功"，两次获得"战斗英雄"荣誉称号。然而，60多年来，他刻意尘封功绩，连儿女也不知情。在1955年退役转业后，他主动选择到湖北省最偏远的来凤县工作，为贫困山区奉献一生。

很多人不禁好奇，张富清老人为何一辈子深藏功名？为何在平凡岗位上能如此低调奉献却甘之如饴？或许，这正是与他的英雄传奇相比更令人敬佩的地方。张富清老人用他的朴实纯粹不仅书写了他的精彩人生，更给后辈们上了人生的重要一课。可以说，老英雄张富清既是一面镜子，让我们照见了自己的不足；也是一个标杆，为我们树立了学习的榜样。

在淡泊名利中修养崇高精神。古人讲"举世纷纷名利逐"，但无数共产党人的故事告诉我们"荣名利禄云过眼"。面对记者的提问，95岁的老英雄张富清思绪飘到远方，眼睛湿润："和我并肩作战的战士，献出了自己宝贵的生命。一个排、一个连的战士，都倒下了。他们对党忠诚，为人民牺牲。和牺牲的战友相比，我有什么资格张扬呢？"即便先进事迹被发觉后他也一直拒绝接受采访，直到有人提醒：把先进事迹讲出来教育更多人,也是对党和国家事业更大的贡献,他才接受。是啊,与党和人民事业的需要相比,与那些为之付出的鲜血和生命相比,个人的名利又算得了什么呢?对于张富清们来说,比追逐名利更高尚的,乃是追求生命的意义与价值,这也正是一个人能够修养精神、有大境界的关键所在。

在无私奉献中不改英雄本色。老英雄张富清先后在粮食局、三胡区公所、卯洞公社、外贸局、建设银行等单位工作,在各个岗位上留下"政声人去后"的清誉,以无私奉献绽放人生、烛照他人。他常跟子女们这样要求:"我没有本事,也没有力量给你们找工作。我是国家干部,要把位置'站'正。"无论在什么岗位上,张富清老人不以英雄自居,始终以共产党员、革命军人的标准严格要求自己、为家人立规矩,这也是英雄本色之所在。常言道"沧海横流方显英雄本色",但在平凡岗位上,仍能守住做人的本分、显出英雄的本色,难能可贵,老英雄张富清兼而有之,更启迪我们做人做事做官的本色与本分。

在对党忠诚中坚守为民初心。"大人者,不失其赤子之心者也。"几十年来,张富清老人的岗位、身份一再改变,始终不变的,是他对人民的赤子之心,"在部队,他保家卫国;到地方,他为民造福"。张富清老人为什么能一辈子坚守为民初心?"在党需要的时候,越是艰险,越要向前",正是有这样的信念,他在每一次战斗中都要担任"突击队员";"党的干部,哪里需要就去哪里",正是有这样的信守,他放弃留在大城市,放弃回到陕西老家,主动选择了湖北最偏远的来凤。张富清老人的故事深刻表明:"以百姓心为心,与人民同呼吸、共命运、心连心,是党的初心,也是党的恒心。"

"国势之强由于人"。新中国成立 70 年来,我们之所以能书写翻天覆地的壮丽史诗,就在于有无数张富清们"只问为民耕耘,不求自己收获",在各自岗位上无私奉献、一心奋斗。面向未来,像习近平总书记所期许的那样,"要积极弘扬奉献精神,凝聚起万众一心奋斗新时代的强大力量",努力奔跑、接续奋斗,新的更大奇迹一定会在我们手中创造出来。

(2019 年 05 月 27 日)

中国经济的活力澎湃

赵展慧

大海跳动的脉搏,每一条支流、每一滴水里都能感受到。浙江义乌,是民营经济最活跃的地区之一。从"鸡毛换糖"破冰探索,到靠着纽扣、皮筋等小物件化身全球最大的小商品市场,再到如今飞速壮大为以设计、装备制造、数字产业为支柱的新兴产业集聚地,改革开放40多年来,义乌改革思变、转型求变,不断跃上新台阶,成为中国经济活力澎湃涌动的缩影。

世界第二大经济体、制造业第一大国、货物贸易第一大国、商品消费第二大国、外资流入第二大国,我国外汇储备连续多年位居世界第一……改革开放40多年来,勤劳智慧的中国人民在富起来、强起来的征程上迈出了决定性的步伐。中国经济活力源源不断,是一个超大规模经济体顺应经济规律发展到一定阶段的历史必然,是我们党带领亿万人民敢于变革破局、勇于开拓创新成就伟业的大势所趋。"中国在亚洲地区整体经济活力排名第一""中国仍是世界经济增长的主要动力"……透过外媒视角更可以发现,活力澎湃的中国经济已经成为世界经济的重要动力源、信心源。

中国经济的活力,来源于主动转型、提升"赛道"。国际经验表明,超越中等收入阶段的过程并不能自然过渡。在1960年被世界银行列为中等收入国家的101个经济体中,截至2008年,只有13个跻身高收入国家行列。新常态下的中国经济,以量取胜难以为继,进入以质取胜的新赛道才能焕发新活力。近年来中国全面贯彻新发展理念,深化供给侧结构性改革,取得一系列历史性成就。党中央审时度势,明确指出"我国经济已由高速增长阶段转向高质量发展阶段",及时作出推动高质量发展的重大部署,从顶层设计高度主动谋划转型、推动转型,打开了中国经济活力的新阀门。

中国经济的活力,迸发自科学施策、深化改革。这一点可以从减、简、变3个方面来观察。减,一季度全国累计新增减税3411亿元,企业有了更多真金白银转向高质量发展,个人也有了更多意愿提升消费品质。简,市场准入进一步放宽,行政审批和许可事项持续削减,一季度全国日均新登记成立企业1.65万户,同比增长12.3%。变,相关部委不断出台包容审慎的新制度、新办法,促进分享经济、数字经济等新经济新业态的发展。一季度,以提供生产生活服务平台、科技创新平台等为主的企业实现业务收入329.1亿元,同比增长24.8%。总体看,政策组合拳大幅改善了营商环境,让中国经济肌体的细胞更加生机充盈。

中国经济的活力,厚积于企业创新、百姓乐业。第一个5G电话接通,最智能的视觉推理芯片诞生,柔性显示屏开始量产……在机制日益完善、产业基础更加完备的基础上,新一轮科技革命和产业变革同经济优化升级交汇融合,企业创新活力如同雨后春笋加速萌发。与此同时,也诞生了智能客服系统专家、无人机"飞服师"等上千种新职业,为高质量发展增添源源不断的力量。作为世界上规模最庞大的劳动大军,亿万劳动者的辛勤汗水,浇筑中国经济活力的坚实底气。

得道者多助。作为全球自由贸易的旗手、合作共赢的坚定实践者,中国的朋友圈越来越大,同样为经济活力打开新的生长空间。汇聚志同道合的朋友,做好自己的事情,中国经济的大船必将穿越风雨,驶向更为广阔的蓝海。

(2019年05月26日)

让老区人民过上幸福生活

李浩燃

让中央苏区乡亲们，让革命老区父老乡亲过上好日子，是习近平总书记最大的牵挂。

"现在国家发展了，人民生活改善了，我们要饮水思源，不能忘记革命先辈、革命先烈，不能忘记革命老区的父老乡亲""我这次来江西，是来看望苏区的父老乡亲，看看乡亲们的生活有没有改善，老区能不能如期脱贫摘帽。脱贫攻坚已经进入决胜的关键阶段，各地区各部门要再加把劲，着力解决好'两不愁三保障'突出问题，让老区人民过上幸福生活。"

近日，习近平总书记深入赣州市的企业、农村、革命纪念馆，就经济社会发展进行考察调研，实地了解革命老区脱贫攻坚和推动中部地区崛起工作进展情况，对赣南中央苏区经济社会发展取得的重大进展给予肯定，对加快革命老区高质量发展作出重要部署、提出明确要求。习近平总书记对革命老区的深情牵挂、亲切关怀，深刻彰显了共产党人饮水思源、永不忘本的朴素情怀，深刻体现了我们党始终保持对人民的赤子之心，鼓舞和激励着广大干部群众攻坚克难、接续奋斗，促进革命老区高质量发展，创造人民幸福美好生活。

革命战争年代，老区人民为革命胜利付出了巨大牺牲、作出了巨大贡献。让革命老区父老乡亲过上好日子，习近平总书记始终记挂在心。河北西柏坡、山东临沂、福建古田、陕西延安、贵州遵义、江西井冈山、安徽金寨……党的十八大以来,习近平总书记多次前往革命老区考察调研,多次强调让老区人民过上幸福生活,嘱托各级党委和政府要关心照顾好为中国革命作出贡献的老红军、老同志以及红军后代、革命烈士家属。全面建成小康社会,一个不能少,特别是不能忘了老区。加快老区发展,使老区人民共享改革发展成果,让老区人民过得好,是我们永远不能忘记的历史责任。

让老区人民过上幸福生活,关键就要真脱贫、稳脱贫,着力打赢脱贫攻坚战,促进乡村全面振兴。革命根据地大多是集中连片特困地区,如太行山区、大别山区、吕梁山区、武陵山区等,能不能如期脱贫摘帽,事关全面建成小康社会的成色。打赢脱贫攻坚战,务必一鼓作气、顽强作战,主攻深度贫困地区,拿出过硬举措和办法,着力解决突出问题,确保如期完成任务。要做好脱贫攻坚与乡村振兴的衔接,通过实施乡村振兴战略巩固发展成果,接续推动经济社会发展和群众生活改善。正如习近平总书记所指出的:"要把乡村振兴起来,把社会主义新农村建设好。要加强乡村人居环境整治和精神文明建设,健全乡村治理体系,使乡村的精神风貌、人居环境、生态环境、社会风气都焕然一新,让乡亲们过上令人羡慕的田园生活。"

"以百姓心为心,与人民同呼吸、共命运、心连心,是党的初心,也是党的恒心。"习近平总书记强调:"中国共产党的初心就是为人民谋幸福、为民族谋复兴,党中央想的就是千方百计让老百姓都能过上好日子。"坚持以人民为中心的发展思想,从人民群众关心的事情做起,从让人民群众满意的事情做起,做好普惠性、基础性、兜底性民生建设,带领人民努力奔跑、奋力追梦,老区人民同全国人民的生活,都将"芝麻开花节节高,今后的日子会更美好"。

(2019年05月25日)

初心与恒心

李浩燃

含德之厚，比于赤子。

"以百姓心为心，与人民同呼吸、共命运、心连心，是党的初心，也是党的恒心。"近日，习近平总书记在江西考察时，深情缅怀当年党中央和中央红军在苏区浴血奋战的峥嵘岁月，深刻阐述井冈山精神和苏区精神所承载的中国共产党人的初心和使命，彰显出共产党人永远和人民在一起的质朴情怀，让广大党员干部感受到坚定信仰、坚实初心的深厚力量。

在江西于都中央红军长征出发纪念馆的墙壁上，有一幅由 80 双草鞋组成的中国地图。1934 年，一支脚踏草鞋的队伍从这里毅然出发，历经跋山涉水、九死一生的两万五千里，将足迹刻印在了彪炳史册的漫漫征途上。从瑞金到延安，从西柏坡到北京，一代代"长征人"坚定信仰、砥砺意志、不畏艰险，胸怀对人民的赤子之心，为国家和民族的前途命运奋斗不止，凝聚起改变中国的磅礴力量。"靡不有初，鲜克有终"。为中国人民谋幸福，为中华民族谋复兴，始终是共产党人的初心和使命。在新长征路上继往开来再出发，无论走得多远、发展到什么程度，都不能忘记为什么出发，都不能动摇信仰、脱离群众。

不忘初心，方得始终。离开了人民，我们就会一事无成。把党的初心、党的使命铭刻于心，人生奋斗才有更高的思想起点，才有不竭的精神动力。牢记初始之心、恪守本真状态，做到大公无私、人民至上，当好人民的勤务员,可说是每一名党员的责任。今天,船到中流、人到半山,尤需我们胸怀中华民族伟大复兴的战略全局和世界百年未有之大变局,保持对党的忠诚心、对人民的感恩心、对事业的进取心、对法纪的敬畏心。只要我们始终把人民放在心中最高位置,始终全心全意为人民服务,始终为人民利益和幸福而努力工作,我们何愁不能汲取无穷力量,去战胜前进道路上的一切艰难险阻?

永葆恒心,方得民心。在人民共和国的史册上,"人民就是江山,江山就是人民"。遥望当年解放战争,当人民军队胜势如潮,时任美国驻华大使司徒雷登不禁感叹:"共产党之所以成功,在很大程度上是由于其成员对它的事业抱有无私的献身精神。"近年来,面对中国发展所创造的东方传奇,外国观察家总爱追问,"中国共产党为什么能?"岁月流转,但答案不变:中国共产党始终有一颗扎根人民、造福人民的恒心。与人民风雨同舟、血脉相通、生死与共,这是一个走过近百年风雨的大党的力量所在,更是我们不惧任何风险挑战的底气所在。"其作始也简,其将毕也必巨。"始终保持党同人民群众的血肉联系,始终保持人民至上的恒心,我们党就能永远走在时代前列,永远做中国人民和中华民族的主心骨。

行程万里,不忘初心;饮水思源,恒心不移。奋进新时代、筑梦新征程,我们尤当牢记习近平总书记的嘱托:"唯有不忘初心,方可告慰历史、告慰先辈,方可赢得民心、赢得时代,方可善作善成、一往无前。"永葆奋斗精神,永怀赤子之心,矢志不渝造福人民,我们就会始终立于不败之地,我们的伟大事业必将无往不胜。

(2019年05月24日)

最重要的是把自己的事做好

李 斌

5月21日，华为创始人、CEO任正非针对相关热点问题接受媒体采访时表示，面对美国的"90天临时执照"，我们最重要的还是把我们自己能做的事做好，美国政府做的事不是我们能左右的。这样的回答，从一个侧面生动表达了中国企业面对风险挑战时的骨气、底气与企业家精神，引发网友广泛转发与热议。

同样在近日，国务院国资委一则点赞国企创新文章的微博，让无数网友心潮澎湃。"从设计图纸开始，造出了占全球市场份额2/3的中国盾构机""当年被超高压卡住了脖子，但现在，我们连特高压都搞定了""石油勘探、开采、炼化、输送都曾一度落后，领先是'干'出来的"……一项项落后、一次次封锁，却成就了一件件科技自立、创新自主的传奇。创业维艰，奋斗以成，从来就没有什么轻而易举，从来就没有什么理所当然。任凭乱云飞渡、风吹浪打，我自岿然不动、决胜千里，靠的正是把自己的事情做好的坚定与执着。

回首来路，中国人民遭受过的磨难和牺牲、绊脚石和拦路虎，不够多吗？但中国人民何曾因为艰难险阻放弃对梦想的追求和前赴后继的拼搏？从一穷二白的烂摊子上建起"人民当家作主"的新中国，从百业待兴中闯出"决定当代中国命运"的改革开放新路，在历史性成就和变革中推动中国特色社会主义进入新时代，正是靠着把自己的事情做好的勇毅笃行，不让任何外在因素打乱我们的节奏、步伐，我们才取得一个个胜利，把一个个困难踩在了脚下，踏出了大道。

有句话说得不错：世界上只有一种真正的英雄主义，那就是认清真相之后，依然热爱生活。中国人民早就深刻体认到，发展的道路，从来都不是一帆风顺的。无论外部环境如何变化，对中国而言，关键是"收拾精神，自作主宰"，激扬起那么一股子精气神，抓住机遇、迎接挑战、战胜一切艰难险阻。粮食安全说一千道一万，归根到底要体现在沉甸甸的稻穗麦谷里；实体经济主动权，归根到底要掌握在工厂车间的匠心凝聚和科技攻关上；先进技术、关键技术求不到、买不来，归根到底得沉下心、耐住性子去攻克……比认识更重要的是决心，比方法更关键的是担当。当此船到中流浪更急、人到半山路更陡之时，尤须牢记习近平总书记的谆谆教导："最重要的，还是要集中精力办好自己的事情，不断壮大我们的综合国力，不断改善我们人民的生活，不断建设对资本主义具有优越性的社会主义，不断为我们赢得主动、赢得优势、赢得未来打下更加坚实的基础。"

人人都是普通之人，人人都可做非凡之事。新时代是奋斗者的时代，是创造奇迹、诞生英雄的时代。超1亿户市场主体，9亿多劳动力人口，超过1.7亿受过高等教育或拥有专业技能的人才，8900多万共产党员，每个人向前跨出的一小步，汇集起来就是国家发展的一大步。大有大的潜力，大有大的底气。每个人、每个企业争分夺秒做好本职工作，就没有过不去的沟坎、打不赢的硬仗。历史终将证明，我们前进道路上的那些"绊脚石"，一定会成为奋斗者的"铺路石"。

"若问何花开不败，英雄创业越千秋。"近14亿中国人民风雨无阻追逐梦想，汇聚成的洪荒伟力，没有谁能阻挡得了。正如70年前新中国成立时毛泽东同志所宣示的，"中国人民的不屈不挠的努力必将稳步地达到自己的目的"。踏踏实实做好每一件事，我们必能从荆棘遍地中走出一条胜利之路，走向民族复兴的美好明天。

（2019年05月22日）

中国经济的大势所趋

李浩燃

金融业上市公司年报季报如同一面镜子,既反映行业发展实绩,也映照着金融服务的变化、宏观经济的走势。前不久,上市商业银行和保险公司2018年年报和2019年一季度季报公布。数据显示,32家A股上市银行营业收入同比增长15.9%,高于2018年度增速7.5个百分点,越来越多的银行信贷资金流向民营企业和小微企业;5家上市险企保险业务保费收入及经营利润均比去年同期大幅增长,保险业交出精彩答卷。这从一个侧面有力印证,今年中国经济开局良好、韧劲十足。

看近期,中国经济呈现稳中有进的态势。近日,国家统计局发布4月经济运行主要指标。全国服务业生产指数同比增长7.4%,增速是去年9月份以来月度增速的第二高点;高技术制造业增长11.2%,比规模以上工业快5.8个百分点;就业形势向好,全国城镇调查失业率再降0.2个百分点……从最新的经济运行数据来看,不管是经济增长,还是就业、市场活力,中国经济运行仍然处于合理区间,总体平稳、稳中有进的态势更趋稳固。

看中期,中国经济保持稳中向好的势头。我国国内生产总值增速连续14个季度保持在6.4%—6.8%区间,延续了近年来平稳增长的态势,就业持续增加,居民收入增长略快于经济增长,消费继续发挥对经济增长的主引擎作用……面对复杂严峻的国内外形势,中国经济运行实现了稳字当头，主要经济指标保持在合理区间并好于预期。稳中向好，不仅体现在速度上，更重要的是体现在结构优化和发展方式转变上。近年来，在深入推进供给侧结构性改革的背景下，经济运行进入价格回升、成本下降、盈利改善、信心增强的良性循环，质量和效益显著提升。可以说，中国经济"稳"的格局更加牢固，"进"的姿态更加凸显，稳中向好的态势更趋显著。

看远期，中国经济有着长期向好的大势。从供给侧看，我国生产要素综合比较优势没有改变，具有劳动资源优势、土地优势、资本优势、新兴优势，供给体系质量不断提升；从需求侧看，我们拥有近14亿人口的超大内需市场，中等收入群体规模迅速扩大，大众消费升级态势明显，为经济运行提供着巨大韧性和内生动力；从宏观经济政策来看，改革开放以来我们积累了丰富的宏观调控经验，政策空间大、工具充足。尽管在前行的道路上，难免还会面临新问题、新挑战，但我国经济长期向好的基本面没有变，韧性好、潜力足、回旋余地大的基本特质也没有变。

"察势者智，驭势者赢"。观察与思考中国经济，惟有"不畏浮云遮望眼"，才能把握发展大势、明辨前进方向。中国经济的航船，一直是在劈波斩浪中行进的。今天，随着实力不断增强、活力日益显现、潜力持续释放，中国经济在高质量发展道路上行稳致远。沿着时间的长轴线观形察势，我们有充分理由相信：中国经济稳中向好、长期向好的稳定性确定性，必将战胜各类不稳定性不确定性，推动经济迈向高质量发展，迎来更加光明的前景。

"舟循川则游速，人顺路则不迷"。稳中向好、长期向好，是中国经济没有改变也不会改变的大趋势。坚定信心、攻坚克难、奋发有为，我们就能推动中国经济的巨轮扬帆远航，驶向更加美好的未来。

（2019年05月21日）

中国经济的信心所依

刘志强

三菱商事株式会社将其化学品业务的亚洲区总部落户上海；索恩格新能源汽车技术全球研发中心在长沙经济技术开发区开工；著名投资商巴菲特表示，公司已在中国投入很多，还将继续加大投资……5月伊始，又有一批跨国企业、高管，公开表达了对中国经济的坚定信心。

为什么经济界人士持续看好中国？供给侧结构性改革深入推进，经济质量和效益持续改善，消费对经济增长拉动作用明显增强，三大攻坚战开局良好，新动能加快成长……稳，构成了中国经济社会发展的一个鲜明特点。尽管下行压力加大、外部不确定性因素增多，但无论是打量产业"家底"，还是审视发展趋势，中国经济长期稳中向好的总体势头没有改变。

信心来自健康稳定的基本面。改革开放40年来，中国经济总量越来越大，发展条件和物质基础越来越好，巨大的发展韧性、潜力和回旋余地足以抵抗大风大浪、避免大起大落。面对复杂严峻的国内外形势，中国国内生产总值增速连续14个季度保持在6.4%—6.8%的区间。所谓的"失速论"在事实面前不攻自破。作为全球第二大经济体，中国经济"长个子"的速度虽有所放缓，但高质量发展的趋势日益凸显，总体平稳、稳中有进的发展态势愈发稳固。

信心来自坚实有力的产业基础。作为世界第一制造大国，中国拥有全球最全面的工业门类、最系统的配套辅助。尽管部分传统优势在减弱、个别企业也可能转移投资，但上下游间的"链条咬合"、不同领域间的"相互补位"、不同区域间的梯度转移，让绝大多数产业链在中国"扎牢马步"。对企业而言，要积蓄竞争新优势、应对分工新格局，中国的产业基础条件无疑是宝贵的发展机遇。

信心来自澎湃奔涌的升级动力。改革创新释放的新动能茁壮成长，使经济的动力、活力与后劲更趋强劲。5G等新技术加快布局，高铁、新能源汽车、航空航天等新产业新产品快速增长，人工智能、互联网经济等新业态新模式蓬勃发展……中国近年来坚持深化供给侧结构性改革，壮士断腕去产能、苦练内功补短板、千方百计降成本、多措并举优环境，高质量发展之路越走越宽阔。

不同角度的分析、不同方面的反映、不同指标的表现，都指向这样一个事实——中国经济的前景十分光明，对中国发展的乐观预期有着坚实支撑。作为130多个国家的主要贸易伙伴，中国既是举足轻重的"世界工厂"，也是向各国产品开放的"世界市场"。尽管单边主义、保护主义有所抬头，但中国经济有应对挑战的充足能力，中国人民有对改革发展的坚定信心。近年来，中国在加强与传统贸易伙伴往来的同时，积极开拓新合作、新空间。据统计，近6年来，中国与"一带一路"沿线国家货物贸易总额超过6万亿美元。"朋友圈"越来越大，播撒的合作种子越来越多，发展的果实必然更丰硕。

吾心信其可行，则移山填海之难，终有成功之日。在以习近平同志为核心的党中央坚强领导下，只要我们保持战略定力，坚持全面深化改革开放，集中精力办好自己的事情，中国就一定能战胜任何风雨、困难、挑战，在高质量发展中创造新的更大奇迹。

（2019年05月20日）

"不怕打贸易战"的底气

纪 帆

"今天，是历史的选择，所有我们曾经打造的备胎，一夜之间全部转'正'！""今天，这个至暗的日子，是每一位海思的平凡儿女成为时代英雄的日子！"5月17日凌晨，华为海思总裁发出致员工的一封信。当天这封信在网络热传，引发网友的强烈点赞、如潮好评："为华为的前瞻性点赞！""这就和老一辈科学家研究从无到有的历程一样，加油！"

这封信，是华为方面对美国商务部以国家安全为由将华为公司及其70家附属公司列入出口管制"实体名单"后的回应。在有人以为这是华为的"噩梦"时，华为却早就未雨绸缪。如信所言，华为多年前作出"极限生存的假设"：预计有一天，所有美国的先进芯片和技术将不可获得，而华为仍将持续为客户服务。他们"为了这个以为永远不会发生的假设，数千海思儿女，走上了科技史上最为悲壮的长征，为公司的生存打造'备胎'"。当这一天真的到来时，这些研究成果却能获见天日，让华为不被"卡脖子"，能够"在极限施压下挺直脊梁，奋力前行"，令人感佩，更发人思考。

华为这一招，看似一步闲棋，关键时刻却顶大用，深刻表明一个有远大抱负又有战略远见的企业，往往具备一种深沉的忧患意识，具备一种"从最坏处准备，向最好处努力"的底线思维，具备一种勇于攻坚克难、攀登险峰的英雄气概，具备一种坚忍不拔、百折不挠的精神力量。归根到底,就是一种一往无前、势不可挡的追梦精神。企业如此,国家如此,人民如此。在一定意义上说,华为是一面镜子,也是一个标杆。

新中国成立以来,有多少风雨坎坷,有多少艰难险阻?从抗美援朝,到九八抗洪,再到汶川抗震救灾,面对各种困难、风险和挑战,倘若中国人民没有那么一种忧患意识、底线思维、英雄气概、精神力量,我们又如何能"踏平坎坷成大道,斗罢艰险又出发"?即便在我们迎来民族复兴光明前景的今天,中国人民亦深知,"行百里者半九十",中华民族伟大复兴,绝不是轻轻松松、敲锣打鼓就能实现的,必须付出更为艰巨、更为艰苦的努力。但不管前进道路上会面临什么样的风险挑战,中国人民内心里都激荡着那么一种骨气、底气与硬气,都会表现出一种沉着冷静、从容淡定的姿态。原因就在于,中华民族积蓄了无比强大的能量,中国人民饱蘸了敢于战风斗浪的精气神,任何力量都阻挡不了我们追求美好生活、实现伟大梦想的步伐。

"贸易战没有赢家,中国不想打,但也不怕打。"面对中美经贸摩擦,为什么中国不怕?这不单是因为我们对最坏的结果早有预判、早有准备,不单是因为我们这些年坚持转变发展方式、坚持推进高质量发展,不单是因为我国经济长期向好的基本面没有变、我国经济承压抗风险能力增强,更是因为中国人民在面对各种风险挑战时,总是爆发出惊人的万众一心、众志成城的强大力量,心往一处想、劲往一处使,不让任何障碍阻挡了我们追梦的脚步,不让任何力量打乱了我们筑梦的节奏。

古人云:"人之命在元气,国之命在人心。"诚哉斯言!

(2019年05月18日)

擦亮"欣赏所有文明之美的眼睛"

石 羚

两河流域种下的小麦,长江沿岸播撒的稻种,为农业文明揭开序幕;古中国创造负数,阿拉伯人最早测出子午线长度,先民用数学建构生活的秩序;楔形文字写就的情诗,玄武岩上的《汉谟拉比法典》,竹简中的《论语》,成为泽被后世的思想力量……纪录片《亚洲 文明之光》,通过对亚洲各国悠久灿烂、参差多态的文化景观的精彩展现,生动诠释出"每一种文明都是美的结晶,都彰显着创造之美"的文明哲理。

"人们对美好事物的向往,是任何力量都无法阻挡的!各种文明本没有冲突,只是要有欣赏所有文明之美的眼睛。"在亚洲文明对话大会开幕式上,习近平主席对文明平等、文明之美的精彩阐释,对交流互鉴、美美与共的恳切主张,让与会嘉宾感受到沁人心脾、发人思考的文明清风。既让本国文明充满勃勃生机,又为他国文明发展创造条件,也让世界文明百花园群芳竞艳,推动不同文明交流对话、和谐共生的中国智慧,为努力续写亚洲文明新辉煌,为夯实共建亚洲命运共同体、人类命运共同体的人文基础,指明了重要方向。

"和羹之美,在于合异。"擦亮欣赏所有文明之美的眼睛,必须秉持平等和尊重,摒弃傲慢和偏见,加深对自身文明和其他文明差异性的认知,推动不同文明交流对话、和谐共生。从欧洲大陆到东亚腹地,从地中海沿岸到亚马孙雨林,人类历史上诞生过不计其数的文明,它们的多彩色调让世界更加美丽。人类社会不可能只有一种声音、一种思想、一种生活。看到多样性,才能把握文明的特征;承认差异性,才能领略文明之大美。不同文明孕育时间有早有晚,发展速度有快有慢,辐射区域有大有小,但恰如习近平主席所指出的,人类只有肤色语言之别,文明只有姹紫嫣红之别,但绝无高低优劣之分。

擦亮欣赏所有文明之美的眼睛,也要善于交流互鉴,通过文化文明力量应对共同挑战、迈向美好未来。亚洲文明联展(艺术展)的序厅正中,一座孔子问道的青铜雕塑令人瞩目,仿若中国向世界学习的姿态。文明不是静止的,唯其流动互通,方有进步的可能。亚洲文明对话大会的创办初衷,就在于为促进亚洲及世界各国文明开展平等对话、交流互鉴、相互启迪提供了一个新的平台。一个多世纪以前,中国人向西看,获得救亡图存的动力;而时下,正如希腊总统帕夫洛普洛斯所说,西方人民也在向东看。各国文明相互比照、平等对话,就能取长补短,激发源源不断的发展活力。

"文明因多样而交流,因交流而互鉴,因互鉴而发展"。认为某些文明是人类的最优选择,认为冲突争斗是多元文明的相处常态,认为强势文明征服弱势文明是历史必然……虽然文明优越、文明冲突等论调不断被少数别有用心之人鼓噪散播,但这根本无法阻挡文明交流互鉴的历史大势。斯里兰卡出土的布施锡兰山佛寺碑,用中文、泰米尔文和波斯文镌刻着600多年前的丝路情缘;今天的"一带一路",正创造更多合作共赢的佳话。仰望同一片星空,一切美好的事物都是相通的。欣赏多元文明之美,发挥互学互鉴之功,激发协同发展之力,我们一定能让人类文明更加绚烂多彩。

(2019年05月17日)

中国经济的创新动力

白天亮

2019年开局,中国经济拿出一份稳中有进的"超预期"成绩单。其中最让人欣喜的是,创新驱动替代要素驱动成为发展主引擎,为中国经济巨轮注入破浪前行的澎湃动能。

创新因子发力,经济发展的"含金量"更高。新产业蓬勃发展,增加值增速显著领先于全部规模以上工业增速,跃升为中国经济体系中发展最快、最具活力的部分。新业态百舸争流,打通线上和线下,融合传统产业和数字经济,中国已成为全球新业态孕育、输出的重要源头。1分钟,4人用AR技术领略莫高窟风采;1分钟,中关村科技园区创收1009万元;1分钟,"天河三号"可运算6000亿亿次……"创新中国1分钟"让海内外为之赞叹,也是中国新旧动能转换的真实映照。目前,科技创新对中国经济增长的贡献率已大大提高。

创新机制完善,经济发展的潜力更大。新动能崛起的背后,是"放管服""公平竞争""减税降费"等一系列体制机制改革释放红利,为千千万万个市场主体营造出想创新、敢创新、能创新的外部环境。单考察减税这一部分,今年前5月,中国相继实施小微企业普惠性税收减免、全面降低增值税等改革,力度前所未有,以政府权力"减法"和财政"紧日子"换取创新"乘法"。平均1分钟,全国11家新企业诞生。中国创新热情高不高、发展信心足不足?这是最生动有力的答案。

创新矩阵齐整,为长远发展提供支撑。创新能否成为主动力,不单靠某几项明星技术、某几个领先产业。对于中国这样的大国而言,更要看是否在空间和时间上形成相对完整的创新矩阵。从这一角度考量,中国不仅在制造业等传统领域稳步向前,还在人工智能等尖端领域积累了大量优势,不仅在新兴产业实现与发达国家同台竞技,还在前沿科技"无人区"提前布局。既关注当前发展,又致力近期补短板,更放眼未来引领,尽管眼下中国还存在不少技术上的薄弱环节,但看总体、看长远,中国创新引擎动力充足。

　　曾有人认为,中国经济规模大、人口多,会加大转型升级的难度。还有人担心,中国传统产业量大面广,很可能影响新技术的孕育推广。事实证明,全球新一轮技术产业变革与我国经济迈向高质量发展的新阶段相交汇,恰恰为我国实现创新引领提供了难得机遇。中国拥有齐全的产业门类,超过200种主要工业品产量全球第一,创新创造在中国可以快速落地;中国拥有海一般的市场、第一大人口规模、强劲的消费能力,为那些有价值的"脑洞大开"创造了沃土。今天,我国城乡居民对"支付扫一扫""购物点一点"早就习以为常,甚至纳闷这么好的模式为什么在一些国家推广得慢。事实上,这些创新的背后,绝非单兵突进或平地惊雷,而是靠系统性地支撑,离不开庞大的云计算、大数据、新一代移动通信、物联网乃至高效的交通体系和工业体系。多重创新元素相互激荡,多领域专长彼此助力,构成中国创新驱动的新优势,也必将孕育更多引领经济高质量发展的新惊喜。

　　一个经济体的底气,要看眼前静态的"形",更要看长远发展的"势"。今天,中国创新体系完善、创新动力强劲、创新劲头红火,推动经济发展效益更佳、质量更高、持续性更好。这正是未来中国经济保持稳健运行的底气所在。固然,GDP增速可能会有波动,外界的风风雨雨可能会带来冲击,具体的产业难免有起伏有兴衰。但只要中国经济自身肌体强健,则信心足、站得稳,不惧一时的风雨。

(2019年05月14日)

中国经济的空间广阔

李 斌

前段时间,一张"1斤香椿价格等于1只进口龙虾"的换算表引发众多关注。在近2000公里外的北京乍暖还寒、冬意未消时,来自川、滇等地的时令香椿早已登上北京人的餐桌。曾因竹子而闻名的四川大竹县,靠着季节差种植香椿,赢得了"香椿第一县"的美誉。

这则案例表明我国经济有着广阔空间。一则,消费升级创造新消费需求,由此拉动农业供给侧改革,助力乡村田野生长出致富希望;二则,交通和物流的大跨越大发展引发"地理收缩效应",深度重构了从田间地头到城市餐桌的供应链;三则,城乡之间、东中西不同区域之间虽然存在明显的发展差距和不平衡,却体现出强烈的发展互补性、协同性,孕育着巨大发展潜力,也扩充了发展的回旋余地和腾挪空间。

习近平总书记强调,"中国经济是一片大海,而不是一个小池塘""狂风骤雨可以掀翻小池塘,但不能掀翻大海"。有改革开放40年发展积累的坚实基础,有世界上规模最大的中等收入群体,有全球最完整的产业体系,有新型工业化、信息化、城镇化、农业现代化同步发展,有新时代改革开放不断推向深入……一系列因素,厚植起中国经济回旋余地大、韧性强的优势。我们不仅有底气和定力,更有条件和能力,引领中国经济行稳致远。深刻洞察产业调整、消费升级、区域协同、城乡协调、人力资源等经济发展的"梁柱支撑",有助于更好把握中国经济发展的广阔空间。

　　这一空间，拓展自规模效应与制度优势的互相叠加。近14亿人口、9亿劳动力、8亿网民、1亿多个市场主体、1.7亿多受过高等教育或拥有专业技能的人才……动辄以"亿"来计量的市场空间、人力资源，正是靠着党中央的掌舵领航和集中力量办大事的制度优势，释放出蓬勃旺盛的发展潜能。从"美丽中国"到"健康中国"，从科技强国到智慧社会，从基本公共服务均等化到农村人居环境建设，在以习近平同志为核心的党中央坚强领导下，中国这个"世界上最大的经济和社会变革的实验室"，不断刷新着世人对现代化路径和发展理念的认知。保持定力、从容施策，战略机遇期的"时"，发展上升通道的"势"，都会稳稳站在中国这一边。

　　这一空间，壮大于全面深化改革与全面扩大开放的持续发力。从一带一路建设、京津冀协同发展、长江经济带发展，到粤港澳大湾区建设、长江三角洲区域一体化发展，党的十八大以来改革开放空间布局不断完善，锻造出引领高质量发展的强劲动力源。特斯拉在上海建设电动汽车超级工厂，宝马在沈阳投资新建第三工厂，首家外资控股证券公司、首家外资保险控股公司相继诞生……全面深化改革不断完善市场化、法治化、国际化的营商环境，全方位开放刺激要素自由流动、资源高效配置，改革与开放共同促成国内国际两个市场深度融合，为我国经济拓展出更广阔的发展新空间。

　　知之愈明，则行之愈笃；行之愈笃，则知之益明。无论形势如何变化，最根本的决定因素，始终在于我们自己；最强大的前进动能，也始终在于我们自己。坚定不移落实党中央关于经济工作的各项部署，我们一定能推动中国经济加快转入高质量发展轨道，赢得更大的发展空间，迎来更加光明的发展前景。

（2019年05月13日）

中国经济的无限潜能

陆娅楠

"中国经济'超预期地稳定'。"这是路透社对2019年中国经济开局成绩单的评价,符合国际社会对当前中国经济形势的主流判断。4月以来,国际货币基金组织、花旗银行、摩根大通等海外金融机构纷纷上调今年中国经济增长预期,并对中国经济前景表示乐观。

以超大经济体量保持中高速增长,作为最大的发展中国家全面建成小康社会,作为第一大货物贸易国不断扩大开放……这些努力,在为自身高质量发展赋能的同时,也让世界经济的动力源更加强劲。潮流不息,趋势浩荡,"断崖说""崩溃论"等荒谬说法不攻自破。越来越多人相信,中国经济彰显强劲韧性,蕴藏无限潜能。

潜能来自于经济结构优化。相较于投资、出口,消费具有更强的稳定性和黏性。一季度,中国最终消费支出增长对经济增长的贡献率为65.1%,消费继续发挥对经济增长的基础性作用,是中国经济具有强大韧性的关键所在。有海外学者曾预测,随着中国中等收入群体长期持续扩大,到2030年,中国消费支出将高达14.3万亿美元,占世界总量的22%。

潜能来自于回旋空间巨大。中国处于新型工业化、信息化、城镇化、农业现代化同步发展进程中,不断孕生出发展的动力和空间。今年一季度,我国生态保护和环境治理业、教育、制造业技改等"补短板"领域投资，同比分别增长 43%、14.7%、16.9%，均明显快于同期固定资产投资（不含农户）6.3% 的增速。解决发展中不平衡不充分的问题，加快形成强大国内市场，中国经济还有巨大增长潜力等待释放。

潜能来自于新旧动能转换。每分钟约 7 件专利递交申请，每小时约 25 万人乘高铁出行，每天约 1.65 万户企业新登记成立；制造出世界上最薄的玻璃、最轻的地铁，建造出世界上最长的跨海大桥、最大的水陆两栖飞机……随着创新发展战略的深入实施，中国研发投入占国内生产总值比重已超过欧盟。以战略性新兴产业、分享经济等为代表的新动能不断孕育壮大，中国高质量发展动力澎湃。

强劲韧性与磅礴潜能并非从天而降，更难以坐享其成。有韧性的经济，往往需要政策和体制机制在关键时候作出适应性的改变，从而激励更有效率的经济活动，让经济活力充分释放。中国经济长期向好的基本面更加稳固，中国发展的回旋余地和应变能力不断提升，靠的正是以习近平同志为核心的党中央总揽全局、科学决策。截至 2018 年末，十八届三中全会提出的 336 项重大改革举措中已出台实施方案的超过 95%。我们必须坚持以供给侧结构性改革为主线不动摇，推动中国经济保持价格回升、成本下降、盈利改善、信心增强的良性循环。激发只争朝夕的改革精神和越开越大的开放气魄，将助力中国经济中流奋楫、再上台阶。

"中国的经济奇迹没有结束，而是进入了第二阶段"，2017 年美国《福布斯》杂志如此评价中国发展。从大风大浪中发展起来的中国经济，面对百年未有之大变局，抢抓历史机遇期主动攻坚，不断深化改革开放，不断推动高质量发展，更有能力在风雨中破浪前行，创造新的更大奇迹。

（2019 年 05 月 12 日）

中国经济的深层优势

李 拯

刚刚过去的"五一"小长假,见证了中国消费的井喷。假日期间,平均每天9266趟列车飞驰、1.6万个航班起落,全国一天的消费就"刷"掉3225亿元……这些数据,记录着愉悦的假期生活,也诉说着中国经济的澎湃活力,为观察中国经济的运行提供了一个窗口。

前不久公布的今年一季度经济数据,总量和结构都呈现出平稳向好态势。从总量看,国内生产总值增速6.4%,新增就业324万人,居民消费价格上涨1.8%,经济增速、就业情况、物价指数等主要宏观调控指标处在合理区间。从结构看,战略性新兴产业增加值快于规模以上工业增速,一批新产品、新技术正成为增长新亮点。这些数据,说明中国经济发展健康稳定的基本面没有改变,说明中国经济韧性好、潜力足、回旋余地大。这正是应对外部冲击和风险挑战的稳定器。

正确研判中国经济,不仅要看短期波动,也要从时间轴上看整体、看大势、看实质。这就需要具有辩证眼光和战略定力,发现那些不受短期波动影响、能为中国经济长远发展保驾护航的"深层优势"。这样的"深层优势",首先表现为巨大的"市场优势"。今年一季度,消费对经济增长的贡献率为65.1%,继续发挥经济增长主引擎的作用。中国已经形成世界上规模最大的中等收入群体,有近14亿人口的大市场,不仅会进一步降低中国经济的对外依存度,而且能够以消费升级带动转型升级。

这样的"深层优势",体现为善于求变应变的"改革优势"。近年来,供给侧结构性改革深入推进,不断激发中国经济的内生活力。2018年世界银行发布的报告显示,中国营商环境排名在全球190个经济体当中的位次跃升了32位,成为营商环境改善幅度最大的经济体之一。从坚持优化营商环境、深化简政放权,到壮士断腕般实施预计可带来1万亿减税额的减税降费,再到央行定向降准为民营企业输血,我们在体制机制弊端上做减法,在加强服务和监管上做加法,就是为了用"改革优势"激发市场活力,使得市场主体的创新潜力充分涌流。

这样的"深层优势",更是中国特色社会主义所独有的"制度优势"。坚持党对经济工作的集中统一领导,这是中国经济发展最大的制度优势。党的坚强领导,能够着眼于中国经济发展的长远利益和整体利益,既能保持战略定力、坚持高质量发展的方向,也能根据经济运行中的问题而进行灵活、适时的逆周期调节,确保经济不出现大的颠簸,在平稳发展中实现转型升级。党的坚强领导,确保国家具有超强整合能力、强大动员能力和高效执行能力,这是中国抵御一切风险挑战的压舱石,也是中国赢得更长远未来的关键。

看一个国家的经济发展,比一时一地的短期波动更重要的,是观察那些在长时间段上起作用的结构性因素。巨大的"市场优势",能够避免经济过度依赖外贸,用超大规模市场托举中国经济;持续的"改革优势",能够更好处理政府和市场关系,用更好的发展环境激发内生活力;根本的"制度优势",能够为中国经济发展提供完整的制度框架,用强大的国家能力确保中国经济行稳致远。

今年是新中国成立70周年,翻开这70年的发展历程,本身就是一部"挑战—应战"不断循环往复的历史。与以往面临的机遇和挑战一样,发挥好我们自身的"深层优势",就能抓住机遇、化危为机,积极迎接挑战,实现中长期高质量发展的战略目标。

(2019年05月11日)

中国经济的底气所在

周人杰

中国有句老话,办法总比困难多。今年以来,应对国内外的错综复杂形势,我们一如既往保持战略定力,坚持稳中求进总基调,经济基本面运行在合理区间,与此同时实施相机调控,及时预调微调,使各类风险隐患被尽早识别、尽快排除,微观主体活力愈发丰沛,国民经济没有出现大起大落。党的十八大以来,宏观调控体系更加有力、有度、有效,调控手段与工具推陈出新、日益完善,党对经济工作的领导不断加强,这是中国经济的信心,更是中国经济的底气。

改革开放40年来,中国经济航船前后历经多次险滩、暗礁,从治理"洋跃进"、通货膨胀,到防范"硬着陆"、扩大内需,从应对东南亚金融危机、国际金融海啸,到认识、适应、引领新常态,推动实现高质量发展,之所以能一次次转危为安、化危为机,一次次劈波斩浪、行稳致远,最重要的经验就是在充分尊重市场规律基础上,主动作为、成功实施了数轮宏观调控,并能在每轮调控实践中斟酌纠偏、持续优化。时至今日,我们的宏观调控日臻稳健,各项机制化建设更加成熟、定型,尤其是"工具箱"的政策储备数量足、种类多、效率高,构成了中国经济防范和化解不确定性的坚实屏障。

社会主义市场经济是周期性经济,离不开适时适度逆周期调节和相机抉择。调节、抉择,就要留有回旋余地。今年1—4月,减税降费后的一般公共预算收入仍增长5.3%,以税收为中心的财政政策仍有较大空间。4月CPI温和上涨2.5%,M2同比增长8.5%,稳定的物价和预期为货币政策留足了后手。更何况,"三去一降一补"的结构性调整已为总量调控提供新方法,如为中小企业降成本、补短板比开闸放水更精准、更见效,去杠杆不搞一刀切,通过"定向输血"为转型升级添动力。1—4月外贸进出口总值增长4.3%,4月末外汇储备规模达30950亿美元,国际收支继续稳中提质,贸易与汇率政策同样有后手可见招拆招。有经济肌体的平稳健康,有调控的科学性、预见性,我们没有理由不自信前行。

宏观调控重在有度,相机抉择难在冷静。以人民为中心的发展是高质量发展,必须有把握宏观大势的历史耐心与定力,既要会打政策"组合拳",更要多做打基础、利长远的工作。一方面,只要主要统计指标、特别是就业数据不滑出目标区间,就不下猛药,不搞大水漫灌、强刺激,努力做到"乱云飞渡仍从容"。另一方面,也要在"巩固、增强、提升、畅通"八个字上下功夫,这其中蕴含着当下调控的全部要义。比如去库存更多运用市场化、法治化的手段,去产能更多采取改革的办法,较之单纯的工具组合更易唤起企业的活力创造力,此类以改革促调控,本身就是手段的优化和创新,是宏观调控"工具箱"的生命力所在,便于克服体制性因素迎来"柳暗花明又一村"。

风浪越大时,掌舵越重要,领航越关键。发挥好党中央对于经济工作、金融工作集中统一领导的定海神针作用,乃是宏观调控能强化政策协同、做到令行禁止的"定盘星"。无论稳中有何变、变中有何忧,只要紧跟党中央的调控号令,提高做经济工作的能力水平,步调一致地落实好"工具箱"中各项政策,我们定能无畏严冬酷暑,上下同心、攻坚克难,打开宏观调控新局面,赢得中国经济新机遇。

(2019年05月10日)

一起做"读书种子"

向贤彪

"读书种子"一词的"发明权",当属黄庭坚。他在《山谷别集》中说:"四民皆当世业,士大夫家子弟能知忠信孝友,斯可矣,然不可令读书种子断绝,有才气者出,便名世矣。"

做一粒"读书种子",让阅读成为一种力量,推动文化传统薪火相传,可以说正是读书人的自我期许。从"每有会意,便欣然忘食"的陶渊明,到"读书破万卷,下笔如有神"的杜甫,再到"不是老夫朝不食,半山绝句当朝餐"的杨万里,无不是"读书种子"的精彩写照。读书滋养美好心灵,可以遇见更好的自己,看到更美的世界。所谓"耕读传家久,诗书继世长",重视学习、重视诗书,千百年来融入中国人的血脉里,成为中国特有的文化禀赋。

在老一辈无产阶级革命家中,不少人是"读书种子"。彭德怀带兵打仗"横刀立马",平时非常注重抓学习,而且还经常督促身边工作人员养成读书习惯。他常用吕蒙"士别三日,即更刮目相待"的故事激励大家,乐于把自己收藏的书拿出来共享。为了检查大家是否认真读过了,他用饭粒把书中的页码粘起来,如果发现有人读书做样子,没有把粘饭粒的书页打开,他就会提出严厉的批评。在彭德怀关心督促下,在他身边工作的同志都养成了读书习惯,以至终身受益。

"童心便有爱书癖,手指今馀把笔痕"。植物种子是有形的,延续繁衍,生生不息;读书种子则是一种无形的东西,不知不觉中变化气质、增长才干,承接弘扬中耳濡目染、潜移默化。正因为这样,文明薪火不断发扬光大。黄庭坚所处的北宋,上推文治、下重文教,造就了一片孕育"读书种子"的沃土,于是就有了国学大师陈寅恪所说的,"华夏民族之文化,历数千载之演进,造极于赵宋之世"。做一粒"读书种子",静下心来读一点书、做一点学问,因为其中有优秀传统文化的承袭,对高雅生活的追求,对时代潮流的引领。今天我们提倡有质量有分量的阅读,注重阅读率的同时更加重视"阅读力",正需要像"读书种子"一样痴迷知识学问之中。

"善学者尽其理,善行者究其难。"研究植物种子的钟扬不拘泥于书本知识,在科学上敢于"奇思妙想",在被认为无法种植红树林的上海滩涂中栽种成功。钟扬的故事向我们所展示的,不只是知识的力量,更有实践的力量、创新的力量,赋予"读书种子"以新内涵。世人常常说,"知识就是力量",但知识必须与实践结合,使之变成能力或本领之后,才能产生力量。"读书种子"与实践"沃土"的紧密结合,必能孕育壮苗、结出硕果。

阅读是一种超越世俗的力量。今天我们提倡多读书、读好书,并不是为了满足"书中自有黄金屋"的功利心,缓解"书到用时方恨少"的紧张感。读书足以怡情,足以长才。少一点对物欲的追求,多一点对知识的渴求;少一点无谓的应酬,多挤一点时间读书;少一点人云亦云的跟风,多一点独立思考的精神,人生境界就能达到崭新高度,活出不一样的精彩自我。

(2019 年 05 月 08 日)

"云时代"当有"云阅读"

白 龙

打开电子书阅读器，海量图书一键下载；扫一扫二维码，手机自动朗读绘本；戴上增强现实眼镜，书中的古代战场和将士如在眼前……5G时代的数字阅读，能助人实现"掌上千秋史，胸中百万兵"。不久前，一项调查显示，2018年我国数字阅读产品数量大幅提升，手机阅读、平板电脑阅读等数字化阅读方式日趋普及。

身处移动互联时代，已经很少有人认为，只有读纸质书才叫阅读。如果说阅读的意义在于引导我们进入精神世界，感受古今作家的笔端雍容，那么毫无疑问，科技发展拓宽了阅读世界的入口。幼时读诗，不懂什么是"月落乌啼霜满天，江枫渔火对愁眠"，5G时代可以用声音图像为诗句作注；青年读史，不解为何"上党从来天下脊"，通过3D电子地图，中国古代历史地理得以立体呈现。这些，都应该归功于科技的进步，使我们能够更加真切地感知书中乾坤的博大之美。

"云时代"的"云阅读"，将世代沧桑、万千人物装在指掌之间，更有利于涵养当代人含弘光大的精神气象。的确，"云时代"是一个时间碎片化的时代，捧读一本书几乎成了"古典式"的阅读。但从"一卷在手"到"一屏万卷"、从读书到"听书"的改变，"云时代"带来的方便快捷，也让我们随时随地都能享受阅读的乐趣。同时，也只有阅读，才能像黏合剂一样，完成精神世界的"碎片整理"。面对海量信息、繁忙节奏时，在阅读中沉潜往复、滋养心灵、开阔境界，能让人更有底气面对生活中的困难和挫折，更能在纷纭万状中激浊扬清、明辨是非。阅读的丝线，拾掇起日常生活的断章，将我们头脑中的奇思妙想编织成华美的思想画卷。

不论是数字阅读还是传统阅读，其中不变的，乃是对精神世界的追求。对中国人来说，典籍中蕴藏着一个民族的文化地图，我们按图索骥，能触摸到前人的精神足印。同一本书，唐人读过，清人读过，我们也读过。就像一样的月光，笼罩过王昌龄诗中的龙城飞将，也陪伴过马致远笔下的天涯旅人。《新唐书》写李密在访友路上把《汉书》挂在牛角上，"行且读"；北宋诗人苏舜钦以《汉书》佐酒，读至妙处，"满饮一大白"。知晓了这些，今天我们捧读《汉书》时，无论是通过纸墨还是电子屏幕，都能在触动心灵的一刻，思接千载，感受到光照过古人思想天空的同一轮明月。

对青少年来说，我们仍然要倡导多读纸质书。这不仅是为了保护视力，也不仅是为了养成"用志不分、乃凝于神"的专注力，更是为了培养孩子和纸墨书香的亲近感。中国人有"敬惜字纸"的传统，5G时代的到来，或许拓宽了"字纸"的概念，但对于孩子来说，氤氲于纸墨之间的书香、弥漫在字里行间的文气、跳跃在掌心指间的触感，共同营造出一方带着暖光的精神角落。中国古人读书，讲究体会气象、意韵、神态、风骨，这些可意会不可言传之物，往往隐藏在书卷和书香中。民族的文化血脉，正是在这一缕书香中得以传承。

"云时代"的到来，使阅读以多种方式融入日常生活，令人随时随地都能走进"数字书房"。用好"云书房"，在信息时代拓宽精神世界的入口，我们就能让阅读成为一种生活方式，守护好人文之光。

（2019年05月07日）

"一起播撒合作的种子"

李 斌

"让我们携起手来,一起播撒合作的种子,共同收获发展的果实,让各国人民更加幸福,让世界更加美好!"习近平主席在第二届"一带一路"国际合作高峰论坛开幕式上的主旨演讲,深刻阐释了推动共建"一带一路"沿着高质量发展方向不断前进的重要路径,郑重宣示了促进更高水平对外开放的重大举措,赢得与会嘉宾强烈共鸣。

"人心齐,泰山移""独行快,众行远",合作共赢构成了人类文明生生不息、繁荣发展的重要经验。有研究表明,合作是进化过程的"架构师",是人类社会的"最大成功"。文明的活力在于交往交流交融,世界的美好系于合心合力合作。"来自中国的丝绸和伊朗的高超工艺结合,成就了波斯丝毯的高贵;来自伊朗的苏麻离青和中国的高超工艺结合,成就了青花瓷器的雅致。"习近平主席曾以此为例,形象阐明文明双向交融的重要价值。今天,秉持共商共建共享原则的"一带一路"倡议,既延续了交流互鉴的历史潮流,更成为面向未来的正确抉择。

"万物得其本者生,百事得其道者成。"自2013年习近平主席提出共建"一带一路"倡议以来,短短6年时间,从亚欧大陆到非洲、美洲、大洋洲,合作共赢的纽带不断延展,和衷共济的倡议深入人心。如今,这场21世纪的"凿空之旅"已经带动150多个国家和国际组织同中国签署共建合作协议,"不仅为世界各国发展提供了新机遇,也为中国开放发展开辟了新天地"。"具有磁石般吸引力的伟大方案""远远超出了科幻作家的想象""规模宏大的国际合作平台""广受欢迎的国际公共产品"……透过这些评价不难发现,"一带一路"倡议铺设出的,正是中国同世界共享机遇、共谋发展的阳光大道。

伟大的事业需要伟大的实践。6年来,共建"一带一路"之所以能从理念转化为行动,从愿景转变为现实,关键就在于下实功、务实效,真正把合作的蛋糕做大,让发展的成果共享。这也符合在互利共赢基础上开辟更广阔合作空间的中国一贯主张。此次高峰论坛,习近平主席宣布5项促进更高水平对外开放的重大举措,展示了中国愿同世界形成更加良性的互动的坚定决心。在全球贸易保护主义抬头、"逆全球化"上扬的关口,中国没有选择关上大门,而是以更大决心跑出改革开放的中国加速度,以实际行动表明"中国开放的大门只会越开越大",更加彰显了负责任的开放大国形象。

当今世界,正在经历百年未有之大变局,人类已经成为你中有我、我中有你的命运共同体。"春秋多佳日,登高赋新诗。"习近平主席引用陶渊明的这句诗,呼吁各方把握浩荡世界潮流、洞察纵横历史大势,登高望远,携手前行,共同开创共建"一带一路"的美好未来。聚焦互联互通,深化务实合作,共同绘制精谨细腻的"工笔画",向着构建人类命运共同体的目标不断迈进,"一带一路"将继续为世界繁荣发展和各国人民福祉作出更多更大贡献。

(2019年05月06日)

开放时代呼唤命运共同体意识

李 斌

"我们人类居住的这个蓝色星球,不是被海洋分割成了各个孤岛,而是被海洋连结成了命运共同体,各国人民安危与共。"在集体会见应邀出席中国人民解放军海军成立 70 周年多国海军活动的外方代表团团长时,习近平主席推动构建"海洋命运共同体"的倡议,引发高度关注,启迪深刻思考,为各国合力维护海洋和平安宁提供了思想参照,为构建人类命运共同体汇聚起"蓝色力量"。

滔滔海洋,以之为阻隔则会安于一隅,或错过世界,以之为纽带则海内存知己、天涯若比邻。世界上有 200 多个国家和地区、2500 多个民族、多种宗教,如何看待文明差异,处理利益纠葛,汇聚发展合力?如果搞零和博弈、弱肉强食,结果必然是动荡取代和平,矛盾消解和睦,激化发展失衡、治理困境、数字鸿沟、分配差距等问题。命运共同体意识的价值正在于,崇尚求同存异、和而不同、共商共享,兼顾各方利益和关切,以期实现双赢、多赢、共赢。

化解分歧、正视差异、平等相待,命运共同体意识筑起文明交流互鉴之基。习近平主席在会见外方代表团团长时提出:"国家间要有事多商量、有事好商量,不能动辄就诉诸武力或以武力相威胁。"以"商量"这一充满中国智慧的方式妥善解决涉海分歧,创新了超越冲突隔阂、推动聚同化异的现实路径。共商共建共享"一带一路"倡议,不以意识形态划界，不搞零和游戏，不管处于何种政治体制、地域环境、发展阶段、文化背景都可以加入"一带一路"朋友圈，扩大了这一公共产品的受益面。所谓"和羹之美，在于合异"，只有交流互鉴，个体文明才能生机勃发；只有多样并存，人类文明才能多姿多彩。

优势互补、携手合作、共同发展，命运共同体意识架起国家合作共赢之桥。从推出"一带一路"、亚投行等公共产品，到推动构建以合作共赢为核心的新型国际关系，从欢迎各国搭乘中国发展的"顺风车"，到履行对发展中国家作出的"坚持正确义利观"的郑重承诺，"计利当计天下利"构成了新时代中国外交的鲜明底色，合作共赢的中国方案为推动世界和平与发展做出历史性贡献。"独行快，众行远。"命运共同体意识追求美美与共、惠泽各方，不为唱响自己的"独奏曲"，而是要奏响世界各国的"交响乐"，不要营造自己的"后花园"，而要建设各国共享的"百花园"。

在布鲁日欧洲学院演讲时提出中欧要共同努力建造和平、增长、改革、文明四座桥梁，在秘鲁国会演讲时建议让中拉命运共同体之船行稳致远、乘风远航、满载繁荣、造福人民，在中阿合作论坛第六届部长级会议开幕式上强调弘扬丝路精神，深化中阿合作……透过习近平主席"桥""船""路"等妙喻，一幅人类命运共同体的宏伟画卷跃然而出。从利益共生、文明共存，到情感共鸣、价值共识，再到责任共担、发展共赢，构建人类命运共同体，关键在行动，最终为的是"让和平的薪火代代相传，让发展的动力源源不断，让文明的光芒熠熠生辉"。

古丝绸之路"使者相望于道，商旅不绝于途"造就文明交往盛况。今天"一带一路"从"大写意"走深走实为"工笔画"。历史和现实生动说明，不论相隔多远、差异多大，只要秉持命运共同体意识，携手并肩相向而行，就能走出一条相遇相知、共同发展之路。这是人类文明的宝贵经验，更是人类社会走向幸福安宁、和谐美好远方的必然选择。

（2019年05月04日）

做青年群众的引路人

张 凡

"该培土时就要培土,该浇水时就要浇水,该施肥时就要施肥,该打药时就要打药,该整枝时就要整枝"。在纪念五四运动100周年大会上,习近平总书记以"幼苗需要精心培育"为喻,殷切嘱托大家"悉心教育青年、引导青年,做青年群众的引路人",帮助青年顺利成长成才。这一殷切嘱托,引发广大青年强烈共鸣,更引起我们对做好青年工作的思考。

十年树木,百年树人。青年人知识体系搭建尚未完成,价值观塑造尚未成形,情感心理尚未成熟,离不开正确引导和精心栽培。要扣好人生第一粒扣子、厚植真善美的心灵种子,就必须结合青年实际培育和践行社会主义核心价值观;要擦亮奋斗的明灯,绘出人生梦想的最美图画,就必须求真学问、练真本领,把人生志向转化为奋斗动力;要激扬理想信念的力量,唱响爱国主义的青春之歌,就必须教育引导青年正确认识世界,全面了解国情,把握时代大势。坚持关心厚爱和严格要求相统一、尊重规律和积极引领相统一,才能为青年成长成才打下坚实基础,助力青春成为中华民族生气勃发、高歌猛进的持久风景。

如何做"引路人"?一名青年调度员工作时犯过错误,因此丧失了奋进勇气,对前途感到迷茫。焦裕禄来到家里和他促膝长谈,鼓励他放下思想包袱,努力改正错误,让这名年轻人重新燃起了做好工作的信心,后来成长为一名先进工作者。当青年犯了错误、做了错事时要及时指出并帮助他们纠正,焦裕禄做出了生动示范。青春的旅程不会一帆风顺,当青年思想认识陷入困惑彷徨、人生抉择处于十字路口时,我们应该鼓励他们振奋精神、勇往直前;当青年在事业上遇到困难时,我们可以帮助他们重拾信心。而当青年在工作上取得进步时,我们也要给予他们热情鼓励。为青年群众指引航船方向,就要既理解青年所思所想,为他们驰骋思想打开浩瀚天空,也积极教育引导青年,推动他们脚踏实地走上大有作为的广阔舞台。

"奋斗是青春最亮丽的底色"。习近平总书记勉励青年在担当中历练,在尽责中成长,"让青春在新时代改革开放的广阔天地中绽放,让人生在实现中国梦的奋进追逐中展现出勇敢奔跑的英姿"。在给西部支教毕业生群体代表回信中,他曾以"到基层和人民中去建功立业,让青春之花绽放在祖国最需要的地方"勉励青年。青春不应是孤芳自赏的狭小天地,而应把自己的小我融入祖国的大我、人民的大我之中,努力书写充满激情与奋斗的精彩人生。我们支持青年奋斗圆梦、人生出彩,就要积极鼓励青年到艰苦的一线吃苦磨练、增长才干,放手让青年在重要领域和重要岗位上攻坚克难、施展才华,积极为青年创造人人努力成才、人人皆可成才、人人尽展其才的发展条件。

青年是国家的未来。青年精神彰显中国精神,青年力量体现中国力量,青年未来就是中国未来。青年工作,把握的是当下,传承的是根脉,面向的是明天。做好青年工作,当好青年群众的引路人,不仅会让青春的光辉更加闪亮,也必将让国家的未来更加光明。

(2019 年 05 月 03 日)

做青年工作的热心人

陈　凌

"我们要关注青年所思、所忧、所盼，帮助青年解决好他们在毕业求职、创新创业、社会融入、婚恋交友、老人赡养、子女教育等方面的操心事、烦心事，努力为青年创造良好发展条件，让他们感受到关爱就在身边、关怀就在眼前。"在纪念五四运动100周年大会上，习近平总书记把握青年成长规律，着眼青年自身特点，明确要求各级领导干部要真情关心青年、关爱青年，做青年工作的热心人。习近平总书记对青年的关心、关切、关怀，在广大青年群体中激荡起感动的涟漪，激发起青春的力量。

"芳林新叶催陈叶，流水前波让后波。"当此实现中华民族伟大复兴的最关键时代，广大青年与新时代共同前进，拥有广阔发展空间，也承载着伟大时代使命。这是最大的人生际遇，也是最大的人生考验。从所处的人生阶段而言，青年恰逢人生道路的起步阶段，在学习、工作、生活方面往往会遇到各种困难和苦恼。路遥在《平凡的世界》里不无感慨地写道："要知道，春天的道路依然充满泥泞"。前进途中，总是有平川也有高山，有缓流也有险滩，有丽日也有风雨，有喜悦也有哀伤。压力是青年成长的动力。压力，顶住了，就会成为人生的动力；坎坷，跨过去了，就是成长的财富。"看似寻常最奇崛，成如容易却艰辛"。这是一个看似朴素却很深刻的道理。

一代人会有一代人的际遇。相比于过去，当代青年的成长发展面临更多机会、更大空间，也遇到了很多我们过去从未遇到过的困难。马上要毕业的大学生，可能要面对工作选择、谈婚论嫁、适应社会等挑战；为梦想打拼的都市白领、快递小哥，可能既有养育子女的焦虑，也有赡养老人的压力；奋战在基层一线的扶贫干部、创业青年，也会有各种各样的烦恼和负担……一句不经意间的问候，一个温情满满的关心，一次雪中送炭的帮助，恰恰可能是青年顶过压力、发展成才的重要支点。跨越成长的坎坷，既需要青年自身的努力，也需要社会各方适时伸出援手。在青年成长的关键处、要紧时拉一把、帮一下，既能切实解决他们面对的困难，也能增加知识阅历，有效疏导青年情绪，激发向上向善的奋斗热情。

青春无边，奋斗以成。为青年塑造人生提供更丰富的机会，为青年建功立业创造更有利的条件，是各级党委和政府、各级领导干部义不容辞的责任。多深入青年之中，多倾听青年呼声，把青年安危冷暖挂在心上，想青年之所想，急青年之所急，就可以为青年成长成才筑就更广阔的舞台。以青春之我、奋斗之我，创造青春之中国、青春之民族，青春逐梦之路将焕发更加夺目的光彩。

（2019年05月02日）

做青年朋友的知心人

李 斌

一个伟大政党，总会真挚地关切青年；一个伟大民族，总会热情地拥抱青年。

如何引导青年发扬五四精神，为实现中华民族伟大复兴的中国梦而奋斗？怎样把青年一代培养造就成德智体美劳全面发展的社会主义建设者和接班人？从事关党和国家前途命运的重大战略任务出发，习近平总书记在纪念五四运动100周年大会上，嘱托各级党委和政府、各级领导干部以及全社会都要充分信任青年、热情关心青年、严格要求青年，关注青年愿望、帮助青年发展、支持青年创业，做青年朋友的知心人、青年工作的热心人、青年群众的引路人。这一言近旨远、语重心长的要求，引发广大青年强烈共鸣。

"青春如初春，如朝日，如百卉之萌动"，五四先驱这样赞美青春、鼓舞青年。从青年"好像早晨八九点钟的太阳"，到"对青年一定要注意引导"，我们党自成立之日起就坚持走近青年、倾听青年、关心青年，始终代表广大青年、赢得广大青年、依靠广大青年。赞扬志愿服务队"找到了青春方向和人生目标"，寄语青年教师做打造中华民族"梦之队"的筑梦人，鼓励青年工人"不断谱写新时代的劳动者之歌"，叮嘱青年官兵"争当训练尖子、技术能手、精武标兵"……党的十八大以来，习近平总书记多次出席青年活动、与青年谈心、给青年回信、为青年鼓劲，为做好新时代党的青年工作身体力行、率先垂范，树起"做青年朋友的知心人"的榜样。

小麦灌浆期，阳光水分跟不上，就会耽误一季庄稼的收成。青年恰处于一生中价值观养成、理想扬帆、事业起步的关键阶段，犹如人生的"拔节孕穗期"，最需要精心引导和呵护。当代青年有着探索未知劲头足、接受新生事物快、主体意识、参与意识强等青春天性，也存在阅历不广，容易从自身角度、从理想状态的角度来认识和理解世界等自身局限。尊重是相处的基础，信任是理解的前提。助力青年舒展凌云之志、唱响青春之歌，一个"充分条件"即在于，尊重青年成长规律，引导他们把优势做大、把短板补齐，在实现中国梦的伟大实践中更好施展人生价值、升华人生境界。

每一代青年都有自己的际遇和机缘，也都会留下属于自己的青春答卷。青春向什么方向扬帆、以怎样姿态怒放？如何砥砺永久奋斗的青春心态？走近青年才能了解青年，倾听青年才能融入青年，融入青年才能引领青年。经常到青年中去，了解他们的思想动态、价值取向、行为方式、生活方式，指引每个青春梦想在担当中历练、在尽责中成长，方能成为青年愿意讲真话、交真心、诉真情的知心朋友，指引他们在新时代改革开放的广阔天地中成就出彩人生。

桐花万里丹山路，砥砺奋进正当时。习近平总书记深情嘱托："我们有决心为青年跑出一个好成绩，也期待现在的青年一代将来跑出更好的成绩。"我们党立志于中华民族千秋伟业，把青年工作放在确保党的事业薪火相传、确保中华民族永续发展的高度来审视，更加凸显出关心青年成长、支持青年发展之责任重大。当好青年之友，做好知心人、贴心人，一定能助力新时代中国青年创造出让世界刮目相看的新奇迹。

（2019 年 05 月 01 日）

为实现中国梦增添强大青春能量

李 斌

一个国家和民族的青春记忆，一代代青年的奋斗荣光。在五四运动100周年之际，重温那段激情燃烧的岁月，蓦然发觉，五四精神已经深深刻印在我们民族的精神谱系中，成为青年绽放爱国主义青春光芒的不竭源泉。

"100年前爆发的五四运动，是一场以先进青年知识分子为先锋、广大人民群众参加的彻底反帝反封建的伟大爱国革命运动。"在中共中央政治局第十四次集体学习时，习近平总书记强调，今天，我们纪念五四运动、发扬五四精神，必须加强对五四运动和五四精神的研究，以引导广大青年在五四精神激励下，为决胜全面建成小康社会、夺取新时代中国特色社会主义伟大胜利、实现中华民族伟大复兴的中国梦不懈奋斗。谆谆嘱托、殷殷期待，拨动青春心弦，激起强烈共鸣。

一段历史被铭记，凭借的是意义的丰厚。坚持大历史观，把五四运动放到中华民族5000多年文明史、中国人民近代以来170多年斗争史、中国共产党90多年奋斗史中来认识和把握，站在历史逻辑、实践逻辑、理论逻辑相结合的高度，我们才能讲清楚为什么五四运动对当代中国发展进步具有如此重大而深远的影响，讲清楚为什么马克思主义能够成为中国革命、建设、改革事业的指导思想，讲清楚为什么中国共产党能够担负起领导人民实现民族独立、人民解放和国家富强、人民幸福的历史重任,讲清楚为什么社会主义能够在中国落地生根并不断完善发展。

习近平总书记深刻指出:"建立中国共产党、成立中华人民共和国、推进改革开放和中国特色社会主义事业,是五四运动以来我国发生的三大历史性事件,是近代以来实现中华民族伟大复兴的三大里程碑。"自五四运动以来,中国共产党带领中国人民取得了革命、建设、改革的伟大胜利,在富起来、强起来的征程上迈出决定性的步伐。广大青年与党同心、与人民同行,让青春年华在为国家、为人民的奉献中焕发出绚丽光彩。历史和现实表明,只有坚持爱国和爱党、爱社会主义相统一,爱国主义才是鲜活的、真实的。今天弘扬五四精神,就是要把个人理想融入民族复兴伟大理想和中国特色社会主义思想,听党话、跟党走,在实现中国梦的伟大实践中爱国、励志、求真、力行。

青春的底色是爱国,青春的支点是奋斗。不管是吮吸知识、拔节抽穗的青年学子,夙兴夜寐铸就大国重器的青年专家,还是在脱贫攻坚一线挥洒汗水的年轻"第一书记",守卫万家祥和的人民子弟兵、消防队员,只要有一颗爱国赤心、一腔报国热血,总能在与国家梦、人民梦的同频共振中收获精彩人生。新时代广大青年生逢其时、重任在肩,建功立业的舞台空前广阔,梦想成真的前景无限光明。立鸿鹄志,做奋斗者,让爱国主义精神牢牢扎根、发扬光大,青年一代必将大有可为,也必将大有作为。

李大钊"以青春之我,创建青春之家庭,青春之国家,青春之民族",毛泽东"问苍茫大地,谁主沉浮",周恩来"大江歌罢掉头东,邃密群科济世穷"……把个人的理想追求融入国家和民族的事业中,青春的光芒格外闪亮。实现中华民族伟大复兴的中国梦,需要一代又一代有志青年接续奋斗。沐浴新时代春风,培养爱国之情、砥砺强国之志、实践报国之行,广大青年一定可以为实现中国梦增添强大青春能量。

(2019年04月22日)

一起奋斗　向前奔跑

李　斌

新时代是奋斗者的时代,幸福都是奋斗出来的。"党的政策对老百姓好,才是真正的好。党的各项惠民政策要落实好,乡亲们要一起奋斗,努力向前奔跑,争取早日脱贫致富奔小康。"在重庆市石柱土家族自治县中益乡华溪村的农家院里,习近平总书记言之谆谆、掷地有声的一席话,激扬起干部群众齐心协力如期脱贫、实现全面小康的精气神。

如果说"精准"二字是脱贫攻坚的杠杆支点,那么追求幸福美好生活的强大意愿、干群齐心自强不息的攻坚干劲,构成的就是撬走贫困这座大山的磅礴之力。祖祖辈辈喝盐碱水的甘肃东乡族自治县布楞沟村,水引来了,路修通了,广大干部群众以过硬作风向脱贫发起冲刺;湖南凤凰县菖蒲塘村,向农村电商和农旅结合要效益,美好蓝图让农民感觉更有奔头;新疆疏附县阿亚格曼干村围绕合民意、惠民生来制定和落实扶贫政策,实实在在的获得感激发了村民脱贫决心……尽锐出战、合力攻坚的生动场景充分说明,"有党的坚强领导,有广大人民群众的团结奋斗,人民追求幸福生活的梦想一定能够实现"。

"道虽迩,不行不至;事虽小,不为不成"。美好梦想无法自动实现,终究要靠贫困群众用自己的辛勤劳动来实现。"归巢雁"扑下身子创业带动乡邻致富,"不脱贫誓不还";贫困群众昂扬志气拒绝"等靠要","宁愿苦干,不愿苦熬";农家娃奋发图强专心念书,寄望于"知识改变命运"……这些土生土长的致富因子,让脱贫具有了可持续的内生动力。"老县长"高德荣说得好,"高黎贡山高,独龙江水长,共产党的恩情,比山高来比水长"。好日子是干出来的,当"众人拾柴"的心气儿被党的好政策一唤而起,内部奋发就能与外部帮扶形成共振,脱贫攻坚就能积力之所举而无不胜。

实干是最醒目的引领,落实是最有力的托举。"愚公"李保国"把自己变为农民,把农民变成自己",毕生致力于培育适合太行山的经济作物,"承包"了上万群众的幸福生活。"樵夫"廖俊波,带着大家下乡村、进厂矿、访社区,激励身边干部群众从"要我干"变为"我要干",一举让贫困县变为"省十佳"。在优秀党员、优秀扶贫干部身上,有着为民造福、成就大我的高尚追求,也有着以身作则、率先垂范的责任担当。事业是干出来的,不是喊出来的,实干是最好的领导方法,也是过硬的领导能力。领导干部只有躬身实干、狠抓落实,力戒形式主义、官僚主义,努力成为"行家里手"、当好"施工队长"、发挥"头雁效应",才能一倡百和、一呼百应,凝聚起广大党员群众众志成城同心干的奋斗热情。

马克思说,最先朝气蓬勃地投入新生活的人,他们的命运是令人羡慕的。脱贫只是第一步,更好的日子还在后头。以梦为马、再接再厉,每一份付出都会照亮梦想的天空。我们要像习近平总书记所要求的那样,"要把工作往深里做、往实里做""不获全胜决不收兵",用汗水浇灌硕果,以实绩标注担当,带领各族人民创造"比蜜甜来比花香"的美好生活,创造无愧于伟大新时代的新辉煌。

(2019 年 04 月 19 日)

"最牵挂的一件大事"

李 斌

"脱贫攻坚是我心里最牵挂的一件大事。"4月15日，习近平总书记专程探访位于武陵山区的重庆市石柱土家族自治县，实地了解"两不愁三保障"的落实情况，帮助困难群众早日脱贫致富奔小康。

一家一户柴米油盐小账本，牵动着党和国家的大账本。医疗、教育、住房等民生枝叶事，影响着治国理政的谋局定向。"走得远、看得全、问得细、想得深"，有媒体曾这样概述习近平总书记国内考察的特点。每到一处考察，习近平总书记必问政策、算账本、聊变化，询饥饱、问冷暖、恤困苦，把党中央的牵挂送到乡亲们心里，把群众心愿转化为党和国家的方针政策。千山万水走遍，千家万户访过，习近平总书记访贫问苦的身影、细致入微的关怀，生动诠释了共产党人"把人民放在心中最高的位置"的为政初心、"以造福人民为最大政绩"的奋斗追求。

小康不小康，关键看老乡，关键看脱贫攻坚工作做得怎么样。习近平总书记曾动情地说："我是人民的勤务员，让人民过上好日子是我们共产党人的初心、宗旨。"党的十八大以来，从河北阜平的骆驼湾村到湘西十八洞村，从甘肃定西到四川凉山，习近平总书记不辞舟车劳苦、不畏山高路险，察真情、看真贫、谋真招，所到之处无不留下对贫困群众的深情牵挂和对扶贫工作的敏锐思考。"国家越发展，越要把贫困群众基本生活保障好。"真挚的话语，坚毅的笃行，让人们深切感受到大国大党领袖的人民情怀。

立下愚公志,搬走贫困山。有研究表明,当一国贫困人口占总人口的10%以下时,减贫就进入"最艰难阶段"。从"吹糠见米"到"滚石上山",脱贫攻坚入之愈深,其进愈难。如何啃下深度贫困这块硬骨头,如何打好脱贫攻坚战?在湖南省十八洞村,首次提出"突出重点、加强对特困村和特困户的帮扶"的"精准扶贫"理念;在河北张北县,要求"把扶贫开发、现代农业发展、美丽乡村建设有机结合起来";此次重庆考察,强调"把'两不愁三保障'各项措施落实到村、到户、到人"……习近平总书记亲自挂帅出征,足迹踏遍14个集中连片特困地区,作出一系列重要部署。没有比人更高的山,这个旅途的哲理,用来形容脱贫攻坚的征途同样合适。

名非天造,必从其实。连续6年平均每年减贫1300多万人,贫困发生率从2012年的10.2%降到2018年的1.7%,举世瞩目的减贫成就充分说明,"深度贫困是完全可以战胜的"。这犹如一座无声的丰碑,镌刻下我们党执政为民的庄严承诺、励精图治的坚定信念。把人民放在心上,把使命扛在肩上,没有什么力量比"为民"两字更为气势磅礴。只要用真心、下真功,尽锐出战、合力攻坚,必会如石柱县乡亲们所说的,"吃得黄连苦,换来蜂蜜甜"。

"打赢脱贫攻坚战,中华民族千百年来存在的绝对贫困问题,将在我们这一代人的手里历史性地得到解决。这是我们人生之大幸。"习近平总书记曾这样宣示。上下同心,撸起袖子干,挥洒汗水拼,我们一定能攻克贫中之贫、困中之困,让人民生活"芝麻开花节节高",让伟大祖国更加繁荣昌盛。

(2019年04月18日)

善用语言的力量

何冠军

生活中，有人喜欢高谈阔论，有人习惯低声细语，有人说话绵里藏针……无论是日常攀谈还是正式发言，语言都可谓交流的工具、思维的载体。重视语言、善用语言，让语言释放智慧与力量，往往能达到事半功倍的效果。

语言的力量，首在言之成理。"言贵于有物，无物，非言也。"就拿开会发言来说，一个人的讲话之所以能振奋人心、引起共鸣，关键在于相关语言都找到了恰当的支点，在事实和逻辑层面无懈可击，有说服力。

语言的力量，贵在言之有德。同样一句话，不同的人讲往往会产生不一样的效果。纵观历史长河，誓言"舍身为国"、发出惊人之语者不在少数，他们终能流芳千古，为民族精神注入生动元素。反观那些"两面人"、投机者，纵然信誓旦旦、巧舌如簧，由于没有人格的光亮、缺少修养的支撑，说出来的话自然无法令人信服。

语言的力量，亦在言之共情。《文心雕龙》有言，"情者文之经，辞者理之纬；经正而后纬成，理定而后辞畅"。这是行文的典范，又何尝不是语言的真义？话语真情充沛、逻辑严谨，自然能生发出直抵人心的力量。穆青采访焦裕禄事迹时情动于衷、挥洒热泪，多年后，其采访日记上仍依稀可见斑斑泪痕。有了真情的贯注，那么语言和作品就都有了永不枯竭的活力，可以抵御时光而历久弥新。

反过来看,轻视语言的力量、忽视沟通的艺术,往往容易言不由衷、表意不明,甚至造成误解、触发矛盾。现实中,有的干部一讲话,群众便皱眉摇头,原因何在?问题就在于这些讲话内容干瘪、细咂无味,要么是脱离实践的空话套话,要么是违背情理的废话假话。譬如,有的乡村动员植树,长篇累牍都是绿化的道理,对大家最关心的树苗供应等现实议题只字不提。再如,发生安全事故,人们最关切的是伤亡情况和救援进展动态,个别地方的新闻发布却大篇幅着墨于"地方领导重视",缺少事件本身的信息。凡此种种,消解的都是群众的信任。

"口能言之,身能行之,国宝也。"当然,强调善用语言,也并不是提倡夸夸其谈,更不是否定行动的力量、落实的价值。语言是行动的影子,行动是语言的土壤。挖掘语言的宝藏,品味言语的艺术,有助于更好传递信息、交流意见、沟通情感,也必将推动行之有恒、行之有格、行之有效。从这个角度来说,从真理中汲取营养,在信仰中涵养定力,于情感中激发共鸣,有利于激发语言的力量,最终做到知行合一、言行并举。

(2019年04月17日)

"按规矩办"最省心

周人杰

心中有规矩,行为定方圆。牢固树立纪律和规矩意识,是我们党一贯的优良传统。今天,让"按规矩办"成为党内政治生活的常态,既要让广大党员干部认识到这是刚性的约束、"硬杠杠",更要让大家懂得这是干事创业的"安全阀"。

俗话讲,"家不以规矩则败,国不以规矩则衰",惨痛教训史不绝书、比比皆是。可现实中仍有人信奉"章子不如条子、条子不如面子",遇到事习惯找人托关系、走捷径。还有的人在实际工作中热衷"与政策赛跑、同法规较劲",乃至违规用权、擅自越权。究其思想根源,嫌麻烦、觉得"按规矩办"费心费力,无法达到个人的目的,是重要原因。殊不知,不守规矩者或许侥幸一时、得利一阵,表面上尝到甜头、办成了事,但从长远来看,早晚会跌大跟头、付出沉重的代价。在这个意义上,"明规矩"立起来、"潜规则"倒下去,是组织上的要求,更是对干部的爱护——避免投机钻营自然能避开绊子和陷阱。

本质上,"按规矩办"就是要"按规律办"。北平电车厂遭敌特纵火破坏,周恩来同志马上中止会议赶到现场,对公安干部讲:"前清时,县太爷听说哪儿着了火,都亲自到现场……今后,你们公安局的领导遇上大的案件、事件,必须亲自到现场。"这种要求一把手亲自抓、现场抓,既是工作的需要、工作的规矩,也是从实践中得出的一种规律性认识,是解决问题行之有效的好方法。面对突发重大事件,只有第一时间到现场,才能掌握第一手情况、及时作出处置决断,从而防止信息不对称误大事。"天下从事者,不可以无法仪;无法仪而其事能成者,无有也。"今天的法律、纪律和规矩都是深入探讨、反复试错、多次检验形成的治理良策,堪称省心、省力的真正捷径,它们背后是不依主观愿望左右的必然性法则。所以说,规矩是高压线,更是矫正器,"按规矩办"是干部的紧箍咒,更是护身符。

大家都知道,不按客观规律看问题、办事情,是必然会失败的,也必定会受到惩罚的。如荀子言,"规矩诚设矣,则不可欺以方圆"。前段时间通报的秦岭北麓西安境内违建别墅整而未治、阳奉阴违问题,其实质,正是不守政治纪律、不讲政治规矩。规矩不是负担,是治理的抓手。"按规矩办"的受益,"不按规矩办"的受惩,方能捍卫规矩的价值,遏止"迈过锅台上炕"的鲁莽,减少"事后诸葛亮"的悔恨。

习近平总书记强调,"定了规矩就要照着办"。时时、处处、事事讲规矩,以"规"格物,以"矩"修身,心有所畏、言有所戒、行有所止,貌似无情,实则最有情、最负责任,最能把合规律性与合目的性有机统一起来,调动好各方面积极性为伟大事业共同奋斗。

(2019 年 04 月 16 日)

涵养深沉的家国情怀

石 羚

"要有信仰、有情怀、有担当，树立高远的理想追求和深沉的家国情怀，努力做对国家、对民族、对人民有贡献的艺术家和学问家。"今年全国两会上，习近平总书记对广大文化文艺工作者、哲学社会科学工作者提出殷切期望，勉励大家坚持与时代同步伐、以人民为中心、以精品奉献人民、用明德引领风尚。

家是国的基础，国是家的延伸。无论从艺还是治学，一个人要想抵达高远的境界，就必然离不开家与国的滋养。从历史到现实，中华民族历来崇尚家国大义，"小家"同"大国"同声相应、紧密相连。在中国人的精神谱系里，国家与家庭、社会与个人，都是密不可分的整体。家国，可说是华夏儿女的精神原乡。

今年，我们将迎来新中国成立70周年。站在这样的历史节点，回望中华人民共和国不平凡的发展历程，每个人都会感受到爱国的情愫在升腾。从硝烟弥漫、艰苦卓绝的革命战争年代，到一穷二白、筚路蓝缕的建设岁月，再到波澜壮阔、惊涛拍岸的改革时代，无数先锋模范在国家前行的大势中寻找人生价值、标注成长坐标。亿万人民振奋精神、接续奋斗，将个体价值的实现与国家民族的命运联结在一起，投身于实现民族复兴的历史洪流，为家国情怀写下最生动的注脚。

家是温馨的港湾，情感的归宿；千千万万个小家都好，国家和民族才能好。家庭是人生的第一个课堂，也是家国情怀的根基所在。在步履匆匆的返乡途中，在"爸妈装的行李箱"中，在难改的口味与乡音中……人们感受家的温暖，体悟家的意义，真诚感叹"有家真好"。但不要忘记，国家好、民族好，家庭才能好。无论是《大学》中"修身齐家治国平天下"的成德次序，还是"老吾老以及人之老"的爱意延伸，由私而公的家国情怀，一直是中华传统文化所倡导的价值理念。每个人孝亲敬长、安居乐业，每个家庭都为中华民族大家庭作出贡献，才能集腋成裘、聚沙成塔，汇聚成同心筑梦的强大力量。

爱家不能小家子气，更不应局限于小情怀、小浪漫之中。不久前，公益短片《家国与边关》在全国上万家影院播出，感动了无数观众。在海拔5380米的神仙湾、最低气温达零下60摄氏度的伊木河，边防战士与恶劣环境、枯燥孤寂搏斗，哪怕过年不能回家、难与爱人相聚，也无怨无悔，只因脚下站立的地方是祖国。他们用青春证明：最浪漫的不是花前月下，而是忠诚信念；最感人的不是卿卿我我，而是以身许国。现实中，边防战士、执勤交警、电力工人、外卖小哥……一颗颗普通的"螺丝钉"、一块块寻常的"铺路石"，坚守平凡岗位，守护万家灯火。而这，何尝不是对家国情怀的有力诠释。

"没有国家繁荣发展，就没有家庭幸福美满。同样，没有千千万万家庭幸福美满，就没有国家繁荣发展。"读懂家与国的辩证法，涵养深沉的家国情怀，我们就能把爱家和爱国统一起来，汇聚亿万人民的智慧与热忱，用奋斗托举美好未来。

（2019年04月15日）

无悔　无怨　无憾

田　丰

"青春无悔、中年无怨、到老无憾","时代楷模"黄大年曾在朋友圈里感慨,大跨度的经历难免遭遇各种困难,拼搏中聊以自慰的追求正在于无悔、无怨、无憾。这位众人眼中的"拼命黄郎",用鞠躬尽瘁的执着和卓越的科研成果,向人们诠释出生命的意义。

什么是人生?路遥给出的答案是:"人生就是永不休止的奋斗!"无悔、无怨、无憾,展现的是一种追梦的赤诚、奋斗的执着、超脱的追求。选定好目标,勇往奋进以赴之,百折不挠以成之,这样的生活才是充实的生活,人的精神面貌也会保持年轻。内心一团火焰,不为诱惑所动,不为困难所惧,不为世俗所扰,这正是奋斗者应有的姿态。

无悔,就要做正确的事。"我们的事业是正义的。正义的事业是任何敌人也攻不破的。"做正确的事,能让人有成就感,也容易激发人的激情。做了自己不该做的事情,后悔就可能在所难免。"我感到了痛,深及肺腑;我充满了愧,无地自容;我无限地悔,肝肠寸断"。从曾经的高级干部到悔不当初的"阶下囚",这样的忏悔录警示人们,触碰党纪国法的红线只会一失足成千古恨。做错事会后悔,想做而不做也会让人心中有愧。新买的书还没有开封,对家人的许诺还没有兑现,事业上的目标还没有完成……与其以后幡然后悔,不如现在就按既定目标踏踏实实去干。

无怨,就要正确地做事。相对于做事,抱怨确实简单许多。工作上不顺心,便抱怨领导不关照、同事不给力;生活上不满意,便抱怨父母不帮忙、儿女不上进。其实,不顺利的事情即便真是别人造成的,也无需过多抱怨,不必拿别人的过错来耽误自己的时间,改变自己终究比改变他人更容易。无怨,意味着肩负起自己的责任,做好自己的事情,而不是总把别人当成负担和拖累。"改革先锋"称号获得者、电力工人张黎明,常年奋战在抢修一线,无论三更半夜还是刮风下雨。他常说:"最欣慰的事莫过于看到万家灯火"。抱怨等同于对奋斗的放弃,在实干家眼里,认准了该做的事情,一定会尽力把它做到最好。

追梦无悔,奋斗无怨,结果必然令人欣慰而无憾。无憾,正在于不以成败论英雄,朝着理想的目标不懈努力。即便耗尽一生都无法到达胜利的终点,回首往事时依然可以无憾地说一句:"我尽力了"。同样是被授予"改革先锋"称号的上海市高级人民法院原副院长邹碧华,生前曾说:"如果每个人能让自己完美一点,历史也就会完美一点"。完美可能没有终点,但追求完美的过程必将让人终生难忘。

"我们都在努力奔跑,我们都是追梦人",习近平主席在2019年新年贺词中,以此勉励人们努力进取、勇敢追梦。做奔跑者,当追梦人,这样的人生,需要勇于担当,更要尽力而为。让我们以奋斗者的姿态,不抱怨,早行动,求极致,尽情翱翔在梦想的天空。

(2019年04月12日)

让守信者得"甜头" 让失信者有"痛感"

石 羚

"早餐奶奶"毛师花、打造国产好奶粉的吴松航,"诚信之星"带动周围人以信用立身兴业;福州推出"茉莉分"、杭州上线"钱江分",将市民的"信用画像"与便民服务挂钩,营造出知信、用信、守信的社会氛围……"诚信建设万里行"主题宣传活动开启以来,让守信者得"甜头"、让失信者有"痛感",成为全社会的共识。

用历史广角镜看,从熟人社会到陌生人社会,从传统经济到市场经济,诚信的润滑剂作用日益显现。当人们脚力所至、目力所及的范围不断拓展,信用的"应用场景"也从担保、租赁等授信活动,扩宽到衣食住行的各个方面。无现金社会里,网络端数以亿计的交易无不靠信用来托底;说到做到、承诺了就办好,政务诚信让干群关系更加密切;合作共赢的国家交往,同样依靠信用来维系。从个人到国家,从商务到政务,信用之光洒遍社会的每个角落,与你我如影随形。

诚信是"百行之源"。在西子湖畔的胡庆余堂国药号,徽商"戒欺"牌匾,历经百年仍熠熠生辉。"言必信,行必果""言顾行,行顾言"等古语,"一诺千金"等故事,无不证明言行一致是诚信的重要内涵。手艺人真材实料、生意人童叟无欺,干部立政德、公民守公德、从业人员遵循职业道德,诚信是不言自明的标准。而无论是假冒伪劣、企业偷税,还是乘客霸座、明星流量造假,只要逾越了诚信道德规范,那就是失信。

守信构成道德的基础，为人处世无不需要以诚信为立身名片。

从严惩假冒伪劣，到大力保护知识产权，经济发展到一定阶段，必然会出现信用经济。诚信建设是实现高质量发展的地基，也是完善社会主义市场经济的必需。习近平总书记强调，对突出的诚信缺失问题，既要抓紧建立覆盖全社会的征信系统，又要完善守法诚信褒奖机制和违法失信惩戒机制，使人不敢失信、不能失信。写入党的十九大报告的诚信建设，成为推进国家治理现代化的重要内容。加强社会信用体系建设，形成褒扬诚信、惩戒失信的制度机制和社会风尚，国富民强才有厚实根基。

信用无处不在，诚信建设也应无处不在。回望历史，与改革开放同龄的全国"质量月"，让中国产品有口皆碑；上世纪90年代发起"百城万店无假货"，"打假"一词家喻户晓。今天，"诚信建设万里行"活动在全国掀起"信旋风"，助推一个健全规范的社会诚信体系拔地而起。特别是，社会信用代码基本实现全覆盖，不良经济活动面对"百行征信"系统无处遁形，在法律、行政、经济等手段联合惩治下"老赖"寸步难行，制度的刚性确保失信行为无缝可钻。制度、技术、法治处处用力，各地区、各领域共同出击，共同护佑一个全面、立体的信用社会加速到来。

"拉钩，上吊，一百年，不许变"，这句脍炙人口的童谣，让诚信做人的理念，从童年时期就印刻在中国人的脑海里。当每个人都视信用如生命，打造以质取胜的中国制造，遵循取信于民的为政之道，激励以身许国的家国情怀，培育亲密清澈的人际交往，中国一定能更自如地走向世界、赢得未来。

（2019年04月11日）

从心灵变迁感悟历史巨变

丁德良

时间的痕迹体现在沧海桑田上,也刻写在人的观念演进和心灵变迁中。

老家重庆忠县马灌镇厚脊沟,是渝东山区的一个古老村落。新中国成立70年来,社会大发展,家乡的小环境也一直在革故鼎新。假期中从老人忆往、乡亲闲谈中观察村风村貌,把脉世道人心,明显感到70年来发展进步无处不在,村民思想观念的变化很具有代表性。

70年砥砺奋进,筑梦空间越来越广阔,逐梦征程越来越光明。从"当兵最光荣"到"最爱公家粮",从"孔雀东南飞"到"自己立门堂",国家是最坚实的依靠,时代是最恢弘的舞台。参加过抗美援朝的谢中权老人回忆,"那时候一人当兵、全家光荣,参军名额都挤破脑袋去争,抗美援朝时全乡人都敲锣打鼓来送别"。建设年代,除了当兵还可以当老师、当工人、进机关,"公家粮"是许多人的奋斗目标。改革开放后,"打工成为万元户""男上工地女进厂"成为不少人的梦想。而如今,开外卖店、办汽修厂、做电商卖农产品等,"创业自己干"成为越来越多有志青年的首选。曙光在前,奋斗以成。人民群众的实践和创造,为国家富强作出了重要贡献。

70年同心同德,见证共产党人初心不改、本色不变。从"感恩共产党,翻身得解放"到"跟着村委走,什么都会有",再到"小康不忘党,贫弱有人养",村民对党和政府的拥护度不断提升。86岁的丁永玖老人忆苦思甜,"旧社会苦哇,当时整条厚脊沟都是大地主的,佃农们每天面朝黄土背朝天地干,还是很难养活家庭"。新中国成立,让穷苦人翻了身,改革开放后分田到户发展种植养殖,让老百姓致了富。近些年特别是党的十八大以来,党和政府实行一系列惠民和扶贫政策,农村面貌焕然一新。困难家庭由政府出钱修新房,"新农保"成为老人养老的"半个儿子",大家都齐声感叹"党中央好、新时代好"。

70年春华秋实,精神面貌的吐故纳新,在一定程度上催生和推动着社会变革。从"是钱就要赚"到"君子爱财,取之有道",义利观一度出现偏差,但如今逐渐向好;从"养儿防老"到"儿女都好",重男轻女观念有了极大改变;从"读书多不如打工早"到"没文化真可怕",农民对文化的渴求更加强烈,懂文化、有知识成为日常生活的基本需求……思想观念的变革是一切社会变革的先导,家乡父老的思想和心灵变迁,成为国家巨变、社会进步的一个生动缩影。

一滴水里见太阳。观念的革新、心灵的变化虽不像收入增加、住房改善那样直观,但时刻流露在人们的一颦一笑中、体现于生产生活的方方面面。正如习近平总书记所说的,"我们都在努力奔跑,我们都是追梦人"。个人的小故事演绎成壮阔的大历史,普通人的奋斗足迹交汇成时代的进步潮流,民族复兴的传奇就这样不断延续。立足新中国成立70年来的发展基础,进一步积蓄能量,奋发进取,我们终将迎来更加美好的明天。

(2019年04月10日)

减负不减责,潜心干事业

郭光文

"亿万千百十,皆起于一。"基层是国家治理的地基,基层党员干部的状态如何、担当是否有力,关乎治国理政的最终效果。

在"着力解决党性不纯、政绩观错位的问题"上深挖思想根源,在"着力解决文山会海反弹回潮的问题"上制定刚性指标,在"着力解决督查检查考核过多过频、过度留痕的问题"上采取过硬措施,在"着力解决干部不敢担当作为的问题"上综合施策……连日来,各级各地都在抓紧落实《关于解决形式主义突出问题为基层减负的通知》,破除文山会海、任性问责、频繁检查、"精准填表"等形式主义、官僚主义问题,树起减负不能减责、激励担当作为的实干导向,让广大基层干部倍感振奋鼓舞。

减负不减责,彰显了有权必有责、权责相统一的要求,也体现出党中央高度重视基层工作和为基层松绑减负的决心。党中央决心解决形式主义的突出问题,为基层减轻负担,根本目的就是要把基层干部从形式主义的文山会海中解放出来,从名目繁多的痕迹管理中解脱出来,从过多过频的督查检查中解救出来,把更多时间和更多精力用到干事创业和为民服务上去。发乎心者情必专,用心一者技必良。基层干部全神贯注干工作、心无旁骛做服务,各项政策方针落地生根就有了最有力的抓手,从而更好地增进人民群众的幸福感和获得感。

减负不减责,回应了人民群众期盼排忧解难和渴求优质服务的强烈愿望。当前,我国正处在全面建成小康社会的决胜期和打好三大攻坚战的关键阶段。基层干部不仅处在各项工作落实的"最后一公里",而且承担着许多为民排忧解难的"一线硬任务"。在这种情况下,基层干部唯有减负不减责,急群众之所急,想群众之所想,才能不断满足人民日益增长的美好生活需要。

对基层干部而言,减负不减责意味着必须坚持事业为重、为民至上,激发建功立业的热情、报效党和人民的干劲。长期以来,广大基层干部奋斗在第一线,风里来、雨里去,晴天一身汗、雨天一身泥,立下了汗马功劳。给基层干部更多的信任、关爱,为能担当、善作为、敢改革者保驾护航,允许试错、宽容失败、鼓励重来,才能增强基层干部扎根基层、安心干事的动力。设立"基层减负年",把为基层干部减轻负担作为反对形式主义的突出问题来抓,实现了"政治上关注、思想上关怀、工作上关爱、生活上关心"的具体化、可操作化。

习近平总书记强调,"有多大担当才能干多大事业,尽多大责任才能有多大成就"。一个干部好不好,很重要的一条是看有没有责任感,有没有担当精神。把权责对等内化为思想认知,把实干担当体现到行动实处,勇于挑最重的担子,敢于啃最硬的骨头,善于接最烫的山芋,基层干部一定能闯出一片蓝海,干出让党和人民满意的事业。

(2019 年 04 月 09 日)

把思政课讲得有滋有味

魏建周

一位传道授业的好老师，会让人终生难忘；一门触碰心灵的好课程，会让人终身受益。

习近平总书记在学校思想政治理论课教师座谈会上强调，推动思想政治理论课改革创新，要不断增强思政课的思想性、理论性和亲和力、针对性。如何贯彻落实习近平总书记的这一要求，把思政课讲到学生心坎上，让思政课不仅"有意义"更"有意思"，是每一位思政课教师都必须思考的问题。

如今这个时代，注意力是一种宝贵的资源，而这也就决定了，思政课教师要有受众意识。有教育学家曾说过："每一个干练的教师，就是一个艺术家。他从事于教学，犹如琴师从事于操琴一样。他和缓地触动人类思想感情上的琴弦，刺激之，安慰之，兴奋之，鼓励之。"一堂成功的思政课，应该能让学生感到犹如读了一本启迪心智的好书，看了一场益于身心的优秀电影，既有知识的增益，也有道德的熏陶；既有美的感受，也有真和善的升华。换言之，只有把思政课讲得有滋有味，才能让人真学真信真懂，才能让道理入耳入脑入心。

让思政课有滋有味，应避免"填鸭说教"。人有觉悟高低之分、有接受能力强弱之别，讲授思政课的方法，也应随之不断创新。思政工作应该像盐，最好的方式是将盐溶解到各种食物中自然而然吸收。善于从学生角度出发,用深刻的洞见增强思想性,以广阔的视野增强吸引力,才能把课程讲好,思政课也就会成为"网红课",最终收获润物无声的效果。

让思政课有滋有味,当善于循序渐进。认识总是有个从低到高、由浅入深的过程。把思政课讲好,就要遵循道理的逻辑体系和思维的逻辑顺序。比如,讲民族复兴,不妨先让学生了解近代以来中国"失去的二百年";讲马克思主义的真理性,不妨从西方世界为何强调"回到马克思"出发,讲讲"马克思为什么是对的"。抽丝剥茧、由表及里,把"大道理"讲得深入浅出,思政课才能给人以启迪、发人以思考。

让思政课有滋有味,应长于寓理于例。现在的学生,兴趣广泛、好奇心强、求知欲盛,他们往往不满足于泛泛的论述,而希望听到强有力的例证。就事论理,多讲生动活泼的内容,寓道理于事例之中,熔思想性、知识性、趣味性于一炉,是增强感染力的必由之路。一个好的故事,一个好的案例,既要求"新",也应求"近";既要求"精",也应求"实"。新,就是新颖,应尽量避免翻来覆去地举一些老例子;近,就是贴近,不妨多用学生平时耳闻目睹的事例,这样的例子看得见、摸得着,可望可即,有亲近感和现实感;精,就是精当,许多事例本身就含有很深的哲理,耐人寻味,发人深思,例子举了,道理也便在其中了;实,就是真实,切忌道听途说、捕风捉影。

古人枚乘在一篇题为《七发》的散文中,叙述了一位吴客给楚国太子治病的故事,他不用药石针刺,而以"要言妙道"相告,竟治好了楚太子的病。理论的意义、思想的力量,由此可见一斑。巧譬善喻,把精深的思想讲得深入浅出,把宏大的理论讲得有滋有味,就能给学生心灵埋下真善美的种子,引导学生扣好人生第一粒扣子,把立德树人的根本任务落细落实。广大思政课教师,应该有这样的担当,也应该有这样的自信。

(2019年04月08日)

懂得看"桅杆"

徐文秀

站在海边眺望远处驶来的船只时,我们总是先看到桅杆,再看到船的一部分,最后看到全部船体。桅杆意味着事物的先兆,是晴雨表和风向标。

真正富有预见和远见的人,都懂得并善于看"桅杆",从"桅杆"中分析研究出事物发展的动态、趋势和规律。毛泽东同志曾经几次提到过看"桅杆"的问题。他在《星星之火,可以燎原》一文中,就曾满怀激情地用诗一样的语言写道:"它是站在海岸遥望海中已经看得见桅杆尖头了的一只航船"。他还在谈到什么叫领导时说:"当桅杆顶刚刚露出的时候,就能看出这是要发展成为大量的普遍的东西,并能掌握住它,这才叫领导。"前一句讲"桅杆"预示着革命高潮的到来,后一句讲"桅杆"强调了领导干部要善于发现事物发展的普遍规律。

"凡事预则立,不预则废。"这个"预"从哪里来?就从懂得看"桅杆"中来。事物的发展是一个渐进变化的过程。"桅杆"是一种信号,它预示着事物的发展将由少量的、个别的东西变成大量的、普遍的东西。看"桅杆"就是把那些苗头性、倾向性的东西辨别出来,然后分析它的走向和演变,从中认识和把握矛盾运动的规律,从而看出信心和希望来。事物的发展变化都是有迹象的。如果"桅杆"是意味着一种苗头性和倾向性问题,就得提前动手解决它,防患于未然;如果是预示着某种动态和动向,就得提前跟踪、密切注视、及时跟进;如果是昭示着一种大的趋势和大的方向,就得提前布局,尽早尽快地顺应这种潮流。无视、忽视或不懂、不善看"桅杆",或将导致机遇的错失,让机遇擦肩而过;或老虎来了还以为是猫,以致"灰犀牛"都临近甚至闯入了,还浑然不知,结果猝不及防。

从现实来看,不懂或不善于看"桅杆"现象的人还有不少。有的人只知道一味低头在"海岸"边上走,眼里压根就不去看"桅杆",即便是"桅杆"已然跃出海面了,也熟视无睹,看不到,也看不清。有的人或许看了一眼"桅杆",甚至也会发出尖叫或惊呼声,但往往看过就看过了,对"桅杆"效应不去分析,不去研判,没有预案,不知应对,结果看到了等于没有看到,等等。这都是要不得和很可怕的。

俗话说:站得高,看得远。看"桅杆"得有高的站位。政治站位要高,任何时候必须注意从政治上看问题、想事情,善于把纷繁复杂的事物置于政治的角度下透视,用"望远镜"登高远望,用"显微镜"见微知著,看问题才有了高度、深度和角度。还应当看到,有的人虽然站位也高,但却是"近视眼"。正所谓"当局者迷,旁观者清。"有时就得"跳出来"看问题,有一个好的思想方法和思维方式,经常用发展的、联系的、辩证的观点去分析和研究问题,去看待和观察事物,脚力、眼力和脑力同时用,"桅杆"便会尽收眼底。

习近平总书记强调:"全党要提高战略思维能力,不断增强工作的原则性、系统性、预见性、创造性"。世界正处于百年未有之大变局中,中国正日益走近世界舞台中央,新时代需要更多懂得看和看得懂"桅杆"的人,在看"桅杆"中认清前行方向,把握内在规律,更好地赢得主动、抢得先机,始终站在时代发展的潮头。

(2019年04月04日)

媒体融合是一场不容回避的自我革命

钟轩研

当今世界，技术革新一日千里，信息化加速发展，全媒体应运而生。传统媒体和新兴媒体融合发展，已经成为信息时代一种不可阻挡的浩荡潮流，成为媒体领域一场不容回避的自我革命。

因势而谋占先机，顺势而为赢主动。党的十八大以来，习近平总书记和党中央洞察大势、放眼全局，坚定不移推进媒体融合发展。从强调"过不了互联网这一关，就过不了长期执政这一关"，到强调"使互联网这个最大变量变成事业发展的最大增量"；从提出"打造一批具有强大影响力、竞争力的新型主流媒体"，到提出"加快构建融为一体、合而为一的全媒体传播格局"；从制定实施《关于推动传统媒体和新兴媒体融合发展的指导意见》，到中央政治局以"全媒体时代和媒体融合发展"为内容进行集体学习……一系列重要论述，一系列重大部署，指方向、定目标、明路径、提要求，为媒体融合发展提供了根本遵循、注入了强劲动力，推动党的新闻舆论工作进入了新的境界。

媒体的变革和发展，从来与时代大潮同行，与技术创新同进。打开历史，从"口与耳"到"铅与火"，再到"光与电""数与网"，信息技术的每一次重大进步，无不带来传播方式的重大跃升、媒体形态的重大提升。审视现实，5G、云计算、大数据、物联网、人工智能等新技术的迅猛发展，催生出全程媒体、全息媒体、全员媒体、全效媒体，重塑着媒体格局、舆论生态、传播方式,赋予了媒体新的时代内涵和发展空间。机遇与挑战并存,压力与动力同在。不管是从强身健体、更好扛起使命任务来看,还是从定国安邦、做大做强主流舆论来看,媒体融合这场自我革命都回避不了,也不容回避。坐而论道、踟蹰不前必然错失良机,起而行之、主动迎战方能赢得未来。

推进媒体融合这场自我革命,关键是坚持守正创新、勇于攻坚克难。现在,媒体融合正处于爬坡过坎、吃劲要紧的关键阶段,"融"的是内容和技术,"合"的是机构和人员,触及的都是关键性问题、深层次矛盾,最需要"改"的精神、"闯"的劲头、"干"的行动。无论是改革媒体管理运行体制机制,让主力军尽快进入主战场,还是重塑媒体的策采编发流程,打造好、运用好"中心厨房";无论是推动中央媒体加快建设新型主流媒体步伐,还是推动中央媒体到省市县媒体加快形成全媒体传播矩阵;无论是抓好县级融媒体中心建设,还是建好用好"学习强国"学习平台……每一个任务、每一项工作,都是难啃的硬骨头,都要下硬功夫。这就要求我们,坚定前进方向,咬定发展目标,拿出改革的勇气、创新的举措、务实的办法,创造性地把党中央关于媒体深度融合的决策部署落到实处。

形势发展催人奋进,媒体融合任重道远。只要我们坚持正能量是总要求、管得住是硬道理、用得好是真本事,保持知难而进、迎难而上的勇毅和坚定,就能沿着中国特色媒体融合之路行稳致远,绘就网上网下最大同心圆。我们应当有这样的底气,更应当有这样的自信。

(2019年04月03日)

激励更多干部担当作为

马祖云

一年之计在于春。把蓝图变成现实、将愿景化为实景，说到底要靠踏实奋斗。

伟大事业都始于梦想、基于创新、成于实干。我们常说，开路看先锋，群众看干部；干部干部，干字当头。前不久，中办发出《关于解决形式主义突出问题为基层减负的通知》，明确提出将2019年作为"基层减负年"，就是要以管用举措为基层减负、促干部实干。以此为契机，激发干部干事创业的热情，激励更多干部担当作为，就能激活改革创新的一池春水，汇聚共同前行的强大力量。

让干部奋斗有动力。新时代是奋斗者的时代，事业因奋斗而成功，干部靠奋斗而成长。没有奋斗动力的人生，如同缺乏生机的原野；没有奋斗动力的事业，就像失去引擎的航船。"不用扬鞭自奋蹄"的内生动力，根源于圆梦信念，这是干部干事创业之基、积极作为之本。干部坚定筑梦圆梦的信念，才能不断蓄积敢为人先、勇立潮头的闯劲，领头奔跑、冲锋陷阵的拼劲，砥砺奋进、百折不挠的韧劲。奋斗因梦想而激发，惟其梦想伟大，方有奋斗动力；惟其动力充沛，方能书写奇迹。

为干部担当添助力。"风云起乃期猛士，鼙鼓动而思良将"。改革开放以来，我们的国家之所以能发生翻天覆地的巨变，靠的是一大批担当作为的实干家，也离不开党的政策扶持、上级撑腰鼓劲。如今，方此船到中流浪更急之时,改革攻坚需要更多"李云龙式"的干将。在《亮剑》中,李云龙智勇双全、能征善战,但也因敢为捅了一些娄子。这就呼唤上级勇于为担当者担当,善做下属尤其是基层"李云龙们"的后盾。当他们创业有为时,给予掌声鼓励;在攻坚遇阻时,及时雪中送炭;遭遇挫折时,打开容错空间。用关爱抚慰担当者的心灵,拿政策坚定奋斗者的决心,才能助力干部保持锐气,争当开疆拓土的闯将、英勇善战的干将。

促干部进步增引力。选人用人是风向标,也是激励干部作为的指挥棒。有基层干部说:这激励那激励,用好干部最给力。用准一个人,激活一大片;用错一个人,则挫伤一大批。把握好这一用人的"蝴蝶效应",需要瞄准好干部"五条标准",以忠诚论党性、以实干论英雄、以实绩论奖赏,树立想作为、敢作为、善作为的鲜明导向。需要倡导实践历练,鼓励干部到吃劲的岗位练能力、挑繁重的担子练肩膀、去艰险的环境练胆识,烧旺淬炼人才的熔炉。需要选贤任能,重用"脚上沾泥"的、"真材实料"的、"久经沙场"的,真正让吃苦的吃香、优秀的优先、有为的有位、能干的能上。

"给钱给物,不如给个好干部"。奋进新征程,让一大批忠诚干净担当的好干部脱颖而出、坚毅笃行,有干劲、有奔头,我们就能激发筑梦的强大动力,实现更加美好的蓝图。

(2019 年 04 月 02 日)

实干兴业

陈垂培

干工作最忌做虚功、出虚招。但从前一段中央纪委公开曝光的案例看,"照搬照抄上级文件下发工作方案""对解决群众反映强烈问题不担当不作为、消极应付""对工作不抓落实、只当'二传手'"等等,这类虚假落实现象仍然屡见不鲜、屡禁不止。

前两年曾有一位基层干部反映,他所在的乡镇落实上级部署的一项硬指标就是出台本级贯彻落实文件,"平均一个工作日出台一项改革成果"。从一些地方、单位和部门的实际情况看,有的好作"虚文",宁可在汇报稿上字斟句酌,也不愿意到实地调查研究;有的单位好张"虚势",大事小事都搞启动仪式、开动员会、签责任状、开新闻发布会,表面上搞得轰轰烈烈,实际工作效果却少有人过问;有的单位好求"虚效",刚刚接到工作任务就琢磨怎么撰写工作报告,刚刚进行工作部署就着手总结经验。凡此"纸上落实",皆表态多调门高、行动少落实差,实质上都是形式主义、官僚主义。

必须看到,"纸上落实",不仅使好政策在纸上空转,导致行政资源的极大浪费,损害群众的切身利益,更带坏了风气。如此下去,便会进入恶性循环,谁来抓落实,谁来真干事?

从本质上看,"纸上落实"还是一种不担当、不作为的表现,一事当前不是深入实际、深入基层解决问题、化解矛盾,而是写个报告交差了事,其结果是"问题在纸面上都已解决,实际工作却始终徘徊不前",群众诟病的"小事拖大、大事拖炸"就是这么来的。而从一些公开的违纪违法案件看,一些问题之所以久拖不决、久落不实,一个重要原因还在于其中关涉利益,甚至存在腐败问题。

宋人陆九渊云,"千虚不博一实。吾平生学问无他,只是一实。"为学如此,干事更应如是。一篇篇措辞优美的工作总结,一份份装订精致的汇报材料,不如踏踏实实为群众办一件件实事。焦裕禄、谷文昌真心为群众办事,以他们实实在在的业绩在老百姓心中立下不朽的丰碑。"纸上得来终觉浅,绝知此事要躬行",对于上级部门来说,检查工作也应转变方式,"不受虚言,不听浮术",少整点材料,多些实地调查;对于下级单位来说,落实工作要转变观念,"不采华名,不兴伪事",不要闭门造车、纸上谈兵,而要扎根基层、真抓实干。实践表明,一正风肃纪动真格,问题解决就势如破竹。前不久修订的《中国共产党纪律处分条例》明确规定,"单纯以会议贯彻会议、以文件落实文件,在实际工作中不见诸行动的",造成严重不良影响,将视情节轻重给予不同程度的党纪处分,这给务虚功者敲响了警钟。

天下事,以实则治,以文则不治。中华民族伟大复兴,绝不是轻轻松松、敲锣打鼓就能实现的。事业要的是实实在在的成果,群众要的是真真切切的获得感。抓工作、出政绩、干事业,关键都在"实"。除此而外,别无他途。

(2019 年 04 月 01 日)

"文明如水,润物无声"

张 凡

"我遇到一位中国老人,他的话语里有茶园、气息与飞檐影壁。我遇到一位中国年轻人,他的讲述里满是灯光、摩天大厦与高科技。"最近,意大利罗马国立住读学校学生乔瓦尼·斯多波洛尼写给中国的诗句引来网友关注。他回忆在中国交流学习的日子,"每天呼吸着灿烂文化的空气"。而5年学习中文的经历,更让他感觉"走进了一个新的世界"。

文明因交流而多彩,文明因互鉴而丰富。如今,越来越多如乔瓦尼一样的年轻人,在文明的交流互鉴中,看到了广阔的世界和多元文化的宝贵价值。正如习近平主席5年前在联合国教科文组织总部演讲时所指出的,"文明如水,润物无声"。自古而今,文明传播与发展如水一般,化润万物,柔和包容,孕育希望。无论是古丝绸之路商人络绎往返、使者相望于道,还是今天"一带一路"增进人文交流、民心交融的故事精彩上演,正是不同文明给人们以智慧和营养,为人们提供精神支撑和心灵慰藉。

"水者,地之血气,如筋脉之通流者也。"文明如水,就在于任何一种文明,不管它产生于哪个国家、哪个民族的社会土壤之中,都是流动的、开放的。阿拉伯谚语里说,"学问虽远在中国,亦当求之"。歌德在诗作中写道,"视我所窥,永是东方"。玄奘西行取经、郑和七下西洋,这些代表性事件让中国推动文明交流的身影永载史册。历史表明,每种文明都会从其他文明中汲取养分，同时也给其他文明以不同程度的影响。因此，文明交流而不是文明隔阂，文明互鉴而不是文明冲突，构成了人类文明图谱的主流。习近平主席在演讲中对和而不同、兼收并蓄的人类文明发展规律的阐释，显示出跨越时空、洞察未来的思想魅力。

"江海不择细流，故能就其深。"文明如水，就在于任何一种文明，都是以平等包容的精神进行交流互鉴，以海纳百川的态度成其博大精深。不同国家、民族的思想文化，只有多元多样之别，而无高低优劣之分。面对不同文明，我们需要如大海般宽广的胸怀。多样带来交流，交流孕育融合，融合产生进步，当不同的文明可以相互尊重、和谐共处，我们才能从多样的文明中寻求智慧、汲取营养，绘就更加灿烂的文明图谱。

"水之积也不厚，则其负大舟也无力。"文明如水，就在于任何一种文明，只有致力于交流互鉴，才能充满生命力。面对更加纷繁的世界，面对严峻的挑战，只要秉持包容精神，就不存在什么"文明冲突"，就可以实现文明和谐。推动文明对话交流，以文明之水融化坚冰、化解矛盾、消除隔阂，播下的必是和平的种子，激发的必是各国人民同频共振、同声相应的共鸣。从坚定不移打开国门搞建设，到把"一带一路"打造成当今世界规模最大的国际合作平台，再到开拓"对话而不对抗，结伴而不结盟"的国与国交往新路，中国特色大国外交的生动实践充分说明，秉持多样、平等、包容的文明交流互鉴，"朋友圈"会越来越大，国家发展也会越来越好。历史必将继续证明，和而不同的文明交流互鉴，是增进各国人民友谊的桥梁、推动人类社会进步的动力、维护世界和平的纽带。

《老子》里说，"上善若水，水善利万物而不争"。文明"看似柔弱"，但文明互鉴的趋势不可阻挡，"润物无声"的力量厚积薄发。以开放包容和平等交流推动文明互鉴，让多元文化共生并进，我们一定能书写更加激荡人心的文明华章。

（2019年03月30日）

多些潜移默化的隐性教育

辛士红

"红色理论家"郑德荣,矢志不渝跟党走,真信真学真宣传真实践党的科学理论。在生命弥留之际,对前来看望他的学生,留下自己的遗言:"不忘初心。"

"捧着一颗心来,不带半根草去。"许多好老师就像郑德荣一样,不仅用自己的学识、能力和经验传道授业,更是用自己的人格、身教和大爱立德育人。也许我们会忘记当年老师课堂上所教的知识,但耳濡目染中学会的为人处世道理和萌生的真善美种子,却终身受益。

"坚持显性教育和隐性教育相统一",习近平总书记在学校思政课教师座谈会上的这番话,引人思考。在思想政治教育中,我们既应重视显性教育,也应重视隐性教育。

"不言之教,无形而心成。"参加社会实践、阅读经典名著、触摸红色文化、参观名胜古迹……都能够帮助学生扣好第一粒扣子,感悟立身做人的道理。落实立德树人的根本任务,思想政治理论课固然关键,任何一门课程、各级各类学校都很重要。提倡隐性教育,就是倡导开门办课办学,课上课下都下功夫,校内校外都尽责任,从而形成协同效应,实现全员全程全方位育人。

青少年阶段正处在人生的"拔节孕穗期",最需要精心引导和栽培。"吾闻老农言,为稼慎在初。所施不卤莽,其报必有余。"每一代青少年都被打上鲜明的时代烙印，都有自己的际遇和机缘。有哲学家早就劝诫："你千万不要干巴巴地同年轻人讲什么理论。如果你想使他懂得你所说的道理，你就要用一种东西去标示它。"隐性教育如空气，日用而不觉；像春雨，润物细无声；似春风，著物物不知，往往更容易契合青少年的思维方式、认知特点、精神需求，实现入芝兰之室久而自芳的效果。

隐性教育的资源无时不有、无处不在，高尚的师德师魂就是取之不竭的富矿。作为人类灵魂的工程师，每一位老师都不能满足于做传授书本知识的"教书匠"，而要成为塑造学生品格、品行、品位的"大先生"。既要有高尚的师德，坚持以德立身、以德立学、以德施教，又要有仁爱之心，能够以情动人、以情育人、以情化人。优良的校风学风也是隐性教育的资源。好的校风学风，能够为学生成长营造好气候，创造好生态，能够在潜移默化中给学生以人生启迪、智慧光芒和精神力量。好学校往往英才辈出，出现人才成长中的"共生现象"，这与优良的校风学风是分不开的。教育并不是在玻璃暖房里培养奇花异草。青少年要成为国家栋梁之材，既应读万卷书，也应行万里路，在社会实践、社会活动以及校内各类学生社团活动中，接触广阔天地，涵养家国情怀，树立远大抱负。

安静幽雅的校园环境、丰富多彩的文化活动、天朗气清的网络空间、周到悉心的人文关怀、正气充盈的家风家教……在高明的教育工作者看来，一切场合、一切载体、一切方式，都是隐性教育可以融入、嵌入、渗入的地方，只要用心用力用情，就能收到"不言之教胜于教"的效果。

（2019年03月29日）

身心齐入练脚力

夏锦文

"为时代画像、为时代立传、为时代明德""抒写人民、描绘人民、歌唱人民"……在今年的全国两会上,习近平总书记对文化文艺工作者、哲学社会科学工作者提出新的要求。如何"走进实践深处"?增强脚力是一个关键。

中国的改革发展,孕育着无数动人的"中国故事",也沉淀了无数深刻的"中国经验"。从民营企业的发展到乡村振兴的探索,从科技创新的前沿到城市社区的治理,这都是我们工作的时代景深。只有走向广阔的天地,才能发现最新鲜的探索、最壮阔的变革。要写出打动人心的文章、做出引领社会的学问,就需要像树一样,把根深深地扎进这一片大地。迈开步子,走出院子,"一身汗、两腿泥",才有沉甸甸的收获。

练就好脚力,是一种工作方法,更是一种工作态度。毛泽东同志曾说,"没有满腔的热忱,没有眼睛向下的决心,没有求知的渴望,没有放下臭架子、甘当小学生的精神,是一定不能做,也一定做不好的"。要俯下身、扎下根,需要的是一种踏踏实实的态度。心浮气躁,心高气傲,只能让自己飘在上面、浮在表面。

身入,更要心至。练好脚力,仅仅走到基层是不够的,更需要用心贴近群众。身入解决的,仅仅是"在场"问题;而心至,解决的才是"在状态"的问题。这样的心,是"爱民、忧民、为民、惠民之心",是"虚心向群众学习,真心对群众负责,热心为群众服务,诚心接受群众监督"。深入群众生产生活,才能走进群众内心世界;了解百姓生存状态,才能体会群众冷暖诉求。不仅要走出去、走下去,更要走进去真心诚意回答好"为了谁、依靠谁、我是谁"的问题。

　　增强脚力,要带着感情,也要带着思考。能不能由点到面、由此及彼、由表及里,是能力和水平的检验器。著名的社会学家费孝通先生,26次走访江苏一个村,每次调研都认真思考,真正做到了"沉下去成为农民,走出来再成为研究者"。今天,我们要增强"脚力",正应该带着思考走下去,多维度看问题、多角度解难题,否则难免是宝山空回了。心中没有思考、胸中没有全局,如何在千头万绪中把握社情民意、在千变万化中扣紧时代脉搏,写下属于我们时代的新篇章?

　　反观现实,有些人虽然走下去了,却只走"常规线路",只看"盆景式"典型,满足于"蜻蜓点水""飞轮观花",既听不到群众的真声音、真想法,也看不到基层的真情况、真问题。迈进群众的门槛容易,走进群众的心坎不易;下到田间地头容易,摸清治理脉搏不易。以清醒的认识和坚定的立场,以深厚的感情和高度的自觉,放下架子、扑下身子,拜人民为师、向人民学习,才能接地气、通民情。这样的文艺创作、学术研究,也才能带上社会的质感和温度、推动时代的发展和进步。

　　练就一双"铁脚板",并不是一件轻而易举的事情。身心齐入练脚力,归根结底是要有强烈的使命感和担当精神。保持为天地立心、为生民立命的情怀,把一颗火热的心奉献给人民、奉献给时代,才能不虚不浮、不骄不躁,把工作做到家,才能把学问写进群众心坎里,也写在时代进程中。

（2019年03月26日）

梅花"清"气满乾坤

向贤彪

人们喜欢梅花,不只是因为她有"香自苦寒来"的风骨、"她在丛中笑"的怡然,更有"清姿瘦影立悬崖,幽香润万家"的情怀。清姿,是她的颜值;清纯,是她的品格;清香,是她的韵味。赏梅,得其真味真韵,一个清字贯穿其间,这是她形象的真实写照,是她灵魂溢出的芬芳。

崇清尚洁,是中国人自古以来的追求,梅花则承寄了这一美好寓意。明代"花甲县令"冯梦龙来到"地僻人难到,山多云易生"的贫穷小县寿宁为官,把清正廉洁的前辈知县戴镗作为学习的楷模,为新建的戴清亭赋诗一首,其中有"老梅标冷趣,我与尔同清"句,表达自己愿做一株不畏风雪、清香永驻的老梅的高远志向。《荆州记》里说:诗人陆凯与范晔相善,自江南寄梅花一枝到长安与范晔,并赠诗曰:"折梅逢驿使,寄与陇头人。江南无所有,聊赠一枝春。"如此冰清玉洁之情谊,成就了一段人情往来的人间佳话,与"鹅毛赠千里,所重以其人"可谓异曲同工、相映成趣。

在中国语言中,"清"原本指水纯净没有杂质。正是从水的"清"中,引出了其他许多事物的"清",从自然事物的"清"引申出了"清"的人文和社会政治意义。于是,便有了以清贫、清白、清爽、清高、清逸、清趣等以"清"字为核心来判断人格品性、社会风气的众多词汇,从古至今影响着人们的价值观,成为中华民族传统美德中的至宝。

人们向往"清新的空气""清澈的水""清澈蔚蓝的天空",更期盼梅花清香满神州,向往清廉的风尚、清爽的交往、清新的社会环境。自党的十八大以来,党中央重拳反腐败、纠"四风",激浊扬清,使清廉、清爽、清新成为一种返璞归真的新境界,一种触手可及的新感觉,一种生机勃发的新气象。为人处世,不必再为送礼拒礼闹心;干事创业,不必再为托请请托焦虑;人际交往,不必再为请吃吃请费神……远离了污浊之气的雾霾,感悟了风气之变的愉悦,人们顿觉神清气爽,更增添了创造美好生活的执著和坚定。

"山家除夕无他事,插了梅花便过年"。这正是体现了一种高雅的格调、一种清新的气息、一种尚廉崇清的社会风尚。而今,从构建亲清新型政商关系,到建立清清爽爽的同志关系,都旨在营造一种风清气爽的人际关系、海晏河清的社会环境。为此,我们虽然已经做了艰苦的努力,取得了正本清源之效,但反"四风"、正风气,开弓没有回头箭。惟有以"不信东风唤不回"的意志决心、滴水穿石的久久为功,严防死守、善作善成,方能积小胜为大胜,让清风正气溢满人间。

"人之寿夭在元气,国之长短在风俗。"虽然说风气建设人人有责,但"村看村、户看户,群众看干部",党员干部尤其是领导干部责任更大、作用更显。"源清则流清,源浊则流浊。"所有的清,最根本在于人对清的境界的追求、对清的本色的坚守、对清的风尚的呵护。"不要人夸颜色好,只留清气满乾坤",只有"关键少数"发挥好关键作用,带头严格自律,守住规矩底线,自觉崇清守清,才能以自身两袖清风、一身正气引领社会风尚,从春天出发,努力去成就一个更加清新和谐的美好未来。

(2019年03月25日)

决心就是力量，信心就是成功

李秦卫

前不久，国外一家网站研究媒体上刊登的出席两会的代表委员照片发现，"他们的步伐、表情，显示着对实现目标的信心"。

其实，这样的信心，激荡在每个中国人的心头。浏览"伟大的变革——庆祝改革开放40周年大型展览"留言簿和网上跟帖，"信心"是高频词。这种信心体现在行动上，就是消费需求不断升级且日益多元。今年春节期间，全国零售和餐饮企业实现销售额约1.01万亿元，银联网络交易总额达1.16万亿元，"两个万亿"折射强大内需潜力，标注着消费者的信心。

对未来的信心，来自已经取得的实绩。今年的《政府工作报告》显示，去年我国实际使用外资1383亿美元、稳居发展中国家首位。从某种意义上讲，资金的流入，就是信心的流入。"信心是用一个个成功累积起来的"。从新中国成立我们如同在一张白纸上画出最新最美的图画，到改革开放"关键一招"摆脱"被开除球籍的危险"，一项项重大工程、一个个"中国智造"、一桩桩民生实事……近14亿中国人民用汗水浇灌出丰硕的果实，也催生出对发展的坚定信心、对幸福的美好憧憬。

对未来的信心，来自不断发展的实力。去年12月28日，当我国第三架C919大型客机试飞成功之时，一家外媒感叹，"与C919一起腾飞的，还有中国的信心。"注意观看航天发射的人也不难发现，与过去相比，在火箭的点火时刻，我国科技人员脸上呈现的往往是"放松感"；即便是第一次飞向太空的航天员，出征前也是轻松自如。放松源于自信，自信源于实力。今天，一大批中国企业走出国门、参与海外市场竞争，它们之所以能不惧风浪、站稳脚跟，擦亮"中国制造""中国服务"的名片，根本就在于自主创新、刻苦攻关，掌握了核心技术。有了硬实力，心中就有了底气。

对未来的信心，来自永不停歇的实干。实干是实干者的通行证，一切幸福都仰赖于实干苦干。学者渡过无涯学海，需要"苦作舟"；登山者攀上山巅，需要"苦作梯"。同样，实现中华民族伟大复兴的中国梦，离不开亿万人民的艰辛拼搏。"为者常成，行者常至"。人人争当"走好自己的路、做好自己的事"的实干家，拒绝清谈、不务虚功、不弃微末，坚定必胜的信念，我们终将汇聚起更加磅礴的力量，在一棒接一棒的接续奋斗中成就伟大梦想。

哲人有言："决心就是力量，信心就是成功。"春天里的两会，是凝聚众智、集聚众力的民主殿堂。两会上代表委员议政建言的好声音、激扬的精气神，展示着奋斗到底的决心、迎接挑战的信心。一年之计在于春，春天是播种的季节，催动我们以时不我待的紧迫感"起而行之"。让我们筑牢乘势而上的坚定决心，激发攻坚克难的必胜信心，用勤勉实干换得春华秋实，为新时代的改革发展书写辉煌篇章。

（2019年03月22日）

让家庭成为厚德之所

——家庭是人生的第一个课堂①

李 斌

最近,电视系列剧《家道颖颖》持续引发热议。在系列剧第一部《回家》里,3个家庭、两代人因生活环境变迁和思想观念差异产生种种矛盾和裂痕,但骨子里那股对家的共同眷念、对血脉亲情的深情怀恋,支撑他们历经风险磨难、克服利益诱惑,最终阖家团圆。心灵中的家园情愫让人魂牵梦绕,现实中的儿女情长令人朝思暮想,家总有一股文化亲和力与情感凝聚力,激发人们相亲相爱、向上向善的自觉担当。家的信仰,早已融入我们的血脉基因。

古人有言:"家之兴替,在于礼义,不在于富贵贫贱。"从四世同堂到三口之家,家庭的规模随时代发展而变化,但家庭作为社会细胞的性质没有变,家庭的生活依托不可替代,家庭的文明作用更不可替代。邓小平与卓琳相濡以沫、从未红过脸的58年婚姻,令人称道。对于邓小平的继母夏伯根,卓琳同样几十年如一日尊敬和善待,奉养直到老人百岁。夫妻情、婆媳情,在这位"红色大姐"身上得到完美呈现。和谐幸福家庭的价值就在于,它不仅是亲情的港湾,更是一个人出则安邦定国、归则立业兴家的坚实后盾。

"家庭是人生的第一个课堂,父母是孩子的第一任老师",习近平总书记这样强调。家庭是人生旅程的起点,家风是精神成长的沃土。所谓教育,并不限于学校教育、自我教育,家教在教育领域的地位不容忽视。

无论是传统意义上的家规和家训,还是苦口婆心的叮咛嘱咐,乃至潜移默化的言传身教,都会对孩子健康成长形成重要影响。习近平总书记曾回忆,小时候,母亲给他讲精忠报国、岳母刺字的故事,"精忠报国"四个字,从那个时候一直记到现在,是一生追求的目标。

在某种意义上,家风和家教,构成了独具家庭特色的"道德共同体"。从家国情怀的深明大义到知书达理的人情练达,再到品学兼优的素质养成,无不仰赖其滋养和浸润。由于儿子焦国庆看"白戏",焦裕禄专门召开家庭会议,要求子女任何时候都不搞特殊化。严厉又较真的"焦门家风",让子女们从"不伸手"、艰苦朴素、自食其力的良好品行中受益终生。当年那个"看白戏"的老二焦国庆从军21年,获评军区优秀共产党员;老四焦跃进长期在豫东农村基层岗位上发光发热;老五焦守军参军后两立战功,后来被评为全国三八红旗手。

"一家仁,一国兴仁。"家庭文明是社会文明高塔的"累土",千千万万个家庭的家风好,社会风气好才有基础。习近平总书记曾语重心长地指出:"不论时代发生多大变化,不论生活格局发生多大变化,我们都要重视家庭建设,注重家庭、注重家教、注重家风"。让美德厚植于每个家庭,将不仅为家庭美满、生活幸福、人生出彩完成奠基,更可以为实现中国梦激发文明风尚力量。

(2019 年 02 月 25 日)

"清白家风不染尘"

——家庭是人生的第一个课堂 ②

张 凡

电视系列剧《家道颖颖》中,有一个细节令人印象深刻:小火车列车长刘承光拿着鸡毛掸子,认真细致地擦拭客厅里悬挂着的家训——"肩头担道义精忠报国,手中勤巧作耕读持家"。对家风的珍视,在小心翼翼的拂拭中得到淋漓展现。

"清白家风不染尘,冰霜气骨玉精神。"家风是一个家庭的精神内核,正如习近平总书记在会见全国文明家庭代表时强调的,"家庭不只是人们身体的住处,更是人们心灵的归宿"。今天我们对待家风,同样需要像刘承光那样高悬心中、时时拂拭。珍视传统优秀家风、红色家风和当代好家风的宝贵精神财富,让家家户户的"清白家风"焕发感染力和生命力,就能为千千万万家庭带去和谐幸福,为国家发展、社会进步提供坚实支撑。

从孔子庭训"不学礼无以立",到诸葛亮诫子"静以修身,俭以养德",从岳母刺字激励精忠报国,到朱子家训"恒念物力维艰",一个个家训故事、一句句家风箴言,承载着祖辈对后代的希望与嘱托,也蕴含着丰富的人生智慧与美德。中国人自古以来重视家风建设,注重在家庭的言传身教、耳濡目染中塑造子女的人生观与敬畏心。虽然时代在不断变迁,但社会的道德要求与价值坚守未变,传统家庭美德不应成为束之高阁的冰冷道理,让其潜移默化更多心灵,全社会都会充盈风清气正、和谐美好的正能量。

家风关系党风和政风。继承和弘扬红色家风,向来是共产党人的坚定选择。去年,94 岁的老革命周智夫临终前,执意上交 12 万元的"特别"党费,笃定信仰令无数人钦佩,而他"不留金、不留银,只给后代留精神"的纯正家风,同样让人称赞。为避免和同患心脏病的大女儿混用药品,他让女儿在药瓶上贴上名签,因为他的药是公费保障的,不能"一人公费医疗,全家免费吃药";得知外孙要到美国读书,他再三叮嘱"学成后一定要报效国家"。爱党爱国、严守纪律、勤奋节俭,如此家风,不仅山高水长、光照后人,也让共产党人的精神家园更加丰沛。红色家风的精神富矿,为我们修身齐家指引清晰方向。

德润人心,相沿成俗。优良家风离我们每一个人都不遥远,发生在身边的家风善行,触动着社会风尚的共情。前段时间,扶贫干部杨骅倒在了工作岗位上,父亲鼓励他在农村"好好干"、提醒他"严守党纪国法"的微信聊天记录,让人们感受到共产党人家风的朴实无华。多年前救起小悦悦的拾荒阿婆近日接受采访,谈到她平时教育孙儿,"见到路上的老婆婆老公公,要牵别人过马路,如果有人跌倒,就马上扶起来"。感人的言行,彰显出家风传承的魅力。以当代优秀家风为榜样,让崇德向善成为每个家庭的时尚,必能让更多人在好家风的滋养中收获心灵的支撑、行为的引领。

"多亏你培养了我这样的性格,才能让我越发坚强""您让我别灰心,让我注意身体,让我努力训练""尽管你们忙于生意,也会教导我和兄长要珍惜当下"……近日,某网络平台发起"一封家书"节目,来自影视明星、奥运冠军、消防指战员等人的真挚家书,记录下对父母教诲的眷恋与感恩。重视家风建设,促进家庭和睦,新时代的家庭文明新风尚,必将为国家兴旺、民族复兴输入更多奋发向上的精神力量。

(2019 年 02 月 28 日)

一心装满国，一手撑起家

——家庭是人生的第一个课堂 ③

盛玉雷

回家的路，纵然千山万水亦是坦途。抚平坎坷的，是亲情团圆的情浓意切，更有敬业者的奉献奋斗、好心人的一臂之力。载着返乡游子的火车遭遇塌方，车上的产妇也受惊早产，刘承光刘家明父子两代列车长勇于担当，指挥大家度险；带领一众摩托大军回家的廖承平得知消息后，匆忙改道前去援助……电视系列剧《家道颖颖》，从"回家"故事中刻画出小镇百姓"肩头担道义"的家国大义，让观众感受到平凡人身上蕴藏的向善力量。

天下之本在国，国之本在家，每个人的成长和生活都与家国紧密相连。正如习近平总书记在 2019 年春节团拜会上指出的，在家尽孝、为国尽忠是中华民族的优良传统。爱国爱家的那份心灵原色，一直深深植根于中华文明的深厚土壤。"欲治其国者，先齐其家"的价值追求，"先天下之忧而忧，后天下之乐而乐"的使命担当，"苟利国家生死以，岂因祸福避趋之"的忧国忧民，展现的都是个人命运与国家命运的同频共振。正是这种家国休戚与共的使命感、责任心，支撑中华民族生生不息，助力中华文脉薪火相传。

家是国的基础，国是家的倚靠，家与国从来都不是割裂的，而是相互联系、彼此支撑。爱国先爱家。古代选拔官员，注重的是"求忠臣必于孝子之门"。正所谓，"家风正则后代正，则源头正，则国正"。在家尽孝、家道和顺,当一个人"私德"无瑕疵,才经得起考验和诱惑,担得起大任和重托。

爱家更爱国,没有国,家又如何圆满?"不能走,这是国家的土地,我们不能走。"青藏高原上,卓嘎、央宗姐妹俩像格桑花一样扎根在雪域边陲,几十年如一日续写着从父辈开始的"家是玉麦,国是中国"守边故事。"家就是岛,岛就是国,我会一直守到守不动为止。"王继才和妻子王仕花守卫开山岛32年,"民的本分,兵的责任"充分诠释出许党报国的心中大爱。从孝亲敬老、兴家乐业走向爱国爱民、匡扶天下,把爱家和爱国统一起来,心往一处想,劲往一处使,才能让小家更加幸福,让社会更加和谐,让国家更加昌盛。

家庭建设满怀"国富民强"之心,国家建设托举"家国天下"之志,家国情怀所通达的,正是万家灯火、国泰民安。春节期间,一对父子街头相遇却装作互不相识,因为父亲在着装巡逻,儿子在便衣反扒。"小家"虽然忙碌,却护航着"大家"的团圆。浓烈的家庭亲情贯穿于炽热的国之大爱,激发出勇于担当、乐于奉献、勤于实干、善于作为的不竭动力,这样的家风令人感佩。今日之中国,脱贫攻坚号角嘹亮,全面小康越来越近,改革开放气势如虹,高质量发展阔步前进,圆梦的舞台无比广阔,呼唤每个人、每个家庭奋发进取、勇做新时代的追梦人。

"都说国很大,其实一个家,一心装满国,一手撑起家。家是最小国,国是千万家。"家国情怀是中华文化印刻在每个人身上的特有情愫,也是我们骨子里永不改变的血脉基因。在家国一体、命运与共中找到梦想安放的空间,激荡风雨无阻、高歌行进的信心和决心,我们必将一往无前、创造更加美好的未来。

(2019年03月17日)

惟创新者行稳致远

刘根生

习近平总书记在参加十三届全国人大二次会议福建代表团审议时强调，要营造有利于创新创业创造的良好发展环境。这在代表委员中引起热烈反响。

"创新始终伴随风险，这正是创新的内涵所在""用创新驱动高品质生活，努力提高人民群众的获得感与幸福感"……观察今年全国两会，"创新"始终热度不减，成为代表委员口中的高频词。

世界每时每刻都在发生变化，中国也每时每刻都在发生变化，创新永无止境。现实中，从探月工程嫦娥四号任务实现多项创新、填补系列国际国内空白，到故宫文创产品"爆款"频现、让文化遗产活起来，从5G商用在即、各类终端产品层出不穷，到《流浪地球》引发观影热潮、为中国科幻电影标注"现象级"坐标，创新蕴藏着澎湃的动力，激荡着强大的力量。无论个人、社会还是国家，都需要葆有创新思维、砥砺创新精神，让创新成为一种习惯、一种姿态。

在物理学中，"跃迁"原指量子力学体系状态发生跳跃式变化，如今已被用来形容非线性上升现象。从某种意义上说，我们所处的正是一个不断"跃迁"的时代，要想紧跟时代节拍，就必须跑出创新加速度。抓好源头创新，推动增长由数量扩张型转向创新驱动型，已成为迫切的现实要求。事实证明，惟创新者强，惟创新者行稳致远。

创新是一场不凡的征途，须在高原之上勇攀高峰。我国高铁装备行业女总工程师梁建英说："巨人的肩膀不好站，必须让自己成为巨人。"在科技创新的疆场，无数科研人员洒下辛勤汗水、攻克道道难关，终于登上高新技术的峰峦，为经济社会发展注入强劲动力。"让自己成为巨人"，才能在重要领域抢占制高点，成就创新链、激发新动能。有高原未必有高峰，有高峰则必有高原。坚定意志攀登高峰，矢志做科技创新的领跑者，是新时代科研工作者的应有姿态。

创新孕育于科创生态，仰赖于必要的"密度"。硅谷诞生于斯坦福大学周边，地方不大，但实验室、科技公司、投资机构密密麻麻；以色列人口仅约 800 万，却拥有近 4 万名科学家。创新需要"密度"，天才在孤岛上也难有作为。创新要素高密度集聚、形成"场效应"，就会最大限度释放创新的爆发力。深化改革开放、营造最优环境，"聚四海之气、借八方之力"，一个地方才能以创新赢得生机和希望。

创新生于变化、死于固化，呼唤"献身精神"。钱七虎院士引领防护工程科技创新，为我国铸就固若金汤的"地下钢铁长城"，一干就是一个甲子。科学探索面临着种种不确定和风险。献身精神，可说是科学精神的重要意涵之一。心中有信仰，方能不为物欲所惑、不为利害所困。

发展是第一要务，人才是第一资源，创新是第一动力。勤劳智慧的近 14 亿人民，具有无限的创新创业创造潜能，只要充分释放出来，中国的发展就一定会有更为广阔的空间。

（2019 年 03 月 15 日）

为基层减负　促干部实干

李浩燃

基层,有最坚实的力量、最强大的血脉、最活跃的源泉。认识一个真实的中国,离不开基层视角、基层情怀。

"对我们基层面临的形式主义困扰,总书记真是明察秋毫""有对文山会海、督查检查考核过多等突出问题的剖析,有针对性的解决办法,还有监督保障机制,这让我们充满期待""我们更得撸起袖子干事创业"……近日,中办发出《关于解决形式主义突出问题为基层减负的通知》,明确提出将2019年作为"基层减负年",在参加全国两会的代表委员特别是来自基层的代表委员中引起热烈反响。纠偏的决心、务实的举措,直击基层存在的突出问题,让广大干部为之振奋。

一名基层干部说,工作中存在着"三多一急":组织会议多、制发文件多、迎接检查多、工作任务急。现实中,一些地方检查考核林林总总,结果造成"来督导督查的人比抓落实的人还多";在有的地方,问责滥用、泛化,一出事就"多处分几个干部";有的地方重"痕"不重"绩"、留"迹"不留"心",干部跟群众还没聊上几句,就先忙着拍照合影……从督查检查频繁到处处留痕,从"文山会海"回潮到材料论英雄,凡此种种,既占用干部大量时间、耗费大量精力,又助长了形式主义、官僚主义,让"脱实向虚"的不良风气滋生蔓延。长此以往,影响的是干部干事创业的心劲,损害的则是群众的切身利益。

"着力解决党性不纯、政绩观错位的问题""着力解决文山会海反弹回潮的问题""着力解决督查检查考核过多过频、过度留痕的问题""着力解决干部不敢担当作为的问题"。这次中办《通知》围绕为基层减负,聚焦"四个着力",明确提出了一系列管用举措。"对困扰基层的形式主义问题进行大排查""确保发给县级以下的文件、召开的会议减少30%—50%""中央印发的政策性文件原则上不超过10页""少开会、开短会,开管用的会""不得随意要求基层填表报数、层层报材料""改进谈话和函询工作方法,有效减轻干部不必要的心理负担"……这些举措,直面问题,一针见血,操作性强。以"一抓到底"的决心、"一竿子插到底"的作风贯彻落实好《通知》精神,必能有效为基层减负,有力促干部实干。

党的十八大以来,党中央持之以恒反"四风"、正风肃纪久久为功,推动党风政风为之一新、党心民心为之一振。但种种形式主义新表现深刻说明,作风问题具有顽固性、反复性,一抓就好转、一松就反弹,切不可掉以轻心。各地各部门以抓实"基层减负年"为契机,从根本上深挖自身作风积弊,坚决防止以形式主义反对形式主义,才能标本兼治,切实为基层松绑减负。

基层治理之难,难在加强创造性落实,畅通"最后一公里"。基层情况复杂多变,难点痛点问题较多。如习近平总书记所言"把干部从一些无谓的事务中解脱出来",广大干部才能把时间和精力用在干事创业上。牢牢扭住为基层减负这个"牛鼻子",坚持严管和厚爱相结合,激活广大基层干部改革创新的积极性、主动性、创造性,基层干部队伍就能轻装上阵,接"烫手山芋"、钻"矛盾窝"。

基层,是实践的原野、历练的疆场。扎根基层、淬炼本领,是干部成长的重要途径。为基层松绑减负、激励广大干部担当作为,广大基层干部就能更好地为民谋利、为民办事、为民解忧,更好担负起时代赋予的光荣使命。

(2019年03月14日)

"实实在在、心无旁骛做实业"

周人杰

"实实在在、心无旁骛做实业,这是本分。"习近平总书记在福建代表团参加审议时这样强调。从广东考察格力电器到这次全国两会上鼓励安踏公司,从中央经济工作会议到民营企业座谈会,从提出"加强对实体经济的支持"到要求"着力振兴实体经济",习近平总书记多次强调了振兴实业的重要性,明确了做好经济工作的重要着力点。一个"实"字,是对广大实体企业的充分肯定,也是我们推进供给侧结构性改革的重要方向。

实业兴则经济兴,实业强则国家强。对于正在跨越现代化经济体系关口的中国来说,实体经济更是我们的立身之本、财富之源。看当今世界经济,互联网、新科技方兴未艾,云计算、大数据引领潮流,越是在竞争激烈的较劲时刻,我们越是要咬定"实业"这座青山不放松,奋力补上自主创新与核心技术的短板,继续擦亮中国制造的一张张高质量名片。

兴实业,重在实实在在。世界银行报告显示,2018年的"中国营商环境"排名较上一年大幅提升32位,位列全球第四十六名。实践告诉我们,为实体企业创设良好条件,无论优化服务还是产业扶持,无论减税降费还是金融输血,都应出实招、办实事、求实效。只要实打实地简政放权,真"放"、真"管"、真"服",实打实地消除歧视、平等对待各类企业,实打实地分类创新线上、线下监管模式,实打实地打造法治化、国际化、便利化的营商环境,我们就能走好改革落地最后一公里,构建亲清新型政商关系,让各项行之有效的措施办法、体制机制日臻成熟、愈益定型。

兴实业,必须心无旁骛。在福建代表团,安踏公司负责人在解释品牌含义时说,其意思是"安心创业、踏实做人"。相对外部环境的改善,转型升级的专注力、搏击商海的精气神,才是真正的内因和决定性力量。要以质取胜、凭自主创新和品牌形成竞争优势,不能总靠"山寨版"、拼成本乃至卖苦力维持。然而克服惯性、提质增效、攻关高精尖、突破"卡脖子",工匠精神的塑造、经营策略的求变,无不需要锲而不舍的笨功夫,考验的正是抗干扰能力。今天,我国发展仍处于并将长期处于重要战略机遇期,时与势在我们一边。遇到困难不要泄气,更不要彷徨、犹豫,要抢抓机遇挖掘内需市场的潜力,借助新一轮科技革命的推力,争得全面深化改革释放的红利。

正如习近平总书记所言:"做企业、做事业不是仅仅赚几个钱的问题。"在商言商,不耻于言利,但"计利当计天下利",算账要算大账,算在竞争中谋求长期发展的需求账、民生账。秉持实业兴国的情怀,始终坚守价值与理想、诚信经营、通达天下,民族企业方能成就"百年老店"的商誉,成就一番回馈社会的伟业。回望过去,中国企业的成长,是靠实体经济起家的。面向未来,多长兴实业的硬本事、多练干实事的硬功夫,我们定能在"变中有忧"中抓住"变中之机",依靠实业开创中国经济更加璀璨的未来。

(2019年03月13日)

为政以公,行胜于言

李 斌

"艰苦奋斗、勤俭节约的思想永远不能丢",习近平总书记在参加内蒙古代表团审议时这样强调。"为政以公,行胜于言""政府干的,都应是人民盼的""政府部门做好服务是本分,服务不好是失职",政府工作报告这样承诺。全国两会上,代表委员们积极建言献策、落实改革举措、增进发展信心,展现了优良作风和坚韧干劲。

"大道之行也,天下为公"。用历史的长镜头看,新中国从当年的"一张白纸",70年时间绘就一幅灿烂绚丽的惊世画卷,靠的是共产党人夙夜在公,带领亿万人民奋斗拼搏。救世济民、富国强民的坚定担当,激励中国共产党带领中华儿女从革命年代一路走来,开辟出惊天动地的事业。党的十八大以来,深化改革破除积弊,公平阳光洒照大地,"打虎拍蝇"永不停步,从严治党清气浩荡,无不显示出为政以公、执政为民的理念与情怀。

干在实处,身影就是最好的引领;走在前列,公义就是最好的垂范。风口浪尖处,总能看到共产党人舍己为公、为国为民的勇毅身影。新中国成立之初敌我斗争严峻,谷文昌察访民情后力主把"敌伪家属"改为"兵灾家属",一项德政赢得福建东山十万民心。建设时期焦裕禄撤掉劝阻灾民逃荒的"劝阻办公室",改建为"除三害办公室",聚合起兰考人治内涝、风沙、盐碱的信心。改革开放以来,从袁庚、步鑫生到邹碧华、罗阳,一颗公心支撑共产党人蹚出改革发展的条条大道。事业成就从公心中开拓出来,美誉威望从实干中积累起来,成就无愧于人民的功业,离不开为民任事、为国担当的忠肝义胆。

一位全国人大代表说,"脱贫攻坚,啃掉的是硬骨头,获得的是新希望"。这从一个侧面说明,事不避难、勤奋奉公,正是中国共产党人的谋事之基、成事之道。告诫"空谈误国,实干兴邦",惕励"不忘初心,继续前进",号召"艰苦奋斗、勤俭节约"……越是顶天立地的事业,越是需要激荡艰苦奋斗的精神,坚定沉潜做事的态度。经济从高速增长转入高质量发展必然经历化蛹为蝶的阵痛,全面深化改革往深处改、往实处落,难免触及更多险滩礁石,迎着新问题新课题推进国家治理现代化同样没有捷径可走。现实语境也决定了,只有以推动改革发展的成果说话,以干事创业的实绩交卷,才能无愧于历史和人民。

习近平总书记曾语重心长地说,既然党和国家前途命运交给了我们,就要担当起这个责任。寥寥数语,展现出为国为民的深厚情怀,寄托着对党员干部的殷殷期许。今日大好春光,我们已经瞭望到民族复兴的壮丽前景,也规划好了通达胜利彼岸的恢弘航程。每个新时代的追梦人,都应抖擞精神、奋斗以行。未来定会像马克思所希冀的,"我们的幸福将属于千百万人,我们的事业将悄然无声地存在下去,但是它会永远发挥作用"。

(2019 年 03 月 12 日)

"活力中国"从哪里来

纪东冲

习近平总书记在 2019 年新年贺词中指出，"一个流动的中国，充满了繁荣发展的活力。" 3 月 10 日下午，习近平总书记在福建代表团参加审议时强调，"要营造有利于创新创业创造的良好发展环境"，并提出明确要求，为构建"活力中国"指明了方向。

"星垂平野阔，月涌大江流。"今天的中国，呈现一派勃勃生机。这里是日均新设企业超过 1.8 万户的创业热土，是一天运输 1 亿件快递、一年产生 29.2 万亿元电子商务平台交易额的网络大国，更是技术市场成交合同金额突破万亿元大关的创新中国。过去一年，城镇新增就业 1361 万人，服务业对经济增长贡献率接近 60%，新兴产业蓬勃发展，大众创业万众创新深入推进……"活力中国"的背后，是营造良好发展环境的务实行动。"激发市场主体活力，着力优化营商环境""用公正监管管出公平、管出效率、管出活力""把市场活力和社会创造力充分释放出来"，在今年政府工作报告的字里行间，一个"活力中国"跃然纸上。

"要向改革开放要动力，最大限度释放全社会创新创业创造动能，不断增强我国在世界大变局中的影响力、竞争力。"习近平总书记提出的明确要求，揭示了构建"活力中国"的关键所在。在党的十八届三中全会上，"让一切劳动、知识、技术、管理、资本的活力竞相迸发，让一切创造社会财富的源泉充分涌流"，成为全面深化改革的目标要求。这些年来，党和国家机构改革、行政管理体制改革、依法治国体制改革、社会治理体制改革、生态环境督察体制改革……改革夯基垒台、立柱架梁，为"活力中国"的构建奠定了坚实基础。走过波澜壮阔的40年历程，"将改革开放进行到底"成为全社会的最大共识，更成为构建"活力中国"的内在要求。

营造良好发展环境，构建"活力中国"，必须奔着问题去，抓住问题改。正如习近平总书记所强调的，"要坚持问题导向，解放思想，通过全面深化改革开放，给创新创业创造以更好的环境，着力解决影响创新创业创造的突出体制机制问题，营造鼓励创新创业创造的社会氛围"。今年的政府工作报告明确提出"要深化'放管服'改革，推动降低制度性交易成本，下硬功夫打造好发展软环境"。从"以简审批优服务便利投资兴业"，到"以改革推动降低涉企收费"，再到"深化重点领域改革"，目的就是营造有利于大众创业、市场主体创新的政策环境和制度环境。

市场活力，也源于良好市场环境。习近平总书记强调："要坚持'两个毫不动摇'，落实鼓励引导支持民营经济发展的各项政策措施，为各类所有制企业营造公平、透明、法治的发展环境，营造有利于企业家健康成长的良好氛围"。今年的政府工作报告强调："加快建立统一开放、竞争有序的现代市场体系，放宽市场准入，加强公正监管，打造法治化、国际化、便利化的营商环境，让各类市场主体更加活跃"，目的就是要让各类所有制企业依法平等使用生产要素、公平参与市场竞争，同等受到法律保护。

"中国人民勤劳智慧，具有无限的创新创造潜能，只要充分释放出来，中国的发展就一定会有更为广阔空间。"营造有利于创新创业创造的良好发展环境，不断激发市场活力和社会创造力，我们必能构建一个世所瞩目的"活力中国"，更将创造新的更大奇迹。

（2019年03月11日）

乡村兴则国家兴

李浩燃

乡村兴则国家兴，乡村衰则国家衰。

"乡村振兴是包括产业振兴、人才振兴、文化振兴、生态振兴、组织振兴的全面振兴"，3月8日上午，习近平总书记在参加河南代表团审议时，进一步明确了实施乡村振兴战略的总目标、总方针、总要求和制度保障，强调要把实施乡村振兴战略、做好"三农"工作放在经济社会发展全局中统筹谋划和推进，充分体现了解决好"三农"问题这一"全党工作重中之重"的分量，充分彰显了实施乡村振兴战略这一做好新时代"三农"工作总抓手的重要性和紧迫性。

"农，天下之大业也。"我国是农业大国，重农固本是安民之基、治国之要。党的十八大以来，以习近平同志为核心的党中央高度重视"三农"工作，努力推动"三农"工作理论创新、实践创新、制度创新，农业农村发展取得了历史性成就、发生了历史性变革。事实证明，"三农"向好，全局主动。齐心协力做好新时代"三农"工作、推进乡村全面振兴，赢得"三农"发展的持续好形势，就能稳住基本盘，对做好全局工作起到压舱石作用。

小康不小康，关键看老乡。必须清醒认识到，决胜全面小康，最艰巨的任务在农村，最突出的短板也在农村。也正因如此，"三农"依然是今年全国两会上代表委员关注的一大重点。习近平总书记强调："农业强不强、农村美不美、农民富不富,决定着全面小康社会的成色和社会主义现代化的质量。"只有以实施乡村振兴战略为总抓手,对标全面建成小康社会"三农"工作必须完成的硬任务,加快推进农业农村现代化,从根本上解决好农业农村农民问题,才能让乡村全面振兴,让全面小康的成色足,让国家现代化的质量高。

全面实施乡村振兴战略,就要"抓重点、补短板、强基础"。习近平总书记在参加河南代表团审议时强调,要扛稳粮食安全这个重任、推进农业供给侧结构性改革、树牢绿色发展理念、补齐农村基础设施这个短板、夯实乡村治理这个根基、用好深化改革这个法宝。这些重要论述,为新时代实施乡村振兴战略提供了重要认识论和方法论。只有扛起了重任、补齐了短板、夯实了根基、用好了法宝,乡村振兴战略这个"总抓手"我们才能紧紧抓住、切实抓好,加快补齐农业农村发展短板,不断缩小城乡差距,促进农业全面升级、农村全面进步、农民全面发展。

"大道至简,实干为要。"应当看到,在我们这样一个拥有近14亿人口的大国,实现乡村振兴是前无古人、后无来者的伟大创举,没有现成的、可照抄照搬的经验,也不可能一蹴而就。我们必须遵循乡村建设规律,坚持科学规划、注重质量、从容建设,一件事情接着一件事情办,一年接着一年干,切忌贪大求快、刮风搞运动,防止走弯路、翻烧饼。只有以"功成不必在我"的精神境界和"功成必定有我"的历史担当,久久为功、驰而不息,我们才能让农业成为有奔头的产业,让农民成为有吸引力的职业,让农村成为安居乐业的家园。

"任何时候都不能忽视农业、忘记农民、淡漠农村"。乡村蕴藏着无限希望与动能,形势越是复杂,做好"三农"工作越具有特殊重要性。打好乡村振兴这场"攻坚战""持久战",我们就能为有效应对各种风险挑战赢得主动,为做好全局工作增强定力、增厚底气、增添干劲。

(2019年03月09日)

"不获全胜、决不收兵"

李 斌

"现在距离2020年完成脱贫攻坚目标任务只有两年时间，正是最吃劲的时候""脱贫攻坚越到紧要关头，越要坚定必胜的信心，越要有一鼓作气的决心"。

7日，习近平总书记在参加甘肃代表团审议时，着眼如期全面打赢脱贫攻坚战、如期全面建成小康社会，宣示了"不获全胜、决不收兵"的决心，吹响了"尽锐出战、迎难而上，真抓实干、精准施策，确保脱贫攻坚任务如期完成"的号令。要坚定信心不动摇、咬定目标不放松、整治问题不手软、落实责任不松劲、转变作风不懈怠。习近平总书记的重要讲话，为脱贫攻坚加油鼓劲，如冲锋号角，催人奋进。

到2020年现行标准下农村贫困人口全部脱贫、贫困县全部摘帽，是我们党立下的军令状。党的十八大以来，脱贫攻坚力度之大、规模之广、影响之深，前所未有，取得了决定性进展。数据显示，从2012年末的9899万人减少到2018年末的1660万人，连续6年平均每年减贫1300多万人。与此同时也要看到，今后两年脱贫攻坚任务仍然艰巨繁重，剩下的都是贫中之贫、困中之困，都是难啃的硬骨头。当此"最吃劲的时候""紧要关头"，关键就是要按照习近平总书记的要求，激发"尽锐出战、迎难而上"的干劲，砥砺"不获全胜、决不收兵"的决心，一鼓作气，决战决胜。

一鼓作气打赢打好脱贫攻坚战，离不开一个"实"字：工作必须务实，过程必须扎实，结果必须真实。"对群众反映的'虚假式'脱贫、'算账式'脱贫、'指标式'脱贫、'游走式'脱贫等问题，要高度重视并坚决克服，提高脱贫质量，做到脱真贫、真脱贫。"习近平总书记在讲话中，对真抓实干、精准施策作出特别强调。从现实情况看，无论是数字脱贫、弄虚作假之类的形式扶贫，重"面子工程"轻惠民实效之类的官僚主义，还是蝇贪蚁吞、优亲厚友之类的腐败问题，都会导致扶贫政策"失准"，扶贫资源"跑冒滴漏"，影响脱贫攻坚成效和人民群众的获得感。对此，必须坚持问题导向，把求真务实的导向立起来、让真抓实干的规矩严起来，让脱贫成效真正获得群众认可、经得起实践和历史检验。

一鼓作气打赢打好脱贫攻坚战，要突出一个"严"字：把全面从严治党要求贯穿脱贫攻坚全过程。习近平总书记强调，脱贫攻坚任务能否完成，关键在人，关键在干部队伍作风。脱贫攻坚越是到"最吃劲的时候"，就越要加强和改善党的领导、加强和改进党风政风。老百姓常说，"帮钱帮物，不如帮助建个好支部。"抓好党建促脱贫攻坚，是贫困地区脱贫致富的重要经验。广大党员干部勇当脱贫的领头羊、发展的开路人，以念兹在兹的为民情怀、久久为功的作风韧劲，下好精细精准的绣花功夫，才能不辱使命、不负重托。

"脱贫攻坚是一场必须打赢打好的硬仗。"习近平总书记的号召鼓舞人心。以昂扬的斗志、饱满的热情、旺盛的干劲，完成这项对中华民族、对整个人类都具有重大意义的伟业，我们就一定能谱写人类反贫困历史新篇章。

（2019 年 03 月 08 日）

"把学问写进群众心坎里"

李 斌

"肩负着启迪思想、陶冶情操、温润心灵的重要职责,承担着以文化人、以文育人、以文培元的使命"。3月4日,习近平总书记在看望参加全国政协十三届二次会议的文化艺术界、社会科学界委员时,寄语文化文艺工作者、哲学社会科学工作者用心用情用功抒写人民、描绘人民、歌唱人民,把学问写进群众心坎里,汇集和激发近14亿人民的磅礴力量。

为谁创作、为谁立言的问题,是一个根本问题。脱离了人民这个源头活水,文艺就会变成"无根的浮萍、无病的呻吟、无魂的躯壳";脱离了人民这个常青之树,哲学社会科学就容易"滑入机械论的泥坑"。描绘什么、讴歌什么,研究什么、主张什么,首先就要解决好"为了谁、依靠谁、我是谁"这个问题。走出方寸天地,阅尽大千世界,用心诚、用情恳、用功实,文化文艺工作者、哲学社会科学工作者就能在为祖国、为人民立德立言中成就自我、实现价值。

心正则笔正。司马迁作《史记》被称颂"史家之绝唱,无韵之离骚",李杜文章被赞许"光焰万丈长",皆缘于心怀天下和人民。历览前贤时彦,为天地立心、为生民立命是共同的志向和传统。习近平总书记强调,人民既是历史的创造者、也是历史的见证者,既是历史的"剧中人"、也是历史的"剧作者"。用心,意味着把人民的冷暖、人民的幸福放在心中,为人民讴歌书写、述学立论。拆除"心"的围墙,打下人民的烙印,表达人民心声、把握群众脉搏,才能如习近平总书记所言:"把学问写进群众心坎里"。

感人心者莫先乎情。理性之美需要感性之美的点缀,以文化人离不开以情感人的铺陈。文艺作品是枯燥呆板还是活灵活现,理论研究是玄虚莫测还是直面现实,能否在"身入"之外做到"情入"至关重要。正因为眷恋生于斯长于斯的乡土,陈忠实从省作协大院搬到乡下,打了无数腹稿,历时6年创作完成《白鹿原》。正因为毕生坚守"启人心智、服务人民、资政育人"的信念,"红色理论家"郑德荣从教67年,先后出版学术著作和教材50多部,培养出一批栋梁之材,奠定了党史学科的理论基础。成就精彩华章,赤子深情是最好的笔墨。

心怀人民不是一句口号,行万里路、进万家门,用功是厚积薄发的前提。不知稼穑之艰难,就不知贵谷务本之治道;不思纺绩之辛苦,就不知创业营生之艰辛。皇甫村蹲点14年,直到对农村各种人物、风俗习惯和心理状态熟稔于心,柳青不仅创作出史诗般巨著《创业史》,也成就了"深入生活、扎根人民"的典范。1980年到1984年间,年届七旬的杜润生为掌握农村发展实际,调研走访全国25个省份240个县,主持起草的5个中央"1号文件"对农村改革影响深远。"不下汪洋海,难得夜明珠"。忍受寂寞、抵制诱惑、潜心向学,留下的将是佳作巨著,成就的将是大家风范。

漫漫时间长河,生命不过一瞬,而那些为时代画像、为时代立传、为时代明德的作品和学问,却可以永恒。今天,民族复兴的壮丽图景铺展开来,近14亿人民正进行着波澜壮阔的伟大社会变革。服务人民生产生活的伟大实践,书写人民喜怒哀乐的真情实感,文化文艺工作者和哲学社会科学工作者大有可为,也必将大有作为。

(2019年03月07日)

用明德引领风尚

金 苍

一个国家、一个民族不能没有灵魂，而文化文艺工作、哲学社会科学工作，就属于培根铸魂的工作。3月4日，习近平总书记在看望参加政协会议的文艺界社科界委员时，对"铸魂师"们提出明确要求，勉励他们"要坚持用明德引领风尚"，努力做对国家、对民族、对人民有贡献的艺术家和学问家。

文以载道，士以弘道，是古往今来无数艺术家、学问家的价值追求。一部《平凡的世界》，曾鼓舞多少有志青年"精神上强大起来，变得更坚强"；一本《大众哲学》，让多少人走近马克思主义真理。正如习近平总书记指出的，文化文艺工作者、哲学社会科学工作者都肩负着启迪思想、陶冶情操、温润心灵的重要职责，承担着以文化人、以文育人、以文培元的使命。

《左传》中说，"太上有立德，其次有立功，其次有立言"。这"三不朽"中，立德居首位。致力于人类精神世界完善的人，不仅需要用自己的思考滋养人们的心灵，也需要能实践这样一种精神的修炼，真正做到知行合一。的确，没有"致君尧舜上，再使风俗淳"的家国情怀，也不会有杜甫笔下沉郁顿挫的诗句；没有呵护"活了一千年的生命"的精神追求，也不会有樊锦诗几十年对敦煌莫高窟的不离不弃。艺术家、学问家的信仰、情怀与担当，正体现在这样一种高远的理想追求和深沉的家国情怀之中。

从事作用于灵魂的工作,艺术家、学问家需要站得更高、看得更广。文艺创作不是"一个人的风花雪月",凡是伟大的作品,必然是陶冶情操、浸润人心的;学术研究也不是"象牙塔里的皓首穷经",凡有价值的成果,必然是影响社会、引领思想的。个人的艺术追求、学术理想,只有与国家前途、民族命运结合在一起,才能获得持久的生命力;而文艺创作、学术研究有理想、有担当、有家国天下的胸怀,也才能有一种刚健的气质,接地气、强底气、增生气。

习近平总书记多次引用王国维的"三境界"说,阐述为学为文之理。对于艺术家、学问家,高尚的职业道德,同样体现在多下苦功、多练真功的勤业精业上,体现在讲品位、讲格调、讲责任的执着担当上。曹雪芹写《红楼梦》"披阅十载,增删五次",柳青为创作《创业史》蹲点皇甫村14年,这是作品的打磨,更是人格的修炼。坚守"望尽天涯路"的追求,耐住"昨夜西风凋碧树"的冷清,保持"衣带渐宽终不悔"的努力,才能抵达"蓦然回首,那人却在,灯火阑珊处"的领悟。

明大德、立大德,才能成就伟大的作品和研究,也才能铸就伟大的艺术家和学问家。德艺双馨、德业双馨,说到底,德才是基础。

"凡作传世之文者,必先有可以传世之心。"以大写的人,为大写的文;以纯粹的人,做高尚的文,作者与作品、学者与学问相互激荡,方能传递向上向善的价值观,引领社会与时代的风尚,汇聚起推动时代前行的精神力量。

(2019年03月06日)

聆听民主政治的铿锵足音

李洪兴

阳和启蛰，品物皆春，正值共襄国是、共谋伟业的"两会时刻"。

1949年9月，中国人民政治协商会议第一届全体会议开幕。参加会议的662名代表，通过了具有临时宪法性质的《中国人民政治协商会议共同纲领》，选出了中央人民政府主席、副主席，为新中国的成立完成奠基礼。占世界人口1/4的中国人民，从此站起来了。

改革开放初期的1979年，五届全国人大二次会议一口气通过了刑法、刑事诉讼法、地方各级人民代表大会和地方各级人民政府组织法等7部法律，其中一部尤其引人注目，那就是中外合资经营企业法。它的出台，为建立中外合资经营企业确定了法律依据，增强了国家对外开放政策的可信度，成为改革开放的重要法治里程碑。大发展大变革的指针，导引中国踏上富起来的康庄大道。

新时代新使命新征程。在全国两会这个举世瞩目的政治舞台上，代表委员的每一次建言献策都关系国计民生，每一次参政议政都影响未来发展。高质量打赢脱贫攻坚战、加强网络环境下知识产权保护、增进民营小微企业"获得感"、治水下好"一盘棋"……今年代表委员们提交的议案提案沾露珠、冒热气，凝聚着干部群众团结一心、奔跑逐梦的精气神儿，为强国征程铺就一段新坦途。

有外媒曾指出，全国两会是"向外界展现中国特色政治制度的一个机会"。私有财产保护入宪、制定食品安全法、设立"全民健身日""文化遗产日"……正是得益于代表委员们的真知灼见、睿智良言,无数"烦心事""拦路虎""硬骨头"转化为中国发展进步的垫脚石,提振了老百姓的获得感、幸福感。迈向美好生活的脚步能听得见,国家治理的程式能看得清,民主政治能解决得了真问题,这些制度效能,为人民代表大会制度、中国共产党领导的多党合作和政治协商制度的伟大政治创造标注下生动注脚。

一份份议案提案,书写着人民的所思所盼、所喜所忧,投射下中国从站起来、富起来到强起来的矫健英姿,也见证了新型政治制度、新型政党制度的成熟完善。制度优势有多深厚,制度效能有多磅礴,与代表委员高水平履职密不可分。建言资政,只有高质量的议案提案才会掷地有声。代表委员察真情、询真意、讲真话、用真心,把社情民意体现到国家治理中,把履职尽责书写在祖国大地上,才能让中国特色的新型政治制度和新型政党制度显示出更为强大的生命力和优越性。

"我们这代人,感情纯净如水,对党和国家充满无限忠诚,全心全意为人民服务。"说这话的人,是《我的祖国》演唱者、人民艺术家郭兰英先生。她回忆起1954年当选第一届全国人大代表的情景,"在和选民见面时竟然被热情的群众抬了起来"。人民民主正是从中国土壤中生长出来,所以能赢得人民群众的真心拥护。念兹在兹,更多华章正在书写。雄关漫道,更大辉煌寄予未来。

(2019年03月05日)

共识是奋进的动力

李浩燃

春风吐绿、草木初萌，一年一度的全国两会拉开帷幕。数千名代表委员齐聚北京履职尽责，议政建言、共商国是，集聚众智、凝聚共识，在春天里发出好声音。从庄严的人民大会堂到聚焦两会的舆论场，众人拾柴的心劲在激荡，团结奋进的力量在汇聚。

习近平总书记强调，"人心是最大的政治，共识是奋进的动力。"共识如同事业发展的催化剂，蕴藏着强大正能量。尽最大努力谋求共识，在更广范围赢得共识，就能得到更多支持、争取更多主动，为攻坚克难、爬坡过坎凝聚合力。近日，国家统计局发布2018年国民经济和社会发展统计公报。一个个指标、一项项数据，标注着我国经济社会发展所取得的不凡成绩。面对严峻复杂的国际国内形势，为何我们能"过得很充实、走得很坚定"，收获来之不易的成绩单？改革发展共识的凝聚，无疑是重要的一方面。

拉开时间的距离，从更为纵深的视野来体悟，共识也彰显着智慧与勇气。从"唤起工农千百万"到建立"爱国统一战线"，谋求共识、凝聚共识，一直是我们党的看家本领；从"团结一致向前看"到"发展才是硬道理"，在解放思想中求取共识，一直是我们大踏步赶上时代的重要方法论；从"实现中华民族伟大复兴的中国梦"到"新时代是奋斗者的时代"，通过凝聚共识找寻最大公约数，一直是我们砥砺奋进的力量所在。

重温人民共和国的筚路蓝缕，回首改革开放的波澜壮阔，不难得到启示：有共识就有团结，有共识就有力量。

也应看到，共识不会自动形成，也绝非一蹴而就。即便是拉弓射箭，要想一举正中鹄的，也必须考虑距离的远近、气流的影响。以改革为例，凝聚共识往往是首要难题，如果没有广泛的共识，压力就会变成阻力。全面深化改革行进至今，"低垂的果子"早已摘完，我们面对的是深刻变动的社会结构、深刻调整的利益格局、深刻变化的思想观念，统筹兼顾各方利益任务繁重，凝聚改革共识的难度大大增加。然而，越是利益多元、观念多样，越需要找到"全社会意愿和要求的最大公约数"，解开思想扣子、迈开实干步子，从而在思想认识上实现共振，激发改革开放再出发的磅礴动力。

"船的力量在帆上，人的力量在心上"，心朝一处想，劲才会往一处使。从治理的维度出发，有事好商量，众人的事情由众人商量，充分发扬民主、集思广益，有利于统一思想、凝聚共识，也是科学决策、民主决策的体现。现实中，浙江温岭的民主恳谈会为什么对村民葆有吸引力？就在于协商有利于达成共识，连接着民主的真谛。"众力并则万钧举，群智用则庶绩康"。我们的目标越伟大、愿景越光明，我们的使命越艰巨、责任越重大。面对变动不居的时代环境，凡事商量着办、努力求得共识，才能不惧"黑天鹅""灰犀牛"等各类风险，也才能书写"人心齐，泰山移"的新篇章。

日月不肯迟，四时相催迫。时间是充满魔力的变量，警醒我们决胜全面小康重任在肩、时不我待，切不可喘口气、歇歇脚；催动我们广泛凝聚共识、不断增进团结，向着目标艰辛奋斗。代表委员的尽心履职，必将在会场内外汇聚更多智慧和力量，助力我们在追梦之路上攻克一个个"娄山关""腊子口"，在新时代不断成就新作为。

（2019年03月04日）

全面小康"硬任务"必须完成

——贯彻落实好中央一号文件精神 ①

赵永平

小康不小康,关键看老乡。今明两年是全面建成小康社会的决胜期,"三农"领域有不少必须完成的硬任务。

"对标全面建成小康社会必须完成的硬任务""巩固发展农业农村好形势",去年底,习近平总书记对做好"三农"工作作出重要指示。今年中央一号文件瞄准各项硬任务,作出具体部署。"主攻深度贫困地区""加快突破农业关键核心技术""抓好农村人居环境整治三年行动""实施数字乡村战略"……政策实打实,措施硬碰硬。

党的十八大以来,在以习近平同志为核心的党中央坚强领导下,农业农村发展取得了历史性成就、发生了历史性变革,农民群众获得感、幸福感、安全感不断增强。在当前经济下行压力加大、外部环境发生深刻变化的复杂形势下,做好"三农"工作具有特殊重要性。今年是全面建成小康社会关键之年,强化落实"三农"各项硬任务,具有重大意义。

硬任务"硬"在必须完成,没有退路。到2020年全面建成小康社会,是我们党向人民、向历史作出的庄严承诺。当前,最艰巨的任务在农村,最突出的短板也在农村。全面小康,核心就在全面,农村不能掉队,农民不能缺席。农业强不强、农村美不美、农民富不富,决定着全面小康社会的成色和社会主义现代化的质量。只有坚持把解决好"三农"问题作为全党工作重中之重,抓重点、补短板、强基础,确保如期完成农村改革发展目标任务,才能让亿万农民与全国人民一道迈入全面小康社会,兑现我们党的庄严承诺。

硬任务"硬"在事关紧要,定基压舱。今明两年农业农村工作有很多硬仗要打。就当前看,经济形势越是复杂,越要做好"三农"工作,发挥好"三农"压舱石和稳定器作用。稳增长、促改革、调结构,哪样都离不开农业、农村、农民,切实稳住"三农"这个基本盘,才能为应对各种风险挑战赢得主动。只要我们扎实完成好各项硬任务,稳粮食、保供给,稳就业、促增收,稳社会、促和谐,咬定青山不放松,把自己的事做好,就能为确保经济持续发展和社会大局稳定奠定基础。

完成硬任务,就要瞄准农村最突出的短板。打赢脱贫攻坚战是全面建成小康社会的底线任务。从2012年末到2018年末,全国农村贫困人口累计减少8239万人,仍有1660万人没有脱贫,剩下的都是难中之难。再急再难,也必须不折不扣解决。"农村1000多万贫困人口的脱贫任务要如期完成,还得咬定目标使劲干",习近平主席在新年贺词中的话语饱含深情、催人奋进。如期实现既定脱贫目标,既要"一个都不能少",又要减少和防止返贫;既不降低标准,也不吊高胃口,要一鼓作气,持续用力,让脱贫成果经得起检验。

完成硬任务,就要聚焦农民最关切的问题。千方百计促增收,发展壮大乡村产业,支持乡村创新创业,让农民增收渠道更多元、动能更强劲。改善农村人居环境,既要尽力而为,又要量力而行,不做表面文章,让更多乡村"望得见山、看得见水、记得住乡愁"。补齐公共服务短板,疏解农民忧心事,让一项项政策落到农民心坎上。

春风又绿希望的田野,"三农"发展迎来更加明媚的春天。让我们以习近平新时代中国特色社会主义思想为指导,认真贯彻落实中央一号文件精神,增强使命感、紧迫感,真抓实干、攻坚克难,凝聚起亿万农民追逐梦想的奋进力量,谱写新时代乡村全面振兴的华彩乐章。

(2019年03月01日)

坚持农业农村优先发展总方针

——贯彻落实好中央一号文件精神 ②

朱 隽

农业农村农民问题是关系国计民生的根本性问题。任何时候都不能忽视农业、忘记农民、淡漠农村。

"坚持农业农村优先发展总方针",习近平总书记多次强调、今年的中央一号文件贯彻落实的这一重大原则,是以习近平同志为核心的党中央从党和国家事业发展全局出发作出的重要决策。从党的十九大报告提出"坚持农业农村优先发展",到今年中央一号文件将这一原则进一步明确为做好"三农"工作的总方针,解决好"三农"问题的方略更加清晰,全党工作的重中之重更加突显。

我国是农业大国,重农固本是安民之基、治国之要。没有农业农村的现代化,就没有国家的现代化。全面建成小康社会和全面建设社会主义现代化强国,最艰巨最繁重的任务在农村,最广泛最深厚的基础在农村,最大的潜力和后劲也在农村。只有坚持农业农村优先发展总方针,以实施乡村振兴战略为总抓手,对标全面建成小康社会必须完成的硬任务,让乡村尽快跟上国家发展步伐,促进农业全面升级、农村全面进步、农民全面发展,才能实现乡村全面振兴。

坚持农业农村优先发展,就要出台实打实的政策措施。牢固树立农业农村优先发展政策导向,立足进一步调整理顺工农城乡关系,在干部配备上优先考虑,在要素配置上优先满足,在资金投入上优先保障,在公共服务上优先安排。要打造一支能打硬仗的"三农"干部队伍，夯实乡村振兴人才基础；引导和支持各类发展要素向农业农村流动，释放农村巨大发展潜力；把农业农村作为财政优先保障领域和金融优先服务领域，打通"三农"发展资金瓶颈；加快补齐农村公共服务、基础设施等短板，改善农村生产生活条件。

坚持农业农村优先发展，就要建立强有力的机制保障。衡量一个地方的工作，不能只看工业，还要看农业；不能只看城市，还要看农村。要把落实"四个优先"的要求作为做好"三农"工作的头等大事，纳入政绩考核，通过建立健全相应的指标考核体系，推动各级地方党委和政府转变政绩观，更自觉主动地做好"三农"工作，切实把"优先"体现出来，改变农业农村工作"说起来重要、干起来次要、忙起来不要"的现象。要强化求真务实的工作作风，动真格、见真章、出实招、求实效，扎扎实实、兢兢业业，一锤接着一锤敲，一年接着一年干。

中国要强，农业必须强；中国要美，农村必须美；中国要富，农民必须富。坚持农业农村优先发展总方针，高水平推进农业农村现代化，让农业成为有奔头的产业，让农民成为有吸引力的职业，让农村成为安居乐业的家园，我们就一定能谱写新时代乡村全面振兴新篇章，为实现中华民族伟大复兴奠定坚实基础。

（2019 年 03 月 02 日）

做好"三农"工作关键在党

——贯彻落实好中央一号文件精神 ③

高云才　顾仲阳

党的领导,是"三农"发展的坚强政治保障。

"加强党对'三农'工作的领导,落实农业农村优先发展总方针",今年中央一号文件就坚持加强和改善党对"三农"工作的领导提出了明确要求、作出了重要部署。贯彻落实中央一号文件精神,各级党委和党组织就要对标全面建成小康社会必须完成的硬任务,对照中央一号文件的各项部署,以钉钉子的精神一抓到底,心贴心办事,实打实交账。

办好农村的事情,实现乡村振兴,关键在党。党的十八大以来,农业农村发展之所以取得历史性成就、发生历史性变革,最根本的就在于以习近平同志为核心的党中央坚强领导,勇于推动"三农"工作理论创新、实践创新、制度创新,推动农业农村发展呈现良好态势。今年是全面建成小康社会的关键之年,面对经济下行压力加大、外部环境发生深刻变化的复杂形势,发挥"三农"压舱石作用至关重要。必须进一步加强党对"三农"工作的领导,全面实施乡村振兴战略,坚决打赢脱贫攻坚战,加快推进农业农村现代化,确保顺利完成到2020年承诺的农村改革发展目标任务。

加强党对"三农"工作的领导,就要强化五级书记抓乡村振兴的制度保障。要制定落实责任实施细则,严格督查考核,出台实绩考核意见,加强考核结果应用,以考核指挥棒推动责任层层压实。领导带好头才能形成工作好势头。五级书记要作表率,挂帅又出征,工作安排和精力分配上真正与"三农"重中之重的地位相匹配,真正把农业农村工作扛在肩上、抓在手上。

加强党对"三农"工作的领导,就要发挥农村党支部战斗堡垒作用。基础不牢,地动山摇。农村人口流动频繁,社会结构多元,组织形式多样,利益关系复杂,农村基层党组织只能抓实建强,不能弱化、虚化、边缘化。要配齐配强班子,建立第一书记派驻长效工作机制,加强和改善村党组织对村级各类组织的领导,增强乡村治理能力,确保党的"三农"工作路线方针政策落地生根,巩固党在农村的执政基础。

加强党对"三农"工作的领导,就要培养懂农业、爱农村、爱农民的"三农"工作队伍。人才振兴是乡村振兴的基础。要建立"三农"工作干部队伍培养、配备、管理、使用机制,把乡村人才纳入各级人才培养计划予以重点支持,充分激发乡村现有人才活力,引导各类人才投身乡村振兴。要发挥好农民主体作用,把发动群众、组织群众、服务群众贯穿乡村振兴全过程,激发和调动农民群众积极性主动性,不断增强亿万农民的幸福感和获得感。

沧海横流显砥柱,万山磅礴看主峰。全面贯彻落实习近平总书记关于做好"三农"工作的重要论述,汇聚起全党上下、社会各方的强大力量,勠力同心、苦干实干,农业强、农村美、农民富的美好图景就一定能变成现实。

（2019 年 03 月 03 日）

"快思维"与"慢思维"

王跃岭

有这样两则案例。

一则是，雄安新区自2015年2月以来，经过多次会议部署、实地调研、科学论证，2018年4月公布规划纲要，年底总体规划（2018—2035年）获得国务院批复。这样的"慢功夫"赢得国内外赞誉。另一则是，廖俊波以"起步就是冲刺，开局就是决战"的拼劲，仅用4年时间就把福建政和县从"省末尾"带入增长速度"省十佳"。快速度赢得群众的掌声。

为什么有的领域追求快，有的建设却并不急于出效果？

快有快的追求。"时间就是金钱，效率就是生命"的标语，曾引领深圳蛇口闯出了开放发展的新路。"拼命黄郎"黄大年把"振兴中华，乃我辈之责"作为座右铭，留学回国后惜时如金，夜以继日地带领团队填补"巡天探地潜海"多项技术空白。无数事实表明，行动是最美丽的风景，珍惜时间马上办、提高效率抓紧干，方能干出事业、干出境界。

慢有慢的考虑。十年磨一剑与一年磨十剑，品质自然有差别。不是任何事情都可"以快论英雄"，急功近利追求短期政绩效应，脑袋一拍就决策、心头一热就拍板，造就的只会是"形象工程""摆设工程"。贪快求新造成人力财力和资源浪费，其危害决不可小觑。"慎重则必成，轻发则多败。"慢一点，深一点，细一点，为的就是深思熟虑、全面权衡之后拿出科学决策，付诸审慎行动，结出圆满果实。

马上办、抓紧干,不是毫无规划的盲目办,更不是漫无目的的胡乱干;慢决策、慢行动,也不是慵懒散漫不作为。快有快的道理,慢有慢的原因。如何处理好快慢关系?习近平总书记曾在2016年初召开的推动长江经济带发展座谈会上指出,保护生态环境、建立统一市场、加快转方式调结构,这是已经明确的方向和重点,要用"快思维"、做加法。而科学利用水资源、优化产业布局、统筹港口岸线资源和安排一些重大投资项目,如果一时看不透,或者认识不统一,则要用"慢思维",有时就要做减法。其中贯穿的快与慢的辩证法,给我们以深刻启迪。

譬如,抓政策落实,抓问题整改,就没有退堂鼓可以打,没有慢功夫可以拖,决不允许紧一阵松一阵、进三步退两步。而一些二选一甚至多选一的"两难""多难"问题,就不能盲目使用"快思维""快决策"。合乎"规律"、不越"边界"、遵循"科学"的"快",必然指向成功。反之,就需要从"慢"字上下足功夫,以慢为进、科学论证、比较选优,求得最佳方案。

所谓"磨刀不误砍柴工",慢不一定低效。"慢思维"潜藏着发现未知的认真探索,充满着实事求是的谨慎论证,闪动着遵循规律的科学判断,集中着多方认可的民主决策。许多时候慢一些,反而可以走得更快。"慢思维"运用得好,有助于解决那些疑难问题、复杂课题。"慢思维"也不妨碍"快功力"。行动前做足"慢思维"功课,施展落实"快功力",才能避免临渴掘井的尴尬、南辕北辙的陷阱。

快慢分殊背后,起指挥导引作用的是发展观、政绩观。领导干部应有掰着手指头珍惜每分每秒时间干事创业的进取心,亦需有"功成不必在我"的胸襟,有甘于多做打基础、利长远的事的自觉。把握好快与慢的辩证法,事业舞台必定更加宽阔。

(2019年02月26日)

始于梦想 基于创新 成于实干

李 斌

开春之际,大地万物复苏,花蕾含苞吐露,预示着朝气和希望,也提醒人们惜取好春光、奋斗正当时。

伟大事业"始于梦想""基于创新""成于实干"。习近平总书记在会见探月工程嫦娥四号任务参研参试人员代表时的重要讲话,鼓舞人们在奋力奔跑和接续奋斗中成就梦想,为春和景明的中国气象增添了奋斗底色。波澜壮阔的改革进程,别开生面的事业格局,曙光已现的复兴前景,召唤我们高挂云帆、御风而行。

在奋斗中成就伟业,我们以梦想导引航程。没有目标的生活,犹如没有罗盘的航行;没有梦想的生命,犹如没有色彩的春天。"梦想是激发活力的源泉",它曾支撑共产党人浴血奋战,挽狂澜于既倒,扶大厦之将倾;它曾引领中国人民白手起家改造山河,建设出一个崭新的中国;它也曾掀开改革开放大幕,谱写出一曲国富民强的奋斗赞歌。中国人民是具有伟大梦想精神的人民,中华民族是勇于追梦的民族。正如习近平总书记所言:"党中央决策实施探月工程,圆的就是中华民族自强不息的飞天揽月之梦。"在建成社会主义现代化强国、实现中华民族伟大复兴的征途上,只要我们心怀梦想、不懈追求,一切美好的东西都能够创造出来。

在奋斗中成就伟业,我们靠创新决胜未来。新故相推,日生不滞,这是自然规律写照;日新之谓盛德,不日新者必日退,这是社会规律使然。核心技术催生核心竞争力，新兴需求造就新兴业态，创新的杠杆，总能撬起出乎意料的奇迹。从"一曲星梦东方红"，到"嫦娥奔月创奇迹"，惊世成就充分说明，"唯有创新才能抢占先机"。历史车轮滚滚向前，时代潮流浩浩荡荡，追梦人的脚步永远向前，改革者的精神维新不已。逢山开路、遇水架桥，革故鼎新、别开生面，紧紧扭住创新这个"牛鼻子"，我们就能用好历史机遇期、掌握发展主动权。

在奋斗中成就伟业，我们用实干描绘盛景。大江奔流永无止境，大浪淘沙沉者为金，大道至简实干为先。行行重行行，不怕万里遥，社会主义是干出来的。做一分便是一分，做一寸便是一寸，新时代是奋斗者的时代。民族复兴行进至关键一程，犹如河入峡谷、风过隘口、山登半腰，正值紧要之时，所以更需不驰于空想、不骛于虚声，不以事艰而无为，只因任重而奋行。"伟大梦想不是等得来、喊得来的，而是拼出来、干出来的。"以必成之心，入艰难之境，创未有之业，无限荣光将由此续写。

"从现在起，五十年内外到一百年内外，是世界上社会制度彻底变化的伟大时代，是一个翻天覆地的时代，是过去任何一个历史时代都不能比拟的"，毛泽东同志曾如此远眺未来。志行万里者，不中道而辍足。当此奋发有为的新时代，时和势都在中国这一边，我们更加懂得梦想的价值、创新的重要、实干的意义。每一个行业、每一个人都心怀梦想、勇于创新、奋勇拼搏，我们的事业将所向披靡，中国的前途将不可限量。

（2019 年 02 月 22 日）

"胜负之征，精神先见"

李慧勇

"人生感意气，功名谁复论"。读唐代魏征所写《述怀》中的诗句，很难不被作者的格局与胸怀所感染。人生路漫漫，能不能砥砺志气、激发意气，的确影响着个人的成长发展、精神境界。

有志始知蓬莱近，无为总觉咫尺远。纵观历史长河，那些经得住岁月冲刷的，往往是"天地英雄气，千秋尚凛然"；那些能让后人启迪思维、浸润心灵的，大多是清正风气、嘉言懿行。从"三过家门而不入"到"鞠躬尽瘁，死而后已"，从"苟利国家生死以，岂因祸福避趋之"到"吃别人嚼过的馍没味道""能在现场就不在会场"……抚今追昔，种种凛然意气、凌云志气、冲天豪气，长存于人们的记忆中，为一代代人标定了精神坐标。

有什么样的精气神，往往就有什么样的工作状态。意气风发还是颓靡消沉，局面肯定大为不同。一个人如果干事创业缺乏意气，就容易踟蹰不前、安于平庸。现实中，一些人混混沌沌，蹉跎岁月，逐渐消磨了意气，拼劲松了、干劲弱了、闯劲没了。或是患了"守摊病"，工作力度递减，降低标准、坐吃老本；或是得了"不为病"，工作束手束脚，当一天和尚撞一天钟；或是生了"畏难病"，缺乏直面困难、解决矛盾的担当和勇气，遇到问题绕道走、碰到难题就低头。在这些人身上，暮气沉沉、缺乏朝气，做工作自然难以迸发锐气。

"气者，人之根本也"。葆有强大的意气、志气，才能摧不垮、压不倒，始终拥有往前冲的力量。风沙中,焦裕禄斩钉截铁,"不改变兰考的面貌,我决不离开这里";浪涛里,王继才意志如钢,"我一定把岛守好,直到守不动为止"。一首经典老歌有这样几句歌词:"革命人永远是年轻,他好比大松树冬夏常青,他不怕风吹雨打,他不怕天寒地冻,他不摇也不动,永远挺立在山岭!"为什么革命人能永远年轻?就在于他们在拼搏中投入了情感的力量,在奋斗里保持了激情的状态,由此激荡起枕戈待旦的干劲,蓄积了舍我其谁的意气。

古人云:"胜负之征,精神先见。"做人做事,都应该有那么一股子气。"把意念沉潜得下,何理不可得?把志气奋发得起,何事不可为?"前进路途中,我们纵然会遭遇改革的"拦路虎"、发展的"绊脚石",但即便千难万难,也要像"站立在海中的岩石"那般,经得起海浪的冲击。坚定意志、弘扬正气,不为利益所困、不为得失计较、不为私利左右,拒绝知难而退、患得患失,警惕固守陈规、疲沓飘浮,就不会被困难所扰,才能意气风发阔步向前。

习近平总书记强调,我们这么大一个国家,就应该有雄心壮志。做改革开放过程中冲锋陷阵的"闯将",当民族复兴进程中攻城拔寨的"尖兵",尤其需要凛然意气、凌云志气、冲天豪气。意气常存,如朝阳始起;踔厉风发,似蓓蕾初绽。唯如此,船到中流才能勇立潮头,人到半山才能愈战愈勇,凝聚起势不可挡的磅礴力量。

(2019 年 02 月 19 日)

自觉堵住思想上的"病变"

陈 峰

近日听到这样一则轶事。十几年前,一位老领导发现办公室给自己配的是金属壳热水瓶,坚决让办公室换成普通塑料壳的。他说:"在利益面前,党员干部和普通群众没有不一样,就要一个样。有时,还要主动让。"

和群众"一个样",群众才会把领导当榜样;和群众"不一样",领导形象就会走样。坚持群众路线,不搞特殊化、差别化,正是我们党长期以来的优良传统和工作纪律。今天,没有"不一样",不搞"特殊化",既是情感认知也是行动实践,既是作风形象也是纪律规矩。关键就在于,要始终"一个样",不能今天一个样,明天变了样;也不能上班一个样,下班不一样;更不能嘴上一个样,行动两个样。对广大党员干部而言,要多把自己当作广大群众的一员,在先进上要争,在利益上要让,谁也没有比普通群众更多的利益、更大的特权。

小不谨,则大事败。以为不是什么原则问题,没有必要较真,也就坦然接受;不是自己主动授意,装作不知情,发现了也不严厉拒绝;觉得自己为官一任辛苦付出比别人多,享受一点特殊照顾也没什么不妥……这样的"不一样",不仅损害自身形象,滋长特权意识,也败坏风气,疏离党群、干群关系。心理学研究表明,一个人对小恩惠、小照顾、小特殊不加明确拒止,容易形成心理暗示,下一次还会心照不宣进行类似行为。这次拿个"芝麻",下次可能抱个"西瓜",腐败的口子就会越撕越大。

保持和群众"一个样",从小处立身,从小事从严,不装糊涂犯晕,方守得住清誉,留得下清名。

周恩来经常与"我的修养要则"对表,谢觉哉经常和自己"打官司",彭德怀每月"反省自查一遍"……越是有修养有作为的人,越是注重日常修养,严于要求自己。始终同群众保持"一个样",需要党员干部时时处处检省自查,善于扪心自问,经常给自己体检、开药方。诸如穿戴名牌、前呼后拥、冠冕堂皇之类的官模官样,诸如安排任务"电话指挥"、大事小情"说一不二"之类的官气官威,诸如四体不勤、五谷不分、贪图享受之类的官病官瘾,不妨都主动清一清、扫一扫,自觉堵住思想上的"病变",不给不端思想和不正之风以可乘之机。

"得一官不荣,失一官不辱,勿道一官无用,地方全靠一官;穿百姓之衣,吃百姓之饭,莫以百姓可欺,自己也是百姓。"习近平总书记曾给市、县委书记们念这副对联,告诫今天的共产党员要有更高境界。平时多用"群众"这面镜子照一照,敞开胸怀接纳群众的诤言,走进群众倾听真实的"怨言",唯有如此,才能从外在到灵魂都和群众保持"一个样"。今天我们强调"不忘初心",为的就是提醒广大党员干部常怀一颗为民之心,经常给思想修枝打杈,以质朴之心、纯净之心、简单之心砥砺前行。

(2019年02月18日)

解好基层治理"方程式"

李浩燃

"英雄起于阡陌,壮士拔于行伍"。我们常说,基层一线是实践的火热疆场,拥有干事创业的广阔舞台,堪称人才成长的沃土。与此同时,基层也遍布"棘手事""矛盾窝",做好基层工作委实不易,很考验人的能力、定力与心力。

平心而论,那些愿意一猛子扎下去、沉到基层的干部,往往有一颗实干兴邦、为民造福的赤子之心,也渴望在挥洒汗水、攻坚克难的过程中,成就一番作为、实现人生价值。可为什么随着时间的推移,一部分人逐渐消磨了锐气,最终被基层的现实"无情打败",变得"血不再热了"?这些,或多或少缘于基层条件相对艰苦,但更关键的因素也许在于,基层治理之难与个人成长之虑交织在一起,不免让人困惑。

一位基层干部反映,"最怕督查检查的人不了解情况,还带着抓政绩的想法下来督查检查,觉得没查出问题就是暗访不到位。"类似的担忧,映照着基层治理的现实痛点。比如,中央专门印发文件,着力为督查检查考核"瘦身减负",有的地方却改换马甲,以"督导组""调研组"的名义行督查检查考核之实。再如,"扶贫工作干得好,不如材料整得好",有位乡镇干部一天收到过28份文件,要求反馈的时间还特别紧急。从督查检查频繁到问责滥用,从政策打架到材料论英雄……基层治理领域种种形式主义新表现,给基层带来不少困扰。"高压作业""干活憋屈",成为一些基层干部的真实心理状态。

基层治理之难,不仅难在"上面千条线,下面一根针",更难在如何有效调动广大基层干部的积极性、创造性。政策好不好,要看乡亲们是哭还是笑。事实上,就算上面的政策千好万好,如果基层不能落实、不愿落实、不善落实,无异于一纸空文。要想让老百姓绽放笑颜,关键还是要靠基层干部因地制宜、一切从实际出发,在创造性落实、创新性转化的过程中,不断增强群众的获得感。倘若任由形式主义、官僚主义作风滋生蔓延,放任各类乱象频现,基层治理难免"脱实向虚",贻害无穷。这最终损害的是群众的根本利益,伤害的是大家干一番事业的进取心。

基层治理之策,不应聚焦于"头痛医头、脚痛医脚",更当学会求解利益的"方程式",激活治理的"末梢神经"。如马克思所说:"'思想'一旦离开'利益',就一定会使自己出丑。"只有正视利益,才能理性对待利益。牢固树立以人民为中心的发展思想,统筹兼顾好各方面的利益和积极性,才有利于携手下好治理这盘大棋局。

作为治理体系的"底盘",基层治理大有可为。方此"船到中流浪更急、人到半山路更陡"之时,新时代的改革发展,亟待我们激浊扬清、兴利除弊,打通治理的"最后一公里",更好激发基层治理的效能。

(2019年02月15日)

"不懂装懂"与"懂装不懂"

燕祖涛

《警世通言》记载,苏轼拜谒王安石,在其府上看到两句诗,"西风昨夜过园林,吹落黄花满地金"。苏轼想当然以为菊花在深秋盛开且耐久,怎会风吹花落"满地金"?于是添了两句,"秋花不比春花落,说与诗人仔细吟"。一日秋风过后,苏轼看到自家后园菊花花瓣散落一地,想起当初"不懂装懂"耍小聪明给王安石续诗,不禁心生懊悔。

因为"不懂装懂"而闹出笑话,苏东坡的故事引人深思。坦诚对待自己的所学所知,不在学识不及自己的人面前狂妄自大,也不超出能力范围滥竽充数,与其说是一种谦逊,毋宁说是一种智慧。孔子早在2000多年前就告诫弟子,"知之为知之,不知为不知,是知也"。诗人们也会赞美,"谦虚是最高的美德"。可以说,一个人只有不矜不伐、不骄不躁,学品才靠得住,人品才立得稳。

现实中,"不懂装懂"大有人在。有人虚荣心作祟,不懂犟着脖子说懂,不会硬着头皮说会,生怕没了面子,明明对事物一知半解却装作完全了解,仅是一家之言就自诩为名家之论;也有人落入官僚主义窠臼,认为学识随官职"水涨船高",级别上去了自然什么都懂了。"不懂装懂",照见不严不实之风、浮躁浮夸心态,不仅给自己的形象丢分,一些乱指挥、瞎比划问题甚至会耽误改革发展各项工作。伪学不若真知,是真知才经得起实践的检验。与其装懂卖弄,不如用什么学什么,缺什么补什么,把那些知识空白、经验盲区、能力弱项一一填补起来。巧诈不如拙诚,虚心好学、不耻下问才是一个党员干部的"标配"。学识"虚胖"、学风"注水",越早改掉越好。

反对"不懂装懂",另一个极端也值得警惕,那就是"懂装不懂"。有人怕担责任装不懂,遇到矛盾问题时明明有能力解决,却该出手时不出手;有的心胸狭隘装不懂,把特长当作个人进步的"法宝",涉及个人利益时"懂",涉及集体利益时"装";还有人居心不良,明明知道决策有问题却看破不说破,明明对各项规章制度心知肚明却假意不知、故意突破底线……如果说"不懂装懂"者是缺少虚怀若谷的谦卑之心,那么"懂装不懂"者缺的则是一颗忠诚老实的敬畏之心、干事创业的责任之心。揣着明白装糊涂,不严不实问题更严重、更恶劣,理当严厉查摆纠正。

习近平总书记曾告诫领导干部,"懂就是懂,不懂就是不懂;懂了的就努力创造条件去做,不懂的就要抓紧学习研究弄懂,来不得半点含糊"。作为领导干部,既要反对"不懂装懂",坦诚对待自己的知识存量,增强危机意识,加快知识更新,避免少知而迷、无知而乱,努力成为一专多能的高素质干部;更要反对"懂装不懂",坚决摒弃不严不实、不精不诚问题,自觉站在事业发展的大局考虑问题,勇于挑最重的担子,敢于担责担险。

《道德经》说:"是以大丈夫处其厚,不居其薄;处其实,不居其华。"意思是说,大丈夫要选择淳厚而不选择轻薄,选择朴实而不崇尚虚华。共产党人最讲认真,最推崇实事求是,最主张实干担当。只争朝夕学,一丝不苟干,我们的事业必能立于不败之地。

(2019年02月14日)

找到自己的"燃"点

宋 威

"超燃""燃爆了""燃曲""燃文""燃创意"……不知不觉间,"燃"成为流行词。什么是"燃"？雄浑激越的音乐、紧张刺激的赛事、精彩纷呈的电影、振奋人心的演讲……某种意义上，令人热血沸腾、激情澎湃的事物，都可喻之为"燃"。

人们欣赏"燃"、点赞"燃"，正因"燃"代表着一种昂扬向上的状态，洋溢着一种积极进取、充满阳光的精气神。有人说，一个人就是一种能源，人的一生就是燃烧，就是能量的充分释放。的确，相较于通过外在刺激获得短暂的亢奋或一时的热情，一个人只有点燃内心的火焰，才能让"燃"的状态恒久持续，进而迸发源源不断的力量。

如果心不想走，脚就不会出发。状态能否"燃"起来，取决于心灵的温度。生活中，一些人曲解"平淡是福"，不求有功、但求无过，做一天和尚撞一天钟；一些人自诩"无欲无求"，不重过程、不问结果，在得过且过中沉沦；一些人自以为"聪明绝顶"，偷奸耍滑、华而不实，变得左右逢源、八面玲珑；一些人盲信"佛系人生"，凡事"意思意思"就行，失去了进取的意志。种种颓靡状态，皆因心态消极、意志消沉。"有理想的人，生活总是火热的"。心中揣着一团火，锐气才不会散，脚步才不会停。

实际上，人和万物一样，都有自己的"亮度"。即便是再平凡的个体，也有"燃"起来的可能。就像鲁迅先生所说,"有一分热,发一分光,就令萤火一般,也可以在黑暗里发一点光"。"当代愚公"黄大发只是一名普通村支书,却立志"让乡亲们过上好日子",历时36年,终于带领村民修成了一条绕三重大山、穿三道绝壁的万米水渠。"守岛英雄"王继才只是一名民兵哨所所长,却坚守开山岛32年,无论刺骨的寒风还是常年的孤独,都不曾让他退缩。状态的"燃"与否,无关职位高低、权力大小。站稳自己的位置,扛起自身的责任,哪怕只是微光,也能烛照一方。

"燃状态",也并不必然意味着鲜花和掌声。相反,还可能伴随着苦、累、痛,包含着责任、担当、付出。走不出"舒适区",吃不了苦头,迈不过沟坎,一遇困难挫折便垂头丧气、满腹牢骚,这样的人,是难以葆有持久热情与动力的。不禁想起一部记录真实创业故事的电影《燃点》。影片中,创业者们向着自己的目标奋力进发,有的忙到抽不出时间见家人,有的每天睡眠时间少得可怜,有的事业坠入低谷……尽管充满痛苦、迷茫、徘徊,但他们都有着自己的"燃点",有着为梦想不懈打拼的激情。一个人要想活成自己理想的样子,不正需要这样的奋斗姿态和价值追求吗?

哲人有言,"每一个不曾起舞的日子,都是对生命的辜负。"积极进取、不懈奋斗,始终保持昂扬向上的精神状态,让自己"燃"起来吧。

(2019年02月13日)

多些"无声的联系"

徐文秀

春节刚过,不少人回味,这几天只与亲人团聚,过得清爽,过得惬意。当下,越来越多的人也感到,这些年来人与人的交往就像潮水退去一样,渐渐地安静下来了。过去那种两天一小聚、三天一大聚,不是喝酒唱歌就是甩牌搓麻的现象少了,那种拉拉扯扯、勾肩搭背的喧嚣渐渐淡去,人们回到了平静和理性,人与人"无声的联系"多了起来。

这是一种好现象,正所谓无声胜有声。过去那种热衷于"热线联系",整天泡在一起推杯换盏,打得火热、走得很近,今天一个同学会、明天一个乡友会等,一言以蔽之,无非就是有所图。正所谓"以利相交,利尽则散;以势相交,势败则倾;以权相交,权失则弃;以情相交,情断则伤;唯以心相交,方能成其久远","无声的联系"可以少些纷扰嘈杂,让心静下来、神定下来;少些"小圈子""小团伙"滋长的土壤,让人与人之间的关系纯净起来;少些精力上的分散,让自己有更多的精力用在工作、学习上。

多些"无声的联系",是一种静静的守望。"无声的联系"的可贵在于,无论是天涯海角,还是各奔东西,心却在一起,心心相印、守望相助。马克思和恩格斯在长达40年的革命生涯中,相互支持与牵挂,然而他们曾20年身处两地,更多只是一种"无声的联系"。当恩格斯患病时,马克思在给他的信中说:"我关心你的身体健康,如同自己患病一样。"两地一心的守望,志同道合的默契,虽天各一方,但思想和心灵的沟通却始终不断。共同的志向、追求和品质,可以让人与人的交往精神高于物质,无形重于有形,虽远在天边却近在咫尺。

多些"无声的联系",是一种稳稳的守护。"无声的联系"并非冷漠无情,当他人身陷困境,能够雪中送炭,敢于挡风遮雨。明代诗人郑少谷与王子衡相距千里、素未谋面,却彼此倾慕、互相赠答。郑少谷曾有诗赞王子衡"海内谈诗王子衡,春风坐遍鲁诸生"。郑少谷去世时,王子衡哀伤至极,为素未谋面的朋友千里奔丧。人与人的交往,都是平日看似平常,有事时却显非常,患难与共、肝胆相照,既给人力量,又让人温暖。

多些"无声的联系",是一种默默的守候。"无声的联系"不是忘却,也不是抛弃,而是把记忆和美好存放心里。宋代王安石与孙少述交情极深,孙少述离别王安石时,王安石曾写过一首《别少述》诗为之送行,字里行间尽显彼此间的真诚和友谊。后来王安石到朝廷掌了大权,有好几年孙少述同他没有来往,人们猜测两人之间有矛盾、合不来。等到王安石再度罢相而归、隐居山林,路过高沙,孙少述与其彻夜长谈,依依难舍。这种君子之交诠释出"无声联系"的一种魅力,不因久别而褪色,不因沉寂而荒芜。

"君子之交淡若水,小人之交甘若醴"。"无声的联系"是一种"淡若水"的表达,逢年过节时,或身患疾病中,或挫折失意之际,一声问候、一句叮咛,都会如春风般温暖,似春雨般滋润。多些"无声的联系",人与人的关系就多一份纯粹与干净,多一份清澈与明媚,多一份醇厚与朴实,人与人的交往就更加行得稳、走得远。

(2019年02月12日)

领悟昨天　奋斗今天　拥抱明天

马祖云

一位友人致贺新春时说，追梦中的出彩人生，需善待"三天"：昨天、今天、明天。昨天成功与否，可为镜鉴；今天机不可失，须倍加珍惜；明天咬定目标，必达"诗与远方"。

抚今追昔，最佳际遇就在当下。抓住机遇，尤应领悟昨天、奋斗今天、拥抱明天。

领悟昨天，贵在总结谋新。人生是不可彩排的单程路，过去的每一天、每一次经历，或是顺风顺水的坦途，或有鲜花与掌声的光彩，甚或冷雨与失意的打击，标注着成功的经验、失败的教训，但都在今天成为历史。我们既不能在昔日的辉煌中沉醉，也不能在过去的失败中消沉。一年之计在于春，在"春耕"前，回望奋斗的初心与历程，于成败中体悟，在思考中升华，有助于谋划春华的愿景、坚定秋实的信念。诺贝尔奖得主屠呦呦，"杂交水稻之父"袁隆平，"火炸药王"王泽山……他们皆有耀眼的成就，亦有难言的挫折，但当其走进新的一天时，都能及时总结得失，在省思中继续前行。实践表明，智者皆善于鉴往知来。感悟昔日，是为了更好地走向来日。

奋斗今天，矢志超越革新。哲人有言："记住吧，只有一个时间是最重要的，那就是现在！它所以重要，就是因为它是我们有所作为的时间。"作别新春的团圆时光，从时不我待的"现在"再出发，悠不得、松不得、慢不得。奔跑在岁月不居、时节如流的追梦路上，惟其只争朝夕，以"又日新"的时间更新，方可御风奋进；行进在不进则退、非进不可的征程上，惟其敢为人先，以"又日新"的作为创新，才能书写新篇；置身于百舸争流的竞争中，惟其奋楫争先，以"又日新"的自我革新，方能化茧成蝶。改革开放以来，一批优秀企业从名不见经传到跻身"世界500强"，就在于日拱一卒、革故鼎新。从某种意义上说，每一次自我突破，就完成了一次不简单的超越。

拥抱明天，勤于赋能迎新。有未来学家预言，当第四次工业革命拉开序幕时，一个人若无新观念、新知识、新能力的内存，"一不留神就会成为时代的落伍者"。学习是跟上时代、为己赋能的强大引擎。我们依靠学习走到今天，也必然要依靠学习走向未来。奋进新时代，无论团队还是个人，都需要在学习赋能中更新自我、重塑自我、完善自我，以新知识新动能为羽翼，抵达"昨夜江边春水生，艨艟巨舰一毛轻"的佳境。红学家冯其庸不甘落后，于古稀之年学习电脑知识，借助信息技能理清了海量研究资料。有位著名企业家本是网络"门外汉"，潜心追寻"互联网+"的打开方式，终成当代电商的巨擘。将学习融入逐梦的年轮，在奋斗中学习、于学习中赋能，带着眼光、思维、知识、本领奔跑，才能拥抱明天的梦想。

"我们的党、我们的国家、我们的人民在奋斗中收获了更多自信和勇气"。习近平总书记在2019年春节团拜会上的讲话言犹在耳，激励着奔跑在追梦路上的亿万人民。不忘昨天的初心、奋进今天的征程、奔向明天的憧憬，把团圆亲情化为奋斗激情，新的辉煌正等待着我们去创造。

（2019年02月11日）

追梦路上再出发

郑海鸥

春节,是中华民族的盛大节日。观看从 1983 年开始举办的央视春节联欢晚会,已经发展成为一种新民俗。30 多年来,家家户户在电视机前共同守岁,喜迎美好农历新年,成就了一幅万众参与、家国一心的动人画卷。

春晚,呈现了中国人的文化根脉。京剧、豫剧、越剧、黄梅戏、粤剧……精致的扮相,华美的服饰,悠扬的唱腔,利落的招式,让观众在感受戏曲美、奇、巧、趣的同时,更为中华优秀传统文化的悠久魅力和时代风采感到振奋。武术《少林魂》展现出少林武术的精气神;舞蹈《敦煌飞天》则以精妙的创意,上演了一场芭蕾与敦煌文化的精彩碰撞。丰富多元的文化元素汇聚融合,春晚舞台新意迭出、生趣盎然。这正是中华优秀传统文化"活起来"的一个精致缩影。"文化提气,做中国人有底气",正如网友留言所说,在世界大舞台上,我们平和大度、充满自信。

中国人的底气源自不懈的奋斗。《和祖国在一起》高唱出"平凡如我,非凡是你,为了你,我要做更好的自己",这是无数奋斗者的真情告白;《青春畅想》激励我们"乘风破浪,同心携手,实现梦想",奔腾的"万千小溪"成就祖国发展的"浩浩长江"……

中国人以这样的精神风貌,铸就了改革开放伟大奇迹,谱写了一曲曲感天动地、气壮山河的奋斗赞歌。春晚以隆重热烈的仪式,为成就喝彩、为未来鼓劲。中国制造、中国创造、中国建造的元素引人注目，嫦娥四号、"复兴号"高铁、国产大飞机、港珠澳大桥一次次让观众热血沸腾。井冈山革命老区的蓬勃发展、长春老工业基地的振兴活力、深圳特区的开放姿态，呈现出多彩中国的发展图景。更闪亮的奋斗足迹、更优质的子女教育、更美好的老年生活……春晚舞台上一个个故事勾勒出幸福中国的美好画面。

高新技术日新月异，欢乐喜庆的"中国年"多姿多彩。不论身处何方，不论是否能够一家团聚，人们都能打破空间限制，更加便捷流畅地共享这顿"春晚年夜饭"。不仅能观看，还能参与互动，新年祝福、发红包、送春联、致问候，表达亲情、畅叙友情、抒发乡情，熟悉的年味儿在高速的移动网络上同样回味悠长。身处天涯，心在咫尺。今年春晚，通过在新媒体平台投放VR短视频，让人们仿佛置身晚会现场，获得了沉浸式的观赏体验；晚会还首次开展5G网络4K电视传输，以及5G网络VR实时传输……5G、VR、AR、AI将艺术与科技精彩融合，观众在大呼过瘾的同时，也为我国日新月异的科技进步感到由衷自豪。

难忘今宵，神州万里同怀抱。又一个春天已经来到。追梦路上，让我们一起奔跑。

（2019年02月07日）

春节里细品文化的佳酿

李 斌

临近春节,思亲情感急剧升温,文化乡愁浓烈释放。春节这道文化命题总是令人回味无穷,越是深入咀嚼,越能品味到文化自信厚积薄发的力量。

在文化繁荣发展、文化引进来量能扩充的今天,人们对"年味"的理解、对过年方式的选择也更为丰富多元。但不论文化表象怎么样,像亲情团聚、敬老慈幼这些世代相传的优秀文化因子,牢牢占据着春节文化的中枢。一位学者说得好,"一切文化将最终积淀为人格"。对家的依恋和向往,构成了中国人千百年来的文化人格,以至于亲情眷顾成为中国人深入骨髓的文化胎记,过年回家成为春节最重要的节日仪式。年复一年,亿万个家庭的团圆故事总会在春节集中上演,"人类最大规模的周期性迁徙",成为春节这股文化潮汐持久不衰的生动见证。

"春节是老百姓最看重的节日,那些传统的老理儿咱可不能丢。"首都文明办发出文明过大年倡议书,勾起不少人对"老理儿"和"老礼儿"的记忆。在春节这个文化丛里,其中写满了"廿三糖瓜粘,廿四扫房日,廿五炸了丸子炸豆腐"之类的节日仪式,"过年不许说不吉祥的字眼"之类的风俗讲究。"老理儿"不是因为古老才有价值,而是因为有价值才被人们铭记在心。这也从一个侧面提醒我们,传统文化这部历史巨著里,散落着不少已遗失、被遗忘的美好元素。无论走到多远的未来,我们都应努力做一个向历史学习的虚心学生。

春节是农耕文明赐予中国人的礼物，但文化不会停留在昨日，正如崭新未来总是永不停歇奔涌前行。老家朋友发来一个视频链接，点开发现邻村自导自演的"村晚"好生热闹，节目有流行歌曲、广场舞、诗歌朗诵、魔术，也有豫剧选段、古筝演奏、武术表演、自编"三句半"。通过网络直播，外地游子同样分享到家乡的甜蜜幸福。土地上生长出来的文化追求，折射出乡村文化振兴的蓬勃希望，也为春节文化的创新性发展注入源头活水。事实上，春节文化一直在维新不已。改革开放 40 年来，从央视春晚开播到短信祝福、网络贺年，再到如今旅游、健身、读书等各式过年潮流，新的文化样态不断孕生蝶变，让春节这杯时间的佳酿散发出历久弥新的芬芳。

如果说传统性是春节的精髓，那么时代性就是春节的生命。守护好作为文化传统的春节，便能守住民族根和魂；发展好引领时代潮流的春节新文化，便能让传统之花永开不败，让文化自信挺立不倒。让我们相聚春节时光里，一起重温情感认同、夯实文化归属，打造最持久、最深沉的文化自觉、文化自信、文化自强。

（2019 年 02 月 02 日）

领导干部要多一点"历史感"

——从历史中汲取走向未来的智慧 ①

金 苍

欲知大道,必先为史。勉励提高"历史思维",强调"把握住历史发展大势",提倡"鉴古知今,学史明智",要求"树立历史眼光"……历史,一直是习近平总书记想问题、观大势、谋战略的重要坐标。思考过去、瞩望未来,历史中沉淀的,正是走向未来的力量。

"我们从哪里来?我们走向何方?中国到了今天,我无时无刻不提醒自己,要有这样一种历史感。"习近平总书记曾这样阐述自己对历史的态度。历史感是什么?正是以历史逻辑、历史思维、历史眼光、历史情怀,明所从来、知其将往。借"四知拒金"说觉悟,以"准备吃亏"谈风险,引"治大国若烹小鲜"话为政之道,于"失去的二百年"讲抓住机遇……正如习近平总书记所说,历史是人类最好的老师,重视历史、研究历史、借鉴历史,可以给人类带来很多了解昨天、把握今天、开创明天的智慧。

这一幕让很多人印象深刻:2018 年 6 月,习近平总书记在山东考察时语重心长地说,"领导干部要多读一点历史,从历史中汲取更多精神营养"。其实,习近平总书记一直以身体力行在"劝学"。他涵盖诸多领域的书单中,最多的是中国历史文化典籍:《左传》《史记》《三国志》《贞观政要》《资治通鉴》……当我们感叹"时间都去哪儿了"时,不妨向总书记看齐,展卷读史,与贤者共坐、和时间对谈。

历史感,说到底是一种历史意识和文化自觉,是从历史中汲取经验和智慧。现实中,有人把历史当故事读,看到的只是帝王将相、恩怨情仇;有人把历史当鸡汤读,发现的只是厚黑之学、权谋之术;还有人从历史中找"论据",在谋人不谋事、信权不信法的逻辑中愈陷愈深。面对历史的宝藏只看到自己想看的,甚至是有意无意地曲解、误读,无异于宝山空回,既无教益,更复有害。学与思、知与行这两对辩证关系,同样适用于读历史。

历史感的涵养,需要精读历史、深读历史,在读通、读透中收获"历史的通感"。5000多年的传承,深藏着兴衰的奥义、文明的密码;近180年的沧桑,背后有社会发展的规律;我们党近百年的奋斗,展示着人民政党巨大的勇气、智慧和力量;人类社会古往今来的变化,也能让人博采众长、转益多师。站在"现在"这个节点上打开手电筒,我们能看到多久的过去,就能看到多远的未来。

学者朱光潜认为,"过去史在我的现时思想活动中才能复苏,才获得它的历史性。"方此历史交汇期,领导干部的历史感,更体现于对现实的洞察。中美经贸摩擦背景下,如何理解时与势依然在我?打赢三大攻坚战,有着怎样的历史意义?没有历史感,就无法认清世界百年未有之大变局;缺少历史感,也就难以理解历史大势必将浩荡前行。更何况,也只有胸怀过去、放眼未来,才能超越眼前的锱铢必较、一时的成败得失,以历史为定位,把我们的工作写在时间深处。

历史是过去的现实,现实是未来的历史。刚刚走过改革开放40年,又迎来新中国成立70年,历史就在我们身边滚滚向前。多读一点历史,涵养一点历史感,我们才能听清历史的回声,更好地从过去走向未来。

(2019年01月24日)

涵养我们的历史思维

——从历史中汲取走向未来的智慧 ②

范正伟

人们常说,思路决定出路,眼界决定境界。开阔的思路、宽广的眼界从何而来?历史是一个重要源头。"往古者,所以知今也。"正是历史,让我们得以进入人类千万年生活的纵深,知道自己从哪儿来、往哪儿去。

"弄清楚我们从哪儿来、往哪儿去,很多问题才能看得深、把得准"。党的十八大以来,从五千年文明史、一百七十多年近代史阐述中国梦,用"百年未有之大变局"把握世界大势,以"千秋伟业,百年恰是风华正茂"表达中国共产党人的奋斗激情……习近平总书记反复强调历史是最好的教科书、最好的老师、最好的清醒剂,要求领导干部提高"历史思维",不仅使治国理政有了更为厚重的"历史感",也让党和国家有了更加明确的方向感。

如果把历史比作一条汹涌澎湃的大河,其间必然有泡沫、旋涡、曲折,登高望远才能把握潮流大势。比如,认识中国改革开放,"以数千年大历史观之",就会明白,变革和开放总体上是中国的历史常态,中华民族必将以改革开放的姿态继续走向未来。再比如,对待贸易保护主义,把握生产力发展的历史规律,就能看到,经济全球化是不可逆转的历史大势,不是哪个国家能够改变的。"我们看世界,不能被乱花迷眼,也不能被浮云遮眼,而要端起历史规律的望远镜去细心观望。"正如习近平总书记指出的,涵养"历史思维",我们才能总结历史经验、把握历史规律,增强开拓前进的勇气和力量。

"后之视今，亦犹今之视昔。"历史思维，是一种长时段思维，要求我们思接千载、视通万里，以贯通古今的智慧，分析当下碰到的问题，既知其然又知其所以然。"不识庐山真面目，只缘身在此山中。"历史思维，是一种整体思维，要求我们看到历史的连续性，对历史心存"温情与敬意"，避免人为割裂历史，甚至搞历史虚无主义。"青山遮不住，毕竟东流去。"历史思维，也是一种发展思维，要求我们以史为鉴、鉴往知来，在历史前进的逻辑中前进，在时代发展的潮流中发展。从这个角度看，涵养我们的历史思维，也是坚持辩证唯物主义和历史唯物主义世界观和方法论的具体体现。

一代人有一代人的使命。涵养我们的历史思维，还意味着一种历史责任。习近平总书记强调，"历史、现实、未来是相通的。"今天，我们在继承历史的同时，也在创造新的历史。那种只想"乘凉"、不想"栽树"，甚至"吃祖宗饭、断子孙粮"的人，不仅缺乏历史责任，更谈不上历史思维。进入新时代，从党和国家生死存亡的高度，力度空前地推进党风廉政建设和反腐败斗争；从中华民族永续发展的视野，把生态文明建设纳入"五位一体"总体布局；从站起来、富起来到强起来的逻辑，大力推进国家治理体系和治理能力现代化，党中央一系列重大决策部署，都是谋大局、谋长远、谋未来，体现的正是"功成不必在我"的历史胸怀、"功成必定有我"的时代担当。

马克思有一句名言，"时间是人类发展的空间"。人类的生活，横着去看，便是社会；纵着去看，便是历史。不断提高历史思维，把握发展大势、抓住变革时机，我们就能在"具有许多新的历史特点的伟大斗争"中，更好地为人民谋幸福，为民族谋复兴，为世界谋大同。

（2019 年 01 月 25 日）

党史是最好的营养剂

——从历史中汲取走向未来的智慧 ③

李 斌

有这样一个流传了80多年的"信念树"的故事：红军长征前夕，江西瑞金华屋村的17名青年在村外山坡上种下17棵松树，毅然投身革命征途。然而直到革命胜利，家乡父老也没能等来他们凯旋的身影。逢年过节，华屋人都会来到这些"信念树"下祭拜烈士，勉励子孙永志不忘革命精神。如今，经过房屋改造、村庄整治、产业培育，华屋村驶上了乡村振兴快车道。

历史并未远去，荣光还在书写。一句名言说得好，"深深地沉思往事的意义，我们才能发现未来的意义"。一部峥嵘党史，记录着艰辛奋斗和惊世奇迹，记录着光辉理论和宝贵经验，也见证了信仰之美、使命之重、英雄之气、崇高之志。从"伟大的开端"到"民族的新生"，从"春天的故事"到"新时代华章"，党史的那头连着光荣的过去，这头通向辉煌的未来，把所有的磨难、牺牲、梦想、拼搏集纳成流，汇聚起实现民族复兴的浩荡能量。

过去"小米加步枪"，如今"高铁加航母"；过去一穷二白，现在引领时代。时代场景日新月异，但党史始终是一面以史鉴今、资政育人的价值之镜，是"最好的营养剂"。在中共一大会址，面向党旗庄严宣誓；在井冈山，向革命烈士敬献花篮；在西柏坡，在立规矩的展板前驻足沉吟……在这些革命圣地，习近平总书记感悟党史、思考未来，勉励党员干部铭记光辉历史、传承红色基因。正如他深刻指出的,我们要把党和人民90多年的实践及其经验,当做时刻不能忘、须臾不能丢的立身之本,既不妄自菲薄、也不妄自尊大,毫不动摇走党和人民在长期实践探索中开辟出来的正确道路。

"看历史,就会看到前途。"毛泽东同志曾告诫全党:"如果不把党的历史搞清楚,不把党在历史上所走的路搞清楚,便不能把事情办得更好。"历史和人民为什么选择了中国共产党?中国革命是如何从九死一生中走向胜利的?改革开放怎样打破僵局,开启中华民族发展史上的伟大革命?党史是增进道路自信、理论自信、制度自信、文化自信的精神宝库,深入触摸党史细节,更能看清历史的脉络和规律,把握历史的大势和主流。无论寻乌调查、《论持久战》,还是枫桥经验、小岗改革,学党史也可以学到马克思主义的立场、观点、方法。而党史上的波折失误,同样可以引以为戒,防止再走弯路。

"如果丧失对历史的记忆,我们的心灵就会在黑暗中迷失。"历史不只书写在教科书上、陈列在博物馆里,更应成为人们的心灵础石、灵魂灯塔。打磨忠诚担当,不妨对照革命前辈"我的一切,直至我的生命都交给党去了";激励奉献付出,不妨从"高尚的生活,常在壮烈的牺牲中"探寻自我价值;严以修身用权,不妨学学亲自起草、躬身示范《干部十不准》的焦裕禄……回望青史问初心,砥砺奋进再进发,那些战火硝烟中挺立不屈的灵魂、干事创业中实干兴邦的模范、改革发展中敢闯敢拼的典型,无一不是增进信仰、信念、信心的精神食粮。

每一次向历史的回眸,都是一次思想的点名、精神的整队。恩格斯说过:"历史就是我们的一切"。从历史中找寻胜利的源头,汲取智慧、经验、意志和力量,我们将无愧今天的荣光,不负明天的梦想。

(2019年01月28日)

增强做中国人的骨气和底气

——从历史中汲取走向未来的智慧 ④

石 羚

透过遗迹，历史可以被触碰；透过书本，历史可以被读懂；而透过那些鲜活的人与事，我们能与古人心脉相通，与历史同感共情。

习近平总书记曾讲述过自己的一段往事。小时候，母亲给他讲精忠报国、岳母刺字的故事。他说，把字刺上去，多疼啊！母亲说，是疼，但心里铭记住了。"精忠报国"四个字，也深深进入了他的心中，成为一生追求的目标。可见，历史中蕴藏着多么强大的精神力量。正如习近平总书记所说的，中国人民和中华民族的优秀文化和光荣历史，能够"增强做中国人的骨气和底气"。

中华民族 5000 多年的文明史，近代以来 170 多年的奋斗史，新中国 70 年的发展史，犹如黄钟大吕，激荡着每一个中国人的心怀。那些精巧的技艺、浩瀚的典籍、睿智的哲思，化作中华民族的自信心与自豪感，成为中国号巨轮前行的不竭动力。

正如歌曲所唱：堂堂中国人，从来不低头。伟大民族精神，由无数中华儿女书写，又借历史之笔在一代又一代人中生生不息、薪火相传。中华民族的心灵史、精神史，犹如浩荡长河，每一个历史阶段，都以其时代精神为这条长河注入新的活力。这是传承积淀的力量，也是发展变化的力量。割断了历史，就割断了这样的精神脉络，让我们的心灵无可归处。我们重视历史、研究历史、借鉴历史，并不是要耽搁在历史的苦难上唉声叹气,而是要从历史中塑造民族精神、民族魂。正如鲁迅所说,"惟有民魂是值得宝贵的,惟有他发扬起来,中国才有真进步"。

"知古不知今,谓之陆沉;知今不知古,谓之盲瞽"。历史长河沉淀的精神力量,不单是为了诉说过去,更是为了迎接未来。但我们也看到,有人热心于"旧八卦",追逐秘闻野史,甚至将历史娱乐化;也有人醉心于"小问题",排斥宏大叙事,一叶障目不见泰山。史实是历史的筋骨,史观则是中枢。有正确的历史观,才能形成系统的史论、深刻的史识,在此基础上生发出对民族精神的认同、对民族文化的信念。

历史文化的滋养,彰显在简牍文书的字里行间,也隐藏于人伦日用的点点滴滴。母亲给孩子讲述远古寓言,惩恶扬善的观念在幼小心灵里生根;"说书唱戏劝人方",杨家将、薛家将的故事演绎数百年,忠孝节义的内核从未改变;团圆佳节里看似繁琐的"老例儿",寄寓了对家人的深情、对物产的敬惜。让理论研究、影视文学、博物展览一道成为历史的讲述者,那些尘封在岁月中的精神气质,才能从"书本本"走到"心窝窝"。

最近,一档名叫《国家宝藏》的电视节目,激活了很多人的文化热情。其实,相比无言的文物,国家宝藏更埋藏于亿万民众的心底与脚下。以历史的罗盘指引前路,以精神的灯塔凝聚力量,中华民族的复兴之路必将越走越宽。

(2019 年 01 月 29 日)

读懂历史的大逻辑

——从历史中汲取走向未来的智慧 ⑤

白　龙

读史寻正路，明史通大道。习近平总书记多次强调，"多读一点历史"，就是因为历史中记载着一个民族的兴衰起伏，隐藏着一个国家的文化基因。以史为镜，鉴往知来，必须具备历史的大视野，读懂历史的大逻辑。

历史之中有大势。读懂历史的大逻辑，需要有拨云见日的功夫，在纷繁复杂的表象背后，看大势、谋大局。事实上，讲究"稽其成败兴坏之理"的中国史学，一直把"时与势""变与常"作为分析历史兴衰的重要概念，强调对历史大势的理解和洞察。孟子有言，"观水有术，必观其澜"。观看大江大河的走势，一定要从波澜壮阔处着眼。有了对历史潮流和历史大势的把握，才会在展望台海形势、两岸关系时，拥有"统一是历史大势，是正道"的自信；才会有在面对逆全球化趋势时，以三个"不会停滞"，重申中国开放的大门只会越开越大。在重要的时间节点上，我们总是能够从长线程历史的大逻辑中，找寻方向、汲取力量。

历史之中有大道。"我们要不畏浮云遮望眼，善于拨云见日，把握历史规律，认清世界大势。"习近平总书记对历史的重视，反映出"读史"与"识道"的辩证关系。"欲知大道，必先为史"，古人所说的"大道"，既是指治国安邦之道，也是指历史的大逻辑、发展的大潮流。我们今天读历史，就是为了在历史中寻找可资借鉴的治理之道。毛泽东同志曾指出，

"今天的中国是历史的中国的一个发展;我们是马克思主义的历史主义者,我们不应当割断历史。"正是从五千年中华文明史、世界社会主义运动史、中国近代史、中共党史以及人类文明史中汲取智慧,中国共产党在深刻把握历史规律的基础上,不断找到了前进的正确方向和正确道路。

历史之中有未来。当今世界正处于百年未有之大变局,只有善于察大势、明大道,才能开启未来之门。在庆祝改革开放40周年大会上,习近平总书记纵观中国"数千年大历史",认为"变革和开放总体上是中国的历史常态";在联合国日内瓦总部,他回首世界百余年历史,思考"我们从哪里来、现在在哪里、将到哪里去"的问题。这些判断和思考,都以明澈的历史大视野、清晰的历史大逻辑,抓住了当代中国发展的关键,指明了世界未来的方向,为人类发展进步注入更多确定性的力量。

察势者智,驭势者赢。今天,以习近平同志为核心的党中央确立了新形势下党和国家各项工作的顶层设计、战略方向,充分体现了当代中国共产党人的历史眼光和战略视野。能看到多远的过去,就能看到多远的未来。站在风云际会的新时代潮头,我们对于昨天、今天和未来有着更加深切的历史感悟,也更会自觉地在"历史之变"中探寻和把握"历史之常"。拥有"经历了无数次狂风骤雨,大海依旧在那儿"的坚定信心,我们就能在把握历史大势中走向未来,在延续民族文化血脉中开拓前进。

"述往事,思来者",历史、现实、未来是相通的。只有正确认识历史,才能更好开创未来。今天,我们作为历史的"剧中人"敬畏历史、认识历史,就要从历史的深处把握现在,让中华民族沿着人间正道浩荡前行,创造属于每一个人的美好梦想。

(2019年01月30日)

对历史保持一颗敬畏之心

——从历史中汲取走向未来的智慧⑥

盛玉雷

水有波而明其流,车有辙而后可循。历史之于国家民族,犹如记忆之于个人。一个人丢失了记忆,就丢失了自我;国家民族丢失了历史,也就丢失了现实和未来的依凭。

主张"对绵延5000多年的中华文明,我们应该多一份尊重,多一份思考",告诫"历史就是历史,事实就是事实,任何人都不可能改变历史和事实",指出"同历史对话,我们能够更好认识过去、把握当下、面向未来"……习近平总书记高度重视历史,强调"要坚持正确历史观"。

以史正人、以史化风,在当下有着很强的现实意义。有人说,"谁忘记历史,谁就会在灵魂上生病。"对这样的灵魂之病,还需彻底祛除病灶。荧屏上,民族罪人被演绎成风度绅士,时代楷模却被塑造成道德有亏,具有进步意义的历史事件被矮化成"宫斗""权谋";网帖里,有人调侃污蔑英雄人物、革命先烈,编造篡改党史、国史、军史;生活中,"精日分子"出没,出格举止挑战底线……无论是所谓"重新评价"的虚无主义,还是所谓"还原真相"的解构崇高,或者所谓"利益至上"的泛娱乐化,都是以主观替代客观、以片段取代整体、以臆想揣摩史实,不仅影响我们对历史的认知,更危及国家发展的价值底盘、精神基座。

正如习近平总书记所言,"历史和现实都表明,一个抛弃了或者背叛了自己历史文化的民族,不仅不可能发展起来,而且很可能上演一场历史悲剧。"中华民族5000多年文明史、中国人民近代以来170多年斗争史、中国共产党90多年奋斗史、中华人民共和国70年发展史、改革开放40年探索史,形成了中华民族的"文明基体",构筑出亿万人民的"意义世界"。鲁迅曾说,"历史上写着中国的灵魂,指示着民族的未来",轻视历史、歪曲历史、消解历史,如何能树立马克思主义的信仰、坚定中国特色社会主义的信念、增强实现中华民族伟大复兴中国梦的信心?

梁启超认为,历史是"记述人类社会赓续活动之体相,校其总成绩,求得其因果关系"。的确,历史不仅拥有"时空位置的特殊性",也存在"时间的秩序""因果的联系"。用孤立、片面、曲解的方法观察历史,就容易忽略客观的史实、必然的规律、主流的叙事,"一叶障目,不见泰山"。"去思想化""去价值化""去中国化""去主流化",说到底是将历史当作了予取予求的工具,是通过否定历史来否定现实、歪曲历史来歪曲未来。只有全面、客观、综合地认识历史,尊重历史而不是调侃历史,敬畏历史而不是消费历史,才能让历史告诉未来、从历史走向未来。

历史从不遥远,也从未远去。常葆一颗敬畏之心,让历史说话,用史实发言,我们就能在了解昨天的基础上,把握今天、开创明天。

(2019年01月31日)

让公众感受历史的魅力

——从历史中汲取走向未来的智慧 ⑦

桂从路

在一件件国宝中触摸文化的宝藏，于一封封家书中感受精神的传承……近年来，历史文化类电视节目走红，让观众看到"历史原来这么有料"。透过影像化展示、故事化讲述，尘封的记忆被激活，历史的图景在人们心中铺展。

历史源于一代代人的书写，既有故事，又有遗珍，更沉淀出文化、闪耀着智慧。习近平总书记的"用典"，正是一个感受历史魅力的窗口。用东汉杨震"四知拒金"说廉洁，引《晏子春秋》"为者常成，行者常至"讲实干，以陈望道翻译《共产党宣言》谈信仰……信手拈来的精妙典故，让习近平总书记的讲话、文章充满魅力、引人入胜，也让人看到历史中蕴藏着的智慧与力量。

古罗马学者西塞罗曾说，一个人如果对自己出生以前的历史毫无所知的话，这个人就等于没有长大。的确，割断了历史，"现在"就失去了纵深，成为一个单薄的平面。人们渴望走进历史、了解传统，正是希望于其中理解当下、定位自身。这也是为什么《我在故宫修文物》这样的纪录片，能让年轻人觉得很燃很感动；为什么公众排起长队，只为一睹2000年前的西汉海昏侯墓文物。可以说，让公众更好地感受历史的魅力，不仅是扩大主流价值影响力版图，也是回应公众对于美好生活的向往。

更好感受历史的魅力，需要让公众走进"历史的场景"。翻看《史记》

《汉书》,能听见垓下的悲歌、看到绝域的车骑,体悟到兴衰之理、人生奥义。看看长征路上无言矗立的红军墓碑,走进戈壁荒漠中连接天地的发射基地,更能感受革命史的慷慨悲壮、奋斗史的荡气回肠。我们其实"去古未远",每个人都生活在历史之中。国家史、地方史、行业史、家族史,都在我们的衣食住行间活泼地呈现着。进入这样的历史场景,使得历史可触可感、宛在眼前,才能打开人们的历史视野,激发人们的历史兴趣。

更好感受历史的魅力,也需要让历史走进"生活的场景"。近年来,引发收视狂潮的历史正剧、开启大众阅读的大家小书、点燃观众热情的文化节目,这些作品赢得认可也正说明:历史不应曲高和寡,更不应远离生活,而应是有温度、接地气、富于人情味的。不论是亮相北京、上海、深圳的"时光博物馆",或是深受网友追捧的故宫文创产品,它们打动人心的秘诀,就在于他们嵌入了人们的日常生活,赋予了我们的生活以历史的景深。

习近平总书记强调,"让收藏在禁宫里的文物、陈列在广阔大地上的遗产、书写在古籍里的文字都活起来"。历史要"活起来",也正需要发现生活的历史场景、创造历史的生活场景。在"活化"的历史中,让公众更好地感受历史的魅力,定然能让更多人追寻悠久漫长的文明历程,洞察人群进化的内在奥秘,审视千百年的坎坷和辉煌,收获"看清世界、参透生活、认识自己"的启迪,得到"认识过去、把握当下、面向未来"的滋养。

历史学家说,往昔就是异乡。其实,对于公众而言,历史绝不是异乡,而是精神的原乡。研究历史、学习历史,其实就是一种"精神还乡"。于汗青古籍中采撷智慧,在追昔抚今中神交千古,历史就一定能成为一道来自过去的强光,照亮我们前行的征程。

(2019年02月01日)

困难是成长的"维他命"

朱海豹

老渔工伏在船舱里听水声,可以分辨水下有什么鱼群;有本事的猎人,晚上能从野兽眼睛里反射出的不同光点,判断来的是野猪还是狐狸;蛇医看见被咬过的伤口,能够立刻判断是眼镜蛇还是蝮蛇……这些知识不是与生俱来的,而是在长期的实践中磨砺出来的。所谓实践出真知,正是在与困难的斗争中经风雨、长才干的。

犯其至难方能图其至远。正如作家冰心所言:"成功的花,人们只惊慕她现时的明艳!然而当初她的芽儿,浸透了奋斗的泪泉,洒遍了牺牲的血雨。"南仁东带着300多幅卫星遥感图,对1000多个洼地进行比选,走遍西南山区上百个窝凼,最终找到"天眼"最适合的建造地点。获得国家改革先锋称号的许振超,凭着"悟性在脚下,路由自己找"的韧劲,练就了"一钩准""无声响操作"等绝活,先后七次刷新集装箱装卸世界纪录,使"振超效率"享誉全球。可以说,一个人只有经历实践中的摸爬滚打、心理上的辗转反侧,与困难斗争、向实践学习,才能获得真正的成长。

对党员领导干部而言,困难是自身成长的"维他命",挑战是提升本领的"蛋白质"。没有经历过让人挠头的事情,没有经过突发情况、复杂环境的锻炼,很难成为合格的领导干部。马厩里养不出千里马,不愿意下水就永远学不会游泳。如果只想着当太平官,只有坐而论道的"认识论",没有解决问题的"方法论",那就始终与实际隔了一层,也无法增长才干、磨砺心志、锻造品格。

改革开放40年,透过宏观层面的经济发展奇迹,可以看到无数改革先锋的负重前行。40年后的今天,仿佛仍然能听到改革先行者们急促的呼吸、猛烈的心跳,感受到他们"虽千万人吾往矣"的进取精神。40年来,走过了旋涡,经历了风浪,但我们在游泳中学会了游泳,在与困难的斗争中走出了一条新路、好路。

改革走到今天,是一个船到中流浪更急、人到半山路更陡的时候,是一个愈进愈难、愈进愈险而又不进则退、非进不可的时候,还有许多"雪山""草地"需要跨越,还有许多"娄山关""腊子口"需要征服。越是在这样的时候,就越是需要广大党员领导干部冲锋在前,敢于走出心理舒适区,激发同困难斗争、向问题进发的精气神。正因此,干部培养既要注重知识结构,也要锻造坚韧的意志品质;不仅要营造良好氛围,也要放到重大斗争一线去真刀真枪磨砺。唯有如此,才能让领导干部经风雨、见世面、长才干、壮筋骨,学真本领,练真功夫。

"江河之所以能冲开绝壁夺隘而出,是因其积聚了千里奔涌、万壑归流的洪荒伟力。"在重大斗争中去经受锻炼,在克难攻坚中增长胆识和才干,涵养知难而进、逆流而上的气概,磨砺遇强更强、愈挫愈勇的坚韧,就能在"挑战—应战"中迸发更强大的力量,赢得"具有许多新的历史特点的伟大斗争"。

(2019年01月23日)

勿陷"惯性思维"泥潭

李慧勇

以旧观念旧模式应对新问题新形势,前行的脚步必然会受到阻滞。能否打破格式化、套路化的惯性思维,关键就看能不能以问题为导向、一切从实际出发。

一根小柱子、一截细链子,缘何能拴得住千斤重的大象?原来,大象幼年时被驯象人用铁链绑在柱子上,无论如何挣扎都无法摆脱;随着时间的推移,小象逐渐把顺从当作习惯,虽然长大后可以轻而易举地挣脱束缚,但它早已失去了拥抱自然的意愿。可以说,拴住大象的并不是铁链,而是长久以来的惯性思维。

"习惯若不是最好的仆人,便是最差的主人"。经过实践检验的习惯,能减少从无到有的探索成本,让人们少走弯路,提高效率。但正如一位科学家所说:妨碍人们创新的最大障碍,并不是未知的东西,而是已知的东西。如果习惯了已有的方法、停止了对创新的探索,个体就容易被捆住手脚、滋生惰性,导致思想上的不求甚解和行动上的路径依赖。尤其当环境发生改变时,如果仍然墨守成规,以旧观念旧模式应对新问题新形势,前行的脚步必然会受到阻滞。

被惯性思维主导,以线性逻辑或单一视角看待复杂的事物,其实是片面的、静止的、僵化的。马谡一意孤行,因坚持"居高临下,以一当十"的教条而痛失街亭;苏轼只看到菊花敢与秋霜鏖战,便主观认为"秋花不似春花落",殊不知"黄花也可遍地金"。认识与实践的过程,有时需要较长的时间。如果以为"一招鲜吃遍天"、拿旧瓶装新酒,很容易造成以点代面、以偏概全的谬误。也正因此,统揽事物发展的全过程,以辩证的思维、发展的眼光去看待问题,才能避免陷入"惯性思维"的泥潭。

惯性思维常常躲藏在人们身后,非经认真省察难以摆脱。现实中,一些党员干部无视具体实际,把所有"惯例"都当玉律,奉所有"经验"都为圭臬。或是决策不深入实际,全凭主观经验"拍脑袋";或是调研走"规定路线",看"盆景式"典型;或是推动工作全凭开会发文,狠抓落实就要检查评比……不关心工作落实实际效果,不顾及群众反响究竟如何,因循"老皇历",惯守"旧套路",流于表象、疏于本质、惰于思考、怠于实践,长此以往,只会裹足不前、落后于人。而归根结底,也还是形式主义、官僚主义在作祟。

"远飞者当换其新羽,善筑者先清其旧基"。安徽小岗村村民迈开"分田到户"的第一步,深圳蛇口工业区成为对外开放的第一块前沿阵地,河北雄安新区致力于打造高质量发展的全国样板……回望改革开放40年,我们形成的一条重要经验就是解放思想。今天改革开放再出发,能否打破格式化、套路化的惯性思维,关键就看能不能以问题为导向、一切从实际出发。面向未来,既应着眼现实,不唯上、不唯书,冲着问题去、对着问题改,从不可为中寻得可为,从熟视无睹中窥见机遇;又当勇于破除自我设限,善于革新方式方法,主动来一场思想上的革命,像鹰一样换羽振翅、像蝶一样破茧成长。

解放思想,堪称增强社会活力的总开关。拿出刀刃向内的勇气、敢为人先的锐气,冲破惯性思维,不为传统所拘、不为定势所累、不为经验所缚,我们定能聚合更多改革新动能。

(2019年01月22日)

"作之不止",方有不凡

杨卫国

人生如同一场马拉松,要想避免中途出局,必须拥有持久的耐心和坚韧的毅力。

行为心理学研究表明,21天以上的重复会形成习惯;90天的重复,则会形成稳定的习惯。这启示人们,在时间的累积与行为的重复之中,蕴藏着惯性的力量。

不禁联想到《资治通鉴》记载的一则故事。战国时,魏国国君安釐王与孔子第六世孙孔子顺谈及某人,认为此人有作秀之嫌。对此,子顺回答:"人皆作之。作之不止,乃成君子;作之不变,习与体成;习与体成,则自然也。"也就是说,无论动机如何,一个人只要持之以恒地做好事,久而久之就能形成习惯,最终让习惯与本性自然融合。可见,推动良好的行为在实践中形成习惯,关键在于"作之不止"。

人贵有恒。事实证明,但凡成就一番事业的人,无不是有恒心、有毅力的强者。他们聚焦主要目标,一以贯之、久久为功,在坚持中集聚力量、成就作为。"时代楷模"王继才在条件艰苦卓绝的开山岛上为国守岛32年,直至生命最后一刻。"当代愚公"李保国三十五年如一日扎根太行山区,用科技为荒山带来苍翠,用产业为乡亲拔除"穷根"。古人说得好:"锲而舍之,朽木不折;锲而不舍,金石可镂。"葆有坚持不懈的精神，蓄积水滴石穿的韧劲，一个人终将在平凡中书写不凡。

"作之不止"，关键是要向上向善，将好的品行、好的习惯贯穿始终。否则，一旦思想迷航、行为迷失，只会误入歧途，并在错误的道路上越走越远。前不久，多名落马高官的忏悔书或处分决定公开展示，引发不少人的思考。其实，很多贪腐分子初入官场时，也曾严格要求自己，不敢越雷池一步；然而，随着日益掌握权力，他们逐步放松了对自己的要求，最终积小错为大错，积小恶成大恶。习惯中也藏着魔鬼，令人不得不思之、慎之。

"作之不止"，本质上也是自我净化、自我革新的过程，警示我们以坚定的决心和意志不断纯洁党性、修身律己。宋人吕本中在《官箴》中总结："当官之法，惟有三事，曰清、曰慎、曰勤。"这是对封建官吏的要求。对于今天的领导来说，为官从政更当立政德、明大德、守公德、严私德，时刻强化自我约束，及时清除非分之想、不善之念，不给思想开"天窗"，不给行为留"暗门"，真正做到心有所惧、言有所戒、行有所止。慎终如始，则无败事。砥砺"千磨万击还坚劲，任尔东西南北风"的坚韧，以"功成不必在我"的境界和"功成必定有我"的担当，夙夜在公、殚精竭虑、勇于作为，党员领导干部才能以苦干实干赢得群众的衷心认可。

人生如同一场马拉松，要想避免中途出局，必须拥有持久的耐心和坚韧的毅力。严格以求、"作之不止"，不是为难自己、屈就自己，而是改造自我、成就自我。崇德向善、"作之不止"、勇毅前行，一个人终能让好习惯转化为行为自觉，抵达"从心所欲不逾矩"的境界，遇见更美好的人生风景。

（2019 年 01 月 21 日）

"总开关"岂能常年失修

李 斌

> 理想信念这个"总开关"之所以关键,原因就在于它管控的是思想灵魂层面"好"与"莠"的输入输出。

理想信念是共产党人的精神之钙和政治灵魂,是世界观、人生观、价值观的"总开关"。如何理解"总开关"的含义?不妨先从两则格言谈起。

一则是,"染于苍则苍,染于黄则黄"。墨子观看染丝过程发现,使用的染料不同,丝的颜色也跟着变化,经过5次染色,丝物就有了5种颜色。他得出结论,"染不可不慎也"。染丝的道理提醒人们,外界环境的输入,对一个人思想观念的养成有重要影响。把紧理想信念"总开关",需要慎重对待外界环境袭染,自觉挡住各类腐朽思想、不良作风的侵蚀。

另一则,"革命理想,不是可有可无的点缀品,而是一个人生命的动力"。被誉为中国"保尔·柯察金"的吴运铎,为试制弹药先后数次严重负伤,用一生对党的忠诚,诠释了"革命理想高于天"的坚定信念。理想信念"总开关",管的是为党工作、为民掌权、为国服务的动力源。输出推进改革发展的担当,输出严以修身用权的自觉,输出为百姓办实事好事的干劲,都需要"总开关"灵活运作、保持常开。

所谓"开关",自然有开也有关。《诗经》里说,"好言自口,莠言自口"。理想信念这个"总开关"之所以关键,原因就在于它管控的是思想灵魂层面"好"与"莠"的输入输出。一方面，封堵住各种歪理邪说、歪风邪气的输入，守住廉清底线，避免党性修养失之于散、失之于松。另一方面，敞开对好作风、好状态的输出，避免党性修养失之于空、失之于虚。"身之主宰便是心"，让"主宰"的意味更多体现出来，正是把好理想信念"总开关"的题中之义。

"有的理想信念'总开关'常年失修，对共产主义心存怀疑，不信马列信鬼神，世界观、人生观、价值观全面蜕变"，习近平总书记在全国组织工作会议上指出的"总开关"常年失修问题发人深省。的确，没有哪个腐败分子的落马，不是从"总开关"失守开始的。理想信念"总开关"锈蚀松动、跑冒滴漏，思想就会渐趋庸俗化，作风就会游走在"亚健康"边缘。"总开关"该关闭时要关闭、该拧紧时要拧紧。"总开关"拧不紧，无异于打开了"百病之源"。闭心自慎，慎终如始，主动远离低级趣味、歪风邪气，自觉排除各种干扰困惑，方能永不失过。

"总开关"该打开时要打开，该大开时要大开。抽掉阻挡干事创业动力的门闩，是党性所求、信念使然。精神松懈、实干不足、担当无力，从根本上说原因都在于理想信念不坚定。心中有信仰，脚下有力量。理想信念是照亮前路的灯、把准航向的舵，更是驰而不息的桨、长风破浪的帆。以坚强信仰、纯粹党性，带动为政清廉、干事担当、为民勤恳，体现到对奋斗目标的执着追求上、对本职工作的不懈进取上、对艰难险阻的奋勇攻坚上，正是砥砺理想信念的根本要求。

"身体靠营养维持，精神又何尝不是？"精神给养的来源，在于坚持不懈地把好理想信念这个"总开关"。共产党人赶考无止境，自我革命无止境，坚定理想信念亦无止境。维护保养好"总开关"，方能不囿于私利和诱惑，练就"金刚不坏之身"，方能不安于小成和守业，成就"万世不易之业"。

（2019年01月17日）

激发再攀高峰的动力

黄福特

> 存量虽然代表着阅历与荣誉,但却可能限制思想的延伸,乃至束缚手脚。领导干部要始终保持干事创业的激情、不断取得新成绩,就必须懂得归零放弃存量。归零看似舍弃了过去,实则得到了未来。

喜爱冲浪的人都知道,一个人在海平面上待久了,想要再冲上浪头,就必须放弃存量,划入浪底积蓄能量。冲浪如此,人生亦然。存量虽然代表着阅历与荣誉,但却可能限制思想的延伸,让人无法放下身段,乃至束缚手脚。领导干部要始终保持干事创业的激情、不断取得新成绩,就必须懂得归零放弃存量。归零打破的是思想的条条框框,卸下的是荣誉背后的负担,激发的是再攀高峰的动力。

归零能使人始终保持谦虚谨慎。职级提升了,成绩累积了,一些领导干部容易恃才傲物、刚愎自用,听不进下属的意见建议,凡事想当然自以为是,不仅影响科学决策,还阻碍事业发展。成绩代表过去,职级代表职责,以归零淡化对成绩的陶醉、对职级地位的关注,才能以初学者的谦虚态度、干事者的积极热情投入工作。毛泽东同志把进驻北平建立新中国喻为"赶考",杜绝党内因夺得伟大胜利而骄傲自满、居功自傲、停滞不前。"胜利之后再赶考"体现的正是一种归零的心态。那些从战火中走出来的革命家,从零开始重新学习、拼命学习,肩负起了新中国建设的繁重任务。他们中不少人最终成为杰出的法官、检察官、教师、工程师、大使、外交家等等。可见,归零能让人戒骄戒躁,能使人努力进步,是从胜利走向胜利的助推器。

归零能焕发出思想的创新活力。机关工作有严密的规章制度,领导干部往往需要按部就班,遵规循矩。时间长了难免形成思维惯性,思想易被条条框框限制住,便失去创新的活力。一些领导干部遇事搬出条规,参考惯例,却对处理方式是否合理有效不闻不问,改革创新更无从谈起。近年来,一些政府部门打破思想藩篱,归零重塑办事流程,为制度做减法,为服务做加法,老百姓得到了实惠。归零并非另起炉灶从头再来,而是要突破对自身经验认识的惯性依赖,结合实际情况独立、客观地思考创新。事实证明,只有归零才能以旁观者的角度发现工作的不足,才能跳出思维惯性解放思想,才能挖掘出创新的亮点。

归零能激发敢想敢干的创业激情。现实生活中,一些领导干部为官不为,凡事"输不起",过分爱惜羽毛,从而滋生"多一事不如少一事""改革创新不如按部就班"的思想。归根到底是个人计较太多,害怕失去既得利益,因此担心失败,拒绝尝试,无所作为。中央颁布的《关于进一步激励广大干部新时代新担当新作为的意见》,指明了"优者上、庸者下、劣者汰"的用人导向,让想干事、能干事、干成事的领导干部得到重用。干部成事关键在于心无旁骛,归零让干部不再留恋于以往的成绩,不再贪恋于眼前的舒适,卸下名利的枷锁,放松手脚轻松上阵。归零也更能让领导干部有勇气向自己开刀,向陋习开刀,解决不合理的问题,保持昂扬状态,敢于担当作为。

归零看似舍弃了过去,实则得到了未来。有舍才有得,大舍方能大得。让思想插上翅膀,让手脚得以解放,将会把握更多的机会,创造更大的成就。

(2019年01月15日)

边边角角尤须"扫帚多到"

马洲兵

正风反腐到了巩固压倒性胜利的时候,不仅要求保持"大场"清爽干净,更要求彻底清扫"边角"。边边角角"扫帚不到",其他地方的清洁卫生也难以巩固和保持。可以说,打赢正风反腐攻坚战,某种程度上取决于打扫"犄角旮旯"的力度和成效

"扫帚不到,灰尘照例不会自己跑掉",这是毛泽东同志的名言。今天推进正风反腐向纵深发展,对于那些边边角角,尤当"扫帚多到"。

有纪检监察部门分析,近两年查处的公职人员违纪违法案件中,"小散远直"涉案数量占比明显增大。所谓"小散远直",就是那些单位小、人数少、比较分散、远离总部的单位以及财务相对独立的直属单位等。这种情况从一个侧面反映出党风廉政建设的现状——"大场"变得清爽干净多了,但有些"边角"的卫生状况依然堪忧。

居家打扫卫生,边边角角往往最是耗时费力。风难吹到、光难照到的地方,极易藏污纳垢。打扫从政环境,需要关注的"边角"更多。那些从事服务保障性工作的"边角单位",出差、看病、休假等不在眼皮底下的"边角人员",工作之余、8小时外等闲暇无事的"边角时间",接个客、购个物等跑跑龙套的"边角工作"等,往往上级和领导过问得少,因此

"出事"概率也高。

有道是"饭要一口一口吃"。纠风除弊需要分清轻重、主次与先后,先清"大场"、再扫"边角",这也是推动工作发展的客观需要。如今,正风反腐到了巩固压倒性胜利的时候,不仅要求保持"大场"清爽干净,更要求彻底清扫"边角"。边边角角"扫帚不到",其他地方的清洁卫生也难以巩固和保持。可以说,打赢正风反腐攻坚战,某种程度上取决于打扫"犄角旮旯"的力度和成效。

相对于"广场大厅",打扫"边角"的卫生是个细活,需要用心"研究扫的办法"。越是处于"边角",灰尘存积可能越久,一般性地扫一扫、擦一擦恐怕难以济事。一些人在"边角"待久了,对有些错误的东西已经习惯成自然——思想上根深蒂固、行为上习非成是。如果规定几个严格禁止、查处几个反面典型就觉得大功告成,"躺在床上,以为会来一阵什么大风,把灰尘统统刮掉",那完全属于幻想。打扫"边角"的卫生,就必须用心研究"边角治理"的特点规律,坚持区分情况、有的放矢,切忌"大呼隆""一刀切"。只有善管善治,工作才能到边到位,做到点子上、做出效益来。

保持"边角"的清洁卫生,关键还要靠那些在"边角"工作的同志。对于上级来说,抓工作当然不能有"被遗忘的角落",但总是需要突出中心与重点。因此,越是处于"边角"之上,越应当强化中心意识、大局观念,越需要多一些"自扫"、少一些"等扫"。不能因为上级难顾上或者远离总部等,就自视特殊而放松要求,对小问题、老毛病迁就放任,工作慢半拍、标准减三分,更不能丢掉责任、放弃原则,当好好先生、求一团和气。

习近平总书记指出,"当前,反腐败斗争形势依然严峻复杂""要坚持无禁区、全覆盖、零容忍,坚持重遏制、强高压、长震慑"。正风反腐,必须做到边边角角、扫帚多到——只有这样想、这样做,才能把工作落细落好,实现弊绝风正、海晏河清。

(2019年01月10日)

多"烧脑"才能少"挠脑"

向贤彪

实践告诉我们,不开动脑筋,不勤于和善于思考,是干不好工作的。在相当意义上说,只有多"烧脑",才能少"挠脑"

思想一勤快,头脑就活跃,工作就风生水起。这正是"烧脑"的效应,让大脑全速开动起来,在多思善思中,往往就能想出解决问题的办法,求得工作的突破。相反,思想一懒惰,头脑就贫困,工作就平庸。结果就是经常"挠脑",遇事抓耳挠腮、一筹莫展。哲人说:"这个世界唯一不变的,就是一直在变。"要想在不断变化的世界里,思想不落伍,行动不掉队,就要多"烧脑"少"挠脑"。

改革开放之初,邓小平同志就曾指出:"在党内和人民群众中,肯动脑筋、肯想问题的人愈多,对我们的事业就愈有利。"现在大多数党员干部是勤于思考、善于思考的,但也不能否认,不愿意动脑筋、不善于思考者仍不乏其人。这样的"思想懒汉"往往脑子空空,对上级的决策指示只会机械地照搬照转,对群众创造的丰富经验熟视无睹,抓工作、办事情拿不出自己的思路和办法。实践告诉我们,不开动脑筋,不勤于和善于思考,是干不好工作的。在相当意义上说,只有多"烧脑",才能少"挠脑"。

"心胜则兴,心败则衰。"世界上最可怕的并非失败,而是思想上自我设限抑制了成功。提倡多"烧脑",就是要"烧"掉头脑中那些过时的观念、经验和套路,冲破思想上条条框框的束缚,为新观念的生长"清场""腾地"。"把思想活泼一下。脑子一固定,就很危险。"思想决定行动,观念主导成败。直面改革中的矛盾和问题,当把破除旧有思想观念束缚作为撬动改革的"阿基米德支点",方能冲破阻力、攻克难关,由"山重水复疑无路"进入"柳暗花明又一村"。

当今时代,创新创业不是单枪匹马、孤军奋战就能获得成功的。一个人"烧脑",只能"烧"出一片小天地;一个团队、一群人"烧脑",才能"烧"出一番大事业。很多人都有喝咖啡的习惯,但有多少人知道一杯咖啡所产生的咖啡渣,99.8%会被丢弃。上海财经大学一个创新团队,通过实施"咖啡绿植"项目,将废弃的咖啡渣转化为有机肥料,用以培育出高质量的菌菇,从而带来了可观经济效益和环保效益。这正是团队的力量。有统计数据显示,超过2/3的诺贝尔奖都是合作取得的。善于运用和借助团队的力量,在集体的"烧脑"中激发创新的灵感,就能创造1+1大于2的效益,让创新之火形成燎原之势。

"知之难,不在见人,在自见。"人最难看清的是自己,最难战胜的也是自己。从某种意义上说,"烧脑"既是一种自我否定,同旧观念告别,同"旧我"告别,也是一种自我更新,用新观念武装头脑。"远飞者当换其新羽,善筑者先清其旧基。"善于思考的人不仅会用好自己的大脑,还会很好地利用外脑丰富大脑,认真汲取他人的、现实的和历史的经验,善于向书本学习,向实践学习,向群众学习,做到理论精通、知识融通、信息贯通,集中民意、集思广益,从而丰富自己的智慧,掌握干事创业的过硬本领,实现自我迭代升华。

"精神爽奋,则百废俱兴;肢体怠弛,则百兴俱废。"把眼界放得更宽些,把劲头鼓得更足些,敢于突破思维惯性和路径依赖,每一天的"烧脑"行动,就不仅清爽我们的精气神,更赢得事业的万千气象。

(2019年01月08日)

以改革开放的姿态走向未来

——新时代改革开放再出发 ①

李 斌

历史的意义,在于被铭记。改革开放是过去40年被历史铭记的专属名字,也是我们这代人打开时间未来的特有方式。

"四十载惊涛拍岸,九万里风鹏正举"。12月18日,习近平总书记在庆祝改革开放40周年大会上的重要讲话,唤起人们回望历史的澎湃激情,也激发人们走向未来的壮志雄心。

行走在改革开放春天里,每分每秒都是常新的。从"包产到户"到乡村振兴,从"鸡毛换糖"到全球电商,从加工贸易到中国创造,从计划经济到市场经济,从乡土中国到美丽中国,40年砥砺奋进,中国书写下"伟大觉醒""伟大创造""伟大革命""伟大飞跃"的惊世奇迹。被塑造的不仅是国家面貌、社会面貌,更有人的精神面貌。改革图新、创新创造、开放融通……这些改革开放语素,凝结为时代精神、内化为治理方法、上升为社会共识。

作为一种时间文明,40年来的接力探索,让改革开放成为"当代中国最显著的特征、最壮丽的气象",成为中华民族现代化进程中的精神火炬、奋斗指南。昨天的风雨成就不了今天的美好,但昨天的改革却可以为今天的改革铺路指向。纪念改革开放的最好方式,莫过于继续深化改革开放。开辟未来的至上法宝,莫过于推动新时代改革开放走得更稳、走得更远。百川归海的洪流最震撼,躬身改革的身影最美丽。当发展抵达新的陌生地带,当"低垂的果子"已被摘完,除了"将改革开放进行到底",别无其他捷径可循。

作为一种实践哲学,改革开放是把"静止时间"雕凿成"起伏历史"的"工具库"。因为供给侧结构性改革的牵引拉动,经济发展质量和效益大幅提升;因为"制度笼子"的越收越紧,反腐败斗争取得压倒性胜利;因为生态文明体制推陈出新,天蓝地绿美丽图景分外清晰;因为不遗余力建设开放型经济新体制,中国同世界交融发展一往无前……党的十八大以来,基于"改革的担子越挑越重"的改革认识,靠着"把改革重点放到解决实际问题上来"的改革担当,全面深化改革在新起点上实现新突破。经济升级、社会转型的沟沟坎坎,国际形势、经贸摩擦的风风雨雨,难阻中国人民在深化改革开放中开创美好未来的稳健步伐。

新的时间旅程,新的发展空间,实现中华民族伟大复兴中国梦的最强音已在回响。改革征途蓄势待发,并不缺少好蓝图、好制度、好设计,我们亦需激荡无比坚强的改革定力、开放决心和奋斗干劲。改革胸怀思接千载、视通万里,改革谋划观古照今、继往开来,改革境界经纬天下、囊括四海,改革初心聚焦人民、矢志复兴,方能展现好新时代改革开放的精神风貌。鼙鼓催征良将出,弄潮儿向涛头立。改革航船云帆高张,呼唤中流击水奋楫前行、闯关夺隘迎难而上的改革状态,呼唤勇于挑最重担子、敢于啃最硬骨头、善于接最烫山芋的改革人才。

迎着美丽的日出,走在正确的路上,还有什么比这更令人振奋?正如习近平总书记所号召的:"建成社会主义现代化强国,实现中华民族伟大复兴,是一场接力跑,我们要一棒接着一棒跑下去,每一代人都要为下一代人跑出一个好成绩。"从聚力改革、锐意图新的国家奋起,到同心筑梦、矢志追梦的个人奋进,意气风发的中国,将以永不停歇、再攀高峰的改革开放决心,创造让世界刮目相看的新的更大奇迹。

(2018年12月20日)

让改革开放精神标识更鲜明

——新时代改革开放再出发 ②

李 斌

"历史发展有其规律,但人在其中不是完全消极被动的。"作为一项开天辟地的创举,当代中国对改革开放的历史书写,展现的正是人的主动进取、人的奋斗开拓。

40年来的改革开放历程,不仅仅是体制的改革、经济的增长、财富的累加、国门的打开,更涵盖理念的变革、思想的解放、精神的淬炼、信仰的迸发、价值的磨砺。伴随物质文明成果层出不穷、社会生产活力涌流不尽,中国人的精神面貌、精神境界、精神追求都发生了深刻剧烈的变化。亿万人民在中国共产党的带领下,焕发出源源不断的改革社会、改造山河的主动性、创造性,谱写了一曲感天动地、气壮山河的奋斗赞歌,使改革开放成为当代中国"最显著的特征、最壮丽的气象"。

正如习近平总书记在庆祝改革开放40周年大会上宣示的,"改革开放铸就的伟大改革开放精神,极大丰富了民族精神内涵,成为当代中国人民最鲜明的精神标识!"改革开放是中华民族精神品质的高光时刻,经历了十年浩劫,人们并没有灰心颓废,而是投身市场经济大海中弄潮,投身知识王国中跋涉,投身创业殿堂里登攀,投身广阔天地中实干,用40年时间写就了"改革开放精神"这部超时空巨著。革故鼎新,大胆探索、善于创造,不甘落后,勇于第一个"吃螃蟹",勇于"涉险滩""啃硬骨头"……这些改革开放的精神因子,镌刻进一代代人的心灵,构筑起民族精神的时代底色、实践特色,让共产党人的信仰殿堂焕然一新,让人类精神宝库多了一笔中国财富。

邓小平同志说过,是改革开放使"中国真正活跃起来"。40年风雷激荡,最深刻的变化在于人,最强大的动力依靠人。小岗村"大包干"、汉正街"个体户"、果作屯"村民自治","敢为天下先"为历史铭记;张瑞敏"大锤砸冰箱"、砸出海尔集团的质量意识和市场精神,何享健把美的从街办塑料生产组发展成跨国公司,创新变革为人熟知;袁隆平一生执着"超级稻",南仁东为"天眼"奉献毕生,见证创新报国的赤胆忠心……激扬改革开放精神,是为个人进步赋能、为国家发展蓄力的最好途径。朝气蓬勃的新时代、宏图待书的新画卷,为梦想准备好了广阔舞台。

精神层面的大跃升与实践层面的大突破,是互相成全、互相助力的。从蛇口探索、浦东开发到雄安突破,从西部开发、东北振兴到粤港澳协同,改革开放精神火种所到之处,总能开出绚丽灿烂的实践之花。从"杀出一条血路"到"走出一条新路","干不曾干过的事""不可能成为了可能"的精气神助力中国闯关夺隘。把新时代改革开放推向前进,仍需要激荡无坚不摧的改革精神、无往不胜的开放决心。特别是,当改革发展进入到"船到中流浪更急、人到半山路更陡"的历史新关头,愈进愈难、愈进愈险而又不进则退、非进不可,"全靠雄健的精神才能够冲过去的"。

大风泱泱,大潮滂滂。回头看500年来世界史,以思想和精神的突破驱动物质文明进步,是世界性大国崛起的相同轨迹。经过40年的改革开放,强国征程已完成奠基礼。沿着改革开放的精神航道,鼓足信仰、信念、信心的风帆,中华巨轮将劈波斩浪、扬帆远航,将一场13亿多人的现代化征程进行到底。

(2018年12月24日)

焕发我们民族的变革和开放精神

——新时代改革开放再出发 ③

尉承栋

为什么中华文明成为人类历史上唯一一个绵延 5000 多年至今未曾中断的灿烂文明?"天行健,君子以自强不息""穷则变,变则通,通则久",《周易》讲述的变革与开放哲理,提供了一个重要解释视角。

揆诸华夏文明史,从"汤武革命,顺乎天而应乎人",到"周虽旧邦,其命维新",从魏文侯重用李悝变法,到商鞅变法开启秦国统一之路,变革之风为历朝历代所传承。从张骞凿空西域、"西北国始通于汉",到盛唐"南海商船来大食,西京袄寺建波斯",从"使者相望于道,商旅不绝于途"的丝路盛景,到"舶交海中,不知其数"的贸易繁荣,开放潮流见证中国"天下大同""协和万邦"的宽广胸怀。变革与开放,这个始终流淌在中华民族血脉中的精神因子,使得中华文明具有了极强适应性和延展性,正如习近平总书记在庆祝改革开放 40 周年大会上强调的,"以数千年大历史观之,变革和开放总体上是中国的历史常态"。

变革和开放,向来是共产党人的鲜明气质。从陕甘宁边区"自己动手,丰衣足食",到新时代"空谈误国、实干兴邦";从革命时期创造性地提出着重从思想上建党,到今天全面从严治党成效卓著;从延安时期"精兵简政"措施,到今天全国推广"最多跑一次"改革……一代代中国共产党人,继承和发扬变革和开放精神,不断迎接新挑战,开启新使命,踏上新征程。回望过去的 40 年,正是改革开放这一党的伟大觉醒,孕育了从理论到实践的伟大创造;也正是改革开放这一伟大革命,推动了中国特色社会主义事业的伟大飞跃。

以改革开放的姿态继续走向未来,变革与开放的深远历史渊源、深厚文化根基,是一笔宝贵精神和经验财富。例如,正是在阅读东晋葛洪《肘后备急方》一书时,屠呦呦受到"青蒿一握,以水二升渍,绞取汁,尽服之"的启发,对青蒿素提取方式展开改良,最终获得成功。毛泽东同志说过:"如果要看前途,一定要看历史。"吸吮着中华民族变革与开放的文化养分,聚合13亿多中国人民的奋斗实践和磅礴之力,在新时代继续把改革开放推向前进,我们具有无比广阔的舞台,具有无比深厚的历史底蕴,具有无比强大的前进定力。

历史总是在创造性传承中实现进步。"冲出一条血路"的改革决心,"时间就是金钱,效率就是生命"的效率意识,"走出家门、走进市场、走向世界"的开放精神……改革开放承续了中国人的变革与开放基因,又前所未有地丰富和推高了这一民族精神和民族气质。新时代改革开放蓄势待发,冲破思想观念的束缚,突破利益固化的藩篱,探路从未涉足的深水区、无人区,无不需要积极应变、主动求变,持续激发变革与开放的内在基因。以改革开放的眼光看待改革开放,以解放思想的方法指引改革开放,方能在更高起点、更高层次、更高目标上推进改革开放。

"山再高,往上攀,总能登顶;路再长,走下去,定能到达。"无论世界形势如何变化,无论时代叙事如何展开,机遇属于勇于创新、永不自满者,成功属于勇毅而笃行的人。只要内心抱持变革与开放精神,就能够始终驾潮驭势、掌握主动。勇于开放共赢、勇于变革创新的中国人民,将为创造国家和民族发展的新史诗而扬帆远航。

(2018年12月26日)

创新是改革开放的生命

——新时代改革开放再出发④

孟祥夫

中国特色社会主义的理论创新，社会主义市场经济的体制创新，神舟翱翔、嫦娥奔月等重大科技创新，中华优秀传统文化创造性转化、创新性发展的文化创新……回首改革开放40年来的壮阔征程，创新是一个尤为鲜明的关键词。正如习近平总书记在庆祝改革开放40周年大会上强调的，"改革开放40年的实践启示我们：创新是改革开放的生命"。

天下之事，非新无以为进。创新是社会进步的阶梯、撬动未来的杠杆，总能创造令人意想不到的奇迹，也如同活力涌流的源泉，所经之处总能开出多姿多彩的发展之花。从大包干到个体户，从深圳特区到雄安新区，从发展混合所有制经济到完善社会主义市场经济体制，从加入世界贸易组织到谋划中国特色自由贸易港，创新引擎激发无穷活力，使得中国人民在富起来、强起来的征程上迈出决定性的步伐，助推中国实现了从赶上时代到引领时代的伟大跨越。

"新则活，旧则板；新则通，旧则滞"。小到个人，大到国家，何以抵达目标地带，何以突破发展瓶颈、捅破"天花板"？答案唯有解放思想、大胆创新。打开历史视野，我们发现，因为制度性创新的停滞，古代中国曾长期陷在封建王朝兴衰轮回中，未能跨入现代文明的门槛。把镜头转向世界，还可以发现，上世纪中叶以来实现赶超发展的后发国家，无一不是借助了科技革命的力量。国运兴衰、文明荣枯，创新是一个关键变量，最关键的几步，决不能走错。抓创新就是抓发展，谋创新就是谋未来。当今世界面临着百年未有之大变局，国内外形势发生深刻复杂变化，深化改革开放、抓好创新发展，中国才能赢得主动、赢得优势、赢得未来。

"入之愈深，其进愈难。"今天，民族复兴进入关键阶段，景色更加壮阔，时间更加紧迫，"不创新就要落后，创新慢了也要落后"。改革开放来到了新的关口，没有经验可循，没有模式可依，简单延续和模仿前期改革、修补完善已有改革成果，都难以实现大进步，必须向着陌生地带、高难领域发起新的改革攻坚。一切社会变迁和历史变革的终极原因，"应当到生产方式和交换方式的变更中去寻找"。没有实践大创新，就不会有改革大突破，改革开放的过程，就是实践创新的过程。除了勇敢推进理论创新、实践创新、制度创新、文化创新以及各方面创新，我们别无其他选择。

惟改革者进，惟创新者强。鲁迅先生曾赞美那些第一个吃螃蟹的人，敢于从只有荆棘的地方开辟出新路。袁隆平、屠呦呦、马云、李书福……一连串熟悉的名字，串起一个个独树一帜的创新故事。改革创新，事在人为，关键在人。改革开放40周年之际，党和国家表彰一批"改革先锋"，光大其事迹，嘉奖其精神，彰显出激励新时代改革创新的鲜明态度。激发新时代创新活力，释放中国创新潜能，需要不断扫清创新路上的"拦路虎"，给人才"松绑"，为创新赋能，让创新成为新时代改革发展的鲜明底色。

"亦余心之所善兮，虽九死其犹未悔"。改革不止，创新不止；创新一往无前，改革不可阻挡。创新造就了改革开放今天的奇迹，还将创造更多更大的奇迹。

（2018年12月28日）

激扬"志不改、道不变"的信念

——新时代改革开放再出发 ⑤

李 斌

仿佛是一种隐喻,岁末年初,太行山高速、雅康高速相继通车,交通闭塞成为历史;杭黄高铁、济青高铁、哈牡高铁陆续开通,更多城市逐梦高铁时代。中国的改革发展,亦如伸向远方的交通线,不断开拓新的发展空间,串联起更多人对美好生活的向往,前途坦荡,其道大光。

"我们都在努力奔跑,我们都是追梦人。"习近平主席的新年贺词,向世人描画出一个撸起袖子干、挥洒汗水拼的奋斗中国。回顾过去一年,科创板、限竞房、中国农民丰收节、港澳台居民居住证……一个个有温度的新名词,镌刻下2018年度坐标,如习近平主席所言:"世界看到了改革开放的中国加速度,看到了将改革开放进行到底的中国决心。"

今时今日生活,曾经是那样的遥不可及。"总有一个时候,中国的工人乘着汽车,农人会乘着农耕机器车,而且能取其所需,人必尽其所能。"1933年的《申报月刊》,曾如此眺望未来。然而近代以来久经磨难的中国,有的只是"中国人能近代化吗"的迟疑困惑、"我们的英雄不知在何处"的辛酸悲鸣、"山穷水尽诸路皆走不通"的无可奈何。把数以亿计的人口从半殖民地半封建社会带入现代化,岂是易事?

"只要路走对了,就不怕遥远"。从没路的地方踏出人间正道,从只有荆棘的地方开辟出天下大道,正是在中国共产党诞生之后。起于"农村包围城市"的浴血奋战,走过"地动山河铁臂摇"的建设探索,经由改革开放以来中国特色社会主义的开拓前进,近百年来的奋斗,一路激昂胜过任何华彩乐章。过去积贫积弱、如今迈向国富民强,过去基础薄弱、现在有规模效应,过去如一盘散沙、现在有集中优势,沿着这条奋斗之路,中华民族迎来了从站起来、富起来到强起来的伟大飞跃。

方向决定前途,道路决定命运。经济学人智库全球报告发现,中国受访者对国家未来最乐观。国际著名调研机构益普索的调查报告也显示,中国民众对国家发展道路最有信心。历史学家汤因比早就预测:如果中国能够在社会和经济的战略选择方面开辟出一条新路,那么它也会证明自己有能力给全世界提供中国和世界都需要的礼物。中国改革发展所厚植的发展红利、所探索的成功经验、所标注的崭新未来,扩展了经济全球化的辐射范围,丰富了人类走向现代化的途径和经验。

"我们要把命运掌握在自己手中,就要有志不改、道不变的坚定。"习近平总书记在庆祝改革开放40周年大会上郑重宣示。从鲜活实践中探索出来的中国道路,见证了共产党人"以人民为中心"的不变初心。满怀"走自己的路"的笃定情愫,抖擞"上下而求索"的奋斗精神,未来我们前进的每一步,都将写就通往胜利的新里程。

航路已经打通,道路已经指明。历史已经证明还将继续证明:"中国的命运一经操在人民自己的手里,中国就将如太阳升起在东方那样,以自己的辉煌的光焰普照大地。"

(2019年01月02日)

中国何以让"不可能成为了可能"

——新时代改革开放再出发⑥

李 拯

迎着新年的阳光,亲历时代变迁的人们忍不住发出对时间的赞叹。而时间的魔力就在于,它不仅记录着激情燃烧的过去,更指向拥有无限可能性的未来。

"大舸中流下,青山两岸移"。遥想改革开放之初,农民进城还要自带粮票,如今人们一部手机就能走遍天下;曾经全球只有日本的两条高速铁路,如今中国高铁贯穿全国各大城市;曾经中国人很少走出国门,如今中国成为世界最大出境游客源国。40年气壮山河,天翻地覆,正如习近平总书记在庆祝改革开放40周年大会上深刻指出的,"在中国人民手中,不可能成为了可能"。这40年带给中国的,不仅有看得见的发展成就,更有自我变革、自我超越的内生动力,解决问题、保持可持续发展的创新能力。这种把不可能变成可能的改革能力,是中国创造更好未来的关键。

时间的意义,在于其蕴藏着的可能性,而唯有善于变革才能创造新的可能性。有学者这样分析农村的家庭联产承包责任制:既不是传统计划经济的"一大二公",也不是典型西方市场经济的"纯私有",而是根据中国农村实际,创造了一种行之有效的产权界定新形式。从家庭联产承包责任制到农村土地"三权分置",从兴办特区到设立自由贸易试验区,中国改革不断创造着教科书上所没有的新经验、新事物,在没有路的地方走出路来。不仅有深刻的"物理过程",也有复杂的"化学过程",更有不断生长新的可能性的"生物学过程"。

事实上,唯变不变、以变存在、善于变化,正是传统治理智慧的精髓。正所谓,"一阴一阳之谓道,继之者善也,成之者性也"。中国历史的独特性,就在于这种"治世不一道,便国不法古"的变革精神、"凡益之道,与时偕行"的变革能力,让中华文明能够延续5000多年而青春不老、活力依旧。在新时代继续把改革开放推向前进,砥砺在变革中创造可能性的能力,将为中国带来更多发展红利,也将为世界提供更多可供借鉴的发展经验。历史不会终结于某一种固定的模式,人类对理想社会的追求不会止于一途。用改革不断实现自我革新、推陈出新、革故鼎新,才是人类社会文明赓续的正道。

哲人有言:任何国家都在时间的长河中航行,虽然"不能创造或控制时间",却"能以不同的技能和经验驾驶航船前进"。今天,中国这艘承载着亿万人民梦想的巨轮,已经进入一片崭新的水域。过去一年,对党和国家机构进行系统性、整体性、重构性的改革,推出100多项重要改革举措,举办首届中国国际进口博览会……世界见证了新时代改革开放再出发的中国力度。既然选择远航,就不惧惊涛骇浪。"以改革开放的眼光看待改革开放",改革的激情永在,改革的境界常新。

习近平主席在新年贺词中号召:"2019年,有机遇也有挑战,大家还要一起拼搏、一起奋斗。"未来不是在某个地方等待我们的静态图画,而是需要我们去主动创造的流动图景。新时代改革开放扬帆起航,正是要为中国创造更多可能性,打开更大的发展空间。

(2019年01月04日)

顺应潮流者"与时代同行"

——新时代改革开放再出发 ⑦

李洪兴

潮流浩荡，顺之则昌，逆之则亡。这是大自然的法则，也是人类社会的规律。为何"改革开放必然成功"？为何中国将"创造让世界刮目相看的新的更大奇迹"？中国所处的历史方位和时代潮流，正是探寻答案的一个绝佳视角。

"只有顺应历史潮流，积极应变，主动求变，才能与时代同行。"习近平总书记在庆祝改革开放40周年大会上提出的这一重要论断，是历史发展的深刻结论。近代以来，闭关锁国的中国在现代化潮流中掉队迷失，"连世界上有多少个国家，具体在哪个方位都不知道"。面对"把'失去的二百年'找回来"的历史课题，今天的中国坚持以人民为中心，不断实现人民对美好生活的向往；坚持立己达人，高举和平、发展、合作、共赢的旗帜，一跃成为全球经济增长"火车头"、经济全球化和全球治理变革的推动者。

"评判每一代人时，要看他们是否正视了人类社会最宏大和最重要的问题"。时代大潮是最权威的"考官"，谁能够主动顺应潮流，谁就能掌握历史主动。诺贝尔经济学奖得主科斯慨叹，中国改革开放是二战后人类历史上最为成功的经济改革运动。为什么改革开放取得如此巨大的成功？原因就在于，改革开放内审中国情势，顺应了中国人民要发展、要创新、要美好生活的历史要求；外察世界大势，中国主动到经济全球化的汪洋大海中游泳,契合了滚滚向前的和平合作、开放融通、变革创新的时代潮流。

大海不可能退回到小湖泊、小河流,时代潮流不受阻挡,"世界就是顺应着趋势构成的"。"弄潮儿向涛头立,手把红旗旗不湿。"把握潮流、驾驭潮势的关键就在于,要有无惧风浪的心态,也要有把准航向的笃定,还要有乘风破浪的本领。在2019年新年贺词中,国家主席习近平再次宣示:"我们改革的脚步不会停滞,开放的大门只会越开越大"。将改革开放进行到底,为人类命运共同体而担当,新时代中国始终沿着历史正确方向前进。

"潮流来了,跟不上就会落后,就会被淘汰。"浙江德清洛舍镇是享誉中外的"钢琴之乡",1984年当地第一家钢琴厂成立,但受限于当时体制,外聘的技术人员只能当"周末工程师"。"人才流动"问题引来改革共识,最终凿开了束缚发展的坚冰。如今,洛舍钢琴销往全世界,黑白键谱写出的改革故事仍在延续。不久前在德清采访,当地干部群众说,改革开放让洛舍富了口袋更富了脑袋,一旦停下脚步,"当官的都要挨骂"。为什么改革停不下来?因为百姓的期待在那里,时代向前的趋势在那里,迎头向前才能取得更大胜利。新时代的改革开放,本身就已成为凝结着共识、承载着期待的大潮流、大趋势。

岁月不居,时节如流。过得很充实、走得很坚定的2018年已经成为历史,崭新的2019年召唤奋斗者、追梦人一起拼搏、一起奋斗。新征程上,不管乱云飞渡、风吹浪打,中国都将坚定不移地以改革开放的姿态走向未来。任何困难任何势力都不能阻挡中国前进的步伐,我们的未来"前途似海,来日方长"。

(2019年01月07日)

伟大梦想是拼出来干出来的

——新时代改革开放再出发 ⑧

马祖云

"辉煌成就来之不易啊！感天动地的奇迹，是党带领人民拼搏奋斗出来的！"一位创业者在参观"伟大的变革——庆祝改革开放40周年大型展览"时，激动得眼眶湿润。

在庆祝改革开放40周年大会上，习近平总书记强调，"伟大梦想不是等得来、喊得来的，而是拼出来、干出来的。"掷地有声的话语，揭示了创造"中国奇迹"的朴素哲理，宣示了新时代改革开放再出发的坚定意志。今天，我们纪念改革开放、讴歌改革开放，最好的方式就是激扬拼与干的精气神，将改革开放进行到底。

只有拼与干，才能杀出筑梦圆梦的"血路"。弄潮儿向涛头立，留下的一定"是奔湍，是弹丸，是惊雷"。位列世界500强的青岛海尔，曾在改革开放之初一度濒临倒闭。1985年，掌门人张瑞敏当众抡起大锤，砸烂76台劣质冰箱，拉开了管理革新、技术创新的帷幕；20年后，面向互联网时代，他又抡起改革大锤，试行"人单合一"模式，推动海尔连续多年蝉联全球白色家电第一品牌。敢闯敢试、敢拼敢干、顽强打拼，从学步到健步、从跟跑到领跑、从制造到创造……一大批中国优秀企业不甘落后、不甘平庸，在改革开放的历史进程中杀出血路、浴火重生。无论何时，我们都需要赓续这种逢山开路、遇水架桥的锐气，不畏险阻、奋勇搏击的硬气，敢为人先、独占鳌头的志气。

只有拼与干，才能闯过筑梦圆梦的"险滩"。创业是披荆斩棘的开拓，创新是九死一生的攻坚。四十载波澜壮阔，一批批拓荒者、先行者、攻关者，闯关夺隘、攻坚克难，把一个个"不可能"变成"可能"，让一串串惊世奇迹横空出世。兰渝铁路工程是旷世罕见的"硬骨头"，其中胡麻岭隧道的最后 173 米因特殊地层，足足耗了 6 年仍难以"啃"下。德国专家曾带队"应战"，却以失败而告终，并留下冷酷结论："不可能在这种地层中打通隧道！"面对困局，中国建设者不迷信权威、不惧怕艰险，逐个破题、逐项创新，终于研发出"九宫格挖隧道"等独特工法，破解了世界性难题。迈步新征程，砥砺"明知山有虎，偏向虎山行"的拼劲，永葆"千磨万击还坚劲"的勇毅，我们就没有迈不过的沟坎、攀不上的高峰。

只有拼与干，才能书写筑梦圆梦的"传奇"。回望 40 年不凡征程，中国人民靠勤劳和智慧，干出了一片片新天地。世界最长跨海大桥港珠澳大桥，在高温、高湿、高盐和高空、高难、高端的施工条件下，被中国建设者标定了 6 个"世界之最"。而每一个"之最"中，皆有"筚路蓝缕辟海疆"的拼搏故事，皆有"敢教日月换新天"的实干赞歌。神舟飞天，蛟龙潜海，"天眼"傲世……今日之成就，为开创未来铺就了前行之路，激励着人们时刻赓续勇立潮头、实干苦干的精神。

习近平主席在 2019 年新年贺词中说："我们都在努力奔跑，我们都是追梦人。"奋进在"愈进愈难、愈进愈险而又不进则退、非进不可"的新征途，让我们不断砥砺拼劲、干劲，用实干拥抱伟大梦想。

（2019 年 01 月 09 日）

激扬我们的雄心壮志

——新时代改革开放再出发 ⑨

刘根生

"志不立,天下无可成之事。虽百工技艺,未有不本于志者。"有志者事竟成,无论个人、社会还是国家,都不能没有志气。

"我们这么大一个国家,就应该有雄心壮志。"在庆祝改革开放40周年大会上,习近平总书记的重要讲话,鼓舞亿万人民激扬豪情壮志,在新时代创造新的更大奇迹。志之所趋,无远弗届。雄心壮志凝聚着高远目标、使命担当,激励人们千方百计抢抓机遇、争分夺秒苦干实干,让成功成为更大成功之母。雄心壮志凝聚着信仰信念信心,催动人们将个人命运与为人民谋幸福、为民族谋复兴紧密相联,进而愈挫愈奋、愈战愈勇,奋力抵达光辉的顶点。

"雄心壮志两峥嵘"。新中国成立前夕,毛泽东同志告诫全党:"夺取全国胜利,这只是万里长征走完了第一步。如果这一步也值得骄傲,那是比较渺小的,更值得骄傲的还在后头。"今天,载人航天重器"上九天揽月",探海蛟龙"下五洋捉鳖",中国已跻身全球第二大经济体、第一大工业国、第一大货物贸易国、第一大外汇储备国……改革开放春华秋实,我们怀揣实现中华民族伟大复兴的雄心壮志,创造了一个又一个"更值得骄傲"的实绩。

激扬雄心壮志,就要勇于"归零翻篇"。"95后"棋手柯洁,多次在世界围棋大赛中夺冠,"拼搏的过程,就是忘却自我、超越自我的过程"。

80多岁的袁隆平，依旧热爱挑战自我，一再刷新超级杂交稻亩产纪录。敢于"归零翻篇"，以既有高度为新起点，方能在更高定位实现突破。一次超越就是一次新生，一次超越就是一次创造，社会正是在个体的自我超越中不断前行。追求更高才能够高，追求更远才能够远。奋力攀登、永不止歇，应是改革创新的自觉。

激扬雄心壮志，就要追求"头部效应"。一项基于500万次点击日志数据的分析显示，90%的点击集中在搜索引擎前10名，其中前3名又占了62.5%的点击量。"头部"，意味着高价值、有优势。钱学森常说，科技竞争"必须想别人没有想到的东西"，正是在提示人们向价值创造链"头部"要竞争力。现实中，越是蓄积舍我其谁的雄心壮志，越能专注于成就"头部效应"。

激扬雄心壮志，就要"守之以谦，行之以实"。齐白石晚年感慨，声望高了，自己也被赞誉弄得飘飘然了，无形中放松了对自己的要求，于是88岁高龄的他依旧每天认真研习画作。"事者，生于虑，成于务，失于傲"。守谦，就会少些飘飘然，避免"胜利时犯骄傲的错误"；就会于顺境中看到不足，永不停滞、永不懈怠。方此"船到中流浪更急、人到半山路更陡"之际，我们更须守谦行实。

未来必然是机遇和挑战相互交织，但路就在脚下，美好的图景属于追梦人。满怀雄心壮志，勇立潮头、奋勇搏击，我们就能续写新时代的辉煌篇章。

（2019年01月11日）

见证当代中国最壮丽的气象

——新时代改革开放再出发 ⑩

李 斌

几个好朋友聚会，不经意间发现，"改革开放"成了讨论最多的话题：担任公职的朋友很欣慰，"职务与职级并行，让公务员职业发展空间更加畅通"；跨境电商新政策正式实施，商品清单范围扩大了，享受税收优惠交易限额提高了，喜欢海淘的朋友十分开心；在企业工作的朋友也喜形于色，专项附加扣除开始施行，"个税改革第二波红包同样真金白银"。

当我们留心身边的大事小情，总能聆听到新时代改革开放的铿锵足音。全面建立河长制，全面实施市场准入负面清单制度，规范校外培训机构，改革和完善疫苗管理体制，启动建设海南自由贸易试验区……党的十九大召开一年多来，改革开放在更高起点、更深层次上实现新突破，让中国的发展气场更加蓬勃，让亿万人民的获得感更加显著。这也恰如一个有力注脚，见证改革开放成为"当代中国最显著的特征、最壮丽的气象"。

看似寻常最奇崛，成如容易却艰辛。发展经济学上，在现代化过程中既有"中等收入陷阱"的前车之鉴，也有所谓"依附式发展""边缘化压力"等问题，后起国家的追赶发展不可能一帆风顺。对中国而言，"让航空母舰在一枚硬币上完成转弯"还只是改革开放的第一步，接踵而至的还有随发展阶段跃升而激增的问题挑战，改革本身也会遭遇"利益藩篱""调整之痛"等各种问题。

"改革开放每一步都不是轻而易举的",也正因为绝地求生、迎难而上、克险前行,光荣由此书写,胜利由此擘划。靠着"改革不停顿、开放不止步"的坚定自觉,靠着"明知山有虎,偏向虎山行"的勇毅担当,中国驶出了追赶时代的加速度,迎来了"不尽长江滚滚来"的发展阳春。迎来从站起来、富起来到强起来的伟大飞跃,实现从封闭半封闭到全方位开放的伟大转折,创造中国和世界共同发展进步的伟大历程,推动中国特色社会主义事业的不断前进……一项项成就表明,改革开放无愧为"中国人民和中华民族发展史上一次伟大革命"。

环顾世界,没有哪个国家能像中国这样,以一种"说到做到、只争朝夕"的方式推进改革。从"摸着石头过河"到"逢山开路、遇水搭桥",从"杀出一条血路"到"开辟发展新境界",从"在游泳中学会游泳"到"开放的大门只会越开越大",不断深化改革、不断扩大开放已凝结为中国发展的内在逻辑。特别是党的十八届三中全会召开5年多来,1932个改革方案付诸实施,生动彰显出在新时代"将改革开放进行到底"的坚定决心。艰难困苦,玉汝于成,更美好的未来,还有无限精彩等待改革开放的书写。

被观察者视为"人类发展史上的一大创举""世界历史上独一无二的大事件"的中国改革开放,以其受益人口之多、辐射范围之广、发展成就之大,已然为人类现代化进程翻开了新的篇章。向着新的更大奇迹,中国已经走在路上。

(2019年01月14日)

信仰，信念，信心

——新时代改革开放再出发 ⑪

盛玉雷

年过七旬的老人响应改革潮流，承包6亩地，种下上百棵树，因为"不想当懒汉"；年轻的创业者回望成功足迹，感恩时代际遇，立志"做改革的同行人"……一封封为人民日报评论版"生逢改革时"征文写来的读者来信，讲述了大时代的人生故事，荡气回肠的理想抉择、筚路蓝缕的创业传奇、奋斗圆梦的幸福时刻，令人由衷感佩信仰的光芒、感怀信念的热度、感奋信心的力量。

"信仰、信念、信心，任何时候都至关重要。"离开物质力量我们会失之贫弱，离开精神力量我们则会意志萎靡，物质力量也无从发挥。习近平总书记在庆祝改革开放40周年大会上强调，小到一个人、一个集体，大到一个政党、一个民族、一个国家，只要有信仰、信念、信心，就会愈挫愈奋、愈战愈勇，否则就会不战自败、不打自垮。砥砺马克思主义的信仰、增进对中国特色社会主义的信念、厚植实现中华民族伟大复兴中国梦的信心，新时代改革开放再出发，我们必将所向披靡。

信仰是精神的支柱。马克思主义的信仰、共产主义的理想，是共产党人的鲜明标识。回望百年来历史，正如邓小平同志指出的，"在我们最困难的时期，共产主义的理想是我们的精神支柱，多少人牺牲就是为了实现这个理想"。从"革命理想高于天"的战争年代，到"坚持发展是硬道理"的改革岁月，再到"将改革开放进行到底"的时代宣言，中国共产党始终把马克思主义写在自己的旗帜上。有崇高信仰,有为崇高信仰不懈奋斗的崇高追求,更多壮丽前景将在我们手中筑就。

信念是奋斗的航标。迎来从站起来、富起来到强起来的伟大飞跃,历史已经充分证明,中国特色社会主义是实现民族复兴的唯一正确选择。"永远打不断的是脊梁,永远撕不碎的是信念。"扶贫干部凤夜在公践行"一个也不能少"的承诺,生态建设攻坚克难落实"绿水青山就是金山银山"的理念,广大农民群众胼手胝足只为实现美丽乡村、乡村振兴……中国特色社会主义的宽阔大道上,处处都有奔跑着的追梦人。风雨无阻,砥砺前行,只要坚定中国特色社会主义的必胜信念,人间一切美好的东西都能创造出来。

信心是力量的源泉。实现民族复兴,凝结着中华儿女的共同期盼。改革开放40年来,中华民族伟大复兴已展现出光明前景。当此时势交汇之际,我们面临难得机遇,具备坚实基础,拥有无比信心。"星光不问赶路人,时光不负有心人"。树起乘势而上的坚强决心,激发攻坚克难的坚定信心,凝聚亿万人民共同奋斗的强大力量,一定能从胜利走向更大的胜利。

实现民族复兴,不只是一场物质文明的积淀过程,更是一次精神意志的攀登跋涉。"穷时要有穷志气,富时没有富毛病。"这句标语一直悬挂在深圳市龙岗区南岭村致富思源展览馆中,激励全村无论任何时候都不忘艰苦奋斗。不断把新时代改革开放继续推向前进,正需要我们踔厉风发、抖擞精神,焕发信仰、信念、信心的力量,书写精彩人生,成就时代伟业,直抵伟大梦想。

(2019年01月16日)

为下一代人跑出一个好成绩

——新时代改革开放再出发 ⑫

魏　寅

在有弯道的田径比赛项目中，第九道处于整个跑道的最外侧；因前伸数最大、不利于观察对手，被选手称为"最难跑的跑道"。在一次田径世锦赛男子 4×100 米决赛中，中国队就被分在了最不利的第九道。发令枪响，每一棒都竭力为下一棒跑出好成绩，结果中国队创造了"第九道奇迹"：以 38 秒 01 摘银，实现历史性突破。

其实，"接力跑"在精神层面的意义，早已超越了这项运动本身。小至一个团队，大至一个国家，要想干成了不起的大事，离不开许多人乃至几代人的持续接力。有了"后浪推前浪"的生生不息，才能实现"百川东到海"的宏伟愿景。正如习近平总书记在庆祝改革开放 40 周年大会上所指出的："建成社会主义现代化强国，实现中华民族伟大复兴，是一场接力跑，我们要一棒接着一棒跑下去，每一代人都要为下一代人跑出一个好成绩。"

回首往昔，我们之所以能创造出一个个彪炳史册的伟大成就，靠的就是这种传棒接力的精神。河北塞罕坝，三代林场人在半个多世纪中矢志不移、接续奋斗，在"黄沙遮天日，飞鸟无栖树"的沙地上书写下积木成林、积林成森的奇迹；山西右玉县，20 任县委书记一任接着一任植树造林、防风固沙，把"不毛之地"打造成"塞上绿洲"；甘肃庄浪县，村民们一茬接着一茬在荒山上建梯田，将"无雨苗枯黄，有雨泡黄汤"

的"没治县"变成"景色迷人的风景画"。实践证明,人人出力、接续奋斗,不畏任重道远、百转千回,才能成就功在当代、利在千秋的伟业。

在40年改革开放的伟大实践中,我们驶过一段段壮丽的航程,抵达了今日开阔的水域。但也应看到,决胜全面小康重任在肩,打赢三大攻坚战时不我待,全面深化改革亟待进一步突破利益固化的藩篱。正因不进则退,更应非进不可——当此之时,惟有立足当下、着眼长远,兢兢业业、苦干实干,才能接过历史的接力棒,跑好我们手中的这一棒。

在梦想的指引下随风奔跑,就能拥有无穷的力量,抵达更高的精神境界。不可否认,现实中有少数人,并没有认清自己在这场"接力跑"中的角色定位,或是庸懒散拖、消极怠工,跑得"掉了棒";或是今天上山、明天下河,跑得"脱了轨"。这些,都是不为未来筹谋、只为眼前考虑的短视行为。一切伟大梦想的实现,都是"个人跑"与"接力跑"的结合。丢掉团队精神、失去奋进动力,踟蹰不前、得过且过、画地为牢,只会贻误发展机遇。

实现中华民族的伟大复兴,是每个中国人共同怀抱的伟大梦想,要靠我们携手来实现。时代期待着我们,抓稳历史的接力棒,翻越一道道雄关,续写更多的传奇。不求一时之功、不念眼前之利,多些家国情怀、多些责任担当,才能跑好自己这一棒,以行动作出无愧于时代的回答。

(2019年01月18日)

R 人民时评

人民日报评论年编·2019

人民时评

人民日报社评论部 编

人民日报出版社
北京

图书在版编目（CIP）数据

人民日报评论年编 . 2019. 人民论坛、人民时评、评论员观察 / 人民日报社评论部编 . —北京：人民日报出版社，2020.1
　　ISBN 978-7-5115-6319-4

　　Ⅰ.①人… Ⅱ.①人… Ⅲ.①《人民日报》－时事评论－ 2019 －文集 Ⅳ.① D609

中国版本图书馆 CIP 数据核字（2020）第 020553 号

书　　名：人民时评（人民日报评论年编 2019）
　　　　　RENMIN SHIPING(RENMIN RIBAO PINGLUN NIANBIAN 2019)
编　　者：人民日报社评论部
出 版 人：刘华新
责任编辑：曹　腾　高　亮
封面设计：阮全勇
出版发行：人民日报出版社
社　　址：北京金台西路 2 号
邮政编码：100733
发行热线：（010）65369527　65369509　65369510　65369846
邮购热线：（010）65369530　65363527
编辑热线：（010）65369523
网　　址：www.peopledailypress.com
经　　销：新华书店
印　　刷：大厂回族自治县彩虹印刷有限公司

开　　本：710mm×1000mm　1/16
字　　数：1530 千字
印　　张：99
版次印次：2020 年 3 月第 1 版　2020 年 3 月第 1 次印刷

书　　号：ISBN 978-7-5115-6319-4
定　　价：188.00 元（共三册，含光盘）

编辑说明

评论是报纸的旗帜与灵魂。2019年,人民日报评论坚持"上接党心,下接民心",紧紧围绕党和国家工作大局,聚焦重大主题宣传,立足发挥导向作用、旗帜作用、引领作用,守正创新,努力创造党报评论价值增量,在舆论场中不断激发评论新优势,让舆论引导更接地气,让党报声音更加响亮,体现了人民日报"中流砥柱""定海神针"的作用。

本书汇集了"人民论坛""人民时评""人民观点""评论员观察"四个专栏2019年刊发的全部文章,其中"人民论坛"217篇,"人民时评"238篇,"人民观点"91篇("人民观点"文章的作者均为人民日报评论部,不再一一标明),"评论员观察"113篇,并附有电子版,敬请读者参阅、指正。

人民日报社评论部

2020年1月

目 录

最美退役军人，美在永葆本色 　　　　　　姜 赟／1
不断激发民营企业新活力 　　　　　　　　石 羚／4
以"好差评"优化政务服务 　　　　　　　　邹 翔／7
中国品牌，有了这份"测评表" 　　　　　　沈 慎／9
用好"三明经验"推动医改 　　　　　　　　李红梅／11
进一步释放国内市场需求潜力 　　　　　　徐立凡／13
绘好文旅融合"工笔画" 　　　　　　　　　张 凡／15
教师减负要一抓到底 　　　　　　　　　　张 烁／17
搭建全民学习的广阔空间 　　　　　　　　邹 翔／19
"网红"备课本传递育人温度 　　　　　　　丁雅诵／21
建设好国家文化公园 　　　　　　　　　　吴若山／23
进一步加强各级党政领导班子建设 　　　　谭彦德／25
流行语中的时代活力 　　　　　　　　　　石 羚／27
用学术诚信涵养科技创新 　　　　　　　　郭牧龙／29
加大力度整治货车非法改装 　　　　　　　周珊珊／31
营造健康向上的粉丝文化
　　——粉丝群体如何贡献正向价值 　　　周珊珊／33
用文明指引追星行为
　　——粉丝群体如何贡献正向价值 　　　石 羚／35

人民时评

推动"粉丝经济"行稳致远
　　——粉丝群体如何贡献正向价值　　何　希 / 37
理性看待"明星人设"
　　——粉丝群体如何贡献正向价值　　魏　薇 / 40
药价分厘必争，彰显为民情怀　　李红梅 / 42
以诚信建设守护网络家园　　李洪兴 / 44
遵循规律，让中医药根深叶茂
　　——促进中医药传承创新发展①　　王君平 / 47
守正创新，为中医药注入源头活水
　　——促进中医药传承创新发展②　　白剑峰 / 49
中西医并重，让古老瑰宝重焕光彩
　　——促进中医药传承创新发展③　　王君平 / 51
发挥优势，为健康中国贡献力量
　　——促进中医药传承创新发展④　　白剑峰 / 53
走向世界，让"中国处方"造福人类
　　——促进中医药传承创新发展⑤　　王君平 / 55
网络职业打假，别越界　　智春丽 / 57
以创新精神探索"信用修复"　　郑翔瑜 / 59
医疗美容，"医疗"性质当明确　　李红梅 / 61
环保精准化　避免"一刀切"　　刘　毅 / 63
让"防沉迷"要求落地见效　　何　希 / 65
教授上讲台应成常态　　赵婀娜 / 67
协调联动促进经济平稳健康发展　　周人杰 / 69
消费新亮点见证中国大市场　　王　珂 / 71
减税降费为高质量发展添动力　　吴秋余 / 73
守护师生"舌尖上的安全"　　赵婀娜 / 75
传承好中医药文化瑰宝　　王君平 / 77
夯实营商环境的法治之基　　魏哲哲 / 79
让教师更好聚焦主业　　李洪兴 / 81
区块链，换道超车的突破口　　李　拯 / 83

高质量立法筑牢治理基石	支振锋 / 85
把稳增长放在更突出位置	周人杰 / 87
推动企业更好满足大众用药需求	李红梅 / 90
以全球视野拓宽创新之路	喻思南 / 92
网红经济，诚信方有未来	何鼎鼎 / 94
把"蓝色国土"守护好发展好	刘诗瑶 / 96
让"限塑"成为一种自觉	寇江泽 / 99
好的营商环境就是生产力	吴秋余 / 101
警惕"纸螃蟹"的隐性危害	易艳刚 / 104
数字经济，高质量发展新引擎	余建斌 / 106
推动智慧法院建设转型升级	徐　隽 / 109
数字时代如何保护个人信息	喻思南 / 111
在大历史中感受爱国力量	盛玉雷 / 113
国庆黄金周展现强劲内需	罗珊珊 / 115
赋权减负，激发创新活力	余建斌 / 117
看清"AI算命"的"算钱"真面目	周珊珊 / 119
在线教育，治理须"在线"	张　烁 / 121
永放光芒的精神财富	苏　砥 / 123
推动党内问责更加科学完备	姜　洁 / 125
会员经济，当以诚信为先	付千也 / 127
让乡村振兴的"车头"更有力	朱　隽 / 129
规范使用地图　一点都不能错	盛玉雷 / 131
体育强国，从开足体育课始	唐天奕 / 133
更好满足"幼有所育"的期盼	赵婀娜 / 135
以制度阻断因病致贫返贫	李红梅 / 137
推动宣传思想工作迈上新台阶	姜　赟 / 139
人工智能，看趋势也看需求	暨佩娟 / 141
让教师成为让人羡慕的职业	何　娟 / 143
时代，在歌声中前进	何鼎鼎 / 145
爱国报国　建功立业	李　斌 / 147

消费新潮流　发展新机遇	盛玉雷 / 149
老年护理需向末端延伸	李红梅 / 151
房贷改革有利于精准调控	洪乐风 / 153
依法治理"校闹"，守护校园安宁	张　璁 / 155
高质量立法回应民生诉求	支振锋 / 157
互联网医院升级智慧医疗	李红梅 / 159
推动体育产业融入城市经济	康　岩 / 161
用阅读标注城市文化地图	沈　彬 / 163
让安全监管"道高一丈"	李思辉 / 165
精准治理涉企违规收费	贾　壮 / 167
同心绘就山清水秀的美好画卷	刘　毅 / 169
公共文化服务需要"精准供给"	张　贺 / 172
美好生活需要"大健康"	
——共建共享我们的"健康中国"①	李　拯 / 174
每个人是自己健康第一责任人	
——共建共享我们的"健康中国"②	宋红梅 / 177
以健康素养促进"主动健康"	
——共建共享我们的"健康中国"③	白剑峰 / 180
擦亮中医文化瑰宝	
——共建共享我们的"健康中国"④	王君平 / 182
来一场健康服务供给侧改革	
——共建共享我们的"健康中国"⑤	李红梅 / 185
树立正确的用海观念	刘诗瑶 / 188
"5A级景区"资质不是铁饭碗	王　珂 / 190
让信用成为市场经济"硬通货"	暨佩娟 / 192
激活家访的育人效能	赵婀娜 / 194
疏堵结合，扫除"挂证"土壤	石　羚 / 196
引才聚才　为科技爬坡添底气	余建斌 / 198
在探索中不断推进新闻发布制度建设	周珊珊 / 200
校外培训，诚信是"金"	魏　寅 / 202

短视频如何实现长发展	荣　翌／204
"加减乘除"消解大班额烦恼	张　烁／206
科创板，激活创新正能量	贾　壮／208
让每个人从健康中国建设中获益	李红梅／210
让"互联网＋教育"健康发展	赵婀娜／212
个人信息需要制度保险箱	桂从路／214
护好清水进万家	寇江泽／216
更好满足人民群众法律服务需求	魏哲哲／218
义务教育质量关乎孩子成长	丁雅诵／220
"网红城市"如何"长红"？	李　斌／222
走出养生的"保健品误区"	王君平／224
申遗成功是保护发展新起点	马苏薇／226
补贴"退坡"，创新更要"上坡"	姜　赟／228
让新型消费健康成长	智春丽／230
给留守儿童更多制度关爱	荣　翌／232
治城市内涝，先治政绩观	李思辉／234
为孩子科学筹划"起跑线"	彭　飞／236
我们需要什么样的"招生宣介"	赵婀娜／238
提质扩容促进家政业发展	盛玉雷／240
以人工智能赋能"万物互联"	杨　成／242
到边远地区去，到基层一线去	张　凡／244
人工智能为医疗打开更大空间	桂从路／246
提升环保自觉　崇尚绿色生活	沈　彬／248
用制度推进生态文明建设	刘　毅／251
让全社会充满道德温度	张　贺／254
成本降下来，质量提上去	陆娅楠／256
把科创板建设好发展好	午　言／258
在和平利用外空领域加强国际合作	余建斌／261
推动扫黑除恶向纵深发展	张　璁／263
个税改革激发消费潜力	吴秋余／265

人民时评

5G，打开巨大发展空间	余建斌 / 268
推动装修产品和服务质量双提升	周珊珊 / 271
用科学家精神激发科技创新	何鼎鼎 / 273
为网售儿童家具加上"安全锁"	董丝雨 / 276
景区可限流，旅游业当升级	张　凡 / 278
让预付消费更安心	王　珂 / 280
引导政务新媒体规范发展	张　凡 / 282
为传统节日赋予当代表达	刘　阳 / 284
蓝天保卫战　还得加油干	刘　毅 / 286
强化科技创新的正向激励	彭　飞 / 288
从严控烟助力全民健康	王君平 / 291
斩断偷拍的黑色利益链	智春丽 / 293
新优势，激荡内生增长力量	
——感受中国经济"发展新优势"①	李　拯 / 295
新动能，深刻改变产业供给	
——感受中国经济"发展新优势"②	陆娅楠 / 298
新职业，让更多人梦想成真	
——感受中国经济"发展新优势"③	何鼎鼎 / 301
新业态，向未来开疆拓土	
——感受中国经济"发展新优势"④	陈　凌 / 304
新消费，提升美好生活体验	
——感受中国经济"发展新优势"⑤	王　珂 / 307
新技术，占据创新制高点	
——感受中国经济"发展新优势"⑥	余建斌 / 310
新制造，让生产更加智能化	
——感受中国经济"发展新优势"⑦	李　拯 / 312
新建造，挺起发展的脊梁	
——感受中国经济"发展新优势"⑧	彭　飞 / 315
汇聚众力打击"套路贷"	贾　壮 / 318
落实"最严要求"，守护"舌尖安全"	林丽鹂 / 320

为高质量发展提供更多生力军	赵婀娜／322
治理网络医托要综合施策	王君平／324
为文化传承插上"数字翅膀"	张　贺／326
"大分诊"，合理配置医疗资源	李红梅／328
让租车市场健康发展	敬一山／330
加速推动政府投资法治化	贾　壮／332
户外运动，当遵守法纪敬畏自然	盛玉雷／334
推进有获得感的政务公开	张　璁／336
数字中国，催动发展蝶变	李洪兴／339
合力打击网络文学盗版行为	张　贺／341
走好城乡融合发展之路	吕德文／343
用户需求就是创新方向	朱玥颖／345
国企改革，放活也要管好	周人杰／347
严格控烟重在社会共治	支振锋／349
做好自主招生"加减法"	张　凡／351
弘扬劳模精神	智春丽／353
以科学考核激发担当作为	石　羚／355
让"远程医疗"彰显公平效率	王君平／357
呵护孩子的童年时光	盛玉雷／359
通过阅读提升认知能力	盛玉雷／361
中国慕课，促进"互联网＋教育公平"	张　烁／363
营商环境，没有最好只有更好	李丽辉／365
打造健康有序的消费环境	彭　飞／368
以规则意识保护知识产权	何鼎鼎／371
"面对面"才能"心贴心"	赵婀娜／374
将"未成年人节目"纳入法治轨道	涂凌波／376
"黑洞"照片让我们看见了什么	余建斌／378
为师者必须以德为先	张　烁／380
老年人跟团游不应高门槛	朱玥颖／382
开机广告别成"牛皮癣"	周珊珊／384

人民时评

冰雪世界期待中国故事	薛 原 / 386
健康是可以"管"出来的	李红梅 / 389
互联网客服要坚持服务用户的本位	张 雨 / 391
善用我们的语言宝库	盛玉雷 / 393
解好消费信贷的治理方程	李洪兴 / 395
共同守护数据安全	姜 赟 / 397
严惩破坏生态行为	石 羚 / 399
开启品牌强国新征程	艾 梧 / 401
坚定信心，打赢蓝天保卫战	刘 毅 / 403
为救助者解除后顾之忧	敬一山 / 405
让"城市绿道"不断延伸	何鼎鼎 / 407
信用建设，让更多人放心消费	盛玉雷 / 410
今年经济开局为何平稳向好	周人杰 / 412
书写伟大变革新篇章	桂从路 / 414
"小龙虾学院"为何走红？	何鼎鼎 / 416
建立文物与公众的"超级链接"	刘 阳 / 418
网络文学当与时代同行	张 贺 / 420
让脱贫攻坚经得起历史检验	朱玥颖 / 422
把春天的期待化成一年的行动	荣 翌 / 424
激活乡村振兴的内生动力	朱 磊 / 426
完善创新外商投资法律制度	彭 飞 / 428
激发市场活力的乘数效应	李 拯 / 430
跑出创新"加速度"	陈 凌 / 432
有信心 有底气 有能力	李浩燃 / 434
以生态优先、绿色发展为导向	纪 帆 / 436
绘就最大同心圆	霍 木 / 438
春天里，聆听追梦足音	白 龙 / 440
让职业教育承载更多梦想	桂从路 / 442
中国行动点亮"绿色未来"	石 羚 / 444

稳中向好，从长期大势认识当前形势
　　　　——中国经济的信心从何而来① 李 拯/446
深化改革，持续释放制度红利
　　　　——中国经济的信心从何而来② 何鼎鼎/449
创新驱动，以新旧转换推动优化升级
　　　　——中国经济的信心从何而来③ 陆娅楠/452
消费升级，以蓬勃内需推动长期增长
　　　　——中国经济的信心从何而来④ 王 珂/455
开放的大门只会越开越大
　　　　——中国经济的信心从何而来⑤ 陈 凌/458
化解风险，以审慎监管筑牢金融屏障
　　　　——中国经济的信心从何而来⑥ 周人杰/461
期待"网约护士"带来健康红利 李红梅/463
用"教育思维"管好校园手机 赵婀娜/465
为民营企业注入金融活水 徐立凡/467
好政策为广袤田野添春意 朱 隽/469
在触摸传统中延续文脉 王 珏/471
消费扶贫，在共赢中谋长远 顾仲阳/473
让担当任事的干部脱颖而出 李 斌/476
对症下药，破解"入园难" 赵婀娜/479
药品降价和保质并非不可兼得 李红梅/481
《流浪地球》提升期待的水位 金 苍/483
春节，让我们的文化青春不老 王石川/486
压缩网络诈骗的生存空间 荣 翌/489
迈好"物流强国"的坚实一步 谢雨蓉/491
"网红"产品，靠流量更要靠质量 朱玥颖/493
药价降了，配套改革得抓紧 李红梅/495
用"学习强国"激发学习力量 李 斌/497
改革发力，让"艺考"回归本位 赵婀娜/500
巩固发展反腐败斗争压倒性胜利 姜 洁/502

激活政务新媒体　激发治理新能量	吴　姗 / 505
机构改革，种好地方"试验田"	沈　彬 / 507
为任性停牌划"红线"	午　言 / 510
拒绝假流量，锻造好品质	任飞帆 / 512
保健品，别随便"忽悠"成药	盛玉雷 / 514
一张清单一大步	陆娅楠 / 516
保障正常福利也是担当	李思辉 / 518
描绘时代的"大江大河"	王　瑨 / 520

最美退役军人,美在永葆本色

姜赟

不论戎装在身与否,他们本色不变,早已将个人梦想融入国家事业,将人生意义定位于谋求人民福祉

雪域高原的养路工人次军、为牺牲战友守墓三十四载的陈俊贵、带领村民奔小康的书记范振喜、践行科技强国战略的孔金珠、投身实业报国的李世江、致力志愿服务的史光柱……他们来自各行各业,却有一个共同的名字:最美退役军人。近日,中央宣传部、退役军人事务部、中央军委政治工作部联合发布2019年"最美退役军人"先进事迹。他们的故事传遍大江南北,勾勒出一道退役不褪色、建功新时代的美丽风景线。

最美退役军人,美在哪里?美在一生都"立正",本色从未"稍息"。退役后,张林昌32年来坚持为偏居一隅的苗族侗族同胞投递报刊、邮件140多万件,被称为"乡邮路上的天使";李文强手握"不起眼"的焊枪,成功掌握核工业生产精密设备的自主加工制造技术,填补了国内技术领域的空白;杨玉斌将偏远闭塞、面积仅有3.28平方公里的悬水孤岛,精心打造成首批浙江省美丽乡村示范乡镇、舟山市旅游示范岛……一朝入伍,便军魂入骨,他们脱下的是军装,脱不下的是"向前冲锋"的肌肉记忆,是"为人民服务"的铮铮誓言。

"向最美退役军人致敬！你们都是照亮社会的一盏明灯。"诚如网友所言，这些老兵服役时是军队栋梁，退役后是中国脊梁。学习最美退役军人的先进事迹，他们身上忠诚果敢的担当精神、执着苦干的奋斗精神、朴实无华的奉献精神，既熔铸在惊天动地的事业上，又融入平凡的工作生活中。军人的使命责任始终装在他们的心坎，英勇坚毅的本色总是体现在他们的行动，这昭示着一个朴素的道理：伟大出自平凡，平凡造就伟大。正是赓续人民军队优良传统，最美退役军人才能闪耀光华，形成催人奋进的力量，汇聚起学习"最美"、争当"最美"的社会正能量。

聚是一团火，散作满天星。"剑"与"犁"、强军与富国始终紧密相连，合奏着一个民族走向强盛的激昂乐章。在8名"共和国勋章"、28名国家荣誉称号获得者中，有7人曾是军人。除了这些功勋卓著的老兵和"最美退役军人"，还有数以千万的退役军人在各条战线上书写着各自的精彩。他们不仅努力工作、拼搏奋斗，阔步行进在人生新的征途；而且在他人遇到危险时挺身而出，在他人碰到困难时出手相助，把祖国和人民的利益高高举过头顶。不论戎装在身与否，他们早已将个人梦想融入国家事业，将人生意义定位于谋求人民福祉，正如纪录片《本色》所说：这本色是军人的品格，更是中华民族伟大复兴的无穷力量。

无论是搏击时代浪潮，还是危难时刻显身手，退役军人不愧是"党和国家的宝贵财富"，需要全社会倍加关心、倍加爱护。习近平总书记强调，"要关爱退役军人，他们为保家卫国作出了贡献。"实际上，这种牵挂须臾未曾间断。党的十八大以来，特别是去年退役军人事务部组建后，从抚恤补助标准连年提高到为烈属、军属和退役军人等家庭悬挂光荣牌，从免费接受职业培训到就业创业环境不断优化，一系列贴心暖心的政策措施密集出台，广大退役军人的获得感、幸福感、安全感不断增强。在党和国家的关爱之下，在全社会的尊崇之中，退役军人也必将激发自豪感、荣誉感、责任感，在干事创业的广阔舞台上奋发有为。

征程万里，初心如磐。翻开军绿色的记忆，听着进行曲的节拍，退

役军人在部队里积淀的本色、升华的境界、铸就的刚强,已然融入血液。汲取退役军人身上的珍贵品质,与他们一道筑梦新征程,就能凝聚起万众一心奋进新时代的磅礴力量。

（2019 年 12 月 31 日）

不断激发民营企业新活力

石 羚

《关于营造更好发展环境支持民营企业改革发展的意见》的出台为民营经济发展提供制度保障，注入强劲动能，让民营企业的环境更透明、赛场更公平、舞台更宽广

"民营企业对我国经济发展贡献很大，前途不可限量""任何否定、弱化民营经济的言论和做法都是错误的""我国民营经济只能壮大、不能弱化"……在不同场合，习近平总书记多次肯定民营经济的地位和作用，关怀备至，充分体现了党中央对民营企业发展的重视与支持。

充分发挥民营企业重要作用，需要不断激发民营企业活力和创造力。不久前，中共中央、国务院印发了《关于营造更好发展环境支持民营企业改革发展的意见》，围绕营造市场化、法治化、国际化营商环境，推动民营企业改革创新、转型升级、健康发展作出一系列部署。《意见》的出台为民营经济发展提供制度保障，注入强劲动能。

民营企业从无到有、从弱到强的历程，见证着非公有制经济从"公有制经济有益的补充"到"社会主义市场经济的重要组成部分"的转变。现在，民营经济贡献了50%以上的税收，60%以上的国内生产总值，70%以上的技术创新成果，80%以上的城镇劳动就业，90%以上的企业数量，在促进创新、增加就业、改善民生和扩大开放等方面发挥着不可

替代的作用。面对当前经济下行压力,《意见》着眼于解决民营企业遇到的实际困难,破解民营经济突出矛盾,从而为民营企业稳预期、增定力、添信心。

"欲致其高,必丰其基",良好的营商环境是民营企业健康发展的基础。《意见》从优化公平竞争的市场环境、完善精准有效的政策环境、健全平等保护的法治环境等方面搭建起科学合理的政策框架。在基础设施、社会事业、金融服务业等领域大幅放宽市场准入,打破"玻璃门""弹簧门"等壁垒,营造更公平的竞争环境;完善民营企业直接融资支持制度,实实在在为民营企业"减负""造血";保护民营企业和企业家合法财产,让他们安心谋发展……突出问题导向,应对痛点难点,每一项措施都回应着民营企业的关切。持续释放的政策红利,将有效消除"市场的冰山""融资的高山""转型的火山",让民营企业的环境更透明、赛场更公平、舞台更宽广。

对民营企业来说,将政策机遇转化为发展动力,关键要练好"内功"。现实中,一些企业存在经营管理滞后、信息透明度低、多元经营冲淡主业等问题,制约着民营企业的长远发展。而近年来成功转型的民营企业,大多走过一条经历阵痛、调整方向、创新求变的道路,在技术、管理、营销等方面不断改革创新。这提示我们,惟改革者进,惟创新者强,惟改革创新者胜。《意见》一方面鼓励引导民营企业磨炼"硬功夫",通过转型升级优化重组、参与国家重大战略等方式改革创新;另一方面推动民营企业练就"软实力",做到守法合规经营、履行社会责任。惟其如此,民营企业方能实现高质量发展,在市场中立于不败之地。

激发民营企业活力,构建良好营商环境,离不开各级党委、政府的扎实工作。有关部门既要当好领路者,也要当好服务者。比如,为构建亲清政商关系,福建晋江等地曾提出"不叫不到、随叫随到、服务周到、说到做到"的理念。对此,《意见》要求畅通企业家提出意见诉求通道、建立政务服务"好差评"制度、开展面向民营企业家的政策培训等,为服务民营企业提供了稳固抓手。政商沟通更顺畅、政策指导更有效、"滴灌式"服务更精准,避免"一刀切""花架子"等现象,才能更好推动政策落地生根、发力见效。

民营企业是在改革开放中成长壮大的，全面深化改革为民营企业创造着更好的机遇。从制度层面着手，用改革的方法破除体制机制障碍，就能不断增强民营企业获得感，为中国经济航船扬帆远航提供不竭动力。

（2019年12月30日）

以"好差评"优化政务服务

邹 翔

政务服务满不满意,群众有权给出"好差评"。不久前印发的《关于建立政务服务"好差评"制度提高政务服务水平的意见》要求,2020年底前,全面建成政务服务"好差评"制度体系。这将有力推动各级政府增强服务意识,转变工作作风,为企业和群众提供全面规范、公开公平、便捷高效的政务服务。

"好差评"制度自今年《政府工作报告》提出以来,广受关注。此次《意见》的印发,意味着这一制度有了权威而具体的实施指南,进入全面铺开阶段。事实上,很多人对"好差评"并不陌生。如今,无论网上购物、订餐,还是使用网约车或者银行服务,人们都可以对服务和产品进行评价。"好差评"制度的一个重要特征,就是尊重群众的主体地位、赋予服务对象以评判权。政务服务好不好、能否真正解决问题,人民群众感受最直接、最有发言权。将"好差评"制度应用到政务服务领域,体现了以人民为中心的发展思想,也是建设服务型政府、进一步深化"放管服"改革的必然要求。

用好"好差评"制度,关键在于形成具有约束力和威慑力的考核机制,打造真实评价的闭环。以往,一些地方和部门的"留言本""意见箱"之所以没有发挥好应有的监督激励作用,就在于写了没人看、看了没人管、管了不落实。从根本上改变这一情况,需要保障评价人权益、打消评价人顾虑，调动企业和群众参与评价的积极性，树立起"好差评"制度的公信力。与此同时，压实各级政府、政务服务机构和平台的主体责任，健全政务服务奖惩机制和信息公开制度，将评价与相关部门的考核与绩效评价直接挂钩，确保差评件件有整改、有反馈，从而推动形成愿评、敢评、评了管用的社会共识。

习近平总书记强调，"要建立健全大数据辅助科学决策和社会治理的机制，推进政府管理和社会治理模式创新"。按照要求，各地区、各部门的"好差评"系统将与国家政务服务平台互联互通，进而消除地区、部门之间的信息壁垒，形成覆盖全国、统筹利用、统一接入的数据共享大平台。运用大数据等技术对企业和群众反映集中的问题进行跟踪分析和综合挖掘，有利于及时发现政务的堵点难点，找准服务的切入点和着力点，推进政府决策科学化、社会治理精准化、公共服务高效化。就此而言，"好差评"制度也为利用大数据等科技手段推进政府职能转变和"放管服"改革打开了一扇窗口。

需要看到，优化政务服务是一个系统性工程，作为服务提供者的政务工作人员的积极性和正当权益也不应被忽视，应避免一些情绪化、极端化恶意差评对"好差评"制度的侵蚀。《意见》提出，"保障被评价人举证解释和申诉申辩的权利，建立申诉复核机制，排除误评和恶意差评"，并要求业务办理单位安排专人回访核实。这提示我们全面把握"好差评"制度，重视"差评"，也要用好"好评"。充分发挥好服务、好评价的正向激励作用，将群众的点赞转化为政务服务人员持续改进工作的动力，才能更好形成正向激励的良性循环，推动政务服务水平持续提升。

（2019年12月27日）

中国品牌，有了这份"测评表"

沈 慎

品牌不仅是一家企业的名片，也是一个国家软实力的象征。发挥好"中国品牌发展指数"引导市场资源优化配置、推动产融结合、促进动能转换等方面的作用，将能为中国品牌发展注入新动能

近日，由人民日报社发起并编制的"中国品牌发展指数"正式发布，与此同时，华为、阿里巴巴、上汽集团等100家企业品牌入围"中国品牌发展（企业）指数100榜单"。指数显示，2019年第三季度中国品牌发展（宏观）指数为107.82，已经连续两个季度高于基期标准，表明我国品牌经济接近趋热发展区间，向着高质量发展目标稳步迈进。

当前，中国经济发展备受全球瞩目，相关指数在企业经营决策、宏观调控分析、多层次资本市场判断等方面发挥着日益重要的作用。我国品牌经济的升级，亟待具有中国特色、赢得国际认同的科学权威的测度标准。因此，编制发布具有国际视野、行业高度和专业水准的"中国品牌发展指数"，是推动经济转型升级、提质增效的客观需要，也是促进企业参与全球竞争、引领中国企业迈向全球高端产业链的必然要求。

概览"中国品牌发展指数"，既有反映我国经济高质量发展的趋势性指数，折射我国经济新旧动能转换的发展水平；也有聚焦微观主体竞争

能力的结构性指数，客观评价企业发展的总体态势和对营商环境的适应能力。这一指数是高质量发展的"温度计"，也是品牌建设能力的"测评表"，对现有中国宏观指数研究体系进行了创新、丰富和完善。将"中国品牌发展指数"纳入分析工具箱，有助于我们全面客观认识品牌经济发展现状、作出更为精准和科学的决策诊断。

用好科学合理的评价体系，才能为中国经济"把脉问诊"，推动品牌做大做强。今天，"中国制造"享誉全球，"中国创造"多点开花，"中国建造"海外圈粉，"中国标准"崭露头角……由这些禀赋汇聚而成的"中国品牌"在世界舞台绽放出夺目光彩。但也要看到，我国在品牌发展上还存在滞后于经济发展、缺乏国际竞争力等短板。如何推动品牌经济战略性增长，向国际产业链分工"微笑曲线"两端攀升？如何实现区域经济高质量发展，做好产业规划和机制创新？如何运用大数据挖掘和分析技术，强化对微观经济主体的政策支持和问题诊断？针对这些问题，迫切需要我们把握企业品牌成长规律、品牌经济发展趋势，加快建设现代化经济体系。

品牌不仅是一家企业的名片，也是一个国家软实力的象征。习近平总书记指出，"推动中国制造向中国创造转变、中国速度向中国质量转变、中国产品向中国品牌转变"。目前，市场主体奋力创建品牌、政府部门积极支持品牌、中介机构热情服务品牌、消费者自觉关爱品牌的格局正在形成。发挥好"中国品牌发展指数"引导市场资源优化配置、推动产融结合、促进动能转换等方面的作用，将能为中国品牌发展注入新动能。

作为一项新指数，"中国品牌发展指数"的研究刚刚起步，还需要不断丰富和完善。凝聚各级管理部门、专家学者、市场主体、媒体的合力，我们就能以"中国品牌发展指数"发布为契机，推动中国品牌做大做强，助力我国迈向高质量发展的步子更稳、底气更足。

（2019年12月26日）

用好"三明经验"推动医改

李红梅

不久前,国务院深化医药卫生体制改革领导小组印发《关于进一步推广福建省和三明市深化医药卫生体制改革经验的通知》,要求2019年12月底前,各省份结合实际制定推广福建省和三明市医改经验、深化医改的工作方案,明确本地区各地市和相关部门具体任务并组织实施,落实七方面24项重点任务。这是2016年以来,国家再次发文力推三明经验,体现了以医药、医疗、医保"三医"联动持续推进改革,啃下医改"硬骨头"的决心。

很多人对三明医改并不陌生。2012年,福建省三明市发起了一场改革——从监控重点药品开始,进而以药品耗材治理改革为突破口,深化医药、医疗、医保"三医"联动改革。具体来说,实行药品耗材联合限价采购,推进医疗服务价格调整、薪酬分配制度创新、医保支付方式改革,并不断深化药品限价采购制度、医保结算标准、医疗共同体建设等"三医"改革。这场改革当年就使职工医保扭亏为盈,不仅缓解了看病难、看病贵,还推动医疗体系从以治病为中心转向以健康为中心。今天看来,这场持续了7年的改革之所以具有重要的借鉴价值和现实意义,就在于始终瞄准关键环节,以"三医"联动持续推进改革。

当前,医改已进入深水区,剩下的都是难啃的"硬骨头"。取消药品加成之后,如何彻底破除以药补医?药品耗材如何回归合理价格,实现合理使用？如何治理过度医疗，实现规范治疗？医保如何购买、管理和监督药品、耗材、服务，促进其规范、合理使用，又能激励医务人员？如何建立一个以健康为中心的医疗卫生服务体系？等等。从实践来看，在改革推动下，各方面都取得了很大的进展。目前，全国公立医院均已取消药品加成，国家组织药品集中采购和使用试点已扩展至全国，全国各地均已开始建设医联体、医共体，基层家庭医生签约制度已全国推广，等等。

需要看到，上述改革仅仅是开了一个头，后续须以"一盘棋"思维联动其他方面措施，配套推进。这样，才能突破原有利益藩篱，建立新的机制。比如取消药品加成之后，需要统筹推进补偿机制、薪酬制度、医保支付方式等改革，真正破除以药补医，否则很容易"按下葫芦浮起瓢"；"4+7"试点全国扩围后，集中采购的药品顺利进入到医院，患者用上这些药品，改革才能惠及群众。而药品如何在临床得到合理使用、如何保护医务人员使用带量采购药品的积极性等，涉及医疗、医保等方面，须有配套措施，才能确保患者享受到改革成果。

可见，"三医"充分联动、"一盘棋"推进改革，是改革能否成功的关键，而这正是三明医改难能可贵的地方，是其作为全国范本的"底气"和"资本"，也是改革最难的地方。"三医"要像一台机器有关联的部件一样，一个部件动了，整台机器都要协调动起来，使其达到最和谐的运行状态。此次出台的文件对三明的宝贵经验进行了提炼和总结，有助于其他地区学习借鉴，聚焦以药补医、过度治疗、大处方等群众反映强烈的沉疴痼疾，加快推进健康中国建设。

有了好的经验，接下来就是落实推广的过程。在学习三明经验的过程中，需要各地拿出决心和勇气，敢于向不合理的灰色利益格局开刀，结合实际探索出更适合自身的改革路径，让百姓真正享受到改革红利。

（2019年12月25日）

进一步释放国内市场需求潜力

徐立凡

>消费者当期满意指数和总体预期指数值均较高,说明受访消费者对国家经济的现状和未来发展趋势总体乐观
>
>着力解决消费领域存在的结构性和机制性问题,进一步激发消费潜能
>
>以居民对商品和服务消费的需求为出发点和落脚点,通过供给侧结构性改革,推动产业和服务的"双升级"

消费者信心指数,反映着消费者对当前经济形势和未来经济走势的感受。不久前,北京大学国家发展研究院发布的"中国消费者信心指数"显示,当期消费者的总体满意指数为138.25,未来5年总体预期指数为152.64。消费者当期满意指数和总体预期指数值均较高,说明受访消费者对国家经济的现状和未来发展趋势总体乐观。

相关统计数据,也为消费的平稳增长和消费乐观情绪提供了佐证。今年1至10月,消费者信心指数同比逐月保持持续增长,消费者信心指数全年保持在乐观区间。2018年,全年社会消费品零售总额超过38万亿元,全年最终消费支出对国内生产总值增长的贡献率76.2%,专家预计今年的数字还将保持增长。

在国内外风险挑战明显上升的形势下,消费保持稳定增长,消费者

信心总体乐观，来之不易。这是宏观调控政策指引、居民收入保持较快增长、新消费业态等因素形成合力的结果。同时也要清醒地看到，消费内需还没有完全释放，一些消费短板亟待补齐。比如，生产指导消费而非消费指导生产的格局还没有彻底改变；生产厂家、商家、消费者的互信还有待加强；在市场开发上，仍然存在不少空白点，特别是在养老和幼儿托育市场领域；中高端产品和服务的品牌附加值还不够高，不能完全满足消费需求，等等。

确保中国经济行稳致远，需要着力解决消费领域存在的结构性和机制性问题，进一步激发消费潜能。其中，消除消费中的结构性障碍，主要在于减少影响居民日常消费的抑制性支出。"中国消费者信心指数"的问卷调查和大数据舆情分析表明，在把住房列为消费的情况下，其权重在消费支出的占比高达17%，居于首位。正因如此，今年的中央经济工作会议强调，"要坚持房子是用来住的、不是用来炒的定位"。这既为满足群众居住权、降低实体经济负担划定了政策底线，也为扩大消费内需创造了空间。

消除消费中的机制性障碍，要从减少中间环节成本、挖掘下沉市场、大数据引导生产等方面着手，最关键的，是坚持以民生为导向。今年的中央经济工作会议要求，"强化民生导向，推动消费稳定增长，切实增加有效投资，释放国内市场需求潜力"。以民生为导向，就是要以居民对商品和服务消费的需求为出发点和落脚点，通过供给侧结构性改革，推动产业和服务的"双升级"，重点推进养老、托育、旅游、体育健身等民生需求最集中、民意最关注的消费领域实现快速发展。

即将到来的2020年，是全面建成小康社会和"十三五"规划的收官之年。实现产业和消费的"双升级"，是收官开好局的关键所在。消费者信心指数的高涨和消费的平稳增长，既反映了经济长期向好趋势，也提示我们需要进一步消除消费各环节存在的问题，确保经济实现量的合理增长和质的稳步提升。

（2019年12月24日）

绘好文旅融合"工笔画"

张 凡

文化是旅游的灵魂，人文资源是旅游的核心资源，如何更好地挖掘利用这些人文资源，让其为旅游业发展助力，值得思考

文旅融合是一场文化旅游供给侧结构性改革，只有不断创新方法、完善机制，才能让文化和旅游实现各领域、多方位的深度融合

最近，中办、国办印发《长城、大运河、长征国家文化公园建设方案》，计划用4年左右时间基本建成长城、大运河、长征国家文化公园，重点建设文旅融合等4类主体功能区；北京出台《关于推进北京市文化和旅游融合发展的意见》，明确文化旅游"融什么""为谁融""怎么融"等问题。从中央到地方，推动文化和旅游融合发展的脚步不断向前。

旅游和文化是不分家的。那些拥有着丰富人文资源、浸润着历史文化气韵的地方，总是格外吸引人。一部《芙蓉镇》，让"挂在瀑布上的千年古镇"声名鹊起，成为旅游者向往的地方；一篇《桃花源记》，让武陵源承载起人们对"世外桃源"的想象，吸引着众多游客慕名前往；"步步有典故，处处有文物"的洛阳，成为人们向往的旅游目的地。文化是旅游的灵魂，人文资源是旅游的核心资源，如何更好地挖掘利用这些人文

资源，让其为旅游业发展助力，值得思考。

近年来，越来越多的城市开始盘点文化"家底"，提炼人文气质，探索文旅融合之道。事实证明，旅游和文化的深度融合，可以丰富旅游内容，提升旅游文化内涵，让旅游不再是"到此一游"式的"打卡"，而成为一场深度的文化体验。这符合当下人们日益增长的文化需求，也适应了消费升级的蓬勃势头。推动文化与旅游融合，对于打造品质旅游、实现旅游业高质量发展具有重要意义。

以文促旅，更要以旅彰文。旅游是文化的载体，在旅游中注入文化之魂，是要让文物说话、让历史说话、让文化说话，让中华文化的独特创造、价值理念和鲜明特点更加生动地呈现出来，从而更好地实现文化的保护、利用和传承。在陕西佳县赤牛坬村，村民们"扛起锄头是农民，放下锄头是演员"，自编自导自演农村生活实景剧，将陕北的民俗文化、农耕文化，以及陕北人民不屈不挠的精神淋漓尽致地展现出来，以民俗文化旅游彰显黄河黄土精气神；在贵州遵义，实景演绎、红色拓展等旅游项目，将红色精神化为一个个生动的故事和人物，让游客在"参与和触摸历史"中感受长征精神。这些尝试启示我们，深入推动文旅融合，有助于更好实现文化繁荣和旅游发展相互促进、相得益彰。

新技术的广泛应用，为文旅融合带来更多可能性。比如，运用沉浸式技术，游客就可以"穿越时空"与文物对话；5G时代到来，游客可获得更好的VR、AR体验，在家就能感受旅游魅力；等等。与此同时也要看到，提升人们的文旅体验，仍有不小空间。文旅融合不是文化和旅游的简单相加，而是一场文化旅游供给侧结构性改革，只有不断创新方法、完善机制，才能让文化和旅游实现各领域、多方位的深度融合。

如今，文旅融合的图景正向纵深铺展。让"诗和远方"的故事更精彩，还需我们共同绘制好文旅融合的"工笔画"，推动文化与旅游在更广范围、更深层次、更高水平上实现融合发展，满足人民美好生活新期待。

（2019年12月23日）

教师减负要一抓到底

张 烁

> 切实解决教育系统存在的形式主义、官僚主义等突出问题，对于执行不力、落实不到位的严肃问责，才能扎扎实实将减负工作一抓到底、求得实效，让广大教师潜心教书、静心育人

前不久，中办、国办印发《关于减轻中小学教师负担进一步营造教育教学良好环境的若干意见》，从统筹规范督查检查评比考核事项、社会事务进校园、精简相关报表填写工作、抽调借用中小学教师事宜等方面提出20项务实举措，旨在把宁静还给学校、把时间还给教师。相关意见的发布，既体现了遵循教育规律的内在要求，也契合了教育事业发展的现实需要。

一段时间以来，与教育教学无关的事项，不仅干扰了学校正常的教育教学秩序，也给教师增加了额外负担。教育部负责人曾呼吁：各种填表、各种考评、各种比赛、各种评估，压得有些老师喘不过气来，要把时间还给老师。减轻老师负担，亟待深化教育领域的"放管服"改革，大幅减少各类检查、评估、评价，切实为学校潜心治校办学创造良好环境。

减负，先要摸清负担来自何处。教师负担重，既有教育系统自身原因，也有治理体系不完善和治理能力不足等深层次原因，问题的根子还

是出在形式主义、官僚主义上。例如，有的地方工作刚安排就开展督查检查评比考核，要求老师在微信群中上传工作照片、视频，重留痕轻实绩；有的地方培训走过场、搞"摊派"，人数不够教师来凑，培训内容脱离教育教学，让教师疲于应付；有的地方搞庆典、招商、拆迁等与教育教学无关的事项，也要找教师、进校园，等等。消除这些不合理现象，需要从思想根源上破除形式主义顽瘴痼疾，确保减负真正取得实效。

教师不合理负担是多年积累造成的，有一定的复杂性。给中小学教师减负，切忌平均用力、"眉毛胡子一把抓"，应坚持分类治理，大幅精简文件和会议。"治标"之策，是突出重点，严格清理规范与中小学教育教学无关的事项，严格控制涉及学校的检查评估项目、实行社会事务进校园审批制、精简规范各类填报工作、严格控制借调教师、规范各类教师培训等；"治本"之策，则是协调好学校管理与教育教学的关系，提高专业水平，以钉钉子精神解决形式主义、官僚主义等突出问题，实实在在为教师松绑减负。同时，各级各部门、社会各界要形成合力，充分考虑区域、城乡、学段等不同特点，因地制宜，避免"一刀切"。

需要看到，减负不等于没有负担，教师法等法律法规明确规定的、中小学教师在教育教学工作中必须承担的职责，是正常、合理和必要的负担。需要"减掉"的，是形式主义、官僚主义作风，是中小学教师不应承担、与教育教学无关的事项。在浙江，经过规范和整治，全省各地各类进校园活动从年初的平均每所学校18.1项减少到4.8项，减少73.5%；在陕西，对未经同意的非教育行政部门组织的培训不予认定学分，减少了30%的培训项目。这些做法让当地教师能够把更多时间、更多精力投入教育教学工作。实践告诉我们，切实解决教育系统存在的形式主义、官僚主义等突出问题，对于执行不力、落实不到位的严肃问责，才能扎扎实实将减负工作一抓到底、求得实效，让广大教师潜心教书、静心育人。

（2019年12月20日）

搭建全民学习的广阔空间

邹 翔

> 付费自习室受欢迎,背后是人们日益增长的学习动力和热情。如何在商业模式和公共文化供给之间寻找平衡点,有待各方在实践中共同探索

几排长条形桌子被分隔成一个个小格子间,每个独立空间都配备了插座、台灯等设施,规模稍大的还有休息室、讨论室等不同功能分区……最近,北京、上海、广州等多个城市,相继涌现出一个新鲜事物:付费自习室。据了解,北京的付费自习室目前已超过30家。

为了能在竞争日趋激烈的现代社会保持优势、提升自我,越来越多的人选择了考研考证、职业教育等学习途径。付费自习室的出现,为缺乏独立学习空间的人提供了一个学习场所。业内人士介绍,付费自习室在北京的快速增长,是从2019年下半年开始的,大多开办在写字楼或者高校较为集中的城市区域,以上班族和在校学生为主要目标群体。在各类考试密集的下半年,尤其是某些重要考试的前一个月,自习室的上座率明显高于考试淡季,寒暑假的上座率也会高于平时。这些或忙于复习备考,或单纯学习"充电"的背影,构成了城市里的一道独特景观。

付费自习室受欢迎,背后是人们日益增长的学习动力和热情。每到考试季,各大图书馆人满为患、一座难求,自习室占座引发的纠纷也不

时出现，反映出公共学习空间供需不平衡的结构性矛盾。如何寻找一处安静的学习空间？付费自习室恰好部分满足了这一现实需求，为学习提供了便利。在这个意义上，既利用市场化手段增加城市公共学习空间供给、满足人民群众快速增长的学习需求，同时也塑造城市学习气质、营造社会学习氛围，付费自习室不失为一种有益尝试。

作为新的商业形态，付费自习室才刚刚起步，未来如何更加精准对接人们的学习需求，完善行业标准，是这一新业态发展需要考虑的问题。目前，付费自习室存在进入门槛较低，可复制性强，服务、盈利模式过于单一等问题，甚至出现过少数商家借机圈钱、卖出预付费卡后"跑路"等乱象，亟待加强监管。从业者也需要进一步加强自律，提高服务水平，提升消费者的学习体验。同时，付费自习室目前面向的群体还比较单一，未来有必要向更多有学习意愿和需求的群体拓展。比如，一些社区居民以及老人、孩子等，都有着较强的学习需求。如何在商业模式和公共文化供给之间寻找平衡点，有待各方在实践中共同探索。

中国正走向学习型社会，许多城市也正在成为"书香城市"。从打通公共文化服务"最后一公里"的社区图书馆，到24小时营业的城市书店，再到崭露头角的付费自习室，都折射着这一趋势。满足更多群体对学习空间日益增长的需求，搭建全民学习的广阔空间，有赖社会各界携起手来，做出更多努力。比如增强公共文化供给、在社区设置公共学习空间、鼓励有条件的企事业单位开放图书馆，等等。多方形成合力，才能推动学习型社会建设行稳致远。

（2019年12月19日）

"网红"备课本传递育人温度

丁雅诵

> 从制度温暖和人性关怀两个维度出发，更多将资源向乡村基础教育倾斜，让乡村教师在岗位上有成就感、生活上有幸福感、社会上有荣誉感

近日，江西省赣州市赣县区石芫中心小学一年级数学老师胡欣的备课本在网络走红。这本"网红"备课本图文并茂、形象生动，赢得了无数网友的点赞。

用图案来呈现一个个数字的秘密，唤醒小小心灵里的数学潜能；用飞行的小鸟、乖巧的熊猫、可爱的大象把教学内容具象化，勾起孩子们学习的兴趣；用一个个表情丰富、鲜活生动的小朋友卡通形象，给学生们创造沉浸式的学习体验……翻开这本"网红"备课本，可以感受到一位乡村教师对教育、对学生倾注的心血。"这都是依据一年级小朋友的喜好而设计的"，一片真情只为孩子，人们感受到教书育人的崇高，也看见人民教师应有的风采和形象。

事实上，备课本的走红，也说明无论是孩子还是家长，都对有创意的教学方法喜闻乐见。而就像胡欣老师一样，一段时间来，还有很多兢兢业业、积极创新的老师也引发关注。江苏扬州高等职业技术学校的数学老师朱中海，为了辅助学生们学习函数曲线，用函数曲线画出人物背

影；来自福建厦门的小学老师陈婷婷，会在学生的作业上留下表情包，如果学生作业完成得好就画一颗爱心，超出预期的作业还能得到"爱心发射"。这些贴近学生需要、具有时代气息的教学方法，既传递了知识、拉近了距离、给予了温暖，也在无形中传递着阳光、向上、创新的价值。

一个人遇到好老师是人生的幸运，一个学校拥有好老师是学校的光荣，一个民族源源不断涌现出一批又一批好老师则是民族的希望。教育，一头连着经济社会发展的人才供给、智力支持，一头连着每一个孩子的命运、每一个家庭的未来。面对高质量发展的时代要求，如何培养更多创新型人才？面对全面小康的美好愿景，如何让更多孩子能够通过教育改变命运？"网红"备课本的启示在于，除了国家需要进一步推进教育改革，另一个重要的维度，则是需要广大教师发挥主动性和创造性，在三尺讲台发挥自己的激情与想象力，既丰富自己精彩的人生，也汇聚成烛照教育事业前行的力量。

一本"网红"备课本，也让乡村教师受到了更多关注。乡村教师，是一个温暖的字眼。无论是把学生们的课本和文具挑进大山的支月英，还是多年在悬崖天梯上接送学生的李桂林、陆建芬夫妇，抑或是自掏腰包给孩子们做饭的"网红"校长章站亮，上课灵动活泼的90后乡村教师肖筱颉……从过去到现在，他们身上始终闪耀的是奉献与坚守光芒，他们心中未曾改变的是那份对教育的爱、对孩子的爱。山里娃娃的未来，需要乡村教师的坚守；乡村教师的成长，也需要制度的托举。从制度温暖和人性关怀两个维度出发，更多将资源向乡村基础教育倾斜，让乡村教师在岗位上有成就感、生活上有幸福感、社会上有荣誉感，才能让乡村教师真正下得去、留得住、教得好，乡村教育水平才能稳步提高，孩子们的梦想才能真正照进现实。

习近平总书记指出，"'两个一百年'奋斗目标的实现、中华民族伟大复兴中国梦的实现，归根到底靠人才、靠教育。"孩子身上，饱含未来世界的可能性，希望有更多像胡欣那样的好老师去呵护这种可能性，让孩子们成就梦想，成长成才。

（2019年12月18日）

建设好国家文化公园

吴若山

> 人们将在游览中听到文化之声、看见文化之美、领悟文化之韵，在纵情山水之际增强文化自信心，在追忆往昔时提高文化认同感

前不久，中办、国办印发《长城、大运河、长征国家文化公园建设方案》（以下简称《方案》），强调到 2023 年底基本完成建设任务，使长城、大运河、长征沿线文物和文化资源保护传承利用协调推进局面初步形成。这标志着《方案》从今年 7 月在中央深改委审议通过后，已经进入贯彻落实阶段。

万里长城是中国悠久历史和灿烂文明的象征，凝聚了中华民族众志成城、坚韧不屈的爱国情怀。大运河与长城一起被列为世界最宏伟的四大古代工程，是中国人民征服自然、改造自然的伟大创造，是中华民族不朽的历史文化。长征在中国革命史上具有崇高地位，展现了中华民族百折不挠、自强不息的精神，反映了红色革命文化的强大感召力。随着长城、大运河、长征国家文化公园建设逐步开始，流淌在中国人血液中、凝结在共同记忆里的传统文化和革命文化，将以国家文化公园为载体展现出永恒的魅力。

建设国家文化公园，是深入贯彻落实习近平总书记关于发掘好、利

用好丰富文物和文化资源,让文物说话、让历史说话、让文化说话,推动中华优秀传统文化创造性转化创新性发展、传承革命文化、发展先进文化等一系列重要指示精神的重要举措。以长城、大运河、长征沿线一系列主题明确、内涵清晰、影响突出的文物和文化资源为主干,生动呈现中华文化的独特创造、价值理念和鲜明特色,对于进一步坚定文化自信,充分彰显中华优秀传统文化持久影响力、革命文化强大感召力、社会主义先进文化强大生命力将产生广泛而深远的影响。

文化是一个国家、一个民族的灵魂,其凝聚力源于对传统的保护,其生命力在于世代传承与不断发展。每一个时代都需要文化建设的精品力作。新时代,人民群众对文化供给"量的扩大"以及"质的提升"都有了新的要求,推进国家文化公园建设是满足文化需求的精准供给。在一定的物理空间内,展示最有辨识度、生命力和传播力的文化景观,有利于体现文物保护、资源利用和文化传承的统一,有助于将三大国家公园打造成国家形象和民族符号。人们将在游览中听到文化之声、看见文化之美、领悟文化之韵,在纵情山水之际增强文化自信心,在追忆往昔时提高文化认同感,在心意相通里让文脉永续流淌。

文化传承保护是世界性话题。建设国家文化公园,也将为文物保护、文化传承提供中国方案。《方案》的一个鲜明特色,就是注重处理好传承保护与合理开发之间的关系,既明确实施重大修缮保护项目、严防不恰当开发和过度商业化,又鼓励对优质文化旅游资源推进一体化开发、培育一批有竞争力的文旅企业。同时,长城、大运河、长征分别涉及15个、8个、15个省区市。《方案》要求,强化顶层设计、跨区域统筹协调,正是要发挥中国特色社会主义的制度优势。

一分部署,九分落实。《方案》明确了国家文化公园建设的时间表、路线图,但高质量推进贯彻落实还需要下硬功夫。以深耕厚植之心,凝聚各方之力,就必定能将国家文化公园建设成为新时代中国文化传承的精品,使之成为世界各国争相欣赏的中国文化瑰宝。

(2019年12月16日)

进一步加强各级党政领导班子建设

谭彦德

> 领导班子是一个地方、一个单位落实党中央决策部署、推动各项工作的"指挥部""战斗部",建设好领导班子是夯实党执政组织基础的关键,也是抓好改革发展稳定各项工作的关键

"适应时代发展需要配强领导班子""努力锻造忠实践行习近平新时代中国特色社会主义思想的坚强领导集体"……近日,中共中央办公厅印发《2019—2023年全国党政领导班子建设规划纲要》,明确党政领导班子建设的总体要求、目标任务、重要措施,这是落实新时代党的建设总要求和新时代党的组织路线、加强新时代党政领导班子建设的指导性文件。

领导班子是一个地方、一个单位落实党中央决策部署、推动各项工作的"指挥部""战斗部",建设好领导班子是夯实党执政组织基础的关键,也是抓好改革发展稳定各项工作的关键。改革开放以来,党中央先后印发了6个领导班子建设规划纲要。党的十八大以来,以习近平同志为核心的党中央站在党和国家事业发展全局的高度,统揽伟大斗争、伟大工程、伟大事业、伟大梦想,对加强领导班子建设提出一系列新理念新思想新要求,为加强新时代党政领导班子建设指明了方向。制定印发《规划纲要》,正是要适应"两个一百年"奋斗目标历史交汇期的新形势

新任务，进一步加强各级党政领导班子建设，需要系统谋划、整体推进。

习近平总书记强调："要坚持以党的政治建设为统领，坚决维护党中央权威和集中统一领导。"党的政治建设是党的根本性建设，是党政领导班子建设的灵魂。《规划纲要》旗帜鲜明提出要把党的政治建设摆在首位。从"完善党中央重大决策部署和习近平总书记重要指示批示贯彻落实的督查问责机制"，到"实施'一把手'政治能力提升计划"，再到"实施'习近平新时代中国特色社会主义思想教育培训计划'"，《规划纲要》针对存在的问题提出具体措施，就是要赋予党的政治建设以现实载体，推动领导班子政治建设落地见效。

好班子是"配"出来的，更是"练"出来的。领导班子的结构，直接关系到班子整体功能的发挥。选优配强党政正职，优化年龄结构，改善专业结构，完善来源、经历结构，合理配备女干部、少数民族干部和党外干部……适应新时代坚持和发展中国特色社会主义对领导班子结构和功能提出的新的更高要求，《规划纲要》把优化年龄、专业、来源和经历结构放在重要位置，大力发现培养选拔优秀年轻干部，打破地域概念、部门界限，使领导班子形成梯次配备、搭配合理、上下贯通、优势互补的结构。

好班子既要管住，又要用活。党的十九大报告提出"坚持严管和厚爱结合、激励和约束并重"，既管住干部乱作为的手脚，又放开干部干事创业的手脚，推动领导班子呈现新气象新干劲新活力。为此，《规划纲要》提出有针对性的政策举措，无论是提出"加强对'一把手'的监督"，还是强调"把'三个区分开来'的要求具体化"，抑或是强调"以组织对干部的担当推动干部对事业的担当"，都是为了划定行为边界、形成正向激励，推动领导班子呈现新气象新担当新作为。

一分部署，九分落实。制定文件只是走完了第一步，更重要的是认真落实好文件。把各级领导班子锻造得更加坚强有力，党中央的决策部署就有了贯彻落实的组织保证，我们就能凝聚起奋发进取、攻坚克难的强大力量。

（2019年12月13日）

流行语中的时代活力

石 羚

新与旧，小与大，变与不变，道出了流行语背后的辩证法

语言是社会生活的符号，流行语则反映着时代的侧面。近日，经过公开征集、专家评选、媒体投票等环节，《咬文嚼字》编辑部公布了"2019年十大流行语"，"文明互鉴""区块链"等热词榜上有名，引发网友广泛关注。

"岁月不居，时节如流"，时间在语言上不断留下"辙痕"。新表达、新句式、新修辞为开放的语言系统注入生命力，有的甚至沉淀为常用语。但另一方面，有的内涵有限，在网络空间、娱乐文化中热闹一时后，无法逃脱"来也匆匆，去也匆匆"的命运。沉淀与流失，是语言流变的自然过程。

流行语是一个语言现象，更是一个社会现象，其中既有个人表达，也有宏大叙事。从更大层面看，正如"区块链"成为技术创新的重要突破口、"文明互鉴"向世界宣示交流对话的中国主张，流行语的变化与国家发展、社会进步的步伐相伴随。

在生活的场景中，有顺境也有挑战。流行语中，也自然存在一些带有情绪的真实表达。今年评选出的"我太难了"，是一些人面对生活压力时的真实感受。但从当年的"蓝瘦香菇"，到"扎心了，老铁""我太难

了"，不少流行语本身带有幽默调侃、自我解压的色彩，也有通过网络社交抱团取暖的含义。进一步说，"996"对企业的人性化管理提出更高要求，"融梗"与抄袭界限不清倒逼法律进一步细化，正视流行语中折射出的问题与挑战，个人才能在克服困难中成长，社会才能在解决问题中进步，进而激发出更多向上向善的正能量。

年度流行语是一个以年为跨度的社会观察哨。换上历史的广角镜头，流行语的变迁展现出时代的变与不变。以科学技术领域为例，从几年前的"互联网+""引力波"，到时下的"5G""区块链"，日新月异的革新不断拓展着生产生活的疆域。从"两弹一星""陈氏定理"，到"神舟飞船""港珠澳大桥"，中国科技的历史性跨越，成为新中国70年辉煌历程的生动注脚。流行语持续更新，归根结底是因为时代在变化、国家在发展。在这一过程中，无论是"铁人精神"还是"蛮拼的"态度，无论是"个体户"首吃螃蟹还是"创客"掀起创业热潮，拼搏奋斗的精神始终不变，人们对美好生活的追求始终不变，这些都将汇聚起推动中国向好发展的磅礴力量。

新与旧，小与大，变与不变，道出了流行语背后的辩证法。一个有趣的现象是：临近年末，很多机构相继发布了不同版本的年度热词，其选择各有不同。但无论如何，流行语只能投射社会生活的某些侧面，并不能代表时代的全部。流行语选择愈多样、变化愈快速，越说明我们这个时代充满了进步的多样性，越说明中国具有发展的无限可能。

（2019年12月11日）

用学术诚信涵养科技创新

郭牧龙

中国的科研水平怎么样,很大程度上取决于我们的科研环境

有诚信的土壤来涵养,有求真求实的阳光雨露来浇灌,中国科技界才能肩负起历史赋予的重任,中国才能成为世界主要科学中心和创新高地

习近平总书记强调,"要营造良好学术环境,弘扬学术道德和科研伦理"。科技创新是国家命运所系,是发展形势所需、大势所趋。科研诚信则是科技创新的基石,也是实施创新驱动发展战略、实现世界科技强国目标的重要基础。正所谓没有好的土壤,就不会长出好的庄稼;中国的科研水平怎么样,很大程度上取决于我们的科研环境。

脚踏实地、实事求是历来是中国科技界的底色。新中国成立70年来,我国广大科技人员以高尚的精神境界和良好的道德情操,勇攀科技高峰,取得了一项项举世瞩目的成就。从邓稼先、钱三强、郭永怀等老一辈科学家,到黄大年、南仁东、钟扬等新时代榜样,这是一幅学识渊博、大公无私的中国科学家群像,他们的科研成果经得起时间和实践的检验,求真的精神、严谨的态度更展现着熠熠生辉的科学精神。

但也要看到,科技界还存在一些违背科研诚信的行为。比如,学术

抄袭、论文造假、侵占他人成果、伪造学术身份、骗取科技补贴……对此，这几年国家不断完善工作机制、制度规范、监督惩戒等方面制度，体现了治理学术不端的决心。对学术不端争议，就要以求真的精神调查事情真相，如果属于恶意诬告，应及时澄清事实、还原真相，绝不能任其发酵而影响科技界的团结和信任；如果确实存在学术不端行为，应依法依规严肃处理，决不包庇纵容、息事宁人。

长期以来，广大科技工作者以实现国家富强、民族振兴、人民幸福为己任，着力攻克关键核心技术，破解创新发展难题，在重大科技领域不断取得突破，为我国科技事业发展作出了突出贡献。有人把院士队伍比作科技长城，是学术界的精神高地，是科技界的一面旗帜。正因此，从科技工作者角度而言，越是在科研领域享有权威声誉，越是社会知名度高，就越是要认识到自己的学术研究对于学术风气的示范效应，越是要加强科研自律、涵养科学精神，用务实的科研行为营造诚信学风、用扎实的科研成果推动科技进步。

当前，新一轮科技革命和产业变革正在重构全球创新版图、重塑全球经济结构。我国基础科学研究短板依然突出，关键核心技术受制于人的局面没有得到根本性改变。中国要强盛、要复兴，就一定要大力发展科学技术。这就需要加大力度推动科研诚信体系建设，建立健全职责明确的管理体系，划定科研活动的边界与底线，严格学术不端行为的惩戒机制，用制度来净化学术风气。有诚信的土壤来涵养，有求真求实的阳光雨露来浇灌，中国科技界才能肩负起历史赋予的重任，中国才能成为世界主要科学中心和创新高地。

（2019年12月10日）

加大力度整治货车非法改装

周珊珊

新形势下，要巩固治理成果、取得更大实效，就必须凝聚合力、久久为功，进一步压缩违法违规行为的空间

创新方法、严查细管，实实在在提高违法成本，才能让非法改装超载运输的车辆难以上路

今年以来，从高速公路上的碰撞到城市高架桥的侧翻，因违法超限超载而造成人员伤亡的道路交通事故时有发生，给人以深刻警醒。为获取更大的利益，一些货车车主选择对车厢进行改造来实现超载运输，不仅严重破坏道路桥梁，更存在极大的安全隐患。有媒体在辽宁、贵州等地调研发现，大货车非法改装已形成一条成熟的利益链条，不仅能按照想要的载重量随意改造，更能通过"找关系""走门路"，实现车检"保过"。这提醒我们，还要继续加大超限超载源头治理的工作力度。

近年来，相关部门持续推进车辆超限超载治理工作，已经取得了明显成效。2016年，交通运输部等五部门联合发布《关于进一步做好货车非法改装和超限超载治理工作的意见》，要求基本杜绝货车非法改装现象。今年4月，国务院办公厅转发《关于加快道路货运行业转型升级促进高质量发展的意见》，提出加强货车超限超载治理，将规范治超执法纳入地方政府年度考核目标。随着从严治理超载、打击货车非法改装的力

度不断加大，相关乱象在一定程度上得到了有效遏制。新形势下，要巩固治理成果、取得更大实效，就必须凝聚合力、久久为功，进一步压缩违法违规行为的空间。

从治理视角出发，应当坚持"长效"的理念和行动。以罚代管、只罚不管，只能带来短期效果。在一些地方，集中整治一阵风，等到风头过去了，黑色产业链便又死灰复燃。因此，应该惩防并举、注重日常，严防细查从事货车非法改装、庇护纵容非法改装车通过车检等行为，依法严肃处理，彻底消解"没被罚就赚了，被逮到就认栽"的侥幸心理。长效治理、严格执法，才能真正让运输企业和货车司机远离非法改装。

从操作层面来看，还需多管齐下、形成监管合力。针对货车非法改装的黑色产业链，不同地区、不同部门之间应携手合作、协同监管。完善车辆生产、汽修和监管方面的制度，扎紧登记准入的口子，巩固道路查纠的效果，畅通群众举报的渠道……这些，都可以因地制宜进行强化。也可尝试应用一些先进技术手段，譬如在大型货车上安装限载传感器，一旦超载就会报警提示、限制起步。创新方法、严查细管，实实在在提高违法成本，才能让非法改装超载运输的车辆难以上路。

货车非法改装风险很高、后患无穷，为什么总是难以禁绝？这背后，也有物流成本高的因素。通过鼓励货运企业集约化经营、鼓励安全高效货运车型发展等，推动公路运输行业转型升级、降低成本，有利于打破以超限超载进行竞争的恶性循环，从源头上解决货车非法改装问题。与此同时，全社会都应当多关注货车司机群体，更好保障货车司机群体合法权益，让他们不愿也不必走上非法改装的道路。

在交通这盘大棋局中，随着大宗货物运输"公转铁""公转水"等运输结构调整，公路货运必将在激烈竞争中走上高质量发展之路。科学施策、不弃微末、标本兼治，才能彻底解决货车非法改装问题，推动整个行业健康发展、行稳致远。

（2019年12月09日）

营造健康向上的粉丝文化

——粉丝群体如何贡献正向价值

周珊珊

> 作为一种文化消费共同体,粉丝群体及其活动已经形成了一种新的媒介景观,丰富着我们时代的文化样态
>
> 形成健康的粉丝文化,有赖于每个人用理性的行为、礼貌的举止、文明的语言要求自己

近年来,从网上"打榜",到形成"粉丝经济",再到策划自己的文化产品,以年轻人为主体的粉丝群体,早已不再是文化娱乐产业的被动接受者,而成为主动的参与者乃至生产者。如何营造健康向上的粉丝文化,让更多人了解、接受这个群体,引发人们思考。

人们还记得,改革开放之初,一盘磁带、一幅海报、一部电影就能形成一批"追星族"。如今,从电影到电视剧、从综艺节目到网络直播、从演唱会到见面会,多元多样的文化娱乐形式,以及网络技术的发展,让年轻粉丝拥有了更加开放的选择空间。而"追星"的方式,也从以往自下而上的仰慕,变为更加直接的接触;从以往多局限在私人空间和熟人圈子里的交流,变为粉丝之间以社交媒体为载体的、更加扁平化的互动。从这个意义上说,作为一种文化消费共同体,粉丝群体及其活动已经形成了一种新的媒介景观,丰富着我们时代的文化样态。

对于年轻人来说，"粉"什么、怎么"粉"就成为关键。据媒体报道，2018年微博上的娱乐明星粉丝年度累计总人次达到167亿。面对如此庞大的文化消费群体，迫切需要积极向上的引导。需要看到，不少人对粉丝群体还有着相对负面的印象，将其等同于"缺乏理性"。在线下，也有少数粉丝因对明星的狂热爱好而做出不良行为，如漠视隐私、扰乱秩序等。这提示我们，对社会来说，要提高包容度，接纳和规范粉丝文化的发展，引导年轻人去追积极阳光、富有内涵的"星"；对粉丝群体来说，形成健康的粉丝文化，有赖于每个人用理性的行为、礼貌的举止、文明的语言要求自己。

给粉丝文化以正面引导，需要在深入了解这一群体的基础上，放大其积极的一面。有人指出，相较以往，今天的粉丝群体是一种"参与式""陪伴式"的追星。对这一热情加以正面引导，有利于鼓舞年轻人通过对标偶像，增添"变成更好的自己"的动力。有调查显示，以90后、00后为主体的粉丝群体，受教育水平更高、自律性更强。一个粉丝有可能是一名勤奋的公司职员，也可能是一个专业的摄影师、一个充满想象力的绘画设计师。近年来，在各类粉丝群体中，粉丝们都表现出文明有序的自制力和良好的秩序感。在社会层面，从关爱听力障碍的儿童到改善贫困山区儿童的学习环境，从为城市的清洁工们送上免费午餐到捐赠爱心图书，粉丝们带来的正能量逐渐呈现和放大，得到了人们的认可。

"让'爱豆'（粉丝对偶像的称呼）和我们一起变得更美好"。粉丝们的心声，也要求明星用更高的标准要求自己，真正成为年轻人在各方面的"偶像"。比如，有的明星鼓励粉丝多读书、读好书，使阅读成为越来越多年轻人的习惯，也让名人名著被更多年轻人喜爱；有的明星带动粉丝学习中华传统文化，使传统文化被年轻群体熟知和传播；还有的粉丝在明星的带动下，参与到环保、公益等公共事业中去，让人们感受到充满温暖和阳光的粉丝群体力量，等等。期待更多粉丝借由共同喜爱的偶像聚集在一起，营造更多彩的娱乐景观、形成更丰富的文化生态。

（2019年11月28日）

用文明指引追星行为

——粉丝群体如何贡献正向价值

石 羚

用文明指引追星行为,用理性涵养粉丝心态,才能激荡起粉丝群体正能量

粉丝不仅要保持"人人独善其身"的自觉,更要实现"人人相善其群"的格局

"让世界一同见证祖国的强大!"新中国70华诞,一群群年轻人,以网站、微博、贴吧为阵地,用图片、留言、话题等形式,为祖国欢呼。用时尚话语表达对祖国发展的由衷自豪,向世界介绍真实中国,这些年轻人的真挚热情令人感动。

近年来,伴随着文化娱乐产业的发达和媒介渠道的拓宽,以青少年为主体的粉丝群体、粉丝文化现象受到人们的关注。从攒专辑、建贴吧到打广告、顶数据,粉丝群体不再满足于文化产品的单纯消费,而是深入参与到娱乐活动的策划传播中,成为"生产型消费者"。从观赏者到互动者再到"造星者"的转变,令粉丝群体得以在文化市场一展其才,也使粉丝活动走向线下。

需要指出的是,粉丝群体活动既有蓬勃向上的一面,同时,也存在无序、失序乃至无视社会规范等现象。比如,不久前发生的粉丝"代拍"导致航班延误、公开售卖明星使用过的医疗用品等事件,折射出部分粉

丝的非理性行为。而电影"锁场"、网络"控评"、互泼脏水等不良现象，不仅透支着明星的流量，更制约着行业的健康发展、侵害着流行文化的正向价值。个性追星，不可任性而为；社会规范失守，粉丝群体就可能失序。用文明指引追星行为，用理性涵养粉丝心态，才能激荡起粉丝群体正能量。

粉丝不仅要保持"人人独善其身"的自觉，更要实现"人人相善其群"的格局。现实中，人们欣喜地看到，日益成熟的粉丝文化，在很大程度上纠正了粉丝个体的非理性追星行为。"谦逊、礼貌、谨言慎行、自律"等形象正在成为粉丝群体主流。比如，开完演唱会后的场馆，粉丝们把座位上的垃圾清理完后才离开，很难再看到以往演唱会后垃圾遍地的现象。事实证明，粉丝的真情实感，只有合理合法、文明有序的表达，才能赢得他人的认可和尊重。同时，对个别违法失德行为"零容忍"，把规矩立起来，才能把社会规范的红线内化为心中的底线，让文明追星的行为始于自发、终于自觉。

面对数量动辄上百万、千万的粉丝群体，相关部门应善于抓住重点，突出精准引导。对文娱行业及相关企业的行为加强监管，防止粉丝被资本逻辑和商业模式裹挟；密切关注互联网平台的流量数据、社群舆情，以适应粉丝为偶像"打榜""控评"的冲动；督促明星以身作则，为粉丝树立正面榜样；引导群主、版主等活跃粉丝发挥更积极作用……针对粉丝活动的关键环节、关键群体，有的放矢、精准施治，才能让庞大的粉丝群体稳健运营、秩序井然。

粉丝"抱团"是一个经济现象，也是一个文化现象。让粉丝群体活动在正确的轨道上，需要刚性制度，也需要温和疏导。国庆档电影《我和我的祖国》以好故事的巨大"引力"，吸引粉丝通过现场观影、线上乐器接龙等方式为祖国点赞；一些明星投身留守儿童资助、图书馆援建等公益项目，大批粉丝参与其中……期待更多优秀作品、优质明星搭建起主流文化和粉丝群体的沟通桥梁，为文化市场注入更多创造力和正能量。

（2019年11月29日）

推动"粉丝经济"行稳致远

——粉丝群体如何贡献正向价值

何 希

理性对待粉丝热情、引导粉丝合理消费,同时将明星效应转化为提升商业品牌知名度和美誉度的契机,才能更好体现"粉丝经济"背后的流量价值

作为文化娱乐产业和数字经济的重要组成部分,"粉丝经济"同样要遵守市场经济对于诚信、法治的要求

"粉丝经济"的出现,也是一道治理课题

"双11"才过不久,"双12"又将到来,很多电商平台和品牌把重点放在吸引粉丝"流量"上。从明星发布预售链接,到推出明星定制礼盒、联名款产品,再到购物赠送签名海报、线下见面机会等,"粉丝经济"比往年更为抢眼,引发人们关注和思考。

以购买明星的专辑、代言的产品,为明星提升流量等为特征的"粉丝经济",正在成为近年来经济生活中的新亮点。以今年"双11"前的电商营销为例,某化妆品牌请明星代言1小时,销售额就突破4000万元;某日常用品请明星代言预售3万件产品,3分钟即告售罄;某明星代言的一款电动牙刷,3天预售额近2000万元……明星"带货"能力的背后,是粉丝们的强大消费能力。粉丝们从情感出发进行消费,通过商品购买、

社群聚集、交流互动等环节,满足了自身的需求。

互联网和社交媒体的升级迭代、文化娱乐产业的蓬勃发展,成为"粉丝经济"兴起的深厚土壤。对商家来说,粉丝们带来的"流量",往往与"销量"直接挂钩。在利益的驱使下,行业内滋生了"流量至上"甚至"流量造假"等现象,亟待规范和引导。而粉丝群体中存在的"刷单""刷票房""刷好评"等不良行为,也为自身带来负面评价。理性对待粉丝热情、引导粉丝合理消费,同时将明星效应转化为提升商业品牌知名度和美誉度的契机,才能更好体现"粉丝经济"背后的流量价值。

作为文化娱乐产业和数字经济的重要组成部分,"粉丝经济"同样要遵守市场经济对于诚信、法治的要求。有数据显示,36%的粉丝表示愿意为偶像每个月花100—500元,相关领域市场规模高达900亿元。面对这一庞大的市场规模,如果任由"流量至上"等非理性因素野蛮生长,不仅将破坏这一正在成长中的新生事物,也将侵蚀社会诚信体系。正因如此,近期国家相关部门要求电商第三方平台须切实履行监管职责,并将对涉嫌违反广告法、消费者权益保护法等违法行为进行查处。依法依规、诚实守信形成健康的商业模式,将更好推动"粉丝经济"行稳致远。

"粉丝经济"的出现,也是一道治理课题。随着相关产业规模的不断扩大,"粉丝经济"涉及的领域和内容愈发多元,新对象、新领域、新场景不断涌现。比如,如何杜绝恶意注册账号"刷单",怎样避免未成年人非理性消费,如何认定在线"打赏"的法律效力,等等。回答这些新考题,需要相关各方携手努力。管理部门要加强事前监管的能力和水平,提高全过程监管意识;优质流量明星应当更加自律、更有担当、更具表率;平台方面要进一步增强责任感,杜绝管理漏洞,等等。各方协力完善相关法规制度,善用大数据、人工智能、云计算、区块链等技术手段,才能为"粉丝经济"营造良好的外部环境。

当前,随着粉丝素养不断提升,技术支撑日渐完善,"粉丝经济"

正在步入发展快轨,有望保持高速增长的活力。呵护好、规范好这一新生事物,让"粉丝经济"带动消费升级、行业变革和市场发育,就能更好满足人们对美好生活的向往与期待,为经济发展注入充足动力。

(2019年12月02日)

理性看待"明星人设"

——粉丝群体如何贡献正向价值

魏 薇

再精心打造的"人设",也不过是一种刻意呈现出来的形象,本质上是一种营销行为

点开网络短视频平台,会发现不少明星网红账号有着鲜明的个人特色。他们大多主打妆容颜值、唱歌跳舞、搞笑幽默等特点,每推出一个短视频作品,都严格符合账号调性,也就是常说的"符合人设"。而特定的"人设"也吸引着特定的粉丝群体,成为移动互联网时代的粉丝文化现象。

所谓"人设",即人物设定,简单来讲就是在内容平台提前设定并演绎出一个相对完整的人物,如高颜值形象、"学霸"、"女神"等等,他们相信精准人设能够精准吸粉,围绕"人设"策划推出短视频、图片等各类作品。若想在相关平台获得受众,必须提前选择好"赛道",并在"人设"限定下持续推出精准匹配调性的作品,这既由平台算法决定,也是基于粉丝喜好的设计。

在一些互联网内容平台,利用"人设"打造明星网红、吸引粉丝并进行流量变现,已形成一整套成熟的商业模式。在"双11"等重要消费节点,有着讨喜"人设"的明星网红,动辄"带货"上千万元,这既证明了粉丝经济的巨大潜力,也说明"人设"作为一种商业模式的成功。

甚至有人说，要想在短视频、社交网站走红，就必须预先设计好"人设"。

然而，健康的粉丝经济应当兼顾经济利益和社会效益，正确的商业逻辑也需要与正确的价值导向相结合。"人设"终究是人为设定，如果名实不副、德不配位，形象则可能"逆转"。近年来明星网红"人设崩塌"的情况并不鲜见，例如某"人设"为"学霸"的男明星学历造假事件、某标榜自己才华多样的明星露馅事件、"网红带货"中重数量轻质量问题等。调查中显示，超过半数粉丝表示追星是为了视其为榜样，向其学习，如果明星网红的"人设"有其名而无其实，则不仅会造成负面的社会影响，更会对粉丝群体形成负面的价值导向。

再精心打造的"人设"，也不过是一种刻意呈现出来的形象，并不一定是真的，本质上是一种营销行为。然而，真正的自我最终是体现在日常的言行举止中，体现在工作与生活的方方面面。如果把人生也当成了一场带着"服化道"的"表演"，演得再好，也总有出戏的时候。粉丝对于明星"人设"的真正期待是，返璞归真、找到自我，不断打磨技艺、沉淀修养，走出一条更为纯粹的演艺道路，将德艺双馨作为自己的职业目标和人生价值。

引导粉丝文化释放更多正能量，网络平台同样责无旁贷。网络平台带有天然的传播属性，这使得移动互联网时代的粉丝经济呈现出传统经济不具备的特点，即更具有社会属性、舆论属性，从一开始就在商业逻辑、经济运转中附带了价值引导的功能。正因此，无论是"人设"还是其他商业模式，都应该在经济效益之外追求社会效益最大化，让粉丝群体成为社会规范的守护者、舆论正能量的弘扬者，让粉丝文化驶入正确的价值航道。

（2019年12月06日）

药价分厘必争，彰显为民情怀

李红梅

> 对老百姓利益的维护是医保谈判人的初心，也是他们使命必达的最大动力

"4.4元的话，4太多，难听，再降4分钱行不行？"近日，一段国家医保准入谈判现场的视频被争相转发。视频中，企业报价从5.62元一路直降5次到4.4元，但谈判专家最终将价格砍到全球最低价4.36元。这种以百姓健康为重、分厘必争的精神令人动容，打动了无数人的心。

今年的这次谈判，可称是这一领域成果丰硕的谈判。近日，国家医保局公布2019年医保药品准入谈判结果，共谈成97个药品，新增药品中有70个谈判成功，价格平均降幅为60.7%。全球知名的突破性创新药、价格高昂的药品，就这样"低调"地来到中国患者身边。据估计，癌症、丙肝、罕见病、糖尿病等患者，个人负担将降至20%以下，个别药品价格甚至只有原来的5%。这样的砍价，将大大改善绝大部分患者的生存质量，挽救无数人的生命，彰显着以人民为中心的发展思想。

医保谈判非常艰难，简单地说，就是如何用有限的钱买到质优价低的药品。国家医保谈判团队从一开始就预设了比全球最低价更低的目标。这个预判来自于两方面的自信。一方面，随着城乡医保整合、"三保"统一管理的国家医保局成立，医保的战略购买力和谈判话语权大大增强。

另一方面，国家医保谈判制度科学、透明、公正，医学、药学、药物经济学、基金测算、谈判等各领域顶级专家深度参与，采用各领域先进方法，收集药品临床数据，评估临床价值，进行药物经济学和基金测算，参考其他发达国家、亚洲国家和境外地区的价格，测算高价创新药费用对未来医保基金的影响，种种举措都做足了，才能合理评估、胜券在握。

中国的医保谈判还有扎实的实战经验支撑。国家医保局自2018年5月挂牌以来，一共与药企进行了三次重大谈判。第一次是对抗癌药进行医保准入专项谈判，最终17种药品谈判成功，平均降幅达56.7%。第二次是为11个试点城市进行国家组织的集中带量采购谈判，与试点城市2017年同种药品最低采购价相比，中选的25个药品价格平均降幅52%，最高降幅96%，该试点在今年9月已扩围到全国。第三次谈判就是今年这一次，在比价磋商的基础上，引入了竞争性谈判、价格保密的方式，质优、价低的品种脱颖而出，150个药品共谈成97个，价格实现大幅下降。

最为关键的，是责任和使命。"药品砍价是一分一分地砍，对全国来说，每一分钱（累积起来）可能就是几十万元甚至几百万元""入围谈判的药品，都是老百姓急需的救命救急的好药""药品纳入医保目录仅仅是医疗保障的第一步，对患者来说怎么尽快用上谈判药品才是更加重要的"……在采访中，这样带着温度的话语让人感动。可以说，对老百姓利益的维护是医保谈判人的初心，也是他们使命必达的最大动力。这种责任和使命驱使着谈判人敢于啃硬骨头，面对再高的价格也要迎难而上，一分钱也要咬牙砍下来。

国家医保谈判初步摸索出了适合中国实际的谈判方法，稳扎稳打地实现患者、医保、企业"三赢"。也要看到，像我国这种人口众多的发展中国家，如何平衡人们对高价创新药品的需求与有限医保基金之间的矛盾，是一个现实而紧迫的话题，这意味着探索不容止步。但只要继续发挥制度优势，永葆为人民谋幸福的初心，相信未来百姓用药负担会越来越轻。

（2019年12月05日）

以诚信建设守护网络家园

李洪兴

> 互联网既不是法外之地,也不是失信之所,只有让网络空间充满信任、积极健康,才能使正能量充沛、主旋律高昂
>
> 互联网越是向前发展,"双刃剑"效应越是引人注目,就越需要扬长避短、兴利除害

发布 2019 年度中国网络诚信十大新闻,举行"平台经济领域信用建设合作机制"启动仪式,发布《西安倡议》,签署《共同抵制网络谣言承诺书》……近日,2019 中国网络诚信大会在陕西西安举行,来自主管部门、互联网企业、中央媒体等各个单位的 500 余名嘉宾围绕加强网络诚信建设进行交流探讨。

人无信不立,业无信不兴,国无信不强。诚信作为社会主义核心价值观的重要内容,不仅是中华优秀传统文化的道德精髓,是现代社会运转的重要基石,更应成为网络空间的基本共识。互联网是人类的共同家园,畅游网络世界的前提就是确保网络空间清朗,这离不开以诚信建设守护网络家园。同时,随着互联网越来越深地嵌入到经济社会发展各个方面,网络诚信建设也将提升整个社会的诚信水平。此次网络诚信大会以"网聚诚信力量 共创信用中国"为主题,努力营造人人建言献策、人

人参与网络诚信建设的良好氛围,有助于打通人与人之间,个人与政府、媒体、企业之间的"诚信最后一公里",营造诚实守信的网络空间环境,助力国家治理体系和治理能力现代化。

习近平总书记强调:"网络空间是亿万民众共同的精神家园。网络空间天朗气清、生态良好,符合人民利益。网络空间乌烟瘴气、生态恶化,不符合人民利益。"诚信犹如空气和水,"受益而不觉,失之则难存"。谁都不愿生活在一个充斥着虚假、诈骗、攻击、谩骂的空间。互联网既不是法外之地,也不是失信之所,只有让网络空间充满信任、积极健康,才能使正能量充沛、主旋律高昂。

互联网越是向前发展,"双刃剑"效应越是引人注目,就越需要扬长避短、兴利除害,把互联网的正向效应发挥到最大。就诚信建设而言,网络带来了信息传递的便捷性、即时性和互动性,但同时虚拟空间的匿名性和隐蔽性,也容易产生"负外部性",为失信行为提供了客观上的可乘之机。比如,一些网络媒体、公众号、客户端不惜通过哗众取宠、传播谣言吸引流量,一些电商通过售卖假冒伪劣追求利益,一些数据技术公司甚至通过倒卖个人信息牟取私利……这些问题都说明,无论在技术、利益还是机制层面,擦亮互联网的诚信底色,让守信者处处受益、让失信者寸步难行,才能用良好的诚信环境护佑互联网健康发展。

如果网络空间失去信任,那么每个接入网络的个体都将是受害者;网络空间信任度高,每个人都能从中受益,也会降低经济社会运行的交易成本。正因此,加强网络诚信建设,也需要坚持共建共享的原则,让政府部门、网络媒体、社交平台和广大网民形成强大合力。从政府部门来看,应该坚持依法治网,用法治划定诚信的红线;从网络平台来说,应该承担起企业社会责任,兼顾经济效益和社会效益,尤其是在大数据时代,平台型企业如同数据蓄水池,更应成为加强诚信自律的表率;从个体来说,当每个人都能坚持依法上网、诚信上网,虚假信息就会失去土壤,网络诚信建设就会拥有强大的内生动力。

凡益之道,与时偕行。从中国发出的第一封电子邮件曾这样写道,

"越过长城,走向世界"。如今,中国从网络大国迈向网络强国,人人都是受益者,人人也应该成为贡献者。以诚信为帆,以实干为桨,就一定能让网络之舟行稳致远,更好地造福人民。

(2019 年 12 月 04 日)

遵循规律，让中医药根深叶茂

——促进中医药传承创新发展①

王君平

一株小草改变世界，一枚银针联通中西，一缕药香穿越古今……中医药学包含着中华民族几千年的健康养生理念及其实践经验，是中华文明的瑰宝，凝聚着中国人民和中华民族的博大智慧。

习近平总书记指出，"要遵循中医药发展规律"。近百年来，随着西风东渐，西医成为主流医学，中医药呈边缘化趋势。事实证明，中医药一旦背离了自身发展规律，中医西化，特色弱化，必将丧失自我。因此，无论看待中医、研究中医，还是运用中医、推广中医，必须遵循中医药自身发展规律。过去如此，现在如此，将来也是如此。

遵循中医药发展规律，必须保持中医药的本色。道法自然、天人合一、阴阳平衡、调和致中、辨证论治等中医基本理论，蕴含中华民族的文化基因，是中华民族智慧的结晶。在几千年的发展进程中，中医药形成了独特的宇宙观、生命观、健康观、疾病观、防治观。这些理论是长期积淀形成的，是中医药生存发展的根基。眼下，不少中医秘方、验方和诊疗技术面临失传的风险。我们应该把藏在古籍、散在民间、融入生活的中医药技术充分发掘出来，整理收集保护起来，更好地传承下来，为人类健康造福。

遵循中医药发展规律，必须改革中医药管理体制。中医和西医虽有共通之处，但诊治思维不同、防治手段各异，在管理上必然有所区别。

我们应把遵循中医药发展规律作为政策制定的出发点和落脚点，坚持有利于发挥中医药的特色优势、有利于提升中医药疗效、有利于满足人民群众需求的原则，建立符合中医药特点的管理体制。如果简单套用西医管理模式，很可能会事与愿违，阻碍中医药的发展。因此，我们要突出中医药的系统性和整体性，把中医药特色优势用制度、标准、规范固定下来，把中医药的根脉保存好。

遵循中医药发展规律，并不意味着自我封闭，更不是墨守成规。中医药发展需要兼容并蓄，借鉴吸收现代科技成果。但是，如果离开中医药的主体地位，丢掉中医药原创思维，哪怕融合再多的高科技，也是徒具其表。我们既要遵循自身发展规律，更要借助现代科技手段，推动中医药创造性转化、创新性发展。

中医药发祥于中华大地，植根于中华文化。中医既是古代的，也是现代的，更是未来的。只有遵循中医药发展规律，立足根基，挖掘精华，保持特色，中医药才能根深叶茂，岐黄之术方可生生不息。让中医药永远姓"中"，是中国人义不容辞的责任和使命。

（2019 年 11 月 28 日）

守正创新，为中医药注入源头活水

——促进中医药传承创新发展②

白剑峰

"传承精华，守正创新"，这是习近平总书记对中医药工作作出的重要指示。正确处理传承与创新的辩证关系，关系到中医药的前途和命运。

当前，中医药面临着传承不足、创新不够的局面，严重制约着中医药的发展。传承是为了保根，没有传承就不能正本清源；创新是为了提升，没有创新就不能与时俱进。惟有秉持"传承不泥古，创新不离宗"的原则，在传承中创新，在创新中传承，才能推动中医药高质量发展。

传承精华，就是要让中医药发展源远流长。传承是中医药发展的根基，离开传承谈创新，就是无源之水、无本之木。中医药的精华，沉淀在汗牛充栋的中医古籍中，流传在历代中医大家的临床实践中，散落在疗效显著的民间奇方中，这是中医药学深厚的根基，也是中医药事业发展的命脉。传承不足，让多种中医技艺面临失传，让中医医道艰难延续。深入挖掘中医药宝库中的精华，必须培养大批中医"专才"，这样才能使"国宝"代代相传。院校教育是中医药人才的主阵地。当前，院校教育不同程度地存在中医教育西化、中医思维薄弱、中医技能缺失等问题。师带徒，出名医，中医独具特色的技艺需要活态传承。中医临床功夫、中药炮制工艺，主要靠师徒一代一代口传心授。师承教育能为"草根"中医打开一扇门，让岐黄之术薪火相传。我们应将以"个性化"为特征的师承教育与以"标准化"为特征的院校教育相结合，将传统教育的精粹融入现代教育体系之中,构建适应新时代的中医教育体系,为中医药发展打下最坚实的人才之基。

守正创新,就是要让中医药发展清流激荡。只传承,不创新,捧着金饭碗也只会越吃越穷。让中医药老树发新芽,唯一的出路就是创新。中医药的发展史,就是一部创新史。从《黄帝内经》奠定中医理论体系,到明清时期瘟病学的产生,再到现代青蒿素的诞生……创新,始终是推动中医药发展的根本动力。随着人类疾病谱的变化,中医药需要源源不断地注入创新的"源头活水",在更多领域取得新突破。当前,大数据、人工智能等先进技术为中医药研究突破提供了有力支撑,多学科、跨行业合作为加快中医药现代化发展带来广阔空间。我们不能因为创新而忘记"守正",也不能因为"守正"而不去创新,必须把"守正"与"创新"有机结合起来。

没有传承,创新就失去根基;没有创新,传承就失去未来。传承精华,守正创新,必将让中医药获得无限生机,为健康中国建设提供新动力!

(2019年11月29日)

中西医并重,让古老瑰宝重焕光彩

——促进中医药传承创新发展③

王君平

> 中医重整体,善用"坚盾",更关注"病的人";西医重局部,善用"利矛",更关注"人的病"
>
> 中医西医各有所长,各有侧重,没有必要分高低、论长短
>
> 全面落实中西医并重的方针,关键是坚定文化自信,用开放包容的心态促进传统医学和现代医学更好融合

"坚持中西医并重,推动中医药和西医药相互补充、协调发展。"习近平总书记对中医药工作作出的重要指示,深刻阐述了中国特色卫生健康模式,为做好新时代中医药工作指明方向。

坚持中西医并重,需要中西医"一碗水端平"。近百年来,"中医太落后""中医不科学"等质疑之声不绝于耳。中医与西医治疗理念不同,分属不同的医学体系。中医重整体,善用"坚盾",更关注"病的人";西医重局部,善用"利矛",更关注"人的病"。其实,中医西医各有所长,各有侧重,没有必要分高低、论长短。二者不是对手,而是战友,其共同的敌人是疾病。治疗某种疾病,因人而宜,一种医疗手段也好,两种医疗手段也好,一切以病人受益最大化为原则。无论中医西医,都不能包治百病。特别是在治疗疑难疾病上,"单打独斗"很难取得令人满意的效果。人类健康的星空,需要中西医联手点亮。

坚持中西医并重，需要中西医协调发展。中医与西医相互借鉴，成为中国特色医药卫生与健康事业的重要特征和显著优势。当前，中医无论是执业医生数量，还是医疗机构数量，都无法与西医相提并论，医疗服务的天平在向西医倾斜。"冰冻三尺，非一日之寒"，中西医的差距不是一天造成的，也不是一天就能拉平的。应加大对中医的扶持力度，重点落实对中医事业的投入政策，建立持续稳定的中医发展多元投入机制，完善中医药价格和医保政策，构建覆盖全民和全生命周期的中医药服务体系，实现中医西医"齐步走"。

坚持中西医并重，需要改变"中医西管"的局面。中医药法规定："国家大力发展中医药事业，实行中西医并重的方针，建立符合中医药特点的管理制度，充分发挥中医药在我国医药卫生事业中的作用。"然而，一些地方中医服务体系不够完善，基层服务能力相对薄弱；一些部门简单套用西医药标准评价中医药，中医机构发展缓慢……凡此种种，皆因管理体制机制不完善不健全，特别是中医药管理机构管理职能薄弱。实现中西医并重，需要制定体现中医药自身特点的政策和法规体系，实现分类管理、分业运营。同时，加强国家中医药综合改革试验区建设。综合改革强调的不是一招一式，而是系统性、集成式改革，以"一马当先"带动"万马奔腾"，以一域服务全局，形成更多可复制、可推广的经验和制度。

全面落实中西医并重的方针，关键是坚定文化自信，用开放包容的心态促进传统医学和现代医学更好融合，把发展中医药摆在更加突出的位置，打造中国特色医药卫生与健康事业，让中医药这块古老的瑰宝重焕光彩。

（2019年12月02日）

发挥优势,为健康中国贡献力量

——促进中医药传承创新发展④

白剑峰

习近平总书记指出:"充分发挥中医药防病治病的独特优势和作用,为建设健康中国、实现中华民族伟大复兴的中国梦贡献力量。"站在新的历史起点上,如何彰显中医药的独特优势和作用,这是必须回答的发展之问。

中医药的独特优势和作用,体现在未病先防的理念上。健康是生活美好的重要基础,也是改善民生的重要内容。然而,我国现有医疗服务供给不平衡不充分,难以满足人民日益增长的健康需求。实施健康中国战略,让人人享有健康,离不开中医药。"治未病"是中医的优势和特色。中医药学是整体医学,融预防保健、疾病治疗和康复养生为一体,完全契合健康中国行动的理念。中医提倡预防为主,能够为百姓提供覆盖全生命周期的健康服务,满足全方位、多层次、多样化的健康需求。发挥中医药的独特优势和作用,就是要让中医药进入健康中国的主战场,无论是临床实践,还是公共卫生,都应有中医药的身影。突破体制障碍,打通观念梗阻,中医药必将大有作为。

中医药的独特优势和作用,体现在绿色天然的药材上。俗话说:"药对方,一碗汤。"若药不灵,纵然切脉准、方子好,中医药的疗效也会大打折扣。同仁堂有一副对联:"炮制虽繁必不敢省人工,品味虽贵必不敢减物力。"当前,我国中药材质量总体上是好的,但也存在良莠不齐的现象。药材好,药才好。发挥中医药的独特优势和作用,就是要从源头抓起,全过程保障中药质量。中药材具有农产品和药品的双重属性。种植是中药产业的"第一车间",推进规模化、规范化种植,是中药产业转型升级的必由之路。既要建立来源可查、去向可追、责任可究的监管制度,更要健全中药饮片标准体系,制定中药饮片炮制规范,让道地药材更道地,确保人民群众用药安全。

中医药独特优势和作用,体现在疗效确切的经典配方上。中医在几千年的发展中积累了大量临床经验。我国历史上有文字记载的经典方剂浩如烟海,疗效确切,安全可靠,但大多数方子还在古籍中沉睡。发挥中医药独特优势和作用,就是要加快推进中医药现代化、产业化。中医药是我国具有原创优势的科技资源,是提升我国原始创新能力的宝库之一。但中医药宝库不是拿来就能用的,必须与现代科技相结合。当年屠呦呦面临研究困境时,重新温习中医古籍,传统的中医药给了她创新的灵感。青蒿与青蒿素只有一字之差,却是破茧成蝶之变。坚持以创新驱动为核心,既要善于从古代经典医籍中寻找创新灵感,也要善于利用先进科学技术提高创新能力,二者相结合才能产出原创性成果。

中国医药学是一个伟大宝库。我们应挖掘中医药宝库中蕴含的精华,努力实现其创造性转化、创新性发展,使之与现代健康理念相融相通,为健康中国贡献力量!

（2019 年 12 月 03 日）

走向世界，让"中国处方"造福人类

——促进中医药传承创新发展⑤

王君平

走向世界，凭的是实力，靠的是疗效。惟其如此，中医药才能行稳致远

中医药走向世界，必须立足解决人类健康难题

中医药发展迎来天时地利人和的大好时机。我们不能"孤芳自赏"，而要"美美与共"

一株小草，改变世界。青蒿素是中医药送给世界的礼物，也是中医药为人类健康作出的贡献。

习近平总书记指出，"推动中医药走向世界"。这一要求对于弘扬中华优秀传统文化、增强民族自信和文化自信、促进文明互鉴和民心相通、推动构建人类命运共同体具有重要意义。

中医药走向世界，必须增强国际话语权。作为最能体现中国文化的代表性元素，中医药只有成为国际"通用语言"，才能更好地走向世界。目前，中医药传播到世界上183个国家和地区，但在不少地方，中药不能以药品的身份进口，只能以保健品食品的名义销售。可以说，走向世界，面临的不只是文化的差异，还有难以逾越的标准壁垒。但是，如果中医药不去拥抱世界，不去迎接国际化的挑战，不仅会丧失广阔的市场，甚至会丧失国际评审、行业标准制订的参与权、话语权。因此，中医药

必须主动出击,迎接挑战,参与国际标准制订,这样才能掌握主动权。走向世界,凭的是实力,靠的是疗效。惟其如此,中医药才能行稳致远。

中医药走向世界,必须立足解决人类健康难题。中医药独特的整体观、辩证观、系统观等,是中华民族在数千年治病防病实践中积累的宝贵经验。中医药走出去,不是为了炫耀,而是为了解决人类面临的共同健康难题。中医药不仅是中国的,更是世界的。只有为更多人解除病痛,才能更好地彰显"中国智慧",赢得世界各国人民的信赖。世界卫生组织将起源于中医药的传统医学纳入国际疾病分类,标志着国际公共卫生系统对中医药等传统医学价值的认可,此举对中医药发展具有里程碑意义。目前,中医药正快步融入国际医药体系,在全球卫生治理中扮演着日益重要的角色。

中医药走向世界,必须做好民心相通的大文章。中医药学是打开中华文明宝库的钥匙,是中华优秀传统文化的重要载体,有利于促进文明互鉴,为加强各国人民心灵沟通、增进传统友好搭起一座新的桥梁。近年来,通过共建"一带一路",我国在许多国家和地区建立了中医药海外中心,成为讲好中医药故事、展示中医药魅力的窗口。中医药走向世界,必将促进中华文明的传播和世界文明的交流,让不同的文明交流融合,共同发展。

当前,中医药发展迎来天时地利人和的大好时机。我们不能"孤芳自赏",而要"美美与共"。让我们共同擦亮中医药这张亮丽的中华文化名片,让"中国处方"为人类健康作出更大的贡献。

(2019 年 12 月 04 日)

网络职业打假，别越界

智春丽

市场经济是法治经济，打假维权也须依法进行，一旦越过边界，任何违法行为都将受到法律惩处

用"吃货"表示申请退款不退货，用"上车"表示跟着别人一起去打假，用"买票"表示给带领打假者好处费……据报道，网络职业打假已经形成了灰色产业链，一些职业打假人以牟利为目的、知假买假索取赔偿，还招收学徒传授经验。

职业打假，并非新鲜事物。上世纪90年代，王海知假买假获得加倍赔偿，就曾引发热议。近年来，随着电子商务迅猛发展，职业打假的主阵地也悄然转移，将矛头指向数量众多的网店，而且打假范围也有了拓展：既包括店铺出售假货、价格欺诈等明显过错，也包括商品标签不规范、使用禁用广告词等方面。现实中，某出版社因图书推广语含"最"字被职业打假人举报为虚假宣传，还有网店因促销结束瞬间未能及时将图片价格修改过来而被职业打假者截图举报为价格欺诈。

知假买假行为具有复杂性，因而职业打假一直都存在争议。不可否认，职业打假客观上的确起到了积极作用，一定程度上打击了假冒伪劣产品并净化了市场环境，被称为市场"啄木鸟"。随着互联网电商平台的兴起，网购投诉也与日俱增。统计显示，2018年全国市场监管部门共受

理网络购物投诉高达168.2万件，同比增长126.2%，投诉问题主要为虚假广告、假冒伪劣、质量不合格等。职业打假者熟知消费者权益保护法、广告法、电商法等法规，维权效率高，在一定程度上有益于推动消费者维权。

不过，历经多年发展，职业打假的负面效应也逐步显现。职业打假的主观出发点是牟利，这就注定了打假方式存在局限性。有的人在打假对象的选择上，只会找有利可图的"买卖"，通常拣软柿子捏，故意找新手店铺漏洞，发现问题要求私了。有的打假者缺乏自律，从知假买假演变为做假造假，甚至进行敲诈勒索，比如，用药水将商品生产日期抹去、用针扎孔将头发塞到面包里。凡此种种，不仅消解了打假的正面效果，更扰乱了正常的市场秩序。

网络职业打假，其产生源于市场交易过程中商家的不当行为，也将随着相关法律制度的完善和市场监管的规范而逐步退出。维护消费者权益，完善制度是根本路径。近年来，从新修改消费者权益保护法、新修订广告法到正式实施电商法，从监管部门严格执法到畅通消费者维权渠道，维护消费者权益的制度之网越织越密。遭遇欺诈退一赔三、问题产品由商家举证、严禁虚假宣传等具体规定，也都直击现实问题，推动商家守法经营，不断改善消费者购物体验。随着社会进步、制度完善，职业打假的空间必然会逐步缩减。

如今，针对职业打假滥用某些条款索赔的现象，纠偏机制也在逐步形成。对网络职业打假人来说，其获利空间必将受到进一步限制，其获利难度也将相应增加。从近年来的案例来看，职业打假人身份是否受消费者权益保护法的保护、是否可以获得惩罚性赔偿，法院可根据具体情况做出认定。事实上，某些职业打假人因涉嫌敲诈勒索被商家举报，最终"剧情反转"，得不偿失。

市场经济是法治经济。对职业打假者来说，打假维权也须依法进行，不可抱着侥幸和投机心理。一旦越过边界，任何违法行为都将受到法律惩处。

（2019年12月03日）

以创新精神探索"信用修复"

郑翔瑜

购房申请贷款遇阻,无法乘坐飞机高铁,高消费行为受限制……随着我国社会信用体系建设的不断发展与完善,"一处失信、处处受限"的信用惩戒大格局正在逐步构建起来。相关制度举措,对于弘扬诚信精神、培育信用意识具有重要作用。

信用建设是市场经济的基石,市场经济本质上是信用经济。然而,一旦被认定为失信者,是不是就意味着终身要顶着"失信"的帽子?被列入黑名单后,是不是就等于"一失全无"?事实上,造成失信行为的原因纷繁多样,现实中,对于失信的认定也存在"误伤"情况。对绝大多数失信主体来说,也都期待改善自身形象、消除不良影响,能拥有信用修复的机会。

为顺应社会诉求和完善社会信用体系,建立信用修复机制的探索一直在进行。不久前,国家税务总局发布《关于纳税信用修复有关事项的公告》,明确自 2020 年 1 月 1 日起,纳税人发生未按法定期限办理纳税申报、税款缴纳、资料备案等事项且已补办的,可在规定期限内向主管税务机关申请纳税信用修复。开展纳税信用修复,必将有利于鼓励和引导纳税人增强依法诚信纳税意识,构建以信用为基础的新型税收监管机制。

近年来,我国社会信用体系建设成效显著,推动讲诚信、重诚信、守诚信的社会氛围日益浓厚。但也应看到,在对失信主体的管理上,存在着重进轻出的问题;被列入失信黑名单的多,相关退出机制不够完善。这些,在一定程度上影响着我国社会信用体系建设的整体成效,也容易累积社会矛盾。因此,必须重视建立健全信用修复机制,在加大对失信行为惩戒力度的同时,不断增强信用修复的弹性,使二者相互促进、相得益彰。

作为失信主体的自我纠错机制,信用修复不是给失信主体"断后路",而是"谋出路"。其目的,不在于简单惩戒失信者,而是帮助更多人明确信用的价值与边界,进而推动建设更加诚信、更加公平的社会。其意义,不仅仅是为失信行为"打补丁",也有助于提升政府公信力,优化营商环境,规范市场主体行为。可以说,建立并完善信用修复机制,让信用修复激发更多正能量,不仅仅是为失信者提供纠错的制度化渠道,也将从深层次上推进诚信社会建设,从根本上有利于社会治理。

当然,从整体上看,目前的信用修复机制建设尚处于起步阶段,信用修复在资格审查、过程监督、结果认定等诸多环节,还相对缺乏明确规范和统一标准。加强顶层设计和统筹规划,着力推进法治建设、明确主体责任、统一信用标准、拓宽修复渠道、规范修复流程,让更多人知悉信用修复、善用信用修复,才能激活信用修复机制,与时俱进完善相关制度。

"诚信者,天下之结也"。不断增强社会信用体系的刚性力量,在创新中努力探索信用修复机制,我们就能更好弘扬诚信的价值观念,迎来更加文明和谐的诚信社会。

(2019 年 11 月 27 日)

医疗美容,"医疗"性质当明确

李红梅

爱美之心,人皆有之。随着医学科技高速发展,越来越多的"黑科技"击中了人们的需求:从去皱、祛斑、提拉到割双眼皮、垫高鼻子、削骨整颌,无所不包。今年"双11",医疗美容产品销售额超过去年,从一个侧面反映出大众需求的热度。正是看准了这些旺盛的需求,越来越多的商家开始营销"美丽"。

近年来,医疗美容呈现井喷式发展态势,同时也出现了鱼龙混杂的现象。日前,国家卫生健康委公布了2019年医疗美容违法违规典型案件。梳理这些案件可以看到,有的是未取得《医疗机构执业许可证》擅自执业,有的是未取得执业医师资格,有的是超出诊疗范围,有的是逾期未校验而继续执业。这些典型案件不仅暴露出从业人员依法执业意识淡薄,求美者健康素养不足,也折射出医疗卫生监管机制和方式有待完善。

医疗美容项目本质上是医疗服务,一般需要通过手术去改造"不美的地方",使其符合审美需求,达到整形美容的效果。开展医疗美容项目的机构实质上已经是医疗机构,和医院一样需要具备专业资质。按照医疗机构管理条例,需要由医疗管理部门颁发医疗机构执业许可证,从业人员也需要取得医师资格证,同时要在该机构进行执业登记。并且,医疗美容机构开展的项目只能限定在许可范围内,超出范围的手术项目也属于违规项目。审视一些医疗美容违法违规案例,往往是因为这些机构不具备相应条件，缺乏相关资质技术人员或是设备、技术，因此，难以处理手术中出现的大出血、错操作、抢救等问题，很容易危及生命安全。

然而，仍有一些机构热衷于开展医疗美容项目。在利润驱使下，很多商家抱着侥幸心理违法违规开展项目。一旦出现问题，面临的往往只是罚款，大不了关门，重新注册公司换个地方重操旧业。现实中，一些人对医疗美容的认知也存在偏差，不清楚动刀子、有创口的项目应属于医疗项目。面对医疗美容机构以低价、优惠等幌子招揽顾客，人们或被价格吸引，或经熟人推荐，忽略了对资质的关注，也助长了商家的侥幸心理。

下大力气整治医疗美容乱象，让人们享受到正规、有保障的医疗美容服务，需要多措并举、重典治乱。对于违法违规行为，不仅要重罚，还应建立行业诚信制度，让违法者难以易地重新开张。与此同时，建立长效机制，创新监管办法，定期公布违法违规案例，及时传播有关法规政策和整治成果。让公众多了解医疗美容行业，认清医疗美容和生活美容的区别，做好甄别、防范风险，才能避免因为追求美丽而损害健康。

"美丽经济"不应给人带来伤害。我们应该认识到，再好的医疗美容技术也只能起到改善的作用，健康是比美丽更重要的维度。到正规的医疗美容机构去变美，健康才有保障，美丽才能加分。

（2019年11月26日）

环保精准化 避免"一刀切"

刘 毅

随着北方地区进入取暖季,大气污染防治再次迎来考验。如何科学施策、精准治理,以务实行动打赢蓝天保卫战,事关经济平稳健康运行,也关乎民生福祉。

前不久,河北省在全国率先建立生态环境监管正面清单制度,引发关注。该制度对纳入清单的企业、项目,优先保障其生产经营活动,在重污染天气应急减排期间"不停产、不限产、不检查、不打扰";跻身正面清单的关键,在于能否做到达标排放、自律减排、污染治理水平领先。目前,经过逐一现场核查评估及多部门会商会审,河北共有1640个项目、企业被纳入首批生态环境监管正面清单。

相关制度的建立,是杜绝环保"一刀切"、精准治理大气污染的创新举措。现实中,一些地方或部门平常不作为、不担当,到了中央生态环境保护督察、强化监督、年终考核开展的时候就临时抱佛脚,采取不分青红皂白要求停工停产停业等简单粗暴的做法。少数地方曾经出现的无差别"一刀切",损害了合法合规企业的权益,也折射出存在的形式主义、官僚主义作风。如今,河北等地纷纷制定实施严格禁止环保"一刀切"的政策措施,通过生态环境监管正面清单制度、"一企一策"差异化应急减排等做法,对各类企业分类施策、"扬善惩恶",推动环境管理模式从"底线约束"向"底线约束"与"先进带动"并重转变,有利于更好推进

人民时评

经济高质量发展、打赢蓝天保卫战。

没有落后的产业，只有落后的生产模式。同一行业的不同企业之间，由于重视程度、管理水平、治污能力等方面的差异，污染治理水平和效果可能大不相同。在环境监管中，如果不能有效体现鼓励先进、奖优罚劣、区别对待，就容易导致"违法成本低、守法成本高"。例如，如果在重污染天气应急减排期间，投入巨资安装并正常运行治污设施的先进企业，也必须和落后的散乱污企业一样"一律先停再说"，就会让严格守法者付出高成本，进而影响先进企业的效益和治污积极性。实施生态环境监管正面清单制度等举措，将领跑者和落后者明明白白区分出来，有助于加强生态环境差异化管控，激发企业治污减排的内生动力。

值得注意的是，对先进企业予以政策激励、大力支持，并不意味着对这些领跑者就放松监管。在实践中，应充分利用视频监控、污染源自动监控、无人机飞检等手段，完善非现场监控体系。与此同时，坚持高标准严要求，严格按照规则公开公正地确定"红榜"，并动态调整、定期更新。总之，既要为企业提供优质服务，又不能放松环保"红线"。

党的十九届四中全会明确提出"坚持和完善生态文明制度体系，促进人与自然和谐共生"。近年来，我国持续推进污染防治攻坚战，取得显著成效，但依然任重道远。突出问题导向，坚持一切从实际出发，更加注重精准施策，我们就能以良药治愈沉疴，让蓝天白云越来越多，不断增强群众的获得感、幸福感、安全感。

（2019年11月25日）

让"防沉迷"要求落地见效

何 希

> 引导青少年合理利用互联网，适度使用网络游戏产品，促进他们健康成长，是社会治理的一道重要课题

近年来，部分未成年人沉迷网络游戏的现象引发社会广泛关注，相关部门也一直探索各类措施予以限制。前不久，国家新闻出版署发出《关于防止未成年人沉迷网络游戏的通知》，从严格实名注册、严控游戏时段时长等六方面入手，织密制度防护网，力阻网络游戏沉迷现象蔓延。

网络游戏的兴起，发挥了满足大众休闲娱乐、丰富人们精神文化生活的作用，也成为新兴互联网产业和数字经济的重要部分。相关报告显示，截至今年6月，我国网络游戏用户规模达4.94亿。但与此同时，沉迷网络游戏，也带来了一系列社会问题。2018年，"游戏成瘾"被世界卫生组织正式列入"精神、行为与神经障碍"条目。对于未成年人来说，沉迷网络游戏的危害更为突出，亟待采取有效措施予以应对。

引导青少年合理利用互联网，适度使用网络游戏产品，促进他们健康成长，是社会治理的一道重要课题。早在2017年，相关部门就联合出台了《关于严格规范网络游戏市场管理的意见》，对违法违规行为和不良内容进行整治。但随着网络游戏载体形式和服务方式的不断发展变化，治理手段和理念也需要不断创新。尤其要看到，青少年作为网络"原住

民"，习惯了网络游戏的存在，后者也以自身特有的文化特质影响着当代青少年的认知方式。因此，如何做到管理和疏导相结合，充分发挥网络游戏在互动性、社交性、愉悦性、虚拟现实等方面的优势，同时限制其不利影响，考验着防沉迷工作的有效性。

在以往有益探索和经验的基础上，更加注重对网络游戏产业的精细化治理，是此次《通知》的重要特点。一方面，《通知》着重强调了企业在防止未成年人沉迷网络游戏方面的主体责任，明确要求严格实名注册，严控未成年人使用时段时长，不得为未满8周岁的用户提供游戏付费服务。另一方面，对未成年人用户的网络游戏消费行为并没有一刀切，而是在参考民法总则的基础上，对这一民事行为进行合理区分，作出更加符合实际情况、兼顾家长意愿的规定。此外，据有关负责人介绍，今后还将逐步完善和丰富身份识别系统的功能，对未成年人跨平台使用游戏的总时间进行约束。这些制度设计，彰显了游戏管理方面的创新和智慧。

对网络游戏企业来说，需要保持自律、履行好企业的社会责任。近年来，不少网络游戏企业已经在游戏时间管理、游戏消费管理、实名信息校验等方面作出了有益探索；人民网等发起的"游戏适龄提示"倡议获得30余家企业的积极响应，对行业良性发展进行引导。企业严格落实《通知》中的各项要求，积极履行未成年人保护的社会责任，才能更好守护未成年人的身心健康和未来，也才能为行业长远发展打下基础。对于行业监管者来说，要督促企业严格落实相关规定，用好、用足执法手段，确保网络游戏运行在绿色空间内。

防止未成年人沉迷网络游戏是一项复杂的系统性工程，需要全社会群策群力。相信有关立法和制度建设的不断完善、社会治理和行业发展的精细化，将更好促进网络游戏产业健康发展、向阳而生，帮助青少年健康成长。

（2019年11月22日）

教授上讲台应成常态

赵婀娜

三尺讲台，万千桃李。讲台上下、课堂内外，教师与学生基于知识与思想互动，授业解惑、教学相长，是大学里最美的风景，也是大学育人为本的根本体现。

教育部先后印发《关于加快建设高水平本科教育 全面提高人才培养能力的意见》和《关于一流本科课程建设的实施意见》，明确高等学校要严格执行教授为本科生授课制度，连续三年不承担本科课程的教授、副教授，转出教师系列。把教授上讲台作为教师队伍建设改革的重要内容，目的就是鼓励广大高校教师潜心教学，改变长期以来形成的"重科研、轻教学"的倾向，助力大学回归育人之本。

当前，我国高等教育正处于内涵发展、质量提升、改革攻坚的关键时期和全面提高人才培养能力、建设高等教育强国的关键阶段。牢牢抓住全面提高人才培养能力的核心点，鼓励优秀教师走上讲台、坚守讲台，培养大批有理想、有本领、有担当的高素质专门人才，是形成高水平人才培养体系、加快建设高水平本科教育的重中之重。特别是，部分高校人才培养的中心地位还不够巩固，一些学校领导精力、教师精力、资源投入仍不到位，教育理念仍相对滞后，评价标准和政策导向仍不够聚焦。解决这些问题，已成为我国高等教育改革攻坚、提升人才培养质量的着力点。

人民时评

本科生是高素质专门人才培养的最大群体，本科阶段是学生世界观、人生观、价值观形成的关键阶段，本科教育是提高高等教育质量的最重要基础。办好我国高校，办出世界一流大学，人才培养是本，本科教育是根。去年，新时代全国高等学校本科教育工作会议发布《一流本科教育宣言》，明确提出"高教大计，本科为本"。一年多来，多个文件印发，多项举措出台，力求通过完善学分制等深化教育教学的改革举措，让学生忙起来；通过引导教师潜心育人，让教师强起来；通过严把考试和毕业出口关等教育教学管理举措，让管理严起来；通过完善相关考核与评价机制，让效果实起来，从而全面提升本科教育教学、打造更高水平的人才培养体系。

不授课，何以为师？引导广大教师潜心教学，坚守三尺讲台，需要鼓励广大教师进一步理解与思考教师职业的内涵，对教书育人持敬畏之心与热爱之情；需要改革与完善现行评价体系，健全教师考核评价制度，用制度为教师松绑，让广大教师心无旁骛安心教学；需要重新审视与界定"好老师"的定义，鼓励更多爱教学、勤教学、善教学的教师脱颖而出，让教师在与学生面对面的过程中，承载起传播知识、传播思想、传播真理、塑造灵魂、塑造生命、塑造新人的时代重任。

建设教育强国是中华民族伟大复兴的基础工程。高等教育发展水平是一个国家发展水平和发展潜力的重要标志。期待教授回归讲台成为常态，期待大学校园涌现出更多有理想信念、有道德情操、有扎实学识、有仁爱之心的好老师，用一个个鲜活而有生命力的课堂，夯实人才培养之本，为实现中华民族伟大复兴的中国梦提供强大的人才支撑和智力支持。

（2019年11月21日）

协调联动促进经济平稳健康发展

周人杰

"运行平稳"和"稳步推进"是日前发布的10月份统计数据的两大特征。一方面，经济总体运行平稳，主要指标没有滑出合理区间。比如，服务业生产指数同比增长6.6%，社会消费品零售总额同比增长7.2%，尤其是新增就业提前完成全年目标。另一方面，结构调整稳步推进，出口由同比下降0.7%转为增长2.1%，高技术产业投资和新兴行业利润较快增长。应当讲，经过前一阶段的逆周期调节，"六稳"工作取得了扎实成效，我们对中国经济的底气和信心更加坚定。

同时，对一些指标的回落应高度重视。比如，10月全国规模以上工业增速降至4.7%，而1—9月全国规模以上工业企业实现利润总额同比下降2.1%；1—10月全国固定资产投资增速回落，其中基础设施投资同比增长4.2%，而制造业投资增速仅为2.6%。工业、制造业的回落，外因主要来自全球经济的放缓、贸易摩擦的冲击，内因则较为复杂，既有新旧动能转换的阵痛，也有宏观经济整体波动的影响。结构性与周期性因素交织，有效需求与民间投资不足并存，对此我们务必保持清醒认识，坚决防范风险，做好政策协调联动，顶住经济下行压力。

其中，需要重点关注的是CPI与PPI的波动。CPI同比上涨3.8%，与此同时PPI同比下降1.6%，这一方面表明物价主要由猪肉等食品价格大幅上涨带动，所以在统筹做好基本民生商品保供应的同时，仍要保持流动性的合理充裕，积极为实体经济造血、输血。另一方面，外需下滑、内需放缓的制约瓶颈亟待突破，一要围绕补短板扩大投资，发好、用好地方专项债，不能让"资金等项目"，二要依靠改革发挥好消费的基础性作用，形成有利于需求侧增强居民消费能力的收入分配格局、供给侧有利于满足最终需求的产业体系。

宏观调控有效性的一个重要维度，就是政策间的协调联动。横向看，包括货币政策、财政政策与年度规划的有机配合。纵向看，既有中央与地方各层级关系，也有政府部门与市场主体、行业协会的关系。以振兴实体经济特别是制造业为例，支持战略性新兴产业、加快关键核心技术攻关，不仅涉及各部门政策协同，还要求省、市、县配套落地，也离不开基层治理创造良好环境。随着宏观调控体制机制日益成熟和定型，关键是坚持问题导向、目标导向、结果导向，该督查的督查，该问责的问责，把制度优势转化为治理效能。

促进经济平稳健康发展，关键在于抓落实。比如更大规模的减税降费，有的能源类企业自身承担的税费降了，但产品和服务价格不降，下游企业得不到实惠。顶层调控设计得再好，离开坚定的执行力也会大打折扣，甚至适得其反。只有力戒形式主义，以工作实效为衡量标准，摆主次、抓重点，找差距、抓落实，我们才能最大限度把党中央各项政策落到实处。

发展是解决我国一切问题的基础和关键，发展和解放社会生产力仍然是提升综合国力、提高人民群众生活水平的基础和关键。各级领导干部要增强忧患意识，发扬实干精神，用改革开放的办法破解前进中的难题，努力完成全年经济社会发展目标任务。

（2019年11月20日）

消费新亮点见证中国大市场

王 珂

前几天的"双11",再次折射出中国消费市场的巨大潜力。天猫最终成交额定格在2684亿元,京东累计下单金额超过2044亿元,其他平台的交易量也快速增长。国际媒体也注意到,中国"双11"是全世界最热闹的网上购物节。这为观察中国经济打开了一扇窗口。

消费对经济增长的基础性作用继续巩固,发挥了经济增长稳定器和压舱石的作用。今年前三季度,我国消费市场平稳增长,最终消费支出对经济增长的贡献率达到60.5%。从规模上看,全国实现社会消费品零售总额29.7万亿元,同比增长8.2%。如果把"双11"供需两旺的场面比作奔腾的浪花,那么它反映的正是中国消费市场如大海般的体量。这正是中国经济能够抵御风险、行稳致远的底气所在。

带给人惊喜的,不仅是大屏幕上跳动的交易数据,更是数据背后深层结构的变化。有这样一个有趣的对比:2009年,"双11"最受欢迎的家用电器是电锅煲和电热水壶;到了2017年,人们最喜欢的家用电器变成了净水器和扫地机器人。在家居建材领域,"智能"成为高热度消费新趋势,智能马桶、智能照明产品、全自动智能门锁等产品成交额大幅增长。从满足温饱到追求健康,从传统电器到智能家电,从实物消费到服务消费,消费需求逐步由模仿型、同质化、单一化向差异化、个性化、智能化升级。消费升级呼应着人们对美好生活的需要,更为中国经济高质量发展提供了动力支撑。

数字化转型的新趋势，带来消费的深刻变革。消费行为因为数字化而可以被感知和分析，能够逆向优化生产和供给，从而帮助品牌商、生产商更好地创造新供给。比如，江苏扬州杭集镇，借助消费趋势数据分析开发出的电动牙刷，在没有电商运营团队的情况下成为网红产品；食品企业三只松鼠，用数据供应链连接消费者和供应商，在不直接生产产品的情况下重新定义新零食；传统零售银泰百货，将交易系统、营销系统等全部上"云"，在不增加物理设备的情况下实现商业效率倍增……无论是生产企业、平台企业，还是传统百货、零售企业，数字化转型使得生产、销售和消费不再泾渭分明，而是相互渗透、彼此影响，既能够创造新消费、优化消费体验，又能够降低交易成本、提高供给质量和水平。

数字经济打破了地域的约束和限制，正逐步实现城乡消费者同步的购物体验。随着电商配送半径的延伸，更多三四线城市和乡村的消费者也有机会参与到线上购物促销中来。"双11"期间，海尔、百雀羚、顾家家居等品牌，超过60%的订单来自下沉市场。"渠道下沉、体验上升"，网络的发展、基础设施的完善，正在填平不同地域和城乡之间的信息鸿沟，让下沉市场的消费者能够获得和大城市一样的消费体验。下沉市场的异军突起，更说明消费市场具有广阔的腹地，还有进一步提升的后劲和潜力。

"中国市场这么大，欢迎大家都来看看"。中国有近14亿人口，中等收入群体规模全球最大，市场规模巨大、潜力巨大，前景不可限量。中国巨大的消费潜力，不仅在推动中国经济高质量发展，也在为世界贡献着消费红利。

（2019年11月19日）

减税降费为高质量发展添动力

吴秋余

翻开前三季度减税降费"成绩单",有组数据令人关注:前三季度,45%的制造业纳税人将减税降费红利用于增加研发投入;税务部门监测的10万户重点税源企业研发费用同比增长19.3%,增幅较2018年全年提高3.4个百分点。这组数据意味着,随着今年更大规模减税降费措施持续落地,减税降费的红利正在源源不断转化为高质量发展新动力。

当前,我国经济正处在转变发展方式、优化经济结构、转换增长动力的攻关期,发展外部环境中的挑战因素明显增多。对于企业来说,越是风险挑战增多时,越要提高质量和效益,依靠自主创新增加收益、抵御风险。既要前行,更要转型,而减税降费则不仅能够推动企业轻装上阵,也能助力企业转型升级。如今,期待中的转型脚步正在加快:前三季度,实体上市公司研发投入4690.38亿元,占营业收入的1.59%,研发强度同比上升超一成;中央企业研发投入同比增长25%,保持两位数增长。这背后,减税降费功不可没。这也说明,减税降费不仅实实在在地从总量上降低了企业税负,同时也使企业有更多资金用于研发和创新,从而为转型升级注入动力。

减税降费红利成为转型动力,首先来自减税降费的精度。为鼓励企业加大研发投入,我国不断提高研发费用加计扣除比例,并于去年将政策享受主体扩大至所有企业。这意味着,企业每投入100元开展研发活动，税前扣除额度从过去的 150 元提高到 175 元，如果按 25% 的企业所得税税率计算，减税金额从 12.5 元增至 18.75 元。对大部分企业来说，减税红利比以前多了一半。如此精准的"加计扣除"，树立了鼓励创新的导向。

减税降费红利成为转型动力，来自减税降费的力度。前三季度，制造业新增减税 4738 亿元，占新增减税总额的 31.36%，行业税负同比下降 1.08 个百分点；民营经济纳税人新增减税 9644 亿元，占新增减税总额的 64%，受益最大。调查显示，92.2% 的纳税人认为减税降费对企业生产经营活动产生了积极影响，提振了市场主体信心。切实为企业降成本，企业在面对风险挑战时才有更大的腾挪空间和转圜余地，才有更多余裕进行转型升级。

减税降费红利成为转型动力，来自减税降费的速度。今年 1 月，个税专项附加扣除政策正式执行，小微企业普惠性减税措施出台；4 月，深化增值税改革落地；5 月，降低社保费率方案正式实施；7 月，降低部分行政事业性收费标准……减税降费快马加鞭，政策"红包"一波接一波。与此同时，另一种形式的提速让企业获得感更为明显：出口退税当天申报当天到账、小微企业享普惠性减税无需审批……政策加速落地，为企业进一步抢出了时间、降低了成本，激发着企业创新创造的热情。

习近平主席在 2019 年新年贺词中强调："减税降费政策措施要落地生根，让企业轻装上阵。"用税费的"减法"换取企业效益的"加法"和市场活力的"乘法"，既是供给侧结构性改革的题中之义，也是推动中国经济高质量发展的重要途径。用政府精打细算的"紧日子"，换取企业转型升级的"好日子"，我们就能为经济高质量发展不断输送新动力。

（2019 年 11 月 18 日）

守护师生"舌尖上的安全"

赵婀娜

引入各方主体力量,构建社会共治的制度,是守护师生"舌尖上的安全"的重中之重

保障食品安全只有进行时、没有完成时,保障食品安全永远在路上

学校食品安全与营养健康事关师生身体健康,关乎亿万家庭幸福。特别是随着供餐形式更加多元,供餐品种日益丰富,学校食品安全引发的社会关注不断增加。有的学校在食堂设施设备配备、布局流程、从业人员管理,以及食品采购、加工制作等环节,不时暴露出一些问题,凸显了校园治理的一些短板。守住校园食品安全底线、守护师生"舌尖上的安全",成为保障师生身体健康、提升现代学校治理水平的重要课题。

食品安全大于天,责任重于泰山。保障学生饭桌安全,需要主管部门、学校负责人、家长乃至整个社会树立责任意识,从民族未来的高度、从社会和谐稳定的角度、从关爱每个孩子的态度,将责任二字始终"置顶"。今年4月1日起,教育部、国家市场监督管理总局、国家卫生健康委员会共同制定的《学校食品安全与营养健康管理规定》施行,明确提出实施学校相关负责人"集中用餐陪餐制度"和"集中用餐岗位责任制度",正是旨在强调"校长(园长)"是校园食品安全的第一责任人,强

化校园食品安全与营养健康管理的相关责任。

守护师生"舌尖上的安全",离不开一套严谨、科学的风险防控体系。学生用餐环节多、链条长,需要学校严格规范食堂加工制作全过程控制。学校食堂管理、食品采购、进货查验、食品贮存、加工制作、餐饮具清洗消毒、食品留样等,每个环节都应有详细规定,每个环节的管理都不能松。只有打造一个贯穿采购、贮存、加工制作、供应全过程的学校食品安全风险防控体系,才能从源头上防范食品安全事故的发生。

引入各方主体力量,构建社会共治的制度,是守护师生"舌尖上的安全"的重中之重。建立家长陪餐制度、集中用餐信息公开制度、积极推进"明厨亮灶"等,都是确保校园食品安全的重要手段。以"明厨亮灶"为例,截至今年10月14日,全国学校食堂"明厨亮灶"数量已达到31.86万户,覆盖率占有食堂学校数的84%,直辖市、省会城市和计划单列市学校食堂"明厨亮灶"数为5.28万户,覆盖率占有食堂学校数的91%。实践证明,只有将食品采购、食品管理、供餐单位等信息真正置于阳光下,才能进一步加强理解,促进家校双方共同推进校园营养健康和食品安全管理工作。

习近平总书记强调,各级党委和政府及有关部门要全面做好食品安全工作,坚持最严谨的标准、最严格的监管、最严厉的处罚、最严肃的问责,增强食品安全监管统一性和专业性,切实提高食品安全监管水平和能力。不久前,教育部在校园食品安全整治工作主题发布会上透露,教育部对营养改善计划出现问题的省份开展督办工作,集中约谈相关省份负责人,督促及时做好校园食品安全整改工作,坚决斩断从孩子"口中夺食"的黑手。相关部门切实履行监管责任,守土有责、守土负责、守土尽责,制度不完善、加工操作过程不规范、清洗消毒不及时等食品安全隐患就会无所遁形,"四个最严"就能落实到校园食品安全工作中。

保障食品安全只有进行时、没有完成时,保障食品安全永远在路上。加强和改进校园食品安全管理工作,一刻也不能松懈。将风险隐患警钟及时"敲起来",把食品安全责任"担起来",使问责追责更加"硬起来",才能让广大师生更安心,让家长和社会更放心。

(2019年11月14日)

传承好中医药文化瑰宝

王君平

中医药是中华文明瑰宝，是 5000 多年文明的结晶，在全民健康中发挥着重要作用。很多患者喜欢看中医，就是因为副作用小，疗效好，中草药价格相对便宜。然而，今天的中医药发展，面临传承与创新的问题。如何把中医药这一祖先留给我们的宝贵财富继承好、发展好、利用好，成为不容回避的时代考题。

回应时代挑战，离不开顶层设计。不久前，关于促进中医药传承创新发展的意见发布，该文件是以中共中央和国务院名义发布的第一个有关中医药方面的文件。全国中医药大会也于近日召开，这次大会是新中国成立以来第一次以国务院名义召开的全国中医药大会。习近平总书记作出重要指示。中医药迎来大好时机，将开启传承创新发展的新征程。

传承创新发展中医药是新时代中国特色社会主义事业的重要内容。习近平总书记强调，"中医药学包含着中华民族几千年的健康养生理念及其实践经验，是中华文明的一个瑰宝，凝聚着中国人民和中华民族的博大智慧。"一株小草改变世界、一枚银针联通中西、一缕药香跨越古今……新中国成立 70 年来，党和政府高度重视中医药工作，特别是党的十八大以来，以习近平同志为核心的党中央把中医药工作摆在更加重要的位置，中医药改革发展取得显著成绩，为增进人民健康作出了重要贡献，也对世界医学文明产生积极影响。

面向未来，中医药需要传承精华，更需要跟上时代的脚步，坚持守正创新。守正才能让国粹传承不走样。试想，如果中医不会把脉，不会开方，不再坚持中医思维，那么中医的传统将无以为继。另一方面，如果道地药材不地道，治病救人的中药都"病"了，中医如何能妙手回春？坚守中医原创思维，纠正离宗的传承，保持道地性，不因炮制之繁而减省人力，推动中药质量提升和产业高质量发展，中医药事业才能薪火相传，生生不息。

当前，一些中医药特色优势不再，原因在于"以西律中"。今天的中医被要求用西医的标准来验证，中药有效性需要按西药的方法来评价。中药西管，逼退了不少灵丹妙药；中医西化，难倒了不少能看好病的民间中医。中医西医分属两种不同的医学，一旦用西医的"鞋子"来衡量中医的"脚"，便会导致"削足适履"；用西医的方法管中医，结果只会是中西医无法"并重"甚至无法"并存"。坚持中西医事业并重，就要真正实现"一碗水端平"，激发中医从业者的热情，培植中医发展的沃土，努力传承中医药宝库中的精华。

守正与创新互为一体，必须坚持在守正中创新，在创新中守正。中医药要想老树发新枝，必须实现创新发展。实际上，中医药的发展史就是一部创新史。从《黄帝内经》奠定中医理论体系，到明清时期瘟病学的产生；从中医典籍中焕发新生的青蒿素，到将传统中药的砷剂与西药结合治疗急性早幼粒细胞白血病……创新，始终是推动中医药发展的根本动力。正确处理好守正和创新的关系，遵循中医药发展规律，才能不断满足人民日益增长的健康需求。

中医药的发展，任重而道远。传承精华，守正创新，我们才能共同擦亮中医文化瑰宝，为健康中国建设助力。

（2019年11月13日）

夯实营商环境的法治之基

魏哲哲

聚焦突出问题，促进平等保护。不久前，国务院公布《优化营商环境条例》，以政府立法为各类市场主体投资兴业提供制度保障，推进市场化法治化国际化营商环境建设。这是我国优化营商环境领域的第一部综合性行政法规，标志着我国优化营商环境制度建设进入新阶段。

最近，世界银行发布《全球营商环境报告2020》，中国营商环境全球排名升至第三十一位。排名提升的背后，是中国坚定不移改善营商环境的努力。近年来，围绕市场主体需求，以深化"放管服"为主要抓手，我国出台了一系列政策文件，推出了很多富有成效的改革举措。各地区、各部门积极探索，积累了很多好的经验做法，营商环境明显改善，市场主体感受到了实实在在的获得感。与此同时，还应看到我国营商环境仍存在一些短板，与国际先进水平相比仍有一定差距，在深化"放管服"改革上还需有更大突破。这提示我们，优化营商环境必须坚持不懈再发力。

习近平总书记深刻指出，"法治是最好的营商环境"。在世界范围内，虽然有的国家制定了一些有关优化营商环境的规划安排、实施计划等，但没有专门的优化营商环境法规。可以说，制定这样一部专门行政法规，是我国的一项创举。《条例》的重要意义在于，把各地区、各部门的实践经验上升到专门行政法规，从制度层面为优化营商环境提供更加有力的保障和支撑，使其进一步系统化、规范化。尤其值得关注的是，《条例》聚焦突出问题，围绕破解营商环境的突出短板和市场主体反映强烈的痛点难点堵点问题，从完善体制机制的层面作出相应规定。

《条例》不仅明确了优化营商环境的原则、方向，同时对压缩企业开办时间、简化企业注销流程、规范涉企收费、解决融资难融资贵等具体问题，都做了针对性的要求。通过立法的方式对市场主体和社会各方面期盼进行及时回应，做到"对守法者无事不扰"，有助于切实提升市场主体的获得感。同时，针对一段时间以来，企业反映强烈的执法"一刀切"问题，《条例》明确行政执法应当依法慎重实施行政强制，减少对市场主体正常生产经营活动的影响，专门规定，不得随意采取要求市场主体普遍停产、停业的措施，以切实保护企业的合法权益，从而有效回应了市场主体的热切期盼。

法律的生命力在于实施。《条例》对提升政务服务能力和水平、规范和创新监管执法等作出明确要求，体现着对治理体系和治理能力现代化的追求。一系列制度设计，要求政府积极主动作为，要求执法者不断提高自身依法履职能力，推动执法规范化，维护公平竞争市场秩序，切实为企业发展和群众办事增便利。此外，加快配套制度的"立改废释"，确保相关法规文件与《条例》保持一致也是重要方面。不断夯实优化营商环境的法治根基，才能为各类市场主体投资兴业营造稳定、公平、透明、可预期的良好环境。

从更深层次来说，以法治方式优化营商环境，《条例》的作用不仅在于制度本身，更在于再一次向全社会释放出清晰信号：国家对于全面有效保护市场主体合法权利、营造良好市场环境的决心坚定不移。这有助于进一步稳定市场主体预期，提振市场主体信心，让企业家安心经营、放心投资、专心创业，促进我国经济持续平稳健康发展。

（2019年11月11日）

让教师更好聚焦主业

李洪兴

百年大计,教育为本;教育大计,教师为本。办好人民满意的教育事业,教师发挥着立教之本、兴教之源的重要作用。一段时间以来,如何切实减轻一些地方存在的教师负担过重的问题,让他们潜心教书、静心育人,引起广泛关注。

不久前,有媒体调查显示,不少基层教师的时间被"抢"走了:有些教师忙于写材料、填表格,无暇顾及教学;有些学校评比检查任务重,教师疲于应对,拖慢了课程进度;还有些地方的教育部门倾向于从基层学校借调人员,造成老师人均工作负担加重……凡此种种,有的与教学相关、过于频繁,有的则与教学毫无关系,导致基层教师时间精力被分散、课堂主业被耽误。对基层和学校来说,亟待让教师把最宝贵的时间精力配置到教书育人的主业上。

办学有规律、学校有主业。今年9月,中央全面深化改革委员会第十次会议上通过了《关于减轻中小学教师负担进一步营造教育教学良好环境的若干意见》,要求"严格清理规范与中小学教育教学无关的事项"。有关部门调研发现,教师负担既来自教育内部也来自教育外部,主要表现在督查检查评比考核工作过频、社会性事务进校园过滥、相关报表填写工作过繁、抽调借用教师过多等方面。因此,为教师减负,首要就是找病因、查病灶,找准"负担清单"才能列出"减负清单"。聚焦教师立德树人、教书育人的主责主业，让教师回到本位，让教育回归本质，广大教师就能安心从教、热心从教，学生也能舒心学习、静心学习。

为基层教师减负，要标本兼治，就要从源头上抓起。目前，一些地方的学校、教师之所以难守主业、难务正业，一个重要原因在于形式主义、官僚主义。一些与教学活动无关或关系不大、额外由教师承担的工作，客观上增加了基层教师的负担。在某种程度上，这些问题是基层其他领域存在的形式主义、官僚主义问题在教育领域的折射。正因如此，中央将2019年作为"基层减负年"，中办专门印发通知着力解决形式主义突出问题、为基层减负。抓住必要的、强化亟须的、减少无谓的、去除无关的，从转变作风、树立正确政绩观做起，把治理机制建在前面、把减负政策落到实处，让形式主义、官僚主义失去生存土壤，基层教师承受的负担才会减下来。

党的十八大以来，以习近平同志为核心的党中央高度重视教育事业和教师队伍建设，推出了一系列务实举措。从提高乡村教师生活待遇，到统一城乡中小学教职工编制标准；从职称（职务）评聘向乡村学校倾斜，到实施乡村教师生活补助政策……面向广大人民教师特别是基层乡村教师的政策红利充分表明，以问题为导向，为教师想办法、做实事，才是为教育发展办好事、谋长远。在全社会营造出尊师重教的社会风尚，必将能更好地让广大教师轻装上阵，把精力放在教书育人上，更好地完成本职工作。

习近平总书记强调，发展教育事业，广大教师责任重大、使命光荣。从"负重前行"到享受教学，教师减负需要全社会协同发力，共同营造良好的教育生态。把负担减下来、把待遇提上去，让广大教师在岗位上有幸福感、事业上有成就感、社会上有荣誉感，才能让教师真正成为让人羡慕的职业，培养一支宏大的师德高尚、业务精湛、结构合理、充满活力的高素质专业化教师队伍。

（2019年11月05日）

区块链，换道超车的突破口

李 拯

> 区块链保证所有信息数字化并实时共享，从而提高协同效率、降低沟通成本，使得离散程度高、管理链条长、涉及环节多的多方主体仍能有效合作

这段时间，"区块链"成为舆论热词。习近平总书记在中央政治局第十八次集体学习时强调，"把区块链作为核心技术自主创新的重要突破口""加快推动区块链技术和产业创新发展"。党中央的前瞻判断，让"区块链"走进大众视野，成为金融资本、实体经济和社会舆论共同关注点。

从网络强国到大数据，从媒体融合到区块链，中央政治局集体学习瞄准技术变革前沿，展现出党中央的方向把握力、前瞻判断力和未来预见力，引领着中国产业变革和经济转型的步伐。中央政治局这次集体学习，专门强调"区块链"，则为区块链的发展和应用打开了想象空间。

什么是区块链？从科技层面来看，区块链涉及数学、密码学、互联网和计算机编程等很多科学技术问题。从应用视角来看，简单来说，区块链是一个分布式的共享账本和数据库，具有去中心化、不可篡改、全程留痕、可以追溯、集体维护、公开透明等特点。这些特点保证了区块链的"诚实"与"透明"，为区块链创造信任奠定基础。而区块链丰富的应用场景，基本上都基于区块链能够解决信息不对称问题，实现多个主

人民时评

体之间的协作信任与一致行动。

区块链如何创造信任与合作机制，深入到具体的应用场景，就能够看得更加清楚。区块链"不可篡改"的特点，为经济社会发展中的"存证"难题提供了解决方案，为实现社会征信提供全新思路；区块链"分布式"的特点，可以打通部门间的"数据壁垒"，实现信息和数据共享；区块链形成"共识机制"，能够解决信息不对称问题，真正实现从"信息互联网"到"信任互联网"的转变；区块链通过"智能合约"，能够实现多个主体之间的协作信任，从而大大拓展了人类相互合作的范围。总体而言，区块链通过创造信任来创造价值，它能保证所有信息数字化并实时共享，从而提高协同效率、降低沟通成本，使得离散程度高、管理链条长、涉及环节多的多方主体仍能有效合作。

区块链"未来已来"，但也要保持理性。区块链技术与加密货币相伴而生，但区块链技术创新不等于炒作虚拟货币，应防止那种利用区块链炒作空气币等行为。同时还要看到，区块链目前尚处于早期发展阶段，在安全、标准、监管等方面都需要进一步发展完善。对于利用区块链存储、传播违法违规信息，运用区块链进行非法交易、洗钱等行为，也应该予以严厉整治。通过包容审慎监管，既包容试错又严禁越界，才能更好推动区块链创新发展。发展区块链大方向没有错，但是要避免一哄而上、重复建设，方能在有序竞争中打开区块链的发展空间。中国在区块链领域拥有良好基础，一些大型互联网公司早有布局，已有20多个省份出台推动区块链产业的政策，人才储备相对充足，应用场景比较丰富，完全有条件在这个新赛道取得领先地位。

从更大视野来看，人类能够发展出现代文明，是因为实现了大规模人群之间的有效合作。市场经济"看不见的手"，也是通过市场机制实现了人类社会的分工协作。在此基础上，区块链技术将极大拓展人类协作的广度和深度。也许，区块链不只是下一代互联网技术，更是下一代合作机制和组织形式。

（2019年11月04日）

高质量立法筑牢治理基石

支振锋

> 高质量立法既是国家治理体系和治理能力现代化的内在要求,也是体现国家治理体系和治理能力现代化的细致功夫

法律是治国之重器,法治是国家治理体系和治理能力的重要依托。日前,全国人大常委会审议多部法律草案和报告。从维护平等、和睦、文明的婚姻家庭关系,到实现未成年人犯罪分级预防;从依法保障档案信息化建设,到建立森林生态效益补偿制度……立法活动更加贴近民生焦点、规定更加精准周密,不断筑牢国家治理的制度基石。

法律是社会问题的综合性解决方案,法律发展反映着时代精神和特征。回顾改革开放以来法治进步与国家治理的关系,一条主线清晰可见,那就是在国家发展和国家治理的各方面和全过程,都更加注重法治固根本、稳预期、利长远的引领保障功能。从改革开放之初,强调"有法可依,有法必依,执法必严,违法必究",到提出全面依法治国、建设社会主义法治国家;从形成有中国特色社会主义法律体系,到建设中国特色社会主义法治体系,我们党对社会主义法治建设规律认识不断深化,开辟了全面依法治国理论和实践的新境界,在法治轨道上坚定推进国家治理体系和治理能力现代化。

"明者因时而变,知者随事而制"。面对社会的飞速发展,人们对立

法的期许更大，社会对立法的要求更高。尤其是随着改革进入攻坚期和深水区，面对的矛盾风险挑战之多前所未有，更要发挥好立法和法治在推进国家治理中的重要作用。"发展要高质量，立法也要高质量。"立法如何以人民为中心，聚焦现实问题，回应人民所急所盼所需？法律如何体察社会脉动，从而更加科学、务实、可行？不同规定之间如何形成制度合力，发生化学反应？对这些问题的回应，成为新时代高质量立法的内在要求。

中国特色社会主义进入新时代，人民群众不仅对物质文化生活提出了更高的要求，而且在民主、法治、公平、正义、安全、环境等方面的要求日益增长。今天，人民群众对立法的期盼，包括好不好、管用不管用、能不能解决实际问题。正因如此，立法也正在往精细化、精准化方向发展，不断提高立法质量，让每一部法律都成为精品。比如，在这次全国人大常委会上，为了更好地维护被收养的未成年人的合法权益，相关法律草案明确规定最有利于被收养人原则；针对近年来社会关注度较高的网络沉迷防治、网络欺凌及侵害的预防和应对等问题，相关法律草案也作出全面规范，力图实现对未成年人的线上线下全方位保护。立法实践表明，高质量立法既是国家治理体系和治理能力现代化的内在要求，也是体现国家治理体系和治理能力现代化的细致功夫。

立良法，谋善治。坚持从我国国情出发，继续加强制度创新，加快建立健全国家治理急需的制度、满足人民日益增长的美好生活需要必备的制度，我们就能不断推进国家治理体系和治理能力现代化，为实现"两个一百年"奋斗目标、实现中华民族伟大复兴的中国梦提供有力保证。

（2019年11月01日）

把稳增长放在更突出位置

周人杰

> 整体上看,中国经济增速没有偏离合理区间,而且动能依旧强劲、总量依旧令人瞩目。着力做好"六稳",关键是把党中央各项决策部署落到实处,坚决按社会主义市场经济规律办事

今年前三季度经济数据出炉后,引发了各界的关注,尤其是第三季度实际GDP同比增长6%,而9月份CPI同比增长3%,这样的数据究竟该如何看待?是不是像某些外媒所说的"严重放缓"?对经济发展中遇到的阶段性问题,又该如何有的放矢应对?在回答这些问题之前,首先应当明确的是看待指标波动的方法论,仍要牢牢坚持马克思主义政治经济学的立场和观点,科学运用习近平新时代中国特色社会主义经济思想做分析、下判断、出对策。

实际GDP自然是最具代表性综合性的经济指标,但数据评价决不能"只见树木、不见森林"。一方面,由实际GDP和CPI的加总构成的名义GDP,仍处于稳中有进的良好势头,从整体维度表明中国经济增速不仅没有偏离合理区间,而且动能依旧强劲、总量依旧令人瞩目。此外,制造业新订单增多,汽车生产和销售降幅收窄,房地产市场因城施策逐步收效,粮食安全形势向好,种种回暖信号也初步构

成了"筑底"态势。这与其他主要经济体对比鲜明,因此国际货币基金组织对中国经济上调了增速的预期。另一方面,对经济全局的观察需要但不该局限于GDP与CPI的短期波动。如论者言,只要就业与收入、生态环境与质量效益稳步提升,增速高一点、低一点都是可以接受的。

先看就业,1097万人的城镇新增就业已基本完成全年目标任务;再看收入,居民人均可支配收入实际增长6.1%,与经济增速基本同步。就业、收入直接联系群众的幸福感,是经济发展的目的,进一步看也是发展的潜力。同时,单位GDP的能耗持续下降,战略性新兴产业和高技术制造业提质增效,服务业用电量同比增长8.7%,铁路货运量同比增长6.1%……综合来看这些表征质量和效益的要素,中国经济并没有"严重放缓"。更何况,总体运行平稳、结构持续优化、民生不断改善,这是在明显增多的困难风险挑战下取得的,实属不易。

同时也要看到,今年以来国内外不确定因素在增加。从外因看,全球正在经历国际金融危机以来"最慢增长",周期性因素、体制性阻碍、逆全球化思潮、地缘政治困境等交织,短期难见复苏曙光。从内部看,财政政策的加力提效、货币政策的松紧适度面临不同程度、不同形式的"两难"压力。比如,更大规模减税降费为企业减负,对地方财政收入也形成一定压力;地方专项债规模在拓展、进度在提速,要避免安排使用不当等问题。又如,CPI连续上行,但PPI连续下行,信贷投放既要避免大水漫灌,又要适度开闸、"放水养鱼",满足实体企业的迫切需要。再如,部分外向型民营企业负担较重,实体经济的投资增速受到抑制,信贷资金有"空转"现象,动能转换中的新业态存在成长困惑,等等。这些复杂情况都考验着各级治理者在合规条件下的治理能力。

面对挑战,我们要坚持把思想和行动统一到党中央的各项决策部署上来,增强忧患意识、沉稳应对压力,着力做好"六稳"工作,把稳增长放在更加突出的位置。所谓宏观调控的"逆周期调节",难就难在相机抉择、平衡施策、精准发力。抓住"稳增长"目标完善调控力、度、效,扩大有效投资补上基础设施短板,用市场化办法降低实际利率,助力中

小企业脱困，深化"放管服"改革、优化营商环境，推进全方位高水平对外开放，我们一定能练好内功、渡过难关，夯实发展的微观基础，以更高质量的调控赢得更高质量的发展。

（2019年10月31日）

推动企业更好满足大众用药需求

李红梅

　　加快生产高质量仿制药，推动仿制药替代原研药，是推进医疗改革的题中之义，也是提升群众健康获得感的重要途径

　　在政策"稳"保障、市场"强"引导之下，高质量仿制药将以质优价廉的优势满足人们基本用药需求

前不久，国家卫健委等5部门发布第一批鼓励仿制药品目录，包含了肿瘤、罕见病等33种治疗用药，均为国内较短缺的药品，鼓励企业仿制并进入临床使用。

33种药品，包括国内专利到期和专利即将到期尚没有提出注册申请，或是临床供应短缺以及企业主动申报的药品。该目录的出台，一方面是引导企业生产，解决药品短缺问题，另一方面是要让那些价格更实惠却又拥有同等疗效的仿制药替代原研药，来到百姓身边，人人都能买得起、用得上，从而提高药物可及性，保障居民健康权益。

鼓励和支持的措施是非常实在的，2018年4月国务院办公厅印发的《关于改革完善仿制药供应保障及使用政策的意见》明确，对仿制药品的研发、生产、流通、使用等各个环节给予支持和保障。鼓励仿制药和新药研发是一国药物政策的两个方面，鼓励仿制药替代不仅不妨碍新药研发创新，而且让一个国家在提高制药行业竞争能力、促进国家创新发展

的同时,也能大量供应临床必需、疗效确切的高质价廉的仿制药,从而降低用药负担,满足大众用药需求。

政府的鼓励政策,将推动改变我国长期以来缺乏高质量仿制药的现状。我国是制药业大国,但不是强国。大部分药品为仿制药,总体质量不高,大量药品靠拼价格、拼渠道获得市场,"小、散、乱、差"是行业现状,同质化、恶性化竞争激烈。高质量药品市场主要由原研药占领,这些原研药大多为国外药企生产,质量好且国内几乎没有同类仿制药,即使过了专利期,价格一直居高不下。在业界,常常有专利期药物过了专利期后价格迅速大幅下跌的现象,被称为"专利悬崖",这与当地同类仿制药"紧追不舍"密不可分。相比之下,我国制药企业总体研发能力较弱,技术、工艺较落后,研发仿制能力跟不上,难以与原研药同台竞争。数据显示,2012年—2016年,全球共有631个原研药专利到期,国内仿制跟进的速度还很慢,许多专利到期药,没有企业提出仿制注册申请。

仿制药质量不高,影响人们的用药需求,以致很多人养成了只认进口药的习惯,不仅造成资源浪费,医保为此多花了很多钱,还影响了医疗公平性和可及性,很多患者因买不起高价原研药而影响治疗。正因此,加快生产高质量仿制药,推动仿制药替代原研药,是推进医疗改革的题中之义,也是提升群众健康获得感的重要途径。事实上,仿制药研发和生产的步伐在不断加快。2016年,国家开始支持仿制药开展质量和疗效一致性评价,以保障仿制药高质量水平;国家组织药品集中采购"4+7"试点推广以来,只有通过一致性评价的仿制药才有资格竞价,并首次出现了原研药"专利悬崖"现象,一些独家创新药和独家仿制药在两次试点中选。可以预见,在政策"稳"保障、市场"强"引导之下,高质量仿制药将得到快速发展,以质优价廉的优势满足人们基本用药需求。

随着高质量仿制药逐渐增多,相信会有更多人深化对药品的认识:并不是只有进口药才是好药,通过一致性评价的仿制药价格较低廉,但其质量和疗效与进口原研药不相上下,值得信赖和使用。老百姓的信赖,将筑牢高质量仿制药发展的基础,推动企业更好满足大众用药需求。

(2019年10月29日)

以全球视野拓宽创新之路

喻思南

发布 2019 年度人类社会发展十大科学问题；呼吁汇聚各国智力资源，应对健康、环境等共同挑战；开放深度学习开源平台，期待与全球广大开发者携手推动人工智能应用……不久前在北京召开的首届世界科技与发展论坛上，一项项务实倡议、一场场思想碰撞，启示人们更好顺应科技发展大势，以全球视野谋划和推动科技创新。

"希望论坛促进各国科学家、教育家、企业家携手合作，凝聚共识，交流思想，深化合作，为推动构建人类命运共同体贡献智慧和力量。"习近平主席致本届论坛的贺信，道出了全球 400 多位与会专家的心声——加强国际交流，整合全球创新资源推动创新。当今世界，科技合作日益紧密，形成了难以分割的创新链条。拍出一张来自 5500 万光年外的黑洞照片，需要调动全球 8 台射电望远镜；支撑一个底层软件的顺畅运行，可能是十几个国家程序员不断完善的几千万行代码；一部智能手机，凝结了芯片、摄像头、高端机床、模具制造等各种精细工艺，汇聚了从实验室到车间的无数智慧。一些基础性、长周期、分工复杂的创新或产业，单凭一个国家的力量已远远不够。

改革开放以来特别是党的十八大以来，我国取得了一系列令世人瞩目的科技成果，成为具有重要影响力的科技大国，唱响了自主创新的主旋律。与此同时，前进的道路上我们依然离不开和世界各国的科技交流合作。高铁飞驰、核电出海、大飞机腾空，每一步都是站在前人基础上，以世界眼光、国际水准完成的跨越。如今，在500米口径球面射电望远镜、全超导托卡马克核聚变实验装置等重大科研基础设施平台，不时能看到国际同行忙碌的身影；在华为公司的8万多名研发人员中，有俄罗斯数学家、日本的工程师、法国的设计师、非洲的技术人员，他们与中国科研人员一起，让华为在国际5G通信技术的赛道上，挺立潮头。

走向世界科技舞台，每一颗创新的种子都可能长成参天大树。25年前，中国科学院放眼世界，选举产生了首批外籍院士，如今囊括了一批国际知名科学家，有的为我国培养了一大批优秀科技人才，有的成为我国开展国际学术交流的使者；20年前，我国正式加入人类基因组计划，承担其中1%的任务，日夜攻关，为我国当今基因测序快速发展留下了宝贵财富；今天，中国的工程师，在开源平台为全球知名软硬件企业完善生态，成长为互联网创新最活跃的力量。

当前，新一轮科技和产业变革正加速演进，技术更新加快，成果向生产力转化周期变短，创新资源要素全球流动，考验我们布局、聚集国际创新资源的能力。特别是我国深入实施创新驱动发展战略，无论是提升重大原创能力，在未来新兴产业发展中占有一席之地，还是突破基础软件、高端制造等关键核心技术，完成产业升级转型，都需要统筹利用全球科技资源。面向科技前沿和产业未来布局，以更开放的胸怀，更高的视野，在更高起点上推进自主创新，才能充分激发研发人员的创新潜能。

"中国以非常开放的态度欢迎外国科学家。"论坛上，一位来自俄罗斯的专家分享他在中国愉快的工作经历。以开放的心态欢迎全球人才，与全球科技共振，让全球视野成为创新的背景，我们的创新征途一定会越走越宽广。

（2019年10月28日）

网红经济,诚信方有未来

何鼎鼎

网红经济的本质是口碑经济、诚信经济,信用是其发展壮大的基石

只有用健康可持续的商业模式作为保障,让人们愿消费、敢消费,才能让消费更好地成为经济增长的压舱石

随着电商新业态不断出新,一些现场直播、网红代言等互联网销售形式受到网友追捧。但与此同时,其中存在的食品安全、"刷单"等问题也不容忽视。对此,近日国家相关部门联合开展落实食品药品安全"四个最严"要求专项行动,相关负责人表示,电商第三方平台须切实履行监管职责,并将对涉嫌违反广告法、消费者权益保护法等违法行为进行查处。

媒介形态的演进,为数字经济的发展打开了一扇新的大门。日前发布的《中国互联网发展报告2019》指出,"数字经济的蓬勃发展催生了大量新业态、新职业",网络直播、共享经济等数字经济新模式拉动灵活就业人数快速增加。在这一背景下,许多没有知名度的普通人,靠优质内容创作赢得了关注度。去年"双11",有网络红人创下3.3亿成交额的纪录,某"口红一哥"5分钟内卖掉了1.5万支口红。数字经济新趋势,改变了传统商业营销格局,让人看到了社会化营销的新商机。

网红经济的本质是口碑经济、诚信经济,信用是其发展壮大的基石。比如,一个特别懂电子产品的"极客",之所以能在垂直领域建立知名度,带动产品销量,关键是其经得起检验的专业见解。但现实中,一些网红及其身后的孵化公司,在流量价值面前打起"如意算盘",或弄虚作假"刷单"买粉丝、买评论,制造数据假象,骗取广告客户信任;或为劣质商品代言,做一锤子买卖;或索性绕过平台点对点交易,将交易移到"桌面底下",可能导致消费者权益受损。粉丝没买到合意的产品,广告客户没买到承诺的效果,伤害了社会化营销这一电子商务新业态。最近,一位网红直播博主就因为大量刷假评论、以虚假阅读量欺骗客户,被关停了账号,其所属机构也被暂停了旗下所有账号在微博上的广告投放权限。

无论是保护新业态发展还是保护消费者权益,对出现的问题,不能听之任之,而应在规范的同时加强监管。相较于线下门店,网红直播销售的即时性,无疑大大增加了监管难度。这就要求监管部门进一步畅通投诉渠道,对明确违法的行为做到"重拳出击"、以儆效尤。从平台监管角度看,一方面要保护广告客户的知情权和公平交易权,帮助其准确知晓相关账号的流量价值,对商业纠纷要建立常态化的处理机制;另一方面,对"买粉""刷单""假评论""卖假货"等行为,也要加大打击力度。比起监管部门,平台凭借数据优势与管理权限,更容易刺破商业欺诈的面纱,理应更深度参与到互联网发展共治中来。只有用健康可持续的商业模式作为保障,让人们愿消费、敢消费,才能让消费更好地成为经济增长的压舱石。

新的电商模式和消费模式,正在成为中国经济的新亮色。这背后,是大量个性化产品对人们多样化、个性化需求的满足。通过更健康的模式、更好的监管,让新业态、新供给不断满足消费者的需求,我们就能让更多消费者放心消费,促进消费的蛋糕越做越大,推动经济高质量发展。

(2019年10月25日)

把"蓝色国土"守护好发展好

刘诗瑶

发展壮大海洋经济,不仅能满足我国破除资源瓶颈、加快新旧动能转换的迫切需要,也是扩大内部有效需求、拉动国民经济持续增长的重要途径

开放是我国海洋经济的鲜明特征,未来仍要坚定不移走扩大开放之路,让海洋成为我国连接世界的蓝色桥梁和重要门户

发达的海洋经济是建设海洋强国的重要支撑。习近平总书记致信祝贺2019中国海洋经济博览会开幕时强调:"海洋是高质量发展战略要地""要加快海洋科技创新步伐"。这一重要指示,为推动海洋经济高质量发展指明了方向。

中国是最早利用海洋的国家之一,古代沿海地区一直注重"行舟楫之便""兴渔盐之利"。改革开放以来,我国利用两个市场、两种资源,形成了大进大出、两头在海的经济格局。党的十八大作出了"建设海洋强国"的重大部署。近年来,沿海地区进一步关心海洋、认识海洋、经略海洋,我国经济形态呈现出鲜明的"依海"特征,成为高度依赖海洋的开放型经济。作为开发利用海洋的各类海洋产业及相关经济活动的总和,海洋经济始终在国计民生中发挥着重要作用。

当前,中国海洋事业迎来了前所未有的发展机遇,海洋经济正在经历从高速发展到高质量发展的转变,转型升级持续稳定。自然资源部日前发布的数据显示,2018年我国海洋经济总量达83415亿元,海洋生产总值占国内生产总值的9.3%,为沿海地区提供了3684万个工作岗位,对国民经济增速的贡献率接近10%。可以说,海洋经济已成为国民经济新的增长点。发展壮大海洋经济,不仅能满足我国破除资源瓶颈、加快新旧动能转换的迫切需要,也是扩大内部有效需求、拉动国民经济持续增长的重要途径。

曾经,海洋经济被认为就是"捕鱼",如今,除了传统渔业、海洋运输业等,海洋新兴产业正在蓬勃兴起,海洋经济的内涵正在不断丰富。海洋医药、海洋油气工业,以及海洋能利用、深海采矿业、海洋信息产业等未来海洋业,正在托举起一片蔚蓝色的海洋经济新空间。

开放是我国海洋经济的鲜明特征,未来仍要坚定不移走扩大开放之路,让海洋成为我国连接世界的蓝色桥梁和重要门户。习近平总书记强调,要促进海上互联互通和各领域务实合作,积极发展"蓝色伙伴关系"。推动海洋经济高质量发展,要主动顺应经济全球化潮流,坚持走开放发展之路。2018年,我国与海上丝绸之路沿线国家经贸往来贸易额达1.3万亿美元,涉海企业进一步"走出去"。事实证明,大力打造蓝色经济合作平台,推动建立蓝色经济合作国际机制,有助于深化我国海洋经济的开放品格,加强同"一带一路"建设参与国家和地区的交流合作。

推动海洋经济高质量发展,创新驱动是关键。实践中,相关地方和部门积极挖掘新动力,培育壮大海洋生物制药、海水淡化等海洋战略性新兴产业,以及服务于海洋经济发展的涉海金融、物流等现代海洋服务业,助力海洋经济提质增效。同时,各地也在改变过去高投入、高能耗、高污染的发展方式,节约集约利用海洋资源。比如,近年来,一些沿海地区着力发展滨海旅游娱乐业,充分发挥亲海近海的优势,增强民生福祉。截至2018年底,全国共有48个海洋公园,每万人海洋公园面积达到3.8公顷。实践表明,加强海洋生态保护与修复,方能更好促进海洋经济的蓝色增长和绿色发展。

约 300 万平方公里的主张管辖海域，1.8 万多公里大陆海岸线，让我国成为名副其实的海洋大国。加快推动海洋经济高质量发展，实现海洋资源有序开发利用，才能守护好、发展好这片辽阔宽广的"蓝色国土"，为子孙后代留下一片碧海蓝天。

（2019 年 10 月 24 日）

让"限塑"成为一种自觉

寇江泽

小小塑料袋,需要治理的大智慧。疏堵结合、多措并举,才能凝心聚力、形成合力,更好应对塑料污染带来的挑战

不少人都熟悉这样的生活场景:逛菜市场时,往往还没想好买什么,就先随手扯个塑料袋备着。近年来,随着快递、外卖等新业态的兴起,塑料餐具、塑料盒等塑料制品的消费量也十分可观。在这种背景下,如何有效控制塑料制品使用、减少环境污染,依然是值得探讨的现实课题。

"白色污染",危害巨大。联合国相关报告显示,全球所有塑料制品中,只有不到1/10会被循环利用,近八成被填埋或散落在环境中。塑料制品在土壤中可能200年也无法降解,还可能污染水体,甚至扩散到海洋,引发海洋生态环境恶化。也正因此,我国早在2008年6月就开始施行"限塑令",以期通过价格杠杆,提高塑料袋的成本,从而激发公众环保意识,减少使用塑料制品,实现环境友好。

走过11年,"限塑令"取得的成效有目共睹。相关数据显示,我国塑料袋使用量年均增速,已由2008年前一度超过20%下降为目前的3%以内,主要商品零售场所塑料袋使用量年均减少20万吨。随着环保理念的增强,很多人养成了自带购物袋、小推车的习惯。但也应看到,与预期相比,"限塑令"的执行效果还难言理想。在一些大超市、连锁便利店,

商家大量提供"限塑令"范围之外的保鲜膜、保鲜袋等塑料制品；在一些店面，"限塑令"被简化执行为"卖塑令"。在菜市场、小超市等场所，塑料袋则是随意取用。在互联网经济蓬勃发展的背景下，"限塑令"也不断遭遇新难题。

"限塑令"成效打折扣，一个关键因素在于缺乏合适的替代品。塑料袋方便、便宜、应用广泛，其替代产品要么价格高，要么不实用。近年来，国内可降解塑料技术虽然取得突破，但相关产品的物理特性和生产成本都与传统塑料袋有较大差距，难以完全替代。这也是为什么，我国没有全面"禁塑"。事实上，目前世界主要经济大国和人口大国中，还没有一个国家在全国范围内彻底禁止生产、销售和使用不可降解塑料制品。与此同时，"白色污染"涉及面广、主体多，监管对象"小散多"，执法难度大、成本高。而随着居民收入水平提升，几毛钱的收费也难以起到价格杠杆作用。

小小塑料袋，需要治理的大智慧。相关机构应肩负起引导和监管的责任，一方面与时俱进完善"限塑令"，对不同领域塑料制品提出分类管理要求，辅以配套细则，将外卖、快递等行业纳入"限塑令"范畴，限制一次性不可降解塑料包装使用。另一方面，应强化监管，针对塑料袋的限产、限售、限用形成监管合力，严堵不合规塑料袋进入市场，同时规范塑料废弃物回收利用，建立健全各环节管理制度，让"限塑令"落到实处。

防治"白色污染"，离不开社会、市场和公众的力量。例如，可积极研究替代产品，在质量、价格等方面更好满足消费者需求。在替代产品一时难以成熟推广的情况下，不妨在可重复使用方面进行创新，比如，引导外卖、快递等行业优先采用可重复使用包装。此外，应大力倡导绿色生活理念，促进公众改变消费习惯，在日常生活中做到自觉"限塑"。

今年9月，中央全面深化改革委员会第十次会议审议通过《关于进一步加强塑料污染治理的意见》。以此为契机，疏堵结合、多措并举，我们就能凝心聚力、形成合力，更好应对塑料污染带来的挑战，守护好绿色家园。

（2019年10月24日）

好的营商环境就是生产力

吴秋余

> 唯有不断创造新的制度优势,才能不断增强中国经济的吸引力、创造力、竞争力,让中国经济行稳致远、活力四射
>
> 在国家层面首次出台优化营商环境的行政条例,以法治手段推动营商环境优化,彰显了中国不断深化改革、扩大开放的坚定决心,在稳定市场预期、提振发展信心等方面具有至关重要的作用

"好的营商环境就像阳光、水和空气,须臾不能缺少。"最近在基层采访,听到谈论最多的就是优化营商环境,企业无论大小,都期盼有更好的营商环境,让自己轻装前行、加速奔跑。

民有所呼,政有所应。前不久,国务院常务会议审议通过《优化营商环境条例(草案)》,围绕市场主体需求,聚焦转变政府职能,将近年来"放管服"改革中行之有效的经验做法上升为法规,并对标国际先进水平,确立对内外资企业等各类市场主体一视同仁的营商环境基本制度规范。这一举措既彰显了进一步优化营商环境的决心,又顺应了市场主体期待,赢得广泛点赞。

近年来,中国优化营商环境的成绩有目共睹。面对国内外风险挑战明显增多的复杂局面,我国坚持把优化营商环境作为推动经济高质量发

展的重要支点。简政放权,全面推行审批服务"马上办、网上办、就近办、一次办";减税降费,今年前7月累计新增13492亿元,让实体经济减负增效,让民营企业享受红利;建章立制,出台外商投资法,全面实施准入前国民待遇加负面清单管理制度……一系列"放管服"组合拳,不断开辟出经济高质量发展的新空间。世界银行《2019年营商环境报告》评价,中国营商环境世界排名第四十六位,比上年提升32位,是营商环境改善幅度最大的经济体之一。

当然也要看到,优化营商环境的改革依然在路上,当前市场主体还面临着一些现实问题。最近开展的国务院大督查就发现,在营商环境大为优化的同时,一些地方还存在权力放得不够、隐性审查和变相延长审批时间等现象,一些地方在做好审管结合的"加法"、进一步增强管理高效性方面,还有提升空间。这说明,打造社会期待的一流营商环境依然任重道远。

好的营商环境就是生产力、竞争力。中国经济由高速增长阶段转向高质量发展阶段,正经历质量变革、效率变革、动力变革,传统的劳动力、土地等生产要素的比较优势正在逐渐减弱,制度供给成为重要的核心竞争力。唯有不断创造新的制度优势,才能不断增强中国经济的吸引力、创造力、竞争力,让中国经济行稳致远、活力四射。

习近平总书记指出,"法治是最好的营商环境""法治化环境最能聚人聚财、最有利于发展"。法治既是改善营商环境的重要手段,也是营商环境的重要组成部分。从这个意义上说,出台《优化营商环境条例(草案)》,以政府立法为各类市场主体投资兴业提供制度保障,有利于将优化营商环境纳入法治化轨道,积极发挥法治引导、推动、规范、保障改革的作用,是增强市场活力和经济内生动力的有效抓手。更为重要的是,在国家层面首次出台此类行政条例,以法治手段推动营商环境优化,彰显了中国不断深化改革、扩大开放的坚定决心,体现了对各类市场主体一视同仁的政策取向,在稳定市场预期、提振发展信心等方面具有至关重要的作用。

营商环境只有更好,没有最好。当前我国发展外部环境中的挑战因素明显增多,不断优化营商环境,已经成为实现"六稳"的重要基础,对应对经济下行压力加大有着特殊重要的意义。不断打造营商环境新高地,不断为市场活力充分迸发创造良好环境,就能为中国经济高质量发展开辟光明前景。

（2019 年 10 月 22 日）

警惕"纸螃蟹"的隐性危害

易艳刚

> 从"实体"向"虚拟"转变的过程中，同样也需要处理好实物和券之间的对应关系

近几年，螃蟹券逐渐成为亲朋好友之间的秋季热门赠礼，但其中的猫腻和套路不少。媒体调查发现，很多蟹券存在货不对板、店家跑路、标价虚高等问题，如 150 元蟹券，大闸蟹采购成本仅 50 元，有的人历时两年都未能成功提货；有的经销商一边高价卖券一边打折收券，即使一只螃蟹都没卖出，也能收益颇丰。对"纸螃蟹"这种异化了的礼券经济，其隐性危害不容小视，有必要保持警惕。

一方面，"养蟹不如卖蟹，卖蟹不如倒蟹"会破坏正常的市场秩序，让商家不再重视产品质量、以次充好，最终使消费者利益受损。另一方面，"纸螃蟹"大量空转，无法反映真实供需情况，可能误导蟹农。部分经销商有个如意算盘：他们"印制"蟹券数量比实际销量多，若提货量大就借故拖延到第二年，若蟹券拖过期则等于白赚。然而，蟹农可能会被电商平台供销两旺的数据误导，盲目扩大生产，导致螃蟹滞销。

此外，带有金融衍生品属性的"纸螃蟹"，也暗藏与金融产品类似的风险。在蟹券交易中，螃蟹成了一种预售商品，已支付全款的消费者很难知道经销商未来能否履行消费合同。一旦经销商出现资金链问题、破

产甚至卷款跑路,最终埋单的人,要么是蟹农,要么是消费者。因此,蟹券作为礼品看似"体面",但在让各方表面共赢背后,有可能为销售欺诈埋下隐患,也很可能让蟹农或消费者最终蒙受经济损失。

事实上,从流行一时的月饼券,到现在出现的蟹券,再到各种层出不穷的礼品券,可以说,作为实物等价物的"券"促进了商品流通,这本身代表着市场经济向着更高层次发展,也说明人们的消费方式、消费体验在不断升级。但在这个从"实体"向"虚拟"转变的过程中,同样也需要处理好实物和券之间的对应关系。就像风筝飞得再高再远,也需要有实际的绳索拉住。蟹券等礼品券确实更利于商品的流通,但只有始终与实际商品保持有机联系,才能防止礼品券难以兑付甚至滋生诈骗等问题。

具体来说,一方面,监管部门应挤掉蟹券"超发"的水分,对电商销售平台加强监管,要求缴纳足额保证金,防止不法分子利用电商、微商等渠道圈钱;另一方面,相关行业协会也要积极作为,防范各种产业乱象。而对消费者来说,也应提高经济、金融方面的知识素养,对包括蟹券在内的各种礼品券增强鉴别能力。系牢监管之绳,形成社会合力,才能防止蟹券的隐性危害。

(2019 年 10 月 22 日)

数字经济，高质量发展新引擎

余建斌

> 中国正积极推进数字产业化、产业数字化，引导数字经济和实体经济深度融合，推动经济高质量发展
>
> 数字经济向基层、向农村延伸，正是在打开"下沉市场"的广阔空间，展现着中国经济的巨大潜力

眼前的镜子成为常伴身边的"保健医生"，智能机器人按照主人指令灵活地掌管着客厅，"智能家居"可以自动开启家用电器；"聪明"的汽车行驶在"智能"的路上……在日前召开的2019中国国际数字经济博览会上，一大波正在照进现实的"黑科技"，为与会者带来智能生活的新体验，也展现着数字经济的未来愿景。

习近平主席在给博览会的贺信中指出，"当今世界，科技革命和产业变革日新月异，数字经济蓬勃发展，深刻改变着人类生产生活方式，对各国经济社会发展、全球治理体系、人类文明进程影响深远。"这其中的一个重要方面，就是信息技术和人类生产生活交汇融合，推动数字经济不断发展突破。

当前，网络购物、在线外卖、手机支付等数字化消费场景，早已像柴米油盐一样，进入老百姓日常生活；信息化、智能化改造等数字化融合场景，持续产生着"化学反应"，助力传统行业转型升级。我国的数字

经济规模在去年底达到 31 万亿元，占国内生产总值比重约 1/3，已成为经济增长的重要引擎，推动着产业发展不断升级，就业格局更加优化，消费需求持续增长。

数字经济是大势所趋，蓬勃发展的数字经济深刻改变着人类生产生活方式。当前，新一代网络信息技术不断创新突破，数字化、网络化、智能化深入发展，世界经济加快了向数字化转型的脚步。例如，伴随着全球互联网流量从 1992 年的每天约 100GB 飙升到 2017 年的每秒 45000GB 以上，微软、苹果、亚马逊、腾讯和阿里巴巴等超级数字平台在世界经济中扮演着越来越重要的角色。中国作为世界网络大国和数字经济大国，更加重视发展数字经济，在创新、协调、绿色、开放、共享的新发展理念指引下，正积极推进数字产业化、产业数字化，引导数字经济和实体经济深度融合，推动经济高质量发展。面向未来，一方面要在数字产业化、产业数字化的进程中，创造和拥抱新模式、新业态，将数字经济真正打造成为经济高质量发展新引擎；另一方面，尤其要注重数字经济持续健康发展，让这个新引擎能够持续输出强劲动力，发挥好驱动作用。

数字经济持续健康发展，需要坚持均衡普惠的原则。联合国一份调查报告指出，尽管跨国性数字经济巨头企业发展迅速，但全球目前仍处于数字经济发展初期，互联网连接不足的国家与高度数字化的国家之间差距趋于扩大。在我国，非网民规模仍有 5.41 亿，其中农村地区非网民占比 62.8%。这意味着，进入数字经济时代，仍需加强新一代信息基础设施建设，进一步提升互联网普及率，在拓展"互联网+"应用中不断缩小"数字鸿沟"，让人们共享数字技术的红利。换个角度看，数字经济向基层、向农村延伸，正是在打开"下沉市场"的广阔空间，展现着中国经济的巨大潜力。

数字经济持续健康发展，需要贯彻深度融合的理念。数字经济既要壮大电子商务、云计算、网络安全等数字产业，也要通过推动互联网、大数据、人工智能同实体经济深度融合，创造出产业互联网、智能制造、远程医疗等数字化产业新业态，促进传统产业转型升级，站上数字化高地。例如，经过数字化和智能化改造，一家企业的生产线生产效率提高

10%以上，能源利用率提高20%以上，企业的竞争力大为提升。只有数字经济与传统产业互为依托、齐头并进，才能真正驱动产业跃向高层次、经济迈向高质量。

5G通信将打破信息传输的带宽限制，数字技术的驱动引领效应将更加明显，数字经济将不断开辟新赛道。积极抓住全球数字经济快速发展的机遇，发挥制造大国和网络大国的优势，不断提高数字技术研发能力和产业创新能力，数字经济对高质量发展的引擎作用就会更加强劲。

（2019年10月21日）

推动智慧法院建设转型升级

徐 隽

> 随着智慧法院建设全面提速，现代科技与法院工作愈发深度融合，信息时代审判运行新模式正在逐步形成

习近平总书记深刻指出，"没有信息化就没有现代化"。推进审判体系和审判能力的现代化，离不开信息化建设。

近年来，全国法院深入推进智慧法院建设，不断完善智慧服务、智慧审判、智慧执行、智慧管理，推动诉讼服务和审判辅助智能化，为司法为民、公正司法提供了有力科技支撑。不久前，全国法院第六次网络安全和信息化工作会议召开。在会场外的智慧法院建设成果展上，线上庭审、区块链研发、大数据管理等"黑科技"集中亮相，引来与会代表驻足点赞。

随着智慧法院建设全面提速，现代科技与法院工作愈发深度融合，信息时代审判运行新模式正在逐步形成。得益于信息化建设，群众打官司更便捷了，截至2018年底，全国81.8%的法院支持网上立案，全国范围内实现跨域立案的法院已达1154家，"24小时不打烊"的法院越来越多；法官办案更高效了，最高人民法院与公安部、自然资源部等16家单位和3900多家银行业金融机构联网，法官在办公室点击鼠标，就能获取被执行人的存款、车辆等16类25项信息；司法公正更直观了，裁判文

书公开、执行信息公开、审判流程公开、庭审公开,司法活动置于阳光下,大大减少了暗箱操作的可能,打破了过去因诉讼过程不透明带来的猜忌。

信息化是一场影响深远的技术革命。信息化与传统司法相结合,作用巨大、前景可期。通过近几年智慧法院的建设,全国法院信息化水平已经站上了新的起点。但也应看到,现实中,法院信息化发展还不平衡,应用信息化解决实际问题的能力还参差不齐,一些基础设施、基础数据还不完善。正因如此,在全国法院第六次网络安全和信息化工作会议上,最高法提出,下一阶段各级法院要以提升智能化建设、实现智能辅助全覆盖为重点,把应用推动放在优先位置。抓住关键,矢志推动智慧法院建设转型升级,才能让司法全流程更加智能、更加便捷、更加高效。

对于法院信息化建设而言,电子卷宗随案同步生成和深度应用,是基础中的基础。它不仅是司法大数据的来源,也是网上全流程智能化办案的载体。截至 2018 年底,全国已有 2864 家法院建设电子卷宗随案同步生成系统,占比 81.41%,全国 61% 的案件随案生成电子卷宗并流转应用。可以说,电子卷宗已经逐渐替代纸质卷宗,开始改变法官的办案习惯,有利于提高办案质效、完善卷宗管理,进而为智能化办案的进一步发展打下基础。下一步,应完善电子卷宗生成功能和机制,完善电子卷宗全程网上应用和阅卷功能,支持电子卷宗汇聚至大数据管理和服务平台,实现案件上诉、移送、再审电子卷宗远程调阅。

智慧法院建设的飞速发展,映照着人民法院"努力让人民群众在每一个司法案件中感受到公平正义"的价值追求。坚持以人民为中心的发展思想,深入推进智慧法院建设,将信息技术与司法规律深度融合,我们必能更好满足人民群众对公平正义的需求,为全面依法治国、推进国家治理体系和治理能力现代化提供坚实保障。

(2019 年 10 月 17 日)

数字时代如何保护个人信息

喻思南

在加强隐私保护成为共识的背景下,怎样处理好维护个人权益与合理使用信息的关系,成为信息社会必须直面的现实课题

以保护个人权益和促进信息流通为准绳,找到信息利用和安全的平衡点,有助于数字经济的长远发展

随着"互联网+"日渐融入生活,大数据、人工智能等迅速发展,越来越多的人既获得技术进步的红利,也面临着前所未有的个人信息泄露风险。

近年来,个人信息的内涵与范围均在不断延伸。与姓名、职业、通讯记录、家庭住址等传统信息相较,如今,个人上网痕迹、位置轨迹等数据日益重要,人脸、指纹、声纹等生物特征信息应用日益广泛,相关信息保护工作难度加大。比如,当人们积极拥抱人脸识别技术、享受着"刷脸"带来的便利时,不久前一则17万"人脸数据"在某网络商城公开售卖的消息,就给人们敲响了一记警钟。另据媒体报道,即便是拍照时比"剪刀手",也有可能会被不法分子获取指纹信息。

未来,当新技术、新业态和新应用不断涌现,一切皆可能被数字化。应当说,个人信息既关乎个人的隐私和尊严,又天然具有社会公共属性,"数字化生存"需要个人让渡部分个人信息。人们的担忧,主要在于个人

信息收集、使用过程中的不透明与不确定性。正因此，在加强隐私保护成为共识的背景下，怎样处理好维护个人权益与合理使用信息的关系，成为信息社会必须直面的现实课题。

解答好个人信息保护这道难题，需要正视不同立场，理解其中可能蕴含的内在冲突。以人脸识别为例：很多人希望，在任何情况下脸部信息的收集、使用，都应以"充分告知+明示同意"为前提；企业或机构则担心，如果个人被过度赋权，会影响信息的合理收集与利用，有碍增进公共利益。事实上，从产业发展角度看，大数据时代的个人信息是国家基础性战略资源。凝聚众智、集聚众力，综合考量社会、产业、个人等不同层面的诉求，求取最大公约数，才能与时俱进加强个人信息保护，同时促进相关产业健康发展。

其实，个人信息保护的多元化诉求，并不意味着必须以牺牲个人隐私或产业利益为代价。相反，以保护个人权益和促进信息流通为准绳，找到信息利用和安全的平衡点，有助于数字经济的长远发展。以安全为导向、以场景为基础，划定安全风险边界，是治理的基石；严厉打击非法利用或售卖个人信息的行为，防止"劣币驱逐良币"，净化数据产业生态，才能让信息更有价值。致力于为行业营造良好环境、让公众安心共享信息，我们的数字产业就会行稳致远，前景更加可期。

多元的利益诉求，也给治理提出新考题。加强个人信息保护是一项系统工程，不会一蹴而就、一劳永逸。强化监管，对违法行为加大惩治力度；借助市场的力量，探索建立安全市场的第三方制衡机制；运用技术手段，为隐私保护架起坚实屏障……政府、市场和技术协同发力，才能构筑个人信息安全的立体防护网。

发展数字经济，我国在很多方面已是领跑者，难免遭遇一些新情况、新问题。在探索中奋进，努力走出一条与数字时代相适应的个人信息保护路径，我们就能培厚高质量发展的土壤。

（2019年10月16日）

在大历史中感受爱国力量

盛玉雷

今年国庆期间,三部主旋律电影观影总人次、总票房均创下国庆档新高。其中,电影《我和我的祖国》上映7天,票房就突破了20亿元,刷新了国庆档票房的历史纪录。掀起这股全民观影潮的,是观众的浓浓爱国情、拳拳爱国心。

从开国大典的紧张前夜到香港回归的分秒必争,从知悉原子弹爆炸后的深情对视到国庆阅兵中的独自返航,从女排夺冠时的上海里弄到全民迎奥运的北京市井……这部以70年国庆献礼为主题、以重现宏大事件为脉络、以七个导演七个故事合力完成的主旋律电影叫好又叫座,打破了人们的刻板印象,也打动了无数观众。两个半小时的镜头,浓缩的是人民共和国的历史,对准的却是"你"和"我"的生活。

让历史在共识和共鸣之中产生共情,无疑是主旋律电影追求的最佳效果。《我和我的祖国》的高明之处,就在于将镜头继续向前推进,聚焦一张张面孔、一个个名字、一段段往事。他们都在以自己的方式亲历国家的历史巨变,体验生活的日新月异。正因如此,电影所呈现的历史,是可爱又鲜活的历史,是呈现于银幕上的烟火味儿的历史,是唠起嗑来有板有眼、聊起天来有笑有泪的历史。

70年,在人类历史上不过是短暂一瞬,但对一个人来说可能就是完整一生,每个人或多或少都有一种身处当中的"历史感"。和电影想表达的内容一样,国庆前夕人民日报评论版组织了一场"我为祖国添块砖"的征文活动。在收到的来稿中,有"惊天动地事",也有"隐姓埋名人"。一名基层的畜牧兽医暴雨中走了40里山路,尽管"路断了,不去也没人说你",但"每月拿着国家的一份工资,怎么能不好好工作呢";一名普通战士落选了国庆阅兵方阵,用更加刻苦的训练诠释"哪里不是阅兵场"……国家是抽象的也是具体的,是宏大的也是微观的,无论是电影画面还是文字笔墨,这些作品拥抱的是祖国,讲述的是实实在在的"人"。

七个故事的合称是《我和我的祖国》,70年历史进程何尝不也是"我"和"我的祖国"?电影透过一个个大事件中的小故事,传递个人与国家之间的深刻联结,彰显家国情怀的现实力量,引发"原来历史还可以这样讲"的思考。影片中,一次升旗,紧张筹备是爱国,八方驰援也是爱国;一场相遇,独自告白是深情,"眼神里都是戏"更在于诠释伟大的源头。不管是隐姓埋名的科研工作者、默默奉献的空军飞行员、埋头苦练的护旗手,还是怦然心动的小男孩、内心柔软的中年人、传递希望的老年人,每个普通人都有着举足轻重的分量。

浏览影评就会发现,观影后有人久久伫立,有人热泪盈眶,有人陷入沉思。正如一名观众的留言,"你的名字,我们不知道;我们的国家,因你而强",那些平凡时刻,构成了国家的历史,也定义了我们的人生。

(2019年10月15日)

国庆黄金周展现强劲内需

罗珊珊

> 假期消费呈现出消费升级的态势。新兴消费从萌芽到壮大，传统消费从走量到提质，共同构成了强劲的消费市场，支撑着中国经济的航船不断向前
>
> 下沉市场消费潜能进一步释放，说明中国经济具有强大的韧性、巨大的回旋余地，能够应对外部冲击而保持稳中向好发展态势

步行街里，摩肩接踵；知名景点，人山人海；特色餐厅，备受青睐……刚刚过去的"十一"黄金周，我国消费市场繁荣活跃，交上一份亮眼成绩单：全国零售和餐饮企业实现销售额1.52万亿元，比去年同期增长8.5%；实现国内旅游收入6497.1亿元，同比增长8.47%。国庆黄金周，展现出中国强劲的内需潜力。

自1999年"十一"7天长假制度发布至今，已走过21个年头，人们在黄金周购物、旅游休闲，集中释放消费需求，带动供给增加、市场繁荣、经济发展。火爆的黄金周消费市场，已然成为中国经济发展最鲜活生动的注脚，更为观察中国的发展进步打开了一扇窗口。

"红色"成为这个黄金周最鲜艳的底色。红色旅游、国庆献礼电影等唱响假日主旋律。国庆档三部献礼电影《我和我的祖国》《中国机长》《攀

登者》带动整个国庆票房创下新纪录。与此同时，中共一大会址、南湖红船、杨家岭、西柏坡、古田会议旧址等红色旅游景区迎来客流高峰，走访红色景区、缅怀革命先烈成为许多年轻人的选择。无论是在电影院感受"我和我的祖国"的动人旋律，还是在革命老区追忆历史，都说明红色文化深入人心，沉淀为人们在文化消费中抒发爱国热情的必然选择。

与此同时，假期消费也呈现出消费升级的态势。消费的形式百花争艳，大数据、人工智能等新技术的使用，推动线上线下融合加速，云货架、无人超市等新零售不断涌现，给消费者带来全新消费体验；消费的内容更加丰富，走出家门畅游世界、参观博物馆、看电影等文化消费成为日常休闲选择……新业态、新消费、新市场层出不穷，消费市场活力迸发。不仅有新兴消费风生水起，更有传统消费重焕生机。比如受到电商冲击一度陷入尴尬境地的步行街，正迎来新的转机，武汉的江汉路、成都的宽窄巷子、福州的三坊七巷、广州的北京路等特色步行街在改造升级后，迎来了客流高峰。新兴消费从萌芽到壮大，传统消费从走量到提质，共同构成了强劲的消费市场，支撑着中国经济的航船不断向前。

今年国庆黄金周，中国三、四线城市以及广大农村迸发的消费潜力更是喜人。假日期间，下沉市场消费提速，三、四线城市和县城消费动力充足。某移动支付平台数据显示，黄金周前三天，三线以下城市消费频次增幅全部高于50%，县城消费频次更是猛增近90%。随着交通网络、物流、信息技术等基础设施不断完善，电子商务不断向下延伸拓展，下沉市场消费潜能进一步释放，成为消费升级的新力量。这与"深挖国内需求潜力，拓展扩大最终需求，有效启动农村市场"的要求相符合，同时更说明中国经济具有强大的韧性、巨大的回旋余地，拥有广袤的腹地，能够有效应对外部冲击而保持稳中向好发展态势。

传统消费的转型升级、新兴消费的创新提质、消费下沉的崭新空间，体现出我国消费新动能日益强劲。透过国庆黄金周，我们看到了消费规模稳步扩大、消费结构不断升级、消费需求日益多元的时代趋势，更看到了中国经济行稳致远的信心所在、底气所在。

（2019年10月14日）

赋权减负，激发创新活力

余建斌

> 政策红利的进一步传导、创新活力的进一步释放，为实施创新驱动发展战略注入了更加充沛的动力

科学技术是第一生产力，创新是引领发展的第一动力。当前，科学技术越来越成为推动经济社会发展的主要力量，创新驱动是大势所趋。

前不久，科技部、教育部、财政部等六部门联合印发了《关于扩大高校和科研院所科研相关自主权的若干意见》，目标十分明确，就是为了进一步推动扩大高校和科研院所科研相关自主权，全面增强创新活力、提升创新绩效、增加科技成果供给，更好支撑经济社会高质量发展。

针对科研活动全流程各环节，《意见》提出了更系统、更明确、更具可操作性的举措。从赋予创新领军人才更大科研自主权，使之自主调整研究方案和技术路线、自主组织科研团队，到切实下放职称评审权限、强化绩效工资对科技创新的激励作用，再到项目实施期间实行"里程碑"式管理、取消职务科技成果资产评估、备案管理程序……一系列务实举措，体现了为科研人员减负赋能的诚意和决心。事实证明，在深化科技体制改革的过程中，符合科技发展规律和要求的科研管理制度正不断完善；随着"人财物"的自主权被进一步赋予科研人员，长久以来阻碍科技进步的"重物轻人"观念正被有力扫除。

"世上一切事物中人是最可宝贵的，一切创新成果都是人做出来的。"科技创新本质上是人的创造性活动。高校和科研院所的科研人员从事探索性、创造性科学研究活动，具有知识和人才独特优势。正因如此，高校和科研院所的科研相关自主权改革备受重视。近年来，一系列聚焦完善科研管理、提升科研绩效、推进成果转化、优化分配机制等方面的政策陆续出台，为高校和科研院所科研人员有效减负，增强了他们的获得感和成就感，受到广大科技工作者的拥护和欢迎。政策红利的进一步传导、创新活力的进一步释放，为实施创新驱动发展战略注入了更加充沛的动力。

进一步推动扩大高校和科研院所科研相关自主权，还有待改革举措的深入落实，加大人员和岗位管理、科技成果资产管理、绩效工资分配等方面的改革力度。以科研经费使用为例，目前依然存在一些如手续繁琐和过细等问题，不少科研人员仍在为劳务费明细、自驾调研的汽油费发票发愁，许多原本可用在科研上的时间和精力仍花在填表格、当"会计"上。正如一位大学校长所说，让科研经费真正成为创新"助推器"而不是"减速带"，迫切需要改革和创新科研经费使用及管理方式。包括经费使用在内的高校和科研院所自主权进一步扩大，正是为了遵循科研活动、人才成长、成果转化规律，以最大限度减少政府部门对高校和科研院所内部事务的微观管理和直接干预。不让繁文缛节把科研人员的手脚捆死，不让无穷的报表和审批耗费科研人员的精力，创造条件让科研人员充分发挥主体作用，才能最大限度释放创新活力。

从"管"到"放"，不是放任不管，而是坚持简政放权与加强监管相结合。实践中，既要突出创新、结果和实绩导向，对高校和科研院所实行中长期绩效管理和评价考核，也要有效规范自主权运行，确保自主权接得住、用得好。越是重大利好的政策，越贵在做细做实。不务虚功、突出实效，确保自主权政策落实到科研一线，必将有效增强高校和科研院所的创新活力和服务经济社会发展的能力，激励更多科技人才勇闯科研"无人区"，为建设创新型国家和世界科技强国提供有力支撑。

（2019年10月11日）

看清"AI算命"的"算钱"真面目

周珊珊

破除网络迷信，监管必须与时俱进，找准病灶、标本兼治

通过手机上传一张正面照片，给出一些个人信息，短短数秒就能收到面相评分和命运报告，号称"准确率达95%""能看透你的一生"……最近一段时间，"AI算命"风靡网络，引发关注。

置身于移动互联时代，"算命"把戏正在不断变换形式，在网络空间潜滋暗长。现实中，在微博微信上随手一搜，就能找到诸如"AI相面""人工智能看手相"等内容。从在线相面、算卦，到电话号码、车牌号查吉凶，人们似乎只需点点鼠标、动动指尖，就能预判前程、掌握命运。

与传统形式的迷信相比，披着"大数据、人工智能"外衣的网络迷信，因其打着科学的旗号、宣扬技术的加持，往往更具有欺骗性、迷惑性，潜在危害不容小视。更有甚者，宣称网络算命、占卜等同于科学预测，将重拾封建糟粕的行为美化为弘扬传统文化。事实上，根据媒体报道，"AI算命"披着算命的皮，实则是在"算钱"。各种形式的"AI算命"并非完全免费，用户想要看到详细完整的内容，往往需要付费购买增值服务，或以"邀请好友""看广告"等增加下载量或广告收益。此外，用户在算命时授权个人信息、上传照片以及分享指定动作的视频，也存在隐私泄露的风险。

从表面上看，以"AI算命"为代表的网络迷信，借助人工智能、大数据等技术进行图像统计分析，并按照程序输出模板结论。但仔细推究，其内核依然是迷信，本质仍是依靠笼统的、一般性的描述来让人信服，对应着心理学上的"巴纳姆效应"。正因此，对待不断改头换面的网络迷信，既应强化"硬"的一手，加强治理，坚决惩治相关违法违规行为，也应注重"软"的方面，加强引导，从根源上铲除封建迷信的土壤。

破除网络迷信，监管必须与时俱进，做到"魔高一尺，道高一丈"。前不久，安徽某地公安机关侦破了特大系列网络迷信诈骗案，抓获涉案人员100名，涉案金额逾5000万元。这启示我们，无论迷信生成多少新变种，一旦滋生危害，相关监管措施都应及时跟进，彻底斩断黑色利益链。与此同时，除了事后的惩处，也应强化网络平台的主体责任，对用户进行必要的提醒和约束，努力做到防患于未然。

破除网络迷信，防止"算命"这类迷信活动卷土重来，还得找准病灶、标本兼治。在严厉打击违规线上迷信活动的同时，我们还应弘扬积极向上的价值理念，大力倡导科学精神，让"算命"把戏无所遁形、没有市场。《荀子》有言："相形不如论心，论心不如择术。"相面、算命，改写不了命运，只有顽强拼搏、艰苦奋斗，用汗水去浇灌梦想，才能梦想成真。也应看到，公民的科学素质是衡量创新型国家的重要标准。调查显示，近年来公民整体科学素质水平稳步提升，但全民科普仍需久久为功。

破除网络迷信是一场持久战。随着经济社会的发展、科学技术的进步，亿万人民的科学素质、文明素养必将持续提升，不断激发相信科学、破除迷信的正能量。

（2019年10月10日）

在线教育，治理须"在线"

张 烁

接收通知、完成作业、在线学习、按时打卡……如今，不少家长和学生的手机里，都装着若干教育APP。然而，随着这类应用的快速发展，也出现了过多过滥、平台垄断、有害信息传播等问题。

近年来，有关部门针对教育APP乱象联合开展专项整治行动，查处了"互动作业""同学帮"等10余个违法违规平台，下架了两百余款严重危害青少年身心健康的应用。现实中，教育APP等移动互联网产品具有跨地域的显著特点，单靠区域性的分散治理难以形成合力，因此，加强对教育APP发展的统筹指导和监管成为共识。前不久，教育部等八部门印发《关于引导规范教育移动互联网应用有序健康发展的意见》，正是要加强教育APP治理，为在线教育有序健康发展营造良好氛围。

习近平总书记强调，要坚持安全可控和开放创新并重，立足于开放环境维护网络安全，加强国际交流合作，提升广大人民群众在网络空间的获得感、幸福感、安全感。移动互联时代，教育APP是"互联网＋教育"的重要载体，是学校教学、学生学习的有益帮手。在应用过程中，对于运营发展不规范、履行安全责任不到位等问题，亟待进一步厘清边界、规范管理，更好保障用户权益。比如，对于应用软件的商业行为，《意见》提出"强制的不商业，商业的不强制"，即作为教学、管理工具要求统一使用的教育APP，不得向学生及家长收取任何费用，不得植入商业广告和游戏，而推荐使用的教育 APP 应当遵循自愿原则，不得与教学管理行为绑定，不得与学分、成绩和评优挂钩。

也应看到，在线教育是互联网时代的新业态，已成为我国数字产业和教育产业的有机组成部分。据预测，2019 年我国在线教育市场规模将超过 2600 亿元，中小学生在线教育用户将达到 8000 万人，发展潜力巨大。为防止"一放就乱、一管就死"，《意见》提出，对作为新兴产业的教育 APP 实施包容审慎监管；教育部新闻发言人表示，不设置准入许可、加强事中事后监管，在严守底线的前提下为新业态留足发展空间。这充分体现了"放管服"改革精神。同时，对具有良好信用记录的教育 APP 减少检查次数，对存在不良信用记录的教育 APP 增加检查次数，让守信者万事皆顺，失信者时时不安，强化了正向激励。随着相关举措落细落实，教育 APP 的发展必将迎来新的机遇，打开新的天地。

教育 APP 的发展，事关广大群众在网络空间的切身利益。以《意见》出台为契机，疏堵结合、标本兼治，坚持政府、市场、社会同向同行，我们就能以协同治理做大教育 APP 规范管理的同心圆，让"互联网 + 教育"创造更多可能，激发更大动能。

（2019 年 10 月 09 日）

永放光芒的精神财富

苏 砥

> 以刚性的制度划清底线，以春风化雨的方式浸润人心，英雄和先烈留下的精神财富才能永放光芒

人民子弟兵申亮亮，在马里执行维和任务时遭遇汽车炸弹袭击，危急时刻推开战友，用生命换回了他人的安全；飞行员张超，执行飞行任务时突遇空中险情，尽最大努力保护战机，被迫跳伞后不幸牺牲；人民警察艾热提·马木提，在搜捕公安部A级逃犯时遇自杀式爆炸袭击，因伤势过重而不幸牺牲……重温不久前被授予"人民英雄"国家荣誉称号的人物事迹，感人至深、催人泪下。他们用鲜血，在共和国历史上留下了浓墨重彩的一笔。

在新中国成立70周年之际缅怀先烈、致敬英雄，意义非凡。正如习近平总书记所强调的，"新中国是无数革命先烈用鲜血和生命铸就的。要深刻认识红色政权来之不易，新中国来之不易，中国特色社会主义来之不易。"据不完全统计，约有2000万名烈士为民族独立、国家富强、人民幸福英勇牺牲。无论是战争年代抛家舍业的革命者、舍生忘死的战士，还是和平年代被称为"最美逆行者"的消防官兵、被誉为"钢铁长城"的戍边卫士，他们始终无所畏惧、无私奉献，既捍卫了共和国的繁荣发展，也守望着人民群众的幸福平安。

人民时评

如果说思想和知识，组成了一个民族精神世界的血与肉，那么革命先烈和英雄人物的胸怀与品格，则构成了这一精神世界的筋与骨。如何对待英烈，事关民族希望、国家前途。早在1944年，毛泽东同志就在《为人民服务》中写道，"今后我们的队伍里，不管死了谁，不管是炊事员，是战士，只要他是做过一些有益的工作的，我们都要给他送葬，开追悼会……用这样的方法，寄托我们的哀思，使整个人民团结起来。"近年来，从设立抗日战争胜利纪念日、国家公祭日、烈士纪念日，到建立健全党和国家功勋荣誉表彰制度，充分展现了一个国家对牺牲者的怀念、对英雄人物的尊崇、对先进典型的礼赞，更进一步激发出全社会团结一致的向心力、勠力同心的凝聚力、众志成城的战斗力。

知所从来，思所将往。英烈为我们创造了美好生活，更激励我们向着未来奋勇前行。不久前，一辈子坚守初心、不改本色的张富清被授予"共和国勋章"。当被问及是什么力量让他60多年来深藏功名、一心奉献时，他哽咽着回答："和我并肩作战的战士，献出了自己宝贵的生命。一个排、一个连的战士，都倒下了。他们对党忠诚，为人民牺牲。和牺牲的战友相比，我有什么资格张扬呢？"在老英雄眼中，牺牲的战友就是他的榜样，而他又将这种榜样的力量传递下去。我们纪念英烈，就是要以他们为坐标锚定方向，砥砺前行。

今天，如何让英烈的事迹和精神真正走入年轻人的生活和内心，也是我们必须回应的时代课题。从去年全票通过的英雄烈士保护法，到不久前完成修订的《烈士褒扬条例》；从记者再走长征路发掘的感人事迹，到新命名的一批全国爱国主义教育示范基地，我们不仅通过制度建设筑起了守护英雄的"护城河"，也用真实的细节和故事展现了英雄人物的崇高精神与品格。以刚性的制度划清底线，以春风化雨的方式浸润人心，英雄和先烈留下的精神财富才能永放光芒。

有人感慨，哪有什么岁月静好，不过是有人替你负重前行。致敬那些为我们负重前行的人，最好的方式就是在英烈感召下，不断校正自己的人生航向，拼搏奋斗、矢志奉献，把我们伟大的祖国建设得更加美好。

（2019年10月08日）

推动党内问责更加科学完备

姜 洁

> 问责是惩前毖后、治病救人的手术刀，也是政治性、政策性很强的工作

近日，中央纪委国家监委网站推出一系列栏目，如《纪法小课·问责条例系列解读》《一定之规》《析案例学条例》等，对新修订的《中国共产党问责条例》（以下简称《条例》）进行以案释法、解疑释惑。"《条例》填补了问责盲点""问责利器越擦越亮""切实让铁规发力、利器生威"……从网友的留言中，人们愈发感受到：问责是惩前毖后、治病救人的手术刀，也是政治性、政策性很强的工作；既体现政治觉悟和政治担当，也体现认识水平和工作能力。

比起2016年7月实施的版本，修订后的《条例》在内容上大为丰富，提高了党内问责的政治性、精准性、实效性，树立起鲜明的干事创业导向。只有学深悟透《条例》，并在实践中精准贯彻，才能激励广大党员领导干部牢记初心使命、勇于担当作为，形成建功新时代、争创新业绩的生动局面。

提高问责工作的政治性，才能解决纪委（纪检组）"唱独角戏"的问题。以秦岭北麓违建别墅案为例，早在2014年就开展过整治，但由于当地党委没有切实担负起主体责任，当时问责对象绝大多数都是乡科级以

下的基层干部，本应真正承担责任的领导干部却置身事外，整治工作迟迟难以推进，导致问题愈演愈烈。而今，《条例》明确规定，党委（党组）应当履行全面从严治党主体责任，加强对本地区本部门本单位问责工作的领导；纪委应当履行监督专责，协助同级党委开展问责工作；党的工作机关应当依据职能履行监督职责，实施本机关本系统本领域的问责工作。明确责任主体才能压实政治责任，进而才能用刚性的制度打通政令不通的关节点，确保上下贯通、执行有力。

增强问责工作的精确性，是提高问责工作科学化和规范化水平的必然要求。近年来，问责持续深入、内容和方式不断创新，成为全面从严治党的利器。同时，实践中也出现了问责不到位、程序不规范、问责泛化简单化等问题。对此，《条例》进一步健全完善问责的原则、程序和方式，特别是增加了问责程序的规定，从启动、调查、报告、审批、实施等各个环节对问责工作予以全面规范。可以说，规范问责、精准问责，方能让失责干部彻底悔过、心服口服，真正唤醒责任意识、激发担当精神。

强化问责工作的实效性，方能充分体现严管和厚爱结合、激励和约束并重。某省一名领导干部曾在集体决策中对某项错误政策提出明确反对意见，但并未被党组采纳，此后该错误决策造成严重后果，该干部作为直接主管的班子成员受到问责，感到十分委屈。对此，根据新修订的《条例》第十七条，上述情形如果再度发生，可以不予问责或免予问责。提升问责的质量和效果，需要既讲政策，也讲温度；既不放过有问题的党员干部，也不耽误被容错的党员干部。确保应问尽问，防止乱问错问，才能卸除党员干部的思想包袱，让他们放开手脚干事创业。

全面从严治党，永远在路上。新的问责条例已经开始实施，为敢抓敢管、真抓实干、勇于担当的干部加油鼓劲、撑腰壮胆，对尸位素餐、光说不练、推诿扯皮的人严肃批评、严格问责，必将有力推动全党上下形成以担当作为为荣、以消极无为为耻的浓厚氛围。

（2019年09月30日）

会员经济,当以诚信为先

付千也

近年来,听歌、购物、旅游、点外卖……凡日常生活所能触及的领域,各类互联网平台纷纷推出了各式各样的会员制度,让用户目不暇接。为了享受更优惠的价格、更高品质的服务,办理付费会员正在成为一种消费常态。

实际上,早些年,在美容美发、健身娱乐、餐饮商超等消费领域,充值换优惠、积分兑折扣的会员模式已经屡见不鲜,但暴露出的一些失信问题,也一度令消费者烦恼。今天,随着消费的日益升级,人们再次看到会员模式的增长潜力。当一些国外连锁品牌依靠付费会员大获成功时,国内各大互联网平台也推出自己的付费会员体系和机制。短短几年,从线下商场到新零售商店、从电商平台到内容平台,付费会员已经成为商家和平台识别高黏度用户的标配。

从充值会员卡,到付费会员机制;从享受折扣,到获得更多权益、更优服务……会员机制的发展变化,折射消费端与供给端的交互升级。一方面,消费分级化、需求个性化、场景多元化等市场趋势,促使企业不仅要提供相匹配的产品,还要衍生相应的会员服务。另一方面,随着流量成本升高,企业获得新用户成本增高,企业经营理念也在发生转变——"最好的生意不是向所有人做同一类生意,而是向同一类人做所有生意",付费会员成为消费分级趋势中的必然选择。换句话说,付费会员模式，满足了企业在价格优势和服务优质之间寻求发展优解的需求。

付费会员兴起，意味着行业进入精细化运营阶段，比的是会员的含金量、服务的精准度。遵循这样的逻辑，国内的互联网企业开始寻求跨界合作。外卖平台和视频平台联合，电商平台和内容平台联合，旅游平台与金融平台联合……购买一个平台会员，享受二重或是三重平台的权益。跨界合作使得优势叠加，不仅实现了精准的场景消费互动，也促进消费者和商家实现了"1+1>2"的共赢。这是满足消费升级的一种表现，更是促进消费升级的一个契机。

然而也要清醒地看到，再好听的吆喝，若没有优质服务、优质产品打基础，用户就不会为"会员"买账。会员的本质是商家和用户建立持续互动的信任关系，任何有损这种信任的行为都会导致会员的流失。比如，有的视频网站随意定规则，遇到热门网剧，付费会员观看大结局也要花钱；有的外卖平台，对用户所购权益重重设限；有的玩起"套路式"自动续费，让人防不胜防；有的则以会员名义削减非会员、低阶会员的用户权益……为了一时牟利而造成良性互动关系的失衡，只会损害企业自身的长远发展。

互联网时代，商业的形态有赖于和用户关系的重新界定。尽管消费分级为会员经济带来了新机遇，但当会员用户需求更集中，对商家平台的服务标准要求也更高。因而，会员经济健康发展，根本之道在于诚信与优质。商家希望获得高黏度用户，也应该对用户更加负责。只有提供更好、更安全、更高效的服务和产品，做好会员的运营和维护，才能让他们愿意长留，与平台共成长。

（2019年09月20日）

让乡村振兴的"车头"更有力

朱隽

"火车跑得快,全靠车头带。"对于奔跑在振兴之路上的广袤乡村而言,这个车头就是村里的致富带头人。笔者留意到这样一组数据,截至 2018 年底,我国 54.3 万名村党组织书记中,大专及以上学历的占 20.7%,致富带头人占 51.2%。农村基层党组织带头人素质不断提升,为乡村发展夯实了人才根基。

但这些致富带头人也并非没有烦恼。笔者在湖南湘西一个山村里就见到一位有着烦心事的村党支部书记。这个村的村民世代住在大山里,进出要蹚水过河不说,还得小心翼翼地走过只有两脚宽的崖边小路。这位村党支部书记做梦都想带着村民修一条通往外面世界的平坦道路,可面临缺少资金的难题。在山西吕梁,笔者遇到另一位村党支部书记。为了带领村民脱贫致富,几番尝试之后终于选定了红枣种植、肉羊养殖两个产业,但村里缺少相应的技术人才。

这样的烦恼,亟待解决。可喜的是,乡村振兴战略的提出、"四梁八柱"的确立,为改变这一状况提供了难得的机遇。针对城乡发展不平衡、乡村发展不充分问题,强化乡村振兴的制度性供给,破除一切不合时宜的体制机制障碍,推动城乡要素自由流动、平等交换,促进公共资源城乡均衡配置,是题中应有之义。在此过程中,已经成熟定型的制度,必须毫不动摇长期坚持;还不够健全的制度,必须与时俱进加以完善;尚属空白的领域,必须抢抓机遇大胆创新,如此,那些困扰基层干部的发展难题才能得到有效破解。

这样的烦恼,不只在经济领域。比如,少数农村地区天价彩礼、薄养厚葬等不良风气未息;有的地方农村黑恶势力、宗族势力抬头;部分农村基础设施、公共服务欠账多,生活环境脏乱差需要改进。解决这些问题,每一个关键节点都不能偏离乡村振兴战略的规划,每一步前行都有赖于坚强有力的基层党组织。"给钱给物,不如给个好支部。"这是村民的希望,也是现实的要求。

不久前印发的《中国共产党农村工作条例》,首次把党领导农村工作的传统、要求、政策等以党内法规形式确定下来,为"四梁八柱"政策体系提供了又一有力的基础性支撑。当此之时,村党组织书记需要更好地把党的组织优势转化为重农强农、推动乡村振兴的行动优势,把顶层设计扎扎实实地落到实处。各地无论是在落实乡村振兴战略时,还是在领导组织开展农村工作时,都需要科学把握乡村的差异性和发展走势,做到规划先行、科学论证,因村制宜、精准施策,既体现乡村特点,也彰显地方特色。

"困难面前我先冲,利益面前我先让,组织面前我服从,群众面前我服务。"正是看到了党员干部在火热乡土对誓言的践行,有人不禁作诗而歌:"我站在田埂上望见未来"。我们有党的领导的政治优势,有社会主义的制度优势,有亿万农民的创造精神,心贴心办事,实打实交账,必定能让农业更强、农村更美、农民更富。

(2019 年 09 月 19 日)

规范使用地图 一点都不能错

盛玉雷

> 每个人都应该意识到,地图有分量、地图有规范、地图有立场、地图有边界、地图有原则

不久前的2019测绘法宣传日暨国家版图意识宣传周期间,以规范使用地图为内容的"开学第一课"走进校园。课堂上,地图专家或娓娓道来历史典故,或现场示范地图挑错,在深入浅出中向师生们普及了"地图大有趣"和"地图无小事"的理念,凸显了"规范使用地图 一点都不能错"的主题。这一幕,正是人们国家版图意识普遍提高的缩影。

现实中,很多人对地图并不陌生。开车看导航,旅游做规划,出门查信息……从生产到生活,从线上到线下,地图不仅是地理坐标的集合,也是日常必备的工具。而对一个国家而言,从宣示主权到管辖疆域,从资源勘探到建设规划,地图不仅反映着领土轮廓,还关系到国家安全、民族尊严。可以说,无论是日常生活,还是外交往来,标准规范的地图作用重大,意义非凡。

"失之毫厘,谬以千里"。对地图上的"点线"较真,正是出于对国家安全和利益的认真。最近一段时间,有的热门影视作品漏绘、错绘中国地图领土及国界线,一些国际知名品牌登载错误地图、标注错误称谓,个别网站违法使用涉密敏感地图……这些"问题地图",既危害国家主权统一、领土完整、安全和利益,也容易模糊认同、歪曲认知,伤害中国

人民的感情。正因如此，针对"问题地图"多发频发领域，有关部门强化对地图的监管和日常巡查力度，对数十家企业和网站存在的"问题地图"督促整改，取得显著成效。

"问题地图"的出现，缘于个别商家国家版图意识薄弱，也有互联网传播速度快、范围广、影响大的因素。但是，不管是无心之过还是有意为之，决不能因为使用的广泛性和便利性，忽视地图严肃的政治性、严密的科学性和严格的法定性。每个人都应该意识到，地图有分量、地图有规范、地图有立场、地图有边界、地图有原则，地图的制作、使用和传播马虎不得，也乱来不得。

更要看到，对"问题地图"的零容忍，既是版图意识不断增强的表现，也折射出质朴热烈的爱国情感。任何时候，中国主权和领土完整都不容侵犯，"中国一点都不能少"是底线也是红线，这是对历史和现实的尊重，也是对法律和规范的恪守。从这个意义上说，强化地图监管、严格地图管理势在必行。只有不断加大标准地图的有效供给，才能让地图的传播和使用有据可依、有规可循。

实现"一点都不能错"的目标，不妨从正本清源做起。比如，自然资源部正式上线2019版标准地图，为公众提供权威、准确的公益性地图服务；又如，国家版图意识宣传教育进学校、进社区、进媒体，在全社会大力普及国家版图知识；再如，"向社会公开的地图"要严格按照"谁公开、谁送审"的原则，有责任有义务规范正确使用地图等等。规范使用地图，既要立足当前，严肃处理炮制和传播"问题地图"的现象，也要着眼长远，建立完善地图管理的长效机制。标本兼治，多措并举，才能提高公众识别地图的能力，提升全民国家版图意识。

"知我版图，爱我河山"。在广西南宁的一所学校里，2400名学生用挺拔的身姿拼出一幅完整的中国地图。从高空俯瞰，每一个身影都是方阵中不可或缺的一部分。同样，国家版图中的每一寸都是不容抹去的疆域。对所有人来说，中国"一点也不能少"要体现在每一帧镜头、每一幅地图，也要彰显于每一个举止、每一次言行。

（2019年09月18日）

体育强国,从开足体育课始

唐天奕

全家人一起努力,全社会一起参与,积极融入全民健身,体育强国的前景就能绘入国家富强、社会进步和每个人的幸福之中

新学期,广大学生迎来自己的第一堂课。在央视《开学第一课》节目中,3名中学生在30秒交互跳绳中,以143个的成绩打破了由他们两年前创造的世界纪录,充分展现了体育的速度之美。在他们的家乡上海,今年推出了一项新规定:跳绳将成为中考体育的可选项目。同样是在这个开学季,重庆某校的学生与老师约定了"班规",其中一条就是:请老师不要占用体育课。改变正在发生,过去常被其他科目挤占的体育课,如今越发得到重视。

变化来自国家的重视、政策的支持。今年以来,围绕青少年体育教育的政策陆续出台。在《健康中国行动(2019—2030年)》中,"中小学健康促进行动"成为15项行动之一;在《关于深化教育教学改革全面提高义务教育质量的意见》中,规定了"让每位学生掌握1至2项运动技能"的具体目标;而在国务院办公厅近日印发的《体育强国建设纲要》中,更是把"青少年体育服务体系更加健全,身体素养显著提升,健康状况明显改善"写入战略目标。少年强则国强,青少年身心健康、体魄强健,成为国家综合实力的重要体现。

增强青少年体质，开齐开足体育课是硬性要求，也是有效途径。过去，在学业压力下，体育课改成文化课、自习课的现象时而发生，害怕学生受伤而减少体育课的情况也时有耳闻。前段时间热播的电视剧《小欢喜》里有这样一幕：体育课开始了，来上课的学生寥寥无几，大家都窝在教室里学习，理由是"快考试了，多看一会儿书"。体育课课时不足的直接后果，就是青少年体质的下降。数据显示，2018年我国儿童青少年总体近视率为53.6%，超重肥胖率则为16%。"小眼镜""小胖墩"数量庞大，想要改变这一现象，一个重要办法就是开齐开足体育课，让体育运动陪伴青少年成长。

开齐开足体育课，不仅需要观念的转变，更需要实际行动的支撑。当下，不少地区和学校的体育教师队伍存在缺口，培养更多更专业的体育教师是当务之急。而提升体育教育的质量，还要加强体育设施建设，增设运动项目，让青少年能够拥有更多的个性选择。毕竟，体育教育不是为了应付各类考试，而是要把运动理念传递给青少年，帮助他们养成适合自己又终身受益的锻炼习惯。

养成运动习惯，仅靠在学校里上体育课是不够的，还要保障课外时间的运动量。如今，不少学校给学生布置体育家庭作业，放假也要运动"打卡"，这就需要家长的配合和督促。实际上，作为青少年最好的榜样，家长与其单纯督促孩子锻炼，不如与孩子一起锻炼。比如，写完作业后一起跑步，周末打场羽毛球，把体育变成家庭生活的一部分，把锻炼变成代际沟通的一项手段，把运动变成一种生活方式。实现这一目标，就需要从大众需求出发，从行业规律出发，将《体育强国建设纲要》中经常参加体育锻炼人数比例、人均体育场地面积等具体目标，落实在人们生活的细节中。

习近平总书记强调："体育承载着国家强盛、民族振兴的梦想。体育强则中国强，国运兴则体育兴。"全家人一起努力，全社会一起参与，积极融入全民健身，体育强国的愿景就能绘入国家富强、社会进步和每个人的幸福之中。

（2019年09月18日）

更好满足"幼有所育"的期盼

赵婀娜

坚守教育责任、秉持教育情怀,办高质量、有温度的教育,才能为国家和民族的未来夯实人才之基

又到开学季,不少学龄前孩子也走进幼儿园,开启了童年的快乐时光。就在不久前,第十三届全国人民代表大会常务委员会第十二次会议在京召开。围绕破解"入园难""入园贵"问题,审议国务院关于学前教育事业改革和发展情况的报告成为这次会议重要议程。

办好学前教育、实现幼有所育,关系亿万儿童健康成长,关系社会和谐稳定,关系党和国家事业未来。一个故事耳熟能详:40多年前,70多位诺贝尔奖获得者在巴黎聚会。有记者问其中一位,"在您的一生里,最重要的东西是在哪所大学、哪个实验室学到的?"这位白发苍苍的诺贝尔奖获得者平静地回答:"是在幼儿园。在那里,我学会把自己的东西分一半给小伙伴们……学习要多思考,要仔细观察大自然,这是于我一生最重要的东西。"这个故事表明,学前教育对人生轨迹有重要影响。

党的十八大以来,我国学前教育事业快速发展,管理制度不断完善,"入园难"问题得到有效缓解。但相比人民的期盼,学前教育目前仍是整个教育体系的短板;"入园难""入园贵"依然是困扰老百姓的烦心事之一;学前教育资源尤其是普惠性资源不足,幼师队伍建设滞后,监管机

制不健全，保教质量有待提高……破解这些难题，才能啃下教育领域改革攻坚过程中这块难啃的"硬骨头"。连续实施三期学前教育行动计划、印发《关于学前教育深化改革规范发展的若干意见》，正是旨在保持学前教育良好发展势头，回应人民群众对接受良好学前教育的期盼。

帮助学前教育迈过"爬坡过坎"关键期，尽快补上"短板"，需要进一步加大扶持力度，提升普惠服务水平。有研究发现，在学前教育上每单位的投资，可获得17倍的回报，这其中包含对个体成长的回报，也包含对社会福利、预防犯罪、增加税收等在内的社会公共事业的回报，研究验证了学前教育的社会公益事业属性。因而，学前教育必须坚持政府主导，落实各级政府在学前教育规划、投入、教师队伍建设、监管等方面的责任，充分调动各方面积极性，鼓励引导规范社会力量以公益普惠为方向、以安全规范为底线，以保教质量为目标办好幼儿园。

同时，满足人民群众对接受良好学前教育的期盼，还要划出红线，遏制部分民办园过度逐利的现象。近年来，人民群众对于上好园的旺盛需求使得学前教育成为资本逐利的重要领域。以资本运作追求更大规模、获取更高回报的行为，背离了学前教育的公益普惠属性，破坏了学前教育的健康生态。因此，严格落实有关社会资本的规定、"民办园一律不准单独或作为一部分资产打包上市"的禁令，对于促进学前教育优质发展，至关重要。

"求木之长者，必固其根本"。学前教育是重要的社会公益事业，唯有政府、社会、学校、个人共同努力，坚守教育责任、秉持教育情怀，办高质量、有温度的教育，才能满足人民群众对"幼有所育"的期盼，为国家和民族的未来夯实人才之基。

（2019年09月16日）

以制度阻断因病致贫返贫

李红梅

> 让所有贫困人口患了常见病慢性病有地方看、看得起,不仅彰显社会的文明程度,更体现医疗保障制度的公平性和可及性

生了大病,没想到报销后自己只花很少的钱;得了慢性病,今年慢病药品门诊也能报销;肾衰竭需要长期血透,经过医疗救助后,钱花得少了,全家有了希望……最近,各地医保扶贫政策落地,让更多患大病、慢病、重病的贫困人口不再发愁。

这一良好局面,源于基本医疗保障对贫困人口医疗需求进行特殊保障和倾斜支持。为避免贫困人口因病致贫返贫,2018年10月我国出台《医疗保障扶贫三年行动实施方案(2018—2020年)》,专门针对建档立卡贫困人口、特困人员等农村贫困人口医疗保障工作提出解决方案。目前,农村贫困人口参保率达到99.8%,经基本医保、大病保险、医疗救助三重保障后,农村贫困人口医疗费用实际报销比例超过80%。2018年"三区三州"因病致贫人口较上年减少16.3万人,其他深度贫困地区因病致贫人口较上年减少109.3万人。让所有贫困人口患了常见病慢性病有地方看、看得起,不仅彰显社会的文明程度,更体现医疗保障制度的公平性和可及性,使每个人都机会均等地拥有健康权益。

但实践中,一些地方也出现了过度保障的情况,导致小病大治、"赖

床不走"、争当"伪患者"的现象，引起人们的普遍关注。这与"全免包干"的地方冲动有关，也与一些医疗机构小病大治、希望病人越治花费越多有关。如何规避医疗机构以此作为骗保手段，如何监控治疗质量确保对症治疗、合理施治，如何控制不合理费用的增长，探索建立区域内医疗卫生资源总量、医疗费用总量与经济发展水平、医保基金支付能力相适应的调控机制等，需要进一步探索和总结经验。过度和不足都需要矫正观念，沉下心做好细致核算，以精准的思维做好扶贫工作，才能在费用和需求之间取得完美平衡，实现减贫目标。

实现精准脱贫需要进行精准识别、精准施策。根据世界卫生组织的定义，一个家庭在扣除基本生活费后，医疗支出超过剩余收入的40%，就属于"家庭灾难性医疗支出"。据测算，我国的"家庭灾难性医疗支出"大体上相当于城镇居民年人均可支配收入、农民年人均纯收入的水平，超过这个支出水平的人群属于大病人群。在这些人群中，又区分大病患者和长期慢性病患者，他们当中一些人是因为长期缺医少药、饱受困扰导致身体积弱继而带来家庭贫困，还有一些人是因为患先天性疾病长期拖累而导致家庭贫弱，如何对他们进行精准施策以及建立长期慢性病的管理保障机制有待进一步探索。如今有了良好开头，接下来需要更精确地瞄准贫困人口需求，结合个体、家庭、当地实际，建立精准脱贫长效机制，并与健康扶贫相结合，提高当地医疗服务水平，增强可及性，让贫困人口不再因病致贫、因病返贫。

始终关注贫困群体，保障人人都能享有健康，是中国打造这张世界最大医疗保障网的出发点和重要使命。消除贫困人口因病致贫返贫现象，才能让保障网越织越密，稳稳地托起每个人的健康中国梦。

（2019年09月12日）

推动宣传思想工作迈上新台阶

姜 赟

学好吃透用足《条例》，才能唱响时代主旋律、壮大社会正能量，有效应对意识形态领域面临的风险挑战

一个国家的发展，没有什么比人心更加宝贵；一个民族的复兴，没有什么比精神更能凝聚力量。如何焕发新时代新气象，如何激励奋斗者新作为？当此中流击水、奋楫勇进之时，做好新形势下宣传思想工作，才能坚定自信、鼓舞斗志，激励全党全国人民同心同德、团结奋斗。

在"不忘初心、牢记使命"主题教育开展之际，党中央印发《中国共产党宣传工作条例》正当其时。党的十八大以来，以习近平同志为核心的党中央高度重视宣传工作，习近平总书记亲自主持召开一系列重要会议、发表一系列重要讲话，深刻回答了宣传工作方向性、全局性、战略性重大问题。做好新形势下宣传工作，迫切需要将习近平总书记关于宣传思想工作的重要思想，以及我们党长期以来特别是党的十八大以来宣传工作形成的宝贵经验和有效做法，以党内法规的形式固定下来，为宣传工作提供基本遵循。《条例》是宣传领域的主干性、基础性党内法规，标志着宣传工作科学化规范化制度化建设迈上新的台阶，具有里程碑意义。

学好吃透用足《条例》，才能唱响时代主旋律、壮大社会正能量，为干事创业营造良好舆论环境。中国共产党为什么"能"，马克思主义为什

么"行",中国特色社会主义为什么"好"?这是全世界高度关注的问题,也是中国故事最精彩的主题。中国不乏精彩故事,需要精彩讲述。党的十八大以来,年均脱贫人口超过1300万,全面深化改革多点突破,"一带一路"倡议赢得世界认同……新时代的历史性成就和变革,是我们做好宣传思想工作最丰富的素材、最坚实的基础、最深厚的底气。只有按照《条例》的指导,把中国历史性飞跃背后的支撑力量讲清,把民族复兴征程上的指导思想说透,建设好社会主义意识形态、社会主义精神文明、中华文化软实力,才能实现"两个巩固",将中国特色社会主义伟大旗帜高高举起。

学好吃透用足《条例》,方能有效应对意识形态领域面临的风险挑战。意识形态不是虚无缥缈的,而是真切地反映在各类思想文化阵地上、各种思潮交锋碰撞中。当前,伴随各种观点泥沙俱下,一些错误思潮也沉渣泛起。有人鼓吹西式民主自由,有人刻意歪曲历史、丑化英雄,还有人抱着泛娱乐化、泛物质化的态度。面对谬误蛊惑之论,宣传战线的党员干部理应依照《条例》,当好思想战士,敢于交锋、善于引导,澄清谬误、明辨是非,最大限度地消除杂音噪声,让党的主张成为时代最强音。宣传工作是治国理政、定国安邦的大事,任何时候都要用真理之镜揭露谎言画皮、以科学理论的光芒驱散思想迷雾。

学好吃透用足《条例》,必须全面贯彻党管宣传、党管意识形态、党管媒体原则。处在中华民族伟大复兴的关键时期,置身当今世界百年未有之大变局,宣传思想工作比以往任何时候都更加需要高举党的旗帜、加强党的领导。做到这一点,作风是保证,要坚决反对形式主义、官僚主义,按照《条例》做到精准发力、务求实效;能力是关键,善于将使命任务落细落小落实,贯穿于理论武装、新闻出版、思想道德、文化文艺、网络建设管理、对外宣传、基层宣传等方面,不断增强社会主义意识形态的凝聚力和引领力。

做好新形势下宣传思想工作,就是为国家立心、为民族立魂。按照《条例》的要求,在"长""常"二字上下功夫,我们就能推动宣传思想工作开创新局面,在风险挑战面前站稳脚跟、淡定从容,在迅速变化的时代赢得主动,凝聚起推动中国号巨轮劈波斩浪的磅礴之力。

(2019年09月11日)

人工智能,看趋势也看需求

暨佩娟

2019中国国际智能产业博览会刚在重庆落幕,上海又召开了2019世界人工智能大会,各省市争分夺秒,抓紧布局,抢抓人工智能发展机遇。如今,以京津冀、长三角、粤港澳为代表的三大人工智能产业集聚区初具规模。

习近平总书记强调,"人工智能是引领这一轮科技革命和产业变革的战略性技术,具有溢出带动性很强的'头雁'效应。"在2017年,"人工智能"写入《政府工作报告》;国务院印发《新一代人工智能发展规划》,将"人工智能"发展提升到国家战略层面。随后,20多个省区市陆续发布新一代人工智能发展规划。人工智能,成为我国赢得全球科技竞争主动权的重要战略抓手。

在市场需求拉动和国家政策引导下,中国掀起了人工智能创业热潮,成为世界瞩目的人工智能摇篮。据中国信息通信研究院提供的数据,截至今年3月底,全球共有5386家活跃的人工智能企业,其中约22.1%来自中国大陆,仅次于美国。近十年,中国发表的人工智能领域论文超过9万篇,位列世界第一。可以说,我国经济发展的动能转换,正行进在抢占未来产业竞争制高点的上坡路。

然而,人工智能迅速发展的同时,也出现了一些需要关注的现象:为抢"风口",一些企业硬是和人工智能"攀亲戚",结果徒有名头,缺乏核心竞争力，对自动驾驶、机器人、智慧城市等应用一哄而上，却少有精力用于基础性研究；为争"帽子"，一些地方一窝蜂地开建人工智能产业园，资源整合利用率低，导致不少园区呈现空心化趋势。对此，各地还需解决一些深层次问题，攻破一批关键核心技术，才能使人工智能在提升产业智能化水平、改善民生上迈出坚实的步伐。

人工智能不是玩酷耍炫，而是带动产业革故鼎新。与产业发展相融合，人工智能才能成为推动我国科技跨越发展、产业优化升级、生产力整体跃升的重要战略资源。无论是企业还是地方政府，只有专注起来，才能推动人工智能与市场需求相匹配，融入实体经济，才能攀登科技和产业的"珠峰"；只有沉下心来，强化人工智能的基础性研究和开发，撑高行业人才培育的天花板，优化生产经营软硬件环境，处理好人工智能发展与法律、安全、道德伦理和治理等方面的关系，人工智能才可能真正发挥"头雁"效应，为高质量发展提供新动能。

服务百姓迈向美好生活，是人工智能的重要使命，也是向前发展的重要动力。习近平总书记强调，要加强人工智能同保障和改善民生的结合。无论是刷脸支付、智慧安保，还是线上问诊、云上储存，其根本目的，都是为了保障和改善民生，提高人们的获得感、幸福感与安全感。为了进一步满足人们在医疗、交通等领域的民生需求，我们要打破"数据孤岛"，用先进技术攻克难点痛点，努力降低使用成本，让人工智能走进寻常百姓家。

全球新一轮科技革命和产业变革，瞬息万变、百舸争流。我们要准确识变、科学应变、主动求变，既用望远镜，准确把握全球人工智能发展态势；又用显微镜，聚焦人工智能与实际需求相契合，推动数字经济和实体经济深度融合。发挥好人工智能的"头雁"效应，必将助力中国经济高质量发展。

（2019年09月11日）

让教师成为让人羡慕的职业

何 娟

每年秋天，都是老师们一个学年辛勤耕耘的开始，也是弘扬尊师重教美德的最好时点。在第三十五个教师节到来之际，教育部发布的一系列成果收获不少点赞：提振"师道尊严"，树立优秀教师典型，设立教师职业行为准则；提升"地位待遇"，完善教师荣誉制度，教师工资升至全国十九大行业第七位；开拓"发展空间"，完善教师职称评聘制度，畅通教师发展通道。这些成果让更多人看到，深化教育改革实实在在落实到了教育工作者的获得感中。

百年大计，教育为本；教育大计，教师为本。这些年来，《中华人民共和国教师法》《关于加强教师队伍建设的意见》《关于全面深化新时代教师队伍建设改革的意见》等一系列法律法规、政策文件，以及"特岗计划""公费师范生计划""乡村教师支持计划"等专项计划的实施，夯实了保障教师安心从教的制度基石，让广大教师在岗位上有幸福感、事业上有成就感、社会上有荣誉感。

"经师易求，人师难得"。如何吸引更多优秀人才加入教师队伍、如何打造高素质的教师群体，各地学校尤其是乡村、艰苦地区面临不小挑战。身安、心安方能厚植出教育情怀。要打造一支师德优良、学识过硬、愿意扎根乡村的教师队伍，必须花大力气、下细功夫。如此，才能让优秀人才"下得去、留得住、教得好"，点亮一方梦想与心灵的"明灯"。

人民时评

正是在这样的思路下，我们看到，2018年约127万名连片特困地区的乡村教师享受到了每月最高2000元的生活补助；实施国培计划，培训教师校长120万人次；300名乡村优秀青年教师获得了1万元奖励金……制度温暖和人性关怀浇灌着偏远艰苦地区的教育事业，乡村开始留得住、也正在吸引更多教育人才。截至目前，28个省份已吸引约33.5万名高校毕业生到乡村任教，其中2018年约4.5万人。教师队伍建设的工作仍在路上，但只要将"贵师重傅"切实落到制度惠人、留人中，乡村教师队伍定能更加蓬勃壮大。

也要看到，优质教师队伍的培育，离不开全社会尊师重教良好氛围的浸润和滋养。乡村教师支月英坚守在偏远山村的讲台39年，从"支姐姐"到"支妈妈"再到"支奶奶"，几十年如一日的奉献点亮了大山孩子的童年，这份执着和赤子情怀深深打动了无数人。她先后被授予了"全国教书育人楷模""感动中国2016年度人物"等荣誉称号，她的故事还被拍进电影《一生只为一事来》，将大爱永远传颂下去。詹英贤、辛德惠等一批批中国农业大学老师把课堂搬到河北曲周的盐碱地上，带领学生把论文写在大地上，收获了全社会点赞，曲周县还专程编演了豫剧《天绿》，感恩农大人的付出。其实，像这样的优秀教师数不胜数，他们兢兢业业地挺起了民族教育的"脊梁"。用尊敬之声、礼赞之行温暖每一位爱岗敬业的"筑梦人"，就是对教育最大的支持，对教师最好的礼物。

教育是什么样子，明天就是什么样子。习近平总书记强调："让教师成为让人羡慕的职业。"全社会共同守护教育工作者的信仰和从教情怀，让"尊师"氛围成为常态，让"重教"主张惠及每一位老师，民族就有希望，国家就有未来。

（2019年09月10日）

时代，在歌声中前进

何鼎鼎

> 让每一首歌激发中华民族伟大复兴的行动力量，就能把我们赤诚的心、火热的爱汇入时代的大合唱

最近，一批新出炉的主旋律歌曲又与听众见面：《我们都是追梦人》《复兴的力量》《时代号子》《和祖国在一起》《青春跃起来》……内容各有侧重，词曲风采不同，但无一例外，都唱出了这个时代的关注。

歌诗合为事而作。主旋律歌曲之所以称为"主旋律"，因为它总能发出时代的强音，击中人心的"最大公约数"。"千山万水，奔向天地跑道；你追我赶，风起云涌春潮"，这是《我们都是追梦人》描摹的小康路上的奋进场景；"汗也不白流，累也不白受，实干才能出成就，谁也别吹牛"，这是《时代号子》对实干兴邦最质朴的歌咏；"如果不曾长路跋涉，怎知道道路曲折？如果不是跨越江海，哪知道前途壮阔？"这是《乘风破浪再出发》对奋斗历程的回首，对"两个一百年"壮阔征程的展望。让每一首歌激发中华民族伟大复兴的行动力量，就能把我们赤诚的心、火热的爱汇入时代的大合唱。

一代人有一代人的胸臆，一代人有一代人的旋律。今天，即便虚拟现实等技术带来综合感官体验，我们依然需要歌曲这种最古老的媒介，依然需要以最直接的方式，向山河致敬、为奋斗高歌、为人民喝彩。上

人民时评

世纪40年代,是一曲《南泥湾》,让"艰苦奋斗、自力更生"的精神品格传遍大江南北;60年代,是一曲《边疆处处赛江南》,赞美了兵团屯垦戍边的累累硕果;80年代初,是一曲《在希望的田野上》,唱响西村纺花、东港撒网、北疆播种、南国打场,歌颂了农村生产力的极大解放。今天,新一代音乐人笔耕不辍,继续写下《脱贫宣言》《金不换银不换》等歌曲,宣示着全面小康"一个都不能少"的决心,书写着对绿水青山的守望。

山川河流稻香,乡关家国故园,主旋律歌曲的底色是爱国。三年前,有人在香港大学演讲,问及大家的启蒙歌曲,听众席上,先飘来几个微弱的音符:"一条大河波浪宽……"没想到,全场很快齐唱起《我的祖国》。脱口而出的,不仅是共同的文化记忆,更是对这个国家发自心底的身份认同。正所谓"言有尽而意无穷"。很多时候,语言有表达的边界,歌声更能交心也能暖心。呼唤更多打动人心的作品涌现出来,让它们口口相传、代代相传,成为人心的润滑剂,成为情感的黏合剂。

歌以咏志,我们绝不能小觑一首歌中蕴藏的时代力量。去年,深圳博物馆收藏了歌曲《春天的故事》创作手稿。这首歌词,是1992年12月,作词人蒋开儒一气呵成写就的。蒋开儒受《东方风来满眼春》一文影响,下海闯深圳,很快将所见所闻倾泻笔端;《春天的故事》一经传唱,又鼓舞激励了无数改革开放的弄潮儿;今天,中国特色社会主义先行示范区建设再次选择了深圳,改革开放继续书写着伟大且激动人心的乐章。春天的故事,唱出了一曲新词。

时代,在歌声中前进。迎接新中国成立70周年的喜庆时刻,面对诸多历史性成就与历史性变革,我们完全应该也能够唱出今日中国的底气与志气,唱出继往开来的中国精神与中国气派。就像《乘风破浪再出发》所唱的那样:沧海横流,这是中国;海纳百川,这是中国。

(2019年09月06日)

爱国报国　建功立业

李　斌

> 拳拳爱国心、殷殷报国情，构成了一个人养浩然之气、立鸿鹄之志、成不朽之业的精神源泉

填补我国原子核理论空白的于敏，深藏功名、埋首奉献的张富清，创建超级杂交稻技术体系的袁隆平，推动老区经济建设和脱贫攻坚的申纪兰……近日，8名"共和国勋章"建议人选、28名国家荣誉称号建议人选进行公示，在社会上兴起一股见贤思齐、崇德向善、争做先锋的热潮。

人生乐章里，爱国是最动人的音符；逐梦征程上，报国是最鲜艳的色彩。8名"共和国勋章"建议人选和28名国家荣誉称号建议人选，一个共同特征就在于他们心中洋溢着对祖国的深沉大爱，生命里盛装着对人民的无限忠诚。从"两弹一星"、核潜艇等国之重器跃然于世，到杂交水稻、青蒿素等重大突破造福世人，从防沙治沙、脱贫攻坚，到巡边护边、为国戍海，正因为他们的无私付出、竭诚报国，我们的国防更加稳固有力，生活更加安定有序，经济社会发展更加欣欣向荣。这些功勋模范人物竭尽所能乃至穷尽毕生之力，为党、国家和人民的事业作出了不可磨灭的贡献。

习近平总书记强调，"爱国，是人世间最深层、最持久的情感，是一

个人立德之源、立功之本"。一个人爱国与否,不仅在精神层面形成高尚与卑劣、伟大与渺小的分界,也往往在意义层面引致人生价值、社会贡献的分野。历史实践告诉我们,无论是赤胆忠心献身国防事业,还是全心全意为民生福祉打拼,或是鞠躬尽瘁致力于重大科技创新,在国家大事、民族大义、时代需要面前,爱国情感总能生发出强烈的责任感、旺盛的战斗力、执着的事业心,指引一个人建树卓著功勋。可以说,拳拳爱国心、殷殷报国情,构成了一个人养浩然之气、立鸿鹄之志、成不朽之业的精神源泉。

国之英者,时之楷模。一簇星光点亮一方夜空,一束玫瑰馨香整座房宇。作为国家最高荣誉,国家勋章和国家荣誉称号的颁授,不仅是对功勋模范人物本人突出功绩和精神风范的极大褒奖,同时也树起国家荣誉感的风向标,向全社会发出关心英雄、珍爱英雄、尊崇英雄的强烈信号。入围国家勋章和国家荣誉称号建议人选的功勋模范人物,既是国家栋梁、社会先锋、行业翘楚,也是我们身边的可爱可敬、可亲可感的榜样典型。隆重进行国家功勋荣誉表彰活动,耸立爱国主义和家国情怀的精神灯塔,必将有助于推动形成爱国奋斗的蔚然风尚,汇聚以爱国报国为荣的时代潮流。

新时代是奋斗者的时代。当此民族复兴的关键一程,报国之路、用武之地更加广阔,在许党许国、服务人民中建功立业,可谓正当其时,呼唤每个人撸起袖子干、挥洒汗水拼。让个人奋斗与国家发展同频共振,把实现个人梦、家庭梦融入国家梦、民族梦之中,所有爱国者、奉献者、改革派、实干家、创业者、建设者的力量聚合起来,就是新时代的兴国之魂、强国之光。中华民族的伟大复兴,因为亿万追梦人英雄般的奋斗而更加精彩。

国家因英雄辈出而强大,民族因精神挺立而兴旺,社会因正气浩荡而温暖,爱国主义始终是把中华儿女坚强团结在一起的精神力量。在新中国成立70周年之际,我们向优秀模范看齐,向英雄人物学习,努力把自己的事情办好,让全民族积蓄已久的复兴能量尽情释放,为建设社会主义现代化强国建立新的功勋。

(2019年09月05日)

消费新潮流　发展新机遇

盛玉雷

> 不同的流行趋势折射出中国市场海纳百川的开放心态，反映着人们不断升级的消费层次
>
> 优胜劣汰的市场机制必不可少，行之有效的行业规范也不可或缺，这些理应成为推动中国品牌健康成长的基础性要素

把"奶糖的香"涂在手上，将"故宫的美"抹在脸上，让"报纸的墨"秀在身上，使"花露水的味"掺进酒里……这股跨界融合的消费新潮流，不仅让传统文化和潮流文化产生了奇妙的"化学反应"，在消费领域也掀起了一场关于经典和流行的"头脑风暴"。

这股消费新潮流，既满足了时尚追求，又凸显了文化内涵，和当下年轻人的消费偏好不谋而合。有态度又实用，有情怀又独特，有质感又新潮，附着在潮流中的情感诉求、价值归属和群体认同，让这些充满创意的商品与品牌收获了大量的新生代消费群体，在竞争激烈的市场上成功走出一条转型升级之路。

从美食饮品到服装美妆，从电影电视到文创周边，消费新潮流里总能发现老字号的新面孔。如今，中国品牌的消费人群在不断增加，走出国门、扬帆出海的中国品牌也越来越多，背后依靠的正是良好的口碑、稳定的质量和创新的态度。告别"土味""过时"的标签，一件件情怀与

R 人民时评

时尚跨界融合的国产商品、一个个跟跑并跑乃至弯道超车的中国品牌应运而生，自然令消费者感到惊喜。

纵观今天的消费潮流，不同的流行趋势折射出中国市场海纳百川的开放心态，反映着人们不断升级的消费层次。中国品牌与来自世界各地的商品同台竞技，让消费者在家门口就能"货比三家"，收获最佳的性价比。无论是对中国品牌的消费喜好，还是对进口商品的消费选择，消费者都是开放的中国市场的受益者。某种程度上，消费既是一种经济现象，也有着丰富的文化内涵。一方面，消费潮流是世界经济文化交流互通的结果；另一方面，新的消费潮流的兴起也让更多新生代消费者相信，增强文化自信、保持文化自觉、涵养文化内涵、挖掘文化价值，潮流可以土生土长，时尚也能风起本土。

让消费新潮流成为推动中国品牌升级的契机，需要进一步培育和规范市场、用好文化资源。需要看到，消费新潮流中的相关品牌，有的与世界一流品牌还存在不小差距。比如，一些现象级潮牌做工粗糙、制作简陋，只是在包装上做一些表面功夫；有的爆款产品山寨抄袭、过度营销，缺乏真正的历史意蕴和文化味道。这些现象的存在，影响了人们的观感。无论对消费者还是生产者来说，消费潮流能否经久不衰，很大程度上取决于市场能否良性发展。消费潮流既要立足本土，也要接轨世界。就此而言，优胜劣汰的市场机制必不可少，行之有效的行业规范也不可或缺，这些理应成为推动中国品牌健康成长的基础性要素。

今天，世界500种主要工业品中，中国有220多种产品产量位居全球第一，但还有相当一部分都处在微笑曲线的底端。中国品牌，在今天正迎来新的发展机遇。以此为契机，增强文化自信，加强品牌建设，发掘市场潜力，消费者就能拥有更多选择，中国品牌定能绽放更多光彩。

（2019年09月04日）

老年护理需向末端延伸

李红梅

> 把医院护理延伸到家,既能解决稀缺医疗资源被康复和护理占据的问题,也能够为疾病治疗提供接续性医疗服务,提升卫生与健康服务水平

近日,国家卫健委召开新闻发布会介绍我国老年护理工作有关情况。国家卫健委聚焦4000万失能和半失能老年人护理需求,制定了《关于开展老年护理需求评估和规范服务工作的通知》以及《关于加强医疗护理员培训和规范管理工作的通知》两个文件,从国家层面给老年护理建立评估标准。而近期公布的《健康中国行动(2019—2030年)》特别提到,推动医疗卫生服务延伸至社区、家庭。

老年人在社区、家庭最需要的医疗卫生服务是康复和护理。随着年龄增长,老年人身体各器官机能下降,往往患有一种或多种慢性病。统计数字显示,我国超过1.8亿老年人患慢性病,患有一种及以上慢性病的比例高达75%。失能、部分失能老年人也需要长期护理。这些人群需要长期服药,定期治疗,如果出现并发症,还需要更多的治疗、康复和护理。比如糖尿病患者出现糖尿病足,需要精心护理;一些脑卒中患者病情稳定后,需要长期康复训练;有些卧床养病的老人,需要定期输液、换药等等。这说明,康复和护理与疾病治疗同等重要,需要向社区、家

R 人民时评

庭这个末端延伸。

大量研究证明，效果好的社区，家庭护理是覆盖全病程的，与医院提供的医疗服务是一体化的、延续的。这种服务模式的一个重要特点，就是充分体现了"以人民健康为中心"的理念，延续医院一体化的治疗方案，整合有关资源，对全病程进行医疗资源合理分配和管理，最大化提高医疗卫生体系服务效率，节约医疗资源，提高疾病治疗效果，满足患者日益多样化、多层次的护理需求。

现实中，针对老人的康复、护理或提供慢性病健康管理的专门接续性医疗机构很少，老年患者从医院出院后直接回到家，靠家人进行护理。一些老人担心出院回家后护理不好，康复不到位，拒绝出院。然而，大医院肩负治疗疑难重症的重任，长期占用大医院稀缺的医疗资源进行康复和护理，不合理也不科学。正因此，把医院护理延伸到家，既能解决稀缺医疗资源被康复和护理占据的问题，也能够为疾病治疗提供接续性医疗服务，提升卫生与健康服务水平。这些年来，从"网约护士"到"护士到家"，都是沿着这一思路进行的。但从全国来看，仍需要建立护理延续到家的供给体系，从全病程出发对医疗资源进行合理分配和管理。

眼下，应着手利用现有的医疗资源，推动医院延伸、社区接续形成一体化的护理服务体系，满足老年人急迫的康复、护理需求。一方面，大医院应利用医联体优势，指导、联合社区卫生服务机构或是其他专门的护理、健康管理机构，一体化延伸医院护理服务到社区、家庭。另一方面，社区卫生服务机构应接续起医院护理服务，医院、社区实现信息互联互通，家庭医生团队接受大医院指导和技术培训。当然，还应鼓励一些一、二级医疗机构转型成为康复、护理机构，或是设置专门的康复、护理病房，并培养专门的护理人才。

人人都希望老年也能维持生活质量，过健康无忧的生活。对此，健康中国战略已做谋划，提出为人民群众提供全方位全周期健康服务。接下来，应推动医疗卫生服务体系转型，发挥家庭医生作用，完善护理服务供给体系，保障好老年人的护理需求，搭建一个健康的老龄社会。

（2019 年 09 月 03 日）

房贷改革有利于精准调控

洪乐风

> 房贷改革不是为了"放水",是对利率市场化的顺势而为,利率的总体水平基本与此前相当,利息的实际支出基本不受影响。把房贷改革向精准化的纵深推进,要贯彻"以人民为中心"的发展思想

前不久,央行发布公告称自10月8日起,新发放商业性个人住房贷款利率以最近一个月相应期限的贷款市场报价利率(简称LPR)为定价基准加点形成。这条被称为"房贷新政"的改革举措引发多方关注。大部分解读从利率形成机制入手,分析政策对不同购房群体的不同影响,普遍认为改革前后的利息负担相当,对房地产市场短期作用不明显,更适合精准调控、因城施策。

首先,房贷新政是利率市场化改革的有机组成。应当看到,商业银行发放住房贷款本就应由"市场起决定性作用",但目前贷款利率参照基准利率上下浮动,而基准利率又由行政部门确定,且长期相对稳定不变,这很容易造成资源错配、降低金融效率。所以,参照公开市场操作尤其是LPR,是解决基准和市场利率"两轨合一轨"的关键一招。由此,房贷利率按月再与LPR"对表",自然会较为及时反映市场利率的波动,有利于风险释放与效率提升。可见房贷改革不是为了"放水",是对利率市场化的顺势而为。

其次,房贷利率水平总体上没太大变化,更适合精准调控、因城施

人民时评

策。市场上主要的担忧情绪在于新的利率形成机制的"任性"。但从中长期看，LPR水平的浮动并非信马由缰，基本上会反映金融服务实体经济的能力，同时还会受到必要的窗口指导。短期来看"加点"也是重要调节手段。比如，当前北京首套、二套房贷利率，为基准利率分别上浮10%、20%左右。改革后，房贷利率首套不得低于LPR，二套不得低于LPR加60个基点，再综合考虑各城市、各银行的自由裁量权，以及还贷过程中的"利率重定价"因素，房贷利率的总体水平基本与此前相当，利息的实际支出基本不受影响。

再次，从宏观调控取向来看，"房住不炒"定位未曾动摇，房地产决不会再成为短期刺激增长的手段。为避免房价尤其是热点区域房价的大起大落，房贷利率作为购房成本重要内容，也必然受到适时适度的预调微调，必然服从、服务于调控的目标和大局。另一方面，近来各类保障性、政策性住房的建设，比如上海将外来人口纳入共有产权房申报范围，大都属于"首套、首贷"范畴，贷款审批享受一定程度优待，事实上分流了相当一部分信贷需求，支撑了房贷利率整体上的平稳。

也要看到，一些地方房贷政策存在错位、越位的倾向。比如有的银行对改善性需求不分青红皂白收紧乃至拒贷，有的银行因为自身信贷额度或投放节奏的偏差，人为拖延审批时间。还有个别城市为了平抑房价，对公积金贷款客户另设缴存年限、发放额度等种种不合理限制。刚性和改善性需求群体主要为工薪阶层，大数据时代完全可以做到详尽评估，"无差别"的"一刀切"有条件转化为精准施策。对此，未来全面深化住房信贷改革必须着眼于差别化、个性化、精准化的高质量金融服务。

房地产市场的发展，说到底要贯彻"以人民为中心"的发展思想；房地产市场的调控，最终要紧紧围绕共同富裕这条主线展开。改革开放以来，城镇人均住房面积从6.7平方米跃升至36.6平方米，是非常了不起的成就。展望行进在城镇化后半程的房地产市场，我们有充满活力的微观基础，有坚实可靠的中观保障，有多元高效的宏观工具，只要依靠科学规划、合理引导、审慎监管，我们就能实现住有所居的目标。

（2019年09月02日）

依法治理"校闹",守护校园安宁

张 璁

通过依法治理还学校一片净土,是形成良好教育生态的应有之义

一段时间以来,因学校安全事故等引发的"校闹"事件时有发生,个别人把"闹"当做了与学校讨价还价、获取更大利益的手段。针对这一社会普遍关注的问题,教育部等五部门日前印发《关于完善安全事故处理机制维护学校教育教学秩序的意见》,强调构建从加强预防到依法惩治,再到多部门合作、形成共治格局的完整治理体系。

"校闹"现象的存在,侵害学校和教师的合法权益,挑战了法律底线。面对"校闹",有的地方政府、教育行政部门或学校出于各种原因,没能严格依法办事、果断处置,而选择息事宁人甚至"花钱买平安",进一步助长了这股歪风邪气的蔓延。长此以往,结果只能是让学校承担其不应承担的责任和压力,以至于一些学校不敢正常开展体育教学、课外活动等,甚至不敢正常批评教育学生。

杜绝"校闹",要注重抓校园安全的源头预防。由于实践中"校闹"的主要诱因是学校安全事故纠纷,做好安全风险防控就显得非常重要,应努力做到不出事故或减少事故,从源头上消除"校闹"行为。这也是对学生最基本的关心爱护。为此,《意见》强调加强学校安全事故预防,

要求各有关部门、各级学校树立预防为先的理念，健全学校安全风险防控的各项制度、机制。这不仅意味着要压实学校的安全责任，加强对学校校舍、场地、消防、食品安全和传染病防控等事项的监管，而且在加强学生的安全教育、健全学校安全隐患投诉机制等方面也须同步着力。

面对个别家长的过激行为，畅通纠纷解决渠道十分关键。现实中，一些学校处置应对不专业、不到位，受伤害方与学校易产生对立情绪，往往难以达成一致。同时，由于诉讼途径费时长、程序多、成本高，许多受伤害方不愿意通过诉讼方式解决纠纷，进而给"校闹"埋下了隐患。为此，《意见》强调第三方机构在纠纷化解中的作用，同时要求以保险机制为核心建立多元化的损害赔偿机制；学校则应积极通过协商、调解、诉讼等方式化解纠纷，确有责任的要依法、及时进行伤害赔偿，消除"校闹"的潜在诱因。

除了"疏"也要"堵"，治理"校闹"必须坚守法治底线。无原则的"花钱消灾"往往为"校闹"现象的滋生提供了土壤，此次《意见》明确禁止不顾法律原则的"花钱买平安"行为。例如，规定在相关责任明确前，学校不得赔钱息事；为避免个别人出于息事宁人的考虑片面加重学校责任，规定任何组织和个人不得非法干涉纠纷处理。同时，对于"校闹"中实施的违法违规行为，应坚决依法予以惩处，对其实现有力震慑。依法办事，才能为学校安心办学、静心育人筑起法治的防护墙。

通过依法治理还学校一片净土，是形成良好教育生态的应有之义。学校要客观理性认识安全风险，做好风险防控，相关各方也要为学校办学安全托底，维护老师和学校应有的尊严，消除学校后顾之忧。在校园营造安全的工作学习和生活环境，才能让孩子们快乐成长、全面发展。

（2019 年 08 月 30 日）

高质量立法回应民生诉求

支振锋

法律是社会问题的综合性解决方案，衡量善法的一个重要标准，就是对国计民生重要问题的关注和回应

增加禁止高空抛物的规定，保护"头顶上的安全"；在职业病防治、社会急救等方面增加相应规定，提升公民全生命周期健康保障水平；细化个人信息和隐私权保护，对人格权的概念予以完善……刚刚闭幕的十三届全国人大常委会第十二次会议，对一批涉及诸多重要民生议题的法律进行修改，彰显了新时代立法的民生导向，引发公众广泛关注。

"立善法于天下，则天下治"。立法为民，法贵便民。法律是社会问题的综合性解决方案，衡量善法的一个重要标准，就是对关系国计民生重要问题的关注和回应。改革开放40多年来，特别是党的十八大以来，立法工作坚持人民主体地位，坚持以人民为中心，恪守以民为本、立法为民理念，不断完善中国特色社会主义法律体系，在维护人民权益、维护社会公平正义、维护国家安全稳定方面发挥了重要作用。中国特色社会主义进入新时代，我国社会主要矛盾发生变化，立法工作也正在不断向民生细微处覆盖。

今天，人民美好生活需要日益广泛，不仅对物质文化生活提出了更高要求，而且对法治、公平、正义、安全等方面的要求也在日益增长。

这就需要以保护产权、维护契约、规范市场、公平竞争等为导向,完善社会主义市场经济法律制度;更好坚持依法治国、依法执政、依法行政共同推进,法治国家、法治政府、法治社会一体建设,把权力关进制度的笼子里。本次常委会审议通过了新修订的药品管理法,关于修改土地管理法、城市房地产管理法的决定,资源税法,正体现了立法对人民期待的积极回应。

以立法回应人民群众最关心最直接最现实的权益,是我国社会主义立法的鲜明特征和突出优势。人民群众美好生活需要有了新内涵,民生立法就有了新任务。在医疗体制不断改革完善的背景下,如何在保证人民用药安全的前提下确保"救命药"的供应,如何更好利用互联网和信息化手段提升医药服务,成为此次药品管理法修订草案、基本医疗卫生与健康促进法草案审议中的热点。而对于近期各地频频发生的高空抛物坠物事件,在法律草案审议过程中,也针对调查取证这个最大的难点,特别强调公安机关等相关机关应及时调查、认真查清责任人,从而让亿万居民在日常生活中感受到最切身的安全。

民生立法要以问题为导向,还要以高质量为方向。习近平总书记指出,"人民群众对立法的期盼,已经不是有没有,而是好不好、管用不管用、能不能解决实际问题""越是强调法治,越是要提高立法质量"。落实这一要求,就要坚持科学规划、立改废并举,完善立法工作机制和程序,扩大公众有序参与,充分听取各方面意见,使法律准确反映经济社会发展要求,更好协调利益关系,发挥立法的引领和推动作用。不断提高立法科学化、民主化水平,才能提高法律的针对性、及时性、系统性,为全面深化改革保驾护航。

"大道之行也,天下为公"。坚持以人民为中心,尊重人民主体地位,就是要以人民期待为第一动力,以群众呼声为第一信号,努力使每一项立法都符合宪法精神、反映人民意愿、体现民生需求,真正实现高质量立法,更好守护人民群众获得感、幸福感、安全感。

(2019年08月29日)

互联网医院升级智慧医疗

李红梅

> 对监管部门来说,互联网医院的出现是一道新的考题,也是迎接未来智慧医疗的必答题

经过医院明确诊断的疾病,今后将可以在互联网医院进行复诊、开出药品、送药到家。不久前,上海市卫健委发布《上海市互联网医院管理办法》,并将于9月1日起施行,各地互联网医院落地细则也在陆续出台。互联网医院的发展完善,有助于实现优质医疗资源的优化配置,提高医疗服务质量和效率,也将为偏远地区患者带来便利。

在优质医疗资源相对稀缺的情况下,大医院大专家往往集中在大城市,基层和偏远地区的医疗技术、设备、服务能力相对较差,不能充分满足人们的需求。而互联网技术的飞速发展,让优质医疗资源变得触手可及。比如这一新生事物的先行探索者宁夏回族自治区,引进了多家互联网医院,让当地居民不出远门也能与北京、上海等地大医院专家"面对面"。医生拿着共享检查信息,通过远程视频"问诊",提供咨询,开具处方,满足人们看病的需求。看病模式的改变,使医疗服务变得像超市一样,随手可得、又快又好,让人们求医问药更加轻松和便捷。

互联网医院作为新生事物,又涉及医疗这一特殊领域,其运行状况自然备受关注。前段时间,有人从互联网医院平台买到处方药的现象被

曝光，引起人们的不安。这源于医疗的服务特性，即医生需触诊、叩诊才能对症下药。因此，通过视频"面诊"正确诊断病情，让处方药在严格的监管下得到合理使用，便成为互联网医院高质量运行的关键。正是认识到这个问题，去年9月，国家卫健委出台《互联网医院管理办法（试行）》等3个文件。上海市此次公布的互联网医院管理办法，也强调对互联网诊疗行为的质控。此前，宁夏、福建、山东等省份公布了有关政策，均涉及互联网医院设置要求、看什么病、如何收费等内容。在行业自律方面，一些地方出台了《互联网医院便民门诊的执行规范》，对互联网医院诊疗作出自我约束。

一系列办法和规范的出台，为互联网医院的健康发展奠定了较好的监管基础。目前，各地互联网医院将诊疗对象限定在一些常见病、慢性病的复诊患者人群，同时，各地也逐步建立监管平台，实行留痕管理，同时厘清平台和实体医疗机构的责任，等等。在此基础上，根据互联网的特点，有必要在传统医疗服务监管的基础上善用新技术和手段，比如建立互联互通的电子病历系统，用以鉴别诊疗行为是否符合规范；有些地方建立了专门审查处方的药师审核平台，有效把关处方药开具行为；一些地方还通过人工智能、大数据实时监控互联网诊疗行为，有效杜绝不合规范行为。另外，上海互联网医院管理办法提到，互联网医院可以开展家庭医生签约服务，北京、杭州等地的一些企业也已经开展这一平台业务。如何引导大医院和这些平台形成有效分诊关系、提供合理的服务，需要信息互联互通和在线监管技术的同步升级。这样，才能更好地为居民提供全方位全生命周期的健康服务，提高健康管理的效果。

对监管部门来说，互联网医院的出现是一道新的考题，也是迎接未来智慧医疗的必答题。互联网医院虽然刚刚起步，却是建设健康中国的重要力量。有关各方把好质量关口、筑牢制度堤坝，方能让互联网医院茁壮成长，守护更多人的生命健康。

（2019年08月28日）

推动体育产业融入城市经济

康 岩

实现体育设施的有效供给,需要发挥好市场的作用,做好增量、盘活存量

如今,运动健身成为越来越多人的生活习惯,科学健身的理念深入人心。伴随全民健身热潮,近年来我国体育消费也在持续增长,带动体育产业快速发展。

满足全民健身需求、培育体育产业,离不开体育设施的有效供给。今年7月印发的《国务院关于实施健康中国行动的意见》要求:"努力打造百姓身边健身组织和'15分钟健身圈'。推进公共体育设施免费或低收费开放。"目前,公共体育设施的有效供给尚显不足。不时见诸新闻的"广场舞大妈与篮球少年争夺场地"就是一例。一些社区的公共健身器材存在老化损坏等现象,而传统体育场馆往往不对公众开放。有数据显示,仅27%的体育场馆完全向公众开放,14%的场馆部分对外开放。突破瓶颈,需要探索更加有效的体育设施供给方案。

开展全民健身、发展体育产业,应让体育产业更好融入城市经济。当前,体育消费占有的比重越来越大。今年1月,国家统计局与国家体育总局公布的一份公告显示,2017年,全国体育产业总规模(总产出)为2.2万亿元。推动体育产业更好发展,作为基础设施的体育场馆需要

加快扩大有效供给。城市住建、规划等职能部门有必要和体育部门一道，集体筹划，同向施策，从理念、政策、落实等层面，推动体育产业链和城市经济发展深度融合，实现运动健身和全域消费资源的有效衔接。

实现体育设施的有效供给，需要发挥好市场的作用，做好增量、盘活存量。最近几年，"体育综合体"的概念正在悄然兴起。一些地方以体育项目为引擎，实现对大型商场、餐饮、娱乐、购物等消费链的深度整合。同时，整合资源、盘活存量，做好废旧厂房、矿山、学校等"金边银角"的二次利用，也有助于破解城市里运动空间不足的老大难问题。

今天，运动健身不仅是一种生活方式，也成为一种社交方式，需要用好"互联网+"等新技术手段。不久前举办的一场线上运动狂欢节，每天有超过30万人参与48个不同的运动话题，产生超过100万次点赞分享评论等互动行为。一些商业体育机构依托数字新媒体、人工智能、体育新零售等全新科技与商业模式，探索城市大型体育场馆的一体化智慧运营。比如，运用电子会员卡绑定用户头像，可线上购票预订，通过人脸识别智慧前台进入场馆；游泳馆入场人数、水质监测数据实时传送；开启线上"运动银行"，通过积累步数、观看体育节目等换取虚拟"卡币"，可抵扣线下消费；通过大数据精准分析用户运动习惯，进行精准指导……这些创新，不仅优化了健身体验，也推动了业态黏合。

运动释放生命活力，助力美好生活。创造条件满足更多人的体育需求，运动健身才能更好成为社会风尚，健康中国的愿景也将渐行渐近。

（2019年08月27日）

用阅读标注城市文化地图

沈 彬

> 实体书店，正在成为城市文化的毛细血管，调节着我们的文化呼吸，营造着一个城市的文化气质

不久前，为期一周的 2019 上海书展暨"书香中国"上海周落下帷幕。500 余家出版单位、16 万余种参展图书汇集主会场，100 余个分会场联动，为炎炎夏日带来阵阵书香，也成为一座城市的文化记忆。

已经办到第十六个年头的上海书展，究竟有什么样的魅力，能让读者在烈日当空下排队入场？其实，书展是书的展示，又不止于阅读本身，而是一场文化盛宴，成为一座城市的人文会客厅。上海书展期间，共举办 1200 多场活动。丰富的周边讲座、沙龙交流，烘托起城市的文化热度，让书展成为读书人的节日。上海也充分利用了这次机会，动员相关文化机构广泛参与。出版方、博物馆、作协、科协、教育界、戏曲界等相关各界热情参与，摆出一道道精神大餐，让读书人涵泳其中，流连忘返。书展起于书籍，但不止于阅读，相关文化机构共同发力，正在打造文化的良性生态圈。

今年上海书展的亮点之一，就是重新发现实体书店的价值。一段时间以来，实体书店受电子阅读、电商渠道等冲击，被很多人认为正在走向衰落。如今，上海却涌现出越来越多、各具特色的线下实体书店。这

些书店不仅卖书，更是在经营一个文化空间，塑造新的文化地标。今年上海书展，一系列各具特色的实体书店成为书展分会场。读者不仅可以听讲座、买文创、办沙龙，也可以品香茗、会书友。实体书店，正在成为城市文化的毛细血管，调节着我们的文化呼吸，营造着一个城市的文化气质。这些星罗棋布的文化空间，不断织密我们的文化地图，散发出意蕴绵长的人文之光。

今天的实体书店，正在成为社交的新生长点。人们发现，读书可以是很时尚的，书店可以是很美的。体验书香浸润的生活方式，正在成为越来越多市民的选择。就在本届书展开幕前夕，上海世纪出版集团打造的实体书店朵云书院旗舰店，开到了上海第一高楼——上海中心大厦的52层，被称为"离天空最近的书店"。独上高楼、云上阅读成为新时尚。作为上海书展重要分会场之一，朵云书院专门创设了"上海之巅读书会"的文化单元。以实体书店带动流量价值、提升品牌价值、塑造生活风尚，正被越来越多的商家发现，形成实体书店的反哺机制。

以上海书展为观察窗口可以发现，今天，图书行业直接面向读者，不断探索新的品牌生产机制和价值增长点。回想2004年，上海书展初创时，定位还是区域图书交易会，如今早已拓展延伸，迥然有别于一般的行业订货会，成为市民阅读盛宴，获得了巨大的社会影响力。当下电商渠道十分发达，买书、找书不再困难，网上购书，轻点指尖，就可以送书到家。但是，如何邂逅好书，却成了一个新问题。而书展和书店，为读者提供了一个邂逅好书的机会。书展和书店更像爱书人的盛会，在这里遭遇未知、邂逅新知、陶冶性情。图书与品牌、周边产品及相关活动的结合，也为行业生长打开了新的空间。

推开窗是高楼林立的现代都市，摊开书便是一片静谧的世界。阅读让精神更丰富，书籍让城市更多彩。期待更多人捧起书卷，推动全民阅读，共筑书香中国。

（2019年08月26日）

让安全监管"道高一丈"

李思辉

生活中，不少人遇到这样的苦恼：学生刚报名参加考试，辅导机构就找上门来；注册了某网站账户，从此不断收到骚扰短信；从婴儿用品到学前教育，推销电话和孩子成长如影随形……骚扰电话、信息泄露令人不堪其扰。近日，有记者"卧底"骚扰电话源头企业，揭开了一条地下黑色产业链。

有的电话推销员信奉"一个大单，三年吃穿"，平均每40分钟能拨出250个号码，一天打2000个电话；有的培训机构为提高中单率，对推销员进行整套"话术"培训；甚至还有培训机构引入"AI呼叫"，点击鼠标就能通过软件自动拨打电话……骚扰电话"花样翻新"，说明各种侵害信息安全的行为也会随着技术进步而"不断进化"。信息安全治理永远在路上，才能在信息时代守护老百姓的安全感。

置身互联互通的网络时代，个人信息的采集与记录十分普遍，这为拓展网络应用提供了条件，同时也为个人信息安全提出了更高要求。在大数据时代，数据成为一种资源，通过收集个人信息可以分析消费习惯、用户偏好，并通过挖掘数据的内在价值构建新的商业模式。你的信息，他的生意；你的数据，他的资源。于是在利益的驱动下，一条非法信息收集、信息泄露、信息倒卖的黑色产业链一直在延伸。

从监管来说，保持利剑高悬、持续震慑非常重要。今年初，中央网

人民时评

信办、工信部、公安部、市场监管总局组织开展了 APP 违法违规收集使用个人信息的专项治理；前不久，工信部印发《电信和互联网行业提升网络数据安全保护能力专项行动方案》，提出在今年 10 月底前完成全部基础电信企业、50 家重点互联网企业以及 200 款主流 APP 的数据安全检查。治理力度不断加大，各个部门联动，彰显了国家保护数据安全的决心。也要看到，网络技术日新月异，新技术新应用层出不穷，各种违法行为也会利用新技术进化出"新变种"，这就需要相关监管措施持续跟进、迭代创新，确保"魔高一尺，道高一丈"。

与此同时，确保信息安全、数据安全，还应该形成政府、企业和社会共治的局面。尤其是平台型企业，由于掌握大量的数据接口，尤其需要担起数据安全的责任。据记者调查发现，某大型搜索企业明码标价，一条个人信息的"进价"约 100—150 元，甚至有人声称"填过电话信息以后，信息马上就会到您那边。"平台型企业如果不履行自身责任，数据安全的第一道关口就等于失守。事实上，我国消费者权益保护法明确规定，经营者收集、使用消费者个人信息，应当遵循合法、正当、必要的原则，明示收集、使用信息的目的、方式和范围，并经消费者同意。平台型企业如同大数据时代的数据蓄水池，应该在合法合规的基础上利用数据资源开展商业模式创新，而不能用泄露信息的方式赚黑心钱、违法钱。

数据如水，既要最大限度挖掘其价值，也应筑牢安全的堤坝。建设数字中国，既要发展世界领先的数字经济，也要形成相应的数据安全制度。唯有安全，方可长久，方可行稳致远。

（2019 年 08 月 23 日）

精准治理涉企违规收费

贾 壮

在激烈的市场环境当中，企业像是滚石上山的力士，而减轻负担的政策措施则是重要推力。不久前出台的《关于进一步加强违规涉企收费治理工作的通知》，将政策着力点放在治理违规涉企收费上，进一步加大了减税降费的力度。

更大规模减税降费是优化营商环境、进一步激发微观主体活力的重要举措，对增强市场信心、促进经济平稳运行发挥着重要作用。治理涉企违规收费，则关乎减税降费的整体效果，影响到减轻企业负担的全局工作。对于企业来说，所有税费支出都会进入会计报表，影响着利润。从这个意义上说，进一步清理规范涉企收费、为企业减负，就显得十分必要。此次多个部门联合出台文件治理违规涉企收费，进一步彰显了中央推动更大规模减税降费政策落地的决心和力度。据国家市场监督管理总局相关负责人介绍，此次出台的政策就是要明确任务、确定时限、拿出实招，切实解决违规涉企收费问题，增强企业获得感，确保减税降费成效，激发市场活力。

正确政策方向要想转化为现实政策效果，离不开精巧的机制设计和扎实的贯彻落实。此次治理涉企违规收费问题，很多举措具有强烈的现实针对性。比如，针对隐形收费较多的问题，要求强化收费事项公开，而且是"一律公开"，目的就是要切实做到涉企收费公开透明，接受社会

> 人民时评

监督，让企业明明白白缴费。再如，为了确保政策能够落地，建立了违规涉企收费举报线索高效查处、信息共享、联合惩戒等工作制度，降低企业维权成本，推进社会共治。

今年的减税降费是综合性"一揽子"政策，内涵非常丰富，涉及的部门也特别多，需要加强协同、系统推进。以政策协同的视角来看，治理违规涉企收费补上了减税降费政策的一块短板。减税降费一直在行动，包括系统推进降低增值税率、加大研发费用加计扣除、小微企业所得税优惠、降低企业社保费率在内的各种减税降费措施，由于方向正确、措施得当，已经取得了显著效果，企业活力正在回升。今年上半年，全国累计新增减税降费11709亿元，进一步降低了企业的税费成本，直接结果是上半年重点税源企业实现利润同比增长1.5%，增速比一季度回升5.5个百分点。

经济活力来自于企业，来自于企业家精神，因为企业是创新创业的主力军，是就业、税收和产出的主要载体。企业要是搞好了，经济就不会差。员工有收入、政府有税收，关键是企业有利润。大力推进减税降费政策，可以激活以企业为代表的微观主体活力，而谋划企业的一隅，则是为了宏观经济的全局。当前我国经济发展面临新的风险挑战，国内经济下行压力加大，通过减税降费、降低融资成本等政策措施，激活企业创新活力，对于应对下行压力具有至关重要的作用。

前不久召开的中央政治局会议在部署下半年经济工作时提出，"财政政策要加力提效，继续落实落细减税降费政策。"在未来一段时间的经济政策中，减税降费仍将扮演非常重要的角色，而且会更强调政策落实。在已有的减税政策基础上，叠加治理违规涉企收费，更多的政策效果值得期待。

（2019年08月22日）

同心绘就山清水秀的美好画卷

刘 毅

> 有研究指出,与先行国家相比,我国标志性污染物达峰、出现"环境拐点"时的人均 GDP 水平更低,治污减排体现出一定的"超前性"
>
> 今后较长一段时期里,生态环境保护形势仍十分严峻,稍有松懈就有可能出现反复,因而还应继续努力

前不久,一篇量化分析的论文引发广泛关注。中国科学院生态环境研究中心开展一项量化研究,分析了我国各污染物总体排放量和经济增长之间的关系:自 2015 年起,我国的经济增长与环境污染"脱钩",出现一个拐点。研究团队选用国际上认可度高的指标,利用全国 31 个省份从 1978 年至 2018 年的统计调查数据进行了科学分析。相关论文最近发表在国际著名学术期刊《科学进展》(Science Advances)上。

实际上,近年来有多项研究得出了类似结论,认为我国已经越过"环境库兹涅茨曲线"的拐点。"环境库兹涅茨曲线"理论认为,污染物排放和经济发展之间存在类似"倒 U 形"的曲线:起初污染物排放随着经济的发展而增加,当经济发展到某一水平时环境污染程度达到最高,而后迎来环境拐点,经济继续发展,环境污染却随之下降,环境质量逐渐变好。

> **人民时评**

这些研究成果,通过量化分析、国际比较等,使大家对我国经济社会发展所处的历史方位有了更清晰的认知,和绝大多数百姓的切身感受也是契合的。在北京等地,最近几年空气质量明显改善;在很多地方,最严环境治理倒逼排污企业转型升级。随着绿色发展按下快进键、生态文明建设驶入快车道,许多地方天更蓝了、山更绿了、水更清了。从城市到乡村,一幅幅山清水秀的美好画卷正在中华大地铺展开来,人民群众源自生态环境的获得感、幸福感、安全感显著增强。

有研究指出,与先行国家相比,我国标志性污染物达峰、出现"环境拐点"时的人均 GDP 水平更低,治污减排体现出一定的"超前性"。这并非偶然,它与近年来我国以前所未有的力度推进生态文明建设密切相关。

党的十八大以来,以习近平同志为核心的党中央把生态文明建设纳入中国特色社会主义"五位一体"总体布局,推动生态环境保护发生历史性、转折性、全局性变化。理念层面,"绿水青山就是金山银山"深入人心,兼顾经济发展与环境保护成为社会共识;制度层面,修订后的环境保护法"长出牙齿",一系列制度安排不断落地;治理层面,中央环保督察实现全覆盖,利剑高悬形成强大震慑力。可以说,经济增长与环境污染出现"脱钩"的背后,正是党中央推进生态文明建设的坚定决心和决策部署,是一系列行之有效的改革举措和硬招实招。

当然,我国产业结构偏重,能源结构偏煤,区域之间情况千差万别,尽管主要污染物排放总量已跨越峰值、迎来"环境拐点",但在有的地方,一些污染物的排放量仍然远超环境容量,仍然是生态系统"难以承受之重"。例如,北方秋冬季重污染天气还时有发生,去年全国 338 个地级及以上城市中,只有 121 个城市空气质量达标;在一些河流、湖泊、海域,污染问题依然存在。今后较长一段时期里,生态环境保护形势仍十分严峻,稍有松懈就有可能出现反复,因而还应继续努力。

习近平总书记强调:"在我国经济由高速增长阶段转向高质量发展阶段过程中,污染防治和环境治理是需要跨越的一道重要关口。"坚定不移

走出一条以生态优先、绿色发展为导向的高质量发展新路子,才能让经济增长的曲线昂首向上,同时让污染物排放的曲线持续下降,实现经济增长和环境污染进一步"脱钩"。

(2019年08月21日)

公共文化服务需要"精准供给"

张 贺

改变公共文化服务设施利用率不高等现象,关键要在供给侧发力,找准群众的文化需求,提高公共文化服务供需的匹配程度

公共文化服务是一项润物无声的文化事业,也是一个地方的文化名片

"打卡"博物馆、美术馆,到公共图书馆感受书香,参与社区组织的文艺活动……炎炎夏日,很多居民充分利用公共文化资源,丰富了文化生活。蓬勃发展的公共文化服务事业,正在不断满足群众对文化生活的需求。

公共文化服务,是以政府部门为主的公共部门向社会成员提供的公共文化产品与服务。新时代,人民群众对美好生活的向往中包含了更多文化期待。党的十九大报告强调,完善公共文化服务体系,深入实施文化惠民工程,丰富群众性文化活动。近年来,我国公共文化服务建设投入稳步增长,覆盖城乡的公共文化服务设施网络基本建立,公共图书馆、文化馆、农家书屋、电子阅报栏等来到群众身边,正在满足广大群众的文化需求。

当公共文化服务场所和设施建起来之后,提升使用效率的问题便摆在了人们面前。有群众反映,一些基层公共文化服务设施利用率不高,农家书屋"只见房子不见读者"等现象在一定范围存在。究其原因,是

由于随着人们生活水平的提高,对公共文化的需求日渐呈现出差异化、多样化趋势,当前的公共文化服务供给存在一定程度的"供需错位"。改变公共文化服务设施利用率不高等现象,关键要在供给侧发力,找准群众的文化需求,提高公共文化服务供需的匹配程度。

实现公共文化服务的"精准供给",需要改变此前一定程度上存在的内容单一、供给缺乏弹性等问题,更好同广大人民群众的需求相对接。现实中,我国农村人口结构不断变化,相关需求也日益多元。在这种背景下,围绕公共文化的投入不能是一次性的,应当在内容资源上不断进行更新。同时在载体上也应与时俱进,更多运用现代科技手段,让人们更便捷地获取知识和信息。比如,现在不管城市还是农村,父母都越来越重视培养孩子的阅读习惯,儿童图书馆经常人满为患,儿童图书的借阅量占不少图书馆外借图书的一半。在这种情况下,理应加大儿童图书的采购量、扩大儿童阅览室的面积。让服务内容更加贴近群众生活,才能缩小公共文化服务与群众文化需求之间的差距。

我国文化资源日益丰富,群众的文化选择空前广泛,欣赏水平也日渐提升。如果公共文化供给更新缓慢、不对群众胃口,自然会导致吸引力不足。需要看到,我国的公共文化需求正在向更高层次发展。当群众呼唤动态的、社交化的文化服务时,公共文化服务就不能全都是静态的、非社交化的读书、看报、看电影;当群众习惯于从移动互联网上获取资讯和娱乐时,公共文化服务就不能仅停留在物理空间。提升公共文化服务的效能,就必须重视群众在文化需求方面发生的变化,掌握服务对象的特点和需求。

公共文化服务是一项润物无声的文化事业,也是一个地方的文化名片。让文化之风充盈社会空间,需要付出更多努力。比如,一些地方探索以"智慧+"为核心的公共文化服务,打造社区"智慧书房";一些地方突破传统服务界限,充分呼应群众所需,为放学后无人看管的孩子开办"四点半课堂";还有地方挖掘本地戏曲、民乐的优势,构建有鲜明地方特色的基层公共文化服务体系,等等。事实证明,立足本地特点,贴近群众需求,才能有效提升群众的获得感,让公共文化服务惠及更多人。

(2019年08月20日)

美好生活需要"大健康"

——共建共享我们的"健康中国"①

李 拯

> 大健康是对生命实施全程、全面、全要素的呵护,不仅追求身体健康,也追求心理健康、精神健康
>
> 我们树立大健康的观念,意味着社会的健康管理需要关口前移,重心从"治已病"向"治未病"转变

在刚刚过去的我国第十一个"全民健身日",恰如今年的主题"健康中国、你我同行",越来越多人加入到运动健身中来。健康中国行动推进委员会刚成立就密集行动,致力打造百姓身边健身组织和"15分钟健身圈"。在全国各地,太极拳集体展演、五人制足球赛、青少年田径赛……运动成为生活方式,健康成为共同诉求。

公众的健身热情和健康追求,背后是经济的发展和生活水平的提升。近年来,很多"细节的变化"映照着人们健康观念的转变。牛油果、秋葵等营养食品悄然走红,带动"卡路里经济学";城市马拉松受到热捧、手机APP记录走了多少步,运动社交为生活增加新乐趣;健康心理、快乐人生的理念得到广泛认同,人们比以往更关注心理健康……可以说,健康日益成为人民群众美好生活需要的重要组成部分。

更清洁的空气、更干净的水、更安全的食物、更公平可及的体育设施、更优质普惠的医疗服务……人们在这些方面的更高诉求,莫不与健

康有关。"要倡导健康文明的生活方式，树立大卫生、大健康的观念，把以治病为中心转变为以人民健康为中心"。习近平总书记的这一要求，既顺应了人民群众的美好生活需要，更为我国卫生与健康事业发展指明了前进方向。所谓大健康，应该是对生命实施全程、全面、全要素的呵护，不仅追求身体健康，也追求心理健康、精神健康；不仅要求疾病治愈，更追求远离"亚健康"的强健体魄，锻造抵御疾病的强大身体素质。

按照世界卫生组织的标准，健康包含身体健康、社会适应与心理健康三个方面。社会转型期，生活压力、社会竞争加剧，加之以往对心理健康重视不够，也存在一种羞于谈心理问题的倾向，这些因素都让心理健康更值得关注。升学烦恼、竞争压力、情感孤独……如果人们不能获得足够的心理关怀和精神慰藉，那么无论在身体健康上投入多少，也难以获得全面的健康。从科学视角看，大脑的神经冲动确实会影响神经体液分泌，人的精神状态影响着身体状态。中医也讲"形神合一"，既要"动以养形"，也要"静以养神"，达到形神兼养、身心俱佳的健康境界。正所谓"精、气、神，养生家谓之三宝"，更加注重心理建设、心理健康，才能获得内外兼修的真正健康。

同时，大健康理念也启示人们，健康也是"管"出来的。从健康管理的链条来看，生病治愈属于最为末端的环节，而以人民健康为中心，则要求我们更多进行健康的源头治理。身体没有疾病只是健康的必要而非充分条件，如果总是感到疲劳乏力、活力降低、适应力下降，那么人就很可能处于"亚健康"状态，并不是真正意义上的健康。正因此，大健康不仅要求已病后能够治愈，更意味着增强未病时的预防能力，这意味着社会的健康管理需要关口前移，重心从"治已病"向"治未病"转变。

往深层看，树立大健康的观念，涉及我国卫生与健康事业发展的深层调整。从治理来看，政府部门的职责不仅在于提供优质医疗服务，更需要围绕大健康进行综合治理。包括体育锻炼、食品安全、生态环保等都属于大健康的范围，更需要政府部门把健康融入相关政策，形成有效的大健康治理体系。对社会和个人而言，如果说医疗是外生变量，那么健康就是每个人固有的责任。大健康为企业开创了新的健康产业蓝海，同时也需要每个人参与其中，提高自身健康素养、养成健康生活方式。

政府、社会和个人共同发力，才能形成匹配于大健康的治理格局。

没有全民健康，就没有全面小康。真正把大健康的观念落实为实际行动，转化为近14亿中国人的强健体魄，我们就能用健康的身心为经济发展注入旺盛活力，用健康的体魄支撑起民族复兴的伟业。

（2019年08月13日）

每个人是自己健康第一责任人

——共建共享我们的"健康中国"②

宋红梅

> 获得健康最简单也是最有效的方法、个人健康管理最日常也是最重要的策略,就是培养健康生活方式
>
> 我们在享受现代生活便利之时,更要时时与自己的身体"对话",让身体在自然伸展和运动锻炼中保持唤醒状态

前段时间,国务院印发《国务院关于实施健康中国行动的意见》,提出实施健康中国行动,提高全民健康水平。在这一文件中,"倡导健康文明生活方式"是重要内容之一。合理膳食、科学运动、戒烟限酒、心理平衡……养成健康生活方式,为健康中国行动提供了现实落点。

"每个人是自己健康第一责任人"。世界卫生组织发现,影响健康因素中,生物学因素占15%、环境影响占17%、行为和生活方式占60%、医疗服务仅占8%。由此可见,获得健康最简单也是最有效的方法、个人健康管理最日常也是最重要的策略,就是培养健康生活方式,把健康融入生活的方方面面。

健康生活方式体现在衣食住行的点滴之中。现实生活中,很多人都曾尝试养成健康生活习惯,但常常半途而废,这与缺少健康知识不无关系。比如说吃,最重要的是维持营养均衡,畸轻畸重、过热过冷都可能出现问题,"口味重"会摄入过多的盐导致高血压,"饭量大"则可能摄

R 人民时评

入过多热量导致肥胖,"趁热吃"会损害食道黏膜导致癌症的发生。再比如说睡眠,夜里11点到凌晨2点保持深睡眠才能保证生长激素的正常分泌,否则不仅影响青少年的生长发育,也会造成成年人的代谢紊乱、肥胖等。掌握这些健康知识,就能够走出很多生活误区,就会对胡吃海喝或长期熬夜保持警觉。只有以健康知识来支撑养成健康习惯,才能激发久久为功的自觉。

培养健康生活方式,能提高人体的免疫力。人体的免疫功能,一方面是抵抗外来病毒细菌的感染和入侵,另一方面则体现为一种"免疫监视"作用,能够及时清除那些衰老或变异的细胞。不良的生活方式,最大的危害就在于对人体免疫力的损伤,从而增加了人体感染、患病甚至发生肿瘤的概率。现代社会的物质生活极大丰富,在带来诸多便利的同时,也增加了不良生活方式的诱惑。过度陷入"宅"生活,长期沉迷虚拟世界,在桌前久坐不起……这些不良习惯都会使身体缺少相应锻炼,从而降低人体对疾病的抵抗能力。因此,我们在享受现代生活便利之时,更要时时与自己的身体"对话",让身体在自然伸展和运动锻炼中保持唤醒状态。

培养健康生活方式,还需要正确看待治疗与健康的关系,理性看待医院和医生的作用。很多人在日常生活中不注重健康,一个重要原因是基于一种认知偏差,即认为现代医学能够为所有疾病兜底。现代医学确实获得了很大进步,但医学、医生和医院都不是万能的,对于大多数慢性病,药物都只是起到辅助作用。更进一步,我们还需要破除对用药和检查的迷信,用药应坚持"需要用的时候再用"的原则,尤其是不能滥用抗生素;而像CT、X光等射线检查,本身就会因其放射性对人体构成伤害,同样不能滥用。

从大健康的视野来看,健康不仅包括身体健康,还包括心理健康。培养健康的生活方式,同样也需要在生活中保持心理健康,学会正确看待我与他人、我与世界的关系。生活中,家庭、工作、社交等带来的压力不可避免,这些都可能在心理投下阴影,影响到人的情绪、认知以及行为。培养健康的生活方式,首先要培养正确的人生观、世界观、价值观,涵养理性平和的健康心态,少一些爱慕虚荣的无谓攀比,多一些呼朋引

伴的真诚沟通，才能让自己抵达诗和远方。

健康中国，应该由每一个健康的中国人组成。每个人都能养成健康的生活方式，才能提升我们这个社会的健康水位，才能支撑起朝气蓬勃的健康中国。

（作者为北京协和医院儿科主任）

（2019 年 08 月 14 日）

以健康素养促进"主动健康"

——共建共享我们的"健康中国"③

白剑峰

只有理解生老病死的自然规律,了解医疗技术的局限性,尊重医学和医务人员,才能更好地应对自身的健康问题

提升健康素养,是提高全民健康水平最根本、最经济、最有效的措施之一

不信医师信"大师",盲目减肥饿出病,饮酒之后吃头孢……在生活中,类似的事情屡见不鲜。缺乏健康素养,常常会做出一些违背科学常识的事情。本想得到健康,反而失去健康。这说明,建设健康中国,需要提升整个社会的健康素养。

所谓健康素养,就是指一个人有能力获取和理解基本的健康信息和服务,并做出正确的判断和决定,以主动维持并促进自己的健康。健康素养内容丰富,包括基本知识和理念素养、基本技能素养、基本医疗素养、慢性病防治素养、传染病防治素养等。2017年,我国居民健康素养水平为14.18%,尚有较大的提升空间。根据《国务院关于实施健康中国行动的意见》,我国将实施健康知识普及行动,目标是到2022年和2030年,全国居民健康素养水平分别不低于22%和30%。

提升健康素养,掌握必要的医学知识,能够更好理解医生、增进医患信任。医学是有局限性的,医疗也有风险,不可能包治百病。大自然有春

夏秋冬，人有生老病死，这是谁也无法改变的自然规律。加拿大医学家威廉·奥斯勒指出，医学是一门不确定性的科学和可能性的艺术。世界上没有两片相同的树叶，也没有两个相同的病人。同样的疾病，同样的治疗方法，不同的人也可能有不同的结果。尽管现代医学突飞猛进，但仍然有很多疾病尚无法完全治愈。只有理解生老病死的自然规律，了解医疗技术的局限性，尊重医学和医务人员，才能更好地认识自身的健康问题。

提升健康素养，还应掌握基本的急救知识、急救技能。前段时间，一位老人在银行突发心脏病，正巧路过的两名北京协和医院护士紧急施救。事实上，发病时恰巧遇见医护人员纯属小概率事件，幸运者只能是极少数。目前，我国公众不仅缺少急救知识、急救技能，更缺少急救意识、急救设备。当有人突遇紧急情况时，最重要的是身边的人立即施救，在急救医生到来之前，还应及时开展现场自救互救，才有可能救人救己。判断—打120—按压—除颤，被称为"心肺复苏四部曲"。但是，由于很多公共场所缺少自动体外除颤器，绝大部分人只能够做到"三部曲"甚至"两部曲"。从现实需要来看，急救应该成为每个人基本的生活常识和生存技能。

提升健康素养，有助于识破很多保健骗局，走出很多生活误区。生吃茄子能减肥、喝绿豆汤治心梗、生吃泥鳅养气血……这些曾经风靡一时的养生方法，都是一些人炮制出来的"方法"。如此奇谈怪论，为何还会有人追捧？说到底，是因为缺乏健康素养，容易被一些似是而非的观点所迷惑。再比如说减肥，尝试各种方法，几度衣带渐宽，几度肥胖重现。为什么会出现这种情况？根本原因是减肥方法不科学，如饥饿疗法、药物减肥、针灸减肥、手术减肥等。一个人的身体是其生活方式的综合反映，只有生活方式改变带来的身体变化才是长期的。掌握健康知识、相信现代科学，才不会轻信"神医神药"；持之以恒地进行饮食控制和运动管理，才是科学减肥的唯一选择。

健康素养是国民素质的重要标志。提升健康素养，是提高全民健康水平最根本、最经济、最有效的措施之一。一个人的健康素养不是与生俱来的，而是需要涵养培育的。提升健康素养，知识是基础，信念是动力，行动是目标。当全社会健康素养水平越来越高，才能托举起健康中国。

（2019年08月15日）

擦亮中医文化瑰宝

——共建共享我们的"健康中国"④

王君平

> 树立大健康的理念,更应努力实现中医药健康养生文化的创造性转化、创新性发展,使之与现代健康理念相融相通
>
> 中医药与西医药确实基于两种不同的哲学体系,但并非相互隔绝、不可通约,而是能够相互借鉴、彼此激荡

最近,国际权威期刊《肿瘤学前沿》杂志在线发表了北京中医药大学第三附属医院黄金昶团队的研究成果,中医传统的针刺疗法可以为肿瘤化疗药导航,促进肿瘤局部药物浓度提升,针刺治疗肿瘤取得新进展。这一最新研究成果,既证明了中医药的价值,也为中医药现代化增添了最新的注脚。

不单是针刺,中医在很多领域都有着现代化应用。助力飞天,航天英雄用中医保健;拔罐走红,奥运冠军青睐中医疗法。植根于五千年中国传统文化,中医药应用平和模式对抗疾病,走的是"坚盾"的路子,提升人体免疫力,正气尽存,邪不可干。在治未病中的关键作用,在重大疾病治疗中的协调作用,在疾病康复中的引导作用,正是凭借这些独特优势,中医药赢得越来越多的认可。第七十二届世界卫生大会审议通过《国际疾病分类第十一次修订本》,首次纳入起源于中医药的传统医学章节,传统医学病症成为"通用语言"。

习近平总书记指出,"中医药学是中国古代科学的瑰宝,也是打开中华文明宝库的钥匙""推进中医药现代化,推动中医药走向世界,切实把中医药这一祖先留给我们的宝贵财富继承好、发展好、利用好"。国家卫生与健康工作方针,也明确要求"中西医并重"。树立大健康的理念,更应努力实现中医药健康养生文化的创造性转化、创新性发展,使之与现代健康理念相融相通,服务于人民健康。

擦亮中医文化瑰宝,就要更好发挥中医"治未病"在疾病预防中的作用。《淮南子》有言:"良医者,常治无病之病,故无病。"中医治未病,体质是基础。体质不同,养生方法不同,体现了中医辨证施治、因人制宜的养生观。"国医大师"王琦提出,中医将人体体质分为9种,简称"1种平和,8种偏颇"。针对不同体质,制定个体化健康养生方案,包括情志调摄、饮食调养、起居调摄、运动保健、穴位保健等方面,公众自行操作,当好自己的保健医生,用简便低廉的方式开展慢病预防,全生命周期防控。如今中医药健康管理服务纳入基本公共卫生服务范围,从治疗"一个人"到预防"一类人",从治疗"一种病"到预防"一类病",有助于实现向以健康为中心的转变。

擦亮中医文化瑰宝,就要推动中医药和西医药相互补充、协调发展。正确看待中医药现代化,既要用望远镜看到宏观的整体,又要用放大镜看到清晰的局部。中医药与西医药确实基于两种不同的哲学体系,但并非相互隔绝、不可通约,而是能够相互借鉴、彼此激荡。医学史上,有很多中医药为现代医学研究提供启示的案例。比如说,针对抗生素使用过程中释放内毒素的问题,已故急救医学专家王今达通过优化清代王清任的"血府逐瘀汤"组方,历时30年成功研制血必净注射液,这项中国原创研究最近登上国际顶级医学期刊。事实上,屠呦呦发现治疗疟疾的青蒿素,陈竺找到治疗白血病的砒霜疗法,都是把中医药和西医药结合起来,既实现了中医药的创造性转化、创新性发展,也推动了现代医学的发展突破。

擦亮中医文化瑰宝,就要更好运用中医药的保健养生功能。中医秉持"天人合一"理念,强调人与自然是相互联系、不可分割的统一体,保健养生也需要与天地相参、与日月相应、与四时相合。春天太燥,吃点儿清淡的；夏天暑湿，吃点冬瓜、薏米粥等去湿的食物。不同的季节，用不同的养生方法，这既是知识，也是文化，更是一种健康而雅趣的生活方式。

传承不泥古，创新不离宗。在传承和创新两端齐发力，坚持中西医并重，共同擦亮中医文化瑰宝，就能为健康中国助力，为全球卫生治理贡献"中国处方"。

（2019 年 08 月 16 日）

来一场健康服务供给侧改革

——共建共享我们的"健康中国"⑤

李红梅

> 中国用自己的办法面对医疗卫生这个世界性课题，取得了显著成效。其中一个重要经验，就是运用强大的国家能力进行健康治理
>
> 实施健康中国行动、致力建设健康中国，是健康服务供给侧改革的重要契机

不久前，《国务院关于实施健康中国行动的意见》印发，《健康中国行动（2019—2030年）》出台。相关文件的发布，标志着一场事关近14亿中国人的"国家级"行动拉开帷幕。

健康是促进人的全面发展的必然要求，是经济社会发展的基础条件，是民族昌盛和国家富强的重要标志，也是广大人民群众的共同追求。正因此，健康治理也是国家治理的重要组成部分。提高人民健康水平，政府有责任，个人要努力。对各级政府部门来说，建设健康中国意味着搭建起真正以人民健康为中心的健康服务体系，完善国民健康政策，从而不断提高人民健康水平。

从上世纪50年代开始，我国致力于解决百姓看病就医问题，逐步建起了覆盖省、市、县、乡、村的医疗卫生服务体系。2009年新医改开始实施，国家基本药物制度逐步建立，国家基本公共卫生服务免费提供，

逐步填补乡镇卫生院、村卫生室"空白"并进行标准化建设。随着城镇居民医保制度的全面建立，由城镇职工医保、新农合、城镇居民医保构成的基本医保制度覆盖全民，织就全世界规模最大的全民医保网。中国用自己的办法面对医疗卫生这个世界性课题，取得了显著成效。其中一个重要经验，就是运用强大的国家能力进行健康治理，用制度体系的力量推动医疗卫生事业迅速发展。

把以治病为中心转变为以人民健康为中心，需要政府、社会和个人的合力，但是政府治理仍然发挥着主导作用。随着经济的快速发展，城镇化、工业化、人口老龄化进程加快，我国居民生活方式和疾病谱发生变化，糖尿病、高血压等慢性病高发。大量慢性病与不良生活方式紧密相关。但当前的医疗手段只能控制其病情发展、减少并发症，难以完全治愈。对于这类"生活方式病"，从改善生活方式入手，建立层级预防、规范管理模式，被公认为是最经济有效的手段。这就需要顺应疾病谱和新需求的变化，来一场健康服务供给侧改革，使得医疗卫生体系真正向以健康为中心转变。

推进健康服务供给侧改革，需要建设合格的全科医生队伍和科学的分级诊疗制度。合格的全科医生是居民身边的"健康守门人"，是社区里可信赖的"熟人"，不仅可以治疗常见病、多发病，还能对居民全生命周期进行健康管理。科学的分级诊疗制度将进行按需分级，合格的全科医生组成家庭医生团队，在分级诊疗制度中起牵头作用，根据居民健康需求进行首诊、分诊。这样，可以把更多患者留在基层就医，只有小部分疑难重症转到大医院就诊。打个比方，全科医生相当于健康服务体系的指挥官和负责人，分级诊疗制度是主梁，医疗保障、药品供应等体系是若干支柱，由此构成全面支撑的服务体系，以提供更优质的健康服务。

推进健康服务供给侧改革，还需要更好实现大医院和基层医院的均衡。大量聚集在大城市大医院的优质医疗人才、技术，亟待下沉基层，实现医疗服务均质化。作为医疗服务供给的主体，大医院有必要转变理念，与基层医疗机构牵手合作，共建"治已病"与"治未病"协调配合的疾病控制模式，形成以健康为中心的整合型医疗卫生服务体系，促进医疗保障、药品供应等与之紧密联动，共同维护人民健康。

实施健康中国行动、致力建设健康中国，是健康服务供给侧改革的重要契机。随着健康治理水平越来越高，健康服务供给也将越来越好。

（2019 年 08 月 19 日）

树立正确的用海观念

刘诗瑶

前不久,自然资源部通报,上半年全国未出现大规模违法填海现象,发现并制止违法填海行为8处,涉及海域面积仅约2.15公顷。不难看出,我国严管严控围填海的局面得到了巩固,违法围填海活动得到有效遏制,海洋生态保护迈上新台阶。

党的十八大以来,以习近平同志为核心的党中央对海洋生态文明建设提出新要求,保护优先、生态用海、集约节约用海的发展理念进一步确立。同时,堪称"史上最严"的围填海管控措施出台,对违法违规围填海形成了有力打击和有效震慑。据统计,2013年全国填海面积达到15413公顷,随后逐年下降。2017年全国填海面积5779公顷,比2013年降低63%。海洋保护取得的成绩,也反映着国家生态文明建设的不断进步。

但也要看到,零星违法围填海依然存在。客观地讲,确实存在沿海发展速度快、地少人多的现实矛盾,而且我国海域使用成本较低,围填海造地矛盾较少,也刺激了这种向海要地的冲动。不过,从思想根源上来说,违法围填海暴露出一些人对海洋缺乏科学认识,没有树立起正确的用海观念。

树立正确的用海观念,首先要明确围填海行为是有大前提的。只有经过科学规划和论证的围填海,才能将对海洋产生的影响降到最低。我

国是海洋大国,拥有约300万平方公里管辖海域,大陆海岸线长达1.8万多公里。一直以来,我国对围填海项目环评审查过程有明确要求,包括要符合海洋功能区划、有环境影响分析预测及采取的环保措施等。也就是说,我们应该在保护海洋的前提下改造和利用海洋资源。如果进行违法围填海,就会违背自然规律,对海洋生态造成破坏。

树立正确的用海观念,还要明确海洋生态保护对于生态保护全局的重要意义,尤其是认识到滨海湿地的重要性。滨海湿地连接着海洋与陆地,是独特的生态屏障,不仅能够涵养水源、净化水体,还能削浪护岸、便于生物栖息,为沿海的经济社会发展提供不可替代的生态功能。违法围填海,很容易破坏海洋生态环境既有的平衡,不当围填海可能导致水体交换能力下降,不能及时疏散污染物,加剧水体富营养化。这都说明,违法围填海不仅会伤害海洋生态,也会对陆地生态和生态全局造成损害。

树立正确的用海观念,归根到底是要正确理解人和海洋的关系。只有了解才会理解,只有理解才会爱护。从治理角度来看,不仅需要继续严格管控围填海,决心不能变、力度不能减、尺度不能松,还应当把树立正确的用海观念放到重要位置上。提高人们的海洋意识,在全社会大力倡导科学用海、生态用海、依法用海的理念,才能从根本上扭转重陆轻海、重开发轻保护的惯性思维,才能让保护优先、适度开发、陆海统筹、节约利用的原则深入人心,为建立海洋生态保护的长效机制奠定基础。

21世纪被称为"海洋的世纪"。党的十八大提出了建设海洋强国战略目标,我国海洋事业总体上进入历史上最好的发展时期,在海洋资源探测、海洋生物资源开发、海洋科技水平等方面都取得了一定进展。我们更应该抓住机遇,让正确的用海观念深入人心,人人得以珍视海洋、爱护海洋。

(2019年08月13日)

"5A 级景区"资质不是铁饭碗

王 珂

> 评级不是终点,而是继续完善服务的起点。景区评级管理"有进有出",说到底是通过建立动态评级体系,鼓励和督促景区提升管理水平

前不久,文化和旅游部发布公告,对 7 家质量严重不达标或存在严重问题的 5A 级旅游景区予以处理。其中,山西省晋中市乔家大院被取消 5A 级景区资质。随后,乔家大院旅游区管理处发布公告称,为尽快完成整改,8 月 7 日至 16 日乔家大院暂停运营。

这不是国家旅游主管部门第一次对 A 级景区实施"有进有出"的动态管理,之前已有一批市场秩序混乱的 A 级旅游景区"被摘牌",其中不乏 4A、5A 等知名景区。从严重警告到直接"摘牌",相关部门再次出手,不仅传递出加强景区评级规范管理的明确信号,也意味着对 A 级景区实行动态化管理已成常态。

旅游走近寻常百姓家,旅游景区评定管理总能引发关注,此次乔家大院被"摘牌"也不例外。乔家大院景区的先天条件可谓得天独厚,无论是建筑还是文化,都具有不小的吸引力。然而,旅游产品类型单一、过度商业化、交通游览服务不便、安全卫生条件欠佳等问题,集中反映了景区综合管理方面的不到位,严重影响了人们的旅游体验。

再看看以往被"摘牌"的景区,乔家大院之"痛",可说是全国一些知名景区的通病。这些年来,很多景区不断完善管理、提升服务水平,在更好满足游客需求方面发挥了重要作用,但也有一些景区"盛名之下,其实难副"。有的动辄打着"全国独家""世界首创"的宣传旗号,实则粗制滥造,游览体验不佳;有的"软件"跟不上,安全管理不到位、市场秩序混乱,让游客乘兴而来、败兴而归。凡此种种,严重影响了人们的出游体验,也对A级景区规范管理提出挑战。

事实上,我国A级景区的申报和管理,都有一套明确的制度。尤其是代表我国旅游风景区最高等级的5A级景区,申报更是有着严格的程序,评级需要经过充分论证和审核。然而,由于以前景区评级管理缺少退出机制,A级景区成了"终身制",一些景区打起这样的小算盘:申报A级景区时,不惜投入巨额资源,申报成功、拿到"金招牌"后,就180度大转弯,把游客体验抛之脑后。旅游主管部门对A级景区开出"有进有出"的药方,可谓是对症下药,让这些急功近利的景区不能再钻空子。

景区评级管理"有进有出",说到底是通过建立动态评级体系,鼓励和督促景区提升管理水平。在乔家大院"被摘牌"后,山西祁县立即成立综合整治领导组,并回应称,将以更严的标准、更优的服务,确保景区整治取得显著成效。对于景区来说,评级不是终点,而是继续完善服务的起点。评级越高,就要越重视把功夫做在平时,提升旅游服务质量,如此才能继续捧着A级景区这个"金饭碗"。

当前,我国旅游市场的需求还在持续迸发,人们的旅游诉求也在不断升级。仅靠评级就想一劳永逸的想法已经过时,口碑立身、品质说话才是景区将来吸引客源的正道。希望景区能化"被摘牌"之危为擦亮"金招牌"之机,为游客营造更加舒心和放心的环境,为旅游行业发展带来更多正能量。

(2019年08月09日)

让信用成为市场经济"硬通货"

暨佩娟

人无信不立,业无信不兴。如今,诚信的重要性日益凸显,人们的信用意识也逐渐提升。生活中,不守信用会被列入失信"黑名单",甚至成为失信被执行人。这也从一个侧面说明,我国社会信用体系建设正在不断推进,已产生积极效果。

前不久,国务院办公厅印发《关于加快推进社会信用体系建设构建以信用为基础的新型监管机制的指导意见》,强调以加强信用监管为着力点,创新监管理念、监管制度和监管方式,建立健全贯穿市场主体全生命周期,衔接事前、事中、事后全监管环节的新型监管机制。相关措施具有很强的针对性:比如,大力推进信用分级分类监管,根据市场主体信用状况实施差异化监管措施;再如,探索建立信用修复机制,为失信市场主体提供高效便捷的信用修复服务。《意见》的实施,必将有力加强社会信用体系建设,进一步发挥信用在创新监管机制、提高监管能力和水平方面的基础性作用,更好激发市场主体活力,推动高质量发展。

市场经济是信用经济、法治经济,社会信用体系则是市场经济体制中的重要制度安排。社会信用代码制度、信用红黑名单制度、守信联合激励和失信联合惩戒机制……近年来,我国陆续建立一项项制度,让守信者和失信者越发泾渭分明。但也应看到,尽管社会信用体系在逐步完善,整体上却呈现出一定程度的碎片化状态。目前,国家层面的信用立

法亟待推进，跨地区、跨部门、跨领域的激励与惩戒机制有待整合。现实中，一个人在某地有了失信记录，往往并不影响其到另一个地区开展经济活动；因诚实守信积累的"信用积分"，也难以在全国范围享受到实际便利。多措并举，补齐制度短板，才能织细、织密社会信用体系之网。

信用经济，信用应当成为促进社会资源优化配置的有效手段。在不远的将来，借助互联网、大数据和人工智能，将可准确分析个人、企业或机构的信用价值。信用会成为一种生产要素，信用主体的信用价值越高，其所获现实利益也越大。从这个意义出发，需要加大在信用信息归集共享、公共信用综合评价方面的治理力度，使信用资源得到更加科学、全面的统筹管理和价值评估，并在各地区、各部门、各领域之间自由流动。这样，才能充分激发信用在促进社会资源优化配置中的巨大潜能，真正让守信者一路畅通、时时受益，失信者一处失信、处处受限。

具体而言，首先应加强征信管理，扩大信息采集和共享范围。根据世界银行发布的《2019年营商环境报告：为改革而培训》，中国营商环境在全球的排名较上一年度提升32位，而征信覆盖率和信用信息指数，正是该报告评估一国商业环境的重要指标。其次，还应整合信用资源，激活诚信效应。要让信用个体能充分享有信用权益，合法持有信用资产，公平进行信用交易，方便获得信用融资。同时，也要注重协同联动，推进联合激励和惩戒机制建设。

有信者，行天下。可以说，诚信之花，根植于深厚的社会土壤；诚信建设，仰赖全社会的集体力量。凝聚众智、集聚众力，让"失信受罚"和"守信获益"得到不折不扣的落实，才能切实提高全社会的诚信意识和信用水平。发挥好信用在社会资源优化配置中的积极作用，让信用成为市场经济的"硬通货"，一个诚信中国必将渐行渐近，我们也将在国际经济合作和竞争中累积更多实力。

（2019年08月08日）

激活家访的育人效能

赵婀娜

> 育之道，人为先，需要相互理解，需要心灵互通。家访不仅有助于促进交流、加深理解，也能让教育理念与方法变得更加鲜活、更为温暖

家访是一种重要的教育方式。家访的过程，有利于老师们深入学生家庭，了解学生、理解学生，从而为每个孩子寻找更适合的教育路径。通过家访，教师也能够丰富教育实践，进一步认识和理解教师职业的责任与内涵。

不久前的一则报道，为暑假增加了几分温暖，也让人们重新理解家访的意义。在合肥六十一中，家访是每位老师的"必修课"。有的老师一年能走访40多户家庭；有的老师家访发现，学生需要等家里人睡觉了才能开始写作业；有的老师每次从生活条件较差的学生家庭回来，就会心生同情，想方设法接济学生……老师们的切身感受，映照着家访的意义。这也深深启示人们，懂得和理解才是教育的起点。

"经师易求，人师难得。"教育的过程，不止于教书，更重在育人。育之道，人为先，需要相互理解，需要心灵互通。从这个意义出发，家访不仅有助于促进交流、加深理解，也能让教育理念与方法变得更加鲜活、更为温暖。但现实中，随着人们工作与生活节奏的加快，特别是互

联网时代的到来,家访逐步淡出了老师们的日常工作,变成了"稀罕事"。如今,建立一个"家长微信群",就能随时实现便捷沟通。然而,"键对键"毕竟不同于"面对面"。电话里、网络上的寥寥数言,无法替代一次真挚的握手、一个会心的微笑,更不必说一场真诚深入的促膝谈心。

老师对学生的教育和引导应该是充满爱心和信任的,在严爱相济的前提下晓之以理、动之以情,让学生"亲其师""信其道"。身处无所不在、无远弗届的移动互联时代,技术的进步深刻改变着我们的生活方式,但教育的内核却始终如一。善于激发唤醒、塑造灵魂、塑造生命,用一朵云推动另一朵云、用一棵树摇动另一棵树,就能超越具体的知识与技能,触及教育的深层内容,找寻到教育最本原、最宝贵的价值。

面对面,才能心贴心。家访,蕴涵着丰富的教育内涵,也应是教学的有机组成部分或必要补充。有教育者说,因材施教的前提是了解受教育者。家访,正是全面了解学生的重要途径。教学实践中,一些教师感慨,"备课"不仅要备好所授的知识,更要备好学生的学情。家访何尝不是一种"备课"?老师通过家访,重新认识学生、发现学生,往往能进一步影响学生、改变学生。今天,我们呼唤家校合作、家校共育,其实也是在呼唤教师与家长相互理解、形成合力;我们呼唤教师不能只做传授书本知识的教书匠,其实也是在呼唤教师成为塑造学生品格、品行、品味的"大先生"。这些,都需要广大教师更多着眼于教育本身,更多着力于呵护孩子、培育孩子。

"教师是人类灵魂的工程师"。密切联系教学实践和时代场景,努力激活家访的育人效能,推动更多老师上好家访这门"必修课",我们就能提升教育的温度,为立德树人注入更多正能量。

(2019年08月07日)

疏堵结合，扫除"挂证"土壤

石 羚

在某些特定行业，配备一定数量的专业技术人员是相关机构获得从业许可、升级资质的必要前提。然而媒体调查发现，一些人把职业资格证放到企业换取挂靠费，平时不干活，办资质时露个面；有的网站瞄准需求，专门提供证书租赁服务；一些考证培训的广告，则干脆把"挂证"形容为"坐地来钱"……如何解决"挂证不在岗""一证多处挂"等问题，成为一道现实课题。

现实中，"挂证"现象在会计、建筑、环评、水利等领域都存在。一些职业受到青睐，折射着相关行业蓬勃发展的态势。但也应看到，挂证人头多、在岗人数少，不仅违背执业规范和诚信原则，也影响工作效率与质量。特别是在医药、消防、监理等与生命健康、公共安全关系紧密的行业，如果因为"挂证"而造成隐患，后果不堪设想。据报道，一些行业挂靠费与风险高低成正比。事实上，人身安全、生命健康都是无价的，对于"挂证"的危害，我们必须有清醒的认识。

仔细推究，"用证不用人"的现象，根源于相关机构缺乏自律、片面追逐利益。相较于专业人员全职上岗，"挂证"的方式能大幅节省薪酬支出。在个别行业，由于无序竞争、打价格战，有的企业盈利能力较差，通过"挂证"压缩成本成为"捷径"。与此同时，一些从业者以"挂证"赚外快，甚至为"挂证"而考证，助长了不正之风。当然，"影子

药师""影子工程师"等问题的出现,也从一个侧面说明,一些行业的专业人才还相对紧缺或存在着地域分布不均衡,需要有针对性地加强培养、优化供给。

为推进简政放权、推动"双创"事业发展,近年来,国务院已陆续取消了数百项职业资格许可和认定事项。相关举措,有效减轻了人才负担,激发了市场活力。事实证明,随着改革的深化,很多职业资格许可不再是"硬杠杠",这大大减少了企业租借从业证书的需求,从源头上压缩了"挂证"空间。但也应看到,由于一些行业专业性强、关涉公共利益,完全依靠市场调节并不现实。只要有需求、有利益,就难免会有人动歪脑筋、钻制度空子。因此,治理违规"挂证"必须对症下药、久久为功。

事实上,有关部门一直很重视对"挂证"机构和人员进行清理整顿。早在2017年,人社部就专门印发《关于集中治理职业资格证书挂靠行为的通知》,并会同相关行业主管部门集中打击,收效显著。新形势下,应进一步加大监管力度,灵活采取定期抽查、专项检查等方式,让"挂证"无处逃遁。针对跨省"挂证"等新套路,可运用大数据等技术手段,打破信息壁垒,提升查处效率。此外,还应提高违规成本、加大惩戒力度,对涉事个人、企业、违规中介等全面追责,通过行政处罚、集中曝光、纳入失信黑名单等方式增强警示效果。

杜绝"人证分离",既要用"堵"的猛药,也需要"疏"的巧劲。面对某些行业专业人才供需不平衡的矛盾,可加大人才培养力度、提高从业人员待遇,吸引就业者填补人才缺口。针对部分职业资格许可取消后、一些人认为职业含金量降低而导致从业人数下降的新问题,有关部门应在放宽准入标准的同时,注重优化职业技能等级评价和激励机制,让真正有才能者增强获得感,从而引导更多人从事相关行业。

"挂证"现象,损害的是职业荣誉感,伤害的是行业良性运行。惩防并举、疏堵结合,合力扫除"挂证"土壤,我们才能消除安全隐患,拥抱高质量发展。

(2019年08月05日)

引才聚才　为科技爬坡添底气

余建斌

功以才成，业由才广。人才是创新的根基，创新驱动实质上是人才驱动。面对新一轮科技革命和产业变革，谁拥有一流的创新人才，谁就拥有了科技创新的优势和主导权。

习近平总书记指出："我国要建设世界科技强国，关键是要建设一支规模宏大、结构合理、素质优良的创新人才队伍，激发各类人才创新活力和潜力。"当前，从国家多部门联合实施"减轻科研人员负担七项行动"并取得阶段性成效，到媒体呼吁根除我国科技领域中的"重物轻人"观念，再到企业高薪揽才被广泛认同，科技创新人才的话题日益受到关注。前不久，华为公司对 8 名 2019 届顶尖学生实行年薪制、给予高薪，就引发了舆论热议。这从一个侧面反映出，重视科技创新人才已成为社会共识。

人才是第一资源，创新是第一动力。硬实力、软实力，归根结底要靠人才实力。新中国成立 70 年来，我国科学论文成果、发明专利、技术成果等科技产出持续增长，整体科技实力不断增强，为经济社会发展注入强大动力。在钱学森、朱光亚、邓稼先、王选等几代科学家带领下，广大科技工作者挥洒聪明才智、付出艰辛努力，推动我国科技实现了从"一穷二白"到"在世界高科技领域占有一席之地"的跨越，开创了"跟跑、并跑、领跑"并存的局面。今天，我国科技人才队伍建设取得长足

进步,人才培养和科技事业相互成就。统计表明,中国研发人员总量已连续6年稳居世界第一位。雄厚的智力储备,成为实施创新驱动发展战略、推动高质量发展的宝贵资源,也是中国科技爬坡过坎再上新台阶的重要底气。

人是最具创新活力的因素,创新驱动的实质是人才驱动。进入信息时代,人才的作用更加突出。现实中,企业不惜成本高薪揽才,科研机构努力为科学家心无旁骛地做科研创造条件,这些既体现对人才的重视,也是追求高质量人才的必选项。但也应看到,面对我国经济高质量发展和科技事业发展的新形势、新要求,与快速发展的高水平科研活动相比,我国科技创新人才培养依然存在薄弱环节,特别是结构性人才缺口明显。这就需要我们注重人才结构,进一步将研发人员的数量优势升级转化为质量优势。

打造高质量人才队伍,还应尊重人才成长规律。从根本上破除"重物轻人"等制约科技创新的思想障碍和制度藩篱,全面深化科技体制改革,解决人才队伍结构性矛盾,进一步为科研人员减负松绑,才能有效激发创新的积极性和活力。充分尊重人才创新创造的价值,建立起面向科研人员的合理激励机制,更多以市场机制来体现人才价值,才能让人在科研活动中的分量重起来、人本身的价值也跟着"重"起来,从而切实提升科技事业对优秀科研人才的吸引力。

科技史表明,谁拥有了一流创新人才、拥有了一流科学家,谁就能在科技创新中占据优势。今天,办好自己的事情,提升科技实力,应对全球科技竞争与挑战,亟待建设一支高质量人才队伍。更加充分尊重人才价值,最大限度地发挥人才作用,我们就一定能形成天下英才聚神州、万类霜天竞自由的创新局面,为高质量发展提供不息的澎湃动能。

(2019年08月02日)

在探索中不断推进新闻发布制度建设

周珊珊

随着信息社会的发展，人们对新闻发布有着更高期待，新闻发布工作也需要与时俱进、实现高质量发展，激发更大的传播力、引导力和公信力

曾几何时，"新闻发言人"还是社会上的新鲜名词，如今人们对此早已不再陌生。一方发布台、几支麦克风，当新闻发布日渐成为一些部门的工作常态，越来越多的发言人为公众所熟知，大家也习惯了从新闻发布会中获取信息、掌握动态。

新闻发布刚性约束持续加强，新闻发言人队伍建设不断夯实，新闻发布活动权威性实效性更加凸显……前不久，有关部门公布了2018年度全国新闻发布工作评估情况。据统计，去年我国各级各类的新闻发布活动总计4721场，平均每天就有10多场。一年一度的评估，映照着我国新闻发布工作所取得的成绩，也为进一步推动完善新闻发布制度提供了参照。

上世纪80年代初，我国建立新闻发言人制度；2003年，全面建立新闻发言人制度。多年来，从最初只有少数几个国家部委举行记者会，到现在广覆盖、多层次的新闻发布模式，新闻发布的数量不断增多，每年达数千场发布活动；从最初只发布、不答问，到发布和答问有机结合，

吹风会、记者沙龙、例行发布等灵活安排,新闻发布的形式更为丰富。可以说,新闻发布已是常态化的制度安排,日益成为党和政府与人民群众沟通的重要桥梁,也为讲好中国故事、传播中国声音畅通了渠道。

随着经济社会的发展、传播技术的演进,今天,新闻发布工作的重要性日益凸显。无论是全国两会这样的重要时间节点,还是博鳌亚洲论坛、中国国际进口博览会等主场外交活动,抑或是各部委的例行新闻发布,都提供了权威信息,有效满足了公众知情权。此外,面对突发性公共事件、舆论关注热点话题,新闻发言人快速反应、第一时间回应,也起到了解疑释惑、安定人心的效果。也应看到,随着信息社会的发展,人们对新闻发布有着更高期待,新闻发布工作也需要与时俱进、实现高质量发展。

面对充满变化的传播场域、日益复杂的舆论环境,今天的新闻发布,不仅要内容充实,也要讲求技巧;不仅要及时发出权威信息、进行舆论引导,也要多一些换位意识和人文关怀;既要丰富议程设置的技巧,也要注重对话姿态、提升应变能力。把握时度效、理顺事件发展的全链条,做到发布及时主动、"零时差",才能准确回应社会关切,以权威赢得信任。

去年底,《国务院办公厅关于推动政务新媒体健康有序发展的意见》印发,明确要求,"推进政务公开,强化解读回应""加强政民互动,创新社会治理""突出民生事项,优化掌上服务"等。相关意见,也为新媒体时代的新闻发布带来启示。一方面,提升服务能力,从单向的"传者扬其理",更多转向"受者晓其事"、关注"受者欲晓何事";另一方面,顺应媒介融合趋势,让"新闻"和"发布"齐头并进,不断创新形式。当新闻发布在创新中更好融入社会生活,高品质的内容就能传播得更广、更远,影响到更多的受众。

苟日新,日日新,又日新。葆有创新姿态、拥抱融合大势、呈现优质内容,在探索中不断推进新闻发布制度建设,我国新闻发布工作必将实现高质量发展,激发更大的传播力、引导力和公信力。

(2019 年 08 月 01 日)

校外培训,诚信是"金"

魏 寅

> 强化合规办学意识,提升诚信办学水平,才能使校外培训机构成为学校教育的有益补充,形成校内外协同育人的良好局面,帮助学生开拓成长的空间

近年来,校外培训行业蓬勃发展,在满足学生个性化教育、差异化发展的同时,也出现了违规失信等现象。时值暑假,校外培训行业进入一年中的忙碌期,也成为相关问题集中暴露的时期,值得引起重视。

校外培训丰富了教育资源供给,是学校教育的有益补充。近年来,规范校外培训、推动行业健康发展,既是社会共识,也是相关部门的鲜明工作导向。去年8月,国务院办公厅印发《关于规范校外培训机构发展的意见》,明确规定"校外培训机构培训时间不得和当地中小学校教学时间相冲突"。今年以来,教育部持续推进校外培训机构专项治理,并开展专项治理"回头看"活动,要求各地对行政区域内校外培训机构再次进行全面摸排,及时发现问题解决问题。前不久,教育部等六部委发布《关于规范校外线上培训的实施意见》,针对校外线上培训存在的问题进行靶向整治。这些举措,有力整治了不少突出问题,净化了行业生态,更好保障了家长和学生的权益。

应当看到,严格监管态势下,绝大多数校外培训机构能够做到依法

合规经营，但也仍有少数机构心存侥幸、唯利是图，不讲诚信、违规办学。现实中，有的培训机构只顾砸钱做广告招揽生源，而实际教学与宣传内容相去甚远；有的教学人员履历造假、良莠不齐，培训效果难以保证；有的收费缺乏依据、价格不够透明，遇到学费纠纷时学生权益难以得到有效保护。更有甚者，号称自己是经批准设立的正式单位，靠收取代理费、推销书画作品等敛财。这些以办学为幌子、以不择手段赚钱为目标的行为，损害了学生的切身利益，给校外培训行业带来"诚信负债"。

作为经营主体，校外培训机构谋取经济利益无可厚非，但这绝不是背弃诚信的理由。古人有言："非诚贾不得食于贾，非诚工不得食于工，非诚农不得食于农，非信士不得立于朝。"无论什么行业、何种职业，都应当重信践诺，葆有诚信精神。也正因此，有人判断，"信用+"会带给下一个10年巨大商业红利。自觉增强"信用+"的意识，才能赢得信任、赢得市场。更何况，校外培训机构还兼有教育主体的身份，担负着立德树人的责任，自己首先要当讲诚信、守信用的榜样，自觉做到守诺、践约、无欺，牢记道德底线不可触碰、法律红线不可逾越。强化合规办学意识，提升诚信办学水平，才能使校外培训机构成为学校教育的有益补充，形成校内外协同育人的良好局面，帮助学生开拓成长的空间。

信用是现代社会的必需品，提升诚信水平，可以更好地助推行业发展，增进公众福祉。对突出的诚信缺失问题，既要抓紧建立覆盖全社会的征信系统，又要完善守法诚信褒奖机制和违法失信惩戒机制，使人不敢失信。观察社会上出现的种种失信现象，背后的一个重要原因，就在于惩处力度不足、失信成本偏低，导致相关行业缺乏促进规范发展的长效机制。因此，除了让相关法律法规长出牙齿、织密覆盖全行业的监管体系，还应当充分发挥信用的约束和激励作用，大力营造"知信、用信、守信"的良好氛围，引导相关市场主体诚信经营、高质量发展。进而言之，在信用建设日益健全完善的背景下，任何企业或个人要想行稳致远、收获成功，都必须坚守诚信，用诚信铺就发展的道路。

（2019年07月31日）

短视频如何实现长发展

荣 翌

> 相信美好、选择美好、呈现美好,才能多创造高品质原创内容,也才能收获更多用户点赞

下班路上"刷一刷",等电梯时"抖一抖",吃美食前"拍一拍"……如今,各类短视频应用已融入不少人的日常生活。与此同时,如何有效防沉迷,成为一道现实课题。据报道,在国家网信办指导下,目前国内已有21家主要网络视频平台上线"青少年防沉迷系统"。

其实,不只是青少年,一些成年人也在低头中感到"时间知觉麻木",在虚拟世界里"沉醉不知归路"。短视频何以具有令人沉迷的用户黏性?仔细推究,这背后有着深刻的社会心理机制和传播机制。研究显示,人类存在"生动性偏好",更易被视觉性显著的信息吸引。短视频因其较强的视觉感染力,很容易传播扩散。此外,传播参与者既有围观心态,也有自我表露诉求,而短视频能够实现双重满足。短小便捷的传播形态,适应信息消费场景的碎片化;垂直深耕、算法推荐,实现了精准对接用户需求。可以说,以用户为中心的短视频平台,日渐生成了富有特点的传播逻辑与生态,占有了大量注意力资源。

"黏屏"现象也映照着短视频的"内容引力"。几十秒的镜头,可仰望浩瀚星空,也可俯瞰市井烟火;能近距离观察社会肌理,也能深度透

视时代景深。点开视频，领略城乡风貌，了解风土人情，足不出户就能"行万里路"。现实中，来场说走就走的旅行并非易事，但通过网上"打卡"，可以随时随地满足"在路上"的愿望。与此同时，海量用户的聚合，为人们提供了个体观察与群体观察的视角。视频的主角，可以是知识精英、"草根网红"，也可以是外卖小哥、普通工人等人物形象。从这个意义上讲，短视频以参差多态的内容，拓展了人们认识世界的维度。

作为互联网时代的一种新兴应用场景，短视频正在构成独特的网络景观。截至去年底，我国短视频用户规模达6.48亿，短视频营销市场规模逾140亿元。无处不在的传播场景、持续增长的用户规模、超乎想象的惊人流量，彰显着短视频旺盛的生命力。但也应看到，在"急速生长"的背后，难免存在着种种乱象：短视频侵权成为知识产权问题的新表现；"移花接木"的剪辑手段制造"拼接真实"，挑战媒介伦理；未经过滤的劣质内容引发社会担忧……凡此种种，给用户带来困扰，也不利于短视频行业的健康发展。今天，在5G、大数据、人工智能等技术的影响下，传播业态加速迭代、应用场景不断更新，如果疏于治理，短视频平台将面临更多风险挑战。

传播实践证明，以优质内容传递主流价值，是短视频实现高质量发展的重要路径。近年来，《习近平讲故事》《国家相册》等主流短视频成为现象级产品。观察那些迅速走红的"爆款"，不难发现它们的共同点：以正能量吸引高流量。与社交媒体时代"负面内容更吸睛"不同，短视频时代更看重"记录美好生活"。点赞风雨中坚守岗位的交警，记录消防员逆行的"最美背影"，歌唱普通人的亲情与爱情……优质的短视频，往往紧扣"美好"二字，为网络空间增添亮色。这也启示人们，相信美好、选择美好、呈现美好，才能多创造高品质原创内容，也才能收获更多用户点赞。

短视频不"短视"，发展才能不"短路"。互联网的"头部效应"不仅意味着传播优势，也意味着主流平台需要承担更多责任。以内容风控和用户行为引导防止传播失范，用更多优质内容资源夯基垒台，短视频平台方能实现长远发展，拥抱一个更加可期的未来。

（2019年07月30日）

"加减乘除"消解大班额烦恼

张 烁

> 消除大班额,有利于保障学生安全、促进学生身心健康,是提高教育质量的必然要求。应打出组合拳,科学统筹城乡义务教育一体化发展,系统性破解大班额问题

在城镇化进程中,农村人口向城镇流动,城镇学校生源持续增加。同时,乡村教育基础相对薄弱,许多农村家庭想方设法把孩子送进城里的学校。让孩子享受更好的教育,是家长们的美好愿望。在这一背景下,日前教育部等三部委印发意见,提出争取到2020年底,全部消除66人以上超大班额,基本消除现有56人以上大班额,全国大班额比例控制在5%以内。

消除大班额,有利于保障学生安全、促进学生身心健康,是提高教育质量的必然要求。近年来,党中央、国务院高度重视解决义务教育大班额问题,推动地方立足实际明确工作目标任务,以实际行动消除大班额。目前,化解义务教育阶段大班额工作取得显著成效。2018年,全国义务教育阶段的大班额占总班数比例为7.06%、超大班额占0.5%,相比2017年,大班额减少了28.0%、超大班额减少了78.1%,为近10年来最大降幅,如期实现了"2018年底基本消除超大班额(控制在2%以内)"的工作目标,并为2020年底基本消除大班额创造了有利条件。但也应看

到，中西部多个省份相关工作任务依然较重。面向未来，应打出"加减乘除"组合拳，科学统筹城乡义务教育一体化发展，系统性破解大班额问题。

做好"加法"，扩大教育资源供给。对于整体教育资源不足的地区，可加快实施新建和改扩建学校校舍项目，加强教师配备。在这方面，不少地方进行了有益探索。比如，采取引进、招考、"特岗计划"专项招聘、政府购买服务等方式及时配齐补足教师，为消除超大班额提供了师资支撑。

做好"减法"，严格控制入学班额。现实中，"就近入学"、专项督查等政策，就是为了"掐住"班额膨胀的口子，引导生源合理流动。根据教育部相关文件要求，我国建立起消除大班额预警机制，督促中小学校起始年级严格按照国家规定标准班额招生，坚决防止产生新的大班额。以此为基础，健全消除大班额监测制度，完善督查、通报、约谈制度，防止大班额反弹，确保如期平稳实现消除大班额工作目标。

做好"乘法"，以强带弱协同发展。巩固和提高义务教育均衡发展水平，优质学校能够发挥辐射带动作用，起到"乘数效应"。强校带弱校、名校带普校，有助于让好学校带动若干所学校快速发展。此外，还可加强教师轮岗交流，引导更多城区教师到乡村支教，让好老师"流动"起来。

做好"除法"，缩小城乡教育差距。应坚持城乡并重、软硬件并重，提升薄弱学校和乡村学校教育质量，努力缩小城乡教育差距，稳定乡村生源，合理分流学生。其中，需要加强投入、补齐短板，科学合理设置乡镇寄宿制学校和乡村小规模学校，努力实现农村义务教育学校网络教学环境全覆盖。

义务教育薄弱环节改善与能力提升工作，由中央统一部署，省级人民政府统筹安排，县级人民政府具体实施。各地应采取"倒排任务"的方式，将省级人民政府审定的消除大班额专项规划2019—2020年工作任务进一步细化，制定详细的路线图和时间表，为到2020年教育现代化取得重要进展奠定坚实基础。

（2019年07月29日）

科创板，激活创新正能量

贾 壮

今年以来，"科创板"一直是中国资本市场的高频词汇。近日，上海证券交易所科创板鸣锣开市，首批 25 家科创企业集体亮相，标志着设立科创板并试点注册制的重大改革正式落地。这一新生事物，肩负着以科技创新推动经济高质量发展的使命，承载着全面深化资本市场改革的希望。

科技是国之利器，国家赖之以强，企业赖之以赢，人民生活赖之以好。经济学认为，在劳动和资本等要素投入既定的情况下，技术是长期经济增长的决定性因素。现实中，科技创新既要依靠实验室，也要依托生产线。三次工业革命的历史充分证明，科技创新离不开金融市场的桥梁作用，科技与金融结合是实现创新驱动的重要途径。在中国经济加速实现转型升级、推动经济迈向高质量发展的大背景下，科创板可谓应运而生。

实施创新驱动发展战略，推进以科技创新为核心的全面创新，让创新成为推动发展的第一动力，是适应和引领我国经济发展新常态的现实需要。近年来，中国资本市场一直力图为科技创新提供更多助力。但客观来看，一段时间以来，制度供给不够充分。设立科创板并试点注册制的一项重要使命，就是补上资本市场服务科技创新的短板，支持有发展潜力的科创企业发展壮大。通过改革增强资本市场对科创企业的包容性，

允许未盈利企业、同股不同权企业、红筹企业发行上市，有利于进一步畅通科技、资本和实体经济的循环机制，加速科技成果向现实生产力转化，引领经济发展向创新驱动转型。

科创板是一块改革试验田，将为资本市场改革发展积累有益经验。科创板从中国的国情和发展阶段出发，借鉴成熟市场经验，在发行上市、保荐承销、市场化定价、交易、退市等方面进行制度改革的先试先行，并将及时总结评估，形成可复制可推广的经验。其中，试点以信息披露为核心的注册制改革，真正把选择权交给市场，这对我国资本市场发展具有重大意义。实现市场化发展目标，要求市场主体归位尽责，这就需要继续完善制度，提高违法成本，加大监管执法力度。

也应看到，科创企业具有技术迭代快、投入周期长、回报不确定性大等特点，投资价值判断不同于传统企业。对进入科创板的投资者来说，需要一个较长的学习过程。尽管相关部门已经在制度设计时尽最大可能予以评估完善，并做好相应预案，但广大投资者还是应当在热情参与的同时理性判断，把防范投资风险的防线筑牢在心中。

凡是改革，都难以一蹴而就；评判新模式的效果，也需要长周期视角。科创板在很多方面突破了资本市场原有的制度框架，特别是较大程度发挥市场的决定性作用，各个市场主体产生博弈均衡需要一个过程。可以预见，科创板发展将会是一个渐进过程。对此，我们应当理性看待市场演化进程，葆有"过程意识"。

科创板首批公司上市仪式结束时，上交所交易大厅突然响起悠扬的小提琴声，紧接着，《我和我的祖国》的熟悉旋律传入耳际。一段不期而至的"快闪"，感染了现场嘉宾，让人对未来增添了一份期待。时间必将见证，科创板会在发展中不断成长、完善，为推动科技创新贡献自己的力量。

（2019年07月26日）

让每个人从健康中国建设中获益

李红梅

近日,国务院印发《关于实施健康中国行动的意见》,国务院办公厅印发《健康中国行动组织实施和考核方案》,国家层面成立健康中国行动推进委员会并印发《健康中国行动(2019—2030年)》。如果说,2016年发布的《"健康中国2030"规划纲要》是一个总纲的话,这些文件则为实施健康中国战略绘就了"路线图"和"施工图"。

党的十八大以来,我国卫生健康事业获得了长足发展,人民健康水平持续提高。目前,我国人均预期寿命提高到77.0岁,居民主要健康指标总体已优于中高收入国家平均水平,为全面建成小康社会打下了坚实的健康根基。然而,随着工业化、城镇化、人口老龄化进程加快,我国居民疾病谱正在发生变化,人民健康面临新的问题和挑战。比如,居民生活方式引发的慢性病呈现井喷之势,心脑血管疾病、癌症、糖尿病等慢性病导致的死亡人数占总死亡人数的88%,导致的疾病负担占疾病总负担的70%以上。应对这些挑战,提高人民健康水平,关键是人人建立健康生活方式。

世卫组织研究表明,医疗对人口健康的贡献率不到10%,生活方式对健康的影响最大。环境、运动、饮食均会影响健康,比如抽烟、酗酒、熬夜、不运动、暴饮暴食、空气污染等。一些重点人群需要特别关照,一些慢病需要规范管理,有些生活、生态、社会环境需要改进。这意味

着此前财力、物力、人力重点投入到医疗的发展模式要改变,不能再以治病为中心,而是以健康为中心。正因如此,这次发布的系列文件突出了"四个转变":在定位上,从以治病为中心向以健康为中心转变;在策略上,从注重"治已病"向注重"治未病"转变;在主体上,从依靠卫生健康系统向社会整体联动转变;在行动上,努力从宣传倡导向全民参与、个人行动转变。实现这"四个转变",我们必将掀起一场针对慢性病和重点传染病的新时代群众性卫生健康革命。

实现健康中国战略,需要坚持"大卫生、大健康"理念,从供给侧和需求侧两端共同发力。《意见》从全方位干预健康影响因素、维护全生命周期健康和防控重大疾病等三方面提出实施15项行动,每一项行动都规定了个人、家庭、社会、政府的明确任务。比如健康环境促进行动,既有卫生、环保、水利、国土等部门参与,也有社会力量与个人参与。强化部门协作,"把健康融入所有政策",调动全社会的积极性和创造性,才能努力实现"政府牵头、社会参与、家庭支持、个人负责"的健康中国实践格局,掀起健康中国建设热潮。

"到2030年,居民主要健康指标水平进入高收入国家行列。"健康中国行动给出的总目标振奋人心。这个目标,又由阶段性目标和各类小目标组成,并纳入地方考核指标体系之中。最近,随着行动蓝图的出炉,健康中国人的50条"国标"在网上悄然走红。很多人对照标准,开始激励自己不熬夜、少吃盐、多运动。"不积跬步,无以至千里",中国人每一天的健康"打卡",都会是健康中国大厦的砖石,全社会都将从健康中国行动中获益。

(2019年07月25日)

让"互联网+教育"健康发展

赵婀娜

作为"互联网+教育"的重要形态,线上教育培训的规范发展对于推动整个在线教育行业健康、有序发展至关重要

日前,教育部、中央网信办等六部门联合发布《关于规范校外线上培训的实施意见》(以下简称《意见》),首次从国家层面为校外线上培训定规矩,也为这一行业的规范发展提供了政策依据,为保障线上培训健康发展树立了航向标。该《意见》出台,也巩固了去年以来开展的校外培训机构专项治理行动的成果,彰显了线上线下统筹管理、同步监管的治理思路。

近年来,通过互联网面向中小学生开展的学科类课外培训发展迅猛。这种培训,价格相对较低、时间场地相对灵活、覆盖面广,采取一对一、一对多等多种在线教学方式,满足了个性化、定制化需求,受到不少家长和学生的青睐。但问题也随之出现,有的培训平台存在低俗有害信息或与学习无关的网络游戏等内容;有的培训内容以应试为导向,超标超前,不符合教育规律;学科类培训人员素质参差不齐,有的缺乏基本教育教学能力;还有的机构,培训预付费过高、合理退费难,用户消费风险大……良莠不齐、泥沙俱下,影响了在线教育的质量。

一边是基于互联网的创新优势和旺盛的需求,一边是新兴业态发展

初期的问题频现,需求与挑战同在,折射出当前我国校外线上培训规范治理的多元性与复杂性,也考验着相关管理部门的智慧。为在线教育的未来发展铺轨道、指航向,助力其不断提高培训的科学性、规范性和适宜性,既需要在规范治理过程中不搞一刀切、急刹车,也需要积极创新,用互联网的思维方法解决互联网的问题。

正是基于这样的背景,《意见》在坚持育人为本和依法规范的前提下,吸收借鉴校外线下培训机构管理经验,采取了"互联网+监管"的新模式。建设全国校外线上培训管理服务平台、建立黑白名单制度、要求保留教学影像和数据信息……一系列举措实现了动态监管、有据可查,正是为了打造一个政府科学监管、培训有序开展、学生自主选择的发展格局。

新一代信息技术的发展正为教育带来新的发展契机。大山中的孩子可以同步接受优质教学与教育资源,有学习困难或障碍的学生可以获得个性化辅导,不同地区的学生可以进入同一个"课堂"协作学习,教育管理者可以从大数据中获得教、学、评、测的全链条信息……以大数据技术和人工智能技术为代表的互联网技术为促进教育公平、提高教育质量、实现个性化教育带来了新的可能。把科技创新作为引领力量,充分调动各方面特别是企业界、产业界的积极性,改革教学方法和教育评价体系,推动深度学习、跨界融合、人机协同、助力实现因材施教,这样构建起来的,将是一种面向未来的智能化教育体系。

作为"互联网+教育"的重要形态,线上教育培训的规范发展对于推动整个在线教育行业健康、有序发展至关重要。期待以这次规范意见的出台为契机,进一步发挥政府、社会、行业的多方合力,让在线教育的监管更科学、行业更自律、内容更先进,从而促进"互联网+教育"的持续健康发展,为教育发展打开更大空间。

(2019年07月24日)

个人信息需要制度保险箱

桂从路

> 建设数字中国，既要大力发展以数据为关键要素的数字经济，也要形成与之相匹配的数据安全管理制度

18家互联网公司未经用户同意收集个人信息，33款手机应用软件遭点名批评。近日，工信部发布的《2019年第一季度电信服务质量通告》显示，违规收集使用个人信息在不少网站、APP中"大行其道"，其中不乏知名平台。如何解决这一问题，确保互联网时代的数据安全，引发公众的思考和关注。

移动互联网加速融入人们生活，数据的重要意义不言而喻。无论是基于个人信息的精准服务让用户享受指尖便利，还是海量数据的整合加工，促进企业管理服务的优化升级，抑或是大数据技术创新与应用日趋活跃，催生蓬勃发展的数字经济，数据日益成为关键生产要素，受到企业的高度重视。然而这一过程中，强制授权、过度索权、超范围收集个人信息的现象不少，非法交易、泄露个人信息等违规行为屡见报端，由此产生的垃圾短信、骚扰电话甚至是经济诈骗时有发生……这些不仅严重侵犯用户的合法权益，更给互联网安全埋下了风险隐患。

事实上，我国消费者权益保护法和网络安全法都对个人信息的采集和使用进行了明确规定，要求经营者遵循合法、正当必要原则，不得收

集与提供与服务无关的信息。然而仍有一些企业对法律规定置若罔闻，这和用户数据背后巨大利益的驱动、企业社会责任的缺失有关，也和监管、惩戒机制不健全有关。一方面用户举证成本过高、维权困难，另一方面，原则性的规定尚未触及数据保护的微观层面，政策的模糊地带给了相关平台可乘之机。

一个行业出现的共性问题，单靠某一两个企业的自律或者消费者的自我保护，远远不够。今年1月份，中央网信办、工信部、公安部、市场监管总局组织开展了APP违法违规收集使用个人信息的专项治理。近日，工信部又印发《电信和互联网行业提升网络数据安全保护能力专项行动方案》，提出在今年10月底前完成全部基础电信企业、50家重点互联网企业以及200款主流APP的数据安全检查。多部门联动发力，治理力度不断加大，彰显了管理部门保护数据安全的坚定决心，也为破除行业顽疾提供了一把利剑。

也应看到，让违规者付出代价、通过治理升级来强化规则意识，固然能够扭转违规收集个人信息多发的态势，但从行业长远发展角度来看，需要进一步思考如何建立完善网络数据安全的标准体系，加快形成个人信息保护的制度细则。哪些信息采集是必要的？收集之后如何管理？发生数据安全事件有无应急处置机制？下大气力解决好这些关键环节，才能推动数据安全治理迈向制度化、规范化、精细化。也因如此，此次工信部出台的行动方案在制度设计、建立标准、强化评估等方面重点着墨，将"基本建立行业网络数据安全保障体系"作为目标之一，这是加速补齐网络数据安全治理短板的治本之策，值得期待。

建设数字中国，是党的十九大报告提出的目标。实现这一目标，既要大力发展以数据为关键要素的数字经济，也要形成与之相匹配的数据安全管理制度。坚持维护数据安全与促进数据开放利用并重，才能让老百姓在数字时代有更大的获得感、安全感，为数字中国提供有力支撑。

（2019年07月23日）

护好清水进万家

寇江泽

最近，一场大规模饮用水水源地保护攻坚战，正在全国各地开展。在 2018 年完成长江经济带 11 省份县级及以上水源地整治的基础上，今年全国其他 20 省（区、市）和新疆生产建设兵团将完成清理整治。这是 1984 年水污染防治法颁布实施以来，饮用水水源地第一次迎来如此规模的专项环境整治。

饮用水安全是人民生活的一条底线。水源地环境质量，是保障老百姓喝上放心水、健康水的第一道关卡，重要性不言而喻。截至今年 5 月底，涉及 156 个地市 527 个县 899 个水源地的 3626 个环境问题，1991 个已完成整治，完成率为 55%，总体达到序时进度要求。也要看到，还有 5 省份进度低于全国平均进度，一些地区存在不能如期完成任务的风险。水源保护是水污染控制最安全、成本最低的关口，水源地一旦受到污染，后续处理要付出高昂的成本才能保障饮用水安全。不仅如此，环境风险隐患可能导致突发事件，威胁饮用水安全。前些年，企业非法排污污染重庆千丈岩水库，甘肃尾矿库污染祸及 346 公里河道，都是前车之鉴。

近年来，随着经济社会不断发展，城市规模不断扩大，用水规模也在迅速扩张，水源地环境整治的紧迫性日益凸显。客观来说，水源地环境整治不是件容易事，很多问题是在长期粗放发展和管理过程中遗留下来的。这里面，既有生活面源污染、农业面源污染等直接影响水源安全

的环境问题,也有工业企业、油库码头等突出风险隐患。有的水源地保护区划定之前,码头、企业就存在;有的划在城市建成区内,个别甚至将整个县城划入保护范围;还有的涉及跨界问题,需要多地沟通协调。

正因如此,我们要以更大的力度来推动这项工作。特别要看到,一些地区清理整治滞后,背后是责任没落实、工作没抓实等主观因素导致的:有的地方思想松懈、敷衍整改;有的部门推诿扯皮,贻误时机;有的地方松劲歇脚、得过且过;有的还存在"等靠要"思想。若要水源地环境整治到位,关键在于地方政府切实落实主体责任。去年,华东、东北两个地区的省份在政府一把手过问下,任务完成率一个月内分别提高了22个和19.4个百分点,也从一个侧面说明这一点。

推动水源地清理整治,各地必须咬定目标、真抓实干,结合自身实际,借助科学手段精准治理。水源地划定不合理要及时调整,排污口、违章建筑等该封封、该拆拆,分类整治,推动问题解决,千万不能有松松劲、歇歇脚、喘口气的想法。当然,整治过程中,难免会碰到"硬骨头",单靠自己难以解决,还需相关部门精准施策,制定包保协调工作制度,推动地方解决存在的困难和问题。

水源地保护是一项长期任务,即使整治任务完成了、风险隐患排除了,也不能有丝毫松懈。各地务必下苦功,平时保护功夫做到位,强化日常环境监管,守住水源红线,不让环境问题死灰复燃,确保水源地长治久安。眼下,距离年底只有5个多月时间,那些整治依然滞后的地方,需要抓住时间窗口,拿出硬措施,真抓真治,护好清水进万家。

(2019年07月22日)

更好满足人民群众法律服务需求

魏哲哲

> 公共法律服务要成为一种"随时随地随身"的服务,群众的知晓率、首选率和满意率是评价公共法律服务体系建设成效的根本指标

党政机关决定重大事项前必听法律意见,营商环境建设需要全方位法律服务,乡村善治依靠法律护航……更好满足新时代人民群众对公共法律服务的期待,迫切需要加快推进公共法律服务体系建设。近日,中办国办印发《关于加快推进公共法律服务体系建设的意见》(以下简称为《意见》),提出到2022年,基本形成覆盖城乡、便捷高效、均等普惠的现代公共法律服务体系。

近年来,各地结合实际进行深入实践探索,大力推进公共法律服务实体、热线、网络三大平台建设。当前,公共法律服务中心、工作站、工作室、村(居)法律顾问已经基本实现全面覆盖;12348热线电话覆盖城乡,大部分省份实现了24小时不间断服务;中国法律服务网不断增加新功能,全国法律服务电子地图让群众在指尖实现寻找的便利……公共法律服务供给能力和水平不断提高,让人民群众感受到了实实在在的获得感。

与此同时也要看到,当前公共法律服务体系建设还存在一些困难和问题,法律服务水平在城乡间、地域间、群体间的差异依然存在。比如,欠

发达地区法律服务资源相对短缺，主要体现在人才不足、设施设备缺乏、资金保障难等方面。尤其是一些中西部地区，律师、专业法律服务人员不足，政府投入公共法律服务的资金存在缺口。有鉴于此，《意见》提出了推进基本公共法律服务均衡发展的具体措施，促进基本公共法律服务普惠化、均等化，让人民群众在接受公共法律服务的过程中充分感受到公平正义。

习近平总书记强调，要深化公共法律服务体系建设，加快整合律师、公证、司法鉴定、仲裁、司法所、人民调解等法律服务资源，尽快建成覆盖全业务、全时空的法律服务网络。落实这一要求，我们就要坚持改革创新、统筹协调，创新公共法律服务内容、形式和供给模式。一些好的经验值得总结推广。比如，有的地区公共法律服务中心进驻当地市政综合服务大厅，与其他市政服务集中办理，真正从人民群众角度实现了"一站式"办理；不少公共法律服务中心增加了司法鉴定、公证、仲裁等前端业务指引服务；有的地方探索"套餐式"服务，为农民工进城打工、道路交通事故等，提供综合性的一揽子服务，等等。可以说，改革创新前进一步，老百姓的获得感就增强一分。

公共法律服务要成为一种"随时随地随身"的服务，群众的知晓率、首选率和满意率是评价公共法律服务体系建设成效的根本指标。未来三年，公共法律服务要让人民群众会用、愿用，就要扎根基层、贴近百姓，适应群众的习惯和要求，做到"抬头能见、举手能及、扫码可得"，让群众感受到公共法律服务方便、快捷、无障碍。同时，高品质的公共法律服务是最好的推广，高质量的服务过程是赢得信任、赢得支持最有说服力的方式。在继续扩大服务供给的同时，提高服务品质，让人民群众真切感受到公共法律服务管用、好用、习惯用，使公共法律服务体系建设的成果更多更公平惠及全体人民，让法治理念深入人心。

公共法律服务是政府公共职能的重要组成部分，是保障和改善民生的重要举措，是全面依法治国的基础性、服务性和保障性工作。加快推进公共法律服务体系建设，促进基本公共法律服务均衡发展，我们就能更好满足人民群众多层次、多领域、多样化、高品质法律服务需求。

（2019年07月19日）

义务教育质量关乎孩子成长

丁雅诵

只有深化教育教学改革,才能更好地全面提高义务教育质量

近日,中共中央、国务院印发了《关于深化教育教学改革全面提高义务教育质量的意见》(以下简称《意见》),正是在着力回答新时代的"教育考题"。这份意见,是新时代我国深化教育教学改革、全面提高义务教育质量的重要文件,既有"培养德智体美劳全面发展的社会主义建设者和接班人"的顶层设计,也有针对素质教育落实不到位、课堂教学质量有待提高、教育评价体系有待完善等热点问题的及时纠偏,充分体现了党中央、国务院对义务教育的高度重视和对亿万少年儿童的亲切关怀。

作为现代国民教育体系的基石,我国义务教育发展一路走来,不断开创新局面。从1986年义务教育法颁布,到2000年底基本普及九年义务教育;从2007、2008年免除城乡义务教育学杂费,到2018年义务教育巩固率达到94.2%……义务教育的发展成果丰硕,特别是党的十八大以来,在以习近平同志为核心的党中央坚强领导下,我国义务教育取得了举世瞩目的成就,实现了全面普及,目前正处于由基本均衡向优质均衡迈进的新阶段。

义务教育在迈进新阶段的同时,也面临着一些新挑战、新要求。比如,家长期待学校教育既传授知识又指明孩子人生前行的方向,希望课

堂不是填鸭教学,盼望缓解起跑线焦虑。同时还存在一些热点难点问题亟待解决,比如,劳动教育的短板、唯考试成绩论的倾向、教师教育惩戒权的模糊,等等。应对挑战,解决难题,只有深化教育教学改革,才能更好地全面提高义务教育质量。

向质量全面提升阶段迈进,就要抓住瓶颈问题,深化教育教学改革。义务教育发展到今天,容易改的问题大多得到解决,剩下的都是"硬骨头"。此次《意见》不仅明确提出"深化关键领域改革,为提高教育质量创造条件",还设定了具体目标、实现途径,为全面提高义务教育质量绘出"施工图"。以招生考试制度为例,"严禁以各类考试、竞赛、培训成绩或证书证明等作为招生依据,不得以面试、评测等名义选拔学生",向违规操作亮出红牌;"民办义务教育学校招生纳入审批地统一管理,与公办学校同步招生;对报名人数超过招生计划的,实行电脑随机录取",防止"掐尖""抢生源"恶性竞争。

向质量全面提升阶段迈进,关键是坚持以人民为中心的发展思想,树立科学教育质量观。《意见》公布后,在微信朋友圈刷屏。关注度之所以如此之高,是因为义务教育学段跨度长达9年,是在读规模最大、学龄最长的教育阶段,是与每个家庭、每个孩子的命运息息相关的教育阶段。"坚决防止学生学业负担过重""保障学生充足睡眠时间""杜绝将学生作业变成家长作业或要求家长检查批改作业"……一条条举措、一项项规定,正践行着办好人民满意的义务教育的理念。

一分部署,九分落实。《意见》搭建起全面提高义务教育质量的"四梁八柱"。同时,《意见》中的一些新要求,比如,以发展素质教育为导向的科学评价如何操作,教师优待办法如何制定,课堂教学难度进度如何监督等,这些问题的解决或许不会一蹴而就,但只要全社会都来关心支持、协同参与,这场义务教育的质量攻坚战就一定能取得胜利。

(2019年07月18日)

"网红城市"如何"长红"?

李 斌

重庆,113.6亿次;西安,89.1亿次;成都,88.8亿次……在某短视频平台公布的2018年城市形象短视频播放数据中,中西部城市表现亮眼。短视频传播助力"网红城市"脱颖而出,引发人们对城市形象传播的思考。

从眼花缭乱的"8D魔幻立交"到潇洒烂漫的"橘子洲焰火",再到清新自如的"小酒馆","网红城市"之所以能火会红,与自带流量特征的城市地标和娱乐休闲元素密不可分。包括短视频在内的移动媒介凭借着高互动、强社交属性,充分调动了用户记录和发现城市魅力的积极性,城市形象也因此得以广泛传播。

当然,许多"网红城市"之所以榜上有名,除了城市魅力、网友好奇等天时、地利因素,城市自身的主动作为同样不可忽视。当全媒体时代扑面而来,突破传统的城市形象传播定式,显得尤为重要。比如重庆从今年3月起启动了为期半年的区县"晒文化·晒风景"大型文旅推介活动,借助社交媒体平台展示重庆的"颜值"与"气质"。在信息爆炸背景下,"酒好也怕巷子深"。城市积极运用新媒体讲好城市故事,同网友自发传播形成共振效应,有助于抓住眼球、吸引流量,实现城市品牌的海量传播。

重视传播,同时也要正视传播,特别是不以营销论成败。靠营销走

红固然值得称道,但也不宜过度拔高城市营销的价值。正如有人指出的,"无论是千年古都、汉唐文明积淀的西安,天府之国成都,还是巴渝之地山城重庆,都很难用'网红'一词简单概括"。"网红城市"的超高人气,其实是城市文化底蕴、经济实力、人口规模乃至科技进步等一系列因素综合作用的结果。没有人们对丰富的文化生活和精神食粮的新需求,就不会有风靡网络的打卡浪潮;没有对传统文化的创造性转化和创新性发展,就没有文旅、文创产品的惊艳亮相,就很难吸引游客真正心向往之;没有基础设施和交通便利,"千里一日还"就不可能实现,体验性消费同样无从谈起⋯⋯

由此而言,"网红城市"的诞生,从根本上说是城市高质量发展的必然。塑造和推广城市形象,决不能只顾面子不顾里子,只顾形式和手段不在意内涵和底蕴。一位建筑学家说得好:"城市是一本打开的书,从中可以看到它的抱负。"要想打造出独具特色的城市品牌,必须做好高质量发展的大文章,从软文化到硬产业,从大城建到微治理,从烟火气到时尚感,方方面面的沉潜功夫都不可忽视。

更重要的是,"网红城市"如何"长红"？跟风打卡看似热闹,但迎合公众注意力产生的"网红",其生命周期注定很短暂。如果不注意把握"有意义"与"有意思"的辩证关系,徒有形式热闹,可能只会是昙花一现。有的地方曾经靠着特色古城、独特街区等概念红了一阵子,却因为极度商业化、管理失位、低俗营销等问题又冷清了起来。事实证明,如果城市营销迎合庸俗、放纵低俗、过度娱乐,必然自毁形象、走入歧途。

一位城市主政者曾这样感慨:"如果我们错过一个时期,整个城市发展将错过一个时代。"在信息技术变革、经济社会变革的交织影响下,一个城市如何延展好自己的优势、传播好自己的特色,主动作为、积极创新是不二法门。"网红城市"作为见证城市创新形象传播的生动案例,是一个开始而不是终点。展望未来,必会有更多讲好城市故事的成功示范。

(2019 年 07 月 17 日)

走出养生的"保健品误区"

王君平

健康的体魄不是靠各种保健品堆砌而成,最简单最有效的养生方法,就是培养健康生活方式

习惯在于养成,与其迷信保健品的神奇功效,不如以科学和自律来呵护自己的健康

运动步数为零,吃饭靠外卖,通宵达旦打游戏……不少学生足不出户,开启暑假"宅"模式。由于不健康的生活方式,不少年轻人处于亚健康状态,往往选择服用各类养生保健品,以换回健康与玩乐、工作的平衡。这种现象值得关注。

《黄帝内经》指出:"夫病已成而后药之,乱已成而后治之,譬犹渴而穿井,斗而铸锥,不亦晚乎?"医疗是健康的最后防线。保持健康,需要关口前移,做好养身保健,也是大健康的题中之义。养生保健是否得法,决定健康状态和生命长度,其重要性不言而喻。

然而,现实中,尽管很多人重视养生,却容易陷入误区,最典型的错误认知便是将养生与服用保健品画上等号。据调查,71.4%的受访者称身边有人过度依赖保健品。这一数据暴露出我国居民健康素养偏低的现状。观察一些年轻人的养生行为可以发现,他们对健康、衰老怀有焦虑,解决办法不是选择运动健身、膳食均衡,而往往是通过服用保健品,

来达到高强度工作之后的修复、生活中的营养补充、健身和美容等具体功效。再加上商家"现在不养生,以后养医生"的宣介攻势,不少年轻人就容易患上保健品依赖症。

实际上,过分依赖保健品,不仅带不来保健的功效,还可能损害人体健康。比如,有人明明并不缺乏维生素,却把维C泡腾片当作提高免疫力的药品。长期过量服用维生素C,反而会导致尿路结石,加速动脉硬化。再如补钙,35岁以后,人的骨量就一直处于减少状态了,单纯靠吃钙片补钙,作用不大,甚至还会引起便秘、结石。健康的体魄不是靠各种保健品堆砌而成,科学养生需要遵循权威指导、科学知识,远离保健品误区。

大道至简,健康养生并不复杂。世界卫生组织研究发现,影响健康因素中,生物学因素占15%、环境影响占17%、行为和生活方式占60%、医疗服务仅占8%。最简单最有效的养生方法,就是培养健康生活方式。在这方面,我们有很多功课要做。且不说膳食失衡、久坐不动、抽烟酗酒等显见的不良习惯,单说喜欢"趁热喝""趁热吃"这个偏好,就有不少认知误区。人的食道只能承受50℃—60℃的温度,如果刚出锅的菜晾一晾,刚沏好的茶放一放,食道黏膜就不会被烫伤,就不会为食道癌种下"祸根"。习惯在于养成,与其迷信保健品的神奇功效,不如以科学和自律来呵护自己的健康。

习近平总书记曾劝年轻人不要熬夜,先把自己的心态摆顺了,内在有激情,外在还是要从容不迫。每个人是自己健康的第一责任人,"我的健康我做主"的理念需要落实为行动。远离健康危险因素,养成健康的生活方式,才能活出健康人生,才能打造"健康中国"。

(2019年07月16日)

申遗成功是保护发展新起点

马苏薇

良渚古城遗址不仅真实、完整地保留了人类文化遗产,更是中华文明多元一体、兼容并蓄、绵延不断等特质的有力见证

守护好文化遗产,就是守护民族的根与魂,容不得一丝懈怠

最近,在阿塞拜疆举行的联合国教科文组织第四十三届世界遗产委员会会议上,随着木槌落定,良渚古城遗址申遗成功。至此,中国世界遗产总数达55处,位居世界第一。申遗成功后,游客可通过预约进入良渚古城遗址公园,一睹中国新石器时代早期区域城市文明。

良渚古城遗址,地处浙江省天目山东麓河网纵横的平原地带。83年前,大量新石器时代的黑陶和石器在这一区域被发现,开启了良渚文化考古进程,也让这座公元前3300年到公元前2300年之间的"中华第一城"逐渐掀开神奇的面纱。11条水坝组成的良渚古城外围水利系统,是世界上最早的拦洪水坝系统;神秘绚烂的礼俗制度、令人赞叹的农业和手工业水平、规模庞大的城市系统,共同描绘出一幅中国史前社会文明的图景。可以说,良渚古城遗址的考古发现,有力驳斥了国际学术界一些人认为"中华文明始于有甲骨文、青铜器的殷商时期""文明历史不足五千年"的论调,将世人对中华文明史的认识向前推进了一大步。

事实上,良渚古城遗址的独特贡献还在于,它让中华文明的传承发展脉络愈发清晰。大量出土的玉琮、玉璧、玉玦等文物,折射出先民的精神追求,以鸟、蝉、鱼等为原型的玉雕动物佩饰,彰显着古代中国人与自然和谐共处的发展观念;二里头、殷墟等夏商时代遗址中,源自良渚文化的玉琮、玉璧成为中华文明在多元交融中不断演进的实证,印证了中华文明逐渐积累、不曾中断的发展特点。良渚古城遗址不仅真实、完整地保留了人类文化遗产,更是中华文明多元一体、兼容并蓄、绵延不断等特质的有力见证。

正因其深厚历史和独特价值,良渚古城遗址被列入世界遗产名录。作为中华文明史无可辩驳的实物依据和确凿的学术支撑,良渚古城遗址申遗成功,填补了《世界遗产名录》东亚地区新石器时代城市考古遗址的空白,意味着它的突出价值、真实性和完整性在国际上得到了高度肯定。

作为世界共同的遗产、全人类的共同精神财富,良渚古城列入世界遗产名录也对遗产保护提出了更高要求。如何协调研究与展示的关系?如何找到文物保护与开发利用的平衡?如何推动考古和保护相融合?解决好这些问题,才能让遗产保护朝着正确方向前进。值得一提的是,近年来,我国在遗址保护上已经探索出了一些可行路径。比如,河南安阳殷墟对宫殿宗庙、王陵遗址采取地下保护、地上复原标识的方式;再比如甘肃敦煌莫高窟,利用数字技术和多媒体展示手段构建虚拟洞窟。这些成功经验为公众架起通向中华文明的桥梁,为文化遗产注入丰富时代内涵。

推动从遗产大国向遗产保护强国转变,这是我们今天义不容辞的责任。现实来看,在对待文化遗产上,不注重保护、盲目开发的情况仍然存在,有的利用和展示水平不高,没有让遗产文物真正"活起来"。守护好文化遗产,就是守护民族的根与魂,容不得一丝懈怠,唯有保持不畏困难的决心、扎实推进的恒心,才能让历史文物更好地融入生活,让中华文化昂首走向世界。从这个意义上讲,良渚古城申遗成功,也是我国文化遗产保护工作一个新的起点。

(2019 年 07 月 15 日)

补贴"退坡",创新更要"上坡"

姜 赟

激活新能源汽车市场,补贴政策只是最初的"扶一把""送一程",但温室的花朵没有未来,最终起决定作用的还是技术和服务

近年来,我国新能源汽车市场的发展,既有"一年一个台阶"的成绩,也有"一年一道槛"的挑战。一方面,中国新能源汽车销量占据全球市场约半数,连续4年位居全球第一。另一方面,根据规定,新能源汽车补贴逐步退坡,到2020年年底补贴将完全退出。这也意味着,新能源汽车行业将进入结构调整、动力转换的新阶段,车企需要面临市场"洗牌"的大考。

习近平主席在给2019世界新能源汽车大会致信中指出,"中国坚持走绿色、低碳、可持续发展道路,愿同国际社会一道,加速推进新能源汽车科技创新和相关产业发展,为建设清洁美丽世界、推动构建人类命运共同体作出更大贡献。"发展新能源汽车是世界汽车工业转型升级的重要方向,也是中国实现由汽车大国向汽车强国转变的重要机遇。正是得益于政策的引导、推动和适时调整,我国不仅培育起全球最大的新能源汽车市场,而且拥有了较为完整的产业生态链:从上游的原材料生产,到中游的"三电"核心系统、整车制造,再到下游的充电服务、出行服务、电池回收,等等,在全球产业体系中占据举足轻重的地位。

在这样的发展趋势和产业特点下，即便面对2019年幅度颇大的补贴退坡，许多新能源汽车企业虽有成本上升压力，但心态是比较从容的，因为他们已经适应补贴退坡的阶梯式节奏，并将目光从拿到多少补贴转向产品与技术的市场竞争力。这样的转变也得到了市场的支撑。今年国内汽车市场整体下行压力不小，但从前5个月的产销来看，新能源汽车依然一枝独秀，产销量同比分别增长46%和41.5%，巨大潜力可见一斑。实践证明，只有顺应大势、提质增效，新能源汽车才有更广阔的发展空间。

因此，当补贴"退坡"时，创新更要"上坡"。激活新能源汽车市场，补贴政策只是最初的"扶一把""送一程"，但温室的花朵没有未来，最终起决定作用的还是技术和服务。价格便宜已经满足不了消费者的需求，能否通过技术创新解决续航里程、充电时间、电池寿命等短板，能否通过设计创新提升产品体验，能否通过管理创新释放规模化效益来降低成本，决定着车企能否摆脱补贴依赖，在市场竞争中赢得优势。这就要求新能源车企在高质量发展的道路上开足马力。

技术创新每前进一步，安全保障就须上一台阶。近期国内外电动车的起火事件提醒我们，尽管技术创新能够带来全新驾驶体验，但行驶安全才是消费者关切的头等问题，再小的安全问题，也会给蓬勃发展的行业蒙上阴影。车企需要坚决履行安全主体责任，深入研究碰撞安全、再生制动、电磁场、声学感知等新增安全特点，持续加强安全保障。

值得一提的是，将来补贴退坡完毕，并不意味着政策扶持的停止。如今"双积分"等政策的接力，正是在倒逼车企提升技术水平和市场竞争力。有"退"有"增"的差异化引导，展现出我们扶持企业做优做强的鲜明导向。此外，除了对车企的扶持，各地政府部门正在大力推进基础设施建设。新能源汽车的使用环境越来越好，车企发展必然会越来越有信心。

在世界新能源汽车大会上，《新能源汽车产业发展规划（2021—2035年）》正在编制的利好消息，给新能源汽车行业更强信心。面向未来，相信经过市场的淘洗，新能源汽车行业将更加成熟完善，为经济增长注入强劲新动能，也为美丽中国绘出更靓的绿色。

（2019年07月12日）

让新型消费健康成长

智春丽

> 智能电视开机广告能否一键关闭？时长多少合适？收集用户数据行为如何规范？这些问题都应做到有章可依、有矩可循

打开智能电视，以为马上就能享受海量视听资源，没想到，总有一段无法跳过的广告。这样的情形，很多人都遇到过。近日，有媒体调查发现，目前在家电市场想找到不带开机广告的智能电视，还真有点儿费劲。对此，一些智能电视品牌的客服直接回应："无法取消广告。"

不事先告知、强迫用户看开机广告，厂家的做法能否站得住脚？很显然，不能。根据消费者权益保护法，消费者享有知悉其购买、使用的商品或者接受的服务的真实情况的权利。不明确告知电视开机带有广告，侵犯了消费者知情权；按照《互联网广告管理暂行办法》，在互联网页面以弹出等形式发布的广告，应当显著标明关闭标志，确保一键关闭。

既然如此，厂家为何要冒着得罪用户、违反法律的风险去植入广告呢？背后还有一层原因：国内电视机行业竞争非常激烈，打价格战是常见做法，硬件的利润很薄。按业界说法，"原来卖上万元的智能电视，现在两三千元就买到了""智能电视价格持续走低，一方面是技术迭代的结果，另一方面也是厂商把开机广告收入补贴到了价格中"。看起来，厂家是把一道选择题交给了用户：在高价无广告与低价有广告之间，选

哪一个?

商业的本质是共赢。商品有价值与使用价值双重属性,"物美价廉"是最好的结合点。用户总希望以更便宜价格买到电视,可电视的使用价值不应打折。此外,除了广告时长影响体验,一些智能电视根据用户习惯精准投放广告的做法,也引发了对个人隐私泄露的潜在担忧。总体来看,若智能电视行业只瞄准"价格",忽视"体验",久而久之也难免让用户去转而寻找替代品。

其实,接入互联网的智能电视,已不仅仅是一台传统意义上的电视机,它是提供内容的智能终端,也正成为智能家居的流量入口,卖的早已不仅仅是硬件,更是软件和信息流,做的是"注意力"经济。正如经济学家所言,数字经济有显著的"网络效应",价值会随着加入者的增加而增长。也正是在这个意义上,一台智能电视机与诸多免费互联网产品的底层逻辑已越来越相似。然而,聪明的商业模式总能在服务用户与盈利之间找到平衡。除了用开机广告补贴电视机价格,厂家们并非没有其他"选择键"。比如,通过软硬件深度结合,提供优质内容订阅增值服务,培养用户支付习惯等,以会员经济提升智能电视体验。

消费是最终需求,既是生产的最终目的和动力,也是人民美好生活需要的直接体现。去年,中共中央国务院发布了《关于完善促进消费体制机制进一步激发居民消费潜力的若干意见》,提出"升级智能化、高端化、融合化信息产品,重点发展适应消费升级的中高端移动通信终端、可穿戴设备、超高清视频终端、智慧家庭产品等新型信息产品"。长远来看,智能电视要跨过无序生长阶段,逐步走向规范,厂家需要形成新的商业规则和伦理,管理部门也要更新监管细则。广告能否一键关闭?时长多少合适?收集用户数据行为如何规范?这些问题都应做到有章可依、有矩可循。也只有解决了这些问题,我们才能推动基于网络平台的新型消费成长,优化线上线下协同互动的消费生态。

(2019年07月11日)

给留守儿童更多制度关爱

荣 翌

从"候鸟儿童"到"冰花男孩",农村留守儿童一直牵动人心。近日,民政部联合教育部等10部门制定出台了《关于进一步健全农村留守儿童和困境儿童关爱服务体系的意见》,完善制度、形成合力,将更好托举起留守儿童的明天。

习近平总书记强调,要关心留守儿童,"让他们都能感受到社会主义大家庭的温暖"。关爱留守儿童,体现着一种有温度的人文关怀,是一项良心工程、社会工程。《意见》的一大亮点,在于要求村(居)民委员会一级设立"儿童主任",乡镇(街道)一级设立"儿童督导员",并分别明确了两类岗位职责。据民政部介绍,目前全国共有62万名儿童主任和4.5万名儿童督导员实名上岗,并且这一队伍还在持续壮大,共同守护近700万留守儿童的健康成长。

早在2010年,"儿童福利主任示范区"项目就在基层运行。不少地方建立了"留守儿童之家",在社区组织"代理家长""爱心爸妈"等帮扶活动,广泛开展志愿服务。但这种工作方式存在人员不固定、职责不明确的问题。此次出台的《意见》对这一做法进行分层级、成体系的制度设计,对于加强基层儿童工作队伍建设、优化配置关爱资源大有裨益。

守护留守儿童也是一项专业性很强的社会工作。留守儿童不是一个模糊群体,而是无数鲜活个体。他们中,有的亟待物质救助,有的呼唤

心理疏导；有安全教育的需要，也有权益维护的诉求。实现因人施策的"精准关爱"，有赖专业力量的投入。对此，《意见》支持法律、心理咨询等各类专业人员，针对留守儿童的不同特点提供服务。同时，将健全农村留守儿童服务体系纳入脱贫攻坚整体布局，提出统筹相关社会资源向深度贫困地区倾斜，动员引导广大社会工作者、志愿者深入贫困地区等要求。

守护留守儿童要举社会之力，更离不开家庭陪伴，《意见》也提出强化家庭监护主体责任及家庭教育。一首小诗写道："春节过后，爸爸妈妈带走了——二月的不舍，三月的思念，四月的春风……"那些缺席的陪伴、亲情的呼唤，总是能触动人们内心深处的弦。据统计，96%的农村留守儿童由祖父母或外祖父母照顾。这种"亲情断层"，直接影响孩子的家庭认知。家庭是对儿童进行教育的一个基本单位，落实好家庭监护责任，才能实现留守儿童问题的"源头治理"。

近年来，在乡村振兴战略引领下，党和政府大力推动务工人员返乡创业就业、落实随迁子女就地入学等工作，为从源头减少留守现象提供了有力支持。截至去年8月底，我国留守儿童数量相比2016年下降22.7%，部分地区降幅达40%以上，相关制度效应初步显现。与此同时，技术进步也为留守儿童生活状况带来可喜变化。移动互联网一定程度上打破了时空分离，视频通话让亲情沟通更便捷高效；短视频、微公益平台记录和展现留守儿童生活日常，也为社会提供更广阔的关注视角和帮扶渠道；大数据技术应用于建立健全留守儿童信息台账，为分析和应对留守现象提供了科学依据，等等。

幼吾幼以及人之幼，是中华民族优良的道德传统。有了制度的呵护与关爱，留守儿童将不会是"被遗忘的花朵"，而将在乡村振兴沃土上健康成长，迎接灿烂美好的明天。

（2019年07月10日）

治城市内涝，先治政绩观

李思辉

> 我们既然能建得好令人眼前一亮的"地上工程"，也应该能够扎扎实实搞好"地下工程"。

入汛以来，我国从南到北多个城市发生内涝。这种情况并非今年独有。水利部的数据显示，2010年至2016年，我国平均每年有超过180座城市进水受淹或发生内涝。解决内涝，成为一些城市发展的重要课题。

城市内涝频出，可追溯的原因很多。比如雨量过多、地势低洼；城市管道建设长期投入不足、历史欠账较多；城镇化速度快，排水管网建设滞后；城市规划不合理，规划落实走形，等等。然而，一个重要原因是，一些地方内涝治理效果不理想，与"重地上、轻地下"的政绩观有很大关系。地下管网建设是看不见的工程，做得好也只是"隐绩"而非"显绩"，不容易被注意到，因而导致一些领导干部热衷于"地上工程"而不是"地下工程"。殊不知，心怀侥幸地认为"洪涝灾害不是每年都有"，忽视"地下工程"建设就是放任隐患不管。一旦暴雨降临，就会付出昂贵的经济、环境乃至生命代价，"地上政绩"也会大打折扣。类似的教训，不可不鉴。城市治理者，在注重城市华丽外表的同时，更要关注一个城市的内在品质。

治理城市内涝虽难，却并非无解。只要树立"上下并重"的政绩观，

坚持问题导向，综合施策、重点治理，就能找到治理内涝的解决方案。实际上，要说难，城市治理面临的很多问题都难，为什么有的能够集中力量实现突破，有的却经年累月、久拖不治？关键要看有没有把这项工作放到价值排序应有的位置上，是否给予了应有的重视。一旦真正重视起来，办法总比困难多。我们既然能建得好令人眼前一亮的"地上工程"，也应该能够扎扎实实搞好"地下工程"。

治理城市内涝，还需压实各个环节的主体责任。事实上，《城镇排水与污水处理条例》和相关规范性文件，为城市治理内涝提供了法律依据，对加快城市内涝治理提出了明确要求，也明确了相关治理责任。这方面，有些城市重视"地下工程"建设，舍得在"看不见"的地方加大投入，城市排涝能力大为提升，已经见到成效，经验值得交流总结。同时也要看到，有的城市内涝反复发作，不能说制度供给不足，关键还在于落实不够。能否取得内涝治理的显著效果，不仅体现着城市治理的智慧与能力，也在检验着城市治理能否真正落实以人民为中心的发展理念。

一部城市发展史，也是一部城市地下排水系统发展史。城市发生内涝有历史的、现实的原因，要根治则需集合各方面智慧、共同寻求解决之道，更需要城市治理者怀着紧迫感，一任接着一任干，严格按照科学规划一步步推进。相信只要各方一道努力，逢雨必涝、"城中看海"的状况，终将成为"昨天的故事"。

（2019 年 07 月 08 日）

为孩子科学筹划"起跑线"

彭 飞

　　世间万物皆有时节，孩子的成长更是如此。在一定范围内存在的争夺"起跑线"现象，很大程度上折射的是成年人的焦虑
　　如果说在孩子教育问题上真的有一条起跑线，那只能是健康、科学、理性并着眼长远的教育

　　进入暑假，不少孩子反而比平时更忙：除了马不停蹄地参加各类暑期班，有的还要参与费用高昂的海外游学项目。对孩子来说，快节奏、高强度的课程，让暑假变成了"第三学期"。而课程带来的巨大花销，也让很多家长感叹，"收入撑不起一个暑假"。
　　一个争分夺秒、花费不菲的暑假，真能达到家长们预期的效果吗？这背后反映出的家长心态及培养方式，值得我们深思。有网友评价："不少家长关注的，已经不是避免孩子输在起跑线上，而是怎样更早、更快地实现人生'抢跑'。" 5岁孩子长达15页的华丽简历让成年人自叹不如，幼儿园就已经开始学习电脑编程知识，咿呀学语时就跟着早教上起"情商课"……当人生的起跑线越来越靠前，我们在惊叹身边出现一个又一个"牛娃"时，是否也在一定程度上忽视了孩子生长发育的规律？是否存在透支孩子身心健康的危险？
　　世间万物皆有时节，孩子的成长更是如此。在一定范围内存在的争

夺"起跑线"现象，很大程度上折射的是成年人的焦虑。一方面，有的家长急于求成，对子女总是抱有"过度期待"，以为只要增加培训的数量或加大投入，就能为孩子打造成功的未来；另一方面，不少家长也是出于无奈，倘若身边孩子都已"起跑"，自家孩子却还在"热身"，未来在人生道路上岂不是要"掉队"？这样的心态如果走向极端，就会在家长之间形成攀比、"拼娃"的风气，最终受影响的还是孩子。急功近利的教育并非育人之道，对个人来说难以获得全面发展，对一个国家来说更难以培养出真正杰出的人才。

教育的功能，在于培养全面发展的人。通过教育，一个人不仅要获得知识，更需要收获健全的人格、开朗的性格、健康的情绪。据此培养的孩子，才能获得过上幸福生活的能力。如果说在孩子教育问题上真的有一条起跑线，那这条起跑线只能是健康、科学、理性并着眼长远的教育。有教育专家认为，很多早教都是"被创造出的需求"，其实孩子最理想的第一任教师就是父母，在人生起步阶段最好的课堂就是日常生活。家长摆正心态、尊重孩子成长规律，既重视智育也重视德育，既重视言传也重视身教，才能为孩子的未来打下坚实的基础。

当然，孩子的启蒙和教育是一项真正的"系统工程"，一味苛责家长并不合理，家长的许多选择也是外部环境使然。比如，评价孩子的标准如果只是唯证书论、唯竞赛论，那么过多过滥的培训必然呈现低龄化趋势。再比如，许多家长之所以倾尽全力打造"牛娃"，追求一项又一项"认证"，为的还是争取相对稀缺的优质教育资源。进一步构建更加科学、合理的教育评价体系，同时进一步做大优质教育资源的蛋糕，提升教育机会和教育质量均等化水平，才能从根本上扭转不当的教育观，为孩子们画出一条公平合理的起跑线。

人生如一场马拉松，教育不可能一蹴而就。家长们不必过度追求孩子成长的"初速度"，更不必拔苗助长。通过包括家长在内的全社会共同努力，回归立德树人的教育初衷，充分尊重孩子成长规律，释放孩子的个性与天性，才能让他们健康快乐地成长、扎扎实实地成才。

（2019年07月05日）

我们需要什么样的"招生宣介"

赵婀娜

用扎实的办学实践、用丰硕的办学成果为大学精神做最好的注脚、为大学功能做最厚重的描摹,是最有力量的宣介

继高校招生美景美食"大比拼"、招生文案"海报大战"之后,最近,一些高校又在录取通知书上做起了文章:有的推出"立体通知书",有的突出个性化、定制化。随着高校进入招生季和录取季,学校之间的比拼和竞争也进入关键时期,文宣文案成了高校展示各自特色的舞台。

无论是在招生宣介中运用网络元素,还是在录取通知书上下足功夫,对新的媒体传播形态和传播规律的运用,也都体现着高校适应学生年龄层次和审美趣味变化的顺势而为。对于被喻为"互联网原住民"的当代年轻人来说,相较于一板一眼、不苟言笑的招生文案,轻松、幽默甚至带点自嘲的语言风格,以及更加个性化的录取通知书等,都更符合他们的接受习惯。就此而言,一些大学能对传统文宣风格进行调整,可谓用心良苦。

好的招生宣介可说是大学一次最佳的"广告时段",需要大学精准诠释学校的风格特质,传递理念、启发思考、引发共鸣。从这个角度来说,招生宣介事关大学形象和大学文化、事关大学传递给公众和青年学子怎样的价值理念。行胜于言,将纸面上的文字转化为行为操守,需要

大学坚守文化品格、大学精神和大学功能，不盲从、不浮华。通过招生季、录取季对大学理念的弘扬，高校应当带给更多年轻人为未来努力拼搏的原动力，激励每一个青年都成为社会主义建设者和接班人，不辱时代使命。

"大学之道，在明明德，在亲民，在止于至善。"文化与精神，是大学最好的口碑。近几年，国内多所高校纷纷精心制作招生宣传片，传递"每一声心跳，每呼吸一秒，去找寻自己的骄傲""大学不是梦想的终点，而是梦想起航的地方""总有一种力量，让你不惧来路、不忘归途"等价值理念和人文情怀，厚重而不失活泼，收获好的口碑和传播效果。而如果放在更长远的时间维度考量，一年365天中，大学认真办学、精心育人、扎实科研、服务社会、传承文化的每一时刻，又何尝不都是最好的招生宣传。用扎实的办学实践、用丰硕的办学成果为大学精神做最好的注脚、为大学功能做最厚重的描摹，是最有力量的宣介。

对即将步入大学校园的学生来说，通过对大学氛围的提前熟悉，有助于自己早日做好大学生涯规划，顺利迈入大学学习新阶段。大学是人生学习和成长的关键阶段。知识和技能的积累，社交能力的锻炼，独立思考能力的培养，世界观、人生观、价值观的确立，都是这一时期的重要任务。把这些任务规划好，"扣好人生第一粒扣子"，为自己赢得更好未来，显得尤为重要。合理规划大学生涯，一步一个脚印，才能收获丰富多彩的大学生活，把大学精神真正内化于心、外化于行。

"玉不琢，不成器；人不学，不知道。"习近平总书记同北京大学师生座谈时勉励大家，学习就必须求真学问，求真理、悟道理、明事理，不能满足于碎片化的信息、快餐化的知识。践行这一要求，需要高校和学生一起，不断涵养精神的力量、文化的力量，求真理、悟道理、明事理。也期待更多高校，在持久的办学实践中，坚守品格，做引领社会前行、鼓励青年人成长的灯塔。

（2019年07月04日）

提质扩容促进家政业发展

盛玉雷

家政服务行业的健康发展,既是惠民生、扩内需的重要方面,也是脱贫致富、促进就业的有力抓手

提高家政从业人员素质,增加家政服务有效供给,提升家政服务规范化水平……近日印发的《关于促进家政服务业提质扩容的意见》,针对家政服务业发展过程中的问题,围绕"提质"和"扩容"两个关键词,推出一系列实实在在、有含金量的政策举措,为家政服务业实现高质量发展提供了制度保障。

家政服务是朝阳产业,也是民生工程。近年来,社会上对家政服务的需求呈井喷态势。一方面,我国居民消费能力不断增强,社会分工日益细化,新型城镇化加速推进,经济社会发展为家政服务业的成长创造了客观条件;另一方面,随着全面二孩政策推进实施、老龄化程度不断加深,消费者对居家养老、康复护理、育婴育幼、烹饪保洁等家政服务需求呈现刚性增长。规模化的供给和多样化的需求一起,促进了家政服务市场的繁荣。

尽管家政行业发展潜力巨大,但长期以来积累的矛盾也不少。有消费者用"不规范""找不到""不满意"来概括生活中使用家政服务时遇到的问题。这些现象背后折射的,正是当前家政服务行业发展中

面临的有效供给不足、行业发展不规范、群众满意度不高等短板。一些家政服务人员对就业环境也颇有微词,有的工作内容与合同约定不符,有的对雇主故意挑刺、抱有成见。可以说,供需双方之间的症结,制约了家政服务业的发展,急需加强顶层设计,完善政策体系,回应广大群众的关切。

正因如此,《意见》的及时出台,为家政服务业把脉,有助于消除信息不对称的供求矛盾,促进家政服务市场有序发展。比如,针对一些家政服务人员素质不高、能力不足的问题,推广合同示范文本、"居家上门服务证",支持家政企业举办职业教育等;再如,针对家政服务行业参保主体缺位和参保率低的情况,要求加强社保补贴等社会保障支持,降低家政企业运营成本;又如,着眼家政服务业与相关产业融合发展的趋势,强调大力发展家政电商、"互联网+家政"等新业态,等等。总的来看,有效保障家政服务业相关各方的权益,是促进家政服务业提质扩容的重要举措。

小切口,大民生。家政服务业不仅满足了城市家庭育儿养老的现实需求,也满足了进城务工人员的就业需求。从更宏观角度看,服务行业是吸纳就业的重要蓄水池。大力发展家政服务业,对促进就业、精准脱贫、保障民生具有重要作用。《意见》明确提出,拓展贫困地区人员就业渠道,对困难学生、失业人员、贫困劳动力等人群从事家政服务提供支持。家政服务行业的健康发展,既是惠民生、扩内需的重要方面,也是脱贫致富、促进就业的有力抓手。在重视就业、支持就业的导向下,促进家政服务业提质扩容正当其时。

从消费者权益保障到从业人员权益保障,从降低企业成本到加强行业监管,从增加服务供给到促进可持续发展,家政服务行业系统化、职业化、规范化、标准化的趋势更加凸显。有宏观政策引领,有微观治理效能,相信家政服务业大有可为的市场前景将更明朗。

(2019年07月03日)

以人工智能赋能"万物互联"

杨 成

"人类正在走向智能时代"。近日,由人民网研究院编撰发布的移动互联网蓝皮书《中国移动互联网发展报告(2019)》指出,人工智能与产业结合推动爆发式增长,是未来我国移动互联网发展的重大趋势之一。人工智能有望作为一项基础性技术支撑,赋能各行各业,形成新一波高速发展浪潮。

习近平总书记指出,新一代人工智能正在全球范围内蓬勃兴起,为经济社会发展注入了新动能,正在深刻改变人们的生产生活方式。近年来,人工智能一直备受瞩目,每一次"虚拟明星"的亮相,都会引起关注。不论是获得公民身份的仿人机器人索菲亚,战胜围棋冠军的阿尔法狗,还是会打电话预订餐厅的人工智能,都引发了公众的极大热情,使得人工智能概念深入人心,社会影响日益增强。

当前,人工智能呈现深度学习、跨界融合、人机协同、群智开放、自主操控等新特征,正在对经济社会发展产生重大而深远的影响。刚刚过去的2018年,被称为人工智能"大爆发"之年。人们发现,人工智能正在不断改变自己的生活。在商场,智能语音机器人取代了前台服务员;在家里,智能机器人可以清扫每个角落;在医院,新型医疗机器人可以监测病情、护理病患。在教育、交通、医疗、政法等行业领域,人工智能的应用,让行业的效率更高、发展更具活力。

此次发布的蓝皮书认为，人工智能正处在技术升级的关键拐点，是科技创新的下一个"风口"。的确，随着5G商用牌照的发放，中国正式进入5G时代，为人工智能等新技术发展打开更加广阔的前景。当前，让机器像人一样"能听会说，能理解会思考"的用户需求日益凸显，人工智能系统正不断嵌入越来越多的智能硬件设备中去，移动终端的使用更加便捷。有分析认为，到2020年，将有超过500亿台机器、设备进行互联，超过2000亿个联网传感器产生海量数据。万物互联时代的到来，越来越多的设备将在无屏、移动、远程状态下使用，人工智能技术也将成为移动互联网时代向万物互联时代过渡的突破点。

随着我国"网络覆盖工程"加速实施，网络覆盖范围逐步扩大，入网门槛进一步降低，"数字鸿沟"正在被填平，也给相关企业带来转型发展的机会。2018年，"下沉""出海""转型"成为我国移动互联网企业寻求新发展的关键词。比如，一些电商企业，借助社交电商和拼团等模式，短时间获得巨大的增长；在阅读领域，专注下沉市场的相关企业迅速成长，彰显了阅读在移动互联时代的价值。又如，部分企业出海拓展市场，短视频、移动支付等受国外青睐，2018年中国出境游客使用移动支付的交易额占总交易额的32%，首次超过了现金支付。同时，随着移动互联网在国家建设中发挥越来越大的作用，相关立法和行政监管也在不断完善，营造了更加规范有序的网络空间。

作为引领这一轮科技革命和产业变革的战略性技术，人工智能具有溢出带动性很强的"头雁"效应。未来，人工智能技术不断发展完善，不仅将为人们带来更大的商业价值和社会价值，也将推动我国实现科技跨越发展、产业优化升级、生产力整体跃升。

（2019年07月02日）

到边远地区去,到基层一线去

张 凡

> 让更多人才向边远地区、基层一线流动,不仅需要个人发扬"好儿女志在四方"的奋斗精神、奉献精神,更需要从制度上为人才引得进、留得住、用得好提供保障

近日,中共中央办公厅印发《关于鼓励引导人才向艰苦边远地区和基层一线流动的意见》。文件的出台,进一步完善了人才培养吸引流动和激励保障机制,也必将鼓励引导更多优秀人才到艰苦边远地区和基层一线贡献才智、建功立业。

"致天下之治者在人才"。上世纪50年代,黄浦江畔的交大师生,带着"向科学进军,建设大西北"的豪情,奔赴渭水之滨,挺立起西部科技的高地;从1973年开始,中国农业大学师生扎根河北曲周,接力帮助曲周实现从千年盐碱滩到"米粮川"的巨变;2000年,河北保定学院的15名毕业生,选择到万里之遥的新疆且末任教,十几年如一日,为那里的孩子带去知识和希望……多年来,一批批优秀人才奔赴远方,扎根基层,默默奉献,不仅写下充满激情和奋斗的人生诗篇,也为当地经济社会进步、为国家发展作出重要贡献。

支持艰苦边远地区和基层加快发展,人才是关键。近年来,从"三区"人才支持计划,到博士服务团、"西部之光"访问学者,从医疗人才"组

团式"援藏援疆,到高校毕业生"三支一扶"基层服务等,国家出台一系列政策措施,促进各类人才到艰苦边远地区和基层一线干事创业,取得明显成效。同时,艰苦边远地区和基层一线人才匮乏的问题仍很突出,人才引不来、留不住、用不好等现象在一定范围存在。为艰苦边远地区和基层一线提供坚实的人才支撑,无论是对打赢脱贫攻坚战、决胜全面建成小康社会,还是促进区域协调发展,都尤为重要。

补齐人才匮乏的短板,让更多人才向边远地区、基层一线流动,不仅需要个人发扬"好儿女志在四方"的奋斗精神、奉献精神,更需要从制度上为人才引得进、留得住、用得好提供保障。当前,受一些政策限制,人才向艰苦地区、基层一线流动,还不够顺畅;福利待遇缺乏有力保障,也影响着人才流动的动力和热情。"畅通人才向艰苦边远地区和基层一线流动渠道""完善编制管理、职称评审、人才招录和柔性流动政策"等,《意见》中的这些规定,正是着眼于从制度上破解当前人才流动的难题。

当然,既要制度留人,也要事业留人。为更多人才实现自我价值搭建广阔平台、营造理想环境,才能真正吸引人才、留住人才。以湖南省花垣县十八洞村为例,早前村子贫穷落后,村里年轻人看不到奔头,纷纷外出打工。后来,村子发展猕猴桃产业的势头大好,乡村旅游也搞得有声有色,不少年轻人回到家乡,有的做起了导游,有的开起了农家乐,有的经营起合作社,曾经偏远闭塞的小山村涌动着蓬勃活力。十八洞村的改变充分说明,依托本地特有自然人文资源、特色优势产业等,艰苦边远地区和基层一线积极打造事业平台,让各类人才干事有舞台、创业有机会、发展有空间,才有可能留住他们的心。

海阔凭鱼跃,天高任鸟飞。边远地区和基层一线虽然条件艰苦、工作复杂,但每一项工作都关系国家政策落实,每一件小事都牵动群众利益,是大有可为的广阔天地,也是实现人生价值的精彩舞台。畅通人才流动渠道,提高人才保障水平,就一定能汇聚更多有志之士、有识之士,为广袤的边远地区和基层大地注入无尽的生机活力。

(2019年07月01日)

人工智能为医疗打开更大空间

桂从路

利用 5G 医疗设备完成对患者的一系列检查,通过 5G 网络传输医学影像和病情记录……不久前,四川长宁地震发生后,四川省人民医院运用 5G 技术,对灾区伤者进行实时远程视频会诊。这是世界首个将 5G 技术运用于灾难医学救援的案例,也为人工智能时代的医疗服务打开更多想象空间。

科技发展蕴藏着进步力量。近年来,人工智能、大数据、5G 等技术与医疗行业深度融合,为健康事业插上了智能翅膀。从可穿戴设备掀起健康管理热潮,到影像辅助技术用于病灶精准识别,再到远程医疗让大山里的病人也能享受到先进的医疗服务,技术红利大大提高了医疗服务质量,也深刻改变着医疗服务模式和理念,为构建新型医疗体系提供了重要支撑。

事实上,人工智能应用于医疗领域已经成为现代科技热点。围绕人才培养、技术创新、产业融合、产品落地等,世界各国纷纷展开布局。早在 2015 年,《政府工作报告》就将医疗领域纳入"互联网+"行动计划。去年 4 月发布的《关于促进"互联网+医疗健康"发展的意见》,推动医疗人工智能研究和应用进入高潮。蛋糕持续做大的同时,也催生了新的行业风口,市场资本大量进入,一批优质企业脱颖而出。得益于政策规划的有力引导、市场主体创新活力的不断涌流,一个充满想象力的智能

医疗时代正在加速到来。

人工智能赋能医疗，为我们呈现了一个美好前景。同时，发展的过程中也面临着一些挑战。比如，数据是智能医疗的基础，但目前医疗健康数据的标准化、统一化和智能化尚有待提升。我国拥有近14亿人口、上万家医院，每年产生医疗健康数据规模巨大，但绝大部分是非结构化的数据，成为行业创新发展的瓶颈。又如，当前人工智能产品数量可观，但质量参差不齐，从量的积累到质的飞跃，亟待攻克一些核心技术短板、培养大量复合型人才。解决这些问题，需要政府立足长远科学谋划、破除政策壁垒，优化产学研成果转化机制、激发创新的动力，也需要相关企业加大研发力度、埋头攻关。各方形成合力，才能推动智能医疗行稳致远。

也要看到，技术进步回避不了伦理道德问题，医疗人工智能技术只有与情感、伦理等人类最基本的需求相结合，才能真正实现造福人民的初衷。习近平总书记强调，"从保障和改善民生、为人民创造美好生活的需要出发，推动人工智能在人们日常工作、学习、生活中的深度运用，创造更加智能的工作方式和生活方式。"这就要求我们必须坚持以人民为中心的发展理念，把群众在医疗服务中反映最强烈的问题，作为科技创新攻关的方向。与此同时，也要处理好医疗人工智能在主体资格、侵权责任、数据和隐私保护等方面可能出现的问题，以安全、可靠、可控的技术产品，更好服务医生、患者和医疗事业。

实施健康中国战略，是党的十九大报告提出的重要目标。健康中国关系到每个人的切身利益，也是人民群众获得感幸福感的重要来源。作为引领新一轮科技革命和产业革命的重要驱动力，人工智能为实现"健康中国"拓展了新的空间。从这个意义上说，筑牢技术创新的基石，擦亮造福人民的底色，智能医疗时代大有可为。

（2019年06月28日）

提升环保自觉　崇尚绿色生活

沈　彬

> 绿色生活方式的塑造，需要在法律制度层面上推一把，把环保意识转化为社会共识和集体行动
>
> 正是在制度的推动下，在垃圾分类的实践过程中，相关理念才能成为人们的生活习惯、文明自觉，进而推动树立绿色风尚的标杆

微信朋友圈里，有人晒出厨房里一字排开的 4 只垃圾筒；办公室里，同事们因为"小龙虾壳算干垃圾还是湿垃圾"争得面红耳赤；家里面，小朋友把刚从学校学会的垃圾分类知识教给爷爷奶奶……将于 7 月 1 日起施行的《上海市生活垃圾管理条例》，成了上海市民的环保动员令，也映照着市民对绿色风尚的追求。

今天，践行绿色生活、实现垃圾减量、破解"垃圾围城"的城市困局，已经成为全社会的共识。一段时间以来，北京、上海、广州、深圳等超大城市先后就生活垃圾管理建章立制，通过督促引导，强化全流程分类、严格执法监管，让更多人行动起来。有专家称，垃圾分类进入了"强制时代"。让"垃圾分类，从我做起"由墙上的标语，变为法律之下的全社会集体行动，需要更加精细化的城市管理、市民的积极配合，同时也需要生活习惯、消费理念乃至相关行业商业模式的改变，从而形成全社会

的环保合力。

绿色生活方式的塑造，需要在法律制度层面上推一把，把环保意识转化为社会共识和集体行动。垃圾分类的刚性制度和市民的环保意识本来就是相辅相成的，不可能等到环保意识完全成熟之后，再让相关措施落地。这次上海的《条例》公布后，很多市民拿出了复习考试的劲头，钻研起了各种垃圾分类的问题：用过的粽叶算干垃圾，还是湿垃圾？家里的宠物粪便算什么垃圾，要不要冲进马桶里？这一现象说明：正是在制度的推动下，在垃圾分类的实践过程中，相关理念才能成为人们的生活习惯、文明自觉，进而推动树立绿色风尚的标杆。

环保意识，最终要落实到人们的生活细节中。不可否认，突破生活的"舒适区"，告别长期以来养成的习惯，对谁都不轻松，但向前跨出一步，才能望到更远的风景。大家总是向往干净整洁的环境、期待成熟的垃圾分类制度，轮到自己实施时，才更深体会到细节的重要。小区的垃圾房改为定时定点开放，生活的节奏要匹配上垃圾房的开放时间；买菜时，带上帆布袋子，尽量不用塑料袋；出差时，带上便携式的洗漱用品……一些关乎环境保护的宏大命题，也与个人生活细节的改变有关。

对于一些商家来说，环保升级也是一次转型升级的契机。比如，有的地方立法规定，酒店不得主动提供一次性日用品；餐饮外卖，不得主动提供一次性餐具。对此，一些手机订餐平台表示：将推出"推荐无需餐具"功能，用户下单时，平台将不再默认提供餐具。对消费者来说，细节的变化，促使自己选择更绿色的生活方式，尽可能自备餐具，从源头减少垃圾产生；对商家来说，因为法律作出了硬性规定，促动经营主体在绿色包装、产品质量、价值赋能上下更大的功夫。减少的是一双一次性筷子、一根塑料吸管，多的却是商家与消费者之间关于绿色生活的默契。

习近平总书记强调，培养垃圾分类的好习惯，全社会人人动手，一起来为改善生活环境作努力，一起来为绿色发展、可持续发展作贡献。垃圾分类看似小事，却需要所有人的付出，也将改变几代人的生活方式。

干净、整洁的环境背后，是城市的精细化管理和成熟的环保理念。只有人人行动起来，转变生活习惯和消费方式，才能让环保意识成为生活中那条细细的红线，推动绿色生活方式更加深入人心。

（2019 年 06 月 27 日）

用制度推进生态文明建设

刘 毅

中央环境保护督察制度建得好、用得好,能够推动各级党委和政府压实环保责任,能够形成自上而下和自下而上的环保合力

把实践中的好经验、好做法通过制度的形式提炼出来、固定下来,体现着治理智慧

近日,在新一轮环保督察启动前夕,中办、国办印发《中央生态环境保护督察工作规定》,确立了环保督察的基本制度框架、固化督察的程序和规范、界定督察的权限和责任。《规定》的出台,充分展现了中央推进环保督察的坚定决心,把生态文明建设的制度体系提升到新的水平,将为依法推动环保督察向纵深发展发挥重要保障作用。

开展中央生态环境保护督察,是党中央、国务院推进生态文明建设的一项重大制度安排,也是一项重大改革举措。第一轮督察对31个省(区、市)和新疆生产建设兵团全覆盖,并对20个省(区)开展"回头看"。第一轮督察及"回头看"共推动解决了约15万个群众身边的生态环境问题,推动解决了一大批"老大难"问题;共向地方移交509个责任追究问题,问责干部4218人。实践证明,中央环境保护督察制度建得好、用得好,能够推动各级党委和政府压实环保责任,能够形成自上而下和自

下而上的环保合力,是行之有效的制度安排。

这次从中央层面出台《规定》,正是要把中央环保督察的好经验、好做法固定下来,以施之长远。逐步进入"深水区"的中央生态环境保护督察,如何蹄疾步稳地开展?根据第一轮督察和"回头看"的数年实践探索,《规定》作出了部署安排。明确实行中央和省级两级督察体制,明确中央建立督察工作领导小组;明确督察类型包括例行督察、专项督察和"回头看";赋予督察组个别谈话、走访问询、笔录取证、责令作出说明等必需的权限;对督察权力予以规范和约束……从"组织机构和人员"到"对象和内容",从"程序和权限"到"纪律和责任",均明文规定、有章可循,能够更好地指导和规范生态环境保护督察实践。

针对此前暴露出的一些问题,《规定》也明确画出了"红线"。例如,针对采取集中停工停产停业等"一刀切"方式应对督察,故意提供虚假情况,隐瞒、歪曲、捏造事实等行为,《规定》明确要求"视情节轻重"给予相应处分;针对整改过程中的形式主义、官僚主义问题,《规定》明确将其列入"回头看"紧盯的重点;针对一些地方在督察过程中搞"上有政策,下有对策"那一套,《规定》明确指出可以"到被督察对象下属地方、部门或者单位开展下沉督察"。这都说明,《规定》具有很强的问题意识和现实针对性,能够在贯彻落实的过程中解决实际问题。

有人担心,中央生态环境保护督察会不会只是"一阵风"?《规定》明确提出,"原则上在每届党的中央委员会任期内",应当开展督察。可见,中央生态环境保护督察将是一个长期的制度安排。生态环境保护是一场攻坚战、持久战,寄希望通过一两次督察就一蹴而就,显然并不现实。坚持不懈攻坚克难,才能积小胜为大胜。把实践中的好经验、好做法通过制度的形式提炼出来、固定下来,体现着治理智慧。这次出台的《规定》也将为中央生态环境保护督察"向纵深发展"提供制度保障,推动我国生态文明建设坚持到底、久久为功。

习近平总书记强调:"在我国经济由高速增长阶段转向高质量发展阶段过程中,污染防治和环境治理是需要跨越的一道重要关口。"环境保护犹如逆水行舟，不进则退。保持加强生态文明建设的战略定力，开展好中央生态环境保护督察，进一步压实生态环境保护责任，才能走出一条以生态优先、绿色发展为导向的高质量发展新路子。

（2019 年 06 月 25 日）

让全社会充满道德温度

张 贺

在当代中国的文明星空中,处处能看到道德的光亮。他们如同一盏盏明灯,照耀着人们的心灵

点燃自己的善念火种、做身边人的道德光源,社会才能更加充满道德温度,文明才会因每个人的奉献而水涨船高

日前,第七届全国道德模范评选表彰活动进入候选人集中公示阶段,各媒体集中刊登候选人的事迹。一个个闪耀的名字、一串串感人的事迹,刻写下我们时代的凡人善举,也彰显着推动社会前进的精神力量。

国无德不兴,人无德不立。精神文明是一个国家走向强大的重要支撑,道德模范是一个社会崇德向善的醒目旗帜。这次公布的全国道德模范候选人,是各个行业、各个领域涌现出的先进典型,他们身上,生动呈现了当代中国的精神风貌,集中展示着我们时代的道德风尚。广泛深入开展道德模范评选表彰活动,就是通过评选道德模范来弘扬真善美、传播正能量,引导人们崇德向善、见贤思齐,鼓励全社会向道德模范看齐,用榜样的力量激励自己。

一个人追求道德的生活,人生就会更有意义;一个社会尊崇道德的风尚,社会就会更有力量。近年来,中华大地上层出不穷的榜样模范和先进人物,用行动诠释着向上向善的时代品格。誓言"振兴中华,乃我

辈之责"的黄大年,诠释了什么是对祖国之爱;志在"让每个孩子都有微笑的权利"的韩凯,展示了什么是医者仁心;"捡"出一座免费图书馆的"中国好人"陈光伟,体现着质朴的助人为乐……在当代中国的文明星空中,处处能看到道德的光亮。他们如同一盏盏明灯,照耀着人们的心灵,也有力证明,道德正能量始终具有凝聚人心的力量。

我们倡导的社会主义核心价值观,既涵盖了对国家的热爱、对工作的热爱,也涵盖了对人的爱。此次公布的道德模范候选人的事迹中,或敬业奉献,或见义勇为,或诚实守信,或孝老爱亲,这些高尚品质,既是社会主义核心价值观的具体体现,也是中华民族传统美德的具体体现。他们用平凡中的伟大温暖人心,为全社会树立起榜样。在全社会颂扬道德模范,就是要把他们的爱心善举转化为潜移默化的力量,推动全社会形成崇德向善、见贤思齐、德行天下的浓厚氛围。

"一朵鲜花打扮不出美丽的春天。"让更多人向上向善,离不开对良好社会氛围的营造。近年来,各地区各部门按照中央的要求,不断推进公民道德建设,弘扬中华传统美德,培育时代新风,中华大地上涌现出一大批道德模范和最美人物。他们的精神给人们以巨大动力。在人们身边,无论是抢险救灾,还是扶危济困,只要社会有需要,就会有一大批人站出来无私奉献,凸显了新时代思想道德建设的丰硕成果,彰显了中华民族昂扬向上的精神风貌,让全社会因道德的追求而充满力量。点燃自己的善念火种、做身边人的道德光源,社会才能更加充满道德温度,文明才会因每个人的奉献而水涨船高。

习近平总书记指出:"当高楼大厦在我国大地上遍地林立时,中华民族精神的大厦也应该巍然耸立。"一个民族要实现复兴,既需要强大的物质力量,也需要强大的精神力量。今天,全社会对道德风尚和社会风气的期待更高,人们希望自己生活的环境处处讲道德、有秩序,处处有爱心、有温暖。通过评选和表彰道德模范,将更好引导人们追求讲道德、尊道德、守道德的生活,让每个人都成为道德的主体,汇聚起实现中华民族伟大复兴的磅礴力量。

(2019年06月25日)

成本降下来，质量提上去

陆娅楠

无论是旧动能"有中出新"，还是新动能"无中生有"，都需要通过降成本来实现

只有加速降成本的各项改革，不断疏通实体经济发展的各种系统性梗阻，才能让更多有竞争力的企业在华夏大地茁壮成长

降低一般工商业平均电价、降低中小企业宽带资费、下浮铁路货物执行运价……我国新一轮降费"组合拳"即将于7月1日落地，目前各项配套措施已进入倒计时。

作为今年更大规模减税降费的重要内容，新一轮降费举措可谓包罗万象。小到商标续展注册费收费标准由1000元降为500元，大到国家重大水利工程建设基金和民航发展基金征收标准减半……一揽子降费举措，预计全年将为企业和群众减负逾3000亿元，给群众带来实实在在的获得感。

这不是降成本措施的首次亮相。自2015年底中央经济工作会议提出"三去一降一补"以来，"降成本"一直是供给侧结构性改革的关键词。可以说，下好降成本这步棋，不仅是推动中国经济迈向高质量发展的关键一步，也是促使中国经济在新一轮技术革命和产业变革中脱颖而出的重要一招。

国际金融危机爆发以来，发达经济体纷纷出台减税措施，推进"再工业化"，引导高端制造"回流"；新兴经济体则打造"成本洼地"，吸引

中低端制造"分流"。面对挑战，中国经济亟待破解转型升级路上的两道"成本难题"：既要改变传统产业对成本优势的过度依赖，也要化解战略性新兴产业培育发展的成本烦恼。换言之，无论是旧动能"有中出新"，还是新动能"无中生有"，都需要通过降成本来实现。

成本控制既取决于企业自身，也受外部环境的影响。例如，推进金融体制改革，可以降低融资成本；完善征信体系建设，可以增加社会信任、降低交易成本。应该说，降低这些制度性交易成本，需要政府该出手时就出手，握紧服务的手，亮出法治的手。从这个视角看，近年来正是由于党和政府果断出手，不断为爬坡过坎的企业创造好的环境和条件，中国经济才有了顶住下行压力、不断闯关夺隘的信心与底气。

如今，降成本进入了攻坚阶段，涉及更深层次的利益调整。跳出零和博弈的思维，"降成本"完全可以实现多赢。以降低用电成本为例，2015年以来，我国输配电价改革全面推进，首轮输配电成本监审随即展开，共核减不相关、不合理费用约1284亿元，同时通过健全独立输配电价体系，我国电力市场化交易比重由改革前的14%提高至2018年的近40%。实体经济用电成本降了，电力市场交易活了，电力资源配置更合理了，真正实现了多方共赢。

当前，外部经济环境总体趋紧，国内经济存在下行压力，无论是增强企业发展信心，还是提高市场运行效率，都需要让降成本这把火烧得更旺。新一轮国际经济竞赛，是创新能力的较量，也是营商环境的比拼。中国加速降成本的各项改革，不断疏通实体经济发展的各种系统性梗阻，不断冲破转型升级的各项瓶颈制约，使营商环境更加优良，就能筑巢引凤、腾笼换鸟，让更多有竞争力的企业在神州大地茁壮成长，形成更具国际竞争优势的企业矩阵。

越是环境复杂，越要保持战略定力，坚定不移办好自己的事。从某种意义上来说，让降成本的好政策不折不扣地尽快落地，也是办好自己事的真招、实招。新一轮降成本步子更快、更稳、更实，就能让中国经济信心更足、韧性更强。

（2019年06月24日）

把科创板建设好发展好

午 言

通过科创板架起金融资本与科创要素的桥梁,无疑是最能够体现金融对实体经济支持、对高质量发展支持的途径之一

科创板对我们完善资本市场基础性制度建设、深化金融改革开放、推动科技创新都具有重大意义

就市场各方而言,需要既保持热情,又保持理性冷静,共同应对可能出现的各种问题,共同遵循资本市场内在规律

近日,上海证券交易所科创板正式开板。此后,证监会按法定程序同意首批两家企业科创板首次公开发行股票注册。这些标志性时点的接连出现,表明经历7个多月紧张"施工"后,科创板这一资本市场新生事物已近水到渠成。

这200多天里,有关科创板的一举一动、每一次进展,都备受各方关注。科创板之所以如此有"明星效应",很大程度上是缘于它与生俱来的改革"气质"。设立科创板并试点注册制,是全面深化资本市场改革的重要突破口,主要承担着两项重要使命。

其一,是支持有发展潜力、市场认可度高的科创企业发展壮大。为什么要让科创板承担这样的使命?从宏观经济背景来看,中国经济已经

从高速增长阶段转向高质量发展阶段。这一阶段的迫切要求，就是加快新旧动能的转换，深化结构调整，增强科技创新在经济发展中的作用，增强企业家在创新中的引领作用。金融业要加大对经济高质量发展的支持，就是要增强与高质量发展要求的适配性，通过金融资源的合理高效配置，推动经济高质量发展。

由此再来看科创板，其本质意义就是推进金融供给侧结构性改革、促进科技与资本深度融合、引领经济发展向创新驱动转型。通过改革，增强资本市场对科创企业的包容性，允许未盈利企业、同股不同权企业、红筹企业发行上市，进一步畅通科技、资本和实体经济的循环机制，加速科技成果向现实生产力转化。服务实体经济发展是资本市场的天然使命，但在不同发展阶段，这一使命的具体内涵也在不断变化。当下，通过科创板架起金融资本与科创要素的桥梁，无疑是最能够体现金融对实体经济支持、对高质量发展支持的途径之一。

其二，发挥改革试验田的作用。科创板的整体制度设计公布时，很多人都惊讶于改革的力度和深度。从中国的国情和发展阶段出发，借鉴成熟市场经验，在发行上市、保荐承销、市场化定价、交易、退市等方面进行制度改革的先试先行，并及时总结评估，形成可复制可推广的经验。这表明，科创板不是孤立一招，而是着眼于资本市场发展大局而落下的一子。科创板不是简单增加一个"板"，它的核心在于制度创新、在于改革，对我们完善资本市场基础性制度建设、深化金融改革开放、推动科技创新都具有重大意义。

当然，设立科创板并试点注册制是一个全新探索，可能会遇到各种各样的困难和挑战。对此，要做好充分准备。根本的应对之策，是完善法制、加大违法成本和监管执法力度，切实树立以信息披露为中心的监管理念，全面建立严格的信息披露体系，完善市场激励约束机制，压实中介机构责任，给投资者一个真实、透明、合规的上市公司。同时，积极推动增加司法供给，大幅提升违法违规成本，严厉打击虚假披露、欺诈发行等各种乱象，净化市场生态。

就市场各方而言，需要既保持热情，又保持理性冷静，共同应对可能出现的各种问题，共同遵循资本市场内在规律，一起携手把科创板建设好、发展好。

（2019年06月21日）

在和平利用外空领域加强国际合作

余建斌

中国开放空间站使用生动诠释了合作共赢，充分体现了开放包容，并始终致力于可持续发展

空间站的开放，让来自不同国家、不同民族、不同文化背景的科学家们能够探索更加辽远的星空

驻守在空间站的宇航员用机械臂抓住缓缓接近的货运飞船，使其"停泊"在空间站上，以进行太空居住物资和科学实验材料的补给。在地球和空间站之间来回穿梭的，既有载人飞船，也有货运飞船，而且不仅来自一个国家。这样的画面，未来或将在中国空间站经常见到。

近日，中国载人航天工程办公室和联合国外层空间事务办公室联合宣布，17个国家的9个科学项目成为计划在2022年前后建成的中国空间站科学实验首批入选项目。经过层层选拔的首批9个项目，涵盖了空间天文、空间生命科学和生物技术、航天医学、空间物理、应用新技术等前沿科学领域。这些项目的入选以及后续合作计划的酝酿，标志着中国空间站国际合作进入新阶段，也呼应着去年"联合国外空会议50周年"高级别纪念活动所倡导的价值理念："在和平利用外空领域加强国际合作，以实现命运共同体愿景，为全人类谋福利与利益"。

众所周知，空间站的建设难度、风险、投入都非常巨大。建成后，

既是航天员的"太空之家",也是科学研究的"太空实验室"。占据着科学的"制高点",这个一流的太空实验平台,将为科学家们取得世界级的重大突破提供机会。中国自主建造空间站,宣布并非只为本国使用,而是为全人类所用。这样的大手笔生动诠释了合作共赢,充分体现了开放包容,并始终致力于可持续发展,是推动构建人类命运共同体的鲜活写照。联合国官员由衷感叹,认为"中国开放空间站是一个'伟大范例'"。

"伟大范例"背后,是"全球共享太空"的理念和中国实实在在的行动。的确,太空属于全人类,和平利用太空是各国理应秉承的宗旨,但能否进入太空和利用太空还要看能力是否具备。从火箭、飞船、空间站的研制、发射以及航天员的培养训练,空间站建造体现了一个国家的航天综合实力,这种实力来自几十年如一日的积累和投入。中国开放空间站使用,将有力促进载人航天国际合作,让更多国家有机会参与载人航天技术研究,跨越技术鸿沟;另一方面,在中国空间站开展的来自全球的科学实验,会进一步促进太空探索和合作,让各国发挥所长,携手作出有益于全人类的丰硕科学成果。毫无疑问,这才是共享太空的真正意义。

被称为"伟大范例",还在于它秉承构建人类命运共同体的理念,对接着人类探索未知、走向深空的共同梦想。小到我们每一个人,大到整个地球文明,都有探索星际的好奇与向往。空间站的开放,让来自不同国家、不同民族、不同文化背景的科学家们能够探索更加辽远的星空。而这种开放的文明特质,对人类未来探索火星甚至更遥远星球而言,同样不可或缺。它会像黏合剂一样紧紧将人们凝聚在一起,在共同应对风险挑战中奔向未知的星辰大海。

"来吧,与中国空间站一起飞翔!"想象这样一幅画面:深邃的太空中,蓝色的地球随着时间的流动光影变幻,人类凭借着自己的智慧和勇气,接续飞出地球,飞向灿烂无比而又寂静无声的宇宙深处。而中国空间站,将成为其中一个壮丽的节点。

(2019年06月20日)

推动扫黑除恶向纵深发展

张 璁

近日,随着中央扫黑除恶第20督导组进驻宁夏,第三轮中央扫黑除恶督导工作中的10省份全部实现督导组进驻,这也标志着中央扫黑除恶督导实现了对全国各省(区、市)的全覆盖,展现出党中央深入推进扫黑除恶的坚定决心。

习近平总书记指出,黑恶势力是社会毒瘤,严重破坏经济社会秩序,侵蚀党的执政根基。2018年1月,中共中央、国务院发出《关于开展扫黑除恶专项斗争的通知》,为期三年的扫黑除恶专项斗争在全国范围内启动。开展扫黑除恶专项斗争,是以习近平同志为核心的党中央作出的一项重大决策部署,对于保障人民安居乐业、社会安定有序、国家长治久安,具有十分重大的意义。

过去的一年多来,扫黑除恶专项斗争取得了阶段性成效。第一轮10个中央督导组进驻期间,10个省市就打掉涉黑组织96个,查扣涉案资产50余亿元,有1386人投案自首,推动立案查处涉黑涉恶腐败和"保护伞"问题1791起,党纪政务处分572人,有力震慑了黑恶势力犯罪。可以说,扫黑除恶专项斗争在全国掀起凌厉攻势,一大批黑恶分子、村霸恶痞及背后"保护伞"被依法严惩,社会治安环境明显改善,党风政风社会风气明显好转,发展环境明显优化,群众获得感、幸福感、安全感明显增强。

人民时评

不断推动专项斗争向纵深发展，尤其需要把握扫黑除恶的规律，认真总结中央督导组探索形成的有益经验。比如说，直抵基层、直面问题、直奔群众，打一场扫黑除恶的人民战争。在第一轮督导中，中央督导组共下沉到107个市421个县682个乡镇865个村，发放调查问卷1万余份。中央督导组以实际行动取信于民，形成了自上而下和自下而上的打黑合力。再比如说，在打防并举、标本兼治上下真功夫、细功夫，决不让"关系网"漏网、"保护伞"受保护。中央第一轮督导推动10省市严查涉黑涉恶腐败和"保护伞"问题，对黑恶势力起到了釜底抽薪的作用。把这些有益经验转化为长效机制，进一步提高认识的高度、打击的力度、挖掘的深度、处理的精度、治理的广度，就能推动专项斗争不断向纵深发展。

中流击水，不进则退。按照专项斗争为期三年的目标要求，今年是专项斗争承上启下的关键之年。目前扫黑除恶专项斗争已进入考验韧劲、"啃硬骨头"的新阶段。越是在这样的时候，越是不能有差不多、松口气、歇歇脚的想法，越是要有"一篙松劲退千寻"的危机感，越是要咬定目标不放松，分阶段、分领域地完善策略方法、调整主攻方向，保持强大攻势。中央督导"利剑"威力更要充分释放，才能持续发力、善作善成。为此，必须做好督导"后半篇"文章，紧督依法严打、紧督"打伞破网"、紧督"打财断血"、紧督责任担当，推动被督导地方认真整改、逐一销账。只有深化督导成果运用，层层压实责任，推动问题整改，才能最终确保专项斗争不断取得新突破、新成效。

平安是人民幸福安康的基本要求，是改革发展的基本前提。继续推进扫黑除恶专项斗争，就能用实际行动维护公共安全、提升治理能力，为人民群众追求美好生活提供安全的保障，为推动经济高质量发展营造安全的环境。

（2019年06月19日）

个税改革激发消费潜力

吴秋余

> 钱袋子鼓起来,消费才能"活起来"。通过更精准的政策措施,不断改善居民消费能力和预期,激发普通居民更大的消费潜能
>
> 近14亿人的大市场,潜力无限,活力无穷。激发居民消费潜力,需要更多实招、硬招,架好消费新支点,撬动消费新增长

当前,个税改革正在鼓起人们的钱袋子。前4月人均减税1026元,累计近亿人的工薪所得无需再缴个税,改革红利更多惠及中低收入人群……从去年10月开始的个人所得税改革,近日交出了让人充满获得感的成绩单,这份减税红包不仅让人觉得"厚重",更让人觉得"精准"。首次实施的子女教育、继续教育、大病医疗、赡养老人等六大专项附加扣除措施,为广大老百姓带来实实在在的获得感。

与其它减税降费举措主要在企业端发力不同,这次个税改革直接增重了普通百姓的钱包,最直接的体现就是居民消费能力的提升。北京大学国民经济研究中心近期发布的研究报告就显示,本次个税改革最终可以扩大消费支出7176亿元,若以2017年的GDP计算,本次个税改革可以拉动中国GDP增长0.87个百分点。

端午节前一周,1.23亿只粽子在某电商平台销售一空,同比增幅超

250%；端午假期国内旅游接待总人数超过9500万人次，实现旅游收入393.3亿元，同比增长8.6%；端午期间北京旅游售票、娱乐等服务消费支出同比分别增长75.6%和32.1%……消费成为拉动经济增长的主引擎，也是中国经济活力四射的重要体现。今年一季度，最终消费支出对经济增长的贡献率达65.1%，消费对经济增长的基础性作用在不断巩固。在外部经济环境总体趋紧、国内经济存在下行压力的情况下，促进消费升级、激发消费潜力对当前中国经济发展意义重大。

钱袋子鼓起来，消费才能"活起来"。毋庸讳言，当前制约我国消费升级的因素还有很多，这其中，居民总体收入水平不高依然是个重要因素。让消费者有更大消费能力，实现从"愿消费"到"能消费"的转变，需要在不断做大社会财富蛋糕、努力增加居民收入的同时，通过更精准的政策措施，不断改善居民消费能力和预期，激发普通居民更大的消费潜能。

数据显示，当前中国城镇居民的边际消费倾向介于0.71到0.75，这意味着城镇居民收入每增加1元，至少有0.71元用于消费。以此次个税改革为例，六大专项附加扣除项目不仅是许多家庭未来的支出重点，也越来越成为中等收入群体的消费方向。相比单纯提高"起征点"，专项附加扣除能够有效推动实现幼有所育、学有所教、病有所医、住有所居、老有所养等民生目标，兼顾普惠性和特殊性，充分考虑了不同纳税人实际负担状况，让减税红包精准落袋，也让中低收入群体生活负担有效减轻、消费能力普遍增强。

个税改革要落实习近平总书记"坚持问题导向，因势利导、统筹谋划、精准施策"的要求，在"精准"上下功夫。事实上，一些促进居民消费增长的政策措施也应该更加强调精准。比如，消费金融要更普惠，加快消费信贷管理模式和产品创新，释放促进消费升级的新动力；财税政策要更亲民，加大对与普通居民生活关系密切的中低端消费品补贴力度，让老百姓享受到更多质优价廉的好产品。从更大层面而言，个税改革取得实效，对于推进改革具有启发意义：在全面深化改革过程中注重精准施策，才能让宏观政策落地为具体措施、转化为微观感受，从而推动改革落地。

近 14 亿人的大市场，潜力无限，活力无穷。激发居民消费潜力，需要更多实招、硬招，架好消费新支点，撬动消费新增长，中国经济将在高质量发展的路上更加动力澎湃。

（2019 年 06 月 18 日）

5G，打开巨大发展空间

余建斌

作为全面构筑经济社会数字化转型的关键基础设施，5G 将推动传统行业转型、数字经济创新

正是在领先技术的支持下，加上全球最大的用户规模、巨大的 4G 网络、丰富的移动互联网应用等明显优势，5G 牌照的发放可谓瓜熟蒂落

中国的 5G 牌照发放，既让国内亿万消费者共享 5G 发展成果，也是外资企业参与中国 5G 市场、分享中国发展成果的机会

近日，我国正式发放 5G 牌照。工业和信息化部批准中国电信、中国移动、中国联通、中国广电经营"第五代数字蜂窝移动通信业务"，这意味着这四家运营商可以正式建设并运营 5G 网络，标志着中国通信行业进入了 5G 时代。中国也由此成为全球最早将 5G 商用服务落地的国家之一。

5G 看起来只是通信技术的又一代演进，但人们对它的期待比以往任何一次技术更新换代都要强烈。1G 打电话，2G 发短信，3G 看图片、听音乐，4G 在线直播……每一代通信技术都在前一代的基础上不断演进，但 5G 并不是在 4G 基础上的简单改变，5G 打破了信息传输的空间限制，能够实现的应用场景不受想象力限制。用手机下载一部 1G 大小

的电影只需要3秒,这种比4G快100倍的上网速度仅仅是5G"大宽带"特点的体现。

依靠更高速率、更大连接、更低时延的特性,5G不仅解决人与人的通信问题,而且能实现人与物、物与物的万物互联。在5G网络中,虚拟现实、增强现实、8K高清视频,以及无人驾驶、远程医疗、智能家居等,将真正走向成熟应用。人们相信,作为全面构筑经济社会数字化转型的关键基础设施,5G将推动传统行业转型、数字经济创新,成为未来十年乃至更长时间内的发展新引擎,更好地支撑和服务数字中国建设,促进经济社会发展。

在全球各国加速5G商用的趋势下,5G在中国的落地水到渠成。中国通信行业引领全球的技术积累促成了这种水到渠成。截至2018年12月28日,中国5G专利申请数量全球第一,处于全球公认的领先梯队。从1G落后、2G追随、3G突破、4G同步,到如今5G领先,中国通信技术行业的进步成为中国科技发展的一个缩影。就在5G领域,中国企业已埋头进行了近10年的创新布局和持续投入;它并非一蹴而就,而是源于几十年的追赶和全球化历练。正是在领先技术的支持下,加上全球最大的用户规模、巨大的4G网络、丰富的移动互联网应用等明显优势,5G牌照的发放可谓瓜熟蒂落。人们对此也有足够的信心:2019年作为中国5G商用元年,将成为5G应用的良好开端。

让5G发挥好新引擎动力,关键要做大做强产业,发挥产业支撑作用。有报告预测,到2025年,5G将带动我国直接和间接总经济产出35.4万亿元,拉动300万个新增就业。如何将美好前景变为现实?如同工信部负责人所说,企业要以市场和业务为导向,积极推进5G融合应用和创新发展,聚焦工业互联网、物联网、车联网等领域,为更多的垂直行业赋能赋智,促进各行各业数字化、网络化、智能化发展。此外,面对旺盛的5G行业应用需求及5G商业合作模式的改变,需要包括运营商、设备厂商以及终端厂商在内的产业链每一环进行深入协作和沟通,优化网络体验,构建健康、完整的产业生态。

5G标准是全球业界共同制定的国际标准,5G技术是全人类倾注心血和资源的创新之作。就像中国企业的 5G 技术服务全球一样，中国的 5G 牌照发放，既让国内亿万消费者共享 5G 发展成果，也是外资企业参与中国 5G 市场、分享中国发展成果的机会，进而共同致力于将科技造就的美好生活赋予全世界所有人。

（2019 年 06 月 14 日）

推动装修产品和服务质量双提升

周珊珊

> 净化市场环境，推动产品和服务质量双提升，装修市场才能为高品质生活增添更多亮色

随着社会分工日益细密，近年来，装修市场逐步发展壮大，竞争日趋激烈。然而，一提起装修，也有不少人感慨：太让人操心了，"水太深""坑太多"。种种消费陷阱，损害了消费者权益，不利于装修行业的健康发展。

人们向往着新居，但为何装修过程有时却不太美好呢？现实中，如果选择全包，设计、材料、施工等各环节经常"夹带私货"，消费不太透明；如果选择半包，自己购买主材、把施工和辅料交给工长，也得提防先低价、再增项等套路。少数装修公司为了自身利益，还在合同中写入"霸王条款"，存在工程延期、赔付不清等问题。更有甚者，随意售卖用户信息、泄露个人隐私，令消费者在装修过程中频频被各类推销电话骚扰。

观察消费者投诉情况，装修建材和装修服务等一直是"热门"。近年来，"互联网家装"兴起，促进了装修业态创新，但也存在一些问题。在中国消费者协会发布的"2018年十大消费维权舆情热点"中，预付式消费领域的"装修贷"曾引发关注。现实中，出现过互联网装修平台资金

链突然断裂，装修合同无法履行，但消费者仍要偿还贷款的案例。事实上，尽管装修市场历经多年发展，但很多装修公司的营销方式依然单一，仍主要依靠低价吸引客户，后期再想方设法增项加价或偷工减料。多管齐下、久久为功，有针对性地破解难题，才能切实改善装修的消费体验。

首先，监管应聚焦薄弱环节，精准发力、把好关口。一方面，严格市场准入，重点核查经营者资质，压缩"装修游击队"的生存空间。另一方面，强化监管力度，把品质不合格的产品和服务拦在门外。瞄准病灶、精细施策，才能发现问题、破解难题。例如，工商系统持续开展"红盾质量维权行动"，对商品质量进行线上线下一体化抽检，收效明显。而针对互联网家装公司预付式消费等新问题，也须尽快消除监管盲点，增强执法有效性。

从供给侧角度，迫切需要建立和完善行业标准。无论是精装修、整体家装，还是近些年颇受青睐的"环保装修"，行业协会都应制定或完善相应标准，发挥更大作用。此外，还应加强行业引导与自律，督促相关企业增强自我约束和自我规范，努力提供高质量的产品与服务。目前，上海、合肥、乌鲁木齐等地已建立装修诚信联盟，类似做法，对促进企业诚信自律、营造行业良好生态具有积极意义。

不同于一般消费行为，装修涉及广告、质量、合同、服务等多个环节，周期长、问题杂，一旦涉及消费维权，难度往往更大。因此，畅通消费者维权渠道格外重要。比如，不妨充分发挥基层消费维权网络的作用，更多地将消费纠纷和解在企业、化解在基层、解决在源头。对消费者来说，也应多掌握家装知识，在公司选择、合同订立等方面多留心，运用法律手段解决问题。此外，还可考虑通过房屋装修保险等形式，用市场化的保障手段分散风险。

随着居民收入和消费水平不断提高，我国居民消费结构正在加快转型升级。净化市场环境，推动产品和服务质量双提升，让消费者从"真烦心"变为"真放心"，装修市场才能为高品质生活增添更多亮色。

（2019年06月14日）

用科学家精神激发科技创新

何鼎鼎

> 有些科学成果会因为时间推移成为过去,而伟大的科学家精神总是长留历史的天空,更具穿透力
>
> 若所有科技工作者弘扬科学家精神,仰望着浩渺的星空又关注着脚下的大地,一定会成就这个时代最美的风景

近日,中办、国办印发《关于进一步弘扬科学家精神加强作风和学风建设的意见》(以下简称《意见》),激励科学家群体勇攀科技高峰,鼓励全社会营造尊重科学、尊重人才的良好氛围。面对激烈的全球科技竞争,《意见》正是要以科学家精神的传承和优良学风的涵养,促进科学家群体更好推动科技创新。

一部科学史,其实也是一部科学家的精神史。拉开历史的长镜头,有些科学成果会因为时间推移成为过去,而伟大的科学家精神总是长留历史的天空,更具穿透力。从大众视野来看,许多科学家的工作因为专业、神秘鲜为人知,但他们身上元气充沛的求索精神,却总能直抵人心。从钱学森到屠呦呦,再到钟扬、黄大年,杰出的科学家身上总有一种极为相似的精神气场:他们胸怀祖国、服务人民;他们勇攀高峰、敢为人先;他们追求真理、严谨治学;他们淡泊名利、潜心研究;他们集智攻关、团结协作;他们甘为人梯、奖掖后学……他们将爱国、创新、求实、

人民时评

奉献、协同、育人的新时代科学家精神镌刻在大地上，铸就中国科技创新的丰碑。

没有挺得起腰的科学家精神，很难有站得住脚的科学成果。"希望广大院士弘扬科学报国的光荣传统，追求真理、勇攀高峰的科学精神"，习近平总书记对广大院士的寄语，也是对广大科技工作者的殷切期盼。今天，我们迎来了世界新一轮科技革命和产业变革同我国转变发展方式的历史性交汇期，核心技术"卡脖子"的问题日益突出。如何突破核心技术、摆脱受制于人的局面？如何实现从跟跑到并跑再到领跑的转变？这既是时代之问，也为广大科技工作者提供了绽放光彩的机会。这就需要广大科技工作者进一步弘扬科学家精神，瞄准世界科技前沿，引领科技发展方向，肩负起历史赋予的重任，勇做新时代科技创新的排头兵。

弘扬科学家精神，需要整个科学界来维护。这些年来，无论从论文数还是专利数看，中国科研事业都可谓蒸蒸日上。但与此同时，一些学术不端行为，一些浮夸浮躁、投机取巧的行为也不时出现，比如人为夸大研究基础和学术价值，无实质学术贡献者"挂名"等。这些行为不仅侵蚀了科学家精神，也伤害了中国科学界的公信力。科研诚信是科技工作者的生命线，认真是科学家的底色。只有严守科研伦理规范，守住学术道德底线，才能守护好科学家的品格和尊严，催生真正一流的科研成果。

弘扬科学家精神，也需要全社会精心培育。科学家精神代表着一个社会的精神高度，也是一个社会共同的精神财富，没有全社会的共同培育，科学家精神也难拔节生长。当我们期待科学家心无旁骛、"板凳坐得十年冷"，也要给予他们"数十年磨一剑"的科研环境；当我们寄望所有科技工作者都能在专业上一丝不苟，也要相信专业的人办专业的事，减少对科研活动的微观管理和直接干预；当我们希望科研回归本真，同样要在考核中破除"唯论文、唯职称、唯学历、唯奖项"的倾向。总之，科学的事业，呼唤更加科学的管理。只有尊重科技创新规律、科研管理规律和人才成长规律，推动科技管理体制更加适应建设世界科技强国的需要，我们才能厚植科学家精神，培育更多世界一流的科学家。

科学是没有止境的事业，某种程度上，科学家精神也体现为一种对

于未知、对于人民的热爱。航天英雄杨利伟曾说,永远记得第一次在太空俯瞰这颗水蓝色星球的样子,"我仔细端详这美丽的星球,生怕错过一处风景,我深知这是亿万中华儿女梦寐以求的美景"。相信,若所有科技工作者弘扬科学家精神,仰望着浩渺的星空又关注着脚下的大地,一定会成就这个时代最美的风景。

(2019 年 06 月 13 日)

为网售儿童家具加上"安全锁"

董丝雨

网售儿童家具可以寻求价格优势，但切不可为了利益最大化而牺牲产品质量、埋下安全隐患

随着网络购物的快速发展，从电商平台购买家具等物品也变得很常见。多样的款式，低廉的价格，便捷的送货服务……近年来，网售儿童家具因性价比高，受到越来越多家长的青睐。

然而，前不久的一项检测让不少人对这类产品产生担忧。根据北京市消费者权益保护协会对网售儿童学习桌椅等儿童家具产品进行的安全项目检测，20套儿童桌椅中，有13种学习桌、8种学习椅不符合国家标准要求，样品整体不符合率高达52.5%；20个婴儿床样品中，有16个产品不符合标准，不符合率高达80%。尤其值得注意的是，不少网销量排名靠前的儿童家具知名品牌赫然在列。网售儿童家具产品质量参差不齐，对使用者构成潜在风险隐患。如何让消费者买得放心、用得安心，亟待引起重视。

考虑到儿童的身心特点，儿童家具在结构设计、稳定性、环保指数等方面，应当符合更严格的要求。其实，作为强制性的国家标准，《儿童家具通用技术条件》专门对儿童家具质量标准和安全要求作出了详细规定，适用于所有市场和销售渠道。但现实中，网售儿童家具在材质、尺寸、

配件等方面，特别是在产品质量上，往往有别于实体店销售的儿童家具。商无信不兴，网售儿童家具可以寻求价格优势，但切不可为了利益最大化而牺牲产品质量、埋下安全隐患。对生产商来说，严守法律和诚信的底线，严格依法履行生产检测和进货查验制度，从源头上保障儿童家具的质量，才能赢得消费者的信任。

让家长放心，也离不开电商平台的责任心。在网购交易中，由于看不到具体实物，消费者所能参考的主要是商品图片、销量和评价。一些电商平台缺乏完善的商品质量审查和消费者举报机制，给不法商家在平台投放低质产品提供了可乘之机，导致图片与实物不符、刷单炒信现象严重、退货换货渠道不畅等问题频现。今年1月1日，《中华人民共和国电子商务法》施行，对互联网等信息网络销售商品或者提供服务的经营活动作出了一系列要求。电商平台应充分履行对儿童家具网店的监管责任，对上线产品的质量和评价认真把关，严控"以次充好"或刷单炒信等行为。同时，电商平台还应完善举报机制、畅通维权渠道，切实维护好消费者的合法权益。

应当看到，一些不法商家之所以铤而走险，说到底还是违法成本相对较低。互联网不是法外之地，儿童安全亦无小事。市场监管部门、消费者权益保护组织等相关机构，应当多措并举、形成合力，既要督促电商平台及时处置问题商家，也要依照法律法规，加强对生产不合格儿童家具的厂家和商家进行追责，彻底切断不合格儿童家具流入线上销售平台的渠道，让企图在儿童身上赚"黑心钱"的不法分子无所遁形。

少年儿童是祖国的花朵，理应得到更好的呵护。携手营造良好的线上儿童家具消费环境，孩子们才能远离劣质、不安全的儿童家具产品。

（2019年06月13日）

景区可限流,旅游业当升级

张 凡

只有让服务的意识更强一些,创新的脚步更快一些,供给的力度更大一些,才能更好满足公众的需要

通过实名制网络预约订票、执行单日最大游客承载量限制、按时段设置不同档门票……近年来,一些热门景区通过各种限流举措,合理引导客流,取得良好效果。从今年 6 月份起,八达岭长城景区也正式实施全网络实名制预约售票,并开启"限流"模式,每日游客总量控制在 6.5 万人次,有效缓解了这一著名旅游景点的拥挤状况。在旅游需求井喷的今天,如何完善限流举措,值得思考。

每逢节假日,各个旅游景点人山人海的照片,都会在社交网络刷屏。对身处其中的游客来说,无论是观赏体验,还是安全指数,都会大打折扣。而通过预约、限流等方式,平缓游客数量的波动曲线,有效削峰填谷,不仅能缓解节假日游客拥挤不堪的状况,保障游客游览安全顺畅,也能提升观赏体验,让名胜古迹、自然风光更好地丰盈每个人的心灵。从这个角度来说,景区限流是迈向优质旅游的一个起点。

当然,除了旅游体验的提升,限制客流量,对于景点的保护同样重要。近些年来,从敦煌莫高窟到故宫博物院,从黄果树瀑布到九寨沟景区,越来越多景点选择限流,一个重要动因就在于对文化遗产、自然资

源的保护。以长城为例，蜂拥而至的游客增加了长城被破坏、被损毁的可能性。今年5月1日当天，仅八达岭长城景区清理的垃圾就有18.2吨。通过限流为长城"减负""纾压"，可以说是必要而及时的保护。很多自然资源不可复制、不可再生，文化遗产更是民族历史与文化不可替代的象征与见证，在亲近它们的同时，更保护好它们，我们才能与旖旎的山水相融、与绵延的文明相拥。

限流对游客和景区都是一种保护，但如果简单地一限了之，却也可能与良好初衷相悖。今天，人们外出旅游、探访名胜、登览河山的需求日益旺盛，如何让更多人亲近心中的山水，如何在保护和开放之间寻找到平衡点，是旅游行业需要思考的问题。而做到这一点，需要景区有更科学的管理、更人性化的举措。比如，一些老年人不习惯网上预约购票，是否有针对不同人群的购票方式？能否尽量延长网上预约时间，充分考虑外地游客安排行程的需要？能否通过大数据的帮助，在票源分配上进行更合理的安排？限流有必要，但因信息不畅、预案不充分、管理不到位等导致满腔热情的游客被挡在门外，这样的"遗憾""错过"可以更少一些。今天，大数据已经能精准地为游客"画像"，借助大数据进行更精细化的管理，提升人们出游的满意度，也应成为旅游业升级的努力方向。

不只是旅游，如今，人们在各种体验型的消费上都表现出极大的热情，对于精神文化的需求更是水涨船高。从各地景区里摩肩接踵的人群，到各种展览前排起的长队，都在彰显着这种新的社会风尚。我们乐于见到人们为文化买单、为体验消费的热情场景，但一再上演的"排长队""冲刺跑"，却也是重要的提醒：只有让服务的意识更强一些，创新的脚步更快一些，供给的力度更大一些，才能更好满足公众的需要。从这个角度来说，景区限流是我们迈出的重要一步，但未来还需要更多一步一步前行，才能回应公众高涨的热情、实现人们对美好生活的向往。

（2019年06月12日）

让预付消费更安心

王 珂

预付卡一定程度上承载着消费者对于商家的信任,如果辜负了这份信任,商家就应承担相应的不利后果

有必要在市场监管、商务、公安等部门之间实现信息共享,让守信者畅通无阻,让失信者寸步难行

今天,中国已成为全球第二大消费市场,未来拥有无穷潜力。在激发市场活力、挖掘消费潜力的过程中,预付消费完全可以发挥更大作用

如今,"先预付、后消费"的商业模式,不仅在实体店被广泛使用,在网购平台也越来越常见。随着暑期消费旺季临近,商家们纷纷推出预付消费等促销活动。

预付消费受热捧,背后是"双赢"的商业逻辑。对消费者来说,预付消费的价格往往有优惠,也可省去每次结算的麻烦,体验更好。对商家来说,一次性预收顾客的资金,意味着锁定了未来一段时间的客源。但现实中,预付消费"卡壳"现象时常发生。办理预付卡时,商家不愿跟消费者签订书面合同;等到办完卡,又时常退卡难、退款难;更有甚者,关门歇业,让消费者的预付款打了水漂。有人感慨,"预付卡"成了"圈钱卡"。

预付消费这本"经",为何被念歪了?主要还是一些不法商家在搅浑

水、钻空子。正是因为看到了预付消费对于人们的吸引力，一些商家动起了歪念头。他们以"优惠促销"为由吸引顾客，一旦收到预付金，不是想着怎样提升服务，而是变着法给服务注水，甚至一走了之，可谓"以预付之名，行敛财之实"。类似做法，侵害了消费者合法权益，也扰乱了正常的市场秩序，影响人们对消费的信心。

其实，从2012年起，商务部就陆续出台了相关管理办法。发卡企业在商务主管部门备案，实行资金存管制度，预收资金的一定比例向商业银行存入存管资金……相关规定非常细致，但在落实层面，却经常遭遇现实难题。实际上，大量预付卡销售没有备案、没有存管，结果便游离于监管之外。如何有效加强监管、进一步规范预付卡消费，充分保护消费者合法权益，成为亟待破解的问题。

让预付消费更安心，关键在于多措并举，形成监管合力。一些商家之所以敢欺骗消费者，甚至让预付卡成为敛财套路，一个重要原因是违规成本较低。因此，应当不断完善监管体系，加大对违规者的惩处力度。与此同时，还应探索多样化的处罚手段。预付卡一定程度上承载着消费者对于商家的信任，如果辜负了这份信任，商家就应承担相应的不利后果。有必要在市场监管、商务、公安等部门之间实现信息共享，让守信者畅通无阻，让失信者寸步难行，从而大大增加监管的威慑力。

事实上，随着消费市场更趋成熟、消费行为更加理性，消费者"用脚投票"的作用也愈加显著。今天，人们对预付消费模式日益熟悉，选择时也更为谨慎。目前，企业的预付消费服务有没有在相关部门备案，已可通过商务部单用途商业预付卡业务信息系统进行查询。在选择预付服务时多个心眼，提前查一查，就能避免掉进不法商家的陷阱。进一步完善消费举报和投诉制度，让消费者参与监督，就能推动更多商家规范提供预付消费，不敢肆意违规。

今天，中国已成为全球第二大消费市场，未来拥有无穷潜力。在激发市场活力、挖掘消费潜力的过程中，预付消费完全可以发挥更大作用。给预付消费加上"安全阀"，让人们安享这种服务模式，我们的消费市场必将迸发出更多活力。

（2019年06月11日）

引导政务新媒体规范发展

张 凡

> 政务上网是为了更好地问政于民、服务群众，提升治理效能
>
> 聚焦为民服务、办好实事，政务新媒体才能多出实绩、行稳致远
>
> 丰富传播形式、增强互动能力，切实提升信息发布、解读回应、办事服务的整体水平，政务新媒体才能不断增强群众的获得感

近年来，随着移动互联网的快速发展，政务新媒体犹如雨后春笋般不断涌现。从大家熟悉的"两微一端"，到短视频平台、知识分享平台、音频平台等，数量众多、类型多样的政务新媒体，丰富了政务公开的途径，也成为贴近群众、服务群众的新渠道。从建立政务新媒体发布厅，到强化"键对键"的政务服务，从开通领导留言板广纳民情民意，到通过微博直播庭审助力信息公开，蓬勃发展的政务新媒体，体现着政府部门积极适应媒介生态、创新传播手段的努力，也彰显着转变政府职能、打造服务型政府的决心。

与以往线下及传统线上服务形式相比，政务新媒体传播速度快、受众面广、互动性强，因而更加考验运营者的媒介素养、责任感和服务意识。当前，部分政务新媒体在运维过程中还存在着一些问题。信息发布

不严谨、建设运维不规范、监督管理不到位,导致部分政务新媒体的传播力、互动力、服务力不足,让政务为民的效果打了折扣。政务新媒体运营不专业、不用心,反映出一些职能部门在互联网思维与为民服务意识上还存在欠缺。

政务新媒体的发展,不仅要注重"形",更要注重"实"。说到底,政务上网是为了更好地问政于民、服务群众,提升治理效能。但在政务新媒体建设过程中,有的地方贪多求全,运营多个平台,耗费运营者大量精力;有的一味追求阅读量、粉丝量。诸如此类现象,表面上看着热热闹闹,实际上却陷入"指尖上的形式主义",违背了政务新媒体建设的初衷,也加重了基层负担。政务新媒体发展得如何,很重要的就是看面对突发事件能否快速反应、对网友诉求是否及时回应、为群众办事是否便捷高效。避免"重数量轻质量""重外在轻内在"等形式主义倾向,聚焦为民服务、办好实事,政务新媒体才能多出实绩、行稳致远。

当政务新媒体日益成为展示政府形象的窗口、联系群众的桥梁,如何引导政务新媒体规范发展,已是必须回答好的一道现实课题。不久前,《政府网站与政务新媒体检查指标》和《政府网站与政务新媒体监管工作年度考核指标》发布,各项指标直指当前政务新媒体发展存在的"病症"。比如,针对内容不更新、互动回应差等现象,设置"单项否决"。同时,通过扣分明确规范,通过加分鼓励创新,为政务新媒体发展树立起风向标。以此为标准,丰富传播形式、增强互动能力,切实提升信息发布、解读回应、办事服务的整体水平,政务新媒体才能不断增强群众的获得感。

群众在哪里,服务就要到哪里。展望未来,随着社会信息化程度的提高,运用"互联网+"思维推进政务服务改革已成必然趋势,建设形式更加多样、服务更加优质的政务新媒体也是必然要求。推动政务新媒体加强创新、健康发展,让政务服务更加亲民、更为智能,我们的政务服务就会为美好生活注入更多正能量。

(2019年06月10日)

为传统节日赋予当代表达

刘 阳

> 丰富的历史意义、文化意涵,赋予中华民族传统节日以巨大魅力,以潜移默化的方式,将中华民族的精神操守、道德力量根植人心
>
> 对传统文化的新表达、新诠释,很好地呈现了传统节日中蕴含的传统文化,推动传统节日融入当代中国人的生活

端午节临近,在一些城市的商场等公共场所,龙舟、菖蒲等为节日平添了文化意蕴,不仅为公共空间拓展了文化内涵,也对端午节背后的传统文化进行了具有当代意识的阐释,让人们近距离体验了一次有"文化味"的端午节。

古语有云,"慎终追远,民德归厚矣"。作为文化的重要载体,传统节日集中体现了中华民族的传统信仰、伦理道德、价值观念、行为规范等。我们在端午节纪念2000多年前的爱国者屈原,就是为了忆念其伟大,传承其精神。又因为农历五月是仲夏,第一个午日正是登高顺阳的好日子,故五月初五也被称为"端阳节"。这些丰富的历史意义、文化意涵,赋予中华民族传统节日以巨大魅力,并以潜移默化的方式,将中华民族的精神操守、道德力量根植人心。

然而,包括端午节在内的许多传统节日的内涵一度被人们淡忘,不

少人索性将端午节称为"粽子节",仿佛节日除了吃粽子再无别的含义。过年吃饺子,端午吃粽子,中秋吃月饼……这些是通过饮食的方式对传统节日的纪念。但也要看到,随着时代的进步,人们的生活方式越来越多元,生活节奏也发生了很大变化。怎样才能让传统节日更好地吸引年轻人,让人们更好地体验传统节日背后的传统文化?如何将传统节日更好地与当代生活相结合?这些都构成了新的课题。

事实上,随着近年来人们对传统文化的兴趣逐渐提升,公众对传统节日的关注度越来越高,一些适应当代生活的表现方式、传播方式纷纷涌现。对传统文化的新表达、新诠释,很好地呈现了传统节日中蕴含的传统文化,推动着传统节日融入当代中国人的生活。这些尝试表明,今天,传统节日也可以过得很时尚。比如,前不久,某网络视听平台播出纪录片《佳节》,分为《春望》《秋思》和《冬聚》3集,展现了中华民族代表性传统节日庆典如何从农耕社会发展而来,这些古老的传统又如何在当代中国快速的发展中伴随人们的生活与时俱进,赢得大量观众点赞。

传统节日及其承载的传统文化在今天得以更好地涵养和传承,既要借助一些看得见、摸得着的象征性场景、仪式性物品,也需要适应当代生活的表现形式和表达方式,将传统文化通过当代的表达方式和传播渠道呈现在人们面前。比如,在年轻人聚集的网络平台上,推动传统文化与最新的网络视听方式相结合,不仅能为网络视听节目的创作带来更有分量的题材和内容,也有助于传统节日及其承载的传统文化的传播,为传统习俗更好走近年轻人搭建平台。

我国地域辽阔,人们庆祝节日的方式不尽相同,但节日中蕴含的文化认同感和价值观是相通的。传统节日就像一条纽带,连结着生活在广袤中华大地上的人们,传承着中华民族共同的文化基因。期待出现更多适应当代社会的表达方式、传播形式,让传统节日及其承载的传统文化融入中国人的日常生活,让全世界更好领略中华文明的多姿多彩。

(2019年06月06日)

蓝天保卫战 还得加油干

刘 毅

以实际行动减少能源资源消耗和污染排放，自觉践行绿色生产方式和生活方式，才能让"蓝天幸福感"一年比一年强

6月5日是第四十八个世界环境日，生态环境部和联合国环境署在浙江杭州联合举办环境日全球主场活动。今年的世界环境日以大气污染防治为主题，作为发展中大国、全球第二大经济体，中国近年来强力推进蓝天保卫战的举措和成果，举世瞩目。

近年来，中国在大气污染防治方面重视程度之高、工作力度之大、环境质量改善速度之快，在世界上也是罕见的。自2013年以来，中国相继实施《大气污染防治行动计划》和《打赢蓝天保卫战三年行动计划》，把蓝天保卫战作为污染防治攻坚战的重中之重。越来越多的地方党委政府负责人扛起生态文明建设的政治责任，通过推动绿色发展"一微克一微克地降PM2.5"。越来越多的企业经营者看清了"企业不能消灭污染，污染就可能毁掉企业"，加大治污设备和运行的投入。越来越多的公众认识到"同呼吸"就得"共奋斗"，从绿色出行、随手关灯等点滴小事做起，呵护清新空气。

正如习近平总书记指出的，"中国生态文明建设进入了快车道，天更蓝、山更绿、水更清将不断展现在世人面前。"经过持续努力，天空湛蓝、

繁星闪烁的动人景象,在我们身边日益增加。2018年,全国首批实施新空气质量标准的74个城市,PM2.5年均浓度比2013年下降41.7%;北京市PM2.5浓度从2013年的89.5微克/立方米,降到2018年的51微克/立方米;珠三角PM2.5浓度连续4年达标,浙江省也迈入总体达标行列;重污染天气的发生频次、影响范围、污染程度都大幅减少。

行百里者半九十。蓝天保卫战取得明显成绩,但污染治理成果仍不牢固,大气环境形势仍不容乐观。当前,大气污染治理正在爬坡过坎,进入最为吃劲的关键期。这个时候必须保持加强生态环境保护的战略定力,咬住目标,精准施策。国家大气污染防治攻关联合中心的研究成果显示:燃煤、工业、机动车、扬尘是造成京津冀等地秋冬季大气污染的四大污染源,占比达到九成左右。继续针对这些污染源科学施治,猛药去疴,下大气力调整优化产业结构、能源结构、运输结构、用地结构,做好重污染天气条件下的预警应急工作,实施联防联控,蓝天白云才能持续增多。

污染防治攻坚战是一场大仗、硬仗、苦仗,不可能打几个冲锋就赢得蓝天常驻。政府、企业、公众需齐心协力,坚持不懈地冲锋陷阵,而且要做好付出一些代价的充分准备。例如,一些地方要承受短期的、局部的经济下行压力,企业投入更多资金大力治理污染……这些付出是值得的、必要的,这是在还生态环境的历史欠账,同时不再欠下新账。唯有如此,才能把关系亿万人民身体健康和中华民族永续发展的大事办好。

"生态治理,道阻且长,行则将至。"今年世界环境日的中文口号为"蓝天保卫战,我是行动者"。治理污染,保卫蓝天,迫切需要更多"行动派"积极参与。社会各界踊跃参与生态文明建设,以实际行动减少能源资源消耗和污染排放,自觉践行绿色生产方式和生活方式,才能让"蓝天幸福感"一年比一年强,让中国一天比一天美,为建设清洁美丽的世界做出更大贡献。

(2019年06月05日)

强化科技创新的正向激励

彭 飞

对一个国家来说,创新是一项系统工程,考验的是"系统集成能力"

集成一切有利的要素和资源,打造良好的创新环境,一流的创新成果自然会水到渠成、充分涌流

创新就是生产力,企业赖之以强,国家赖之以盛。激活创新的源头活水,既需要弘扬创新精神、培育创新文化,也必须尊重创新规律、保护创新成果,形成促进创新的正向激励。

最近,山东一所高校创造了一项中国高校专利转让纪录的新闻引发关注。该科研团队所在高校为山东省科研体制改革试点高校之一,根据政策,允许成果转化收益的80%划归科研团队所有,而且这笔收入的个人所得税还可以减免50%。这一案例表明,我国在科技计划管理、成果转化、评价奖励等方面的大胆改革正在释放政策红利,科研成果所创造的价值正在更好惠及贡献者,优秀科技创新人才正在得到更多合理回报,这些都激励着更多科研工作者刻苦攻关、逐浪创新大潮。

创新,离不开政策保障和制度支撑。不断完善的知识产权制度、专利制度,科学合理的产业政策,针对性强的税收优惠等等,都是鼓励创新的有效手段。比如,针对芯片行业由于投入产出比大、研发成

本高，导致企业利润有限的状况，财政部、国家税务总局日前发布公告，明确集成电路设计企业和软件企业税收优惠政策。根据公告，依法成立且符合条件的集成电路设计企业和软件企业，在一定期限内免征或减半征收企业所得税。这将有利于相关企业增加研发支出，吸引优质人才。其实，越是基础性的科学研究和技术开发，越像深埋于地下的种子；把政策的水浇透、把制度的肥施足，才能促进其破土发芽，早日开花结果。

习近平总书记指出，"要加强体系建设和能力建设，完善国家创新体系""提高创新体系整体效能"。对一个国家来说，创新是一项系统工程，考验的是"系统集成能力"。比如，在科研攻关阶段，怎样吸引更多人才投入基础科学研究，为更长远的技术突破夯实基础？在技术转化阶段，怎样提升转化效率，实现产学研"一条龙"？在技术商用阶段，如何为企业创造更加优质的营商环境？最近一段时间，国务院举行政策例行吹风会，详解如何进一步提高企业创新能力；教育部党组印发通知，要求各高校完善体制机制，为科研管理"松绑"助力。种种政策措施，正是要拧紧创新链条，激发创新潜能。用足用好政策，凝聚众智、集聚众力，我们的创新能力就会得到系统性、整体性的提高。

当前，有的国家滥用国家力量打压我国创新企业。对这种霸凌主义做法，最好的回应就是中国企业继续发展壮大，把自己的事做好。这不仅要求创新企业具备忧患意识、底线思维，遇事有"备案"、遇险有"备胎"，更需要我们不断完善制度环境、培厚政策土壤，为创新人才和创新企业提供广阔的生长空间。与此同时，科学技术是人类共同的财富。一个开放、融通的全球创新生态，有助于创新要素的高效配置。我们强调自主创新、提升创新集成能力，正是要坚持自主创新与开放创新双轮驱动，在自主创新中扩大开放、兼容并蓄，在开放创新中提升自己、实现更高层次的自主创新。集成一切有利的要素和资源，打造良好的创新环境，一流的创新成果自然会水到渠成、充分涌流。

今年5月发布的《2019全球科技创新策源城市分析报告》显示，以北京、上海、深圳为代表的中国城市，进入了全球创新策源力引领者行列。创新策源力，体现着一座城市持续孕育学术新思想、科学新发现、技术新发明、产业新方向的能力。这从一个侧面印证，中国日益成为全球创新的重要推动者。展望未来，我们必将在实现自身高质量发展的同时，为人类发展进步作出更大的贡献。

（2019年06月03日）

从严控烟助力全民健康

王君平

对于立法控烟，仍有一些地方还停留在观望中，担心执法难，"掐不灭"烟头。有法可依、违法必究，控烟执法就能形成威慑

人人从我做起，全社会携起手来，我们就能让更多人共享健康

今年5月31日是第三十二个世界无烟日，也正值《北京市控制吸烟条例》实施4周年。条例实施以来，北京所有室内公共场所全面禁烟，北京餐厅二手烟暴露率大幅下降，吸烟者持续减少。

近日，又有一座城市将加入控烟行列。作为2022年北京冬奥会的举办地，张家口市近期将进行控烟立法审议。目前，包括北京、上海、深圳等在内的20多个城市，已出台公共场所禁烟地方性法规。同时，无烟城市立法正在提速升级。在秦皇岛，室内全面禁烟，出于保障公众健康的考虑，拟在沙滩等室外场所同样禁止吸烟。在深圳，控烟将扩展到公共场所室外5米以内范围，包括高铁站台等要全面禁烟。在杭州，从2019年起，从部分公共场所控制吸烟扩大到全市范围，还将电子烟草烟雾纳入禁烟场所的监管范围。

对于立法控烟，仍有一些地方还停留在观望中，担心执法难，"掐不

人民时评

灭"烟头。其实,从多个城市的控烟执法实践来看,制定一部符合世卫组织《烟草控制框架公约》要求的"善"法,实现室内公共场所全面无烟,是可以期待的。前不久,深圳一位市民点烟进入地铁站,被执法人员抓了个正着,但他并不配合执法借机逃离,没想到第二天就被抓回。事实证明,有法可依、违法必究,控烟执法就能形成威慑。

"吸烟有害健康"众所周知。研究显示,全球10%的心脑血管病死亡和全球12%的心脏病死亡归因于吸烟和吸入二手烟。让越来越多的人认识到吸烟的危害,共同参与创建无烟环境,才能营造更加健康的生活氛围。室内公共场所全面禁烟不留死角,让吸烟者"不能吸";提高控烟处罚额度,将逃避、对抗控烟执法的行为纳入失信名单,让吸烟者"不敢吸"。人人从我做起,全社会携起手来,我们就能让更多人共享健康。

(2019年05月31日)

斩断偷拍的黑色利益链

智春丽

> 种种偷拍行为,侵害了当事人的合法权益,影响了公众的安全感。要想彻底整治乱象,就必须聚焦病灶、猛药去疴,加大打击力度、升级治理手段

提到"偷拍",不少人认为,这是少数明星才会遭遇的烦恼。但近年来,酒店房间内暗藏针孔摄像头,女性在公共场所被偷拍,相关图片或视频被上传到不法网站……类似案例并不鲜见。种种偷拍行为,侵害了当事人的合法权益,影响了公众的安全感。

偷拍现象为何频频发生、屡禁不绝?这其中,有的源于偷拍者的窥私心理、不良嗜好,但更值得警惕的是,一些人铤而走险、干违法勾当,完全是"黑生意"的利益驱动。事实上,从制造出售器材到售卖传播不雅视频,偷拍已形成一条完整的黑色产业链。今年3月,公安部通报"净网2018"专项行动十大案例,其中就有一起偷拍案件:不法分子将改造过的智能摄像头安装在宾馆吊灯、空调等隐蔽处,通过手机软件收看、管理回传画面,再由账号代理吸引网民购买观看账号。偷拍视频数量之多、受害人群之广,令人触目惊心。

在信息社会快速发展的今天,保护个人隐私的重要性更加凸显。以普通人为目标的偷拍,一旦与隐蔽的网络色情产业相结合,其所产生的

危害，势必大大超出个别的、偶发的案件。不法分子以几元到几十元在网上批发出售的视频，每一段都对应着无辜的受害者。现实中，在搜索引擎中输入"遭遇偷拍怎么办"，可以看到大量求助帖。许多网友表示，即便发现被偷拍，也很难维权。事实证明，要想彻底整治乱象，就必须聚焦病灶、猛药去疴，加大打击力度、升级治理手段，彻底斩断偷拍的黑色产业链。

偷拍并非新现象，现在偷拍行为增多，一个重要原因是器材比以往更容易获取。因此，必须管住源头，严格落实国家关于窃视听器材生产、销售的法律法规，依法严惩违法违规者。今年1月1日起施行的电子商务法明确规定，不得销售或者提供法律、行政法规禁止交易的商品或者服务。然而，在一些网络购物平台上，用户只需花几百元就能轻易买到微型摄像头。一些非法网店为何能长期存在？电商平台经营者是否履行了审核义务？对此，只有进一步完善制度、强化监管，对问题发现一起惩处一起，才能形成对非法生产、销售行为的有力震慑。

整治偷拍乱象，还必须及时发现、严厉惩处偷拍者，对相关人员进行曝光。前不久，一名游客在入住某地民宿后，在路由器中发现了针孔摄像头，后经警方调查，系房主故意安装。偷拍行为侵犯公民隐私权，违反治安管理处罚法相关规定，还可能构成传播淫秽物品牟利的刑事犯罪。在移动互联时代，偷拍变得容易，但查处偷拍行为的手段也更丰富。近期，公安机关重拳打击各类网络违法犯罪活动，网监部门陆续发现并破获多起偷拍案件。善于运用技术手段，提升发现能力，就能让偷拍者无处藏身、无所遁形。

面对已成产业的"批量"偷拍，除了相关部门加强治理，全社会也应提升警觉、促成共治，在公共场所形成制度化的防范措施。对酒店、民宿行业来说，应加强自律，将防偷拍列入服务规范，提升安保措施。对于公交车、地铁、公共卫生间、商场试衣间等场所，不妨加强巡查、放置醒目的警示牌。只有动员更多社会力量参与，才能让偷拍行为不再发生。

（2019年05月30日）

新优势,激荡内生增长力量

——感受中国经济"发展新优势"①

李 拯

>新技术催生新业态、新模式,新供给形成新需求、新消费,这些新动能正在深刻改变生产生活方式、塑造中国发展新优势
>
>当前的中国经济,既有从 0 到 1 的颠覆式创新,也有从 1 到 N 的迭代式创新;既有"无中生有"的新技术新业态新模式,也有"有中出新"的传统产业改造升级

刚刚闭幕的第二届数字中国建设峰会上,新经济有着触手可及的呈现形式。自动清扫机器人,人脸识别技术,城市交通数据分析,健康监测高端仪器……从新技术的应用中,人们感受到浓厚的"未来感",看见了创新发展的美好未来。

当制衣企业根据消费端的大数据进行"定制生产",当远程医疗与远程诊治成为可能,"互联网+"渗透到更多行业;当工业锅炉能够运用云计算进行生产优化,当"无人码头"实现全自动化集装箱,智能化成为普遍趋势;当移动支付让人可以携带手机走天下,当共享经济改变着出行方式,新模式刷新着人们的消费体验。新技术催生新业态、新模式,新供给形成新需求、新消费,这些新动能正在深刻改变生产生活方式、塑造中国发展新优势。中国经济不断衍生出全新的可能性,正如一家国际媒体的判断,"未来,中国的发展也将描绘世界的方向"。

中国新经济的开疆拓土、新优势的不断汇聚，也反映在宏观统计数据上。一季度，工业战略性新兴产业增加值同比增长 6.7%，比规模以上工业快 0.2 个百分点，这背后是一大批新产业、新产品的蓬勃生长；信息传输、软件和信息技术服务业同比增长 21.2%，这背后是服务业新业态、新模式的充分涌流；消费对经济增长的贡献率为 65.1%，这背后潜藏着消费升级的大势所趋。可以说，蓬勃生长的新经济、新优势，正在成为推动中国经济高质量发展的新引擎。

经济学界有一个共识：从长期来看，技术进步是经济持续增长的重要源泉。当前的中国经济，既有从 0 到 1 的颠覆式创新，也有从 1 到 N 的迭代式创新；既有"无中生有"的新技术新业态新模式，也有"有中出新"的传统产业改造升级……可以说，凝聚技术创新的力量，不断激发中国经济的创新创业创造动能，就是要推动质量变革、效率变革、动力变革，实现中国经济的转型升级和可持续发展。

中国经济新优势，背后是强大的制度优势。中国的经济制度能够把社会主义制度优势和市场经济优势结合起来。一个有为的政府，既能最大限度激发"看不见的手"的活力，又能更好发挥"看得见的手"的作用。未来学家杰里米·里夫金认为，迎接变革所需要的大量基础设施建设、交通物流、新能源的推广、数字化的生态互联网建设等等，将这些需要落地，"国家力量扮演着非常重要的作用"，因此中国"可以引领下一次全球变革浪潮"。从 5G 技术到物联网，中国强大的国家能力能够提供基础设施，为新经济的生长创造生态系统。与此同时，中国政府对于新事物的包容审慎监管，能够在避免社会风险的同时最大限度促进新技术、新事物的涌现。

中国经济新优势，根植于深厚的社会基础。一位"天使投资人"讲过一个生动的故事：美国加州硅谷的一家创新公司想出了点子，要造一个新产品的样品，因为当地的工业生产已经不齐备，所以计划用 6 个月来生产这个样品；而在中国深圳，只需要两个星期就能找齐配件、生产样品。我国不仅有全世界门类最齐全的工业生产体系，还有全球规模最大、上网人数最多的互联网，有全球最丰富的数据资源，有世界瞩目的"人才红利"，这些都为新技术、新业态、新模式等的生长创造了土壤。

在这些看得见的基础上,中国还有一个看不见的认知优势,就是改革开放40多年的高速增长,让中国人更容易接受新事物,这让中国社会对于新技术、新事物抱有更大的包容、更强烈的追求。

有这样两组统计数据意味深长。有市场机构统计,截至2018年底,全球共有429家独角兽企业,中国的独角兽企业达到205家,数量位居第一;在全球前二十大互联网企业中,目前中国拥有9家,几乎与美国平分秋色。当前,中国经济转型升级恰好与全球新一轮科技革命和产业变革产生历史性交汇,激发这个文明古国的新优势,就能推动中国经济爬坡过坎,赢得更长远的未来。

(2019年05月20日)

新动能，深刻改变产业供给

——感受中国经济"发展新优势"②

陆娅楠

在外部经济环境总体趋紧、国内经济存在下行压力的大背景下，中国经济运行总体平稳、好于预期，新旧动能加快转换功不可没

为新动能的生长创造更好的制度环境，让一切创新的活力充分涌流，让一切创造的动力竞相迸发。如此，中国经济才能花开四季，获得可持续发展的动力

舒展今日中国的经济画卷，新动能所演绎的神奇篇章跃然纸上。

在福建，几十万吨鸡粪每年被转化为2.1亿千瓦时电；在陕西，空间大数据技术精确统计每一棵苹果树开花的数量，让农民胸有成竹；墨子"传信"，嫦娥"奔月"，北斗组网，磁浮竞速……神州大地的每一个角落，创新的回响格外嘹亮，新动能正在汇聚起强大的发展势能。

中国的新旧动能转换，正在以看得见的方式推动中国经济转型升级。正如国际媒体所言，"在大众创新的推动下，中国正变成高科技的巨大实验室。这让中国在过去5年里从质量上而非数量上变成了大国。"的确，在外部经济环境总体趋紧、国内经济存在下行压力的大背景下，中国经济运行总体平稳、好于预期，新旧动能加快转换功不可没。

动能转换来自"别开生面"。更轻薄的运动装、可变形的柔性屏、能美颜的自拍手机……这些新产品、新产业的加速孕育、快速迭代，恰与高质量发展需求无缝对接。一季度，医疗仪器设备及仪器仪表制造业、电子及通信设备制造业增加值同比分别增长14%、9.4%，增速均明显快于规模以上工业；移动通信基站设备、城市轨道车辆、新能源汽车同比分别增长153.7%、54.1%和48.2%。近14亿人对美好生活的"刚需"，就是做大蛋糕的不竭动力。

动能转换也来自"取长补短"。经济发展进入新常态，拼成本、耗资源的粗放发展老路走不通，也不能走。中国制造由大到强，既要充分发挥产业体系完整的传统优势，更要夯实根基，破除瓶颈，补足短板。近年，我国研发投入强度已超欧盟初创15国的平均水平，制造业技改投资增速大幅高于制造业投资增速，以中高端消费品、关键零部件和核心技术为代表的新动能，正引领实体经济加快结构优化升级。

动能转换更来自"此消彼长"。"腾笼"才能"换鸟"。过去三年，中国累计压减粗钢产能1.5亿吨以上，退出煤炭落后产能8.1亿吨，旧产能的淘汰为新动能腾挪出巨大空间。如今，中国每天新登记逾1.8万家企业、1年诞生800多家科技企业孵化器、技术市场年成交合同额逾万亿元……一位位材料、医学、信息技术界的创业典范跨界合作、携手前行，使新动能快速崛起、加力融合，更加焕发出市场的勃勃生机。

动能转换有赖于改革发力。要让创新引擎转得稳，转得持久，还是要坚持以供给侧结构性改革为主线不动摇，在八字方针上下足功夫算细账。如果将中国经济比为一座大花园，算清"巩固"的减法，方能去芜存菁，给新芽破土留足空间；做好"增强"的加法，犹如杀虫除草，可为发芽抽穗提供保障；用准"提升"的乘法，好比施肥剪枝，能让新苞如期盛放；而算好"畅通"的除法，则像是适时适度松土、浇水、控温，换来花开不败。八字方针协同发力，就能为新动能的生长创造更好的制度环境，让一切创新的活力充分涌流，让一切创造的动力竞相迸发。如此，中国经济才能花开四季，获得可持续发展的动力。

有这样一个细节对比意味深长：在2000年，全球市值前十大公司中没有一家中国公司；现在，中国的科技企业阿里和腾讯已经跻身其中。在未来，随着改革深入推进，将会有更多优秀企业生长起来，用新业态、新技术、新模式汇聚成新动能，为中国经济提供源源不断的动力。

（2019年05月21日）

新职业，让更多人梦想成真

——感受中国经济"发展新优势"③

何鼎鼎

不断涌现的新职业，不仅为更多人提供了人生出彩的机会，更能激发中国经济创新驱动发展的潜能

新职业如同一面镜子，照见的是中国产业结构的升级换代，是中国经济不断实现自我迭代的内在活力，是中国经济迈向高质量发展的坚实步伐

高新技术领域正成为我国新职业的密集诞生地。云计算工程技术人员、电子竞技运营师、无人机驾驶员……前段时间，人力资源和社会保障部等部门发布了13个新职业，这些颇具科技含量又充满未来感的职业让人眼前一亮。

从某种意义上说，技术进步史与职业迭代史是一枚硬币的两面。技术进步带来分工细化，催生更多职业，这是历史发展的必然。科技日新月异，越来越多的职业正朝着高价值、数字化、个性化方向发展。近年来，当经济由高速增长转向高质量发展，高新技术产业成为我国经济新的增长点，人工智能、物联网、大数据和云计算等技术得以广泛运用，市场对相关岗位已形成了稳定需求。一系列新职业从无到有的快速生长，正是新技术、新业态、新模式蓬勃发展的最好注脚，本身就表明了中国经济社会发展的巨大活力。

这几年摘棉时节,新疆的棉田会出现大批喷洒脱叶剂的无人机飞手,他们是走上全新岗位的能手。新职业里有时代的新意。从供给的角度来看,新兴产业正成为新的经济增长点,为新职业形态的出现提供了无限可能,从而催生了大量新就业形态;从需求角度看,一些岗位本身就是需求的代名词,从度假房产咨询师到运动治疗师,从私人旅行线路定制师到游戏架构师,光听这些岗位的名字,就能感知到人们不断增长的美好生活需要。社会发展的巨轮,正是由不同行业的劳动者努力向前推动,而不断涌现的新职业,不仅为更多人提供了人生出彩的机会,更能激发中国经济创新驱动发展的潜能。

职业的更新换代既彰显了产业的新陈代谢,也与新技术的应用息息相关。比如说,人工智能、大数据和云计算的广泛运用,对从业人员的需求大幅增长,这是产业结构的升级催生高端专业技术类新职业;比如说,工业机器人的大量使用,对工业机器人系统操作员和系统运维员的需求剧增,这是科技提升引发的传统职业变迁;再比如说,农民专业合作社等农业经济合作组织发展迅猛,农业经理人应运而生,这是信息化的广泛应用衍生的新职业。可以说,新职业如同一面镜子,照见的是中国产业结构的升级换代,是中国经济不断实现自我迭代的内在活力,是中国经济迈向高质量发展的坚实步伐。

当然,一些新职业之所以降临,有赖于企业和个人的大胆探索,也离不开国家层面对新业态的包容和推进。比如,正是因为我国出台全球首个国家层面管理办法规范引领网约车发展,网约车司机最快速度拿到了运营资质;正是因为官方对电子竞技的认可,让电子竞技员、电子竞技运营师变成了正规职业。这也说明,新职业的培育需要全社会共同努力。当政府监管给予新业态、新模式更多空间,社会给予新事物、新职业更多包容,就能为新职业的生长提供更好的土壤。

进一步说,新职业的快速发展,更具有了稳增长、稳就业的意义。据《中国数字经济发展与就业白皮书(2019年)》显示,2018年中国数字经济领域就业岗位为1.91亿个,增速大大高于同期全国总就业规模增速。数字经济吸纳就业能力显著提升是显而易见的,一个典型例子是物流业。尽管智能物流大大降低了对分拣工的需求,看似"挤出"了一些

劳动密集型岗位,但是"机器换人"后,大量物联网设备、机器人都有赖人工智能工程技术人员、工业机器人系统操作员部署、维护,更多人机合作的工种诞生了。正是在这个意义上,经济转型升级,或许顺势关上了一扇窗,但也会打开一扇更大的门。

新职业之所以总能引发关注,归根到底是因为它代表了新方向,展现出发展的新优势。可以预计,随着技术革命的加速推进、改革步伐的持续加快,更多高技术含量的新职业将接踵而至,连接起你我更美好的生活,描绘出中国经济的美好图景。

(2019年05月22日)

新业态，向未来开疆拓土

——感受中国经济"发展新优势"④

陈 凌

新业态，新技术，把一个新产业从无到有创造出来，向未知世界开疆拓土

新技术与传统产业的融合，能够让传统产业实现"老树新芽"的增量变革，让传统产业"新"起来，更让其"潮"起来

前不久，"中国品牌日"活动在上海举行，向全世界展示中国产品的魅力。全新的氢燃料电池汽车、可以边弹边录的智能钢琴、服务型智能机器人、用降解材料制作的中性笔……近200家自主品牌企业、13个自主品牌消费品体验区，以一系列面向未来的新产品，展示着中国经济新技术新业态新模式的蓬勃活力。

我们常说，科技是第一生产力。这实际上包含两层意思，一层是科技自身的创新，另一层则是新技术的应用，正是两者的共同作用，为经济增长点燃了引擎。以此来看今日之中国，一方面，大数据、人工智能、5G等领域的新技术不断涌现、高速发展，为产业转型升级提供了坚实基础，打开了发展空间；另一方面，广阔的市场，巨大的人口规模，又为新技术落地生根提供了肥沃的土壤，为新业态活力的迸发提供了适宜的环境。如雨后春笋般兴起的新业态，不仅是中国经济活力十足的风向标，更是经济稳中有进、稳中向好的重要原因所在。

新业态，新技术，把一个新产业从无到有创造出来，向未知世界开疆拓土。比如，无论是家庭的服务型机器人，还是生产车间的智能制造，无论是自动驾驶技术的发展，还是"算法"应用的铺开，人工智能正在打开新业态的巨大想象空间。又如，移动支付引领支付体系、消费方式变革，金融大数据分析可直接为客户的风险画像，区块链开创着新的商业应用场景……数字技术正在重新塑造现代金融的运行方式。再比如，从网络约车到共享单车，从电商购物到网络众筹，平台经济的兴起，为新业态的生长提供了全新的孵化器。不断产生新业态、新模式，不断通过"创造性破坏"实现新的可能性，这正说明中国经济具有强劲的内生动力与创新动能，能够在已知世界的边缘向未知世界进发。

新业态，还表现为新技术与传统产业的融合，能够让传统产业实现"老树新芽"的增量变革。新业态信息化、数字化、智能化的特点，让越来越多的传统产业在拥抱"互联网+""智能+"的过程中萌发新芽、焕发活力。有这样一个案例，一家传统的服饰企业，利用云计算对门店进行数据化改造，不仅打通线上线下销售，随时跟踪各种尺码、款式产品的销售情况，还将门店销售的动态实时数据与工厂相对接，用数据优化供应链，实现快速跟踪市场变化、以销定产。当有的品牌还在为店铺租金上涨、人工成本走高头疼时，这家企业却在去年创下成立20多年以来的最好业绩。用消费端的数据逆向优化生产端的供给，农业种植运用大数据分析可以提升效率，化工生产运用云计算适时调整参数大幅降低成本……新业态不仅让传统产业"新"起来，更让其"潮"起来，进而为市场提供品类更多、品质更好、品牌更优的有效供给。

不仅如此，新业态的出现还具有自我生长的特点，每一种新业态的出现，都会为下一个新业态的出现奠定基础，从而激发着更多人的创新创业热情。有了移动互联网的发展，才有手机APP和"算法"推荐的兴起；有云计算、大数据的支撑，上亿人同时抢红包才具有可操作性；有地图导航、移动支付等技术支持，才会出现网络约车、共享单车等新业态。而这些新业态的不断涌现，反过来又为创业提供了新的舞台，新业态的出现因而不断自我加强。未来将会是一个"大、智、移、云、物"网络，大数据、人工智能、移动通信、云计算、物联网这些先进技术的落地运用，将打开未来的无限可能,让人们的生活更美好。可以说,新业态为创新创业孕育了一片热土,让创新的源泉进一步涌流,创业的活力进一步迸发,成为中国经济的繁盛景象。

"中国经济是一片大海,而不是一个小池塘"。势头强劲的新业态,无疑是一个力证。放眼当下中国,新技术层出不穷,新业态风起云涌,新模式百舸争流。这既是中国经济的活力所在,也是中国经济的底气所在。

(2019 年 05 月 23 日)

新消费,提升美好生活体验

——感受中国经济"发展新优势"⑤

王 珂

> 新消费既有传统需求的转型升级,又有新兴需求的强势拉动;既有实物消费的持续火热,也有服务消费的快速崛起,推动中国消费需求的蛋糕不仅越做越大,而且越做越优

近日,第九个"中国旅游日"如期而至,恰逢周末,在全国3500多条旅游惠民措施作用下,大小景区游人如织,国内旅游市场迎来小阳春。在旅游消费的规模之外,消费方式的变化也引人注目:智能门票、智慧停车、扫码讲解等新服务的应用,给人们带来了全新的消费体验,成为消费升级的生动缩影。

中国的消费市场,正在以一个惊人的速度,发生日新月异的变化:移动支付的普及,让卖早餐的煎饼摊都用上扫码支付,给顾客带来更多方便;人脸识别技术的应用,把无人超市带到百姓身边,购物体验再度刷新;智慧物流的不断升级,让网购配送速度从次日达,到当日达,再到定时达,配送时效持续改善;人工智能技术的发展,使无人机助力农业植保、电力巡检、物流运输等,新科技带来新便利……这些真实发生在每个消费者身边的场景,讲述着中国消费市场不断形成新需求、释放新体验的精彩故事。

新消费在不断提升人们体验的同时,也从一个侧面折射出中国经济

增长的澎湃动力。去年，最终消费支出对 GDP 增长贡献率为 76.2%，比上年提高 18.6 个百分点，高于资本形成总额 43.8 个百分点，消费连续 5 年成为拉动经济增长的主引擎。今年一季度，消费对经济增长的基础性作用进一步巩固。新消费背后，有强劲的需求做基础。近 14 亿人口的庞大市场、4 亿多中等收入群体的强大购买力，是任何国家都无法比拟的巨大消费力量，成为支持中国经济可持续发展的最可靠保障。

新消费，除了消费方式、消费体验的"新"，更有消费结构的自我迭代、优化升级。有人注意到，无论是去年，还是今年一季度，中国社会消费品零售总额的同比增速，都没有达到两位数。事实上，这背后主要体现的是"消费结构优化中实物消费占比下降、增速回落"的发展规律。去年，我国服务性消费占总消费支出已经达到 49.5%，这"半壁江山"在社会消费品零售总额中并没有体现。可以说，新消费既有传统需求的转型升级，又有新兴需求的强势拉动；既有实物消费的持续火热，也有服务消费的快速崛起，推动中国消费需求的蛋糕不仅越做越大，而且越做越优。

新需求背后，有优质供给做支撑。"漂洋过海去消费"，曾经是不少国内消费者的无奈之举，突显了国内市场有效供给不足的窘境。近年来，国内一些企业主动创新，从以前"闷头搞生产"到现在"拥抱新需求"，不断推出更合消费者口味的产品和服务；采用柔性制造技术，大批量个性化定制的产品，更好满足了多样化、个性化需求；人工智能、大数据引入生产，把消费者需求数据化，确保生产线上的产品就是人们需要的产品。可以说，新消费、新体验在满足消费者个性化、多样化、品质化需求的背后，正是新业态、新供给的不断形成，是供给水平的不断优化提升，反映着供给侧结构性改革的成效。

新消费背后，还有消费政策做保障。今年初，《进一步优化供给推动消费平稳增长 促进形成强大国内市场的实施方案（2019 年）》出台，多措并举促进汽车消费、促进农村消费提质升级、进一步优化消费市场环境等政策"大礼包"，为居民消费升级注入了新动力。近几年，消费市场的质量和标准体系逐渐改善，更加匹配消费提质扩容的需要；信用体系和消费者权益保护机制更加完善，为消费提供了更好的制度框架……在

各方努力下,制约消费的障碍正逐步清除,消费的活力与红利将进一步释放。

消费关乎经济,更关乎民生。让人们更加能消费、愿消费、敢消费,就能让消费继续成为经济增长的压舱石,让新消费成为人民美好生活的亮色,让中国经济的发展更具韧性与活力。

(2019年05月24日)

新技术,占据创新制高点

——感受中国经济"发展新优势"⑥

余建斌

> 新一轮科技革命和产业变革正在重构全球创新版图,在新技术尤其是人工智能、空间技术等颠覆性、战略性技术上占据制高点,需要下好"先手棋"

北京地铁的南北向骨干线路16号线成为国内首条覆盖5G信号的地铁线路;重庆招募首批5G"体验官",感受几秒钟下载一部1G高清电影等数字新体验……5月的世界电信日前后,5G成为最抢眼的技术新星,反映出人们对这种关系未来的新技术的热情期待。

新技术由发展需求孕育,也是经济持续增长的新引擎。融合机器人、数字化、新材料的先进技术加速推进制造业升级转型;以人工智能、物联网、区块链为代表的新一代信息技术加速突破应用;安全清洁高效的现代能源技术推动能源生产和消费革命……新技术一旦走出实验室,进入广阔的市场天地,就能释放出巨大的能量,推动新业态新模式的打开和蓬勃发展。

新技术能够提高生产效率,催生新动能。工业互联网集成了远程实时操控、虚拟现实技术协同、无人驾驶、高精度定位等前沿技术,不仅能进一步提升生产效率,还能代替人工适应更复杂恶劣的环境。而以物联网技术为神经中枢,一个建筑群可以变得"有生命"——钢结构、门板、水管、螺丝型号、电能消耗、用水量、空气质量等数据都可以"互联互动";一个城市也能装上"智慧大脑",对城市交通进行智能调度,有效调配公共资源。从深海深地探测、超级计算、人工智能等面向国家重大需求的高技术领域持续取得重大突破,到"互联网+"广泛融入各行各业,大众创业、万众创新蓬勃发展,科技进步贡献率提高到58.5%,体现着新技术对中国经济转型升级的牵引力。快速崛起的新技术正在深刻改变生产生活方式,成为中国创新发展的新标志。

新技术能够改变生活方式,带来新业态。看似普通的外卖行业,用上蕴含大数据、云计算、物联网、人工智能等高新技术的智能配送技术,通过对天气、路况、时间等统筹,在消费者、骑手、商家三者中实现最优匹配。新技术不仅催生新业态新模式,也更加精准传送高质量的服务。2018年,全国每百位手机网民中,超七成用手机购物和支付,近五成用手机订外卖和预订旅行;数字经济规模达到31.3万亿元,占GDP比重34.8%,供需两端"双升级"成为行业新一轮增长驱动力……随着信息技术快速迭代更新,数字经济在中国越来越多地触及生活的方方面面,正成为经济高质量发展的重要支撑。

新技术能够重塑力量对比,塑造新格局。新一轮科技革命和产业变革正在重构全球创新版图,重塑全球经济结构,在新技术尤其是人工智能、空间技术等颠覆性、战略性技术上占据制高点,需要下好"先手棋"。北斗卫星导航系统加速全球组网进程,相关应用产品已进入70多个国家和地区,GPS这个美国全球定位系统,不再是卫星导航的代名词。正是凭借技术创新,多家中国高科技公司跻身世界级科技巨头之列,中国北斗、中国高铁、中国核电等逐渐成为国家名片。紧紧围绕经济竞争力提升的核心关键、社会发展的紧迫需求、国家安全的重大挑战,把"先手棋"下好下实,才能积累起自己的新优势。

新技术的进步映照着创新的厚度和活力。研究与试验发展经费年均增速世界领先、投入强度逐年提升,为技术创新源源不断地提供着原始创新、基础研究的源头活水;体制机制的改革创新,为新技术真正有"用武之地"开辟通途。技术创新的浪潮奔涌向前,必将为推动高质量发展持续送上强劲动力。

(2019年05月27日)

新制造,让生产更加智能化

——感受中国经济"发展新优势"⑦

李 拯

新制造作为新一轮科技革命和产业变革的重要驱动力,正在中国大地掀起创新热潮

数字技术不仅能连接生产与消费,更能从内部改变生产自身的运行方式,在只动数据、不碰生产线的情况下优化生产效率

日前,第二十一届大连国际工业博览会开幕,聚焦"智能制造"、关注工业转型升级,成为本届盛会的一大亮点。智能化设备、3D打印技术、工业机器人、现代生物医药……4万平方米的展出面积,集中展示着智能化工业生产的发展潮流。如今,数字化进程正在重塑传统生产链,汇聚成中国新制造的强劲势能。

数字技术正在重新定义生产链条,自动化、数字化和智能化的新制造呼之欲出。在数字化车间,生产链条的各个环节进行积极的交互、协作、感染与赋能,提高生产效率;在智能化生产线上,身穿深蓝色制服的工人与机器人并肩工作,形成了人机协同的共生生态;而通过3D打印这一颠覆性技术,零部件可以按个性化定制的形状打印出来……一家国际媒体曾这样设想第三次工业革命:软件更加智能,机器人更加灵巧,网络服务更加便捷。这样的趋势,正在越来越多的中国工厂中展现出来。

微观层面的创新活力,呼应着宏观层面的统计数据。超过200个数字化车间和智能工厂初步建成,工业机器人产量突破14万台,工业企业数字化研发设计工具普及率增至68%,有分析报告预计今年中国智能制造行业市场规模将突破1.9万亿元……这些数字说明,新制造作为新一轮科技革命和产业变革的重要驱动力,正在中国大地掀起创新热潮。

新制造,能够借助大数据与算法成功实现供给与消费的精准对接,从而实现定制化制造与柔性生产。比如,中华老字号"朱府铜艺"通过消费端数据分析,制造出更适合年轻人偏好的生活化铜雕制品,让传承了5代人的老品牌获得新生;再比如,申洲国际作为一家服装代工企业,得益于大数据等数字技术的赋能,能够对小批量、多批次的市场需求实时响应,实现了高利润、高增长和高市值。通过大数据和云计算分析,可以把线上消费端数据和线下生产端数据打通,运用消费端的大数据逆向优化生产端的产品制造,为制造业转型升级提供新路径。

事实上,数字技术不仅能从外部打通生产与消费,更能从内部改变生产自身的运行方式。比如说,阿里云的工业大脑借助机器学习等技术对数据进行建模,并传授给机器,让机器来帮助解决日常生产环境当中的问题。有这样一个直观的案例:一家太阳能电池片生产企业,把上千个参数传入"工业大脑",通过人工智能算法,对所有关联参数进行深度学习计算,在生产过程中实时监测和调控变量,最终将最优参数在大规模生产中精准落地,大幅提升了生产的良品率。在光伏、橡胶、能源、通信、钢铁、石化、水泥等传统行业,通过大数据和云计算,可以在只动数据、不碰生产线的情况下优化生产效率。

展望未来,随着5G迈向商用,万物互联将会从愿景变为现实。而当生产过程中的人、设备、产品、物料等产生的即时海量数据能够连接起来,工业互联网平台将逐步搭建起来。在这样的平台,生产车间将变成各个环节合作共生的"有机生命体",生产线将会像人一样思考。而随着人、机、物以及服务间的边界被打破,随着产品全生命周期的数字化和模型化,生产效率将得到质的飞跃。这正是工业互联网展现的新制造愿景,也是中国"互联网+制造"正在努力的方向。

中国的发展靠的是实体经济,中国的强大还要靠实体经济。在这次科技革命和产业变革中,与世界站在同一个起跑线上的中国,将抓住新工业革命的机会,用新制造推动中国经济的高质量发展。

(2019年05月28日)

新建造,挺起发展的脊梁

——感受中国经济"发展新优势"⑧

彭 飞

从量的积累到质的飞跃,从点的突破到系统能力的提升,中国新建造越来越大型化、标准化、工厂化、装配化,越来越有"科技范儿"

新建造不仅集中展示中国建造深厚的"硬功夫",也在传递中国标准、中国服务等"软实力"

近日,北京大兴国际机场首次真机试飞成功,引发全世界对这个新建机场的关注。航站楼屋顶使用8000多块玻璃,且没有两块玻璃是一样的;采用国内首创的层间隔震技术,将成为全球最大单体隔震建筑;航站楼采取双进双出模式,让乘客换乘效率大大提高……北京大兴国际机场展现出中国新建造的气势与魅力,被国际媒体盛赞。

以新机场为代表的中国新建造,已经成为向世界展示中国的亮丽名片。拥有领先全球的"核心技术群",让中国成为世界上第一条高寒高铁、唯一热带地区高铁的建设者;身怀绝技的中国公路建设者,无论在高原冻土、膨胀土还是沙漠中,都无惧挑战;随着离岸深水港建设关键技术的突破,我国已经具备在任何海洋环境下都能建设港口的能力……从量的积累到质的飞跃,从点的突破到系统能力的提升,中国新建造越来越大型化、标准化、工厂化、装配化,越来越有"科技范儿"。

人民时评

桥梁大师茅以升曾说过，"从一座桥的修建上，就可以看出当地工商业的荣枯和工艺水平。"新建造硕果累累，根本原因在于我国综合国力和科技水平的大幅提升。新建造，是在应对地理环境挑战中的自我超越，是在不断实践过程中的自我创新。在细砂喷涌的胡麻岭隧道，建设者开创了九宫格隧道挖掘法，为世界难题交上了完美的"中国答卷"。新建造，是在提升科技水平上的不懈追求，是不断给基础设施建设注入创新动能。在世纪工程港珠澳大桥施工中，上千名科技工作者开展专题研究300余项，获得发明专利授权逾百项、创建工法40项，打破了外国的技术垄断。中国建造者们拥有空前广阔的舞台，于干中学，在学中干，积淀下的技术、标准、经验乃至教训，都化为中国建造自信的基石，更挺起了国家发展的脊梁。

以基础设施建设为代表的中国建造，已经成为开展国际交往、加强国际合作的重要抓手和平台。新建造不仅集中展示中国建造深厚的"硬功夫"，也在传递中国标准、中国服务等"软实力"。通过参与共建"一带一路"，中国建造的足迹已遍及世界各地。从"世界最大规模全预制装配式桥梁"文莱淡布隆跨海大桥，到"东非地区首条现代化电气铁路"埃塞俄比亚首都亚的斯亚贝巴至吉布提铁路，再到"中欧陆海快线的重要支点"希腊比雷埃夫斯港，可以说，中国具有当今世界最完善的基础设施建设输出能力，中国建造正给世界各国人民带来现代化的基础设施。致力于提升标准线的中国新建造，不仅为世界各地的发展做出卓越贡献，也在很大程度上带动了工程设计、运营、咨询等横向产业的飞速进步。

建造是应用型技术，实践得越多、建造得越多，经验就越多、创新就越多，人才积累也就越多。新建造更是我国产业工人、专业技能人才、高级工程师的"摇篮"。在隧道开掘领域，采用盾构机进行施工是一种世界通用方法。我国曾经面临核心技术缺失、经验不足的问题，但随着我国在隧道挖掘中越来越多采用盾构法，中国工程师和技术工人苦钻技术，甚至不顾个人安危投入实践，在盾构机施工方法、盾构机刀头设计和加工等领域已经成为创新者、引领者。像这样从门外汉到专家、从学生到老师、从试水到精通的过程，在中国建造的各个领域十分常见。大江南北千千万万个施工现场，不仅是挥洒汗水的舞台，更是培育技术尖兵、

大国工匠的生动课堂。也正因为有了人才的保障,中国建造才能更好地走向世界、走向未来。

上世纪80年代初,我国交通地图上还没有一条高速公路,平均路网时速仅30公里。谁能想到,今日一条条高速公路顺着壮美山川交错成网,中国能在全球交通建设舞台上收获一系列"世界第一"?中国建造所迸发的力量,不仅将为中华民族的伟大复兴铺就坚实路基,也将为世界发展、人类进步注入动力。

(2019年05月29日)

汇聚众力打击"套路贷"

贾 壮

> 要想彻底堵住"套路贷",需要对其黑恶本质进行釜底抽薪。黑恶势力不除,"套路贷"总有死灰复燃的机会

开出"无抵押、利息低"等优惠条件,放款后肆意认定违约套牢借款人,通过恐吓借款人,最后以暴力手段侵占财产。现实中,以民间借贷之名行非法侵占之实的"套路贷",让许多借款人深陷其中。种种套路,"精巧"程度超乎想象,影响十分恶劣。

多数骗局,都有一件华丽外衣。"套路贷"主要假借民间借贷名义,虚称各种优惠条件,通过"虚增债务"制造资金走账流水肆意认定违约,以暴力或以暴力相威胁进行催收等手段,达成非法占有他人财产的目的。为了骗取借款人上钩,"套路贷"戴上了面具:借款合同经过精心设计,有些甚至出自熟悉法律的人的手笔,具备合法借贷的要件。这种"天衣无缝"的骗局,不仅令借款人难以准确区分,也让司法机关犯难。

"套路贷"总是选取对套路缺乏识别能力的群体下手。近年来流行的校园贷款,就有不少穿着"套路贷"的马甲。犯罪分子利用在校学生社会经验不足的弱点,对不小心掉进陷阱的学生进行暴力催收。目前,有关部门治理非法校园贷款已取得一定成效,但打击"套路贷",不能有片刻松懈。要想彻底堵住"套路贷",需要对其黑恶本质进行釜底抽薪。

近日，海南省海口市中级人民法院依法审理了一起涉黑"套路贷"案件。这起案件的犯罪团伙以"套路贷"非法敛财，所倚仗的正是黑恶手段。因此，打击"套路贷"骗局，关键是打击制造骗局的黑恶势力；治理"套路贷"，应在扫黑除恶行动的大框架中统筹布局。黑恶势力不除，"套路贷"总有死灰复燃的机会。相信随着扫黑除恶日益深入，"套路贷"背后的黑恶势力必将得到遏制。

"套路贷"多数隐藏在民间借贷的外衣之下，犯罪行为具有隐蔽性。因而，陷入骗局的借款人应主动寻求司法救济。近日，多部门联合印发《关于办理"套路贷"刑事案件若干问题的意见》，明确指出"套路贷"是一种黑恶犯罪，为"套路贷"案件提供了明确的办案指引。当借款人发现"套路贷"诈骗后，应及时保留相关证据，第一时间报警，通过司法途径解决问题，以维护自身合法权益。

"套路贷"有生存土壤，原因之一也在于大量短期融资需求没有得到满足。当借款人找不到正规融资渠道，或者无法满足正规渠道的资信条件时，便会寻求替代方案。正规金融服务渗透率不够，容易给非法金融活动留下野蛮生长空间。从这个意义上讲，打击"套路贷"必须疏堵并举，大力推进普惠金融服务，为急需用钱的消费者提供可靠、便捷的渠道。

随着信用消费观念日渐深入人心，各种消费信用服务层出不穷。但享受不等于奢侈，明显超出未来支付能力的借贷行为，很容易给不法分子留下可乘之机。满足短期融资需求，也需要分清"救急"和"救穷"。所以，正确的消费观和金钱观，应该成为抵挡"套路贷"的第一道防线。只有消费者、正规金融服务和监管机构拧成一股绳，才能汇聚起打击"套路贷"的众智众力。

（2019 年 05 月 29 日）

落实"最严要求",守护"舌尖安全"

林丽鹂

"立规"再好,也需"立行"显效

只有用较真挡住人情、破除潜规则,才能让《意见》释放强烈阳光,确保食品安全"不发霉"

都说食品安全是一副重担,重在哪儿?

关乎食品安全的环节多,环节多则隐患多,搞猫腻的方式防不胜防。但从更深层次的原因看,其重在于一头担着人们对美好生活的向往,一头担着扩大消费、产业升级的期许。如何挑好这副重担,需要每一位食品安全监管人员认真思考。

党的十八大以来,在各地区各部门的努力下,我国食品安全形势不断好转,但加强食品安全工作永远在路上。比如,在一些地区,农村存在"山寨"食品,校园周边出现"三无"食品;在一些业态中,保健食品虚假宣传号称"治病",网络外卖光鲜商家背后却是黑心作坊。对于这些现象,专项整治期间成效显著,但往往风头一过,还是有不法商家卷土重来。可见,我们面临着"治标"工作有待进一步巩固、"治本"问题还没有根本解决的局面。若要实现标本兼治,还需深化改革创新,进一步加强食品安全工作。

日前,《中共中央国务院关于深化改革加强食品安全工作的意见》公

开发布。这一《意见》落实习近平总书记提出的最严谨的标准、最严格的监管、最严厉的处罚、最严肃的问责这"四个最严"要求,制定了一系列改革创新措施。纲举目张,执本末从。可以说,有了《意见》作为各地区各部门的实践遵循,将有利于加快建立食品安全领域现代化治理体系,提高从农田到餐桌全过程的监管能力,提升食品全链条质量安全保障水平。

"立规"再好,也需"立行"显效。安全的食品首先是"产"出来的,生产经营者是食品安全第一责任人。从源头控制和防范食品安全风险,要引导生产经营者夯实主体责任。要按照《意见》推动农产品追溯入法,推动危害食品安全的制假售假行为"直接入刑",戒除违法侥幸心理、提高违法成本,倒逼生产经营者落实主体责任。安全的食品也是"管"出来的,监管人员既要恪尽职守、当好"守门员",也要发动公众积极参与、当好"监督员"。这样,才能拧紧从生产加工到流通消费全过程的"安全阀",让问题产品无处藏身,让消费者买得放心、吃得安全。

落实"最严要求",必须较真。但凡不较真,政策执行起来就会力道衰减;也因为不较真,干预、说情、放水者便有缝可钻。只有用较真挡住人情、破除潜规则,才能让《意见》释放强烈阳光,确保食品安全"不发霉"。实际上,也只有较真才能促进生产经营者乃至整个行业的发展。比如在河南叶县,自打食品治乱以来,罚到谁家,谁家生意反而更好。群众的逻辑很简单,挨过罚的店老实。从这个角度看,监管较真,既是约束也是催化。

到 2020 年,基于风险分析和供应链管理的食品安全监管体系初步建立;到 2035 年,基本实现食品安全领域国家治理体系和治理能力现代化……实现《意见》制定的目标,需要各方各尽其责、齐抓共管、合力共治。唯其如此,我们才能确保人民群众"舌尖上的安全"。

(2019 年 05 月 28 日)

为高质量发展提供更多生力军

赵婉娜

进入 5 月，全国各地陆续组织首次高职扩招补报名，意味着高职扩招拉开了帷幕。高职扩招这一重要举措的落地，是职业教育改革发展的重大机遇，将对我国教育发展、经济高质量发展产生重大影响。

从今年《政府工作报告》提出高职院校大规模扩招 100 万人，到教育部下发《高职扩招专项工作实施方案》，再到高职扩招进入实施阶段，行动之迅速，落实之有力，令人欣喜。这也凸显出经济结构变革、职业教育跨越式发展、为学生提供多样化成才路径、营造人人皆可成才环境等需求的迫切性。

从宏观角度看，我国经济已经由高速增长阶段转向高质量发展阶段，正处在转变发展方式、优化经济结构、转换增长动力的攻关期，但高素质技术技能人才的供需结构性矛盾仍相对突出。人社部 2018 年数据显示，我国技能劳动者超过 1.65 亿人，占就业人员总量的 21.3%，但其中高技能人才只有 4791 万人，仅占就业人员总量的 6.2%。高职扩招后，将为现代制造业、现代服务业、现代农业等产业一线输送更多高素质技术技能人才，进一步促进人力资源供给侧结构性改革，把人口红利更好地转变为人才红利，成为中国产业走向全球价值链中高端的生力军。

从中观角度看，经过多年发展，职业教育已到了跨越发展的关键时期。今年年初，《国家职业教育改革实施方案》印发，明确职业教育与普通教育是两种不同类型的教育，具有同等重要地位。此次高职扩招，正是促进职业教育大改革大发展的催化剂，也将成为高等教育进入毛入学率50%这个普及化阶段的"临门一脚"，更是以现代职业教育的改革发展推动高等教育结构优化的重要之举。特别是高职扩招进一步丰富生源构成，这对促进职业教育与继续教育融合，倒逼高职教育完善考试招生办法、创新人才培养模式、优化评价机制，对实现高职教育内涵式发展有着重要意义。

从微观角度看，高职扩招改革拓宽着学生成长成才的路径。高职扩招，使普通高中学生选择更多样，不再"千军万马挤独木桥"；让中职学生有了更多就业优势、创业本领、升学通道和更厚的终身发展基础；令退役军人、下岗失业人员、农民工和新型职业农民也有了更多接受高等职业教育的机会，可实现更高质量和更充分就业。当所有青年都可以在不同通道上成长成才，就能不断激发社会创新创造活力，树立正确的教育观、就业观、人才观。

当然，高职扩招也对当前职业教育提出了更大挑战和更高要求。比如，如何确保人才培养质量标准不降，如何适应不同生源的学习时间和学习方式，还需要职业院校做科学审慎的探索。一方面，要针对生源的多元特征，分类编制人才培养方案，充分考虑应届与非应届、就业与未就业、不同年龄段生源的特点；另一方面，要针对不同生源的从业经历、学习基础和需求，分类组织教学，实施分类管理，推进"1+X"证书制度试点、"学分银行"建设、弹性学制。只有严把培养质量关，创新教学管理机制，才能让更多青年凭借一技之长实现人生价值，让三百六十行人才荟萃、繁星璀璨。

令人欣喜的是，近年来中央和地方财政对高职教育加大投入，多地调整技术技能人才落户、就业等政策，技工收入不断提高，曾经发展空间小、社会评价不高等制约职业教育发展的问题正在解决。势头已起，期待更多高职院校以扩招为契机，聚力前行，肩负起支撑我国经济高质量发展、助力人人皆可成才的重要使命。

（2019年05月27日）

治理网络医托要综合施策

王君平

整治网络医托是场持久战,需要标本兼治

让网上充盈正规互联网医院,致力满足患者多层次健康需求,网络医托自然就没有可乘之机

看病求医,不少人通常上网搜索去哪家医院。遇到热情的线上医护人员,不仅嘘寒问暖,还积极推荐专业医院,协助挂号就医。然而,许多时候,这种"热心人"可能就是网络医托,让你一步步陷入精心布置的陷阱。

日前,媒体曝光一起网络医托骗局:儿子得病,父亲求医心切上网搜索,却被网络医托诱导至一家民营医院;本是抑郁症,却被当成强迫症来治,花费上万元,病还越治越重。实际上,这样的骗局并非孤例,湖南男博医疗集团雇用400名网络医托招揽患者;东方起点公司的员工假冒医生,蒙骗脑瘫病患者前往与其合作的指定医院就诊;有鼻炎患者经在线问诊引介加入病友群,因为群内"病友"对疗效一致好评就购买了800元药,不承想买完药后却被踢出群聊……近年来,网络医托侵害患者利益的事件屡有发生,危害不可小觑。

与传统医托相比,网络医托"换汤不换药",也是利用医患双方的信息不对称实施诱骗。只不过,网络医托集团化、隐蔽化的特点更为明显,并形成了一条灰色利益链:在工商部门注册成立公司,顶着"某某医疗

集团""某某医疗咨询公司"的头衔,招一批咨询顾问和业务员,通过搜索引擎和社交软件,以精心准备的话术诱骗、引导患者,到合作的医疗机构就医,然后从中收取"人头费"。对此,有关部门严查不手软。2016年5月,国家相关部门联合印发了集中整治"号贩子"和"网络医托"专项行动方案,各地各部门联合行动,集中优势力量,重拳出击,遏制了网络医托蔓延势头。

然而,严厉打击之下依然有患者上当受骗,说明监管还存在漏洞。比如,尽管搜索引擎在推荐页面中将医疗广告标明"广告"字样,而且广告发布数量和内容也符合相关规定。但用户点击进入二级页面,网络医托又浮出水面,搜索引擎平台对此监管不够。再如,网络医托多以"医疗咨询公司"面目出现,属于工商部门管理;医疗机构属于卫生行政部门管理,网络属于网信部门管理,这种条块分割的监管形式,一旦联动不畅,容易让不法分子有机可乘。因而,整治网络医托,要有系统化治理思维,让其无缝可钻。

治理网络医托,要"打七寸"。网络医托往往通过搜索引擎的竞价排名,获得靠前推荐,从而触达患者。相关监管部门要夯实搜索公司的主体责任,堵住网络医托现身的搜索通道。对以"医托"等不正当手段招揽患者的"问题医院",有关部门须加强监管与惩戒,斩断非法牟利的利益链接,让网络医托失去滋生和蔓延的空间。

治理网络医托,更重要的是"建网"。无论是电脑屏,还是手机屏,"触屏可及"的是巨大的患者市场,网络问诊需要建强"正规军"。去年,国家卫健委发布《互联网诊疗管理办法(试行)》等3份互联网医疗领域重磅文件,为发展互联网医院铺设法律的轨道。截至目前,全国已有158家互联网医院,远程医疗覆盖全国3000余家医院。让网上充盈正规互联网医院,致力满足患者多层次健康需求,网络医托自然就没有可乘之机。

整治网络医托是场持久战,需要标本兼治。继续深化医改,优化医疗资源配置,在全国范围内建立畅通的双向转诊制度;提高全民健康素养,提升基层医生健康守护水平,才是治理网络医托的釜底抽薪之举。

(2019年05月24日)

为文化传承插上"数字翅膀"

张 贺

通过采集文物或展品的数字信息,打造数字化虚拟博物馆,就能使观众足不出户而遍游天下

文物与文化遗产"进驻"到数字化世界里,才能赢得青年人,让历史延伸到更远的未来

最近,浙江杭州南宋官窑博物馆正式发布"当古窑址遇上AR新科技"产品,游客只需在移动设备上下载专门的APP,现场扫描导览图,就能再现800年前的龙窑烧制场景。通过数字技术,让古窑址"活"起来,如今,文物正通过科技手段获得"重生"。

在经济全球化时代,人类的许多文化资源——无论是语言、文字、风俗、传说,还是手工技艺、音乐、舞蹈——正面临着流失乃至失传的危险。如何把历史文化传承下去,是所有国家都面临的共同挑战。数字技术的诞生,为文化遗产保护与传承开辟了一条新路。当前,利用数字技术开展文物保护、文化遗产传承正在全世界成为一股强劲的浪潮。我国文博事业与非遗传承要想跟上时代潮流,就必须抓住数字化机遇,用数字技术武装自己。

数字技术的最大好处是突破时空界限和物理限制。博物馆的藏品本是全社会的共同财富,理应走出"深闺",为社会所共享。但现实是,博

物馆的展馆面积、服务人员等都是有极限的，不可能满足所有参观者的需求，也不可能把所有展品一股脑全拿出来展览。如何解决博物馆有限展馆面积与社会公众日益增长的文化需求之间的矛盾？数字技术开辟了一条新路。通过采集文物或展品的数字信息，打造数字化虚拟博物馆，就能使观众足不出户而遍游天下。特别是未来VR技术越来越先进，有可能与人的视觉、触觉等深度融合，各种以前只能近观而不可把玩的珍贵展品不但可以看，还可以在虚拟中触摸，实现全方位、沉浸式、交互性地参观。这就在实地参观之外创造了替代性选择，对于扩大受众群体、保护文物安全都具有不可替代的价值。

数字技术还可以提升博物馆等文化场所的管理和服务水平。一个简单的例子是，现在不少博物馆在展品和展厅里设置传感器，收集观众停留时间和是否拍照等行为数据，以此作为改进展览的依据。法国卢浮宫用蓝牙传感器采集观众参观行为数据，分析短期停留和长期停留的参观者的不同参观模式，为治理馆内拥堵提供决策依据。陕西历史博物馆通过大数据分析发现，观众对有文字的展品、图版、成套的文物更感兴趣，驻足时间明显更长。大数据分析具有准确、客观、简便的特点，可以有针对性地改进服务、提升效率。

目前，我国文博与非遗领域应用数字技术的成功经验不少，比如"数字敦煌""虚拟圆明园"等，但与观众的需求相比，仍有较大差距。一些数字博物馆点击率很低，对非遗的记录还停留在录音录像的初级阶段。应当看到，当前青年一代已经成为传承中华优秀传统文化的主力，在故宫的参观者中，一半以上是30岁以下的年轻人。作为数字时代的"原住民"，青年人已经习惯于从数字化世界中汲取知识。文物与文化遗产"进驻"到数字化世界里，才能赢得青年人，让历史延伸到更远的未来。

我国文化资源极其丰富，也就意味着数字化的工作极其繁重，因此必须增强紧迫感，加快数字化进程。只有跟上数字化的时代潮流，才能真正让收藏在博物馆里的文物、陈列在广阔大地上的遗产、书写在古籍里的文字都活起来。

（2019年05月23日）

"大分诊",合理配置医疗资源

李红梅

急诊急字当头,急病理应优先。然而,现实中也存在急诊不"急"的问题。有相当一部分患者是因为挂不上普通门诊的号,转到急诊来看;也有一部分患者是想住院但没有床位,便在急诊候着,尤其是一些老年患者害怕病情在家发作,干脆在急诊"住"下;还有一部分患者白天没时间看病,就选择晚上去急诊看。如此一来,急诊资源变得更加紧张。改变这一状况,需要推动急诊改革,将真正危急重症患者筛查出来,使之得到及时救治。

5月起,北京友谊医院、同仁医院、天坛医院等20家三级医院实施急诊预检分诊,患者不再按照"先来后到"看病,而是依据病情危重程度就诊。采取"急诊分级就诊"制度,有利于将宝贵的急诊资源用在刀刃上,引导普通患者分流到门诊。实际上,从2009年《急诊科建设与管理指南》,到2011年《急诊病人病情分级试点指导原则(征求意见稿)》,再到2013年《需要紧急救治的急危重伤病标准及诊疗规范》等,都曾将急诊分级制度写入其中。但是由于种种原因,急诊分诊制度没有普遍落地。如今北京行动起来,具有示范引领作用。

也应看到,"急诊分级就诊"改变了就诊排序的标准,却未减少医院患者总量,并不能根治医疗资源紧张的问题。长期以来,人们看病习惯去大医院,这与大医院大专家多、技术水平高、服务能力强有关。相对来说，数量更多的基层医疗卫生机构技术水平比较弱，药品种类不多，设备较少。因而，人们即便花费更多的交通、住宿、时间成本，也要在大医院看病。有数据显示，大医院就诊人次中八成是看常见病、多发病，只有一小部分是疑难重病。这种"倒金字塔"式的就诊结构导致看病难，也促使一些患者选择从急诊"拐弯"看门诊、住上院，不利于让每一位患者得到合理的医疗卫生服务。

显然，医疗改革开弓没有回头箭，不能止步于每家医院急诊的"小分诊"，应顺势而为，进一步推进落实区域内的"大分诊"，即分级诊疗。"大分诊"意味着在一个区域内，推动优质医疗资源下沉，提升基层首诊、分诊能力，使各级各类医疗资源得到合理配置，急诊不"急"的现象才能得到真正缓解。

推动分级诊疗改革，离不开基层全科医生的培育与医疗服务理念的转变。全科医生是居民健康"守门人"，在我国被称为签约家庭医生。合格的全科医生不仅能解决大多数的常见病、多发病，而且还是防病、管理疾病的"好手"，只有碰到病情严重的患者才会将其转到专科医院或者上一级医院。因而，健全全科医生制度，提高基本卫生服务的可及性，让居民看病的首诊、分诊服务都由全科医生提供，有益于纾解大医院压力，也有利于分流急诊中"不急"的患者。虽然我国目前注册的全科医生仅有30.9万人，基层医疗卫生机构技术水平与大医院有差距，但经过一段时间，人数不足、技术差距等问题都将逐步得到解决，难的反而是医疗卫生服务体系建设理念的转变。实际上，把患者"分"给基层全科医生，是将卫生服务体系重心从"重治病"转向"重防病"，不再以疾病为中心，而是以健康为中心。只有重新配置与之相关的资源，才能构建起关乎健康轻重缓急的"大分诊"体系。

急诊分诊举措受到公众推崇，背后蕴含着对医疗改革的期盼。有必要总结"小分诊"经验，举一反三推动区域"大分诊"改革，探索首诊、分诊制度，建立真正以人民健康为中心的医疗卫生服务体系，维护全民健康。

（2019年05月22日）

让租车市场健康发展

敬一山

> 监管如何做到既让新兴行业快速成长又健康发展，是提高治理水平的必答题

租辆车来一趟自驾游，已经成为越来越多游客的选择；举办商务活动，遇到公司车辆不够，租车也是很多企业的首选；试用不同品牌不同车型，满足个性化出行，租车也成为汽车发烧友的选择……近年来，随着经济水平的提升、生活方式的改变、出行需求的井喷，我国汽车租赁市场蓬勃发展，节假日期间甚至出现"一车难求"现象。

然而，租车市场规模快速扩张的同时，一些问题也随之伴生。最近有媒体报道，由于合同规定模糊、监管存在空白等因素，一些租车公司设置了滥收费的"套路"和"霸王条款"，损害了消费者权益，引发不少纠纷。细数租车行业的"烟幕弹"，主要集中在假报违章向消费者"卖分"赚钱、租车押金"好交难退"、交通保险"不保险"，等等。对此，尽管相关部门出台过指导意见，但在实际应用中，"指导意见"很难作为执法依据使用。

有人将这样的过程称为新兴行业的"野蛮生长"阶段，意在说明新事物的发展往往不会有提前定好的赛道和规则，也在提醒监管需要跟上新兴行业发展的步伐。政府监管倡导"鼓励创新、包容审慎"的原则，

但落实到具体实践中,却非常考验精谨细腻的功夫。在对新行业的理解还不透彻,对"痛点"无法准确判断的情况下,如果贸然出台过于严苛的监管制度,有可能会扼杀一个新兴行业;如果在问题已经显现之后,还不能做出及时到位的应对,则有不作为之嫌。监管如何做到既让新兴行业快速成长又健康发展,是提高治理水平的必答题。

观察许多新兴行业由乱而治的过程,可以得到这样的启示:监管上既要包容审慎,也要坚持底线思维,科学合理界定平台企业、资源提供者和消费者的权利与责任,保障消费者各项权益。目前,我国汽车租赁行业还处于起步阶段,相关部门需要对行业进展保持跟踪关注,总结各种纠纷的共性,挖掘根源所在,进而拿出对症有效的管理措施。面对猫腻合同,就要建立规范合同范本,畅通投诉处理渠道;防止"套路"盛行,需要加强信用监管,建立"黑名单"制度,促进行业自律;避免基层执法缺少法律依据,也要及时研究出台相关法律法规……凡此,让汽车租赁行业驶上法治化、规范化发展轨道,才能"开得又快又稳又安全"。

监管是一门治理艺术,既考验专业水准,也考验绣花功夫。最近备受关注的民宿暗藏摄像头、网络众筹被疑骗捐等事件,也对监管提出了更高要求。不因为少数焦点案例而突下猛药,但也不能错误理解"包容审慎"而迟缓失措。所有肩负监管责任的部门,都不妨用心地从经验教训中总结提炼监管规律,这样面对未来的新兴行业时,治理方能更加从容、更有智慧。

(2019年05月21日)

加速推动政府投资法治化

贾 壮

> 完善政府投资管理体制和管理方式,是推动法治政府建设的应有之义。为政府投资"立规矩",也是为了更好界定政府与市场的关系

作为一项重要政府职能,政府投资既是实施宏观调控、落实国家发展战略的重要手段,也是引导和带动社会资本扩大有效投资的有力抓手。正因如此,不久前颁布的《政府投资条例》引发社会各界的高度关注。可以预见,《政府投资条例》在今年7月1日正式施行后,规模庞大的政府投资将会加速进入制度化、规范化和法治化轨道。

政府投资的作用有多重要?有经济学者认为,中国经济之所以能够开创独特的发展模式,各级政府积极参与经济发展是原因之一。而政府参与经济发展,一个重要表现就是规模庞大的政府投资。宏观方面,政府投资事关经济社会发展全局;微观方面,政府投资事关人民对美好生活的需求。从乡村振兴的阡陌交通、廉租住房窗明几净,到神舟上天、蛟龙入海,都能找到政府投资的影子。

政府投资在拉动经济发展的同时,一段时期内也存在部分问题,必须予以重视。比如,一定程度上存在的决策随意性偏大、投资范围偏宽、投资方向偏乱、投资管理偏松等现象。市场经济条件下的政府投资,当

尊重市场规律，有所为有所不为，而一些政府投资在"有所为"时为得不够，"有所不为"时为得过多，造成了政府职能的缺位和越位。《政府投资条例》的出台，目的之一就是为了确保政府投资聚焦重点、精准发力，坚决杜绝低效、浪费现象。

完善政府投资管理体制和管理方式，是推动法治政府建设的应有之义。党的十九大报告将建设法治政府作为深化依法治国实践的重点内容，《法治政府建设实施纲要（2015—2020 年）》明确提出，到 2020 年基本建成法治政府。法治政府的目标要在履行政府职能当中得到切实贯彻，推动政府投资走上法治化道路。《政府投资条例》规定，政府投资要遵循科学决策、规范管理、注重绩效和公开透明的原则。从制度上防止"拍脑袋"决策、"政绩工程"和"形象工程"，政府投资首先受预算约束。相关规定的出台，可以视作法治政府建设的重要抓手，对于完善国家治理体系和提升国家治理能力大有裨益。

为政府投资"立规矩"，也是为了更好界定政府与市场的关系。党的十八大以来，我国投融资体制改革持续深化，总的方向是企业投资主体地位显著提升。不久前出台的《改革国有资本授权经营体制方案》，也是为了最大限度减少政府对市场活动的直接干预。基于同样的思路，《政府投资条例》为处理投资领域政府与市场关系，提供了明确的法治依据。比如，明确政府投资资金主要投向现阶段市场还不能有效配置资源的领域、发挥政府投资资金对社会资金的引导和带动作用、安排政府投资资金应当平等对待各类投资主体，等等。这些制度安排，着眼点正是要求政府守好有所为和有所不为的边界，发挥市场配置资源作用。

习近平总书记强调，全面推进依法治国的重点应该是保证法律严格实施。消除政府投资管理中存在的无法可依、有法不依等问题，有待包括《政府投资条例》在内的法律法规不折不扣的执行。期待投资主管部门和各级政府以此为契机，推动政府投资规范化、法治化加速前行。

（2019 年 05 月 20 日）

户外运动，当遵守法纪敬畏自然

盛玉雷

以亲近自然之名行破坏自然之举，既不是户外运动的风向标，也绝不会成为极限运动的功勋章

及时进行援助不是"迁就"，而是尊重生命至上的人道主义；

严厉进行处罚不是"伤口撒盐"，而是划出清晰的法律红线

如今，户外运动已成为一种时尚的运动方式。其多样化、个性化等特点，让人能够在拥抱自然的同时挑战自我，受到不少人的追捧。

然而，近些年来，一些户外项目越来越刺激，安全之弦却没有越绷越紧；部分户外运动爱好者的足迹越来越广，安全印记却没有越来越清晰。有人为了逃避景点门票，在未开发的区域追求刺激；有人拒绝大众化的旅游路线，追求不顾风险的自然体验；有人在经验和装备都不足的情况下，仓促开启"说走就走"的户外探险……每一起户外运动爱好者被困、失联、遇难的事故，都打破了敬畏自然、爱护生命、遵守法规的出行原则，都耗费了救援力量和公共资源高速运转的巨额成本，不仅严重威胁自身安全，而且给社会带来沉重负担。

参与户外运动，需要我们懂得，再罕见的风景也不及生命的珍贵。近日，一则"90后小伙在羌塘无人区失联50天被找到，却拒绝接受行政处罚"的新闻，最终以"穿越者认罚，交齐了5000元罚款"而落下帷

幕。该事件一连串的波折引发的公众讨论,值得我们好好反思。在此次穿越无人区的三人小团队中,有人曾成功纵穿羌塘,有人曾攀登过雪山高峰,堪称户外运动的资深玩家。正是那些极限挑战与奇特经历,推涨了他们自我挑战的勇气和底气。但勇敢不是逞强,冒险不是弄险。尽管那位失联的穿越者创造了"断粮7天,只能吃草根、苔藓"的生命奇迹,这样的户外运动却不值得提倡,更何况一行人穿越羌塘无人区的活动属于法律法规明令禁止的行为。

追求挑战乐趣,需要我们牢记,再遥远的眺望也要留意脚下的土地。有生态人士指出,一个易拉罐被大自然完全分解需要200年,塑料制品需要1000年,一个玻璃瓶需要长达200万年。对生态脆弱的自然保护区而言,宁静才是最大的守护。青藏高原西北部的羌塘荒原是中国最大的无人区,探险者在无人区的一举一动,比如留下一张包装纸、扔掉一个干粮袋、点燃一堆柴火,都会变成高寒地区的一道疤痕,造成难以修复的生态损失。可以说,以亲近自然之名行破坏自然之举,既不是户外运动的风向标,也绝不会成为极限运动的功勋章。

每个人都有探索远方的权利,但这种权利绝不能以破坏生态环境、损害公众利益、浪费公共资源为代价。我们乐于见到失联小伙最终得救的暖心,也欣慰于非法穿越无人区的行为受到处罚,但不接受"拒不认错"的任性。事实上,违规犯险穿越等越轨行为,不会被真正成熟自律的户外运动爱好者所认同,也不会被日臻完善的法律法规所容忍。当户外运动爱好者以身犯险,及时进行援助不是"迁就",而是尊重生命至上的人道主义;当户外运动爱好者被救脱险,严厉进行处罚不是"伤口撒盐",而是划出清晰的法律红线。

截至目前,已有数千人登顶珠峰,数百人进入过太空。矢志探索的魅力,就表现在永不言弃的心志、突破极限的精彩。这些活动都突破了人生的边界,却绝不碰触道德法律的底线。而这,也应该成为每一项极限运动的自我修养。

(2019年05月17日)

推进有获得感的政务公开

张 璁

全面推进政务公开,畅通的不只是政府与群众之间的交流互动,更是为了以公开推动理念转变与流程再造,建设人民满意的服务型政府

驰而不息、持之以恒加以推进,才能真正让政务公开成为行政机关的日常习惯和行为自觉

近年来,政府部门主动公开信息的范围和深度不断扩大。不久前印发的《2019年政务公开工作要点》,连续第八年为全年的政务公开工作"划重点"。相较以往,"切实增强人民群众满意度、获得感"成为今年这份文件的突出亮点。

习近平总书记强调,要以制度安排把政务公开贯穿政务运行全过程,权力运行到哪里,公开和监督就延伸到哪里。全面推进政务公开,畅通的不只是政府与群众之间的交流互动,更是为了以公开推动理念转变与流程再造,建设人民满意的服务型政府。党的十八大以来,政府部门主动公开信息的范围和深度不断扩大。据政府信息公开年度报告统计,行政机关每年主动公开的信息以千万计。各地各部门在决策公开、管理服务公开、重点领域信息公开等方面取得了长足

进步。

与此同时也应看到，一些部门和地方在政务公开方面仍存在不足，特别是群众对于政务公开的获得感还不强等问题较为突出。例如，"互联网＋政务"是当前政务公开的重要内容，但现实中却存在个别地方对政府网站的建设维护浮皮潦草，更新不及时、信息不准确、问题不回应、服务不实用，甚至沦为"休眠网站"；一些政务新媒体不仅没能起到及时答疑解惑、澄清谬误的作用，反而无序发声。政务公开中形式主义的存在，不同程度影响了人民群众对政务公开的满意度、获得感。

民有所呼，我有所应。进一步推动政务公开，应紧紧围绕党和政府中心工作及群众关注关切，主动快速引导、释放权威信号，推动解决实际问题。日前出台的《重大行政决策程序暂行条例》也规定，决策承办单位应当采取便于社会公众参与的方式充分听取意见，依法不予公开的决策事项除外。尤其是面对当前经济下行压力，必须有针对性主动引导市场预期，充分调动各方面积极性，才能形成全局工作强大合力。在重大决策上提高透明度，出台和调整相关政策要加强与各方的沟通，从而使各项政策符合基本国情和客观实际，更接地气、更合民意。

民生无小事，以公开促保障，才能让阳光成为最好的防腐剂。比如，当前"稳就业"被摆在保障民生的突出位置，需要及时公开促进就业创业的政策措施、就业供求信息，做好面向重点群体的就业专项活动和高职院校考试招生信息、奖助学金政策的公开工作。又如，"看病难看病贵"背后的不透明饱受群众诟病，为此，加大医疗服务、药品安全、医保监管、疫苗监管、公立医疗卫生机构绩效考核结果等方面信息公开力度，成为当务之急。此外，针对减税降费、金融安全、生态环境、房地产市场等经济社会热点，以及市场主体和人民群众办事创业的堵点痛点，更要及时解疑释惑，才能理顺情绪，化解矛盾。

随着国家治理体系和治理能力现代化的不断推进，推进全面政务公开既是为了提高广大群众对于国家机关及其工作人员的监督力度、加快政府职能转变，同时也意在充分激发广大群众的积极性，为提升打造共建共治共享的社会治理格局贡献自身的智慧与力量。政务公开是一项系统性、长期性的工程，驰而不息、持之以恒加以推进，才能真正让政务公开成为行政机关的日常习惯和行为自觉。

（2019 年 05 月 16 日）

数字中国，催动发展蝶变

李洪兴

垃圾分类绿色能量生成机，雕塑 AR 合影，云 3D 智能试衣镜……在福州举行的第二届数字中国建设峰会，把福州的三坊七巷、千年古街变成了"智慧场"。智慧场景与古老街巷的"碰撞"，连接起过去、当下与未来。房屋匾额与脚下石板在诉说往事的同时，技术应用更让人们感受到新时代的科技风采。

数字峰会上，人们谈论最多的是数据，构想最多的是未来。院士们讲数据资源的挖掘与开发，企业家们畅谈技术的应用与普及，参展商们展示各自的产品并以互动体验赢得关注。就连在数字中国建设成果展览会上参观的观众，都会指着演示屏幕给同伴讲解，"这个能看到道路的拥堵情况，解决交通问题"。当由一个个"0"与"1"构成的数字世界，以实物实景的应用呈现出来时，无论是数据展示还是场景体验，都让人们看到了数字背后的魅力，"让数据创造价值"日益成为共识。

数据应用与互联网发展带来的变化，让电子商务、电子政务、数字经济、产业升级等有了更多入口。数字经济规模达 31 万亿元，约占 GDP 的 1/3；《数字中国建设发展报告（2018 年）》显示，2018 年 31 个省市区信息化发展指数平均达到 67.15%，比上年提升 4.88%；每 4 个人中就有 1 个用支付宝办事，成为百姓民生服务的一大入口……数字中国建设的骄人成绩，正是遵循了信息时代的数据规律与数字逻辑，只有善于获取数据、分析数据、运用数据,才能更好书写未来。

数据之所以能够迸发出强大力量,绝非一朝一夕,而来自长期积淀。诞生于50年前的互联网,从一封简单的电子邮件发展到如今的人工智能,使地球成了村落、产业换了天地、生活变了模样。今年是中国接入国际互联网25周年,从被信息浪潮推着走,到现在开阔的思维、创新的技术,中国正在引领世界互联网发展的潮流。可以说,互联网技术从萌芽到蝶变,数据应用从点灯探路到融入生活,无不有赖于技术的积累、创新与迭代。步入新时代,以信息化培育新动能、用新动能推动新发展、以新发展创造新辉煌,中国互联网积蓄的潜能将持续释放。

中国从数字大国迈向数字强国,还有很长一段路要走。数据显示,截至2018年底,我国网民规模达到8.29亿人,互联网普及率达到59.6%。庞大用户一方面为数字产业和数字中国建设奠定了基础,另一方面也有待于持续不断地从中挖掘潜能。比如,数据共享不充分不及时、数据资源采集利用与标准不规范、数据资源社会化开发的法治环境有待完善,等等。"随时以举事,因资而立功,用万物之能而获利其上",未来数字中国建设既要直面难题又要顺应趋势,让代表着新的生产力、新的发展方向的网信事业更好成为经济社会发展的"助推器"。

"万物互联,催生社会蝶变"。5500多年前,生活在福州的人们用陶土制造了一盏灯,点亮了海洋文明的星星之火。今天,被喻为"有福之州"的福州,同样点亮了数字发展的一盏明灯,助推数字中国建设迈出了重要一步。面对日新月异的大数据发展,以此为契机,只要审时度势、精心谋划、超前布局、力争主动,就能加快建设数字中国的步伐,让科技之光普照生活。

(2019年05月14日)

合力打击网络文学盗版行为

张 贺

近年来，网络文学在我国蓬勃发展的同时，也面临着盗版行为的侵害。据有关统计，2018年我国网络文学因盗版造成的损失高达58.3亿元。打击各种盗版平台花样百出的侵权行为，成为网络文学发展壮大的重要前提。

与已经在正版化道路上取得很大进展的网络视频和网络音乐相比，网络文学的盗版难题显得格外突出。这既与文字作品本身的特性有关，也与新技术发展带来的挑战有关。相比视频和音乐作品，文字作品的存储空间特别小，即使是长达数百万字的作品，也只有几百个千字节（KB）。文字作品对服务器和带宽的要求也极低，盗版者只需租用一台小型服务器就能下载成千上万部作品。尤其是随着移动阅读的兴起，盗版网络文学聚合类APP应用的监管难度显著增大。门槛低、获利大、打击难，网文盗版现象因此比较严重。

这几年，在政府主管部门的持续打击和业内不断发起反盗版诉讼之下，盗版现象得到了初步遏制，盗版损失正在快速缩小，网络文学的版权保护环境有了很大改善。实际上，2018年网络文学因盗版造成的损失与2017年相比，已经下降了21.6%。尽管如此，对广大权利人特别是对辛苦创作的网文作家而言，因盗版造成的损失仍然难以承受，营造网络文学版权保护健康生态的任务依然任重道远。

从治理网络视频和网络音乐盗版问题的实践来看，行政、司法和社会多管齐下、形成合力，是打击侵权盗版的有效途径，其中司法保护尤为重要。实践中，许多权利人即使赢得了诉讼，所获赔偿也难以填平损失。按照现行有关法规，在权利人的实际损失难以确定的情况下，侵犯著作权的最高赔偿金额为 50 万元。和权利人的损失相比，与不法分子的违法所得相比，这一赔偿标准明显不够。以 2018 年安徽破获的一起网络文学侵权盗版案件为例，主犯架设了 13 个盗版网站，上传盗版文字作品 500 余万部，点击量 18.9 亿次，日均非法获利近 6 万元。截至案发，非法获利 1000 余万元。巨额诱惑面前，不法分子难免铤而走险，一犯再犯。

打击侵权盗版，需要完善版权保护制度体系。当前，网络文学已成为诸多文化创意产业的源头，创造的价值越来越大，侵权盗版所造成的损失也水涨船高。如果不从立法层面加大处罚力度，考虑引入惩罚性赔偿措施，将不足以对不法分子构成威慑。盗版分子没有伤筋动骨，改换名头、换个"马甲"，还可能卷土重来。除此之外，也应从制度上鼓励创新、激发原创动力，推动优秀作品创作生产；创新版权治理模式，建立协同治理联动机制；推动版权信息共享，促进交易平台透明化等等。

未来一段时间内，网络版权保护是版权保护工作的重点和难点。在当前行政执法力度不断加大、社会公众的版权意识不断提高的情况下，有必要进一步加大对网络侵权盗版行为的查处力度，有效治理各种乱象，从而充分调动创作者的积极性，推动相关产业发展行稳致远。

（2019 年 05 月 13 日）

走好城乡融合发展之路

吕德文

> 城乡融合发展具有鲜明的中国特色,不仅要避免走"城市兴、乡村衰"的老路,更要走出一条城市和农村携手并进、互利共赢的新路
>
> 城乡发展不是此消彼长的零和博弈,而是融合发展、共享成果的共生过程

"促进城乡要素自由流动、平等交换和公共资源合理配置""加快形成工农互促、城乡互补、全面融合、共同繁荣的新型工农城乡关系"。近日,中央发布关于建立健全城乡融合发展体制机制和政策体系的意见,为新时代的城乡融合发展描绘了路线图、确立了时间表。

建立健全城乡融合发展体制机制和政策体系,是党的十九大作出的重大决策部署。近年来,我国在统筹城乡发展、推进新型城镇化方面取得了显著进展。同时也要看到,城乡要素流动不顺畅、公共资源配置不合理等问题依然突出,影响城乡融合发展的体制机制障碍尚未根本消除。《意见》的出台,就是要解决现实中的问题,重塑新型城乡关系,走城乡融合发展之路,促进乡村振兴和农业农村现代化。可以说,城乡融合发展具有鲜明的中国特色,不仅要避免走"城市兴、乡村衰"的老路,更要走出一条城市和农村携手并进、互利共赢的新路。

《意见》具有很强的指导性，既着眼于现实，也图之长远；既有战略部署，也有具体路径。《意见》提出3个时间节点：到2022年，城乡融合发展体制机制初步建立；到2035年，城乡融合发展体制机制更加完善；到本世纪中叶，城乡融合发展体制机制成熟定型。为此，《意见》也提出了一系列具体的改革举措：改革的要求，是坚持农业农村优先发展；改革的抓手，是协调推进乡村振兴战略和新型城镇化战略；改革的目标，是缩小城乡发展差距和居民生活水平差距；改革的重点，是完善产权制度和要素市场化配置。可以说，当前和今后一段时间是城乡融合发展的政策窗口期，大有可为也必将大有作为。

"均衡配置""一体化发展""普惠共享"……从《意见》中的这些关键词，可以看出城市与农村的联系日益紧密。一方面，在推进城乡融合发展过程中，坚持城乡一盘棋的整体谋划思路。无论是公共服务普惠共享、基础设施建设一体化，还是乡村经济多元化和农民增收机制，本质上都是要以工促农、以城带乡、缩小城乡差距。另一方面，在推进城乡融合发展上，守住底线至关重要。具体说来，始终坚持土地所有制性质不改变、耕地红线不突破、农民利益不受损，守住生态保护红线，守住乡村文化根脉，就是要高度重视防范各类风险，用城乡融合发展为整个国家的经济发展提供稳定器作用。城乡发展不是此消彼长的零和博弈，而是融合发展、共享成果的共生过程。

制定出一个好文件之后，关键在于落实。《意见》对落实机制也作出了创新安排，提出"把试点作为重要改革方法"，选择有一定基础的市县两级设立国家城乡融合发展试验区。有明确战略蓝图，有具体改革路径，有高效落实机制，相信城乡融合发展体制机制和政策体系一定会不断健全完善，为城乡融合发展保驾护航。

（作者为武汉大学社会学系研究员）

（2019年05月10日）

用户需求就是创新方向

朱玥颖

"要贷款吗""要买房吗""要投资吗"……不时响起的骚扰电话,让很多人不堪其扰,也提出了净化通信环境的治理命题。

应当说,骚扰电话频频扰民,一定程度上归结于不法分子手段的不断"升级"。骚扰电话多为全网络的点对点发送,鉴别管控技术复杂、查处成本高、违法成本较低,若要做到完全杜绝,难度很大。尤其是随着技术不断进步,过去人工外呼,一天最多可打三五百个电话,而现在机器人一天可打1000—5000个电话。利用大数据信息,机器人甚至能推测出用户需求,从而"精准骚扰"。通过相关的应用程序,机器人还能模拟真人声音与用户通话。

针对骚扰电话,近年来已经有多家企业研发了号码识别软件,对骚扰电话号码进行信息标注。腾讯手机管家发布的《2018年手机安全报告》显示,2018年垃圾短信举报量高达18.21亿条,举报骚扰电话3.70亿次。相关软件的存在,让用户在接到来电时能及时收到提醒号码类型,免受骚扰电话的打扰,还帮助不少用户避免了财产等各方面的损失。要防范骚扰电话,办法总比问题多。

今年3月,工信部发布了关于2019年信息通信行业行风建设暨纠风工作的指导意见,并首次在政策文件中提及"谢绝来电"制度。根据这一制度,不愿接听营销电话的电信用户将获得注册登记的渠道,一旦营销企业或个人违反规定对这类用户造成电信骚扰,用户可通过相关规定获得保护。各方协力让这一制度落地生根,通过完善相关法律法规和行业标准,提供谢绝来电判别和处置依据,并对违规者实施严惩等等,就能有力打击骚扰电话,维护信息安全。

相比较而言,运营商防范骚扰电话更有条件和优势,关键是可以做到"事前防范"。正如有专家所说的:"用 APP 来拦截,相当于是快递都已经送到门口了,进行检查。运营商出手的话,它在快递的路途上,就能把它拦截住。"前不久,相关运营商相继发声,表示将对涉嫌营销扰民的电话号码进行依法处置。有的表示,将从源头治理该类问题,加大对违规电话号码的入网限制,管控线上销售手机卡的派送地址等。有的推出"绿盾防护试点",可自行设置拦截阈值,比如设定"疑似诈骗""广告推销""响一声"等达若干次的就拦截,后台就会自动执行指令,用户不必被打搅。

的确,运营商作为通信资源的掌控者和分配者,应当成为整治骚扰电话的重要责任主体。这不仅事关用户权益,更关乎企业未来。面对来自社交媒体和科技巨头日益激烈的竞争,如果不从用户的困扰着手整治,就可能失去进一步发展的先机。在这个意义上说,用户感受应成为企业创新的起点。

事实上,致力于疏解用户烦恼,已经成为相关企业的创新着力点。近年来,一些手机厂商通过为消费者提供整体安全方案,如安全加密芯片、双系统等功能,形成了差异化的竞争优势。这提示人们:用户需求永远是企业的创新方向。深度理解消费者需求,在此基础上创新产品,企业才能以实力建立品牌和口碑,始终保持生机活力,立于不败之地。

(2019 年 05 月 09 日)

国企改革，放活也要管好

周人杰

> 企业一定要按照市场经济的规律求生存、谋发展、搞创新，要依法确立国企的市场主体地位，该放的放权到位、该管的管住管好

加快推进国有资本授权经营体制改革，是深化国资国企改革的重要内容。日前，《改革国有资本授权经营体制方案》正式公布，要求以管资本为主加强国有资产监管，最大限度减少政府对市场活动的直接干预，并提出"优化出资人代表机构履职方式""分类开展授权放权"等四条举措，对加强党的领导、科学实施方案也提出了明确要求。可以说，这不仅是一份当前增强国企资本运作能力的操作方案，更是一份未来全面深化国企改革实现"授权与监管相结合、放活与管好相统一"的行动指南。

党的十八大以来，国企改革成效显著。今年第一季度，国企利润总额达8197.7亿元，同比增长15.6%，其中混合所有制改革与战略性重组对治理结构、经营管理的优化功不可没。但是，个别国企杠杆率居高不下，资本运营效率低下，权责边界不够清晰，过度行政化的"大企业病"尚未痊愈，出资人、监管者的"站位"仍不准确。这些严重影响了国有经济活力的释放，并再次提示：企业一定要按照市场经济的规律求生存、谋发展、搞创新，要依法确立国企的市场主体地位，该放的放权到位、该管的管住管好。

授权目的是放活，关键在放权到位。方案在"政企分开"基础上着

重强调了"政资分开",就是要坚持把政府的公共管理职能与国有资本出资人职能分开。出资人实行清单管理,不干预具体的经营管理工作,对国有资本投资、运营公司等授权放权,让企业享有战略规划和主业管理、选人用人和股权激励、工资总额和重大财务事项管理等方面较为充分的自主权。同时又实施"一企一策",进一步完善公司治理体系、强化基础管理、优化集团管控,力促国企行权能力建设实起来、强起来,对各项放下来的权都"接得住、行得稳"。

　　监管要实时在线,重点在管住管好。回顾国企改革的艰辛历史,难就难在放权后如何监督、监管好。倘若只是"一放了之",监管体系跟不上,就可能导致"一放就乱",更谈不上活力和效率。因此,方案突出了"放管结合完善机制",要求搭建监管平台、统筹监督力量、健全责任追究制度等,加强事中事后监管。放权过程中,要坚决防止形形色色的"跑冒滴漏"、国有资产流失,坚决贯彻习近平总书记的要求,"不能在一片改革声浪中把国有资产变成谋取暴利的机会"。

　　市场大潮瞬息万变,市场主体必须相时而动、相机抉择。把公有制的制度优势真正转化为"商战胜势",需要我们稳步推进方案各项任务,因企施策提高国有资本运营效率,促进国有企业做强做优做大,不断增强国有经济活力、控制力、影响力和抗风险能力。需要指出的是,国企改革同样要弘扬企业家精神、发挥企业家作用,要将党的全面领导和公司治理机制结合起来,将党管干部原则和市场机制作用结合起来。放也好、管也罢,归结起来都是为了打造充满生机活力的现代国有企业,培育出具有全球竞争力的世界一流企业。

　　知之非艰,行之惟艰。非公有制资本可以搞运营,国有资本当然也可以搞,并且要搞得更好、更能突出主业,更能体现为全民谋福祉。在方案实施过程中,必须坚持"精细严谨、稳妥推进"的要求,不搞批发式、不设时间表,其中最忌讳的是"为改而改"的拉郎配、硬上弓。对具备条件的坚持"成熟一个推动一个",才能够保证"运行一个成功一个",从而推动国有企业实现高质量发展。

(2019年05月08日)

严格控烟重在社会共治

支振锋

> 既增强控烟的立法供给、制度供给，又解决控烟执行难的问题，才能为严格控烟提供制度保障

控烟不仅关系到人民群众生命健康，也事关一个社会文明水平的提升。对于严格控烟，我们既有清晰认识，也有坚定行动。

前不久，深圳将出台"史上最严禁烟令"的消息，引发广泛关注。电子烟被禁、禁烟范围从室内扩展到室外、违规吸烟可不经劝阻直接罚款、学校出入口50米内不得销售烟草制品等规定，均成为《深圳市经济特区控制吸烟条例修正案（草案）》的亮点；而将控烟纳入城市发展规划和政府绩效考核的举措，更是赢得不少点赞。

《广告法》《烟草广告管理暂行办法》《公共场所卫生管理条例实施细则》等国家法律法规或规章，为控烟提供了重要支撑。2016年出台的《"健康中国2030"规划纲要》，提出了"15岁以上人群吸烟率降低到20%"的目标。特别是近年来，包括北京、上海、深圳在内，已有约20个城市出台了公共场所禁止吸烟的地方性法规，另有12个城市正研究出台控烟措施。

通过宣传引导、政策控制，尤其是相关法律法规的出台和完善，近年来我国控烟举措不断升级，成效日益明显，公众对烟草危害的认识也

逐渐深化。北京、西安等城市相继出台严格控烟措施。特别是在民航和高铁领域，控烟措施效果尤其显著。但实事求是地讲，控烟成效与群众的期待、国家顶层政策设计的目标、"健康中国"的美好愿景仍有距离。

不容忽视的是，现有控烟法规也存在一定程度上的执行困难。尽管全国已有若干城市通过了控烟的地方性立法，但由于执法主体不明、执法力量配置不足、相关部门执法意愿不强，加上执法取证太难、成本太高，也导致控烟面临执行难。这说明，既增强控烟的立法供给、制度供给，又解决控烟执行难的问题，才能为严格控烟提供制度保障。

"法律是成文的道德，道德是内心的法律"。要达到预期的控烟效果，不仅需要发挥法律的约束作用，也要发挥道德的示范作用；不仅需要政府积极作为，更需要社会和个人主动配合。有这样一个反差，吸烟有害健康，几乎人所共知，但吸烟具体有什么危害？知晓率并不高。关于控烟的思想认识还需要再厘清，关于控烟的社会共识还需要再巩固。这样，才能让每个人、每个企业、每个单位都加入到控烟的行列中，形成无所不在的控烟共识和监督力量。

（作者为中国社会科学院法学研究所研究员）

（2019年05月07日）

做好自主招生"加减法"

张 凡

近期,各高校2019年自主招生政策陆续公布,被称为"史上最严"的自主招生,引发广泛关注。

从2003年至今,自主招生已走过十几年。设置自主招生专业,选拔真正的专业爱好者,不仅能丰富招生手段,录取的学生也更有意愿在该领域继续深造。推而广之,那些或具有学科特长,或具有创新潜能,或符合学校特色办学需要的学生,都能通过自主招生脱颖而出。自主招生承载的是"不拘一格降人才"的美好愿景。

高考是人才培养的指挥棒,作为高考重要形式的自主招生,同样是风向标。近年来,自主招生灵活多样的选拔方式,令人耳目一新的考试题目,让人们津津乐道。不少考题跳出书本与校园,引导学生关注更广阔的社会生活,思考当下社会的热点,这是对学生知识积累、思辨能力、创新思维提出的更高要求,也是对学生能力拓展进行的有力引导。

近年来,自主招生报名人数连年增加,去年更是高达83.7万人次。但在快速发展过程中,一些问题也随之伴生。比如,有的学校要求专利,买卖专利就成了"生意";有的学校重视论文,各种代写论文、论文抄袭现象亦随之产生。本来是"不拘一格降人才"的好政策,却有人动起了"歪脑筋"。如何更好维护自主招生的公平公正,成为人们的期待。正是在这样的背景下,才有了此次"史上最严"自主招生政策的出台。

翻看今年各高校自主招生政策，可以发现，多种"变化"都回应着社会的期待。比如，针对论文、专利造假现象，今年多数高校规定专利、论文等不再纳入报名条件；而报名门槛上，也有明显提升，认可的奖项类别大幅缩减，只有那些在权威性强、公信力高的学科竞赛中获得优异成绩者才有报名资格，这也就进一步压缩了弄虚作假、自我"包装"的空间；再比如，在降分优惠上，以往通过自主招生考核的学生，降分通常在20—60分不等，今年多数学校明确规定，降分幅度原则上不超过20分……种种举措，就是要让自主招生真正回归其本质，成为高考的有益补充、选才的高效通道，而非蒙混就能过关、投机就能取巧的"捷径"。

自主招生政策的调整，既体现出对以往问题的矫正，也能看到对未来教育方向的引领。比如，今年各高校自主招生普遍增加体质测试内容。在去年召开的全国教育大会上，习近平总书记专门强调，"要树立健康第一的教育理念""帮助学生在体育锻炼中享受乐趣、增强体质、健全人格、锤炼意志"。将体质测试纳入自主招生，引导学生重视体育锻炼，是"健康第一"教育理念的鲜明体现，也让素质教育的导向更加明显。而我们也期待，通过"做减法"让自主招生更严格，也能够通过"做加法"让教育更公平、人才选拔方式更科学。

1977年，高考恢复，那时候的录取率只有约5%，是名副其实的"千军万马过独木桥"；去年，高考录取率总体上已超过81%，更多人通过高考阔步走向了全新的人生。2001年，高考取消对考生婚姻状况和年龄的限制，如今，我们在高考考场上才能不时看到耄耋老人奋笔疾书、父子同场竞技的动人场景。从1977年到2019年，时间在变，高考改革的脚步也一直未停，但贯穿始终的目的没有改变，那就是让更多人接受更好的教育、拥有人生出彩的机会。

（2019年05月06日）

弘扬劳模精神

智春丽

重温劳动模范的故事，想想这些平凡人何以把不可能变为可能，心底就有"相信"，眼中便有光彩，走过风雨看到彩虹

在五一国际劳动节来临之际，随着新一批全国五一劳动奖章获得者和全国工人先锋号名单公布，劳动模范——这个承载着共和国特殊记忆的群体，再次成为新闻热词。

在今年的表彰名单中，有在火箭总装一线奋战30余年的崔蕴，还有秉持"第一次就把事情做好"、平均年龄只有32岁的动车组装班；有深耕高端数控机床研发、"代表中国冲击世界一流"的女设计师盖立亚，还有执着于探索金融精准扶贫模式、见证阜平贫困发生率由54.4%下降到13.8%的"金领"李二国。他们是创业者，是实干家。在我们这个70年间从积贫积弱成长为世界第二大经济体的社会主义国家，他们最大程度地展现了劳动的荣光与价值。

今天的我们，习惯了动动手指外卖送来，语音指令机器人擦地。那么，劳动离我们已经远了吗？不是的。产业结构变化、社会分工细化，不会改变劳动是创造价值的唯一源泉。正如习近平总书记所指出的，"人世间的美好梦想，只有通过诚实劳动才能实现"。在当下中国，一分钟，快递小哥收发7.6万件快递，"神威·太湖之光"超级计算机运算750亿亿次。

人民时评

我国经济从高速增长进入高质量发展阶段，需要更多知识型、技能型、创新型劳动者，也为劳动者、奋斗者实现人生出彩提供了广阔舞台。

一代人有一代人的使命。不同时代的劳模，给了今天的我们怎样的启迪？劳动的内涵在更新，劳模的标准在"进阶"，"爱岗敬业、争创一流、艰苦奋斗、勇于创新、淡泊名利、甘于奉献"的劳模精神始终是不变的秘笈。

学习劳模，要学习他们身上闪耀的信仰光彩。"人间万事出艰辛。越是美好的未来，越需要我们付出艰苦努力"。盘点这些劳模，他们身上有一个共同点，那就是穿越眼前的迷雾，相信并为"美好的未来"而奋斗。全国劳模、时代楷模天津电力抢修工人张黎明，无数次沿着电力线路"溜达"，闭上眼睛能说出他负责的线路沿途有多少个高压塔、多少根电线杆。没有哪代人的青春是容易的，重温他们的故事，想想这些平凡人何以把不可能变为可能，心底就有"相信"，眼中便有光彩，走过风雨看到彩虹，用劳动与奋斗为中华民族伟大复兴贡献力量。

学习劳模，要学习他们实干苦干的劲头。"一勤天下无难事"。无论哪个时代的劳模，都是在某个方面有所建树的劳动者。近年来评选出的劳模，高级技工、科研精兵的比重在增加，知识型、技能型、创新型劳动者不断涌现。中国电子科技集团公司第五十四研究所钳工夏立，多次参与卫星天线预研与装配、校准任务，装配的齿轮间隙仅有 0.004 毫米，相当于一根头发丝的 1/20 粗细。具有精益求精的工匠精神，多做一点点、创新一点点，日积月累，"高原"就成了"高峰"，就能推动中国制造向中国创造转变。

"我热爱高高的塔机，喜欢它那长长的铁臂、炽热通往天路的神梯，热爱钢铁般的气息。"全国劳模、中国建筑一局塔吊工人王华曾这样吐露心声。涵养崇尚劳动的社会氛围，为保障劳动者权益创造更好制度环境，就能激发亿万人民用劳动托举梦想的豪情，汇聚实现中华民族伟大复兴中国梦的磅礴力量。

（2019 年 04 月 30 日）

以科学考核激发担当作为

石 羚

浙江温州龙湾区推行干部实绩记实和公示公议,"一月一晒"干部实绩,让干部考核从"纸上"变为"线上";山东青岛李沧区开展节点式考核评价,每季度至少表彰奖励一次,为实干者搭建舞台;贵州沿河土家族自治县守护绿色家底,环境保护与脱贫攻坚一道成为干部考核的重要指标……党的十八大以来,各地探索创新干部考核方式,激励广大干部担当作为。

"政治路线确定之后,干部就是决定的因素"。如果说高素质干部队伍为党和国家事业提供了人才支撑,那么干部考核则是检验干部的"试金石"、激励干部的"指挥棒"。进入新时代,干部"干什么""怎么干"有了新的更高要求,干部考核"考什么""怎么考"需要从制度层面作出调整。近日,中办印发《党政领导干部考核工作条例》,必将有利于推动解决当前干部队伍和干部考核工作存在的突出问题,激励引导广大干部以更好的状态、更实的作风担当作为。

党的十九大报告指出,"坚持正确选人用人导向,匡正选人用人风气,突出政治标准"。《条例》的一个鲜明特色,就是坚持把政治标准放在首位,坚持干部考核的政治考核属性,将政治标准贯穿始终。《条例》在工作原则上坚持党管干部,德才兼备、以德为先,在考核内容上突出政治建设,着重考核增强"四个意识"、坚定"四个自信"、做到"两个维护"、遵守政治纪律和政治规矩等情况，在评判标准上强调全面从严治党、忠诚干净担当，对政治上不合格的实行"一票否决"。

衡量领导干部是否葆有政治本色，离不开具体的工作成绩和日常表现。刀在石上磨，人在事上练。在党建工作中，是否能够坚持把党的政治建设放在首位？在改革发展中，能不能冲破思想观念的障碍和利益固化的藩篱？在转型升级中，能不能更好平衡经济发展与生态保护的关系？坚持党中央倡导什么、强调什么就考核什么，把履行岗位职责、解决实际问题、创造工作实绩作为考核的基本内容和评价的基本依据，就是为了激发广大干部担当作为的热情。

所谓"审举在核真"，《条例》创新考核方式，正是要让"考得怎样"真实反映"干得如何"。例如，以平时考核、年度考核、专项考核、任期考核等方式考核干部，在急难险重、日常点滴处察人，就年度工作、任期实绩观事，以差异化方式分级分类考核，为领导干部精准"画像"。又比如，改进民主测评、民意调查等方法，用好谈心谈话、实地调研等做法，利用互联网技术信息化手段，从而避免考核中的形式主义。提升干部考核的科学性，让"材料旅行"寸步难行，让重资历轻本事、重表态轻实干、重领导轻群众、重一时轻一贯的干部受到警示，才能力戒"一把尺子量到底""工作、考核两张皮"的现象，激发考核的正向效能。

"干得好"理应"考得好"，"考得好"还得"用得好"。考核是选拔任用、激励约束的先手棋，据此做好奖惩任免的文章，让干部考核的结果与选拔任用充分结合，形成能者上、庸者下、劣者汰的用人机制，就能让新时代好干部不断涌现，为推动党和国家事业发展提供有力支撑。

（2019 年 04 月 29 日）

让"远程医疗"彰显公平效率

王君平

一台电脑、一个摄像头,即便是身在农村、地处偏远,患者也可以向专家实时在线问诊,互联网让偏远地区医疗实现"触屏可及"。去年,国家卫生健康委员会发布《互联网诊疗管理办法(试行)》等3份互联网医疗领域重磅文件。如今,全国所有的三级甲等医院都开展了远程医疗服务,而且覆盖了全国所有的贫困县县医院,正在向乡和村一级延伸。

没有全民健康,就没有全面小康。尽管国家卫生事业的投入不断向基层倾斜,但城乡间的差距短期内很难缩小,一些地方百姓看病还得跋山涉水。不拔病根,难除穷根,不解决因病致贫、因病返贫的老大难,边远贫困地区就很难巩固脱贫成果。

在今年全国两会"部长通道"上,国家卫生健康委员会主任马晓伟表示,要推进远程医疗,为人民群众提供更加便利的医疗服务。实际上,"互联网+医疗"的初衷,正是要通过互联网让优质医疗资源下沉到基层。有这样一个案例,宁夏一位6岁的女孩上体育课时突发抽搐,送到医院后一直发烧,病情发展迅速,已经来不及送往附近城市的医院。这时候,通过远程门诊联系到了首都儿科研究所的专家,两地医生通过详细的病情沟通,为小女孩制定了治疗方案。可见,远程医疗技术打破时空的限制,能够为基层群众提供及时、优质的医疗服务,有利于促进医疗资源的公平化。

> 人民时评

实际上，大医院人满为患，小医院门可罗雀，二者区别在于医生资源。医生是医疗系统最关键、最核心的资源，也是最无法速成的职业。医学生实践经验不够丰富，成为一名合格医生，规范化培训必不可少。而要成为专科医生，还得走过专科培训的独木桥。从2009年起，我国实施新医改，扩大了医疗的覆盖面，海量资金投入以改变基层落后面貌，医疗设备升级换代。但医疗设备大量闲置派不上用场，目前基层医院医疗设备使用率不足四成。实现"互联网+医疗"，让城市的优质医生能够在线上与基层群众对接，这就能够在硬件条件改善的基础上实现软件资源的更新，在医疗设备和医疗服务两个层面实现公平分配。

往深层看，远程医疗是一个多方共赢的方案。通过远程医疗会诊平台，大医院专家线上治疗常见病、慢性病，病人不需要到大医院就诊，合作会诊有利于学科建设和基层医疗发展，实现了病人、医生、服务"三个下沉"；参与远程门诊，本地医生快速提升专业能力，本地医院留住患者增加了业务量；患者免于奔波，可享受更高的医保报销比例，省时省力省钱。可以说，"互联网+医疗"形成了一个医院与患者、城市与农村的共赢格局。从更大的层面来看，上一级专家云端部署，给出适合当地医疗条件的诊疗方案，由基层医生落实诊疗方案，让更多患者选择在当地就医检查治疗，这实际上推动了分级诊疗改革的落地。

"互联网+医疗"是一个新业态，既要加大油门往前走，还要拧紧质量"安全阀"，让云端医疗接地气，满足个性化医疗需求，让优质的医疗资源遍布每个角落。

（2019年04月26日）

呵护孩子的童年时光

盛玉雷

人们常说，儿女是父母的"心头肉"，甚至"捧在手里怕摔了，含在嘴里怕化了"。然而最近一段在童模拍摄现场母亲踢踹孩子的视频，引起舆论对亲子关系的讨论。事件发生后，110家淘宝店联名呼吁规范童模拍摄行业，推动童模保护。这一事件也触动了更大范围的关注：今天，未成年人的权益该如何保护？

具体到这个事件本身，这其中的是非曲直非常清楚，在视频里，三岁女童被大人踢踹的镜头令人心疼。视频中的母亲发出道歉声明，解释自己的行为"绝无所谓的虐童之意""在沟通教导如视频上的稍大动作绝无伤害想法"。当地妇联也在介入调查其母亲是否涉嫌家暴。个案中的儿童得到了社会的关爱，但反思不应就此止步，而应该从个案出发触及深层问题。无论是线上讨论还是线下行动，都应该努力为所有的儿童编织一张保护网。

保护儿童免受利益驱动引发的伤害，就应树立"儿童不是摇钱树"的共识。在"踢踹童模"的视频中，我们看到，一边是童装市场规模不断扩大，对影响服装销量和流行指数的"卖家秀"产生强烈需求，一边是父母希望孩子趁早成名、及早赚钱，这些因素共同推热了童模市场。而就在双方的利益"对接"之下，儿童的个人意愿和合法权益则受到忽视。从更大的范围来看，一些机构在利益驱动下盲目扩张，忽视了儿童权益的保护，甚至一些幼儿园、培训机构也曾出现过伤童事件。

对每个人而言，童年都只有一次。有网友评论说，不能为了享受"童模红利期"，而影响孩子"未来的价值"。是过早地背负成年人世界的名利，还是享受宝贵的童年时光？无论如何，孩子的权益都应该放在第一位。呵护孩子的健康成长，不是说满足了孩子的衣食住行就足够了，也不是轻则训斥、重则打骂的棍棒教育，而是要给孩子以尊严、给成长以关爱，这既包括健康生活的环境和条件，也必然涵盖时间的自由和未来的选择。

进一步看，这既是一个如何培养孩子的教育问题，也是一个如何保护孩子的公共命题。事实上，包括童星童模商业行为在内的一系列问题，关于如何更好保护儿童权益，需要更多法律的支持。这无疑在提醒我们，相应的法律规范、企业责任必须紧紧跟上社会发展的步伐，尽快为孩子的成长提供更好制度保障。无论是立法、司法，还是培训、经营，全社会都要形成儿童利益最大化的共识，尊重儿童权益，保护孩子身心健康成长。

有一种观点认为，随着信息的流通，儿童过早地操着成年人的语言，模仿成年人的方式生活，成年和童年之间的界限已不那么泾渭分明。由此而言，我们不希望童模的世界里只有聚光灯，更关心他们卸妆后的生活状态；我们不希望孩子的童年充满疲惫和忧伤，更在意他们天真无邪的快乐时光。为孩子留住童年，他们才能健康生长。

（2019年04月24日）

通过阅读提升认知能力

盛玉雷

> 在一个知识快速迭代、信息大量过剩的时代,我们正需要通过阅读来提升认知能力
>
> 随着人工智能、云计算、大数据等技术的发展,很多简单、重复的工作将被机器取代,每个人都需要通过阅读来"重新发现自己"

随着世界第二十四个读书日到来,读书再次成为一个受人关注的公共议题。

近年来,图书销售额不断攀升,2018年中国图书零售市场码洋规模达894亿元,同比增长11.3%,这说明越来越多的书正在被消费者带回家。但购买书籍或者拥有书籍本身,并不等于认真看了、消化吸收了。把书当成一种摆设,书里的世界自然也就擦肩而过。

诗意人生,不应该是空有其表的外壳,而要有"腹有诗书气自华"的内在,更要有"书卷多情似故人"的精神体验。为什么要读书?一位网友的回答有意思:看到美景时,其他人只会说"厉害了",然后拍照发朋友圈时,你却因为心头闪现的那一句"大漠孤烟直,长河落日圆"而感动。诚如所言,你如今的气质里,藏着你走过的路、读过的书。书籍不应是任人摆布的装饰品,也不该是曲高和寡的艺术品,而要成为潜移

默化、润物无声的日用品。

"智者阅读群书，亦阅历人生。"说到底，在一个知识快速迭代、信息大量过剩的时代，我们正需要通过阅读来提升认知能力。展望未来，随着人工智能、云计算、大数据等技术的发展，很多简单、重复的工作将被机器取代，每个人都面临着"重新发现自己"的挑战。一个人不可能终身都依靠某种一成不变的本领，也不可能只是作为信息的接受者，而应该不断让自己具有"算法"所不具备的想象力、判断力与认知能力。这在一定程度上需要通过阅读来实现。伴随真正的阅读，我们才能在思接千载、视通万里中完成自我刷新。

换句话说，通过阅读，我们才能理解过去；也只有通过阅读，我们才能应对未来。这也是建设书香中国的题中之义。如今，线上市场依然火热，实体书店逐渐回暖，一些图书馆成为城市地标，小图书甚至在精准扶贫中书写"大文章"……这意味着，"让世界上每一个角落的每一个人都能读到书"的夙愿正在加快实现。但是，也有一些地方与群众需求还不相适应，一些做法仍然在制约阅读率和阅读量的提升。例如，有的农村书屋平日里大门紧锁、无人问津；有的学校图书馆建了、图书买了，但不向学生开放。换个角度看，让这些闲置的图书"动起来""活起来"，就能成为促进全民阅读、建设书香中国的重要推动力。

一位作家说道，"如果有一天，我独自漂流在茫茫大海上，我会选择一本书为伴"。相信这种陪伴，一定是透过纸张的心灵对话、超脱言语的灵魂共鸣。不妨在这个书香四溢的季节，打开一本书，遇见一个新的世界和自己。

（2019 年 04 月 23 日）

中国慕课,促进"互联网+教育公平"

张 烁

> 通过技术赋能,慕课为促进优质教育资源共享提供了新的方法路径
>
> 通过慕课的线上平台,知识可以跨山越海,实现无远弗届的传播,抵达每一个渴望的心灵

近日,中国慕课大会召开,让中国慕课再次受到广泛关注。所谓慕课,即大规模开放在线课程,是"互联网+教育"的产物。2018年,教育部正式推出首批490门"国家精品在线开放课程",在高校和社会引起强烈反响和广泛好评。慕课作为线上的学习平台,一头连着教育资源,一头连着无数学子。

从世界各国发展进程看,每一次的科技革命和产业变革,总是伴随着人才需求结构的深刻变化、知识的爆炸式更新、教育形态与资源的极大创新。今天,互联网、大数据、人工智能等技术快速发展,打破了时空的限制,拓展了学校的边界。通过慕课的线上平台,知识可以跨山越海,实现无远弗届的传播。

中国慕课建设经过6年的快速发展,形成了"大带小、强带弱、同心同向、共同发展"的良好局面。从数量上来说,上线慕课数量由2017年的3200门增加到12500门,增加近3倍;学习人数由5500万人次到2

亿多人次,增加近3倍;从结构上来说,从面广量大的公共课、通识课逐步拓展到专业基础课、专业课和实验课,建立起覆盖所有专业门类的慕课体系。如今,我国慕课的数量和应用规模居于世界第一。一道道教育"鸿沟"正在互联网上消弭,中国慕课为学习型国家建设做出了重要贡献。

一些地方涌现出这样的经验:贫困地区的学生通过直播与城市的重点中学保持同步学习,升学率得到了显著提升。"跨越时空"的慕课,带来无数块改变命运的屏幕。《中共中央关于全面深化改革若干重大问题的决定》提出,"大力促进教育公平""构建利用信息化手段扩大优质教育资源覆盖面的有效机制,逐步缩小区域、城乡、校际差距"。通过技术赋能,慕课为促进优质教育资源共享提供了新的方法路径。

作为落实立德树人根本任务、提高人才培养质量的一个抓手,作为加快实现高等教育现代化、建设高等教育强国的一个平台,想要促进中国高等教育的弯道超车,慕课发展还需要有更大提升。面向未来,中国慕课的五大愿景令人期待:建设公平之路,用优质慕课资源补齐区域和校际人才培养质量差异短板;建设共享之路,让慕课资源的流动畅通无阻;建设服务之路,使学习者获得更有价值的深度学习;建设创新之路,进一步融合人工智能、虚拟现实等技术,创新慕课学习内容、模式和方法;建设合作之路,加强教师之间、高校之间、慕课平台之间、中国与世界各国之间的交流合作。

在中国慕课大会上,一次穿越时空的"相遇"令人印象深刻。来自南京航空航天大学的科研人员通过虚拟现实和5G技术,向现场观众演示大飞机装配的虚拟仿真实验教学项目,同时,通过全息影像技术与孔子进行了一场别开生面的对话。这场超时空对话,正展现出慕课最具魅力的地方:它打破了时间和空间的限制,能够让知识抵达每一个渴望的心灵。

(2019年04月22日)

营商环境，没有最好只有更好

李丽辉

很少有哪个国家像中国这样一年内实施多项改革，对营商环境进行全面而系统的提升，这体现了中国深化改革、扩大开放的坚定决心

继续优化营商环境，还需要下大力气、啃硬骨头，瞄准企业投资生产经营中的"堵点""痛点"，出台更多实实在在的举措

居家过日子，开门七件事：柴米油盐酱醋茶。那么，办企业搞经营，开张需要几件事？从注册登记到接电入网，再到跑贷款、买耗材，所涉及的事项更多，远远要比居家过日子复杂。

近年来，党中央、国务院持续推进"放管服"改革，加快政府职能深刻转变，通过优化发展环境来激发市场活力。比如，江苏着力打造"不见面审批"，浙江承诺群众办事"最多跑一次"，上海提出为企业服务，政府要当"店小二"。

营商环境的改善，企业感受最深。现在，到政府部门办事，不用跑很多次了；企业注册登记手续更简便了，营业执照、税务登记"多证合一"；政府的行政审批事项少了，该取消的取消、该下放的下放。总体上看，2018年日均新设企业超过1.8万户，市场主体总量超过1亿户，高

新技术产业、新兴服务业、"互联网+"快速发展……新动能的持续井喷，背后正是不断优化的营商环境。这样一个显著变化，全球同样能够感受到。世界银行2018年10月发布的报告显示，中国营商环境排名在全球190个经济体当中，从第七十八位上升到第四十六位，排名跃升了32位，成为营商环境改善幅度最大的经济体之一。

在全球的坐标中，更能清晰地认识中国改善营商环境的意义和价值。世界银行发布的报告显示，在"开办企业"和"获得电力"两个领域，中国营商环境获得了显著改善；在办理施工许可证、登记财产、保护少数投资者、纳税和跨境贸易5个方面，中国也进行了有效的改革，为创新创业、私营企业发展提供了更好的营商环境。世界上很多国家都在努力改善营商环境，但很少有哪个国家像中国这样一年内实施多项改革，对营商环境进行全面而系统的提升。这体现了中国深化改革、扩大开放的坚定决心。

一位哲学家说过，"高尚的竞争是一切卓越才能的源泉"。在体制机制弊端上做减法，在加强服务和监管上做加法，归根到底都是为了维护公平竞争、激发市场活力，使得市场主体的创新潜力充分涌流。优化营商环境，一个重要内容就是保障公平竞争。近3年来，我国公平竞争审查制度基本建立，截至今年2月底，全国共审查了新出台的文件43万份，清理了82万份已经出台的文件，废止或修订涉及地方保护、指定交易、市场壁垒的文件2万多份。这为落实竞争中性原则，让各类企业在市场上获得一视同仁、平等对待，打下了坚实的基础。

习近平总书记去年在民营企业座谈会上指出，要不断为民营经济营造更好发展环境，帮助民营经济解决发展中的困难。实际上，推进"放管服"改革，优化营商环境，归根结底是为了给企业发展解决实际问题。当前，优化营商环境取得了积极成效，但存在的短板和突出问题也不少。比如，企业负担仍需降低，小微企业融资难融资贵仍待深入解决，投资和贸易便利化水平有待进一步提升，产权保护仍需加强……继续优化营商环境，还需要下大力气、啃硬骨头，瞄准企业投资生产经营中的"堵点""痛点"，出台更多实实在在的举措。

营商环境只有更好，没有最好。营造国际一流营商环境，是政府提供公共服务的重要内容,也是中国坚定推进新一轮改革开放,实现高质量发展的重要基础和关键一环。当各类企业在市场中如鱼得水、充满活力,中国经济定会生机勃勃永向前。

(2019年04月19日)

打造健康有序的消费环境

彭 飞

越是影响力大的品牌和企业,越应当加强自我约束,肩负更大的责任,对得起消费者的信任

我们不仅要关注产品质量本身,还要关注产品出现问题之后,企业解决问题、回应消费者诉求的能力;不仅要关注营商环境,也要关注"消费环境"

近日,西安奔驰维权女车主与西安利之星汽车有限公司达成换车补偿等和解协议。随后,中消协在京举办"推动解决汽车消费维权难座谈会",提出汽车经销四点意见。其中一点便是:"经营者应当尊重消费者权益,诚信、快捷解决消费纠纷。"

回顾事件由来:一位女士在奔驰 4S 店购买的一台新车,还没出店就出现发动机漏油的问题。在多次交涉却被告知不退款不换车、只能更换发动机后,被逼无奈的车主只好以"哭闹"的方式维权。事件发酵后,当地市场监管部门及时介入,奔驰公司也派出工作组进行调查。随着调查深入,新车 PDI 检查、购车贷款金融服务费等一连串问题又浮出水面。尽管事件以和解告一段落,但事件反映的消费者维权难问题值得深思。

大家关注该事件,实际上也是在为自己担心:假如有一天遇到类似

的产品质量问题,是不是也必须坐在汽车引擎盖上哭才能解决?如果一些商家真的奉行"大闹大解决,小闹小解决,不闹不解决"的处事之道,老实人岂不就要吃亏?可以说,在一台漏油的发动机面前,在消费者的合理诉求面前,没有一个商家是局外人,没有一个品牌是旁观者。为消费者创造价值,维护其合法权益,企业责无旁贷。

质量再好的商品,也不免偶尔出现问题。消费者并不苛求每次购买的商品都完美无瑕,而是期待遇到问题后,商家能够给予足够的重视并高效率地解决问题。这也是为什么许多消费者还没购买商品,会先考察售后服务的原因。此次事件之所以引发如此大的波澜,很大一个原因在于4S店售后的推脱敷衍。在各类优质产品层出不穷的今天,售前售后服务早已成为产品质量的一部分。积极回应消费者诉求,建立完善合理的问题反馈和解决机制,才能让商家和品牌在市场上立于不败之地。

许多消费者在这起事件中感到失望,更因为奔驰是汽车领域的"百年老店"。消费者付出更多金钱,对产品有更高期待,却没能享受到更高品质的服务,这样的心理落差只会进一步消耗品牌的信誉度和美誉度。越是影响力大的品牌和企业,越应当加强自我约束,肩负更大的责任,对得起消费者的信任。须知再厚实的家底也经不起任性的折腾。不懂得尊重消费者、不懂得敬畏市场,最终难免会被市场淘汰。

"顾客至上"从来不是一句空洞的口号,而必须落实在企业经营管理的每个细节当中。为什么一些企业在产品宣传和品牌塑造上显得"高大上",到了实际的产品和服务中却显得"火候未到""功力不足"?除了少数企业存在虚假宣传、过度包装外,更大的原因在于一些企业细节管理跟不上,甚至很混乱。比如此次事件中暴露出的金融服务费用不透明等现象,被网友质疑与奔驰公司对其经销商缺乏协调和管理有关。对于任何一家大型企业来说,管理层级越来越多,与其相关的产业链结构也更复杂,只有进一步理顺组织结构、提高科学管理水平,才能把服务客户的理念转化为现实,为自己赢得市场、赢得口碑。

此次事件更重要的启示或许在于:我们不仅要关注产品质量本身,还要关注产品出现问题之后,企业解决问题、回应消费者诉求的能力;

不仅要关注营商环境,也要关注"消费环境"。而打造健康有序的消费环境,离不开企业提高自我修养、提升管理水平,也需要市场监管部门乃至监测、评级等第三方机构深度参与,从而形成自律与他律的闭环,为消费者带来实实在在的红利。

(2019年04月19日)

以规则意识保护知识产权

何鼎鼎

当保护知识产权逐渐成共识,大家的争论不是需不需要保护,而是如何保护;不是图片能不能收费,而在于如何收费

尊重著作权,并不意味着要纵容不合规的经营方式;追问经营方式的问题,也不能走到另一个极端,损害保护知识产权的社会共识

近日,首张黑洞照片的版权问题引发社会关注。

这张图片的版权本无争议,是明确归属于欧洲南方天文台。问题在于:图片发出不久后,国内图片平台视觉中国很快将此图列为"版权所有"编辑图片,企业相关负责人公开回复商业使用需付费。这显然与版权属于欧洲南方天文台且只要注明出处就可使用的声明相冲突。有媒体发现,视觉中国网站的另一些图片版权也存在争议。对此,天津网信办成立工作督导组进驻视觉中国网站,国家版权局也表示"各图片公司要健全版权管理机制",体现出规范市场秩序、保护知识产权的态度和立场。

尊重原创和版权,这是现代社会的基本共识。一些公司经营模式的问题,也不能否定第三方平台在保护知识产权、捍卫创作者权益中的积极作用。这里有两层意思。第一层意思在于,尊重版权是有价值的。经济学常识告诉我们,免费的可能是最贵的,免费往往导致无人创作与生

> 人民时评

产。知识产权制度的核心要义正是通过保护创作推动智力产品生产的可持续。第二层意思在于，付费平台是有价值的。通过中间商撮合交易，可以同时激发需求与供给，降低市场交易成本。事实上，今天习惯于为电子书付费，在音乐网站、视频网站充值会员的年轻人越来越多，这本身是对付费商业模式的认可。因此，当保护知识产权逐渐成共识，大家的争论不是需不需要保护，而是如何保护；不是图片能不能收费，而在于如何收费。

换句话说，版权意识要以规则意识为支撑。这里规则首先是法律规则。比如有些平台，图片并未经作者授权就上传了，甚至有的侵犯肖像权，这其实是打着版权旗号侵犯版权。其次是商业规则。交易市场明码标价、公平公正是底线要求，如果是根据使用者公司大小、身份高低量身定价、事后抬价，显然有"钓鱼"之嫌。对此，国家版权局也专门强调图片公司要"规范版权运营，合法合理维权，不得滥用权利"。说到底，目的不能为手段辩护，我们需要用合法合规的方式来保护知识产权。

尊重著作权，并不意味着要纵容不合规的经营方式；追问经营方式的问题，也不能走到另一个极端，损害保护知识产权的社会共识。没有一个良性的版权市场，不会有版权事业的长足发展，这需要多方搭台。面对创作者希望作品被完好保护、使用者倾向"拿来就用"的落差，行业龙头平台既要在提升付费意识上下功夫，更要在树立规则意识上带好头，推动行业风气好转。同样的，面对平台方与使用者之间的张力，社会也在呼唤相关部门更好厘定规则、解决纠纷。这也是为什么，当国家版权局表示将"进一步规范图片市场版权秩序"时，获得了一片叫好声。

这些年来，中国对于知识产权的保护成绩斐然，知识产权被视为"完善产权保护制度最重要的内容，也是提高中国经济竞争力最大的激励"，这是全社会共同努力推进的结果。从一年154.2万件发明专利申请量，到全社会高度关注一张网络图片的版权，这本身就是社会不断前进的证明。也正是在这个意义上，人们聚焦一张图片的使用，不是要退回到不顾知识产权的盗版、山寨，而是为了凝聚共识、推动相关制度与规则的完善，是为了更好地保护知识产权。我们有理由相信，那张动用全球8座射电望远镜、抓住一年中10天观测窗口的黑洞图片因历史第一而"价值连城"，而由此引发的知识产权大讨论与产权保护意识的提升，同样将产生不菲的社会价值。

（2019年04月18日）

"面对面"才能"心贴心"

赵婀娜

深入一线联系学生,"面对面"接触学生,给学生心灵埋下真善美的种子,引导学生扣好人生第一粒扣子,是全程育人、全员育人的必然要求,也是推动形成育人合力的关键所在

与学生"面对面",坚定信仰、树立信心;与学生"心贴心",给学生以人生启迪、智慧光芒、精神力量。这样,才能打通学校育人"最后一公里"

越贴近,越真实;越贴近,越生动。有"面对面"的态度,方有"心贴心"的温度。

高校领导干部深入一线联系学生、做学生工作,具有重要意义。前不久,教育部党组发布《关于加强和改进高校领导干部深入基层联系学生工作的通知》,要求高校领导班子每名成员每学期至少给学生讲1堂思想政治理论课或形势政策课,每周至少"面对面"接触学生1次。这一要求导向鲜明——高校各级领导干部应把工作重点放到学生思想政治工作上,体察校情、关爱学生、答疑解惑、解决问题。

思想政治理论课是落实立德树人根本任务的关键课程,是培养社会主义建设者和接班人的重要保障。今天,在习近平新时代中国特色社会主义思想指引下,各级各类学校紧紧围绕立德树人这一根本任务,不断

推动思想政治教育创新发展。作为教师队伍的"领头雁",高校领导干部对办好思想政治理论课肩负着重要职责。激发高校领导干部的积极性、主动性、创造性,让他们主动进课堂、进班级、进宿舍、进食堂、进社团、进讲座、进网络,深入一线联系学生,"面对面"接触学生,给学生心灵埋下真善美的种子,引导学生扣好人生第一粒扣子,是全程育人、全员育人的必然要求,也是推动形成育人合力的关键所在。

为学生上新学期第一堂思政课,定期参加学生党支部活动,开展"书记沙龙"等活动……如今,在许多校园,高校领导干部与学生"面对面"的频率不断增加。通过近距离接触与互动,他们能够及时了解学生思想动态,为学生释疑解惑。当然,浇花浇根、育人育心,触动心灵的教育才是有效的教育。要想切实提升育人成效,还需要高校领导干部在与学生"面对面"的同时,真正做到与学生"心贴心"。这就要求高校领导干部主动与普通同学交朋友,推动解决学生思想、心理、生活、就业等方面的实际问题,把思想政治工作做到学生的心坎上。

"育才造士,为国之本"。青年学子处于人生的"拔节孕穗期",最需要精心引导和栽培。不骛于虚声、不流于形式,守好一段渠、种好责任田,是全体高校老师特别是高校领导干部的职责所系。正因此,应主动创新联系方式,把思政小课堂同社会大课堂结合起来,通过参加主题党日团日、主题班会、社团活动、文体竞赛等,拉近与学生距离,成为学生喜爱的人;通过作形势报告、座谈交流、开设讲座等,用深厚的理论功底赢得学生,成为为学为人的表率;通过微博、微信、微视频等方式倾听学生诉求、疏导学生情绪,以"键对键"作为"面对面"的有益补充。特别是在工作过程中,要做到问题导向联系、情真意切联系、实实在在联系。

与学生"面对面",坚定信仰、树立信心;与学生"心贴心",给学生以人生启迪、智慧光芒、精神力量。这样,才能打通学校育人"最后一公里",推动学校思想政治工作创新发展,更好培养德智体美劳全面发展的社会主义建设者和接班人。

(2019 年 04 月 17 日)

将"未成年人节目"纳入法治轨道

涂凌波

过度炒作童星、"消费"未成年人,有违未成年人的成长规律,也容易助长"尽早出道、尽快成名、尽量变现"等急功近利的心态,传递的价值导向值得警惕

身处互联网时代,纷繁多样的节目内容为青少年成长构建了一个特别的信息环境。对于内容生产者和传播者而言,必须更加主动承担起社会责任

不管是作为家长还是观众,当你看到小朋友浓妆艳抹、扮作成年人模样,在节目中"成熟地"表演,甚至大谈婚恋、金钱、时尚品牌等话题时,肯定会感到惊讶甚至不适。然而,为了吸引眼球、制造流量,一些广播电视和网络视听节目却瞄准未成年人,大肆包装童星、炒作明星子女,甚至进行低俗调侃、成人化表演、曝光隐私等。

为了保护未成年人身心健康、保障未成年人合法权益,前不久,国家广播电视总局发布《未成年人节目管理规定》,对未成年人节目的制作、传播、监管和法律责任作了详细规定,涵盖广播电视和网络视听行业,线上线下标准统一。新规明确了16条未成年人节目禁止的内容,并对未成年人参与节目制作、未成年人节目广告播出等内容作出明确规定,包括不得宣扬童星效应或者包装、炒作明星子女等细节条款。这一规定

将于 4 月 30 日起正式施行。

现实中，个人隐私的曝光、人格尊严受损或者参与不适宜的节目环节，都会影响未成年人的身心健康。此外，由于炒作明星子女能带来流量和关注度，预期收益更高，一些明星的子女也成为被消费的对象。过度炒作童星、"消费"未成年人，有违未成年人的成长规律，也容易助长"尽早出道、尽快成名、尽量变现"等急功近利的心态，传递的价值导向值得警惕。凡此种种，不仅侵害未成年人的合法权益，也影响了社会风气。

近年来，我国视听行业蓬勃发展，为受众提供了大量精神食粮。与此同时，一些未成年人节目出现商业化、成人化和过度娱乐化倾向，引发社会各界高度关注。这类节目以未成年人为主要参与者，拥有庞大的目标受众群体，加之一些社交媒体平台的用户群体偏向低龄化，让一些人看到了"市场"。有调查数据显示，当前 19 岁以下人群每天收看网络视频节目占比达 30.2%。在利益驱动下，娱乐文化工业流水线开足马力，各类童星培训学校、经纪公司、演艺公司、节目平台之间"配合默契"，源源不断"制造"童星。一些节目逐渐偏离了行业规则，甚至不惜迎合低级趣味而突破底线。

从媒介伦理的视角出发，诸如儿童接触越来越多的成年人内容、儿童与电视节目中的暴力等问题，一直是社会关注的热点。在全球范围，加强对未成年人的保护，也是媒介职业道德规范的重要组成部分。就此而言，作为我国第一份专门针对未成年人节目的法规，《未成年人节目管理规定》在承续未成年人保护法、广告法以及此前相关节目规定的基础上，更加突出未成年人合法权益的保护，更加注重节目内容的导向。相关规定的落实，必将有利于遏制未成年人节目呈现出的商业化、成人化和过度娱乐化倾向，也会对未来视听行业乃至互联网内容的管理产生积极的示范效应。

未成年人是祖国的未来、民族的希望，应得到全方位保护。身处互联网时代，纷繁多样的节目内容为青少年成长构建了一个特别的信息环境，不容小视。对于内容生产者和传播者而言，必须更加主动承担起社会责任，既依法保护未成年人合法权益，又要加强创新，多出品符合未成年人身心成长规律的好节目，播撒积极向上的价值理念。

（2019 年 04 月 16 日）

"黑洞"照片让我们看见了什么

余建斌

"科学是永无止境的,它是一个永恒之谜",看似渺小的人类,用探索之心可以发现新的世界、做出伟大的壮举

在遥远的宇宙深处,一个很小的区域内存在着一个质量为太阳65亿倍的天体,它具有的超强引力使得光也无法逃脱其"手心"。看起来,这个完全黑暗的神秘天体就像是一块阴影,隐藏在发光气体形成的明亮光环内。在距离这个天体5500万光年的一颗行星上,人类用巨大的望远镜接收到长途跋涉而来的天文信号,从而勾勒出这个被称为黑洞的天体模样。

"我们捕获到了黑洞的首张照片",北京时间4月10日21时,"事件视界望远镜"项目在全球多地同时召开发布会,天文学家们欣喜地公布了这张人类首次拍到的黑洞照片——这个被直接"看"到的黑洞,位于室女座星系团超巨椭圆星系M87的中心,它的确像一片阴影,被一个明亮程度不一的光环所环绕。在科学家眼中,模糊而简单的暗影十分迷人,它是最接近黑洞本身的图像,透露着黑洞的许多本质。

"成为有史以来第一批'看见'黑洞的人类,真是好运气!"继人类在2015年通过引力波探测"听到"了两个黑洞的"合体"之后,首张照片成为黑洞存在的直接"视觉"证据。就像一位研究黑洞20多年的科学家所评论的,这张看起来有点模糊的照片意义非凡,它再次验证了爱因

斯坦的广义相对论对黑洞的预言是对的,并将进一步帮助科学家解答星系演化等一系列宇宙本质问题。

首张黑洞照片,是对人类好奇心和探索欲的褒奖和回馈。与生俱来的好奇心不断催生着人类的探索事业。从100多年前黑洞预测的提出到50年前"黑洞"一词的流传,从100年前两支科学探险队前往非洲海岸和巴西,通过1919年的日食观测光是否会因太阳引力而弯曲,到如今"事件视界望远镜"项目派遣团队前往世界上最高和最偏僻的射电观测台站,去再一次检验对引力的理解,对黑洞的寻找是一场跨越百年的好奇心之旅。将照片"洗"出来,让所有人都看见黑洞,不仅能让人们欣赏到自然之美,打开对宇宙的新视角,同时也将进一步拨动探索的心弦、激起好奇心涟漪,形成穿越时空的力量。

来自遥远宇宙的信号像雷声中的蝉鸣,仅有好奇心还不足以分辨,还需要科学的智慧和执着的努力。如同参与这次观测的科学家所说,正是源于数十年观测、技术和理论工作的坚持和积累、全世界射电天文台的协同合力、世界各地研究人员的密切合作,才打开了一个关于黑洞和事件视界的全新窗口。这是个难以想象的大科学计划:全球超过200名科学家参加,包括中国参与的全球13个合作机构支持,智慧地利用分布于火山、沙漠、南极点等全球8个高海拔地区的射电望远镜,组成一个口径如地球直径大小的虚拟望远镜,每年只有大约10天的短暂观测时间,需要无比精准的同步观测和超级计算机对海量观测数据的分析,以及长达两年的"冲洗"……人类历史上的首张黑洞照片,无疑是人们用智慧和汗水在探索蓝图上画下的完美图案。

寄蜉蝣于天地,渺沧海之一粟。就像有人形容:当黑洞照片上的光被射出时,人类的先祖还与猿猴一样在树上游荡,还不知道群星是何等的美丽,当这些光线抵达这个蓝色星球时,它们依然还是它们,而我们已经张开了探索的眼睛。看似渺小的人类,用探索之心总可以发现新的世界、做出伟大的壮举。"科学是永无止境的,它是一个永恒之谜",爱因斯坦的这句话将继续伴随未来更多的科学探索。只要像打造地球望远镜一样汇聚人类共同的力量,那些关于宇宙奥秘的新窗口将一扇接一扇地被打开。

(2019年04月15日)

为师者必须以德为先

张 烁

立德树人是教育的根本任务,为师者必须以德为先

面对公开曝光的典型案例,广大教师引以为鉴,明确行为规范,坚守行为底线,加强自我修养,自觉追求高尚,以德立身、以德立学、以德施教、以德育德

教师是教育之本,师德是教师之本。抓好师德师风,是建设高素质教师队伍的内在要求和重要保证。

前不久,教育部公开曝光4起违反教师职业行为十项准则典型案例。这样的举措,映照着维护师德师风的坚定决心。

"三寸粉笔,三尺讲台系国运;一颗丹心,一生秉烛铸民魂。"长期以来,广大教师贯彻党的教育方针,教书育人、勤勉奉献,为国家发展和民族振兴作出了重大贡献,受到学生的衷心爱戴和全社会的广泛尊敬。学高为师、身正为范,在学生眼里,老师的一言一行都给人以极大影响。特别是对年龄幼小、心智尚未成熟的少年儿童而言,常常因为喜欢某一位老师而喜欢某一门课,进而在某方面有一技之长;常常因为老师的一句鼓励,相信自己"一定行",从而主动学习甚至改变人生轨迹。反之,老师的一句伤害、一次打击,或者老师在某方面的不检点,则可能给孩子带来深重而长远的负面影响。

习近平总书记强调,评价教师队伍素质的第一标准应该是师德师风。立德树人是教育的根本任务,为师者必须以德为先。对于教师而言,即便学术水平再高、教学能力再强,如果师德师风不好,就不能算合格老师。因此,面对公开曝光的典型案例,广大教师应引以为鉴,明确行为规范,坚守行为底线,加强自我修养,自觉追求高尚,以德立身、以德立学、以德施教、以德育德。同时这也启示有关部门,在教师资格准入、招聘考核、职称评聘、推优评先、表彰奖励等一切环节,都要突出师德把关,严格执行师德"一票否决"。

"师者,人之模范也。"若要育人,先要律己。教师的职业特性,决定了合格的老师必须首先在道德上率先垂范。作为教师,如果身在课堂却心在商场或官场,在金钱、物欲、名利同人格的较量中把握不住自己,在是非、曲直、善恶、义利、得失等方面出现偏差,如何能担负起立德树人的重任呢?去年底,教育部印发三个"十项准则",立足新时代,分别对高校教师、中小学教师和幼儿园教师的职业行为作出明确规定,明晰了"正面清单"和"负面清单"。现实中,一些地方和学校加大对违规行为的查处力度,起到了良好的警示作用,得到了社会的广泛支持。

遇到好老师,是人一生的幸运。师德师风,事关孩子的成长,事关社会风气,事关国家和民族的未来。从战略高度认识教师工作的极端重要性,从严从实抓好师德师风建设,把严格制度规定同健全日常教育督导相结合,就能促进广大教师以身作则、立德垂范、为人师表,让良好师德师风浸润人心、传之久远。

(2019年04月12日)

老年人跟团游不应高门槛

朱玥颖

随着居民收入水平逐步提高、旅游市场持续发展，近年来，老年人跟团旅行成为一种常见现象。如何保障老年人安心畅快地参加旅行团、去外面的世界看一看，成为值得关注的问题。

老年人期盼美好的晚年生活。不少人辛苦了大半辈子，希望能来一场说走就走的旅行，享受品质生活。同时，因为工作忙碌，许多年轻人难以带父母一起旅行，也倾向于花钱让老人跟团游。然而，由于老年人身体状况特殊、购物欲望不强，参团前部分旅行社会设置或明或暗的门槛，诸如亲友陪同、医院体检、免责协议、健康证明、年龄限制等，名目繁多。即便成功参团，实际旅行过程中也可能出现低价团欺诈等风险，存在赶行程、加自费、保障少等乱象，严重影响了老年消费者的旅游体验，也不利于行业的健康发展。

目前，我国已成为世界上老年人口最多的国家，积极应对人口老龄化趋势是全社会的共同责任。前不久，电视剧《都挺好》热播，引发人们对养老话题的关注。老年人曾为社会创造物质和文化财富，我们理应赓续尊老敬老的传统，创造更好的条件、提供更好的服务，让他们安享幸福的晚年生活。此外，老年旅游市场也蕴藏着巨大发展空间。据全国老龄委调查数据显示，老年旅游人数已占旅游总人数的20%以上，老年人正成为旅游消费的生力军。携手努力、破解问题，提升服务质量、大

力整治乱象，才能推动老年人跟团游健康发展，增强"银发族"的幸福感。

从供给侧层面来看，旅行社和景区有责任提供高品质的老年旅游服务。在老年旅游产品结构上，应从以观光旅游为主向观光旅游、休闲旅游、疗养康复等复合型结构转变。在旅游项目方面，应当针对年龄进行细分，对于低龄老人可适当加入类似爬山、远足等运动性稍强的活动，而对于高龄老人可适当减少娱乐项目，让老人不需要耗费太多体力就能轻松舒适地完成旅行。此外，老年人自我保护能力相对较弱，安全保障必不可少。旅行团和旅游景区必须完善应急预案、配备急救人员，做到防患于未然。

从需求侧层面来看，老年消费者在参加跟团游时需要擦亮眼睛、谨慎选择。不少老人对价格敏感度较高，容易受"低价团"的诱惑。一些提供低价游的旅行社，一旦未能凑齐足够的人数，便会将游客层层转包，导致签合同的旅行社并非提供服务的旅行社，最终出了问题无人负责。子女应尽可能帮助老人，仔细了解旅游团的具体行程、接待标准，依据老人身体状况等谨慎选择线路。

从顶层设计层面来看，有关部门可继续完善相关政策法规，进一步保障老年消费者的权益。其实，我国早在2016年就发布了《旅行社老年旅游服务规范》，对行程安排、交通工具、接待服务、安全提醒、应急处理等方面提出了细致要求。例如，连续乘坐汽车时间不应超过2个小时，每个景点应安排充裕的游览时间；客车上应配备轮椅、拐杖等辅助器具；包机、包船、旅游专列和100人以上的老年旅游团应配备随团医生服务；等等。未来，还可在实践中建立健全制度、细化具体规定、加强问责追责，促进行业高质量发展。

春暖花开，正值旅游好时节。推动老年人跟团游迈向规范化、品质化、定制化，既有助于营造孝亲敬老的氛围，也将为旅游经济注入新活力。

（2019年04月11日）

开机广告别成"牛皮癣"

周珊珊

高高兴兴买回智能电视,却发现一开机就被广告包围:这些短则10多秒、长则近1分钟的广告,无法关闭、跳过或快进,给人带来困扰。最近,一些消费者因此对多家品牌智能电视发起投诉。

想要收获智能体验,却让广告绊了脚,无疑影响了消费感受。从消费者权益保护的角度出发,出厂自带、不可消除的开机广告,涉嫌损害消费者的切身利益。根据消费者权益保护法规定,有开机广告但在产品说明书和详情介绍页面未提及,损害了用户知情权。根据《互联网广告管理暂行办法》规定,强制消费者看广告,不给其自主取消、关闭广告的权限,也有违"利用互联网发布、发送广告,不得影响用户正常使用网络"的条款。

面对消费者的质疑,相关企业的售后客服表示,智能电视开机启动需要一定等待时间,此时加入广告可以缓解用户开机时的枯燥。更深层次原因恐怕在于,智能电视生产商采取了前期低价抢占市场、后续靠广告等补贴利润的商业模式。从表面上看,利用开机空当插入广告,或许是智能电视生产企业和广告主的"双赢",但实际上,这种做法的广告效果还有待评估,而且很可能损害品牌的美誉度。事实证明,企业如果只看短期效益,最终影响的必然是自身的长远发展。

其实,早在2017年,河南省消费者协会就曾围绕电视机广告问题公

开征集线索，拟对多家电视品牌侵犯消费者合法权益的行为提起公益诉讼。应当看到，商家之所以紧盯智能电视开机广告，其实是瞄准了正在快速成长的消费细分市场。当前，随着居民消费不断升级、基于互联网平台的消费空间持续拓展，新的增长点正在出现。数据显示，2019年预计智能电视的整体出货量约占中国电视机市场出货总量的90%；而超过60%的周活跃用户曾经在智能电视上有过付费行为。如何在尊重智能电视消费者的基础上，更好提升使用体验、满足用户需求，是激活消费潜力的现实课题。

消费是最终需求，既是生产的最终目的和动力，也是人民对美好生活需要的直接体现。去年9月，中共中央、国务院发布《关于完善促进消费体制机制进一步激发居民消费潜力的若干意见》。随后，国务院办公厅印发《完善促进消费体制机制实施方案（2018—2020年）》，明确提出多项重点任务，部署破解制约居民消费的突出体制机制障碍。这启示人们，在积极培育和聚焦消费新热点之时，还应多方携手、多措并举，更好满足消费者需求、保护消费者权益，让他们真正能消费、愿消费、敢消费。

党的十九大报告指出，我国经济已由高速增长阶段转向高质量发展阶段。推动经济高质量发展、推进产业迈向中高端，离不开品质过硬、更加智能的优质商品，也要匹配高质量的服务与体验。让消费者充分实现自由选择、自主消费，着力提升消费者的获得感、幸福感，才能为经济高质量发展不断注入新动能。

（2019年04月10日）

冰雪世界期待中国故事

薛 原

天时地利人和的汇聚，正勾勒出我国冰雪运动发展的大坐标和新蓝图，必将推动我国冰雪运动实现跨越式发展

从"不出山海关"到"南展西扩东进"，冰雪运动正在打破时空局限，开拓出更广阔的发展疆域，唱响春夏秋冬"四季歌"

冰雪运动和体育生活正日益融入经济社会发展主流，并为实现中国梦贡献着独特价值、彰显着独特风采

前不久，北京的郭先生一家在张家口崇礼度过了又一个愉快的雪上周末。自从孩子前两年跟着他学会了滑雪，崇礼就成了全家人冬季短途旅行的首选目的地。一年一度的崇礼国际滑雪节，见证着这座昔日隐藏在塞北群山中的小城，正飞速成长为滑雪运动之都。据不完全统计，2018—2019雪季，崇礼各大雪场接待滑雪游客近百万人次，同比增长23%。作为2022年北京冬奥会雪上项目主办比赛地，崇礼正吸引着越来越多天南地北的滑雪爱好者。

崇礼的成长之路，也是中国冰雪运动发展的缩影。2015年7月31日，北京携手张家口成功申办2022年冬奥会和冬残奥会，中国冰雪运动也犹如踏上全新的冰刀、雪板，获得前所未有的加速度。近日，中共中央办公厅、国务院办公厅印发《关于以2022年北京冬奥会为契机大力发展冰

雪运动的意见》，对发展冰雪运动作出了部署。天时地利人和的汇聚，正勾勒出我国冰雪运动发展的大坐标和新蓝图，必将推动我国冰雪运动实现跨越式发展。

习近平总书记强调，北京冬奥会是我国重要历史节点的重大标志性活动。冬奥会的成功举办离不开冰雪运动的蓬勃发展。这个赛季，中国冬季运动健儿转战世界赛场，隋文静／韩聪在花样滑冰世锦赛上第二次站上双人滑最高领奖台，年轻的中国雪车队捷报频传……大家向改革要竞争力，夯实备战工作的每一个细节。从1980年第一次来到冬奥会赛场、亲身感受与世界最高水平的差距，到2022年迎来自己的主场、争取新的更大荣光，一代又一代冬季运动人的梦想，从来都是和国家发展的脉动同频共振，不断奏出时代强音。

从"不出山海关"到"南展西扩东进"，冰雪运动正在打破时空局限，开拓出更广阔的发展疆域，唱响春夏秋冬"四季歌"。现实中，众多室内冰场落户一线城市繁华商圈，更多雪场在低纬度高海拔地区生根开花，全国大众冰雪季将冰雪运动的欢乐带给千家万户，冰雪运动进校园呈现出勃勃生机……带动3亿人参与冰雪运动的愿景，不仅引领着我国冰雪运动迈上新的台阶，也为冰雪运动在世界范围内的发展版图增添了亮色，令国际奥委会赞赏不已。"冰天雪地也是金山银山"。据估算，每1元钱雪场门票，就可以带动10元钱的相关消费支出。冰雪运动是体育产业的新亮点，可以连缀起很长的产业链，有助于扩大内需、促进就业，培育发展新动能。

纵览冬奥会走过的近百年历程，不难看出，气候地理条件、经济发展水平、冰雪运动传统是其发展的关键因素。因此，冰雪运动主要集中在欧洲的环阿尔卑斯地区、北欧东欧地区以及北美地区展开。随着日本举办札幌和长野冬奥会，韩国举办平昌冬奥会，以及2022年北京成为新的东道主，东亚地区日渐成为世界冰雪运动新的增长极。而北京能够成为奥运史上首座"双奥之城"、赢得国际社会的认可和青睐，离不开改革开放筑就的深厚底蕴，离不开时代孕育的万千气象，离不开前行路上的大国担当。回溯从申办到筹办的历程，人们不难体会到，冰雪运动和体育生活正日益融入经济社会发展主流，并为实现中国梦贡献着独特价值、彰显着独特风采。

正如习近平总书记深刻指出的，"普及冰雪运动，增强人民体质与中国实现'两个一百年'奋斗目标也是契合的。"冬奥会为我国冰雪运动发展带来契机，也为迈向体育强国增添了强劲动力。今天，全民健身和竞技体育比翼齐飞，体育产业和体育文化同步成长，国际形象和对外交往更为丰富。冰雪运动的均衡可持续发展模式，生动诠释着体育强国的多元内涵，为新时代写下如冰雪般洁白耀目的注脚。

"中国将全面兑现在申办北京冬奥会过程中的每一项承诺，为世界奉献一届精彩、非凡、卓越的冬奥会。我们将以北京冬奥会为契机，推动群众体育和竞技体育全面平衡发展，推进全民健身事业，不断提升人民健康水平。"这是对人民的承诺，也是对世界的承诺。2022，冰雪世界的全新故事，期待北京，期待中国。

（2019年04月08日）

健康是可以"管"出来的

李红梅

以健康结果为导向,对医联体、医共体等服务供给体系进行重点考核,辅以配套医保支付方式、居民健康效果评估等,使绝大部分慢病患者得到规范化管理

树立管理和维护健康的理念,以医保门诊报销推动防治结合、提高人民健康水平

没有全民健康,就没有全面小康。今年的《政府工作报告》提出:"做好常见慢性病防治,把高血压、糖尿病等门诊用药纳入医保报销。"这项务实举措,必将为更多人带来健康福祉。

随着经济社会快速发展、人均预期寿命持续延长,如今,高血压、糖尿病等慢性病患者众多。据统计,我国慢病患者已经逾4亿人。一些慢病虽不是要命的危急重病,稳定期也不用住院治疗,但对于患者来说,一经诊断就必须长期服药。不少人每天要吃药、每次吃好几种药,随着病情的发展,用药往往越来越新、越来越贵。由于筹资水平不同,各地医保报销在药品范围、比例等方面也存在差异,有些参保患者在门诊开药报销不了,或者在大医院开药报销较少。因此,把相关门诊用药纳入医保报销,有助于切实减轻慢病患者的家庭负担。

将高血压、糖尿病等慢病用药纳入门诊报销范围,也有利于以此为契

机，引导患者合理诊疗，增加慢病控制率、减少并发症，进而提升人群整体健康水平、节约医药费用。目前，我国居民人均收入水平不断提高，国家基本药物目录中有不少此类基本常用药，应该说，大部分慢病患者买得起、用得上药。但也应看到，大量患者并没有得到规范管理。比如，一些人不清楚自己有高血压，还有些人不想吃药，或是时断时续，没有定期复诊随访等。由于得到规范管理的患者不多，不少慢病患者并发症较多，加重了负担。以糖尿病为例，其并发症多达100余种，只有定期复诊、随访，及时控制病情发展，提高规范管理覆盖率，才能有效应对疾病带来的挑战。

医疗保障是一道重要防线，抵御着疾病带来的经济风险。覆盖全民的医保，能帮助居民解决后顾之忧，有助于维护全民健康。从当前的疾病谱来看，随着慢病病种增加、人数增多，医保基金的支付将面临更大压力。以门诊报销为抓手，引导人们规范就诊，让医生趁此机会建立患者慢病管理档案，加强健康干预、防治结合，就能有效管控慢病风险，确保医保基金的使用更加精准高效。这也要求医疗服务供给侧不仅要提供医疗救治服务，还要提供疾病预防、公共卫生服务。为人民健康服务，全方位全周期提供卫生健康服务，才更加契合健康中国的内涵。

目前，全国各地都建起了医联体、医共体，在大医院诊断，在乡镇卫生院、社区卫生服务机构开药，报销比例也较高。对慢病患者而言，这是比较合理的诊疗模式，有利于控制病情，且自付费用较低。在此种模式下，选择家附近的社区家庭医生，定期检查、随访，需要住院时再到上一级医院，有助于病情的控制。进而言之，着眼于疾病控制效果，有必要以健康结果为导向，对医联体、医共体等服务供给体系进行重点考核，辅以配套医保支付方式、居民健康效果评估等，使绝大部分慢病患者得到规范化管理。

健康是享受幸福的基本前提，也是人类的永恒追求。实践证明，健康是可以"管"出来的。尤其是对大量"生活方式病"来说，管理堪称治疗的重要方式。树立管理和维护健康的理念，以医保门诊报销推动防治结合、提高人民健康水平，一个更加可期的健康中国必将渐行渐近。

（2019年04月08日）

互联网客服要坚持服务用户的本位

张 雨

互联网时代，客服愈发成为企业形象的"代言"、品牌美誉的"前台"

网购电子产品不会用，问客服；商品坏了要维修，找客服；发现货不对版要维权，首询客服……在互联网时代，客服成了许多消费者寻求帮助的重要选择，甚至是联系商家的唯一渠道。可以说，客服愈发成为企业形象的"代言"、品牌美誉的"前台"。

然而，最近媒体曝光一些互联网客服"礼貌"背后的"忽悠"乱象，引发网友吐槽与热议。有的巧舌如簧向顾客保证"质量您放心"，却连实物都没见过；有的不解决问题，就会打太极反复说"尽快处理"；还有的号称"24小时客服"，实际是12个值班客服应付百万订单量……温柔地推三阻四，礼貌地忽悠、"甩锅"，客服反而成了客户满意度的"隔板"、维权路上的"关卡"、消费投诉的"新靶"。有网友评价，不解决问题的客服，就是企业花钱买摆设。

造成客服乱象的一个重要原因，在于许多企业将客服中心视为"成本部门"。客服及其背后的培训、管理、流程协调，成本投入越来越高。有公司测算，"一个客户打了5分钟的投诉电话，企业就花出9块钱"。因此，客服外包或者部分外包成为多数互联网企业的趋势性选择。然而，外包节省了成本，却会产生发包方与承包方协调不通畅、发包方赋予承包方处理权限不高、业务人员能力参差不齐等弊端，很容易造成投诉响应慢、问题解决效率低、用户体验差等问题。在"乐清女子滴滴打车遇害事件"中，滴滴外包客服备受诟病，便是例证。

进一步说，无论是自建还是外包，客服好不好归根到底反映着企业的价值观：是服务消费者，还是唯利是图？客服以服务用户为本位，就会想用户之所想，急用户之所急，专注于回答用户咨询、解决用户投诉、安抚用户情绪，以此来提升用户体验，树立企业在用户心中美好形象；若以服务企业为本位，就容易"多一事不如少一事"，只要小事不闹大，不给企业找事，就可以不管它。问题没有变成麻烦，客服貌似"赢"了当下，但企业却输了未来，外包公司也背上骂名。要想"三赢"，企业就必须让客服回归服务用户的本位。

实际上，客服体系不是企业的成本"包袱"，而是企业的宝贵资产。随着市场竞争日趋激烈，越来越多的企业从卖产品转战到卖服务、卖口碑。一项调查表明，75%的消费者会因对客服不满意而放弃购买行为。可见，客服满意度实实在在影响着产品购买率，不忽视任何一个环节的用户体验，企业发展才有好前景。另一方面，客服能够听到用户真实需求，从投诉中掌握用户的痛点、堵点，这些都是企业产品升级创新、市场战略调整的重要"参照物"。善用客服，就能催生出新的增量市场，促使其成本属性向利润属性转变。

面向未来，智能客服会逐渐替代部分客服功能，但不变的是对客户需求的洞察把握、对服务品质的永恒追求。当前，一些地方政府正在打造呼叫（客服）中心之都，做好引导规范、监督管理，不仅能够成为打造客服产业标准的高地，还可能因为占据大量用户需求、痛点数据而成为各个行业转型升级的策源地。相信在各方努力下，客服将成为各个行业做大做强的推动者。

（2019年04月04日）

善用我们的语言宝库

盛玉雷

在一个新词汇层出不穷的时代，准确说出所思所想，比不假思索套用流行词汇更有价值

在创新与守正的辩证中感悟过去、探索未来，语言的河流就会奔腾不息，交流与沟通就能心心相印

春天万物复苏，面对烂漫春光，有人在"红杏枝头"品味春意，于"拂堤杨柳"陶醉氤氲春雾，有人却语竭词穷、词不达意，停留在"哇""超赞"的简单感叹。尽管众人眼中的景色"远近高低各不同"，但网络语言风靡、文化内涵缺失的现象，不经意间影响着越来越多人的日常交流和情感表达。

汉语博大精深、自成一体，在表达上有简洁、生动、意蕴深长的特点。不说古诗词，单说日常用语就是如此。比如，单就一个"笑"字，就有前仰后合的大笑、勉为其难的苦笑、忍俊不禁的微笑、尖酸刻薄的嘲笑等区分，仅形容笑声就有"哈哈""嘻嘻""嘿嘿""咯咯""呵呵""扑哧"等区别。可以说，多样的表达折射出多重情感，反映着多彩生活。而善用语言，不仅可以更好地说出个人的故事、自己的想法，而且能够以百花齐放的语言实践，营造丰富多元的文化氛围。

然而，最近的一项调查显示，76.5%的受访者感觉自己的语言越来

越贫乏,主要表现在不会用复杂、微妙且精确的修辞,以及基本不会引用乃至创作诗句。正如网友所说,"有时候脑子里想一件事,无法很利索、饱满地说出来",越来越多的人习惯使用一套固定句式或者很多夸张的语气词,看似个性实则雷同,既钝化了丰富多彩的表达方式,也在一定程度上阻滞了吐故纳新的文化积累。

是我们的语言贫乏了吗?并不尽然。从存量上来说,我们词汇、句子、典故等语料的多少,可能并没有太大变化。从增量上说,网络语言等已有新的迅猛增加。与其说语言贫乏,不如说是表达上的一种偏爱。语言嬗变的风向,也是时代发展的走向。互联网时代争分夺秒,自然要求更直接的信息、更简洁的表达。信息洪流的湍急,也让同质化信息唾手可得,随手复制粘贴称得上高效。网络语言所创造的大量流行词、新句式、新修辞,在简化语言的同时也为其注入了鲜活的生命力和时代感。因此,古诗成语也好,网络用语也罢,都是表情达意的方式,都蕴含着语言的力量。

语言的活力来自常用常新。在一个新词汇层出不穷的时代,准确说出所思所想,比不假思索套用流行词汇更有价值。很多时候,网络用语的风头正盛只是暂时的,真正拥有生命力的语言总会在时间的沉淀下大浪淘沙。只有直面内心感受的差异化表达,才能生机勃勃、经久不衰,造就语言的经典。

更进一步看,身处网络时代和自媒体时代,我们或许更需要"咬文嚼字"。一段时间以来,从教科书上的"姥姥""外婆"的称谓之争,到"远上寒山石径斜""乡音无改鬓毛衰"等诗词的古音讨论,如今的语言生活空前活跃也空前复杂。在语言的吐故纳新中,倒映着传统与现代的激荡、文化与生活的互动。如何对待语言、如何更好表达,其实也是如何善待文化、对待生活。语言是文化的载体,用丰富的表达去认清自我、认识生活,在创新与守正的辩证中感悟过去、探索未来,语言的河流就会奔腾不息,交流与沟通就能心心相印。

(2019 年 04 月 03 日)

解好消费信贷的治理方程

李洪兴

近些年,随着经济快速发展,人们的消费理念在更新、消费渠道在拓宽,消费金融特别是消费信贷迎来发展契机。作为向消费者提供金融服务的信贷产品,其使用人群、应用场景越来越多,从小微企业到普通群众,从购物到旅游,在一定程度上激活了消费潜力。然而,消费信贷也是一把"双刃剑",教育分期贷就是典型案例。

最近有媒体报道,一些即将毕业的大学生因轻信教育分期贷而陷入了"套路贷"。简单来说,快毕业的大学生为提高自身技能,以便找到更好的工作,就报名参加培训班,而有的培训机构以欺骗、诱导等方式,"忽悠"收入微薄甚至交不起学费的学生采用分期付款方式缴学费,甚至在学生不知情时,为其在金融平台办理贷款。一旦学生背上此类贷款,就成了甩不掉的包袱。

教育分期贷,原本是一项可以共赢的金融创新。理论上讲,教育分期贷就是让那些没有经济能力却想通过职业教育培训提升自我的人,通过助学分期贷款,找到发展进阶的梯子。学生能进步、培训机构有生源、金融平台能收益,"三赢"的机制确实"看上去很美"。然而,在看似合理的链条中,现实的某个环节一旦偏离常规,教育分期贷就容易变味。

问题究竟出在哪里?从目前的很多案例中能看出,不少培训机构夸大宣传、隐匿信息,把重心从教学转向了"拉客户";一些金融平台不断降低门槛、放松监管、弱化风险控制,让信贷"易借难还"。对于有"上进心"的大学生来说,很容易因为办理一个贷款而陷入"还款—催债—还款"的境地,无论是哪一方都背离了最初的出发点。可以说,让"互联网+金融+教育"逐渐演变成了一场"信贷套路",受损害的不仅是大学生,还包括发展中的职业培训教育及日渐规范的金融平台。

　　每一次创新尝试都不免出现新情况、新问题,直面并解决这些问题,才能让好事变得更好。对教育分期贷来说,如何让教育培训机构真正回归教育、如何让金融平台在强监管中优化服务、如何给大学生们普及金融安全知识、提供有力的法律支持,值得各方认真考量。教育分期贷乱象是消费信贷的一个侧面,它们代表的不只是一个产品、一桩生意,而是考验着工商注册、教育管理、金融监管、公安执法等多部门的治理能力。能否让有资质有保障的机构提供服务、能否强化监管以便把风险降到最低、能否给予相关受害者法律援助,至关重要。其实,这不是一道"有借有还"的算术题,而是金融服务如何在法治轨道上安全运行的治理题。

　　一位业内人士说,教育信贷是需要有情怀的——用最好的技术将利率降到最低,去服务最需要的人群。正如全国金融工作会议所指出的,金融要"全面提升服务效率和水平,把更多金融资源配置到经济社会发展的重点领域和薄弱环节,更好满足人民群众和实体经济多样化的金融需求"。只有真正回归本源,金融创新才能在金融安全的前提下,助力经济社会健康发展。

(2019 年 04 月 03 日)

共同守护数据安全

姜 赟

保留免受骚扰的权利、自主选择的权利,正是用户重视数据安全感的根本原因

如何增进我们的数据安全感,是"大数据时代"必须回答的一道考题。然而,近日有不少网友反映,一些APP(手机软件)在"偷听"说话,并进行相关推荐;在国外,"脸书"等也陷入"窃听"用户的质疑中。

不过,尽管有关推测很多,但大都还未证实,业内专家也观点不一,呼唤监管部门给出权威说法。换句话说,权威的声音慢一拍、行动迟一步,用户数据安全感就少一分。与此同时,相关手机软件接连"喊冤",均保证只会合法合规地获取和使用用户信息。即便如此,许多用户的担心还是无法打消,因为互联网公司此前滥用大数据的行为并不少见。实际上,这种不信任的源头,在于手机软件获取用户信息权限的模式。当用户注册某个手机软件时,就会弹出要求用户授权各类信息权限的条款,包括通讯录、麦克风、地理位置等。这种情形下,用户要么接受"霸王条款",要么被"隐形套路",否则就无法使用手机软件。没有选择权——个人信息第一道关口的失守,是用户缺失数据安全感的重要原因。

今天,数据价值堪比石油,引得商家"争抢",是因为我们的生产生活已经被算法包围。企业利用算法挖掘分析用户数据,可以精准判断用

户的消费需求，从而精准"推销"产品、谋划产业布局。但是，对用户而言，乐也算法，忧也算法。乐的是算法带来服务个性化，忧的是算法提供的服务"太精准"。一旦数据泄露或者被滥用，骚扰电话、网络诈骗等也可以从过去的"误打误撞靠运气"变得"精准定制有底气"。保留免受骚扰的权利、自主选择的权利，正是用户重视数据安全感的根本原因。

捍卫数据安全，就是在守护美好未来。在互联网时代，每个人都要为自己把关，不仅要养成安全使用手机软件的习惯，而且还要在发现隐私被侵犯时勇于拿起法律武器。近日，一位法律人士发现"抖音""多闪"等手机软件在没有授权的情况下，向他精准推荐了多位"好友"，便在北京互联网法院起诉并获立案。企业亦如是，如果不是目光短浅，便一定能看得清，一旦安全事故的"灰犀牛"来临，商家将丧失更多用户；只要数据安全受到威胁，大数据和人工智能的商业前景就会受到挑战。放弃窃取、滥用数据的眼前利益，共同守护数据安全才是明智之选。以制度构建立体防御体系，形成个人、企业与相关部门共同发力的监管网络，方能阻断窃取隐私的"不法之手"。

有人说，安全感就是"我怕黑，而你是光"。今年两会上，十三届全国人大二次会议发言人张业遂透露，"全国人大常委会已将制定个人信息保护法列入本届立法规划"。这意味着我们将告别个人信息保护分散立法的状态。未来，有了专门法律做"靠山"、各方合力当保障，企业非法收集、滥用数据的"灰色空间"将越来越小，用户的数据安全感也将越来越实。

（2019 年 04 月 02 日）

严惩破坏生态行为

石 羚

近日,针对违法毁林、搞违建的黑龙江牡丹江市"曹园事件",相关部门快速响应。经初步查明,涉事企业存在违法采伐、违法占地、违法建设等行为。牡丹江市责成涉事企业即日起开始自行拆除违建。此举再次体现了生态红线不能逾越、有一起处理一起的坚定态度。

像保护眼睛一样保护生态环境,像对待生命一样对待生态环境;对破坏生态环境的行为,不能手软,不能下不为例,这是党和政府一以贯之的立场和态度。良好生态环境是一笔既买不来也借不到的宝贵财富,破坏了就很难恢复。违法毁林、搞违建,既逾越了法律边界,更是"吃祖宗饭砸子孙碗"的事。在生态环境保护问题上,只要越雷池一步,就应该受到惩罚,决不手软。

党的十八大以来,从"史上最严格"的环保法、"史上最大规模"的环保督察,到出台生态文明建设目标评价考核办法,党中央对保护生态环境高度重视,创造了我国生态文明建设力度最大、举措最实、推进最快、成效最好的时期,打破长期以来"经济发展一手较硬、生态环境保护一手较软"的怪圈。从甘肃省3名副省级干部及几十名领导干部因祁连山国家级自然保护区生态破坏而被严肃问责,到陕西秦岭北麓违建别墅问题彻查整治,再到长江边上还在盈利的化工厂主动脱旧换新……典型案例向世人展示了新环保法"钢牙利齿"、"环保督察"动真碰硬的威力。可以说，无论是依法遏制企业环境违法行为，还是环保督察打破诸多转型僵局，都使人们相信美丽中国的道路绝对不会跑偏。

当然，在严厉打击破坏生态违法行为的同时，一些地方政府也需要反思发展模式。保护生态环境和发展经济从根本上讲是有机统一、相辅相成的。我们既不能因为加快发展的冲动就心怀侥幸，阻碍向绿色发展的真正转型；也不能因为经济发展遇到一点困难，就开始动铺摊子上项目、以牺牲环境换取经济增长的念头。面对发展压力、考核要求，能否践行"绿水青山就是金山银山"的理念，改变土地财政、"先上车后补票"等不良发展模式，拷问着生态环境保护的决心和能力。

生态环境是关系民生的重大社会问题，也是关系党的使命宗旨的重大政治问题。山明水秀的自然生态离不开风清气正的政治生态。"曹园事件"中，一个细节令人印象深刻：有关部门先后三次对违法占地建设下达行政处罚，虽然罚款交了，但责令拆除的违建依旧岿然不动。相关部门负责人表示，这是因为"没有强制执行权"；而申请强制执行时，也因为"无正当理由逾期"而不予受理。可见，"徒法不足以自行"，执法失之于宽，监管失之于软，就守不好绿水青山、保不住美丽家园。"曹园事件"启示我们，各方都要担当起自己的责任，破除"一亩三分地"意识，互相协力而不是彼此卸力，才能让政策法规真正"长出牙齿"。

此次事件表明，对具体责任人的处置固然重要，有关方面更应将此事作为制度完善、工作改进的契机。新时代展现新作为，我们才能激发出生态保护的新能量，让绿水青山承载起美丽中国的明天。

（2019 年 04 月 01 日）

开启品牌强国新征程

艾 梧

近年来,"国货崛起"不仅成为热门关注话题,更成为实实在在的趋势:从智能手机到白色家电,从洗护产品到穿戴品牌,从高铁"名片"到移动支付,自主品牌和中国制造愈发受到消费者青睐。

日前,环球网在历经5年纵向研究后发布市场调查报告,显示受访者对自主品牌的正面印象净值从2015年的22.8%一路攀升至2019年的83.8%。自主品牌脱颖而出,在一些观察者眼里,一个重要因素是占据市场消费主力的90后和00后更有本土情怀,此外许多自主品牌有主动"触网"的新媒体优势,也有深入基层末梢的线下销售渠道,更容易接触各类消费者。进一步地说,自主品牌之所以从小到大、由弱走强,获得越来越多的信任和好感,重视质量和创新、勇于开放发展等原因其实更为关键。

创新为魂,质量为本,诚信为根,这是任何品牌都绕不过的市场法则。我们经历过"票证经济"时期的物质短缺,经历过"山寨"横行时的质量低劣,但也见证了像海尔张瑞敏怒砸冰箱、武林门火烧温州鞋这样重视质量和诚信的重要时刻。自主品牌形象持续向好,从根本上说得益于产品质量、设计能力和科技含量的实质性提升,符合广大消费者对高品质产品的需求。正是靠着坚定不移地推动创新、守卫质量、做大品牌,中国制造才实现了从贴牌到创牌、从跟跑到并跑领跑的历史性跨越。

讨论国货崛起，同样离不开经济全球化的时代大潮。国门开放之初，势单力薄、质量较差的自主品牌一度非常被动。但是，"我们呛过水，遇到过漩涡，遇到过风浪，但我们在游泳中学会了游泳"。从上世纪90年代联想等国产电脑品牌的兴起，到近年来华为、小米等国产手机品牌的崛起，经济全球化引燃国内市场竞争，鞭策自主品牌在技术创新、管理升级中锤炼本领、开拓蓝海，完成了从"一叶扁舟"到"巨型战舰"的蜕变。无惧竞争、主动同高手过招，到国际市场里配置资源，打造更多质量优、竞争力强、附加值高的拳头品牌，自主品牌就能有足够的底气和实力，到国际舞台上一展拳脚，让世界爱上中国制造。

品牌不仅是企业走向世界的通行证，也是满足人民美好生活需要的有力支撑，更是国家竞争力的重要体现、国家形象的亮丽名片。当我们欣慰于自主品牌美誉度提升，也应清醒认识到，国际知名品牌数量还不够多、实力还不够强。早在2014年，习近平总书记就强调，"推动中国制造向中国创造转变、中国速度向中国质量转变、中国产品向中国品牌转变"。近几年，从力推创新驱动发展到攻坚核心技术，从大力弘扬劳模精神、工匠精神、企业家精神到设立中国品牌日、大力打击假冒伪劣……各方团结努力，正在加快培育具备国际影响力的一流品牌，中国向制造强国、品牌强国迈出坚实步伐。

"我们遇上了这个伟大的时代，大家要对中国品牌有信心，对中国民营企业有信心。"两会上，全国人大代表丁世忠在"代表通道"接受采访时这样表示。中国企业在自主创新、质量提升、转型发展、责任建设等方面奋起直追，努力冲上全球产业链、价值链中高端，一定能为国家产业版图注入新活力，让中国品牌屹立于世界品牌之林。

（2019年03月29日）

坚定信心，打赢蓝天保卫战

刘 毅

蓝天保卫战是一场大仗、硬仗、苦仗，绝不是吹响冲锋号、打几个冲锋，就能大功告成的

遇到重污染天气袭来时，别丧失信心、改弦更张，轻易地否定和调整治污大方向

污染排放、气象条件和区域传输，是三大影响因素；远超环境承载力的污染排放强度，是大气重污染形成的主因；工业、机动车、燃煤、扬尘，是四大污染源；有机物、硝酸盐、硫酸盐、铵盐，是PM2.5四大类组成成分……近日，国家大气污染防治攻关联合中心发布京津冀及周边地区大气重污染成因与治理攻关项目阶段性成果，引发广泛关注。

这一汇聚全国2000多名一线专家参与的联合攻关项目，如同给大气污染状况作了一个"全身CT"，使人们对雾霾的来龙去脉，看得更为清晰。对病根全面检查和诊断的结果，表明前几年的药方是对症的。2013—2017年"大气十条"实施，设定的"京60"（2017年北京市PM2.5年均浓度达到60微克/立方米）目标曾被视为"不可能完成的任务"，最终结果为58微克/立方米。2018年，打赢蓝天保卫战三年行动计划启动，采取了调整优化产业、能源、运输、用地"四大结构"等举措，初战告捷，成效明显，全国338个地级及以上城市空气质量优良天数达到79.3%，

PM2.5浓度同比下降9.3%。最新攻关研究成果使得各地各部门有信心持续照方抓药、标本兼治，沿着正确的方向和路子继续走下去。

不过，大气污染是多年积累的结果，治环境污染的沉疴，不能指望药到病除，过程中必然会有曲折和反复。例如，去年秋冬季，由于区域气象条件较差、工业污染物排放量增加等因素，京津冀及周边地区出现PM2.5浓度同比不降反升的现象。这充分说明大气污染防治形势依然很严峻，天不帮忙、排放增加时，雾霾就可能比较重。大气污染防治具有长期性、艰巨性、复杂性，蓝天保卫战是一场大仗、硬仗、苦仗，绝不是吹响冲锋号、打几个冲锋，就能大功告成的。

当前，我国经济运行稳中有变、变中有忧，外部环境复杂严峻，经济面临下行压力。因为经济发展遇到一点困难，就开始动铺摊子上项目、以牺牲环境换取经济增长的念头，甚至想方设法突破生态保护红线，这是绝不可取的做法。如果不能保持加强生态环境保护建设、打赢蓝天保卫战的定力，动摇、松劲、开口子，以牺牲蓝天白云为代价换取一时一地经济增长，将来付出的代价必定是"难以承受之重"。领导干部尤须谨记：如果对造成生态环境损害负有责任，将来不论是否已调离、提拔或者退休，都必将被严肃追责。

治理污染要动真碰硬，也要依靠科学，不能蛮干。对大气重污染病因的精细分析，为下一步精准治理提供了依据。比如，对京津冀及周边地区PM2.5组分的监测分析表明，硝酸盐区域性污染十分突出，在PM2.5组分"黑名单"中已排到第二，其浓度快速上升，成为PM2.5爆发式增长的关键因素之一。硝酸盐主要来自氮氧化物排放，这表明加强机动车、电力和供热行业排放等领域的氮氧化物排放控制迫在眉睫，需要进一步对症下药。

污染防治攻坚战是三大攻坚战之一，必须打好打赢。在蓝天白云较多的日子里，别自满松懈、放松要求；遇到重污染天气袭来时，别丧失信心、改弦更张，轻易地否定和调整治污大方向。保持加强生态环境保护建设的定力，撸起袖子干，挥洒汗水拼，我们将迎来更多的蓝天白云、绿水青山。

（2019年03月28日）

为救助者解除后顾之忧

敬一山

> 我们既要赞美道德，更要信奉法治。制度性保障并不排斥道德弘扬，相反，它可以促成道德生长

坐高铁的时候，我们经常会听到这样的广播，有乘客突发病情，请求列车上的医务工作者前往提供帮助。媒体也经常报道，某某医生在列车上及时仗义出手，救病人于水火。可最近的一则新闻，令不少医生心生疑虑。

3月17日，D3563次列车上有乘客突发疾病，女医生陈瑞及时伸出援手，可在积极施救后，列车工作人员向其索要医师证，甚至还要其亲手写下情况说明，"签字画押"。列车工作人员的做法，让陈医生感到后怕，如果病人病情后来恶化、产生纠纷，那是不是意味着她要承担责任？

这一事件经媒体传播后，引发网上热烈讨论。陈医生的担忧也演变成医生的群体顾虑，甚至有人疑惑，类似见义勇为的做法，会不会被追究"非法行医"。好在南宁客运段官微很快致歉，承认工作人员处置不当，表示将进一步规范应急处置流程；广西卫健委也及时发声，力挺陈医生做法是发扬人道主义和救死扶伤精神，符合执业医师法等相关法规，值得表扬和肯定。

这些官方表态，等于是给医生的行为按下道义上的确认键，可不得

不看到的是，道德层面的推崇和认可，对于化解现实顾虑，有时候还不够。正如现实中人人都知道见义勇为值得推崇，可如今看见路边摔倒的老人，有人未必敢轻易出手相扶。原因无他，担心无法自证清白、好人未必有好报。所以，一个社会道德水位的高低，和能给倡导的行为提供怎样的制度性保护息息相关。

列车工作人员之所以又是索要医师证，又是要求仗义出手的医生写情况说明，现实的原因很可能是为了防范可能出现的风险。但一味怪罪于具体工作人员，也有些违背情理。如果对于高铁急救可能出现的纠纷没有明确的制度预判，那风险就会落在具体工作人员乃至医生身上。可见，没有制度性保障，那就可能出现病人处于危急状态而无人敢施救的局面。

要化解这样的困境，在道德上倡导医生的仗义行为之外，重要的是明确风险承担机制。之前有航空公司就遇到这样的案例，有乘客在飞机上突发疾病，机组工作人员也紧急召唤医生参与救治，但最终病人没能挽救回来，其后家属起诉航空公司索赔数十万。虽然法院裁定航空公司救治程序没问题，但这一事件说明，飞机或者列车上的紧急救助确实有发生纠纷的可能。那么遇到不同情形，怎么划定医生和工作人员的免责界线就很关键。唯有制度上先行明确，才能保证各方没有后顾之忧，尽可能减少执行层面的"处置不当"。

我们既要赞美道德，更要信奉法治。制度性保障并不排斥道德弘扬，相反，它可以促成道德生长。希望相关部门能尽快明确相应紧急救治制度，进而推动救治过程更规范，让医生看到，仗义出手非但不会有难以预料的风险，还能得到善意的保护和肯定。这才是真正对医生和乘客负责，才能让高铁出行变得更安全。

（2019年03月27日）

让"城市绿道"不断延伸

何鼎鼎

绿道是心灵通道,连接了城市与田园,融合了传统与现代。城市绿道,不仅是种草植树,更是用理念铺路

城市的主体归根到底是人,生产之外,还有生活;建设之外,也需留白。在发展中能看得见具体的人,满足他们对美好生活的向往,这是城市规划的进步

如今,若在上海、武汉街头停下脚,当地人或许会告诉你:他们引以为傲的地标,除了上海中心、黄鹤楼,还有黄浦江两岸45公里贯通的绿道,还有东湖边的绿道,这让全国两会上的代表委员点赞它是"生态优先、绿色发展的典范之作"。

放眼其他地方,南京的明城墙绿道、环紫金山绿道,广州的黄埔绿道,成都的天府绿道……绿道给城市提供了一套慢行系统。在树林掩映之中,步行道、跑道、骑行道依次排开,如琴弦并列,在高架、环线、地铁奏响的城市"快旋律"外,写下一首舒缓的"副歌"。快还是慢?这是辩论了很久的生活话题,最佳的答案,恐怕还是兼而有之。即使在陆家嘴上班的金融人士,再争分夺秒,也总有一刻愿意将时钟拨慢,走到楼下滨江绿道散散心。此时,绿道是添绿的步道,也是吟啸徐行的载体,是生活中不可或缺的另一个"频道"。

城市绿道不断延伸，多少埋藏着人们对田园城市的寄望。从现代化的进程看，人口向城市集中是大趋势，但紧接的问题便是：城市，如何让生活更美好？2013年的中央城镇化工作会议提出，"让城市融入大自然，让居民望得见山、看得见水、记得住乡愁"。这一种最自然不过的情感，抒发的是存于每个人心底的生活理想。南朝史学家吴均在《与朱元思书》中曾感叹："自富阳至桐庐一百许里，奇山异水，天下独绝"。两年多前，富阳江滨大道开通，这条"最美绿道"因"望尽富春山水"引许多人徜徉其中。此处，绿道是心灵通道，连接了城市与田园，融合了传统与现代。

让人心向往之的田园城市，总是以绿色发展理念为支撑的。杭州从2003年起在市区河道整治同时建设城市慢行系统，历经16年努力，建成各类绿道几千公里，形成了以西湖风景名胜区为"绿芯"，钱塘江、运河绿地为"绿带"，河流、道路沿线的绿地为"绿脉"，各级公园绿地和绿化广场为"绿点"的城区绿道系统。多少年来，杭州人一直感念白居易、苏轼两位太守，庆幸他们"前人栽树"，留下"绿杨阴里白沙堤"。可喜的是，后人并没止于乘凉，绿色发展的理念在这里发扬，丹青妙手，点染了多少绿水青山。

理念的力量是无穷的。在诸多案例中不难看到，绿道有了最先的1公里，往往很快就有第100公里；而它的横向扩散，又会变成"绿芯"，变成"海绵城市"。从这个意义上说，城市绿道，不仅是种草植树，更是用理念铺路，总有起点，但没有终点。

在城市绿道的规划中，我们还能看到一种分享的理念。去年，在武汉江滩和上海黄浦江边采访，当地干部无一例外提到了："还江岸、江滩于民"这句话。一个"还"字意蕴深。这是分享改革发展成果在空间上的体现。当码头、企业为民生发展让步，经济指标为幸福指数让路，也意味着城市规划者逐渐意识到：城市的主体归根到底是人，生产之外，还有生活；忙碌之外，还需休憩；建设之外，也需留白。在发展中能看得见具体的人，满足他们对美好生活的向往，这是城市规划的进步。

城市绿道不仅仅是一条路，它也是城市规划的"思路"，思路一变天

地更宽;它也对接了现代城市人的"心路",让田园诗意可望可即;当然也预示着整个国家的"出路",绿色发展没有休止符。所以,这样的绿道,不妨长一些,再长一些。

(2019年03月26日)

信用建设，让更多人放心消费

盛玉雷

> 加强消费领域信用体系建设，既是亿万消费者实现美好生活向往的共同期盼，也是促进高质量发展的必然要求

商谚有云：宁可失钱，不可失信。对于经营者和消费者来说，信用是沟通交流、交易买卖的"硬通货"。但在现实中，夸大宣传、假促销等失信违法行为时有耳闻，特别是网络购物、保健品和金融理财，成为亟待加强信用建设的重点领域。

近日，中国消费者协会发布《信用消费与消费者认知调查报告》，备受广大消费者瞩目。2019年消费维权年主题为"信用让消费更放心"，也可谓抓住了消费领域的痛点。这几年，我国社会信用体系建设取得不断进步，联合惩戒措施应用范围持续拓展、联合奖惩机制实施成效不断扩大、信用信息归集共享总量大幅增长、统一社会信用代码制度全面实施。同时也要看到，伪造信息刷好评、把高仿当正品来销售、一些产品或服务信息"陷阱"多……现实生活中，消费领域假冒伪劣、虚假宣传、缺斤少两等损害消费者权益的情况时有发生，经营者信用状况与放心消费、安全消费、快乐消费的标准还有距离，也阻碍着消费潜力的进一步释放。

如果说不断改善的物质条件，促使越来越多的人"愿消费"；那么塑

造一个安全放心的消费环境的意义，就在于让更多人"敢消费"。比如，有的农特产品走俏，原因就在于包装上印有二维码，消费者扫一扫就能追溯生产、加工、品控、质检等各个环节；再比如，调查报告显示消费者进行消费时普遍都会关注各类评价信息，信息真实可靠是消费者的重要关切。这些现象表明，信用让消费者更能感知"安全""优质"与"互信"。一旦架起从"愿消费"到"敢消费"的信任桥梁，就能提升消费意愿，增强消费信心。

进一步看，线上线下的交易买卖，关系每个消费者的账单，也关乎国家经济社会发展的账本。统计显示，去年社会消费品零售总额达38.1万亿元，消费对GDP增长的贡献率达到76.2%，连续5年成为经济增长第一引擎，转型持续推进，升级态势明显，突出表现在消费形态从实物消费向服务消费转变，消费结构由基本生存型向发展享受型转变。这也就意味着，从健康养老到金融理财，从文化旅游到信息服务，信用消费在消费领域的应用场景越来越多，信用环境将直接影响消费者的满意度和消费市场的新增长点。正因如此，加强消费领域信用体系建设，营造更加安全放心的消费环境，既是亿万消费者实现美好生活向往的共同期盼，也是促进高质量发展的必然要求。

人无信不立，业无信不兴。为信用消费体系建设保驾护航，既要强化制度设计，也要重视末端治理。调查报告里有一处细节，98.3%的受访者面对经营者失信或违法违规行为会采取维权行动，超过一半的受访者建议将经营者严重失信行为"列入信用'黑名单'"。这说明必须加快建立覆盖全社会的征信系统，完善守法诚信褒奖机制和违法失信惩戒机制，让败德违法者受到惩治、付出代价，使人不敢失信、不能失信，创建安全放心的消费环境，营造诚实守信的消费氛围。

在今年的全国两会上，央行相关负责同志用"岳母挑女婿要看征信报告"的说法，形象地表达了信用的重要性。对于消费领域而言，用机制约束商业失信，以信用激发消费潜能，才能让消费少一分担心、多一分放心，进而助力经济增长，添彩美好生活。

（2019年03月25日）

今年经济开局为何平稳向好

周人杰

更多采取市场化、法治化手段调控,把就业放在更加突出位置,加强金融风险监测预警和化解处置,中国经济必能驶向更为开阔的水域

新春伊始,中国经济开局平稳,向好趋势逐步显现。但1—2月的经济数据公布后,仍有个别指标引发议论,比如社会融资规模,相比1月份的同比放量增长有所收敛,规模以上工业增加值增速也有小幅回落。对于个别指标的阶段性波动,我们需要秉持科学态度,具体分析成因与影响,并从全局角度观察整体态势,坚定对中国经济的信心,沿着中央经济工作会议指引的方向奋力前行。

回顾历史不难发现,每年的1月、2月数据多受"春节效应"的影响,会造成产品销售、信贷投放及其统计的波动。比如1月的汽车销售与出口就明显高于2月。而剔除春节因素后的规模以上工业增加值增速也"由负转正"。至于金融数据,更要在较长的时间轴上综合研判,要看到社会融资及其中对实体企业发放贷款的比例,相比去年年底均有优化和提升,将为全年经济提供合理充裕的信贷保障。

正确认识个别指标波动,还要全面读懂指标体系,见树木更要见森林。应充分肯定的是,1—2月社会消费品零售总额同比增长8.2%,城镇

新增就业人数达174万人，战略性新兴产业增加值同比增长10.1%，2月份消费者信心指数环比提高2.3个百分点。消费、就业、投资等指标综合反映了经济总量与结构的"双稳双进"。更何况，汇率保持总体平稳，物价水平温和上涨，外汇储备连增4个月，这些长期稳健的指标数据，一直在为中国经济的行稳致远护航。

数据展示成绩，同时也反映预期。1—2月新开工项目计划总投资同比增长4.9%，民间投资同比增长7.5%，实际使用外资同比增长5.5%，现代服务业更保持了26.5%的较高增速。这些带有前瞻性的指标表明消费者信心和投资者预期均呈良好态势。预期的背后是什么？是供需双侧对更大规模减税降费实惠的期待，对打破民营企业融资瓶颈的期待，对全面深化改革释放红利的期待。我们的货币政策管总量、守闸门，又调结构、提质量，财政政策积极应对下行压力，适度提高赤字容忍率，企业与民众没有任何理由不对经济前景充满信心。

有信心的同时，我们也需要增强风险意识和底线思维。前两月的城镇调查失业率为5.1%和5.3%，同比和环比均有微升。这其中有就业总体稳定的基础，也有劳动力供需结构性错位的矛盾，需要认真研究、严肃应对，全面实施就业优先政策。总的看，只要我们以"放管服"改革激发市场主体活力，辩证处理好"六稳"关系、把就业放在更加突出位置，更多运用市场化、法治化的手段实施宏观调控，加强金融风险监测预警和化解处置，完善房地产市场平稳健康发展的长效机制，中国经济必将在"巩固、增强、提升、畅通"的供给侧结构性改革中继续成为世界经济"稳定之锚"。

马克思在《资本论》里开宗明义指出："分析经济形式，既不能用显微镜，也不能用化学试剂。二者都必须用抽象力来代替。"今天我们认识、把握中国经济形势，同样离不开这种"抽象力"，冷静对待个别数据的波动，综合审视经济运行基本面，发掘预期性指标异动背后的真问题，有的放矢给出预调微调的应对。按照党中央统一部署，把困难估计得更充分一些，把解决问题的措施想得更周全一些，把各项工作做得更扎实一些，中国经济必能驶向更为开阔的水域。

（2019年03月22日）

书写伟大变革新篇章

桂从路

> 展览激荡的力量不断延伸,凝聚起更多人携手再出发、将改革开放进行到底的强劲正能量
>
> 每一个人在自己岗位上撸起袖子加油干,才能闯出改革发展的新空间,成就民族复兴的新气象

奋进的征程波澜壮阔,伟大的变革激荡人心。3月20日,"伟大的变革——庆祝改革开放40周年大型展览"在国家博物馆落下帷幕。展览展出的一张张历史图片、一件件文献实物、一个个沙盘模型,刻印着改革开放的沧海桑田,也激励着人们在新时代成就新作为。

安徽小岗的艰难破冰、浦东新区的拔地而起、航天科技的日新月异……回顾展览,1600余张图片、70余件模型、15件大型沙盘,近700件重点实物,全景式呈现了改革开放40年来中国的巨变。近几个月,观众们纷纷走进国家博物馆,感受逐梦前行的奋斗力量。改革开放是亿万人民共同的事业。四十载岁月峥嵘,中国人民以艰苦奋斗、顽强拼搏,书写了国家和民族发展的壮丽史诗。也正因此,展览激荡的力量不断延伸,凝聚起更多人携手再出发、将改革开放进行到底的强劲正能量。

时间的刻度,记录着前进的足迹;重要的时间节点,是我们工作的坐标。今年是新中国成立70周年,是全面建成小康社会、实现第一个百

年奋斗目标的关键之年。方此之际,身处世界百年未有之大变局,新一轮科技革命方兴未艾,国际形势复杂多变;置身"两个一百年"奋斗目标的历史交汇期,全面深化改革时不我待、打赢三大攻坚战重任在肩。当此"船到中流浪更急、人到半山路更陡"之时,此次展览启人深思:历经"四十载惊涛拍岸",我们该如何接续奋斗、创造新的更大奇迹?

在历史前进的逻辑中前进、在时代发展的潮流中发展,书写伟大变革新篇章,必须将改革开放进行到底。回顾过去的历史性成就,我们深深懂得,改革开放是决定当代中国命运的关键一招,也是实现"两个一百年"奋斗目标、实现中华民族伟大复兴的关键一招。纵览今年改革发展的各项任务,减税降费着眼"放水养鱼"、"放管服"改革激发创造活力、供给侧结构性改革立足高质量发展、外商投资法旨在优化营商环境、第二届中国国际进口博览会推进更高水平对外开放……以更大决心和力度把全面深化改革开放推向深入,以务实举措和作风把各项改革任务落到实处,我们就一定能够在新时代创造新辉煌。

"世界上没有坐享其成的好事,要幸福就要奋斗"。从农村改革探索中的"敢为天下先",到深圳特区建设中"杀出一条血路",再到全面深化改革"逢山开路、遇水架桥",中国的改革开放,始终葆有那么一股子气和劲。在新时代推进改革开放,同样需要激扬改革进取的精神、焕发攻坚克难的勇气、汇聚同心圆梦的伟力。在我们身边,280多万驻村干部、第一书记把汗水挥洒在脱贫一线,大量科研工作者埋头攻关核心技术,无数企业家拼搏在创新发展的最前沿……每一个人在自己岗位上撸起袖子加油干,才能闯出改革发展的新空间,成就民族复兴的新气象。

伟大变革始于足下。让我们一棒接着一棒跑下去,将改革开放进行到底,以实干与奋斗书写新时代伟大变革的新篇章。

(2019 年 03 月 21 日)

"小龙虾学院"为何走红?

何鼎鼎

> 加快发展现代职业教育,除了更强烈的市场需求、更有力的政策支持,也有赖于更务实的社会心态

最近,湖北潜江"小龙虾学院"首批学生未等毕业就被各企业预定一空,引发了人们对专业技能人才与职业教育崭新魅力的热议。

加快发展现代职业教育,已经由共识走向行动。今年《政府工作报告》中"大规模扩招100万人""支持企业和社会力量兴办职业教育"等提法,不仅瞄准专业技能人才总量的提升,也预示着职业教育办学力量的汇聚。在全国两会上,修改职业教育法成为热点议案,大力推进职业教育改革的话题也受到广泛关注,而作为纲领性文件,《中国教育现代化2035》更是将"职业教育服务能力显著提升"作为教育现代化主要发展目标之一。

加快发展现代职业教育的意义已不言而喻,它既有利于缓解当前就业压力,也是解决高技能人才短缺的战略之举。这几年,就业市场一头是工厂感叹招工难,另一头却是就业者诉苦就业难。其实,就业问题不仅是总量问题,还有一个结构性问题。化解这一问题,急需解决劳动者技能与市场需求的错位,补上职业教育短板。今天,城市产业转型升级呼唤懂智能制造的技术工人,乡村振兴同样渴求懂现代农业的新型农民,

发展社区养老最缺的正是专业护理人才……发挥职业教育的人才蓄水池功能,有助于培养国家发展急需的各类技术技能人才,也将更好助推产业转型升级,更将推动我国的人口红利向人才红利转化。

应该说,今天加快发展现代职业教育,除了更强烈的市场需求、更有力的政策支持,也有赖于更务实的社会心态。如今越来越多的人开始关注教育总体的均衡发展,关注个体的因材施教。同时,当"工匠精神"被广为称颂,不少蓝领工人薪资超越白领,专业技术人才的收益与声誉迎来拐点,这些都为职业教育的长足发展提供了新的心理支撑。

当然,职业教育要赢得更多青睐,关键还在于不断提升自身质量。职业化意味着专业化。"小龙虾学院"这样的职业院校之所以能火爆,关键在于办学特色鲜明,紧密对接了市场需求。这也启示更多学校,只有牢牢抓住教育质量这个关键,避免管理松散、培养目标模糊、理论脱离实际等人才培养窘境,才能擦亮特色的招牌。同时,职业化也往往伴随着市场化。积极引入社会办学力量,通过深化产教融合、校企合作,大幅提升新时代职业教育现代化水平,才是职业教育提质增效的重要途径。如果每一名走出校门的学子,既能实现自我价值,也能满足市场需求,更能为提升国家竞争力做出贡献,那职业教育一定能走向辉煌。

今年年初出台的《国家职业教育改革实施方案》提出:职业教育与普通教育是两种不同教育类型,具有同等重要地位。这不仅宣示了职业教育之重,更点出了教育均衡发展的意义。面向一个学科交叉与融合越来越普遍的时代,我们无疑要大力发展普通高等教育,以通识教育培养更多综合性人才;而面对一个高度分工的社会,只有通过更优质的职业教育,才能培养更多专业的应用型人才。当综合性人才与专业人才各显身手、各尽所能,教育才是均衡的,也才是符合时代需求的。

(2019年03月20日)

建立文物与公众的"超级链接"

刘 阳

前几天的全国两会上,有人大代表建议,让文化遗产"活"起来是最好的保护。针对我国文物修复保护人才匮乏的问题,有政协委员表示,将建设"文物医学院",培养更多"文物医生"。代表委员们的建言献策,让更多人关注文物保护利用的话题。

随着近年来文博事业发展带来的博物馆热,人们在领略文物之美的同时,也开始关注文物从被发掘到被修复,再到展现在公众面前的整个过程。不久前,一个以"修复文物,遇见文明"为主题的H5成了"爆款"。这一新媒体作品展现了三星堆出土的金面罩青铜人头像、陶三足炊器,以及金沙遗址出土的"太阳神鸟"金饰等3件代表性文物的修复过程。网友只要轻触手机屏幕,就可以"亲手"完成文物的修复工作,从而感受文物修复的独特魅力。

随着媒体融合向纵深发展,文物知识的普及获得了更多更新的渠道,创造了更加多样化的传播方式。2017年举行的国际建筑博览会上,人们欣赏到了敦煌莫高窟精美的洞窟壁画,同时,远在千里之外的莫高窟的人流、壁画实时环境状况,也一同通过数字传输同步呈现;第四届世界互联网大会上,乌镇国际互联网会展中心用三维高清采集、三维打印等技术,将临潼的兵马俑请到了乌镇,观众不仅可以看到它,还可以与它亲切握手。

文物作为历史的物质遗存，是光辉灿烂的中华文化的重要载体和精神瑰宝。现在，人们通过互联网，用更多元的方式感知文物、与文物互动。2016年底，国家文物部门与中国移动、腾讯、百度、网易等企业签订了战略合作协议，推进"互联网+中华文明"行动计划，鼓励社会力量参与博物馆建设，通过技术平台的引进，将智慧博物馆由理论推向实践。众多博物馆积极应用大数据、云计算、人工智能技术，建立与公众的"超级链接"，通过门户网站、手机APP、公众号等多种渠道，集中展示精美文物，讲好文物故事，不断创新文物传播方式。

在文物传播领域，3D数字动画技术、VR、AR等技术的运用，让中华优秀传统文化得以更广泛、更多样、更迅捷地传播开来。"阳春白雪"的内容得以通过人们喜闻乐见的形式，深入人心，润泽千里。"修复文物，遇见文明"等文物主题文化产品，就是创新文物传播方式的典型案例，通过新的媒体样态将文物的前世今生进行了立体呈现，进而在历史的经纬上拓宽了人们对文物的认知。传奇的故事、生动的表达、多样化的参与方式，进一步激发起人们对文物的兴趣和保护文物的意识，也进一步增强了人们了解中国历史、中华文明的渴求，无声无息间，拉近了人们与文物、与历史、与传统的距离。

习近平总书记强调，要让收藏在博物馆里的文物、陈列在广阔大地上的遗产、书写在古籍里的文字都活起来。今年的《政府工作报告》也提到，加强文物保护利用和非物质文化遗产传承。希望有更多更好的文化产品出现，让人们通过精妙的故事、立体的呈现、多元的互动，认识和了解更多的文物和文物故事，更好弘扬中华民族优秀的传统文化。

（2019年03月19日）

网络文学当与时代同行

张 贺

> 网络文学创作者对主流价值观的认同、向中华文化的回归、对时代精神的回应，正在从不自觉走向自觉

网络文学在中国已经走过 20 多年历程。不久前发布的一项网络文学发展报告指出，题材多元化，成为网络文学内容发展的新趋势。同时，年轻化也成为网络文学发展重要趋势，95 后网文用户规模同比提升近 20%，新生代的崛起促使行业产生内生式的升级和变革。

报告的这一结论与读者的感受是一致的。经过 20 多年的发展，我国网络文学不断走向主流、走向成熟。近年来，我国网络文学出现了向现实贴近、向经典靠拢、向传统文化取材的趋势，传播正能量、弘扬民族精神、表达文化自信的作品成批涌现，令人耳目一新。热门作品不再集中在玄幻、言情等传统题材上，现实主义、二次元等垂直细分题材越来越受欢迎。与此同时，贴近当下人群兴趣热点，接地气、有温度、充满正能量的作品也更容易引发读者共鸣，相关作品的阅读量和评论量都很可观。

今天，一些以往在网络文学中很少见到的题材，如扶贫、支教、足球发展、相声传承等，都有一批优秀作品深入反映；一些以往很少涉及的群体，如乡村教师、基层警察、农民、牧民等，都有作品在描写。即

使是穿越等具有鲜明网络文学特色的作品，其中的优秀之作也不仅仅满足于横扫对手式的"爽文"，其思想性和艺术性都有了巨大提高。如果说20年前网络文学刚刚诞生的时候，许多创作者只能称之为"写手"，那么今天的一些创作者已经可以称之为"作家"了。

文学艺术是时代的产物，同时又能反映时代的风貌。网络文学诞生发展的20多年，正是中国经济高速发展、国力显著增强的20多年。这一时期，中国人的生活发生了翻天覆地的变化，整个社会生机勃勃、精神状态昂扬向上。但早期的网络文学创作者受制于年龄和阅历，对于现实生活缺乏把握能力，对于时代精神的感召缺乏足够的敏感，以致沉溺于虚无缥缈的幻想世界，娱乐性强而文学性弱，在许多作品中基本看不到生活与时代的痕迹。但是，正如人不可能拽着自己的头发离开地面，创作者也不可能永远脱离现实，生活与时代所发生的转变直接或间接都会对创作者产生影响。近年来，网络文学感受到了时代精神的召唤，人们对时代发展的自豪感、对民族文化的自信心、对美好生活的热爱，在网络文学中不再缺席，反而成为创作者创作的背景与出发点，转变由此发生。

正是因为跟上了时代发展的步伐，网络文学才获得了更大的发展空间。从近5年的作品来看，那些阅读量和评论量巨大的作品，有不少都是弘扬家国情怀、彰显奋斗精神、书写人间真情的，作品所体现的历史观、民族观、国家观都是正确而为社会大众所认同的。网络文学创作者对主流价值观的认同、向中华文化的回归、对时代精神的回应，正在从不自觉走向自觉，他们的作品也因此赢得了更广泛的读者。"大浪淘沙始见金"，时代潮流滚滚向前，那些与时代同行的作品与创作者最终走向了无比广阔的大海。

（2019年03月18日）

让脱贫攻坚经得起历史检验

朱玥颖

党的十八大以来，我们创造了减贫史上最好成绩。剩下的都是贫中之贫、困中之困，脱贫攻坚时间紧、任务重

以攻坚之勇和"绣花"之功，咬定目标加油干，我们一定能完成脱贫攻坚这项对中华民族、对整个人类都具有重大意义的伟业

脱贫攻坚"正是最吃劲的时候""不获全胜、决不收兵""确保目标不变、靶心不散""不能虚假脱贫、降低标准、影响成色"。今年全国两会上，习近平总书记关于脱贫攻坚的重要论述，为未来两年的脱贫工作标注了重点，引起代表委员热烈共鸣……

党的十八大以来，我们创造了减贫史上最好成绩。剩下的都是贫中之贫、困中之困，脱贫攻坚时间紧、任务重。过去一年，脱贫攻坚战取得了决定性进展，全国农村贫困人口减少1386万人；同时，脱贫攻坚任务依然艰巨。约400个贫困县，近3万个贫困村，农村贫困人口数量仍然不少，所剩深度贫困地区都是难啃的"硬骨头"，是贫中之贫、困中之困。在甘肃代表团参加审议时，习近平总书记强调，"脱贫攻坚越到紧要关头，越要坚定必胜的信心，越要有一鼓作气的决心，尽锐出战、迎难而上，真抓实干、精准施策，确保脱贫攻坚任务如期完成。"

脱贫攻坚时间紧、任务重，必须真抓实干、埋头苦干。正如国务院扶贫开发领导小组负责人指出的，当前脱贫攻坚战中还有一些亟待解决的突出问题：深度贫困地区脱贫难度大，实现"两不愁三保障"存在薄弱环节，稳定脱贫长效机制有待健全，帮扶工作方式方法不够精准……可以说，要全面打赢脱贫攻坚战，仍需付出艰辛努力。

脱贫攻坚越到最后时刻，越要响鼓重锤；越是吃劲的时候，越要跟突出问题较劲。"整治脱贫攻坚工作中存在的形式主义、官僚主义现象""清除'留影式'入户、'卷宗式'总结等现象，想办法让基层干部把更多精力投入到具体工作上来"。代表委员们的呼吁提醒我们，脱贫攻坚必须真抓实干、精准施策。开对"药方子"，才能拔除"病根子"。脱真贫、真脱贫，才能确保脱贫成效获得群众认可，才能确保脱贫成果经得起历史检验。

今年是新中国成立70周年，正处于打赢脱贫攻坚战和实施乡村振兴战略的重要阶段。坚持农业农村优先发展，加强脱贫攻坚与乡村振兴统筹衔接，以攻坚之勇和"绣花"之功，咬定目标加油干，我们就一定能如期打赢脱贫攻坚这场硬仗，完成这项对中华民族、对整个人类都具有重大意义的伟业。

（2019年03月15日）

把春天的期待化成一年的行动

荣 翌

> 不驰于空想、不骛于虚声。把两会精神落到实处，关键在实干

"等我长大了，要把家乡建得和北京一样漂亮！"今年全国两会委员通道上，海霞委员讲述了一个贫困地区孩子的朴素愿望。在春天的日子里，播撒下希望的种子，必将迎来丰收的季节。

政策红包"拆到手软"，幸福指数"噌噌上涨"——这是网友看了今年政府工作报告之后的评价。会场内外，流露着决胜全面建成小康社会关键之年的憧憬与期盼。河南的李连成代表向习近平总书记讲述了"农民的八个梦想"；白岩松委员呼吁以全民阅读的"精神农业"耕种国人心田；"大湾区是家的扩大和延伸"，霍启刚委员的一句话，折射出港澳同胞共同的家国期盼……

不驰于空想、不骛于虚声。把两会精神落到实处，关键在实干。正是秉承求真务实的原则，一年来，蓝天刷屏的日子不断增多，有关5G的畅想成为现实，对外开放的法律基石高高筑起，代表委员履职亮点纷呈。总书记在两会上点赞过的追梦人，也都是实干家。文化文艺和哲学社会科学工作者要"把学问写进群众心坎里"；企业家要"实实在在、心无旁骛做实业"……总书记的两会"金句"满含期许，催人奋进。

4 场部长通道上,各部委负责人当场作出了一个个铿锵的承诺。这些承诺,彰显了将人民期待转化成改革行动的决心,也为政策的进一步落实落细开了好头。

今年是新中国成立 70 周年,是决胜全面建成小康社会关键之年。把期待化为行动,还要靠不懈奋斗。时不我待、只争朝夕,奋斗史诗必将续写出更壮丽的篇章。

(2019 年 03 月 15 日)

激活乡村振兴的内生动力

朱 磊

> 爬坡过坎,需要落实好习近平总书记的要求,用好深化改革这个法宝,激活乡村振兴的内生动力

农村稳方能天下安,农业兴方能基础牢,农民富方能国家盛。

水泥路修到了家门口,无害化厕所正在普及,返乡创业迎来了热潮……如今的乡村,正行驶在振兴发展的快车道上。与此同时,也面临不少沟坎:脱贫攻坚正在进入啃硬骨头阶段、产业绿色发展仍需提质、农村环境和人居环境亟须改善,等等。爬坡过坎,需要落实好习近平总书记的要求,用好深化改革这个法宝,激活乡村振兴的内生动力。

激活乡村振兴的内生动力,农民是实践主体,也是动力来源。回顾改革开放以来的农村改革历程,从大包干到乡镇企业崛起,从土地流转试水再到特色乡村的遍地开花,正是发端于最基层农村农民的改革实践,让广袤乡村迸发出强大的内生活力。今天的乡村大地上,无论是专业合作社,还是资金互助组,这些农民自己创造的新事物,朝着乡村振兴战略的总目标,汇聚成推动乡村振兴的强大合力。

习近平总书记强调,要夯实乡村治理这个根基。目前,乡村治理中存在一些薄弱环节,乡村治理能力和治理水平有待进一步提升。比如,如何防止村级组织行政化,提高村规民约认同度,让乡村人气更旺,都

需要拿出有效的应对之策。实现乡村善治,需要强化农村基层党组织堡垒作用,深化村民自治实践。以村规民约、新乡贤、家规家训等方式,激活乡村的自我净化和纠错能力,推动大家心往一处想、智往一处谋、劲往一处使。

乡村振兴,关键在人。以前,一些贫困地区存在人才"引不进、留不住"的问题。如今,随着人才、资本的持续进入,乡村造血功能正在不断强化,成功的例子不断涌现:有的村通过转型发展,吸引资金和专家发展乡村民宿,变成了旅游大村;有的村引进科技人才,改变种养结构,富民富村;有的村利用传统优势产业,引进资本打造高端品牌……内生动力与外来助力相得益彰,激活了乡村振兴的一池春水。

小康不小康,关键看老乡。乡村振兴,蕴藏在每个乡村和每位乡亲对美好生活的向往之中。提高每个人的参与激情,凝聚撸起袖子加油干的共识,才能让"产业兴旺、生态宜居、乡风文明、治理有效、生活富裕"成为每个乡村的生动图景,为希望的田野绘就收获的金色。

(2019 年 03 月 13 日)

完善创新外商投资法律制度

彭 飞

在全方位对外开放的体制机制上做文章、下功夫，新时代的中国跑出新的加速度

"从中国坚持对外开放的坚定决心里，我们能看到未来的影子。"今年的全国两会上，"开放"再次成为热议话题，也引发中外媒体普遍关注。

首届中国国际进口博览会成功举办，海南自贸试验区启动建设，货物进出口总额超过 30 万亿元，实际使用外资 1383 亿美元、稳居发展中国家首位……在全球经济下行压力增大，保护主义抬头的背景下，中国开放的大门不仅没有关闭，反而水平更高、成色更足、分量更重，再次用实际行动证明了"世界经济不可能从大海退回到湖泊"的规律和道理。

"外商投资法将为新形势下深化对外开放、规范利用外资提供制度保障""我国正从政策引资转向制度引资，制定外商投资法正当其时"。会场内外，外商投资法草案成为代表委员们关注和讨论的热门话题。这部法律的出台是对我国外商投资法律制度的完善和创新，充分彰显了新时代我国进一步扩大对外开放、积极促进外商投资的决心和信心。

改革开放之初，外媒曾把仅有 15 条内容的中外合资经营企业法称为"宣言式法律"。如今，无论是广受各方关注的外商投资法草案，还是不断加快的自贸区、自贸港建设进程，抑或是持续完善的知识产权保护体

系，不断夯实着全方位对外开放的制度根基。有人评价，中国是吃改革饭、走开放路、打创新牌发展起来的。在全方位对外开放的体制机制上做文章、下功夫，新时代的中国跑出新的加速度。

推动"制度型开放"，以稳定、透明、可预期和公平竞争的市场环境，向全球投资者敞开怀抱，将为世界经济注入更多确定性。持续扩大对外开放、主动拥抱世界，中国在竞争中为创新和发展培育沃土，为人民的美好生活需要提供更丰富的选择。

"中国经济是一片大海，而不是一个小池塘。"海纳百川，有容乃大。迈向更高水平开放的中国，不仅为自身发展创造广阔空间，也以实际行动推动经济全球化，造福世界各国人民，在开放中共建全人类的美好家园。

（2019年03月12日）

激发市场活力的乘数效应

李 拯

> 优化营商环境、激发市场活力,是着眼于高质量发展的战略性谋划,更是实现长远可持续增长的制度性安排

"大力优化营商环境,我们民营企业高质量发展的外部环境有了很大提升""'放水养鱼',给民营企业带来更好预期"。参加两会的企业家代表委员对着力优化营商环境充满期待。

营商环境的改善,企业家感受最直接,也最有发言权。一位企业家代表算了一笔账,去年5月增值税税率降低一个百分点,到今年2月底该企业因此少缴增值税1900万元。今年的政府工作报告进一步明确,"将制造业等行业现行16%的税率降至13%,将交通运输业、建筑业等行业现行10%的税率降至9%"。堪称财政、税收、金融领域史上最大的"政策红包",将会在今年逐步落地,不断为企业经营发展释放政策红利。

优化营商环境不仅关乎市场生态,更涉及政府监管机制的深层变化。政府既要做好"放"的减法,把不该管和管不好的交给市场,也要做好"管"的加法,把政府该做的事情做好。比如,整合各个部门监管职能形成国家市场监管总局,就是要解决政出多门、责任不明、推诿扯皮的顽疾,从而提升监管效率、提高行政效能。"放"与"管"的加减法,实际上是处理好政府和市场关系的辩证法,"使市场在资源配置中起决定性作

用,更好发挥政府作用"。

从更大的视野来看,在加强服务和监管上做加法,归根到底都是为了激发市场活力的乘数效应,让市场主体的创新潜力充分涌流,推动经济实现高质量发展。由此来看,优化营商环境、激发市场活力,是着眼于高质量发展的战略性谋划,更是实现长远可持续增长的制度性安排。

习近平总书记强调,要不断为民营经济营造更好发展环境,帮助民营经济解决发展中的困难。政府工作报告中再次提出,坚决克服"准入不准营"的现象,一般工商业平均电价再降低10%,取消或降低一批铁路、港口收费……一系列扎实举措,为中国经济增强了信心。一个环境更优、机会更公平的营商环境,将会为中国经济高质量发展打开无限的想象空间。

(2019年03月11日)

跑出创新"加速度"

陈 凌

只有在创新高原上才能产生创新高峰,只有在良好的生态下才能让创新者脱颖而出

促进新兴产业加快发展、提升科技支撑能力、进一步把大众创业万众创新引向深入……在今年的政府工作报告中,"创新"再次成为关键词;"坚持创新引领发展,培育壮大新动能",创新的激情在会场内外扑面而来。

科学技术是第一生产力,创新是引领发展的第一动力。面对世界百年未有之大变局,我们比以往任何时候都更加需要创新,创新也正在成为实现中国梦的加速器。2018年全国高新技术企业达到18.1万家,技术合同成交额超过1.7万亿元;6500多家众创空间服务创业团队40万家,创业就业人数超过140万人……以往要素低成本投入、外需拉动、粗放发展的模式,正在被创新发展逐渐替代。创新带来的新动能,正在深刻改变生产生活方式、塑造中国发展新优势。

创新越是发展,就越需要一个良好生态。有人用比喻来形容创新:"青藏高原上才能有珠穆朗玛峰"。意思是说,只有在创新高原上才能产生创新高峰,只有在良好的生态下才能让创新者脱颖而出。也正因此,代表和委员们提出,改变"创新孤岛""激发全社会创新活力,让创新在

全社会蔚然成风"。为创新营造一个良好的生态,才能让各类创新主体的活力竞相迸发、让创新源泉充分涌流,形成百舸争流、千帆竞发的大好局面。

习近平总书记强调:"如果把科技创新比作我国发展的新引擎,那么改革就是点燃这个新引擎必不可少的点火系。"培育创新的"热带雨林",让创新自由生长,离不开改革。从强化知识产权保护,到构建完善的科技成果转化机制;从营造"鼓励探索、宽容失败、尊重创造"的创新氛围,到进一步简政放权,给企业、高校、科研院所更多自主权,代表委员们纷纷为营造良好创新生态献计献策。既做好改革的"加法",又做好改革的"减法",既注重"补齐短板",又注重"做强长板",才能不断培厚创新生态的土壤。

改革关乎国运,创新决胜未来。实现"从多到好""从好到优",离不开创新。更好凝聚创新共识,更多提出构建良好创新生态的应对之策,让每一粒创新种子都能在好环境中开花结果,才能跑出创新"加速度",才能为高质量发展提供强大支撑。

(2019 年 03 月 08 日)

有信心 有底气 有能力

李浩燃

> 信心来源于经济社会发展的"硬成绩",源于不断释放的高质量发展潜能,源于"打硬仗的充分准备"

"困难不容低估,信心不可动摇,干劲不能松懈。"细览今年的政府工作报告,"信心"跃然纸上,让网友点赞"给力""提气"。

信心源于来之不易的成绩。国内生产总值增长6.6%,总量突破90万亿元;城镇新增就业1361万人;日均新设企业超过1.8万户,市场主体总量超过1亿户;货物进出口总额超过30万亿元,实际使用外资1383亿美元……面对深刻变化的外部环境、两难多难问题增多的复杂局面,2018年中国经济发展在高基数上总体平稳、稳中有进,社会大局保持稳定,经济长期向好趋势没有也不会改变。

信心源于不断释放的巨大潜能。服务业对经济增长贡献率接近60%、单位国内生产总值能耗下降3.1%、新兴产业蓬勃发展,我国经济结构不断优化、发展新动能快速成长。政府机构改革顺利实施、市场准入负面清单制度全面实行、营商环境国际排名大幅上升,深化改革不断取得新突破、对外开放全方位扩大。事实证明,将改革开放进行到底,矢志推进经济高质量发展,我们就没有什么困难不能战胜,没有什么目标不能实现。

信心源于"打硬仗的充分准备"。"思危方能居安"。面对我国发展面临的问题和挑战，政府工作报告强调统筹好国内与国际的关系、平衡好稳增长与防风险的关系、处理好政府与市场的关系，更拿出了一系列务实措施。从"激发市场主体活力"，到"培育壮大新动能"，再到"持续释放内需潜力"，桩桩件件改革措施、政策举措，致力于实现"六稳"目标、提振市场信心。"只要市场主体有活力，就能增强内生发展动力、顶住经济下行压力""只要就业稳、收入增，我们就更有底气"……做好充分准备，做好各项工作，我们就能进一步激发市场活力和社会创造力。

说到底，信心源自人民，人民是共和国的坚实根基，也是战胜风险挑战、创造历史伟业的最大底气。中国人民勤劳智慧，具有无限的创新创造潜能，只要充分释放出来，中国的发展就一定会有更为广阔的空间。

（2019年03月07日）

以生态优先、绿色发展为导向

纪 帆

建设生态文明，关系人民福祉，关乎民族未来。

"要探索以生态优先、绿色发展为导向的高质量发展新路子"，3月5日下午，习近平总书记在参加他所在的十三届全国人大二次会议内蒙古代表团审议时，深入阐述了我们党关于生态文明建设的思想内涵，对内蒙古生态文明建设提出殷切希望，勉励守护好祖国北疆这道亮丽风景线，引起与会代表热烈反响，为各地区各部门努力推动我国生态文明建设迈上新台阶指明了方向。

前不久，一则消息刷屏。通过观测卫星的"天眼"，人们发现地球比20年前更绿了。研究显示，2000年以来，全球绿化面积增加了5%，中国对全球植被增量的贡献比例居世界首位。从曾经万里飞沙的毛乌素沙漠，到被称为"中国魔方"的草方格，中国创造的"绿色奇迹"，让世界刮目相看。世界污水处理、垃圾处理能力最大，污染治理力度之大前所未有……党的十八大以来的几年时间，成为我国生态文明建设力度最大、举措最实、推进最快、成效最好的时期。

"在'五位一体'总体布局中生态文明建设是其中一位，在新时代坚持和发展中国特色社会主义基本方略中坚持人与自然和谐共生是其中一条基本方略，在新发展理念中绿色是其中一大理念，在三大攻坚战中污染防治是其中一大攻坚战。"习近平总书记强调，这"四个一"体现了我

们党对生态文明建设规律的把握，体现了生态文明建设在新时代党和国家事业发展中的地位，体现了党对建设生态文明的部署和要求。这些年来我国生态文明建设方向明确、行动坚决、成绩突出，从根本上说正是习近平生态文明思想提供了有力指导、科学指引。

在看到我国生态环境质量持续好转的同时，也要看到生态文明建设正处于压力叠加、负重前行的关键期，已进入提供更多优质生态产品以满足人民日益增长的优美生态环境需要的攻坚期，也到了有条件有能力解决生态环境突出问题的窗口期。我们要爬过这个坡，迈过这道坎，就必须持续用力，驰而不息，以生态优先、绿色发展为导向，以"功成不必在我"的精神境界和"功成必定有我"的历史担当，建设生态文明、建设美丽中国，赢得中华民族永续发展的美好未来。

如何以生态优先、绿色发展为导向？就要保持加强生态文明建设的战略定力，不动摇、不松劲、不开口子，决不能突破生态保护红线；就要贯彻新发展理念，统筹好经济发展和生态环境保护建设的关系，探索以生态优先、绿色发展为导向的高质量发展新路子；就要加大生态系统保护力度，坚持自然恢复为主的方针，因地制宜、分类施策；就要打好污染防治攻坚战，保持攻坚力度和势头，解决好人民群众反映强烈的突出环境问题。

"环境就是民生，青山就是美丽，蓝天也是幸福""生态兴则文明兴，生态衰则文明衰""生态环境是关系党的使命宗旨的重大政治问题，也是关系民生的重大社会问题"，两会上，不少代表在生态文明建设上有共识、有体会，更有决心和信心。加大力度推进生态文明建设，着力解决生态环境问题，神州处处就必定天更蓝、山更绿、水更清、环境更优美。

（2019年03月06日）

绘就最大同心圆

霍 木

> 代表委员们扎扎实实地履职工作,让共商国是更有底气,更接地气。汇集民意、凝聚力量,绘就最大同心圆,推动中国号巨轮劈波斩浪、勇往直前

3月3日下午,全国两会的"委员通道""部长通道"开启。和即将开启的"代表通道"一起,一个个通道连通会场内外,道实情、出实招,回应社会关切,表达群众心声。

"下半年5G手机会零星上市,大规模上市要等到明年。""当前污染防治攻坚战面临的困难和问题还不少,挑战还很多,还很大。"3日下午,面对镜头和话筒,部长和委员们抓问题、析原因、找出路、说对策,展示了开放自信的风采,两会和百姓越来越近。

两会是展示代表委员履职能力的重要时刻,也是向世界展示我国发展的窗口。有的委员在赴京参会的路上仍在"奋笔疾书",一直忙于提案的修改完善;还有代表们聚在一起,畅谈变化、分享思考,准备联名提交相关议案。

代表委员们扎实的工作,让履职更有底气,更接地气。黑龙江团的魏春代表做了一个对比,作为新代表,自己去年"特别紧张",今年"自信了很多"。而通过一位代表的"履职路线图",也能感知这份自信从何

而来：过去一年，走了全国 22 个省份、40 多个地级市，调研了上百家企业……沉下心来发现问题、寻找答案，就是为了交出一份合格的履职答卷。带着问题走出去、围绕关切动起来、形成思考建真言，履职在路上，不只是脚下有泥土，更是肩上有责任、心中有全局。

今年是新中国成立 70 周年，也是决胜全面建成小康社会关键之年。应对挑战、化解风险，需要连通民意、凝聚共识，需要发挥社会主义民主优势，通过代表委员积极履职，汇聚民意、凝聚力量，绘就最大同心圆，推动中国号巨轮劈波斩浪、勇往直前。

一年之计在于春。正如一位委员所说，"以坚如磐石的信仰、坚忍不拔的信心，一步一个脚印前行，追逐心中的梦想"。

（2019 年 03 月 05 日）

春天里,聆听追梦足音

白 龙

> 顺应人民群众对美好生活的向往、增进人民福祉,我们就能集众力、聚众智,形成改革发展的最大合力
>
> 新时代团结一心、奔跑筑梦的精神气质,让我们坚信,"有梦想,有机会,有奋斗,一切美好的东西都能够创造出来"

"我们都在努力奔跑,我们都是追梦人"。每年的两会时刻,都是追梦路上的路标和印记,镌刻着砥砺前行的足印。

收入分配改革如何"扩中调高提低"?如何激励干部在面对难题时敢抓敢管、敢于担责?怎样更好精准识别、精准脱贫?……最近,人民网在 PC 端、移动端同步推出"两会调查",就公众关心的 18 个热点问题展开网上调查,得到了超过 440 万网友的积极回应。踊跃参与的背后,是一颗颗跳动着的爱国强国之心,是人们对美好生活的殷切期待。

去年全国两会上,习近平总书记强调,"切实把人民赋予的权力用来造福于人民"。过去一年,全国农村贫困人口减少 1386 万人,贫困发生率降低到 1.7%;《打赢蓝天保卫战三年行动计划》等方案广受关注,人们对空气质量提高感受明显;"互联网+政务服务"继续深入推进,企业和群众到政府办事越来越方便……一年来真实可感的"成绩单"充分说明,顺应人民群众对美好生活的向往、增进人民福祉,我们就能集众力、聚

众智,形成改革发展的最大合力。

新时代是干出来的。一年来,不论是"把小故事讲好就是大事情"的基层代表朱国萍,"上午履职、下午上班、晚上加班"的"打工妹"米雪梅,还是立志"让中国民营企业的声音传得更远更响"的刘庆峰,奋战在电力一线的"大国工匠"许启金……代表委员们身上洋溢着的,正是新时代团结一心、奔跑筑梦的精神气质,也让我们坚信,"有梦想,有机会,有奋斗,一切美好的东西都能够创造出来"。

代表委员的每一项议案提案建议,都反映着对实现"两个一百年"奋斗目标的呼唤。而网友们的每一个真诚期待,也都像百川归海,指向新时代的美好未来。期待在春天里的盛会,通过会场内外的交流沟通、凝聚共识、谋划良策,更好唤起众人拾柴火焰高的精气神。

(2019年03月03日)

让职业教育承载更多梦想

桂从路

产业结构转型升级、制造业向中高端迈进、5G等新一代技术引领科技革命,要求职业教育必须与时俱进

职业教育要想真正与社会发展接轨、与市场需求结合,必须通过改革,加速补齐短板,把提高培养质量放在重中之重

职业教育是国民教育体系和人力资源开发的重要组成,也是通往成功成才大门的重要途径。不久前印发的《国家职业教育改革实施方案》,提出了深化职业教育改革的路线图、时间表、任务书,明确了今后5年的工作重点,引起社会各界的广泛关注。

近年来,职业教育迎来"黄金时期"。从编制《现代职业教育体系建设规划(2014—2020年)》,到"完善职业教育和培训体系,深化产教融合、校企合作"写入党的十九大报告,再到深圳出台我国高等职业院校首个世界一流建设方案,大力发展职业教育成为普遍共识与行动,为新形势下推进相关改革打下坚实基础。但与此同时,体系建设不完善、制度标准不健全、企业参与办学动力不足等问题日益成为发展短板。此次出台的方案剑指薄弱环节,不仅从顶层设计层面搭建"四梁八柱",更从改革落实层面画出清晰"路线图"。

建设现代化经济体系、推动经济高质量发展,高素质劳动者和技术

技能人才不可或缺。湖南长沙航空职业技术学院，砍掉与市场对接不紧密的23个专业，握紧十指打造少而精的航空特色专业群。浙江温岭的人工智能联合实验室，把培养人工智能应用技术人才作为重要任务。产业结构转型升级、制造业向中高端迈进、5G等新一代技术引领科技革命，要求职业教育必须与时俱进。每年高达上千万的高级技工缺口和技校"招生难"的现实提醒我们：职业教育要想真正与社会发展接轨、与市场需求结合，必须通过改革，加速补齐短板，把提高培养质量放在重中之重。

"没有职业教育现代化就没有教育现代化"。此次出台的改革实施方案，将"大幅提升新时代职业教育现代化水平"设定为目标。实现这一目标，需要对接科技发展趋势和市场需求，完善职业教育和培训体系，通过标准化建设，打造一批高水平的职业学校和专业，这些无疑是职业教育现代化的重要范畴。除此之外，把立德树人的根本任务融入职业教育全过程，助力学生成就有意义的人生，也是题中之义。只有当职业院校的学生从谋取"饭碗"转向追逐梦想，职业教育从追求规模增长转向提高育人质量，职业教育才能真正成为人才摇篮，为促进经济社会发展和提高国家竞争力提供优质人才资源支撑。

改革是一个过程，不会一蹴而就，也不会一劳永逸。发展职业教育必须尊重规律、稳步推进。翻开方案，一些时间节点引人注目：2019年启动学历证书+若干职业技能等级制度试点；2022年一大批普通本科高等学校向应用型转变。这样的时间节点，勾勒出我国职业教育现代化的清晰脉络，也标注了深化改革的奋斗坐标。当然，改革阵痛难以避免、挑战不容忽视。比如，如何落实方案提出的各级政府部门"由注重'办'职业教育向'管理与服务'过渡"？怎样切实鼓励社会力量尤其是企业参与办学？面对这些问题，只有拿出攻坚克难的智慧和勇气，才能让改革举措落地开花。

习近平总书记在全国教育大会上强调，"不断使教育同党和国家事业发展要求相适应、同人民群众期待相契合、同我国综合国力和国际地位相匹配"。作为教育事业的重要组成部分，推进职业教育现代化，用改革激活一池春水，职业教育必将迎来百花齐放的春天，打造新时代改革发展的"人才摇篮"。

（2019年03月01日）

中国行动点亮"绿色未来"

石 羚

中国的绿色行动不仅关乎中华民族的永续发展，更护佑着全人类唯一的生存家园

作为全球生态文明建设的重要参与者、贡献者、引领者，中国以自己的成功实践树立了"绿色样板"

随着春天脚步的到来，山川大地正在被绿意点缀。通过观测卫星的"天眼"，人们发现地球比20年前更绿了。不久前的一项研究显示，2000年以来，全球绿化面积增加了5%，相当于多出一块亚马孙热带雨林，而中国对全球植被增量的贡献比例居世界首位。

中国的"绿色奇迹"，令世界刮目相看。曾经万里飞沙的毛乌素沙漠，千余年后近80%重新穿上绿装；被称为"中国魔方"的草方格，紧紧锁住了宁夏中卫的黄沙，让"塞上江南"实至名归；赶漂人变身造林人，金沙江、雅砻江交汇处的三堆子漫山种满剑麻，涵养着长江上游的水源……一个个"染绿""复绿"的故事，折射出中国生态文明建设的力度与成就。特别是党的十八大以来，生态文明建设被纳入"五位一体"总体布局，我国年均新增造林逾9000万亩，165个城市成为"国家森林城市"，"绿水青山就是金山银山"的理念成为全民共识。

习近平总书记强调，保护生态环境是全球面临的共同挑战和共同责

任。一个人口众多的发展中国家,并没有因为发展压力而重蹈一些国家破坏绿地的覆辙。从上世纪80年代,"植树造林绿化祖国"的口号传遍大江南北,中国之所以一以贯之地绿化国土,是因为一草一木连接着大气、水、土壤等环境要素,担负着防风固沙养水吸尘等生态功能。一位库布其治沙人在联合国气候大会上算过这样一笔账:种一亩树林每天能够吸收67公斤二氧化碳,释放49公斤氧气,一年涵养水源超过500吨。站在生态系统的全局看,中国的绿色行动不仅关乎中华民族的永续发展,更护佑着全人类唯一的生存家园,以实际行动彰显着大国的情怀与担当。

"环球同此凉热",没有哪个国家可以成为风景独好的孤岛。有专家指出,热带雨林消失的生态影响难以靠其他地方的绿化来弥补。所以,植绿不是"单边行动",还得依靠"集团作战"。作为国际合作的推动者,2017年,中国推动建立了"一带一路"防治荒漠化合作机制,共建绿色丝绸之路。从"牢记使命、艰苦创业、绿色发展"的塞罕坝精神,到政府、企业、农牧民、科技四轮驱动的库布其模式,中国智慧"为全球生态文明建设带来希望之光"。积极作为、共享经验,作为全球生态文明建设的重要参与者、贡献者、引领者,中国以自己的成功实践树立了"绿色样板"。

守护共同家园,我们都是绿色播撒者。内蒙古牧民毕力格曾致信感谢蚂蚁森林的全球用户,因为数亿人在手机上点击屏幕收集绿色能量的举动,换作了荒漠旧貌换新颜的千万棵梭梭树。最美播绿人,是"草鞋书记"杨善洲、"延安树痴"张莲莲,是山西右玉接力奔跑、打造绿洲的20任县委书记,也是每一个负责任的地球公民。义务植树、认建绿地、网络捐赠树苗、购买森林碳汇……以各种方式植绿护绿,积木成林、积林成森,我们将为地球播种下绿色的未来。

(2019年02月28日)

稳中向好，从长期大势认识当前形势

——中国经济的信心从何而来①

李 拯

> 正确研判中国经济，需要具有辩证眼光和战略定力
>
> 中国经济有信心应对短期波动，也有能力进行深度调整，取得长远发展的光明前景

春节黄金周，全国零售和餐饮企业实现销售额首次突破万亿元关口。数字的背后，是购物商场的熙熙攘攘，是各大电商的"春节不打烊"，是《流浪地球》引发的观影热潮，是三四线城市消费能力的"逆袭"赶超……中国既是"世界大工厂"，也是"世界大市场"。红红火火既是节日氛围，更显现出中国经济的蓬勃活力。

传统佳节的消费井喷，为观察中国经济打开了一扇窗口。2018年，中国经济逆流而上、滚石上山，交出了一份提气的成绩单。经济总量突破90万亿元，比上年增加了近8万亿元，稳居世界第二位；全年进出口总额首次突破30万亿元，保持世界第一。与此同时，经济增速、就业情况、物价指数、工业利润等主要宏观指标处在合理区间。逆势上扬的数据，折射出稳中有进的态势，说明中国经济发展健康稳定的基本面没有改变，支撑高质量发展的生产要素条件没有改变，长期稳中向好的总体势头没有改变，中国拥有巨大的发展韧性、潜力和回旋余地。这正是应对外部冲击和风险挑战的稳定器。

对一个规模巨大、变量众多的经济体来说，出现短期波动是常态。需要看到，今年我国发展的环境更加复杂，困难挑战更多，经济下行压力加大。更要看到，把握长期大势才能准确认识当前形势，如果目光只盯着短期，就容易被短期指标波动牵着鼻子走。实际上，只要经济增速处在合理区间，能够确保就业稳定，守住不发生系统性风险的底线，就不必纠结于增长速度的一时变化。现在中国的经济增长，是在90万亿元基础上的增长，增长质量和效益更高，更多依靠内需拉动，真正做到了挤干水分、量质并重。

今天的中国经济是一片大海，而不是一个小池塘。一阵风也许能在一个小池塘掀起巨浪，但只会让一个大海稍微波动几下，又恢复到它自身的节奏。这说明，正确研判中国经济，需要具有辩证眼光和战略定力，坚持从世界看中国、从全局看局部、从未来看当下，才能真正把握规律、增强信心。当前，我国经济发展中的许多问题是结构调整阵痛的表现，是前进中的问题。我们推进供给侧结构性改革，推动经济结构调整、新旧动能转换，正是为了解决这些深层问题。长期来看，一旦历经阵痛调整好了，就能为中国经济可持续发展打下坚实基础。2018年，中国实际利用外资接近9000亿元，创历史新高，外资的持续流入以实际行动说明，中国经济有信心应对短期波动，也有能力进行深度调整，迈向长远发展的光明前程。

2019年伊始，国际观察家作出判断，"中国成为全球企业投资和成长的理想国家""中国就是全球影响力最大的市场"。从长期来看，我国发展仍处于重要战略机遇期。经济全球化虽然遇到逆流，但求合作、谋发展仍是世界各国的共同愿望，扩大开放带来新机遇；全球新一轮科技革命和产业变革同我国经济优化升级交汇融合，我国拥有完整的产业体系、巨大的市场空间、丰富的人力资本，转型升级带来新机遇；党的十八届三中全会以来推出了1900多个改革方案，简政放权、负面清单、减税降费等政策连续出台，深化改革带来新机遇……外媒也承认，中国政府"展现出提振经济的应变能力"。党的坚强领导是最大制度优势，确保国家具有超强整合能力、强大动员能力和高效执行能力，这是中国抵御一切风险挑战的压舱石，也是中国赢得更长远未来的关键。

"伟大梦想不是等得来、喊得来的,而是拼出来、干出来的"。世界变局中危和机同生并存,克服了危即是机,就可以化危为机、转危为安。只要我们认真贯彻落实党中央确定的经济工作大政方针,不为局部的、眼前的问题所困,不为各种杂音、噪音所惑,锲而不舍、驰而不息,高质量发展之路就一定会越走越宽广。

(2019 年 02 月 20 日)

深化改革，持续释放制度红利

——中国经济的信心从何而来②

何鼎鼎

> 每当经济发展处于关键时刻，我们党总能通过改革破除体制机制积弊，为经济发展释放制度红利，这已经成为中国经济发展的重要方法论
>
> 现在推进改革，不仅注重顶层设计，更注重建立改革落实的传导机制，使得宏观层面释放的制度红利、政策红利可以转化为微观市场主体的获得感

近日，科创板征求意见稿细则出炉，允许"同股不同权"、五套差异化上市标准等规定，被认为是改革对科创企业的巨大制度包容。科创板如何强化金融支持实体经济的力度？如何展现资本市场服务创新型经济的能力？人们对科创板的期待，也是对深化改革的期待，希望通过改革释放更多制度红利。

犹记改革开放初期，广东在全国先行一步，邓小平同志说，"可以给些政策，你们自己去搞，杀出一条血路来！"一系列体制机制变革由此开始，为经济发展注入强劲动力。实行家庭联产承包责任制，调动了广大农民的生产经营积极性；摆脱"姓资姓社"的桎梏，为市场经济发育创造土壤；建立经济特区，推动了改革开放的大潮。从"双轨制"到"价格闯关"，从国有企业改革到建立宏观调控体系，每当经济发展处于关键

时刻，我们党总能通过改革破除体制机制积弊，为经济发展释放制度红利，这已经成为中国经济发展的重要方法论。

注重用制度变革推动经济发展，也是党的十八大以来的治理思路。党的十八届三中全会以来推出了1900多个改革方案，在增加体制机制活力的同时，为我国发展打开了新空间、提供了新动力。提出"使市场在资源配置中起决定性作用和更好发挥政府作用"，政府与市场的边界不断厘清、营商环境持续优化；简政放权深入推进、负面清单逐步建立，市场准入范围越来越大、新增市场主体越来越多；雄安新区规划发布、京津冀一体化格局形成、长三角一体化升格为国家战略，一系列"纵横当有凌云笔"的改革整合区域发展优势……以制度创新为支点的改革杠杆，依然持续、强劲而有力。经济转型升级的过程固然会伴随外部压力和内部阵痛，但就像改革开放40多年来经历的那样，每到"山重水复疑无路"的时候，总可以通过深化改革迎来"柳暗花明又一村"的转机。

今天，当120家中国企业已跻身世界500强，当阿里、腾讯等企业已成世界互联网企业的佼佼者，我们有理由坚信：通过改革为各类市场主体营造更好的制度环境，是发展之所需，是繁荣之所系，也是信心之所在。在这个过程中，"坚持以供给侧结构性改革为主线不动摇"的决心牢不可破。过去这一年，坚持以"破、立、降"为主攻方向，持续推进结构性去产能、系统性优产能，供给结构不断改善，发展质量效益稳步提升；通过完善处置"僵尸"企业的制度体系，一大批"散乱污"企业出清，工业产能利用率稳中有升。可以说，供给侧结构性改革抓住了经济转型的关键，找到了促进高质量发展的支点，通过解决结构性的矛盾，可以更好地应对周期性的问题；通过把握长期大势，可以更好地认识当前形势。

当然，现在推进改革，不仅注重顶层设计，更注重建立改革落实的传导机制，使得宏观层面释放的制度红利、政策红利可以转化为微观市场主体的获得感。去年底召开的民营企业座谈会，目的就是要为民营企业营造更加公平的发展环境，拆除各色"卷帘门""玻璃门""旋转门"，为民营企业发展提供实实在在的政策支持。从解决融资难融资贵问题，到力度空前的减税，财政、税收、金融领域已经推出堪称史上最大的政

策包,只要这些措施能不打折扣落实,经济发展的创新活力与创造潜力将会进一步迸发。

前些天,工信部称5G商用终端有望今年年中面世。这也让人感慨:从2G、3G到4G、5G,我们从跟跑到并跑乃至领跑,恰似今天中国经济转型升级、螺旋上升的缩影。如果说5G是推动经济高质量发展的新型基础设施,那么改革则将一如既往成为承载中国不断向前迈进的基石。通过深化改革不断释放制度红利,中国经济必定迎来更加光明的发展前景。

(2019年02月21日)

创新驱动，以新旧转换推动优化升级

——中国经济的信心从何而来③

陆娅楠

我国经济之所以能够继续保持稳中向好的趋势，一个重要原因就是新旧动能转换加快，以及由此带来的产业结构升级

在迈向高质量发展的征程上，当加快速度变为加快转型，当扩张规模变为提质增效，创新驱动已经成为中国经济的新引擎

日前，中国国家航天局、中国科学院以及国际天文学联合会联合召开新闻发布会，正式向全世界公布了嫦娥四号着陆区域月球地理实体命名。"天河基地""织女""河鼓"等带有中国文化特色的名称，在月球背面刻下"中国印记"，也再次展示出中国不断增强的科技实力和创新能力。

2018年，在世界知识产权组织等权威机构推出的全球创新指数排行榜上，中国排名第十七，也是进入前20名的唯一发展中国家。相关报告认为，"中国经济在优先研发和创新发展的公共政策的指引下，已经进入一个快速变化的阶段。""天眼"探空，"蛟龙"探海，"嫦娥"探月……英国广播公司这样总结中国的创新："中国有决心不让任何东西成为拦路虎"。不仅如此，增强制造业技术创新能力，健全需求为导向、企业为主体的产学研一体化创新机制，加大对中小企业创新支持力度……去年中央经济工作会议，再次对创新驱动高质量发展作出了明确部署。

党的十八大以来，中国以创新主动适应和引领新常态，不仅从容面对"前后围堵"的双重挤压，顶住了"三期叠加"的下行压力，也取得一份又一份骄人成绩单。不仅如此，以人工智能为代表的创新性产品、以5G为代表的创新性互联网技术、以新媒体等为代表的新兴服务产业……今天，创新性产品和创新性技术正在成为推动中国经济前行的强大动力。中国经济之所以能够继续保持稳中向好的趋势，一个重要原因也正是新旧动能转换加快，以及由此带来的产业结构升级。

今天，在迈向高质量发展的征程上，当加快速度变为加快转型，当扩张规模变为提质增效，创新驱动已经成为中国经济的新引擎。外媒也注意到，只担忧中国经济的减速、看不见中国在创新上表现出的巨大潜力，恐怕是很危险的。这体现在经济结构的不断优化，2018年，服务业占国内生产总值比重为52.2%，对国民经济增长的贡献率为59.7%，比第二产业高23.6个百分点；这也体现在发展效率的不断提升，2018年新产业新产品不断成长，规模以上工业战略性新兴产业增加值比2017年增长8.9%，规模以上工业高技术产业增加值比上年增长11.7%。这些数据背后，是如雨后春笋般涌现的新市场主体，是每天都在蓬勃生长的新动能、新业态、新模式。

从更大的视野来看，历史上每一轮科技革命都能重塑世界经济格局，而现在全球新一轮科技革命和产业变革同我国经济优化升级交汇融合，为中国实现转型升级提供了难得的机遇。中国有联合国产业分类目录中的全部工业门类，220多种主要工业品产量常年领先世界，具有产业规模效应和创新成果转化效应；中国有近14亿人口的大市场，有世界上规模最大并持续扩大的中等收入群体，可以用消费升级带动产业升级；中国丰富的人力资本，受高等教育或拥有专业技能的人才越来越多，研发人员规模连续5年稳居世界第一位，为高质量发展提供"最强大脑"。今天，我们完全有能力、有信心依靠创新驱动加快新旧动能转换，在新一轮科技革命和产业变革中勇立潮头。

就在这段时间，有外媒统计，去年人工智能投资的大约一半流向了中国。而让中国如此有吸引力的主要原因，"不仅是投资的大幅增长和高等教育标准的大幅提升，与世界其他国家相比，中国的地方政府对科技的支持力度也大得多"。面对新一轮科技革命和产业变革，中国迎来了新的发展机遇。我们完全可以抓住这个难得的历史机遇，构建起面向未来的经济结构，让中国经济巨轮拥有不竭的磅礴动力。

（2019 年 02 月 22 日）

消费升级,以蓬勃内需推动长期增长

——中国经济的信心从何而来④

王 珂

> 消费为经济发展提供了持续可靠的动力,不仅凸显了中国经济指标和内在结构的积极变化,也成为中国经济品质改变和"颜值"提升的生动缩影
>
> 经过40多年的快速发展,中国不仅形成了超大规模的消费市场,而且形成了更加追求创新和变化、更加偏好新产品和新体验的消费文化

观察中国经济,消费是个至关重要的窗口。春节黄金周,新兴消费亮点纷呈:休闲旅游、观影观展等体验式消费表现突出,绿色食品、智能家电等标注更高消费品质,三、四线城市年货消费增速超过一、二线城市……春节消费在数量基础上更注重高品质,在存量基础上更有新增量,折射出中国经济蓬勃的内需潜力。

春节黄金周的消费亮点,契合了人们的微观感受,也映照着中国整体的消费情况。去年,我国社会消费品零售总额38.1万亿元,保持平稳较快发展势头。消费的基础性作用更加显著,最终消费支出对经济增长的贡献率达到76.2%,比上年同期提高18.6个百分点,连续5年成为经济增长第一动力。规模逐步扩大、水平稳步提高、结构不断改善、升级态势持续,消费为经济发展提供了持续可靠的动力,不仅凸显了中国经

济指标和内在结构的积极变化，也成为中国经济品质改变和"颜值"提升的生动缩影。

数据背后，消费升级的精彩故事每天都在人们身边上演：吃年夜大餐，不必亲自下厨，动动手指就能预约厨师上门定制；看院线大片，无需排队买票，手机订票还能选座位；到景区旅游，不再走马观花，扫二维码就能收听景点介绍。在历年的"双11"电商促销活动中，也有这样一个对比：2009年，最受欢迎的家用电器是电热水壶和电热毯，到了2017年，人们最喜欢的家用电器变成了净水器和扫地机器人。一位归国的留学生感叹：短短几年，连校门口的煎饼摊都用上了移动支付，这样的速度恐怕只能在供给日新月异、需求持续迸发的中国市场才能实现。从传统消费转向新兴消费，从商品消费转向服务消费，消费需求逐步由模仿型、同质化、单一化向差异化、个性化、多元化升级。消费结构升级，为中国经济转向高质量发展提供了动力支撑。

作用大，关注度也高，消费数据的波动总会引发很多关注。关于去年我国社会消费品零售总额的增速有所下滑，就有不少讨论，关键是如何形成正确的认识。实事求是地说，去年我国消费市场发展面临一定压力，但社会消费品零售总额增速下滑，主要体现的是"消费结构优化中实物消费占比下降、增速回落"的发展规律。去年，我国服务性消费占总消费支出已经达到49.5%，这"半壁江山"在社会消费品零售总额中并没有体现。正如商务部相关负责人所言，"社会消费品零售总额主要统计实物消费，消费预计仍将是经济的主要驱动力，主要增长点在服务消费"。

从多个维度看，我国消费市场今后潜力更大。近14亿人口的庞大市场、4亿中等收入群体的强大购买力，是任何国家都无法比拟的巨大消费力量，成为中国消费市场持续发展的最可靠保障。在消费升级的大趋势下，新产品、新服务具有巨大的想象空间。在国内某景区，自动定位、自动播报的电子导游解说服务，每天能卖出几万份。一个细节说明，经过40多年的快速发展，中国不仅形成了超大规模的消费市场，而且形成了更加追求创新和变化、更加偏好新产品和新体验的消费文化。近14亿人组成的超大规模市场，将会释放源源不断的消费潜力，足以支撑中国

的高质量发展。

　　促进形成强大国内市场,进一步激发消费潜力,有利条件很多,努力空间也很大。产品质量还有提升空间,新兴消费还需发展壮大,消费环境还能继续改善,消费能力还要持续提升……踏踏实实化解这些难题,让老百姓吃得放心、穿得称心、用得舒心,亿万中国消费者的潜力就能汇小溪成大河,成为拉动经济增长的更强动力。

(2019 年 02 月 25 日)

开放的大门只会越开越大

——中国经济的信心从何而来⑤

陈 凌

身处世界百年未有之大变局,中国不仅在理念上举起维护世界多边机制和自由贸易体系的大旗,更以实际行动推动经济全球化大趋势

越开放,越发展;越发展,越需要进一步开放。中国的对外开放,既有量的增长,更有质的提升

刚刚过去的这个春节,很多家庭有了新的节日"打开方式"。一边是,泰国大米、阿根廷牛排、法国葡萄酒等全球美味越来越多地"飞入寻常百姓家",登上普通家庭的年夜饭餐桌,人们坐在家里就能品尝世界风味;另一边则是,出国过年成为新时尚,在国外看舞龙舞狮、逛春节庙会、观春节灯光秀,浓浓的年味被传递到世界各地。既有"引进来",又有"走出去",这既丰富着传统节日的内容,也从一个侧面折射着,一个更加开放的中国正大踏步走向世界。

对于每一个民族、每一个国家而言,开放始终都是发展的重要条件。然而,过去一段时间,经济全球化进程遭遇了少有的"逆风",单边主义、保护主义等"逆全球化"思潮涌动。世界将走向何方,是更加开放多元,还是更加封闭单一?人类再次站在了十字路口。

身处世界百年未有之大变局,中国在不断为推动经济全球化作出努

力。中国不仅在理念上举起维护世界多边机制和自由贸易体系的大旗,更以推动共建"一带一路"、举办首届中国国际进口博览会、启动建设海南自由贸易试验区等扩大开放的实际行动,推动经济全球化大趋势。数据是最客观的说明,在去年全球跨国直接投资同比下降19%、降至多年新低的情况下,中国吸引的外资总量逆势增长3%;在世界贸易扩张势头进一步放缓的背景下,中国的进出口总额、出口额和进口额均创历史新纪录,货物贸易增速快于美国、德国、日本等贸易大国和主要经济体平均增速。正如国际货币基金组织总裁拉加德所言,中国扩大开放"为当今世界增加了确定性和希望"。

越开放,越发展;越发展,越需要进一步开放。前不久,有外媒文章观察到,春节期间,出境游的中国游客对"爆买"少了几分热情。文章站在当地百货商场的角度作出判断,"中国游客把钱包攥得更紧了"。这样的判断,可能只是个误解。一方面,中国关税总水平去年从9.8%降至7.5%,通过电商实现全球购,对于大多数中国人而言,早已不是什么稀罕事。在家门口就能买到国外的好产品,何必舟车劳顿、不远万里从国外把物品"背"回来?另一方面,也正是因为开放,让中国企业看到了差距,找到了消费需求,进而促使中国企业苦练内功,提供更加优质的产品,让中国老百姓有了更多的选择。既能满足人民群众对美好生活的需要,又能促使企业提升自身实力,中国没有理由不继续扩大对外开放。

如果说"买全球、卖全球"的规模曾是衡量一个国家对外开放水平的主要指标,时至今日,对外开放不仅要看总量,更要看质量。"推动由商品和要素流动型开放向规则等制度型开放转变",中央经济工作会议提出的这一要求,既是中国对外开放提质增效的未来方向,也是让蓝图一步步变为现实的具体努力。从各个自贸区纷纷对接高标准国际经贸规则,形成一大批可复制可推广的制度创新成果;到国家发改委、商务部发布《外商投资准入特别管理措施(负面清单)(2018年版)》,清单外所有市场主体"非禁即入";再到各地对标国际一流,狠抓营商环境,一系列规则制度层面的创新突破,让中国构建起了强大的开放"磁场"。特斯拉在上海建设集研发、制造、销售于一体的电动汽车超级工厂,宝马在沈阳投资新建第三工厂，首家外资控股证券公司、首家外资保险控股公司相继诞生。可以说，中国的对外开放，既有量的增长，更有质的提升。

中国改革的脚步不会停滞，开放的大门只会越开越大，世界将继续看到改革开放的中国加速度，将继续看到将改革开放进行到底的中国决心。而这，也必将推动中国经济巨轮驶向更开阔的水域。

（2019年02月26日）

化解风险，以审慎监管筑牢金融屏障

——中国经济的信心从何而来⑥

周人杰

> 要把好货币供给的总闸门，又要提供充分、必要的流动性，宏观上要逆周期预调微调，微观上要鼓励创新和治理乱象
>
> 金融改革与调控最根本的一条，是要确保资金持续流向并服务实体经济，让市场主体真正得到实惠，坚定发展信心

信心来自基本面的底气，更来自防风险的坚决。2018年以来，去杠杆稳扎稳打，宏观杠杆率下降3个百分点，工业企业资产负债率到11月末下降0.4个百分点；壮实业稳步推进，超600万线下小微经营者通过"多收多贷"获得支持，中期借贷便利提供新增流动性1.76万亿元输血实体经济；外汇储备余额、人民币兑美元汇率保持稳定，银行业不良贷款率、地方政府债务余额均在可控范围……金融业的平稳发展、审慎监管，构成了中国经济的坚实屏障，是我们积极应对"稳中有变、变中有忧"形势至关重要的保障力量。

经济是肌体，金融是血脉，两者共生共荣。当前，世界经济依旧复杂多变，金融市场动荡加剧，单边主义逆全球化抬头，各类不确定因素有可能诱发货币危机和经济衰退。从内部条件看，微观市场主体处于转型升级、爬坡过坎的关键期，少数领域"资金空转"和"脱实向虚"的风险仍在，金融系统及其与实体企业之间的良性循环，尚待改革攻坚。

对此正如习近平总书记强调的，我们要"平衡好稳增长和防风险的关系，精准有效处置重点领域风险"。

金融是现代经济的核心。防范金融风险的先手，一方面要把好货币供给总闸门，把过高的杠杆率降下来，防范债务风险，另一方面又必须要提供充分、必要的流动性，保证实体经济正常运行。要看到，1月份社会融资同比多增1.56万亿元，但"贴现"和"套利"只是个别企业的行为，总体上还是以流向实业为主，使得新增1000万元以下小微企业贷款利率平均降至6.16%。这是典型的应对下行压力的预调微调，也是逆周期宏观调控的题中之义，是保持股市、汇市稳定，稳住市场预期的必要举措，绝不意味着稳健货币政策发生了转向。

"巩固、增强、提升、畅通"，中央经济工作会议的八字方针在金融领域已有作为并大有可为，下一步深化金融供给侧结构性改革仍要找准服务重点，以服务实体经济、服务人民生活为本。其中，巩固的是全国一盘棋风险防控格局，整治市场秩序，清理"僵尸企业"，守住不发生系统性风险的底线。增强的是风险识别和精准调控能力，建立"双支柱"调控框架，避免房地产市场大起大落。提升的是普惠金融、绿色金融创新能力，更好服务"三农"与环保，协同打好三大攻坚战。畅通的是货币政策传导机制，不搞大水漫灌，千方百计疏通民营企业的融资堵点。概而言之，金融改革与调控最根本的一条，就是要确保资金持续流向并服务实体经济，为应对内外部挑战创造良好条件，让市场主体真正得到实惠，坚定发展信心。

常言道，"居安思危，思则有备，有备无患"。中国经济的信心从何而来？需要我们以辩证眼光观察长期大势，以断腕决心全面深化改革，以创新驱动引领提质增效，以消费升级扩大内部需求，以开放合作抢抓战略机遇，更要以忧患意识筑牢金融服务实体经济的一道道安全屏障。有人说，金融的魅力在于不确定性。紧紧遵循高质量发展的"根本要求"，坚持和完善党对经济工作的集中统一领导，使宏观调控"左右手"相互呼应、科学配合，中国经济就一定能无畏风险挑战，赢得光明未来。

（2019年02月27日）

期待"网约护士"带来健康红利

李红梅

"网约护士"从设想走向现实，有助于为患者尤其是老年人提供更多便利

划定服务范围，依托实体医疗机构的保障体系，厘清护士、平台、患者三方责任

如今，手机在手，不仅可以购物、叫车，还将可以预约护士上门护理。不久前，国家卫健委发布《"互联网+护理服务"试点工作方案》，确定在北京、天津、上海、江苏、浙江、广东等6省市开始试点。此举有望大大方便人们的生活。

"网约护士"从设想走向现实，有助于为患者尤其是老年人提供更多便利。目前，中国60岁以上老年人口达到2.4亿人，需要长期护理的失能、半失能老年人达到4000万人。以往，腿脚不便的患者、老人去医院是一个巨大的工程，全家上阵，抬轮椅上下楼，帮着排队挂号、缴费，劳心劳力。而很多时候去医院，可能只是做简单护理，处理创面、换针头等。如果有护士上门护理，对于患者以及家属来说，将大大减轻负担。对于一些不愿意住院的癌症晚期患者、高龄失能老人，专业的安宁疗护服务还可以减少疼痛，提高生活质量，延长生存时间。

从已有的试点经验和各方反应来看，人们对护士上门护理的需求比

较强烈。一些企业通过手机应用平台在北京、上海、成都、西安等地开展护士上门护理服务，也有一些医院、社区卫生服务机构开展上门护理服务，受到广泛欢迎，一些服务项目购买次数达到几万次。在这一过程中，有3个问题比较受关注。首先是医疗安全。按照现有规定，医疗护理应该在医疗机构内开展，医、护、药服务协同配合，确保服务效果以及医疗风险可控。如果上门开展护理服务，如何得到其他医疗服务的协同配合保障，以减少风险？其次，上门护士的人身安全如何保障？最后，有经验的护士都在医疗机构内执业，护士总体人数短缺，工作也比较繁重，如何让有经验的护士从原有繁重工作中抽身，并愿意上门提供服务？这些问题，有赖于在未来的试点工作中进行探索，将成功的试点经验及时推广。

"探索适合中国国情的'互联网+护理服务'的管理制度、服务模式、服务规范以及运行机制等"，试点工作方案提出的这一工作目标，勾画了"网约护士"的未来。试点工作方案的出台，回答了此前实践中的一些焦点问题，给了人们一颗定心丸。比如将服务提供方明确为已具备家庭病床、巡诊等服务方式的实体医疗机构，上门护理服务项目仅限于一些风险较低、操作简单的项目，服务对象主要为高龄或失能老年人、康复期患者和终末期患者等行动不便的人群。也就是说，护理服务得到实体医疗机构的支持，患者资格认定、护士人身保障均有所依托。划定服务范围，依托实体医疗机构的保障体系，厘清护士、平台、患者三方责任，有助于垒砌"防火墙"，堵住安全漏洞。

未来在配套措施方面，仍需要进一步对各方的权利和责任进行认定和划分。目前，有经验的护士资源比较紧张，二级医院或是社区、基层医疗机构护士是上门服务的主体，也是就近服务患者的主要力量。调动他们上门服务的积极性，需要注册医疗机构的保障和支持，同时应该明确服务层次，让市场来调节价格机制，保护各方参与者的积极性。有关部门也应该未雨绸缪，创新管理手段，为新业态发展护航，让"互联网+"给人们的健康带来周到贴心的服务。

（2019年02月26日）

用"教育思维"管好校园手机

赵婀娜

是全面封禁还是合理引导,是刚性约束还是柔性管理?小手机引出大课题

如何更好地兴利除弊,还需要学校和家庭的密切配合,进行柔性引导

新学期即将开始,然而刚刚过去的假期,却让不少沉迷手机和电脑的孩子尝到了苦头。据报道,儿童成为春节后医院眼科的就诊"主力",某三甲医院眼科就诊人群中,超65%为儿童,原因多为长期使用电子产品导致的用眼过度。在这一背景下,要不要在校园禁用手机,再次引发讨论。

近些年,伴随着移动互联网浪潮的发展,以及智能手机功能的日益强大,智能手机在学生群体中迅速普及,并由此引发了学生沉迷于手机游戏、干扰课堂秩序等一系列问题,加之青少年近视率的居高不下,使很多人将目光聚焦到手机上。是全面封禁还是合理引导,是刚性约束还是柔性管理?围绕权利与秩序、规定与情理、被动或自觉,小小的手机引出困扰学校、家庭乃至整个社会的大课题。在国际上,尽管包括英国、法国在内的一些国家已进行立法尝试,但并未完全达成共识。是因势利导还是一禁了之,成为考验学校和教师理念与智慧的考题。

应该看到，数字化、智能化是时代的大势所趋。但心智尚未成熟、自制能力仍相对较差的中小学生使用智能手机，利弊参半。其利，一目了然。作为互联网的原住民，学生借由智能手机可便捷地获取各类资讯。教、学、评、测等环节均可基于实时反馈和数据分析及时完成，在提升教学效率的同时，推动个性化教学和因材施教。其弊，也清晰可见。部分学生沉迷于手机不能自拔，成了校园里的"低头族"，分散了注意力、干扰了教学秩序、影响了视力和身心健康。更为严重的，还有部分学生因沉迷网络世界导致心理疾患，或受不健康内容的诱导误入歧途。

正是因为看到了智能手机带来的"另一面"，去年8月，教育部等8部门联合印发关于《综合防控儿童青少年近视实施方案》的通知，明确要求"严禁学生将个人手机、平板电脑等电子产品带入课堂，带入学校的要进行统一保管"。山东等地也出台相关规定，禁止中小学生带手机进校园。种种举措，都是为保护青少年身心健康所做的努力。与此同时，如何更好地兴利除弊，还需要学校和家庭的密切配合，进行柔性引导。

一方面，学校和老师通过组织学生讨论、制定使用规范等，培养学生的契约精神、激发学生自主思考与自我管理的内生动力。同时，积极使用各种互联网平台和应用程序进行教学组织与教学反馈，主动引导学生的碎片化学习并给予学生更多的个性化关注，将学生的注意力从网络上不健康的内容中"抢"回来。另一方面，家长应身体力行，既要做合理、适度使用智能手机的垂范者，也要在家庭教育中多陪伴、不缺位，做孩子心理健康发展与性格养成的良师益友。同时，广大APP开发者和互联网平台也要以最大的责任心提供优质内容，让学习软件与程序更有趣、更有益。

教育之难，难在潜移默化、润物无声。以教育的维度来思考校园中的智能手机问题，需要在局部禁止的基础上，多些关怀的温度和智慧的力量，让未来一代在拥抱未来智能化数字世界的同时，也能拥有明亮的双眼和美好的心灵。

（2019年02月25日）

为民营企业注入金融活水

徐立凡

民营企业不断迎来利好消息。不久前,中办、国办印发《关于加强金融服务民营企业的若干意见》,要求加强对民营企业的金融服务。民营企业特别是小微企业融资难融资贵问题有望得到有效缓解,从而充分激发民营经济的活力和创造力。

金融是实体经济的血脉。目前,民营经济贡献了50%以上的税收,60%以上的国内生产总值,70%以上的技术创新成果,80%以上的城镇劳动就业,90%以上的企业数量。但据不完全统计,在银行业贷款余额中,民营企业贷款只占25%,金融支持力度与民营经济对国民经济的贡献率严重不匹配。正因此,习近平总书记去年在民营企业座谈会上强调,要不断为民营经济营造更好发展环境,帮助民营经济解决发展中的困难,并强调解决民营企业融资难融资贵问题。

解决民营企业融资的老大难问题,此次的《意见》提出了明确的解决方案:实施差别化货币信贷支持,让金融机构增加民营企业、小微企业信贷投放,完善普惠金融政策有了政策准星;积极支持符合条件的民营企业扩大直接融资,打开了民营企业债券、股权融资的通道;贷款审批不得设置歧视性要求,使"竞争中性""所有制中立"扎实推进,瞄准了消除针对民营企业隐性壁垒的要害,等等。形象地说,《意见》是一份让金融更好服务民营企业的说明书,也是一张催促金融机构转变角色的时间表。接下来，针对困扰民营企业融资难的问题，需要从认识、环境、机制等因素入手，积极推动改革。

切实改善对民营企业的金融服务，金融机构需要更主动的变革。以平台建设为例，目前，信息化的信用体系一定程度上不健全、不畅通，金融机构有必要主动引进信用产品，发挥债券市场的定价作用，同时加强信用信息归集和共享，先行做好民营企业的增信服务。针对落后产能、僵尸企业过多挤占信贷资源，金融机构有必要对标产业升级、调整经济结构的大趋势，腾笼换鸟，将信贷资源更多导向民营企业，特别是科创企业、小微企业。民营企业融资成本过高，金融机构有必要清理不合规、不合理收费项目，防止权力渗透；民营企业融资与金融风控之间的平衡点不好把握，有必要打通银、险、信用评估等内部机制，推动融资担保体系建设，等等。

在机制方面，需要下大力气改变机制运行惯性。比如，过去一些金融机构把强化金融风险防控简单等同于信用收缩，对民营企业不分情况，采取一刀切的限贷、收贷、断贷措施，挫伤了民营企业的积极性，民营企业对此多有反映。同时，强化金融对民营企业的支持，也不能一刀切、一哄而上、一阵风，一企一策、因事施策，民营企业才能得到实惠，稳定预期。此外，还需防范权力信贷、人情信贷卷土重来。要看到，加强金融服务民营企业，目标不是短期扩大对民营企业的有效金融供给，而是要补齐短板，使金融服务民企优质化、长效化。这一目标最终要靠金融机构之间发挥协同效应，金融服务和自身改革发挥协同效应，新理念与新信息技术发挥协同效应才能达成。

"图难丁其易，为人于其细"。以问题为导向，从能做的事做起，能改的事改起，金融服务就能激荡一池春水，激发民营企业的发展活力，推动国民经济继续稳步前行。

（2019年02月22日）

好政策为广袤田野添春意

朱 隽

眼下,春耕大忙正由南向北次第展开。在雨水已过、万物萌动的春意中,亿万农民又收到大礼。日前,今年的中央"一号文件"正式发布,这是"一号文件"聚焦"三农"工作的第十六个年头。此次,"硬任务"成为这份重要文件的关键词。

去年底的中央农村工作会议强调,今明两年是"全面建成小康社会的关键时期,是打赢脱贫攻坚战和实施乡村振兴战略的历史交汇期"。把握这一关键时期,今年"一号文件"列出一系列"硬任务"。其中,脱贫攻坚位列首位,强调要坚决打赢脱贫攻坚战,消除农村绝对贫困。在粮食安全方面,要确保粮食播种面积、总产量稳定,谷物基本自给、口粮绝对安全;在农村基础设施和公共服务方面,完成农村人居环境整治三年行动目标任务,实现具备条件的建制村全部通硬化路等,在农民增收、农村改革、社会建设、生态文明建设等领域,也都明确了许多实打实的任务。

新世纪以来,我国粮食连续15年丰收。党的十八大以来,粮食产量连续6年稳定在1.2万亿斤以上,农民收入持续快速增长,贫困人口累计减少8239万,人居环境不断改善,乡村振兴开局良好……"三农"持续向好形势进一步巩固,与此前各项目标任务得到扎扎实实落实密不可分。与此同时也要看到,一些隐忧仍然存在。就粮食生产而言,灾害频发拉低粮食单产,结构调整带来部分粮食品种播种面积下降,国际油价波动等因素,有可能增加难以预测的挑战。在"三农"其他领域,同样有一些难点问题亟待解决。化解风险、解决难题,离不开完善的预案和实实在在的工作推进。今年的"一号文件"就是一份清晰的"任务书",明确提出"三农"领域必须抓重点、补短板、强基础,确保顺利完成农村改革发展目标任务。

不打折扣地完成今年"一号文件"提出的"硬任务",必须付出扎实的努力。一方面,清单中的多项任务涉及农村民生,让亿万农民有更多获得感,是责无旁贷的使命。另一方面,在经济下行压力加大,外部环境发生深刻变化的复杂形势下,做好"三农"工作,有助于更好发挥"三农"压舱石、稳定器的功能,应对各种风险挑战。而完成这些任务,离不开集中的政策供给,关键是要把农业农村优先发展的原则落到实处。各项任务逐一落实,不可能一蹴而就、一帆风顺,通过深化相关机制改革解决遇到的问题,破除制约因素,乡村发展才能充满活力。这同时也离不开可靠的人才支撑,既要培养一支懂农业、爱农村、爱农民的工作队伍,也要充分发挥农民的主体作用,因为农民才是农业农村发展的根本力量。

无论是补齐农村人居环境和公共服务短板,还是发展壮大乡村产业、完善乡村治理机制,都要同当地的经济发展水平相适应,同当地文化和风土人情相协调,因地制宜、科学推进。以有力举措推动各项任务落地见效,就能让"一号文件"带来的春意,给广袤田野增添新的生机。

(2019年02月21日)

在触摸传统中延续文脉

王 珏

> 博物馆热的背后,更是传统文化从社会到个体层面的回归,反映人们返本开新的文化心理

日前,"紫禁城上元之夜"文化活动引发关注,这是故宫首次接受公众预约的夜间开放活动。活动不仅向人们展示传统习俗的韵味,还邀请劳动模范、北京榜样、快递小哥、环卫工人、解放军和武警官兵、消防救援队伍指战员、公安干警等各界代表共同参与,营造出共庆佳节的浓厚氛围。

由正月十五的灯会向前回溯,逛博物馆、体验传统文化,日益成为人们的新年俗。刚刚过去的春节,人们在故宫参观"紫禁城里过大年"文物展览,感受古代皇家过年的气氛;逛逛老字号,在吃喝玩乐中辞旧迎新;观看复原的天灯、万寿灯,想象康乾盛世的景况。春节7天长假,故宫博物院每天的8万张门票一抢而空,国家博物馆初二到初五连续4天现场观众突破6.5万人次,陕西省300多家文化馆、博物馆新推出79个丰富多彩的主题展览,共有1196万人次参观,游客量同比增长11%……人来人往的博物馆,成为春节前后的另一道风景。

有人说,"博物馆的价值不在于拥有什么,而在于做了什么"。今年,故宫博物院首次举办的"中华老字号故宫过大年",来自山东、北京、江

苏、安徽等10个省市150家老字号企业参展，人们品尝别具风味的传统小吃和特色美食，观赏地方特色的匠心产品和独特技艺，了解底蕴深厚的老字号文化。正月十五月圆之夜，故宫博物院发出传统文化的邀约，人们可以登城墙、看灯会。事实证明，中国的博物馆正在与时俱进中加强创新、走近公众，可以办成国际一流水平，成为国家文化的金色名片。

衡量博物馆的标准，不仅在于其馆藏的丰富，还在于其多大程度融入人们的生活。博物馆融合有形的文化遗产和无形的非物质文化遗产，让传统文化浸润当代生活，也成为趋势。历史文物并不只是历史的沉淀、岁月的陈酿，不是一个静止的存在，而是寄托着文化血脉的传承，与人们的生活和我们所处的时代息息相关。博物馆善用优质文化资源，以丰富的活动接续传统，就是要让收藏在禁宫里的文物、陈列在广阔大地上的遗产、书写在古籍里的文字都活起来，让人们触摸中华文化脉络、感受中华文化魅力、汲取中华文化精髓。

博物馆热的背后，更是传统文化从社会到个体层面的回归，反映人们返本开新的文化心理。"喜看三春花千树，笑饮丰年酒一杯""万家灯火同秋月，大地光明不夜天"，春节、元宵节这样的中国传统节日，凝聚了我们祖先与自然和谐相处的生活方式，蕴藏着中国人看待世界的智慧。通过逛博物馆，人们纪念传统节日、触碰传统文化、感受流淌的文脉，对中华优秀传统文化的内涵和外延有了更为清晰的认知，在汲古纳今中有了更多文化自信。

"中华优秀传统文化是我们最深厚的文化软实力，也是中国特色社会主义植根的文化沃土。"在博物馆，人们感受传统脉搏，看到未来的方向。可喜的是，未来更多的公共文化服务将活化传统，让传统文化照进更多人的内心。

（2019年02月20日）

消费扶贫，在共赢中谋长远

顾仲阳

> 消费扶贫，一头连着贫困地区，一头连着广阔市场，它的最大特点是运用市场机制，动员社会力量参与到扶贫过程中
>
> 找到消费扶贫的利益连接点，贫困群众需要产品有"可销售的渠道"，广大消费者需要消费有"可保证的品质"
>
> 消费扶贫"人人皆可为"，应该创造更好的制度环境，使之"人人皆愿为、人人皆能为"

春节期间走亲访友，发现餐桌上出现了"新菜"——来自贫困地区的特色农产品。在春节的消费大潮中，消费扶贫成为一道亮丽风景。新疆的大枣、河南的野生猕猴桃、湖北的丹江水产……吃上贫困地区的优质特产，既满足了消费升级的需求，更能为贫困群众带来增收效应，消费扶贫可谓一举两得。

消费扶贫，一头连着贫困地区，一头连着广阔市场，它的最大特点是运用市场机制，动员社会力量参与到扶贫过程中。我国近 14 亿人口，形成了全球最大的消费市场之一。有一个形象的说法，中国人一年吃掉 70 亿只鸡，有 30 亿人次到乡村休闲度假。消费市场规模之大，为消费扶贫拓展了空间。往深层看，不同于简单地给钱给物和解决眼前问题，消费扶贫更能为贫困地区的产业发展注入内生动力，促进贫困人口稳定

脱贫和贫困地区产业持续发展。正因如此，今年1月国务院办公厅印发了《关于深入开展消费扶贫助力打赢脱贫攻坚战的指导意见》，要求"大力实施消费扶贫"。

充分发挥集中力量办大事的体制优势，是我国创造反贫困奇迹的一大秘诀。消费扶贫，作为我国一种重要的扶贫方式，当然也要发挥这一优势。比如说，采取"以购代捐""以买代帮"等方式采购贫困地区产品和服务，既可以满足单位或个人的消费需求，也可以帮助贫困人口增收脱贫。也要看到，消费扶贫本质上是一种"你卖我买"的商品交换行为。按照市场经济原则，唯有买卖双方能够实现互利共赢，消费扶贫才能可持续发展，才能把消费潜力变成脱贫动力。要实现双赢，就要找到双方的利益连接点，贫困群众需要产品有"可销售的渠道"，广大消费者需要消费有"可保证的品质"。

让产品获得"可销售的渠道"，需要政府部门在贫困地区和消费市场之间架起桥梁。这就需要在生产、流通、消费各环节打通制约消费扶贫的痛点、难点和堵点，让贫困地区的产品真正流动起来。比如说，打通供应链条，形成农产品从田间到餐桌的全链条联动；整合产地物流设施资源，可以降低贫困地区产品的物流成本；不断提高贫困人口使用网络的能力，就能更好促进"电商+农产品"商业模式的形成……打通流通梗阻、提升流通效率，才能真正推动贫困地区产品和服务融入全国大市场，为消费扶贫的可持续发展打下市场基础。

让消费获得"可保证的品质"，需要在产品的生产过程中进行供给侧改革。外界的助推可能会引起一时的消费，但要形成持续的消费效应，最终的决定因素还是产品的质量和特色。换句话说，特色农产品要追求规模和数量，更要追求品位和质量。这需要政府、社会和企业共同发力、形成合力。对政府部门而言，需要加快农产品标准化体系建设，用制度为特色产品的安全和品质保驾护航；对企业和贫困群众而言，更应坚持诚信原则、品质为先，让特色产品绿色安全，让乡村旅游远离宰客等乱象，推动树立良好口碑、形成长期效应。

换个视角来看，消费扶贫为每个人参与脱贫攻坚提供了一个机会。贫困地区往往比较偏远，但每个人都可以通过消费参与到扶贫的过程中。

消费扶贫是一个"人人皆可为"的事情,接下来,应该创造更好的制度环境,使之"人人皆愿为、人人皆能为",这样,就能为脱贫攻坚注入强劲的内生动力。

(2019年02月19日)

让担当任事的干部脱颖而出

李 斌

能否发现和使用好"李云龙式"干部，是一个地方为担当者担当、为干事者撑腰的重要标尺

重用干事创业的好干部，是推动改革攻坚克难、发展爬坡过坎的客观需要

为勇于担当作为的干部撑腰鼓劲，需要给他们打开一定的容错空间

节后第一周，不少省份相继召开会议，布置工作、鼓舞士气，争取为新的一年开个好头。比如，上海市就进一步优化营商环境作出总体安排，吉林、黑龙江等省份在节后首日就进入"战斗状态"。而山东省在开年第一个工作日的工作动员大会上，强调"大胆使用'李云龙式'干部"，引发众多关注。

雷厉风行、直来直去、敢于碰硬、能打胜仗，电视剧《亮剑》中的李云龙给无数人留下深刻印象。而"李云龙式"干部的特点也非常鲜明。一方面，他们往往勇于临危受命、善于出奇制胜。另一方面，由于个性鲜明，容易"得罪人"，也被有些人认为"不灵活""不成熟"，干事创业的整体氛围因之偏向保守。也正因此，能否发现和使用好"李云龙式"

干部，不仅关系到调动广大干部干事创业积极性，也是一个地方为担当者担当、为干事者撑腰的重要标尺。

习近平总书记指出，"干部干部，干是当头的"。2019年的各项工作，将为全面建成小康社会收官打下决定性基础，重用干事创业的好干部，是推动改革攻坚克难、发展爬坡过坎的客观需要。以山东为例，新旧动能转换的任务严峻而紧迫。去年，中央第七巡视组向山东省委反馈巡视情况时，就指出部分干部精神不振，不担当、不作为、乱作为现象较为突出等问题。要想改革发展不掉队，首要的就是干部思想和能力不掉队。激励"李云龙式"干部闯新路、开新局，融开担当任事的一江春水，可谓正当其时。

闻鼙鼓而思良将。改革开放再出发的中国，进入到"船到中流浪更急、人到半山路更陡"的阶段，改革没有先例可循，发展没有老路可走，尤须激发愈难愈上、愈险愈进的精气神，敢走前人没走过的路，勇做前人没做过的事。这也是发现人才、培养干部的必由之路。去年11月中央政治局集体学习时，习近平总书记强调，"要多选一些在重大斗争中经过磨砺的干部，同时要让没有实践经历的干部到重大斗争中去经受锻炼，在克难攻坚中增长胆识和才干。"可以说，为创新者开道，为实干者兜底，让"李云龙式"干部轻装前进，将释放出讲实干、重担当的重要信号。如果"李云龙式"干部能获得施展才智、建功立业的舞台，"有为有位"的鲜明导向势必能激励更多干部投身谋发展抓改革的最前线。

鼓励干部担当作为，需要一定的容错空间。有些时候，正因为担当任事、冲在前面，出错摔跤的可能性必然增加，遇到"泛化问责"容易被误伤，遇到"唯票取人"容易被埋没。古人有言："荆岫之玉，必含纤瑕；骊龙之珠，亦有微颣。"对待人才不能求全责备，使用干部同样需要扬长避短。为勇于担当作为的干部撑腰鼓劲，需要给他们打开一定的容错空间，此举不仅有助于完善人才培养和选拔方式，对整个政治生态也是一种激励带动。在选人用人导向上突出以事择人的标准，真正做到谁最能胜任工作就选谁、谁最能干好事业就用谁。

"伟大梦想不是等得来、喊得来的,而是拼出来、干出来的。"新春伊始,各地鼓舞改革士气、加大改革力度、推动改革创新。在努力奔跑中,把"规划图"变成"施工图",把"时间表"变成"计程表",改革发展定能所向披靡、前程远大。

(2019 年 02 月 18 日)

对症下药,破解"入园难"

赵婀娜

> 面对学前教育长期投入不足、问题千头万绪、新老矛盾交织的复杂局面,要谨防"按下葫芦起了瓢",不能只抓一点、不及其余,而应当学会"弹钢琴"

春节假期刚过,不少幼儿园迎来新的学期。提及学前教育,人们的脑海中似乎总有些"刻板印象":底子薄、欠账多,发展不平衡不充分,"入园难""入园贵"。如何补齐学前教育的短板、为更多家庭排除烦恼,是很多人的现实关切。

生活中,有关幼儿园的新闻时常见诸报端。前不久,个别民办园不顾"除收取保育教育费、住宿费及市人民政府批准的代办服务性收费外,不得再向幼儿家长收取其他任何费用"的相关规定,以"服装和被褥费""占位费""兴趣班""培训费"等理由乱收费,引发社会关注。当前学前教育确实存在一些值得关注的深层次问题:普惠性资源仍相对不足,政策保障体系仍不完善,教师队伍建设仍相对滞后,监管体制机制仍不够健全,部分民办园过度逐利。

仔细推究,长期以来的数量不足、师资不足、投入不足,是造成学前教育发展滞后的重要原因。在这种背景下,一边是"上好园"的诉求,一边是"入园难""入园贵"的现实,增加了许多家长的焦虑感。与此同时，重教育轻保育、不尊重教育规律等现象，也成为媒体关注的焦点。特别是随着全面二孩政策实施之后，数量不足和质量不佳的矛盾交织在一起，更加凸显了学前教育之困。如何开出精准药方，加快完善学前教育公共服务体系，更好实现幼有所育，已成为解民生之忧、增强群众获得感的重要课题。

破除顽疾，关键在于对症下药、精准施策。特别是面对学前教育长期投入不足、问题千头万绪、新老矛盾交织的复杂局面，更要谨防"按下葫芦起了瓢"，不能只抓一点、不及其余，而应当学会"弹钢琴"，做好统筹兼顾，照顾到方方面面。

这就需要在工作中增强系统思维，做到硬件软件齐看重，标本兼治补短板，疏堵结合防问题。比如，一只手抓住学前教育资金、设施等硬件投入，另一只手也要抓住教师队伍建设、教育教学理念等软件的提升；既要强化治标，健全监管机制、推进分类管理，也要注重治本，拓展公办资源、提升幼教师资社会和经济地位、探索建立学前教育成本合理分担机制和运行保障机制；一边充分调动各方面积极性，鼓励引导规范社会力量办园，一边必须坚决遏制过度逐利行为，促进学前教育回归育人本位。在推进学前教育发展过程中，只有真正做到统筹兼顾，才能在促发展的同时有效避免新问题与新矛盾。

可喜的是，最近一段时间，随着学前教育三年行动计划的实施，随着以中共中央、国务院名义出台的第一个面向学前教育的重要文件《关于学前教育深化改革规范发展的若干意见》的印发，随着《幼儿园办园行为督导评估办法》《关于开展城镇小区配套幼儿园治理工作的通知》的下发……统筹兼顾、立体施治的思路愈加明确，各地也纷纷推出落实举措。这些，抓住了治理学前教育难题的"牛鼻子"，也扣紧了百姓关切，为从根本上破解"入园难""入园贵"提供了有力保障。

有人说，学前教育是"教育之根"。根强，方能苗壮。多措并举、加强落实，尽快补齐学前教育短板，奏响学前教育改革发展的动人乐章，我们的整个教育体系就会更健康、更稳固，更好满足群众对教育的美好期盼。

（2019年02月15日）

药品降价和保质并非不可兼得

李红梅

> 带量采购推动完善药品的价格发现机制,在政府主导下,以市场手段倒逼合理药价"现形"

前不久,11个城市试点国家组织药品集中采购结果公布,25个中选药品平均降价52%,最高降幅达到96%,其中两家外资原研药价格大跳水,出现"专利悬崖"。这说明,带量采购作为药品集中采购制度的重大改革,正在取得积极成效,让人民群众以更低廉的价格用上更高质量的药品。

值得注意的是,这些入围药品均为通过一致性评价的仿制药和原研药。这些药品既降了价又保了质,在中国药品招采中一直被诟病的"跷跷板"问题,通过改革得以平衡,着实让老百姓获得感倍增。可见,降价和保质并非不可兼得。

"合理的药价"在世界各国往往含有兼顾价格、质量的含义,在质量有保证的情况下,"居民买得起、企业有利润、医保可承受"是各国药品博弈定价的通用法则。但从供给侧来看,长期以来,我国药品生产厂家多达4000多家,流通环节多,药品集中采购制度也只招到一个"天花板价",并且越招越高。药品有价值的成本部分占比较低,患者到手价高达出厂价的十倍甚至百倍,水分很大。由于竞争激烈,大量药品靠回扣带金销售，不是靠药品质量赢得市场。国外专利期内的原研药价格高昂，即使过了专利期，其价格依然受到"高质理应高价"的"超国民"保护，国外司空见惯的"专利悬崖"在我国迟迟未现。这些状况需要改变。

实行带量采购，就是要针对这些问题，探索完善药品集中采购机制和以市场为主导的药价形成机制，降低群众药费负担、规范药品流通秩序，让老百姓用上好药、治得好病。以往的药品招标，只招标价格，而没有数量，带量采购则在招标的时候就承诺药品的销量，"带量采购，以量换价"。通过设定质量标准和采购数量，既可以促进通过一致性评价的仿制药与原研药公平竞争，推动药品行业转型升级，又可以通过量价挂钩、及时回款规范流通秩序、净化行业生态。可以说，带量采购就是充分运用政府和市场两种力量，在政府主导下，以市场手段倒逼合理药价"现形"。

说到底，带量采购推动完善药品的价格发现机制。此次带量采购的一个有利条件是，我国已经启动仿制药一致性评价，仿制药质量向原研药看齐。在同质等效的条件下，以买方强大的市场购买力，换取企业更低的价格，这便是带量集中采购的优势，也是国际通行带量采购办法的本义。在竞标之前，招采部门将通过一致性评价的仿制药和原研药分类分组，区分充分竞争、非充分竞争品种，采集市场价格信息、同品种竞争情况、周边国家和地区价格信息等，提出降幅建议。信息充分，加重了买方砝码；再加上跨省联合采购、一致性评价两条"硬杠杠"，又使药企不能再在省份之间挑三拣四，原研药和同质仿制药同台竞争，历史性地"刷新"了我国药品招采的定义，价格终被降了下来。

当然，对竞争充分的仿制药、专利创新药、生产厂家少的药品，需要区别对待，制定不一样的市场议价策略。此次国家试点是对用量较大的药品集中采购议价。采购也只是刚刚开始，供应、使用、全过程监管等环节还需要诸多配套措施。带量采购开了一个好头，相信其他配套改革将会持续跟进，用改革为老百姓的健康保驾护航，不断增强群众的获得感、幸福感、安全感。

（2019 年 02 月 14 日）

《流浪地球》提升期待的水位

金 苍

我们期待能看到更多中国价值、东方理念，在人类想象力的疆域里延伸

今天的中国科幻文艺创作，既有改革开放40年科技巨大进步这一"巨人的肩膀"，又有着公众不断增强的科学向往这一"深厚的土壤"

春节假期里，一部电影引发观影热潮。《流浪地球》以超过22亿的票房，成为春节电影票房冠军。

电影一开场，就开启了一个宏大的叙事：人类在地球表面上装满发动机，推动这个星球在太阳氦闪引发爆炸之前，去往比邻的星系。而离家出走的叛逆少年，最终在父辈的感召之下成长，成为让地球从木星引力中挣脱出来的英雄。以宇宙为背景的宏大设定，配上太空场景、灾难景观、工业风格、热血少年，让电影颇具观赏性。

然而，在小说原著中，电影讲述的故事，只是地球路过木星时的几小段文字而已。这样一部小说，也给了"中国科幻"一个宏阔的背景。人类带着地球在宇宙流浪，距离将以4.3光年为计、时间将以2500年为计，其间该有多少惊心动魄的故事。也就是说，这是一个有着无限可能性的故事，更是一个能够不断拓展想象力边界的舞台。《星球大战》已经

拍了 10 部,《异形》系列也已经有 8 部,从这个角度看,《流浪地球》开启的,也可能将是一个新的电影世界。

而在这个电影世界中,我们还能看到许多熟悉的中国元素。不仅是地下的北京、冰封的上海,甚至是对"流浪"与"回家"这一组关系的理解,都充满了中国式的对家的向往、对故土的眷恋——面对危机的人类,竟然带着地球这个家园一起去往远方。这或许也是很多人对这样一部电影开启的世界更为期待的原因。我们期待能看到更多中国价值、东方理念,在人类想象力的疆域里延伸,在更为极端与特殊的情况下处理人类面临的永恒拷问。

一部成熟的电影,不是偶然出现的,而是源于强大文化体系的支撑。刘慈欣的《三体》等作品屡获国际大奖,带热了中国科幻文学;从《战狼Ⅱ》到《无名之辈》等风格各异的电影作品,在抬高电影创作水位的同时,也一次次抬高中国电影票房——刚刚过去的春节档期,电影总票房已接近 60 亿。这些,同样是观众对中国科幻电影充满期待的文化与心理背景。

更重要的是,就像刘慈欣所说,今天的中国有着强烈的"未来感"。科技创新的"中国浪潮"让世界侧目,也打开了中国人对于科学的认知。在刚刚过去的春节假期,贵州山区的"中国天眼",成为一个旅游热点,人们渴望在这里了解未知、聆听未来。这与一部"硬核科幻电影"成为热点话题一样,都可以说是当代中国科学热情高涨的缩影。而中国科协的调查显示,2018 年我国具备基本科学素质的公民比例达 8.47%,其中上海、北京两地的比例超过 20%。可以说,今天的中国科幻文艺创作,既有改革开放 40 年科技巨大进步这一"巨人的肩膀",又有着公众不断增强的科学向往这一"深厚的土壤",中国的科幻人、电影人有能力也有责任抓住机遇,为世界的科幻文艺创作提供更多更好的中国经验、中国故事,拓展人类对于未来的想象空间。

应该说,相对影视经典、科幻大片,《流浪地球》都还有一些差距。但一部电影能成为公共话题、激发公共讨论,也意味着这部影片有讨论的价值,更意味着观众对中国科幻有着进一步的期待。对于观众而言,对电影的评价,或许可以少一些哗众取宠、意气之争,多一些中肯建议、

理性之言。既看到长处也看到短板,既不棒杀也不捧杀,才能激励文化产品质量的进一步提升。指出电影甚至原著的不足,也给予足够的支持和鼓励,才能让我们的想象力跟着小说、跟着电影一起激荡,迎接中国科幻真正的春天。

(2019年02月13日)

春节,让我们的文化青春不老

王石川

> 春节文化作为一个共同的纽带,不仅把相互熟悉的家人联系在一起,更把无穷的远方、无数的人们联系在一起
>
> 每个家庭的团圆,构成了国家的团结;每个家庭的幸福,构成了国家的力量

刚刚过去的春节,"反向春运"的现象引发关注。很多在城市的奋斗者、年轻人,不再跟随人潮从城市回到老家,而是把父母接到城里过年。在工作的城市实现阖家团圆,成为春节文化的新变化。

类似变化,不胜枚举。"天开新气象,看万古江山,七十青春腾远志;龙驭大潮流,携五洲朋友,九重泰运壮中华。"这是新年前挂在南京明城墙上的一副对联,明城墙与书法、楹联完美融合。北京故宫举行紫禁城里过大年活动,数百件(套)文物再现清代宫廷过年习俗;上海人民广场地铁站开启"百福图"长廊,1个福字对应1个职业,寄托对劳动者的新春祝福……喜庆年味,扑面而来,让人感受到耳目一新的佳节氛围。

"岁月不居,时节如流",一切都在变,春节习俗自然不例外。比如,过年方式在变,从"父母在,不远游"变为"父母在,一同游",全家出境游今天已觉不新鲜;新年礼物在变,从"土特产、保健品、衣服鞋帽"

的老三样,变为"数码产品、智能音箱、扫地机器人"的新三样;传送方式也在变,原来是大包小包背回家,现在是动动手指网上购物,人没到家,货已先发。一些长辈连压岁钱的发放方式也出现了变化,不再准备新钱,而是直接通过移动支付给晚辈发红包。春节期间,禁放爆竹的城市越来越多,清新空气正在回归,过一个安全清爽的春节不再是奢侈梦想。春节文化的这些变化,折射出人们节节攀升的生活水平,映照着经济社会的发展进步。

在变化之中,也有不变的习俗。一位作家曾撰文:除夕之夜,院里撒满了芝麻秸儿,孩子们践踏得咯吱咯吱响,是为"踩岁"。闹得精疲力竭,睡前给大人请安,是为"辞岁"。大人摸出点什么作为赏赉,是为"压岁"。如今,在很多地方,踩岁、辞岁、压岁仍极有生命力。冰心回忆童年过春节时也说到,祭灶王爷用的糖和点心,都很甜也很黏,为的是把灶王的嘴糊上,使得他上天不能汇报这家人的坏话。这样的习俗描写,让人读来莞尔,很多地方今天仍然这么做。这些流传千百年的春节习俗,不会因为时代发展而褪色,恰恰因其绵延久远而独具一种文化的魅力。

谈及年文化,一位作家有过这样的判断,"由故土、血缘、乡情汇集而成的巨大磁场,遍布大地山川每个城市和村庄。让这磁场产生效力与魅力的,既是感情的力量也是文化的力量。"诚如斯言,无论我们身在何方,一到春节,就总是想到家庭团圆,就总是想到生于斯、长于斯的老家,想到大家聚在一起的温暖和力量。从"千门万户瞳瞳日,总把新桃换旧符"中,我们体会到时间的流动;从"举杯互敬屠苏酒,散席分尝胜利茶"中,我们品出了砥砺与畅想。在这个过程中,春节文化作为一个共同的纽带,不仅把相互熟悉的家人联系在一起,更把无穷的远方、无数的人们联系在一起。

"团聚最喜悦,团圆最幸福,团结最有力。"习近平总书记的这句话,道出了春节文化的内核。正所谓"天下之本在国,国之本在家"。国家富强,民族复兴,最终要体现在千千万万个家庭都幸福美满上,体现在亿万人民生活不断改善上。无论习俗怎么变化,我们对团圆的向往都不会变;无论时代怎么变迁,我们对国泰民安的盼望都不会减。每个家庭的团圆,构成了国家的团结;每个家庭的幸福,构成了国家的力量。

"春节是新的开始,预示着新的希望。"在流动的时代感受团圆的温暖和力量,在变化的时间里感悟不变的文化基因,我们更有动力创造美好生活,让我们的文化青春不老,让我们的国家兴旺发达。

(2019年02月11日)

压缩网络诈骗的生存空间

荣 翌

> 加强网络技术风险预判，不断提升对策的科技含量、智慧含量、创新含量，从而让治理技术跑到技术犯罪的前面

"备豫不虞，为国常道"。今天，我们既要打好防范和抵御风险的有准备之战，也要打好化险为夷、转危为机的战略主动战。而互联互通、普惠共享的网络时代，也潜藏着诸如网络诈骗这样的安全隐患，需要防患于未然。

前不久，一份研究报告总结出"2018年十大网络诈骗经典话术"，再次警示人们筑牢网络安全防范意识。这其中，既有网络社交、信贷诈骗等传统"套路"，也不乏利用电商、网游等平台实施诈骗的新手段新表现。除了财产损失，网络诈骗还会给受害人带来难以消弭的心理创伤，甚至酿成生命悲剧。可以说，网络诈骗污损了网络生态，侵蚀了社会诚信土壤，给人们的日常生活带来阴霾。

有鉴于此，近年来，我国对网络诈骗始终保持高压严打态势，着力压实主体责任，努力守护群众的生命财产安全。破获电信诈骗案件31.5万起，成功止付被骗资金300多亿元，赴34个国家和地区开展警务执法合作，捣毁境外诈骗窝点200余个……2018年底，公安部公布了开展专项行动三年来的"成绩单"，全国新一轮打击治理电信网络违法犯罪专项

行动也正式启动。重拳出击、重典治乱，以凌厉手段集中整治网络诈骗行为，已成为社会共识。

但也要看到，重点打击之下，网络诈骗仍难以根绝，并日益呈现出新的特点。《2018年网络诈骗趋势研究报告》显示，2018年网络诈骗人均损失创下近5年来新高。与此同时，"00后"正成为网络诈骗的新目标，网龄较短的青少年受害者数量迅速增加。无论是从经济损失数额，还是从受害群体范围来看，网络诈骗潜滋暗长的态势，都值得警惕。

新技术是一把双刃剑。近年来花样不断翻新的网络诈骗手段，有不少是钻了技术的空子。移动支付创造了高效便捷的付款方式，也成为网络金融风险的"重灾区"；短视频占领移动传播新风口，也为网络诈骗提供了新平台；大数据描摹用户画像，也导致基于公民个人信息的精准诈骗问题日益突出。现实中，恶意应用攻击手机系统、聊天机器人批量操作、互动H5链接骗取用户数据……瞄准移动互联网新业态新技术，新型网络诈骗"技术含量"显著增加，甚至呈现出精准化、智能化、场景化趋势，诈骗方式更趋隐蔽，令治理难度不断攀升。技术之刃一旦被违法者掌握，极易伤害公众利益。

这也启示人们，占领技术高地、让前沿科技为我所用，才能为治理网络诈骗提供强大武器。例如，深圳警方利用"AI+新侦查"模式排查线索，极大提升了破案效率，成功破获特大网络交友诈骗案；腾讯采用人工智能"麒麟"系统，精准打击伪基站；三大电信运营商借助技术手段，有效监控拦截诈骗短信和电话；第三方支付平台运用刷脸支付、指纹认证，不断提升支付安全性能，等等。值得思考的是，政府或企业的技术解决方案不应限于见招拆招，更须加强网络技术风险预判，不断提升对策的科技含量、智慧含量、创新含量，从而让治理跑到技术犯罪的前面。

再高明的网络诈骗技术，也是利用了人性弱点。作为治理网络诈骗的关键，网民不仅需要"技术防护"，更需要"思想防护"。增强网络防骗意识与能力，筑牢思想认识"防护线"，堵住信息"决堤口"，才能最大限度压缩网络诈骗的生存空间。

（2019年01月30日）

迈好"物流强国"的坚实一步

谢雨蓉

改革开放 40 多年来,我国交通与物流融合发展,物流基础设施网络基本成型。但也要看到,相比发达国家,我国物流成本总体偏高,物流运行效率有待提高,这是需要进一步解决的问题。今天,随着我国经济迈入高质量发展阶段,全社会物流需求转向结构优化,区域之间发展呼吁更加均衡,"一带一路"建设也期待物流发展国际空间的拓宽。同时,物流业节约资源、节能减排的压力与日俱增,必须转变发展方式,尤需顶层设计发力。

就此而言,不久前发布的《国家物流枢纽布局和建设规划》,可谓正当其时。规划提出"到 2035 年,基本形成与现代化经济体系相适应的国家物流枢纽网络",在全国 127 个城市规划建设 6 种类型、212 个国家物流枢纽,打造"通道+枢纽+网络"的物流运行体系,有利于解决系统规划不足、空间布局不完善、资源整合不充分、发展方式较为粗放等问题。清晰的"时间表"、明确的"落地点"、具体的"施工图"……《规划》的出台对提高物流业发展质量,支撑引领实体经济降本增效、转型升级具有重要意义。

当前,随着产业向中西部梯度转移、消费内需逐步释放,中西部地区成为物流发展的新空间。由于地域广阔,物流需求相对分散,在现有物流组织格局下,铁路大运量优势难以发挥,公路长距离点对点运输成本过高。因而，对物流组织模式进行变革，势在必行。布局建设国家物流枢纽，既是针对物流业发展薄弱环节的精准施策，也是适应新形势新要求的长远谋划。为此，《规划》在空间上把中西部地区作为物流枢纽布局建设的重点，212个国家物流枢纽中有超过一半布局在中西部地区，与以往规划相比，力度明显加大；在政策上也加大了对中西部地区物流枢纽建设运营的扶持，提出适当提高中西部地区铁路运输收费下浮比例和枢纽资金支持比例，意在引导和培育中西部地区物流枢纽加快发展。

作为物流体系的核心基础设施，国家物流枢纽在全国物流网络中发挥关键节点、重要平台和骨干枢纽的作用。建设国家物流枢纽，需把重点放在公共服务领域，促使中央预算内投资主要投向铁路专用线、多式联运转运设施、公共信息平台、军民合用物流设施等公益性较强的基础设施建设，加强公共服务产品供给。其中，依托枢纽打造现代供应链、快递物流、电子商务、冷链等专业化的物流服务网络，离不开物流全程监管协调和网络化运行组织，培育协同高效的运营主体是关键。

近日，一些城市被列入"国家物流枢纽承载城市"，体现提振效应之余，必须明确的是，国家物流枢纽不搞大规模开发建设，而是以整合和提升存量物流基础设施为主，强化设施设备共享共用，践行绿色物流发展理念，提升物流枢纽社会化服务功能。惟其如此，方能迈好"物流强国"的坚实一步。

（作者为国家发改委宏观经济研究院运输服务与物流研究室主任）

（2019年01月28日）

"网红"产品，靠流量更要靠质量

朱玥颖

"网红"产品不能只顾"红"而忽略品质，还要从专注流量转化为提高质量，进而更好满足消费者的美好生活需要

警惕虚假宣传、过度营销，携手将存在安全风险的产品赶出市场，方能避免劣币驱逐良币，让品质优秀的"网红"产品脱颖而出，更好满足市场需求

时下，"网红"产品凭借新奇概念、独特设计，契合年轻消费者的个性化需求，在一些社交平台形成传播热度，吸引了消费者的目光。同时，"网红"产品注重对接消费热点，讲究线上线下营销策略，改善了消费体验。然而，也有不少"网红"产品只顾"红"而忽略品质。

据媒体前不久报道，被称为"遛娃神器"的儿童轻便童车，抽样结果100%存在安全风险，且存在商家无法提供质量检测证明的情况。类似热销产品网络关注度一般较高，却潜存着质量安全问题。比如，发光冰块不过是内置了LED小灯泡，而一旦被误食便危及身体健康；走红的美白产品暗地里添加了违规的化学成分，使用时会释放出甲醛；发光气球受到追捧，但遇到明火或高温极易发生爆炸，此前就曾发生过气球炸伤多人的事故……如何保障"网红"产品质量，有效防范相关安全风险，成为亟待解决的问题。

其实，"网红"产品并不局限于特定物品，也可以是景区、餐厅、游乐项目等。有数据显示，我国"网红"经济规模已达 2 万亿元。如此规模，"网红"产品更要从专注流量转化为提高质量，更好满足消费者的美好生活需要。如果总是投机取巧、追求一时"爆款"，忽视了产品质量安全，最终只会害人害己。对"网红"产品来说，只有经得起时间检验，才能赢得更大的经济效益与社会效益。

从目前情况看，还缺乏明确的法律法规来规范"网红"产品背后的营销手段，但相关网络平台负有相应责任。例如，根据《网络商品交易及有关服务行为管理暂行办法》规定，为产品提供服务的网络平台，有责任和义务对其采取监管措施。事实上，由于"网红"产品可以带来巨大网络流量，一些网络平台对违规营销行为时常睁一只眼闭一只眼，更不必说关心产品质量。因此，应压实网络平台的主体责任，从源头把好"网红"产品的审核关口。

从根本上讲，需要加强市场监管，加大质量安全监管力度，显著提高违法成本。建立健全相关产品生产者、销售者诚信追溯机制，对严重失信者予以公开曝光。在全社会倡导"质量兴衰，人人有责"的理念，普及质量安全知识，引导消费者"用脚投票"，提升群众的质量意识、安全意识和维权意识。警惕虚假宣传、过度营销，携手将存在安全风险的产品赶出市场，方能避免劣币驱逐良币，让品质优秀的"网红"产品脱颖而出，更好满足市场需求。

"网红"产品流行，适应了消费经济转型特点，反映着消费新态势。应当鼓励"网红"产品强身健体，既找准消费热点、挖掘"卖点"，也注重内在、确保品质，在追求"名气"的同时筑牢产品质量的底线。市场竞争，说到底要靠产品质量和服务水平。守护产品质量安全，激活"网红"产品的价值优势，中国质量、中国品牌的前景必将更为可期。

（2019 年 01 月 23 日）

药价降了，配套改革得抓紧

李红梅

17 种抗癌药经谈判平均降 56.7%，25 种药品在国家组织的药品集中采购 11 个试点城市平均降 52%，其中有的药品降幅达 96%……近期，一些药品大幅降价，给老百姓带来更多获得感。

针对药品价格虚高的情况，去年 10 月、12 月，通过谈判议价、规模"团购"药品，昂贵的抗癌药、原研药价格回落，越来越多的患者买得起药、用得起药。同时，降药价的过程，也是在挤出药价"水分"、封堵回扣空间。可以说，国家力促药品大幅降价，节省了成百上千亿元药费，办成了民生实事。

前不久召开的中央经济工作会议明确提出，"把更多救命救急的好药纳入医保"。这对老百姓来说，是重大利好消息。也应看到，药价下降、进医保只是一个方面，还应降低看病总费用，包括药费、检查化验费、耗材费等。否则，即便药费降了，如果其他费用高了、看病总费用没有实质降低，就会抵销药价下降的红利，影响群众获得感。近年来，我国卫生总费用占 GDP 的比重不断提升，各级政府对卫生的投入逐年增加，与此同时，人均门诊费用、住院费用等也在上涨。降低看病费用的现实需求，已是十分迫切。

药价下降，看病费用却不一定下降，这个怪现象的背后，还是以药补医机制在作祟。近几年，我国在所有公立医院取消了药品加成，但这并不意味着彻底告别了以药补医的逻辑。少了药品加成收入，医院可以增加其他业务收入，比如提高检查费、耗材费，多使用耗材、多做检查等。在某种意义上，这是另一种形式的以药补医。事实上，这种"按下葫芦浮起瓢"的现象在一些医院并不鲜见。由于医疗信息不对称，医生在引导患者需求中占有主导地位，患者较难察觉是否多做了检查、多用了耗材；又因为医保不断提高的报销水平，患者并没有觉得多花了钱。然而，医保的钱是百姓的救命钱，医保基金也不应被浪费。

走出以药补医的怪圈，必须在取消药品加成的同时，建立科学合理的补偿机制，完善医生薪酬制度。少了药品加成收入，公立医院的收入结构需要改变，政府补助应及时到位，医疗服务价格要调整到合理水平，实现"腾笼换鸟"。同时，应当构建对医生的激励约束制度，不再考核科室、医生的业务收入指标，还应通过综合绩效考核、加强监管、改革医保支付方式等多种手段，引导医生开处方的笔转向更好的以患者为中心。最近，作为国家组织药品集中采购试点城市之一，北京市开展医耗联动综合改革，目的就在于为带量采购降药价进行配套改革。相信随着改革的深入，引导医生用好处方权的薪酬改革也将顺势而动。

需要强调的是，降费用的本质是回归合理用药、合理诊疗，并不是要一味压低费用。一刀切固然简单，比如设置单张处方费用限额，但"副作用"也多，容易出现"中间降了两头翘了"等现象。日益进入深水区的中国改革，常常面临着类似的复杂局面。只有多方协同配合、联动发力，才能撬动改革"绊脚石"，最终实现多赢，让百姓受益。

（2019年01月17日）

用"学习强国"激发学习力量

李 斌

"学习强国"成为习近平新时代中国特色社会主义思想最权威、最全面的信息平台,打造出一个干事创业的理论宝库、强魄铸魂的精神家园

较之快速变化的世情、国情、党情,学习的"高性价比"更为凸显

思想田野里的每一寸躬耕,总能在实践中寻得收获

"自学专业知识,读书30本""用科学的理论武装头脑""发表至少一篇专业论文,工作研究两不误"……迎着新一年的阳光,许多网友晒出自己的"愿望清单",学习、读书当仁不让占据主角。"崇尚学习、加强学习",为2019年铺陈下特别的奋斗底色。

元旦这一天,许多党员干部欣喜地发现,一个内容权威、内涵丰富、特色鲜明的理论学习平台——"学习强国"正式上线。登录细览,"学习强国"不仅开设了"新思想""十九大时间"这样的重磅栏目,也有中央主要新闻单位等"强国号"提供的原创优质内容。海量、免费的图文和音视频学习资源,让"学习强国"成为习近平新时代中国特色社会主义思想最权威、最全面的信息平台,打造出一个干事创业的理论宝库、强魄铸魂的精神家园。依靠学习走向未来,正如一位"学习强国"使用者

R 人民时评

所说的,"大家一起学习进步、一起努力奔跑、奋斗追梦"。

事业发展没有止境,学习就没有止境。对共产党人而言,把马克思主义立场、观点、方法学到手,才谈得上拥有"看家本领"。新年改版后的《求是》杂志刊登了习近平总书记的文章《辩证唯物主义是中国共产党人的世界观和方法论》,其中就指出,如果守着我们对过去中国实际的认识不动,守株待兔,刻舟求剑,我们就难以前进。无论驾驭复杂局面,还是开辟发展新境,辩证思维能力不可或缺,思想与时俱进必不可少。惟有强化学习、打磨理论思维,才能使主观世界更好符合客观实际,从而更好指导实践、推动事业发展。这正是我们用好"学习强国"等平台的重要意义所在。

学习之于信仰和才干,犹如运动之于健康体魄,持之以恒、行之愈远愈受益。在手机端上,"学习强国"支持创建学习组织,设有"学习积分""在线答题""日程提醒"等管理和激励机制。让学习变得有组织、有管理、有指导、有服务,更多样、更个性、更智能、更便捷。从这里也不难理解为什么"学习强国"一经上线便受到党员干部追捧。利用领先的技术、打造最好的平台、提供最优的服务,"学习强国"本身就犹如一个生动"提醒":主动变革、创新学习,永远是掌握时代主动的关键。较之快速变化的世情、国情、党情,学习的"高性价比"更为凸显。让学习的航道更加宽阔,未来会有更多精彩。

习近平总书记在党的十九届一中全会上勉励领导干部,要有知识不足、本领不足、能力不足的紧迫感,自觉加强学习、加强实践,永不自满、永不懈怠。不注意学习,忙于事务,思想就容易僵化、庸俗化,就可能陷入盲目状态甚至误入歧途,就容易在错综复杂的形势中无所适从。加快知识更新、优化知识结构、拓宽眼界和视野,是避免"少知而迷、不知而盲、无知而乱"的必然选择。善于挤出时间学习,持之以恒学习,把学习作为一种追求、一种爱好、一种健康的生活方式,方能克服本领不足、本领恐慌、本领落后,抵达人生与事业的"诗和远方"。

思想田野里的每一寸躬耕,总能在实践中寻得收获。新一年,从继续全面深化改革、推进更高水平对外开放,到加快经济结构优化升级、增强发展内生动力,再到瞄准全面建成小康社会硬任务、推进脱贫攻坚和乡村振兴，在学习和实践中找思路、想办法都是一条重要方法论。对今天的党员干部来说，通过学习增进理论修养、提高思想觉悟、涵养理想信念，更是一种先进性的体现。

崇尚学习、改造学习、强化学习，推动全党大学习，推动建设学习大国，我们就能掌握历史的主动，推动"中国号"巨轮驶向更加光明灿烂的未来。

（2019年01月15日）

改革发力，让"艺考"回归本位

赵婀娜

制度改革从"探路试水"进入"全面突破"，为国家文艺事业的繁荣发展扎扎实实提供高水平的人才储备

近日，各大艺术院校陆续启动招生报名工作。几天前，由某报名APP故障引发美术专项考生报名难的问题，使得"艺考热"再次引起舆论关注。如何进一步规范考试流程、完善招录设计，倡导积极理性的备考观念、杜绝招生乱象、营造清朗的艺考环境，也成为家长与考生的普遍期待。

当前，文艺创作方面存在有"高原"缺"高峰"的现象，一定程度上与艺术人才培养"重专业、轻文化"有关。从培养端来看，部分艺术行业成名早、赚钱快，对艺考生文化课成绩要求相对较低，导致部分考生视艺考为进入高等学府的"绿色通道"或迅速成名的捷径，因而扎堆报考、突击报考等现象也就随之出现；由于高中教学与"艺考"不能有效衔接，一个巨大的艺考培训市场应运而生，但存在行业垄断、恶性竞争、干扰院校招考正常秩序等乱象，破坏了艺术类专业招生和培养的健康生态。

为此，教育部针对时弊，对症下药，连续几年对艺术类专业招生进行规范，规范专业考试，加强信息公开，改进投档模式，严格入校管理，

完善优化招录程序。其中,尤以提高文化课成绩门槛和鼓励省级统考力度最大、受关注最多。不久前印发的《2019年普通高等学校部分特殊类型招生基本要求》就为"省级统考"明确了时间表,给提高"文化课成绩"提出了要求,体现了教育部门分类指导的管理理念,释放了营造健康、理性的艺考环境,提升艺术生招收与培养质量的积极信号。

随着艺考改革红利不断释放,考生的获得感逐渐增强。一方面,通过加强省级统考、减少校考,减少学生赶考劳顿,改变以往艺考生拖着箱子四处奔波、八方转战的疲惫状态,同时通过省级统考为逐步推动平行志愿录取提供可能,从而最终提升考生的志愿满足率;另一方面,通过提升文化课门槛,重视考察考生艺术文化素养,着眼学科和学生的长远发展,强化艺术考试的专业性与严肃性。近年来,一大批院校主动放弃校考,认可省统考,提高文化成绩,再一次印证了改革的必要性和合理性。

应该说,相关改革举措直指"要害",为规范艺考开出了系统药方,从招生、考试、录取等多环节、全链条入手,不仅让招生考试的制度设计本身更为优化,也有利于使与艺考有关的行业和产业更为健康理性。这不仅意味着以艺术类专业招生为代表的特殊类型招生的制度改革已渐渐从"探路试水"进入"全面突破"的新阶段,也从深层次为虚高的"艺考热"降温,为国家文艺事业的繁荣发展扎扎实实提供高水平的人才储备。

"艺术应当担负起哺育思想的责任"。举精神之旗、立精神支柱、建精神家园,都离不开文艺。相信日益完善、规范的艺术类专业招生,会更多些理性、少些功利,早日回归本位。

(2019年01月14日)

巩固发展反腐败斗争压倒性胜利

姜 洁

  反腐力度不会减，惩治腐败的高压态势不会变，全面从严治党尺度不会松

  反腐败需要把握规律性，增强预见性，要以变治变，跑在腐败手法翻新的前面，把"广谱抗菌"与"靶向治疗"、"普遍清理"与"重点打击"结合起来

  保持强高压削减存量，拿出新招数有效遏制增量

  一段时间里有人认为，"打虎""拍蝇"已经搞得差不多了，该歇一歇、缓一缓了。但回顾过去一年反腐成绩单可以发现，正风反腐的力度不减。新年伊始，中国科协党组成员、书记处书记陈刚涉嫌严重违纪违法，接受中央纪委国家监委纪律审查和监察调查。据统计，党的十九大以来先后有70余名中管干部被立案审查调查。各级纪检监察机关用实际行动向社会表明，反腐力度不会减，惩治腐败的高压态势不会变，全面从严治党尺度不会松。实践充分告诉我们，只有坚持重遏制、强高压、长震慑，才能巩固发展反腐败斗争的压倒性胜利。

  综观被通报落马的中管干部，80%以上都违反了政治纪律，76%违反组织纪律，76%以上都涉嫌贪污贿赂、滥用职权、利益输送等职务违

法和职务犯罪,几乎无一例外都踩了中央八项规定的红线……其中有"不收敛、不收手"的共同特点,但腐败表现快速变形、手法不断翻新是其显著特征。比如湖南省政协原副秘书长陈三新,只收"靠得住"的人送的钱物,把收受的钱财存入他人账户代管,把他人所送车辆登记在别人名下……但事实一再证明,贪腐者无论心怀何种侥幸,不管手段如何高明,最终只能是自欺欺人,搬起石头砸自己的脚。

魔高一尺必须道高一丈。反腐败既需要铁一样信念、钢一样决心,也需要把握规律性,增强预见性,不能用一种战法、一个套路被动应对,而要以变治变,跑在腐败手法翻新的前面。党的十八大以来,赢得反腐败斗争主动权的一条重要经验,就是研究腐败变化新动向,把"广谱抗菌"与"靶向治疗"、"普遍清理"与"重点打击"结合起来,保持强高压削减存量,拿出新招数有效遏制增量。党的十九大以来,各级纪检监察机关深化运用监督执纪"四种形态",着力在第一种形态上下功夫,对出现轻微的苗头性问题的干部以咬耳扯袖、谈话函询形式为主;对那些迷途知返、投案自首、配合审查调查、真诚认错悔错的干部,依规依纪依法给予出路,体现宽严相济的政策,一年来相继有艾文礼、王铁等多名干部主动投案自首,产生了明显的示范效应、连锁反应。

全面从严治党永远在路上,正风反腐也永远在路上。从"以治标为主,为治本赢得时间",到一体推进不敢腐、不能腐、不想腐;从深化党的纪律检查体制改革、国家监察体制改革和纪检监察机构改革,到加强思想建党、锤炼党员干部道德修养;从监察法将所有行使公权力的公职人员纳入监察范围,到《中国共产党纪律检查机关监督执纪工作规则》确保惩恶扬善的利剑永不蒙尘……反腐败体制机制在不断创新。相信将"严"字长期坚持下去,驰而不息深入推进党风廉政建设和反腐败工作,就能从根本上遏制腐败滋生蔓延。

不久前,中央纪委国家监委网站与《咬文嚼字》编辑部联合发布2018年度十大反腐热词,居首的就是"压倒性胜利"。从"压倒性态势"到"压倒性胜利",关键表述的变化标志着我国反腐败斗争成果从量的积累迈向质的转变。势头喜人,更要保持战略定力,排除错误思想干扰,不松劲、不停步、再出发,在坚持中深化、在深化中发展,努力夺取全面从严治党更大战略性成果。

（2019年01月11日）

激活政务新媒体　激发治理新能量

吴　姗

近年来，移动政务服务进入发展快车道，但信息发布不严谨、互动服务不实用、监督管理不到位等问题也时有发生。从微博、微信到短视频，新媒体平台不断翻新，平台上的政务服务却不尽如人意。如何促进"政务服务"和"新媒体"有机融合，更多释放政务新媒体的新能量？

国办日前出台的《关于推进政务新媒体健康有序发展的意见》给出了答案。"到2022年，建成以中国政府网政务新媒体为龙头，整体协同、响应迅速的政务新媒体矩阵体系"，"形成全国政务新媒体规范发展、创新发展、融合发展新格局"，这项迄今为止最具体的政务新媒体专项指导文件，明确了"互联网＋社会治理"的核心价值，也为"指尖上的政务服务"怎么发展的问题明确定调。

推动政务新媒体健康发展，前提是规范。政府移动政务建设发展势头良好，但也需要解决发展中存在的问题。目前，"山寨"应用真假难辨，在应用市场搜索某地政务，不少假冒应用赫然在列；"不互动无服务"情况普遍，某地政务客户端被吐槽登录容易闪退、办事栏成摆设；一些政务APP和移动版网站更新不及时，文字图片链接不可用。类似问题，对政府形象和公信力造成不良影响，亟待在实践中加以规范。

当然，规范发展不等于千篇一律。换言之，既要达到统一服务标准，也要具备各自服务特色，以创新发展推动政务服务和治理理念的升级。

比如，进入更多新媒体平台，除微博、微信"标配"，抖音等网民集聚的新平台也可成为政务服务载体；探索政民互动新方式，杜绝答非所问、空洞说教、生硬冷漠的反馈，主动设置话题、策划活动吸引关注；善用大数据、云计算、人工智能等技术，分析研判社情民意，为政府决策提供精准服务……从吸引公众参与互动，到进一步关注公共服务、参与公共管理，创新发展可以成为治理模式的新助力。

政务新媒体初衷是便民服务，要实现前台多样还需后台联通，融合发展是实现服务质的突破的重要一环。近年来，诸如江苏"不见面审批"、上海"一网通办"等举措相继推开，都指向同一个目标，在网上实现"进一扇门，办所有事"。如何变重复注册为一次认证，如何打破信息孤岛实现互联互通，如何让"百姓少跑腿、信息多跑路"成为治理自觉？解决各地区、各部门分散建设问题，实现数据同源、服务同根，即是融合发展之义。政务新媒体亟待在机制层面实现自我整合，让各方需求得到更为细化的满足与更加长久的保障。

规范、创新、融合的发展要求，层层递进，相互交织，反映着各地区、各部门在实践中积累的经验和认知。随着互联网技术的更迭与服务理念的升级，唯有坚持联系群众、服务群众、凝聚群众，政务新媒体才能提供利企便民、亮点纷呈、人民满意的"指尖上的政务服务"，从而为治理升级激发更多新能量。

（2019年01月11日）

机构改革,种好地方"试验田"

沈 彬

因事设机构,任事委责,甚至将之前一些被"默认"为临时性、议事性的机构常设化,体现了打破旧有条条框框的改革思路

改革方案中很多"地方特色"机构,注定没有先例可循,没有成熟的经验可照搬,需要拿出精气神来,以更大勇气、更大担当种好"试验田"

山东市级机构改革方案陆续通过;辽宁启动县级机构改革,鼓励"自选动作";江西首个县级机构改革方案发布……新年伊始,继省级机构改革方案获得中央批准之后,市县机构改革提上日程,改革大潮逐渐拂向基层。

从目前各地的机构设置来看,较好体现了中央要求的"优化协同高效"原则。比如在建中的河北雄安新区,遵从"大部门制、扁平化管理"的原则,只设置党政办公室、党群工作部等7个内设机构,一间办公室能集中高效地办理十几项公共事务。与此同时,也有不少省份因地制宜,在设置机构中选择了"自选动作"。比如,辽宁省组建了省营商环境建设局、省委军民融合发展委员会办公室;山东省为打造海洋高质量发展战略要地,设置了省海洋发展委员会;广东省组建

人民时评

了省推进粤港澳大湾区建设领导小组,等等。这些创造性的改革成果,保证了地方的组织弹性,以多样化的地方党政机构设置,应对多样化的地方现实。

因事设机构,任事委责,甚至将之前一些被"默认"为临时性、议事性的机构常设化,体现了打破旧有条条框框的改革思路。此前的《中共中央关于深化党和国家机构改革的决定》提出,赋予省级及以下机构更多自主权,"除中央有明确规定外,允许地方因地制宜设置机构和配置职能"。目前各地机构改革中涌现出来的这些"新面孔",既是因地制宜推进改革的体现,也可以看作探索经验的"试验田",体现了"摸着石头过河"与顶层设计相结合的改革方法论。

针对不同的省(区、市)情、不同的发展阶段,通过机构改革把之前不方便管、不愿意管、找不到谁来管的领域真正管起来,横向到边、纵向到底,有助于实现政府服务的渗透、下沉、精细化,转化为人民群众更直接、更实在的获得感。比如,辽宁省把营商环境建设局设为省政府的直属机构,在全国是独此一家。这向外界传递出一个积极的信号:当地优化营商环境的努力是经常性事务,不是一阵风,而是常有职司、有责有权。这说明辽宁省直面存在的体制机制短板,把营商环境建设当成全省的日常重点工作。

"苟利于民,不必法古;苟周于事,不必循俗。"面对新问题和新挑战,政府的解决方案不可能向壁虚造、闭门造车。坚持问题导向,聚焦发展所需、基层所盼、民心所向,才能在具体的改革进程中寻找痛点、难点的解决方案。这次的省级机构改革中,上海市组建了市地方金融监督管理局,作为市政府组成部门,其背景就是金融成为上海提升城市能级的关键。面对新形势,需要抓住上海国际金融中心建设的机遇,以点带面推进改革创新,也要求政府监管服务的升级。而组建地方金融局并没有蓝本,也没有先例可循,如何打造地方金融监管机构,只能在改革中勇敢闯、勇敢试。

"行之力则知愈进,知之深则行愈达",管理实践的丰富和管理能力的提升是相辅相成的,新设立的机构面对新兴的管理领域,不可能一出生就是"百分婴儿"。这次省级机构改革方案中很多"地方特色"机构,注定没有先例可循，没有成熟的经验可照搬，需要拿出精气神来，以更大勇气、更大担当种好"试验田"，为改革探路，在实践中摸索出成功的管理模式。

（2019 年 01 月 10 日）

为任性停牌划"红线"

午 言

连续停牌两三年，无真实重大事项就停牌，上市公司股票大面积停牌……A股市场上这些"随意停""任性停""长期停"现象，严重扰乱股市正常秩序和健康成长。随着不久前沪深交易所正式发布上市公司停复牌指引，上市公司再添一道制度"红线"。

上市公司遇到重大事项先停牌，这本是一项必要安排。股票停复牌制度是资本市场的基础制度，很多重大事项有较高敏感性，不同投资者获取信息的渠道各异，先暂停交易再公告相关事项，能够保障及时、公平的信息披露，以解决市场各主体间的信息不对称、不对等问题。

然而，凡事过犹不及。实践中，股票停牌曾被过多赋予信息保密、防控内幕交易、交易锁价等功能，有些公司遇到市场波动，首先想到的应对之策就是停牌；有些股票一停好几年，定期公告基本是毫无信息量的重复，投资者的资产被长期锁定却一头雾水，正常的知情权和交易权都受到了损害；还有一些上市公司及其大股东，利用了原有制度的漏洞，滥用停牌权利，以服务于其自身利益，这种故意侵害其他股东利益的行为，更是被市场尤其是中小投资者所诟病。此外，过多随意性的停牌，还对A股市场国际化的进程带来一些影响。

正是基于市场运行中的这些问题，针对股票任性停牌的监管力度在不断加大，成效也相当显著。到2018年12月中旬，A股市场停盘"顽疾"

明显改观，一批长期停牌公司先后复牌，两市停牌公司已降至20家左右。

而从2018年11月证监会发布《关于完善上市公司股票停复牌制度的指导意见》，再到年底交易所出台停复牌指引，则让监管有了明确制度依托。比如，在停复牌的基本原则上，明确以不停牌为原则、停牌为例外，短期停牌为原则、长期停牌为例外，间断性停牌为原则、连续性停牌为例外。在具体规则上，大方向是减少停牌事由，缩短停牌时限，不同事项的停牌时间确定了相应期限。有了这些"写在纸上"的制度，今后对停复牌的监管将更加规范、更加有力，也减少了随意性。

可以预期，"红线"划出之后，只要严格执行，任性停牌的空间将不复存在。这是A股市场制度完善向前迈出的又一步。当然，这其中值得深思的是，原本一项有助于市场公平公正的制度，却一度衍生出各种乱象，也反映出上市公司治理薄弱等更为深层的情况。停牌制度并非孤立存在，而是与很多重要市场基础制度息息相关。因此，在强化监管的同时，进一步打牢市场的制度基础，才是解决各种"任性"的根本之道。

（2019年01月10日）

拒绝假流量，锻造好品质

任飞帆

中国影视行业经过几十年的改革发展，催生了一批龙头企业和经典作品，不仅丰富了人民群众的精神文化生活，大量影视从业者也从中受益。在看到成绩的同时，也要解决发展中遇到的一些问题。比如，收视率数据中的"水分"问题。

一段时间里，一些播出机构甚至在购剧合同中，将收视率与购片价格挂钩，诱导制作机构去买收视率。数据造假，花招迭出，渐成顽疾之一。有的电影院，凌晨竟是票房最高时段；某网剧点击量高达几百亿，远超全球人口总数；几部同时段播放的电视剧，共同标榜自己"收视率"第一。

类似造假顽疾久治不愈，在于整个造假的链条中，都有人获益：明星可以凭此提升个人商业价值；播出制作方能够以此吸引广告商；投资公司可以借此吹大资本泡沫。而这种造假行为，对整个文化行业乃至整个社会都产生严重的负面影响：它干扰了正常的市场秩序，使作品优劣失去公允的标准与评判，制作方无法沉潜创作，反而急功近利高价争抢"流量明星"，挤压制作成本，伤害艺术品质，使"劣币驱逐良币"，破坏文艺创作的健康生态。

事实上，影视数据造假阻碍行业发展已是共识，打假成为共同呼声。业内众多人士都曾公开发声抵制，有的还在全国两会形成相关提案；有的视频网站宣布关闭前台播放量显示，告别"唯流量论"。国家在制度措

施和法律层面也都在亮剑。近日,国家广播电视总局宣布,广播电视节目收视综合评价大数据系统基本建成并开通试运行。该系统可以反映影视节目、各个时段的收视情况,被看做未来的"官方收视率"。让收视数据成为公共数据,此举被视为根治影视数据造假的重要一步。2017年施行的《中华人民共和国电影产业促进法》剑指"偷票房"。2018年8月,国内首起因在视频网站"刷量"而引发的不正当竞争案在上海宣判,被告"刷量"公司等被判赔偿50万元并公开道歉。打击电视剧收视率造假正形成合力,产生刚性约束效果。

成熟的市场,不但有高水准的创作者,也有高素质的观众。近一段时间,"流量脱水""流量退潮"成为影视行业的热门词语,所谓"流量明星+大IP"的爆款公式已非百试百灵。很多观众不再单纯为明星、内容甚至话题买单,他们更加看重作品的品质。《大江大河》《红海行动》等影视作品叫座又叫好,也启示我们,影视作品有正能量、有感染力,能够温润心灵、启迪心智,才能为观众所喜爱。

"人类文艺发展史表明,急功近利,竭泽而渔,粗制滥造,不仅是对文艺的一种伤害,也是对社会精神生活的一种伤害。"习近平总书记在文艺工作座谈会上的重要讲话发人深省。坚持思想精深、艺术精湛、制作精良,才是影视创作的不二法则。

(2019年01月09日)

保健品，别随便"忽悠"成药

盛玉雷

近日，"权健事件"引来舆论高度关注。在天津市成立联合调查组进驻权健公司之后，经过调查取证，公安机关也已经于1月1日依法对其涉嫌传销犯罪和涉嫌虚假广告犯罪行为进行立案侦查。同时，相关部门依法查处取缔不符合消防安全规定的火疗养生场所、开展集中打击清理整顿保健品乱象专项行动。

一石激起千层浪，更多保健品销售的套路不断被揭开。该事件已经成为一场了解和认识保健品功效的公开课，给消费者、行业企业乃至监管部门以思考。

从媒体现有报道来看，一个售价千元的鞋垫，据称是对罗圈腿、心脏病、前列腺炎都有奇效；负离子磁卫生巾，则可以治疗各种男女生理疾病；有效成分和果汁无异的"本草清液"，却被标榜可以"排毒"、售价千元……这些听起来匪夷所思、无所不能的疗效，遍布在产品销售的各种话术之中。但这一切，都不能掩盖一个事实，在保健品销售中，无中生有、夸大功效，乃是一个普遍存在的"套路"。

保健品不是药品，更不是"万能神药"，这应是一个共识和常识。但有的神化保健品功效、进行虚假宣传，让患者产生误解甚至放弃正常治疗；有的以免费体检、旅游、讲座等为幌子，打亲情牌推销产品；有的许以高额返现、多买多赚等承诺，设置消费陷阱骗取钱财……在不少案例

中,一些保健品已经从专注健康、有益身心的产品,变成了弄虚作假、坑蒙拐骗的工具,给病人乃至家庭带来难以抹去的阴影。改善健康,决不能成为一门只顾赚钱的生意。

我们需要提倡求真务实、能辨真伪的科学素养。从魏则西一家所相信的"高科技疗法",到周洋一家所购买的"抗癌产品",利用的都是人们对科学力量的信任。这种朴素的情怀,决不能成为不法之徒的可乘之机。任何故弄玄虚、虚无缥缈的"神秘力量",都是对科学的曲解;任何不劳而获、一夜暴富的"代理神话",都是对成功的歪曲。

我们必须强调诚实守信、依法经营的市场法则。无论是广告法还是食品安全法,都规定保健食品不能宣传可以治病,严禁虚假宣传。事实上,公安机关也一直在对此行为进行打击,去年以来就已破获保健品诈骗犯罪案件3000多起,追赃挽损超过1.4亿元。对企业而言,无论多大的规模、多响的牌子,只要触犯了法律、伤害了消费者,就要受到法律的严惩,给公众一个交代。

健康中国建设,任重道远。对任何企业和任何人来说,都需要绷紧心中的弦,珍视人民群众对健康的渴求,决不能拿生命当儿戏。

(2019年01月07日)

一张清单一大步

陆娅楠

"一张清单全覆盖",让"无形的手"一目了然,也让"有形的手"克己慎行

政企边界法定,实现了我国政府管理模式的一次根本性变革

无论是大企业还是中小企业,都一视同仁,享有同等的市场准入条件待遇

一张清单的分量有多重?早在去年夏天我国发布《外商投资准入特别管理措施(负面清单)(2018年版)》时,美联社就将其比喻为"给世界的最大惊喜"。如今,这份惊喜更大了。备受关注的《市场准入负面清单(2018年版)》正式公布,标志着我国全面实施市场准入负面清单制度。中国以更大的力度,标注改革不停顿、开放不止步的决心。

这是一场刀刃向内、重塑政企关系的改革,意味着国家治理体系和治理能力现代化建设迈出了重要的一步。受传统计划经济的影响,我国原来一直按照"正面清单"的理念来管理市场,准入文件繁多、审批程序繁琐,企业为了上项目"说破嘴""跑断腿"的事情屡见不鲜。特别是在创新涌动的今天,"正面清单"难以穷尽,新技术、新模式、新业态常常因为"不鼓励、不禁止"的模糊监管,导致问题丛生。

如今,"一张清单全覆盖",让"无形的手"一目了然,大展身手有

底气；也让"有形的手"克己慎行，该放的放到位，该退的退到位，该管的严起来。从"正面清单"管理思维下的"能做什么"到"负面清单"管理模式下的"不能做什么"，政企边界法定，实现了我国政府管理模式的一次根本性变革。

这也是一场重燃市场活力的改革。这场由"区别"到"统一"的转变，最大限度为市场主体减负，最大程度激活微观主体活力，是中国优化营商环境的重要一招，更是稳投资、稳外资、稳预期的关键所在。尽管近些年来"放管服"改革取得了显著的成果，但仍有一些行业、一些地区设门槛、砌高墙、摆路障，导致民企特别是中小企业在投资经营中遭遇"卷帘门""玻璃门""旋转门"。

今后，"法无禁止即可为"，而且清单事项比试点版缩减了约54%。无论是国企、民企还是混合所有制企业，无论是内资还是外资，无论是大企业还是中小企业，都一视同仁，享有同等的市场准入条件待遇，实现"规则平等、权利平等、机会平等"。当"英雄不问出处"，市场主体特别是非公经济的创新创业活力必将喷薄而出。

这更是一场发轫之始便滚石上山的改革。"负面清单"不仅是一张清单，更是一项基础性制度，是进一步深化供给侧结构性改革、加强有效制度供给的重要举措。"一单尽列"并非"一单皆管"。实行市场准入负面清单制度是一项系统工程，涉及审批体制、投资体制、监管机制、社会信用体系和激励惩戒机制等一系列体制机制。加快现代化经济体系建设，就需要进一步完善与其相关的法律、法规，使相关领域的改革都驶入快车道。"一单尽列"也并非"一单就灵"。确保市场准入负面清单"放得出、管得住"，政府监管重心就要从"紧抓事前审批"转向"加强事中事后监管"，并通过动态调整，不断缩减清单事项，优化清单结构，维护"负面清单"的科学性、规范性和权威性。

"负面清单"的亮相，只是起点，不是终点。当改革开放的赛场上，运动员更加活力四射，裁判员更为理性公允，中国经济的接力赛必将绽放新光彩！

（2019年01月04日）

保障正常福利也是担当

李思辉

近日,中办、国办印发《关于做好 2019 年元旦春节期间有关工作的通知》,指出组织好正常的党团、工会活动,保障干部职工按规定享有的正常福利待遇。近年来,每逢元旦春节,两办都明确要求保障干部职工按规定享有的正常福利待遇,可谓说到了干部职工心坎上。

自古以来,春节、端午、中秋等传统节日,邻里亲朋间馈赠一点手信,是寄托一份真切祝福、传递一份浓浓情意。新中国成立初期,柴米油盐、文娱活动等过节福利贴补了人们物质精神生活。改革开放以来,干部职工福利制度历经改革,更好发挥着凝心聚力、团结前进的重要作用。可以说,正常节日福利在人们心中有着深厚的情感根基,机关、企事业单位在传统节日发放正常福利,赓续的是文化传统;职工婚丧嫁娶按规定聊表慰问,契合的是相互关心、亲密合作的"家文化",具有凝聚人心的仪式感。

但是,一段时间里,在一些地方一些单位,原本礼轻意浓的过节福利出现了走样变味,节日福利在一些单位成了奢靡之风乃至贪污腐败的挡箭牌,群众意见很大。中央重拳反腐,八项规定剑锋所指,不正当的福利逐渐销声匿迹。但有的单位也出现曲解政策、无限缩紧职工福利待遇的倾向,一些领导干部错误地将八项规定与职工合法权益相对立,为了不惹麻烦干脆来个"一刀切",正常福利一律停发。这种矫枉过正的做

法，与关爱职工、鼓舞人心、激励干事创业的福利制度安排并不相符。

从这个意义上讲，两办连年发文，不断明确"保障干部职工按规定享有的正常福利待遇"，是对中央精神的贯彻，是对曲解规定的警示。今时不同往日，早已不是"盼着过节物资打牙祭"的时代，大多数人在意的其实不是过节福利本身，而是附着在正常福利上的归属感。推动正常福利回归，光明正大将"温暖"送到位，恰是担当作为的表现。

必须明确的是，保障按规定享有正常的福利待遇，绝不是给整治不良风气"踩刹车"，而是要划清正常福利和灰色"腐利"的界限。江苏规定节日慰问品不超1800元，上海要求发放节日慰问品需附本人签收清单，江西明确不可发放现金、购物卡等……全国各地工会明确正常福利标准，划定依规发放红线，让福利规范起来、透明起来。以社会公平角度观之，从任性福利到规范福利，从隐性福利到显性福利，是福利规范化、透明化的大势所趋。严格执行标准，才能保证该发的正常福利，一个都不能少；不该发的"腐利"，一个都不会发。

引导合理福利预期，规范正常福利发放，是打造健康政治生态的需要，也是培育成熟社会心态的需要。从把正常福利堂堂正正发到位等具体事项入手，让规则的每一寸边界都清晰明朗、深入人心，风清气正就会不断得到巩固和深化。

（2019年01月03日）

描绘时代的"大江大河"

王 琎

> 望见大江大河的宏观之势,捕捉朵朵浪花的微小之姿,方能有新灵感、新思路
>
> 创作无愧于时代的优秀作品,需要尊重历史的真实、挖掘精神的内蕴

初出茅庐、"认死理儿"的技术工人宋运辉,坚定"让村民吃饱饭"的念头、推进家庭联产承包责任制的小雷家生产大队带头人雷东宝,四处闯荡、准备打拼一番事业的个体创业者杨巡……正在热播的电视剧《大江大河》,讲述改革开放中不同人物探索突围、改变命运的故事,打动了无数观众。

在播出过半的剧情中,没有顺风顺水的"主角光环",更没有完美无缺的人物设定,有的只是一份"不可能,我不信"的执拗,一种"选择站在正确一边"的胆识,一个"不想辜负这个时代"的宣言,观众却能沉浸其中,时而为"白月光"般存在的宋运萍之死叹惋,时而被小雷家大队里个性迥异的"光棍儿"青年们逗笑,时而又会发出"想起自己青春岁月"的感叹。"90后追了这部剧,表示真的想'穿越'去那个年代看看""这剧节奏快,比美剧好看"……在网络播出平台上,类似这样的弹幕留言,反映出这部电视剧受欢迎的程度。

"之前在家看导演粗剪完的片子,我20岁的儿子便产生了质疑,'你

拍的戏有人看吗？反正我和我同学是不会看的'。但是当他在客厅多转几圈、无意瞥了几眼之后，竟慢慢地和我一起将剧看完了。"在采访制片人侯鸿亮时，他讲述的这个细节，令人印象深刻。这个讲述"旧"故事的主旋律年代剧，何以能打破年龄壁垒、吸引"新"受众群体？背后原因值得深思。

习近平总书记强调，"举精神之旗、立精神支柱、建精神家园，都离不开文艺。"事实上，年代剧的怀旧不等于"陈旧"，持久打动人心的，是从未过时的精神特质。宋运辉身上那面对不公的执拗、求知若渴的上进、追逐梦想的不懈，与当下年轻人的奋斗气质一脉相承；大寻与宋运辉的兄弟情，雷东宝与宋运萍不求物质、平淡绵长的爱情，体现从古至今人们共通的情感追求；改革先行者们那"不尽狂澜走沧海，一拳天与压潮头"的精神特质，给予当下的人们启迪与示范……打通历史与时代的隔膜，创作无愧于时代的优秀作品，需要的是能引发共情的人物形象与命运起伏，更需要的是尊重历史的真实、挖掘精神的内蕴。

精神上的共鸣必不可少，但要叫好又叫座，还需善于"以小见大"。《大江大河》中，宋运辉在大学政治课上坚持给同学念《人民日报》，正因为《人民日报》关于高考的社论改变了他的人生命运，这让观众"读"懂人物的内心。同样，《红海行动》中，石头为救人质中弹，临终前佟莉剥糖给他吃，安慰说"吃糖不疼"，是铁血柔情的浪漫；《十八洞村》中，麻妹一句"小南瓜，我们永远守着你"的台词重复三遍，是贫困中坚守的爱的誓言……从细节出发，沉淀出"相信"的力量，让观众相信人物行为的动机、思想的转变、精神的支撑，避免人物脸谱化和对题材概念化、模式化的图解，让人物形象有强大生命力，在新的时代语境下具有强烈感召力。

文艺工作者，也是时代画卷的创作人，望见大江大河的宏观之势，捕捉朵朵浪花的微小之姿，方能在澎湃激越中碰撞出主旋律影视创作的新灵感、新思路，以"有筋骨、有道德、有温度的文艺作品"，鼓舞人们朝气蓬勃迈向未来。

（2019年01月02日）

R 人民观点
R 评论员观察

人民日报评论年编·2019
评论员观察

人民日报社评论部 编

人民日报出版社
北京

图书在版编目（CIP）数据

人民日报评论年编 . 2019. 人民论坛、人民时评、评论员观察 / 人民日报社评论部编 . —北京：人民日报出版社，2020.1

ISBN 978-7-5115-6319-4

Ⅰ.①人… Ⅱ.①人… Ⅲ.①《人民日报》－时事评论－2019－文集 Ⅳ.① D609

中国版本图书馆 CIP 数据核字（2020）第 020553 号

书　　　名：	评论员观察（人民日报评论年编 2019）
	PINGLUNYUAN GUANCHA(RENMIN RIBAO PINGLUN NIANBIAN 2019)
编　　　者：	人民日报社评论部
出 版 人：	刘华新
责任编辑：	曹　腾　高　亮
封面设计：	阮全勇
出版发行：	人民日报出版社
社　　　址：	北京金台西路 2 号
邮政编码：	100733
发行热线：	（010）65369527　65369509　65369510　65369846
邮购热线：	（010）65369530　65363527
编辑热线：	（010）65369523
网　　　址：	www.peopledailypress.com
经　　　销：	新华书店
印　　　刷：	大厂回族自治县彩虹印刷有限公司
开　　　本：	710mm×1000mm　1/16
字　　　数：	1530 千字
印　　　张：	99
版次印次：	2020 年 3 月第 1 版　2020 年 3 月第 1 次印刷
书　　　号：	ISBN 978-7-5115-6319-4
定　　　价：	188.00 元（共三册，含光盘）

编辑说明

评论是报纸的旗帜与灵魂。2019年，人民日报评论坚持"上接党心，下接民心"，紧紧围绕党和国家工作大局，聚焦重大主题宣传，立足发挥导向作用、旗帜作用、引领作用，守正创新，努力创造党报评论价值增量，在舆论场中不断激发评论新优势，让舆论引导更接地气，让党报声音更加响亮，体现了人民日报"中流砥柱""定海神针"的作用。

本书汇集了"人民论坛""人民时评""人民观点""评论员观察"四个专栏2019年刊发的全部文章，其中"人民论坛"217篇，"人民时评"238篇，"人民观点"91篇（"人民观点"文章的作者均为人民日报评论部，不再一一标明），"评论员观察"113篇，并附有电子版，敬请读者参阅、指正。

人民日报社评论部

2020年1月

目 录

人民观点

跨越雄关，我们走在大路上
　　——在历史交汇点上开创未来①　　/ 3

闯关夺隘勇向前
　　——在历史交汇点上开创未来②　　/ 6

云帆高张，用奋斗照亮征途
　　——在历史交汇点上开创未来③　　/ 9

坚定"四个自信"的基本依据
　　——让我们的制度更加成熟更加定型①　　/ 12

坚持党的集中统一领导
　　——让我们的制度更加成熟更加定型②　　/ 15

紧紧依靠人民推动国家发展
　　——让我们的制度更加成熟更加定型③　　/ 17

坚持全面依法治国
　　——让我们的制度更加成熟更加定型④　　/ 20

坚持全国一盘棋
　　——让我们的制度更加成熟更加定型⑤　　/ 23

铸牢中华民族共同体意识
　　——让我们的制度更加成熟更加定型⑥　　/ 26

不断解放和发展社会生产力
　　——让我们的制度更加成熟更加定型⑦　　　　/ 29

在思想上精神上紧紧团结在一起
　　——让我们的制度更加成熟更加定型⑧　　　　/ 32

坚持以人民为中心的发展思想
　　——让我们的制度更加成熟更加定型⑨　　　　/ 35

善于自我完善自我发展
　　——让我们的制度更加成熟更加定型⑩　　　　/ 38

聚天下英才而用之
　　——让我们的制度更加成熟更加定型⑪　　　　/ 41

确保人民军队绝对忠诚于党和人民
　　——让我们的制度更加成熟更加定型⑫　　　　/ 44

坚持"一国两制"
　　——让我们的制度更加成熟更加定型⑬　　　　/ 47

为构建人类命运共同体不断作出贡献
　　——让我们的制度更加成熟更加定型⑭　　　　/ 50

彰显中国发展的"制度优势"
　　——治理现代化的"中国智慧"①　　　　/ 53

更好发挥党的领导这一最大优势
　　——治理现代化的"中国智慧"②　　　　/ 56

以人民情怀彰显治理价值
　　——治理现代化的"中国智慧"③　　　　/ 59

深入推进全面依法治国
　　——治理现代化的"中国智慧"④　　　　/ 62

把民主和集中有机统一起来
　　——治理现代化的"中国智慧"⑤　　　　/ 65

把制度优势转化为治理效能
　　——治理现代化的"中国智慧"⑥　　　　/ 68

"伟大成就"彪炳人类史册
　　——国庆盛典启示录①　　　　/ 71

大团结汇聚磅礴力量
  ——国庆盛典启示录② /74
我们的前进步伐不可阻挡
  ——国庆盛典启示录③ /77
在接续奋斗中书写新的辉煌 /80
"中国的经验对全人类非常重要"
  ——70年中国发展的世界意义① /83
走出一条适合自己的现代化路径
  ——70年中国发展的世界意义② /86
坚定不移走和平发展道路
  ——70年中国发展的世界意义③ /89
中国的发展是世界的机遇
  ——70年中国发展的世界意义④ /92
中国同世界共享机遇共谋发展
  ——70年中国发展的世界意义⑤ /95
维护国际秩序的"中国贡献"
  ——70年中国发展的世界意义⑥ /98
在拼搏奋斗中创造美好生活
  ——让亿万人民获得感幸福感安全感更充实① /100
生活精彩 人生出彩
  ——让亿万人民获得感幸福感安全感更充实② /103
发展有温度,托举"稳稳的幸福"
  ——让亿万人民获得感幸福感安全感更充实③ /106
共享更高水平的平安中国
  ——让亿万人民获得感幸福感安全感更充实④ /109
在克服困难中发展壮大
  ——新中国70年奋斗历程的启示① /112
在应势而动中日日常新
  ——新中国70年奋斗历程的启示② /115

把握开放与自主的辩证法
　　——新中国 70 年奋斗历程的启示 ③　　/ 118

把规模优势转化成发展优势
　　——新中国 70 年奋斗历程的启示 ④　　/ 121

自上而下与自下而上形成合力
　　——新中国 70 年奋斗历程的启示 ⑤　　/ 124

善用"十个指头弹钢琴"
　　——新中国 70 年奋斗历程的启示 ⑥　　/ 127

历经风雨砥砺，中国永远在这儿
　　——新中国 70 年巨变的内在逻辑 ①　　/ 130

办好中国的事情，关键在党
　　——新中国 70 年巨变的内在逻辑 ②　　/ 133

中国人民正走在正确的道路上
　　——新中国 70 年巨变的内在逻辑 ③　　/ 136

这是需要理论且能产生理论的时代
　　——新中国 70 年巨变的内在逻辑 ④　　/ 139

当代中国发展进步的根本制度保障
　　——新中国 70 年巨变的内在逻辑 ⑤　　/ 142

更基本更深沉更持久的力量
　　——新中国 70 年巨变的内在逻辑 ⑥　　/ 145

人民是我们党执政的最大底气
　　——新中国 70 年巨变的内在逻辑 ⑦　　/ 148

党的自我革命任重而道远
　　——回答好党员干部的终身课题 ①　　/ 151

以强大思想武器推进自我革命
　　——回答好党员干部的终身课题 ②　　/ 154

正视问题的自觉 刀刃向内的勇气
　　——回答好党员干部的终身课题 ③　　/ 157

守初心，时刻牢记根本宗旨
　　——牢牢把握主题教育总要求 ①　　/ 160

担使命，勇于担当积极作为
　　——牢牢把握主题教育总要求②　　/ 163
找差距，坚持高标准严要求
　　——牢牢把握主题教育总要求③　　/ 166
抓落实，埋头苦干解决难题
　　——牢牢把握主题教育总要求④　　/ 169
学懂弄通做实，理论学习有收获
　　——对准"不忘初心、牢记使命"主题教育具体目标① / 172
坚定信仰信念，思想政治受洗礼
　　——对准"不忘初心、牢记使命"主题教育具体目标② / 175
保持奋发有为，干事创业敢担当
　　——对准"不忘初心、牢记使命"主题教育具体目标③ / 178
坚守人民立场，为民服务解难题
　　——对准"不忘初心、牢记使命"主题教育具体目标④ / 181
保持政治本色，清正廉洁作表率
　　——对准"不忘初心、牢记使命"主题教育具体目标⑤ / 184
以远大理想确立人生航向
　　——让五四精神在新时代放射新的光芒①　　/ 187
在爱国主义旗帜下奋斗前行
　　——让五四精神在新时代放射新的光芒②　　/ 190
以奋斗与担当写下青春诗行
　　——让五四精神在新时代放射新的光芒③　　/ 192
在砥砺奋斗中书写新奇迹
　　——让五四精神在新时代放射新的光芒④　　/ 195
在练就过硬本领中担当时代重任
　　——让五四精神在新时代放射新的光芒⑤　　/ 198
修身立德走好人生路
　　——让五四精神在新时代放射新的光芒⑥　　/ 201
勇担民族复兴大任
　　——写在五四运动一百周年之际①　　/ 204

评论员观察 人民日报评论年编 2019

爱国主义是中华民族的民族心民族魂
　　——写在五四运动一百周年之际② / 207

复兴路上，中国风华正茂
　　——写在五四运动一百周年之际③ / 210

立鸿鹄志 做奋斗者
　　——写在五四运动一百周年之际④ / 213

为实现中国梦贡献青春和力量
　　——写在五四运动一百周年之际⑤ / 215

把对上负责与对下负责统一起来
　　——为基层减负，为实干撑腰① / 218

关键看有没有解决实际问题
　　——为基层减负，为实干撑腰② / 221

严格控制"一票否决"事项
　　——为基层减负，为实干撑腰③ / 224

别让"责任状"成了"免责单"
　　——为基层减负，为实干撑腰④ / 227

"问责"也要"负责"
　　——为基层减负，为实干撑腰⑤ / 230

政治坚定离不开理论坚定
　　——年轻干部，上好成长"必修课"① / 233

忠诚和信仰是具体的实践的
　　——年轻干部，上好成长"必修课"② / 236

真正同人民结合起来
　　——年轻干部，上好成长"必修课"③ / 239

心无旁骛努力工作，为党和人民做事
　　——年轻干部，上好成长"必修课"④ / 242

干部成长无捷径可走
　　——年轻干部，上好成长"必修课"⑤ / 245

扩大主流价值影响力版图
　　——回答好媒体融合发展的时代课题① / 248

让主流媒体成为"全媒体"
　　——回答好媒体融合发展的时代课题② /251
以传播优势提升治理效能
　　——回答好媒体融合发展的时代课题③ /254
技术迭代打开无限想象力
　　——回答好媒体融合发展的时代课题④ /257
让我们一起挥洒汗水拼出未来
　　——2019，用奋斗赢得明天① /260
做努力奔跑的追梦人
　　——2019，用奋斗赢得明天② /263
登高望远，续写更多荣光
　　——2019，用奋斗赢得明天③ /266
每个人都是美好生活创造者守护者
　　——2019，用奋斗赢得明天④ /269

评论员观察

让"互联网＋社会服务"更惠民　　　　　　　　桂从路/275
高质量打赢脱贫攻坚战　　　　　　　　　　　　李　斌/278
辩证看，信心增
　　——推动中国经济行稳致远①　　　　　　李　拯/281
价值引领，贯彻新发展理念
　　——推动中国经济行稳致远②　　　　　　彭　飞/284
守住底线，坚决打好攻坚战
　　——推动中国经济行稳致远③　　　　　　何鼎鼎/287
惠及群众，释放民生红利
　　——推动中国经济行稳致远④　　　　　　石　羚/290
改革创新，推动高质量发展
　　——推动中国经济行稳致远⑤　　　　　　周人杰/293
推进新时代更高水平对外开放　　　　　　　　　张　凡/295

着力提高宏观调控的前瞻性	周人杰 / 298
打造创新驱动新引擎	盛玉雷 / 300
长三角一体化，关键在高质量	何鼎鼎 / 303
让市场经济体制更加完善	陈　凌 / 306
用公平促进可持续发展	何鼎鼎 / 308
激发各类市场主体活力	李　拯 / 311
凝聚知识产权保护更大合力	桂从路 / 314
以制度建设为主线推进改革	彭　飞 / 317
答好区块链发展"应用题"	何鼎鼎 / 320
深学细悟，把握理论精髓	
——领会全会精神，深化主题教育①	李浩燃 / 323
联系实际，解决突出问题	
——领会全会精神，深化主题教育②	彭　飞 / 325
既要"当下改"，也要"长久立"	
——领会全会精神，深化主题教育③	李洪兴 / 328
"开放带来进步，封闭必然落后"	
——更高水平对外开放的理论创新	张　铁 / 330
"中国开放的大门只会越开越大"	
——更高水平对外开放的实践创新	陈　凌 / 333
开放合作，做大全球市场蛋糕	
——推动建设开放型世界经济①	李　拯 / 336
开放创新，引领世界经济持续发展	
——推动建设开放型世界经济②	陈　凌 / 339
开放共享，让发展成果惠及更多国家	
——推动建设开放型世界经济③	李　拯 / 341
进博会，为世界经济增添新动能	彭　飞 / 343
"经国序民，正其制度"	李浩燃 / 345
消费扶贫，拓展脱贫新路径	盛玉雷 / 347
城市治理，下足"绣花"功夫	桂从路 / 350
做好媒体融合大文章	盛玉雷 / 353

筑牢美好生活的安全底线	桂从路 / 356
脱贫攻坚战一定能打赢	李　斌 / 358
靠深化改革护航减税降费	周人杰 / 361
"安居中国"展现人民情怀	李　拯 / 364
用好督查"利器",推动改革落实	彭　飞 / 367
踏平坎坷成大道	石　羚 / 369
唱响新时代奋斗者之歌	石　羚 / 371
礼赞丰收 致敬奋斗	彭　飞 / 373
让各项改革发生"化学反应"	李　拯 / 376
引领复兴征程的强大力量	
——解析新中国70年发展密码①	李　拯 / 378
"人民至上"汇聚强大合力	
——解析新中国70年发展密码②	张　凡 / 381
探寻适合自己的道路和办法	
——解析新中国70年发展密码③	彭　飞 / 384
发展能力展现制度优势	
——解析新中国70年发展密码④	桂从路 / 387
"民主集中"调动一切积极性	
——解析新中国70年发展密码⑤	姜　赟 / 390
"辩证思维"赋能良政善治	
——解析新中国70年发展密码⑥	陈　凌 / 393
"伟大精神"凝聚磅礴力量	
——解析新中国70年发展密码⑦	盛玉雷 / 396
创建社会主义现代化强国的城市范例	白　龙 / 399
为基层减负,爱护挑担人	盛玉雷 / 402
夏粮增产,端牢中国饭碗	张　凡 / 404
温暖住有所居的梦想	何鼎鼎 / 406
中国经济在走上坡路	李　拯 / 408
深学细照笃行,让党章铭刻于心	
——对照党章党规找差距①	李浩燃 / 411

营造风清气正的政治生态
　　——对照党章党规找差距② 　　　　　　陈　凌 / 414
党纪是永远的"戒尺"
　　——对照党章党规找差距③ 　　　　　　彭　飞 / 417
全面援疆、精准援疆、长期援疆 　　　　　　李　斌 / 420
中国经济在正轨上奋力前行 　　　　　　　　周人杰 / 422
感受美丽中国的发展脉动 　　　　　　　　　盛玉雷 / 425
"放管服"为中国经济加油助力 　　　　　　周人杰 / 428
以地方专项债助力高质量发展 　　　　　　　周人杰 / 431
革命老区脱贫的启示 　　　　　　　　　　　桂从路 / 434
加强学习，厚植党的理论优势 　　　　　　　李　斌 / 436
长征永远在路上 　　　　　　　　　　　　　李洪兴 / 439
更深拓展中国经济发展新空间 　　　　　　　周人杰 / 442
用初心和使命引领复兴征程 　　　　　　　　李　拯 / 445
民生改善，只有连续不断的新起点
　　——千方百计让老百姓都能过上好日子① 　李　拯 / 447
坚持不懈保障和改善民生
　　——千方百计让老百姓都能过上好日子② 　李洪兴 / 450
幸福都是奋斗出来的
　　——千方百计让老百姓都能过上好日子③ 　石　羚 / 453
"让老百姓都能过上好日子" 　　　　　　　　李　斌 / 455
中部地区发展大有可为 　　　　　　　　　　李　斌 / 458
携手开创亚洲文明美好未来 　　　　　　　　白　龙 / 460
文明对话，凝聚亚洲力量 　　　　　　　　　何鼎鼎 / 463
携手并进实现联动发展
　　——聚焦互联互通　共建一带一路① 　　　白　龙 / 466
为经济增长提供强劲动力
　　——聚焦互联互通　共建一带一路② 　　　李洪兴 / 469
共同探寻新的增长动能
　　——聚焦互联互通　共建一带一路③ 　　　彭　飞 / 472

始终从发展的视角看问题
　　——聚焦互联互通　共建一带一路④　　李　斌／475
架设不同文明互学互鉴的桥梁
　　——聚焦互联互通　共建一带一路⑤　　陈　凌／478
把脱贫攻坚补短板工作做得更好　　周人杰／480
北京世园会，让世界感知中国　　李洪兴／483
一带一路绘就民心相通美好画卷　　张　凡／485
中国经济长期向好的奥秘　　周人杰／488
与时俱进做好党组工作　　李洪兴／491
深化产权制度改革　促进生态文明建设　　李　斌／493
充分激发中小企业发展活力　　陈　凌／496
新职业激发新潜力　　何鼎鼎／499
激发预算公开的制度力量　　盛玉雷／501
写好新型城镇化建设大文章　　周人杰／504
让文明的甘泉浸润人心　　石　羚／507
让城市建设有"里"有"面"　　彭　飞／510
让"安全第一"更加深入人心　　李洪兴／512
树立崇尚英雄缅怀先烈的良好风尚　　彭　飞／514
让党员教育管理"有力度有温度"　　李浩燃／517
有效拓展数据应用的广度和深度　　何鼎鼎／520
文明交流互鉴推动人类发展进步　　李　斌／523
网信事业，筑牢奔向未来的"路基"　　彭　飞／526
治理思考，因地制宜解难题　　张　凡／528
民生关切，一枝一叶总关情　　盛玉雷／531
基层情怀，问计于民听心声　　李浩燃／534
矗立家国情怀的精神灯塔　　李　斌／537
用好治理大党大国的"法宝"　　姜　赟／540
春节，让世界感知中华文化　　张　凡／543
春运，一场共享发展的旅程　　盛玉雷／546
勇立潮头，推进全媒体时代"融合＋"　　李浩燃／549

地方两会上，民生话题多	张　凡 / 552
世园会，建设共享的"百花园"	盛玉雷 / 555
以作风攻坚促进脱贫攻坚	盛玉雷 / 558
为太空探索镌刻更多中国贡献	李　斌 / 561
张开"两翼"，京津冀协同发展	彭　飞 / 563
给群众更好的出行体验	白　龙 / 566
激浊扬清，让干部敢担当有作为	李浩燃 / 569
反腐没有休止符，重整行装再出发	陈　凌 / 572
从严治党，下好"先手棋"	彭　飞 / 575
在复兴征程上聆听"历史回声"	石　羚 / 577
保持"同困难斗争"的精气神	李　拯 / 580

人民观点

跨越雄关,我们走在大路上

——在历史交汇点上开创未来 ①

连接昨天与今天、照亮来路与征途的,是我们坚持真理、走自己路的执着探索

千千万万个劳动者、追梦人,用自己的奉献、爱心和拼搏,汇聚起国家奔腾向前的历史潮流

我们的自信和底气,来自对历史与现实、理论与实践的把握,来自对时与势、破与立的思考

时间是万物的尺度,刻写下中国人民闯关夺隘的不平凡历程。站在 2019 年的岁尾回望,一连串闪光的时间刻度,标注着这个不平凡的年份。

对很多人来说,若干年后回想起 2019 年,最难以忘记的可能就是新中国 70 华诞盛典。当银鹰刺破苍穹,烟花照亮天空,人们比以往任何时候都更加真切地感受到国家的繁荣富强,也比以往任何时候都油然而生一种自豪感。70 年来,我们越过高山,跨过平原,也经历过蜿蜒曲折的林中路。如今的中国大地上,高铁飞驰、道路通达、人畅其行、货畅其流,昭示着我们正昂首阔步于一条人间正道上。连接昨天与今天、照亮来路与征途的,是我们坚持真理、走自己路的执着探索。广阔的追梦空间,为无数勤劳勇敢的追梦人打开。

世界之大,光阴之长,需要用奋斗者的脚步去丈量。2019 年,人们

的记忆中留下了一连串闪光的名字。从荣获"共和国勋章"的张富清、袁隆平、屠呦呦等共和国功臣,到来自工矿车间、科研一线、村镇社区、大中小学的"最美奋斗者";从朱有勇、卢永根、李夏等"时代楷模",到奋战在脱贫一线的驻村干部、第一书记,千千万万个劳动者、追梦人,用自己的奉献、爱心和拼搏,汇聚起国家奔腾向前的历史潮流,构筑成一个民族的精神丰碑。亿万人胼手胝足的勤劳奋斗,不仅成为中国人民70年的集体记忆,也共同凝聚成新时代铿锵的雄浑乐章。正如习近平总书记强调的,"人民是共和国的坚实根基,人民是我们执政的最大底气。"

跨越一道道雄关的中国,行进在更高水平对外开放之路上,成为经济全球化的坚定维护者。2019年,从第二届"一带一路"国际合作高峰论坛,到亚洲文明对话大会,再到吸引全世界目光的第二届中国国际进口博览会,中国展示出扩大开放的坚定决心,也显示出经济发展的旺盛活力和巨大潜力。现在,不论是北京茶饮店里的美国夏威夷新鲜水果,上海商场橱窗里的孟加拉国手工艺品,还是携手中国电商的意大利企业的"网红"小家电,都让人看到越开越大的中国开放之门。正如国际人士的评价:"今天的中国正在搭建三座桥:通往世界之桥,通往繁荣之桥,通往未来之桥。"展望未来,中国将以更多务实行动和举措,推动经济全球化的时代浪潮奔流向前。

看似寻常最奇崛,成如容易却艰辛。今天,我们的道路越走越宽广、我们的理论不断发展、我们的制度日趋成熟、我们的文化持续繁荣。2019年10月召开的党的十九届四中全会,系统总结了我国国家制度和国家治理体系的显著优势,目的就是推动全党全国各族人民坚定制度自信,使我国国家制度和治理体系的显著优势更加充分地发挥出来。习近平总书记强调,"当今世界,要说哪个政党、哪个国家、哪个民族能够自信的话,那中国共产党、中华人民共和国、中华民族是最有理由自信的。"我们的自信和底气,来自对历史与现实、理论与实践的把握,来自对时与势、破与立的思考。面向未来,"中国之治"必将在国际竞争中赢得更大的比较优势,展现出更为旺盛的生机活力。

在新的起点上展望未来,我们深知,道阻且长,行则将至。前行道

路上不可避免有这样那样的风险挑战,但路走对了就不怕山高路远。迈向新征程,志不改、道不变,我们有底气、更有信心把发展的主动权牢牢掌握在自己手中,一步步朝着实现中国梦而前行。

(2019年12月27日)

闯关夺隘勇向前

——在历史交汇点上开创未来 ②

  我们在前进路上奋力奔跑，跨过沟沟坎坎，越过激流险滩，很辛苦也很充实，有付出更有收获

  中国经济稳中向好、长期向好的基本趋势没有改变，中国社会保持勃勃生机和旺盛活力，中国人民奔向美好生活的步伐没有停歇

  船到中流、人到半山，注定是愈进愈难、愈进愈险，必然是不进则退、非进不可

  从2019年迈向2020年，在历史的关键节点，人们总有一种时不我待的紧迫感，击鼓催征，砥砺前行。

  "山河犹在，国泰民安。这盛世，如你所愿。"新中国70华诞盛典之际，这句话令无数人动容，也说出了中国人的心声。这一年，我们喜逢盛事。天安门前，欢庆的群众载歌载舞；长城脚下，世园会的花朵竞相开放；濠江两岸，繁华的都市灯火璀璨。这一年，我们见证历史。"嫦娥四号"成功着陆月球背面，令世界惊艳；中国女排11连胜，让国人振奋。这一年，我们目睹巨变，敦煌铁路全线通车，西部路网布局进一步完善；北京大兴国际机场通航，打造辐射全球的国际航空枢纽……一个个记忆犹新的成就，记录下一个个印刻在人们记忆中的历史瞬间，汇聚成国家

民族的宏大叙事。

沧海横流,方显英雄本色。在今年的中央经济工作会议上,"成绩来之不易"的总结令人印象深刻。中国经济增长保持在合理区间,预计全年经济增速在世界主要经济体中继续位居前列;面对艰巨繁重的改革发展稳定任务,脱贫攻坚捷报频传,乡村振兴稳步推进,扫黑除恶深入开展,人民群众获得感、幸福感、安全感不断提升。可以说,即将过去的2019年,我们在前进路上奋力奔跑,跨过沟沟坎坎,越过激流险滩,很辛苦也很充实,有付出更有收获。

经历风雨才能见到彩虹,闯过隘口才能一马平川。有人说,在今天的中国,有风有雨是常态,风雨无阻是心态,风雨兼程是状态。过去这一年,台风"利奇马"来势汹汹,我们战风斗雨克服自然灾害;中美经贸摩擦几经起伏,我们不畏风雨做好自己的事;经济下行压力加大,我们栉风沐雨战胜各种风险挑战……正是善于化危为机、转危为安,我们才得以"踏平坎坷成大道,斗罢艰险又出发"。千百年来,中华民族历经风雨,但没有任何一次被苦难打垮,而是在一次次淬炼和升华中不断铸就辉煌。今天,我们离伟大复兴的梦想越来越近。

困难不可小觑,信心不可动摇,干劲不能松懈。无论是回望过去,还是展望未来,中国经济稳中向好、长期向好的基本趋势没有改变,中国社会保持勃勃生机和旺盛活力,中国人民奔向美好生活的步伐没有停歇。有党的坚强领导和中国特色社会主义制度的显著优势,有改革开放以来积累的雄厚物质技术基础,有超大规模的市场优势和内需潜力,有庞大的人力资本和人才资源,我们就有战胜任何艰难险阻的勇气、智慧和力量,中国的发展就没有过不去的坎。

习近平总书记强调:"在前进道路上我们面临的风险考验只会越来越复杂,甚至会遇到难以想象的惊涛骇浪。我们面临的各种斗争不是短期的而是长期的,至少要伴随我们实现第二个百年奋斗目标全过程。"奋进的征程上,我们的使命更光荣、任务更艰巨、挑战更严峻、工作更伟大。唯有锚定远大目标,保持战略定力,以坚定的自信、卓越的智慧、无畏的勇气知难而进、迎难而上,才能在各种风险考验面前"不畏浮云遮望眼""乱云飞渡仍从容"。

关山万千重,山高人为峰。前行中既乐见风景也不拒风雨、既喜见寒梅又无惧寒霜,这是探路者应有的素养,是远行者宝贵的品质。在这个千帆竞发、百舸争流的时代,每一个追梦人都奋力划桨、搏击风浪,就一定能推动"中国号"航船劈波斩浪,把梦想刻写在新的年轮。

(2019年12月30日)

云帆高张，用奋斗照亮征途

——在历史交汇点上开创未来③

> 无数为国家、为民族躬身奋斗的身影，托举起"稳稳的幸福"，组合成人世间最美的画卷
>
> 中国之变，不仅是生活之变、发展之变，更是中国人的精神之变、气质之变
>
> 一切伟大成就都是接续奋斗的成果，一切伟大事业都需要在继往开来中持续推进

四季交替变换，悄然中印刻着时间的年轮、见证着发展的不凡。这一年，在决战决胜全面小康的征程上，中华儿女用奋斗书写着豪情壮志、高扬起前行之帆，举国上下欢庆新中国70华诞，礼赞伟大历程、辉煌成就。

特殊的年份总会留下特殊的音符。前不久，人民日报新媒体盘点2019年度十大背景音乐，《钢铁洪流进行曲》位列其中，让不少人心情激动。这首在新中国成立70周年盛大阅兵仪式上奏响的乐曲铿锵有力，装甲行进的浩荡之声撼人心魄，如同70年来中国人民行进在复兴道路上的坚定足音。习近平总书记指出，"70年来，全国各族人民同心同德、艰苦奋斗，取得了令世界刮目相看的伟大成就。"70年发愤图强，"当惊世界殊"的发展成就只是一个逗号，从站起来到富起来再到强起来，中

华民族要用不息的奋斗继续画出一个个令人瞩目的惊叹号。

爱国是最深沉的情感，奋斗是最深情的告白。2019年，无数中华儿女用自己的诚挚心声，为新中国70华诞深情祝福，用奋斗书写新的奇迹。岁末的"汉语盘点2019"活动，"爱""稳""我和我的祖国"等入选热门字词。这些字词，见证着一颗颗拳拳之心、爱国之情。回望2019年的一系列成就，背后是无数为国家、为民族躬身奋斗的身影，托举起"稳稳的幸福"，组合成人世间最美的画卷。杜富国"让我来"的果敢勇毅，黄文秀勇于担当、甘于奉献的初心使命，张富清深藏功名、不改本色的一生坚守……过去一年，各行各业各领域涌现出的榜样和楷模，成为奋斗者的生动注脚。这些新时代最可爱的人，以忠诚、执着和朴实，和亿万人民一起铸就了人民共和国的辉煌。每个人都担当起新时代的使命，必将以坚定的理想信念、不懈的奋斗精神奏响新的凯歌。

正如一首歌唱的那样，"有梦想谁都了不起，有勇气就会有奇迹。"回望新中国成立70年来开天辟地的发展史、感天动地的创业史，无数精彩故事由人民奋斗书写，无数发展奇迹由人民携手创造。70年来的中国大地上，一处处中国建造拔地而起，一个个中国创造引领前沿。一位"友谊勋章"获得者直言，"每次去中国，都能看到巨大变化"。中国之变，不仅是生活之变、发展之变，更是中国人的精神之变、气质之变。中国梦正在广袤土地上唤起强大的精神动力，凝聚起敢拼敢闯的精气神。从教育家、艺术家到科学家，从农民、工人到人民子弟兵，他们在平凡的工作岗位上忘我工作、无私奉献，汇集成奔腾不息的时代精神。为实干插上梦想的翅膀，亿万脚步踏着时代鼓点，亿万追梦人努力奔跑，以奋斗之我实干拼搏，为祖国建设添砖加瓦，为民族复兴铺路架桥。

一切伟大成就都是接续奋斗的成果，一切伟大事业都需要在继往开来中持续推进。70年来，新中国从一穷二白到发展成为世界第二大经济体，沧海桑田般的巨变成就了一个不断向上向前的中国。站在新的历史起点上再出发，我们将在明年如期全面建成小康社会，实现第一个百年奋斗目标，并为实现第二个百年奋斗目标打好基础，这既是决胜期，也是攻坚期。船到中流浪更急、人到半山路更陡。越是愈进愈难、愈进愈险，越要非进不可，一棒接着一棒跑下去，一代接着一代干下去，在大有可

为的舞台,以大有作为的劲头,奋力谱写新时代的壮丽篇章。

"我和我的祖国,一刻也不能分割"。即将过去的2019年,中华儿女齐声传唱《我和我的祖国》,动人的旋律一直在回荡。把小我融入祖国,就有了大海般的胸怀;把奋斗融入梦想,就有了山一样的雄伟。与国同庆、与时偕行,行进在光明大道上的亿万人民必定让中国的明天更美好。

(2019年12月31日)

坚定"四个自信"的基本依据

——让我们的制度更加成熟更加定型①

我国国家制度和国家治理体系多方面的显著优势,是我们坚定"四个自信"的基本依据,是我们实现民族复兴的有力保证

既深深扎根于中国的社会土壤,又以海纳百川的气度吸收借鉴其他制度文明成果,并随着实践不断完善和发展,我们各方面制度必将更加成熟更加定型

在湖北省恩施土家族苗族自治州,2627个民兵扶贫小分队奔忙在贫困山乡。经由扶贫小分队帮扶,曾一度处在生活困境的贫困户,成了当地的"石蛙大王";曾隔断红土乡天落水村2700多人出行的滔滔董家河,如今一桥飞架。放眼神州大地,这样的脱贫案例不胜枚举。

全国17.68万个党政机关、企事业单位倾情帮扶,覆盖全部12.8万个贫困村;7.64万家民营企业结对帮扶,1000多万贫困人口受益……沉甸甸的"脱贫答卷"背后,是各方资源的统筹协调,是全党全国各族人民的众志成城,是举国之力的攻坚克难。我们所创造的"脱贫奇迹",体现了我们集中力量办大事的显著优势,彰显了中国特色社会主义制度的强大生命力和巨大优越性。

小智治事,大智治制。今年是新中国成立70周年。70年来,我们

不断探索实践，不断改革创新，建立和完善社会主义制度，形成和发展党的领导和经济、政治、文化、社会、生态文明、军事、外事等各方面制度，加强和完善国家治理，取得了"当惊世界殊"的发展成就。邓小平同志曾指出："我们的制度将一天天完善起来，它将吸收我们可以从世界各国吸收的进步因素，成为世界上最好的制度。"党的十八大以来，我们推动中国特色社会主义制度更加完善、国家治理体系和治理能力现代化水平明显提高，为政治稳定、经济发展、文化繁荣、民族团结、人民幸福、社会安宁、国家统一提供了有力保障。今天，社会主义中国巍然屹立在世界东方，"中国之治"正在迈向更高境界。

党和人民在长期实践探索中，形成了中国特色社会主义制度这一科学制度体系。坚持党的集中统一领导，坚持人民当家作主，坚持全面依法治国，坚持全国一盘棋，坚持各民族一律平等……我国国家制度和国家治理体系具有多方面的显著优势。实践证明，中国特色社会主义制度和国家治理体系是以马克思主义为指导、植根中国大地、具有深厚中华文化根基、深得人民拥护的制度和治理体系，是具有强大生命力和巨大优越性的制度和治理体系，是能够持续推动拥有近14亿人口大国进步和发展、确保拥有5000多年文明史的中华民族实现"两个一百年"奋斗目标进而实现伟大复兴的制度和治理体系。

这些显著优势，是我们坚定"四个自信"的基本依据。"履不必同，期于适足；治不必同，期于利民。"一个国家选择什么样的治理体系，是由这个国家的历史传承、文化传统、经济社会发展水平决定的，是由这个国家的人民决定的。习近平总书记强调："我国今天的国家治理体系，是在我国历史传承、文化传统、经济社会发展的基础上长期发展、渐进改进、内生性演化的结果。"我们坚持扎根本国土壤、汲取充沛养分，在中国大地上探寻适合自己的道路和办法；不断学习他人的好东西，把他人的好东西化成我们自己的东西。中国特色社会主义制度的生命力，就在于这一制度符合国情、有效管用、得到人民拥护。

这些显著优势，是我们实现民族复兴的有力保证。坚持党的集中统一领导，坚持党的科学理论，让我们能保持政治稳定，确保国家始终沿着社会主义方向前进；坚持人民当家作主，发展人民民主，让我们能密切联系群众，紧紧依靠人民推动国家发展；坚持全面依法治国，建设社会主义法治国家，让我们能切实保障社会公平正义和人民权利……中国特色社会主义制度，为当代中国发展进步提供了根本保障，为我们实现"两个一百年"奋斗目标、实现中华民族伟大复兴的中国梦提供了有力保证。

既深深扎根于中国的社会土壤，又以海纳百川的气度吸收借鉴其他制度文明成果，并随着实践不断完善和发展，我们各方面制度必将更加成熟更加定型，使中国特色社会主义制度更加巩固、优越性充分展现。

（2019年11月07日）

坚持党的集中统一领导

——让我们的制度更加成熟更加定型 ②

> 我们之所以能创造世所罕见的经济快速发展奇迹和社会长期稳定奇迹,最根本的是因为党领导人民建立和完善了中国特色社会主义制度,不断加强和完善国家治理
>
> 我们推进各方面制度建设、推动各项事业发展、加强和改进各方面工作,都必须坚持党的领导,更好发挥党总揽全局、协调各方的领导核心作用

"坚持党的集中统一领导,坚持党的科学理论,保持政治稳定,确保国家始终沿着社会主义方向前进的显著优势"。党的十九届四中全会从13个方面系统总结了我国国家制度和国家治理体系的显著优势,把"坚持党的集中统一领导"放在首位。中国特色社会主义制度是一个严密完整的科学制度体系,起四梁八柱作用的是根本制度、基本制度、重要制度,其中具有统领地位的是党的领导制度。

新中国成立70年来,正是因为始终在党的领导下,集中力量办大事,国家统一有效组织各项事业、开展各项工作,才能成功应对一系列重大风险挑战、克服无数艰难险阻,始终沿着正确方向稳步前进。我们之所以能创造世所罕见的经济快速发展奇迹和社会长期稳定奇迹,中华民族迎来从站起来、富起来到强起来的伟大飞跃,最根本的是因为党领导人

民建立和完善了中国特色社会主义制度，不断加强和完善国家治理。

党的领导制度是我国的根本领导制度。正是坚持党的集中统一领导，确保了国家历经风险挑战而持续发展壮大，在实现快速发展的同时保持政治稳定，实现了活力与秩序、发展与稳定的平衡。在中国的治理体系中，党中央是坐镇中军帐的"帅"，车马炮各展其长，一盘棋大局分明，体现为总揽全局、同向发力的效率，体现为高度的组织、动员能力，体现为长远的规划、决策和执行能力。

中国特色社会主义最本质的特征是中国共产党领导，中国特色社会主义制度的最大优势是中国共产党领导，党是最高政治领导力量。只有坚持党的集中统一领导，既不走封闭僵化的老路，也不走改旗易帜的邪路，才能确保国家始终沿着社会主义方向前进。我们推进各方面制度建设、推动各项事业发展、加强和改进各方面工作，都必须坚持党的领导，更好发挥党总揽全局、协调各方的领导核心作用。

习近平总书记强调，"要顺利推进新时代中国特色社会主义各项事业，必须完善坚持党的领导的体制机制，更好发挥党的领导这一最大优势，担负好进行伟大斗争、建设伟大工程、推进伟大事业、实现伟大梦想的重大职责"。坚持和完善党的领导制度体系，提高党科学执政、民主执政、依法执政水平，必须坚持党政军民学、东西南北中，党是领导一切的，坚决维护党中央权威，健全总揽全局、协调各方的党的领导制度体系，建立不忘初心、牢记使命的制度，完善坚定维护党中央权威和集中统一领导的各项制度，健全党的全面领导制度，健全为人民执政、靠人民执政各项制度，健全提高党的执政能力和领导水平制度，完善全面从严治党制度，把党的领导落实到国家治理各领域各方面各环节。

70年奋斗历程说明，坚持和完善党的领导，是党和国家的根本所在、命脉所在，是全国各族人民的利益所在、幸福所在。坚持党的集中统一领导，不断增强党的创造力、凝聚力、战斗力，确保党始终成为中国特色社会主义事业的坚强领导核心，就能激励全体中华儿女不断奋进，凝聚起同心共筑中国梦的磅礴力量。

（2019年11月08日）

紧紧依靠人民推动国家发展

——让我们的制度更加成熟更加定型③

> 人民民主是社会主义的生命，我国社会主义民主是维护人民根本利益的最广泛、最真实、最管用的民主
>
> 正是紧紧依靠人民推动国家发展，我们的制度才能保持与时俱进的活力，我们的治理才能实现自我革新的优化

人民当家作主，贯穿国家治理各个环节。习近平总书记在上海考察时，来到长宁区虹桥街道古北市民中心，一场别开生面的法律草案意见建议征询会正在进行。"我们走的是一条中国特色社会主义政治发展道路，人民民主是一种全过程的民主"，习近平总书记的谆谆话语，道出了我国社会主义民主的真谛。

"坚持人民当家作主，发展人民民主，密切联系群众，紧紧依靠人民推动国家发展的显著优势"。党的十九届四中全会强调坚持和完善人民当家作主制度体系，发展社会主义民主政治。实行人民民主，保证人民当家作主，就是发扬民主、集思广益的过程，就是统一思想、凝聚共识的过程，就是科学决策、民主决策的过程，就是实现人民当家作主的过程。这样做起来，国家治理和社会治理才能具有深厚基础，也才能凝聚起强大力量。

人民当家作主是社会主义民主政治的本质和核心。保证和支持人民

当家作主不是一句口号、不是一句空话,必须落实到国家政治生活和社会生活之中,保证人民依法通过各种途径和形式行使管理国家事务、管理经济文化事业、管理社会事务的权力。重大项目该不该上马,民生政策该如何设计,发展与环保怎样统筹……现在,各地在推动重大决策时,通过民主恳谈、民主协商等多种形式倾听群众意见、汇集各方智慧。我们不断扩大人民有序政治参与,人民实现了内容广泛、层次丰富的当家作主,充分体现了我国社会主义民主有事多商量、遇事多商量、做事多商量的特点和优势。事实充分证明,人民民主是社会主义的生命,我国社会主义民主是维护人民根本利益的最广泛、最真实、最管用的民主。

一个政党,一个政权,其前途命运取决于人心向背。我国国家制度深深根植于人民之中,说到底就是要密切联系群众,确保党始终同人民想在一起、干在一起。党的十八大以来,全面建成小康社会,"在扶贫的路上,不能落下一个贫困家庭,丢下一个贫困群众";全面深化改革,"把改革方案的含金量充分展示出来,让人民群众有更多获得感";全面依法治国,"努力让人民群众在每一个司法案件中都能感受到公平正义";全面从严治党,"核心问题是保持党同人民群众的血肉联系"……贯穿于治国理政各个环节,"为人民"是不变的价值追求,"人民性"是永恒的价值底色,目的就是要始终与人民心心相印、与人民同甘共苦、与人民团结奋斗。

"人民是共和国的坚实根基,人民是我们执政的最大底气"。回望历史、环顾世界,没有哪个政党像中国共产党这样,在理论上鲜明提出、在思想上明确要求、在实践中始终践行以人民为中心的发展思想。我们的很多制度创新,都是来自群众首创。"枫桥经验"形成独特的矛盾调解机制,小岗村的"红手印"按出了联产承包责任制,广东蛇口"杀出一条血路来"推开经济特区制度的大门……正是紧紧依靠人民推动国家发展,不断激发蕴藏于人民的无穷力量,我们的制度才能保持与时俱进的活力,我们的治理才能实现自我革新的优化。

"名非天造,必从其实。"社会主义民主不仅需要完整的制度程序,而且需要完整的参与实践。全会对此作出部署,提出:坚持和完善人民当家作主制度体系,发展社会主义民主政治。必须坚持人民主体地位,

坚定不移走中国特色社会主义政治发展道路，确保人民依法通过各种途径和形式管理国家事务，管理经济文化事业，管理社会事务。要坚持和完善人民代表大会制度这一根本政治制度，坚持和完善中国共产党领导的多党合作和政治协商制度，巩固和发展最广泛的爱国统一战线，坚持和完善民族区域自治制度，健全充满活力的基层群众自治制度。

习近平总书记指出，"我们国家的名称，我们各级国家机关的名称，都冠以'人民'的称号，这是我们对中国社会主义政权的基本定位"。这一基本定位，什么时候都不能含糊、不能淡化。紧紧依靠人民推动国家发展，我们就能汇聚起亿万人民的磅礴力量，为推进国家治理体系和治理能力现代化注入不竭动力。

（2019年11月11日）

坚持全面依法治国

——让我们的制度更加成熟更加定型 ④

全面依法治国，不仅是制度文明的发展，更体现着"运用法治思维和法治方式深化改革、推动发展、化解矛盾、维护稳定、应对风险"的治理智慧

社会主义法治体系日益完善，既为全面依法治国奠定坚实基础，更为实现良政善治筑牢坚强保障

今天的中国，法治成为治国理政的基本共识。未成年人保护法修订草案首次明确国家监护，修订后的食品安全法实施条例即将施行，外商投资法实施条例（征求意见稿）面向社会征求意见……这段时间，一系列关乎经济社会发展的立法工作亮点纷呈，展示着法治中国建设的累累硕果，更标注着全面依法治国的前进步伐。

"坚持全面依法治国，建设社会主义法治国家，切实保障社会公平正义和人民权利的显著优势"。党的十九届四中全会强调坚持和完善中国特色社会主义法治体系，提高党依法治国、依法执政能力。全面依法治国，是坚持和发展中国特色社会主义的本质要求和重要保障，是实现国家治理体系和治理能力现代化的必然要求，事关我们党执政兴国，事关人民幸福安康，事关党和国家长治久安。

"奉法者强则国强，奉法者弱则国弱"。从"法制"到"法治"，一字

之变，制度体系向囊括立法、执法、司法、守法各环节的动态体系转变，意味着在法治轨道上推进国家治理体系和治理能力现代化。"凡属重大改革都要于法有据"，我们正确处理改革与法治的关系，确保社会在深刻变革中既生机勃勃又井然有序；"法治是最好的营商环境"，我们建立权力清单、负面清单等制度，用法治持续优化营商环境；"用最严格制度最严密法治保护生态环境"，我们修订环境保护法、建立环保督察制度，用法治为美丽中国保驾护航……全面依法治国，不仅是制度文明的发展，更体现着"运用法治思维和法治方式深化改革、推动发展、化解矛盾、维护稳定、应对风险"的治理智慧。从治国理政的全局出发，更能深刻理解习近平总书记的重要判断："全面推进依法治国，是着眼于实现中华民族伟大复兴中国梦、实现党和国家长治久安的长远考虑"。

法律是治国之重器，良法是善治之前提。更好推进全面依法治国，必然要求建设中国特色社会主义法治体系、建设社会主义法治国家。修改立法法，增加民主立法的制度和程序规定；制定国家安全法、网络安全法等，坚决维护国家安全与核心利益；修改中小企业促进法、出台优化营商环境条例，推动实现经济高质量发展……党的十八大以来，立法质量不断提升，法治之网越织越密，为经济社会发展提供引领和保障。可以说，社会主义法治体系日益完善，既为全面依法治国奠定坚实基础，更为实现良政善治筑牢坚强保障。

全面依法治国，不仅有力度，更有温度。从制定民法总则到审议民法典各分编草案，从贯彻食品药品领域"四个最严要求"到对疫苗管理进行专门立法，我们的很多立法，关乎群众最关心最直接最现实的利益问题。在司法领域，扭住司法责任制"牛鼻子"，回归"让审理者裁判，由裁判者负责"的基本司法规律，并筑起防范权力干预司法的"防火墙""高压线"，推动以审判为中心的刑事诉讼制度改革，目的就是"努力让人民群众在每一个司法案件中都感受到公平正义"。把体现人民利益、反映人民愿望、维护人民权益、增进人民福祉落实到依法治国全过程，切实保障社会公平正义和人民权利，提高了人民群众的获得感、幸福感、安全感。

建设中国特色社会主义法治体系、建设社会主义法治国家是坚持和发展中国特色社会主义的内在要求。这次全会作出"坚持和完善中国特色社会主义法治体系，提高党依法治国、依法执政能力"的部署，为贯彻落实全会精神，必须坚定不移走中国特色社会主义法治道路，全面推进依法治国，坚持依法治国、依法执政、依法行政共同推进，坚持法治国家、法治政府、法治社会一体建设。要健全保证宪法全面实施的体制机制，完善立法体制机制，健全社会公平正义法治保障制度，加强对法律实施的监督。

改革发展稳定，离不开法治护航；经济社会发展，有赖于法治赋能；百姓平安福祉，靠的是法治守卫。继续推进全面依法治国，就能让制度更加成熟更加定型，让发展更有质量，让治理更有水平，让人民更有获得感，确保党和国家事业蓬勃发展。

（2019年11月12日）

坚持全国一盘棋

——让我们的制度更加成熟更加定型 ⑤

> 凝聚党心军心民心，集合人力物力财力，把各方面智慧和力量凝聚起来，为推进社会主义现代化建设注入不竭动力
>
> 让一切创新的活力充分涌流，让一切创造的动力竞相迸发，才能不断推动经济社会持续健康发展

前不久港珠澳大桥迎来正式开通一周年。大桥口岸进出口通关时间缩短四成，累计84.45亿美元货物经大桥进出口……这座世界最长跨海大桥，彰显了我国集中力量办大事的显著优势。

党的十九届四中全会从13个方面系统总结了我国国家制度和国家治理体系的显著优势，一个重要方面就是"坚持全国一盘棋，调动各方面积极性，集中力量办大事的显著优势"。习近平总书记强调，"我们最大的优势是我国社会主义制度能够集中力量办大事。"实践证明，中国特色社会主义制度的这一显著优势，能够有效促进社会生产力解放和发展，促进现代化建设各项事业，促进人民生活质量和水平不断提高。

"积力之所举，则无不胜也"。集中力量办大事，是我们成就事业的重要法宝。70年来，从两弹一星到神舟飞天，从高铁飞驰到核电出海，从全球减贫贡献率超70%到对世界经济增长贡献率超30%，举世瞩目的

成就背后，是全国上下连成一条心、拧成一股绳的集体行动。面对洪水、地震、疫情的考验，面对金融危机、贸易摩擦的挑战，我们之所以能在关键时刻履险如夷、化危为机，正是因为集中力量办大事，形成共同抵御风险的全社会合力。习近平总书记指出："每个人的力量是有限的，但只要我们万众一心、众志成城，就没有克服不了的困难"。凝聚党心军心民心，集合人力物力财力，把各方面智慧和力量凝聚起来，就能为推进社会主义现代化建设注入不竭动力。

邓小平同志曾说，社会主义同资本主义比较，它的优越性就在于能做到全国一盘棋，集中力量，保证重点。中国作为一个大国，"大"既意味着发挥规模优势、集中力量办大事，也意味着各地情况不同、禀赋各异，需要统筹兼顾、协调各方。"不谋全局者，不足以谋一域。"无论是对口帮扶、对口援建搭起的东西部优势互补的"连心桥"，还是京津冀协同发展、长江经济带发展、粤港澳大湾区建设等重大战略深入推进，都旨在发挥地区比较优势，促进区域协调、协同、共同发展。在新发展理念中，"协调"是重要内容。这就需要坚持全国一盘棋，"十个指头弹钢琴"，注重各个领域、各个区域之间的统筹兼顾，使得各项政策相互配套、相互耦合，在协调均衡中形成整体效能。

实现"两个一百年"奋斗目标，需要调动各方面积极性，需要激发最广大人民智慧和力量。改革开放40多年光辉历程，也是一个不断革除体制机制积弊、激发社会创造活力的过程。进入新时代，从提出"使市场在资源配置中起决定性作用和更好发挥政府作用"，更好处理政府和市场关系；到深入推进简政放权，给予地方更大的发展自主权；再到建立权力清单、负面清单，持续优化营商环境……一系列改革举措，正是为了调动各方面积极性，激发蕴藏于广大群众中的创造活力。党的十九届四中全会在《决定》中明确指出，"健全充分发挥中央和地方两个积极性体制机制"。让一切创新的活力充分涌流，让一切创造的动力竞相迸发，才能不断推动经济社会持续健康发展。

70年来，从成渝铁路、宝成铁路，到京九铁路、青藏铁路，中国坚持全国一盘棋、集中力量办大事，建设起一个个通江达海的伟大工程，使我国铁路营业里程从2.18万公里增长到13.1万公里。南北西东、无所

不至的铁路网象征着中国改革发展的大局,各条线路、各个站点同心合力、协调联动,中国发展的大动脉就将畅通无阻,继续创造令世界瞩目的中国奇迹。

(2019年11月13日)

铸牢中华民族共同体意识

——让我们的制度更加成熟更加定型⑥

一部中国史，就是一部各民族交融汇聚成多元一体中华民族的历史，就是各民族共同缔造、发展、巩固统一的伟大祖国的历史

坚持共同团结奋斗、共同繁荣发展，我们就能实现全国各族人民同心同德、同心同向，形成勇往直前、无坚不摧的强大力量

各民族共同奋斗，绘就了精彩的时代画卷。在云南省贡山县独龙江乡，千余户村民全部住进新房，所有自然村通硬化路，通信网络全面覆盖，特色产业遍地开花，"独龙族实现了整族脱贫"。独龙族的今昔巨变，成为中国特色社会主义制度下少数民族"一步跨千年"的生动实践，成为各民族共同奋斗的一个缩影。

党的十九届四中全会从13个方面系统总结了我国国家制度和国家治理体系的显著优势，一个重要方面就是"坚持各民族一律平等，铸牢中华民族共同体意识，实现共同团结奋斗、共同繁荣发展的显著优势"。实现中华民族伟大复兴的中国梦，就要以铸牢中华民族共同体意识为主线，把民族团结进步事业作为基础性事业抓紧抓好，促进各民族像石榴籽一样紧紧拥抱在一起，推动中华民族走向包容性更强、凝聚力更大的命运

共同体。

我国是统一的多民族国家。各族先民胼手胝足、披荆斩棘，共同开发了祖国的锦绣河山，共同书写了我们悠久的历史，共同创造了我们灿烂的文化，共同培育了我们伟大的精神。近代以后，面对亡国灭种的空前危机，各族人民共御外侮、同赴国难，抛头颅、洒热血，共同书写了中华民族艰苦卓绝、气壮山河的伟大史诗。在百年抗争中，各族人民血流到了一起、心聚在了一起，共同体意识空前增强，中华民族实现了从自在到自觉的伟大转变。可以说，一部中国史，就是一部各民族交融汇聚成多元一体中华民族的历史，就是各民族共同缔造、发展、巩固统一的伟大祖国的历史。

"人心所归，惟道与义。"新中国成立70年来，我们走出一条中国特色解决民族问题的正确道路。我们党把民族平等作为立国的根本原则之一，确立了民族区域自治制度，开辟了发展各民族平等团结互助和谐关系的新纪元。党的十八大以来，以习近平同志为核心的党中央，就民族工作作出一系列重大决策部署，推动我国民族团结进步事业取得了新的历史性成就。7年来，民族地区累计减贫2500多万人，贫困发生率从21%下降到4%，各民族交往交流交融广泛拓展，中华民族共同体意识不断增强，平等团结互助和谐的社会主义民族关系不断巩固和发展。中华民族一家亲、同心共筑中国梦，这是新时代我国民族团结进步事业的生动写照，也是新时代民族工作创新推进的鲜明特征。

中华民族是一个命运共同体，一荣俱荣、一损俱损。各民族只有把自己的命运同中华民族的命运紧紧连接在一起，才有前途，才有希望。新中国成立70年来，56个民族手足相亲、守望相助，推动少数民族的面貌、民族地区的面貌、民族关系的面貌、中华民族的面貌都发生了翻天覆地的历史性巨变。事实证明，在党的坚强领导下，充分发挥我国国家制度和国家治理体系的优势，坚持共同团结奋斗、共同繁荣发展，我们就能实现全国各族人民同心同德、同心同向，形成勇往直前、无坚不摧的强大力量，书写同心共筑中国梦的崭新篇章。

实现中华民族伟大复兴，需要各民族手挽着手、肩并着肩，共同努力奋斗。党的十九届四中全会强调"坚持和完善民族区域自治制度"，并提出了具体要求：坚定不移走中国特色解决民族问题的正确道路，坚持各民族一律平等，坚持各民族共同团结奋斗、共同繁荣发展，保证民族自治地方依法行使自治权，保障少数民族合法权益，巩固和发展平等团结互助和谐的社会主义民族关系。坚持不懈开展马克思主义祖国观、民族观、文化观、历史观宣传教育，打牢中华民族共同体思想基础。全面深入持久开展民族团结进步创建，加强各民族交往交流交融。支持和帮助民族地区加快发展，不断提高各族群众生活水平。

坚持中华民族一家亲、同心共筑中国梦，凝聚全体中华儿女的智慧和力量，我们就一定能让各族人民共创美好未来、共享中华民族新的光荣和梦想。

（2019年11月14日）

不断解放和发展社会生产力

——让我们的制度更加成熟更加定型 ⑦

> 我国经济发展获得巨大成功的一个关键因素,就是我们既发挥了市场经济的长处,又发挥了社会主义制度的优越性
>
> 坚持和完善社会主义基本经济制度,就一定能推动中国经济转变发展方式、优化经济结构、转换增长动力,推动中国经济实现高质量发展,乘风破浪、行稳致远

好的经济制度,能够不断激发社会活力。前段时间,《优化营商环境条例》公布,将实践证明行之有效、人民群众满意、市场主体支持的改革举措用法规制度固化下来,从完善体制机制的层面作出相应规定。这一举措既彰显了进一步优化营商环境的决心,同时推动了社会主义市场经济体制更加丰富完善。

"坚持公有制为主体、多种所有制经济共同发展和按劳分配为主体、多种分配方式并存,把社会主义制度和市场经济有机结合起来,不断解放和发展社会生产力的显著优势"。党的十九届四中全会总结实践经验,对社会主义基本经济制度作出新的概括,就是要凸显社会主义基本经济制度的优势。从传统的计划经济体制到前无古人的社会主义市场经济体制,我们的基本经济制度不断完善,为实现经济快速发展奠定了制度基础。

公有制为主体、多种所有制经济共同发展，这既是一种理论提炼，更是生动的发展图景、精彩的改革历程。公司制股份制改革加快推进、现代企业制度逐步完善、混合所有制改革稳妥有序、国企党建筑牢根和魂……国企改革深入推进，推动国有资产做大做强，为壮大国家综合实力、保障人民共同利益打下坚实基础。与此同时，召开民营企业座谈会，实施大规模减税降费为民营企业减轻负担，通过建立负面清单、推动简政放权给企业更大施展空间，一系列改革举措革除体制机制积弊，为非公有制经济发展释放政策红利。

按劳分配为主体、多种分配方式并存，既能够激发创造活力，又可以守住公平底线。坚持多劳多得，提高劳动报酬在初次分配中的比重，健全劳动、资本、土地、知识、技术、管理、数据等生产要素由市场评价贡献、按贡献决定报酬的机制，就能让分配制度形成正向激励，让一切奋斗的动力、创新的活力竞相迸发，让一切创造社会财富的源泉充分涌流。同时，健全以税收、社会保障、转移支付等为主要手段的再分配调节机制，增加低收入者收入，扩大中等收入群体，调节过高收入，就能让分配制度保障社会公平，促进各个社会群体之间收入差距保持在合理区间，让社会更加和谐、更显公平。

把社会主义制度和市场经济有机结合起来，既充分发挥市场在资源配置中的决定性作用，又更好发挥政府作用，极大解放和发展了社会生产力，极大解放和增强了社会活力。正是因为发挥社会主义制度的优越性，我们能够集中力量办大事，在高铁、大飞机、航空航天等领域进行集中攻关、迅速实现突破，同时形成强大的整合能力、动员能力和执行能力，确保经济快速发展的同时保持社会稳定。正是因为发挥市场经济的作用，为各类企业提供同台竞技的舞台，为每个人发挥聪明才智提供机会，使得近14亿人的创造活力有序释放出来，使得中国在5G通信、移动支付、共享经济、人工智能等前沿领域处于领先位置。可以说，我国经济发展获得巨大成功的一个关键因素，就是我们既发挥了市场经济的长处，又发挥了社会主义制度的优越性。

公有制为主体、多种所有制经济共同发展，按劳分配为主体、多种分配方式并存，社会主义市场经济体制等社会主义基本经济制度，既体

现了社会主义制度优越性，又同我国社会主义初级阶段社会生产力发展水平相适应，是党和人民的伟大创造。必须坚持社会主义基本经济制度，充分发挥市场在资源配置中的决定性作用，更好发挥政府作用，全面贯彻新发展理念，坚持以供给侧结构性改革为主线，加快建设现代化经济体系。为此，这次全会作出了具体部署：毫不动摇巩固和发展公有制经济，毫不动摇鼓励、支持、引导非公有制经济发展，坚持按劳分配为主体、多种分配方式并存，加快完善社会主义市场经济体制，完善科技创新体制机制，建设更高水平开放型经济新体制。

展望未来，坚持和完善社会主义基本经济制度，就一定能推动中国经济转变发展方式、优化经济结构、转换增长动力，推动中国经济实现高质量发展，乘风破浪、行稳致远。

（2019年11月18日）

在思想上精神上紧紧团结在一起

——让我们的制度更加成熟更加定型 ⑧

> 用党的创新理论武装头脑、指导实践、推动工作，为共同的理想信念、价值理念、道德观念打下思想基础
>
> 始终发扬伟大团结精神，促进全体人民在思想上精神上紧紧团结在一起，就能够形成勇往直前、无坚不摧的强大力量

文化自信是更基本、更深沉、更持久的力量。把爱国主义内容融入党日团日、主题班会、班队会以及各类主题教育活动之中，组织开展丰富多彩的校园文化活动，唱响互联网爱国主义主旋律……近日，《新时代爱国主义教育实施纲要》印发。这不仅为爱国主义情怀搭建了制度载体，也有助于增强共圆中国梦的凝聚力、向心力。

党的十九届四中全会系统总结了我国国家制度和国家治理体系的显著优势，一个重要方面就是"坚持共同的理想信念、价值理念、道德观念，弘扬中华优秀传统文化、革命文化、社会主义先进文化，促进全体人民在思想上精神上紧紧团结在一起的显著优势"。发展社会主义先进文化、广泛凝聚人民精神力量，是国家治理体系和治理能力现代化的深厚支撑。我们要坚持和完善繁荣发展社会主义先进文化的制度，巩固全体人民团结奋斗的共同思想基础。

一个国家，一个民族，要同心同德迈向前进，必须有共同的理想信

念作支撑。习近平总书记在党的十九大报告中强调:"建设具有强大凝聚力和引领力的社会主义意识形态,使全体人民在理想信念、价值理念、道德观念上紧紧团结在一起。"马克思主义是我们立党立国的根本指导思想,为增进全党全国各族人民团结统一提供了坚实思想基础。在新时代坚持马克思主义指导地位,就要全面贯彻落实习近平新时代中国特色社会主义思想,健全用党的创新理论武装全党、教育人民工作体系。用党的创新理论武装头脑、指导实践、推动工作,为共同的理想信念、价值理念、道德观念打下思想基础。

文化是一个国家、一个民族的灵魂,文化兴国运兴,文化强民族强。没有高度的文化自信,没有文化的繁荣兴盛,就没有中华民族伟大复兴。中国特色社会主义文化,源自于中华民族五千多年文明历史所孕育的中华优秀传统文化,熔铸于党领导人民在革命、建设、改革中创造的革命文化和社会主义先进文化,植根于中国特色社会主义伟大实践。从推动中华优秀传统文化创造性转化、创新性发展,到培育和践行社会主义核心价值观,从繁荣发展社会主义文艺,到建设具有中国特色、中国风格、中国气派的哲学社会科学,我们发展面向现代化、面向世界、面向未来的,民族的科学的大众的社会主义文化,就是要不断铸就中华文化新辉煌,让中华文化展现出永久魅力和时代风采,为中华民族伟大复兴提供强大精神力量。

"团结是铁,团结是钢,团结就是力量。"团结是中国人民和中华民族战胜前进道路上一切风险挑战、不断从胜利走向新的胜利的重要保证。"中国人民是具有伟大团结精神的人民"。回首70年奋斗征程,每当遇到风险挑战,我们总是能努力团结一切可以团结的力量、调动一切可以调动的积极因素;顺应社会发展进步,我们更是倡导,形成最大公约数,画出最大的同心圆。70年来,中国取得的令世人瞩目的发展成就,更是全国各族人民同心同德、同心同向努力的结果。始终发扬伟大团结精神,促进全体人民在思想上精神上紧紧团结在一起,就能够形成勇往直前、无坚不摧的强大力量。

一个民族的复兴需要强大的物质力量,也需要强大的精神力量。必须坚定文化自信,牢牢把握社会主义先进文化前进方向,激发全民族文化创造活力,更好构筑中国精神、中国价值、中国力量。党的十九届四中全会作出了具体部署:坚持马克思主义在意识形态领域指导地位的根本制度,坚持以社会主义核心价值观引领文化建设制度,健全人民文化权益保障制度,完善坚持正确导向的舆论引导工作机制,建立健全把社会效益放在首位、社会效益和经济效益相统一的文化创作生产体制机制。

习近平主席在会见外宾时指出,新中国成立70周年的一系列盛大庆典是一次爱国主义的集中教育。如今,庆祝大会、阅兵式和群众游行的一幕幕动人瞬间仿佛还在眼前,激励着全国各族人民向着共同目标奋勇前行。只要我们团结一致、万众一心,就没有克服不了的困难,就没有实现不了的目标。

(2019年11月19日)

坚持以人民为中心的发展思想

——让我们的制度更加成熟更加定型⑨

> 增进人民福祉、促进人的全面发展是我们党立党为公、执政为民的本质要求
>
> 人民生活发生翻天覆地的改变,为以人民为中心的发展思想写下生动而温暖的注脚,也让"为人民谋幸福"的初心愈加闪耀
>
> 朝着全体人民共同富裕的目标前进,兼顾了效率与公平,既极大地解放了生产力,又实现了社会公平正义

把人民放在心中最高位置,铭刻着共产党人的深挚情怀。前不久,习近平总书记在上海考察时指出,"城市是人民的城市,人民城市为人民。无论是城市规划还是城市建设,无论是新城区建设还是老城区改造,都要坚持以人民为中心"。坚持以人民为中心的发展思想,既是城市治理的目标,也是做好各项工作的使命。

"坚持以人民为中心的发展思想,不断保障和改善民生、增进人民福祉,走共同富裕道路的显著优势"。党的十九届四中全会强调坚持和完善统筹城乡的民生保障制度,满足人民日益增长的美好生活需要,彰显了我们党治国理政的不变初心。我国国家制度和国家治理体系始终着眼于实现好、维护好、发展好最广大人民根本利益,着力保障和改善民生,

使改革发展成果更多更公平惠及全体人民。

增进人民福祉、促进人的全面发展是我们党立党为公、执政为民的本质要求。世界上很少有哪个政党，能像中国共产党这样，把为人民服务庄严地写进党章，并把以人民为中心的发展思想贯穿于治国理政的各个环节。从太行绝壁上的红旗渠到小岗村大包干契约上的红手印，从植树造林的"绿色奇迹"到人类历史上最成功的"脱贫故事"，人民的力量一旦被激发出来，就有着改天换地的伟力。正是把"人民"作为发展的价值尺度，把"人民对美好生活的向往"作为奋斗目标，国家的发展进步才能最大范围地凝聚共识、最大程度地激发力量。

"为政之道，以顺民心为本，以厚民生为本"。增进民生福祉是发展的根本目的。新中国砥砺奋进的70年，是民生不断改善的70年，是广大人民获得感、幸福感、安全感不断增强的70年。居民人均可支配收入从49.7元增加到28228元，人均预期寿命从35岁提高到77岁，文盲率从80%下降到4%左右……一个个数字，记录下70年民生改善的沧桑巨变。世界最大的社会保障网，世界规模最大的教育体系，世界上减贫人口最多的国家……一项项成就，道出了千家万户追梦圆梦的喜悦。70年，从生存到发展，从物质到精神，人民生活发生翻天覆地的改变，为以人民为中心的发展思想写下生动而温暖的注脚，也让"为人民谋幸福"的初心愈加闪耀。

"我们追求的发展是造福人民的发展，我们追求的富裕是全体人民共同富裕。"虽然实现共同富裕要有一个过程，但我们要努力去做、不断推进。今天，"共同富裕路上，一个不能掉队"的铿锵宣示，正在变成生动实践。我们既"让一部分人先富起来"，又坚持"先富带动后富"；既矢志于推动经济持续健康发展、把"蛋糕"做大，又致力于促进人民共享改革发展成果、把"蛋糕"分好；我们既把城市作为发展的火车头，又通过统筹城乡发展、实施脱贫攻坚带动农村发展……朝着全体人民共同富裕的目标前进，兼顾了效率与公平，既极大地解放了生产力，又实现了社会公平正义。

"以人民为中心的发展思想，不是一个抽象的、玄奥的概念，不能只停留在口头上、止步于思想环节，而要体现在经济社会发展各个环节。"

党的十九届四中全会作出了"坚持和完善统筹城乡的民生保障制度,满足人民日益增长的美好生活需要"的部署。贯彻落实这一部署,就必须健全幼有所育、学有所教、劳有所得、病有所医、老有所养、住有所居、弱有所扶等方面国家基本公共服务制度体系,注重加强普惠性、基础性、兜底性民生建设,保障群众基本生活;就要满足人民多层次多样化需求,使改革发展成果更多更公平惠及全体人民;就要健全有利于更充分更高质量就业的促进机制,构建服务全民终身学习的教育体系,完善覆盖全民的社会保障体系,强化提高人民健康水平的制度保障;就要坚决打赢脱贫攻坚战,建立解决相对贫困的长效机制。

坚持以人民为中心的发展思想,一件事情接着一件事情办,一年接着一年干,不断满足人民日益增长的美好生活需要,我们就能书写国家和民族发展的壮丽篇章。

(2019年11月20日)

善于自我完善自我发展

——让我们的制度更加成熟更加定型 ⑩

科学社会主义和空想社会主义的一大区别,就在于它不是一成不变的教条,而是把社会主义看作一个不断完善和发展的实践过程

正是将坚守道路与自我完善并举、将原则的坚定性与策略的灵活性结合起来,我们打破教条限制,根据时与势的不同灵活调整政策、推进制度创新

今日之中国,处处涌动着改革的力量。首届进博会上提出中国扩大开放的5方面举措已经基本落实,上海自由贸易试验区临港新片区正式设立,外商投资法将于明年1月1日起施行,扩大进口促进消费、进一步降低关税等取得重大进展……密集出台的举措,彰显着我们制度的强大自我完善能力。

"坚持改革创新、与时俱进,善于自我完善、自我发展,使社会始终充满生机活力的显著优势"。党的十九届四中全会把制度的自我完善放在重要位置,深刻回答了"坚持和巩固什么、完善和发展什么"这个重大政治问题。坚持解放思想、实事求是,坚持改革创新,突出坚持和完善支撑中国特色社会主义制度的根本制度、基本制度、重要制度,着力固根基、扬优势、补短板、强弱项,就能把我国制度优势更好转化为国家

治理效能。

科学社会主义和空想社会主义的一大区别，就在于它不是一成不变的教条，而是把社会主义看作一个不断完善和发展的实践过程。邓小平同志曾指出，"改革是社会主义制度的自我完善"。习近平总书记强调，"推进改革的目的是要不断推进我国社会主义制度自我完善和发展，赋予社会主义新的生机活力"。40多年来，我们坚持改革开放，有力推动中国特色社会主义制度和国家治理体系在革除体制机制弊端的过程中不断走向成熟。特别是党的十八大以来，我们全面深化改革，构建系统完备、科学规范、运行有效的制度体系，使各方面制度更加成熟更加定型，充分显示出我国国家制度和国家治理体系的强大自我完善能力。可以预期，随着全面深化改革向纵深推进，我国国家制度和国家治理体系必将在国际竞争中赢得更大的比较优势，展现出更为旺盛的生命力。

"万物得其本者生，百事得其道者成。"中国特色社会主义进入新时代，我国发展处于新的历史方位，我国社会主要矛盾已经转化为人民日益增长的美好生活需要和不平衡不充分的发展之间的矛盾，我国国家治理面临许多新任务新要求，必然要求中国特色社会主义制度和国家治理体系更加完善、不断发展。习近平总书记强调，"形势在变、任务在变、工作要求也在变，必须准确识变、科学应变、主动求变"。面向未来，我们推进全面深化改革，既要保持中国特色社会主义制度和国家治理体系的稳定性和延续性，又要抓紧制定国家治理体系和治理能力现代化急需的制度、满足人民对美好生活新期待必备的制度，推动中国特色社会主义制度不断自我完善和发展。

正是将坚守道路与自我完善并举、将原则的坚定性与策略的灵活性结合起来，我们打破教条限制，根据时与势的不同灵活调整政策、推进制度创新。这样一种与时俱进的变革能力，让中国能够始终踏准时代节拍、跟上时代变化，让社会始终充满生机活力。往深层看，我们的制度能够自我完善、自我发展，很大程度上是由于中国共产党始终葆有自我净化、自我完善、自我革新、自我提高的能力。习近平总书记强调，"勇于自我革命，是我们党最鲜明的品格，也是我们党最大的优势。"用党的自我革命推动伟大社会革命，用党的坚强领导引领国家发展进步，就能坚持改革创新、与时俱进，善于自我完善、自我发展，使社会始终充满生机活力。

党的十九届四中全会系统总结我国国家制度和国家治理体系的显著优势，这本身就是我们的制度自我完善、自我发展的体现。与此同时，全会在我们党已经明确的根本制度、基本制度、重要制度的基础上作出一些新的概括，部署了推进制度建设的重大任务和举措，必将对推动各方面制度更加成熟更加定型产生重大而深远的影响。

新时代新征程，继续激扬变中求新、变中求进、变中突破的改革精神，更加充分地发挥我国国家制度和国家治理体系强大的自我完善能力，不断有所发现、有所发明、有所创造、有所前进，我们必将在革故鼎新中不断开辟未来。

（2019年11月21日）

聚天下英才而用之

——让我们的制度更加成熟更加定型⑪

> 既把政治标准放在首位,又坚持五湖四海、任人唯贤,广开进贤之路,才能让新时代的好干部不断涌现
>
> 注重严管与厚爱相结合,建立激励机制和容错纠错机制,才能在全社会形成支持大胆干、大胆闯,鼓励敢担当、敢作为的良好氛围

人才资源极大丰富,见证中国的生机活力。中国的发展为优秀人才的成长提供了广阔舞台,更展现出中国对人才的高度重视。

办好中国的事情,关键在党,关键在人,关键在人才。党的十九届四中全会从13个方面系统总结我国国家制度和国家治理体系的显著优势,其中一个重要方面就是"坚持德才兼备、选贤任能,聚天下英才而用之,培养造就更多更优秀人才的显著优势"。正所谓"为政之要,惟在得人",我们党历来高度重视选贤任能,始终把选人用人作为关系党和人民事业的关键性、根本性问题来抓,同时坚持党管人才原则,以识才的慧眼、爱才的诚意、用才的胆识、容才的雅量、聚才的良方,把党内和党外、国内和国外各方面优秀人才集聚到党和人民的伟大奋斗中来。

当前,全球范围内新一轮科技革命和产业变革蓬勃兴起,综合国力竞争归根到底是人才竞争。人才资源是第一资源,也是创新活动中最为

活跃、最为积极的因素。要把科技创新搞上去，就必须建设一支规模宏大、结构合理、素质优良的创新人才队伍。这就需要深化人才发展体制机制改革，完善人才培养机制、改进人才评价机制、创新人才流动机制、健全人才激励机制，同时实行更加积极、更加开放、更加有效的人才引进政策。如此，才能集四海之气，借八方之力，聚天下英才而用之，才能让各类人才都获得施展才华、建功立业的机会，才能最大程度激发人才的奋斗动力和创造活力。

毛泽东同志曾经明确指出，"政治路线确定之后，干部就是决定的因素"，并提出"才德兼备"的干部标准和"任人唯贤"的干部路线。我们今天讲的"德"，第一位的是政治品德。在好干部标准中，"信念坚定"是排在第一位的；领导干部要忠诚干净担当，忠诚始终是第一位的。如果说"德才兼备"回答了"选什么样的人"的问题，那么"选贤任能"就回答了"从哪里选人、怎么用人"的问题。总结起来，就是需要建立以德为先、任人唯贤、人事相宜的选拔任用体系，既把政治标准放在首位，又坚持五湖四海、任人唯贤，广开进贤之路，正确把握事业发展需要和干部成长进步的关系，才能让新时代的好干部不断涌现，建设忠诚干净担当的高素质干部队伍。

更应看到，好干部不会自然而然产生。成长为一个好干部，一靠自身努力，二靠组织培养。对干部最大的激励是正确用人导向，用一贤人则群贤毕至，见贤思齐就蔚然成风。正因此，培养造就更多更优秀人才，就需要建立崇尚实干、带动担当、加油鼓劲的正向激励体系，让真干事、能干事、干成事的干部和人才得到重用，让那些做样子、混日子、要位子的干部无处藏身，如此才能发挥榜样的激励作用，不断提升各级干部的制度执行力和治理能力。与此同时，还需要注重严管与厚爱相结合，建立激励机制和容错纠错机制，践行习近平总书记关于"三个区分开来"的重要要求，为敢于担当的干部撑腰鼓劲，才能在全社会形成支持大胆干、大胆闯，鼓励敢担当、敢作为的良好氛围。

党的十九届四中全会明确提出："坚持党管干部原则，落实好干部标准，树立正确用人导向，把制度执行力和治理能力作为干部选拔任用、考核评价的重要依据。尊重知识、尊重人才，加快人才制度和政策创新，支持各类人才为推进国家治理体系和治理能力现代化贡献智慧和力量。"这就需要我们坚持新时代党的组织路线，健全党管干部、选贤任能制度，更好做到"聚天下英才而用之"，用源源不断的人才资源汇聚起实现中华民族伟大复兴的磅礴力量。

（2019年11月22日）

确保人民军队绝对忠诚于党和人民

——让我们的制度更加成熟更加定型 ⑫

> 党对军队绝对领导的根本原则和制度，是人民军队完全区别于一切旧军队的政治特质和根本优势
>
> 人民军队政治生态重塑、组织形态重塑、力量体系重塑、作风形象重塑，有力保障国家主权、安全、发展利益

强大的人民军队，是国力强盛的保障。15个徒步方队步伐铿锵、锐不可当，32个装备方队铁流滚滚、排山倒海，12个空中梯队鹰击长空、傲视苍穹……庆祝新中国70华诞的盛大阅兵，不仅集中展示了新时代国防和军队建设发展的辉煌成就，更彰显出人民军队捍卫国家主权、安全、发展利益的坚强决心。

党的十九届四中全会系统总结我国国家制度和国家治理体系的显著优势，其中一个重要部分就是"坚持党指挥枪，确保人民军队绝对忠诚于党和人民，有力保障国家主权、安全、发展利益的显著优势"。面对国家安全环境的深刻变化，面对强国强军的时代要求，我们要坚持走中国特色强军之路、全面推进国防和军队现代化，就必须坚持和完善党对人民军队的绝对领导制度，确保人民军队忠实履行新时代使命任务。

人民军队是中国特色社会主义的坚强柱石，党对人民军队的绝对领导是人民军队的建军之本、强军之魂。发端于南昌起义，奠基于三湾改

编、定型于古田会议，党对军队绝对领导的根本原则和制度，是人民军队完全区别于一切旧军队的政治特质和根本优势。习近平总书记着重强调："保证党对军队的绝对领导，关系我军性质和宗旨、关系社会主义前途命运、关系党和国家长治久安，是我军的立军之本和建军之魂。"坚持党指挥枪，坚持党对人民军队的绝对领导，就能确保人民军队军魂不变、宗旨不忘、本色不褪，就能筑牢立军之本、光大强军之道、培厚制胜之源。

我们的军队是人民军队，我们的国防是全民国防。从保家卫国、戍守边防到抗洪救灾、抗震抢险，哪里是最危险的地方，哪里人民群众需要帮扶，哪里就有人民子弟兵的身影。有人说得好，军人是一块励志石，一面刻着忠诚，一面刻着奉献。人民军队从胜利走向胜利的宝贵气质，是忠诚担当熔铸的。有灵魂、有本事、有血性、有品德，造就了人民军队对党的赤胆忠心，造就了人民军队和人民的鱼水情谊，造就了人民军队为党和人民冲锋陷阵的坚定意志。无论时代场景如何变化，都要确保人民军队绝对忠诚于党和人民，都要牢记为人民扛枪、为人民打仗的神圣职责。

"在战争中还从未发现一支健全的共产党军队陷入解体。不管这支军队损失如何严重，只要党组织还保持完好，他们就有抵御能力。"曾在朝鲜战场上与中国军人交过手的美国人这样写道。从保家卫国到支援建设，从远洋护航到国际维和，人民军队在党的旗帜下胜利前进，为社会主义革命、建设和改革事业建立了卓著功勋。中国特色社会主义进入新时代，在以习近平同志为核心的党中央的坚强领导下，人民军队政治生态重塑、组织形态重塑、力量体系重塑、作风形象重塑，为国防和军队现代化建设奠定了深厚基础，有力保障国家主权、安全、发展利益。

中华民族实现伟大复兴，中国人民实现更加美好生活，必须加快把人民军队建设成为世界一流军队。党的十九届四中全会强调："必须牢固确立习近平强军思想在国防和军队建设中的指导地位，巩固和拓展深化国防和军队改革成果，构建中国特色社会主义军事政策制度体系，全面推进国防和军队现代化，确保实现党在新时代的强军目标，把人民军队全面建成世界一流军队，永葆人民军队的性质、宗旨、本色。"全会作出具体部署：要坚持人民军队最高领导权和指挥权属于党中央，健全人民军队党的建设制度体系，把党对人民军队的绝对领导贯彻到军队建设各领域全过程。

熠熠生辉的军旗，凝聚着昨天的功勋与荣誉，也召唤着未来的责任与使命。更加紧密地团结在以习近平同志为核心的党中央周围，坚定不移走中国特色强军之路，人民军队必将续写无愧于党和人民的壮美篇章，为实现中华民族伟大复兴的中国梦提供坚强后盾。

（2019年11月25日）

坚持"一国两制"

——让我们的制度更加成熟更加定型 ⑬

"一国两制"是一个完整的概念。确保"一国两制"方针不会变、不动摇,确保"一国两制"实践不变形、不走样

作为一项前无古人的开创性事业,"一国两制"需要在实践中不断探索

再过不到一个月,澳门将迎来回归20周年。20年来,澳门取得了令人瞩目的成就,社会安定、经济发展、居民安居乐业,多元文化得到了很好的发展,向世界展示了"一国两制"成功实践。习近平总书记强调:"一国两制"是完全行得通、办得到、得人心的!

"一国两制"是党领导人民实现祖国和平统一的一项重要制度,是中国特色社会主义的一个伟大创举。党的十九届四中全会从13个方面系统总结我国国家制度和国家治理体系的显著优势,其中一个重要方面就是"坚持'一国两制',保持香港、澳门长期繁荣稳定,促进祖国和平统一的显著优势"。事实证明,"一国两制"是解决历史遗留的香港、澳门问题的最佳方案,也是香港、澳门回归后保持长期繁荣稳定的最佳制度。我们必须坚持和完善"一国两制"制度体系,推进祖国和平统一。

"一国两制"是一个完整的概念,要始终准确把握"一国"和"两制"的关系。"一国"是根,根深才能叶茂;"一国"是本,本固才能枝荣。

党的十九届四中全会明确指出,"必须坚持'一国'是实行'两制'的前提和基础,'两制'从属和派生于'一国'并统一于'一国'之内。严格依照宪法和基本法对香港特别行政区、澳门特别行政区实行管治,坚定维护国家主权、安全、发展利益,维护香港、澳门长期繁荣稳定,绝不容忍任何挑战'一国两制'底线的行为,绝不容忍任何分裂国家的行为"。与此同时,在"一国"的基础之上,"两制"的关系应该也完全可以做到和谐相处、相互促进。必须把维护中央对香港、澳门特别行政区全面管治权和保障特别行政区高度自治权有机结合起来,确保"一国两制"方针不会变、不动摇,确保"一国两制"实践不变形、不走样。

保持香港、澳门长期繁荣稳定,实现祖国完全统一,是实现中华民族伟大复兴的必然要求,必须全面准确贯彻"一国两制"、"港人治港"、"澳人治澳"、高度自治的方针。既要支持特别行政区政府和行政长官依法施政、积极作为,有序推进民主,维护社会稳定,履行维护国家主权、安全、发展利益的宪制责任;又要支持香港、澳门融入国家发展大局,以粤港澳大湾区建设、粤港澳合作、泛珠三角区域合作等为重点,全面推进内地同香港、澳门互利合作。发展壮大爱国爱港爱澳力量,增强香港、澳门同胞的国家意识和爱国精神,就能让香港、澳门同胞同祖国人民共担民族复兴的历史责任、共享祖国繁荣富强的伟大荣光。

解决台湾问题、实现祖国完全统一,是全体中华儿女共同愿望,是中华民族根本利益所在。"和平统一、一国两制"是实现国家统一的最佳方式,体现了海纳百川、有容乃大的中华智慧,既充分考虑台湾现实情况,又有利于统一后台湾长治久安。必须继续坚持"和平统一、一国两制"方针,推动两岸关系和平发展,推进祖国和平统一进程。

作为一项前无古人的开创性事业,"一国两制"需要在实践中不断探索。党的十九届四中全会作出了很多有现实针对性的具体部署,比如,"把坚持'一国'原则和尊重'两制'差异、维护中央对特别行政区全面管治权和保障特别行政区高度自治权、发挥祖国内地坚强后盾作用和提高特别行政区自身竞争力结合起来";比如,"完善中央对特别行政区行政长官和主要官员的任免制度和机制、全国人大常委会对基本法的解释制度,依法行使宪法和基本法赋予中央的各项权力";比如,"建立健全特别行政区维护国家安全的法律制度和执行机制,支持特别行政区强化执法力量"。在实践中不断完善治港治澳制度体系,才能更好坚持和完善"一国两制"制度体系,推动"一国两制"的实践再谱新篇章。

面向未来,我们要全面准确贯彻"一国两制"方针,坚守"一国"之本,善用"两制"之利,扎扎实实做好各项工作。只要包括港澳台同胞在内的全体中华儿女顺应历史大势、共担民族大义,把民族命运牢牢掌握在自己手中,就一定能够共创中华民族伟大复兴的美好未来。

(2019年11月26日)

为构建人类命运共同体不断作出贡献

——让我们的制度更加成熟更加定型 ⑭

中国积极参与全球治理体系建设，努力为完善全球治理贡献中国智慧，推动国际秩序和全球治理体系朝着更加公正合理方向发展

中国提出构建人类命运共同体，开辟出合作共赢、共建共享的发展新道路，为人类发展提供了新的选择

今天，开放已经成为中国的鲜明标识。5G 技术帮助世界加速互联互通，北斗导航系统为全球提供精准服务，中国空间站将助力多国科学家共同探索宇宙之谜……一个既坚持独立自主、又坚持开放合作的中国，不仅推动着中国自身发展跃向高层次、迈向高质量，也为世界发展带来更多机遇、注入更多活力。

中国共产党是为中国人民谋幸福的政党，也是为人类进步事业而奋斗的政党。党的十九届四中全会从 13 个方面系统总结了我国国家制度和国家治理体系的显著优势，其中一个重要方面就是"坚持独立自主和对外开放相统一，积极参与全球治理，为构建人类命运共同体不断作出贡献的显著优势"。从历史的长镜头来看，中国发展是属于全人类进步的伟大事业。中国将张开双臂，为各国提供更多市场机遇、投资机遇、增长机遇，实现共同发展。

中国的发展与世界紧密相连。新中国70年特别是改革开放40多年来，中国人民自力更生、发愤图强、砥砺前行，依靠自己的辛勤和汗水，创造了"当惊世界殊"的发展成就，书写了人类发展史上的伟大传奇。同时，中国坚持打开国门搞建设，实现了从封闭半封闭到全方位开放的伟大历史转折。正是因为坚持立足国情、放眼世界，既强调独立自主、自力更生又注重对外开放、合作共赢，我们的道路才越走越宽广，在实现自我发展的同时，为各国共同发展注入了动力，促进了人类和平与发展的崇高事业。可以说，中国道路既有鲜明的中国特色，又有宽广高远的世界眼光和深厚博大的人类情怀。

当今世界正经历百年未有之大变局。世界多极化、经济全球化、社会信息化、文化多样化深入发展，世界面临的不稳定性不确定性突出，人类面临许多共同挑战。作为世界和平的建设者、全球发展的贡献者、国际秩序的维护者，中国主张各国人民同心协力，变压力为动力，化危机为生机，以合作取代对抗，以共赢取代独占。从倡导"共商、共建、共享"的全球治理理念，到维护联合国在全球治理中的核心地位；从积极推动国际货币基金组织和世界银行份额与治理改革，到支持上海合作组织、金砖国家、二十国集团等平台机制化建设，这些年来，中国积极参与全球治理体系建设，努力为完善全球治理贡献中国智慧，正是要同世界各国人民一道，推动国际秩序和全球治理体系朝着更加公正合理方向发展。

放在更大视野来看，人类已经成为你中有我、我中有你的命运共同体，利益高度融合，彼此相互依存。在全球性挑战此起彼伏的今天，仅凭单个国家的力量难以独善其身，也无法解决世界面临的问题。中国提出构建人类命运共同体，正是着眼解决当今世界面临的现实问题、实现人类社会持久和平和永续发展，以天下大同为目标，秉持合作共赢理念，摒弃丛林法则，不搞强权独霸，超越零和博弈，开辟出合作共赢、共建共享的发展新道路，为人类发展提供了新的选择。

中国的发展离不开世界，世界的繁荣也需要中国。推动党和国家事业发展需要和平国际环境和良好外部条件。必须统筹国内国际两个大局，高举和平、发展、合作、共赢旗帜，坚定不移维护国家主权、安全、发展利益,坚定不移维护世界和平、促进共同发展。党的十九届四中全会对"坚持和完善独立自主的和平外交政策,推动构建人类命运共同体"作出了具体部署。贯彻落实党的十九届四中全会精神,就要健全党对外事工作领导体制机制,完善全方位外交布局,推进合作共赢的开放体系建设,积极参与全球治理体系改革和建设。

"修之于天下,其德乃普。"今日之中国,不仅是中国之中国,而且是亚洲之中国、世界之中国。未来之中国,必将以更加开放包容的姿态拥抱世界,同世界形成更加良性的互动,带来更加进步和繁荣的中国和世界。

(2019年11月27日)

彰显中国发展的"制度优势"

——治理现代化的"中国智慧"①

> 中国经济绩效优、发展能力强,背后是制度设计好、治理效能高
>
> 面对外部环境变化和不稳定性不确定性增多,迫切需要我们推进国家治理体系和治理能力现代化,为中国发展提供稳定高效的制度体系,确保中国航船行稳致远

逆风飞翔的姿态,最能展现深层的优势。近日,中国经济前三季度数据公布。主要宏观指标保持在合理区间,固定资产投资保持平稳增长,消费供给方式创新发展……在全球经济放缓的大背景下,中国经济的强劲表现再次向人们展示中国发展背后的"制度优势"。

"经国序民,正其制度"。当今世界正经历百年未有之大变局。中国经济绩效优、发展能力强,背后是制度设计好、治理效能高。我们建立和完善社会主义市场经济制度,既发挥"集中力量办大事"的制度优势,又通过市场激发微观活力。我们发展社会主义民主政治,体现人民意志、保障人民权益、激发人民创造活力,用制度体系保证人民当家作主。我们完善世界上最大的社会保障体系,努力满足广大人民群众的民生需求。实践证明,中国特色社会主义制度和国家治理体系是植根中国大地、具有深厚中华文化根基、深得人民拥护的制度和治理体系,是具有强大生

命力和巨大优越性的制度和治理体系，是能够持续推动拥有近14亿人口大国进步和发展、确保拥有5000多年文明史的中华民族实现"两个一百年"奋斗目标进而实现伟大复兴的制度和治理体系。

知所从来才能明其将往。只有从更大的历史坐标中，我们才能更好理解中国特色社会主义制度。近代以来，无数志士仁人前仆后继、不懈探索，寻找救国救民道路，却在很长时间内都抱憾而终。太平天国运动、戊戌变法、义和团运动、辛亥革命接连而起，但农民起义、君主立宪、资产阶级共和制等种种救国方案都相继失败了。正是我们党确立并巩固了我们国家的国体、政体、根本政治制度、基本政治制度、基本经济制度和各方面的重要制度，为当代中国的发展进步提供了根本保障。这不仅回答了"建立什么样的国家制度"这一近代以来中国人民面临的历史性课题，更是人类制度文明史上的伟大创造。

衡量一个社会制度是否科学、是否先进，主要看是否符合国情、是否有效管用、是否得到人民拥护。只有扎根本国土壤、汲取充沛养分的制度，才最可靠、也最管用。中国特色社会主义制度之所以行得通、有生命力、有效率，就是因为它是从中国的社会土壤中生长起来的。

政治学研究认为，制度化是组织和程序获取价值观和稳定性的一种进程。深入推进反腐败斗争，把权力关进制度的笼子；深入推进简政放权，形成优化营商环境的一系列制度性举措；深入推进生态文明建设，激发环保督察的制度力量……党的十八大以来，我们不断完善和发展中国特色社会主义制度、推进国家治理体系和治理能力现代化，推动党和国家事业取得历史性成就、发生历史性变革。中国特色社会主义制度，为发展中国家走向现代化提供了全新选择，为人类探索建设更好社会制度贡献了中国智慧和中国方案。

习近平总书记强调："从形成更加成熟更加定型的制度看，我国社会主义实践的前半程已经走过了，前半程我们的主要历史任务是建立社会主义基本制度，并在这个基础上进行改革，现在已经有了很好的基础。后半程，我们的主要历史任务是完善和发展中国特色社会主义制度，为党和国家事业发展、为人民幸福安康、为社会和谐稳定、为国家长治久安提供一整套更完备、更稳定、更管用的制度体系。"面对外部环境变化和不稳定性不确定性增多，迫切需要我们推进国家治理体系和治理能力现代化，为中国发展提供稳定高效的制度体系，确保中国航船行稳致远。新时代新征程，坚持和完善中国特色社会主义制度，不断推进国家治理体系和治理能力现代化，我们就一定能确保党和国家事业蓬勃发展、长治久安。

（2019年10月23日）

更好发挥党的领导这一最大优势

——治理现代化的"中国智慧"②

中国特色社会主义最本质的特征是中国共产党领导,中国特色社会主义制度的最大优势是中国共产党领导

不断加强和改善党的领导,才能切实增强改革的系统性、整体性、协同性,全面提高国家治理能力和治理水平

刚刚过去的第六个国家扶贫日,再次向世界展现中国的扶贫成绩。280多万驻村干部、第一书记奋战在脱贫一线,从中央到地方全党动手、共同参与,全国各地因地施策、因人施策……党的十八大以来,累计减贫人数超过8000万。巨大的扶贫成效,展现着我们党强大的组织能力和治理能力。

党政军民学,东西南北中,党是领导一切的。正是因为有党的坚强领导,国家治理体系才能不断完善,治理能力才能不断提升。在中国的治理体系中,党中央是坐镇中军帐的"帅",车马炮各展其长,一盘棋大局分明,体现为总揽全局、同向发力的效率,体现为高度的组织、动员能力,体现为长远的规划、决策和执行能力。

70年来,正是因为始终在党的领导下,集中力量办大事,国家统一有效组织各项事业、开展各项工作,才能成功应对一系列重大风险挑战、克服无数艰难险阻,始终沿着正确方向稳步前进。在这个过程中,我们

党团结带领亿万人民，不断探索、不断实践，建立和完善社会主义制度，形成和发展党的领导和经济、政治、文化、社会、生态文明、军事、外事等各方面制度，不断完善国家治理，取得历史性成就。党的十八大以来，我们党领导人民统筹推进"五位一体"总体布局、协调推进"四个全面"战略布局，推动中国特色社会主义制度更加完善、国家治理体系和治理能力现代化水平明显提高，为政治稳定、经济发展、文化繁荣、民族团结、社会安宁、国家统一提供了有力保障。

中国特色社会主义最本质的特征是中国共产党领导，中国特色社会主义制度的最大优势是中国共产党领导。习近平总书记强调，"要顺利推进新时代中国特色社会主义各项事业，必须完善坚持党的领导的体制机制，更好发挥党的领导这一最大优势，担负好进行伟大斗争、建设伟大工程、推进伟大事业、实现伟大梦想的重大职责""把加强党的长期执政能力建设同提高国家治理水平有机统一起来"。

加强党的领导，为推进国家治理体系和治理能力现代化指明了正确方向。完善和发展中国特色社会主义制度、推进国家治理体系和治理能力现代化，是全面深化改革的总目标。今天，我国国家治理体系需要改进和完善，但怎么改、怎么完善，我们要有主张、有定力。只有坚持党的领导，才能保证国家治理体系和治理能力现代化沿着正确方向稳步前进。

加强党的领导，为推进国家治理体系和治理能力现代化提供了坚强保障。推进国家治理体系和治理能力现代化是一项系统工程，靠零敲碎打不行，靠碎片化修补也不行，应使各个领域、各个方面的改革形成联动，因而必须更加注重改革的系统性、整体性、协同性。这就需要更好发挥党总揽全局、协调各方的领导作用。比如，深化党和国家机构改革是推进国家治理体系和治理能力现代化的一次集中行动，取得一系列重要理论成果、制度成果、实践成果，最突出的体现，就是加强党的全面领导得到有效落实。从国家机构的有序运行到保证路线方针政策的正确制定，从各个领域的制度安排到各个条线的制度执行，唯有不断加强和改善党的领导，才能切实增强改革的系统性、整体性、协同性，全面提高国家治理能力和治理水平。

当今世界正在经历百年未有之大变局，实现中华民族伟大复兴正处于关键时期。越是接近目标，越是形势复杂，越是任务艰巨，越要发挥中国共产党领导的政治优势和中国特色社会主义的制度优势，惟其如此，才能推动"中国号"巨轮在中华民族伟大复兴的征程上乘风破浪、行稳致远。

（2019年10月24日）

以人民情怀彰显治理价值

——治理现代化的"中国智慧"③

我国国家制度深深植根于人民之中,能够有效体现人民意志、保障人民权益、激发人民创造力

以人民为中心,不是一个抽象的概念,而要落实在制度安排与治理实践之中

正是不断激发蕴藏于人民的无穷力量,我们的制度才能保持与时俱进的活力,我们的治理才能实现自我革新的优化

"为中国人民谋幸福,为中华民族谋复兴",是中国共产党人不变的初心和使命,也是推进国家治理体系和治理能力现代化的鲜明价值指向。我们的党,是人民政党;我们的共和国,是人民共和国。早在1948年,毛泽东同志就说过:"各级政府都要加上'人民'二字,各种政权机关都要加上'人民'二字。"人民是历史的创造者,是决定党和国家前途命运的根本力量。我国国家制度深深植根于人民之中,能够有效体现人民意志、保障人民权益、激发人民创造力。

习近平总书记强调,"中国共产党的一切执政活动,中华人民共和国的一切治理活动,都要尊重人民主体地位,尊重人民首创精神,拜人民为师"。中国特色社会主义制度为什么好?一个重要原因,就在于我们始终把"人民"放在治国理政的重要位置,把保证人民当家作主作为制度

设计的出发点。我们坚持党的领导、人民当家作主、依法治国有机统一，坚持和完善人民代表大会制度、中国共产党领导的多党合作和政治协商制度、民族区域自治制度、基层群众自治制度，全面推进依法治国，巩固和发展最广泛的爱国统一战线，发展社会主义协商民主，用制度体系保证人民当家作主。

推进国家治理体系和治理能力现代化，同样需要贯彻以人民为中心的发展思想。"治国有常，而利民为本"。以人民为中心，不是一个抽象的概念，而要落实在制度安排与治理实践之中。党的十八大以来，从形成精准扶贫、精准脱贫的思路和机制，到健全生态文明制度体系，从加快建立中国特色基本医疗卫生制度，到推动城乡居民基本养老保险并轨，从推进"放管服"改革、激发创新创业活力，到推动大规模减税降费、让企业轻装上阵，可以说，我们在制度设计和国家治理过程中，真正做到了"始终把实现好、维护好、发展好最广大人民根本利益作为一切工作的出发点和落脚点"。

"人民是共和国的坚实根基，人民是我们执政的最大底气"。推进国家治理体系和治理能力现代化，如果说"为了人民"回答了价值指向问题，那么"依靠人民"则回答了力量源泉问题。基层是改革的试验场，人民是创新的推动者。从制度变迁的视角来看，我们的很多制度创新，都是来自群众首创，经过自下而上与自上而下的良性互动从而上升为制度安排。比如说，浙江长兴县率先探索"河长制"，实现了河水治理从"没人管"到"有人管"，从"管不住"到"管得好"的转变。在全面深化改革过程中，来自基层一线的"河长制"开始向全国推广，为环境治理提供了重要抓手。从更大的视野来看，"枫桥经验"形成独特的矛盾调解机制，小岗村的"红手印"催生了家庭联产承包责任制，广东蛇口"杀出一条血路来"推动建设经济特区的步伐……正是不断激发蕴藏于人民的无穷力量，我们的制度才能保持与时俱进的活力，我们的治理才能实现自我革新的优化。

在1949年中国人民政治协商会议第一届全体会议上，上海工人代表范小凤发言，"今天我——一个年青的女工，能够站在中国人民政治协商会议的讲台上来说话，这是五千年来中国历史上没有的事，我感到无上光荣！"坚持和完善中国特色社会主义制度、推进国家治理体系和治理能力现代化，以人民情怀彰显治理价值，以人民智慧激发更大活力，就一定能凝聚起实现民族伟大复兴的磅礴力量。

（2019年10月25日）

深入推进全面依法治国

——治理现代化的"中国智慧"④

> 正是通过正确处理全面深化改革与全面依法治国的关系，我们确保社会在深刻变革中既生机勃勃又井然有序
>
> 推动中国特色社会主义制度更加成熟更加定型，就要更好推进全面依法治国，进一步完善治理体系、提升治理能力

今天的中国，法治贯穿于各个治理环节。为完善社区矫正，提出"社区矫正工作应当依法进行，尊重和保障人权"；针对未成年人犯罪，提出"实施分级预防，细化教育矫治措施"；基于档案工作逐渐转向数字管理的趋势，明确电子档案的法律效力……最近召开的全国人大常委会第十四次会议上，一系列具体领域的立法成为亮点。立法的精细化、精准化，正是中国法治建设进步的生动写照。

从某种意义上来说，推进国家治理体系和治理能力现代化，也是制度文明不断发展的过程。而刚性的制度要顺利运转，必然离不开法治保障。从制定监察法到为疫苗管理进行专门立法，从审议民法典各分编草案到修改环境保护法、大气污染防治法，法治体系、制度体系越来越完善；从强调"法治是治国理政的基本方式"，到要求领导干部"提高运用法治思维和法治方式的能力"，再到宣示"改革开放越深入越要强调法治"，法治思维、法治理念日益深入人心。

党的十八大以来,以习近平同志为核心的党中央把全面依法治国纳入"四个全面"战略布局,不断以法治方式推进国家治理体系和治理能力现代化。我们坚持依法治国,坚持法治国家、法治政府、法治社会一体建设,为解放和增强社会活力、促进社会公平正义、维护社会和谐稳定、确保党和国家长治久安发挥了重要作用。

依法治国是坚持和发展中国特色社会主义的本质要求和重要保障,是实现国家治理体系和治理能力现代化的必然要求。在深入推进全面依法治国进程中,我们"把权力关进制度的笼子里",绝不允许以言代法、以权压法、逐利违法、徇私枉法;强调"依法治理是最可靠、最稳定的治理",坚决杜绝"拍脑袋决策、拍胸脯表态、拍屁股走人";要求"努力让人民群众在每一个司法案件中都能感受到公平正义",推动司法公信力大幅提升。这些深刻变革,凝聚起全社会的法治信仰,筑牢了国家制度文明的基石。

推进国家治理体系和治理能力现代化,我们面对的一个重要课题就是如何处理改革与法治的关系。改革要着力破除体制机制积弊,法治则更加重视维护法律权威和经济社会秩序的稳定。如何平衡?对此,习近平总书记强调,"改革和法治如鸟之两翼、车之两轮"。"凡属重大改革都要于法有据",正因为要做到于法有据,我们坚持在法治轨道上统筹社会力量、平衡社会利益、调节社会关系、规范社会行为、化解社会矛盾,面对改革进入深水区、社会利益更加多元的局面,能够通过"一断于法"化解矛盾纠纷,获得公信力。可以说,正是通过正确处理全面深化改革与全面依法治国的关系,我们确保社会在深刻变革中既生机勃勃又井然有序。

法律是治国之重器,法治是国家治理体系和治理能力的重要依托。以即将实施的外商投资法为例,这部法律确立的一些新型外资管理制度,有的在实践中已初步建立并卓有成效,有的则提供了开创性的规定。及时总结实践中的好经验好做法,成熟的经验和做法可以上升为制度、转化为法律;实践条件还不成熟、需要先行先试的,按照法定程序作出授权;对不适应改革要求的法律法规,及时修改和废止。这种法治与治理的相互促进,贯穿新中国70年尤其是改革开放40多年的全过程。制度带有全局性、稳定性，管根本、管长远。今天，我们推动中国特色社会主义制度更加成熟更加定型，就要更好推进全面依法治国，进一步完善治理体系、提升治理能力。

"法者，治之端也"。在中国这样一个超大规模的发展中国家，中国共产党领导的全面依法治国，是中国历史上一次国家治理的深刻变革，也是中华民族走向伟大复兴的坚实保障。继续推进全面依法治国，就能让国家治理体系和治理能力现代化在法治轨道上不断前进，确保党和国家事业蓬勃发展、长治久安。

（2019年10月28日）

把民主和集中有机统一起来

——治理现代化的"中国智慧"⑤

> 以民主集中制为组织原则的制度安排，能够使人民的意愿和要求得到最广泛表达和反映，最大限度把全社会全民族的积极性、主动性、创造性发挥出来
>
> 不断坚持和完善民主集中制的制度和原则，我们就能让中国特色社会主义制度的优势更加充分发挥出来，为实现中华民族伟大复兴提供制度保障

近日出台的《优化营商环境条例》，展现着中国政府优化营商环境的决心。这些年来，各地区、各部门持续推进"放管服"等改革。国家层面则将实践证明行之有效、人民群众满意、市场主体支持的改革举措用法规制度固化下来，这是对各地多元尝试的有效集中。这个过程，是民主集中制原则的生动体现。

习近平总书记强调，民主集中制是我们党的根本组织原则和领导制度，是马克思主义政党区别于其他政党的重要标志。在党的领导下，各国家机关是一个统一整体，既合理分工，又密切协作，既充分发扬民主，又有效进行集中。"坚持民主基础上的集中和集中指导下的民主相结合"，把充分发扬党内民主和正确实行集中有机结合起来，既可以最大限度激发全党创造活力，又可以统一全党思想和行动，有效防止和克服议而不

决、决而不行的分散主义，是科学合理而又有效率的制度。

宪法规定，"中华人民共和国的国家机构实行民主集中制的原则。"民主集中制包括民主和集中两个方面，两者互为条件、相辅相成、缺一不可。党的十八大以来，党中央各项决策都严格执行民主集中制，都注重充分发扬党内民主，都是经过深入调查研究、广泛听取各方面意见、进行反复讨论而形成的。以党的十九大报告起草工作为例，按照党中央部署的21个重大理论和实践问题，59个承担部门和单位组成80个调研组；截止到提交党的十八届七中全会讨论，文件起草组对党的十九大报告共作出增写、改写、文字精简986处，覆盖各方面意见和建议864条。这样一个几上几下、反复讨论修改的过程，正是发扬党内民主、集中党内和各方智慧的生动体现。正如习近平总书记强调的："我们要把民主和集中有机统一起来，真正把民主集中制的优势变成我们党的政治优势、组织优势、制度优势、工作优势。"

发扬集中指导下的民主，才能形成"维护人民根本利益的最广泛、最真实、最管用的民主"。要把我们这样一个大党大国治理好，就要掌握方方面面的情况，这就要靠发扬党内民主而来，靠各级党委、政府和广大党员、干部广泛听取民声、汇聚民意而来。比如，《快递条例（草案）》向社会公开征求意见时，一名来自山西运城的快递小哥在网上留言，后被邀请进中南海，为快递业发展建言献策，体现了群众的参与。重大项目该不该上马，民生政策该如何设计，发展与环保怎样统筹……现在，各地在推动重大决策时，通过民主恳谈、民主协商等多种形式倾听群众意见、汇集各方智慧，充分体现了我国社会主义民主有事多商量、遇事多商量、做事多商量的特点和优势，成为国家治理体系的重要组成部分。事实证明，以民主集中制为组织原则的制度安排，能够使人民的意愿和要求得到最广泛表达和反映，最大限度把全社会全民族的积极性、主动性、创造性发挥出来。

坚持民主基础上的集中，才能"坚决维护党中央权威和集中统一领导"。我们党的历史经验表明，凡是党中央权威和集中统一领导坚持得好，党的事业就兴旺发达；反之，党的事业就遭受挫折。党的十八大以来，在以习近平同志为核心的党中央坚强领导下，全党全国各族人民团结一

心、共同奋斗，解决了许多长期想解决而没有解决的难题，办成了许多过去想办而没有办成的大事，推动党和国家事业取得历史性成就、发生历史性变革。善于正确集中，把不同意见统一起来，把各种分散意见中的真知灼见提炼概括出来，把符合事物发展规律、符合广大人民群众根本利益的正确意见集中起来，就能继续发挥好民主集中制优势，不断推进国家治理体系和治理能力现代化。

放眼未来，推进国家治理体系和治理能力现代化，既需要充分释放社会活力，也需要形成强大合力。不断坚持和完善民主集中制的制度和原则，我们就能让中国特色社会主义制度的优势更加充分发挥出来，为实现中华民族伟大复兴提供制度保障。

（2019年10月29日）

把制度优势转化为治理效能

——治理现代化的"中国智慧"⑥

把制度执行到位、将政策贯彻到底,才能最大限度激发制度的效能,在各个领域取得实实在在的成果

各级党委和政府以及各级领导干部要切实强化制度意识,带头维护制度权威,做制度执行的表率,带动全党全社会自觉尊崇制度、严格执行制度、坚决维护制度

前不久,中央全面依法治国委员会印发《关于加强综合治理从源头切实解决执行难问题的意见》,明确要求"强化执行难源头治理制度建设",目的正是要让制度生威、让法律见效。这也体现出,我们在推进国家治理体系和治理能力现代化过程中,高度重视加强制度执行、提高治理能力。

习近平总书记强调,"国家治理体系和治理能力是一个国家的制度和制度执行能力的集中体现,两者相辅相成。"治理国家,制度是起根本性、全局性、长远性作用的。然而,没有有效的治理能力,再好的制度也难以发挥作用。纵观世界,各国各有其治理体系,而各国治理能力由于客观情况和主观努力的差异又有或大或小的差距,甚至同一个国家在同一种治理体系下不同历史时期的治理能力也有很大差距。考虑到这一点,有必要把国家治理体系和治理能力现代化结合在一起提。正如习近平总

书记强调的,"要强化制度执行力,加强制度执行的监督,切实把我国制度优势转化为治理效能"。

"制度的生命力在于执行。"这些年来,"放管服"改革在各地深入推进,优化营商环境取得了切实成效;加强产权司法保护,为企业家送上干事创业"定心丸";党和国家机构改革,取得了一系列重要理论成果、制度成果、实践成果……一项项制度法规从"纸上"落到"地上"、走进"心里",取得了实实在在的治理成效。党的十八大以来,强调制度执行、政策落实,是推进国家治理体系和治理能力现代化的鲜明特色。在制度执行中,我们总是强调"突破'中梗阻'""处理好改革'最先一公里'和'最后一公里'的关系";在政策落实中,我们总是突出让人民群众有更多改革获得感。正因为我们把制度执行到位、将政策贯彻到底,才能最大限度激发制度的效能,在各个领域取得实实在在的成果。

国家治理能力"是运用国家制度管理社会各方面事务的能力,包括改革发展稳定、内政外交国防、治党治国治军等各个方面"。我们的国家治理体系和治理能力总体上是好的,是有独特优势的,是适应我国国情和发展要求的。同时,我们在国家治理体系和治理能力方面还有许多亟待改进的地方,在提高国家治理能力上需要下更大气力。必须适应国家现代化总进程,提高党科学执政、民主执政、依法执政水平,提高国家机构履职能力,提高人民群众依法管理国家事务、经济社会文化事务、自身事务的能力,实现党、国家、社会各项事务治理制度化、规范化、程序化,不断提高运用中国特色社会主义制度有效治理国家的能力。

毛泽东同志说过,"政治路线确定之后,干部就是决定的因素"。推进国家治理体系和治理能力现代化,很重要的一个方面是要提高广大党员领导干部的治理能力。只有以提高党的执政能力为重点,尽快把我们各级干部、各方面管理者的思想政治素质、科学文化素质、工作本领都提高起来,尽快把党和国家机关、企事业单位、人民团体、社会组织等的工作能力都提高起来,国家治理体系才能更加有效运转。各级党委和政府以及各级领导干部要切实强化制度意识,带头维护制度权威,做制度执行的表率,带动全党全社会自觉尊崇制度、严格执行制度、坚决维护制度。

坚持和完善中国特色社会主义制度、推进国家治理体系和治理能力现代化的总体目标是，到我们党成立100年时，在各方面制度更加成熟更加定型上取得明显成效；到2035年，各方面制度更加完善，基本实现国家治理体系和治理能力现代化；到新中国成立100年时，全面实现国家治理体系和治理能力现代化，使中国特色社会主义制度更加巩固、优越性充分展现。以钉钉子精神抓好制度执行，就能把我国制度优势转化为国家治理效能，为实现"两个一百年"奋斗目标、实现中华民族伟大复兴的中国梦提供有力保证。

（2019年10月30日）

"伟大成就"彪炳人类史册

——国庆盛典启示录 ①

当人民子弟兵在天安门前雄壮行进，当群众游行的欢呼声直上云霄，当璀璨的节日焰火点亮夜空，没有人会怀疑："中国大踏步赶上了时代，中国人民意气风发走在了时代前列！"

新中国70年的伟大成就之所以彪炳人类史册，不仅因为取得的成就世所罕见，更在于对世界各国发展共性问题的回答，具有普遍的启示意义

步履铿锵的队伍，划过长空的机群，璀璨绚丽的烟火，载歌载舞的人们……10月1日的天安门广场，盛大的阅兵仪式、壮观的群众游行、热烈的群众联欢，70周年国庆盛典的画面已经定格在历史之中，令人心潮澎湃，激发豪情满怀，汇聚起亿万人民在复兴之路上继续奋勇前行的力量。

"中国的昨天已经写在人类的史册上，中国的今天正在亿万人民手中创造，中国的明天必将更加美好。"习近平总书记在天安门城楼上的庄严宣示，给我们以方向，给我们以力量。从70年前的那个起点出发，新中国不仅把近代以来中华民族所有的屈辱和苦痛埋藏于记忆深处，而且开启了人类历史上规模最浩大、气势最雄伟的现代化征程，把中国带到了世界第二大经济体的位置，让我们这个文明古国实现了由沉沦而奋起、

经苦难而辉煌的奇迹般重生。当人民子弟兵在天安门前雄壮行进，当群众游行的欢呼声直上云霄，当璀璨的节日焰火点亮夜空，没有人会怀疑："中国大踏步赶上了时代，中国人民意气风发走在了时代前列！"

"祖国，我为你骄傲。"这是亿万人民共同的心声。70年，我们党领导亿万人民以不舍昼夜的奋斗，成就了波澜壮阔的东方传奇。新中国成立70年来，中国不仅用世界9%的耕地养活了近20%的人口，更将让千百年来困扰中华民族的绝对贫困问题历史性地划上句号；曾经"一辆汽车都不能造"的国家，现在已经跃居世界货物贸易总额第一、外汇储备余额第一、高铁里程第一、银行业规模第一。正是在一穷二白的一张"白纸"上，我们画出了"最新最美的画图"，用960多万平方公里大地上不断涌现的人间奇迹，刷新着世界对中国的认知，打开了未来的想象空间。70年，可以告慰先烈："山河犹在，国泰民安，这盛世，如你所愿"。

"无论是在中华民族历史上，还是在世界历史上，这都是一部感天动地的奋斗史诗。"以如此大的规模跑出如此快的速度，以如此短的时间实现如此大的变化，中国在实现经济快速发展的同时确保了社会长期稳定，让经济社会发展的活力有序释放，实现了活力与秩序、发展与稳定的平衡。70年来我们"书写了人类发展史上的伟大传奇"，既包括经济快速发展奇迹，也包括社会长期稳定奇迹。一个国家要实现现代化，就要解决好如何在发展中保持稳定、用稳定保障发展的命题，不仅要有卓越的发展能力，还要有强大的稳定能力，能够为发展提供稳定的制度框架。新中国70年的伟大成就之所以彪炳人类史册，不仅因为取得的成就世所罕见，更在于对世界各国发展共性问题的回答，具有普遍的启示意义。

习近平总书记强调："70年来，全国各族人民同心同德、艰苦奋斗，取得了令世界刮目相看的伟大成就。"在群众游行的3个篇章中，无论是第一篇章"建国创业"中的"开天辟地""浴血奋战"，还是第二篇章"改革开放"中的"关键抉择""春潮滚滚"，抑或是第三篇章"伟大复兴"中的"创新驱动""脱贫攻坚"，无不记录着中国人民胼手胝足的奋斗历程。享誉世界的中国制造、中国创造、中国建造，感天动地的中国故事、中国震撼、中国奇迹，70年来取得的成就不是天上掉下来的，也不是别人恩赐施舍的，而是我们党带领全国各族人民用勤劳、智慧、勇气干出来的。正所谓"惟其艰难，才更显勇毅；惟其笃行，才弥足珍贵"，保持自强不息、奋斗拼搏的精神，凝聚干事创业、担当作为的力量，就没有战胜不了的困难，没有成就不了的事业。

天安门广场上，大型"红飘带"主题景观寓意红色基因连接历史、现实、未来。70年辉煌，新中国带给我们无限的信心、勇气和力量，我们正站在一个新的历史起点上。再过30年，我们将迎来新中国成立100周年。人们有理由相信：到那时，一个富强民主文明和谐美丽的社会主义现代化强国，将巍然屹立在世界东方。

（2019年10月09日）

大团结汇聚磅礴力量

——国庆盛典启示录②

比铁硬，比钢强，团结起来气贯长虹，无数蜿蜒小溪汇聚成了中国历史的大江大河

中国特色社会主义制度能够集中力量办大事，把中华民族的大团结转化为治理的效能、发展的能力，用团结奋进释放出发展的整体效能

恢弘的国庆盛典，处处可见"团结"的意象。在阅兵仪式中，铁流滚滚向前、方阵整齐如一；在群众游行中，人们尽情释放着发自内心共同的澎湃；在联欢活动中，一曲《歌唱祖国》表达着各族各界群众对祖国的无限热爱……从迎风招展的旗帜，到直上云霄的欢呼，每一个中国人都能确认"我和我的祖国，一刻也不能分割"的紧密连接，都能感受到中华民族命运共同体的深沉力量。

"团结是铁，团结是钢，团结就是力量。团结是中国人民和中华民族战胜前进道路上一切风险挑战、不断从胜利走向新的胜利的重要保证。"习近平总书记的重要讲话，为我们树起了团结一心的旗帜，指明了共同奋斗的方向。近代以后，在外来侵略的严峻形势下，我国各族人民手挽着手、肩并着肩，英勇奋斗，浴血奋战，打败了一切穷凶极恶的侵略者，捍卫了民族独立和自由，共同书写了中华民族保卫祖国、抵御外侮的壮

丽史诗。中国人民从亲身经历中深刻认识到,团结就是力量,团结才能前进,一个四分五裂的国家不可能发展进步。70年前,随着第一面五星红旗冉冉升起,在新生的人民共和国,中国共产党带领亿万人民,凝聚起改天换地的磅礴力量,书写了感天动地的壮丽篇章。

"被民族团结的场景和欢庆喜乐的氛围所震撼和感动",一位少数民族女孩置身国庆联欢现场的由衷感慨,道出了无数人的共同心声。盛大的阅兵仪式和群众游行,本身就是团结最为生动的表达。如此大的规模,如此多的群众,能够组织得井然有序、有条不紊,这本身就体现着强大的领导能力、组织能力,展现着团结的力量。比铁硬,比钢强,团结起来气贯长虹。讲团结、顾大局,贯穿于革命、建设和改革的历史进程。正因为我们拧成一股绳,才能在重重封锁中建立起比较完整的工业体系,才能用全国一盘棋的整体视野推进现代化事业。团结起来,凝聚起来,无数蜿蜒小溪汇聚成了中国历史的大江大河。

"中国人民是具有伟大团结精神的人民"。回首70年奋斗征程,每当遇到风险挑战,我们总是强调,"努力团结一切可以团结的力量、调动一切可以调动的积极因素";顺应社会发展进步,我们更是倡导,"形成最大公约数,画出最大的同心圆"。今天,中国取得的令世人瞩目的发展成就,正是全国各族人民同心同德、同心同向努力的结果。56个民族携手同行,像石榴籽一样紧紧拥抱在一起,铸牢中华民族共同体意识;近14亿中国人民始终发扬伟大团结精神,同舟共济、携手齐心,我们就一定能够形成勇往直前、无坚不摧的强大力量。

70年披荆斩棘,团结更彰显着社会主义的制度优势。我们国家的很多制度设计,本身就把团结的价值取向转化为制度安排。巩固发展最广泛的爱国统一战线,是为了"增强各党派、各团体、各民族、各阶层以及各方面的大团结";坚持和完善民族区域自治制度,是为了"巩固全国各族人民的大团结";推进全面从严治党,更为"保持党同人民群众的血肉联系"。不仅如此,中国特色社会主义制度能够集中力量办大事,把中华民族的大团结转化为治理的效能、发展的能力,进而把中国的体量和规模优势充分发挥出来,用团结奋进释放出发展的整体效能。不断用团结激发制度优势,就能够形成推动发展、再创奇迹的强大动能。

在盛大的国庆庆典上，红旗招展如画，令人心潮澎湃。五星红旗，代表着方向、光荣和力量。这面旗帜，四小星拱卫大星，表达亿万人民心向伟大的中国共产党，寓意着中国人民的大团结。新时代新征程，只要我们团结一心、众志成城，就能凝聚起一往无前的力量，推动中华民族伟大复兴的航船乘风破浪、扬帆远航。

（2019年10月10日）

我们的前进步伐不可阻挡

——国庆盛典启示录③

中国不仅能够孕育未来的可能性,而且能够把这种可能性变成现实

把中华民族在历史进程中积累的强大能量爆发出来,我们就能继续在克服困难中发展壮大,在应对挑战中超越自我,在改革创新中创造未来

从"建国伟业""当家作主""艰苦奋斗"到"春潮滚滚""与时俱进""科学发展",再到"区域协调""脱贫攻坚""美好生活"……国庆盛典上,群众游行的队伍,犹如一部流动的史诗,展示过去的辉煌成就,也展现未来的美好愿景,讲述着中国人民矢志求索、逐梦复兴的壮阔征程。

"今天,社会主义中国巍然屹立在世界东方,没有任何力量能够撼动我们伟大祖国的地位,没有任何力量能够阻挡中国人民和中华民族的前进步伐。"习近平总书记铿锵有力的宣示,回应历史也面向明天、立足中国更放眼世界,彰显了一个文明古国实现民族复兴的坚定信心。70年栉风沐雨,70年披荆斩棘,我们向历史证明:中国共产党和中国人民不仅善于打破一个旧世界,而且善于建设一个新世界。从历史中走来,我们一路高歌;向未来走去,我们信心满怀。

"我们对时间的理解,是以百年、千年为计",这是中国看待发展变化的宽广视野。近代以来,中国接连与两次工业革命失之交臂,那时的中国对落后挨打的记忆有多深刻,现在的中国对抓住机遇、把握未来的追求就有多强烈,对实现"两个一百年"奋斗目标的意志就有多坚定。历史之痛,发展之愿,都化作共同的心声:"中华民族积蓄的能量太久了,要爆发出来去实现伟大的中国梦。"

中国特色社会主义进入新时代,中华民族迎来了历史上最好的发展时期。现在,党的领导更加坚强有力,中国特色社会主义制度优势不断彰显;中国经济展现出强大的韧性与活力,转变发展方式、优化经济结构、转换增长动力效果明显;中国文化吸引力和感召力进一步增强,文化自信深入人心;覆盖近14亿人的社会保障网越织越密,筑牢了人民群众的获得感幸福感安全感;生态环境日益改善,"美丽中国"的画卷铺展开来……政治、经济、文化、社会和生态文明,每个方面都蕴含勃勃生机。当年,我们能够突破重重封锁发展起来,今天处在历史上最好的发展时期,我们有更大的信心、更强的能力、更好的条件来创造美好的未来。

有外国学者观察后得出结论:如果你生活在中国,就会看到关于社会福利、医疗卫生和技术进步的新想法不断涌现,而且中国正在以越来越快的速度探索和试验这些新想法。面向未来,中国的独特优势将会得到更充分的彰显。在数字经济时代,迎接变革所需要的大量基础设施建设、交通物流、新能源推广、数字化的生态互联网建设等等,都需要发挥国家力量。同时,中国庞大的体量、快速的发展,将产生世界上最多的数据,占得人工智能等未来风口的先机。中国不仅能够孕育未来的可能性,而且能够把这种可能性变成现实。

中国的发展走到今天,到了船到中流、人到半山的时候,是一个愈进愈难、愈进愈险而又不进则退、非进不可的时候。我们既要看到光明的未来,也要认清脚下的挑战。站在新中国成立70周年的节点上回望历史,中国经历了多少曲折而终能转危为安、履险如夷,这恰恰说明,中国具有打逆风球、走上坡路的能力,能够应对外部冲击而保持可持续发展。"江河之所以能冲开绝壁夺隘而出,是因其积聚了千里奔涌、万壑归流的洪荒伟力"。庆典,也是起点,积蓄的是继续前行的动能,激发的是

亿万人民的心劲。在70年的坐标上接续奋斗,把中华民族在历史进程中积累的强大能量爆发出来,我们就能继续在克服困难中发展壮大,在应对挑战中超越自我,在改革创新中创造未来。

历史照亮未来,征程未有穷期。天安门前的万众欢呼,亿万人民的共同欢庆,向世界宣示着这样的信心:具有5000多年文明历史、创造了新中国70年伟大成就的中国人民和中华民族,在实现"两个一百年"奋斗目标、实现中华民族伟大复兴中国梦的新征程上,必将书写出更新更美的时代篇章。

(2019年10月11日)

在接续奋斗中书写新的辉煌

  站在历史和未来的交汇点上，我们就要有这样志在"百年""千年"的雄心壮志

  中国善于从大历史视野对时间进行规划，牢牢把未来掌握在自己手中，让国家发展按照稳定的节奏不断向前

  中国既有想象未来的蓝图，也有实现目标的能力，更有"说到就要做到"的豪情

  历史，总是在时间的坐标中展开其壮丽画卷。第一辆国产汽车、第一艘万吨级远洋货轮、第一次载人航天、第一架国产大飞机、第一次月球背面软着陆……国庆前夕，庆祝中华人民共和国成立70周年大型成就展引发参观热潮。如同一条"时光隧道"，观众们在这里阅读新中国70年的历史书写，展望未来中国的壮阔画卷。

  习近平总书记指出："我们对时间的理解，是以百年、千年为计"。站在历史和未来的交汇点上，我们就要有这样志在"百年""千年"的雄心壮志。回首过去，激情燃烧的建设年代，波澜壮阔的改革岁月，铺就一条复兴之路；展望未来，基本实现社会主义现代化、建成社会主义现代化强国的梦想，激发着人们的奋斗豪情。

  从18世纪中叶到19世纪中叶，大概是100年时间，中国失去了工

业革命带来的发展机遇；从19世纪中叶到20世纪中叶，大概又是100年时间，我国沦为半殖民地半封建社会，根本没有条件进行国家建设。在这个意义上，我们能更好地理解新中国成立的重要意义。从1949年开始，我们确立社会主义制度、推动社会主义建设，奠定了当代中国一切发展进步根本的政治前提和制度基础；从1978年开始，我们开辟了中国特色社会主义道路，我们国家和民族大踏步赶了上来。今天，我们正在努力实现"两个一百年"奋斗目标，从现代化的"迟到国"变成现代化的引领者。这一经沉沦而奋起的转折，这一由苦难而辉煌的历程，构成了一个文明古国迈向现代化的恢弘历史。

大江滚滚，大河奔腾，中国善于从大历史视野对时间进行规划，牢牢把未来掌握在自己手中，让国家发展按照稳定的节奏不断向前。改革开放之初，"三步走"战略标注中国的发展蓝图；进入新时代，我们将全面建成小康社会，开启全面建设社会主义现代化国家新征程，分两步走在本世纪中叶建成社会主义现代化强国。这样的战略擘画，既描绘出清晰的未来蓝图，又为实现目标划定时间坐标，让全党全国明所将往、知所趋赴，从而凝聚起同心共筑中国梦的磅礴力量。

70年历程中，从"一五"计划接续做到"十三五"规划，中国一直保持着发展的连续性。在重重封锁中挺起了社会主义的脊梁，在国民经济接近崩溃的边缘推动改革开放，中国用几十年时间走完了西方国家几百年的路。以大历史观之，中国既有想象未来的蓝图，也有实现目标的能力，更有"说到就要做到"的豪情。过去70年，我们在一张白纸上画出最新最美的图画，将来我们还将在历史的卷轴上书写更加精彩的篇章。

"逝者如斯夫，不舍昼夜"。70年来，从破坏一个旧世界，到建设一个新世界，我们把曾经"独与我们中国无关"的时间，凝结成改天换地的东方奇迹；接下来，我们将按照既定节奏实现奋斗目标，让历史延伸到更广远的未来。

革命先驱李大钊曾说，"黄金时代，不在我们背后，乃在我们面前；不在过去，乃在将来"。从实现中华民族伟大复兴的未来视角来看，今天的成就只是未来历史的序幕。70年抚今追昔，面对成绩我们不敢有丝毫自满，面向未来我们有无比自信。在中国共产党坚强领导下，亿万人民豪情满怀，决心在接续奋斗中书写新的辉煌。

（2019 年 09 月 30 日）

"中国的经验对全人类非常重要"

——70年中国发展的世界意义 ①

> 中国人民用自己的奋斗,向着社会主义现代化强国奋进,也为世界和平与发展不断贡献中国智慧、中国方案、中国力量
>
> 中国人民的伟大奋斗,中国选择的道路、提供的方案、倡导的价值,拓展了发展中国家走向现代化的途径,丰富着世界各国人民过上幸福美好生活的梦想

一张张笑脸,年龄不同、民族不同、肤色不同,在一起拼成世界地图的轮廓……一幅名为《多彩世界之生生不息》的画作,体现着人类对美好生活共同的向往。正在中国美术馆举行的展览中,来自113个国家的595位艺术家用手中的画笔,共绘"多彩世界与共同命运"的主题。在新中国成立70年的时间节点上,这一幅幅作品犹如一扇扇窗口,在方寸之间、尺幅之上,映照出70年来中国和世界的沧桑变化。

对于新中国的70年,习近平总书记如此强调:"无论是在中华民族历史上,还是在世界历史上,这都是一部感天动地的奋斗史诗。"的确,70年弹指一挥间,中国从半数以上农户靠租佃土地谋生的"人人贫穷",到即将实现全面小康;从火柴、铁钉都要进口,成长为世界第二大经济体;从"一张白纸"起笔,画出高铁飞驰、巨轮远航、飞机翱翔、长桥卧波的壮丽画卷……70年来,中国人民用自己的奋斗,向着社会主义现

代化强国奋进，也为世界和平与发展不断贡献中国智慧、中国方案、中国力量。

"我深知中国前途远大，深知中国的奋斗就是全人类的奋斗，中国的经验对全人类非常重要。"经济学家科斯的话，道出了中国发展的世界意义。今天的中国，是世界上率先完成联合国千年发展目标的国家。改革开放以来，中国让7亿多贫困人口摆脱贫困，对全球减贫的贡献率超过70%。这一成就，足以载入人类社会发展史册。习近平总书记曾经工作过的福建宁德，现在地区生产总值近2000亿元，农民人均年收入1.6万余元，成为中国减贫奇迹的一个缩影。2017年6月，在中非减贫发展高端对话会上，刚果（金）的代表捧着一本来自中国的著作——《摆脱贫困》发出感慨：这本书不仅是写给中国读者，更是写给所有非洲人和所有致力于摆脱贫穷的国家和人民的。

70年来，中国人民的伟大奋斗，中国选择的道路、提供的方案、倡导的价值，拓展了发展中国家走向现代化的途径，丰富着世界各国人民过上幸福美好生活的梦想。思想史上有一个"休谟预言"，认为经历过由盛而衰的民族，很难实现复兴。而放在百年来的历史视野里，中国是唯一一个由盛而衰，再由衰而盛，经历了经济发展每一个必要阶段的大国。正如系列微视频《中国一分钟》所展示的，在短短一分钟里，"复兴号"前进5833米、全国GDP增加1.57亿元、移动支付金额3.79亿元、2370.7万元的商品进入中国……在各个领域竞相涌现的"中国奇迹"，让世界"在中国看到未来"。新中国70年，我们的制度越来越成熟，社会主义制度的优越性进一步显现；我们的道路越走越宽广，我国发展道路对世界的影响越来越大。

今天的中国，正在以自身的发展，为破解世界性难题作出中国贡献，展现大国担当。在生态领域，面对环境污染、气候变暖等全球性问题，中国大力推进环境保护和生态文明建设。黄河"几"字弯处的库布其沙漠，几十年来不断创新沙漠治理模式，实现了从"沙逼人退"到"人进沙退"的历史性转变，被国际社会誉为"全球荒漠化治理的教科书"。在人权领域，中国坚持把以人民为中心作为人权事业发展的核心理念，把生存权、发展权作为首要的基本人权，协调增进全体人民的经济、政治、

社会、文化、环境权利,为丰富人类文明多样性、推进世界人权事业发展作出巨大贡献。在经济领域,中国连续多年对世界经济增长贡献率超过30%,成为世界经济增长的主要稳定器和动力源。"大就要有大的样子",一个致力于构建人类命运共同体的国家,必将为人类作出新的更大贡献。

有学者总结中国发展的一个重要经验,就在于"共享性"。这不仅仅是"发展成果由人民共享",也意味着欢迎各国人民搭乘中国发展的"快车""便车"。今天,从黑海之滨到非洲之角,从欧亚大陆到万里海疆,中国的发展正在持续助推世界发展的车轮滚滚向前,并不断证明着:中国的奋斗就是全人类的奋斗,中国的发展更是全世界的机遇。

(2019年09月16日)

走出一条适合自己的现代化路径

——70年中国发展的世界意义 ②

中国的现代化之路符合中国国情、独具中国特色，是可资借鉴参考的一种现代化模式，让想发展、要发展的国家看到"另一种方式是可能的"

中国的成功是自主开辟的现代化道路的成功，也是中国特色社会主义的成功，并且以不断创新的伟大实践回应着世界性发展难题和普遍性发展困境

从1955年首批国产不锈钢制作的大钥匙，到上世纪80年代国产手摇洗衣机，再到新世纪高铁列车"复兴号"模型……不久前，在香港历史博物馆举行的"现代化之路——共和国七十年"展览上，200多件穿越时光的展品，勾勒出新中国70年来现代化进程的一个个剪影。中国的现代化，现代化的中国，让中华儿女为之自豪，也让世界为之震撼。

习近平总书记指出，中国共产党领导中国人民取得的伟大胜利，使具有5000多年文明历史的中华民族全面迈向现代化，让中华文明在现代化进程中焕发出新的蓬勃生机。建设现代化国家和实现中华民族伟大复兴，是近代以来中国历史发展的一条主线。为了让古老中国走出"覆屋之下，漏舟之中"的危局，无数仁人志士奔走呼号、前赴后继。而中华人民共和国的成立，开辟了中国历史的新纪元，开启了中国迈向现代化

的征程。70年来筚路蓝缕、风雨兼程，中国人民的奋斗不仅让神州大地处处焕发生机，也开辟了一条不同于西方的现代化路径，让古老的中华民族巍然屹立于世界东方。

著名学者费正清在晚年认为，中国的现代化很可能不是自己曾经提出的"冲击—回应"模式，而有着自身的内在性和动力源。的确，70年来，从落后农业国跃升为世界第二大经济体，从温饱不足到迈向全面小康，从物资匮乏到拥有全球最完整的工业体系……中国在自力更生、艰苦奋斗的基础上，摸索出了一条适合自己的现代化路径，实现了从跟跑、并跑到领跑的转变。面对繁重的发展任务、复杂的问题矛盾、巨大的风险挑战，中国的现代化之路堪称人类历史上前所未有的大变革，充分说明了中国特色社会主义制度的优越性。

70年来，中国全速奔跑在现代化的赛道上，从"现代化的迟到国"，成为"世界现代化的增长极""最大的经济和社会变革的实验室"。特别是党的十八大以来，党和国家事业取得历史性成就、发生历史性变革，中国特色社会主义进入新时代，中国特色社会主义道路、理论、制度、文化不断发展，拓展了发展中国家走向现代化的途径，给世界上那些既希望加快发展又希望保持自身独立性的国家和民族提供了全新选择，为解决人类问题贡献了中国智慧和中国方案。实事求是，解放思想，以人民为中心，对内改革，对外开放，独立自主，融入世界，构建人类命运共同体……这些在新中国70年进程中刻写下的"现代化关键词"，浓缩了中国人民的发展智慧，也凝结成一种国家发展经验。中国的现代化之路符合中国国情、独具中国特色，是可资借鉴参考的一种现代化模式，让想发展、要发展的国家看到"另一种方式是可能的"。

在世界现代化道路上，中国以"后发"的起点取得了令人震撼的成就，构成了一套具有中国特色同时又有世界意义的治理经验，为解决全球治理赤字、信任赤字、和平赤字、发展赤字提供了有益借鉴。发展起来的中国，倡导并积极推动构建人类命运共同体，向国际社会贡献公共产品，为世界发展提供机遇，国际社会也期待听到中国声音、看到中国方案。可以说，中国的成功是自主开辟的现代化道路的成功，也是中国特色社会主义的成功，并且以不断创新的伟大实践，回应着世界性发展难题和普遍性发展困境。

在纽约联合国总部的中国厅里，悬挂着一幅中国绘画作品，名为《互动的世界》，寓意着中国与世界的关系。70年来，中国沸腾的大地上迸发出变革与进步的巨大力量，推动中国走向世界，也吸引世界走向中国。今天，充满了勃勃生机、积累了成功经验、展现了光明前景的中国，成为促进世界和平与发展的强大力量，必将为世界许下一个更加美好的未来，为人类文明进步作出新的更大贡献。

（2019年09月18日）

坚定不移走和平发展道路

——70年中国发展的世界意义 ③

中国是在遵守现有国际规则的前提下,坚持走独立自主的道路,通过本国人民的努力,自力更生、艰苦奋斗,从而实现和平发展的大国

中国的发展正在实实在在地帮助相关国家改善民生,为几十亿人口之间更广泛的合作创造更多机会,成为推动持久和平的坚实动力

日前,墨西哥城举行的一场主题为"艺术与和平"的中国当代美术作品展,吸引了不少当地民众前来参观。透过这些艺术作品,人们欣赏到"一带一路"沿线各具特色的历史与景观,体会到中华民族"以和为贵"的价值追求,也真切感受到中国以维护世界和平、促进共同发展为宗旨,推动构建人类命运共同体的伟大理念。

和平与发展,是当今时代的主题,也是人类永恒的追求。习近平总书记强调:"中华民族热爱和平,中国人民深知和平之可贵,中国坚定不移走和平发展道路,永远是世界和平的建设者、全球发展的贡献者、国际秩序的维护者。"世界史告诉我们,西方大国崛起的过程,与掠夺史、殖民史和战争史分不开。而中国是在遵守现有国际规则的前提下,坚持走独立自主的道路,通过本国人民的努力,自力更生、艰苦奋斗,从而

实现和平发展的大国。正如习近平总书记郑重承诺的,"无论中国发展到什么程度,我们都不会威胁谁,都不会颠覆现行国际体系,都不会谋求建立势力范围"。

70年来,中国以脚踏实地的努力,为维护世界和平与全球发展作出了巨大贡献。然而,在中国的发展过程中,也总是有形形色色的所谓"中国崩溃论""中国威胁论""国强必霸论"等臆测。这些不经之谈之所以最终无一例外走向破产,是因为他们忽视了中华民族和衷共济、和合共生的历史基因,也低估了中国将自身发展与世界发展相统一的全球视野、世界胸怀和大国担当。英国学者克里斯托弗·库克在《文明国家的崛起》一书中指出,中华文明是"天生的和平、非扩张主义和非帝国主义的文明"。作为世界唯一从未中断的古老文明,中华文明以和为贵,与人为善,已所不欲、勿施于人等优良传统代代相传,成为中国和平发展的文明底色。

今天,随着越来越多的国家深入了解中华文明的精神实质,中国负责任大国的形象日益深入人心。正如德国前总理施密特所说,"这种和平的态度,已成为中国的特质。"就像历史上的丝绸之路一样,今天的"一带一路"以及"两廊一圈""欧亚经济联盟"等,既是发展繁荣之路,也是文明交融之路;既是通商易货之道,更是促进民心相通的大动脉。从巴基斯坦新的"海上明珠"瓜达尔港成为花园港口,到中企建设青山工业园区让印尼当地村民实现向现代产业工人的转变,再到亚吉铁路建设为埃塞俄比亚造就大量就业机会……中国的发展正在实实在在地帮助相关国家改善民生,为几十亿人口之间更广泛的合作创造更多机会,成为推动持久和平的坚实动力。

"战争起源于人之思想,故务需于人之思想中筑起保卫和平之屏障。"联合国教科文组织总部大楼前石碑上镌刻的这句话警醒我们:当今世界并不太平,维护世界和平需要各国共同努力。不论是此起彼伏的局部战争、恐怖主义,还是贫困饥饿、难民危机、气候变化,以及暗流涌动的单边主义和保护主义,都提醒人们,解决国际秩序中存在的风险与挑战,筑牢保卫和平的屏障,仅靠一个国家或一种文明是远远不够的。从人类一切优秀文化和智慧中汲取营养,才能让和平与文明的种子落地生根。历史和现实反复告诉我们,只有坚持和平发展、携手合作,才能真正实

现共赢、多赢。

"朋友你看,老地方架起了新桥梁,亲眼见证这奇迹,心情多舒畅",肯尼亚人民传唱的《蒙内铁路之歌》,是对中国朋友发自内心的感念。步入新时代的中国,坚定走和平发展之路,坚定推动构建新型国际关系和人类命运共同体,以一系列扎实举措向世界宣示:中国的发展得益于世界,也将以和平发展的理念,致力于推动世界通往更加美好的明天。

(2019年09月19日)

中国的发展是世界的机遇

——70年中国发展的世界意义 ④

在全球产业分工深度融合、经济全球化势不可挡的今天，中国这样一个超大规模的国家走向现代化，给世界经济带来的贡献是全方位的

中国开放的大门越开越大，在推动中国经济迈向更高发展阶段的同时，也为各国提供了广阔的市场机遇、投资机遇和增长机遇

"中国无疑是我们最大、最重要的市场""希望未来能携手中国企业，实现共同发展"……不久前，一场以"贸易、开放与共享繁荣"为主题的中国发展高层论坛专题研讨会上，来自海外企业家的声音传递出对中国经济的信心，也折射出一个重要共识：中国的发展进步对于世界意义重大。

观察中国的70年，要看中国取得了什么成就，也要看中国为世界作出了什么贡献。习近平总书记强调，"中国的发展是世界的机遇，中国是经济全球化的受益者，更是贡献者。"在新中国成立70年之际回望，越发感受到这句话沉甸甸的分量。用短短几十年时间走完了发达国家几百年走过的发展历程，在世界经济大潮中"经风雨、见世面"，如今，中国经济成长为狂风骤雨掀不翻的大海。世界第二大经济体、制造业第一大

国、货物贸易第一大国、商品消费第二大国、外资流入第二大国,外汇储备连续多年位居世界第一……在中国人民手中,不可能变成了可能,也为世界提供了前所未有的机遇。

在全球产业分工深度融合、经济全球化不可逆转的今天,中国这样一个超大规模的国家走向现代化,给世界经济带来的贡献是全方位的。中国对全球经济增长连续多年保持30%左右的贡献率,连续13年位居世界第一。正因如此,国际社会将中国视为全球和平发展的"稳定锚",世界繁荣进步的"发动机",各国合作共赢的"助推器"。外媒感慨,"世界曾以为它将改变中国。然而中国取得了如此壮观的成功,它已经改变了世界。"

70年来,中国开放的大门越开越大,在推动中国经济迈向更高发展阶段的同时,也为各国提供了广阔的市场机遇、投资机遇和增长机遇。从"引进来走出去",到全方位对外开放新格局,中国的发展充分说明了"相通则共进,相闭则各退"的道理。从"世界工厂"到"世界市场",中国广阔的市场空间为各国提供了大量就业机会,强劲的消费能力让各国商品和服务打开更多"想象空间"。从中法合作的台山核电站一期竣工,到世界五百强企业纷纷落户中国,从首届中国国际进口博览会吸引3617家境外企业参展、短短6天成交额达到578亿美元,到来自世界各地的科技产品、优质农产品进入了寻常百姓的生活,正是在分享中国发展机遇中壮大了各国企业、造福了各国人民,也让越来越多人认识到"错过了中国,就错过了未来"。

发展是各国的最大公约数,中国人民张开双臂欢迎各国人民搭乘中国发展的"快车""便车"。今天,"一带一路"倡议从"大写意"到"工笔画",在世界范围从容铺展,绘就了一幅沿线国家共同发展、合作共赢的生动图景。截至2018年底,中国企业对沿线国家直接投资超过900亿美元,新签对外承包合同额超过6000亿美元;中欧班列已联通亚欧大陆16个国家的108个城市,累计开行1.3万列。马尔代夫跨海大桥连通岛屿,黑山共和国高速公路穿越群山,白俄罗斯发展起了轿车制造业……既有真诚的态度,也有具体行动,中国提供的广阔机遇"唤醒那些正在沉睡的市场",串联起各国人民谋求发展的梦想。

中国的发展将给世界带来什么？对于这一问题，时间无疑给出了最好的回答。70年来的发展早已证明，中国给世界带来的是机遇不是威胁，是和平不是动荡，是进步不是倒退。新时代的中国，将继续为世界经济增长开辟新空间，为国际贸易和投资搭建新平台，为增进各国民生福祉作出新贡献。

（2019年09月20日）

中国同世界共享机遇共谋发展

——70年中国发展的世界意义 ⑤

"东方智慧"秉持公正合理、互商互谅、同舟共济、互利共赢四大理念,为全球治理变革、为世界和平繁荣带来新的滋养

中国主张,八方响应,背后正是"中国同世界共享机遇、共谋发展"的理念和实践

中国的发展智慧植根于绵延5000多年的中华文明,在顺应时代发展需要的过程中不断深化和拓展

不久前,在一个聚焦人类文明发展的国际论坛上,多位外国政要和专家学者将目光投向中国,期待"美美与共"的东方智慧能更好促进不同文明的交流互鉴。

"大道之行也,天下为公。"70年来,随着中国综合国力和国际地位的不断提升,越来越多的人开始关注中国发展奇迹背后的思想密码。人们认识到,中国智慧、中国方案,有助于解决全球治理赤字、信任赤字、和平赤字、发展赤字。正如比利时国王菲利普所说,"中国传统的智慧思想和长远眼光对解决世界问题非常重要。"面对世界百年未有之大变局,"东方智慧"秉持公正合理、互商互谅、同舟共济、互利共赢四大理念,为全球治理变革、为世界和平繁荣带来新的滋养。

中国的发展智慧,有着深厚的文明底蕴。"和羹之美,在于合异"。

正如有学者总结的,中华文化的精髓之一,便是"和合"。"合"既意味着相互尊重、相互包容,更意味着相互交流、互利共赢。中国告诉世人"交得其道,千里同好,固于胶漆,坚于金石";中国努力与其他国家一起开创互相尊重、携手合作、共同发展的新局面。从东非大地上的蒙内铁路,到丘陵莽原上建起西哈努克港经济特区;从熙来攘往的中欧班列,到被称为"丝绸之路经济带上的明珠"的中白工业园,今天,共建"一带一路",为世界经济开启了合作共赢的历史新篇章。中国主张,八方响应,背后正是"中国同世界共享机遇、共谋发展"的理念和实践。

中国的发展智慧,有着丰富的时代内涵。新中国70年的探索和实践,赋予"合"与"和"以新的内涵。早在上世纪50年代初,中国就倡导和平共处五项原则,后来这一原则逐渐成为处理国际关系的普遍准则。改革开放之后,中国也始终坚持和平共处,反对霸权主义。党的十八大以来,习近平主席多次在重要国际场合强调,文明没有高下、优劣之分,只有特色、地域之别。不同文明、制度、道路的多样性及交流互鉴可以为人类社会进步提供强大动力。

中国的发展智慧,有着内在的和平基因。如果说发展是世人的共同追求,那么和平则是共同繁荣之基。有两个故事,生动注解了中华民族崇尚和平的固有基因。一个是在斯里兰卡国家博物馆,一块用中文、泰米尔文、波斯文三种文字镌刻的"郑和碑",无声地讲述着和平交往的故事;另一个是在肯尼亚马林迪旧港,一座栈桥虽几经修复、样貌已改,但当地人还是喜欢称之为"郑和桥",因为郑和曾在此登陆。当帆影远去,郑和却被世人铭记,原因就在于,"使用的不是战马和长矛,而是驼队和善意;依靠的不是坚船和利炮,而是宝船和友谊"。中国深知"国虽大,好战必亡"的道理,不认同"国强必霸"的陈旧逻辑,愿同各国人民一道,共同创造和平繁荣的美好未来。

以研究"和平学"著称的挪威奥斯陆大学国际关系教授约翰·加尔通认为,"以整体意识、全球思维、人类情怀打量这个世界,正是中国的大国外交提供的新'世界观'。"中国的发展智慧植根于绵延5000多年的中华文明,在顺应时代发展需要的过程中不断深化和拓展。着眼未来,这样一种发展哲学、这样一种合作理念，将继续为创造一个更加美好的大同世界作出新的更大的贡献。

（2019 年 09 月 25 日）

维护国际秩序的"中国贡献"

——70年中国发展的世界意义 ⑥

不久前举办的第八届世界中国学论坛上,来自全球的数百位学者围绕"中国与世界:70年的历程"这一主题展开深入研讨。观点碰撞中,一个共识格外清晰:中国在促进世界和平与发展中日益发挥积极而重要的作用。

"中国始终是世界和平的建设者、全球发展的贡献者、国际秩序的维护者,愿扩大同各国的利益交汇点,推动构建以合作共赢为核心的新型国际关系,推动形成人类命运共同体和利益共同体。"习近平总书记掷地有声的话语,鲜明地表达了中国的态度和立场。70年来,从提出和平共处五项原则到弘扬万隆精神,从"三个世界"的划分到提出和平与发展是当今时代的两大主题,从倡导建立新型大国关系到推动构建人类命运共同体,无论处于怎样的发展阶段,中国从未停止对一个更加合理公正的国际秩序的追求和探索,中国人民始终与世界人民真诚相处、守望相助,在办好自己事情的同时,积极为世界和平发展作贡献。

70年来,中国以自己的和平发展,积极回应着"世界如何发展,人类去向何处"的时代命题。回首历史,国际秩序往往建立在中心与边缘、支配与被支配的不平等基础之上。美国前国务卿基辛格曾感叹,"和平总是地区性秩序,从未能建立在全球的基础上"。近年来,单边主义、保护主义抬头,逆全球化思潮暗流涌动,全球再次面临"失序"的风险。是开放还是封闭,是前进还是后退,人类面临新的重大抉择。身处百年未

有之大变局,越来越多人发现,从中国70年发展的经验中,能找到解开世界治理难题的钥匙。正如世界经济论坛主席克劳斯·施瓦布呼吁的,国际社会"应欢迎中国提出的原则和倡议"。

70年来,中国在国际关系中的理念创新与实践探索,不仅改变了"强权即公理"的野蛮逻辑,也刷新了人们对国际秩序的理解和认知。中国坚持独立自主的和平外交政策,在和平共处五项原则的基础上同所有国家发展友好合作。面对不同国家的不同利益、不同诉求,提出"求同存异"的方针;面对与其他国家在领土边界问题上的分歧,提出"搁置争议,共同开发"的主张;面对大国与小国交往时可能出现的不平等现象,提出践行"义利相兼,义重于利"的义利观;面对仍然存在的霸权主义逻辑、零和博弈思维,提出走对话而不对抗、结伴而不结盟的国与国交往新路……一系列主张,充分彰显了"以和邦国""和而不同""天下为公"的理念和智慧。

70年来,中国提出国际关系和全球治理的新理念、新方案,超越了传统西方国际关系理论,为国际政治文明进步带来机遇。当今世界,人类迫切需要培育新的国际政治文明,以克服霸权主义、零和博弈等陈旧理念。从打造遍布全球的伙伴关系网络,到提出"一带一路"倡议;从推动达成气候变化《巴黎协定》,到平衡推进2030年可持续发展议程……中国在伙伴关系、安全格局、经济发展、文明交流、生态建设等方面做出的积极努力,打破了一些人对中国发展"国强必霸"的偏见。中国倡导的和平、发展、合作、共赢等价值观,同和平共处五项原则精神一以贯之,更与当今世界对更加合理公正的国际秩序的追求高度一致。

习近平总书记指出,"这100多年全人类的共同愿望,就是和平与发展。"回想1935年,在即将抵达陕北时,毛泽东同志就曾写下"太平世界,环球同此凉热"的动人诗句。如今,中国对国际秩序的探索与贡献之所以能赢得越来越多国家和人民的认同,就在于契合了各国人民内心深处对美好生活的渴望。展望未来,中国愿同世界各国一道,用智慧和汗水共同浇筑人类命运共同体的世界梦想。

(2019年09月27日)

在拼搏奋斗中创造美好生活

——让亿万人民获得感幸福感安全感更充实①

> 70年春华秋实,无数个"曾经"都变了模样,发展的巨大成就融入日子一天更比一天好的获得感中
>
> 人民有新期待,改革就有新指向,中国共产党就有新作为

深情唱响《我和我的祖国》,年轻人用"快闪"抒发对祖国的热爱;热心寻找"身边的建国",多地发起寻访共和国同龄人的活动,讲述70年生活变迁;"时光博物馆"沿长江而上,触摸70年时间的分量……新中国70华诞渐行渐近,人们以各种形式打开记忆,重温心潮澎湃的奋斗人生,展现翻天覆地的生活巨变。

1949—2019,是国的70年,也是家的70年。无论大江大河还是一枝一叶,个体的命运总是随着历史潮流向前,伴着国家际遇进步。从站起来、富起来到强起来,中华民族每向上飞跃一次,人民奔向美好生活的基石就抬升一阶。如今,每1分钟,就有35217名旅客出行;每24小时,就有1.8万多户企业诞生……正如习近平总书记所指出的,"生活在我们伟大祖国和伟大时代的中国人民,共同享有人生出彩的机会,共同享有梦想成真的机会,共同享有同祖国和时代一起成长与进步的机会。"

岁月为证,这是人民获得感不断夯实的70年。曾经,吃饱穿暖便是

满足。新中国成立初期的中国人，只能"有啥吃啥"，一衣穿多季。如今我们是"吃啥有啥"，减肥成了新烦恼；穿着是一季多衣，相互之间讲究"不撞衫"。今天，挥别灌风漏雨的草瓦房、拥挤吵闹的筒子楼，住进美观舒适的高层公寓、配套优质的花园小区，时光刻录着居者"忧"其屋到"有"其屋再向"优"其屋的变迁轨迹。曾经，出过远门的人只在少数。今天，出境游是一场"说走就走的旅行"，2018年已接近1.5亿人次……70年春华秋实，无数个"曾经"都变了模样，发展的巨大成就融入日子一天更比一天好的获得感中。

岁月如歌，这是人民幸福感愈发充实的70年。幸福的感知是相对的，并不是吃饱穿暖、兜里有钱就幸福了，美好生活的内涵随着时代变迁而变化。钱包鼓了，对"机会公平"的关注就多了；有学上了，会更加盼望教育资源均衡；吃穿住行不愁了，精神"富裕"、头脑"富足"的期待喷薄而出；能自由流动了，落户并融入城市的呼声愈发强烈……今日回望，不同人的幸福感或许会有差异，历史的进步却是任何人都无法否定的。过去的发展成果，已是未来幸福的起点。人们对幸福延续如此自信，是因为大步向前的中国，已是充满活力的"梦工厂"；是因为人民有新期待，改革就有新指向，国家就有新作为。

岁月静好，这是人民安全感恒久扎实的70年。抗美援朝的胜利向世界昭示：一个百年来有国无防的国家，从此有了足以使任何强大的外敌望而却步的国防力量；织就世界上规模最大的社会保障网，贫困人口即将整体脱贫，让中国人的日子越过越心安。今天，这样的安全感散布在神州每一寸土地和每一个中国人身上。诚如网友所说，"有一种安全叫'我在中国'"。深夜敢出门、安保措施严、治安管理细，来华的外国人都认为中国是世界上最安全的国家之一。"还有一种安全叫'我是中国人'"，从我们跨出国门那刻起，"12308"热线分分秒秒守护着我们的安全；海外撤侨证明，祖国能从世界上的任何一个地方接你回家。越是纵横对比，人们越能在中国体会到那种"受益而不觉"的安全感。

面向未来，只要有中国共产党的领航开路，有千千万万的奋斗者扬鞭奋蹄，用实干沿着高质量发展之路前进，"冲刺"全面小康不停步，在发展中创造更多民生实绩，近14亿人对美好生活的向往就有无比坚实的基础。站在新的历史起点上,我们有理由相信,当个人梦想和国家梦想的互动交融,奏响一个伟大民族走向复兴的交响乐章,我们更加美好的日子还在前头。

(2019年08月26日)

生活精彩 人生出彩

——让亿万人民获得感幸福感安全感更充实②

新中国成立70年,经济发展每前进一步,民生改善就跟进一步

有奋斗就有希望,有开拓就有奔头,这在推动全社会活力进一步迸发的同时,也让每一个奋斗者获得感满满

以时间为"经",以一个个民生故事为"纬",就会发现,新中国成立70年,是一幅亿万中国人民收获美好生活、精彩人生的织锦

走进"时光屋",在缝纫机、"大方砖"录音机、黑白电视机等老物件中触摸旧时光,体悟今日生活来之不易;进入"供销社",体验米面粮油"凭票供应",更觉今天物质生活之丰富;换上工装裤、"的确良",在老照相馆拍张照,通过镜头展现70年服饰风尚变迁……这段时间,人民日报社新媒体中心主办的2019年时光博物馆活动,开启了全国巡展,人们在一个个"光阴的故事"中,感受新中国70年的历史巨变,也让人们对获得感有了一份更切身的体悟。

1949—2019,这70年,是中国走向富强、迈向复兴的70年,也是人民群众生活发生翻天覆地变化、日子越过越红火的70年。新中国成立之初,"楼上楼下,电灯电话""种地不用牛,点灯不用油",被认为是理

想的好生活。这样的说法，也从一个侧面反映了当时的物质短缺状况。那时，有的地方群众还是"一条竹竿当衣柜，两块木板铺张床，三顿吃的是杂粮"；如今，"泥坯房"变成了钢筋混凝土结构，满眼的"蓝灰黑"早已是色彩斑斓的着装，爬屋上树看露天电影也成为回忆，居民人均可支配收入名义增长566.6倍。告别了物资匮乏，扔掉了各种票证，远离了商品短缺，挥别了贫乏的精神文化生活，70年里，亿万中国人民在富裕安康的广阔道路上稳步前进。

70年来，时代的"民生热词"一直在变，从粮票、公共食堂、"三转一响"，到"菜篮子工程"、万元户、下海，再到5G、"互联网+"、人工智能，这些日常生活的点点滴滴，折射出中国社会发展的历史性转变。新中国成立70年，经济发展每前进一步，民生改善就跟进一步。经济发展与民生改善的有机统一，不是一时性的制度安排，而是一种价值理念、一种发展智慧，承载着中国共产党始终如一的初心和使命。以出行为例，从绿皮车到高铁的升级换代，从关注速度快慢、服务如何，到关注火车站打车难有没有缓解、高铁上怎么收到沿途的外卖，群众的需求得到越来越精准的满足。经济发展与民生改善良性互动、相得益彰，让亿万中国人民在与时代同进步、在与国家共发展中，收获了更美好的生活。

70年里，中国人民收获的，不仅有生活的精彩，更有人生的出彩。新中国成立以来，我们推行的每一项民生工程，都在提升群众生活水平的同时，为拼搏者、奋斗者创造人生出彩的机会。就拿教育来说，新中国成立之初，受过小学以上教育的人口，占总人口的比重不足14%，受过中学以上教育的占比不足1%。从广泛开设扫盲班、识字班，到推广速成识字法、出版《新华字典》等工具书；从基本普及九年义务教育，到高等教育等各级各类教育实现跨越式发展，70年来，高等教育毛入学率接近50%，教育资源越来越丰富，学习形式越来越多样，既推动了国民素质显著提高，也让更多人拥有了改变自身命运的能力。最令人充满成就感的，永远是用自己的双手创造更美好的生活。新中国成立70年来，尤其是改革开放40多年来，经济社会的飞速发展，使得改变命运的机会越来越多，人生出彩的舞台越来越大。有奋斗就有希望，有开拓就有奔头，这在推动全社会活力进一步迸发的同时，也让每一个奋斗者获得感满满。

如果以时间为"经",以一个个民生故事为"纬",就会发现,新中国成立70年,是一幅亿万中国人民收获美好生活、精彩人生的织锦:"路修通了""城里落户了""涨工资了""住上新房子了""环境更好了"……70年风雨兼程,70年沧桑巨变,70年春华秋实。"好日子是干出来的",让我们以梦为马、再接再厉,继续向着幸福生活、美好明天而努力奔跑。

(2019年08月27日)

发展有温度，托举"稳稳的幸福"

——让亿万人民获得感幸福感安全感更充实 ③

> 每个人身边具体可感的改变，汇聚到一起，就是 70 年民生成就的恢弘画卷、人民幸福的底气来源
>
> 幸福不是所有的期待都能得到满足，而是无论你是谁，都有敢于做梦的勇气和实现梦想的路径

70 年中，生活可以发生怎样的改变？在云南贡山县独龙江乡，人们不再"过江靠溜索、出门攀天梯"，贯通的公路拓宽脱贫致富的道路；在浙江义乌，小商小贩从"鸡毛换糖"做起，以辛劳汗水铸就"世界小商品之都"；在湖南溆浦县两丫坪镇，从前看重"万元户"，如今争当"文明户"……新中国成立 70 年来，百姓的生活发生着翻天覆地的变化。向上向好的日子，见证着国家发展的壮阔进程，也是亿万人民心中幸福感受的来源。

幸福是每个人孜孜以求的梦想。带领人民创造幸福生活，是中国共产党始终不渝的奋斗目标。"为中国人民谋幸福、为中华民族谋复兴"，是中国共产党人的初心与使命。党的十八大后，习近平总书记在中外记者见面会上郑重宣示，"人民对美好生活的向往，就是我们的奋斗目标"，彰显一脉相承的人民立场、一以贯之的人民底色。从奋力摆脱贫困到稳定解决温饱，从实现总体小康到迈向全面小康，70 年砥砺奋进，人民生

活日新月异，幸福感与日俱增，这正是70年来最温暖的中国故事、最鲜明的中国价值。

70年时光，犹如一本历史相册，记录着民生改善的伟大奇迹。居民人均可支配收入从1949年的49.7元增加到2018年的28228元，恩格尔系数也从"贫穷"迈入"富足"区间。在农村，贫困人口从1978年末的7.7亿人减少至2018年末的1660万人。数字的背后，是亿万人民生活图景的改变。从"一包萝卜干要吃一个星期"，到美味佳肴成为餐桌常客；从"一家人一年的布票凑一起才能做一套衣服"，到动动手指、琳琅商品就能送到家门口；从"有辆自行车就是致富的标志"，到小汽车驶入寻常百姓家……每个人身边具体可感的改变，汇聚到一起，就是70年民生成就的恢弘画卷、人民幸福的底气来源。

物质丰富是幸福的基本保障，但当经济发展到一定程度时，物质带来幸福感的边际效应就会逐渐递减，只有不断寻找新的幸福增长点，才能为人们带来持续的幸福体验。近些年来，多项调查显示，我国居民的幸福感整体处在较高位置。幸福曲线的上扬，正在于我们没有止步于物质的改善，而是始终聚焦人民对幸福的新追求，回应人民对美好生活的新期待。从"将健康融入所有政策"，让"健康中国"渐行渐近，到建设生态文明，让"美丽中国"如诗如画；从发展教育事业，擘画"教育强国"蓝图，到不断创新创造，铺展"数字中国"景象……可以说，人们不仅在越来越鼓的钱包中收获着幸福感，而且在更好的生活状态、发展环境中增进着对幸福的体验。70年来，幸福标准不断提升、内涵不断拓展，这本身就是社会进步、民生改善的生动注脚。

"幸福生活莫过于此。"说这句话的范勇，常年在外打工，通过自己的奋斗在河南信阳老家住上了两层小楼；看着打扫得干干净净的房间和女儿整齐的书本，他感到幸福。幸福是什么？幸福不是所有的期待都能得到满足，而是无论你是谁，都有敢于做梦的勇气和实现梦想的路径。70年来，无论是改革发展的部署，还是改善民生的举措，政策的制定都有一个鲜明的导向，就是营造使人幸福的制度环境。从创造平等竞争的就业环境，到调节收入分配、缩小贫富差距；从"让人民群众在每一个司法案件中都感受到公平正义"，到"让每个人都有人生出彩的机会"……

打造平等发展的舞台，维护公平正义的社会环境，增强对未来的稳定预期，让每一个人都成为"中国梦"的主角，有信心、有希望、有干劲，朝着美好未来稳步迈进，这是人民幸福感提升更深沉更持久的原因。

初心不改，虽远不怠。为人民谋幸福的初心，一直闪耀在人民共和国70年的奋斗征程中；展望未来，这样的初心也必将鼓舞着所有共产党人继续为人民的利益和幸福而努力奋斗。70年，是历史的节点，也是重新出发的起点。持之以恒答好民生考卷，我们就一定能创造更加美好的生活，让人民群众的幸福感更充实、更可持续。

（2019年08月28日）

共享更高水平的平安中国

——让亿万人民获得感幸福感安全感更充实 ④

> 安全就像蓄水池，只有四壁足够深、足够坚固，发展的水位才能源源不断地上涨
>
> 对中国人来说，"平安"代表着安宁的居所、安康的生活、安全的环境、安定的社会，更意味着充满内心的安全感

前不久，全国公安机关社会治安防控体系建设推进会透露的信息显示：今年上半年，全国刑事案件立案总量在连续3年下降的基础上，同比又下降6.7%；8类严重暴力犯罪案件同比下降11.1%，保持了连续多年下降趋势。不仅如此，如今的中国，是命案发案率最低的国家之一，被视为全球最安全的旅游国家之一，被公认为治安保障最好的国家之一……安全以及由此而生的安全感，已经成为观察当代中国的一个重要窗口，为庆祝新中国成立70周年打造了一张亮丽名片。

有了安全稳定的环境，发展和改善民生才有可能，这是70年来中国发展的一条宝贵经验。从新中国成立之初的剿匪反霸，到改革开放后的社会治安综合治理，持续的努力、坚定的行动，为国家发展、人民生活创造了安定有序的环境。中国经济快速发展与社会大局稳定的"兼容"，被西方学者称为"奇迹"。党的十八大以来，法治中国建设进入更高水平，平安中国建设站上新的台阶。我们对公众安全的保护力度，随着人们生

活水平的提升水涨船高。除了打击犯罪、维护稳定,还包括舌尖上的安全、环境污染的整治、个人隐私的保护等方面,在非传统性风险、新的甚至未知的挑战面前,我们投入了更多安全关注并积极作为。可以说,安全就像蓄水池,只有四壁足够深、足够坚固,发展的水位才能源源不断地上涨。

安全感背后,蕴含着独具中国特色的治理智慧和民生哲学,体现着一个国家的治理能力。上世纪60年代,浙江绍兴枫桥镇开创了"发动和依靠群众,坚持矛盾不上交,就地解决,实现捕人少、治安好"的枫桥经验,其深刻影响延续至今;在现代城市生活的"西城大妈""朝阳群众"等群防群治力量,让人感受到"远亲不如近邻"的温暖,也让不法分子无处藏身;互联网时代,面对用户信息安全与信息分享之间的内在张力,监管部门以"审慎包容"确立了顺应数字时代发展的监管原则……广袤中国的生动实践说明,在社会治理中坚持实事求是、因地制宜,坚持为了人民、依靠人民,才能有效应对不断变化的安全风险和挑战。

安全的最终目标是要作用于人心。真正的安全感,意味着能够"心安"。从把公平正义体现在每一个司法案件中、每一次执法中,到让法治成为全社会的信仰;从初步建立世界上规模最大的社会保障体系,到加大基础教育投入、深化职业教育改革;从不断完善产权制度,到打造市场化、法治化、国际化的营商环境……一系列举措在老百姓心中建立起对明天的稳定预期,也打开了关于未来的无限可能,由此获得的踏实、心安与希望,正是安全感的核心要义所在。

"治政之要在于安民"。居家更安心、出行更放心、生活更舒心……今天的中国,呈现给世界的不仅有波澜壮阔的改革发展图景,更有一以贯之的平安祥和稳定,"平安中国"已经成为一张亮丽的国家名片。平安是老百姓解决温饱后的第一需求,是极重要的民生,也是最基本的发展环境。直抵人心的安全感,不仅是每个人逐梦奋斗的物质和心理基础,也正在塑造着每个人的精神气质,沉淀为中国人自信、包容、沉着的气质与胸怀,让越来越多人在奋斗追梦的路上心态更从容、步伐更坚定。

对中国人来说,"平安"代表着安宁的居所、安康的生活、安全的环境、安定的社会,更意味着充满内心的安全感。正是这样的安全感,成

就了中国人内心深处的那份坚定、自信与沉着。充实全社会的安全感，让每个人都能安心奋斗、全力追梦，亿万人前行的步伐就一定能汇聚成中华民族伟大复兴最激昂的乐章。

（2019年08月29日）

在克服困难中发展壮大

——新中国70年奋斗历程的启示 ①

在克服困难中发展壮大，在应对挑战中超越自我，这样的故事贯穿于新中国70年奋斗历程

中国经历了多少曲折而终能转危为安、履险如夷，这恰恰说明，中国具有打逆风球、走上坡路的能力，没有什么风雨波折能阻挡中国前进的坚定步伐

观察当今中国，可以看到"难"和"进"这两面。外部环境复杂，风险挑战严峻，是为"难"。但惟其艰难，才更显勇毅。中国不仅宏观经济稳中有进，而且创新活力不断涌现，世界500强企业数量跻身世界首位。在难中进、向高处行，把握"难"与"进"的辩证法，为理解中国发展提供了一个重要视角。

在克服困难中发展壮大，在应对挑战中超越自我，这样的故事贯穿于新中国70年奋斗历程。犹记新中国成立初期，"连一辆汽车、一架飞机、一辆坦克、一辆拖拉机都不能造"，开国大典的阅兵式上，因为数量太少，几架飞机只好飞了两次。从一穷二白的起点出发，我们还曾遭遇封锁与遏制，经历洪水、地震、非典疫情的考验，面对金融危机和贸易摩擦的挑战。但愈是艰险愈向前，我们在游泳中学会了游泳，一路行进至世界第二大经济体的位置，正在建设人类历史上规模最浩大、气势最雄伟的

现代化事业。可以说,新中国70年历史,就是把困难当阶梯、不断向上攀登的奋斗史诗。

犯其至难,方能图其至远。正是对各种挑战的回应,唤醒了我们主宰自己命运的自我意识,激发起顽强奋斗、艰苦奋斗、不懈奋斗的豪迈情感,推动中国进入不断自我超越的能动过程。新中国成立初期,面对西方世界的遏制与封锁,我们建立起了比较完整的工业体系;改革开放以来,面对经济社会转型的未知风险,我们走出了一条适合国情的发展道路。正是在与困难斗争的过程中,我们不断探索,走出了一条不断改革之路、不断学习之路、不断创新之路。

在克服困难中发展壮大,涵养了一种敢于斗争、善于斗争的精神。这样一种斗争精神,就是一种知难而进、逆流而上的勇气,一种在困难面前逞英雄的精气神,一种遇强更强、愈挫愈勇的坚韧。经过70年不懈奋斗,中国人深信"幸福都是奋斗出来的",知道许多时候胜利要通过斗争获得。正如习近平总书记所强调的,"中国社会发展,中华民族振兴,中国人民幸福,必须依靠自己的英勇奋斗来实现,没有人会恩赐给我们一个光明的中国"。斗争精神、奋斗意志,贯穿于70年风云激荡的岁月,也将推动中国走向更光明的未来。

在克服困难中发展壮大,形成了一种保持可持续发展的能力与定力。一个国家的发展,不是为了赢得一时掌声,而是一场漫长的马拉松,比的是耐力和韧劲。在现代化过程中,有些国家在一定时期内实现了经济快速增长,但最终陷入中等收入陷阱甚至停滞不前,这样的教训发人深省。在70年发展历程中,有党的坚强领导,有社会主义制度保障,中国经历了多少曲折而终能转危为安、履险如夷,这恰恰说明,中国具有打逆风球、走上坡路的能力,没有什么风雨波折能阻挡中国前进的坚定步伐。

在克服困难中发展壮大,激荡着战胜前进路上一切风险挑战的信心。经历了70年风风雨雨,中国人民什么风浪没有见过,什么阵势没有经历过,这让我们在面对风险挑战时具有强大的心理承受力和乐观精神。有风有雨是常态,风雨无阻是心态,风雨兼程是状态。今天,我们确实面对经济下行压力,面对外部环境的不确定性,但70年来没有哪一天是容易的，新中国的发展成绩，哪一个不是在与困难的斗争中获得的？放在70年视野中看，今天的我们还有什么理由不坚定信心、保持乐观？"涉深水者得蛟龙"，在70年的坐标中接续奋斗，我们可以克服今天的困难、遇见更好的明天。

保持向困难进发、攻坚克难的勇气和毅力，在新中国成立70周年新的起点上，稳中求进、开拓创新，我们将不断创造新的更大奇迹。

（2019年08月05日）

在应势而动中日日常新

——新中国 70 年奋斗历程的启示 ②

> 我们的制度具有应对形势变化的适应能力，能够根据时与势的不同而灵活调整政策，做到因势而谋、应势而动、顺势而为
>
> 正是"坚持变中求新、变中求进、变中突破"的方法论，让社会主义制度始终充满生机活力

中国的变革，总是能在短时间迸发巨大力量。去年，为企业减负成为共识，今年各项减税降费政策就落地生根，政策红利惠及无数市场主体；去年，中央决定设立科创板并试点注册制，现在科创板已经在促进形成中国的"科技＋资本"模式。中国日新月异的变化，展现着一种强大的变革能力。

恩格斯认为社会主义社会是"经常变化和改革的社会"。习近平总书记指出，"以数千年大历史观之，变革和开放总体上是中国的历史常态""中华民族充满变革和开放精神"。赓续着数千年中华民族优秀传统的社会主义中国，也让这样一种变革精神、变革能力贯穿于 70 年的奋斗征程。

70 年来，从探索建立公有制到建立和完善社会主义市场经济，从"学习苏联经验"到"走自己的路"，从封闭半封闭到全方位开放，变革的实

践气势如虹。从"敢教日月换新天"的革命气魄,到"大胆地试、大胆地闯"的改革精神,再到"改革不停顿、开放不止步"的坚定决心,变革的精神一以贯之。正是因为不断与时俱进、勇于推动变革,新中国虽历经沟坎,但始终能不断校准方向、调整政策,走出一条强国富民的复兴之路。

《周易》有言,"观乎天文,以察时变;观乎人文,以化成天下"。我们制度优越性的一个重要方面,就是具有应对形势变化的适应能力,能够根据时与势的不同而灵活调整政策,做到因势而谋、应势而动、顺势而为。比如改革开放初期,邓小平同志提出"和平和发展是当代世界的两大问题"的科学论断,准确把握世界形势,开始了推进对外开放、打开国门搞建设,开启了用开放促改革、促发展的历程。而在改革开放40多年历史进程中,从民营企业异军突起,到农民工进城务工,再到今天的创新创业浪潮,每个不断涌现的新事物,可以说都是我们顺应时代大势、适时推动变革的产物。这正如习近平总书记强调的,"形势在变、任务在变、工作要求也在变,必须准确识变、科学应变、主动求变"。这样一种因时为法、随事而制的变革能力,让中国能够始终踏准时代节拍、跟上时代变化。

邓小平同志曾说,"改革是社会主义制度的自我完善"。正是将坚守道路与自我完善并举、将原则的坚定性与策略的灵活性结合起来,我们才能够打破教条限制,根据实际情况不断创造独特的中国方案、形成丰富的中国智慧。新中国成立后,我们更加注重调动地方的积极性,为改革开放后地方经济活力的勃发奠定了基础。十一届三中全会后,我们更加注重立足中国国情探索改革方案。以土地制度为例,中国实行家庭联产承包责任制,是一种所有权归集体、承包经营权归农户的中国特色产权界定,有效解决了中国农村的土地问题。"治世不一道,便国不法古",正是"坚持变中求新、变中求进、变中突破"的方法论,让社会主义制度始终充满生机活力。

新中国能够日日常新、其命维新,很大程度上是由于中国共产党始终保有自我净化、自我完善、自我革新、自我提高的能力。习近平总书记强调,"勇于自我革命,是我们党最鲜明的品格,也是我们党最大的优

势。"用党的自我革命推动伟大社会革命,用党的坚强领导引领国家发展进步,我们党勇立时代潮头,不断推进理论创新、实践创新、制度创新、文化创新以及其他各方面创新,让我们这个国家始终激扬着善于变革的能力,始终在时间的坐标中不断前行。

有人把中国文化的特点概括为"以变而在",也就是说中国把应变求变、善于变革作为一种存在方式。今天,中华民族迎来了从站起来、富起来到强起来的伟大飞跃,我们将在新时代新征程,把这个"变革中国"的故事书写得更加精彩。

(2019年08月06日)

把握开放与自主的辩证法

——新中国 70 年奋斗历程的启示 ③

对于优秀文明成果、国外先进经验,既要保持开放心态,同时也要有一个立足中国实际的消化吸收过程

把握好开放和自主的关系,越是开放就越要自主,中国的发展给世界上那些既希望加快发展又希望保持自身独立性的国家和民族提供了全新选择

世界可以听见中国开放的铿锵之声,更能看见中国独立自主的身影。在 6 月的 G20 大阪峰会上,中国宣布将新设 6 个自由贸易试验区。自贸区既是中国对外开放新格局的窗口,更是一系列自主制度创新的试验田。这如同中国发展的一个缩影,开放是自主基础上的开放,始终扎根中国大地与世界互动。

回首新中国 70 年奋斗征程,可以发现,中国不断走向世界、不断学习世界、不断融入世界,同时坚持以我为主,吸收借鉴人类优秀文明成果。在与世界互动的过程中,中国既坚持扩大开放,又坚持中国特色、立足中国实际;既坚持交流互鉴,又坚持独立自主。两者相辅相成,汇成新中国 70 年长河浩荡之势。

习近平总书记强调,"我们党在革命、建设、改革各个历史时期,坚持从我国国情出发,探索并形成了符合中国实际的新民主主义革命道路、

社会主义改造和社会主义建设道路、中国特色社会主义道路，这种独立自主的探索精神，这种坚持走自己路的坚定决心，是我们党不断从挫折中觉醒、不断从胜利走向胜利的真谛。"新中国成立之初，我们学习苏联经验，但在实践中我们党很快就察觉到苏联模式的局限，提出要以苏为鉴，探索适合中国国情的社会主义建设道路，积累了重要经验、取得了巨大成就。改革开放之后，我们坚持把马克思主义基本原理同我国的具体实际结合起来，既坚持了科学社会主义基本原则，又根据时代条件赋予其鲜明的中国特色，走出了一条中国特色社会主义道路。可以说，"不忘本来"与"吸收外来"的结合，正是新中国70年能永远"面向未来"的关键。

作为社会主义大国，中国如何与世界打交道、如何实施开放，没有成功先例可循，因此必须立足国情，走一条独立自主的开放道路。"坚持马克思主义，坚持社会主义，一定要有发展的观点，一定要以我国改革开放和现代化建设的实际问题、以我们正在做的事情为中心，着眼于马克思主义理论的运用，着眼于对实际问题的理论思考，着眼于新的实践和新的发展。"这样的方法论启示我们，既要打开眼界更要立足自身，对于优秀文明成果、国外先进经验，要保持开放心态，同时也要有一个立足中国实际的消化吸收过程，坚持辩证取舍、洋为中用。德国前总理施密特就曾对中国广泛汲取外部经验和资源，同时又充分依据自身实际情况、因地制宜进行发展的方式给予高度评价。把握好开放和自主的关系，越是开放就越要自主，中国的发展给世界上那些既希望加快发展又希望保持自身独立性的国家和民族提供了全新选择。

由此才能更加深刻地理解，为什么习近平总书记深刻指出：当代中国的伟大社会变革，不是简单延续我国历史文化的母版，不是简单套用马克思主义经典作家设想的模板，不是其他国家社会主义实践的再版，也不是国外现代化发展的翻版。新中国70年的重要启示在于，无论在理论层面还是实践层面，我们都必须在发展过程中把握好中与西、内与外之间的内在张力，处理好借鉴与自立、开放与自主的辩证关系。在全球日益成为一个地球村的时代，在经济全球化这不可逆转的历史大势中，我们把开放的大门越开越大之时，更需要独立自主，更需要坚持走自己道路的决心和定力。

1988年,一位发展中国家的政要来到北京,希望邓小平同志能谈一谈中国改革开放的主要经验。邓小平同志回答道:"解放思想,独立思考,从自己的实际出发来制定政策。"他还补充说:"不但经济问题如此,政治问题也如此。"在学习和借鉴他国经验过程中,中国不仅没有失去自我,反而用自己的眼光冷静判断,进而博采众长、推陈出新。这条宝贵的经验,对世界各国发展具有启发意义,足以沉淀为全人类的一笔财富。

(2019年08月07日)

把规模优势转化成发展优势

——新中国70年奋斗历程的启示 ④

我们要实现现代化与"10亿级人口规模"相结合,这在世界历史上是前无古人、绝无仅有的壮丽征程

"超大规模"既为我国抵御外部风险挑战提供了充足有效的回旋余地,也为经济持续稳定增长提供了巨大空间和强力支撑

中国有中国共产党这个坚强的"领航者"和"主心骨",能够把内部巨大的丰富性统一到国家的整体框架中

"中国经济是一片大海",这个判断所彰显的中国之大,有着生动的呈现。面对外部不确定性,我国经济增长主要靠内需拉动,消费的基础性作用在继续巩固;在科技领域,"天眼"探空、"蛟龙"探海、"嫦娥"探月,国际媒体感叹"中国正在把科学'超大化'"。走过70年风雨,中国以大国姿态屹立世界东方。

有人把中国之大概括为"四超",即超大型的人口规模,超广阔的疆域国土,超悠久的历史传统,超丰富的文化底蕴。19世纪,英法崛起时人口是千万级的;20世纪,美日崛起时人口是上亿级的;而新中国70年,我们要实现现代化与"10亿级人口规模"相结合,这在世界历史上是前无古人、绝无仅有的壮丽征程。大江大河、大潮奔涌,中国善谋善成,把后发劣势变成了后发优势,把规模优势转化成了发展优势。

习近平总书记强调，"中国是世界第二大经济体，有 13 亿多人口的大市场，有 960 多万平方公里的国土，中国经济是一片大海，而不是一个小池塘。"正是因为"大"，让我们有条件实现规模效应。一方面，亿万勤劳勇敢的中国人民自强不息，不断释放"人口红利"，而得天独厚的自然禀赋更让中国形成了无可替代的成本优势；另一方面，各个地区、各个部门相互配套、相互衔接、形成集群，有效降低了交易成本，形成了效率优势。这两者构成了规模效应的一体两面，成为 70 年中国经济腾飞的一个重要原因。

经济学中，"雁阵模型"下的产业梯次转移常用来解释后发国家的发展。然而，正如学者所言，中国巨大的规模和体量，"内部就可以进行垂直分工"，内部就可以形成"雁阵"，实现分工合作和产业协同。改革开放初期，不同地方因地制宜进行探索，比如乡镇企业异军突起的"苏南模式"、民营经济快速发展的"温州模式"、外贸加工出口导向的"珠江模式"，形成了各具特色而又优势互补的发展格局。放眼当下，从农村到城市，从沿海到内陆，从东部到中西部，不同区域之间虽然有发展不平衡不充分的问题，却有着很强的互补性、协同性。这样的纵深，既为我国抵御外部风险挑战提供了充足有效的回旋余地，也为经济持续稳定增长提供了巨大空间和强力支撑。正如习近平总书记强调的，中国经济"韧性好、潜力足、回旋空间大"。

我们有党的坚强领导，能够把亿万人民凝聚起来，激发出万众一心、众志成城的磅礴力量。规模优势不会自动变成发展优势，世界上不乏人口众多、面积广阔的国家，但却少有哪个国家能像中国一样如此快速地发展起来。中国有中国共产党这个坚强的"领航者"和"主心骨"，能够把内部巨大的丰富性统一到国家的整体框架中，能够把内在的力量凝聚到民族的共同目标上，形成整体效能。一方面，东、中、西三个地区按照发达程度不同，正处于前后相续的发展阶段，因地制宜，进行积极的发展探索；另一方面，我们的国家体制又能够把差异性的发展探索纳入到整体框架内，让不同的地区相互借鉴、彼此激荡，形成整体力量。这就能够发挥整体与部分、中央和地方两个积极性，释放出整体效应。

习近平总书记曾感叹："在中国这么大的国家搞建设，很不容易。"

他更豪迈地宣示,"我们这么大一个国家,就应该有雄心壮志。"新中国70年,"超大规模"既是中国经济社会发展的活力所在,也是我们不惧风浪的底气所在。接续奋斗、砥砺前行,我们的事业将一往无前,我们的未来将充满希望。

(2019年08月08日)

自上而下与自下而上形成合力

——新中国 70 年奋斗历程的启示 ⑤

善于把国家的引领作用与民众的自发创造结合起来,形成自上而下与自下而上的合力,是新中国 70 年发展的重要经验

自上而下与自下而上良性互动,既以基层探索实现试点风险可控,又能够依靠强大的国家能力,把基层的成功经验迅速推广

在摸石过河中创造新事物、新经验,在顶层设计中把握改革发展的方向和节奏,就能为我们的事业发展注入双重动力

在脱贫攻坚这场人类最大规模的减贫行动中,国家推动有力,280 多万驻村干部、第一书记奔赴脱贫一线,同时贫困群众主动努力、积极探索,形成内生动力。在新中国 70 年奋斗历程中,我们总能看见国家推动和群众自发两种相互交织的力量,自上而下与自下而上相互激荡,汇聚成了巨大发展合力。

作为后发现代化国家,中国共产党的坚强领导是成功的关键,作为一个人民的政党,必须激发人民改天换地的伟力。有"一万年太久,只争朝夕"的紧迫感,有"改革开放胆子要大一些"的使命感,引领东方古国不断迈向现代化的国家意志坚定有力;有"宁可少活二十年,拼命也要拿下大油田"的豪情壮志,有"杀出一条血路来"的大胆探索,群

众自发的力量从大地上顽强生长起来。可以说,善于把国家的引领作用与民众的自发创造结合起来,形成自上而下与自下而上的合力,是新中国70年发展的重要经验。今天,我们更加清醒地认识到,"摸着石头过河和加强顶层设计是辩证统一的",就是要更加自觉地用好这两种力量。

党中央的顶层设计,不断提供宽容的社会环境和有利的政策空间,为民众自发创造提供了优渥土壤。以民营企业的发展为例,从上世纪80年代开始,有利于民企发展的政策不断出台,民营企业也从无到有生长起来;到1992年之后,"春天的故事"传遍中国,"下海""承包""股份制合作"等成为热词;今天,减税降费、简政放权让创新创业热潮涌动,点燃亿万人民的奋斗热情。蓄积已久的激情、活力与创造力,随着制度大门徐徐打开喷涌而出,多少无名山丘崛起为时代巨峰,多少蜿蜒细流汇聚成奔腾大河。国家自上而下的引导和鼓励,点燃了蕴藏在民间的创新引擎,释放出巨大的发展动能。

中国的改革发展是一个复杂的系统工程,必须发挥全社会的改革智慧和基层探索的积极性。在基层探索之后,中央可以对局部经验进行总结评价,这就形成了一种基于实践探索而且风险可控、成本较小的试点机制。比如说,农村能不能搞大包干?国企股份制改造好不好?土地流转采用什么方式?面对改革发展的路径选择,我们始终鼓励基层自发探索、发挥群众首创精神,允许各地根据自身特色进行差异化、多元化尝试,在这样一个"先行先试—全面铺开"的过程中,开辟出一条风险最小但效率最高的发展路径。正如习近平总书记所强调的:"要鼓励地方、基层、群众解放思想、积极探索,鼓励不同区域进行差别化试点,善于从群众关注的焦点、百姓生活的难点中寻找改革切入点,推动顶层设计和基层探索良性互动、有机结合"。

再比如创办经济特区,这是我国改革开放的重要经验。先行先试作为经济特区的一项重要职责,目的就是探索改革开放的实现路径和实现形式,为全国改革开放探路开路。习近平总书记明确要求,"经济特区要成为改革开放的试验平台""发扬敢闯敢试、敢为人先、埋头苦干的特区精神,始终站在改革开放最前沿,在各方面体制机制改革方面先行先试、大胆探索,为全国提供更多可复制可推广的经验"。这样一种自上而下与自下而上良性互动的发展方法论，正是中国独有的试点推广机制。"试点"就是小范围的基层探索，"推广"则是中央在基层探索基础上的顶层设计。这样一个双向互动的过程，既以基层探索实现试点风险可控，又能够依靠强大的国家能力，把基层的成功经验迅速推广。我国改革开放就是先试验、后总结、再推广不断积累的过程，就是从农村到城市、从沿海到内地、从局部到整体不断深化的过程。

新时代新征程，我们更加自觉地推动顶层设计和基层探索良性互动、有机结合，就是要更好激发自上而下与自下而上两种动力。今天，从经济社会发展、市场主体活力激发，到教育、医疗等民生领域改革，再到脱贫攻坚、污染治理等重点工作，都需要更加注重实现顶层设计和基层探索良性互动。有自发创造，就能自我迭代；有顶层设计，就有发展航向。在摸石过河中创造新事物、新经验，在顶层设计中把握改革发展的方向和节奏，就能为我们的事业发展注入双重动力，推动中国号航船乘风破浪、行稳致远。

（2019年08月09日）

善用"十个指头弹钢琴"

——新中国70年奋斗历程的启示 ⑥

注重各个领域、各个区域之间的统筹兼顾,使得各项政策相互配套、相互耦合,在协调均衡中形成整体效能,这是新中国70年发展的重要方法论

任何一个领域的改革都会牵动其他领域,同时也需要其他领域改革密切配合,必须做好政策配套和制度衔接,才能取得预期效果

纵观今日之中国,区域协调发展大潮涌动。雄安新区连接京津冀协同发展,长江经济带贯通东西如长箭入海,粤港澳大湾区矢志建设世界级城市群,西部开发、东北振兴、中部崛起、东部率先发展等协同并进……下好发展一盘棋,这种统筹兼顾、协调联动的方法论,贯穿新中国70年奋斗历程。

早在上世纪50年代,毛泽东同志就鲜明提出,"统筹兼顾,各得其所。这是我们历来的方针"。在建设时期,我们避免了苏联重工业一枝独大、产业结构畸轻畸重的问题,建立起比较完整的工业体系;改革时期,我们注重经济建设与各个领域之间的协调,推动社会主义各项事业齐头并进。党的十八大以来,我们更加自觉地统筹推进"五位一体"总体布局,协调推进"四个全面"战略布局,更加注重改革的系统性、整体性和协

同性。可以说，注重各个领域、各个区域之间的统筹兼顾，使得各项政策相互配套、相互耦合，在协调均衡中形成整体效能，这是新中国70年发展的重要方法论。

习近平总书记强调，"统筹兼顾、综合平衡，突出重点、带动全局，有的时候要抓大放小、以大兼小，有的时候又要以小带大、小中见大，形象地说，就是要十个指头弹钢琴。"在新发展理念中，"协调"是重要内容。"千钧将一羽，轻重在平衡"。一方面，注重发展的整体效能，是为了补足短板、避免"木桶效应"；另一方面，中国的改革发展是一个复杂的系统工程，各项改革举措、制度安排紧密相连，任何一个领域的改革都会牵动其他领域，同时也需要其他领域改革密切配合，必须做好政策配套和制度衔接，才能取得预期效果。正因此，"协调既是发展手段又是发展目标，同时还是评价发展的标准和尺度"，需要"处理好局部和全局、当前和长远、重点和非重点的关系"。

处理好局部和全局的关系，可以理解为对空间维度的统筹兼顾。典型的体现，就是既推进城乡融合，又统筹区域协调。就拿城乡关系来说，在经济起飞阶段，更多强调农业补贴工业；在发展起来以后，则更加注重城市反哺农村、工业反哺农业。与此同时，新中国成立70年来，城市一直发挥着现代化的"火车头"功能，而农村则扮演着中国发展的"蓄水池"角色。进入新时代，我们推进城乡融合发展，就是要更好促进城市和乡村的相互配合、相互融合，形成各司其职而又彼此支撑的整体效能。

处理好当前和长远的关系，可以理解为对时间坐标的统筹兼顾。70年风雨兼程的一个重要启示，就是聚精会神走好脚下的路，未雨绸缪谋划未来的路。70年来，中国已经从当年的"一五"计划延续到今天的"十三五"规划，在长时间段上保持了发展的连续性和长远性。中国不仅有放眼长远的规划，也有聚焦当前的目标，确保每一步都能稳扎稳打。既能仰望星空看长远，又能脚踏实地抓当前，让中国的发展不断延伸到未来。

处理好重点和非重点的关系，可以理解为对发展全局的统筹兼顾。既讲两点论，又讲重点论，这是一种辩证思维，也是一种系统思维。比

如说，我们坚持以经济建设为中心，同时统筹兼顾其他各项建设，让经济发展更有效率。中国为什么能短时间内成为世界工厂？除了坚持开放政策，还有在政治建设中增强政府治理能力、在社会建设中营造稳定的社会环境、在文化建设中倡导艰苦奋斗，这些因素相辅相成，才推动中国迅速成为世界第二大经济体。既讲究重点突破，又注重整体推进，我们就能在统筹兼顾中纲举目张，在总览全局中齐头并进。

善弈者谋势，善谋者致远。着眼全国一盘棋，坚持统筹兼顾，实现协调联动，我们就能让各个领域、各个区域、各项政策之间相互协调，汇聚成推动中国发展的综合优势。

（2019年08月12日）

历经风雨砥砺，中国永远在这儿

——新中国70年巨变的内在逻辑①

98年砥砺奋进，70载春华秋实。我们刚刚庆祝了中国共产党成立98周年，又将迎来新中国成立70周年。"我与新中国"征文活动讲述普通百姓的家国故事，"我与中国"全球短视频大赛聚焦神州大地的巨大变化，"一首歌一座城"展现亿万人民的美好生活……我与祖国共奋进，人民共和国的70年让每个中国人都充满自豪、充满自信！

回首新中国70年走过的历程，这一段峥嵘岁月，丈量着我们朝向梦想的脚步。7月1日国家统计局发布报告显示，2018年中国国内生产总值比1952年增长175倍，年均增长8.1%。在一穷二白的纸上绘出最新最美的画图，从经济凋敝的困境奋发成为世界第二大经济体，以爬坡过坎的奋斗开创中国特色社会主义新时代，一路走来，虽有风雨波折却总一往无前，我们用经济实力的显著进步、综合国力的不断增强、人民生活水平的持续改善，书写了波澜壮阔的中国故事。我们的国家发生了天翻地覆的变化，中华民族迎来了从站起来、富起来到强起来的伟大飞跃，正如习近平总书记强调的："无论是在中华民族历史上，还是在世界历史上，这都是一部感天动地的奋斗史诗。"

这70年，是中国共产党带领亿万人民，不断奋进的70年。翻阅人

民共和国风雷激荡的历史篇章,我们愈发坚信,是鲜红的党旗凝聚起磅礴的力量,把中华民族变成一个坚强的共同体,在复兴的大道上勇往直前。怀着"为中国人民谋幸福、为中华民族谋复兴"的初心和使命,这个有着强大政治领导力的政党,带领中国人民筚路蓝缕、辟除榛莽,走向辉煌、走向复兴。当中国对世界经济增长的贡献率年均达到30%,当中国让7亿多人口摆脱贫困,对全球减贫贡献率超过70%,没有人会怀疑这样的判断:坚持党的领导是当代中国最高政治原则,是实现中华民族伟大复兴的关键所在。

这70年,是我们探索自己的发展道路,砥砺前行的70年。一个镜头让人记忆犹新:2017年底,中国共产党与世界政党高层对话会的嘉宾来到中央党校参观,在"实事求是"的石碑前,外国政党的领导人纷纷留影,他们明白,这四个字中,正蕴藏着中国成功的密码。的确,在中国这样一个有着5000多年文明史、近14亿人口的大国推进社会主义现代化,是前无古人的伟大事业。正是1949年开始,建立新中国并进行社会主义革命和建设,积累了重要的思想、物质、制度条件;正是1978年开始,我们党果断决定实行、坚定不移推进改革开放,开启了中国腾飞的进程。70年来,我们走出了一条自己的道路,世人所说的"中国模式",正是中国人民在自己的奋斗实践中创造的中国特色社会主义道路。中国70年巨变说明,只有社会主义才能救中国,只有中国特色社会主义才能发展中国,这是历史的结论、人民的选择。

雄关漫道真如铁,人间正道是沧桑。70年巨变,让一个古老的国家焕发出奋斗的神采,让神州大地激荡起生机勃勃的复兴气象。在从站起来、富起来到强起来的过程中,中国特色社会主义道路、理论、制度、文化不断发展,拓展了发展中国家走向现代化的途径,为解决人类问题贡献了中国智慧和中国方案。今天,近14亿中国人民意气风发、豪情满怀,960多万平方公里的祖国大地生机勃发、春意盎然,5000多年的中华文明光彩夺目、魅力永恒,我们党的领导和我国社会主义制度坚强牢固、充满活力,中国人民和中华民族前程伟大、前途光明。正如习近平总书记所指出的,"当今世界,要说哪个政党、哪个国家、哪个民族能够自信的话,那中国共产党、中华人民共和国、中华民族是最有理由自信的"。

　　1949 年 9 月，第一届中国人民政治协商会议在北京召开，毛泽东同志感怀："我们有一个共同的感觉，这就是我们的工作将写在人类的历史上。"今天，在以习近平同志为核心的党中央坚强领导下，中国特色社会主义进入新时代，中华民族奋力谱写新篇章。新的征程、新的实践、新的奋进正在展开，中国也必将走向一个更加光辉的未来。穿越风雨，大海永远在这儿！面向未来，中国永远在这儿！

（2019 年 07 月 16 日）

办好中国的事情,关键在党

——新中国 70 年巨变的内在逻辑 ②

中国奇迹的背后,是中国共产党领导亿万人民一路跋山涉水、一路砥砺奋进,是无数中国共产党人不忘初心、牢记使命的奉献与担当

强有力的政治领导是制胜的决定性因素,党的领导是中国 70 年巨变根本的原因、最大的逻辑

在读书、学习、讨论中,深化对党的创新理论的理解;在调研、走访、座谈中,发现和改正工作中存在的问题……"不忘初心、牢记使命"主题教育正在全党上下展开。新中国成立 70 周年之际,我们党全国执政 70 周年之际,一场"正当其时"的主题教育,让党员坚守初心、勇担使命,也让世界更加看清中国成功背后的"政治密码"。

回首人民共和国的 70 年,中国奇迹的背后,是中国共产党领导亿万人民一路跋山涉水、一路砥砺奋进,是无数中国共产党人不忘初心、牢记使命的奉献与担当。在中国共产党领导下,我们选择和确立了社会主义制度,中国特色社会主义道路、理论、制度、文化形成并不断完善和发展。70 年来,中华民族面貌的巨大变化、中国人民面貌的巨大变化、中国社会面貌的巨大变化充分说明,历史和人民选择中国共产党领导实现中华民族伟大复兴的事业是正确的,只有共产党,才能救中国;只有

共产党,才能发展中国。

"办好中国的事情,关键在党。"对于后发现代化国家,强有力的政治领导是制胜的决定性因素。更何况,我们正在进行的,是人类历史上规模最浩大、气势最雄伟的现代化事业。70年来,我们曾遭遇封锁与遏制,曾有过急躁与冒进,曾经历洪水、地震、非典疫情的考验,也曾面对金融危机、贸易摩擦的挑战,然而"中国号"巨轮劈波斩浪、一往无前,"根本的一条就是我们始终坚持共产党领导"。指明前进的方向与道路,谋划发展的蓝图和方式,集中力量办大事……有了党的坚强领导,国家治理就有了坐镇中军帐的"帅",现代化建设就有了坚强的"领航者",亿万人民就有了共谋复兴的"主心骨"。可以说,党的领导,是新中国70年巨变根本的原因、最大的逻辑。

回望70年,中国共产党为什么"能"?因为我们是马克思主义政党,我们的信仰是真理。多少年来,对于志在挽救民族危亡、志在实现民族复兴的革命者、建设者、改革者来说,马克思主义是"中国的导星"。完成新民主主义革命,完成社会主义革命,进行改革开放新的伟大革命,开创中国特色社会主义新时代……以马克思主义为指导,共产党人推动了中国历史上最广泛最深刻的社会变革,让中国巍然屹立于世界东方。我们以马克思主义中国化为主题,以解决中国实际问题为主线,不断推进实践基础上的理论创新,指引中华民族迎来从站起来、富起来到强起来的伟大飞跃,走出一条中国特色社会主义道路。正是沿着这条真理之路,积贫积弱的中国走向繁荣昌盛,历经磨难的中华民族迎来复兴的曙光。

回望70年,中国共产党为什么"能"?因为我们是人民的政党,我们的靠山是人民。新中国的70年,也是党与人民心心相印、同甘共苦、团结奋斗的70年。当一些国家的政党忙着为吸引选票而编造竞选口号时,中国共产党却坚信,"人民群众是我们力量的源泉"、人民"是决定党和国家前途命运的根本力量"。从太行绝壁上的红旗渠到小岗村大包干契约上的红手印,从植树造林的"绿色奇迹"到人类历史上最成功的"脱贫故事",人民的力量一旦被激发出来,就有着改天换地的伟力。"人民对美好生活的向往,就是我们的奋斗目标。"习近平总书记的铿锵誓言,既

是大国领袖的人民情怀,更是百年大党的不变本色。你把人民放在心上,人民就会把你放在心上。光荣归于人民、感情系于人民、力量源于人民,这样的执政党无愧于人民的政党,这样的百年大党永葆着赤子之心。

今天,站在新中国成立70周年的时间节点上,我们豪情满怀、壮志在胸,但更要看到,船到中流、人到半山,尤需勇立潮头、奋勇搏击。习近平总书记强调,"不忘初心,牢记使命,就不要忘记我们是共产党人,我们是革命者,不要丧失了革命精神。"70年来,我们党开新局于伟大的社会革命、强体魄于伟大的自我革命,让社会主义中国巍然屹立于世界东方,也在革故鼎新、守正创新中实现自身跨越。面向未来,我们仍需以党的自我革命推动伟大社会革命,不断为党和人民事业注入生机活力,把我们的人民共和国建设得更加繁荣富强。

(2019年07月17日)

中国人民正走在正确的道路上

——新中国70年巨变的内在逻辑③

在鲜活实践中生长出来的中国道路，闪耀着马克思主义的真理光芒，让中国发展崛起的奇迹成为可能

这条道路，根植于960多万平方公里的中国大地，反映近14亿中国人民的意愿，适应中国和时代发展进步要求

"解释中国奇迹要从中国道路中寻找真实的答案""中国道路具有鲜明的中国特色、具有世界意义""中国的发展突破了长期困扰发展中国家的模式问题"……今年是新中国成立70周年，国内外学界的目光纷纷投向这里，希望发现中国发展的密码，这其中，"中国道路"是一个绕不开的关键词。

稳居世界第二大经济体，位列第一大工业国、第一大货物贸易国，建成覆盖近14亿人的社保网，成为世界上减贫人口最多的国家……70年来，中国的奋斗之路，犹如一幅前后相继的长卷，有筚路蓝缕的创业征程，有气壮山河的建设浪潮，有波澜壮阔的改革探索，有拥抱世界的开放襟怀。在这条路上，中国用几十年时间走完了发达国家几百年走过的发展历程，正如习近平总书记指出的，"中国人民正走在正确的道路上"。

一个国家，一个民族，只有找到适合自己条件的道路，才能实现自

己的发展目标。实现历史巨变的掌舵者是中国共产党,航路则是从新民主主义革命、社会主义革命,到改革开放开辟的中国特色社会主义道路。习近平总书记强调,所谓的"中国模式"是中国人民在自己的奋斗实践中创造的中国特色社会主义道路。这一条道路,见证中国在富起来、强起来的征程上迈出了决定性的步伐。

环视世界,没有哪个国家对扶贫做得像中国这么投入,没有哪个国家像中国这样把生态环境保护摆在民族千秋大计的高度,没有哪个国家像中国这样对公平正义如此重视……抓住完善和发展中国特色社会主义制度这个关键,为解放和发展社会生产力、解放和增强社会活力、永葆党和国家生机活力提供了有力保证。从党的集中统一领导到处理好政府和市场的关系,从以人民为中心的发展思想到集中力量办大事的政治优势,在鲜活实践中生长出来的中国道路,闪耀着马克思主义的真理光芒,让中国发展崛起的奇迹成为可能。道路与模式,决定一国的发展高度。铭记走过的路、比较别人的路、远眺前行的路,我们比谁都有自信,踏踏实实走好中国道路。

鞋子合不合脚,自己穿了才知道;道路好不好,自己走了才知道。对比地看,新中国的工业化比英国晚了近200年;美国大批量生产汽车近100年后,我们刚开始从"自行车时代"跨入"汽车时代"。起步晚、落差大,但中国却从极低的起点、以极快的速度驶出经济社会发展的加速度。风景这边独好,正是因为我们选择了属于自己的道路。正如马克思所说,人们是在"直接碰到的、既定的、从过去承继下来的条件下"创造自己的历史。中国道路,不是一座政治制度上的飞来峰,也不是别人施舍来的舶来品,而是中国共产党带领人民坚持科学社会主义基本原则、科学把握人类社会发展规律、充分借鉴人类文明成果开辟的人间正道、走出的创新之路。这条道路,根植于960多万平方公里的中国大地,反映近14亿中国人民的意愿,适应中国和时代发展进步要求。而这种独立自主的探索精神,这种坚持走自己路的坚定决心,正是我们党不断从胜利走向胜利的真谛。

大舸中流下,青山两岸移。邓小平曾指出,走自己的道路,建设有中国特色的社会主义,这就是我们总结长期历史经验得出的基本结论。

今天，民族复兴的航路已经打通，我们脚下的每一步，都是通往胜利的新里程。正如习近平总书记强调的："我们要把命运掌握在自己手中，就要有志不改、道不变的坚定。"满怀"走自己的路"的勇毅笃定，抖擞"上下而求索"的奋斗精神，把国家未来和民族命运牢牢掌握在自己手中，新的历史必将完成惊叹世人的书写。

（2019年07月18日）

这是需要理论且能产生理论的时代

——新中国70年巨变的内在逻辑 ④

> 新中国70年走过的历程，是一个不断运用马克思主义理论解决中国问题的历程，也是用中国实践的丰富养料不断浇灌马克思主义理论参天大树的历程
>
> 立足中国、借鉴国外，挖掘历史、把握当代，关怀人类、面向未来，胸怀天下的中国智慧、中国方案，让中国理论拥有了世界视野和全人类的关怀，使马克思主义在21世纪的中国放射出更加灿烂的真理光芒

这段时间，一档叫《这就是中国》的节目，收获了不少"粉丝"。"如何在世界和历史中定位中国？""怎么看待中国的经济增长？""中国的制度有什么优势？"……围绕着一张小圆桌，讨论、演讲、答问，让年轻观众们思考新中国70年发展背后的"理论力量"。

理论的力量，穿越时代。百年前，透过《新青年》编辑部的斗室，中国大地播撒下马克思主义的理论种子；陈望道翻译的《共产党宣言》，在1920年8月初次出版后立即销售一空。马克思主义，这一充满科学性和真理性、人民性和实践性、开放性和时代性的理论，让古老中国走出了"覆屋之下，漏舟之中"的危局，让亿万人民改变了"如笼中之鸟，牢中之囚"的命运。正如习近平总书记指出的："马克思主义为中国革命、

建设、改革提供了强大思想武器,使中国这个古老的东方大国创造了人类历史上前所未有的发展奇迹。"

时代是思想之母,实践是理论之源。习近平总书记曾多次强调,要"学会运用马克思主义立场、观点、方法观察和解决问题",要"勇于推进实践基础上的理论创新"。立足新中国70年,能更深刻地理解这一要求。在中国沸腾的大地上、火热的实践中,马克思主义中国化不断推进,先后形成了毛泽东思想、邓小平理论、"三个代表"重要思想、科学发展观、习近平新时代中国特色社会主义思想。不断发展的马克思主义理论,如同前行道路上的指南针,引领着中国翻天覆地的巨变。可以说,新中国70年走过的历程,是一个不断运用马克思主义理论解决中国问题的历程,也是一个用中国实践的丰富养料不断浇灌马克思主义理论参天大树的历程。

"这是一个需要理论而且一定能够产生理论的时代,这是一个需要思想而且一定能够产生思想的时代。"世界每时每刻都在发生变化,中国也每时每刻都在发生变化。今天,中国特色社会主义进入新时代,我们的实践经验日渐丰富,我们的理论思考日益成熟,这些都成为培育当代中国马克思主义成长的沃土。正如恩格斯所说,"一个民族要想站在科学的最高峰,就一刻也不能没有理论思维。"伟大的时代呼唤伟大的理论。当代共产党人以巨大的理论勇气和实践智慧,创立了习近平新时代中国特色社会主义思想,科学回答了新时代坚持和发展什么样的中国特色社会主义、怎样坚持和发展中国特色社会主义的问题,完成了马克思主义中国化的又一次伟大飞跃,开辟了马克思主义发展新境界。

有学者说,中国70年发展是理论创新的"金矿"。的确,中国的理论创新,从一开始就吸引着世界的目光,也从一开始就拥有着世界视野。当今世界,正处于"百年未有之大变局";当今中国,正日益走近世界舞台中央。当代中国共产党人,以宽广的眼界和包容的胸怀,将中国问题置于全球背景下来思考。从"一带一路"建设,到构建人类命运共同体,再到促进和而不同、兼收并蓄的文明交流……我们在思考中国特色社会主义发展的同时,也在思考全球治理、人类社会发展等国际性问题。立足中国、借鉴国外,挖掘历史、把握当代,关怀人类、面向未来,胸怀天下的中国智慧、中国方案，让中国理论拥有了世界视野和全人类的关怀，使马克思主义在21世纪的中国放射出更加灿烂的真理光芒。

"马克思主义并没有结束真理，而是开辟了通向真理的道路。"马克思主义的命运，早已同中国共产党的命运、中国人民的命运、中华民族的命运紧紧连在一起。前进道路上，坚定对科学真理的信仰，高扬马克思主义伟大旗帜，我们就一定能让马克思、恩格斯设想的人类社会美好前景，不断在中国大地上生动展现出来。

（2019年07月19日）

当代中国发展进步的根本制度保障

——新中国 70 年巨变的内在逻辑 ⑤

中国特色社会主义制度承接文化传统而有其源，熔铸红色基因而有其根，符合现实国情而有其据，激发发展能力而有其道

中国特色社会主义制度始终保持旺盛活力，正是因为我们将坚守道路与自我完善并举、将原则的坚定性与策略的灵活性结合起来，在坚持根本政治制度的基础上，不断推进制度体系完善和发展

贵州石阡、四川康定、广西左江……截至今年 5 月中旬，中西部的 283 个县摘掉了"贫困帽"。至此，全国 436 个县告别贫困，占全部贫困县的 52.4%。尽锐出战，精准施策，决胜全面小康，亿万人民信心满满。这样的"脱贫奇迹"也让越来越多人看到，新中国 70 年辉煌成就的背后，是我们扭住完善和发展中国特色社会主义制度这个关键，为解放和发展社会生产力、解放和增强社会活力、永葆党和国家生机活力提供了有力保证。

正如习近平总书记指出的，中国特色社会主义制度是当代中国发展进步的根本制度保障。70 年来，从一穷二白到稳居世界第二大经济体、日益走近世界舞台中央，卓越的发展能力充分诠释了中国的制度优势、

充分证明了中国的制度效能。坚持基本经济制度,确保"两个毫不动摇",坚持党的领导、人民当家作主、依法治国有机统一,坚持人民代表大会制度、中国共产党领导的多党合作和政治协商制度、民族区域自治制度、基层群众自治制度,加强文化领域制度、社会治理制度、生态文明制度建设……中国特色社会主义制度,为保持社会大局稳定、保证人民安居乐业、保障国家安全提供了有力支撑。

发展政治学认为,制度化是政治体系在组织上和程序上获得价值和稳定性的过程。中国特色社会主义制度是经过长期探索实践逐步建立和发展起来的,凝结着几代中国共产党人的智慧和心血。新中国的成立,社会主义基本制度的确立,为当代中国一切发展进步奠定了根本的政治前提和制度基础;改革开放的推进,使中国特色社会主义制度体系最终形成,为当代中国发展进步提供了根本制度保障。可以说,中国特色社会主义制度承接文化传统而有其源,熔铸红色基因而有其根,符合现实国情而有其据,激发发展能力而有其道。

中国特色社会主义制度的最大优势是中国共产党领导。发挥党总揽全局、协调各方的领导作用,集中力量办大事,彰显中国特色社会主义制度的独特优势。以科技发展为例,这些年来,"天眼"探空、"蛟龙"探海、"嫦娥"探月、量子计算……没有国家体制的支撑,怎么可能取得这些重大突破?法国前总理德维尔潘总结,"中国所具有的集中力量和长期奋斗的决心是西方国家所经常缺乏的"。能够集中力量办大事,具备强大的动员能力、整合能力和执行能力,这些制度优势将继续引领中国前行。

扎根于中国土壤,是中国特色社会主义制度的深厚基础。中国的制度模式之所以行得通、有生命力、有效率,就是因为它是从中国的土壤中生长起来的。要看到制度的"枝叶",更要看到制度的"土壤"。那些盲目移植他国制度造成水土不服的国家,或是困于无效治理,或是陷入社会动荡。就此而言,中国的制度模式不仅提供了现代化的另一种选择,更重要的是以成功的实践雄辩地证明:"好制度"不是抽象的,不能指望来一座制度上的"飞来峰",只有立足本国文化传统和现实国情的制度模式,才能有根、有源、有生命力。

习近平总书记强调,"必须坚持完善和发展中国特色社会主义制度,不断发挥和增强我国制度优势。"常制不可以待变化,一涂不可以应无方。不断自我完善,才能不断释放中国特色社会主义制度的活力。有人说,中国的改革就是在根本制度不变的前提下进行体制机制调整。中国特色社会主义制度始终保持旺盛活力,正是因为我们将坚守道路与自我完善并举、将原则的坚定性与策略的灵活性结合起来,在坚持根本政治制度的基础上,不断推进制度体系完善和发展。

从形成更加成熟更加定型的制度看,我们还要继续推进完善和发展中国特色社会主义制度,为党和国家事业发展、为人民幸福安康、为社会和谐稳定、为国家长治久安提供一整套更完备、更稳定、更管用的制度体系。站在新中国成立70年的时间节点上,我们走过千山万水仍需跋山涉水,取得辉煌成就仍然任重道远。不断完善制度保障,不断发挥制度优势,就一定能让中华民族在复兴之路上劈波斩浪、一往无前。

(2019年07月22日)

更基本更深沉更持久的力量

——新中国70年巨变的内在逻辑⑥

> 中国正在向文化强国迈进，中国人的文化自信日益彰显，中华民族的精神面貌焕然一新，中华文明散发出夺目光彩、永恒魅力
>
> 新中国70年，也是精神世界与物质世界相互成就、相得益彰的70年

"良渚古城"申遗成功，中国成为世界遗产第一大国；长征路上，年轻记者追随先辈足迹，传承红色基因；书店客流量持续增长，打造出城市的"精神空间"……中华优秀传统文化、革命文化和社会主义先进文化，积淀着中华民族最深层的精神追求，代表着中华民族独特的精神标识，构成了中国发展的"文化密码"，在新中国70年的历程中释放出强大的能量。

70年披荆斩棘，70年风雨兼程。新中国成立70年，伴随960多万平方公里土地上"看得见"的巨变，亿万人民的头脑中、精神上，也发生着"看不见"的巨变。70年来，我们在物质创造中进行文化创造、在历史进步中实现文化进步。城市里，博物馆人流涌动；乡村中，农家书屋含蕴书香；世界上，孔子学院沟通心灵……生机勃勃的文化图景，写照我们的文化从普及到提高、从立足中国到走向世界的发展历程。今天，

中国正在向文化强国迈进，中国人的文化自信日益彰显，中华民族的精神面貌焕然一新，中华文明散发出夺目光彩、永恒魅力。

文化是一个国家、一个民族的灵魂。文化兴国运兴，文化强民族强。习近平总书记强调，"文化自信，是更基础、更广泛、更深厚的自信，是更基本、更深沉、更持久的力量。"回首70年，在风雨兼程的征途中，亿万人民赓续共同的精神血脉、传承共同的价值基因、吮吸共同的文化滋养，书写了国家发展的壮丽史诗，让中华民族前所未有地接近复兴目标。

不忘本来才能开辟未来，善于继承才能更好创新。中华优秀传统文化是中华民族的"根"和"魂"。从老子的"道法自然"到孔子的"仁者爱人"，从周易的"阴阳相生"到孟子的"浩然之气"，以人为本的情怀、礼乐相和的精神、天人合一的哲学，涵养了中国人的精神世界，架构起中华民族的心灵空间。中国共产党自成立之日起，就既是中华优秀传统文化的忠实传承者和弘扬者，又是中国先进文化的积极倡导者和发展者。在创造性转化、创新性发展中，中华优秀传统文化的丰富哲学思想、人文精神、教化思想、道德理念等，成为了人民共和国70年发展壮大的丰厚滋养，筑牢了我们文化自信的根基和底气。

革命文化诞生于血与火的革命岁月，是中国人民在党的领导下书写的红色篇章，是近百年峥嵘岁月中中华民族不屈抗争、不竭奋斗的共同记忆。党的十八大以来，习近平总书记深入西柏坡、井冈山、沂蒙山、延安、遵义等革命圣地，强调要"让信仰之火熊熊不息，让红色基因融入血脉，让红色精神激发力量"。红船精神、井冈山精神、长征精神、延安精神、西柏坡精神……红色基因，植根于革命先烈用鲜血染红的泥土中，传承于亿万人民胼手胝足的奋斗中。红色火种播进一代代人心中，成为我们精神的原点、初心的支点，凝聚起众志成城的力量，为国家民族的前行提供了坚强的精神支撑。

伟大的时代涵养伟大的精神，伟大的实践孕育伟大的文化。在中华民族从站起来、富起来到强起来的历史性飞跃中，我们形成并发展了社会主义先进文化。新中国70年，也是精神世界与物质世界相互成就、相得益彰的70年。有两副对联，让人回味无穷："一日三餐有味无味无所谓，

爬冰卧雪冷乎冻乎不在乎",这是塞罕坝建设者的豪情;"雪梅映红中国梦,紫燕衔绿万家春",这是湖南偏僻乡村一位农民的梦想。实现中华民族伟大复兴,需要物质文明极大发展,也需要精神文明极大发展。今天,社会主义先进文化作为一种价值理念,形成了全社会共同的思想道德基础;作为一种理想信念,标定了人们为之奋斗的前行方向;作为一种精神纽带,联结着亿万中华儿女的心灵世界,凝聚起同心筑梦的磅礴力量。

习近平总书记曾语重心长地说,"我们从哪里来?我们走向何方?中国到了今天,我无时无刻不提醒自己,要有这样一种历史感。"文化,正是贯通着历史、现实与未来的底色。历史和现实都表明,大国崛起不仅是经济现象,而且是文化现象;不仅是经济增长,而且是文化繁荣。面向未来,中国将不仅创造新的举世瞩目的"中国故事",更将创造打动人心的"中国精神"。我们对此充满信心!

（2019年07月24日）

人民是我们党执政的最大底气

——新中国70年巨变的内在逻辑 ⑦

一个占世界人口 1/5 的最大发展中国家,在现代化历程中始终保障人的权利、致力人的发展、彰显人的价值

人民不仅见证着、分享了国家发展的巨大成就,更参与着、推动了国家民族的浩荡前行

多省份确定 2019 年退休人员基本养老金上调方案,上调幅度达到 2018 年的 5% 左右;教育部、各地以及高校学生资助热线电话全面开通,确保贫困学子能顺利入学;上半年居民人均可支配收入实际增长 6.5%,再次跑赢 GDP 增速……每一条新闻,都在筑牢人民的获得感、幸福感、安全感,都在描摹人民共和国 70 年不变的底色与恒心。

环顾世界,很少有哪个国家像中国这样,带领如此众多的人口,跑出现代化的"加速度"。70 年前,中国连一辆拖拉机都造不了,如今小汽车的保有量已经超过 2 亿辆;70 年前中国老百姓吃不饱、穿不暖,如今 28.4% 的恩格尔系数标志着生活进入"富足"区间……这 70 年,是国家发展进步的 70 年,更是人民走向美好生活的 70 年。一个占世界人口 1/5 的最大发展中国家,在现代化历程中始终保障人的权利、致力人的发展、彰显人的价值,始终体现着社会主义的本质要求。如果说新中国 70 年的发展拓展出一条独具特色的"中国道路",那么 70 年一脉相承的发

展目标、不断向好的民生改善,更向世界宣示了一种难能可贵的"中国价值"。

70年来,人民不仅见证着、分享了国家发展的巨大成就,更参与着、推动了国家民族的浩荡前行。亿万人胼手胝足的奋斗,成为一代又一代中国人的集体记忆;无数人奋力向前的脚步,汇成了中国70年发展的康庄大道。大海,是涓涓细流一点一滴汇成的;史诗,是亿万人民一笔一画书写的。

习近平总书记深刻指出:"人民是共和国的坚实根基,人民是我们执政的最大底气。"新中国70年,最深刻的启示正在于此。一个珍视人民的国家必会兴旺发达,一个依靠人民的政党必将基业长青。回望历史、环顾世界,没有一个政党像中国共产党这样,在理论上鲜明提出、在思想上明确要求、在实践中始终践行"以人民为中心"。以"敢教日月换新天"的壮志建立人民当家作主的新中国,以"杀出一条血路"的决心走出中国特色社会主义道路,以"只留清气满乾坤"的胸襟开拓中国特色社会主义新时代……中国共产党团结带领全国各族人民自力更生、艰苦奋斗,共同绘就了这一幅波澜壮阔、气势恢宏的历史画卷。来自于人民、植根于人民、服务于人民,中国共产党始终保持了马克思主义政党的先进性,始终是引领中国社会发展进步的核心力量。

有着"闯"的精神、"干"的劲头的亿万人民,是中国飞扬的神采,也是中国不息的生机。推动"中国号"巨轮破浪前行、行稳致远,就必须始终同人民想在一起、干在一起。对于中国共产党来说,人民是最坚实的根基,也是接续奋斗的坐标。从"为人民服务,担当起该担当的责任"的执政理念,到"中国梦归根到底是人民的梦"的逐梦召唤,以人民为中心贯彻于一个个具体而务实的改革举措、发展方略。深化改革让人民群众更多地分享到经济发展的成果,法治建设回应对社会公平正义的期盼,正风反腐打造山清水秀的政治生态,脱贫攻坚兑现全面建成小康社会不落一人的政治承诺……把人民放在心中最高的位置,以造福人民为最大政绩,不仅极大提升了人民群众的获得感、幸福感、安全感,也激发出蕴藏于亿万人民之中的创造伟力。面向未来,让每个人都成为新时代的同行者、复兴路的奋斗者,我们就能始终立于不败之地。

不忘初心，方得始终。在新中国成立70周年、我们党全国执政70周年之时，开展"不忘初心、牢记使命"主题教育，既是一次寻根溯源的精神砥砺，更是一次同心逐梦的政治宣示。9000多万党员、近14亿中国人民，是中国发展战风斗雨、再创辉煌的最大确定性。当此大有可为的历史机遇期，这个国家、这个政党和这片土地上的人民，必将汇聚起势不可挡的磅礴力量，向着中华民族伟大复兴的中国梦砥砺前行。

（2019年07月25日）

党的自我革命任重而道远

——回答好党员干部的终身课题①

"做到不忘初心、牢记使命,并不是一件容易的事情,必须有强烈的自我革命精神。"在中共中央政治局第十五次集体学习时,习近平总书记警示全党,党的自我革命任重而道远,决不能有停一停、歇一歇的想法。今年是新中国成立70周年,我们党在全国执政也70年了。当此之时,以"不忘初心、牢记使命"主题教育净化精神、砥砺行动,正是我们党自我革命的要求,正是以党的自我革命来推动伟大社会革命的需要。

自我革命精神,与我们党的初心使命密不可分。正是因为致力于为中国人民谋幸福、为中华民族谋复兴,我们党始终能"坚持真理、修正错误",在历史风浪中锻造革命性,于改造世界同时也改造自己。无论是长征途中平均每公里就有4位战士倒下,还是修筑川藏公路时3000英烈长眠雪域高原;无论是三代塞罕坝人荒山植绿写就生态奇迹,还是平均年龄36岁的科研团队业精于勤放飞"北斗"……回顾历史,一代代共产党人初心不改、使命在肩,在战风斗雨、改天换地中书写了我们党、我们国家、我们民族的辉煌史诗。是如磐初心、永恒使命让我们党义无反顾向着这个目标前进,赢得了人民衷心拥护和坚定支持。

自我革命,是拿起手术刀给自己动手术,自身既是变革的主体,也是变革的对象,思想上需要高度的自省,行动上需要高度的自觉。

习近平总书记曾以"四个不容易"告诫全党:"功成名就时做到居安思危、保持创业初期那种励精图治的精神状态不容易,执掌政权后做到节俭内敛、敬终如始不容易,承平时期严以治吏、防腐戒奢不容易,重大变革关头顺乎潮流、顺应民心不容易。"不容易,背后是对新形势新任务的深刻判断,是对管党治党的深刻理解,是对自我革命与社会革命的深刻把握。中国特色社会主义进入新时代,我们比历史上任何时期都更接近、更有信心和能力实现中华民族伟大复兴。船到中流浪更急、人到半山路更陡。如果在一片喝彩声、赞扬声中丧失革命精神和斗志,就会"一篙松劲退千寻";时刻保持强烈的自我革新意愿和动力,才能"百尺竿头更进一步"。

不忘初心、牢记使命,要靠全党共同努力来实现。此次主题教育,列出了8个方面突出问题,都是可能动摇党的根基、阻碍党的事业的问题,必须以彻底的自我革命精神加以解决。"一开始就改起来,把'改'字贯穿始终,真改实改、攻坚克难",这是中央对这次主题教育的明确要求。为什么要把"改"字贯穿始终?就是因为只有"改",才能真正实现自我净化、自我完善、自我革新、自我提高;只有"改",才能以实实在在的成效赢得群众、赢得人心。这是我们进行自我革命的要求,也是我们推动社会革命的基础。

"七一"之际,一个新入党的党员表态,"思想入党、行动入党,是一辈子的事"。的确,对于每一个党员,提升思想境界、担当使命责任,都只有进行时没有完成时,都只有更好没有最好。在理论学习上,是不是还存在"学得浅""学得散"的问题?在服务群众上,有没有做到尽心尽力、全心全意?能不能自觉抵制各种形式主义、官僚主义?有没有坚决摒弃一切得过且过、敷衍塞责?每一个党员、干部特别是领导干部必须常怀忧党之心、为党之责、强党之志,积极主动投身到主题教育中来,检视问题、认真整改,让党的每个细胞都保持纯洁性、先进性,充满活力、战斗力,让我们党始终朝气蓬勃、意气风发。

1945年,党的七大在陕西延安杨家岭的中央大礼堂召开,会场墙壁的旗座上,写着八个字——"坚持真理,修正错误"。从建党初期的50

多名党员,到建党 98 周年时超过 9000 万党员,我们现在更需要在革故鼎新、守正出新中不断实现自身跨越,不断进行自我革命,筑牢初心、坚守使命,永葆旺盛生命力和强大战斗力,推动党领导的伟大社会革命不断从胜利走向新的胜利。

(2019 年 07 月 09 日)

以强大思想武器推进自我革命

——回答好党员干部的终身课题 ②

　　以党的创新理论武装头脑,就要掌握贯穿其中的马克思主义立场观点方法,不断推进党的自我革命

　　中国共产党的自我革命,是一种自觉、一种担当,也是管党治党的实际行动,体现着知和行的统一

　　用好我们长期以来推进自我革命形成的重要经验,才能让主题教育以实际成效取信于民

　　"马克思主义是指导我们改造客观世界和主观世界的锐利思想武器。"在中共中央政治局第十五次集体学习时,习近平总书记强调,在"不忘初心、牢记使命"主题教育中,要充分运用并不断发展推进党的自我革命的重要经验。

　　对于中国共产党人,马克思主义是思想的引领,也是行动的指南,永远占据着真理与道义的制高点。中国共产党人在革命、建设、改革各个历史时期,不断推进马克思主义中国化,先后形成了毛泽东思想、邓小平理论、"三个代表"重要思想、科学发展观、习近平新时代中国特色社会主义思想,为推进社会革命和自我革命提供了强大思想武器。习近平总书记强调:"学习马克思主义基本理论是共产党人的必修课",学好了这门必修课,才能答好"自我革命"的必答题。

党的创新理论发展到哪里,理论学习就要跟进到哪里;理论创新每前进一步,理论武装就要跟进一步。这次主题教育,"理论学习有收获"是具体目标之一,重点就是学深悟透习近平新时代中国特色社会主义思想。强调"勇于自我革命,是我们党最鲜明的品格,也是我们党最大的优势",指出"我们党之所以有自我革命的勇气,是因为我们党除了国家、民族、人民的利益,没有任何自己的特殊利益","讲政治,是我们党补钙壮骨、强身健体的根本保证,是我们党培养自我革命勇气、增强自我净化能力、提高排毒杀菌政治免疫力的根本途径"……习近平新时代中国特色社会主义思想,为我们党在新时代推进自我革命,提供了认识论、方法论。

中国共产党的自我革命,是一种自觉、一种担当,也是管党治党的实际行动,体现着知和行的统一。涤荡"四风",党风政风为之一新;打虎拍蝇,党心民心为之一振;固本培元,补足信仰的"钙质";建章立制,扎紧权力的"笼子";民主生活会上,久违的"辣味"让人脸红出汗;"三会一课"中,严肃活泼的氛围激发干事创业的活力……党的十八大以来,新时代党的建设伟大工程,可以说是一场深刻的自我革命。习近平总书记对全面从严治党的深邃思考,既继承了党近百年奋斗形成的理论成果、实践经验、光荣传统、优良作风,又体现了党的十八大以来我们党与时俱进的创新创造。我们在主题教育中,以党的创新理论武装头脑,就要掌握贯穿其中的马克思主义立场观点方法,不断推进党的自我革命。

习近平总书记强调"打铁还需自身硬"。在中共中央政治局第十五次集体学习时,习近平总书记列举了关于党的自我革命的丰富思想成果,并强调"这些都是推进党的自我革命的重要经验,在这次主题教育中要充分运用并不断发展"。以坚定理想信念、加强党性修养,解决思想根子问题;以开展批评和自我批评,把问题找实、把根源挖深;以党内监督、人民监督,做到立查立改、即知即改、持续整改;以从严管党治党、严肃党内政治生活,净化政治生态……用好我们长期以来推进自我革命形成的重要经验,才能让主题教育以实际成效取信于民。

不忘初心、牢记使命要靠全党共同努力来实现,党的自我革命,也离不开每个党员"守初心、担使命、找差距、抓落实",不断实现自我净化、自我完善、自我革新、自我提高。把对马克思主义的信仰，对中国特色社会主义的信念，对实现中华民族伟大复兴中国梦的信心，内化于心、外化于行，我们就一定能写好不负时代、不负人民的合格答卷。

（2019年07月10日）

正视问题的自觉 刀刃向内的勇气

——回答好党员干部的终身课题 ③

> 以主题教育来一次思想洗礼、行为纠偏，正是为了防止小问题变成大问题、小管涌沦为大塌方，让我们党始终朝气蓬勃
>
> 有正视问题的自觉，才能发现不足、找到短板；有刀刃向内的勇气，才能解决问题、不断进步
>
> 深入群众听意见、打开大门受监督，才能扫清那些被忽略的"死角"，让整改落实真正到位

"不忘初心、牢记使命，关键是要有正视问题的自觉和刀刃向内的勇气。"在中共中央政治局第十五次集体学习时，习近平总书记强调，"这次主题教育列出的 8 个方面突出问题，都是可能动摇党的根基、阻碍党的事业的问题，必须以彻底的自我革命精神加以解决。"

敢于直面问题、勇于修正错误是我们党的显著特点和优势。习近平总书记强调，中国共产党的伟大不在于不犯错误，而在于从不讳疾忌医，敢于直面问题，勇于自我革命，具有极强的自我修复能力。今年是新中国成立 70 周年，我们党在全国执政也 70 年了。应该看到，在长期执政条件下，各种弱化党的先进性、损害党的纯洁性的因素无时不有，各种违背初心和使命、动摇党的根基的危险无处不在。当此之时，以主题教育对党员干部来一次思想洗礼、行为纠偏，正是为了防止小问题变成大

问题、小管涌沦为大塌方，让我们党始终朝气蓬勃。

对于每一个党员而言，同样需要有自我革命的精神，不断打造和锤炼自己。鲁迅曾说："革命者决不怕批判自己，他知道得很清楚，他们敢于明言。"对于初心，需要时时勤叩问；对于使命，需要铁肩担重任。初心和使命不是抽象的而是具体的，就体现在能否不断审视自己、要求自己、检查自己，让自己的信仰更加纯粹、脚步更加坚定。可以说，主题教育是一次难得的契机，能让党员干部在学习教育、调查研究、检视问题、整改落实的过程中，完成一次自我革命。

有正视问题的自觉，才能发现不足、找到短板。《老子》中有句话，叫"夫唯病病，是以不病"，也就是说，把问题当问题，才能不出问题。主题教育把"检视问题"贯穿始终，正是督促党员干部好好查一查、找一找自己存在的问题。理论学习上，是不是还是"知其然，不知其所以然"？服务人民上，是不是还存在"被动等待多、主动作为少"？调查研究上，有没有浮光掠影、走马观花？担当作为上，能不能勇挑重担、主动亮剑？"若能反己，方见自己有许多未尽处"，多找找差距、多发现问题，就会看到自己还有许多"成长空间"，也才能在自我解剖、自我省视中更上层楼。

有刀刃向内的勇气，才能解决问题、不断进步。习近平总书记强调，要把"改"字贯穿始终。检视问题是方法，整改问题才是目的。习近平总书记在主题教育工作会议上，对整改落实提出了"四个防止"：防止虎头蛇尾、久拖不决，防止搞纸上整改、虚假整改，防止以简单问责基层干部代替整改责任落实，防止以整改为名，层层填表报数，增加基层负担。好不好，看实效；行不行，看执行。"人患不知其过，既知之，不能改，是无勇也。"什么问题突出就着重解决什么问题，什么问题紧迫就抓紧解决什么问题，真刀真枪解决问题，才能补短板、强弱项、固根本，防源头、治苗头、打露头，达到自我净化、自我完善、自我革新、自我提高的效果。

"群众的眼睛是雪亮的。"对党内的一些突出问题，人民群众往往看得很清楚。习近平总书记强调，"我们不能关起门来搞自我革命"。党员干部初心变没变、使命记得牢不牢，要由群众来评价、由实践来检验。我们开展主题教育，说到底是要解决党内存在的违背初心和使命的各种问题，进一步坚守初心、担当使命，具体就体现在能不能让群众受益、是不是让群众满意，这也是一种"效果导向"。深入群众听意见、打开大门受监督，才能扫清那些被忽略的"死角"，解决好"沙滩流水不到头"的问题，让整改落实真正到位，让主题教育更有成效。

很多问题的解决不能一蹴而就，解决问题也是一个长期的过程。正视问题，要成为一种自觉；刀刃向内，要成为一种习惯。唯其如此，党员干部才能成为时代先锋，我们的党才能永远立于不败之地。

（2019年07月11日）

守初心，时刻牢记根本宗旨

——牢牢把握主题教育总要求 ①

> 重温初心、感悟初心、践行初心，才能把我们的根本宗旨和奋斗目标内化于心、外化于行，保持党同人民群众的血肉联系

福建推行一线蹲点调研，着力推动问题在一线发现、关怀在一线送达、作风在一线体现；陕西深入发掘宣传老红军刘宝斋、国测一大队、西安交大"西迁精神"等先进事迹；安徽以脱贫攻坚中的形式主义、官僚主义等突出问题为反面教材，开展警示教育……什么是初心？如何守初心？在"不忘初心、牢记使命"主题教育中，党员干部进一步理解了"初心"二字的千钧分量。

为中国人民谋幸福，为中华民族谋复兴，是中国共产党人的初心和使命。习近平总书记在"不忘初心、牢记使命"主题教育工作会议上强调，"守初心，就是要牢记全心全意为人民服务的根本宗旨，以坚定的理想信念坚守初心，牢记人民对美好生活的向往就是我们的奋斗目标，时刻不忘我们党来自人民、根植人民，永远不能脱离群众、轻视群众、漠视群众疾苦。"重温初心、感悟初心、践行初心，才能把我们的根本宗旨和奋斗目标内化于心、外化于行，保持党同人民群众的血肉联系，让党的根

基永固、让党的力量永存。

初心系于人民，使命为了人民。我们将迎来中国共产党成立98周年。回首来时路，一个结论格外清晰：同人民风雨同舟、血脉相通、生死与共，是我们党战胜一切困难和风险的根本保证。从长征路上的红军鞋，到淮海战役的小推车；从小岗村村民的红手印，到"最成功的脱贫故事"，人民的力量一旦被激发出来，就有着改天换地的伟力。历史和现实都充分证明，人民是我们党执政的最大底气，是人民共和国的坚实基础，是我们强党兴国的根本所在。

守初心，需要以真挚的人民情怀滋养初心。党的十八大以来，习近平总书记在基层考察调研时，每到一地，凡是百姓关心的事，他都一一察看过问；凡是关乎国计民生的重大问题，他都重点调研谋划。在河北调研时吃大盆菜，在芦山地震灾区住临时板房，自己掏钱为梁家河的乡亲们购买年货；"建新房多少钱""粮食够不够吃""孩子上学要走多远""家里是旱厕还是水厕"……点点滴滴，体现深切的人民情怀，彰显共产党人的初心。"参天之木，必有其根；怀山之水，必有其源"。唯有时刻不忘为了谁、依靠谁、我是谁，真正同人民结合起来，才能凝聚起万众一心、干事创业的强大力量。

守初心，需要以牢固的公仆意识践行初心。明年，我们将努力实现第一个百年奋斗目标，全面建成小康社会。与此同时，人民美好生活的需要也日益广泛，不仅对物质文化生活提出了更高要求，而且在民主、法治、公平、正义、安全、环境等方面的要求日益增长。能不能打赢蓝天、碧水、净土保卫战？如何使贫中之贫、困中之困摆脱贫困进入全面小康？怎样提高全社会文明程度？如何让人民群众在每一个司法案件中都感受到公平正义？践行初心，还需要继续努力，把人民的期待变成我们的行动，把人民的希望变成生活的现实，正像习近平总书记概括他的执政理念一样：为人民服务，担当起该担当的责任。

"大道之行，天下为公。"党的十九大报告以这样一句古语，道出了我们共产党人近百年所行大道的真谛。说到底，这一大道就是一条与人民心心相印、同甘共苦、团结奋斗的人间正道。苍茫林海，扎根大地才能根深叶茂；大江大河，不忘源头才能奔腾不息。守初心，也是在守护我们的执政根基、守护我们的发展动力。唯有永葆初心、勇担使命，才能真正同人民想在一起、干在一起，把近 14 亿人的力量凝聚在一起，风雨无阻、一往无前。

（2019 年 06 月 28 日）

担使命，勇于担当积极作为

——牢牢把握主题教育总要求 ②

> 党员干部的肩膀能负重、敢担当，我们的事业才能一往无前
>
> 党员干部要蹚地雷阵、涉深水区、啃硬骨头，在真刀真枪中磨炼品质、塑造价值，创造出经得起实践、人民、历史检验的实绩
>
> 面对新时代的挑战，不当几回热锅上的蚂蚁，不接几次烫手的山芋，就不可能激发出个人潜能，也难以磨砺出担当重任的真本领

今天是中国共产党成立98周年，回望历史，中华民族站起来、富起来、强起来的不凡征程，刻印下共产党人的担当与奉献，书写着共产党人的初心和使命。当此之时，最好的庆祝，就是扎实开展好"不忘初心、牢记使命"主题教育，在积极作为中彰显使命担当。

责任呼唤担当，使命引领未来。习近平总书记在"不忘初心、牢记使命"主题教育工作会议上强调，"担使命，就是要牢记我们党肩负的实现中华民族伟大复兴的历史使命，勇于担当负责，积极主动作为，保持斗争精神，敢于直面风险挑战，以坚忍不拔的意志和无私无畏的勇气战胜前进道路上的一切艰难险阻"。伟大事业任重道远，作为复兴路上的推进者和主力军，党员干部的肩膀能负重、敢担当，我们的事业才能一往

无前、一路凯歌。

"常思奋不顾身，而殉国家之急"。从井冈山上4.8万多名烈士埋骨于此、点燃中国革命的星星之火，到游击队员保家卫国抗击日寇，不惧"山高水又深""敌人枪炮狠"；从新中国成立之初自力更生、打破帝国主义经济封锁，到改革开放"杀出一条血路"、让中国大地旧貌换新颜……在近百年的长河中，为国家、为民族、为人民的使命感，激励着一代代共产党人奋斗前行。从执政中国的赶考，到发展中国的赶考，再到民族复兴的赶考，习近平总书记多次引用"赶考"的说法，激励党员干部担当使命、砥砺作为，在新的赶考中交出更加优异的答卷。

担使命，就要在斗争中长精神，直面风险挑战。沧海横流显本色，党员干部要蹚地雷阵、涉深水区、啃硬骨头，在真刀真枪中磨炼品质、塑造价值，创造出经得起实践、人民、历史检验的实绩。党的十八大以来，从减贫奇迹到绿色发展，从反腐败斗争到供给侧改革，我国发生历史性变革、取得历史性成就的一个重要原因，就是在斗争中凝聚攻坚克难的磅礴力量。新的长征路上，面对错综复杂的国际形势，如何在"逆全球化"涌动、"保护主义"抬头时沉着应对？面对推动经济高质量发展的要求，如何在稳增长、促改革、调结构、惠民生、防风险、保稳定的任务中笃实前行？当此之时，唯有目标高远、使命在肩，既抬头看天又低头看路，既放眼世界也立足自身，才能续写共产党人的辉煌与荣光。

担使命，就要在实践中增智慧，勇挑发展重担。"干部成长无捷径可走，经风雨、见世面才能壮筋骨、长才干。"习近平总书记寄语广大党员干部，当攻坚克难的奋斗者、不当怕见风雨的泥菩萨，勉励广大年轻干部在摸爬滚打中增长才干，在层层历练中积累经验。面对新时代的挑战，不当几回热锅上的蚂蚁，不接几次烫手的山芋，就不可能激发出个人潜能，也难以磨砺出担当重任的真本领。同时，敢于担当还需善于担当。面对没有现成答案的课题、没有先例的实践、没有既往经验的工作，要在实践历练中增长经验智慧，摸清规律、看到本质，练就兵来将挡、水来土掩的硬功夫。

一代人有一代人的长征路，一代人有一代人的使命担当。今天，在新的历史起点上，迎着中华民族伟大复兴的光明前景，广大党员干部要不惧艰险,不计私利,把使命放在心上,把责任扛在肩上。以"功成不必在我"的精神境界和"功成必定有我"的担当,以时不我待、只争朝夕的精神,用"宽肩膀""铁肩膀"勇挑重担,在新长征路上创造新业绩,书写新辉煌。

(2019 年 07 月 01 日)

找差距,坚持高标准严要求

——牢牢把握主题教育总要求 ③

　　自我革命、正视问题,需要自觉对表对标,寻找差距、深入剖析,有的放矢进行整改

　　聚焦解决思想根子问题,是发现差距的"总钥匙",是解决问题的第一步

　　领导干部当好表率带好头,不断自我净化、自我完善、自我革新、自我提高,才能淬炼一支铁一样的队伍

"做到不忘初心、牢记使命,并不是一件容易的事情,必须有强烈的自我革命精神。"在中央政治局第十五次集体学习时,习近平总书记强调,"不忘初心、牢记使命,关键是要有正视问题的自觉和刀刃向内的勇气"。自我革命、正视问题,需要在主题教育中自觉对表对标,寻找差距、深入剖析,有的放矢进行整改。

坚持高标准、严要求,找差距、补短板,是由我们党肩负的历史使命和人民群众的期待决定的。习近平总书记在"不忘初心、牢记使命"主题教育工作会议上强调:"找差距,就是要对照新时代中国特色社会主义思想和党中央决策部署,对照党章党规,对照人民群众新期待,对照先进典型、身边榜样,坚持高标准、严要求,有的放矢进行整改。"这一要求,为广大党员干部在主题教育中认认真真找差距、扎扎实实做整改

确立了重要的坐标,提供了清晰的行动指南。

找差距,就是要对照习近平新时代中国特色社会主义思想和党中央决策部署,找一找在增强"四个意识"、坚定"四个自信"、做到"两个维护"方面存在哪些差距。政治上的坚定、党性上的坚定,都离不开理论上的坚定。今天,面对错综复杂的国际环境和艰巨繁重的国内改革发展稳定任务,尤其需要团结一致、形成合力,避免思想上的松懈、行动上的怠惰。贯彻落实党中央部署是否自觉、坚定?思想上政治上行动上是否能同以习近平同志为核心的党中央保持高度一致?聚焦解决思想根子问题,是发现差距的"总钥匙",是解决问题的第一步。

找差距,就是要对照党章党规,找一找在知敬畏、存戒惧、守底线方面存在哪些差距。马克思在致恩格斯的信中曾指出:"必须绝对保持党的纪律,否则将一事无成。"革命年代,我们用"不拿群众一针一线"的铁的纪律赢得人民支持;党的十八大以来,我们用铁腕反腐再次凝聚人心。历史早已证明,严明的纪律是党执政的生命线。一个拥有9000多万党员的大党,没有纪律和规矩,就会成为一盘散沙。领导干部当好表率带好头,不断自我净化、自我完善、自我革新、自我提高,才能淬炼一支铁一样的队伍。

找差距,就是要对照人民群众新期待,找一找在群众观点、群众立场、群众感情、服务群众方面存在哪些差距。今天,人民对美好生活的向往更加强烈,利益诉求更多元,亟待广大党员干部"想群众之所想,急群众之所急"。俯下身倾听,沉下心干事,始终保持党同人民群众的血肉联系,推动解决人民群众反映强烈的突出问题,才能不断增强人民群众的获得感、幸福感、安全感。

找差距,就是要对照先进典型、身边榜样,找一找在思想觉悟、能力素质、道德修养、作风形象方面存在哪些差距。我们不仅要学习先进典型的事迹,更要通过学习先进典型查摆不足,找出努力的方向。更多干部以身作则,把先进典型的先进事迹,内化为干事创业的行动标杆,才能在新长征路上继往开来。

"党的自我革命任重而道远,决不能有停一停、歇一歇的想法。"沉下心来反思自己的不足和缺点,抬起头来看看应该达到的目标和境界,才能有更大的成长空间、更足的前进动力。按照中央要求,把思想摆进去、把职责摆进去、把工作摆进去,才能真正把初心使命进一步转变成埋头苦干和真抓实干的自觉行动,将脚下的路走得更好更稳。

(2019 年 07 月 02 日)

抓落实，埋头苦干解决难题

——牢牢把握主题教育总要求 ④

抓落实，要看实际行动、要有自觉行动、要见为民行动

理论发展的动力是回答问题，理论创新的逻辑是解决问题，理论的威力只有付诸实践才能发挥出来

抓好落实，呼唤我们在思想认识上"致广大"、担当任事上"尽精微"

"不忘初心、牢记使命，关键是要有正视问题的自觉和刀刃向内的勇气。要坚持问题导向，真刀真枪解决问题"。"不忘初心、牢记使命"主题教育开展以来，成效正体现在实实在在的行动中：海南省把开展主题教育与专项整治相结合，确保有的放矢；西藏自治区党委常委班子成员，深入海拔4500米以上的艰苦边远地方察实情、找问题、出实招；广州市紧紧围绕中心工作，坚持"为民服务解难题"……找到问题、正视问题、解决问题，体现的正是主题教育"抓落实"的要求。

"守初心、担使命，找差距、抓落实"，是一个相互联系的整体，落脚点在抓落实。习近平总书记在"不忘初心、牢记使命"主题教育工作会议上强调，"抓落实，就是要把新时代中国特色社会主义思想转化为推进改革发展稳定和党的建设各项工作的实际行动，把初心使命变成党员干部锐意进取、开拓创新的精气神和埋头苦干、真抓实干的自觉行动，

力戒形式主义、官僚主义，推动党的路线方针政策落地生根，推动解决人民群众反映强烈的突出问题，不断增强人民群众获得感、幸福感、安全感。"这为主题教育"抓落实"指明了方向、提供了遵循。

抓落实，要看实际行动。开展主题教育，是用习近平新时代中国特色社会主义思想武装全党的迫切需要。理论发展的动力是回答问题，理论创新的逻辑是解决问题，理论的威力只有付诸实践才能发挥出来。主题教育强调思想建党、理论强党，为的正是把党的创新理论贯穿于想问题、作决策、干工作的全过程。我们推动理论学习往深里走、往心里走、往实里走，把学习成效转化为增强党性、提高能力、改进作风、推动工作的生动实践，才能从根本上提高运用党的创新理论指导实践、推动工作的水平。

抓落实，要有自觉行动。幸福不会从天降，美好生活是等不来的。改革发展的每一次跃升、每一项成就，无不是从真抓实干中开拓出来、从攻坚克难中擘画出来的。"一语不能践，万卷徒空虚。"无论是实现党的十九大确定的宏伟目标，还是以优异成绩迎接新中国成立70周年，都需要党员干部拿出魄力、勇于担当、走在前列。党员干部能不能察实情、讲实话、出实招、办实事、求实效，关乎百姓忧乐、万家灯火。此次主题教育，就是要激励广大党员干部把坚定初心和勇毅使命，落实到埋头苦干、真抓实干中，开创乘势而上的改革发展新局面。

抓落实，要见为民行动。习近平总书记强调，干部要把人民放在心中最高位置。党的十八大以来，从专项整治"舌尖上的浪费""会所里的歪风"，到开展党的群众路线教育实践活动、"三严三实"专题教育、"两学一做"学习教育，一个共同点就是推动解决人民群众反映强烈的突出问题，不断巩固党的执政基础。为民服务没有完成时，作风建设永远在路上。当前，一些党员干部为民服务不实在、不上心、不尽力，还存在脱离群众的问题。要把"为人民服务"落实到点点滴滴、把"以人民为中心"贯彻到一言一行，才能以切实成效取信于民。

古语有云，"致广大而尽精微"。主题教育抓好落实，呼唤我们在思想认识上"致广大"、担当任事上"尽精微"。展望前程，我们将在明年全面建成小康社会、实现第一个百年奋斗目标，还将乘势而上开启全面

建设社会主义现代化国家新征程,向第二个百年奋斗目标进军。全面把握"守初心、担使命,找差距、抓落实"的总要求,将其贯穿主题教育全过程,出实招,鼓实劲,我们一定能把各项工作做到群众心坎里,把业绩书写在广阔天地间。

(2019年07月03日)

学懂弄通做实，理论学习有收获

——对准"不忘初心、牢记使命"主题教育具体目标①

开展这次主题教育，是用习近平新时代中国特色社会主义思想武装全党的迫切需要，是推进新时代党的建设的迫切需要，是保持党同人民群众血肉联系的迫切需要，是实现党的十九大确定的目标任务的迫切需要

从一定意义上说，掌握马克思主义理论的深度，决定着政治敏感的程度、思维视野的广度、思想境界的高度

"只有理论上清醒才能有政治上清醒，只有理论上坚定才能有政治上坚定。""要炼就'金刚不坏之身'，必须用科学理论武装头脑，不断培植我们的精神家园。""加强思想教育和理论武装，是党内政治生活的首要任务，是保证全党步调一致的前提。"……党的十八大以来，习近平总书记一再强调党员干部加强理论学习的重要性，把理论思维、理论修养、理论水平摆在了重要位置。

在"不忘初心、牢记使命"主题教育工作会议上，习近平总书记强调："理论学习有收获，重点是教育引导广大党员干部在原有学习的基础上取得新进步，加深对新时代中国特色社会主义思想和党中央大政方针的理解，学深悟透、融会贯通，增强贯彻落实的自觉性和坚定性，提高运用党的创新理论指导实践、推动工作的能力。"这为推动党员干部全面系统

学、深入思考学、联系实际学,明确了努力方向,提供了重要遵循,是主题教育达到"理论学习有收获"具体目标的根本方法。

恩格斯说过:"一个民族要想站在科学的最高峰,就一刻也不能没有理论思维。"我们党一向重视思想建党、理论强党。98年来,中国共产党之所以能从一个50多人的小党发展成为有着8900多万名党员、在近14亿人口国家长期执政的世界第一大党,就在于始终把马克思主义这一科学理论作为自己的行动指南,并坚持在实践中不断丰富和发展马克思主义。习近平新时代中国特色社会主义思想,是当代中国的马克思主义、21世纪马克思主义,是党和国家必须长期坚持的指导思想。开展这次主题教育,是用习近平新时代中国特色社会主义思想武装全党的迫切需要,是推进新时代党的建设的迫切需要,是保持党同人民群众血肉联系的迫切需要,是实现党的十九大确定的目标任务的迫切需要。

与党的要求相比,与实践发展相比,不少党员干部在理论学习上还存在差距。"检视问题"是主题教育的重要内容。在理论学习上,常有人说自己"学得浅""学得散"。认识到这一点后,还需要往深里挖一层。何谓学得浅?何谓学得散?学得浅,是指没有理解创新理论背后的认识论、方法论;学得散,是指没有从整体上、全局中去掌握创新理论。比如,理解新发展理念,不能仅仅是记住五个方面,还需要深入体会背后的系统思维、辩证思维、战略思维;比如,理解"绿水青山就是金山银山",就要放在"五位一体"总体布局中去把握。往深里走、往心里走、往实里走,才能真正掌握习近平新时代中国特色社会主义思想的精髓和要义。

马克思曾指出:"光是思想力求成为现实是不够的,现实本身应当力求趋向思想。"党的创新理论学习,贵在联系实际、解决问题,真正用以指导实践、推动工作。有基层干部说得很实在,学习党的创新理论让他学会了"问问题":一事当前,问一问这件事是不是与新发展理念相符,是不是与对党员干部的要求相符?以党的创新理论对表对标、校准偏差外,还需要联系时代问题,填补"新办法不会用,老办法不管用,硬办法不敢用,软办法不顶用"的本领赤字,目光四射地干中学、学中干,到改革发展的大海中去挑战"暗礁""旋涡",才能真正达到习近平总书记关于"识水性"的要求。深入理解习近平新时代中国特色社会主义思想的核心要义和实践要求,才能把理论学习的成果,贯穿于每时每事,体现在方方面面。

从一定意义上说,掌握马克思主义理论的深度,决定着政治敏感的程度、思维视野的广度、思想境界的高度。每一位党员干部都应当把学习理论当作一种神圣职责、一种精神境界、一种终身追求,在学思践悟中、在真信笃行中,把理论的力量转化为改变世界的力量,走好实现中华民族伟大复兴的新长征。

(2019年06月04日)

坚定信仰信念，思想政治受洗礼

——对准"不忘初心、牢记使命"主题教育具体目标②

> 信仰之基一时一刻也不能松动，精神之钙一丝一毫也不能缺少，要不断掸去思想上的灰尘、淬炼政治上的坚定
>
> 信仰信念，要落实在每一个行动、每一次选择中，体现在抓改革、促发展、保民生等一件件实际工作中
>
> 初心凝聚力量，使命催人奋进，奋斗成就辉煌。每一名党员都是一颗信仰的种子

围绕党史、革命史、新中国史组织研学活动，从历史中汲取理想信念给养；集体宣誓重温入党誓词，分享党员成长故事，激发砥砺奋进的决心；结合改革落实、脱贫攻坚、环境治理等工作现场讲授党课……连日来，各地党组织纷纷开展主题党日活动，激励党员干部坚定信仰信念，砥砺初心使命。

思想政治受洗礼，是"不忘初心、牢记使命"主题教育的具体目标之一。习近平总书记在"不忘初心、牢记使命"主题教育工作会议上强调："思想政治受洗礼，重点是教育引导广大党员干部坚定对马克思主义的信仰、对中国特色社会主义的信念，传承红色基因，增强'四个意识'、坚定'四个自信'、做到'两个维护'，自觉在思想上政治上行动上同党中央保持高度一致，始终忠诚于党、忠诚于人民、忠诚于马克思主义。"信

仰之基一时一刻也不能松动，精神之钙一丝一毫也不能缺少，在主题教育中加强党员干部思想政治建设，不断掸去思想上的灰尘、淬炼政治上的坚定，才能筑牢信仰之基、补足精神之钙、把稳思想之舵。

心中有信仰，脚下有力量。这个信仰，就是对马克思主义的信仰。信仰的力量，究竟有多大？从"革命理想高于天"的崇高追求，到"星星之火、可以燎原"的坚定信心，从"威武不能挫其气，利禄不能动其心"的坚定品格，到"改革是中国的第二次革命"的勇毅前行，千千万万党员磨砺信仰的风骨、笃定信仰的选择，让嘉兴南湖的小小红船，发展成为承载着亿万人民希望的巍巍巨轮。从"站起来"、"富起来"到"强起来"，正是马克思主义信仰，催生了一种新的社会实践、一套新的政治制度、一条新的发展道路，在百年历史中写下不朽的传奇。补足信仰之钙，打好信念之铁，炼出意志之钢，我们方能在今天具有许多新的历史特点的伟大斗争中赢得主动。

心中有信念，前行有方向。这个信念，是对中国特色社会主义的信念。一个国家实行什么样的主义，关键要看这个主义能否解决这个国家面临的历史性课题。是马克思列宁主义、毛泽东思想引导中国人民走出了漫漫长夜、建立了新中国，是中国特色社会主义使中国快速发展起来。新中国70年，能在"一穷二白"的山河上绘出最新最美的画卷，能从"开除球籍"的边缘走近世界舞台中央，正在于我们在探索中找到了一条自己的道路。正如习近平总书记强调的："历史和现实都告诉我们，只有社会主义才能救中国，只有中国特色社会主义才能发展中国，这是历史的结论、人民的选择"。坚持和发展中国特色社会主义是一篇大文章，我们这一代共产党人的任务，就是继续把这篇大文章写下去，让我们的制度越来越成熟，让我们的道路越走越宽广。

"秀水泱泱，红船依旧；时代变迁，精神永恒"。新时代要有新气象，更要有新作为。在新中国成立70周年之际开展"不忘初心、牢记使命"主题教育，为的是让广大党员干部从光辉征程、伟大奇迹、宝贵精神中感悟信仰的力量、使命的分量，在实干兴邦、奋斗强国中塑造新时代共产党人的精神风貌。信仰信念要落实在每一个行动、每一次选择中。革命时期，政治坚定是冲锋在前、舍身忘我；建设时期，政治坚定是身先士卒、白手起家；如今新时代新征程，政治坚定必须体现到抓改革、促发展、保民生等一件件实际工作中。确保主题教育取得扎扎实实的成效，就要把坚定信仰转化为对本职工作的不懈进取、对高尚情操的笃定坚持、对艰难险阻的勇于担当，以永不懈怠的精神状态和一往无前的奋斗姿态，肩负起新时代共产党人的历史使命。

初心凝聚力量，使命催人奋进，奋斗成就辉煌。每一名党员都是一颗信仰的种子。植根人民的沃土，永远保持中国共产党人的奋斗精神，永远保持对人民的赤子之心，每一颗种子都将成长为为党分忧、为国干事、为民谋利的栋梁，在神州大地上书写逐梦复兴的历史新篇章。

（2019年06月05日）

保持奋发有为，干事创业敢担当

——对准"不忘初心、牢记使命"主题教育具体目标③

> 做起而行之的行动者，当攻坚克难的奋斗者，既是义不容辞的政治责任，也是舍我其谁的历史使命
>
> 只有用知重负重、攻坚克难的实际行动，才能诠释对党的忠诚、对人民的赤诚

习近平总书记曾这样概括自己的执政理念："为人民服务，担当起该担当的责任。"担当二字，重逾千钧。从"干部就要有担当，有多大担当才能干多大事业"，到"干部干部，干是当头的"，再到"加强斗争历练，增强斗争本领，永葆斗争精神"，敢于担当、敢于斗争，是习近平总书记对党员干部的明确要求，也是共产党人应有的政治品格。

"干事创业敢担当"，是"不忘初心、牢记使命"主题教育的具体目标之一。在主题教育工作会议上，习近平总书记强调："干事创业敢担当，重点是教育引导广大党员干部以强烈的政治责任感和历史使命感，保持只争朝夕、奋发有为的奋斗姿态和越是艰险越向前的斗争精神，以钉钉子精神抓工作落实，努力创造经得起实践、人民、历史检验的实绩。"如何干事创业、怎么担当作为，习近平总书记的重要讲话提出了明确要求，指明了方法路径。做起而行之的行动者，当攻坚克难的奋斗者，既是义不容辞的政治责任，也是舍我其谁的历史使命。

初心不改,这是来自历史的回响。作为世界最大政党,何以在98年风雨中意气风发、朝气蓬勃?成立70年的新中国,何以在砥砺奋进中矢志不渝、一往无前?这一切,都离不开闯关夺隘披荆斩棘的勇气、挑重担啃硬骨头的担当、逢山开路遇水架桥的干劲。犹记65年前,1200多名筑路人用手中的铁锹和十字镐,翻越昆仑山,蹚过黑河,打通石峡……耗时7个月零4天,修通了"雪域天路"青藏公路。在前行的征途上,无数共产党人越是艰险越向前,凭着奋斗精神、担当精神、斗争精神,走出了一条中国自己的道路,创造了无数人间奇迹。

继续前进,这是面向未来的宣言。不久前,随着最后两个贫困县延川、宜川脱贫退出,革命圣地延安告别绝对贫困。这背后,是1700多名干部驻村担任第一书记扎根基层的担当,是1500多支驻村工作队直插一线的作为,是3万多名干部联户帮扶坚持不懈的努力。站在新的历史起点上,统筹推进"五位一体"总体布局、协调推进"四个全面"战略布局,贯彻落实新发展理念,打好三大攻坚战,做好稳增长、促改革、调结构、惠民生、防风险、保稳定等工作,都需要担当,都需要发扬斗争精神、提高斗争本领。只有用知重负重、攻坚克难的实际行动,才能诠释对党的忠诚、对人民的赤诚。

能否敢于负责、勇于担当,最能看出一个干部的党性和作风。在新中国成立70周年、我们党在全国执政70年之际,不忘干事创业的初心,砥砺奋斗精神、担当精神、斗争精神,具有很强的现实针对性和实践指导性。以这次主题教育为契机,把问题找实、把根源挖深,明确努力方向和改进措施,才能更好振奋党员干部的精气神,在担当作为中书写新的篇章。

疾风知劲草,烈火炼真金。干事创业敢担当,不仅要有责任重于泰山的意识,坚持党的原则第一、党的事业第一、人民利益第一,还要有敢于斗争、善于斗争的自觉,面对大是大非敢于亮剑,面对矛盾敢于迎难而上,面对危机敢于挺身而出,面对失误敢于承担责任。在主题教育中,要把习近平新时代中国特色社会主义思想转化为推进改革发展稳定和党的建设各项工作的实际行动,把初心使命变成党员干部锐意进取、开拓创新的精气神和埋头苦干、真抓实干的自觉行动,以钉钉子精神抓工作落实，努力创造经得起实践、人民、历史检验的实绩。

　　牢记我们党肩负的实现中华民族伟大复兴的历史使命，勇于担当负责，积极主动作为，直面风险挑战，我们就能以坚忍不拔的意志和无私无畏的勇气，战胜前进道路上的一切艰难险阻，踏平坎坷成大道，长风破浪会有时！

（2019 年 06 月 06 日）

坚守人民立场，为民服务解难题

——对准"不忘初心、牢记使命"主题教育具体目标④

> 瞄准人民群众普遍关心的突出问题，一个一个解决，才能不断增强人民群众获得感、幸福感、安全感
>
> 人民是我们党执政的最大底气，是我们共和国的坚实根基，是我们强党兴国的根本所在
>
> 每一个共产党人，都需要在为民造福中实现自己的价值，在无私奉献中成就人生的境界

在江西省于都县梓山镇潭头村，与村民一起拉家常；在重庆市石柱土家族自治县，走进中益乡小学的师生食堂；在北京市草厂四条胡同，给老街坊们贴个"福"字……习近平总书记到各地考察调研，总会深入基层、慰问群众、了解民生。贴心交心亲民、念兹在兹忧民，彰显共产党人最深厚的人民情怀、最纯粹的赤子之心。

"为民服务解难题"，是这次"不忘初心、牢记使命"主题教育的具体目标之一。习近平总书记在主题教育工作会议上强调："为民服务解难题，重点是教育引导广大党员干部坚守人民立场，树立以人民为中心的发展理念，增进同人民群众的感情，自觉同人民想在一起、干在一起，着力解决群众的操心事、烦心事，以为民谋利、为民尽责的实际成效取信于民。"中国共产党人的初心和使命，就是为中国人民谋幸福，为中华

民族谋复兴。"守初心"作为主题教育的总要求之一，就是要牢记全心全意为人民服务的根本宗旨，以坚定的理想信念坚守初心，牢记人民对美好生活的向往就是我们的奋斗目标，时刻不忘我们党来自人民、根植人民，永远不能脱离群众、轻视群众、漠视群众疾苦。

人民立场是中国共产党的根本政治立场，是马克思主义政党区别于其他政党的显著标志。带领人民创造幸福生活，是我们党始终不渝的奋斗目标。当前，我们正处在"两个一百年"奋斗目标的历史交汇期，全面建成小康社会进入决胜阶段。正如习近平总书记强调的，全面建成小康社会，不是一个"数字游戏"或"速度游戏"，而是一个实实在在的目标。人民群众关心的问题是什么？是食品安不安全、暖气热不热、雾霾能不能少一点、河湖能不能清一点、垃圾焚烧能不能不有损健康、养老服务顺不顺心、能不能租得起或买得起住房，等等。在主题教育中，瞄准这些人民群众普遍关心的突出问题，一个一个解决，才能不断增强人民群众获得感、幸福感、安全感。

为民、惠民的行动背后，是亲民、敬民的理念与情怀。正是因为秉持"人民对美好生活的向往，就是我们的奋斗目标"，正是因为相信"人民是历史的创造者，是真正的英雄"，正是因为选择"与人民心心相印、与人民同甘共苦、与人民团结奋斗"，我们党凝聚起了亿万人民的力量，在新时代的逐梦征程上一往无前。

党的十八大以来，我们党加强作风建设，增强了群众观念和群众感情，不断厚植党执政的群众基础。但也必须看到，仍有少数党员干部，只对上负责不对下负责，不愿走群众路线；自以为比群众高明，不屑走群众路线；缺乏基层锻炼，不会走群众路线，甚至遇到困难矛盾躲着走、遇到群众诉求绕着走，心里只有小我没有大我，只有小家没有大家。保持初心、实践初心，不是一时一事一朝一夕，必须勤拂拭、常锤炼，一生如斯，永远如斯。在主题教育中，朝着"为民服务解难题"的具体目标，把成效体现在为民谋利、为民尽责上，才能实现好、维护好、发展好最广大人民根本利益，交出让人民满意的答卷。

人民是我们党执政的最大底气，是我们共和国的坚实根基，是我们强党兴国的根本所在。我们党来自人民、植根人民、服务人民。每一个

共产党人,都需要在为民造福中实现自己的价值,在无私奉献中成就人生的境界,坚守人民至上的宗旨信念,践行服务人民的铮铮誓言,与亿万人民一起奔向更加美好的明天。

(2019 年 06 月 10 日)

保持政治本色,清正廉洁作表率

——对准"不忘初心、牢记使命"主题教育具体目标⑤

> 每一位党员都应当对照要求、对准目标,找一找自己在知敬畏、存戒惧、守底线方面存在哪些差距,强化自我修炼、自我约束、自我塑造,在廉洁自律上作出表率
>
> 立身不忘做人之本、为政不移公仆之心、用权不谋一己之私,守住底线、不越红线、不碰高压线,这是共产党人应有的政治本色,也是为官从政必须涵养的政治品格

苍茫大山中,深藏功与名。"他用自己的朴实纯粹、淡泊名利书写了精彩人生,是广大部队官兵和退役军人学习的榜样。"连日来,老英雄张富清的事迹引来无数点赞。对自己,他甘守清贫;对家人,他不谋私利。这位"战斗英雄""人民功臣",60多年刻意尘封自己的功绩,书写下共产党人的初心与本色。

这次"不忘初心、牢记使命"主题教育,"清正廉洁作表率"是具体目标之一。在主题教育工作会议上,习近平总书记强调:"清正廉洁作表率,重点是教育引导广大党员干部保持为民务实清廉的政治本色,自觉同特权思想和特权现象作斗争,坚决预防和反对腐败,清清白白为官、干干净净做事、老老实实做人。"这一目标,既是对广大党员干部的具体要求,也是共产党人应该保持的政治本色。每一位党员都应当对照要求、

对准目标,找一找自己在知敬畏、存戒惧、守底线方面存在哪些差距,强化自我修炼、自我约束、自我塑造,在廉洁自律上作出表率。

党史上有个"三付饭费"的故事,至今读来依然有着深刻启发。1973年,周恩来陪法国总统蓬皮杜访问杭州。送别了客人后,周恩来为了感谢工作人员的辛苦,请他们吃了顿便饭。饭后,省里的同志要付钱报销,周恩来却坚决不同意,要求秘书去结账。结好账后,周恩来看到拿回的是"十元一角"发票,便说道:"那么便宜,那不行。"交代秘书要按市价付足,饭店只好再收了10元。到了机场后,他还担心付的钱不够,又留下10元钱,托省里的同志转交饭店。为一顿饭三付饭费,不占公家丝毫便宜,照见的正是共产党人严以律己、清正廉洁的政治品格。

"廉者,政之本也。"廉洁自律是为政的基石。打铁还需自身硬。一个党员干部只有自己练就金刚不坏之身,不搞特权、不谋私利、不徇私情,才能把腰板挺直,赢得群众的信赖。相反,挡不住诱惑、守不住底线,干事创业就难有底气,与群众的距离就会越来越远。要知道,破一次规矩,就会留一个污点;搞一次特殊,就会减一分威信;谋一次私利,就会失一片人心。通过主题教育,做好清正廉洁的表率,才能"公生明、廉生威",做一个堂堂正正的共产党人。

"清廉是福,贪欲是祸。"廉洁自律也是为政的底线。党员干部走上各自的岗位,大多是想干一番事业、实现自身价值。但如果在廉洁问题上翻了船,最终只会一失万无,谈何"为官一任,造福一方"?欲望的背后是陷阱,贪婪的尽头是毁灭,这是一笔再清楚不过的"廉洁账"。也正因此,习近平总书记多次告诫党员干部:"鱼和熊掌不可兼得,当官发财两条道,当官就不要发财,发财就不要当官。"行得端、走得正,才能行得稳、走得远。

一个人能否廉洁自律,最大的诱惑是自己,最难战胜的敌人也是自己。共产党人的"心学",思深悟远、常学常新,需要的是一辈子的拂拭、打磨、精进。对于党员干部而言,廉洁自律这根弦永远不能松,否则就会"一次做让步,次次守不住"。进行主题教育,也是要砥砺广大党员干部随时打扫思想的灰尘,坚守精神的高地,慎独慎微,面对"微腐败"绝不能掉以轻心,遇到"潜规则"绝不能随波逐流,碰上"人情礼"

绝不能欣然笑纳。处理好公私、义利、是非、情法、亲清、俭奢、苦乐、得失的关系，就要常修为政之德、常思贪欲之害、常怀律己之心，敬畏人民、敬畏组织、敬畏法纪，稳得住心神、管得住行为、守得住清白。

在曲阜孔府内宅门的内壁上，绘有一幅壁画，画的是传说想吞下一切金银财宝甚至日月星辰的貔貅。孔府将其绘于内壁，就是要告诫家人："戒贪"。古人尚有此觉悟，更何况我们共产党人。立身不忘做人之本、为政不移公仆之心、用权不谋一己之私，守住底线、不越红线、不碰高压线，这是共产党人应有的政治本色，也是为官从政必须涵养的政治品格。

（2019 年 06 月 11 日）

以远大理想确立人生航向

——让五四精神在新时代放射新的光芒 ①

国家的发展、时代的进步,是青年成长进步的大舞台

胸怀祖国、胸怀人民,超越小我、融入大我,才能收获更丰盈的人生

"是什么让一位34岁的年轻人,告别了他的妻子和4岁的女儿、两岁的儿子,隐姓埋名,义无反顾地走进大漠荒烟?"五四运动100周年之际,一个跨时空演绎"两弹元勋"邓稼先和妻子许鹿希故事的节目,让人热泪盈眶,更让人看到理想的力量、使命的召唤。

"新时代中国青年要树立远大理想。"在纪念五四运动100周年大会上,习近平总书记对新时代中国青年提出六点希望,第一点就是树立远大理想。理想,是习近平总书记寄语青年时,一个一以贯之的关键词:"要在坚定理想信念上下功夫""追梦需要激情和理想""做到理想坚定,信念执着""把个人的理想追求融入国家和民族的事业中"……要树立理想、坚定理想,正是因为理想是一个"总开关",有了理想,奋斗才有目标,人生才有航向,青春才有持久向上的力量。

青年的理想信念关乎国家未来。青年兴则国家兴,青年强则国家强,青年有远大理想、坚定信念,一个国家、一个民族才能有无坚不摧的前进动力。1955年8月,第一支青年垦荒队奔赴北大荒,随后来自全国各

地的青年来到白山黑水之间，以坚忍不拔、艰苦创业的精神铸就拓荒丰碑；2019年1月，"嫦娥四号"在月球背面留下"中国印记"，人们发现这支团队的平均年龄是33岁，"80后""90后"已经成为航天尖兵。一代代青年人，以朝气与志气，以使命和责任，以理想和信念，为国家发展、民族复兴注入了磅礴的青春力量。

对于个人而言，有没有远大理想，能不能志存高远，也决定着青春的成色与分量。有远大理想、有鸿鹄志向，才能向着这个目标去努力、去奋斗，在人生的航线上少走弯路、不走歧路。水激石则鸣，人激志则宏。世界会为知道去哪里的人让路，而如果没有方向，任何风都可能是逆风。

习近平总书记强调，只有把自己的小我融入祖国的大我、人民的大我之中，与时代同步伐、与人民共命运，才能更好实现人生价值、升华人生境界。国家的发展、时代的进步，是青年成长进步的大舞台。唯有在这个历史的潮流中前进，才能更好地实现自己的人生价值。北大"90后"女生宋玺，剪掉长发穿上戎装，护航亚丁湾；云南"80后"干部李忠凯，奋战在脱贫攻坚主战场，劳累的工作让其"白发苍苍"；河北保定学院西部支教群体，奔赴大漠播撒梦想，将青春芳华绽放在祖国最需要的地方……胸怀祖国、胸怀人民，超越小我、融入大我，才能理解工作的意义、事业的价值，也才能收获更丰盈的人生。

理想信念，从来都不是空洞的、抽象的，而应该是具体的、实践的。习近平总书记强调，青年要"到人民群众中去，到新时代新天地中去，让理想信念在创业奋斗中升华，让青春在创新创造中闪光"。抬头看天，离不开低头看路；仰望星空，也需要脚踏实地。打开"全国向上向善好青年"榜单，从帮助见义勇为者照顾家庭，到以劳模精神打造养老护理品牌；从世界技能大赛勇夺冠军，到带领村民走出贫困……这些青年榜样，把对马克思主义的信仰、对中国特色社会主义的信念、对中华民族伟大复兴中国梦的信心，融入日常的一举一动中，融入每一次选择与每一份坚守之中。他们的行动，就是他们理想信念的最好的注解。

当每一份青春的力量，都向着民族复兴的梦想汇流之时，就必将成为推动历史的磅礴力量。百年之前的五四运动如此，进入新时代的今天亦然。惟愿每个青年都目光望向未来、坚定走向明天，惟愿每个青年都向上，助力中国向上、民族向上、世界向上。

（2019 年 05 月 07 日）

在爱国主义旗帜下奋斗前行

——让五四精神在新时代放射新的光芒 ②

只有热爱祖国,青年才能找到立身之本、成才之基

把"爱国"二字刻写在心间、落实于行动,才能在实现中国梦的伟大实践中书写精彩人生

"青春为祖国歌唱",各地大学生接力唱响《歌唱祖国》,爱国之情激荡青春力量;在山东、内蒙古、广东等地,人们用一曲《我和我的祖国》表达爱国之情;在香港金紫荆广场,市民们开展了一场"快闪"活动,同唱国歌,声动香江……五四运动 100 周年之际,人们用歌唱等多种形式,表达着爱国情感。

"胸怀忧国忧民之心、爱国爱民之情""不断奉献祖国、奉献人民""以一生的真情投入、一辈子的顽强奋斗来体现爱国主义情怀"……在纪念五四运动 100 周年大会上,习近平总书记勉励新时代中国青年要热爱伟大祖国,让爱国主义的伟大旗帜始终在心中高高飘扬。回望 100 年前,五四青年挺身而出、奋起抗争,奏响了浩气长存的爱国主义壮歌。以爱国、进步、民主、科学为主要内容的伟大五四精神,其核心是爱国主义精神。

"不论树的影子有多长,根永远扎在土里。"爱国首先是一种蕴藏于心的真切情感,是心之所系、情之所归。一个人如果不爱国,就失去情感的根基,也就会失去立足之地。当国际赛场上五星红旗冉冉升起,每

个人都会内心激动；当大江大河上中国建造横空出世，每个人都会感到自豪；当国际会议上中国理念赢得世界认同，每个人都会倍感振奋……这是最自然的情感需求，也是最深沉的爱国情怀。也正是靠着对国家的深切归属感，对身为中国人的认同感，亿万人民凝聚起同心筑梦的强大正能量。

爱国也是一种本分、一种责任。国家好，民族好，大家才会好。习近平总书记强调，"爱国主义自古以来就流淌在中华民族血脉之中，去不掉，打不破，灭不了"。古有"常思奋不顾身，而殉国家之急"的担当，近有"祖国如有难，汝应作前锋"的气概，今有"祖国需要就是最高需要"的情怀。当年的五四青年，誓言"国土不可断送、人民不可低头"，以救亡与启蒙为己任；新时代中国青年，更应传承五四精神，高举爱国主义的旗帜，就能在为实现中华民族伟大复兴的拼搏中迸发出磅礴伟力。

只有热爱祖国，青年才能找到立身之本、成才之基。2000年，为响应国家西部大开发号召，河北保定学院15名毕业生放弃工作和深造机会，到万里之遥的新疆且末县中学任教，在大漠写就青春篇章。习近平总书记给他们回信时指出，同人民一道拼搏、同祖国一道前进，服务人民、奉献祖国，是当代中国青年的正确方向。青年应该到基层和人民中去建功立业，青春之花应该在祖国最需要的地方绽放。新时代的青年儿女，志在四方、奋斗无悔，把"爱国"二字刻写在心间、落实于行动，才能在实现中国梦的伟大实践中书写精彩人生。

今天，新时代中国青年处在中华民族发展的最好时期，既面临着难得的建功立业的人生际遇，也面临着"天将降大任于斯人"的时代使命。爱国，就要把自己的理想同祖国的前途、把自己的人生同民族的命运紧密联系在一起，扎根人民，奉献国家。创新创业，增强中国经济竞争力；刻苦学习，练就报国强国本领；科研人员发挥聪明才智，让"中国浪潮"更澎湃；工人农民肯学肯干肯钻研，力做"大国工匠""新型农民"……每个人前进的脚步，叠加成国家的进步；每个人创造的价值，汇聚为民族复兴的力量。

"心有大我，至诚报国"。为了祖国，奉献值得；为了人民，奋斗值得。让我们一起用行动，写下新时代中国青年的回答。

（2019年05月09日）

以奋斗与担当写下青春诗行

——让五四精神在新时代放射新的光芒 ③

  勇立时代潮头、争做时代先锋,这是对青年的殷切期望,更是青年自身成长、实现价值的必由之路

  青年保持初生牛犊不怕虎、越是艰险越向前的刚健勇毅,国家就有力量,民族就有希望

  在微博上,点开阅读4亿多次的话题"五四100年",青春、使命、责任、担当……频频出现的关键词,让人看到青年的理想,更让人感受到青春的力量。

  "让青春在新时代改革开放的广阔天地中绽放,让人生在实现中国梦的奋进追逐中展现出勇敢奔跑的英姿",在纪念五四运动100周年大会上,习近平总书记深情寄语新时代中国青年要担当时代责任。鲁迅先生说,青年"所多的是生力,遇见深林,可以辟成平地的,遇见旷野,可以栽种树木的,遇见沙漠,可以开掘井泉的"。青年是最富生命力、最有创造力的群体,是国家的明天、民族的未来。勇立时代潮头、争做时代先锋,这是对青年的殷切期望,更是青年自身成长、实现价值的必由之路。

  今天,继续发扬五四精神,正需要青年有迎难而上、挺身而出的担当精神。探索尝试,并不可怕;负重前行,不是吃亏。"世之奇伟、瑰怪,

"非常之观,常在于险远",唯有不断探索尝试,勇于走在前列,才能领略最美丽的风景、成就最壮丽的人生。有驻村当"第一书记"的年轻干部说,驻村扶贫是很辛苦,但是看到老百姓的笑脸,就觉得自己"真正来过,没有白活"。青春是这样,人生也是这样,肩负起自己的责任,收获的不仅是他人的褒奖,更是自己内心的充实,是"不会因为虚度年华而悔恨,也不会因为碌碌无为而羞耻"的饱满人生。

温室中的花,经不起风吹雨打。唯有经风雨、见世面、受考验,才能"在担当中历练,在尽责中成长"。王中美在电焊行业扎根19年,终成中国建造队伍中的"女焊将",把青春画卷书写在跨越大江大河的大桥之上;年轻的"月宫一号"团队,完成了为期370天的"月宫365"实验,创造了世界上时间最长、闭合度最高的密闭生存实验纪录。担当起自己的责任,才能不负"天将降大任于斯人"的时代使命,不负我们这个伟大时代。

马克思曾说,一个时代的精神是青年代表的精神,一个时代的性格是青春代表的性格。"红日初升,其道大光。河出伏流,一泻汪洋。"这正是青春的力量。从国家民族看,青年都勇挑重担、勇克难关、勇斗风险,中国特色社会主义就能充满活力、充满后劲、充满希望。从个人成长看,所谓百炼成钢,在暴风雨中成长,青年需要经受各种锻炼。青年保持初生牛犊不怕虎、越是艰险越向前的刚健勇毅,国家就有力量,民族就有希望。

"时代呼唤担当,民族振兴是青年的责任。"在井冈山上,毛泽东同志曾满怀激情展望革命高潮的到来:"它是站在海岸遥望海中已经看得见桅杆尖头了的一只航船,它是立于高山之巅远看东方已见光芒四射喷薄欲出的一轮朝日,它是躁动于母腹中的快要成熟了的一个婴儿。"今天,中华民族伟大复兴的梦想也同样如此。抬望眼,这样的前景多么壮丽、多么催人奋进。当此船到中流浪更急、人到半山路更陡之际,越往前走,越需要爬坡过坎、负重前行。致力于民族复兴大业,努力成为德智体美劳全面发展的社会主义建设者和接班人,这是青年的历史机遇,更是青年的使命担当。

作家冰心曾写道,"青年人,珍重的描写罢,时间正翻着书页,请你着笔！"历史潮流，浩浩荡荡；时代使命，舍我其谁。新时代的中国青年们，让我们在广袤的大地上，在时代的潮流中，在历史的进程里，以奋斗与担当写下属于我们这一代人的青春诗行。

（2019年05月13日）

在砥砺奋斗中书写新奇迹

——让五四精神在新时代放射新的光芒 ④

路是走出来的,事业是干出来的,成功是奋斗出来的

新时代中国青年处在中华民族发展的最好时期,建功立业的人生际遇就在身边

在攻坚克难中创造业绩的青春岁月,终将成为人生的财富,汇成时代的精彩

16岁远离家乡来到千里之外的格尔木,龙周才加十多年如一日,风餐露宿、爬冰卧雪,守卫在可可西里生态保护的一线;坚守大山深处18年的"80后"教师张玉滚,只为让山村孩子走出大山;无惧烈火,以青春和生命守护220万亩森林资源,山西沁源森林消防大队传承太岳革命老区的英雄精神……五四运动100周年之际,翻开第二十三届"中国青年五四奖章"获得者和获奖集体的青春篇章,每一页都在告诉人们:路是走出来的,事业是干出来的,成功是奋斗出来的。

"奋斗是青春最亮丽的底色""让理想信念在创业奋斗中升华""人生理想的风帆要靠奋斗来扬起"……在纪念五四运动100周年大会上,习近平总书记勉励新时代中国青年要勇于砥砺奋斗,用青春和汗水创造出让世界刮目相看的新奇迹。回望五四运动以来的100年,从赶上时代到引领时代,奋斗的价值点亮历史的天空。让我们摆脱积贫积弱的,是中

华民族不怕牺牲、勇往直前的浴血奋战;使我们画出"最新最美"图画的,是神州儿女敢教日月换新天的艰苦奋斗;助我们"杀出一条血路"的,是亿万人民凭着一股子气呀、劲呀的奋勇争先;令我们的事业取得历史性成就、发生历史性变革的,是新时代击鼓催征的奋发图强。没有广大人民群众特别是一代代青年前赴后继、艰苦卓绝的接续奋斗,就没有中国特色社会主义进入新时代的今天,更不会有实现中华民族伟大复兴的明天。

新时代新征程,一个个重要的时间节点,正是我们奋斗的坐标。正如习近平总书记所指出的,新时代中国青年的使命"就是坚持中国共产党领导,同人民一道,为实现'两个一百年'奋斗目标、实现中华民族伟大复兴的中国梦而奋斗",从2020年到2035年再到2050年,千千万万青年将全程参与实现"两个一百年"奋斗目标。伟大的使命前方召唤,壮阔的征途脚下铺展;新时代中国青年处在中华民族发展的最好时期,建功立业的人生际遇就在身边。唯有以青春之我、奋斗之我,为民族复兴铺路架桥,为祖国建设添砖加瓦,方能不辜负党的期望、人民期待、民族重托,不辜负我们这个伟大时代。

"永久奋斗",是中国凯歌前行的主旋律,更是新时代中国青年的座右铭。奋斗不只是响亮的口号,而是要在做好每一件小事、完成每一项任务、履行每一项职责中彰显。脚踏实地,一群群快递小哥,每天干着将包裹交到用户手上的小事,却织就了年逾400亿件的世界第一大快递网;仰望星空,一支支风华正茂的科研尖兵,每天都在与仪器、数据打交道,却是向技术高地发起冲锋,创造出"上九天揽月,下五洋捉鳖"的骄人成绩;海岛边境,一队队生龙活虎的青年战士,每天都重复走着巡边、巡岛的路,却是在尽忠职守地守卫近14亿人民的幸福家园⋯⋯高山起于微尘,新时代的点滴进步都是具体的人干出来的,每一滴汗水都是中国故事的青春注脚,每一项成就都是中国大厦的坚实支撑。

奋斗的道路,从来就不是一帆风顺的。强者,总是从挫折中不断奋起、永不气馁。"励志女孩"李娟通过电商销售带领乡亲脱贫致富,而她因重病不得不常年卧床;成就世乒赛三连冠的马龙,曾被伤病拖累8个月,多次不得已退赛⋯⋯顺境不骄、逆境不馁,那些在劈波斩浪中开拓

前进、在披荆斩棘中开辟天地、在攻坚克难中创造业绩的青春岁月,终将成为人生的财富,汇成时代的精彩。正如习近平总书记所强调的,"青年时代,选择吃苦也就选择了收获,选择奉献也就选择了高尚。青年时期多经历一点摔打、挫折、考验,有利于走好一生的路"。

百年风云变幻,不变的是奋斗的传承;百年沧海桑田,不老的是青春的延续。让顽强奋斗、艰苦奋斗、不懈奋斗成为精神基底,青春才能成为中华民族生气勃发、高歌猛进的持久风景,青年才能成为驱动中华民族加速迈向伟大复兴的蓬勃力量,我们也才能自信地喊出:"青春万岁,强国有我!"

(2019年05月14日)

在练就过硬本领中担当时代重任

——让五四精神在新时代放射新的光芒 ⑤

抓住青春年华，下一番苦功夫，练好"内功"，才能蓄满青春能量，走好人生之路

把学习作为一种责任、一种精神追求、一种生活方式，让增长本领成为青春搏击的能量

空军飞行员刘飞，创造某型系列飞机航时最长、航程最远纪录，参加空军对抗空战竞赛性考核夺得"金头盔"；创业者吴俊，深耕物流领域，走在了"互联网+物流"行业的前列；藏族青年小索顿大学毕业后回到雪域高原，以青稞深加工带领乡亲们致富……这些青年成长的事迹充分说明，成功从不偏爱谁，练就真本领、硬功夫，就能打开属于自己的一片天空。

"新时代中国青年要练就过硬本领。"在纪念五四运动100周年大会上，习近平总书记深情寄语新时代中国青年珍惜韶华、不负青春，殷切嘱托广大青年要在学习中增长知识、锤炼品格，在工作中增长才干、练就本领，以真才实学服务人民，以创新创造贡献国家。"非学无以广才，非志无以成学"，成长没有捷径，唯有在学习与实践中，学真知、悟真谛，才能增长本领、增长才干，成为可堪大用、能担重任的栋梁之材。

奋斗新时代，青春正当时。我们身处的新时代，是每个人人生出彩

的"大舞台"。可以说,时代为青年施展才华、竞展风采提供了广阔舞台,为青年实现人生理想、创造美好生活打开了宽广空间。另一方面,如今,知识更新不断加快,社会分工日益细化,新技术新模式新业态层出不穷。这也对青年能力素质提出了新的更高要求。绳短不能汲深井,浅水难以负大舟。成就自己的人生理想,担当时代的神圣使命,尤需广大青年努力学习掌握科学知识,提高内在素质,锤炼过硬本领,使自己的思维视野、思想观念、认识水平跟上越来越快的时代发展。

青年是人生成长的重要时期,也是苦练本领、增长才干的黄金时期。就像水稻的生长分由苗而秀、由秀而实等几个阶段,人生的成长也有不同的时期,而青春恰如植物之"秀"——抽穗扬花的阶段,这一阶段能吸收多少养分,也决定着以后所结出的"实"的大小。习近平总书记曾以自己年轻时在农村插队的经历,激励广大青年求真学问,练真本领,他说,"我到农村插队后,给自己定了一个座右铭,先从修身开始。一物不知,深以为耻,便求知若渴。上山放羊,我揣着书,把羊拴到山坡上,就开始看书。锄地到田头,开始休息一会儿时,我就拿出新华字典记一个字的多种含义,一点一滴积累。我并不觉得农村7年时光被荒废了,很多知识的基础是那时候打下来的。"抓住青春年华,下一番苦功夫,练好"内功",才能蓄满青春能量,走好人生之路。

"学如弓弩,才如箭镞。"学习是成长进步的阶梯,实践是提高本领的途径。想当年,参与我国第一艘核潜艇研发的团队,最初只有29个人,平均年龄不到30岁。"中国核潜艇之父"黄旭华曾回忆,没有知识积累,他们就大海捞针、遍寻线索,甚至靠"解剖"玩具获取信息;担心调整不出一个理想的艇体重心,他们就到设备制造厂去弄清每个设备的重量和重心。他们一门心思扑在学习研究核潜艇上,最终让我国在没有任何外援的情况下,仅用10年时间就研制出了国外几十年才研制出的核潜艇。今天,广大青年有更好的学习条件,也面临更快的知识更新速度、更新的时代课题,理应坚定"读万卷书"的志向,葆有"行万里路"的气魄,把学习作为首要任务,作为一种责任、一种精神追求、一种生活方式,树立梦想从学习开始、事业靠本领成就的观念,让勤奋学习成为青春远航的动力,让增长本领成为青春搏击的能量。

"盖有非常之功，必待非常之人。"面对日新月异的发展，今天的学习，没有完成时，只有进行时，还需保持加速度。增长知识见识，练就过硬本领，可以说是一辈子的功夫。保持学习的热情，扩大知识的半径，既读有字之书，也读无字之书，不断掌握真才实学，我们的青春一定能在为国家、为人民的奉献中焕发出绚丽光彩！

（2019 年 05 月 15 日）

修身立德走好人生路

——让五四精神在新时代放射新的光芒 ⑥

青年立什么样的德,既是个人选择问题,更彰显着一代人的胸怀与境界

修身立德从来不是空洞的口号,而是体现在一言一行、一举一动当中

在安徽省淮北市第三实验小学,"田间课堂"培养孩子们勤俭节约、热爱劳动的品质;在湖南省长沙市育英学校,"书道习得"让同学们在学习传统文化中领悟做人道理;在四川大学,红色主题团日活动已成特色,大家围绕如何传承红色文化、争当时代新人等问题阅读经典、展开交流……在人生不同阶段,德育伴随始终,是青年成长的必修课。

"青年要把正确的道德认知、自觉的道德养成、积极的道德实践紧密结合起来,不断修身立德,打牢道德根基,在人生道路上走得更正、走得更远。"在纪念五四运动100周年大会上,习近平总书记勉励新时代中国青年锤炼品德修为,树立正确人生观、价值观。一个人的德行、品性就好比木之根、水之源,只有不断修身立德,才能长成参天大树,实现海纳百川。

国无德不兴,人无德不立。在传承千年的中华传统文化中,无论是"天下兴亡,匹夫有责"的家国大义,还是"修身、齐家、治国、平天下"

的人生追求，抑或是"己所不欲，勿施于人"的推己及人，修身立德强调的从来不只是在私人领域做好小事、管好小节、做到"独善其身"，更要立志报效祖国、用实际行动服务人民、追求"宽仁大义"。从五四运动中"挽狂澜于既倒，扶大厦之将倾"的爱国青年，到社会主义建设时期"到祖国最需要的地方去"的垦荒青年，再到改革开放新时期"一切为了祖国，一切为了成功"的航天科研团队，可以说，广大青年立什么样的德，既是个人选择问题，更彰显着一代人的胸怀与境界，决定了整个国家和民族选择怎样的道路、坚守怎样的价值、成就怎样的事业。

修身立德本质上是对精神世界的塑造。建设社会主义现代化强国，实现中华民族伟大复兴的中国梦，不仅要在物质上强，更要在精神上强。古今中外，种种案例启示我们，一个人失去正确价值观锚定的"德"，就会陷入精神的虚无；一个民族、一个国家没有共同的价值观念，莫衷一是、行无依归，就不可能进步。广大青年不断锤炼品德修为，自觉树立和践行社会主义核心价值观，才能在精神层面获得更持久、更深沉的力量，坚定地前行。

"从善如登，从恶如崩。"修身立德没有捷径。广大青年坚持"吾日三省吾身"，做到"见贤思齐"，在提高自我修养方面下一番苦功夫，才能有所收获。中共早期领导人恽代英，把记载自己缺点的日志晒出来，公示己过，在众人监督下完善自己；县委书记的榜样焦裕禄去世后，人们在其病床的枕头下发现两本书，一本是《毛泽东选集》，一本是《论共产党员的修养》。这些榜样矗立起一座座精神丰碑，也为广大青年点亮了人生航向。不断反思自己、不断加强学习，才能不断提升自我，实现人生价值、成就一番事业。

道不可坐论，德不能空谈。习近平总书记指出，"于实处用力，从知行合一上下功夫，核心价值观才能内化为人们的精神追求，外化为人们的自觉行动。"被称为"雷锋传人"的郭明义积极帮助他人、奉献爱心，感染、收获、带动了一大批"粉丝"；立志"奉献社会，服务人民"的华中农业大学本禹志愿服务队，先后14批133名志愿者一棒接一棒，在贵州山区3所乡村小学支教16年，滋润了山区孩子们的心灵。修身立德从来不是空洞的口号，而是体现在一言一行、一举一动当中。也只有在劳动实践、辛勤创造中,才能进一步磨练本领、砥砺品格,绽放人生的光芒。

青年是早上八九点钟的太阳,最活跃、最富朝气,拥有开风气之先的力量。广大青年坚持修身立德,系好人生第一粒扣子、迈好人生第一步台阶,不仅是对自己负责,更影响着一个时代的底色和基调。广大青年都追求更有高度、更有境界、更有品位的人生,就一定能让清风正气、蓬勃朝气遍布全社会,让青春成为中华民族生气勃发、高歌猛进的持久风景。

(2019年05月16日)

勇担民族复兴大任

——写在五四运动一百周年之际 ①

从五四运动出发,中国以奋勇之姿创造了举世瞩目的伟大奇迹,用青春的力量铸就了青春的中国

青春理想,青春活力,青春奋斗,是中国精神和中国力量的生命力所在

北京,五四大街,沙滩红楼。春风拂过红墙绿柳,也拂动着到此参观的青年们的思绪,让人穿越百年风云,回想起那个风雷激荡的时代。

今年是五四运动100周年。近日,中共中央政治局就五四运动的历史意义和时代价值举行第十四次集体学习。习近平总书记指出,"安排这次中央政治局集体学习,目的是重温100年前那段激情燃烧的岁月,加深对五四运动历史意义和时代价值的认识。"只有深刻揭示五四运动对当代中国发展进步的深远影响,深入揭示新时代发扬五四精神的意义和要求,深刻把握当代中国青年运动的发展规律,才能使五四精神成为激励人民奋勇前进的精神力量。

五四是现代中国的青春记忆。100年前爆发的五四运动,是一场以先进青年知识分子为先锋、广大人民群众参加的彻底反帝反封建的伟大爱国革命运动。正如习近平总书记所强调的:"要坚持大历史观,把五四运动放到中华民族5000多年文明史、中国人民近代以来170多年斗争史、

中国共产党90多年奋斗史中来认识和把握。"真正弄清楚为什么五四运动对当代中国发展进步具有如此重大而深远的影响，弄清楚为什么马克思主义能够成为中国革命、建设、改革事业的指导思想，弄清楚为什么中国共产党能够担负起领导人民实现民族独立、人民解放和国家富强、人民幸福的历史重任，弄清楚为什么社会主义能够在中国落地生根并不断完善发展，我们就能以史为鉴、以史为师，坚定中国特色社会主义道路自信、理论自信、制度自信、文化自信。

从五四运动出发，中国以奋勇之姿创造了举世瞩目的伟大奇迹，用青春的力量铸就了青春的中国。正如习近平总书记所言，"五四运动以来，在中国共产党领导下，一代又一代有志青年'以青春之我，创建青春之家庭，青春之国家，青春之民族，青春之人类，青春之地球，青春之宇宙'，在救亡图存、振兴中华的历史洪流中谱写了一曲曲感天动地的青春乐章。"

回首五四百年，让我们致敬青春的力量。这样的青春身影早已被历史铭记：长征路上，小战士背着识字板，衣衫褴褛但不忘为革命胜利读书识字；抗战时期，无数青年宁为玉碎不为瓦全，只为光复河山；建设年代，荒漠戈壁之中多少青春光荣绽放，让"蘑菇云"腾空而起；改革开放初期，天安门前的一句"小平您好"，是青年群体对改革开放最由衷的支持。从南下弄潮的"闯海人"，到勇闯浦东的"八百壮士"，从抗震救灾中的青年官兵到北京奥运的青年志愿者，时代召唤各有不同，青春力量一脉相承。历经一代代人传承、发扬与积淀，五四精神成为百年来中国青年与国家前途命运同频共振的鲜明标识，成为960多万平方公里土地上青春力量的不竭动力。

回首五四百年，让我们鼓荡青春的激情。"青年最要紧的精神，是要与命运奋斗。"今天，时代的鼓点更加激越。回首看，五四百年来的历史浩荡前行；立足当下，"百年未有之大变局"波澜壮阔；再向前看，"两个一百年"奋斗目标重任在肩。青年一代有理想、有本领、有担当，国家就有前途，民族就有希望。面对活力无限的"流动中国"，面向民族复兴的壮阔征途，当代青年建功立业的舞台无比广阔、梦想成真的前景无比光明，更需要敢于有梦、勇于追梦、勤于圆梦，把爱国情、强国志、报国行自觉融入坚持和发展中国特色社会主义事业、建设社会主义现代化强国、实现中华民族伟大复兴的奋斗之中，在知行合一中主动担当作为，不负韶华，不辱使命。

"青年兴则国家兴，青年强则国家强"。青春理想，青春活力，青春奋斗，是中国精神和中国力量的生命力所在。广大青年始终秉承家国天下的情怀，勇担民族复兴的大任，保持自强不息的姿态，中国就永远年轻。

青春之五四，青春之中国。100年，五四精魂不老，中国风华正茂。

（2019年04月24日）

爱国主义是中华民族的民族心民族魂

——写在五四运动一百周年之际②

> 作为五四精神核心内容的爱国主义，始终是推动中国发展进步的重要历史动因
>
> 国家发展与青年成长，相辅相成、互为表里。青年以青春力量催动国家向前，国家也以辽阔舞台助力青年向上

站在历史新起点上，回望百年来的征程，正是五四运动激荡起改变历史的滚滚洪流，标注着一个民族史诗般的坐标。

近日，在中共中央政治局第十四次集体学习中，习近平总书记指出，"100年前爆发的五四运动，是一场以先进青年知识分子为先锋、广大人民群众参加的彻底反帝反封建的伟大爱国革命运动。"五四运动形成了爱国、进步、民主、科学的五四精神。一百年来，五四精神在不同历史时期积淀、凝聚、锤炼，成为中华民族复兴之路上的一大精神支柱；作为五四精神核心内容的爱国主义，始终是推动中国发展进步的重要历史动因。正如习近平总书记强调的："爱国主义是中华民族的民族心、民族魂"。正是这种爱国精神，激励千千万万的青年，把祖国的利益放在最高位置，为民族振兴而不懈奋斗，创造真正有价值的人生，成就真正亮丽的青春。

"红楼飞雪，一时英杰，先哲曾书写，爱国进步民主科学"，恰如一

首歌中所唱的,正是因为有了爱国主义这一强大精神支柱,近代以来才能有如此多无私的爱国者、无悔的奉献者、无畏的牺牲者,让中华民族历经磨难而屹立不倒、生生不息。从战争年代为民族解放而奋不顾身,到为建设新中国而筚路蓝缕、胼手胝足,从改革开放新时期击水中流、开拓进取,到步入新时代立鸿鹄志、做奋斗者……一代又一代青年在党的领导下,以爱国主义精神为指引,在革命、建设、改革的历程中,在站起来、富起来、强起来的征程中,切实肩负起时代赋予的使命,为中国的发展繁荣、为中华民族的伟大复兴贡献青春、智慧和力量。

今天,中国特色社会主义进入了新时代,尤须青年人砥砺梦想、拼搏实干。从归国创业的留学生,到嫦娥四号背后的80后、90后科研人员;从"万里赴戎机"的90后北大女兵,到"杏坛吐新绿"的年轻博导……新时代的青年在不同的岗位上,与国家发展偕行,代表着未来,孕育着希望,成就着属于青年一代的伟大事业。

"展望未来,我国青年一代必将大有可为,也必将大有作为。"习近平总书记对青年一代寄予厚望。国家发展与青年成长,相辅相成、互为表里。青年以青春力量催动国家向前,国家也以辽阔舞台助力青年向上。当代青年被称为"强国一代",在新时代弘扬爱国主义精神,是这一代人对五四精神最好的继承。"让青春之花绽放在祖国最需要的地方,在实现中国梦的伟大实践中书写别样精彩的人生。"从辽阔海天到大漠戈壁,从田间地头到机关单位,从创新创业到脱贫攻坚,从传统行业到新兴业态,今天的中国,为青年实现人生出彩搭建了大显身手的舞台,也为青年许党报国提供了前所未有的机遇。

对于新时代的青年而言,五四精神从未远去,爱国、进步、民主、科学的理想信念,依然是我们砥砺奋进的不竭动力;国家富强、民族振兴和人民幸福,依然是我们的责任所在和使命所系。青春不息、奋斗不止,守护胸中那团火,相信理想的力量,信奉奋斗的意义,才能让伟大的五四精神奏响新时代青春乐章;一代代青年传承爱国主义精神,在新的伟大实践中放射出青春光芒,国家才会更有力量。

"天下者,我们的天下;国家者,我们的国家;社会者,我们的社会。我们不说,谁说?我们不干,谁干?"一百年前,毛泽东在《湘江评论》

中的发问,至今仍然振聋发聩。这是一个时代的青春宣言,更是无数爱国者的执着追求。一代又一代中国人催动脚步,向着民族伟大复兴的梦想奔跑,中华民族必将在接续奋斗中迎来更加灿烂的明天。

(2019年04月25日)

复兴路上,中国风华正茂

——写在五四运动一百周年之际③

> 一批五四青年怀抱"人生最高之理想,在求达于真理"的情怀,将目光投向科学社会主义的新路径新方法
>
> 将五四运动置于中国五千年文明史中,才能理解它"新觉醒"的价值;置于中华民族伟大复兴的征程中,才能读懂它"新选择"的意义

"中国向何处去?"这是 100 年前五四运动中,青年们对于中国前途命运的追问与思考。

从鸦片战争到辛亥革命的 70 多年间,无数仁人志士前赴后继地探索,无法解决这一问题。五四运动就是在这样的历史背景下爆发:热血青年为争取民族独立、维护国家主权和领土完整奋不顾身;青年知识分子高举民主和科学的旗帜,努力探寻改变中国命运的科学真理和发展道路。在救亡图存的不断求索中,在"改造中国"的艰苦实践中,一条真正适合中国发展的道路逐渐清晰起来。

习近平总书记强调,五四运动是我国近现代史上具有里程碑意义的重大事件。五四运动的一个重要历史功绩,就在于为中国共产党的诞生提供了思想基础和组织基础。五四运动爆发后,瞿秋白"抱着不可思议的'热烈'"投入反帝爱国运动,恽代英成为武汉地区五四运动主要领导

人之一。1919年,李大钊发表《我的马克思主义观》,首次系统地阐述马克思主义学说。一批五四青年怀抱"人生最高之理想,在求达于真理"的情怀,将目光投向科学社会主义的新路径新方法。正如毛泽东同志指出的,"这时,也只是在这时,中国人从思想到生活,才出现了一个崭新的时期。"

五四运动爆发后两年多,中国共产党一大召开,13名代表的平均年龄只有28岁,其中最年轻的还不满20岁。这支队伍尽管年轻,却在风雨中迅速成长为中国人民和中华民族的主心骨。从此,中国革命进入了崭新的发展阶段,中国实现了从悲惨境遇向光明前途的历史转变。1949年5月4日的《人民日报》上,曾经的五四青年俞平伯说,五四新文化人想做很多事情,"现在被中共同志们坚苦卓绝地给做成了"。百年风云激荡,中国共产党领导亿万人民,"创业艰难百战多",让中华民族迎来了从站起来、富起来到强起来的伟大飞跃,实现了五四先驱们不懈追求的民族独立和人民解放的奋斗目标,找到了五四先驱们矢志探索的强国富民的正确道路。

今年是新中国成立70周年,站在这样一个时间节点回望五四,更能感受百年历史背后的大脉络。习近平总书记指出:建立中国共产党、成立中华人民共和国、推进改革开放和中国特色社会主义事业,是五四运动以来我国发生的三大历史性事件,是近代以来实现中华民族伟大复兴的三大里程碑。从五四运动开始,革命、建设、改革,历史长河流经一个世纪浩浩荡荡,几代人殚精竭虑,向着中华民族伟大复兴奔涌而去。将五四运动置于中国五千年文明史中,才能理解它"新觉醒"的价值;将五四运动置于中华民族伟大复兴的征程中,才能读懂它"新选择"的意义。

时间之河川流不息,复兴路上风华正茂。如今,一代代革命先驱孜孜以求的强国梦、复兴梦,从未像今天这样距离我们如此之近。然而,面对"百年未有之大变局",我们仍需要回答属于这个时代的命题,应对属于这个时代的挑战。正如习近平总书记所强调的:"中华民族伟大复兴,绝不是轻轻松松、敲锣打鼓就能实现的,我们必须准备付出更为艰巨、更为艰苦的努力。"与五四对话、与五四以来一百年的历史对话,正是为了深化我们的思考、坚定我们的脚步，正是为了沉淀昨天的河床、展望明天的道路，让我巍巍中华青春永驻。

"红日初升，其道大光。河出伏流，一泻汪洋。"梁启超曾在《少年中国说》中，用日出东方、河流奔涌的壮丽景象寄托对中国光明未来的美好愿望。如今，愿望正一步步变为现实。而沿着五四运动以来开辟的道路，充满活力的中国再次出发，正走入又一个精彩的百年。

（2019年04月26日）

立鸿鹄志 做奋斗者

——写在五四运动一百周年之际 ④

　　五四运动为中国青年奠定了精神的基调，从"风雨如磐暗故园"的年代一路走来，一代代青年以奋斗为人生交上了完美的答卷

　　以国家的发展轨迹定义个人的成长坐标，把个人理想融入民族复兴伟大理想，奋斗的方式不同，但奋斗的成色如一

"中华民族伟大复兴终将在广大青年的接力奋斗中变为现实""好儿女志在四方，有志者奋斗无悔""立鸿鹄志，做奋斗者"……每逢五四青年节，习近平总书记用座谈、考察或回信等方式，关怀青年，寄语青年。而"奋斗"，无疑是其中的高频词。

在中共中央政治局第十四次集体学习时，习近平总书记强调，必须加强对五四运动和五四精神的研究，以引导广大青年在五四精神激励下，为决胜全面建成小康社会、夺取新时代中国特色社会主义伟大胜利、实现中华民族伟大复兴的中国梦不懈奋斗。复兴路犹长，奋斗正当时。激扬青春，为祖国奉献，向梦想前行，方不负韶华。奋斗，无疑应是青春最美丽的颜色。

五四运动为中国青年奠定了精神的基调。从"风雨如磐暗故园"的年代一路走来，投笔从戎、参加抗战的学生，抗美援朝、保家卫国的战士，

走南闯北、摸爬滚打的创业者……一代代青年以奋斗为人生交上了完美的答卷。"盛年不重来,一日难再晨。"谁都只有一次青春,谁也不应作青春的看客。在人生的"拔节孕穗期",在思想最开放、精神最活跃、精力最旺盛的年纪,如果不学更多本领、干一番事业、扣好人生的"第一粒扣子",只会成为莫大的缺憾。反过来说,青年时的成绩与挫折,都将成为受用终身的财富。由此看来,无奋斗,不青春,努力拼搏是青年的最鲜明标志。

奋斗不容许蛮干;有了理想,奋斗才不会迷航。一代人有一代人的青春,一代人有一代人的理想。百年的时间跨度,见证过多少追梦与圆梦。对国家而言,从救亡图存到人民解放,从全面小康到伟大复兴,中华民族不断刷新自己的"目标值";就个人而言,"自古华山一条路"的单一选择成为过去,信息社会创造的各种大理想、小目标令人眼花缭乱。不断向前的时代,给了青年持续向上的空间。驻村第一书记,运动健儿,科研学者,医护人员……他们以国家的发展轨迹定义个人的成长坐标,把个人理想融入民族复兴伟大理想,奋斗的方式不同,但奋斗的成色如一。

青春,与其说是生理年龄,不如说是一种精神状态。近几年颁发的中国青年五四奖章,让我们看到了"80后""90后"的奋斗身影与青春力量;但在高校课堂上也有不少银发的"旁听生""考研族"在奋笔疾书,舞台上还有很多老艺术家在挥洒激情,他们又何尝不是青春的代言人?奋斗者永远是年轻。不同年龄、不同职业的奋斗者相向而行,凝聚起一个活力四射的青春中国。今天,我们比历史上任何时期都更接近、更有信心和能力实现中华民族伟大复兴的目标。在爬坡过坎、滚石上山的关键期,不可放缓脚步,尤须持续用力,以奋斗求解发展的方程式。正如习近平总书记所强调的,青春理想,青春活力,青春奋斗,是中国精神和中国力量的生命力所在。

因为即将投入奋斗,所以不惧怕未来;因为曾经付出汗水,所以不叹息过去。身处新时代,每个人都恰逢其时、重任在肩。接过历史的接力棒,以青春之我、奋斗之我建功立业,中华民族伟大复兴的中国梦就将变为现实。

(2019年04月29日)

为实现中国梦贡献青春和力量

——写在五四运动一百周年之际⑤

> 当代中国青年的使命是为实现中华民族伟大复兴的中国梦而奋斗，要激励当代青年把个人理想融入民族复兴伟大理想和中国特色社会主义思想
>
> 既做国家发展的见证者、受益者，更做民族复兴的参与者、推动者，把个人成长与国家发展、与民族复兴结合起来
>
> 岁月不老，青春不朽；生逢其时，重任在肩。在祖国的万里长空放飞青春理想，在复兴的壮阔征程激扬青春力量

"青春有很多样子，很庆幸我的青春有穿军装的样子。"翻看四川凉山救火英雄的朋友圈，为这样默默奉献的青春而感叹：在原始森林里跋山涉水，"走了将近15个小时"；污泥烟尘、伤疤老茧布满的双手，"这得洗几次才干净"……这支由1位80后、24位90后、2位00后组成的年轻消防队伍，在激扬情怀、奉献社会中书写了无愧于时代的青春篇章。

青春理想，青春活力，青春奋斗，是中国精神和中国力量的生命力所在。百年前的5月4日，一群年轻人英勇地走到反帝反封建爱国运动的前列。正如习近平总书记强调的，"五四精神是五四运动创造的宝贵精神财富"。今天，我们回望五四百年，正是要明确当代中国青年的使命是为实现中华民族伟大复兴的中国梦而奋斗，激励当代青年把个人理想融

入民族复兴伟大理想和中国特色社会主义思想。

五四运动沉淀下的精神财富，激励一代代青年。从北大荒、共青城垦荒中洒下的青春与汗水，到改革开放之初"团结起来，振兴中华"的时代强音，再到如今平均年龄只有30多岁却能领先世界的中国航天科研团队，广大青年始终忘我劳动、艰苦创业，坚持开拓奋进、锐意创新，始终都是中国革命、建设、改革各个阶段的生力军和突击队，一直都是中华民族伟大复兴征程上的奔跑者和追梦人。

2014年五四青年节之际，习近平总书记来到北京大学，在师生座谈会上对当代青年寄予厚望："现在在高校学习的大学生都是20岁左右，到2020年全面建成小康社会时，很多人还不到30岁；到本世纪中叶基本实现现代化时，很多人还不到60岁。也就是说，实现'两个一百年'奋斗目标，你们和千千万万青年将全过程参与"。往前看，这真是一段壮阔征程，哪个有志青年能不为这样的未来而心潮澎湃、豪情满怀？我们面临的新时代，既是近代以来中华民族发展的最好时代，也是实现中华民族伟大复兴的最关键时代。民族复兴，既是当代青年责无旁贷的大使命，也是建功立业的大舞台。既做国家发展的见证者、受益者，更做民族复兴的参与者、推动者，把个人成长与国家发展、与民族复兴结合起来，才能成为担当民族复兴大任的时代新人，创造出属于自己的一片天地。

接过五四的火炬，今天的中国青年依然是整个社会最富有朝气、最富有活力的力量，如习近平总书记所指出的，"我国青年不懈追求的美好梦想，始终与振兴中华的历史进程紧密相联"。在贵州本禹希望小学，志愿者服务他人、奉献社会，弘扬奉献、友爱、互助、进步的志愿精神；在莫斯科大学，中国留学生胸怀大志、刻苦学习，弘扬留学报国的光荣传统；在71集团军"王杰班"，全体战士苦练本领、再创佳绩，努力做新时代的好战士……时代的责任赋予青年，时代的光荣属于青年，民族复兴永远是当代青年的青春理想，五四精神永远是指引未来的精神力量。

曾创办和主编《中国青年》的恽代英有言，"让我们做了我们的事，更可以为中国唤起来更伟大的人"。今天，五四先驱们为之求索的民族复兴道路在我们脚下延伸，历史的新征程正由我们开启。广大青年对五四

运动的最好纪念，就是在党的领导下，勇做走在时代前列的奋进者、开拓者、奉献者，以执着的信念、优良的品德、丰富的知识、过硬的本领，使自己成为祖国建设的有用之才、栋梁之材，同全国各族人民一道，担负起历史重任，让五四精神放射出更加夺目的时代光芒。

"问少年心事，眼底未名水，胸中黄河月。"五四前夕，一场"歌唱祖国，传承接力"主题活动，在北大未名湖畔唱响青春激情、家国情怀。岁月不老，青春不朽；生逢其时，重任在肩。在祖国的万里长空放飞青春理想，在复兴的壮阔征程激扬青春力量，我们就能以青春之我、奋斗之我，走好自己的人生路，为实现中华民族伟大复兴的中国梦贡献青春和力量。

（2019 年 04 月 30 日）

把对上负责与对下负责统一起来

——为基层减负,为实干撑腰 ①

> 纵观形式主义的种种新表现,一个重要原因,就是片面理解"对上负责",甚至人为地把"对上负责"与"对下负责"对立起来
>
> 从实处着眼、用实干考量、以实绩说话,激励干部担当作为,创造性贯彻落实党中央方针政策和工作部署

着力解决党性不纯、政绩观错位的问题,着力解决文山会海反弹回潮的问题,着力解决督查检查考核过多过频、过度留痕的问题,着力解决干部不敢担当作为的问题……近日,中办印发了《关于解决形式主义突出问题为基层减负的通知》,明确将2019年作为"基层减负年"。为基层减负、为实干撑腰,让广大基层干部十分振奋——这既是减负,更是加油!

"上面千条线,下面一根针。"这句耳熟能详的话,形象地表明了基层工作的重要、复杂和繁重。如果说,基层是我们党执政大厦的地基,基层干部就是这个地基中的钢筋。正因如此,习近平总书记深刻指出,"党的根基在基层",强调"要倾听基层干部心声""必须夯实基层""要有千千万万优秀基层骨干"。也因如此,党的十八大以来,从下大力气解决形式主义、官僚主义问题,到要求把干部从一些无谓的事务中解脱出

来，如何让基层干部轻装上阵，一直是以习近平同志为核心的党中央高度关注的问题。

毋庸讳言，现在基层的担子不轻松。其中，除了改革发展的硬任务，也有形式主义的软钉子。曾有基层干部举例："某天晚上8点多来了上级电话，通知全县在第二天12点之前，摸清楚全县某某行业的生产情况。即使不睡觉、通宵达旦摸排，也不可能完成这个任务。但上级的指令就在那，到时间非得交差不可。"怎么办？只能堆材料、造数据应付了事。类似的形式主义之所以屡禁不止，就在于它动辄把"上级要求"挂在嘴上，让基层干部"无可奈何"。其结果，既违背了中央精神，也加重了基层负担。

"把对上负责与对下负责统一起来"。《通知》中的这一明确要求，可谓切中肯綮。照本宣科、泛泛表态、刻意搞传达不过夜，随意要求基层填表报数、层层报材料，滥用"一票否决"、动辄签"责任状"，变相向地方和基层推卸责任……纵观形式主义的种种新表现，一个重要原因，就是片面理解"对上负责"，甚至人为地把"对上负责"与"对下负责"对立起来，"不怕群众不答应，就怕领导不认可"。一些"身不由己"的形式主义也由此催生。

如何理解"对上负责"与"对下负责"的关系，不仅是一个方法问题，更是一个理念问题。早在2006年，时任浙江省委书记的习近平同志就撰文《坚持对上负责与对下负责的一致性》指出，"所谓对上负责，就是对上级领导机关负责；所谓对下负责，就是对人民群众负责。对各级领导干部来说，对上负责与对下负责从来都是统一的、不可分割的，对党负责，就是对人民负责；对人民负责，就是对党负责。两者统一于对党和人民事业的高度负责之中"。换句话说，只有在工作中始终坚持对上负责与对下负责的一致性，才能真正尽到职、负好责。

反过来看，一些人之所以片面理解"负责"，归根到底还是政绩观出了问题，个人主义思想在作祟。比如，传达精神表面轰轰烈烈，实则不走心、不过脑，只出工不出力；执行政策看似雷厉风行，实则只顾自己方便，不管基层情况和群众意愿。毛泽东同志在《反对本本主义》中指出："盲目地表面上完全无异议地执行上级的指示，这不是真正在执行上级的指示，这是反对上级指示或者对上级指示怠工的最妙方法。"这次《通知》要求"坚持实事求是的思想路线，树立正确政绩观"，正是强调要以正确的认识、正确的行动坚决做到"两个维护"，决不允许对党中央阳奉阴违做两面人、搞两面派、搞"伪忠诚"。

上下同欲者胜。把对上负责与对下负责统一起来，从思想方法上来说，就是要坚持理论联系实际，吃透上情，摸清下情，正确处理宏观与微观、普遍与特殊、一般与个别等关系。从工作目标上来说，就是要坚持"以人民为中心"，把增强人民群众获得感、幸福感、安全感放到突出位置，认识到对上负责、对下负责最终都是要体现对人民负责。从工作实践上来说，就是要在正确领会上级精神的前提下，坚持一切从实际出发，深入实际调查研究，使上级精神更好对接实际、落地生根。从组织保障来说，就要坚持目标导向、问题导向、效果导向有机统一，从实处着眼、用实干考量、以实绩说话，激励干部担当作为，创造性贯彻落实党中央方针政策和工作部署。

"任何事情都要向上看看，向下看看。"谈到干部的工作职责，习近平总书记曾这样告诫。不忘初心、牢记使命，把对上负责与对下负责统一起来，我们才能真正把树牢"四个意识"、做到"两个维护"的要求落到实处，以良好精神状态和优异工作成绩，为党分忧、为国干事、为民谋利。

（2019年03月26日）

关键看有没有解决实际问题

——为基层减负,为实干撑腰 ②

《通知》蕴含了习近平总书记对基层干部的深切关爱和为基层减负的明确要求,也鲜明树立了为基层松绑减负、激励广大干部担当作为的实干导向

反对形式主义,为基层减负,既要有强烈的问题意识,也要有明确的结果导向,用政治效果检验政治立场和政治能力

发扬"短实新"文风,坚决压缩篇幅,防止穿靴戴帽、冗长空洞;少开会、开短会,开管用的会;坚决纠正机械式做法,不得随意要求基层填表报数、层层报材料……细读《关于解决形式主义突出问题为基层减负的通知》,一个重要特点,就是要求打一场力戒形式主义的攻坚战,"要把干部从一些无谓的事务中解脱出来",让基层把更多时间用在抓工作落实上来。

为基层减负是人心所向,也是事业发展的迫切要求。基层的负担从何而来?一个重要方面,就是形式主义的东西占用了大量时间、耗费了大量精力,让很多干部既深恶痛绝、又深陷其中。比如,"痕迹管理"比较普遍,但重"痕"不重"绩"、留"迹"不留"心";检查考核名目繁多、频率过高、多头重复;"文山会海"有所反弹……正因如此,习近平总书记在中共中央政治局第十次集体学习时指出,"这种状况必须改变"。此

次《通知》，蕴含了习近平总书记对基层干部的深切关爱和为基层减负的明确要求，也鲜明树立了为基层松绑减负、激励广大干部担当作为的实干导向。

"我们中国共产党人干革命、搞建设、抓改革，从来都是为了解决中国的现实问题。"形式主义之所以是我们党的大敌、人民的大敌，就在于不解决实际问题。特别是，一些形式主义高调表态，口号喊得震天响、行动起来轻飘飘，用轰轰烈烈的形式代替扎扎实实的落实，用光鲜亮丽的外表掩盖矛盾和问题。其结果，不仅问题没能解决，还降低了党的方针政策的公信力，削弱了党员干部说话办事的号召力。

从哲学上讲，形式是内容的存在和表现方式。任何事物、任何工作、任何活动，都必须通过一定形式来体现其内容。开会、发文是我们党作决策、抓落实的重要方法，痕迹管理也是监督考核的有效手段。然而，倘若开会、发文、留痕等解决问题的手段成了目的，何尝不是本末倒置、买椟还珠？一位基层干部感慨，"如果不用心去做，处处留痕也没用，但对用心工作的干部来说，处处留痕反而成了无谓的负担。"这正如马克思讲的，"如果形式不是内容的形式，那么它就没有任何价值了。"

"善除害者察其本，善理疾者绝其源。"反对形式主义，为基层减负，既要有强烈的问题意识，也要有明确的结果导向。《通知》明确提出，"强化结果导向，考核评价一个地方和单位的工作，关键看有没有解决实际问题、群众的评价怎么样。"破解形式主义的一大法宝，就是坚持实事求是，用政治效果检验政治立场和政治能力。诚然，现实中的形式主义，往往都是"扎扎实实走程序、认认真真走过场"，通常也会摆出很多冠冕堂皇的理由，令人难以甄别、甚至不好"抵抗"。但不管使上什么"障眼法"，只要用结果这把"尺子"去衡量，就能让其现出"原形"。

2019年是中华人民共和国成立70周年，是全面建成小康社会、实现第一个百年奋斗目标的关键之年。形式主义突出问题解决得如何，为基层减负成效怎么样，关键就要看是否使干部从一些无谓的事务中解脱出来，是否能督促和帮助基层干部把精力集中到解决难题、推动发展上。换句话说，就是要把以往应付文山会海、过频考核、过度留痕的压力，转化为推动改革发展的工作动力，激励广大干部崇尚实干、担当作为，

把更多精力用在打好三大攻坚战、推动高质量发展上来。

"要牢记空谈误国、实干兴邦的道理,坚持知行合一、真抓实干,做实干家。"习近平总书记的告诫发人深省。广袤的基层,是党的方针政策最终落地的土壤,是广大党员干部干事创业的舞台。树立在基层一线解决问题的导向、培育求真务实的作风、形成实干苦干的氛围,我们就能为千千万实干者培厚土壤、洒播甘霖,而他们的辛勤耕耘,必然能在未来结出更扎实、更丰盈的收获。

(2019 年 03 月 27 日)

严格控制"一票否决"事项

——为基层减负,为实干撑腰 ③

矛盾有主次之分,事情有轻重之别。如果抓工作不分主次,什么工作都"一票否决",也就等于"票票否决",其效果必然大打折扣

将"考核压力"精准转化为"干事动力",该"一票否决"的,绝不含糊,同时要对滥用"否决"者否决,对随意"问责"者问责

"'一票否决'多得我几乎都记不清到底有多少了,只要有一项没做好,无论其他工作做得多好,一年都白干了。"对这种"一票否决"被滥用的现象,中办近日发出的《关于解决形式主义突出问题为基层减负的通知》明确提出,严格控制"一票否决"事项,不能动辄签"责任状",变相向地方和基层推卸责任。对基层的考核只有科学精准、务求实效,才能避免滥用"一票否决"的依赖症、避免责任推卸和激励扭曲,进而形成正向的传导机制。

"一票否决"不是一个筐,不能啥菜都往里装。本意来讲,它指的是干部考核多项任务里,若有一项或某几项未完成,则认定为整体不合格。应当讲,这一倒逼机制有利于突出中心工作、确保政令畅通、夯实重大责任。但凡事过犹不及,据报道,有乡党委书记亲手签订20多份"责任

状",道路交通、森林防火、动物防疫一旦不达标,所有成绩都归零。这不仅背离了"一票否决"制的初衷,还涉嫌公权力的越界,令人头痛又无奈。不仅如此,一些地方和部门为了完成任务,搞"上有政策,下有对策",浪费了行政成本和社会资源,更抵消了政策效力、助长了形式主义作风。

究其根源,"一票否决"被简单粗暴地滥用,本质上仍是形式主义和官僚主义在作祟。对治理者而言不够科学,对考核者却相对省事,一些存在"庸懒散"错误思想的领导干部,对此便特别推崇。"责任状"一签了之,出了事大不了"处理几个干部",其实并没有真正地冲着解决问题去;貌似"动真"、仿佛"碰硬",不过是为了追责而追责,挫伤了基层同志的工作积极性。正因此,去年10月,中办印发《关于统筹规范督查检查考核工作的通知》,明确要求对县乡村和厂矿企业学校的督查检查考核事项要减少50%以上,就是规范考核给基层减压。

矛盾有主次之分,事情有轻重之别。如果抓工作不分主次,什么工作都"一票否决",也就等于"票票否决",其效果必然大打折扣。这次《通知》严控"一票否决"的目的,就是为了将上级"考核压力"精准转化为下级"干事动力",所以必须严格限定范围、严格实施程序,分清主次、轻重、缓急,尤其是让"过错"与"惩罚"相适应、相匹配,避免眉毛胡子一把抓、"责任状"满天飞,把宝贵的行政资源与干部精力"好钢用在刀刃上"。为此需要尽早明确列出"一票否决"的事项清单,比如对违反政治纪律等行为,统计数据造假、瞒报或谎报安全生产事故等行为,在环境保护和扶贫攻坚中不作为、不担当等行为,就是要以制度刚性确保党中央的决策部署不折不扣贯彻,力促基层干部集中主要力量"铆劲"落实。

在清理"滥用否决"之外,也要注重治理方式的精细化。一方面,除了明令禁止的、事关全局性、战略性任务的"否决清单",不得再"私设"任何否决事项。另一方面,对于不再简单否决的任务,需要针对不同的工作类型、不同的责任性质、不同的错误程度,给出有针对性的处理办法,惩前毖后、治病救人。这其中,应当充分考虑基层干部权与责、能力与效果之间的关系,不搞生硬的"一刀切",杜绝机械的"归功于上"

或"透过于下"。即便是各地各部门因地制宜的分解实施中，仍要注意贯彻好"三个区分开来"，调动好基层干部的干事创业积极性，发挥好他们身处一线创新创造的主观能动性。

基层减负年，重在抓落实。要严格按照中办《通知》要求，该"一票否决"的，绝不含糊、不打折扣；滥用"一票否决"的，要集中清理、坚决杜绝。对基层绩效考核机制要科学分类、优化改进，把握好"度"。对滥用"否决"者否决，对随意"问责"者问责，我们定能纠正偏差，在推进治理能力现代化的征程上，让那些为民、务实、清廉的新时代好干部暖心、安心，全身心扑在干事创业上。

（2019 年 03 月 28 日）

别让"责任状"成了"免责单"

——为基层减负,为实干撑腰 ④

> 破除形式主义顽症,需要厘清责任清单,让"权责要对等、有责要担当、失责必追究"成为共识
>
> 解决"责任状"满天飞等形式主义突出问题、为基层减负,目的在于激励广大干部担当作为、不懈奋斗

美其名曰"责任下沉",自己当起"甩手掌柜"——今年,基层治理中滥用"责任状"的乱象将被"靶向治疗"。中办不久前印发的《关于解决形式主义突出问题为基层减负的通知》明确要求,不能动辄签"责任状",变相向地方和基层推卸责任。

"责任状"本是抓工作落实的一种方法,意在分解任务、落实责任。然而在现实中,一些地方不管部署什么工作,都让下级签个"责任状",导致"责任状"满天飞。从森林防火到义务教育、道路安全、食品安全等等,一些地方的"责任状"一年下来多达 60 多份。以"责任状"传导压力,把自己本应承担的责任传递下去,显然与促进责任落实的初衷不符,其本质是形式主义在作祟。

习近平总书记反复强调,"要把力戒形式主义、官僚主义作为重要任务""要聚焦突出问题、紧盯关键节点,下大气力解决'四风'问题"。今年是全面建成小康社会、实现第一个百年奋斗目标的关键之年,迫切

需要激发全党特别是基层干部干事创业的积极性。而对基层来说,"责任状"满天飞等形式主义占用基层干部大量时间、耗费大量精力,成为困扰基层的一大顽疾,亟待破解。有鉴于此,此次《通知》将2019年作为"基层减负年",致力解决基层干部深恶痛绝又深陷其中的形式主义问题。这既体现了中央对基层干部的深切关爱,也为基层减负提出了明确要求。

需要看到,"责任状"满天飞,源于形式主义带来的责任失序、权责失调。"事情多、任务重都能想办法克服,但只给基层规定责任而不赋予对等的职权,让我们很为难。"基层干部的心声提示我们,破除形式主义顽症,需要厘清责任清单,让"权责要对等、有责要担当、失责必追究"成为共识。责任的另一头是担当,传达任务、压实责任没有错,但绝不是简单地将责任一"签"了之。对上级部门来说,要科学合理划分任务指标,不能一味到基层念"紧箍咒"。以身作则,变"给我上"为"跟我上",才能以上率下,将"层层甩锅"变成"层层发力",把应该承担的责任不打折扣地完成好。

解决"责任状"满天飞等形式主义突出问题、为基层减负,目的在于激励广大干部担当作为、不懈奋斗。有基层干部坦言,"工作负担增重不说,责任'甩锅'也寒了我们的心。"形式主义导致的人浮于事、推诿扯皮、"劣币驱逐良币"等现象,必须坚决整改纠正。《通知》对此明确要求,切实保护干部干事创业的积极性,为担当者担当,为负责者负责。各级党组织要以清理不必要的"责任状"为抓手,认真履行主体责任,将工作重心落实到凝心聚力、干事创业上来,让基层干部轻装上阵,有更多时间和精力深入基层、为民办事。

进而言之,解决形式主义突出问题、为基层减负,也是为了给敢负责、勇担当的干部提供更加广阔的舞台。那些彼此心照不宣、虚晃一枪的"责任状",浪费的不仅仅是纸张和费用,也浪费了干部干事创业的时间、污染了基层政治生态、损害了干部奋发有为的状态。通过健全选人用人机制,能够有效破除形式主义,让那些玩弄"套路"者无处遁形,让想干事、能干事、敢担当的优秀干部脱颖而出。中共中央日前印发了修订后的《党政领导干部选拔任用工作条例》,要求"大力选拔敢于负责、勇于担当、善于作为、实绩突出的干部",也是基于同样的考虑。

习近平总书记强调,"担当大小,体现着干部的胸怀、勇气、格调,有多大担当才能干多大事业。"进一步祛除各种形式主义,才能激励和鞭策更多干部负责任、勇担当,凝聚形成奋发有为、干事创业的强大合力,成就更大事业。

（2019 年 03 月 29 日）

"问责"也要"负责"

——为基层减负,为实干撑腰 ⑤

> 通过强化责任追究,约束不作为、整治乱作为,从而唤醒责任意识、激发担当精神,这才是问责的价值指向
>
> 以法纪为准绳严肃问责,以事实为依据规范问责,以问题为靶心精准问责,以容错为原则慎重问责,才能起到问责一个、警醒一片的功效,才能克服"多干多错、不干不错"的心态,才能激发担当尽责、奋发有为的精神

"正确对待被问责的干部,对影响期满、表现好的干部,符合有关条件的,该使用的要使用""保障党员权利,及时为干部澄清正名,严肃查处诬告陷害行为""改进谈话和函询工作方法,有效减轻干部不必要的心理负担"……中办近日发出的《关于解决形式主义突出问题为基层减负的通知》,专门拿出一个部分,强调完善问责制度和激励关怀机制,着力解决干部不敢担当作为的问题。这既是对"问责"的正本清源,也是对"负责"的鲜明号召。

动员千遍,不如问责一次。依规治党、依法治国,问责是一个有力抓手。党的十八大以来,从强化问责工作、落实"两个责任"的改革创新,到巩固实践成果、扎紧制度笼子的立规创举,我们党把问责作为管党治党利器,先后对山西塌方式腐败、湖南衡阳破坏选举案、四川南充

和辽宁拉票贿选案、陕西秦岭北麓违建别墅问题等严肃问责,问责不主动、追责不给力的现象大为减少,失责必问、问责必严成为常态,有力推动了管党治党从宽松软走向严紧硬,也让"有权必有责、有责要担当、失责必追究"逐渐成为普遍共识。

与此同时,由于对中央精神和党内法规学习不透彻、领会不深刻,问责泛化简单化的现象时有发生。比如,4分钟内因没能及时接听脱贫攻坚巡查组电话,扶贫干部被公开通报"给予党内警告处分";扶贫手册中写错两个标点符号,被通报批评……这些执纪简单化、问责粗线条甚至乱问责、错问责、问错责的问题,虽然事后相关处理被撤销,却也造成了一些不良影响。特别是,类似"躺着中枪"的职能式问责、"刚播种就要收获"的计时式问责、只为舆情降温的灭火式问责、对困难不闻不问的机械式问责,不仅会挫伤基层干部的积极性,也无形之中削弱了问责的权威性。

问责只是手段,负责才是目的。通过强化责任追究,约束不作为、整治乱作为,从而唤醒责任意识、激发担当精神,这才是问责的价值指向。正因如此,《通知》指出,"坚持严管和厚爱结合,实事求是、依规依纪依法严肃问责、规范问责、精准问责、慎重问责,真正起到问责一个、警醒一片的效果。"如果说,问责是一把戒尺,那么用好这把尺子既要讲规则,也要讲艺术,既要讲政策,也要有温度。从此前要求运用好监督执纪"四种形态",到这次要求"严肃、规范、精准、慎重"问责,都体现了严管和厚爱、约束和激励的辩证统一,既是对党和国家事业的真诚担当,也是对党员干部的真正负责。

换句话说,问责也是一把手术刀,其威力不仅在于刃之锋利,更在于术之高超。认真领会贯彻《通知》精神,以法纪为准绳严肃问责,以事实为依据规范问责,以问题为靶心精准问责,以容错为原则慎重问责,才能起到问责一个、警醒一片的功效,才能克服"多干多错、不干不错"的心态,才能激发担当尽责、奋发有为的精神。"为担当者担当,为负责者负责。"由此可以理解,为何《通知》明确要求,把"三个区分开来"的要求具体化,正确把握干部在工作中出现失误错误的性质和影响,切实保护干部干事创业的积极性。

习近平总书记强调:"干部就要有担当,有多大担当才能干多大事业,尽多大责任才会有多大成就。"我们的权力是党和人民赋予的,是为党和人民做事用的,只能用来为党分忧、为国干事、为民谋利。坚持权责一致、严格问责,坚持层层负责、人人担当,为基层干部担当作为撑腰,为干事创业者设置"减压阀",我们就能为基层治理注入源源不断的正能量。

(2019 年 04 月 01 日)

政治坚定离不开理论坚定

——年轻干部，上好成长"必修课"①

政治上的坚定、党性上的坚定都离不开理论上的坚定，真学真懂真信才能真坚定，发自内心的认同才能支撑矢志不渝的信仰

学习理论不是教条式的死记硬背，而是要掌握马克思主义的立场、观点、方法，掌握分析问题的方法、开辟通往真理的道路

"你多少学分了？"近日，分享交流"学习强国"学习平台的"学习成果""学习积分"，成了党员干部的新风尚。把党的创新理论成果搬到线上，为什么会兴起学习热潮？一位普通党员干部道出了其中奥秘："只有先提高自身的理论素养、政治素养，才能对工作负责，对群众负责"。

政治上的坚定、党性上的坚定都离不开理论上的坚定。"干部要成长起来，必须加强马克思主义理论武装。"在2019年春季学期中央党校（国家行政学院）中青年干部培训班开班式上，习近平总书记对年轻干部提出要求，强调要"在常学常新中加强理论修养"。思想是行动的先导，认识是前进的指南，作为年轻干部，要在花繁柳茂处拨得开、雨骤风狂时立得定，正需要把理论学习作为成长的基本功。

信仰信念不是没有根基的空中楼阁，政治坚定更不能流于口头表态，

而要建立在深厚的理论修养基础上。真学真懂真信才能真坚定，发自内心的认同才能支撑矢志不渝的信仰。革命年代"砍头不要紧"的英雄气概，来自"只要主义真"的理论坚定，来自"我们信仰的主义，乃是宇宙的真理"的理论自信。可以说，理论学习在干部成长中发挥着固本培元、凝心聚魂的作用，理论基础不扎实，就好比是在沙滩上建高楼。尤其是广大年轻干部，更需要在成长过程中加强理论修养、培养理论思维，用理论学习补足精神之钙，用理论自信筑牢信仰之基。

恩格斯说过，"一个民族要想站在科学的最高峰，就一刻也不能没有理论思维"。从这个角度看，干部成长中的"本领恐慌"，首先是一种"哲学的贫困"，体现在理论思维的缺乏。今日中国正处于发展关键期、改革攻坚期、矛盾凸显期，主流与支流、现象和本质、特殊与普遍，有着复杂而微妙的呈现。不管是教育、医疗、养老，还是动能转化、国企改革、简政放权，无不有主有次、有源有流、有点有面，年轻干部可以说是时时事事都面临着考验。以创新理论提纲挈领，在想问题、办事情时才能"不畏浮云遮望眼"，透过现象看本质、把握矛盾抓重点，在推动事业发展中收获个人成长。

毛泽东同志说过，读书要到"底"。学习理论不是教条式的死记硬背，不是为了说几句概念的话，而是要掌握马克思主义的立场、观点、方法，掌握分析问题的方法、开辟通往真理的道路。那种认为可以用专业学习替代理论学习的观点，那种认为学不学无所谓、不学照样干工作的态度，那种装点门面、附庸风雅的做法，都是"精神虚无主义"的表现。说到底，理论学习学的是一种根本性的认识论、方法论、价值论，是一种打根基、利长远的学习，不可或缺、至关重要。

年轻干部学习理论，要把自己摆进去、把职责摆进去、把工作摆进去，全面系统学、结合实际学，才能真正学深悟透、学以致用。"绿水青山就是金山银山"的理念，体现在更好平衡经济发展与生态保护的关系；"高质量发展"的部署，体现在传统发展模式难以为继、必须实现经济发展转型升级；"将改革开放进行到底"的决心，体现在冲破思想观念的障碍和突破利益固化的藩篱……从理论和实践的结合上把问题搞清楚，做到学、思、用贯通，知、信、行统一，才能弄清楚理论的源泉是什么、实践基础是什么、战略考量是什么，才能真正用习近平新时代中国特色社会主义思想武装头脑、指导实践、推动工作。

党史上曾有这样一个故事：1945年毛泽东同志在中共七大总结讲话中，向大家推荐了5本马列著作。他说，"我们可以把这五本书装在干粮袋里，打完仗后，就读他一遍或者看他一两句，没有味道就放起来，有味道就多看几句，七看八看就看出味道来了。"这个"味道"，是信仰的味道，也是理论的味道。干部学理论也要有这种劲头，多读多记，常学常新，往深里走、往实里走、往心里走，就能为自身成长筑牢坚实根基，为党和人民的事业传承精神基因、凝聚磅礴力量。

（2019年03月18日）

忠诚和信仰是具体的实践的

——年轻干部,上好成长"必修课"②

> 忠诚和信仰不是抽象概念,而是实践品格,体现在一言一行、一举一动中,落实在每一次选择、每一份坚守中
>
> 人在事上练,刀在石上磨。老老实实做人、踏踏实实做事、兢兢业业工作,就是对党和人民最大的忠诚

"我志愿加入中国共产党,拥护党的纲领,遵守党的章程……"每位党员在入党时,都曾宣读过这段激动人心的誓词。历经不同历史阶段,入党誓词内容几经调整,但"永不叛党"四个字却始终保留。有党史研究者认为,"永不叛党"所代表的"忠诚",正是这段誓词的根本要义。

领导干部要忠诚干净担当,忠诚始终是在第一位的。在2019年春季学期中央党校(国家行政学院)中青年干部培训班开班式上,习近平总书记强调,"衡量干部是否有理想信念,关键看是否对党忠诚""忠诚和信仰是具体的、实践的"。天下之德,莫过于忠。特别是对于广大年轻干部来说,有德无才,难当大任;有才无德,一旦重用会有更大风险。一个政治上靠不住、政治品德不过关的人,即便能力再强,也应"一票否决"。

有个数字令人震撼:从1921年到1949年,在中国共产党领导的革命中牺牲的烈士,有名可查的就达370万人。正是这些忠于党、忠于国家、

忠于人民的革命先烈,以"愿拼热血卫吾华"的信念与行动,为中国今日之成就打下了坚实基础。忠诚与信仰,早已融入共产党人的血液,塑造了代代相传的政治品格,也成为对每一个党员的基本要求。

"本根不摇,则枝叶茂荣。"有坚定的理想信念,才有对党的忠诚。邓小平同志年轻时钻研马克思主义理论,立志"更坚决的把我的身子交给我们的党";在退休之际仍深情地说:"我的生命是属于党、属于国家的。退下来以后,我将继续忠于党和国家的事业。"今天的年轻干部,更需要坚定对马克思主义的信仰,对中国特色社会主义的信念,对实现中华民族伟大复兴中国梦的信心。只有深入学习领会习近平新时代中国特色社会主义思想,掌握认识世界、改造世界的科学方法,这样的忠诚才是由内而外、发自内心的,任何时候任何情况下都能站得稳、靠得住。

长期生活在和平环境之中,年轻干部没了烽火硝烟的磨砺、少了生死存亡的考验,如何理解忠诚,怎样保持忠诚?"忠也者,一其心之谓也。"无论历史条件如何变化,忠诚和信仰都不是抽象概念,而是实践品格,是贯穿于时时事事的精神底色。怎样看待个人进退,如何面对各种"围猎",大是大非前能不能"亮剑",大风大浪中能不能"挺身",考验的都是忠诚,都是信仰。对于党员干部,忠诚和信仰正体现在一言一行、一举一动中,落实在每一次选择、每一份坚守中。

忠诚不是纸上的口号,而是心头的信念、脚下的行动。没有实践的信仰和忠诚,只能是假信仰、伪忠诚。现实中,有的党员干部热衷说大话,实则是当面一套、背后一套;有的在公开场合大谈理想信念,私下里却以权谋私、腐化堕落;有的讲起道理来头头是道,干起工作来却拈轻怕重,不担当、不作为……一旦把忠诚、信仰仅仅当成口头上的表态,甚至将其视为捞取政治资本的工具,年轻干部的成长进步就只能画上"休止符"了。毕竟,忠诚和信仰不是喊出来的,干得好不好、行得正不正,组织和群众都能看得见。

人在事上练,刀在石上磨。忠诚,同样需要放在事上去考验,放在石上去打磨。对于年轻干部而言,不用汲汲于晋升、级别,挖空心思"自我设计",而是需要在干事创业的一线去摔打、去锤炼。其实,越是困难大、矛盾多、环境差的地方,越能磨砺品质、增长才干,也越能显出一个人的忠诚与担当。接一接"烫手山芋",当几回"热锅上的蚂蚁",才能练出"大心脏""宽肩膀",收获真正的成长。可以说,老老实实做人、踏踏实实做事、兢兢业业工作,就是对党和人民的最大忠诚。

哲人有言,有两种东西最令人敬畏:一个是头上的星空,一个是心中的道德。一面仰望星空,一面脚踏实地,把忠诚与信仰书写在前行的征途上、火热的实践中,年轻干部必然能不负时代、不负人民,闯出自己的一片天空。

(2019年03月19日)

真正同人民结合起来

——年轻干部,上好成长"必修课"③

真正与群众想在一起、干在一起,才能在群众中留下好的口碑,找到"存在感""价值感"

多到基层一线锤炼摔打,多到群众中间经风雨、见世面,无论对个人成长还是对事业发展都是宝贵财富

"到农村去,那里有生我养我的爹娘;到农村去,那里有育我成长的南瓜米汤;到农村去,那里是魂牵梦绕的故乡。"在田间地头,在山村乡野,总能看到驻村第一书记的身影。今天,280多万驻村干部、第一书记奋战在脱贫攻坚一线。他们深入基层、服务群众,不仅赢得了群众信赖和社会点赞,也为自身成长进步积累下宝贵财富。

"要牢记群众是真正的英雄,任何时候都不能忘记为了谁、依靠谁、我是谁,真正同人民结合起来。"在2019年春季学期中央党校(国家行政学院)中青年干部培训班开班式上,习近平总书记勉励年轻干部"在学思践悟中牢记初心使命",把党的初心、党的使命铭刻于心,把人民放在心中最高位置,虚心向群众学习,真心对群众负责,热心为群众服务,诚心接受群众监督。语重心长的讲述,为年轻干部点亮了引路明灯。

为什么人、靠什么人的问题,是检验一个政党、一个政权性质的试金石。同人民风雨同舟、血脉相通、生死与共,是我们党战胜一切困难

和风险的根本保证；离开了人民，我们就会一事无成。74年前的"延安窑洞对话"和70年前的"西柏坡赶考"，都给出了"得民心者得天下，失民心者失天下"的答案。党的十八大以来"人民是阅卷人"的生动实践，更以看得见、摸得着的历史性成就和变革，诠释出"以人民为中心"的深厚伟力。正如毛泽东同志所指出的，"看一个青年是不是革命的，拿什么做标准呢？拿什么去辨别他呢？只有一个标准，这就是看他愿意不愿意、并且实行不实行和广大的工农群众结合在一块"。

年轻干部在职在岗，说到底，只有真正为群众办好事、办实事，才能找到自身的"存在感""价值感"。我们的工作充满着温度与厚重，每个决策、每项措施背后，都是万家忧乐、民生冷暖。从苏区干部"日着草鞋干革命，夜打灯笼访贫农"，到焦裕禄"心中装着全体人民、唯独没有他自己"，再到廖俊波"跟老百姓坐在一条凳子上"，爱民、忧民、为民、惠民之心，让人生奋斗有了更高思想起点、不竭精神动力。也唯有真正与群众想在一起、干在一起，才能在群众中留下好的口碑。要论成长、要论收获，还有比这更有价值的成长、更有分量的收获吗？

一个人能走多远，心的志向决定脚的方向。基层一线，是年轻人磨练意志、增长本领最好的熔炉。"好事尽从难处得，少年无向易中轻。"一个人在年轻时多到基层一线锤炼摔打，多到群众中间经风雨、见世面，无论对个人成长还是对事业发展都是宝贵财富。年轻干部下基层、走村寨，读好"无字书"、进好"百家门"、行好"万里路"，才能学到活知识，练就真本领。脚下沾满的泥土，也会化作心中的肺腑真情。"真正同人民结合起来"，可以说是年轻干部成长最根本的方法论。

建功新时代，人民群众中间到处有施展才华、开拓创业的广阔天地。今天的年轻干部，很多是从"家门"到"校门"再进"机关门"，了解国情的少，熟悉基层的少，亲近群众的少，甚至有的年轻干部心理上与乡土乡亲有代沟，情感上同民生民瘼有温差。由此而言，"干部多'墩墩苗'没有什么坏处，把基础搞扎实了，后面的路才能走得更稳更远"。主动沉到困难大、矛盾多、条件差的地方经风雨、练本领，方能克服"头重脚轻"、阅历不足的问题，除却"骄娇"之气，真正成长为为民务实清廉的合格干部。

　　青春因初心而不老,梦想因奋斗而生辉。习近平总书记强调,中国梦"是我们这一代的,更是青年一代的","中华民族伟大复兴的中国梦终将在一代代青年的接力奋斗中变为现实"。年轻干部担当大任,青春中国其道大光,前途必定不可限量。

(2019 年 03 月 20 日)

心无旁骛努力工作，为党和人民做事

——年轻干部，上好成长"必修课"④

以敬畏心对待事业、职责，以平常心对待名利、得失，年轻干部才能真正无愧于心、有所作为

年轻干部只有不断自我修炼、自我约束、自我改造，才能为党和人民作出贡献

把每一件小事做好，把平凡的事做成不平凡，才是真本事，才能在不断积累中提高，练就担当的"宽肩膀"、成事的"真本领"

历史上有一个主动"降职"的故事，至今读来依然引人深思。1956年10月，我国第一个导弹研究机构——国防部第五研究院正式成立，钱学森任院长。但仅过几年，他就主动提出，免去自己的院长职务，改任副院长。原因是，他想从繁杂的行政事务中解脱出来，把更多的精力投入到科学事业上去。"我是一名科技人员，不是什么大官"，事业为重，钱学森的选择，值得每一位领导干部深长思之。

"要立志做大事，不要立志做大官，保持平和心态，看淡个人进退得失，心无旁骛努力工作，为党和人民做事。"在2019年春季学期中央党校（国家行政学院）中青年干部培训班开班式上，习近平总书记勉励广大年轻干部"在细照笃行中不断修炼自我"。的确，以敬畏心对待事业、

职责，以平常心对待名利、得失，年轻干部才能真正无愧于心、有所作为。

"事如芳草春长在，人似浮云影不留"。古往今来，决定人生价值的，从来不是职位的高低，而是事业是否有成。《左传》里曾有一个关于"三不朽"的著名对话。有人问鲁国大夫叔孙豹，何谓"死而不朽"？"世禄"不绝，是否可以称为不朽？叔孙豹认为，立德、立功、立言，"虽久不废"，才能称为不朽，而"禄之大者，不可谓不朽"。比官职更重要的，是事业；比名利更关键的，是实绩。不图职位高低，只图事业有成，这正是年轻干部应该锤炼的品质修养。

其实，职位只是做事的条件和平台，并非做事本身，更不应成为做事的目的。邓小平同志曾"几落几起"，但他复出时仍表示："我出来工作，可以有两种态度，一个是做官，一个是做点工作。我想，谁叫你当共产党人呢，既然当了，就不能够做官，不能够有私心杂念，不能够有别的选择。"要做事，不要做官，对工作事业，永葆进取之心；对权力职位，则淡然处之，一进一退、一取一舍，照见的正是共产党人的光辉品格。

现实中，有少数年轻干部还不能正确看待个人进退得失。或是热衷自我设计，只想着如何走得更快、升得更高；或是不愿老实干事，搞形式主义的花架子、假把式；或是想走捷径，把时间和精力花在"走关系""找门道"上。从根本上说，是在宗旨信念方面出了问题，没有正确认识"有为"与"有位"的关系。事实上，唯有为，方有位；要有位，必有为。要想脱颖而出，必须要品德配位、能力配位、业绩配位。对年轻干部来说，只有不断自我修炼、自我约束、自我改造，以平常心对待职务升迁，以责任心干好分内工作，在想干事、能干事、会干事上较真较劲，才能做好本职工作，为党和人民作出贡献。

孙中山先生说过，"无论哪一件事，只要从头至尾彻底做成功，便是大事"。只要有一颗为国为民、干事创业之心，再平凡的岗位也是干事的舞台，再小的地方也能有大作为。王友德"一生只干一件事"，治沙造林，生命不息，治沙不止；许振超苦练技术，练就集装箱装卸"一钩准""一钩净"的绝活，"振超效率"享誉全球。把每一件小事做好，把平凡的事做成不平凡，才是真本事，才能在不断积累中提高，练就担当的"宽肩膀"、成事的"真本领"。

古人云，"夫志当存高远"。对于年轻干部而言，组织把你放在相应岗位上，把工作交付给你，本身就意味着信任和培养。一心一意为党和人民做事，踏踏实实干工作，心无旁骛钻业务，干一行、爱一行、精一行，年轻干部的成才之路才能越走越稳，人生之路才能越走越宽。

（2019 年 03 月 21 日）

干部成长无捷径可走

——年轻干部,上好成长"必修课"⑤

年轻干部需要不弃微末、不舍寸功,一步一个脚印攀登,在攻坚克难中增长才干

多经事方能成大事,犯其难方能图其远。平时多给自己压担子,关键时刻才能挑起更重的担子

一棵树苗,惟有经历风吹、雨淋、日晒、虫害等挑战,才能长成参天大树;一名干部,也惟有经受意志定力、耐心耐力、担当精神等考验,方能成为优秀人才。

"干部成长无捷径可走,经风雨、见世面才能壮筋骨、长才干。"在2019年春季学期中央党校(国家行政学院)中青年干部培训班开班式上,习近平总书记寄语大家做起而行之的行动者、不做坐而论道的清谈客,当攻坚克难的奋斗者、不当怕见风雨的泥菩萨,勉励广大年轻干部在摸爬滚打中增长才干,在层层历练中积累经验。其言谆谆、其情切切,充分体现了对培养选拔优秀年轻干部的高度重视,充分彰显了对年轻干部成长的关怀与期待。

"不登高山,不知天之高也;不临深溪,不知地之厚也"。干部成长是有规律的,对年轻干部而言更是如此。干部干部,干字当头。这既是职责要求、从政本分,更是能力之来源、成长之阶梯。敢不敢扛事、愿

愿不愿做事、能不能干事，是识别干部、评判优劣、奖惩升降的重要标准。奋斗在新时代，不当几回热锅上的蚂蚁，不接几次烫手的山芋，甘于混日子、做太平官，或者搞自我设计那一套，就不可能激发出个人潜能，也难以磨砺出担当重任的真本领。

多经事方能成大事，犯其难方能图其远。平时多给自己压担子，关键时刻才能挑起更重的担子。现实中，许多年轻干部学历高、综合素质好，具备较为全面的科学文化素养，工作认真负责，发展潜力大。但也要看到，一些年轻干部最缺的是实践经验，特别是缺少在重大斗争中经风雨、见世面的经历。正因如此，有的人虽然工作勤奋、对自己要求严格，但担当精神不够、斗争精神不足。正所谓，"路不险则无以知马之良，任不重则无以知人之德"，把所有工作都当成考验和锻炼，才能收获最大的成长。

基层一名年轻干部讲起自己成长的心得体会，就说了四个字，"不要挑活"。的确，年轻干部做的，大多是具体的、基础的工作，一些人认为"存在感"不强、"价值感"较弱。如果目高于顶、挑肥拣瘦，就容易工作质量滑坡、个人心态失衡。一些年轻干部面对千头万绪、复杂繁琐的工作，面对反反复复、来来回回的周折，也会产生"没意思"的想法，兵来将挡、得过且过，不会把工作做精、做细、做实，更不会在此基础上总结、提升，主动提出自己的想法和建议。年轻干部成长成才没有什么捷径可走，必须不弃微末、不舍寸功，一步一个脚印攀登，在攻坚克难中增长才干。

人在事上练，刀在石上磨。与其急功近利、为焦虑所困，莫如跟时间做朋友，涵养久久为功的心态，锤炼实干苦干的硬功。面对"两个一百年"奋斗目标，肩负共筑中国梦的历史重任，没有足够本领是难以承担职责使命的。对年轻干部来说，只有加强实践锻炼、真刀真枪打拼，把火热的实践作为最好的课堂，大胆去经风雨、见世面、壮筋骨、长才干，才能真正经受磨砺、收获成长，练就担当任事的宽厚肩膀；也只有深入基层、深入实际、深入群众，在改革发展的主战场、维护稳定的第一线、服务群众的最前沿砥砺品质、提高本领，才能葆有永不懈怠的精神状态和一往无前的奋斗姿态，为现代化事业凝聚共识、激荡力量。

　　《考工记》中说,打造一把良弓需历时一年,经过"冬析干而春液角,夏治筋,秋合三材,寒奠体,冰析灂"的复杂过程;倘若急于求成、省略任何一个步骤,制作出来的弓就会"斫挚不中,胶之不均",影响品质。"古之立大事者,不惟有超世之才,亦必有坚忍不拔之志。"年轻干部自觉加强磨练,在知行合一中主动担当作为,始终保持对党的忠诚心、对人民的感恩心、对事业的进取心、对法纪的敬畏心,努力做到信念坚、政治强、本领高、作风硬,就必定能打开天空海阔的征途,成就气象万千的人生。

(2019年03月22日)

扩大主流价值影响力版图

——回答好媒体融合发展的时代课题 ①

  信息芜杂,优质内容依旧是稀缺资源;人声鼎沸,主流声音依然是刚性需求

  主流媒体应在多元中立主导、在多样中谋共识,在融合发展中确立正确的舆论导向和价值标准

  创新方式方法、做好媒体融合,才能在全媒体时代更好唱响主旋律、传播正能量

  "推动媒体融合发展、建设全媒体成为我们面临的一项紧迫课题""要运用信息革命成果,推动媒体融合向纵深发展"……1月25日,在中共中央政治局第十二次集体学习中,习近平总书记把脉媒体融合,着眼党的宣传思想工作全局和全媒体时代大势,明确提出了推动媒体融合向纵深发展的重大要求,按下了推动媒体深度融合的快进键。

  时至今日,冰箱、汽车、智能音箱等都能成为获取新闻资讯的媒介;就连本是食品领域的可口可乐公司,也组建了团队做新闻内容推送;而打开手机就会发现,衣食住行各类APP也在做着新闻订阅服务。相比于"铅与火""光与电"的时代,现在的舆论场,不仅信息的传播方式在改变,而且渠道更多、覆盖更广、速度更快。"全程媒体、全息媒体、全员媒体、全效媒体",让一个全媒体时代扑面而来。

这样一个时代,会给舆论生态带来怎样的影响?一方面,是传播主体的大幅增加和"信息海洋"边界的极大扩展。早在多年前,就有研究机构统计,一天之内,发出的邮件有2940亿封,互联网上产生的全部内容可以刻满1.68亿张DVD;发出的帖子有200万个,相当于美国《时代》杂志770年的文字量;在一个社交网站上上传的图片有2.5亿张,如果都打印出来相当于80座埃菲尔铁塔的高度。今天,这些数字无疑更是大为增加。可以说,全媒体时代,信息资讯前所未有的丰富,我们获取信息的方式,前所未有的多样便捷。

但从另一方面看,信息爆炸,反而会让有效信息被淹没,让人徒增"拿着手机找手机"的无奈;资讯增多,各种各样的不实传言、虚假新闻也甚嚣尘上,且因为"自带叹号"而更加吸引眼球。快速传播也可能传播失真,观点表达也可能观点极化,传递情感也可能情绪泛化,舆论场上的这些新变化,既增加了舆论引导、凝聚共识的难度,同时也恰恰说明:信息芜杂,优质内容依旧是稀缺资源;人声鼎沸,主流声音依然是刚性需求。在这个角度,更能理解为什么习近平总书记要求"加快推动媒体融合发展,使主流媒体具有强大传播力、引导力、影响力、公信力"。

信息技术和传播渠道是中性的,但不能只从技术层面看待媒体融合。信息传播的背后有价值导向,观点交锋的深处是人心向背。网上新闻舆论阵地,正确的东西不去占领,错误的东西就会去占领。身处媒体融合的时代潮流,主流媒体更应在多元中立主导、在多样中谋共识,在融合发展中确立正确的舆论导向和价值标准。形成网上网下同心圆,使全体人民在理想信念、价值理念、道德观念上紧紧团结在一起,让正能量更强劲、主旋律更高昂,正是主流媒体的职责所在、使命所系。

主流媒体只有增强本领,做到有"几把刷子",会"十八般武艺",才能不断扩大主流价值的影响力版图。换句话说,就是要借力媒体融合,把主流声音传得更远、叫得更响。这些年来,主流媒体不仅在"融"中创造,推出诸如"军装照""手指舞""时光博物馆"等一系列立得住、叫得响、传得开的融合作品;更在"合"中提升,让自己"活"了起来、"快"了起来、"新"了起来。这说明,创新方式方法、做好媒体融合,才能在全媒体时代更好唱响主旋律、传播正能量。

媒体融合是一场"自我革命"。作为"正在发生的历史",媒体融合可说没有先例可循,但只要因势而谋、应势而动、顺势而为,葆有"向前走,莫回头"的激情、找到"融为一体、合而为一"的规律,主流媒体就能让党的声音传得更开、传得更广、传得更深入。花繁柳密处拨得开,风狂雨急时立得定,主流媒体应该有这样的担当,也应该有这样的能力。

(2019年01月29日)

让主流媒体成为"全媒体"

——回答好媒体融合发展的时代课题 ②

> 互联网技术发展，重塑着媒体的产业形态，再造着用户的心理和习惯，重构着新闻的生产与风格
>
> 如何成为舆论压舱石、社会黏合剂、价值风向标，考验着主流媒体推动深度融合发展的能力
>
> 全媒体时代更需做好内容供给侧改革，丢掉了这个根本，就只会在追逐各种新技术的过程中失去自我

"罗马不是一天建成的，我的背包也不是一天就塞满的。"在一次演讲中，一位记者展示了自己的背包：以前只有本和笔，现在则多了手持云台、数码单反、录音笔、笔记本电脑和无线网卡。其实，更多更先进的设备也正在被记者装进背包：卫星电话、无人机、VR设备……媒介技术每前进一步，记者的背包就增重一分，技能要求就抬高一阶。

1月25日，习近平总书记在中共中央政治局第十二次集体学习时，深刻诠释了"全媒体"的概念："全媒体不断发展，出现了全程媒体、全息媒体、全员媒体、全效媒体"。记者的背包，正是全媒体的一个生动注脚：互联网技术发展，重塑着媒体的产业形态，再造着用户的心理和习惯，也重构着新闻的生产与风格。媒体界限此消彼融，时空覆盖之全，受众涵盖之广，生产主体之多样，传播渠道之多元，比以往任何一个时

代的媒体图景都更复杂。

从传播的角度看，互联网的发明是继文字、印刷术、电信技术之后的又一次革命，各种有形介质都数字化，实现了多种媒体技术的整合。"全程"，突破了时空尺度，零时差、"五加二"、"白加黑"，传播随时随地都可以发生；"全息"，突破了物理尺度，所有信息都可以变成数据，用一个手机就可以获得；"全员"，突破了主体尺度，从"我说你听"的一对多传播，变成了多对多传播，互动性也大大增强；"全效"，突破了功能尺度，集成了内容、信息、社交、服务等各种功能，成为"信息一条街"。这样的全媒体，让信息无处不在、无所不及、无人不用，导致舆论生态、媒体格局、传播方式发生深刻变化。

纵览近年来的全媒体发展，从具有社交链接属性的微博、微信应运而生，到以资讯聚合分发为特征的今日头条、一点资讯风生水起，从直播平台映客、斗鱼受到关注，到短视频平台快手、抖音快速崛起……媒体版图变化的一个结果是，主流媒体的"舆论主场"，现在变成了众多跨界者涌入的"舆论广场"。如何成为舆论压舱石、社会黏合剂、价值风向标，考验着主流媒体推动深度融合发展的能力。

应该说，在媒体融合上，主流媒体已挺进深水区。然而也要看到，虽然网上点击过亿的现象级产品大多出自主流媒体，但优质内容依然供给不足；有的媒体融合还是"物理捆绑"，尚未产生"化学反应"；有的从业者还停留在舒适区，没按下"全媒人"的转型快进键……媒体融合短板尚存，需要主流媒体加速进入"我就是你、你就是我"的全媒体阶段。

让主流媒体成为全媒体，需要在技术上从"为我所用"的跟跑转向"自主创新"的领跑。一直以来，技术都是主流媒体的软肋。但回头看看，新技术风口迭出，不断为主流媒体进行技术赋能。如人民日报新媒体中心的"人民号"，不断优化算法推荐技术，形成主流价值导向的"党媒算法"。面向"万物互联"的未来，我们要具备更强的技术敏感，按照习近平总书记"将人工智能运用在新闻采集、生产、分发、接收、反馈中"的要求，探索智能化技术创新，为媒体深度融合发展注入智能动力。

也要看到，不管技术如何演变，媒体属性不会变化，未来新闻工作者还要靠优质内容、思想观点去强信心、聚民心、暖人心、筑同心。全媒体时代更需要我们做好内容的供给侧改革，丢掉了这个根本，就只会在追逐各种新技术的过程中失去自我，正如习近平总书记所说，内容创新、形式创新、手段创新都重要，但内容创新是根本的。如果被"流量思维"诱导，放弃"质量思维"主导，难免落入标题党、浮夸体、洗稿文的陷阱。唯有坚守调查与监督的深度、记录与见证的厚度、观察与思考的高度，才能真正占据媒体融合发展的制高点。

一个时代有一个时代的故事，新时代的精彩故事需要精彩表达。因势而谋、应势而动、顺势而为，激发媒体深度融合的力量，才能让正能量更强劲、主旋律更高昂，扩大主流价值影响力版图，让党的声音传得更开、传得更广、传得更深入。

（2019年01月30日）

以传播优势提升治理效能

——回答好媒体融合发展的时代课题 ③

充分运用全媒体的传播优势,不仅降低了治理过程中信息不对称的成本,更能实现党心民意的同频共振

谁能摸清传播规律,谁能用好新技术、新手段,谁就能占据治理现代化的主动权

从网络舆情中发现治理的难点,从网友建议中看到工作的盲点,从全媒体发展趋势中看到治理优化的起点

岁末年初,国防部例行记者会有个细节让人印象深刻:新闻发言人吴谦一字一句念了10位幸运"粉丝"的ID。吴谦如此解释:"网名千奇百怪,拥军万众一心""国防部新闻的发布工作,一定要顺应全媒体时代的发展趋势"。不少网友表示,"被国防部彻底圈粉"。这正是主动借力全媒体,实现政府和群众良性互动的典型案例。

在中共中央政治局第十二次集体学习时,习近平总书记阐释了"全媒体"概念,认为当前"信息无处不在、无所不及、无人不用"。在去年的全国宣传思想工作会议上,习近平总书记强调,"要扎实抓好县级融媒体中心建设,更好引导群众、服务群众"。一方面,全媒体影响着舆论的生成与扩散,而党的新闻舆论工作是"治国理政、定国安邦的大事";另一方面,全媒体有着很强的信息传播功能,也可以成为联结群众、服务

群众的平台。可以说,这决定了全媒体是提升治理能力和水平的一个重要抓手。

从这个角度看,媒体融合不只是一个传播命题,同样也是一个治理命题。随着传播手段越来越多样、传播速度越来越迅捷,媒体能够更好地发挥通达社情民意、传递主流声音的作用。2018年个税改革方案向全社会征求意见,13万多条意见代表着社会公众的利益诉求和有序参与,借助媒体平台让民意能够自下而上地充分表达;2018年全国人大审议监察法草案,人民日报推出的短视频《当监察法遇上孙悟空》,以通俗易懂的方式解读要点,在网上迅速形成刷屏之势,借助新媒体让政策能够自上而下地凝聚共识。充分运用全媒体的传播优势,不仅降低了治理过程中信息不对称的成本,更能实现党心民意的同频共振,画出最大同心圆。

不仅如此,顺应媒体融合发展大势,对提高社会治理的社会化、法治化、智能化、专业化水平也大有裨益。这样的案例并不少。公安部儿童失踪信息紧急发布平台"团圆"系统与媒体平台的结合,截至2018年9月共发布3419条儿童失踪信息,找回儿童3367名;台风"山竹"来袭,预警信息在全媒体上的瞬时扩散,大大减少了人员伤亡;利用直播帮助贫困山区出售土特产,脱贫攻坚插上了"互联网+"的翅膀。从"学习强国"的上线到"智慧党建"的铺开,都说明在全媒体时代,媒体不仅仅是信息的提供者和传播者,更可以有效融合到治理的过程中,实现治理效能和水平的优化提升。

可以说,利用全媒体完善治理,越来越成为共识,谁能摸清传播规律,谁能用好新技术、新手段,谁就能占据治理现代化的主动权。正所谓"法与时转则治,治与世宜则有功",领导干部应该顺应全媒体时代的新特点,避免"新办法不会用,老办法不管用"的尴尬,真正用新媒体的优势提升治理水平,用媒体融合助力治理现代化。

进一步说,让媒体成为治理的抓手,不仅是简单地抓住新技术、新手段,更重要的是提高互联网思维能力,真正掌握媒体融合的规律和大势,把全媒体的传播优势转化为治理效能。比如说,提高走网上群众路线的能力,面对超过7.8亿的手机网民,能不能用人们喜闻乐见的方式传递主流声音、凝聚社会共识?提高全媒体时代的舆情应对能力,立足媒体融合发展的风口,如果各级领导干部能从网络舆情中发现治理的难点,能从网友建议中看到工作的盲点,能从全媒体发展趋势中看到治理优化的起点,那么,互联网这个最大变量,就一定能成为事业发展的最大增量。

一位驻村书记到贫困村,做的第一件事,就是给村里建了个村务微信群。信息的整合,让村民们都觉得"方便、省事"。见微知著,今天媒介形态变迁不仅带来交流提速,更为治理提质提供可能性。顺应媒体融合发展大势,我们的治理升级将走得更稳更远。

(2019年01月31日)

技术迭代打开无限想象力

——回答好媒体融合发展的时代课题 ④

> 日新月异的技术突破开拓着媒体的边界，正是媒体格局变化的动力引擎
>
> 媒体不仅应该是信息传播、新闻生产的最前沿，更应该是运用先进技术的最前沿
>
> 技术提升效率、拓展能力，而媒体人则应该实现媒体对于社会的公共价值

前段时间，中国首个人工智能主播上岗了。这位"主持人"不仅和真人一样会播报新闻，而且不知疲倦、永不休息，还能够在播出中收集更多数据完成自我演化。人们在为人工智能主播的"酷炫"点赞时，也产生了对未来的思考：人工智能等新技术将把我们的媒体带向何方？

著名学者麦克卢汉曾说"媒介即讯息"，几乎每次重大科技突破都会深刻改变媒介形态和舆论生态。从大数据到写稿机器人，从手机直播到短视频，从虚拟现实到增强现实……技术迭代打开了媒体形态变化的无限想象力，既有格局在重组，不可能正在变成可能。正如习近平总书记在中共中央政治局第十二次集体学习时提出的，全媒体不断发展，出现了全程媒体、全息媒体、全员媒体、全效媒体。可以说，日新月异的技术突破，以永不停息的创新热情开拓媒体的边界，正是媒体格局变化的

动力引擎。

目前，在新一轮科技革命和产业变革中，人工智能是一项战略性技术，具有很强的"头雁效应"。当人与人相连已成常态，未来通过人工智能，把人与物、人与服务连接，或将形成一个"万物互联"的崭新形态，这同样是媒体融合要面对的技术环境。习近平总书记要求，要探索将人工智能运用在新闻采集、生产、分发、接收、反馈中，全面提高舆论引导能力。不仅是人工智能，从无人机、大数据到云计算、区块链等，都可以成为"大媒体技术"，综合应用于信息的生产、分发各个环节。面对全媒体时代，媒体不仅应该是信息传播、新闻生产的最前沿，更应该是运用先进技术的最前沿。

在拥抱技术新蓝海之时，媒体尤需注意的，是"内容"与"技术"的关系问题。这涉及媒体的立身之本，更关乎媒体的使命责任。纵观媒体变革，新技术和新内容的结合，一直就是趋势：影音技术的发展，催生广播、电视的内容；网络技术的发展，让各种表现形态可以任意组合成融产品。看未来，人工智能或许能让记者抛弃简单重复的劳动，VR、AR技术带来的是沉浸式的传播场景……但只有把握住内容这个根本，媒体才能称之为媒体。技术提升效率、拓展能力，而媒体人则应该实现媒体对于社会的公共价值；不仅要探究真相、表达观点、传递价值，更要学会使用技术、理解技术、驾驭技术，才能让新技术的使用真正成为媒体新的生长点。

也要看到，新技术代表媒体融合的先进生产力，它改变的不只是新闻生产方式和信息传播方式，更是媒体的组织形态、管理结构和运作机制。正因如此，要用新技术推动媒体融合，传统媒体不仅需要对技术变化有足够的敏感，更需要在体制机制变革上保持足够的灵活性。比如说流程再造，全媒体时代的新闻生产包含了文字、图片、音视频等元素，如何能够更好实现跨部门合作？比如说人才培养，"拿起笔会写，拿起摄像头会摄，拿起话筒会讲"，这样的全能记者已是难能可贵，而数据分析、虚拟现实等新技术将会对记者提出更高能力要求，如何打造与全媒体时代相适应的人才队伍？实现信息内容、技术应用、平台终端、管理手段共融互通，催化融合质变，放大一体效能，才能把媒体融合向纵深推进。

从"口与耳""铅与火",到"光与电""数与网",每一次传播革命,都极大拓展了人类的认知边界,对人类社会生活产生了深刻影响。英国历史学者麦考莱说过:"一个浪头也许很快会平息,然而潮流却永远不会停止。"全媒体时代,媒体融合大潮已起,媒体必须起身应战,顺势而行。拥抱新技术,就是在拥抱未来的可能性;运用新技术,就可以创造出媒体融合的中国样本。

(2019 年 02 月 01 日)

让我们一起挥洒汗水拼出未来

——2019，用奋斗赢得明天 ①

> 在每个人向着未来的出发中，中国也满怀自信，在新的一年里奋力生长
>
> 无数"美好生活的创造者、守护者"，会创造未来征途上振奋人心的"更大奇迹"
>
> 时间变动不居，时代阔步向前，唯有勇于变革者才能永远成为时间的朋友

穿越时间的河流，2019年如约而至。当阳光再次照耀大地，我们开启了又一段新的征程。

"这些成就是全国各族人民撸起袖子干出来的，是新时代奋斗者挥洒汗水拼出来的。""我们都在努力奔跑，我们都是追梦人。""2019年，有机遇也有挑战，大家还要一起拼搏、一起奋斗。"……习近平主席的2019年新年贺词，让人们感受到一个国家向前向上的雄心，激励着亿万人民为美好的明天奋斗。

在这片土地上，每个人都满怀期待和梦想，迈出新的步伐。穿着校服的孩子们，为考出好成绩进入好大学而努力；咖啡馆里的创业青年，在一次又一次讨论中规划事业；街头早餐车旁忙碌的夫妻，忙完这阵就准备回家盖房；基层干部又骑上电动车，盘算着怎么帮村里的贫困户增

收……这是一个充满希望的国度,这是一个生机勃勃的时代,在每个人向着未来的出发中,中国也满怀自信,在新的一年里奋力生长。

回首过往,以时间为坐标,我们抵达一个又一个节点,完成对历史的书写。新中国栉风沐雨,改革开放春华秋实,新时代砥砺奋进,沿着环环相扣的时间节点,我们节节取胜,击鼓催征稳驭舟。面向未来,以时间为坐标,我们还要一次又一次出发,回应历史的召唤。2019年是新中国成立70周年,是全面建成小康社会关键之年。再往前,全面小康胜利可期,社会主义现代化强国曙光在前,中华民族伟大复兴任重道远。千秋大业,步步为营,我们仍须一起挥洒汗水,一起向着未来努力奔跑。

最近几年,越来越多的世界级未来学家、科技作家频繁造访中国:赫拉利、里夫金、奈斯比特、凯文·凯利……他们踏上中国的土地,更多的是为了寻找一种未来发展的可能,一如中国科幻作家刘慈欣所说,"当今中国的现代化进程正快速推进,已成为全世界最具'未来感'的国家"。所谓"未来感",正是因为中国在很多地方走在了世界前列;在亿万人民追逐梦想的脚步中,可以听到时代的脉动、看到潮水的方向。

今天,时与势依然在我,中国发展仍处于并将长期处于重要战略机遇期。由高速增长阶段转向高质量发展阶段,中国巨轮正在驶出历史的峡谷,中国的发展让世界瞩目。经过40年改革开放,中国既有物质财富的积累,也有经验方法的沉淀,更有无穷的潜力尚待挖掘。可以说,我们的各种优势已经进入了持续释放阶段,新时代改革开放的各项举措不断打开新局面,国家潜力转化成现实力量的进程不可逆转。在历史前进的逻辑中前进、在时代发展的潮流中发展,中国的未来必然不可限量。

更重要的是,中国有着"世界上最勤劳"的人们。改变中国面貌的科学家、工程师,奋战在脱贫一线的驻村干部、第一书记,为国为民捐躯的英雄人物、时代楷模,快递小哥、环卫工人、出租车司机以及千千万万的劳动者……习近平主席在新年贺词中,向这些新时代的奋斗者们深情致敬。过去,中国的改革开放被视为一场"勤劳革命";未来,中国经济的一个重要动力,仍是每个人都过上美好生活的愿望。不久前,英国经济学人智库发布的一项对全球50个国家的调查显示,91.4%的中国受访者对国家的未来持最为乐观的态度。中国人民的乐观与自信,源于时间长河中温暖人心的"中国故事";而无数"美好生活的创造者、守护者",会创造未来征途上振奋人心的"更大奇迹"。

"一场社会革命要取得最终胜利,往往需要一个漫长的历史过程"。因为梦想伟大,才更须为艰苦的跋涉作好准备。国际形势波谲云诡、周边环境复杂敏感、改革发展稳定任务艰巨繁重,改革需要真刀真枪,反腐需要壮士断腕,经济转型迫在眉睫,社会革命前路漫漫。方此"船到中流浪更急、人到半山路更陡"之时,尤须以更宽广的视野、更长远的眼光来思考时代、把握问题,以坚如磐石的信心、只争朝夕的劲头、坚韧不拔的毅力,一步一个脚印把前无古人的伟大事业推向前进。

凡是过去,皆为序章。中国用70年的发展,向世界展现出一种善于应变、与时俱进的能力。时间变动不居,时代阔步向前,唯有勇于变革者才能永远成为时间的朋友。未来不是在某个地方等待我们的静态图景,而是需要我们去创造的无限可能性。新的一年,让我们一起出发,去创造一个更美好的未来!

(2019年01月02日)

做努力奔跑的追梦人

——2019，用奋斗赢得明天 ②

> 每一个追梦的身影，都将被定格为历史；每一滴奔跑的汗水，也都将浇灌出未来
>
> 用奋斗定义人生价值，在奔跑中抵达新的远方，已内化为中国人民的一种精神气质
>
> 挑战前所未有，机遇稍纵即逝，奔跑和奋斗才能引领时代潮流

有位外国友人初次访问中国，印象最深的是大街上人们的步伐，"太快了，就像在跑"。这仿佛是一个比喻，奔跑，也正是这个国家的节奏。在时间的长河中一路向前，我们的脚步永不停滞。

"我们都在努力奔跑，我们都是追梦人。"习近平主席在2019年新年贺词中的这句话，让无数追梦人更添奔跑的豪情。饱含激情和信心的话语，激起亿万人民的共鸣："不忘来时路，继续向远方。""奔跑是追梦人的气质。""前路还很长，让我们跑起来。"在这样的共鸣中，无数人满怀信心向着明天出发。

前不久，在"汉语盘点2018"活动中，"奋"当选年度国内字。看看这个汉字，不正像是一个人在田野上迈开大步吗？同样是在最近，一段"你知道中国人有多拼吗"的短片走红网络。加班族凌晨4点才关灯，

评论员观察

而早餐店老板已开始和面;办公室里的白领24小时待机,手术台前的医生整天无暇开机……千万种忙碌,同一种姿态,奔跑的中国充满能量。每一个追梦的身影,都将被定格为历史;每一滴奔跑的汗水,也都将浇灌出未来。

一家国际媒体曾说,中国奇迹的出现,源于中国有世界上"最勤奋的人"。当别人在坐等天上掉馅饼时,中国人心中满是"发展才是硬道理";当一些发达国家的人们只想着休闲,中国人心中却在默念"只争朝夕"。几十年来,千千万万普通人实现了人生梦想,也让中国书写了发展奇迹。以梦为马、逐梦前行,用奋斗定义人生价值,在奔跑中抵达远方,早已内化为中国人民的一种精神气质。

新中国70年栉风沐雨,也正是中国人民与时间的一场赛跑。一个从"一穷二白"出发的国度,一个濒临"被开除球籍"危险的国家,如何才能赶上时代、引领时代?只能是比别人跑得更快一些。在亿万人民奔跑的脚步中,我们不仅用几十年时间走完了发达国家几百年走过的现代化历程,把一个连"人民温饱都成问题"的国家变成经济总量世界第二,更是让960多万平方公里土地呈现曙光升腾、万物生长的复兴气象。可以说,以奔跑、追梦比喻中国的发展,再合适不过了。

正如习近平总书记所言,"建成社会主义现代化强国,实现中华民族伟大复兴,是一场接力跑"。面对过去的成绩,我们可以自豪,但不应自满,更不能自负。我们现在所处的,是一个船到中流浪更急、人到半山路更陡的时候,是一个愈进愈难、愈进愈险而又不进则退、非进不可的时候,尤须咬紧牙关,继续向前奔跑,始终不懈追梦。

今天的中国,仍处于并将长期处于重要战略机遇期。加快经济结构优化升级带来新机遇,提升科技创新能力带来新机遇,深化改革开放带来新机遇,加快绿色发展带来新机遇,参与全球经济治理体系变革带来新机遇……精气神鼓而不泄,时与势依然在我,继续奔跑,就一定能打开发展的新境界。今天的中国,也正处于世界百年未有之大变局中,向内看,全面小康时不我待,三大攻坚战激战正酣,推动高质量发展任务艰巨;向外看,国际金融危机阴霾未散,地区冲突频发,保护主义、单边主义逆流涌动。挑战前所未有,机遇稍纵即逝,等待和迟疑,只会错

失机遇窗口；奔跑和奋斗，才能引领时代潮流。

国家发展脚步不停，每个人也都要跑出自己的加速度。这段时间，微电影《青春无悔》赢得很多点赞。大学毕业后去上海打工的张大奇，蹬过三轮、送过报纸，终于从飞机维修做起，最后考上飞行员，为国产大飞机 C919 领航。奔跑着追求梦想的那种状态、那份激情，正是一个时代奋斗者的写照。个人奋斗，社会奋发，国家奋进。不管你是身处象牙塔的年轻大学生，还是穿行于大街小巷的外卖和快递小哥；不论你是在市场经济大潮逐浪前行的民营企业家，还是扎根基层挥洒汗水的基层干部，每个人向着美好生活的奔跑，都是在为国家的前行助力。或许你的努力只是点滴，但一旦乘以 14 亿这个基数，涓滴努力终将汇入时代洪流，形成创造新的更大奇迹的洪荒伟力。

生命不息，激情不灭。让我们与时代、与国家一起努力奔跑，做永远的追梦人！

（2019 年 01 月 03 日）

登高望远，续写更多荣光

——2019，用奋斗赢得明天 ③

中国有天下一家的人类情怀，有普惠共赢的合作机制，有务求实效的行动能力

在世界百年未有之大变局中，中国主动引领全球治理观、安全观、发展观变革

从没有任何时候像今天这样，世界如此期盼同中国携手走向未来

"'中国时刻'才刚刚开始。"近日，一家国际媒体回顾中国取得的巨大成就后，发出如此感叹。从被视为"世界门口的陌生人"，到被赞为"世界贸易新领军者""国际秩序守护者"，中国和世界共同发展进步的伟大历程，通向更远的未来。

新起点上再出发，中国打开大门、拥抱世界，更敞开胸怀、造福世界。透过习近平主席发表的2019年新年贺词，人们看到了中国的决心和信心："无论国际风云如何变幻，中国维护国家主权和安全的信心和决心不会变，中国维护世界和平、促进共同发展的诚意和善意不会变。"

有什么样的高度，就能看见什么样的风景。2018年，日益走近世界舞台中央的中国，留下许多精彩片段：博鳌亚洲论坛年会，世界见证"中国开放的大门不会关闭，只会越开越大"的坚定决心；上合组织青岛峰

会,世界目睹创造新型国际关系典范的上合力量;中非合作论坛北京峰会,最大的发展中国家同发展中国家最集中的大陆携手,彰显南南合作的蓬勃生机;首届中国国际进口博览会,世界领略合作共赢的"东方之约"。有天下一家的人类情怀,有普惠共赢的合作机制,有务求实效的行动能力,中国以其开放包容、融合发展,"为当今世界增加了确定性和希望"。

历史的大势,也在细微处展示其无远弗届的影响力。寻常百姓喜爱的辣椒酱、小龙虾、摊煎饼,成了出口畅销品;几年前名不见经传的智利车厘子、墨西哥牛油果、秘鲁藜麦,如今源源不断运往中国,"以中国为选择"成为共同行动。从治理环境污染到改革社会保障制度,再到推动脱贫攻坚,中国为世界各国治理提供经验借鉴,"以中国为方法"成为国际潮流。成长为多极世界重要一极的中国,成为经济全球化、全球性问题治理、多边主义的举旗者、维护者,"以中国为伙伴"成为世界共识。当此全球发展进入"新平庸"、经济全球化遭遇"减速带"的"十字路口",中国立己达人、共谋发展,成为国际形势的稳定锚、世界增长的发动机、和平发展的正能量、全球治理的新动力。

虽然中国和世界的关系正在发生历史性变化,但中国始终做世界和平的建设者、全球发展的贡献者、国际秩序的维护者。秉持正确义利观,超越"利益至上"旧理念,让国际交往重回合作共赢的轨道;文明交流互鉴,跳出文明冲突论的窠臼,打破国强必霸、丛林法则的老逻辑;分享发展机遇,欢迎搭乘中国发展快车、便车,造福世界人民……如果用比较的视角观察中国的开放发展,不难得出英国学者马丁·雅克的这个结论:"中国提供了一种'新的可能',开辟了一条合作共赢、共建共享的文明发展新道路。这是前无古人的伟大创举,也是改变世界的伟大创造。"在世界百年未有之大变局中,中国主动引领全球治理观、安全观、发展观变革,"中国共产党人和中国人民完全有信心为人类对更好社会制度的探索提供中国方案"。

历史只由勇敢者创造,时代必为正义者鼓呼。从没有任何时候像今天这样,世界如此渴望听到中国声音,如此期盼同中国携手走向未来。遥想共和国初创,怀着"中国应当对于人类有较大的贡献"的良愿,周恩来总理率领中国代表团出席日内瓦会议，在全球多边外交舞台上惊艳亮相。2019年，第二届"一带一路"国际合作高峰论坛与第二届中国国际进口博览会将如期举行，一个寓意联通世界，一个代表开放中国，生动诠释"为人类作出新的更大的贡献"的初心使命。在变局中登高望远，积极践行人类命运共同体理念，主动引领全球治理变革的方向，新一年的大国外交将续写更多荣光。

忆往昔，万里驼铃万里波的丝路长歌，万国衣冠会长安的盛唐气象，见证中华民族"天下大同""协和万邦"的宽广胸怀。看今朝，日行千里的跨国班列续写着"无数铃声遥过碛"的丝路传奇，通江达海的海运盛景呈现出"映日帆多宝舶来"的升腾气象。走向复兴的中国，必将以兼济天下的使命与情怀，为世界贡献更多中国智慧、中国方案、中国力量，让构建人类命运共同体的阳光普照世界。

（2019年01月04日）

每个人都是美好生活创造者守护者

——2019，用奋斗赢得明天 ④

> 每一个中国人，每一点平凡的努力，成就不平凡的自己，也成就不平凡的中国
>
> 今天的中国人，精神面貌之开放、从容，对未来之乐观、自信，可谓前所未有
>
> 个人脚步坚定向前，国家梦想不断成长，这是每一个人的功劳，更是每一个人的幸运

一个独腿小哥挂着拐杖送快递的照片，曾让无数人眼眶湿润。年初传来新消息，去年 11 月，他和朋友合伙的快递驿站开业了；2019 年，他有望拿到成人教育行政管理的专科文凭。

这也是正在奔跑的追梦人，是无数为着美好生活打拼的中国人的缩影。在 2019 年新年贺词中，习近平主席向他们致敬——"这个时候，快递小哥、环卫工人、出租车司机以及千千万万的劳动者，还在辛勤工作，我们要感谢这些美好生活的创造者、守护者。"

这样的致敬，鼓舞了无数普通劳动者。北京街头，出租车司机王建生非常激动。他说，只有我们千千万万的劳动者都在奋斗当中，才能创造出咱们现在这样美好的幸福生活。

这发自肺腑的感慨，也是我们回首过去、展望未来时的共同感受。

每一个中国人,每一点平凡的努力,成就不平凡的自己,也成就不平凡的中国。"社会主义是干出来的"。一代代中国人凭着百折不挠的拼搏奋斗,汇聚起改变中国的伟力,让这个古老的国家实现了"史诗般的进步"。

我们记取这样的奋斗,我们致敬这样的奉献。从深圳为拓荒者立起的"孺子牛"雕塑,到海南镌刻着"闯海魂"的褐色纪念石,再到上海中心大厦为4000多名建设者竖立的荣誉之墙,每一处都在向平凡人所做的贡献致敬,每一处都在见证"中国有我,时光有我"。

1932年末,上海的《东方杂志》策划了一次征求"新年的梦想"的活动,作家郑振铎眼中的未来中国,是"个人为了群众而生存,群众也为了个人而生存"。彼时的有识之士,设想的未来,正是一幅亿万人一起为自己、为国家打拼的画卷。

今天的神州大地,近14亿人向着未来奋力前行,这正是前辈们梦想中的中国。摸着石头过河,迎着朝霞追赶,今天的中国人,精神面貌之开放、从容,对未来之乐观、自信,可谓前所未有。而无论身处国内还是海外,"一个强大的中国",也正是所有中国人信心和底气的依托。国与人,就这样成为一个命运共同体。

的确,每一个个体、每一份工作都连通着国家的未来,每个人都是美好生活的创造者、守护者。1998年,背负着一身债务到广东佛山打工的胡小燕,可能不敢想象,自己能成为首批3位农民工全国人大代表之一,并被授予"改革先锋"称号。是时代,给予了普通人改变命运的机会;是奋斗,让所有的梦想都开花。70年,个人脚步坚定向前,国家梦想不断成长,这是每一个人的功劳,更是每一个人的幸运。

新时代属于每一个人,每一个人都是新时代的见证者、开创者、建设者。坚守在偏远地区的乡村教师,以自己的肩膀挑起山乡未来;躬身脱贫一线的"第一书记",为脱贫攻坚贡献自己的心力;穿梭在大街小巷的快递小哥,仅在去年"双11"期间就送出了18.82亿件快递……他们的无悔奋斗,是新时代奋斗者的缩影。新时代是奋斗者的时代,只要你想干,就有舞台。深化改革释放创新活力,"一带一路"拓展梦想空间,"互联网+"激荡创业热潮……有梦想,有机会,有奋斗,一切美好的东西都能够创造出来。

前承几代人的求索，后启一个民族的梦想，在这样继往开来的历史方位，我们只有承担起继续奋斗的时代使命，才能不负光荣与梦想。2019年，我们还有很多硬仗要打。脱贫攻坚战进入关键阶段，要继续激发民营企业、小微企业活力，各项改革举措也要不断落地生根……幸福不会自己来敲门，越是在船到中流、人到半山的时候，我们越是要坚定奋斗的决心和信心，凝聚起亿万个"我"共同努力的磅礴力量。

2018年国庆期间，人民日报客户端推出的短视频《中国有我》火爆网络，说出了无数人的爱国心声。走向未来，如果每个人都能激发"我有中国"的自豪感、秉持"中国有我"的责任感，我们就能风雨无阻，创造更多精彩的故事，成就更加壮阔的中国。

（2019年01月07日）

评论员观察

让"互联网+社会服务"更惠民

桂从路

借助"互联网+",实现优质社会服务资源下沉、扩大辐射覆盖范围,是推动社会服务均等化、可及性的有效办法

"互联网+社会服务"发展壮大,既是更好惠及人民群众的过程,也是有效培育新业态、激发新动能的过程

社会服务事关民生福祉,运用互联网手段扩大高质量供给,是增强人民群众获得感的有效举措。不久前,国家发展改革委等七部门出台《关于促进"互联网+社会服务"发展的意见》,从顶层设计层面明确发展目标、作出战略规划,助力"互联网+社会服务"驶入发展快车道。

近年来,借助互联网信息技术的深度应用,社会服务的方式和途径不断优化。比如,申报个人所得税专项扣除无需窗口排队,下载APP填报大大提升了办事效率;通过在线医疗平台问诊、挂号、预约检查,足不出户直接与医生对话。实践表明,发展"互联网+社会服务"给群众带来了极大便利。也正因此,从"十三五"国家信息化规划将"在线教育普惠行动""健康中国信息服务行动"等列入优先行动,到各地积极推进智慧城市、智慧社区建设,通过互联网技术提升社会服务水平,已经成为共识。此次出台的意见,将进一步推动社会服务更加数字化、网络化、智能化、多元化、协同化。

党的十九届四中全会指出,"必须健全幼有所育、学有所教、劳有所得、病有所医、老有所养、住有所居、弱有所扶等方面国家基本公共服务制度体系"。推动"互联网+社会服务"发展,是落实这一要求的重要体现。随着人们生活水平持续改善,对文化、旅游、体育、医疗等领域的需求也日益丰富,如何解决社会服务资源相对短缺、优质服务资源供给不足的问题?这就需要在实践中创新理念,用好互联网等技术手段。"互联网+"不仅能够带来优质生产要素的倍增效应,实现资源放大利用、共享复用,也能够有效提升资源配置效率,拓展管理与服务的智慧化应用。瞄准人民群众的现实需求,积极创新工作方法,也是以人民为中心的发展思想的生动体现。

借助"互联网+",实现优质社会服务资源下沉、扩大辐射覆盖范围,是推动社会服务均等化、可及性的有效办法。前不久,哈医大二院心血管病医院运用5G网络的大带宽、低延时优势,同时对远在400公里外的伊春市林业中心医院、牡丹江市第二人民医院和双鸭山人民医院三家医院,进行了远程精准介入支架植入手术指导。这样的成功案例不断出现,为解决城乡、区域间优质社会服务资源配置不均衡问题,提供了一个可行的方案。当互联网和信息技术已经成为基础设施,进一步用好这些基础设施,让更多人分享数字化建设的成果、共享便捷高效的社会服务,方能跑出美好生活的"加速度"。

"互联网+社会服务"发展壮大,既是更好惠及人民群众的过程,也是有效培育新业态、激发新动能的过程。以技术创新驱动产品创新、应用创新,拓展了便捷化、智能化、个性化、时尚化的社会服务消费空间,在此过程中,新技术的应用场景不断涌现,市场的蛋糕越做越大。以在线教育为例,《中国互联网络发展状况统计报告》显示,截至2019年6月,我国在线教育用户规模达2.32亿;有机构预测,相关市场规模将在未来几年进一步扩大。技术的日趋成熟,打开了产业空间,为我国经济高质量发展注入强劲动能。

作为成长中的新生事物,"互联网+社会服务"在发展中也面临一些问题。比如发展不平衡的状况尚未消除,数字安全和个人隐私保护亟待强化,市场主体盈利能力和空间有待提升,等等。针对这些问题,顶层设计已经给予了有针对性的政策支持,提出了协同化举措,并建立了工作协调推进机制。相信随着政策举措落地落实,"互联网+社会服务"必将更好惠及人民群众,更好激发新动能。

(2019 年 12 月 26 日)

高质量打赢脱贫攻坚战

李 斌

> 采取有效措施,巩固拓展脱贫攻坚成果,高质量打赢脱贫攻坚战,才能确保农村贫困人口全部脱贫,同全国人民一道迈入小康社会
>
> 把提高脱贫质量、巩固脱贫成果、防止返贫摆在更加突出位置,党员干部在状态、有干劲,有作为、善作为,政策有落实、见成效,正是高质量打赢脱贫攻坚战关键之所在

"严把贫困人口退出关,巩固脱贫成果""建立机制,及时做好返贫人口和新发生贫困人口的监测和帮扶"。今年的中央经济工作会议就集中兵力打好深度贫困歼灭战、确保脱贫攻坚任务如期全面完成作出重要部署。明年是全面建成小康社会和"十三五"规划收官之年。采取有效措施,巩固拓展脱贫攻坚成果,高质量打赢脱贫攻坚战,才能确保农村贫困人口全部脱贫,同全国人民一道迈入小康社会。

党的十八大以来,以习近平同志为核心的党中央把打赢脱贫攻坚战作为全面建成小康社会的底线任务和标志性指标,确定了精准扶贫精准脱贫的基本方略,全面打响脱贫攻坚战。预计到今年底,全国95%左右现行标准的贫困人口将实现脱贫,90%以上的贫困县将实现摘帽。打赢脱贫攻坚战,中华民族千百年来存在的绝对贫困问题,将在我们这一代

人的手里历史性地得到解决。认真贯彻落实党的十九届四中全会和中央经济工作会议部署，巩固脱贫攻坚成果，社会主义制度的优越性也将得到更加充分的彰显。

消除贫困依然是当今世界面临的最大全球性挑战。中国之所以取得扶贫减贫历史性成就，根本原因在于走出了一条中国特色扶贫开发道路，建立了完备的脱贫攻坚制度体系，形成了高效的扶贫开发治理体系和治理能力。保持经济健康平稳发展，为大规模减贫奠定坚实物质基础；坚持把扶贫开发纳入国家总体发展战略，分阶段明确减贫目标、扶贫标准、专项规划；坚持精准方略，因地制宜、分类施策、应扶尽扶；党的领导贯穿全过程，省市县乡村五级书记抓扶贫；构建专项扶贫、行业扶贫、社会扶贫互为补充的大扶贫格局……这些成功经验，深刻彰显出中国共产党领导的政治优势和中国特色社会主义的制度优势。

"小康不小康，关键看老乡，关键看脱贫攻坚工作做得怎么样。"脱贫攻坚成效几何，不仅依赖产业发展、社会保障，更寄托于基层治理、干部激励、正风反腐、政策落实。从某种程度上说，要拔除基层贫困的穷根，必须先增强基层发展能力、治理能力，实现基层权力运行的务实高效和基层政治生态的风清气正。把提高脱贫质量、巩固脱贫成果、防止返贫摆在更加突出位置，党员干部在状态、有干劲，有作为、善作为，政策有落实、见成效，正是高质量打赢脱贫攻坚战关键之所在。

"脱贫攻坚越到最后时刻越要响鼓重锤，决不能搞急功近利、虚假政绩的东西。"不久前，中央纪委国家监委公开曝光一起国家贫困县在脱贫摘帽验收检查中总结迎检"过关诀窍"的典型案例，敲响了"整治问题不手软"的警钟，亮明了"转变作风不懈怠"的纪律红线。提前"规划设计"迎检方案，用冒充顶替的方式搞"验收闯关"，用代填代签脱贫表格等方式"帮助"脱贫……假把式终究会被拆穿，花架子必然中看不中用。从因人因地施策，严格执行贫困退出标准和程序，到开展中央脱贫攻坚专项巡视、督查巡查、考核评估等，一系列有效措施确保精准脱贫靶心不散、力度不减。对群众反映的"虚假式"脱贫、"算账式"脱贫、"指标式"脱贫、"游走式"脱贫等问题，必须严防严查、坚决克服，才能确保脱贫成果经得起人民和历史的检验。

"志行万里者,不中道而辍足。"当前,脱贫攻坚进入最后冲刺阶段,尤须厚植为民情怀,砥砺实干精神,攻克贫中之贫、困中之困,确保全面建成小康社会。

(2019年12月25日)

辩证看，信心增

——推动中国经济行稳致远 ①

李 拯

近日，有两个经济数据引人注目。一个数据是，11月制造业采购经理指数（PMI）重新回到扩张区间；另一个数据是，中国前11个月外贸进出口额同比增长2.4%。这两个逆势上扬的数据说明，中国经济具有打逆风球、走上坡路的能力，具有充足的韧性与活力。

中央经济工作会议指出，我国经济稳中向好、长期向好的基本趋势没有变。稳中向好、长期向好，一个"稳"字看基本盘，一个"好"字看大趋势。前三季度，我国国内生产总值保持6.2%的中高速增长，在主要经济体中位居前列；同时就业、物价以及国际收支等主要指标运行在合理区间。前三季度，最终消费支出对经济增长贡献率保持在60%以上，高技术产业投资保持两位数增长，1到10月日均新登记企业接近2万户。可以说，面对国内外风险挑战明显上升的复杂局面，中国经济保持了持续健康发展，取得了经得起检验的成绩。

放在世界的坐标中来观察，更能认识中国经济发展的成色。现在，世界经济仍处在国际金融危机后的深度调整期，但正是在世界经济整体下行的大背景下，中国经济保持住了中高速增长；正是在世界贸易增速持续下降的情况下，中国前 11 个月进出口仍保持可观的增长；正是在全球资本流动规模萎缩的情况下，中国前三季度实际使用外资同比仍增长 6.5%……从世界范围来看，中国经济能够顶住压力，实现稳中向好、长期向好，这个"稳"和"好"很不容易也很了不起。世界银行和国际货币基金组织都曾警示世界经济下行风险，但不约而同表示，中国仍是世界经济引擎。

对形势的判断要客观、全面、辩证、积极。正确研判中国经济，不能被短期指标的波动牵着鼻子走，需要具有辩证眼光和战略定力。比如说全面看待 GDP 增长，既要看增速也要看增量、看质量。我们完全有信心让经济增速处在合理区间，确保就业稳定，守住不发生系统性风险的底线。比如说辩证对待风险挑战，既要看到"危"也要看到"机"。要清醒认识到国内外风险挑战明显上升，更要看到"克服了危就是机"，很多问题是前进中的问题，完全可以通过发展来解决。中国经济正处于转变发展理念、优化经济结构、转换增长动力的关键期，转型过程中会有阵痛，但只要解决深层次结构性问题，就能够为经济可持续发展打下坚实基础。

在当前形势下，看好唱多中国经济，仍然占据国际舆论的主流。中国欧盟商会在近期的一份调查报告中指出，中美经贸摩擦未能迫使企业从中国迁回美国。而日本松下时隔 16 年将在中国新建家电工厂，除了在中国国内销售之外，还计划向亚洲其他国家和地区出口。企业纷纷用脚投票，用实际行动选择中国，足以证明中国市场的巨大吸引力，更说明中国经济前景光明。有党的坚强领导和中国特色社会主义制度的显著优势，有改革开放以来积累的雄厚物质技术基础，有超大规模的市场优势和内需潜力，有庞大的人力资本和人才资源，我们就有战胜一切风险挑战的信心和底气。只要我们增强必胜信心，善于把外部压力转化为深化改革、扩大开放的强大动力，集中精力办好自己的事，坚定不移贯彻新发展理念，坚决打好三大攻坚战，全面做好"六稳"工作，统筹推进稳增长、促改革、调结构、惠民生、防风险、保稳定，就一定能推动中国经济行稳致远，如期全面建成小康社会。

中国经济是一片大海,而不是一个小池塘。实现转型升级要有"千磨万击还坚劲"的韧性,面对风险挑战要有"任尔东西南北风"的定力,认真贯彻落实中央经济工作会议精神,不为局部的、眼前的问题所困,不为各种杂音、噪音所惑,把握规律、增强信心、真抓实干,我们就能推动中国经济实现高质量发展。

(2019年12月16日)

价值引领,贯彻新发展理念

——推动中国经济行稳致远 ②

彭 飞

> 用新思路寻找新出路、以新理念引领新发展,决不能回到粗放式发展的模式上去
>
> 能否贯彻落实好新发展理念,是检验各级领导干部能否增强"四个意识"、坚定"四个自信"、做到"两个维护"的重要尺度

"新时代抓发展,必须更加突出发展理念,坚定不移贯彻创新、协调、绿色、开放、共享的新发展理念,推动高质量发展。"近日,中央经济工作会议在部署明年经济工作时,突出强调"坚定不移贯彻新发展理念"。做好当前和今后一个时期的经济工作,确保全面建成小康社会和"十三五"规划圆满收官,就要在新发展理念的指引下砥砺前行。

发展理念管全局、管根本、管方向、管长远,直接关乎发展成效乃至成败。党的十八大以来,以习近平同志为核心的党中央把握时代大势,提出并深入贯彻创新、协调、绿色、开放、共享的新发展理念,引领中国把握时代机遇、破解发展难题、厚植发展优势。如果说发展是一次远航,那么新发展理念就是指引方向的航标,引领中国的发展朝着更高质量、更有效率、更加公平、更可持续的方向迈进。

马克思曾说:"人的思维是否具有客观的真理性,这不是一个理论的

问题，而是一个实践的问题。"坚定不移贯彻新发展理念的要求，源于对形势的深刻分析，源于对未来的科学判断。一方面，外部环境总体趋紧，经济下行压力加大，资源环境约束增强，人口红利边际递减，发展的老路难以为继；另一方面，世界经济正在寻找新的增长动力，中国正处于转型升级的关键期，这样的历史性交汇创造了大有可为的战略机遇期。在这样的历史关口，需要用新思路寻找新出路、以新理念引领新发展，决不能回到粗放式发展的模式上去。越是面对国内外风险挑战，就越是要坚定不移贯彻新发展理念，在攻坚克难中实现转型升级和高质量发展。

新发展理念5个方面，既有各自的科学内涵，更是一个相互联系、彼此支撑的有机整体。坚定不移贯彻新发展理念，就要具有系统思维，不能单打一。在创新发展理念的引领下，创新驱动发展战略深入实施，一批具有标志性意义的重大科技成果不断涌现，中国在2019年全球创新指数中升至第十四位，连续4年保持上升势头。在协调发展理念的引领下，京津冀协同发展、长江经济带发展、黄河流域生态保护和高质量发展等国家战略形成联动，推动我国形成了陆海内外联动、东西双向互济的开放格局，这对于更好推动开放发展具有重要意义。在绿色发展理念的引领下，我们既强化生态环境制度的刚性约束，又推动各地区各部门提高行政执法能力水平，避免生态环境执法简单化、"一刀切"，切实维护人民群众的环境权益和守法企业的正当权益，不断提升生态环境保护的法治化水平。在开放发展理念的引领下，中国国际进口博览会、"一带一路"国际合作高峰论坛等拥抱八方来客，更高水平的对外开放打开广阔发展空间。在共享发展理念引领下，我们不仅重视经济增长的速度、效率，更强调使发展成果更多更公平惠及全体人民。而在公平的环境下，经济发展才更可持续，更具创新活力。可以说，只有树立整体观念，避免只顾一点不及其余，才能真正发挥新发展理念的引领作用，形成整体效果、发挥系统优势。

坚定不移贯彻新发展理念，还要做好"最后一公里"落地的工作，坚决杜绝形形色色的形式主义、官僚主义。可以说，能否贯彻落实好新发展理念，是检验各级领导干部能否增强"四个意识"、坚定"四个自信"、做到"两个维护"的重要尺度，必须把新发展理念落实到经济发展的各个环节、各个方面。惟其如此，我们才能应对当前风险挑战、赢得长远发展优势。

习近平总书记强调，"坚持创新发展、协调发展、绿色发展、开放发展、共享发展，是关系我国发展全局的一场深刻变革。"坚定不移贯彻新发展理念，不仅需要正确的方法，也需要各级领导干部保持战略定力、增强发展信心。在新发展理念的指引下，中国经济一定能行稳致远，抵达更高发展境界。

（2019 年 12 月 17 日）

守住底线，坚决打好攻坚战

——推动中国经济行稳致远 ③

何鼎鼎

> 三大攻坚战聚焦"硬任务"，敢碰"硬骨头"，不仅有力促进了经济社会持续健康发展，更为我们如期全面建成小康社会增添了坚定信心，注入了不竭动力
>
> 我们更需要注重平衡好稳增长和防风险的关系，保持宏观杠杆率基本稳定，压实各方责任

年终岁末，几组数据引人关注。预计到今年底，全国90%以上的贫困县摘帽，95%左右的贫困人口将实现脱贫；11月，全国"12369环保举报联网管理平台"接到环保举报环比下降15.9%，同比下降32.0%，从侧面反映生态环境在好转；今年前三季度，银保监会共处置不良贷款约1.4万亿元……这些数据说明，精准脱贫成效显著，生态环境质量总体改善，金融风险有效防控，三大攻坚战取得关键进展。

今年的中央经济工作会议强调：坚决打好三大攻坚战。2020年是全面建成小康社会和"十三五"规划收官之年，三大攻坚战的成果如何，决定着全面小康的成色。从党的十九大报告提出"要坚决打好防范化解重大风险、精准脱贫、污染防治的攻坚战"，到中央财经委员会第一次会议研究打好三大攻坚战的思路和举措；从2018年"开局良好"到2019年"取得关键进展"，三大攻坚战聚焦"硬任务"，敢碰"硬骨头"，在攻

坚克难中取得实实在在的成效，不仅有力促进了经济社会持续健康发展，更为我们如期全面建成小康社会增添了坚定信心，注入了不竭动力。

打好脱贫攻坚战，才能让改革发展成果更多更公平惠及全体人民，朝着实现全体人民共同富裕不断迈进。从态度上看，越是全面小康在望，越要坚定信心、一鼓作气，杜绝"虚假式"脱贫、"算账式"脱贫、"指标式"脱贫。从策略上看，面对贫中之贫、困中之困，需要集中兵力打好深度贫困歼灭战，实现政策、资金重点向"三区三州"等深度贫困地区倾斜，落实产业扶贫、易地搬迁扶贫等措施。从事物发展角度更要看到，消除贫困不会一蹴而就，这就需要我们建立机制，及时做好返贫人口和新发生贫困人口的监测和帮扶。惟有保障贫困群众真脱贫、稳脱贫，才能确保如期完成任务，确保兑现我们党的庄严承诺。

打好污染防治攻坚战，才能落实"绿水青山就是金山银山"的理念，促进经济高质量发展。蓝天、碧水、净土，也是美好生活需要的重要组成部分，今天我国的生态环境保护水平必须同全面建成小康社会目标相适应。这几年来，无论是减少重污染天气还是治理黑臭水体，无论是解决垃圾围城还是防范生态破坏，环保力度不断加大，制度篱笆越扎越紧。接下来，要实现"到2020年使主要污染物排放总量大幅减少，生态环境质量总体改善"的既定目标，还需要最后一跃。只有坚持方向不变、力度不减，突出精准治污、科学治污、依法治污，我们才能推动生态环境质量持续好转，为经济社会可持续发展奠定牢固的生态基石。

打好防范化解重大风险攻坚战，防范化解金融风险是重中之重。近日央行发布的《中国金融稳定报告（2019）》显示：过去一年，我国"有效稳住了宏观杠杆率""平稳有序处置高风险机构""大力整顿金融秩序"，防范化解金融风险取得积极成效。这充分说明，我国金融体系总体健康，具备化解各类风险的能力。"金融活，经济活；金融稳，经济稳"。面对外部环境不确定性增加、经济下行压力加大，我们更需要注重平衡好稳增长和防风险的关系，服务于供给侧结构性改革这条主线，促进形成金融和实体经济、金融和房地产、金融体系内部的良性循环，做好重点领域风险防范和处置。当前，去杠杆取得阶段性成效，接下来要保持宏观杠杆率基本稳定，压实各方责任。

重点抓好决胜全面建成小康社会的三大攻坚战，就能让贫困人口和全国人民共同步入小康，就能为我们的发展擦亮绿色的底色，就能守住不发生系统性金融风险的底线，从而为全面建成小康社会提供坚强保证，为经济社会持续健康发展打牢坚实基础。

（2019 年 12 月 18 日）

惠及群众，释放民生红利

——推动中国经济行稳致远 ④

石 羚

> 促进经济发展和民生改善良性互动，既回答了"发展为了谁"的价值问题，也解决了"发展依靠谁"的动力问题
>
> 坚持房子是用来住的、不是用来炒的定位，全面落实因城施策，稳地价、稳房价、稳预期的长效管理调控机制

"要稳定就业总量，改善就业结构，提升就业质量""有效解决进城务工人员子女上学难问题""确保养老金按时足额发放，加快推进养老保险全国统筹"……近日召开的中央经济工作会议在谋划明年经济工作时，把"确保民生特别是困难群众基本生活得到有效保障和改善"作为重要内容，既体现了我们党深厚的为民情怀，更为经济发展树立起鲜明的价值导向。

2019年，以习近平同志为核心的党中央坚持以人民为中心的发展思想，不断提高保障和改善民生水平。看一看就业，前10个月全国城镇新增就业超过1100万人，提前实现全年预期目标；数一数钱包，前三季度全国居民人均可支配收入实际增长6.1%；算一算脱贫，预计年底将有95%左右现行标准贫困人口实现脱贫；看一看社保，养老金"十五连增"，70个新增药品进入医保目录……一张张民生清单，给百姓生活带来了看得见、摸得着的可喜变化，不断提升人民群众的获得感、幸福感、安全感。

"让老百姓过上好日子是我们一切工作的出发点和落脚点",这不仅体现为一种价值导向,更是一种统筹经济发展和民生改善的发展智慧。今年以来,我国保持经济社会持续健康发展,三大攻坚战取得关键进展,改革开放迈出重要步伐,经济发展的成绩为民生改善提供了坚实物质基础。同时,民生改善更为经济发展蓄积了长远动力。一方面,生态保护、医疗改革、保障房建设等民生事项,本身就蕴含着投资机会;另一方面,通过不断改善民生,促进改革发展成果更多、更公平地惠及广大群众,能够提高人们的收入水平和购买力,从而不断释放中国市场的消费潜力。促进经济发展和民生改善良性互动,既回答了"发展为了谁"的价值问题,也解决了"发展依靠谁"的动力问题。

习近平总书记指出,民生工作直接同老百姓见面、对账,来不得半点虚假,既要积极而为,又要量力而行。中央经济工作会议指出"要发挥政府作用保基本,注重普惠性、基础性、兜底性",同时要求"发挥市场供给灵活性优势,深化医疗养老等民生服务领域市场化改革和对内对外开放,增强多层次多样化供给能力,更好实现社会效益和经济效益相统一"。这就说明,我们改善民生,就要让政府的"有形之手"和市场的"无形之手"形成合力,政府部门应该更加注重底线公平、兜底功能,在此基础上引导市场力量有序参与,在教育、医疗、养老等各领域提供差异化、高品质的民生产品。

释放民生红利,也要坚持"重点论"。民生改善也要分清轻重缓急,有重点、有主次、有节奏地稳步推进。比如说,面对经济下行压力,要做好关键时点、困难人群的基本生活保障;比如说,面对明年的就业形势,要突出抓好重点群体就业工作。尤其是针对住房问题,要加大城市困难群众住房保障工作,加强城市更新和存量住房改造提升,做好城镇老旧小区改造,大力发展租赁住房。同时,要坚持房子是用来住的、不是用来炒的定位,全面落实因城施策,稳地价、稳房价、稳预期的长效管理调控机制,促进房地产市场平稳健康发展。

抓民生也是抓发展。中国经济如何在攻坚克难中实现转型升级?答案就在每个人身边,就在近14亿人对美好生活的向往之中。在更高水平上实现幼有所育、学有所教、劳有所得、病有所医、老有所养、住有所居、弱有所扶,不断满足人民对美好生活的向往,就能为经济增长找到持久动力,就能打开社会活力的闸门,用亿万人民"稳稳的幸福"支撑起更美好的未来。

(2019 年 12 月 19 日)

改革创新,推动高质量发展

——推动中国经济行稳致远 ⑤

周人杰

> 困难越是增多,我们越要加快改革,改善营商环境,推动简政放权,加强事中事后监管,优化服务,把蛰伏的发展潜能激活
>
> 改革不仅能推动问题的妥善解决,还会在解决过程中发现、培育出新的增长点,从而化危为机、转危为安

近日召开的中央经济工作会议,向世界表明中国经济"稳中向好、长期向好的基本趋势没有改变"。同时,在全球动荡源和风险点显著增多的背景下,经济下行压力加大,要做好各种工作预案。科学研判"时"与"势",辩证把握"危"与"机",必须善于通过改革破除发展面临的体制机制障碍,进一步解放和发展社会生产力,推动高质量发展。

中央经济工作会议明确指出,"要坚持巩固、增强、提升、畅通的方针,以创新驱动和改革开放为两个轮子,全面提高经济整体竞争力,加快现代化经济体系建设。"中国经济之所以成为世界经济"动力源""稳定锚",不仅因为我们善于进行逆周期调节,科学高效用好调控工具,更重要的是始终坚持调控与改革并行不悖、互为依托,充分依靠改革来挖掘发展动力、厚植发展优势。当前,困难越是增多,我们越要加快改革,改善营商环境,推动简政放权,加强事中事后监管,优化服务,把蛰伏的发展潜能激活,让各类市场主体在科技创新和国内国际市场竞争的第

一线奋勇拼搏。

　　稳中求进的"稳"和"进",都是以改革创新为支撑。从"稳"的方面看,确保经济运行在合理区间,就要完善和强化"六稳"举措,健全财政、货币、就业等政策协同和传导落实机制。而无论货币政策保持流动性合理充裕,还是财政政策实施更大规模减税降费,抑或是重大战略的推进、重大项目的落地,全面深化改革都会对政策工具产生"自乘"与"倍加"的放大效应。"进"的方面,供给侧结构性改革、现代化经济体系建设,更离不开经济体制改革的深化与科技创新的推动。所以说,坚持稳中求进工作总基调,首要的就是坚持改革创新,用改革的方式完善宏观调控、激发微观活力。

　　当然,改革的节奏与着力点,要冲着经济运行中的实际问题去。比如针对民间投资增速下滑,就要牢牢依靠改革优化营商环境,着力降低各种创新创业成本。比如针对规模以上工业企业利润下滑,就要加快国企改革步伐、硬碰硬、实打实提质增效。各地的情况也是千差万别,有的新旧动能转换"旧的去得快、新的长得慢",有的结构性去杠杆"按下葫芦浮起瓢",有的老旧小区改造"雷声大、雨点小"……改革不仅能推动这些问题的妥善解决,还会在解决过程中发现、培育出新的增长点,从而化危为机、转危为安。

　　世上无难事,只要肯登攀。朝着高质量发展方向的改革与创新,本质上要求我们不断解放思想,切实把党对经济工作集中统一领导的制度优势,转化为稳增长、促改革、调结构、惠民生、防风险、保稳定的治理效能。需要强调的是,改革创新须臾离不开风险意识,该守的底线必须要守住、守牢,决不能发生系统性风险,决不能犯颠覆性错误。在打好三大攻坚战的征程中,只要时刻保持对潜在风险的警惕性和紧迫感,防微杜渐、主动出手,自我加压、刀刃向内,用大概率思维应对小概率事件,我们就一定能通过创新驱动和改革开放这两个轮子,继续创造人民群众认可、经得起历史检验的发展成绩,推动中国经济高质量发展,确保全面建成小康社会和"十三五"规划圆满收官。

(2019年12月20日)

推进新时代更高水平对外开放

张 凡

> 中国的对外开放之路,不断由商品和要素流动型开放向规则、标准等制度型开放转变
>
> 新时代中国对外开放,是全方位、全领域的,陆海内外联动、东西双向互济,正在加快推动形成全面开放新格局

最近,来华旅游的外国朋友会发现一个新变化:他们可以使用移动支付了。过去,短期来华的外国游客,由于没有中国银行卡或手机号码,往往无法注册使用移动支付。近期,支付宝、微信等纷纷开通支持海外银行卡绑定功能,为外国游客体验中国移动支付提供便利。"一码"走遍中国,这样的改变,得益于中国金融市场的不断开放。

金融市场稳步扩大开放,是中国对外开放水平不断提升的生动缩影。近些年来,从推动"一带一路"建设走深走实,到打造进博会等全新合作平台;从设立自由贸易试验区、探索建设自由贸易港,到制造业、服务业、农业等加快开放进程……我国以不断扩大开放的实际行动,推动开放的大门越开越大,让世界看到了一个"改革不停顿、开放不止步"的中国,也在一步步的对外开放中创造了"当惊世界殊"的发展成就。

中国经济发展是在开放条件下取得的,未来中国要实现更好发展,也必须在更加开放的条件下进行。党的十九届四中全会提出,要"建设

更高水平开放型经济新体制""实施更大范围、更宽领域、更深层次的全面开放"。这意味着,中国推动更高水平开放的脚步不仅不会停滞,并且要以国家治理体系和治理能力现代化为高水平开放、高质量发展提供制度保障。

中国开放的大门越开越大,这个"大",其实不仅是范围的扩大,更是质量的提升。近些年来,从出台外商投资法,到实施外商投资准入负面清单制度,再到公布《优化营商环境条例》,中国的对外开放之路,不断由商品和要素流动型开放向规则、标准等制度型开放转变。制度环境的不断优化,推动中国加快形成与国际投资、贸易通行规则相衔接的基本制度体系和监管模式,将为中国经济与世界经济深度互动提供更为稳固的支撑。党的十九届四中全会指出,要"推动规则、规制、管理、标准等制度型开放",为中国对外开放提质增效进一步指明了努力方向。

中国推动更高水平对外开放的步伐,在实践中铿锵向前。近日,中共中央、国务院印发《长江三角洲区域一体化发展规划纲要》,长三角地区将"以更大力度、更高水平推进全方位开放",为引领发展更高层次的开放型经济注入新的动力。当然,不只是沿海城市,如今,中国各个地区都在谋划自己的开放之路。最近笔者到河南郑州采访,问及"郑州不临海、不沿边,如何写好对外开放这篇大文章",郑州航空港一位负责人表示,他们要转换思路,发挥自己的优势,通过航空通道连接全世界。这也让我们看到了内陆城市对外开放的决心与信心。由此也更能理解,新时代中国对外开放,是全方位、全领域的,陆海内外联动、东西双向互济,正在加快推动形成全面开放新格局。

"相通则共进,相闭则各退"。今天,世界经济深刻调整,保护主义、单边主义抬头,经济全球化遭遇波折,中国坚持扩大开放,为各国企业深耕中国市场、为各国搭乘中国发展"快车""便车"打开机遇之门,彰显了中国的责任与担当。首届进博会后,智利车厘子在中国的销售量提升了 50%;在第二届进博会首日,新西兰一乳品企业就签下了 3 亿元大单……这些跃动的数字,生动地说明:一个全方位对外开放的中国,正与世界分享越来越多的发展红利。正如一位国际政要所言,"中国需要对世界开放,世界也需要对中国开放"。

习近平主席强调,"中国市场这么大,欢迎大家都来看看""中国将张开双臂,为各国提供更多市场机遇、投资机遇、增长机遇"。站在新的历史起点上,中国开放的大门只会越开越大。以更加开放包容的姿态拥抱世界,中国在促进自身发展的同时,也必将带给世界更多惊喜。

(2019年12月12日)

着力提高宏观调控的前瞻性

周人杰

>加强和完善宏观调控，说到底是要把党领导经济工作的制度优势转化为治理效能。厘清政府和市场、社会的关系，才能更好发挥政府作用，更好提高宏观调控的有效性

日前，中共中央政治局召开会议，分析研究2020年经济工作。会议指出，"十三五"规划主要指标进度符合预期，同时强调要"提高宏观调控的前瞻性、针对性、有效性，运用好逆周期调节工具"。着力提高宏观调控的前瞻性，不仅是做好岁末年初各方面工作的重要要求，更是打好明年全面建成小康社会和"十三五"规划收官之战的必然要求，我们必须准确把握、落到实处。

前瞻性是宏观调控内在的、本质的规定。调控就是冲着经济运行中的波动实施调节与控制，前提是科学分析、冷静研判，从而未雨绸缪、精准施策。这其中，最重要的是坚持一切从实际出发，实事求是察大势、抓要害、因势利导。实践表明，前瞻性维度上若有失误，或是过于乐观，把困难想得简单，预案设置不足，或是过于悲观，短期刺激过猛，就会留下后遗症。客观理性看待内外部环境，才能分清主次轻重、有的放矢，杜绝政策"翻烧饼"，避免大起大落。

前瞻性的基础是预见性。一方面要坚持问题导向，加强基层调研，

始终问计于民，多听企业、群众各方意见，准确把握市场的"难点"与"堵点"。另一方面要以五年规划、年度计划为依托，经常性、机制化将高质量发展主要指标与现实情况"对表"。对发展中不确定因素和各类风险点，要一一甄别，不妨把困难想得更充分、预案做得更扎实，下好"先手棋"。

提高前瞻性需要把握针对性、有效性。随着大数据、云计算等技术日臻成熟，经济政策的制定、反馈、调整也应当越来越精准、及时、高效。贸易摩擦对外向型企业的影响有哪些，新旧动能转换的门槛有多高，扩大消费需求特别是农村消费需求的效果好不好，不同规模、不同所有制企业在减税降费中获得感差别有多大，广义货币 M2 和社会融资规模增速与 GDP 名义增速是否基本匹配……从微观到宏观的政策制定，都需要在预见性、前瞻性基础上，根据实际情况"量身定制"、逐一排除隐患。宏观调控的有效性还依赖于财经纪律的严肃性，需要各地各部门把责任夯实、倒逼落实，不折不扣落实中央各项决策部署。

逆周期调节工具运用要以全面深化改革为前提，把有度的宏观调控和有效的市场机制结合起来。应当看到，调控的预见性、前瞻性，建立在对社会主义市场经济规律性认识不断深入的基础之上。调控的针对性、有效性，同样是建立在市场调节能力不断优化的基础上。具体来讲，比如地方专项债的"开大、开好前门"，一定要与当地需求相适应，项目建设要更多采取市场化方式、助力实体经济升级。所以完善宏观调控体系离不开建设高标准市场体系，离不开完善产权制度、要素市场化配置、公平竞争制度、科技创新体制机制和推动城乡区域协调发展。厘清政府和市场、社会的关系，才能更好发挥政府作用，更好提高宏观调控的有效性。

加强和完善宏观调控，说到底是要把党领导经济工作的制度优势转化为治理效能。2020 年即将到来，我们要增强坚决打好三大攻坚战的必胜信心，把外部压力成功转化为全面深化改革、扩大开放的强大动力。集中精力办好自己的事，改进领导经济工作的方式方法，完善担当作为的激励机制，深入推进简政放权、放管结合、优化服务，我们就能发挥社会主义宏观调控的优势，推动中国经济迈上高质量发展的新台阶。

（2019 年 12 月 12 日）

打造创新驱动新引擎

盛玉雷

> 发挥科技创新的支撑引领作用，不仅是社会各界的广泛共识，而且是推进国家治理体系和治理能力现代化的重要内容
>
> 科技创新既要仰望星空，也要脚踏实地，从实验室的研究走向更广阔的天地，将科技创新成果转化为推动经济社会发展的现实动力

最近一段时间，5G商用正式启动让相关产业链驶入发展快车道，曲面屏的出现促使业界探索下一代移动设备，区块链技术应用已延伸到智能制造、供应链管理、数字资产交易等多个领域……可以说，科技创新既是理解中国经济澎湃动能的重要维度，也是推动实现高质量发展的关键变量。

创新始终是推动一个国家、一个民族向前发展的重要力量。党的十八大以来，以习近平同志为核心的党中央高度重视科技创新，推出"实施创新驱动发展战略"等重大决策部署。在党的十九届四中全会《决定》的说明中，习近平总书记提到了一个细节：征求意见过程中，各方面提出了许多好的意见和建议，其中一个重要方面就是"建议对完善科技制度加以突出强调，以充分发挥科技创新引领作用"。可见，发挥科技创新的支撑引领作用，不仅是社会各界的广泛共识，而且是推进国家治理体

系和治理能力现代化的重要内容。

当前,我们迎来了世界新一轮科技革命和产业变革同我国转变发展方式的历史性交汇期。一方面,主要依靠资源、资本、劳动力等要素投入支撑经济增长和规模扩张的方式已不可持续;另一方面,我国发展日益面临着动力转换、方式转变、结构调整的繁重任务,发挥科技创新的支撑引领作用正当其时。近些年来,"神威·太湖之光"闪耀世界,超级计算机辐射上下游产业;航空航天捷报频传,商业航天破茧而出;"复兴号"高铁、C919 大飞机走出国门,中国智造开始走向世界……从基础研究和应用基础研究,到面向国家重大需求的战略高技术研究,一批重大科技项目和工程带动了一系列产业行业从无到有、从有到优,有力推动经济发展实现质量变革、效率变革、动力变革,显著增强了我国经济的质量优势。

从世界视野来看,全球科技创新进入空前密集活跃的时期,新一轮科技革命和产业变革正在重构全球创新版图、重塑全球经济结构。谁能找到科技创新的突破口,谁就能抢占未来经济发展的先机。毋庸讳言,中国还面临重大科技瓶颈,关键领域核心技术受制于人的格局没有从根本上改变,科技基础仍然薄弱,科技创新能力特别是原创能力与国际先进水平相比还有较大差距。如果不识变、不应变、不求变,就可能陷入战略被动,错失发展机遇。这启示我们,唯有把握数字化、网络化、智能化融合发展的契机,积极抢占科技竞争和未来发展制高点,我们才能把创新主动权、发展主动权牢牢掌握在自己手中。

习近平总书记指出,促进科技和经济结合是改革创新的着力点。科技创新既要仰望星空,也要脚踏实地,从实验室的研究走向更广阔的天地,将科技创新成果转化为推动经济社会发展的现实动力。正因如此,党的十九届四中全会有针对性地提出"完善科技创新体制机制",在创新主体上明确"建立以企业为主体、市场为导向、产学研深度融合的技术创新体系",在创新方式上要求"弘扬科学精神和工匠精神,加快建设创新型国家,强化国家战略科技力量",在人才培养上"完善科技人才发现、培养、激励机制,健全符合科研规律的科技管理体制和政策体系,改进科技评价体系,健全科技伦理治理体制"。科研和经济不是"两张皮",

既需要基础设施的"硬件"支撑,也要制度环境的"软件"保障,从而革除体制机制积弊,打通科技向经济赋能的通道,把创新驱动发展战略落实到现代化建设整个进程和各个方面。

抓创新就是抓发展,谋创新就是谋未来。推动科技和经济社会发展深度融合,以科技创新支撑高质量发展,我们就一定能把创新驱动的新引擎全速发动起来,为中国经济持续健康发展提供不竭动能。

(2019年12月11日)

长三角一体化,关键在高质量

何鼎鼎

长三角一体化发展,就是要消除同质化竞争,做强各自差异化的长板,让共性与个性相得益彰、合作与竞争辩证统一、集聚与辐射相辅相成

"上海临港新片区将从空间一角成为杭州湾枢纽""南通新机场为南通带来'世界级'发展契机""7市加入长三角,安徽全面'入长'""沪舟甬跨海通道气贯长虹"……随着中共中央、国务院印发《长江三角洲区域一体化发展规划纲要》(以下简称《规划纲要》),长三角再次受到全社会广泛关注。

以4%的国土面积创造了全国1/4的经济总量,长三角是我国经济发展最活跃、开放程度最高、创新能力最强的区域之一。去年,习近平总书记在首届中国国际进口博览会上宣布支持长江三角洲区域一体化发展并上升为国家战略,区域一体化发展已经跑出了加速度。着力落实新发展理念,构建现代化经济体系,推进更高起点的深化改革和更高层次的对外开放,同"一带一路"建设、京津冀协同发展、长江经济带发展、粤港澳大湾区建设相互配合,《规划纲要》的目标非常明确,正是要"完善中国改革开放空间布局"。

地缘相近、习俗相通、市场相连,相似的基因铸就了长三角一体化

发展最初的雏形。但区域内发展不平衡不充分，产业发展协同性有待提升，统一开放的市场体系尚未形成等问题开始显现。如何真正成为全国发展强劲活跃增长极，如何打造全国高质量发展样板区，如何率先基本实现现代化引领区，如何成为区域一体化发展示范区，又如何成为新时代改革开放新高地？要实现这些目标，离不开进一步增强创新能力和竞争能力，提高经济集聚度、区域连接性和政策协同效率。

细读这份《规划纲要》不难发现，长三角一体化发展远景规划是立体的、全方位的。"共建轨道上的长三角"，意味着地理意义上紧密整合的都市圈、城市群将接踵而至；"联合提升原始创新能力""联手营造有利于提升自主创新能力的创新生态"，全国原始创新策源地正呼之欲出；"合力保护重要生态空间"，意味着各方将在保护好长三角可持续发展生命线上凝心聚力、齐头并进；"中心区城乡居民收入差距控制在2.2：1以内，中心区人均GDP与全域人均GDP差距缩小到1.2：1"，更意味着一体化发展不仅面向城市，更是面向城乡融合发展，面向共同富裕，实现普惠便利共享发展的目标清晰可见。

长三角一体化发展具有极大的区域带动和示范作用，"一体化"和"高质量"是其中两个关键。高质量一体化，意味着它绝不是"一样化"，而是尊重差异、发挥各地比较优势上的通力合作。这在《规划纲要》中体现得十分鲜明。上海是长三角一体化发展的"龙头"，提升城市能级和核心竞争力的担子不轻，如此才能"引领长三角一体化发展"；苏浙皖各有所长，因此要"强化分工合作、错位发展，提升区域发展整体水平和效率"。如果说，曾经的区域竞争更多体现为一种锦标赛模式，长三角一体化发展，就是要消除同质化竞争，做强各自差异化的长板，让共性与个性相得益彰、合作与竞争辩证统一、集聚与辐射相辅相成，真正实现"1+3>4"。

也正是在这个意义上，长三角区域一体化发展，不仅仅是划定示范区，实现地理意义上的整合，更是合作机制上的协调，是制度建设层面的探索。可以看到，从推动"制度性交易成本明显降低"到力争"区域生态补偿机制更加完善"；从探索"建立城市间重大事项重大项目共商共建机制"再到"实行人才评价标准互认制度"……在《规划纲要》中，"机

制""制度"等关键词高频出现,本身就展现出对体制机制创新的高度重视,体现了"突出制度建设这条主线"的改革思路,对于探索区域一体化发展的制度体系和路径模式,为全国区域一体化发展提供示范,具有重要意义。

改革不停顿,开放不止步。我们有理由相信,在中国改革开放历史进程中发挥过重要作用的长三角,将会在新一轮深化改革、扩大开放的进程中,继续走在全国前列,不断完善中国改革开放空间布局,引领全国高质量发展。

(2019 年 12 月 11 日)

让市场经济体制更加完善

陈 凌

党的十九届四中全会明确提出，建设高标准市场体系，并对从广度和深度上推进社会主义市场经济改革做出重要部署，为的就是给市场主体创造更大发展空间，让规则更趋完善，营造公平开放透明的市场环境，进而实现市场准入畅通、市场开放有序、市场竞争充分、市场秩序规范

为进一步降低企业制度性交易成本，天津在全市范围内开展"证照分离"改革全覆盖试点工作；浙江以"最多跑一次"改革为牵引，基本实现开办企业全流程"一件事一日结"目标；宁夏以"数字政府"建设为引领，将开办企业时间压缩至3个工作日以内……各地政府不断出台的改革举措，既推动全面深化改革走深走实，更推动着社会主义市场经济体制更加完善。

党的十九届四中全会对社会主义基本经济制度作出了新概括，一个重要方面就是把"社会主义市场经济体制"作为社会主义基本经济制度的重要内容。我们坚持社会主义基本经济制度，就要加快完善社会主义市场经济体制，充分发挥市场在资源配置中的决定性作用，更好发挥政府作用，全面贯彻新发展理念，坚持以供给侧结构性改革为主线，加快建设现代化经济体系。

中国经济持续高速增长，很大程度上是因为我们把社会主义基本制

度和市场经济有机结合起来,形成了社会主义市场经济体制。正是因为我们善于发挥社会主义制度优势,通过集中力量办大事在航天、高铁、大飞机等领域实现突破,同时构建起中国经济的宏观调控体系,确保中国经济不出现大的起伏而能够持续平稳增长。正是因为我们更加注重发挥市场经济的作用,充分调动广大企业家进行创新创造,充分发挥每个人的聪明才智,使得中国在移动支付、电子商务、5G通信等领域弯道超车。

社会主义市场经济体制是在实践摸索中不断形成并发展的。改革开放以来,从把民营经济当成一种"必要的有益的补充",到提出"在公有制基础上的有计划的商品经济",再到明确提出建立"社会主义市场经济体制",我们的认识不断深化。党的十八届三中全会把市场在资源配置中的"基础性作用"修改为"决定性作用",就是为了更好发挥"无形之手"的力量,让一切劳动、知识、技术、管理、资本等要素的活力竞相迸发,让一切创造社会财富的源泉充分涌流。党的十九届四中全会明确提出,建设高标准市场体系,并对从广度和深度上推进社会主义市场经济改革做出重要部署,为的就是给市场主体创造更大发展空间,让规则更趋完善,营造公平开放透明的市场环境,进而实现市场准入畅通、市场开放有序、市场竞争充分、市场秩序规范。

社会主义市场经济是一个有机整体,习近平总书记深刻指出,要讲辩证法、两点论,"看不见的手"和"看得见的手"都要用好。今天,经济体制改革的核心问题仍然是处理好政府和市场关系,党的十九届四中全会要求,厘清政府和市场、政府和社会关系,深入推进简政放权、放管结合、优化服务,深化行政审批制度改革,改善营商环境,就是要加快转变政府职能,该放给市场和社会的权一定要放足、放到位,该政府管的事一定要管好、管到位。更好发挥政府作用,要在保证市场发挥决定性作用的同时,管好那些市场管不了或管不好的事情,激发各类市场主体活力。

完善社会主义市场经济体制,既让市场在资源配置中起决定性作用,又更好发挥政府作用,我们就能更好激发广大人民群众的创造性、解放和发展社会生产力、增强社会发展活力,推动中国经济发展迈向更高境界。

(2019年12月10日)

用公平促进可持续发展

何鼎鼎

劳动是一切财富的源泉，幸福都是干出来的

分配制度要发挥激励效应，让一切劳动、知识、技术、管理、资本的活力竞相迸发，让一切创造社会财富的源泉充分涌流

不断完善我国的分配制度，既激励每个人都发挥其聪明才智，又朝着共同富裕方向不断迈进，就能有效推动收入分配更合理更有序，促进经济高质量发展

近日，北京市人大常委会表决通过《北京市促进科技成果转化条例》。其中，"将职务科技成果转让、许可给他人实施的，从该项科技成果转让净收入或者许可净收入中提取不低于百分之七十的比例"等规定，既有利于促进科技成果转化，更体现了强化知识价值、完善收入分配政策的鲜明导向。一个地方的改革，折射出整个国家在收入分配制度改革领域的进步。

一个社会如何分配，是经济发展的重要问题。"坚持按劳分配为主体、多种分配方式并存"，社会主义分配制度既有利于鼓励先进，提升效率，最大限度激发活力，又有利于防止两极分化，逐步实现共同富裕，使人民群众共享改革发展成果。正因此，党的十九届四中全会把"坚持按劳分配为主体、多种分配方式并存"作为社会主义基本经济制度的重要内

容,既强调"坚持多劳多得,着重保护劳动所得",又坚持"健全劳动、资本、土地、知识、技术、管理、数据等生产要素由市场评价贡献、按贡献决定报酬的机制",更要求"合理调节城乡、区域、不同群体间分配关系"。这对于进一步完善我国的分配制度、激发社会活力、促进公平公正具有十分重要的意义。

劳动是一切财富的源泉,幸福都是干出来的。党的十九届四中全会着重强调"增加劳动者特别是一线劳动者劳动报酬,提高劳动报酬在初次分配中的比重"。随着我国人口红利逐步向人才红利转变,劳动力供过于求所导致的劳动要素价格偏低的情况已在扭转,同时,诸如"强化工资收入支付保障制度""提升最低工资标准",这些制度保障都为提高劳动报酬在初次分配中的比重奠定了重要基础,有利于人们更多更公平地分享经济社会发展成果。

同时,分配制度还要发挥激励效应,让一切劳动、知识、技术、管理、资本的活力竞相迸发,让一切创造社会财富的源泉充分涌流。无论是各地在国企混合所有制改革过程中推行员工持股,还是企业重奖"大国工匠",抑或是设立科创板、改革资本市场,推动科技与资本更好结合起来,都是为了强化以增加知识价值为导向的收入分配政策,充分尊重科研、技术、管理人才,最大程度推动生产力发展。随着互联网的发展,以数据作为关键生产要素的数字经济正在成为新型经济形态,数据对提高生产效率的乘数作用日益凸显,成为最具时代特征新生产要素的重要变化。党的十九届四中全会首次增列"数据"作为生产要素,正是与时俱进完善分配制度的生动体现。

当然,如果说初次分配要注重效率,再分配就要更加注重公平。我们需要坚持共同富裕的方向不动摇。如何避免个体在收入差距、财产差距上越拉越大?如何合理调节城乡、区域、不同群体间分配关系?这离不开"健全以税收、社会保障、转移支付等为主要手段的再分配调节机制",也需要"强化税收调节,完善直接税制度并逐步提高其比重"。自去年个税改革后,今年我国前9个月累计减税已达4400多亿元,惠及2.5亿纳税人,减低税负、增加收入、扩大消费的作用明显。可以预期,未来将继续增加低收入者收入,扩大中等收入群体,调节过高收入,用公平促进社会和谐稳定、推动经济可持续发展。

　　让分配制度兼顾效率与公平，不仅能有力拉动内需，本身有助于用制度解决发展不平衡不充分问题。相信通过不断完善我国的分配制度，既激励每个人都发挥其聪明才智，又朝着共同富裕方向不断迈进，就能有效推动收入分配更合理更有序，促进经济高质量发展。

（2019年12月09日）

激发各类市场主体活力

李 拯

> 我们坚持"两个毫不动摇",就是为了推动各种所有制经济健康发展,最大程度激发各类市场主体活力
>
> 各类市场主体充满活力,各种所有制经济健康发展,这些深层次的"慢变量",会在更长远的时段推动中国经济行稳致远、赢得未来

这段时间,有两个经济数据意味深长。一个数据是11月制造业采购经理指数(PMI)重新回到扩张区间,制造业正在恢复活力;另一个数据是,今年前10个月日均新登记企业接近2万户,继续保持高速增长态势。两个数据说明,尽管面对下行压力,市场主体仍然活力充沛,为中国经济打下坚实的基础。

党的十九届四中全会强调,"毫不动摇巩固和发展公有制经济,毫不动摇鼓励、支持、引导非公有制经济发展"。我们坚持"两个毫不动摇",把公有制经济巩固好、发展好,落实鼓励引导支持民营经济发展的各项政策措施,为各类所有制企业营造公平、透明、法治的发展环境,就是为了更好坚持和完善社会主义基本经济制度,推动各种所有制经济健康发展,最大程度激发各类市场主体活力。

公有制经济是长期以来在国家发展历程中形成的,为国家建设、国

防安全、人民生活改善作出了突出贡献，是全体人民的宝贵财富，当然要让它发展好，继续为改革开放和社会主义现代化建设作出贡献。党的十八大以来，以习近平同志为核心的党中央高度重视公有制经济发展，国企改革重要领域和关键环节取得新成效。公司制股份制改革加快推进、现代企业制度逐步完善、混合所有制改革稳妥有序、国企党建筑牢根和魂……国企改革深入推进，实现国有企业做强做优、国有资产保值增值，为壮大国家综合实力、保障人民共同利益打下坚实基础。

非公有制经济是稳定经济的重要基础，是国家税收的重要来源，是技术创新的重要主体，是金融发展的重要依托，是经济持续健康发展的重要力量。从建立市场准入负面清单、不断优化营商环境，给企业营造更加公平的发展环境；到实施大规模减税降费，仅今年前三季度就新增减负1.78万亿元，为民营企业切实减轻负担；再到召开民营企业座谈会，给予民营企业全方位的政策支持……一系列改革举措力度前所未有，就是要革除体制机制积弊，为民营企业助力，为市场主体赋能，为民营经济发展不断注入政策红利。

当前，外部环境不确定性增加，国内经济下行压力加大，中国经济靠什么顶住压力、实现转型升级和高质量发展？可以说，各类市场主体的活力，正是可以依赖的基石。市场经济的汪洋大海，是由成千上万个市场主体组成的，只要各类所有制企业都能健康发展，市场主体的微观活力仍然不断涌现，那就能扛得住风险、顶得住压力，就能以"产品有市场，企业有利润"来实现"员工有收入、政府有税收"。尤其是对广大民营企业家来说，党中央致力于为非公有制经济发展营造良好环境和提供更多机会的方针政策没有变。未来，我们将在减税降费、降低融资成本、营造公平环境、保护企业家安全等各方面推出更多有针对性的举措，以帮助民营企业度过暂时的困难、获得更大的发展。可以说，公有制经济和非公有制经济共同健康发展，将形成分工协作、优势互补的良好格局，共同汇成中国经济的大海。

从更长远视野来看，经济体量达到一定规模之后，经济增速下降是必然的规律，人们应该从对经济增速的关注中往深层看，发现那些更为结构性的因素：中国经济的韧劲和活力来自于70年来历经风雨仍坚如磐石的国有企业,来自于涌动在 1 亿多市场主体之中的创新活力。各类市场主体充满活力,各种所有制经济健康发展,这些深层次的"慢变量",会在更长远的时段推动中国经济行稳致远、赢得未来。

(2019 年 12 月 06 日)

凝聚知识产权保护更大合力

桂从路

面向未来，更高水平的知识产权保护，事关优化营商环境、促进高水平对外开放目标的实现，也是推动我国经济高质量发展的内在需要

把现实针对性强、操作性要求高的举措落实落细，亟待各地区各部门增强责任感、紧迫感，抓住关键、破解难题，真正完善制度、激发效能

加强知识产权保护，是完善产权保护制度最重要的内容，也是提高我国经济竞争力的最大激励。新形势下，如何进一步完善制度、优化机制，促进保护能力和水平整体提升，是一项重要而紧迫的课题。

加大侵权假冒行为惩戒力度，加强跨部门跨区域办案协作，更大力度加强国际合作……前不久，中共中央办公厅、国务院办公厅印发《关于强化知识产权保护的意见》，明确了当前和今后一个时期做好知识产权保护工作的指导思想、基本原则和总体目标，提出了一系列重要政策措施和有针对性的创新举措，为各地区各部门开展知识产权保护工作提供了目标指向。《意见》充分体现了以习近平同志为核心的党中央对知识产权保护的高度重视，彰显了中国依法严格保护知识产权的鲜明立场和坚定决心。

时间是最客观的见证者。加强顶层设计、完善法律法规、改革体制机制、加强司法和行政保护……党的十八大以来,相关部门采取切实措施,推动知识产权保护工作取得显著成就。从制定出台《深入实施国家知识产权战略行动计划(2014—2020年)》等一系列重要文件,到推动专利法、商标法、著作权法等法律法规修改完善,再到重新组建国家知识产权局、设立25家知识产权保护中心,随着顶层设计日益完善、制度体系越织越密、保护措施不断加码,我国知识产权保护水平不断跃升。世界知识产权组织发布的《2019年全球创新指数报告》显示,中国创新指数由2013年的第三十五位,提高到2019年的第十四位。沉甸甸的成绩单,凝结着各方努力,凝聚着"保护知识产权就是保护创新"的社会共识。

同时,也应清醒认识到,尽管我国知识产权保护已取得长足进步,但与中央的要求相比、与社会各界的期待相比,还存在一定差距。现实中,侵权现象还在一定范围存在,权利人维权成本高的状况亟待破解。这其中,既有法律体系不完善的原因,也有新领域新业态发展带来的挑战。面向未来,更高水平的知识产权保护,事关优化营商环境、促进高水平对外开放目标的实现,也是推动我国经济高质量发展的内在需要。此次出台的《意见》立足现实发展需要,对知识产权保护做出了具有时代特点的系统谋划和整体部署,可谓正当其时。

提升知识产权治理能力和治理水平,提高知识产权保护效能,关键还是要以《意见》印发为契机,切实抓好落实,确保各项规定和政策措施执行到位、落实到位、见到实效。细览《意见》不难发现,"体制""机制"是高频词语:既有着眼于建立健全知识产权"严保护、大保护、快保护、同保护"工作体系的长远谋划,也有引入侵权惩罚性赔偿制度、完善知识产权案件上诉机制、健全失信联合惩戒机制等具体性要求。把现实针对性强、操作性要求高的举措落实落细,亟待各地区各部门增强责任感、紧迫感,抓住关键、破解难题,真正完善制度、激发效能。

知识产权保护没有最好,只有更好。携手构建知识产权大保护工作格局,发挥人大、政协、社会舆论的重要力量,调动行业协会、商会、志愿者等多方社会力量参与治理，综合运用法律、行政、经济、技术等手段，凝聚全社会齐抓共管的合力，才能不断提升治理能力和水平，把知识产权保护的堤坝筑得更加牢固。

（2019 年 12 月 05 日）

以制度建设为主线推进改革

彭 飞

我们推进改革,从来都是破立并举,不仅要出实招解决问题,更要把治理经验转化为可以施之长远的制度

面向未来,我们要以党的十九届四中全会《决定》为根本遵循,牢牢抓住制度建设这条主线

"构建更加完善的要素市场化配置体制机制""建立完善农业支持保护制度""建立管用高效的医保支付机制"……日前,中央全面深化改革委员会第十一次会议召开,"制度建设"成为关键词。这对于贯彻落实党的十九届四中全会精神、继续全面深化改革具有重要的指导意义。

"要以坚持和完善中国特色社会主义制度、推进国家治理体系和治理能力现代化为主轴,增强以改革推进国家制度和国家治理体系建设的自觉性,突出制度建设这条主线"。习近平总书记在会议上深刻阐释了"深化改革"和"制度建设"之间的关系,为继续推进全面深化改革指明了方向。简言之,推进国家制度和国家治理体系建设靠什么?靠的是全面深化改革。而全面深化改革的总目标,正是完善和发展中国特色社会主义制度,推进国家治理体系和治理能力现代化。准确把握这次会议的精神,就要继续深化各领域各方面体制机制改革,推动各方面制度更加成熟更加定型。

我们推进改革，从来都是破立并举，不仅要出实招解决问题，更要把治理经验转化为可以施之长远的制度。从家庭联产承包责任制解决温饱问题，到设立第一批沿海开放城市拥抱世界；从建立社会保障制度体系，到确立生态环境治理体系，我们的改革无不是从问题意识开始，在解决问题的过程中不断进行制度创新、丰富治理体系。继续全面深化改革，既要排查梳理已经部署各项改革任务的完成情况，又要把四中全会部署的重要举措及时纳入工作日程，抓紧就党中央明确的国家治理急需的制度、满足人民对美好生活新期待必备的制度进行研究和部署，实现改革举措的有机衔接、融会贯通，确保取得扎扎实实的成效。

同时，随着改革进入深水区、攻坚期，推动改革更应树立制度意识，用法治方式推进改革。党的十九届四中全会强调，"各级党委和政府以及各级领导干部要切实强化制度意识"。在改革实践中，广大党员干部要注重同中国特色社会主义根本制度、基本制度、重要制度对标对表，理清工作思路和工作抓手，结合四中全会部署的各项改革任务，一体推动、一体落实。改革已建立制度框架的，要对照四中全会精神继续巩固完善，建立长效机制；正在探索的要狠抓攻坚克难，实现突破，做好总结提炼、形成制度安排；有待谋划推出的，要大胆改革创新，及时研究制定方案。要在精准谋划、精准实施上下足功夫，改革解决什么问题、什么时候推出、对制度建设有什么作用都要做到心中有数。

从党的十八届三中全会，到党的十九届四中全会，全面深化改革走过了6个年头。从立柱架梁、夯基垒台，到蹄疾步稳、多点开花，再到重要领域和关键环节改革成效显著、主要领域基础性制度体系基本形成，全面深化改革正在推动我们的制度更加成熟定型。可以说，党的十九届四中全会和党的十八届三中全会历史逻辑一脉相承、理论逻辑相互支撑、实践逻辑环环相扣，目标指向一以贯之，重大部署接续递进。面向未来，我们要以党的十九届四中全会《决定》为根本遵循，牢牢抓住制度建设这条主线，以改革推进国家制度和国家治理体系建设，让我们的制度更加成熟更加定型。

小智治事，大智治制。把党的十九届四中全会精神落到实处，明确时间表、路线图,因地制宜、有的放矢,我们就一定能构建起系统完备、科学规范、运行有效的制度体系,把我国制度优势更好转化为国家治理效能。

(2019年12月04日)

答好区块链发展"应用题"

何鼎鼎

> 发展和利用区块链技术,必须坚持守正创新,回归技术应用的本原
>
> 对企业、平台而言,站在这样一个新风口,乐观展望容易,难的是守住边界,既保持创新力也尊重规律
>
> 答好这道考题,既需要创新的思维,也离不开审慎的态度、务实的行动

最近一段时间,许多人关心区块链、热议区块链、学习了解区块链。但据媒体报道,也有一些人蹭热度、制造概念、炒作概念,甚至借"区块链"之名进行非法集资炒作。如何完善技术、找准应用场景、解决工程实施等难题,推动区块链技术与产业规范发展,成为值得探讨的现实课题。

前不久,中国人民银行相关负责人表示,为规范引导新技术应用,人工智能、区块链、大数据、云计算等17项金融行业标准已经立项,正在加紧研究制定。其中,有关区块链的消息颇受瞩目。这对试图蹭"区块链"热度、意欲剑走偏锋的人而言,无异于一次及时提醒:发展和利用区块链技术,必须坚持守正创新,回归技术应用的本原。

区块链技术的集成应用,在新的技术革新和产业变革中起着重要作

用。习近平总书记在主持中共中央政治局第十八次集体学习时强调,"我们要把区块链作为核心技术自主创新的重要突破口,明确主攻方向,加大投入力度,着力攻克一批关键核心技术,加快推动区块链技术和产业创新发展。"展望未来,当区块链和人工智能、大数据、物联网等前沿信息技术深度融合,技术集成可以找到新的支点;当区块链和实体经济深度融合,传统金融业长期面临的信息不对称问题,将得到较好解决;当区块链与新型智慧城市建设相结合,人们对于城市管理、民生改善又有了新的期待。

从现实情况来看,我国在区块链领域拥有良好基础;国家对区块链的重视,为区块链技术发展与应用带来更大机遇。当然,也因为区块链之新,一些新情况新问题也难免伴生。对企业、平台而言,站在这样一个新风口,乐观展望容易,难的是守住边界,既保持创新力也尊重规律。从总体上看,由于涉及场景较为复杂,落地模式还不够清晰,区块链在实体经济领域的应用还处于起步阶段。毕竟,目前很多项目的场景不需要区块链,而许多场景与区块链结合的可行性还需充分验证。无论是随意扩大概念外延还是企图立马"变现",都不符合科技发展规律。同时,技术的推广与应用也需要遵循市场规律。鼓励区块链发展,不等于一哄而上,搞恶性竞争、重复建设。只有不断加强协同攻关,构建区块链产业生态,推动集成创新和融合应用,才能让好技术有好前程。

从治理的视角出发,区块链技术应用对监管能力与水平提出了更高要求。今天,金融与科技的结合正日益紧密,已经给治理带来了诸多挑战,P2P 网贷的兴衰就是一个典型例子。这意味着,当我们拥抱区块链技术的同时,还应加强对区块链技术的引导和规范,注重对区块链安全风险的研究和分析,密切跟踪发展动态,积极探索监管方法、治理规律。要探索建立适应区块链技术机制的安全保障体系,引导和推动区块链开发者、平台运营者加强行业自律、落实安全责任。要把依法治网落实到区块链管理中,推动区块链安全有序发展。

大数据、云计算、人工智能、5G、区块链……技术发展的脚步,从未止歇。当区块链技术给社会发展与治理带来新的可能,如何推动区块链技术和产业创新发展,积极推进区块链和经济社会融合发展,已经成为崭新的思考题。答好这道考题,既需要创新的思维,也离不开审慎的态度、务实的行动。

(2019 年 12 月 03 日)

深学细悟，把握理论精髓

——领会全会精神，深化主题教育 ①

李浩燃

以大量史料、鲜活案例、翔实数据，阐述党和国家事业发展取得的重大成就；联系实际，解读中国特色社会主义制度和国家治理体系的显著优势；与来自党政机关、企事业单位、高校的听众进行面对面互动交流……最近，学习贯彻党的十九届四中全会精神中央宣讲团在各地举行报告会，反响热烈。生动的宣讲，为广大党员干部学好学深全会精神注入了动力，有力推动全会精神更加深入人心。

"经国序民，正其制度"。制度是关系党和国家事业发展的根本性、全局性、稳定性、长期性问题。党的十九届四中全会从党和国家事业发展的全局和长远出发，专题研究坚持和完善中国特色社会主义制度、推进国家治理体系和治理能力现代化问题，审议通过《中共中央关于坚持和完善中国特色社会主义制度、推进国家治理体系和治理能力现代化若干重大问题的决定》。认真贯彻落实全会精神，对于推动中国特色社会主义制度更加成熟更加定型、把我国制度优势更好转化为国家治理效能，对于增强"四个意识"、坚定"四个自信"、做到"两个维护"，对于统揽伟大斗争、伟大工程、伟大事业、伟大梦想，确保党和国家兴旺发达、长治久安，具有重大而深远的意义。

前不久，中央"不忘初心、牢记使命"主题教育领导小组印发通知，要求充分认识学习贯彻党的十九届四中全会精神的重大意义，把学习贯彻全会精神与做好第二批主题教育各项工作紧密结合起来。对党员干部来说，当前和今后一个时期的重要政治任务，就是深入学习贯彻党的十九届四中全会精神，立足岗位、结合实际，进一步"守初心、担使命，找差距、抓落实"，以担当作为的务实行动，推动坚持和完善中国特色社会主义制度、推进国家治理体系和治理能力现代化取得实际成效。

思想是行动的先导，理论是实践的指南。开展主题教育，"理论学习有收获"是一个具体目标。习近平总书记强调："理论学习有收获，重点是教育引导广大党员干部在原有学习的基础上取得新进步，加深对新时代中国特色社会主义思想和党中央大政方针的理解，学深悟透、融会贯通，增强贯彻落实的自觉性和坚定性，提高运用党的创新理论指导实践、推动工作的能力。"贯彻党的十九届四中全会精神，学习领会、学懂弄懂是基础。只有认认真真学、原原本本学，深学细悟、深刻领会，才能把握理论精髓、掌握精神要旨，进而获得实效。只有真正掌握全会精神的精髓和要义，不兴伪事、不务虚功，舍得下一番苦功，才能推动学习往深里走、往心里走、往实里走。

"学然后知不足"。上好理论学习这一课，关键就要按照中央所要求的：把全会作出的决定和习近平总书记在会上的重要讲话作为必学内容，专门安排时间，及时组织广大党员特别是各级党员干部认真学习、深入研讨；把学习全会精神与通读《习近平关于"不忘初心、牢记使命"重要论述选编》《习近平关于"不忘初心、牢记使命"论述摘编》等结合起来，深学细悟、一体领会；通过个人自学和集中研讨，引导党员、干部深刻认识中国特色社会主义制度和国家治理体系的科学内涵、本质特征和显著优势，认真领会、准确把握新时代推进国家治理体系和治理能力现代化的目标任务、重大举措和工作要求。惟其如此，才有助于学有所思、学有所得。

学习理论是一种职责、一种境界，也是一种素养、一种追求。学思践悟、真信笃行，在主题教育中把学习贯彻全会精神抓紧抓好抓出成效，我们就能把理论的力量转化为行动的力量，走好新时代的长征路。

（2019年11月20日）

联系实际，解决突出问题

——领会全会精神，深化主题教育 ②

彭 飞

> 坚持问题导向，把"改"字贯穿始终，立查立改、即知即改，真正让党的十九届四中全会精神在基层落地生根，努力把我国制度优势更好转化为国家治理效能

浙江长兴把学理论和解难题结合起来，推动党的十九届四中全会精神落实地、求实效；以党的十九届四中全会精神为遵循，北京平谷区纪委监委深入推进"专项整治漠视侵害群众利益问题"工作；在海南，税务部门把学习贯彻党的十九届四中全会精神与做好岁末年初的各项税收工作结合起来……在第二批"不忘初心、牢记使命"主题教育中，各地各单位紧密结合实际，突出问题意识、强化问题导向，认真贯彻落实党的十九届四中全会精神。

不久前，中央"不忘初心、牢记使命"主题教育领导小组印发《关于在第二批"不忘初心、牢记使命"主题教育中认真学习贯彻党的十九届四中全会精神的通知》，强调把学习贯彻全会精神与做好第二批主题教育各项工作紧密结合起来，以坚持和完善中国特色社会主义制度、推进国家治理体系和治理能力现代化的实际成效，向党中央和人民群众交出一份满意的答卷。开展主题教育，能否有效解决问题、推动事业发展，是衡量实际成效的一把标尺。深刻认识坚持和完善中国特色社会主义制

度、推进国家治理体系和治理能力现代化的重大意义,一切从实际出发,着眼于解决问题、破解难题,才能切实把党的十九届四中全会精神落到实处,更好发挥我国的制度优势。

聚焦问题越准,解决问题越多,就越有利于推动主题教育取得实效。第二批主题教育重点在基层,在群众家门口开展,更要求真务实,奔着问题去、盯着问题改,让群众感受到新变化新成效。习近平总书记明确要求,第二批主题教育要"注重解决群众最急最忧最盼的紧迫问题"。学习贯彻党的十九届四中全会精神,就要在仔细研读全会作出的决定和习近平总书记在会上的重要讲话、正确认识中国特色社会主义制度和国家治理体系的显著优势的基础上,密切结合各地区各部门各单位实际,坚持问题导向,把"改"字贯穿始终,立查立改、即知即改,真正让党的十九届四中全会精神在基层落地生根,努力把我国制度优势更好转化为国家治理效能。

真正解决问题,就要克服形式主义。试想,如果凌空蹈虚、纸上谈兵,怎能把思想和行动统一起来?如果学归学、做归做,在实践中生搬硬套,缺乏实事求是的态度和能力,又怎能赢得群众信任?不回避问题,敢于接"烫手山芋"、勇于钻"矛盾窝",善于在直面问题中寻找办法、在解决问题中凝聚共识,才能调动广大干部群众的积极性,也才能在实际工作中更好激发制度活力、进一步完善各方面制度,为改革发展激发更多正能量。

知行合一,就要以知促行,以行求知。以开展主题教育为契机,更好学习贯彻党的十九届四中全会精神、解决实际问题,关键就要联系在坚持和完善中国特色社会主义制度、推进国家治理体系和治理能力现代化方面存在的问题,联系党员特别是党员干部的思想和工作实际,在专题民主生活会或专题组织生活会上认真对照检查,开展批评和自我批评;在领导班子对照检查材料中认真进行梳理,深入分析原因特别是思想根源、制度缺项、能力不足;在制定整改落实措施和方案上要力求务实管用,把整改、解决在坚持和完善中国特色社会主义制度、推进国家治理体系和治理能力现代化方面特别是基层治理方面存在的突出问题作为重要内容。聚焦突出问题,坚持边学边查边改,才能以实际行动收获更大实效。

开展主题教育、查找整改问题的过程，是党员干部提高思想认识、增强党性修养的过程，也是真正将人民群众对美好生活的向往落到实处的过程。牢记以人民为中心的发展思想，把"群众呼声"作为第一信号、把"群众满意"作为第一标准，针对现实问题、解决突出问题，我们就能不断增强老百姓的获得感、幸福感、安全感，赢得民心、赢得未来。

（2019年11月21日）

既要"当下改",也要"长久立"

——领会全会精神,深化主题教育 ③

李洪兴

立足实践探索建立科学有效、务实管用的制度机制,推动党员干部永葆初心、勇担使命,是开展主题教育的一项重要任务。

习近平总书记强调,各级党组织要在巩固和拓展第一批主题教育成果的同时,抓好第二批主题教育,并通过健全制度、完善机制,使"不忘初心、牢记使命"这个党的建设的永恒课题、党员干部的终身课题常抓常新。《中共中央关于坚持和完善中国特色社会主义制度、推进国家治理体系和治理能力现代化若干重大问题的决定》提出,要"建立不忘初心、牢记使命的制度"。深入学习领会党的十九届四中全会精神,探索建立管根本、利长远、重实效的长效机制,不断巩固和深化主题教育成果,才能推动广大党员干部更好坚守初心、砥砺恒心,激发担当作为的正能量。

前不久,中央"不忘初心、牢记使命"主题教育领导小组印发《关于在第二批"不忘初心、牢记使命"主题教育中认真学习贯彻党的十九届四中全会精神的通知》,要求根据全会精神,围绕建立不忘初心、牢记使命的制度巩固和深化主题教育成果。领会党的十九届四中全会精神、深化主题教育,关键就要按照中央所要求的,把"当下改"与"长久立"结合起来,既集中解决群众反映强烈的突出问题,又结合本地区本部门本单位实际修订完善相关制度规定,把建章立制和解决问题统一起来,把制定制度和执行制度统一起来，强化制度意识、维护制度权威、严格制度执行。

问题是时代的声音。开展主题教育，我们既应注重为民服务解难题，也应及时总结主题教育经验做法，研究建立长效机制。要保持边实践边总结的姿态，认真梳理相关有益经验，鼓励基层大胆实践、勇于创新，着力建立健全相关制度机制。在坚持和完善中国特色社会主义制度、推进国家治理体系和治理能力现代化的历史进程中，面对前进道路上可能存在的困难与挑战，结合实际推动各方面制度更加成熟更加定型，才能把我国制度优势更好转化为国家治理效能。

"制度的生命力在于执行"。严格遵守和执行制度，是维护制度权威、发挥制度优势的关键。再好的制度，不抓落实就会形同虚设。如果不从根本上解决制度执行力不足的问题，让一些制度仅仅写在纸上、贴在墙上、锁在抽屉里，便可能陷入形式主义的窠臼，危害不容小觑。正因如此，要坚持制度制定与制度执行并重，加强监督检查、狠抓制度落实，确保主题教育形成的长效机制立得住、落得实、行得远。与此同时，也要教育引导广大党员干部强化制度意识，严格按照制度履行职责、行使权力、开展工作，做遵守制度、维护制度、执行制度的表率。惟其如此，才能让制度落地生根，让建章立制达到预期效果。

制度是关系党和国家事业发展的根本性、全局性、稳定性、长期性问题。习近平总书记强调，"我们党立志于中华民族千秋伟业，不仅要保持中国特色社会主义制度和国家治理体系的稳定性和延续性，而且要不断增强其发展性和创新性，推动中国特色社会主义制度更加成熟更加定型，为确保中国特色社会主义事业长盛不衰、实现中华民族伟大复兴提供牢靠而持久的制度保证。"在主题教育中贯彻落实好全会精神，从严从实做好各项工作，实现制度的"破""立"并举、"制""治"融通，我们就一定能确保主题教育顺利实现预期目标、取得实实在在的成效，向党和人民交上一份满意的答卷，为团结奋斗、同心筑梦凝聚更大力量。

（2019年11月22日）

"开放带来进步,封闭必然落后"

——更高水平对外开放的理论创新

张 铁

> 深刻的认识论、科学的方法论,背后是高瞻远瞩的视野、观照人类的情怀,中国以自己的实际行动,给这个充满不确定性的世界注入了强大的正能量

155个国家和地区、26个国际组织参加,展出面积达到36万平方米,64个国家参加国家展,3893家企业参加企业展……刚刚结束的第二届中国国际进口博览会,向世界兑现了"办出水平、办出成效、越办越好"的承诺。滋养"四叶草"精彩绽放的,吸引万商云集黄浦江畔的,正是一个更高水平的"开放中国"。

开放已经成为当代中国的鲜明标识。中国不断扩大对外开放,不仅发展了自己,也造福了世界。我们深知,"中国的发展得益于国际社会,也必将回馈国际大家庭";我们坚信,"世界好,中国才能好;中国好,世界才更好"。以习近平同志为核心的党中央,以宽广的视野、长远的眼光、深邃的思考,推动中国形成全面开放新格局。习近平总书记关于对外开放的系列重要论述,既有很强的理论性、战略性、思想性,又有很强的针对性、实践性、操作性,正是我们在新时代推动更高水平对外开放的思想指南。

习近平总书记对马克思、恩格斯关于经济全球化的论述,有着深刻

的体认。他指出，早在19世纪，马克思、恩格斯就详细论述了世界贸易、世界市场、世界历史等问题。今天的世界，每一秒钟都是马克思所说的"世界时间"，开放是各个国家的必然选择。以"大海""大江大河"为喻，说明经济全球化的潮流不可阻挡、不可逆转；以"百花园""大合唱"为喻，说明中国的开放欢迎各方共同参与、支持各国共同发展；以"拉手"与"松手"、"拆墙"与"筑墙"为喻，说明"开放带来进步，封闭必然落后"；以"快车""便车""顺风车"为喻，说明中国将自身发展机遇同世界各国分享……精彩的比喻、生动的话语，背后是新时代中国对外开放的深刻认识论。越开放就越发展，越发展就越开放，中国的开放不是权宜之计，而将伴随中华民族伟大复兴的全过程。新时代的中国，将始终"高举和平、发展、合作、共赢的旗帜"，成为世界和平的建设者、全球发展的贡献者、国际秩序的维护者。

要什么样的开放？如何更好推动开放？怎样促进世界共同开放？习近平总书记全面把握国内国际两个大势，提出了新时代更高水平对外开放的一系列方法论。"以开放促改革、促发展、促创新"，改革、开放、创新相辅相成、相互促进；"加快推动形成全面开放新格局"，陆海内外联动、东西双向互济，实现全方位、全领域的对外开放；"奉行互利共赢的开放战略"，寻找利益汇合点、理念共鸣点、合作契合点；"推动建设开放型世界经济"，在开放中推动贸易和投资自由化便利化，旗帜鲜明反对保护主义；"为人类谋和平与发展"，把世界各国人民对美好生活的向往变成现实……明确开放战略、开放目标、开放布局，谋划开放路径、开放动力、开放方式，中国开放的大门越开越大，推动着中国进一步融入世界、拥抱世界、贡献世界。

深刻的认识论、科学的方法论，背后是高瞻远瞩的视野、观照人类的情怀。人类"越来越成为你中有我、我中有你的命运共同体"，深邃思考诠释着中国致力"天下一家"的大智慧；"始终做世界和平的建设者、全球发展的贡献者、国际秩序的维护者"，铿锵誓言见证为人类进步事业奋斗的大格局；"中国共产党始终把为人类作出新的更大的贡献作为自己的使命"，不变信念诠释了马克思主义政党胸怀天下的大境界。"大就要有大的样子"，在保护主义、单边主义抬头，经济全球化遭遇波折之际，中国以自己的实际行动,给这个充满不确定性的世界注入了强大的正能量。

"40年前,中国开始建设通向世界的改革开放之桥。"在首届进博会上,时任国际货币基金组织总裁拉加德以桥为喻:今天,中国正在打造通往繁荣之桥、通往未来之桥。秉持"天下大同"中国智慧,谋划"协同万邦"的中国方案,以开放求发展,以合作谋共赢,未来的中国一定能与世界各国一道,共同构建人类命运共同体、开创人类更美好的未来。

(2019年11月18日)

"中国开放的大门只会越开越大"

——更高水平对外开放的实践创新

陈 凌

> 中国的对外开放不是独角戏,而是合作基础上的共同参与、互利目标下的共同发展,是以更高水平的开放推动全球共同开放

来自全球的超级大脑和顶尖制造纷纷亮相,更多"全球首发、中国首展";还没有闭幕,许多企业就宣布"明年还要来";短短6天展会,累计意向成交711.3亿美元……连续两年举办的中国国际进口博览会,让世界感受到了中国"欢迎大家都来看看"的满满诚意,更让世界看到了中国进一步扩大开放的坚定决心。

大道至简,实干为要。第二届中国国际进口博览会开幕式上,习近平主席在主旨演讲中,介绍了一年来中国各项开放举措的落实情况,正是要表明中国重诺守信、说话算数,中国用实际行动支持贸易自由化和经济全球化,用实际行动宣示"中国开放的大门只会越开越大"的决心。"比认识更重要的是决心,比方法更关键的是担当",扩大开放,不做"清谈客",要当"行动者"。中国不仅是"我家大门常打开,开放怀抱等你",而且必将在与世界的交流融通中贡献更多中国智慧、中国方案、中国力量。

发展是解决一切问题的总钥匙,开放是推动发展的重要引擎。中国是在开放条件下发展起来的,未来中国要实现更好发展,也必须在更加

开放的条件下进行。党的十八大后,习近平总书记到地方考察的第一站,就来到广东这个中国改革开放先行地,鲜明提出"改革不停顿、开放不止步"。从设立自由贸易试验区,到探索建设自由贸易港;从搭建虹桥国际经济论坛、中非合作论坛等多边对话和合作平台,到深化共建"一带一路"国际合作,中国以不断扩大开放的实际行动推动开放的大门越开越大。可以说,开放是当代中国的鲜明标识。

不到30年,陆家嘴从芦苇摇曳的"烂泥渡",成为高楼林立的金融中心。今天,不仅是沿海地区,开放已经成为中国各个地区的自觉选择。新时代中国对外开放是全方位、全领域的,陆海内外联动、东西双向互济,正在加快形成全面开放新格局。

小智治事,大智治制。出台外商投资法,加强外商投资促进和保护;实施新版外商投资准入负面清单,宣布8个"取消";公布《优化营商环境条例》,从制度层面为优化营商环境提供更为有力的保障和支撑……这些年来,我们推动全方位对外开放的一个特点就是,由商品和要素流动型开放向规则等制度型开放转变。促进规则变革、优化制度供给,形成与国际投资、贸易通行规则相衔接的基本制度体系和监管模式,让负面清单更短、市场准入更便利、市场规则更透明、知识产权保护更严格。开放体系的完善、开放水平的提高,让中国的对外开放进入新的境界。

"修之于天下,其德乃普。"中国的对外开放不是独角戏,而是合作基础上的共同参与、互利目标下的共同发展,是以更高水平的开放推动全球共同开放。以共建"一带一路"为例,从比雷埃夫斯港到汉班托塔港,从中欧班列到中老铁路,从中巴经济走廊到中缅经济走廊,合作共赢的"蛋糕"越做越大,开放融通的道路越走越宽。目前,中国已经同137个国家和30个国际组织签署197份共建"一带一路"合作文件。兼顾当前利益和长远利益,兼顾自身利益和他国利益,既做大"蛋糕"又分好"蛋糕",一个全方位对外开放的中国,正与世界分享越来越多的发展红利。正如习近平主席指出的,"中国不断扩大对外开放,不仅发展了自己,也造福了世界。"

习近平主席有个生动比喻,"打开窗子,才能实现空气对流,新鲜空气才能进来"。40多年来,中国对外开放与对内改革同步,按下了发展的快进键。"站在新的历史起点,中国开放的大门只会越开越大。"今天,"一带一路"如同双翼,带动各参与国一起腾飞;"人类命运共同体"理念如同纽带,将不同民族、不同文化、不同信仰的人联系在一起。开放的中国,必将为人类作出新的更大贡献。

(2019年11月19日)

开放合作,做大全球市场蛋糕

——推动建设开放型世界经济 ①

李 拯

> 经济全球化是历史潮流,只有与历史潮流、时代大势同频共振,才能更好地把握机遇、赢得明天

"我在这里看到了中国的开放与未来",国际政要的评价,彰显着第二届中国国际进口博览会的分量。世界500强和行业龙头企业参展数量超过250家,境内外专业观众注册超过50万人,境外采购商由去年3600人左右增至7000多人……中国主动向世界开放市场,为世界开放合作注入澎湃动力。

从第一届到第二届,进博会展示着中国推动世界开放合作的坚定决心和务实行动。设立上海自由贸易试验区临港新片区、设立科创板并试点注册制、外商投资法即将施行……1年来,习近平主席在首届进博会上宣布的中国扩大对外开放5方面举措,已经基本落实;中国同有关国家达成98项合作事项,23项已经办结,47项取得积极进展,28项正在加紧推进。中国说到做到、重诺守信,用实际行动兑现扩大开放的承诺,推动共建开放合作的世界经济。

天下大势,浩浩荡荡。中国为什么从理念上如此认同、从态度上如此重视、在实践中如此推动世界各国开放合作?因为经济全球化是历史潮流,只有与历史潮流、时代大势同频共振,才能更好地把握机遇、赢

得明天。当今世界，全球价值链、供应链深入发展，你中有我、我中有你，各国经济融合是大势所趋。让世界经济的大海退回到一个一个孤立的小湖泊、小河流，是不可能的，也是不符合历史潮流的。尽管会出现一些回头浪，尽管会遇到很多险滩暗礁，但大江大河奔腾向前的势头是谁也阻挡不了的。

当前，世界再次来到一个十字路口。当逆全球化、保护主义等思潮沉渣泛起，世界经济怎么看、怎么办、怎么干的问题摆在人类社会面前。习近平主席指出，"不能一遇到风浪就退回到港湾中去，那是永远不能到达彼岸的。"只要平等相待、互谅互让，就没有破解不了的难题。我们应该坚持以开放求发展，深化交流合作，坚持"拉手"而不是"松手"，坚持"拆墙"而不是"筑墙"，坚决反对保护主义、单边主义，不断削减贸易壁垒，推动全球价值链、供应链更加完善，共同培育市场需求。唯有如此，才能引领世界经济走出困境，才能继续推进经济全球化。

世界经济发展面临的难题，没有哪一个国家能独自解决。各国应该坚持人类优先的理念，而不应把一己之利凌驾于人类利益之上。我们要以更加开放的心态和举措，共同把全球市场的蛋糕做大、把全球共享的机制做实、把全球合作的方式做活，共同把经济全球化动力搞得越大越好、阻力搞得越小越好。唯有继续深化开放合作，推动建设开放型世界经济，才能共同应对世界经济发展的风险挑战，在推动经济全球化的过程中引领世界经济持续发展。

亚洲基础设施投资银行成员增至100个，同中国签署"一带一路"合作文件的国家增至137个、国际组织增至30个，区域全面经济伙伴关系协定15个成员已经整体上结束谈判……中国作为国际合作的倡导者和多边主义的支持者，一直致力于为世界提供开放合作的国际平台。"希腊将同中方一道维护多边主义""站在世界经济和国际贸易的十字路口，塞尔维亚和中国选择同一条道路——开放合作而不是封闭，这条路将通往和平合作、共同繁荣"……各国政要的态度，说明开放合作的中国方案赢得越来越多国家的支持，汇聚起共同推动经济全球化向前发展的合力。

"迎的是五洲客，计的是天下利"。进博会的故事还会继续书写下去，中国开放的大门只会越开越大，从而有力推动经济全球化进程，为世界经济增长带来更多新的机遇。

（2019 年 11 月 12 日）

开放创新,引领世界经济持续发展

——推动建设开放型世界经济 ②

陈 凌

> 只有敢于创新、勇于变革,才能突破世界经济增长和发展的瓶颈,也才能加快新旧增长动力转换

能开也能飞的汽车,全球最细、最短的胰岛素注射针头,会进行垃圾分类的机器人……第二届中国国际进口博览会上,一个个科技感十足、未来感满满的产品,让人大开眼界。这些产品,既丰富了人们对美好生活的想象,也展现着开放创新对于世界经济增长的重要意义。

在第二届中国国际进口博览会开幕式上的主旨演讲中,习近平主席着眼于做大全球市场的蛋糕、做实全球共享的机制、做活全球合作的方式,明确提出"共建开放创新的世界经济"。这一倡议,既治标以求经济增长,又治本以谋长远发展,为世界经济把准了脉,开对了方,赢得国际社会广泛赞同。

当前,世界经济再次来到十字路口。一方面,传统增长引擎对经济的拉动作用减弱,加之逆全球化、保护主义等思潮抬头,导致全球增长动能不足,世界经济已经进入新旧动能转换期。另一方面,新一轮科技革命和产业变革正处在实现重大突破的历史关口,以互联网、大数据、人工智能为代表的新一代信息技术日新月异,催生互联网+、分享经济、3D 打印、智能制造等新业态、新模式,深刻改变着人类的思维、生产、

生活、学习方式,展示着世界经济发展的广阔前景。一边是增长动能不足,下行压力加大,一边又是时代浪潮奔腾而至,巨大商机、巨大潜力、巨大需求正在被创造。能否把握历史性机遇,加快新旧增长动力转换,考验着各国的智慧和勇气。

创新是从根本上打开增长之锁的钥匙,是引领发展的第一动力。与以往历次工业革命相比,第四次工业革命是以指数级速度展开。潮流来了,跟不上就会落后,就会被淘汰,如果不应变、不求变,将错失发展机遇,甚至错过整个时代。总结历史经验就会发现,体制机制变革释放出的活力和创造力,科技进步造就的新产业和新产品,是历次危机后世界经济走出困境、实现复苏的根本。只有敢于创新、勇于变革,才能突破世界经济增长和发展的瓶颈,也才能加快新旧增长动力转换,共同创造新的有效和可持续的全球需求,引领世界经济发展方向。正如习近平主席强调的:"创新发展是引领世界经济持续发展的必然选择。"

在经济全球化的时代,科技创新更需要加强国家之间的协同、联动。只有深化国际创新交流合作,超越疆域局限和人为藩篱,才能集全球之智,克共性难题,更好应对各自和共同的发展挑战。习近平主席指出:"各国应该加强创新合作,推动科技同经济深度融合,加强创新成果共享,努力打破制约知识、技术、人才等创新要素流动的壁垒,支持企业自主开展技术交流合作,让创新源泉充分涌流"。尤其要看到,设立知识产权制度的目的是保护和激励创新,而不是形成知识垄断,更不是人为制造科技霸权。为了更好运用知识的创造以造福人类,我们应该共同加强知识产权保护,而不是搞知识封锁,制造甚至扩大科技鸿沟。

经济学研究表明,从长期来看,技术进步是经济持续增长的源泉。从全球多国科研人员合作的"事件视界望远镜"项目捕获到黑洞的首张照片,到中非联合研究中心成为发展现代农业的重要科技平台,再到中国工程科技突破了"一带一路"沿线基础设施项目的众多技术难题、助推当地经济发展……一个个科技成果,无不表明科技创新需要开放合作。坚持开放创新,促进各国开放合作,共享创新发展成果,这是世界各国人民的共同心愿,也是引领世界经济持续发展的必由之路。

(2019 年 11 月 13 日)

开放共享,让发展成果惠及更多国家

——推动建设开放型世界经济 ③

李 拯

711.3亿美元!日前,第二届中国国际进口博览会闭幕,按一年计,累计意向成交711.3亿美元,比首届增长23%。同时,有230多家企业签约报名第三届企业展,其中有超过80家世界500强和龙头企业。不断跃升的成交数据,持续不减的参展热情,无不说明中国市场的强大吸引力,为世界各国带来巨大机遇。

今天的中国既是"世界工厂",也是"世界市场"。"中国市场这么大,欢迎大家都来看看""继续扩大市场开放""继续完善开放格局"……在此次进博会上,习近平主席提出了"共建开放合作的世界经济""共建开放创新的世界经济""共建开放共享的世界经济"的倡议,引起国际社会的广泛共鸣。

经济全球化是推动世界经济增长的引擎,是历史潮流。当前,逆全球化思潮正在发酵,保护主义的负面效应日益显现,收入分配不平等、发展空间不平衡已成为全球经济治理面临的最突出问题。各方有识之士认识到,大家一起发展才是真发展,可持续发展才是好发展。要实现这一目标,就应该秉承开放精神,推进互帮互助、互惠互利。只有共建开放共享的世界经济,把全球共享的机制做实,打造平衡普惠的发展模式,让世界各国人民共享经济全球化发展成果,我们才能共同迎来一个更加美好的世界。

"我们应该谋求包容互惠的发展前景，共同维护以联合国宪章宗旨和原则为基础的国际秩序，坚持多边贸易体制的核心价值和基本原则，促进贸易和投资自由化便利化，推动经济全球化朝着更加开放、包容、普惠、平衡、共赢的方向发展。我们应该落实联合国2030年可持续发展议程，加大对最不发达国家支持力度，让发展成果惠及更多国家和民众。"习近平主席在主旨演讲中提出的"共建开放共享的世界经济"倡议，顺应的是经济全球化大势，把握的是世界各国人民要发展、要合作、要和平生活的时代潮流。

"中国的发展是世界的机遇，中国是经济全球化的受益者，更是贡献者"。世界第二大经济体、制造业第一大国、货物贸易第一大国、商品消费第二大国、外资流入第二大国，外汇储备连续多年位居世界第一……中国这样一个超大规模的国家走向现代化，为世界各国提供了前所未有的发展机遇。与此同时，共同做大蛋糕、共同分享机遇，成为中国对外交往的价值理念，也是共建人类命运共同体的题中之义。正因如此，国际社会将中国视为全球和平发展的"稳定锚"，世界繁荣进步的"发动机"，各国合作共赢的"助推器"。

展望未来，中国开放的大门只会越开越大，中国将继续在开放共享中与世界共同成长。中国有近14亿人口，中等收入群体规模全球最大，市场规模巨大、潜力巨大。中国将继续扩大市场开放，推动进口和出口、货物贸易和服务贸易、双边贸易和双向投资、贸易和产业协调发展，促进国际国内要素有序自由流动、资源高效配置、市场深度融合；中国将继续深化多双边合作，积极参与联合国、二十国集团、亚太经合组织、金砖国家等机制合作，共同推动经济全球化向前发展。

这次进博会延续"新时代，共享未来"的主题，说明"共享"正是一以贯之的关键词。中华文明历来主张天下大同、协和万邦。新时代，中国将继续与世界分享发展机遇，不断为推动建设开放型世界经济、构建人类命运共同体作出贡献。

（2019年11月14日）

进博会,为世界经济增添新动能

彭 飞

进博会不仅能更好促进贸易平衡,也将转化为美好生活的一部分,为老百姓带来实实在在的获得感

越办越好的进博会不仅展现了中国扩大对外开放的坚定决心,也为世界经济增添了新动能

来自150多个国家和地区的3000多家企业签约参展,50万专业采购商和观众注册报名;参展企业平均展览面积93平方米,比首届增加20%以上;7月至10月,咨询展会有关信息的热线电话累计达7万通,比去年同期多2.1万通……即将拉开帷幕的第二届中国国际进口博览会比首届规模更大、范围更广、热度更高,成为2019年末最受瞩目和期待的国际性盛会之一。

在去年首届进博会上,习近平主席宣布,"中国国际进口博览会不仅要年年办下去,而且要办出水平、办出成效、越办越好。"有参会者发现一个细节,去年一共发放了17种证件,有的人因为有不同身份需要挂好几个证件。今年主办方优化证件管理,证件缩减为5种,大大方便了参会者。再比如,从展会的具体内容和安排来看,增设"进博会发布",为不同机构发布最新政策、研究成果、年度报告提供权威平台;设立体验区、活动区、洽谈区,以丰富组织采购和洽谈对接活动……在承继首届好经验、好做法的同时,第二届进博会强化创新办展,不仅要打造一个

立体的商贸合作平台，也要开辟一个多元化的信息融通平台。

进博会迎来第二届，吸引力和影响力已经超出会场之外，释放出巨大溢出效应。上海专门搭建首批30个"6+365天"常年展示交易平台，促进展品变商品。今年5月开业的虹桥进口商品展示交易中心是其中的主平台，集保税展示、商品交易、物流仓储、通关服务于一体，截至10月已吸引来自26个国家的400多个品牌、2500多种单品入驻。同时，溢出效应还延伸至体制机制建设。上海海关为专门对接进博会、随时响应进博会需求，设立了上海会展中心海关。如今，该海关已经常态化，并充分发挥其便利化措施集聚的优势，为其他国际展会提供"一揽子"保障和"一站式"服务。进博会犹如一扇窗户，透射着我国对外开放的决心和力度。"永不落幕的进博会"，也成为海内外客商津津乐道的佳话。

进博会除了为海内外客商带来好处，还能释放怎样的红利？首届进博会上，新西兰一家公司的新鲜牛奶仅用72小时就从原产地摆上中国消费者餐桌，令人叹为观止。一年不到，该公司奶制品线下渠道已遍布26个省级行政区域，线上覆盖各省级行政区域。消费者即使身处三四线城市乃至偏远山区，也能方便快捷地享用"进博会同款"。瑞典一家公司最新一代精准自适应伽马刀，在首届进博会亮相后，仅用3个多月时间就在上海一家医院"落地"，迄今已为2000多名中国患者提供治疗服务。可见，进博会不仅能更好促进贸易平衡，也将转化为美好生活的一部分，为老百姓带来实实在在的获得感。

不久前，国际货币基金组织发布最新的《世界经济展望》报告，下调2019年全球经济增速预测至3%，主要原因之一便是全球贸易的不确定性。在贸易保护主义和逆全球化思潮泛起的背景下，越办越好的进博会不仅展现了中国扩大对外开放的坚定决心，也为世界经济增添了新动能。正如曾参加首届进博会的外宾评价的那样，"越是在充满不确定性的国际环境中，越能凸显出扩大开放的意义""开放的中国为世界带来珍贵礼物"。

中国对外开放不断打开新的海域，进博会再度高扬风帆，必将助力世界经济发展的航船乘风破浪。

（2019年11月05日）

"经国序民，正其制度"

李浩燃

> 中国特色社会主义制度是一套行得通、真管用、有效率的制度体系，是当代中国发展进步的根本制度保障
>
> 让制度更加成熟定型，让发展更有质量，让治理更有水平，让人民更有获得感，充分发挥我们的制度优越性

制度是关系党和国家事业发展的根本性、全局性、稳定性、长期性问题。推进国家治理体系和治理能力现代化，尤其需要激发制度优势、释放制度活力。

己亥金秋、硕果累累，我们刚刚隆重庆祝了新中国成立70周年。在万众瞩目中，党的十九届四中全会胜利闭幕。这次会议，专题研究坚持和完善中国特色社会主义制度、推进国家治理体系和治理能力现代化若干重大问题，审议通过了《中共中央关于坚持和完善中国特色社会主义制度、推进国家治理体系和治理能力现代化若干重大问题的决定》，有着重大现实意义和深远历史意义，也必将进一步推动中国特色社会主义制度更加成熟更加定型，为人类探索建设更好社会制度贡献中国智慧和中国方案。

"经国序民，正其制度"。建立什么样的国家制度，是近代以来中国人民面临的一个历史性课题。中国共产党自成立之日起就致力于建设人民当家作主的新社会，并在新中国成立后，创造性地运用马克思主义国家

学说，为建设社会主义国家制度进行了不懈努力，逐步确立并巩固了我们国家的国体、政体、根本政治制度、基本政治制度、基本经济制度和各方面的重要制度。新中国成立70年来，我们党领导人民创造的经济快速发展奇迹和社会长期稳定奇迹充分证明，中国特色社会主义制度是一套行得通、真管用、有效率的制度体系，是当代中国发展进步的根本制度保障。

"制度设计""制度建设""制度安排""制度完善""制度保障"……中国特色社会主义进入新时代，聆听全面深化改革激荡的奋进之声，"制度"堪称最响亮的音符。习近平总书记强调，"摆在我们面前的一项重大历史任务，就是推动中国特色社会主义制度更加成熟更加定型，为党和国家事业发展、为人民幸福安康、为社会和谐稳定、为国家长治久安提供一整套更完备、更稳定、更管用的制度体系"。党的十八大以来，在以习近平同志为核心的党中央坚强领导下，我们党领导人民统筹推进"五位一体"总体布局、协调推进"四个全面"战略布局，推动中国特色社会主义制度更加完善、国家治理体系和治理能力现代化水平明显提高，为政治稳定、经济发展、文化繁荣、民族团结、人民幸福、社会安宁、国家统一提供了有力保障。

1992年，邓小平同志曾指出："恐怕再有30年的时间，我们才会在各方面形成一整套更加成熟、更加定型的制度。"党的十九届四中全会明确了坚持和完善中国特色社会主义制度、推进国家治理体系和治理能力现代化的总体目标。今天，中国特色社会主义制度，也还需要不断完善和发展，国家治理体系和治理能力建设还有待进一步加强。面对新形势新任务，让制度更加成熟定型，让发展更有质量，让治理更有水平，让人民更有获得感，我们才能充分发挥我们的制度优越性，把制度优势转化为治理效能，为实现中华民族伟大复兴的中国梦提供坚强制度保障。

"中国的昨天已经写在人类的史册上，中国的今天正在亿万人民手中创造，中国的明天必将更加美好。"在庆祝中华人民共和国成立70周年大会上，习近平总书记的讲话鼓舞人心、催人奋进。不忘初心、牢记使命，我们的制度必将更加成熟更加定型，我们的道路也将越走越宽广！

（2019年11月04日）

消费扶贫,拓展脱贫新路径

盛玉雷

> 消费扶贫一定程度上实现了不同地区的优势互补、互利共赢,推动区域协调发展、协同发展、共同发展,成为我国多层次、多形式、全方位扶贫协作和对口支援格局的一个缩影
>
> 用好消费扶贫这个抓手,更加广泛、更加有效地动员和凝聚各方面力量

在上海的餐厅品尝西藏生产的青稞,在北京的饭馆挑选云南生产的火腿,通过手机软件下单来自全国各地的扶贫公益套餐……国务院扶贫办不久前发布的数据显示,消费扶贫正成为东西部扶贫协作新亮点。从麦田到餐桌,从果园到超市,消费者舌尖上的美食,为脱贫攻坚打开新的路径。

习近平总书记指出,要采取有效措施,巩固拓展脱贫攻坚成果,确保高质量打赢脱贫攻坚战。消费扶贫,是有效落实这一要求的扶贫方式,也是社会力量参与脱贫攻坚的重要途径。贫困地区的特色产品与消费者的相遇,不仅丰富了人们的餐桌,而且在实践中开拓了一条更可持续的扶贫之路。以农产品为例,种植、采购、加工和消费环环相扣,打通了从农户到合作社、从餐饮企业到消费者的供应链,连接起有效的供求关系。同时,也有助于调动贫困人口依靠自身努力实现脱贫致富的积极性,

促进贫困人口稳定脱贫和贫困地区产业持续发展。

当前，消费扶贫正在获得越来越多的认可。比如，不少单位在同等条件下优先采购贫困地区产品，一些地方与贫困地区建立长期稳定的合作关系。实践中，消费扶贫不仅已经纳入了中央单位定点扶贫和地方各级结对帮扶工作内容，而且还被列入东西部扶贫协作和对口支援政策框架。"闽宁情谊割不断"的花儿民歌，折射出福建宁夏两省区结对帮扶的扶贫协作；"沪企入滇、滇品入沪"的经贸往来，彰显了上海和云南两地从单向帮扶到合作共赢的转变。消费扶贫一定程度上实现了不同地区的优势互补、互利共赢，推动区域协调发展、协同发展、共同发展，成为我国多层次、多形式、全方位扶贫协作和对口支援格局的一个缩影。

以产品为媒介、用消费搭桥梁，说到底是对市场规律的尊重。应该看到，有的贫困地区并不缺少资源禀赋，一些"土特品牌"和"驰名产品"不仅具有经济价值，而且还蕴含宝贵的文化属性。然而，或是苦于交通不便，或是囿于观念认识，这些"宝贝"往往运不出去，打不开销路。而通过培育市场、拓展销路，在帮助当地直接创造财富的同时，也在培育当地群众的市场意识和发展思维，让脱贫的机会近在咫尺、触手可及。从自种自收到规模经营、致富增收，这既是由"外部输血"向"自我造血"的转变，也是激发市场活力、增强干事动力的结果。

将偏远地区的特色产品推向市场前沿，互联网起着推广引流的作用。从为贫困地区设立扶贫专卖店、电商扶贫馆和扶贫频道，到给农村电商经营者提供产品开发、网店运营、品牌设计等专业服务，"互联网＋消费扶贫"的成功探索，既打开了贫困地区优质产品的销售渠道，也为千里之外的人们提供了助力扶贫事业的机会。小到一餐饭、一次购物，大到"承包"一垄田、"预订"一季茶，这些定制化的消费方式让贫困地区的产品得到高效转化，进一步提高了扶贫的质量和效率，也让脱贫攻坚成为人人皆愿为、人人皆可为、人人皆能为的一种主动选择。与此同时，也要尽量避免这一领域的一些不良现象，克服市场本身的滞后性和盲目性，以及虚假营销等不良行为，用长期稳定、质量过关的产品，真正赢得消费者的青睐。

"人心齐,泰山移。"用好消费扶贫这个抓手,更加广泛、更加有效地动员和凝聚各方面力量,我们一定能确保农村贫困人口全部脱贫,同全国人民一道迈入全面小康。

（2019年11月01日）

城市治理，下足"绣花"功夫

桂从路

城市加速发展，治理要从精细处入手，从群众的操心事、烦心事、揪心事做起

小到一个井盖，大到城市的规划布局，唯有推动治理重心下移、力量下沉，才能让治理的针脚更细密，城市的运行更顺畅

唯有坚持问计于民，才能提升治理的科学有效性，找到精准治理的发力点

城市治理是国家治理体系和治理能力现代化的重要内容。近年来，从北京实施党建引领"街乡吹哨、部门报到"改革，到浙江将"枫桥经验"应用于移动互联时代的城市治理，再到上海利用大数据打造"城市大脑"破解超大城市治理难题……得益于技术创新和治理升级，我国城市治理的水平进一步提高，向精细化方向深入发展。

中国人对城市治理的理解，是随着城市化率的节节攀升而不断深入的。2018年底，中国的常住人口城镇化率已经达到59.58%。越来越多的人成为城市人，越来越多的大型、特大型城市开始崛起，城市群、都市圈加速形成，人们对城市功能和城市生活有了更深入的理解，并逐步告别以往粗放式的城市管理方式。如何克服各种各样的"城市病"？如何

打造包容、协作、智慧的现代城市？如何走出一条中国特色的城市治理新路子？时代的发展，为城市治理出了一道道颇有难度的考题。解决这些问题，需要转变治理思维、提升治理能力、完善治理体系。

城市加速发展，治理要从精细处入手，从群众的操心事、烦心事、揪心事做起。习近平总书记在上海考察时强调，"既要善于运用现代科技手段实现智能化，又要通过绣花般的细心、耐心、巧心提高精细化水平，绣出城市的品质品牌。"客观来说，当前一些城市在治理上还存在不精细、不科学的地方。比如，针对路面上电动车较多的现实情况，一些地方出台拟禁行电动车的规定，引发了对一刀切式管理的质疑。又如针对车辆超载等群众反映强烈的问题，各地出台了不少管理办法，但问题在于落实不细、不严。精细化的管理，不仅是一种态度，更是一种能力。小到一个井盖，大到城市的规划布局，唯有推动治理重心下移、力量下沉，才能让治理的针脚更细密，城市的运行更顺畅。

城市是人民的，城市治理说到底要坚持以人民为中心的发展思想。唯有坚持问计于民，才能提升治理的科学有效性，找到精准治理的发力点。近年来，党中央围绕城市治理，推出了一系列落地有声、群众叫好的扎实举措：从人民群众最关心最直接最现实的利益问题入手，把加强基层党的建设、巩固党的执政基础作为贯穿社会治理和基层建设的一条红线；为改善群众的居住条件，加快实施棚户区改造；围绕群众反映强烈的环境问题，推进城市垃圾分类、河湖长制治理、"厕所革命"……一系列城市治理的难题得以破解，一个重要原因就在于将"人"这个最重要因素放在城市治理的中心位置。城市治理好不好，老百姓感受最直接，也最有发言权。从这个意义上说，公众参与是精细化治理不可或缺的部分。

提升城市治理精细化水平，离不开科技发力。近年来，大数据、云计算、人工智能等新技术应用到城市治理领域，通过实现对治理全民性、全时段、全要素、全流程的覆盖，为智慧城市打开了更多发展空间。但也应注意，城市治理的精细化不能简单等同于对科技的依赖，而应建立在精打细算、追求效益的基础上，避免资源投入的浪费和低效。此外，针对新技术应用带来的新问题，如人脸识别技术引发的隐私保护问题，不同收入阶层的"数字鸿沟"问题，以及网络信息安全等，都需要我们在主动顺应城市治理智能化趋势的同时，规避可能存在的风险，消除技术背后的隐患。

党的十九大报告明确提出，"打造共建共治共享的社会治理格局"。城市是人们生产生活的重要载体，寄托着亿万人民美好生活的向往。坚持以人民为中心的发展思想，不断提升城市治理的精细化水平，共建共治共享的现代化城市必将带给人们更多获得感、幸福感、安全感。

（2019年10月31日）

做好媒体融合大文章

盛玉雷

> 只有因势而谋、应势而动、顺势而为,深入理解全媒体时代的挑战和机遇,才能推动媒体融合向纵深发展

拥抱全媒体时代,如何加强内容建设、构建传播格局?面对产业革命,怎么保持技术敏感、恪守技术理性?近日,以"全媒体时代:挑战与机遇"为主题的2019媒体融合发展论坛在深圳举行,与会嘉宾、媒体同行齐聚一堂,在集思广益中共谋发展,在交流激荡中相互启发,共同探索媒体融合发展的时代考题。

抓住全媒体时代这个大趋势,做好媒体融合发展这篇大文章,在今天已经成为新闻舆论工作者的共识。不久前的新中国成立70周年庆祝活动,是气势恢宏的国之大典,也是百花齐放的媒体盛事,不仅有"图文音视"四位一体的立体呈现,而且实现了5G、8K、AR/VR、云计算、人工智能的深度介入,涌现出一大批站位高、视角广、形态新的现象级产品。比如,人民日报围绕"我爱你中国"的主题推出全媒体策划,截至10月8日网络观看互动量超10亿次;H5产品《56个民族服装任你选》页面浏览量近2亿,用户生成照片超7.38亿张……一个个新颖的设计,一次次精心的互动,成为全媒体时代守正创新的典型案例。

推动媒体融合发展、建设全媒体成为我们面临的一项紧迫课题。今

年1月，中共中央政治局就全媒体时代和媒体融合发展举行第十二次集体学习，把"课堂"设在了媒体融合发展的第一线。习近平总书记深刻指出，全媒体不断发展，出现了全程媒体、全息媒体、全员媒体、全效媒体，信息无处不在、无所不及、无人不用，导致舆论生态、媒体格局、传播方式发生深刻变化，新闻舆论工作面临新的挑战。这是对全媒体时代特征的高度概括，也是对媒体融合发展态势的深刻洞察。无论是"策、采、编、发"的生产流程，还是"报、刊、网、端、微、屏"的分发过程，只有因势而谋、应势而动、顺势而为，深入理解全媒体时代的挑战和机遇，才能推动媒体融合向纵深发展。

从传统媒体的"舆论主场"到人人都有麦克风的"舆论广场"，今天媒体的用武之地实际上变大了。一方面，"终端随人走，信息围人转"。对媒体而言，人在哪里，工作的重点就在哪里。截至今年6月，我国网民规模达8.54亿，互联网普及率达61.2%，网络空间成为媒体发力的新领域。另一方面，从机器人写稿到AI合成主播亮相，技术创新推动媒体形态、传播方式加速演变，技术要素为新闻采集、生产、分发、接受和反馈打开了想象空间。全媒体时代的传播平台，不仅是新闻的发布者、信息的传播者，而且日益成为服务的提供者、关系的构建者。可以说，媒体融合发展前景广阔，大有可为。

挑战与机遇并存，压力和动力同在。媒体融合正在驶入没有航海图的水域，既要眺望远方的航道，更要把稳导向为魂、移动为先、内容为王、创新为要的舵盘。在2019媒体融合发展论坛上，与会嘉宾的讨论让人看到，不少共识已经形成。比如，不能让虚假歪曲信息、消极错误言论泛滥，要尊重新闻规律、恪守法治底线；再比如，必须旗帜鲜明、立场坚定，让正能量更强劲、主旋律更高昂。全媒体时代不管技术如何演化、形态怎样变化，真实理性的新闻准绳没有变，积极向上的价值取向没有变，平实鲜活的文风追求也没有变。只有坚持"改"的精神、"闯"的劲头、"干"的行动，牢牢占据舆论引导、思想引领、文化传承、服务人民的传播制高点，我们才能克服发展中的问题、应对前进中的挑战。

媒体融合是时代所向、大势所趋。从"纸与笔""铅与火"，到"光与电""数与网"，谁能把握机遇、应对挑战，谁就能在历史大势中勇立潮头。在媒体融合的进程中参与进去、运用起来,我们就能不断扩大主流价值影响力版图,推动媒体融合不断向纵深发展,书写全媒体时代的崭新篇章。

(2019 年 10 月 30 日)

筑牢美好生活的安全底线

桂从路

> 安全管理，既要有精细化管理的探照灯，也要有系统性思维的大局观，构建匹配城市发展需要的安全风险辨识、评估、管控、应急处置体系

安全事关民生福祉，事关经济社会发展大局，责任重于泰山。最近一段时间，一些地方发生的安全事故深刻提醒我们：任何时候都不能忽视安全，确保安全生产、守住安全底线，不能有一丝一毫的懈怠。

习近平总书记强调："人命关天，发展决不能以牺牲人的生命为代价。这必须作为一条不可逾越的红线。"去年年初，中办国办印发《关于推进城市安全发展的意见》，强调把安全发展作为城市现代文明的重要标志，为人民群众营造安居乐业、幸福安康的生产生活环境。的确，美好生活首先是安全的生活，无论经济社会发展到哪一步，安全都是人民群众的基本需求，必须作为一条不可逾越的红线。安全的堤坝一旦失守，老百姓的幸福感、获得感就难以得到保障。唯有以铁的决心、铁的手段、铁的纪律抓好安全生产工作，才能为美好生活保驾护航。

从总体趋势上看，近年来我国安全生产形势呈现持续向好的态势，实现了事故总量、较大事故、重特大事故"三个继续下降"，但一些地方接连发生的安全事故也敲响了警钟。在城市安全管理上既面临长期存在

的老问题,也叠加发展起来的新挑战。一方面,一些城市安全基础薄弱,安全管理水平与现代化城市发展要求不适应、不协调的问题比较突出;另一方面,随着我国城镇化进程明显加快,城市人口、功能和规模不断扩大,城市运行体系日益复杂,潜在的安全风险增多。正因此,加快补齐安全管理上的短板,让安全管理与城镇化进程同步推进,才能为美好生活筑牢安全底线。

防范重大安全事故,城市治理者必须在日常的精细化管理上下足功夫,做到防患于未然。现实中,恰恰是超载的货车、小吃店的燃气这些城市运行"细节",暗藏着安全隐患。如果对这些安全隐患估计不足、管理不细,一些倾向性、苗头性的风险没有得到及时排除,往往就会积小患成大患,酿成不可挽回的损失。事实上,这些隐患并非管理上的死角,发现这些隐患也并非难事,难就难在城市管理者以怎样的态度对待它。是以零容忍的态度做好隐患排查,还是抱着侥幸心理漠然处之,结果大不相同。

安全管理,既要有精细化管理的探照灯,也要有系统性思维的大局观。当前,城市越来越像一台精密的仪器,任何一个没有拧紧的螺丝钉,都可能引发系统性问题,可谓牵一发而动全身。没有城市规划、设计、建设、运行等各个环节强化标准,没有城市管理各个部门之间统筹协调形成合力,安全的目标就难以真正实现。然而,少数地方还停留在头痛医头、脚痛医脚阶段,往往是"按下葫芦浮起瓢";有的在治理实践中条块分割、各自为政,"各人自扫门前雪"。克服安全管理上的路径依赖,呼唤我们进行制度创新和实践创新,构建匹配城市发展需要的安全风险辨识、评估、管控、应急处置体系。

提升城市的安全系数,说到底是为了人们能够生活得更好,不论从价值归属还是治理提升角度来看,需要社会各方面的积极参与。要激发公众的参与热情,形成共建共享、人人参与的格局。人人都把自己当成是安全的关口,才能把安全的网络编织得更密一些,把美好生活的基石筑得更牢一些。

(2019 年 10 月 23 日)

脱贫攻坚战一定能打赢

李 斌

> 全体人民共享改革发展成果、朝着共同富裕不断迈进，深刻彰显着以人民为中心的发展思想，展现着中国特色社会主义的制度优势
>
> 中国特色扶贫开发道路，不仅以实际行动加速了世界减贫进程，也为全球贫困治理贡献了中国智慧、中国方案

今天是我国第六个扶贫日。打赢脱贫攻坚战，全面建成小康社会，寄托着中华民族几千年来的希冀，也浓缩着近百年来中国共产党人矢志不移的初心、孜孜以求的情怀。党的十八大以来，我们以前所未有的力度推动扶贫工作，镌刻下中国反贫困斗争伟大决战的时代画卷。

时间是最忠实的记录者，也是最客观的见证者。习近平总书记强调，全面建成小康社会，一个不能少；共同富裕路上，一个不能掉队。江西井冈山市神山村在乡村振兴中书写了"神气"故事；老书记焦裕禄探流沙、查风口的河南兰考张庄村，如今"风沙窝"变成了"金银铺"；宁夏永宁县原隆村百姓过去久居"苦瘠甲天下"之地，因为移民搬迁生活越过越兴隆……一曲曲改变命运、迈向全面小康的壮丽凯歌，是中国共产党守初心、担使命的具象体现，也成为社会主义优越性的生动注脚。正如一位联合国官员所评价的，"中国最贫困人口的脱贫规模举世瞩目，速

度之快绝无仅有！"

从解决温饱到摆脱贫困，从总体小康到全面小康，历史性地解决中华民族千百年来的绝对贫困问题，这将是前所未有的成就，足以彪炳史册。高质量打赢脱贫攻坚战，不仅将会大幅度地提高贫困人口的收入和生活水平，也将大大改善贫困地区产业基础、基础设施、公共服务和生态环境，让发展红利惠及更多农村人口，为实现乡村振兴奠定坚实基础。基层干部的作风能力有了转变，农村治理水平有了提升，这些都是涉及长远发展的，也是国家的宝贵财富。经济快速发展和大规模减贫同步实现，全体人民共享改革发展成果、朝着共同富裕不断迈进，深刻彰显着以人民为中心的发展思想，展现着中国特色社会主义的制度优势。

党的十八大以来的脱贫攻坚实践，积累起具有长远启发意义的经验。比如，全党动手、举国之力，形成全国上下攻坚的合力。280多万驻村干部、第一书记奋战在脱贫攻坚一线，他们来自五湖四海，为贫困群众带来了资源、技术和发展思路，这正是扶贫合力的生动体现。比如，精准扶贫、精准脱贫，通过精准"滴灌"提高扶贫效率。贫有百样、困有千种，扶贫就有千百种方案，就会付出千百倍努力。比如，产业扶贫、扶志扶智，为脱贫攻坚制造可持续的内生动力。发展产业让农民从田间走向车间，鼓励创业催生无数致富能人，扶志扶智提振农民奋斗追梦的精气神……授之以鱼不如授之以渔，形成脱贫攻坚的造血功能和内生动力，才能防止返贫，巩固脱贫成果。可以说，中国特色扶贫开发道路，不仅以实际行动加速了世界减贫进程，也为全球贫困治理贡献了中国智慧、中国方案。

从黄土高坡到雪域高原，从革命老区到民族地区，撸起袖子加油干的扶贫火热场景向世人表明，"深度贫困是完全可以战胜的"。当前脱贫攻坚进入最后冲刺和决胜的阶段，尤需激发"尽锐出战、迎难而上"的蓬勃干劲，砥砺"不获全胜、决不收兵"的坚定决心，不折不扣抓好扶贫各项政策举措和工作落实，确保高质量打赢脱贫攻坚战。上坡路最难走，解决了绝对贫困，相对贫困还会长期存在，发展不平衡不充分的问题也会长期存在。减贫是一项长期的任务，唯有不舍寸功，才能善作善成。

展望未来，中国人民将历史性地摆脱绝对贫困，共同迈入全面小康，开启全面建设社会主义现代化国家新征程，社会主义制度优越性将得到更为有力的验证。一个为人民谋幸福、为民族谋复兴的政党，一个以人民为坚实根基的国家，其征途必定是星辰大海，其未来必定是其道大光。

（2019 年 10 月 17 日）

靠深化改革护航减税降费

周人杰

> 制度和市场优势结合得好、发挥得好，经济发展速度、质量和效益就统一得好，区域布局和产业升级会更科学合理
>
> 这份改革方案落地实施，将增强地方财政"造血"功能，从而为减税降费的可持续推进创造条件

保持增值税"五五分享"比例稳定，调整完善增值税留抵退税分担机制，后移消费税征收环节并稳步下划地方，鼓励地方在经济发展中培育和拓展税源……近日，《实施更大规模减税降费后调整中央与地方收入划分改革推进方案》出台，进一步彰显中央推进更大规模减税降费的坚定决心，凝聚起市场信心和正向预期。

观察这一方案的出台背景，首先是为了进一步优化中央和地方关系、财权与事权关系。如果从制度改革和制度运行的统筹来看，通过顶层设计来适时适度调整央地关系，增强"造血"功能、深化"放管服"改革，也是在将我们的制度优势转化为治理效能，这对当下挖掘发展潜力、激发市场活力、化解风险挑战具有重要的价值和启示。

明者因时而变，知者随事而制。一方面，本轮减税降费的特征是结构性与普惠性并举，大多数企业税负明显降低、市场预期得到稳定；同时，一些地方一般公共预算收入增速放缓，个别压力较大地区甚至已调

减了年度收入预算。因此，为缓解部分地区的留抵退税压力，有必要及时改变负担和垫付比例，切实为基层减压。另一方面，从宏观调控的视角解读，较之以往更多是运用改革的办法施策，如调整消费税的品目引导地方改善消费环境，再如过渡期到期后保持增值税收入划分比例不变，有利于引导各地因地制宜发展优势产业。就此而言，这份改革方案落地实施，将增强地方财政"造血"功能，从而为减税降费的可持续推进创造条件，这确实是应对压力、实现"六稳"的关键之举，将进一步稳定社会预期，营造主动作为、竞相发展、实干兴业的环境。

同时也要看到，"一分部署，九分落实"，改革的落地既要靠协同配合、做好跟踪检测，还要严肃财经纪律，尤其是要坚决防止为了短期和局部利益，搞违规政策洼地。回顾历史的调控经验，越是下行压力加大时，越可能出现这样或那样的"上有政策、下有对策"。为严防变种多样的跑冒滴漏，方案明确要求防止人为干预税收、突击做基数，严肃查处操纵税源分布、地方市场保护等违规行为。无论调控的贯彻还是改革的推进，都离不开财经纪律的严肃；只有把预案做扎实、对违规出重拳，才能让企业得实惠、为群众增福祉。

需要认识到，我们的调控和改革不仅可以充分调动中央和地方"两个积极性"，更可以充分发挥制度和市场"两大优势"。以财税领域为例，分税制改革既增强中央政府转移支付的能力，又增强地方政府招商引资的动力，换个角度看，这既是社会主义制度集中力量办大事的优势，也是超大规模市场经济培育和拓展税源的优势。历史经验表明：制度和市场优势结合得好、发挥得好，经济发展速度、质量和效益就统一得好，区域布局和产业升级会更科学合理，倘若偏倚其中一方，就必然陷入"一放就乱、一乱就收、一收就死"的怪圈。

当然，从制度优势到治理效能，从改革攻坚到调控产生效果，绝不会是一蹴而就的，需要我们牢牢把握经济工作的辩证法。具体来讲，在当前错综复杂的内外部环境下，让积极的财政政策更加积极，让稳健的货币政策松紧适度，各地各部门都要守土有责、守土尽责，要更加注重系统集成、协同高效，正确处理好政府和市场的关系，确保党中央的各项决策部署落地生根，真正成为企业和群众实实在在的获得感。以此次财税改革方案为契机,优化经济结构、保障民生底线,在发展中营造平衡,努力推动创新与新旧动能转换,我们就一定能攻坚克难,不断提高驾驭社会主义市场经济的能力,不断拓宽超大规模市场空间的回旋余地,将高质量发展的根本要求写实、写精彩。

(2019 年 10 月 16 日)

"安居中国"展现人民情怀

李 拯

"人民对美好生活的向往就是我们的奋斗目标",住有所居是美好生活的基石,是我们党执政兴国矢志不渝的追求

保障房建设,展现中国特色社会主义制度优势,展现中国共产党的人民情怀,展现中国住房制度的不断完善

对于每一位中国人而言,房子之于家的意义不言而喻。这段时间,由中央广播电视总台、住房和城乡建设部联合摄制的专题片《安居中国》播出,通过讲述普通人房子和家的故事,呈现中国住房改革尤其是保障房建设的历程,展示了一个发展中大国实现住有所居目标的不懈努力。

在四川成都,"农民工住房保障行动"常态化、规范化、制度化,在政策上消除户籍差别。在湖北武汉,过去数万人生活的最大棚户区,在棚改之后迎来新生。在安徽合肥,低收入人群锁上低矮的老房、走出狭窄的街巷,走进明亮通透的公租房、廉租房。一砖一瓦、一门一窗,广厦万间、心安万家,保障房建设不断满足着人们对家的向往、对亲情的守候。住有所居,是庄严的承诺,也是温情的关怀。

无数微观个体住房条件的改善,为中国住房改革尤其是保障房建设写下了最温暖的注脚。数据显示,中国城镇居民人均住房建筑面积,从新中国成立之初的8.3平方米,增长为2018年底的39平方米。同时,

国家大规模启动保障性安居工程，中国特色的住房保障体系也在不断发展完善，尤其是党的十八大以来，全国共开工建设各类保障性住房4030万套，惠及一亿多住房困难群众。"人民对美好生活的向往就是我们的奋斗目标"，住有所居是美好生活的基石，是我们党执政兴国矢志不渝的追求。

保障房建设，展现中国特色社会主义制度优势。2011年，3600万套保障房建设任务被写入"十二五"规划；2013年至2015年，国家每年出台一个关于棚改的专门文件；2015年，中央提出三年改造棚户区住房1800万套的目标……既有中央的顶层设计，又有各地各部门的严格执行，上下合力、稳扎稳打把蓝图变为现实。在棚改过程中，中央总揽全局、协调各方，各地各部门先后出台财政补助、土地优先供应等政策配套，形成了上下联动、左右贯通的合力攻坚之势。联合国副秘书长、人居署执行主任迈穆娜·谢里夫由衷感慨：中国政府制定的住房保障政策，相关案例以及倡议，在实践中得到了最佳证实。

保障房建设，展现中国共产党的人民情怀。在《安居中国》纪录片中，有一个故事让人印象深刻：2018年9月28日，习近平总书记来到辽宁抚顺东华园社区，到陈玉芳家里了解避险搬迁安置情况；在2019年新年贺词中，习近平主席还专门提到这件事。"主席这么忙，在新年贺词当中还能提到我。这就证明，关心着我们，关心着天下的百姓"，陈玉芳的朴素感动，拨动了无数人的心弦。"坚持房子是用来住的、不是用来炒的定位""让全体人民住有所居""我们的城市不能一边是高楼大厦，一边是脏乱差的棚户区"……这是大国领袖的深切牵挂，体现着以人民为中心的发展思想，更生动诠释着共产党人为人民谋幸福的初心。

保障房建设，展现中国住房制度的不断完善。中国的住房制度，一直坚持发挥政府和市场两种力量，让有形之手和无形之手相得益彰。1998年开始推进住房商品化、社会化，改变了中国人的居住方式；在这个过程中，同时发挥政府的保障、兜底作用，建设中国特色的住房保障体系。这些年来，一系列改革举措陆续出台：公租房、廉租房并轨运行，实施精准保障；共有产权住房在北京和上海率先试点探索；农村危房改造和"两不愁三保障"易地扶贫搬迁工程，改变了像大凉山这样贫中之贫地区的居住环境；外卖小哥、新就业大学生等"新市民"群体，也同本地户籍人口一样，成为住房保障的受益者……这些创新更加丰富了中国的住房制度，为"建立多主体供给、多渠道保障、租购并举的住房制度"注入不竭动力。

家是最小国，国是千万家。有了家，才会有安身立命之所；有了家，才会有稳定的获得感、幸福感、安全感。实现一个个家庭住有所居的梦想，将汇聚为一个国家砥砺前行的力量。

（2019年10月15日）

用好督查"利器",推动改革落实

彭 飞

大督查聚焦具体问题、具体案例,但绝非仅仅停留在一个点、一条线,而是在具体问题中发现共性问题,实现以点带面推动工作落实

专门派人陪同办事群众,全程体验式暗访政务服务大厅,查找办事过程中的痛点、难点;召开深化"放管服"改革企业座谈会,了解成绩的同时也发现不少问题;为了解实情,专门针对市场主体设计调查问卷,在样本基础上进行分析……不久前,国务院第六次大督查的16个督查组,展开实地督查工作,推动党中央、国务院重大决策部署落地生效。

习近平同志曾指出,"在一定意义上说,没有督查就没有落实,没有督查就没有深化。"去年中央经济工作会议部署的重点工作任务,在现实中怎样落实落细?今年《政府工作报告》提出减税降费近2万亿元的目标、深化增值税改革等措施,在实践中,市场主体的真实感受如何?国务院此次开展大督查,明确5项督查重点——减税降费、稳定和扩大就业、深化"放管服"改革优化营商环境、推进创新驱动发展、合理扩大有效投资,也都与当前全面深化改革、激发市场活力息息相关,可谓"对症下药"。

突出经济运行和改革发展中的重点难点,聚焦人民群众和市场主体

反映的堵点痛点，是大督查工作的重要目的。从 4 月起，此次大督查就通过国务院"互联网+督查"平台和小程序向社会征求问题和建议，工作人员坚持听民声、汇民意，带着线索沉下去；在四川南充高坪区，督查组在暗访中通过与前来政务服务大厅办事的群众聊天，掌握了区级政务部门办事地点分散、群众办事来回跑的情况；在内蒙古赤峰，督查组成员未告知当地有关部门，自行乘坐出租车直奔现场，对扶持创业补贴政策落实情况进行摸查……督查之所以是推动落实的"利器"，很大原因就在于它能够"一竿子插到底"，绕开"指定线路"，回避"示范盆景"，真正深入到一线发现问题、解决问题。

大督查聚焦具体问题、具体案例，但绝非仅仅停留在一个点、一条线，而是在具体问题中发现共性问题，实现以点带面推动工作落实，这是抓改革、促落实的重要方法论。在山西太原，国务院第二督查组通过与当地部分全国两会代表委员座谈发现，中央的减税降费政策确实能够减轻企业负担，但对小微企业来说，实施起来略显复杂，导致政策效果打了折扣，小微企业获得感不强。对此，督查组认识到政策好只是一方面，还要在提高服务质效上下功夫，才能获得预期效果。这样的例子反映出，督查并不只是通过自上而下传导压力来解决问题，同样也能通过自下而上的方式汲取治理经验和教训。

值得注意的是，此次大督查的一大亮点，是注重压减督查规模、精简督查环节、减轻基层负担，特别是对督查组和有关地方明确提出"八不得"的总体要求。"瘦身"后的大督查不仅在效果上没有"缩水"，反而重点通过线索核查、暗访督查、一对一访谈等方式，进一步提高了督查工作的针对性，为基层更好聚焦问题、解决问题创造了空间。

"每次大督查来时，我们都很紧张。但大督查结束时，我们却又非常有收获"。一位基层党员干部的感慨，道出了大督查在推动落实、改进工作中的巨大价值。改革推进到哪里、督查就跟进到哪里。用好督查这把治国理政的"利器"，我们就能推动解决一系列现实而紧迫的问题，同时把改革发展中的好经验好做法沉淀下来，推动各方面的制度更加成熟更加定型。

（2019 年 10 月 10 日）

踏平坎坷成大道

石 羚

坚定意志、矢志奋斗，沿着中国特色社会主义道路不断前进，人民共和国必将书写更加精彩的篇章，创造更加辉煌的历史

1950年初，人民解放军奉命进军西藏，"一面进军，一面修路"。11万官兵、工程技术人员和群众汇集起来，手拿铁锤钢钎、身绑绳索在半山腰作业，几乎每公里就有一人倒下。他们用生命和勇敢，凿出了一条从雅安到拉萨的通道。铭刻在人民共和国历史上的这一幕，感人至深。

这是24集大型文献专题片《我们走在大路上》中的一个场景。呈现70年一路走来的历史脉络，反映亿万人民的生活变迁，讲述砥砺奋进的动人故事……近日，为庆祝新中国成立70周年、全景展现新中国发展的壮丽征程，这部大型文献专题片在中央电视台连续播出，引发热烈反响。观众由衷感慨：筚路蓝缕，以启山林，中国走出一条令世界瞩目的现代化之路。

路，象征着70年的不凡征程。作为通行之路，从修建成渝铁路、川藏公路到如今公路村村通、高铁四通八达，交通巨变映照着新中国翻天覆地的变化。作为探索之路，无论是剑指苍穹的飞天路，还是承载梦想的奥运路，都标注着一代代中国人的奋斗足迹。作为发展之路，它融汇着中国人民的勤劳智慧，启示着未来的前进方向。方向决定前途，道路

决定命运。迈步在中国特色社会主义的康庄大道上，中华民族迎来了从站起来、富起来到强起来的伟大飞跃。

我们的道路，是在披荆斩棘中开辟出来的。从新中国成立初期的满目疮痍、一穷二白，到改革开放之初面临"被开除球籍"的危险，再到前进道路上的一次次风险挑战，我们逢山开路、遇水架桥，顽强拼搏、敢闯敢试，杀出一条条血路来。中国特色社会主义民主，中国特色社会主义市场经济，"一国两制"伟大构想……中国道路的每一个创造，无不源自植根于中国大地的鲜活实践。我们在摸索中寻路，在不确定中寻找确定性，让一个个不可能成为了可能。

我们的道路，是一条后发赶超的新路。与时俱进是马克思主义的理论品格，也是社会主义的实践品格。打赢脱贫攻坚战，深化国企改革，完善社会保障体系……社会主义从来都是在开拓中前进的。中国道路无先例可循、无模式可依，善于借鉴但不照抄照搬、既放眼世界又立足国情的中国，蹚出了一条发展新路。历史已经并将继续证明，只有社会主义才能救中国，只有坚持和发展中国特色社会主义才能实现中华民族伟大复兴。

我们的道路，是亿万人民通向美好生活的坦途。70年的辉煌成就，标注着中国道路的力量。在这条奋进之路上，中国共产党是坚强的领导核心，人民是共和国的坚实根基。党带领人民以"敢教日月换新天"的豪情壮志，激发出前所未有、震烁古今的巨大势能。在70年的征程中，奋斗是最美的表情，奔跑是最"燃"的姿态。在城市，在乡村，在校园，在车间……千千万万个劳动者，为中国道路挥洒汗水、贡献力量。坚定不移沿着这条道路行进，我们就能让民族复兴的伟大梦想渐行渐近。

70年栉风沐雨，70年春华秋实。新中国成立70年来的壮阔征程、所取得的历史性成就，加深了我们对共产党执政规律、社会主义建设规律、人类社会发展规律的认识，更加坚定了我们的道路自信、理论自信、制度自信、文化自信。正如《我们走在大路上》片尾曲所唱的那样：踏平那前路崎岖，为梦想和衷共济。坚定意志、矢志奋斗，沿着中国特色社会主义道路不断前进，我们必将书写更加精彩的篇章，创造更加辉煌的历史。

（2019年09月30日）

唱响新时代奋斗者之歌

石　羚

　　勇攀高峰的科研巨匠、为国捐躯的英雄先烈、植根基层的党员干部、舍己为人的道德模范、精心育人的一代师表、躬耕舞台的艺术大家……他们身上有一种共同的特质：奋斗。由中宣部、中组部等部委组织开展的"最美奋斗者"学习宣传活动自6月启动以来，经遴选推荐、网上投票、集中审议等环节，日前正式公布名单。这份"最美奋斗者"名单，涵盖新中国成立以来的不同时期、不同领域，堪称奋斗中国的"群英会"。

　　幸福源自奋斗。人民共和国七十载壮丽征程，是一部筚路蓝缕、披荆斩棘的奋斗史；而先进模范，是这部不朽史诗的精神坐标。打出大庆石油会战第一口油井的王进喜，参与了中国从脱下"贫油帽子"到成为产油大国的进程；带领亏损小厂成为跨国集团的张瑞敏，见证着"中国制造"破茧成蝶的飞跃；在家乡悬崖上硬凿出一条"麻怀出路"的邓迎香，为"减贫奇迹"贡献力量……他们用奋斗书写下个人发展的无限可能，汇聚成国家发展的磅礴力量。"有梦想，有机会，有奋斗，一切美好的东西都能够创造出来。"从文盲遍地到教育强国，从缺医少药到健康中国，从短缺型经济到高质量发展，奋斗就是中华民族从站起来、富起来到强起来的金钥匙。

　　成功在于奉献。奋斗有千万种姿态：有团队协作，也有个人打拼；有白手起家的创造，也有年复一年的劳作；有十年如一日的坚守，也有危急时刻的抉择。无论哪一种，奉献精神都是最闪光的品质。有人曾问张富清："您看上去个不高、身不壮，为什么打仗这么厉害？"老英雄回答："我的秘诀就是不怕死，只要党和人民需要，我情愿牺牲。不怕死的张富清，不怕脏的时传祥，不怕累的孔繁森，不怕苦的"神舟"团队，心中牵挂的永远是百姓冷暖、国家安危。理解了小我与大我的辩证法，奋斗永远不会迷航。

平凡造就伟大。习近平总书记说，"广大人民群众坚持爱国奉献，无怨无悔，让我感到千千万万普通人最伟大"。来自工矿车间、科研一线、村镇社区、大中小学的"最美奋斗者"，其实是70年来亿万人民奔跑逐梦的生动缩影。此外，身边的党员干部、工人农民、老师学生，那些在平凡岗位上创造不凡业绩的人，同样可亲可敬可学。一颗石子激起一片涟漪，比学互促、见贤思齐，必能凝聚起拼搏奋斗的强大力量。

从新中国成立之初的工农兵劳动模范，到改革开放后的科学家、企业家，再到新时代的创业者、扶贫干部，不同职业群像勾勒出不同历史阶段的奋斗场景。在"最美奋斗者"的评选环节，有一个细节值得注意：应各方要求，表彰名额由最初的200名调整为300名，并增补了部分老英雄、老模范、老先进、老典型。这充分说明，每一代人都有自己的长征路，每一代人的贡献都会被历史铭记。正是在一辈辈人的接力奋斗中，我们为之奋斗的事业才充满活力、永葆青春。

奋斗是70年的发展密码，也是新时代的精神气质。"最美奋斗者"的设立，就是为了让人们铭记新中国的奋斗历程，把榜样的力量转化为新征程上的实干热情。沿着"最美奋斗者"的足迹，近14亿中国人民必将创造出新的更大奇迹。

（2019年09月27日）

礼赞丰收 致敬奋斗

彭 飞

庆祝丰收节,既是致敬一代又一代勤劳勇敢的中国农民,更要赓续传扬他们吃苦耐劳、艰苦奋斗的精神品质

今天的丰收节,不仅是文化符号、价值平台,更是我们实现乡村振兴、迈向全面小康社会的精神"充电站"

"农业根基稳,发展底气足。"在第二个"中国农民丰收节"到来之际,习近平总书记向全国广大农民和工作在"三农"一线的同志表示诚挚问候,指出"三农"领域的成就,是全党全国上下共同努力的结果,也是广大农民和农业战线工作者辛勤劳作的结果。

在山东惠民县的"2019沿黄现代农业论坛"上,与会嘉宾围绕沿黄地区如何有效推动现代农业建设展开热烈讨论;在广东龙门县的龙门丝苗米文化节上,客商在名特优新农产品展示展销区流连忘返;在河北易县"恋乡·太行水镇",人们参加剥玉米、剥花生大赛,体验劳动的快乐……第二个"中国农民丰收节",各地纷纷举办活动,表达着丰收的喜悦,为秋日增添了亮丽的色彩。

再过几天,我们将迎来新中国成立70周年。今年的丰收节,更加显示出特殊意义。习近平总书记指出,"广大农民在我国革命、建设、改革等各个历史时期都作出了重大贡献。"从率先在农业领域完成社会主义改

造,到培育杂交水稻解决了中国人的吃饭问题;从小岗村"大包干"打响改革第一枪,到农村集体经济在经济体制改革中率先突围;从农村成为现代化的"稳定器""蓄水池",到新型职业农民为乡村振兴注入新动力……回首70年壮阔征程,共和国的史册上,镌刻着农民的奉献。我国是农业大国,重农固本是安民之基、治国之要。我们庆祝丰收节,既是致敬一代又一代勤劳勇敢的中国农民,更要赓续传扬他们吃苦耐劳、艰苦奋斗的精神品质。

农耕文化具有很强的地域性,如何让一个全国统一的节日持续吸引更多人参与其中?观察今年丰收节,不难发现办节思路方面的一些变化:原则上不举办全国性的主会场和分会场活动,而是把重心进一步下沉到县、乡、村,着力提高农民的参与度和基层的覆盖率,提升节日的影响力和内生动力。比如,有的地方举办农业技能大比武,一展"好把式"的风采;有的地方将传统活动与丰收节巧妙融合,丰富节日的内涵。事实证明,坚持以农民为主体,提高节日活动的参与性、互动性,才能让丰收节真正走进农民日常生活、走进人们心里,成为各地农耕文化的有机组成部分。

丰收,意味着创造价值、提升价值。把丰收节办得更好,关键要在价值上做增量。进而言之,既应以节日为契机增加农民收入,还需要以节日为平台,让城里人发现农村之美,让全社会感受丰收的喜悦。今年的"庆丰收·消费季"活动,与品牌强农战略、"互联网+"农产品出村进城工程等相结合,为农民打开了市场、为市民丰富了餐桌,产生了良好的社会效益。充分调动各方面的积极性、主动性、创造性,推动农产品和服务消费升级,不断培育和拓展节日市场,才能让丰收节为全社会创造更多价值,焕发出蓬勃生机与活力。

"仓廪实而知礼节,衣食足而知荣辱。"对新时代的农民来说,丰收早已不局限于物质层面,更包括精神世界。今年的丰收节,不少反映农民精神文化生活的活动令人眼前一亮。例如,征集书法、绘画、摄影等农民艺术作品,推选"十大农民歌王""十大农民艺术团队"等。2019年度"全国十佳农民"的揭晓,展示了扎根基层、深耕农业、服务乡村的先进典型,有利于更好激发广大农民的创新创业热情。今天的丰收节,不仅是文化符号、价值平台，更是我们实现乡村振兴、迈向全面小康社会的精神"充电站"。

丰收节是年轻的节日，也承载着古老的情怀。把丰收节办得越来越好、越来越红火，大力弘扬中华农耕文明，彰显乡村价值，我们就一定能奏响"礼赞丰收、致敬奋斗"的时代强音，营造全社会关注农业、关心农村、关爱农民的浓厚氛围，为实现农业强、农村美、农民富汇聚强大合力。

（2019 年 09 月 25 日）

让各项改革发生"化学反应"

李 拯

改革的脚步，时代前行的力量。上海自由贸易试验区临港新片区正式揭牌，深圳将努力建成中国特色社会主义先行示范区，贷款市场报价利率（LPR）形成机制开始实施……这段时间，一系列重磅改革举措连续出台，不仅将全面深化改革推向深入，也不断彰显着"改革不停顿，开放不止步"的决心。

"前期重点是夯基垒台、立柱架梁，中期重点在全面推进、积厚成势，现在要把着力点放到加强系统集成、协同高效上来"，在中央全面深化改革委员会第十次会议上，习近平总书记深入阐述"前期""中期"和"现在"三个阶段的重点改革任务，描绘出明确清晰的改革路线图。这样前后相续的三个阶段，呈现出从宏观到中观再到微观的改革图景，也展现出从顶层设计到重点突破再到多点开花的路径选择。这表明，有党中央的坚强领导，中国的改革始终能够把握好方向、节奏和顺序，顺应时与势的变化、稳步达到既定目标。

深化改革，不仅需要勇气和决心，更需要把握科学的方法论。全面深化改革的总目标，就是完善和发展中国特色社会主义制度、推进国家治理体系和治理能力现代化。注重解决体制性的深层次障碍，也贯穿于全面深化改革全过程。比如，推动经济体制改革，把处理好政府和市场的关系作为核心问题，厘清政府和市场关系、重塑政府运行方式。又如，

深化党和国家机构改革,适应新时代要求的党和国家机构职能体系主体框架初步建立。党的十八大以来,我们推出一系列重大体制改革,有效解决了一批结构性矛盾,很多领域实现了历史性变革、系统性重塑、整体性重构。

同时,全面深化改革十分注重宏观推进与微观落点的互动交融。近年来,从经济社会发展需要出发,从老百姓身边事改起,适时推出一批切口小、见效快的政策性创新,解决了民生领域许多操心事烦心事。从城乡居民基本医疗和养老制度开始并轨,到所有公立医院全部取消药品加成,从"暂住证"换成"居住证",到减税降费切实降低企业负担……一系列改革举措环环相扣,与民便利、为民让利,改革红利不断转化为民生利好、发展利好,为全面深化改革写下了最温暖的注脚。

今天,改革的整体性、系统性和协同性更为突出,一个领域的改革与另一个领域的改革互为交织,需要各项领域改革相互配合,更加注重系统集成、协同高效,才能取得预期改革成效。全面深化改革的"全面"二字,就体现着这样的方法论。以环境领域的改革为例,既从法律层面形成了"长出牙齿"的环保法,也从制度设计层面形成了环保督察制度,还为避免以邻为壑而形成了各地的协同配合,各个方面系统集成,才形成了环保合力。接下来,继续推进全面深化改革,更要处理好顶层设计和分层对接的关系,搞好上下左右、方方面面的配套,注重各项改革协调推进,使各项改革相得益彰,发生"化学反应",把制度优势转化为治理效能。

"惟改革者进,惟创新者强,惟改革创新者胜"。越是面临风险挑战,就越是要坚定不移推进改革,在新时代把改革开放这个法宝用得更好。

(2019年09月20日)

引领复兴征程的强大力量

——解析新中国 70 年发展密码 ①

李 拯

中国共产党以国家的整体利益和长远利益为旨归，具有强烈的历史责任感与舍我其谁的担当精神，坚守"为中国人民谋幸福、为中华民族谋复兴"的初心和使命。正因为秉持这样的初心与使命而一往无前、不懈奋斗，中国共产党凝聚起全国各族人民团结奋进的强大合力，始终走在时代前列，始终成为全国人民的主心骨，始终成为伟大事业的坚强领导核心

历史与现实的相遇，总能碰撞出动人的火花。"在思想和灵魂深处爆发革命""把开展主题教育同推动改革发展结合起来""扶贫村庄见初心，斗争一线看使命"……开展"不忘初心、牢记使命"主题教育，在跨越百年的回望中，在触及灵魂的洗礼中，让世界最大的执政党汇聚起更为强大的精神力量。

中国共产党以国家的整体利益和长远利益为旨归，具有强烈的历史责任感与舍我其谁的担当精神，坚守"为中国人民谋幸福、为中华民族谋复兴"的初心和使命。正因为秉持这样的初心与使命而一往无前、不懈奋斗，中国共产党凝聚起全国各族人民团结奋进的强大合力，始终走在时代前列，始终成为全国人民的主心骨，始终成为伟大事业的坚强领导核心。

对于中国发展奇迹,理论界从不同角度给出了很多解释,人口红利、改革红利、规模优势、市场经济……这些解释都有道理,但都不是根本原因。很多国家也有很大的人口规模和国土幅员,有的也进行了市场化改革,却没有发展起来。对于新中国而言,政治领导的决定性作用才是"中国奇迹"的根本原因。正如党的十九大报告提出的,"中国特色社会主义最本质的特征是中国共产党领导,中国特色社会主义制度的最大优势是中国共产党领导,党是最高政治领导力量"。在中国的治理体系中,党中央是坐镇中军帐的"帅",车马炮各展其长、一盘棋大局分明,体现为总揽全局、协调各方的效率,体现为高度的组织、动员能力,体现为长远的规划、决策和执行能力。

党的坚强领导,能够发挥社会主义集中力量办大事的制度优势,展现出强大的国家能力。1953年"一五"计划开启了新中国的工业化征程,第一汽车制造厂也在长春奠基。当时第一机械工业部报告说,"按我部现有力量,四年完成犹有困难,三年完成更无把握",但中央向全党发文,以举国之力兴建汽车厂,只用了3年时间,被毛泽东命名为"解放"牌的第一辆汽车就试制成功。新中国汽车工业从无到有的发展,是集中力量办大事的一个生动体现。从新中国成立以后我们集中力量推进工业化,建立起比较完整的工业体系,到改革开放以来我们集中力量攻关,在高铁、超级计算、太空探索、新一代信息技术等各方面取得突破,中国坚持集中力量办大事,心无旁骛地实现既定目标,不断构筑发展进步的里程碑。

党的坚强领导,能够发挥横向到边、纵向到底的整合作用,展现出强大的动员能力。党政军民学,东西南北中,党是领导一切的。我们党有9000多万名党员、460多万个基层组织,一名党员就是一面旗帜,一个党支部就是一个战斗堡垒。坚持党对一切工作的领导,发挥好党员、基层组织的作用,我们就能更好地把亿万人民团结凝聚起来,形成万众一心、无坚不摧的磅礴力量。新中国成立初期,中央发出"培养一大批'农村也养得起'的医生"的号召,普及农村医疗卫生的工作在全国迅速展开,全国赤脚医生数量一度达到150多万名,在落后条件下解决了中国人看病的问题。今天,从280多万驻村干部、第一书记奋战在脱贫一线,到以"闽宁协作"为代表的东西部扶贫协作,我们党吹响决胜全面小康的号角,全国上下齐心协力,亿万人民努力奔跑,全面建成小康社会指日可待。

党的坚强领导,能够引领国家战胜风险挑战而持续发展,展现出强大的抵御风险能力。70年来,正因为始终有党的坚强领导,确保了中国向上向好的发展势头,在应对风险的过程中不断发展壮大。从洪水、地震、非典疫情的考验,到金融危机、贸易摩擦的挑战,每当遇到问题,全国上下都在党的坚强领导下心往一处想、劲往一处使,同心协力执行、全力以赴完成,形成共同抵御风险的强大合力。可以说,党的坚强领导,为中国在关键时刻顶住压力、化危为机提供了根本保证,引领中国号航船虽历经风浪而始终能行稳致远。

新中国70年奋斗历程充分证明,"坚持和完善党的领导,是党和国家的根本所在、命脉所在,是全国各族人民的利益所在、幸福所在"。展望未来,作为一个须臾不忘初心和使命的马克思主义执政党,中国共产党必将引领中华民族实现伟大复兴。

(2019年09月02日)

"人民至上"汇聚强大合力

——解析新中国70年发展密码 ②

张 凡

> 正是把"人民"作为发展的价值尺度，国家的发展进步才能最大范围地凝聚共识、最大程度地激发力量
>
> 知向何处则不惑于方向，明所从来则充足于动力，既有"为了人民"的明确指向，又有"依靠人民"的深厚动力，这正是人民共和国的成功密码

为民爱民的声音，胜过激昂的乐章。不久前，在甘肃考察时看到李应川一家乔迁新居后过上好日子，习近平总书记深情指出，"共产党就是为人民服务的，就是为老百姓办事的，让老百姓生活更幸福就是共产党的事业"，他强调，"永远不要失去民心，永远要想着给老百姓办事，共产党要做的就是这个事"。念兹在兹的为民情怀，具有直抵人心的力量，也揭示着新中国70年奋斗历程的价值指向和力量源泉。

一个国家的名字，往往最能体现这个国家的根本性质。在新中国成立之时，关于新生国家的命名，曾有不少方案，但经过反复酝酿，最终确定为"中华人民共和国"。"人民"成为最鲜明的政治底色，彰显着"人民至上"的价值追求。70年风雨兼程，人民的底色经久不衰，为民的情怀历久弥新，"人民至上"的价值追求体现在国家进步的每一个足迹里。

如果要问新中国70年最大的改变是什么？答案一定会指向"人"。

评论员观察

从 1949 年到 2019 年，时光犹如巨笔，绘就出亿万人民日日常新的生活画卷。告别票证经济、物质匮乏，今天的人们追求"吃好""穿美"；告别"十个人中八个都是文盲"的昔日场景，今天学子坐在窗明几净的教室里求学问道。"三转一响"、万元户、下海、"互联网+"、人工智能……70 年，从生存到发展，从物质到精神，人民生活发生着翻天覆地的改变，为"人民至上"的价值理念写下生动而温暖的注脚，也让"为人民谋幸福"的初心愈加闪耀。

凡是为民造福的事就一定要千方百计办好，凡是损害广大群众利益的事就坚决不办。新中国 70 年发展前行，"人民"始终被置于价值序列的首位，成为制定政策的依据、衡量得失的标准，成为发展的价值导向和目标指向。惦念人民安危冷暖，新中国成立后我们迅速医治战争创伤，恢复国民经济；顺应人民更高期待，我们推动改革开放，将财富创造的权利交给人民。进入新时代，我们作出社会矛盾转变的重大判断，不断满足人们的美好生活需要。70 年来，正是把"人民"作为发展的价值尺度，把"人民对美好生活的向往"作为奋斗目标，国家的发展进步才能最大范围地凝聚共识、最大程度地激发力量。

"人民是历史的创造者，是我们的力量源泉"。70 年来，我们始终相信人民、依靠人民，在人民的实践创造中凝聚发展的合力。当年建设人民大会堂，"一万人开会，五千人用餐，十个月建成"的目标，看似不可能完成。但大会堂破土动工后，全国各地的建设者汇聚北京，首都学校师生、市民群众等利用业余时间参加义务劳动，有些在北京火车站乘车的旅客甚至利用候车的时间赶到工地上挖几锹土、搬几块砖。先后 30 多万人次参与大会堂工地的义务劳动，最终将不可能变成了可能。这样的人民力量，体现在太行绝壁上的红旗渠，体现在小岗村的红手印，体现在创新创业的时代潮流……正是"众人拾柴"、拼搏创造的力量，让我们克服一次又一次挑战，实现一次又一次跨越，书写了新中国 70 年发展的壮丽史诗。

人民是新中国的坚实根基，人民是我们党执政的最大底气。世界上很少有哪个政党，能像中国共产党这样，把为人民服务庄严地写进党章，并把"以人民为中心"的发展思想贯穿于治国理政的各个环节。实际上，

每个国家的发展,都需要回答"为谁发展"和"发展动力"这两个基本问题。为了人民,回答了发展的价值指向问题,使得治国理政的目标和人民群众的利益诉求始终保持一致;依靠人民,解决了发展的力量源泉问题,使得群众的首创精神为国家发展注入不竭动力。知向何处则不惑于方向,明所从来则充足于动力,既有"为了人民"的明确指向,又有"依靠人民"的深厚动力,这正是人民共和国的成功密码,也是70年发展具有普遍意义的启示。

现在,我们正以一场叩问初心使命的主题教育迎接新中国70华诞,这是对自己的鞭策,更是对"人民至上"价值理念的宣示与坚守。不忘初心再出发,始终为了人民、依靠人民,"中国号"巨轮就能在亿万人民的齐心协力中乘风破浪、行稳致远。

(2019年09月03日)

探寻适合自己的道路和办法

——解析新中国70年发展密码 ③

彭 飞

从实际出发而不是从概念出发,从问题出发而不是从结论出发,才能扎根中国的土壤和实际,找到解决中国问题的有效方法

中国道路的世界性意义正在于,它传递出一种独立自主、自力更生的发展理念,形成了一套坚持从国情出发、以解决现实问题为导向的方法论智慧

用脚步丈量大地,才能听到最响亮的回声。中国(上海)自由贸易试验区临港新片区正式揭牌,将开辟自主制度创新的试验田;努力把深圳建设成中国特色社会主义先行示范区,社会主义现代化强国的城市范例未来可期。近期,一系列重大改革举措贯穿着相同的主线:实事求是、与时俱进,探索具有中国特色的发展之路。

"我们中华民族有同自己的敌人血战到底的气概,有在自力更生的基础上光复旧物的决心,有自立于世界民族之林的能力。"这样一种独立自主、自力更生的豪迈气概,这样一种根据自身实际情况探索自己道路的智慧,贯穿于新中国70年发展历程,沉淀为具有启发意义的发展经验。

建设时期,我们坚持独立自主、自力更生,建立起比较完整的工业体系,取得"两弹一星"等重大科技成果,为后续发展夯实了根基。改

革开放以后，我们大量借鉴发达国家先进经验，引入市场经济体制，积极融入全球市场，参与全球分工，但始终坚持"以我为主、为我所用"的原则，牢牢把握改革开放的前进方向，走出了中国特色社会主义道路。坚守但不僵化，借鉴但不照搬，在中国大地上探寻适合自己的道路和办法，终于走出了一条适合自己的新路、好路。

放在世界范围来看，为什么一些后发国家把西方模式奉为圭臬，却并未取得理想效果？很大一个原因就在于失去了发展的自主性和主动权，或是因简单套用西方制度而遭遇"水土不服"，或是因没能处理好开放与自主的关系而沦为"依附型国家"。中国的经验恰恰在于，没有把改革简化为复制粘贴，没有把开放等同于机械照搬，而是充分考量人民的实际需要和国家的要素禀赋条件，自主选择政策和方向，进而将比较优势转化为竞争优势，实现社会"快速发展"与"安定有序"的兼容。

坚持独立自主，就是要针对现实中出现的问题，把解决问题作为最终的目的。这正体现着实事求是思想路线的精髓，其要义就在于以问题为导向、以国情为基准、以效果为检验，走一条遵循"实践理性"的发展路子。面对社会治理问题，我们不是简单照搬外国司法、执法体制，而是创造出"依靠群众就地化解矛盾"的"枫桥经验"；在引入市场机制时，我们不是简单"推倒重来"，而是运用渐进方式实现了社会主义与市场经济的有机结合；在改革开放初期，我们也不是一上来就像发达国家那样搞资本密集型企业，而是根据国情率先在县域经济、劳动密集型产业中找到突破口，然后不断从产业链低端向高端跃升……事实证明，从实际出发而不是从概念出发，从问题出发而不是从结论出发，才能扎根中国的土壤和实际，找到解决中国问题的有效方法。

习近平总书记深刻指出，"解决中国的问题只能在中国大地上探寻适合自己的道路和办法。"新中国用70年走出的"中国道路"，恰恰说明在国家治理与社会发展过程中，并不存在什么放之四海而皆准的普适性道路和标准，适合自己的才是最好的。中国道路的世界性意义正在于，它传递出一种独立自主、自力更生的发展理念，形成了一套坚持从国情出发、以解决现实问题为导向的方法论智慧。这样的理念和智慧，对世界各国的发展都有启示意义。

在江苏南京，滚滚长江之上横卧着气势恢宏的南京长江大桥。这座由中国人首次在长江上自行设计和建造的双层式铁路、公路两用桥梁，早已成为自力更生、艰苦奋斗的精神地标，激励一代又一代中国人奋勇前行。循着独立自主、实事求是的发展之路，再遥远的目的地也终能到达，这正是："站立在960万平方公里的广袤土地上，吸吮着中华民族漫长奋斗积累的文化养分，拥有13亿中国人民聚合的磅礴之力，我们走自己的路，具有无比广阔的舞台，具有无比深厚的历史底蕴，具有无比强大的前进定力。"

（2019年09月04日）

发展能力展现制度优势

——解析新中国70年发展密码④

桂从路

> 正是因为始终把发展放在第一位、不断提升发展能力,新中国才能历经风雨不断成长、咬定目标凯歌前行
>
> 中国共产党为什么"能"、马克思主义为什么"行"、中国特色社会主义为什么"好",新中国70年奋斗历程所展现的卓越发展能力,正是最好的证明

越是面对风险挑战,越是能检验一个国家的发展能力。今年上半年,外部环境复杂、风险挑战严峻,中国不仅宏观经济稳中有进、逆势上扬,而且创新活力不断涌现,世界500强企业数量跻身世界首位。在难中进、向高处行,中国展现出遇强更强的发展韧劲。发展,正是贯穿新中国70年的一个关键词。

纵览新中国70年,人们使用最多的词语,就是"巨变"。从缺衣少食到书写"最成功的脱贫故事",从一穷二白到稳居世界第二大经济体,从经济濒于崩溃到日益走近世界舞台中央,新中国70年的沧桑巨变,靠的正是在发展中推进现代化进程的不懈努力。70年来,卓越的发展能力让一个古老大国在现代化之路上华丽转身,让一个走过近百年历史的大党风华正茂,勇立时代潮头。

近代以来,落后挨打、受人欺辱的历史教训刻骨铭心,让中国人民

更加懂得"一个民族只有自强，才能在世界民族之林自立"，让新中国从成立之时起就把实现工业化、现代化作为国家意志。早在1957年，毛泽东同志就讲过，"只有经过十年至十五年的社会生产力的比较充分的发展，我们的社会主义的经济制度和政治制度，才算获得了自己的比较充分的物质基础"。改革开放以来，"以经济建设为中心"解放和发展了生产力，展现出社会主义制度的巨大优越性，"发展才是硬道理"凝聚起全社会的广泛共识。正是因为始终把发展放在第一位、不断提升发展能力，新中国才能历经风雨不断成长、咬定目标凯歌前行。

70年风雨兼程的过程中，我们也形成了一种用发展的、变化的、运动的视角看待经济社会运行的思维方法。恩格斯认为社会主义社会是经常变化和改革的社会。习近平总书记指出，"以数千年大历史观之，变革和开放总体上是中国的历史常态"。这让我们的制度具有应对形势变化的适应能力，能够根据时与势的不同而灵活调整政策，做到因势而谋、应势而动、顺势而为。比如说，进入新时代，我们把"完善和发展中国特色社会主义制度、推进国家治理体系和治理能力现代化"作为全面深化改革的总目标，就是顺应中国改革发展的形势变化，推动形成更加成熟更加定型的制度体系。

习近平总书记指出，"发展是解决中国所有问题的关键，也是中国共产党执政兴国的第一要务。"中国注重用发展来解决前进中的问题，用发展来实现经济社会的动态平衡，更形成了独具中国特色的实践方法。中国能够实现快速发展同时保持社会大局稳定，一个重要原因就在于不仅把发展当做目标，更把发展当做解决问题的手段。正是持续发展中，中国展现出强大的发展能力，彰显了社会主义的制度优越性，更不断提升我们党对共产党执政规律、社会主义建设规律、人类社会发展规律的认识水平，形成了独特的发展理念。习近平总书记提出"创新、协调、绿色、开放、共享"的新发展理念，进一步丰富了马克思主义的发展学说。

从世界范围来看，发展是世界各国的公约数。如何解决摆在人类面前的治理赤字、信任赤字、和平赤字、发展赤字？关键还是在于用好"发展"这把金钥匙。横向比较来看，为什么有的国家在照搬西方模式之后反而进入发展停滞，甚至陷入社会动荡？为什么有的国家在经历高速发展之后陷入了中等收入陷阱？说到底是发展能力不够。中国共产党为什么"能"、马克思主义为什么"行"、中国特色社会主义为什么"好"，新中国70年奋斗历程所展现的卓越发展能力，正是最好的证明。今天，中国欢迎各国搭乘中国发展的快车、便车，提出共建"一带一路"倡议，正是要与世界各国分享中国的发展机遇，在互利共赢中达到更高的发展境界。

1978年10月，邓小平同志访问日本时乘坐了一回新干线，他深有感触地说，"就像推着我们跑一样，我们现在很需要跑。"今天，在发展中形成的中国智慧、中国方案，拓展了发展中国家走向现代化的途径，是全人类的共同财富。增强发展能力、发挥制度优势，中国必将在未来创造新的更大奇迹。

（2019年09月05日）

"民主集中"调动一切积极性

——解析新中国70年发展密码 ⑤

姜 赟

> 由"民主基础上的集中,集中指导下的民主"所构成的民主集中制,既能最大限度激发全党创造活力,又能统一全党思想和行动
>
> 民主与集中的有机结合,实现了广泛参与和集中领导的统一、社会进步和国家稳定的统一、充满活力和富有效率的统一

越是深刻的思考,越能沉淀思想的精华。当今世界正处于百年未有之大变局,中国的发展成就备受瞩目。人们在探寻,是什么令中国这样一个超大规模经济体保持平稳健康繁荣发展,是什么令中国这样一个拥有近14亿人口的社会始终保持和谐稳定?答案有很多,而治理大党大国的"法宝"之一,就是民主集中制。

毛泽东同志曾提出,要形成"又有集中又有民主,又有纪律又有自由,又有统一意志、又有个人心情舒畅、生动活泼,那样一种政治局面"。由"民主基础上的集中,集中指导下的民主"所构成的民主集中制,既能最大限度激发全党创造活力,又能统一全党思想和行动;既能保证国家机关协调高效运转,又能集中力量办大事;既能充分反映广大人民的意愿,又能形成全体人民的统一意志。新中国70年历程中,民主集中制展现出政治优势、组织优势、制度优势、工作优势,是一种科学合理而

又有效率的制度。

习近平总书记强调，民主集中制是我们党的根本组织原则和领导制度，是马克思主义政党区别于其他政党的重要标志。宪法规定，我国国家机构实行民主集中制的原则。党和国家的各项制度安排，因此而有效地组织起来。《之江新语》一书把民主集中制比作交响乐：领导班子的"一把手"，就应该成为这样的指挥，善于把"多种声音"协调为"一首乐曲"，从而使领导集体的决策尽可能反映客观实际，符合人民利益。可以说，从国家机构的有序运行到保证路线方针政策的正确制定与执行效率，从各个领域的制度安排到各个条线的领导方式……民主集中制贯穿于治国理政的方方面面，只有更好掌握民主与集中的辩证关系，才能最大限度发挥这一制度的优势。

没有充分的民主就没有正确的集中。从日常决策来看，重大项目该不该上马，深化改革推出何种举措，发展与环保怎样统筹……攻坚发展难题，领导干部要善于运用民主的办法汇集意见，提高决策质量。从重大政策制定来看，发扬党内民主才能凝聚集体智慧。以《中共中央关于全面深化改革若干重大问题的决定》为例，起草过程几上几下、反复讨论修改，覆盖114个单位，8个民主党派中央、全国工商联和无党派人士的意见和建议，最终获得全会通过，这正是充分民主与正确集中相结合的生动体现。可以说，民主与集中的有机结合，实现了广泛参与和集中领导的统一、社会进步和国家稳定的统一、充满活力和富有效率的统一。

同时，正确集中是充分民主的必然要求和归宿。没有集中，就会陷入议而不决、决而不行的分散主义。在冷战结束时提出"历史终结论"的福山，经过这些年对世界各国发展情况的观察，提出"没有优质国家，就没有优质民主"，正因为他看到西式民主由于缺少有效集中，容易引发"否决政治"，导致"政治衰败"。而中国民主集中制的一个重要体现，就是坚持党中央权威和集中统一领导。五年规划的谋近虑远，"全国一盘棋"的统筹兼顾，"一方有难，八方支援"的应急处置，"一把手工程"的重大责任承担……新中国70年发展的实践证明，正是由于党中央的坚强领导，让中国的民主集中制日益完善，既能调动各个方面的主动性、积极性，又能让各方力量形成协调配合，确保国家发展既充满活力又安定有序，既多元尝试又形成合力，既差异化探索又整合为一体。

制度好不好，终究还是要看它在治国理政、安邦定国中的有效程度。现在，民主集中制作为一种原则，已经贯穿于我们国家制度设计的各个方面，使得中国的各项制度安排展现出良好的治理效果。事实上，进行制度设计最重要的命题之一，就是如何处理好民主和集中的关系。没有充分的民主，就难以激发活力与创造力；没有正确的集中，就不可能形成强大的合力。唯有实现民主和集中辩证统一的民主集中制，才能同时发挥二者的优势，这对世界各国的治理与发展具有普遍启发意义。

在前进路上，有党中央的坚强领导，有近14亿人迸发的活力，通过民主集中把我们这个社会的活力激发出来而又集中起来，就能形成无往不胜的磅礴合力。

（2019年09月06日）

"辩证思维"赋能良政善治

——解析新中国70年发展密码 ⑥

陈 凌

> 既用对立统一来观察和处理问题,坚持一分为二,也善于抓住关键、找准重点、注重牵住"牛鼻子"
>
> 处理好改革、发展和稳定的关系,让我们找到了一条风险可控、行之有效的改革路径,实现了经济快速发展同时保持社会大局稳定的动态平衡

观察中国发展,讲求统筹协调、有机统一是一个重要视角。既强调扩大开放,又坚持独立自主"办好自己的事";既强调加强顶层设计,又鼓励基层探索更多原创性改革;既讲如何做大"蛋糕",又讲如何分好"蛋糕"……"照辩证法办事",这样的治理智慧,贯穿于新中国70年的发展历程。

辩证法既是我们共产党人认识问题的一把"金钥匙",也是推进工作的重要方法。毛泽东同志就提出了统筹兼顾、"弹钢琴"等思想方法和工作方法,明确强调:"我们的方针是统筹兼顾、适当安排。"改革开放之后,针对各种新情况新问题,邓小平同志旗帜鲜明地提出,"现代化建设的任务是多方面的,各个方面需要综合平衡,不能单打一。"新中国70年来,我们之所以能在如此薄弱的基础上、在如此复杂的国情下、在如此短暂的时间里,取得如此大的发展成就,一个很重要的原因,就在于共产党

人懂得"照辩证法办事",用辩证思维赋能良政善治。

习近平总书记强调,"我们的事业越是向纵深发展,就越要不断增强辩证思维能力。"中国是个大国,"大"既意味着我们有规模的优势、有宏伟目标的指引,也意味着我们有协调发展的难度、会在前进道路上遇到各种艰难险阻。一方面,中国从东部到西部、从城市到乡村,各地方方面面的差异大,必须统筹考虑。另一方面,改革越深入,涉及的利益关系就越复杂。要驾驭复杂局面、处理复杂问题,把各项工作做得更好,就非增强辩证思维能力不可。

这种辩证思维,首先就体现为"两点论"和"重点论"的统一。正所谓,"物有本末,事有始终,知所先后,则近道矣"。面对复杂形势和繁重任务,首先要有全局观,对各种矛盾做到心中有数,同时又要优先解决主要矛盾,以此带动其他矛盾的解决。改革开放之初,我们坚持"以经济建设为中心"的同时,强调"两手抓、两手都要硬",以生产、生活水平的提高来带动和促进社会主义事业的全面发展。既坚持整体推进,也善于重点突破;既用对立统一来观察和处理问题,坚持一分为二,也善于抓住关键、找准重点、注重牵住"牛鼻子",这让我们的事业发展蹄疾步稳,让中国能从容、沉着与自信地走向未来。

这种辩证思维,也体现为"客观地而不是主观地、发展地而不是静止地、全面地而不是片面地、系统地而不是零散地、普遍联系地而不是孤立地观察事物、分析问题、解决问题"。这就要求我们全面、联系和发展地分析、解决问题,克服片面性。比如,我们在推动沿海地区率先发展起来后,又实施西部开发、东北振兴、中部崛起的区域发展总体战略,促进区域协调、协同、共同发展。党的十八大以来,我们还提出京津冀协同发展、长江经济带建设、粤港澳大湾区建设,形成多中心、网络化、开放式的区域发展格局。同时,我们注重经济、政治、文化、社会、生态文明等各方面的联动,统筹推进"五位一体"总体布局,协调推进"四个全面"战略布局,也正体现着辩证思维。

这种辩证思维,还体现为"胆子要大、步子要稳"的方法论。最典型的案例,就是在改革开放的过程中始终注重处理好改革、发展和稳定的关系。改革开放以来,一方面,我们始终强调要葆有"闯"的精神和

"冒"的勇气，大胆探索、勇于开拓，敢于啃硬骨头，敢于涉险滩；另一方面，推进之时，先易后难、循序渐进，先试点再推广、先局部后全局，稳扎稳打、稳步推进。运用辩证思维，处理好改革、发展和稳定的关系，让我们找到了一条风险可控、行之有效的改革路径，实现了经济快速发展同时保持社会大局稳定的动态平衡。

"事必有法，然后可成。"形势越是复杂，任务越是艰巨，就越需要不断增强辩证思维能力。发扬"照辩证法办事"的优良传统，我们就能不断提高驾驭复杂局面、处理复杂问题的本领，在新长征路上书写新辉煌。

（2019年09月10日）

"伟大精神"凝聚磅礴力量

——解析新中国70年发展密码 ⑦

盛玉雷

> 正是中国人民在长期奋斗中培育、继承、发展起来的伟大民族精神，让中国人民历磨难而不屈，让中华民族经考验而不衰
>
> 事实证明，在党的坚强领导下，全国各族人民同心同德、同心同向，我们就能形成勇往直前、无坚不摧的强大力量，书写同心共筑中国梦的崭新篇章

新中国70年发展历程，既是一部感天动地的奋斗史诗，也是一首豪情壮志的精神赞歌。不久前，8名"共和国勋章"建议人选、28名国家荣誉称号建议人选进行公示，从战斗英雄到时代楷模，从科研尖兵到改革先锋，他们展现的精神力量感动了无数人。新中国70年，精神脊梁支撑民族复兴。

"古往今来，任何一个有作为的民族，都以自己的独特精神著称于世。"拉近历史的镜头，中国近代以来的发展史，也是一部中国人民艰苦奋斗、自强不息的精神史。从革命时期的井冈山精神、长征精神、延安精神，到新中国成立后的大庆精神、红旗渠精神、"两弹一星"精神，再到改革开放以来的载人航天精神、抗震救灾精神……正是中国人民在长期奋斗中培育、继承、发展起来的伟大民族精神，让中国人民历磨难而

不屈,让中华民族经考验而不衰,汇聚起亿万人民的磅礴力量。

新中国成立之初,面对"我们除了能造桌子椅子,能造茶壶茶碗,连一辆汽车、一辆拖拉机都不能造"的家底,中国人民的创造精神前所未有地迸发出来。70年来,从第一辆汽车、第一颗卫星、第一颗原子弹,到第一次载人航天、第一架国产大飞机、第一次月球背面软着陆,我们在很多领域实现了从跟跑、并跑到领跑的转变。进入新时代,2018年日均新设企业超过1.8万户,平均3.8天就诞生一家独角兽企业,人们的创新活力、创造精神充分涌流。始终发扬创造精神,我们就能把更多不可能变成可能。

"幸福都是奋斗出来的,奋斗本身就是一种幸福。"难忘铁人王进喜为堵住井喷跳入泥浆的身姿,感怀袁隆平耄耋之年仍扑在田间地头的执着,铭记黄旭华干惊天动地事、做隐姓埋名人的坚韧……今天,中国人民拥有的一切,凝聚着中国人的聪明才智,浸透着中国人的辛勤汗水,蕴含着中国人的巨大牺牲。这些奋斗者,是科学家、工程师、"大国工匠",是奋战在脱贫一线的驻村干部、第一书记,是快递小哥、环卫工人、出租车司机,是千千万万的劳动者、追梦人。新时代是奋斗者的时代,更是追梦人的舞台。继续发扬奋斗精神,每个人都能演绎人生的精彩。

70年风雨兼程,56个民族携手同行,各民族交往交流交融,像石榴籽一样紧紧抱在一起,铸牢了中华民族共同体意识,共同团结奋斗、共同繁荣发展。新中国70年的发展成绩,把中国的体量和规模优势充分发挥出来,用团结奋进释放出发展的整体效应。事实证明,在党的坚强领导下,全国各族人民同心同德、同心同向,我们就能形成勇往直前、无坚不摧的强大力量,书写同心共筑中国梦的崭新篇章。

我们发扬创造精神、奋斗精神、团结精神,归根结底是为了实现中国梦。有观察家表示,中国人很善于高瞻远瞩,他们瞄准的是未来。无论在何种情况下,中国人民都始终葆有敢于追求和实现梦想的精神。我们在极其困难的条件下做出了"两弹一星"的科技成果,在70年历程中从"一五"计划接续做到"十三五"规划,并按照现代化事业"三步走"的战略安排稳步实现自己的目标……可以说,中国人民的梦想精神不是止于空想,而是既有设计目标的蓝图,也有实现目标的努力,更有"说到就要做到"的信心和干劲。正所谓：山再高，往上攀，总能登顶；路再长，走下去，定能到达。

新时代属于每一个人，每一个人都是新时代的见证者、开创者、建设者。近14亿人的艰苦奋斗，终将汇聚成不可抵挡的时代洪流。有梦想、有机会、有奋斗，一切美好的东西都能够创造出来。

（2019年09月11日）

创建社会主义现代化强国的城市范例

白 龙

步入新时代，深圳"敢为人先"的气质没有变，保持"深圳质量"的信心没有变，创造"中国奇迹"的豪情没有变

循着党中央作出的重大战略部署砥砺前行，继续弘扬敢闯敢试、敢为人先的改革精神，深圳定能以更加昂扬的姿态屹立于世界先进城市之林

把深圳建设成为中国特色社会主义先行示范区，将充分证明中国特色社会主义道路的蓬勃生机与活力

南海之滨的鹏城深圳，再次迎来新的发展机遇。日前，《中共中央国务院关于支持深圳建设中国特色社会主义先行示范区的意见》发布，迅速引发热烈反响。有人称，这一重大政策红利，将助推深圳成为新时代中国发展的城市范例，也有利于率先探索全面建设社会主义现代化强国新路径，为实现中华民族伟大复兴的中国梦提供有力支撑。

正如深圳市政府门前的铜雕"拓荒牛"所寓意的，在中国改革开放历程中，深圳具有先行先试、开拓进取的特殊意义。改革开放之初，邓小平同志寄语经济特区"杀出一条血路"，勇当开路先锋。党的十八大后，习近平总书记考察调研的第一站就是深圳。去年改革开放40周年之际，习近平总书记再次来到深圳，向世界宣示中国改革不停顿、开放不止步。从偏居一隅的"小渔村"成长为现代化国际都市，以"三天一层楼"

创造"深圳速度"、"1天51件发明专利"勇攀"中国高度",深圳经济特区的发展崛起,创造了世界工业化、城市化和现代化的奇迹。可以说,改革开放成就了深圳,深圳自身的发展也印证着改革开放只有进行时没有完成时。

步入新时代,深圳"敢为人先"的气质没有变,保持"深圳质量"的信心没有变,创造"中国奇迹"的豪情没有变。从"先行先试"到此次的"先行示范区",深圳依然肩负着全面深化改革试验田的重任。中央全面深化改革委员会第九次会议强调,支持深圳建设中国特色社会主义先行示范区,要牢记党中央创办经济特区的战略意图。对深圳来说,这一要求意味着在全面深化改革的各项事业中,在粤港澳大湾区的建设中,在建设创新型国家、构建对外开放新格局的进程中,深圳将继续以率先改革的智慧、勇气与胆识,为实现高质量发展提供可借鉴、可复制的创新性制度安排。

站在新的历史起点上,深圳作为先行示范区的意义是全方位的。根据《意见》要求,深圳不仅要成为高质量发展高地、法治城市示范、城市文明典范,也要成为民生幸福标杆、可持续发展先锋。对于深圳来说,这是一场在全面深化改革号角下的重新出发。未来,深圳不仅要在经济发展领域起先行示范作用,也要在统筹推进"五位一体"总体布局、协调推进"四个全面"战略布局上作出表率;不仅要谋好自身的发展,还要创造更多可复制可推广的经验,发挥好示范引领作用。循着党中央作出的重大战略部署砥砺前行,继续弘扬敢闯敢试、敢为人先的改革精神,深圳定能以更加昂扬的姿态屹立于世界先进城市之林,成为竞争力、创新力、影响力卓著的全球标杆城市。

把深圳建设成为中国特色社会主义先行示范区,将充分证明中国特色社会主义道路的蓬勃生机与活力。深圳的意义,不仅在于书写下自身发展的锦绣画卷,也因其排头兵、先行地、实验区的作用,带动着其他地区发展,从而丰富了中国特色社会主义的实践。今天的中国,全面深化改革正在呈现多点开花、齐头并进的良好态势。从中欧班列疾驰而过的戈壁明珠霍尔果斯,到飞架三地的港珠澳大桥;从长江经济带上陆续设立的5个自由贸易试验区,到改革开放落子海南,昔日海岛成为欣欣向荣的国际旅游岛……新时代的全面深化改革充分证明，中国的社会主义现代化强国之路，不是别的什么道路，而是我们党领导下的社会主义道路，这一道路将为中国开辟光明的未来，也将为人类文明进步提供可资借鉴的中国方案。

40多年前，深圳蛇口撼天动地的"开山炮"，拉开了一系列沧桑巨变的序幕。今天的全面深化改革，依然要保持敢担当、愿作为、不服输的心气儿，积蓄敢闯敢试、敢为人先的拼劲儿，让迎难而上、克难制胜的刚健之气激荡开来，激发人们干事创业的无限智慧和潜能，开辟新时代改革开放的壮阔征程。

（2019年08月22日）

为基层减负,爱护挑担人

盛玉雷

> 为基层松绑减负的目的,在于树立激励广大干部担当作为的实干导向,让基层把更多时间和精力投入到抓工作落实上来

多地要求减少发文数量30%以上,发扬"短实新"文风;许多省区市缩减会议数量30%,少开会、开短会,开管用的会;不少地方规定对县乡村和厂矿企业学校等的督查检查考核事项减少50%以上,调查研究务求实效……最近媒体调查显示,在各地区各部门落实"基层减负年"要求的过程中,一系列旨在为基层减负的具体举措落地生根,为广大基层干部切实减轻了负担。

"上面千条线,下面一根针"。基层是国家和社会治理的毛细血管,基层工作经常面临"急难险重"的挑战,基层干部往往压力大、任务重。这些特点意味着,要发挥广大基层干部的骨干力量,就必须重视基层、关心基层、支持基层,充分调动基层干部的积极性、主动性、创造性。从中办印发《关于解决形式主义突出问题为基层减负的通知》,将2019年作为"基层减负年",到各地出台具体措施落实中央精神,这些为基层干部松绑减负的有力部署和务实举措,彰显了以习近平同志为核心的党中央对广大基层干部的厚爱与关怀。

越是担子重,越要爱护挑担人。把干部从一些无谓的事务中解脱出

来,是心系基层、关爱干部的一项重要内容。从"80后白发干部"的反差中,读懂基层干部的辛劳;在"用生命诠释初心和使命"的事迹中,感怀基层干部的奉献。习近平总书记明确要求,"对广大基层干部要充分理解、充分信任,格外关心、格外爱护,多为他们办一些雪中送炭的事情。"改变基层工作中形式主义问题占用大量时间、耗费大量精力的状况,正是实现对基层干部"政治上关注、思想上关怀、工作上关爱、生活上关心"的必然要求。

如果说为基层减负是关心爱护干部的体现,那么解决一些困扰基层的形式主义、官僚主义问题可以说是加强作风建设的需要,具有很强的现实针对性。例如在基层实践中,"痕迹管理"比较普遍,但一些地方在操作中也出现了重"痕"不重"绩"、留"迹"不留"心"的现象;督查检查积极有效,但名目繁多、频率过高、多头重复的个别现象滋生了"脱实向虚"的不良风气;工作效率不断提升,但微信群、工作群、政务APP过多过频也带来了"指尖上的负担"。凡此种种,都削弱了干部干事创业的心劲。切实减轻基层负担,就要坚定不移全面从严治党,在思想观念、工作作风和领导方法上多管齐下,防止用形式主义的做法来解决形式主义问题。

减负不减责,松绑不松懈。为基层松绑减负的目的,在于树立激励广大干部担当作为的实干导向,让基层把更多时间和精力投入到抓工作落实上来。对各级党委而言,要准确把握"三个区分开来",把严管与厚爱结合起来,为敢于担当、崇尚实干的基层干部撑腰打气。从基层干部来说,更应该把基层减负当作更好干事创业的契机,轻装上阵更好去做各项工作。面对新形势新任务新要求,只有激发干部新时代新担当新作为,勇于挑最重的担子,敢于啃最硬的骨头,善于接最烫的山芋,才能让减负有效果、松绑有收获。

"基层减负为我们送来了一场'及时雨'。"这是一名基层干部由衷的心声。着眼基层干部面临的最迫切、最直接的现实问题,扎扎实实完成"基层减负年"的各项要求,我们就能让基层干部挤出时间、腾出双手干实事、做好事,推动基层政治生态、作风面貌焕然一新。

(2019年08月16日)

夏粮增产,端牢中国饭碗

张 凡

夏粮再获丰收,粮食供应充足,价格平稳,质量安全保持较高水平,农产品质量安全例行监测抽检总体合格率稳定在97%以上……前不久发布的农业农村经济数据表明,今年以来,农业农村经济发展总体平稳、结构优化、质量提升,为国民经济发展提供了重要支撑。充实的"米袋子",稳定了人们的预期,增添了守护粮食安全的底气。

"民以食为天"。对于中国这样一个人口大国而言,吃饭问题绝非小事。今天,中国用占世界9%的耕地,解决了世界近20%人口的吃饭问题。从2004年到2015年,我国粮食产量实现"十二连增",此后连续稳定在1.2万亿斤以上高位,去年更是达13158亿斤;粮食人均占有量超过世界平均水平;粮棉油糖、果菜茶、肉蛋奶等大宗农产品供给量显著增加。事实证明,靠着自力更生,近14亿中国人不仅"吃得饱",还能"吃得好"。

所贵惟贤,所宝惟谷。一粥一饭关系国家安危、人民幸福,保障粮食安全始终是国计民生的头等大事。习近平总书记强调,"中国人的饭碗任何时候都要牢牢端在自己的手上"。党的十八大以来,在"以我为主、立足国内、确保产能、适度进口、科技支撑"的国家粮食安全战略指引下,我们通过政策支持、科技驱动、深化改革等,不断加强对粮食生产和农业的支持,稳步提升农业综合生产能力,于重重稻浪、阵阵麦香中

筑牢粮食安全的基石。但也应看到,当前,粮食生产的资源约束不断趋紧、粮食消费需求快速增长、国际市场贸易条件复杂多变,我国粮食安全形势依然严峻。确保粮食之基更牢靠,仍需我们**绷紧粮食安全这根弦**,走好中国特色的粮食安全之路。

保障粮食安全,就要保护好我们赖以吃饭的家底。耕地是粮食生产的命根子,今天的耕地就是明天的饭碗。我国人多地少,更要求我们要像保护文物、保护大熊猫一样保护耕地。近年来,我们一方面严守18亿亩耕地红线,加强对耕地占补平衡的监管,确保耕地数量不减少、质量不下降;另一方面,通过推动高标准农田建设、开展耕地保护与质量提升行动、促进耕地休养生息等,更好实现"藏粮于地"。面向未来,依法依规做好耕地占补平衡,规范有序推进农村土地流转,大力开展耕地治理修复……多措并举、在耕地保护上下一番绣花功夫,才能牢牢守住耕地保护的红线,坚守谷物基本自给、口粮绝对安全的底线。

保障粮食安全,出路在科技。近年来,从抓紧**培育优良品种**、"中国粮主要用中国种",到提高物质技术装备水平、大量智慧农机开进田间地头,农业插上了科技的翅膀,许多先进技术在广阔田野大展身手。目前,我国农业科技进步贡献率已达58.3%,农作物品种实现大规模更新换代,农作物耕种收综合机械化率超过68%。但与此同时,农业科技还存在不少短板。今年中央一号文件提出"加快突破农业关键核心技术""实施农业关键核心技术攻关行动",正是着眼于以科技进步推动农业生产效率和土地产出率持续提升。未来,在生物种业、重型农机、智慧农业等领域加大投入、加强创新,真正实现"藏粮于技",我们就能在高基点上实现粮食生产新突破。

仓廪实,天下安。习近平总书记去年在黑龙江考察时,双手捧起一碗大米,意味深长地说道:"中国粮食!中国饭碗!"保障粮食安全是永恒的课题,容不得有丝毫懈怠。担当作为、攻坚克难、久久为功,我们就一定能掌握粮食安全的主动权,为团结奋斗、同心**筑梦**提供有力支撑。

(2019年08月15日)

温暖住有所居的梦想

何鼎鼎

以更广阔的视野来观察,住房保障可说是经济命题、社会命题,也是民生工程、信心工程

住房问题既是民生问题也是发展问题,关系千家万户切身利益。在2019年新年贺词中,习近平主席动情地说:"解决棚户区问题的住房开工了580万套,新市民有了温暖的家"。住有所居是重要的民生目标,对于低收入群体、城市新市民而言,更意味着期待与梦想。

人民对美好生活的向往,就是我们的奋斗目标。近年来,我国保障性住房建设稳步推进,住房保障体系不断完善,住房保障能力持续增强,为实现全体人民住有所居的目标打下坚实基础。截至去年年底,3700多万困难群众住进公租房,累计近2200万困难群众领取公租房租赁补贴;10年来,全国棚改累计已帮助1亿多人"出棚进楼"。各类保障性住房,为满足相应人群住房需求发挥了重要作用,实实在在增强了住房困难群众的获得感、幸福感、安全感。

不过,在现代社会,解决住房问题是一项系统工程、长期任务,难以一蹴而就。比如,房地产市场,难在如何稳"价";保障房供给,难在如何保"量"。近日,中共中央政治局召开会议,重申"坚持房子是用来住的、不是用来炒的定位",强调落实房地产长效管理机制,不将房地产

作为短期刺激经济的手段。因此，加快保障房建设，有助于更好实现住有所居目标，也有利于促进房地产市场平稳健康发展。以更广阔的视野来观察，住房保障可说是经济命题、社会命题，也是民生工程、信心工程。

加强住房保障，应当向改革要动力，切实增进群众福祉。党的十八届三中全会通过的《中共中央关于全面深化改革若干重大问题的决定》提出，"稳步推进城镇基本公共服务常住人口全覆盖，把进城落户农民完全纳入城镇住房和社会保障体系"。如今，顶层设计相继落地、渐次开花。例如，2017年公布的《北京城市总体规划（2016年—2035年）》明确提出："未来5年新供应住房中，产权类住房约占70%，租赁类住房约占30%。产权类住房中，商品住房约占70%，保障性住房约占30%。商品住房中，共有产权住房、中小套型普通商品住房约占70%。共有产权住房中，70%面向本市户籍人口，30%面向非京籍人口。"这几个"三七开"，体现了解决实际问题的政策导向，必将不断提升群众的生活质量。

保障性住房建设是一件利国利民的好事，但要把好事进一步办好、真正使住房困难群众受益，还必须加强管理，在准入、使用、退出等方面建立规范机制，实现公共资源公平善用。比如，对于政府投资建设并运营管理的公租房，可根据支付能力实行差别化租金；对于社会投资建设并运营管理的公租房，可按规定对符合条件者予以适当补贴。与此同时，根据保障对象实际情况的变化，也应动态调整租金减免或补贴额度，直至按照市场价格收取租金。坚持公平分配，完善政策措施，堵住制度漏洞，才能让保障房精准对接需求、发挥更大效益。

利民之事，丝发必兴。保障和改善民生没有终点，只有连续不断的新起点。去年，住建部、财政部推出政府购买公租房运营管理服务的试点方案，面向市场寻找专业化、规范化的服务，旨在提升保障对象满意度和获得感；今年，继大规模棚改后，城镇老旧小区改造全面推进，"银发社区"加装了电梯，老化管道焕然一新……攻坚克难、久久为功，推动普惠性、基础性、兜底性的民生建设迈上新台阶，我们必能以扎实行动温暖更多人住有所居的梦想。

（2019年08月07日）

中国经济在走上坡路

李 拯

既要看到经济运行中的困难和问题,又要看到我国经济长期向好的趋势没有变,机遇大于挑战,时与势仍然在我

分析形势,指出"上半年经济运行延续了总体平稳、稳中有进的发展态势";展望未来,强调"把握长期大势,抓住主要矛盾,善于化危为机,办好自己的事";划出重点,明确"要紧紧围绕'巩固、增强、提升、畅通'八字方针,深化供给侧结构性改革"……近日,中共中央政治局召开会议,分析研究当前经济形势,部署下半年经济工作,为我们做好当前经济工作指明了努力方向、提供了重要遵循。

理解中国经济,首先要解决"怎么看"的认识问题。总体平稳、稳中有进,一个"稳"字重千钧。今年上半年,世界经济增长有所放缓,国际货币基金组织近日再次下调了对2019年和2020年世界经济增长的预期,同时国内长期积累的一些结构性矛盾凸显,在这样的情况下,我们没有搞大水漫灌式的强刺激,而是下大力气推进改革创新,促进经济总体平稳、稳中有进,这个"稳"很不容易也很了不起。同时,中国经济的"进"则展现出更高的含金量,6.3%的增长不仅是有质量的增长,也是可持续的增长。在世界经济增长放缓中企稳,在应对风险挑战中稳进,恰恰说明了中国经济具有充足的韧性与后劲。

当前,我国经济形势总体是好的,但我国经济发展面临新的风险挑战。应该看到,这些问题是前进中的问题,我们有充足的政策工具来解决应对。比如,面对外部环境的不确定性,我们充分发挥国内市场潜力,上半年消费增长对经济增长的贡献率超过了60%;面对民营企业的发展困境,我们推动减税降费落地生根,今年将减轻企业税收和社保缴费负担近2万亿元。这都说明,我们完全有能力、有条件、有政策空间应对风险挑战,用发展来解决发展中的问题。因此,正确研判中国经济,需要具有辩证眼光和战略定力,既要看到经济运行中的困难和问题,又要看到我国经济长期向好的趋势没有变,机遇大于挑战,时与势仍然在我。

解决了"怎么看"的认识问题,也就能更好把握"怎么办"的方式方法。这次中共中央政治局会议重申"坚持以供给侧结构性改革为主线",有着很深的考虑。面对经济形势变化,政策上可以有两种选择,一是坚持深化供给侧结构性改革,一是加强需求刺激。在当前形势下,有必要稳定总需求,但我国经济运行的主要矛盾仍然在供给侧,供给体系不适应需求结构变化,经济难以实现良性循环。因此,我们不能重回强刺激的老路,不将房地产作为短期刺激经济的手段,而是要坚持以供给侧结构性改革为主线不动摇,使我国经济发展迎来更加光明的前景。

正因此,做好下半年经济工作,就要紧紧围绕"巩固、增强、提升、畅通"八字方针,深化供给侧结构性改革,坚持高质量发展方向不动摇。巩固"三去一降一补"成果,加大破、立、降力度;增强微观主体活力,发挥企业和企业家主观能动性;提升产业链水平,注重利用技术创新和规模效应形成新的竞争优势;畅通国民经济循环,加快建设统一开放、竞争有序的现代市场体系。从稳定制造业投资,到深化体制机制改革,增添经济发展活力和动力;从加快"僵尸企业"出清,到引导金融机构增加对制造业、民营企业的中长期融资,一系列重点举措,既针对现实问题,又呼应八字方针,把这些举措落到实处,就能抵御风险挑战,提高经济发展质量和效益。

看得见长远大势就会"不畏浮云遮望眼",拿得出有效举措就能"千磨万击还坚劲"。集中精力办好自己的事，在改革创新中挖掘潜能，在积极进取中开拓新局，我们就能打好防范和抵御风险的有准备之战，打好化险为夷、转危为机的战略主动战。

（2019年08月06日）

深学细照笃行，让党章铭刻于心

——对照党章党规找差距 ①

李浩燃

没有规矩，不成方圆。作为党的总章程，党章是全党必须遵循的根本行为规范，是党的根本大法。认真学习党章、严格遵守党章，是加强党的建设的一项基础性经常性工作，也是全党同志的应尽义务和庄严责任。

在"不忘初心、牢记使命"主题教育工作会议上，习近平总书记指出："找差距，就是要对照新时代中国特色社会主义思想和党中央决策部署，对照党章党规，对照人民群众新期待，对照先进典型、身边榜样，坚持高标准、严要求，有的放矢进行整改。"可以说，对照党章党规找差距，是学习教育、检视问题的重要内容，是推动党员领导干部主动检视自我、自觉修正错误的重要措施。近日，中央"不忘初心、牢记使命"主题教育领导小组印发《关于在"不忘初心、牢记使命"主题教育中对照党章党规找差距的工作方案》，要求各地区各部门各单位在主题教育中对照党章党规，重点对照党章、《关于新形势下党内政治生活的若干准则》《中国共产党纪律处分条例》，进行自我检查。这其中，对照党章剖析自我、查摆问题，是每一名党员领导干部首先应当做到的。

回溯既往，我们党历来高度重视制定和完善党章。党的一大制定了党纲，党的二大制定了我们党的第一部党章。细览党的十九大通过的党章修正案，每一处修改，都凝结着丰富的实践探索，彰显着与时俱进的理论品格，体现着管党治党的新要求，昭示着我们党的前进方向。在近百年的奋斗历程中，我们党总是认真总结革命建设改革的成功经验，及时把党的实践创新、理论创新、制度创新的重要成果体现到党章中，从而使党章在推进党的事业、加强党的建设中发挥了重要指导作用。奋进新时代、筑梦新征程，尤其需要广大党员干部深学细照笃行，把党章融会贯通，做到学而懂、学而信、学而用；尤其需要大家以党章为镜，不断改造主观世界、加强党性修养、加强品格陶冶。

党的十九大报告提出，"必须以党章为根本遵循""要尊崇党章"。这次主题教育开展以来，绝大多数党员干部认真贯彻"守初心、担使命，找差距、抓落实"的总要求，把学习教育、调查研究、检视问题、整改落实贯通起来，努力取得实实在在的成效。在学习党章方面，既原原本本学、反反复复学，做到知其然；也联系实际学、深入思考学，做到知其所以然。但也应看到，现实中，仍有个别党员满足于概略浏览、浅尝辄止，远未做到认真对照、知行合一。有的认为自己早已读过，不愿下功夫精细研读；有的把读原文视为负担，只在形式上装装样子；有的说一套、做一套，言行之间"两张皮"。这些，不仅没有掌握党章的理论真谛、把握文本的精髓要义，难以校准思想之基、打下深刻烙印，也不利于推动学习进一步深化，以实际效果取信于民。

"一语不能践，万卷徒空虚"。以党章为镜，关键是要发扬自我革命精神，多照一照自我、多量一量自身，认认真真查找差距、检视问题，永葆共产党人的政治本色。按照中央所要求的，对照党章，重点查摆是否坚持党的性质宗旨，贯彻党的基本理论、基本路线、基本方略；是否认真履行党员八项义务，践行入党誓言，充分发挥党员先锋模范作用；是否按照党员干部六项基本条件，真正做到信念坚定、为民服务、勤政务实、敢于担当、清正廉洁；是否严格遵守党的组织制度，严守党的政治纪律和政治规矩；是否坚持党的群众路线，树牢宗旨意识，坚持从群众中来、到群众中去，善于做好新形势下的群众工作。以正视问题的自觉和刀刃向内的勇气，逐一对照、全面查找各种违背初心和使命的问题，真刀真枪解决问题，才能收获实绩、取得实效，让老百姓看到真真切切的改变。

"学习党章是全体党员的基本功,这个功课要经常做。"党章集中体现着党的性质、宗旨、指导思想、奋斗纲领和重大方针政策,是我们坚守初心、砥砺恒心的重要遵循。今天,我们党已拥有9000多万党员和400多万个基层党组织。每一名党员把党章铭刻于心,重点对照党章找差距、抓落实,我们就能始终守初心、担使命,为实现伟大梦想凝聚无坚不摧的力量。

(2019年07月25日)

营造风清气正的政治生态

——对照党章党规找差距 ②

陈 凌

> 对照《关于新形势下党内政治生活的若干准则》进行自我检查,找差距、明不足,自觉做政治上的明白人、遵规守纪的老实人,是摆在党员干部面前的一道现实课题

党要管党,首先要从党内政治生活管起;从严治党,首先要从党内政治生活严起。严肃认真的党内政治生活,是我们党坚持党的性质和宗旨、保持先进性和纯洁性的重要法宝。

近日,中央"不忘初心、牢记使命"主题教育领导小组印发《关于在"不忘初心、牢记使命"主题教育中对照党章党规找差距的工作方案》,要求各地区各部门各单位在主题教育中对照党章党规,逐一对照、全面查找各种违背初心和使命的问题。其中一项重要任务,就是对照《关于新形势下党内政治生活的若干准则》进行自我检查,找差距、明不足,自觉做政治上的明白人、遵规守纪的老实人。

有什么样的党内政治生活,就有什么样的党员和党风。开展严肃认真的党内政治生活,是我们党的优良传统和政治优势。从90年前的古田会议首次提出"使党员的思想和党内的生活都政治化,科学化",到70多年前的延安整风建立党内政治生活的制度基础,再到改革开放之初制定《关于党内政治生活的若干准则》,正是在坚守和传承中,一代代共产

党人在党内政治生活的"大熔炉"中淬火成钢,推动我们党历经98年风雨洗礼依然朝气蓬勃、意气风发。

"法与时转则治,治与世宜则有功"。为解决党内存在的突出矛盾和问题,党的十八届六中全会审议通过了《关于新形势下党内政治生活的若干准则》。《准则》直击党内政治生活存在的顽症痼疾,既有刚性的规定也有精要的道理,既指出了病症也开出了药方,既有治标举措也提出治本方略,为新形势下加强和规范党内政治生活提供了行动纲领。党员就得有党员的样子。无论职务高低、权力大小、从事什么工作,我们都应该时刻牢记自己第一身份是党员,始终以《准则》为镜子、以《准则》为准绳,摆问题、找差距、明方向,始终保持共产党人的政治本色。

这次主题教育开展以来,绝大多数党员干部都能严守政治规矩、规范自身行为,按照党内政治生活准则和党的各项规定办事。但也应看到,仍有少数人对待党内政治生活不认真、不严肃。比如,不讲党性讲关系,不讲原则讲圆滑,不讲正气讲"和气";开会不讲效果,发言不管质量;不按章办事,"迈过锅台上炕",事前不请示、事后不报告……凡此种种,影响了政治生态,不利于干事创业。这也恰恰说明,扎实开展主题教育,认真对照《准则》找差距,是摆在党员干部面前的一道现实课题。

让党内政治生活的大熔炉越烧越旺,就要按照要求,对照准则,重点查摆是否坚定理想信念,坚定马克思主义信仰和社会主义信念;是否坚定不移贯彻党的基本路线,在大是大非面前站稳政治立场;是否坚决维护以习近平同志为核心的党中央权威和集中统一领导,增强"四个意识";是否严格落实中央八项规定精神,坚决反对"四风";是否坚持民主集中制原则,坚持正确选人用人导向;是否勇于开展批评和自我批评,保持清正廉洁的政治本色。只有把自己摆进去、把职责摆进去、把工作摆进去,才能醒脑、提神、补课、充电,更好锤炼党性、砥砺品格。

"干部的党性修养、思想觉悟、道德水平不会随着党龄的积累而自然提高,也不会随着职务的升迁而自然提高,而需要终生努力。"增强角色意识和政治担当,加强自律、慎独慎微,经常对照党章检查自己的言行,自觉遵守党内政治生活准则,我们就能炼就共产党人的"金刚不坏之身",营造风清气正的政治生态。

(2019年07月26日)

党纪是永远的"戒尺"

——对照党章党规找差距 ③

彭 飞

> 对于一个党员,纪律是高压线;对于一个政党,纪律是生命线。广大党员领导干部应自觉增强纪律意识,自觉接受纪律的约束,真正把纪律挺在前面

"第一次看到内容这么丰富的纪律建设主题展,深受教育""严于律己,做新时代的合格党员""不忘初心,纪律建设永远在路上"……自今年5月"纪律建设永远在路上——中国共产党纪律建设历史陈列"展览在武汉革命博物馆对公众开放以来,参观者络绎不绝。展览所展出的405件(套)展品、700余幅图片,系统梳理了中国共产党纪律建设的历程。党的纪律建设的宝贵历程和重要经验,为开展"不忘初心、牢记使命"主题教育提供了生动课堂。

全面从严治党只有进行时没有完成时,加强纪律建设是全面从严治党的治本之策。前不久印发的《关于在"不忘初心、牢记使命"主题教育中对照党章党规找差距的工作方案》明确要求,党员领导干部要重点对照包括《中国共产党纪律处分条例》(以下简称《条例》)在内的党章党规,进行自我检查。对广大党员领导干部来说,只有边学习、边对照、边检视、边整改,不断增强党的意识、党员意识、纪律意识,不断提升政治境界、思想境界、道德境界,才能心系使命、扛起责任,做合格共

产党员。

法律是治国之重器，纪律是治党之戒尺。作为规范党组织和党员行为的基础性法规，《条例》在党内法规体系中发挥着重要作用。党的十八大以来，《条例》在3年内历经两次修订，将过往党的纪律建设实践经验总结提炼出来，同时又针对突出问题和新型违纪行为作出新的明确规定。比如，对关于政治纪律方面的规定进行充实和完善；针对"四风"隐形变异，对以学习培训、考察调研为名变相公款旅游等违反中央八项规定精神新表现作出处分规定；增加对贯彻党中央决策部署只表态不落实、热衷于搞舆论造势等形式主义、官僚主义行为的处分规定……这些举措，进一步扎紧了制度篱笆，亮出了不可触碰的底线，应成为每一名党员干部检视自我、警示自我的依据。

"纪律不严，从严治党就无从谈起。"这次主题教育开展以来，绝大多数党员干部以《条例》为戒尺，做到了懂法纪、明规矩，知敬畏、存戒惧。但也应看到，仍有少数人思想松懈、认识模糊，自我要求比较宽松。比如，有的认为纪律比较虚，离自己比较远，自我检查没有必要；有的不知"党纪严于国法"，不把纪律当回事；有的心存侥幸，觉得偶尔触犯党纪不会有严重后果……凡此种种，值得警惕。对各类潜存的问题，需要及时防范、加以解决，才能筑牢纪律的红线，让主题教育取得实实在在的成效。

对于一个党员，纪律是高压线；对于一个政党，纪律是生命线。奋进新时代、踏上新征程，党要有新气象新作为，必须靠严明的纪律作保证。这有赖于执纪必严、违纪必究，同时也需要广大党员干部以党纪为硬约束严格要求自己。贯彻落实主题教育要求，就要对照《条例》，重点查摆是否在重大原则问题上同党中央保持一致，自觉执行党组织决定；是否存在滥用职权、谋取私利等问题；是否存在为黑恶势力充当"保护伞"，损害群众利益等问题；是否存在工作不负责任，搞形式主义、官僚主义，干预和插手市场经济活动、司法活动、执纪执法活动等问题；是否存在生活奢靡、贪图享乐、追求低级趣味等问题。惟其如此，才能自觉增强纪律意识，自觉接受纪律的约束，真正把纪律挺在前面。

知者行之始，行者知之成。开展主题教育，重在知行合一。认真对照包括《条例》在内的党章党规找差距,真正把自己摆进去、把职责摆进去、把工作摆进去,以实际行动补齐短板,我们就能始终守初心、担使命,以实际成效取信于民。

(2019 年 07 月 30 日)

全面援疆、精准援疆、长期援疆

李 斌

> 新一轮对口援疆工作"搭桥""交心"所取得的显著成效，
> 为推动民族团结、促进新疆发展书写下新篇章

"不敢想象，如果不是看到牌子上的名字，真以为这是大城市的示范幼儿园。"走进新疆和田墨玉县北京示范幼儿园，看到小朋友们画纸扇、做甜点、排练节目，一位来自自治区党委的干部不禁发出这样的感慨。得益于对口援疆工作的深入推进，和田地区的教育面貌正在发生日新月异的变化。

同心捧月照天山，砥砺奋进著华章。自 2010 年新一轮对口援疆工作启动之后，特别是第二次中央新疆工作座谈会召开以来，北京、上海、广东等 19 个省市肩负国家使命、胸怀无私大爱，谱写出一支又一支"边塞新曲"。在和田，土坯房越来越少，建起各类安居富民住房逾 45 万套；"十万级"驴产业、"百万级"羊产业、"千万级"兔鸽产业、"亿级"食用菌产业发展起来，带动了百姓增收致富；祖辈喝"涝坝水"的绿洲群众，用上了干净卫生的自来水；一批援疆学校拔地而起，和田孩子坐在宽敞明亮的教室里，享受到了来自北京、天津等地的高质量教育。同样得益于产业援疆，皮墨北京工业园区建成投用。自此，建市仅 3 年的兵团城市昆玉市，拥有了自己的第一个工业园区。

还有许多改变是无形的。"援建建筑很耀眼，教学成绩也要耀眼"。和田市北京海淀小学由北京援建，该校党支部书记谢燕红感慨："学校成

立之初困难重重，关键时刻17名北京援疆老师主动担当，靠着扎实能力、高超师德引导学校教学步入正轨。"先进的教学理念、治学经验、师德风范，为孩子们的成长带来更多可能性。从村镇的"卫星工厂"到工业园区的"飞地经济"，由支援省市引入的先进生产方式和经营模式，推动商业意识、诚信意识、法治意识等现代理念扎根和田大地。诸如此类"软件水平"的提升，为和田的美好未来播种下希望的种子。

做好新疆工作不仅是新疆的事情，也是全党全国的事情。产业援疆、科技援疆、人才援疆、教育援疆、医疗援疆……新一轮对口援疆之所以投入资金之巨、参与人员之多、覆盖领域之广前所未有，之所以极大地改变了天山南北的发展面貌，极大地促进了各民族交往交流交融，极大地锻炼了各级干部、密切了党和群众血肉联系，根本就在于党中央治疆方略的科学指引，关键就在于走出了一条中央关心、全国支援同新疆各族干部群众自力更生、艰苦奋斗相结合的发展路子。对口援疆，充分彰显了社会主义集中力量办大事的政治优势，生动展现了党的民族政策的制度红利。

培育国家认同、锻造民族团结，促进各民族像石榴籽一样紧紧抱在一起，需要不断增强各族群众的获得感。过去5年间，全疆累计实现231.47万人脱贫，贫困发生率由2013年底的19.4%降至2018年底的6.1%。1955年自治区成立时，新疆的地区生产总值仅有12亿元，2018年已超过1.2万亿元。当天山南北呈现勃勃发展生机，当脱贫攻坚集结号回响在大漠绿洲，人们看到，对口援疆不仅构筑起更加美好的家园，也培厚了民族团结土壤。新一轮对口援疆工作"搭桥""交心"所取得的显著成效，为推动民族团结、促进新疆发展书写下新篇章。

今天的新疆，已经站在了新的历史起点上。刚刚召开的第七次全国对口支援新疆工作会议，进一步明确了对口援疆的各项任务。以习近平新时代中国特色社会主义思想为指导，完整准确贯彻新时代党的治疆方略，紧紧围绕新疆工作总目标，坚持稳中求进工作总基调，坚持新发展理念，坚持以经济发展和民生改善为基础，坚持以凝聚人心为目的，坚持全面援疆、精准援疆、长期援疆，我们就能为建设团结和谐、繁荣富裕、文明进步、安居乐业的中国特色社会主义新疆贡献力量。

（2019年07月22日）

中国经济在正轨上奋力前行

周人杰

> 坚持正确航向,不为外界所扰,守住增长 6%——6.5% 的区间底线,有条件、有能力,更有把握、有信心

"总体平稳、稳中有进",这是国家统计局对上半年经济态势的总体判断。直观来看,四大核心指标虽有所波动,但仍在合理区间:GDP 同比增长 6.3%,二季度增速回落 0.2 个百分点;城镇新增就业达 737 万人,完成全年任务 67%;CPI 温和上涨 2.2%;进出口贸易结构继续优化。应该说,8 个字的评价标志中国经济仍在正轨上奋力前行,这是我们增加定力、适时调整的依据所在,更是我们增强信心、稳定预期的根源所在。

实事求是,永远是形势分析与政策制定的基本方法。今年二季度以来,确有部分指标出现小幅波动,但总体上未滑出合理区间,位于年初预设的范围之内。更何况,取得这份成绩的内外部环境可以说是"今非昔比"。一方面,世界经济整体低迷,贸易扩张速度放缓,不确定因素持续增多,"你中有我、我中有你"是常态,谁都会或多或少受到这样那样的影响。6.3% 的增速看上去略显承压,可放眼主要经济体依然是名列前茅,是比较扎实和可靠的,是经得起考验和比较的。

另一方面,"高质量"的比重更是不可同日而语。先看供给侧,高技术制造业增加值同比增长 9%,快于规模以上工业 3 个百分点,投资同比

增长 10.4%，增速比全部投资快 4.6 个百分点，而代表先进产能的战略性新兴产业增速明显高于 GDP。再看需求侧，6 月社会消费品零售总额同比增长 9.8%，比 5 月又提高 1.2 个百分点，上半年消费对 GDP 贡献累计超六成。更重要的是，房地产业目前处于多年少见的平稳期，没有大起大落，这让老百姓预期更稳、更敢花钱了。供需双侧见证了更高质量的 6.3% 增长速度。

可见，中国经济没有"脱轨"，也不会"脱轨"。我们并不讳言各种风险挑战和下行压力，但同时各类预案和调控的"后手"已蓄势待发。展望下半年，中国经济平稳健康发展的支撑条件非常充足。第一条是上半年的不俗成绩，奠定了全年收官战的坚实基础。二是大规模的减税降费、"放管服"改革还在路上，大手笔的营商环境优化也将进一步释放活力，必会全面激发市场活力和社会创造力。三是基础设施投资潜力巨大，加大专项债发行力度接下来会大展身手。四是一系列重大区域战略稳步推进，东西南北纵横联动发展的新格局正在形成。有改革的全面深化，有调控的预调微调，有布局的空间优化，6%—6.5% 的区间底线我们守得住、守得牢、守得好。

当然，"总体平稳"的判断背后，也要看到长期累积的一些结构性矛盾在凸显，其中既有周期性因素，也有体制性制约，属于成长中正常的烦恼、发展中正常的困惑。比如 PPI 的基本平稳与 CPI 的涨势温和之间，实际上反映出生产企业的活跃度有待提升，尤其是制造业 PMI 连续两月持平，较 50% 的临界点稍低，亟待出台富有针对性的逆周期调节办法。联系到大学生毕业季的临近，稳就业的政策应当与调结构、去产能的政策相互协调好。此外，单位国内生产总值能耗同比下降 2.7%，生态、环保、教育等领域的补短板投资在上半年井喷，下半年如何"化优势为胜势"，同样事关发展的平衡与后劲。

发展不是数字的单纯增进，最终要用"以人民为中心"来检验。上半年直接关系"钱袋子"与幸福感的指标"居民人均可支配收入"，实际增长 6.5%，跑赢了 GDP 增速，而城乡居民人均可支配收入比值为 2.74，比同期缩小 0.03。就业、工资、民生的"进"才是真的"进"，"稳"才是真的"稳"。我国拥有独特的制度优势与丰富的调控经验，以及全球最大的中等收入群体、1.7亿受过高等教育和拥有技能的人才资源,只要我们不为外界所扰,坚持正确航向不动摇,集中力量办好自己的事,就一定能巩固稳中向好的态势,完成全年经济社会发展任务,交出一份更精彩的答卷。

(2019年07月17日)

感受美丽中国的发展脉动

盛玉雷

种下的是一片绿,也是一股精气神儿。无数治沙人、播绿人、守林人凭着只争朝夕的精神、持之以恒的坚守,以尺寸之功、积千秋之利

中国日益增长的绿色正在为世界环境增色。中国的绿色行动,展现情怀和担当,为护佑全人类唯一的生存家园贡献了智慧和力量

鲁家村、塞罕坝、长白山……漫步北京世界园艺博览会中国馆的"和而共生"展厅,一幕幕中国当代生态文明保护和建设的景象跃然眼前。整个展厅仿佛折叠的绿色空间,让观众处身青山绿水、饱览壮美山河,近距离感受美丽中国的发展脉动。

让大地山川绿起来,是生态文明建设的重要内容,也是通往美丽中国的重要途径。"造林绿化是功在当代、利在千秋的事业""开展国土绿化行动,既要注重数量更要注重质量""多种树、种好树、管好树,让大地山川绿起来,让人民群众生活环境美起来"……党的十八大以来,习近平总书记每年都参加首都义务植树活动,在多个场合谈到造林绿化的重大意义,用实际行动践行爱绿护绿的决心。今年是新中国设立植树节40周年。40年来,我国森林面积、森林蓄积量都增长一倍左右,人

工林面积居全球第一，国土绿化不断取得实实在在的成效，"绿水青山就是金山银山"的理念成为全民共识。

种下的是一片绿，也是一股精气神儿。在新疆阿克苏，50多次植树大会战中近390万人次"钢铁般的意志"，让风沙之源变成绿色果园；在海南三沙，几代人数十年持之以恒"漂洋过海来种树"，让岛礁的沙石荒地生机勃勃……一个个惊天动地的绿色奇迹背后，是一年接着一年干的奋斗劲头，是一任接着一任干的发展蓝图，更是一代接着一代干的接续努力。正是无数治沙人、播绿人、守林人凭着只争朝夕的精神、持之以恒的坚守，以尺寸之功、积千秋之利，筑起一道道保护家园的"绿色长城"，创造一个个"荒漠变绿洲"的绿色传奇。

前人栽树，但后人不能止于乘凉。今天，造林绿化已经从代代相传的精神内涵，内化为人人有责的行动自觉，唤起了更多人的绿色意识、涵养着全社会的绿色发展理念。今天，生态文明建设纳入国家发展总体布局，建设美丽中国成为人们心向往之的奋斗目标。推动长江经济带发展，坚持共抓大保护，不搞大开发；城市绿道不断延伸，既是绿色发展的快车道，也是居民生活的幸福道；垃圾分类蔚然成风，绿色生活方式渐成时代风尚……绿色是一种追求，更是一种责任。无论是"五位一体"总体布局的顶层设计，还是"还绿于民"的基层治理，抑或是"低碳、节能、环保"的生活观念，都是绿色发展的有力实践，都是生态文明的深刻彰显。

今天，中国日益增长的绿色正在为世界环境增色。一项研究表明，2000年至2017年间全球绿化面积增加了5%，而中国贡献了全球绿化增量的约1/4，其中42%来自植树造林，居世界首位。中国的绿色行动，展现情怀与担当，为护佑全人类唯一的生存家园贡献了智慧和力量。党的十八大以来，从推动落实气候变化《巴黎协定》，到建立"一带一路"绿色发展国际联盟，再到"绿色发展""生态文明"等理念和词汇写入联合国文件，中国不仅兼顾生态保护与经济发展，而且作为全球生态文明建设的重要参与者、贡献者、引领者，始终致力构建人与自然和谐共处的美丽家园。正如一位外国专家的评价，"中国推动绿色发展革命，其历史意义将不亚于工业革命"。

在北京世园会中国馆的生态文化展区，星罗棋布的亚克力光柱组成了中国传统的星象图，柱子里装载的是一颗颗种子。可以说，这是绿色发展的种子，也是美好生活的种子。坚定不移爱绿植绿护绿，我们就能让绿色的种子生根发芽，在发展的道路上行稳致远。

（2019 年 07 月 12 日）

"放管服"为中国经济加油助力

周人杰

删繁就简、便民利企的改革往深里推、向实处走,首要目标是为了更大激发市场主体的活力。理顺政府和市场关系,必须切实转变发展理念、转变政府职能

"坚持改革创新,挖掘增长动力""营造有利市场环境,尊重、保护、鼓励创新""持续改善营商环境"……在二十国集团领导人大阪峰会上,中国主张为世界经济注入信心,同时也再次宣示了中国以"放管服"改革给市场主体加油助力的决心。在当前外部环境错综复杂的情况下,坚持以改革促调控、谋发展,集中精力办好自己的事情,是我们顶住经济下行压力,实现"六稳"任务的关键举措。

上半年中国经济总体平稳、稳中向好,一个重要方面就在于市场主体的活力、创造力。据统计,今年上半年我国日均新设企业1.94万户,同比增长7.1%,继续保持较快增长,这是营商环境向好的反映,也是保持平稳增长的基础。接下来,按全国深化"放管服"改革优化营商环境电视电话会议的部署,工业生产许可证种类再压减一半以上,中央层面再取消下放50项以上行政许可,企业注册开办时间减到5个工作日以内,水、气、暖等公用事业要大力推行APP(应用程序)办事、移动支付等,大幅压减办电时间……种种为企业和民众带来的改

革"大礼包",对有效应对各类风险挑战针对性和操作性极强。

"放管服"改革往深里推、向实处走,首要目标是为了更大激发市场主体的活力。应当看到,在内外部环境错综复杂的情况下,各类企业一方面各有各的难处,但共时共性的问题还是成本难降。降成本离不开更大规模减税降费、更大力度解决融资难融资贵,也需要简政放权、强化监管服务的"制度性减负"。要看到,删繁就简、便民利企的"简约"之道,无论压减审批种类,还是压减办事时间,都会切实降低企业经营成本。这对贯彻落实党中央提出的"六稳"方针,尤其是"稳投资"和"稳预期",将产生雪中送炭的效果,释放国内市场巨大潜力。

"放管服"是手段,优化营商环境是目的。良好的营商环境包括交通基础设施等"硬件"的配套,更在于市场化、法治化、国际化的"软件"支撑。破除不合理体制机制障碍,以公开透明的规则、公平公正的监管依法保护各类所有制企业合法权益,持续扩大开放,加强与国际通行经贸规则对接,"稳外贸""稳外资"才能基础坚实,"稳金融""稳就业"才能底气十足。这其中,最重要的还是要加大力度"刀刃向内"、转变政府职能。各个省、市、县情况千差万别,沿海和内陆、东北和西部很不一样,既有自我完善、自我革新一致要求,又应充分授权各地各部门因地制宜,积极探索放权、监管、服务的区域特色新路径。

应当看到,干部状态、工作作风对经济发展影响较大。因此,理顺政府和市场关系,必须坚持在党的集中统一领导下,把该放给市场和社会的权放足、放到位,把该管的事情管好、管到位。同时,"放管服"改革应与作风建设结合起来,按照习近平总书记的要求,"完善监督管理机制,捆住一些人乱作为的手脚,放开广大党员、干部担当作为、干事创业的手脚",激扬起万众一心、攻坚克难、战胜挑战的精气神,为保持经济平稳运行、促进高质量发展筑牢思想上政治上的坚实屏障。

建功新时代,争创新业绩,推动"放管服"改革和优化营商环境取得更大成效,需要各级领导干部勇于担当、探索创新,需要各地各部门破除局部利益、加强政策协同。无畏中流浪急、奋楫前行,不怕半山路陡、奋力攀登,我们一定能完成经济社会发展目标任务,开创中国经济百舸争流、活力迸发的新局面。

(2019年07月11日)

以地方专项债助力高质量发展

周人杰

以改革促调控，调控更有效；以调控助改革，改革更有力。改革与调控的有机结合、深度融合，关键在于把握好"度"、划清政策的边界，把改革与调控统一到高质量发展这个根本要求上来

近日，中办、国办印发《关于做好地方政府专项债券发行及项目配套融资工作的通知》，强调要有效发挥财政和货币政策作用，支持做好专项债券有关工作。连日来，各方对此高度关注，市场反应非常积极。根据财政部统一部署，6月14日至24日，中国工商银行将于海南、上海、广东、广西等试点省区市开售柜台地方政府专项债券，涵盖收费公路、土地储备项目等。应当看到，地方专项债在当前的"六稳"基调下，是主动出击打好防范化解重大风险攻坚战的重大举措，必将对振兴实体经济发挥重要作用。

形象地说，相对于那种不规范的举债融资，这次改革是为地方专项债"开大、开好前门"，是宏观调控中典型的逆周期调节措施。世界银行日前发布报告，再次下调今明两年全球经济增长预期至2.6%和2.7%，并警告"面临重大下行风险"。应对好外部环境的不确定性，实现年度经济社会发展目标，就要让积极的财政政策更加积极，不仅要做简政放权、

减税降费的"减法",还要做好保障重大项目、服务实体经济的"加法"。按通知要求,一方面要"允许将专项债券作为符合条件的重大项目资本金",综合施策进一步支持稳定增加有效投资;另一方面货币政策也要协同配合,积极引导金融机构对符合标准的项目提供配套融资支持。可以预见,相关政策落地后在经济总量上将会有效地稳增长,在结构上将会有力地补短板,能有效解决实体经济的资金问题。

"开大"更要"开好"的要求表明,地方专项债的发行是调控的任务,更是改革的方向。党的十八大以来,全面深化改革与创新完善宏观调控密切配合,越来越成为调控的手段和保障。无论是"六稳"还是防范和化解债务风险,都必须用改革的方法解决发展中的矛盾和问题,既要"开大前门",又要"严堵后门"。具体讲,一是要严格问责、终身追责,强化限额管理和预算管理,"谁举债谁负责、谁融资谁负责";二是要精准聚焦、精准施策,重点支持国家重大战略和乡村振兴战略,决不能"跑冒滴漏",决不能让"土地财政"死灰复燃;三是要疏堵结合、防控风险,从严设定条件,避免脱实向虚,避免"半拉子"工程,不得过度融资,决不能"大水漫灌",决不能重回片面依赖粗放式增长的老路上。

以改革促调控,调控更有效;以调控助改革,改革更有力。比如向金融机构市场化融资,与对地方加快使用进度、"尽早发挥资金使用效益"的指令不同,要求的是"按照商业化原则自主决策",这就必须正确处理好"找市长"还是"找市场"的关系。再比如避免层层嵌套、层层放大杠杆,既要压实政府责任、"闭环"管理,又要设定合规、免责的边界。历史告诫我们,越是在经济下行压力大时,在基层建设项目上越容易出现这样或那样的不规范问题。所以,改革与调控的有机结合、深度融合,关键在把握好"度"、划清政策的边界,把地方专项债的发行与使用、监管,切实地统一到高质量发展这个根本要求上来。

"踏平坎坷成大道,斗罢艰险又出发。"改革开放40多年来,累积的物质财富奠定了我们无惧困难的信心,积蓄的调控经验筑牢了我们无畏挑战的底气,迸发的改革精神激发了我们无往不胜的动力。更要看到,去年中国政府债务的负债率只有37%,低于主要市场经济国家和新兴市场国家水平,风险总体可控。开好地方债的便利之门,防控好隐性债务的可能膨胀,把拉动投资、扩大内需和稳定就业、改善民生的各项政策协同配合好,我们定能保质保量贯彻好通知要求,努力让专项债券助益实体经济,推动国民经济保持持续健康发展。

(2019年06月19日)

革命老区脱贫的启示

桂从路

回溯脱贫攻坚的历程,人们形成这样的共识:创造美好生活归根结底要靠不懈奋斗

取得脱贫攻坚的胜利,就要有勇有谋,既要有志气,也要讲智慧,既要有"不获全胜决不收兵"的意志,也要有因地制宜、施之长远的方法

一段时间以来,革命老区陆续脱贫引发关注。江西井冈山成为贫困退出机制建立后第一个"摘帽"的贫困县;素有"共和国摇篮"之誉的瑞金在赣南老区率先脱贫;湖南桑植告别无国道、无铁路、无高速公路的历史……近年来,革命老区建设发展步入快车道,书写下一个个振奋人心的脱贫攻坚的故事。

时间是最忠实的记录者,也是最客观的见证者。改革开放以来,不仅仅是革命老区群众的生活发生了翻天覆地的变化,各地都在脱贫事业中改变面貌、勃发生机。据世界银行测算,40年来中国共减少贫困人口8.5亿多人,对全球减贫贡献率超过70%。我们一路披荆斩棘,稳步向历史性解决绝对贫困和全面建成小康社会迈进,交出了一份沉甸甸的成绩单,创造了彪炳史册的人间奇迹。被誉为"最成功的脱贫故事",被视为"人类历史上最伟大的事件之一",中国脱贫的不凡成就举世瞩目。

一代人有一代人的担当。党的十八大以来，以习近平同志为核心的党中央将脱贫攻坚放在更加突出的位置，举全党全社会之力，推动脱贫事业取得历史性成就。2013年至2018年，连续6年超额完成千万减贫任务。6年间，全国累计减少贫困人口8239万人，贫困发生率从2012年末的10.2%下降到2018年末的1.7%，脱贫攻坚力度之大、规模之广、成效之显著，前所未有。这一成就，带来亿万人民获得感幸福感的提升，厚植我们党执政兴国的坚实基础，彰显着共和国的"人民"底色。

人间奇迹靠什么书写？历史性成就从何而来？回溯脱贫攻坚的历程，人们形成这样的共识：创造美好生活归根结底要靠不懈奋斗。在贵州遵义草王坝村，老支书黄大发带领村民立下愚公志，用整整36年的奋斗开凿出"生命渠"，拔掉了世代贫困的穷根；在江西瑞金，当地老百姓笃信"没有等来的辉煌，只有拼来的精彩"，克服重重困难，走出一条真脱贫、脱真贫的致富路子……这些启示我们，幸福不会从天而降，要靠自己的双手来创造。葆有一股子逢山开路、遇水架桥的精气神，砥砺"敢教日月换新天"的志气，就没有什么困难战胜不了，没有什么目标不能实现。

习近平总书记指出，"要重视发挥广大基层干部群众的首创精神，让他们的心热起来、行动起来，靠辛勤劳动改变贫困落后面貌。"取得脱贫攻坚的胜利，就要有勇有谋，既要有志气，也要讲智慧，既要有"不获全胜决不收兵"的意志，也要有因地制宜、施之长远的方法。无论是焦裕禄探索治理"三害"办法，还是小岗村村民以大包干实现增收致富，抑或是浙江湖州率先践行"绿水青山就是金山银山"的理念，正是因为敢为人先的首创精神，让基层干部群众敢于改革创新，让摆脱贫困的梦想日益照进现实。用精准扶贫、精准脱贫提高帮扶的效率，用产业扶贫激发脱贫攻坚的内生动力，用贫困户建档立卡保证精准扶贫落到实处……来自基层的探索与实践不断推动脱贫攻坚取得新成效，这也说明，紧紧依靠人民、发挥人民群众的首创精神，就能为打赢脱贫攻坚战注入不竭动力。

在脱贫攻坚决战决胜的关键时期，尤须锚定"一个都不能少"的目标，激发亿万人民同心圆梦的伟力。在脱贫路上锲而不舍、驰而不息，明天的日子会更好。

（2019年06月18日）

加强学习，厚植党的理论优势

李 斌

当世人追问"中国奇迹何以发生"，中国发展成就背后的"思想之光"更加引人注目

筑牢信仰之基、补足精神之钙、把稳思想之舵，关键就在于把党的创新理论内化为强大的政治信仰、坚定的理想信念和崇高的精神追求

理论创新每前进一步，理论武装就要跟进一步。近日，根据党中央要求，中央宣传部组织编写《习近平新时代中国特色社会主义思想学习纲要》。《纲要》对习近平新时代中国特色社会主义思想作了全面系统阐述，有助于更好地理解把握这一思想的基本精神、基本内容、基本要求。

纵览今日中国，从雄安新区到海南自贸区，从一列列穿越大陆的中欧班列到一幕幕奋勇攻关的科创场景，处处都是振奋人心的追梦图画，处处都能感触到党的创新理论引路指向、凝心聚力的深厚力量。当世人追问"中国奇迹何以发生"，中国发展成就背后的"思想之光"更加引人注目。作为马克思主义中国化最新成果，习近平新时代中国特色社会主义思想，是全党全国人民为实现中华民族伟大复兴而奋斗的行动指南，是党的十八大以来党和国家事业取得历史性成就、发生历史性变革的根本理论指引。

"一个民族要站在时代的顶峰,就一刻也离不开理论思维"。一个用先进理论武装起来的先进政党,是我们实现中华民族伟大复兴中国梦的根本保证。回顾我们党成立98年、执政70年的光辉历程,坚持把马克思主义基本原理同中国实际和时代特点紧密结合起来,推进理论创新、实践创新,不断把马克思主义中国化推向前进,是我们党的优良传统和巨大优势。紧密结合"不忘初心、牢记使命"主题教育,把《纲要》纳入学习计划,把学习贯彻习近平新时代中国特色社会主义思想进一步引向深入,我们就能厚植党的理论优势和政治优势,激发同心共济、开创未来的磅礴力量。

理论上清醒,政治上才能坚定。从延安时期"来一个全党的学习竞赛"的号召,到新时代"全党来一个大学习"的要求,理论学习既是锻造党性的熔炉,也是提升党的创造力、凝聚力、战斗力的关键。筑牢信仰之基、补足精神之钙、把稳思想之舵,关键就在于筑牢马克思主义理论素养,把党的创新理论内化为强大的政治信仰、坚定的理想信念和崇高的精神追求。以主题教育为抓手,深入学习《纲要》,推动习近平新时代中国特色社会主义思想进一步深入人心、落地生根,引导广大干部群众增强"四个意识"、坚定"四个自信"、做到"两个维护",才能不断培厚共产党人的精神家园,真正做到"千磨万击还坚劲,任尔东西南北风"。

理论上先进,行动上才能有力。当此百年未有之大变局,我们面临着历史性机遇,又面临着前所未有的严峻挑战。及时回答时代之问、人民之问,廓清困扰和束缚实践发展的思想迷雾,必须坚持马克思主义指导地位,不断推进实践基础上的理论创新。同时在前进道路上,我们必须坚持党的创新理论的思想指引。习近平总书记强调,"武装头脑、指导实践、推动工作,落脚点在指导实践、推动工作;学懂弄通做实,落脚点在做实。"深入学习贯彻习近平新时代中国特色社会主义思想,就要推动理论学习往深里走、往实里走、往心里走,提高运用党的创新理论指导实践、推动工作的能力。让理论与实践同生共长,我们就可以不断开辟新时代中国特色社会主义的新境界。

"把我们的党建设好,团结全体中华儿女把我们国家建设好,把我们民族发展好,继续朝着中华民族伟大复兴的目标奋勇前进。"习近平新时代中国特色社会主义思想为我们奋进新时代、踏上新征程提供了根本遵循。东方古国升起的思想之光,必将照亮一个民族走向复兴的伟大征程。

(2019年06月17日)

长征永远在路上

李洪兴

今天，我们再走长征路，就是要追寻初心、坚守恒心、激发信心，凝聚起万众一心奋斗新时代的精神力量

我们不能忘记党的初心和使命，不能忘记革命理想和革命宗旨，长征永远在路上，长征永远在脚下

历史是不断向前的，要到达理想的彼岸，就要沿着我们确定的道路不断前进

江西赣州，于都河畔。在中央红军长征出发纪念馆里，陈列着红军战士谢志坚的一双草鞋。前不久，习近平总书记参观纪念馆时，在这件展品前停下脚步、凝视许久，回忆红军长征这一惊天动地的革命壮举、气吞山河的人间奇迹。

85年前，红军战士脚穿草鞋，夜渡滔滔于都河，开始了万里长征。血战湘江，四渡赤水，强渡大渡河，飞夺泸定桥，翻雪山，过草地……跋山涉水、九死一生，红军战士用生命和热血绘就了改变中国前途命运的史诗。85年后，正是新中国成立70周年。6月11日，"壮丽70年·奋斗新时代——记者再走长征路"主题采访活动在江西于都、瑞金和福建长汀、宁化启动。记者们带着感情、带着思考、带着责任，重新踏上这一段征程，通过与历史的共鸣、与现实的对话，探寻红色政权是从哪里

来的、新中国是怎么建立起来的,探索中国共产党为什么"能"、马克思主义为什么"行"、中国特色社会主义为什么"好"的答案。

今天,我们再走长征路,就是要追寻初心、坚守恒心、激发信心,凝聚起万众一心奋斗新时代的精神力量。在江西,豪迈宣示"我们将高举革命的旗帜,继往开来,重整行装再出发";在贵州遵义,叮嘱讲解员告诉大家"我们党是怎么走过来的";在宁夏固原将台堡,意味深长地说"我们每代人都要走好自己的长征路"……党的十八大以来,习近平总书记的"红色足迹",昭示着"行程万里,不忘初心"的决心,坚定着"心中有信仰,脚下有力量"的信心,砥砺着"新长征路上,每一个中国人都是主角、都有一份责任"的恒心。我们不能忘记党的初心和使命,不能忘记革命理想和革命宗旨,长征永远在路上,长征永远在脚下!

6月,"不忘初心、牢记使命"主题教育在全党开展。今年是新中国成立70周年,也是我们党在全国执政第七十个年头,在这个时刻开展这次主题教育,正当其时。长征这一场理想信念的远征,正承载着共产党人的初心和使命。又一次走上长征路,也正是要感悟初心的力量、使命的分量。习近平总书记曾深情讲述"半床棉被"的故事:长征途中,3名女红军借宿湖南汝城县沙洲村徐解秀老人家中,临走时,把自己仅有的一床被子剪下一半给老人留下了。老人说,什么是共产党?共产党就是自己有一条被子,也要剪下半条给老百姓的人。不忘初心,方得始终。中国共产党人的初心和使命,就是为中国人民谋幸福,为中华民族谋复兴。不论时代如何变化,不论条件如何变化,初心如磐、使命在肩,才能用理想之光照亮奋斗之路,用信仰之力开创美好未来。

"时代变了,条件变了,我们共产党人为之奋斗的理想和事业没有变。"立足新时代,面对国内改革发展重任,面对国际形势风云变幻,需要跨越的"雪山""草地"还有很多,需要征服的"娄山关""腊子口"还有很多。实现伟大的理想,从来就没有平坦的大道可走。一切贪图安逸、不愿继续艰苦奋斗的想法都是要不得的,一切骄傲自满、不愿继续开拓前进的想法都是要不得的。曾经,要冲破革命道路上的围追堵截,必须"不怕牺牲、排除万难去争取胜利";如今,抓住发展的重要战略机遇期,风雨不动安如山,"最重要的还是做好我们自己的事情"。以理想为魂、以信念为魄，不忘初心、牢记使命，我们就一定能在新的长征路上跑好接力赛中我们这一棒。

　　历史是不断向前的，要到达理想的彼岸，就要沿着我们确定的道路不断前进。习近平总书记指出，"只要我们保持坚定理想信念和坚强革命意志，就能把一道道坎都迈过去，什么陷阱啊，什么围追堵截啊，什么封锁线啊，把它们通通抛在身后！"不忘来时路、走好未来路，让我们沿着革命先辈们开辟的道路继续坚定地走下去，走向更光辉的未来，走向更美好的明天。

（2019年06月12日）

更深拓展中国经济发展新空间

周人杰

用好高质量发展的动力之源,用好区域战略的畅通之源,更深拓展中国经济的发展新空间,进一步增强中国经济发展的信心和底气

日前召开的中央全面深化改革委员会第八次会议强调,衡量改革的有效性要从国家改革发展全局出发,既看单项改革执行落实情况,也从战略层面统筹考虑相关制度的集成效果。在不久前召开的推动中部地区崛起工作座谈会上,习近平总书记指出"国家重大发展战略在很多省区市都有叠加效应",要求各省立足省情、抢抓机遇,"左右逢源"。从战略全局把握改革的"集成效果",从空间布局用好发展的"叠加效应",宏观上统筹兼顾、综合平衡,中观上因势利导、精准施策,有利于我们更加从容地应对国内外各种重大风险挑战,是当前和今后一个时期各地各部门重要的经济工作方法论。

相对于"单兵突进",制度的"集成效果"有利于改革朝着纵深推进,形成合力破难题、解新题。以普惠性幼儿园的建设为例,民办园所对改革的配合意愿不强,主要担心的是投资收益下降。对此,如果仅靠补贴恐怕效果有限。只有让物价部门厘定收费标准、让规划部门明确土地性质,同步协调租金、设备、人员的编制与培训等,使得民营资本"有得

赚"、普通群众"上得起"、政府监管"跟得上",普惠二字才真正立得住。其他诸如医疗健康、文化旅游、社区养老等面临的复杂局面,同样需要结构化系统化的集成攻坚。

相对于"分兵把守",战略的"叠加效应"有利于用好政策红利,让新发展理念落地生根。以湖北省为例,有长江经济带黄金水道的依托,要把搞大保护、"绿满荆楚"放在首位,又是中部地区崛起的支点,也离不开创新驱动、提质增效。有破有立,就不能简单把高污染企业一关了之,而要通过"关改搬转"等一系列办法促其重生,实现"含绿量"与"含金量"的共同提高。其实,无论东部率先发展、西部大开发、东北全面振兴、中部地区崛起,还是京津冀、长江经济带、粤港澳大湾区、长三角等地区发展,都可能存在双重或多重的政策叠加,都需要治理者因地制宜、统筹谋划。

纵横当有凌云笔。追求改革的"集成效果"、实现发展的"叠加效应",关键办法是善于在具体工作中"左右逢源"——这个"逢源"不是投机取巧的招数,而是要用好高质量发展的动力之源,用好区域战略的畅通之源,更深拓展中国经济的发展新空间,进一步增强中国经济发展的信心和底气。激活动力之源,必须紧紧扣住高质量发展的根本要求,健全各类经济政策协调机制,推动新旧动能转换;疏浚畅通之源,必须努力完成区域发展战略的具体部署落实,统筹全局、整体推进,结合实际、突出重点、各安其位、各负其责。归结起来,就是要求各级领导干部掌握"转盘子"的艺术,把制度的优势转化为发展的胜势。

应当看到,集成、叠加都需要更加成熟、更加定型的体制机制确认下来。当前,集中精力做好自己的事,就要秉持"止于至善"的决心破解发展的不平衡,运用"左右逢源"的策略应对发展的不充分,这离不开宏观调控体系的完善。随着改革开放以来历次调控的经验累积,尤其是党的十八大后区间调控、定向调控、相机调控、调控与改革并举、发力供给侧等创新,使得目标与政策、协调、监督考评、保障等具备了体系化、机制化的现实条件。正因此,中央全面深化改革委员会第八次会议审议通过的《关于创新和完善宏观调控的指导意见》,成为我们处理好政府和市场、短期和长期、国内和国际关系的重要制度保障。

统筹谋划好"集成效果"与"叠加效应",有序协调好各项国家重大发展战略,在防范化解重大矛盾和突出问题上出实招硬招,我们定能增强应对挑战、抵御风险能力,更好服务经济社会发展大局,以更高水平的宏观调控实现中国经济更高质量的平稳健康发展。

(2019年06月04日)

用初心和使命引领复兴征程

李 拯

回望近百年风云激荡的历程，不变的初心和使命是激励我们党接续奋斗的精神密码，推动我们的事业在各种风险和挑战中不断发展壮大

我们应该把一以贯之的初心和使命与今天要做的事情结合起来，把这种历久弥坚的精神转化为攻坚克难的力量

向历史深处的回望，总是让人心潮澎湃。从于都河畔到沂蒙老区，从遵义古城到宝塔山上，习近平总书记的"红色足迹"遍及各个革命老区。"每到井冈山、延安、西柏坡等革命圣地，都是一种精神上、思想上的洗礼"，真挚的话语、深沉的情感，传递着世界上规模最大执政党对初心使命的坚持、对理想信念的坚守。

近日，"不忘初心、牢记使命"主题教育工作会议在北京召开。根据党中央部署，"不忘初心、牢记使命"主题教育以县处级以上领导干部为重点，在全党自上而下分两批开展。这是一次跨越百年的历史回望，也是一场触及灵魂的思想洗礼。广大党员干部将循着我们党近百年奋斗历程，从历史与现实中体会初心和使命，汇聚起走向未来的精神力量。

"只有不忘初心、牢记使命、永远奋斗，才能让中国共产党永远年轻"。如果因为走得远而忘记了当初为什么而出发，就会在精神上解除自

己的武装。回望近百年风云激荡的历程，在烽火连天的革命岁月、热火朝天的建设年代、波澜壮阔的改革时期，不变的初心和使命是激励我们党接续奋斗的精神密码，推动我们的事业在各种风险和挑战中不断发展壮大。正所谓"不忘初心，方得始终"，今天，越是面对外部环境的不确定性，越是面对各种风险挑战，越是要用初心和使命激扬奋斗精神，完成中华民族的伟大复兴。

不忘初心，牢记使命，就要坚持思想建党、理论强党。习近平总书记强调："马克思主义并没有结束真理，而是开辟了通向真理的道路。"我们要在新的历史起点理清走过的路、辨明脚下的路、认准前行的路，就要深入学习党的创新理论成果，真正用习近平新时代中国特色社会主义思想武装头脑、指导实践、推动工作。理论上的成熟是政治上成熟的基础，政治上的坚定源于理论上的清醒。抓住思想建党、理论强党，就抓住了主题教育的灵魂，就能从内心深处筑牢"不忘初心，牢记使命"的思想基石。

不忘初心，牢记使命，就要力戒形式主义、官僚主义。初心和使命不是抽象的，而是体现在党员干部点点滴滴的作风中、干事创业的激情里。贯彻守初心、担使命，找差距、抓落实的总要求，把学习教育、调查研究、检视问题、整改落实贯穿全过程，才能达到理论学习有收获、思想政治受洗礼、干事创业敢担当、为民服务解难题、清正廉洁作表率的目标。

不忘初心，牢记使命，就要化解风险挑战、推动中心工作。不忘本来，是为了更好地开创未来；走进历史的隧道，也是为了捕捉未来的光芒。穿越近百年奋斗历程，我们应该把一以贯之的初心和使命与今天要做的事情结合起来，把这种历久弥坚的精神转化为攻坚克难的力量。正因此，把开展主题教育同应对化解各种风险挑战、推动本地区本部门本单位的中心工作结合起来，才能让初心和使命找到现实载体，让近百年的奋斗从历史延伸到未来。

98年，共产党人初心不改、使命不移。一切向前走，都不能忘记走过的路；走得再远、走到再光辉的未来，也不能忘记走过的过去，不能忘记为什么出发。守初心就不会迷失方向，担使命就无惧风险挑战，一个不忘初心、牢记使命的政党，将书写更辉煌的篇章。

（2019年06月03日）

民生改善,只有连续不断的新起点

——千方百计让老百姓都能过上好日子①

李 拯

> 增进民生福祉是发展的根本目的。兼顾经济发展与民生改善,不仅体现着一种价值理念,更是一种发展智慧

"我们要饮水思源,不能忘了革命老区和革命先烈""岢岚县赵家洼村整村搬迁后,老百姓就业有没有着落?""金寨县什么时候能脱贫摘帽?"……近日,习近平总书记在江西考察并主持召开推动中部地区崛起工作座谈会,对老区群众的热切关心、对脱贫攻坚的殷殷嘱托,展现了念兹在兹的人民情怀,彰显了我们党执政为民的价值追求。

"我们的人民热爱生活,期盼有更好的教育、更稳定的工作、更满意的收入、更可靠的社会保障、更高水平的医疗卫生服务、更舒适的居住条件、更优美的环境""人民对美好生活的向往,就是我们的奋斗目标"。2012年11月15日,刚刚当选中共中央总书记的习近平,用朴实的语言,道出了人民心中的梦想,拨动了无数百姓的心弦。党的十八大以来,以人民为中心的发展思想,为民造福的坚定信念,贯穿于这个国家向前迈进的每一个瞬间。

党的十八大以来,在经济下行压力增大、财政收入增速放缓的情势下,各项民生指标却逆势上扬、全线飘红。织密世界最大的社保体系,为亿万人民生活兜底;解决世界最难的就业问题,新增就业连续6年超

1300万人；攻坚世界最复杂的扶贫难题，力求全面建成小康社会"一个都不能少"。从户籍改革破冰到异地高考试水，从推进简政放权到建立权力清单，全面深化改革让更多人拥有人生出彩的机会。实实在在的举措，实实在在的成效，兑现了这样的铿锵誓言："保障和改善民生没有终点，只有连续不断的新起点"，印证了这样的坚定决心："中国共产党的初心就是为人民谋幸福、为民族谋复兴，党中央想的就是千方百计让老百姓都能过上好日子"。

事实上，兼顾经济发展与民生改善，不仅体现着一种价值理念，更是一种发展智慧。在经济发展过程中处理好财富分配问题，让更多人能够分享发展红利，就能够为扩大内需、激励消费、激发内生动力创造条件。比如说，去年最终消费支出对GDP增长贡献率为76.2%，连续5年成为中国经济增长第一驱动力，人们能消费、愿消费、敢消费的背后，是居民收入增速高于GDP增速，是各项制度为创新创业提供了政策支撑。再比如，在脱贫攻坚过程中，产业扶贫遍地开花，各地根据自身不同资源禀赋发展不同产业，既增加了贫困群众收入，又为各地经济发展注入内生动力。可以说，既做大蛋糕又分好蛋糕，既追求效率又注重公平，就能实现经济发展与民生改善的良性循环。

增进民生福祉是发展的根本目的。坚持在发展中保障和改善民生，不是一时性的政策安排，而是新时代坚持和发展中国特色社会主义基本方略的重要内容，承载着中国共产党什么时候都不能忘的初心和使命。今天，人民美好生活需要日益广泛，不仅对物质文化生活提出了更高要求，而且在民主、法治、公平、正义、安全、环境等方面的要求日益增长。顺应人民的美好生活需要，要求我们推动民生改善再上层楼、更进一步。我们要把握尽力而为和量力而行的关系，既最大限度改善民生，又不能让民生改善脱离发展实际，更不能搞过度福利化，寅吃卯粮；要处理好政府托底和个人奋斗的关系，既要不断完善社会保障制度，也要防止滋生"等靠要"的思想，继续激扬奋斗精神。多谋民生之利、多解民生之忧，在发展中补齐民生短板、促进社会公平正义，就能把民生改善书写在新时代的年轮里，保证全体人民在共建共享发展中有更多获得感。

"本根不摇，则枝叶茂荣"。从驱车300多公里深入太行山深处，到不远千里踏进湘西武陵山区,再到深入江西赣南革命老区……党的十八大以来,习近平总书记饱含深情的考察调研,生动地诠释着我们党的不变初心。各级党委和政府、广大党员干部不忘初心、牢记使命,把保障和改善民生工作做到实处、细处,老百姓的日子一定会越过越红火。

(2019年05月30日)

坚持不懈保障和改善民生

——千方百计让老百姓都能过上好日子 ②

李洪兴

  既要尽力而为，在经济发展可承受的范围内最大限度改善民生；也要量力而行，尊重民生改善和经济发展自身的规律
  要福利而不要过度福利，要民生而不要透支民生，才能有稳步提高的民生改善，才能有可持续发展的社会保障制度
  当前，面对外部环境的不确定性，面对经济下行压力，我们坚持保障和改善民生的决心不会变

  近日，不少民生新闻引发热议。最近发布的《2018年我国卫生健康事业发展统计公报》显示，我国居民人均预期寿命提高到2018年的77岁，城乡居民健康水平持续提高；多部委联合下发了《关于进一步健全农村留守儿童和困境儿童关爱服务体系的意见》，把加强农村留守儿童关爱保护工作落细落实。"人民对美好生活的向往，就是我们的奋斗目标"，这一宣示在新时代持续激发更多务实举措。

  民生工作离老百姓最近，同老百姓生活最密切。坚持不懈保障和改善民生、千方百计为群众排忧解难，是以习近平同志为核心的党中央的深切牵挂，成为各级政府部门工作的重中之重。党的十八大以来，全国低保覆盖范围越来越广、保障标准越来越高，"兜底线"越来越有温度；新型农村合作医疗保险报销比例逐年提升，今年还将实现城乡医保并轨；

"放管服"改革深入推进、营商环境不断优化,以权利公平、机会公平、规则公平为主要内容的社会公平保障体系逐步建立。民生领域这些看得见、摸得着的积极变化,不仅给群众带来了实实在在的获得感,更生动说明了什么是最大限度改善民生,什么是尽力而为惠及百姓。

随着经济发展而不断提高民生改善的水平,让人民群众更多分享发展红利,这既是新发展理念的体现,更是当今中国社会的最大共识之一。但也要看到,我国仍处于并将长期处于社会主义初级阶段,改善民生不能脱离这个最大实际,只能根据经济发展和财力状况逐步提高人民生活水平。在这个过程中,需要防止出现故意吊高群众胃口的"空头支票",避免陷入"高福利陷阱"。一些国家正是由于过度提高福利和过度承诺,导致养懒汉、高税收、财政难以支撑等问题,过度提高福利反而让福利恶化、过度承诺反而让承诺落空。可以说,要福利而不要过度福利,要民生而不要透支民生,才能有稳步提高的民生改善,才能有可持续发展的社会保障制度。

这启示我们,改善民生需要处理好尽力而为与量力而行的辩证关系。既要尽力而为,在经济发展可承受的范围内最大限度改善民生;也要量力而行,尊重民生改善和经济发展自身的规律。说到底,民生改善要以经济发展实际为其约束条件,这样才是可操作、能落地、可持续提升的民生改善,否则就只是博取一时掌声的镜花水月。习近平总书记指出,"民生工作直接同老百姓见面、对账,来不得半点虚假,既要积极而为,又要量力而行,承诺了的就要兑现。"对各级政府部门而言,持续推进民生改善,要少开"空头支票"、少吹"彩色泡泡",根据各自资源禀赋和发展阶段出台务实举措,解决群众最关心最直接最现实的利益问题,落实各项惠民政策,做好普惠性、基础性、兜底性民生建设,让各项民生举措能够落地生根、取得实效。

抓民生也是抓发展。新中国成立70年来,我们党始终坚持在发展中保障和改善民生,实现了从短缺到充裕的历史性跨越。可以说,民生改善的步伐与经济发展的脚步始终是合拍的。持续推进民生改善,归根到底是要坚持把自己的事情办好,把中国发展得更好,在经济发展中自然提升民生改善的水平。当前,面对外部环境的不确定性,面对经济下行压力，我们坚持保障和改善民生的决心不会变，我们也一定有智慧和能力把中国经济发展得更好，让老百姓的日子过得更好。

"中国共产党的追求就是让老百姓生活越来越好""让老百姓过上好日子是我们一切工作的出发点和落脚点""党的一切工作就是要为老百姓排忧解难谋幸福"，习近平总书记的真挚话语，是各级干部为民造福的行动指南。把握好尽力而为和量力而行的辩证关系，始终坚持在不脱离发展实际的前提下保障和改善民生，始终坚持通过持续的经济发展带动民生改善，一步一个脚印，不断把民生红利落到实处，让民生保障延伸到未来，老百姓的日子一定会越过越红火。

（2019 年 05 月 31 日）

幸福都是奋斗出来的

——千方百计让老百姓都能过上好日子 ③

石 羚

在追求美好生活的征途上,政策托底不能代替个人奋斗,既要有政策托底,更要在此基础上用奋斗创造美好生活

美好生活不是免费午餐,不是天上掉馅饼,更不是一夜暴富、不劳而获,只有埋头苦干、真抓实干才能梦想成真

当前,脱贫攻坚进入决战决胜阶段,如何处理好扶贫与扶志、输血与造血的关系,是摆在广大干部群众眼前的考题。习近平总书记在重庆石柱考察时对老乡说:幸福是奋斗出来的,脱贫致富不能等靠要,既然党的政策好,就要努力向前跑。从脱贫致富到改善民生,这都是重要的方法论:政策托底和个人奋斗,一个都不能少。

党的十八大以来,每一项民生工程,都在提升群众获得感的同时,为拼搏奋斗创造着条件。实现比较充分就业,让劳动者各尽其能;根治拖薪欠薪痼疾,免除农民工后顾之忧;完善职业教育和培训体系,为青年提供多样化的成才路径……学有所教、劳有所得、病有所医、住有所居等方方面面的实际成效,既体现出发展成果惠及人民群众,又通过获得感提振了干事创业的精气神。作为发展的受益者与参与者,千千万万"甘洒热血写春秋"的奋斗身影,是中国逐梦前行最深沉的力量。

从吃饱穿暖到吃得好穿得好,再到更美好的生活,我国不断在改善民生的道路上求取"更优解"。但保障民生,是维护社会底线公平的制度

安排。换句话说，在追求美好生活的征途上，政策托底不能代替个人奋斗。无论是个人前途，还是经济发展，都需要投入聪明才智，都需要付出真诚劳动，如此才能把蛋糕越做越大。正如习近平总书记强调的，"世界上没有坐享其成的好事，要幸福就要奋斗"。说到底，增进民生福祉既要有政策托底，更要在此基础上激发亿万人民用奋斗创造美好生活的积极性。

美好生活不是免费午餐，不是守株待兔，更不是一夜暴富、不劳而获，只有埋头苦干、真抓实干才能梦想成真。奋斗是实现幸福的必由之路。"一心只为老乡亲"，带领十八洞村村民寻找致富法子的"玛汝队长"石登高；每天待在实验室，研制的电容电池达到国际先进水平的蒋虎南；熟记2600多个地名，不允许一个快递发错的邮件接发员柴闪闪……这些2019年全国五一劳动奖章的获得者，用智慧与汗水攻克人生难关，创造美丽生活。在他们口中，"感恩""奋斗"是两个常被提起的关键词。身处伟大的时代，受益于社会的馈赠，个人就如同站在巨人的肩膀上，当个人奋斗与国家发展同频共振，个人就能不断抵达新的人生高度。

弘扬奋斗精神，不仅需要个人的进取，更需要国家以制度搭建干事创业的良好平台。一方面，要更好发挥政策托底的保基本、守底线作用，为奋斗者、劳动者斩断后顾之忧，让他们能够在追梦征程轻松上阵。另一方面，要加快构建以权利公平、机会公平、规则公平为主要内容的社会公平保障体系，给奋斗者、劳动者更多施展才华的机会。近年来，从大病医疗全覆盖，到养老金"十五连涨"，从深入推进简政放权，到不断优化营商环境，社会保障网越织越密、社会发展环境越来越公平，正是要为奋斗者创造更好的条件，让他们有机会、有条件去实现人生出彩。

立足新时代，在政策托底的基础上，我们应心无旁骛地用双手创造美好生活。在这个人人皆可出彩的大舞台上，以奋斗为基调，每个人都能唱响圆梦之歌。

（2019年06月03日）

"让老百姓都能过上好日子"

李 斌

> 只有回望历史、铭记过去，我们才能深刻认识红色政权来之不易、新中国来之不易、中国特色社会主义来之不易
>
> 我们党之所以能永葆青春活力，不断从胜利走向胜利，关键就在于能够不忘初心、牢记使命

江西赣州于都，是中央红军二万五千里长征的集结出发地。5月20日，习近平总书记来到这里，瞻仰中央红军长征出发纪念碑，亲切会见于都县红军后代、革命烈士家属代表，动情表示要饮水思源、不忘革命先烈，悉心叮嘱把井冈山精神和苏区精神继承和发扬好……习近平总书记在革命老区重申共产党人的初心和使命、理想和宗旨，为广大党员干部不忘初心、牢记使命、继续奋斗注入了强大正能量。

不忘初心，方得始终。犹记2012年，当选中共中央总书记的习近平在人民大会堂郑重承诺，要"夙夜在公，勤勉工作，努力向历史、向人民交出一份合格的答卷"。此次考察时，习近平总书记强调："中国共产党的初心就是为人民谋幸福、为民族谋复兴，党中央想的就是千方百计让老百姓都能过上好日子。"党的十八大以来，一个个彪炳史册的历史性成就和变革，见证了以习近平同志为核心的党中央对人民群众的深厚情怀、对中华民族的责任担当。

今年全国两会上，习近平总书记的一段话语重心长："上海石库门、南湖红船，诞生了中国共产党，14年抗战、历史性决战，才有了中华人民共和国。共和国是红色的，不能淡化这个颜色。"国家发展了，人民生活改善了，但无论走得多远，我们都不能忘记走过的路，不能忘记革命先辈、革命先烈，不能忘记革命老区的父老乡亲。只有回望历史、铭记过去，我们才能深刻认识红色政权来之不易、新中国来之不易、中国特色社会主义来之不易。今年是新中国成立70周年，最好的庆祝，就是不忘初心、牢记使命，倍加珍惜我们党开创的中国特色社会主义，坚定道路自信、理论自信、制度自信、文化自信，担好实现"两个一百年"奋斗目标的历史责任。

"以百姓心为心，与人民同呼吸、共命运、心连心，是党的初心，也是党的恒心。"事业发展永无止境，共产党人的初心永远不能改变。回望历史，在民族蒙难时应运而生，在浴血奋战中重整国家，在一穷二白基础上建成国民经济体系，在改革开放中开辟中国特色社会主义道路，在砥砺奋进中推动中国特色社会主义进入新时代，我们党之所以能永葆青春活力，不断从胜利走向胜利，关键就在于能够不忘初心、牢记使命。从今年6月开始，全党将自上而下分两批开展"不忘初心、牢记使命"主题教育。通过这次主题教育，在返本归真中拨亮信仰的灯火，党员干部都将经历一场庄严的精神洗礼。

强化问题导向、坚持问题导向，是党的十八大以来全面从严治党的鲜明特点和成功经验。一些官僚主义、形式主义新表现提醒我们，影响党的先进性、弱化党的纯洁性的各种因素不容小觑。今年是基层减负年，习近平总书记特别叮嘱，各地区各部门要将此作为"不忘初心、牢记使命"主题教育的重要内容。只有坚决整治形式主义、官僚主义，加强真抓实干的作风建设，才能让广大干部有更多的精力、以更大的热情投入到让老百姓过上好日子的奋斗中来。发扬勇于自我革命这一我们党最鲜明的品格，教育引导党员干部牢记党的宗旨，树立正确政绩观，同一切影响党的先进性、弱化党的纯洁性的问题作坚决斗争，新时代共产党人的精神坐标将更加闪亮。

从闯出一条革命新路的井冈山探索，到"唤起工农千百万"的苏区革命,从化作"地球上最绚烂的红飘带"的长征奇迹,到延安时期勤廉奉公绽放的"兴国之光",伟大革命精神跨越时空、永不过时,是砥砺我们不忘初心、牢记使命的不竭精神动力。当8900多万名党员砥砺初心、忘我奋斗,当450多万个基层党组织凝聚成坚强有力的战斗堡垒,中国共产党一定能带领中国人民奋勇向前、无往不胜。

(2019年05月27日)

中部地区发展大有可为

李 斌

从顶层设计统筹区域协调发展，在区域层面谋划高质量发展，为中国经济巨轮乘风破浪注入澎湃动力

开创中部地区崛起新局面，关键在于贯彻好新发展理念，推进改革开放走深走实

当前，中部地区崛起势头正劲，中部地区发展大有可为。前所未有的机遇，其实就是担当任事的责任

"我们要继往开来再出发！"连日来，习近平总书记在江西考察调研，并主持召开推动中部地区崛起工作座谈会。从饮水思源、不忘初心的精神鼓舞，到保障民生、关怀老区的殷切嘱托，再到技术创新、绿色发展的细致谋划，习近平总书记的重要讲话，让干部群众感受到党中央的关怀备至，为推动中部地区崛起再上新台阶指明了前进方向，提供了重要遵循。

既"谋全局"也"谋一域"，向来是大国治理的重要课题。中国人口之众多，幅员之辽阔，东中西各区域情况之复杂，发展禀赋差别之明显，在世界上是罕有的。正因为这样，更凸显出做好区域发展规划的战略意义。从改革开放初期的"沿海地区要加快对外开放"，到世纪之交的西部大开发，再到新世纪头一个十年的东北老工业基地振兴、推动中部地区崛起，我国的区域发展总体战略格局不断完善。党的十八大以来，

习近平总书记多次就优化经济发展空间格局、促进各地区协调发展作出重要部署,从顶层设计统筹区域协调发展,在区域层面谋划高质量发展,为中国经济巨轮乘风破浪注入澎湃动力。

习近平总书记强调:"推动中部地区崛起是党中央作出的重要决策。"新时代区域协调发展的版图上,中部地区是至关重要的一块。"湖广熟,天下足""中部畅,全国通",见证中部地区在粮食安全、交通枢纽等方面的重要战略价值。在协调区域经济、承接产业梯度转移进程中,中部地区发挥着承东启西、连接南北的桥梁纽带作用。

发展出题目,改革做文章。从总体上看,推动中部地区崛起再上新台阶,既拥有良好基础和比较优势,也面临着一系列挑战,特别是存在经济结构不优、供给质量不高、部分行业产能过剩、资源环境约束越来越紧等问题。不发展、发展慢,难以实现崛起;走拼资源、拼环境、产业结构畸轻畸重的粗放型之路,难以实现可持续发展。谋定而后动,厚积而薄发。开创中部地区崛起新局面,关键在于贯彻好新发展理念,推进改革开放走深走实,"在供给侧结构性改革上下更大功夫,在实施创新驱动发展战略、发展战略性新兴产业上下更大功夫"。

当前,中部地区崛起势头正劲,中部地区发展大有可为。前所未有的机遇,换个角度看,其实就是担当任事的责任。路在人走,业在人创,事在人为。历史上因武钢、武船、武重等重工业而闻名的武汉,如今成为信息技术、生物医药、智能制造等高端产业基地;不临边、不沿海的郑州在新时代改革开放大潮中乘势而起,一跃成为"一带一路"重要节点城市;山西历经转型阵痛,今年一季度地区生产总值增长 7.2%,超出预期、超出全国,创近 6 年来最好开局。紧扣高质量发展要求,综合运用区位、资源、产业、人才等多方面优势,不断实现同东部、东北和西部的差异化发展、互补化发展,中部地区必能乘势而上,打造出更多响当当的发展样板。

东部发展蒸蒸日上、西部开发如火如荼、东北振兴全面发力、中部地区崛地而起,各司各的位,各负各的责,下好全国一盘棋,新时代区域发展空间格局就能更趋协调、更加联动,中国经济的发展空间必将不可限量。

(2019 年 05 月 24 日)

携手开创亚洲文明美好未来

白 龙

山水相连、人文相亲的亚洲各国将以亚洲文明对话大会为契机,共同开创亚洲繁荣发展的新未来

今天的"一带一路""两廊一圈""欧亚经济联盟"等,既是发展繁荣之路,也是文明交融之路;既是通商易货之道,更是促进民心相通的大动脉

亚洲是多种文明和谐共生的代表性地区,当对世界文明发展提供有益借鉴

孟夏时节,万物并秀,北京再次汇聚亚洲乃至世界的目光。日前,以"亚洲文明交流互鉴与命运共同体"为主题的亚洲文明对话大会在北京开幕。习近平主席在开幕式主旨演讲中强调,加强世界上不同国家、不同民族、不同文化的交流互鉴,夯实共建亚洲命运共同体、人类命运共同体的人文基础。这一主张,充分体现了美人之美、美美与共的文明理念,为亚洲文明繁荣注入新动力。

从黄河长江到两河流域,从茫茫戈壁到高山峡谷,从季风雨林到丰饶平原,亚洲这片迷人而广阔的区域,是人类文明的重要发祥地。四大文明古国,亚洲有其三;亚洲的数学家发明了"零"的概念与代数学,亚洲的天文学家发明了领航用的星盘,亚洲的文学经典至今仍撩人心

弦……亚洲文明和其他文明一起，共同谱写了人类文明史上的璀璨华章。如今，47个亚洲国家以及其他国家各界代表共襄文明盛举，是亚洲文明在新时代的延续。山水相连、人文相亲的亚洲各国将以亚洲文明对话大会为契机，共同开创亚洲繁荣发展的新未来。

习近平主席指出，亚洲先人们早就开始了文明交流互鉴。历史上，是贸易的丝线，将亚洲各个国家像珍珠般串联起来。南亚的季风吹拂过南京启航的明朝货船，名贵的骏马也曾从欧亚草原运往印度，铁器则由大马士革运抵阿富汗。如今，亚洲文明迎来了一个崭新的发展时期。就像历史上的丝绸之路一样，今天的"一带一路""两廊一圈""欧亚经济联盟"等，既是发展繁荣之路，也是文明交融之路；既是通商易货之道，更是促进民心相通的大动脉。穿行在广袤大陆的中欧班列、横跨在马尔代夫的跨海大桥、被称为"花园港口"的瓜达尔港……一系列融通合作的成果，写下了亚洲文明不断发展壮大的动人华章。

此次大会以"亚洲文明交流互鉴与命运共同体"为主题，体现了习近平主席倡导的文明交流互鉴和构建亚洲命运共同体、构建人类命运共同体等重要理念，也反映了亚洲和世界各国的普遍愿望。近年来，亚洲各国的文明交流不断发展，从博鳌亚洲论坛、亚信会议到上海合作组织，从东盟系列会议到澜沧江—湄公河合作，在经济、政治、安全等领域，文明成果不断完善，文明之基日益稳固。此次大会，各国与会代表继续就此议题深入研讨，进一步探寻文明交流对构建人类命运共同体的重要意义。相信随着交流的深入，以及一系列多边双边倡议、协议的发布，将为推动文明交流互鉴提供具体务实措施，架构起各国人民民心相通的桥梁。

拥有世界2/3的人口、1000多个民族的亚洲，不同文明、宗教、种族求同存异，是多种文明和谐共生的代表性地区，当对世界文明发展提供有益借鉴。当今世界，面对暗流涌动的逆全球化、"文明冲突论"等挑战，迫切需要亚洲国家携起手来共同有效应对。"坚持相互尊重、平等相待""坚持美人之美、美美与共""坚持开放包容、互学互鉴""坚持与时俱进、创新发展"，习近平主席提出的4点主张，为我们寻找解决当今人类社会所面临问题的途径指明了方向。以文明交流超越文明隔阂，以文明互鉴超越文明冲突，以文明共存超越文明优越，本次大会将推动相互理解、相互尊重、相互信任。

面对亚洲文明日益重要的作用，有国外媒体认为，亚洲已成为维护国际秩序的强大力量。在世界前进的步伐中前进，在世界发展的潮流中发展，亚洲国家携手并进，必将开创更加光明的未来。

（2019年05月17日）

文明对话，凝聚亚洲力量

何鼎鼎

文明成果本身就是融合交流互鉴的结果。可以说，今天的文明对话，既是一种对现实的关切，也是对历史的呼应

"各美其美，美人之美，美美与共，天下大同"。推动文明交流互鉴，让我们更好凝聚亚洲力量。祝愿亚洲文明对话大会成功举办，助推各国人民同心协力、携手前行，共创和平、安宁、繁荣、开放、美丽的亚洲和世界

今天，亚洲文明对话大会在北京隆重开幕。汇聚文学、艺术、影视、文物等各领域名家学者，吸引智库、媒体、青年等不同界别代表，是一次具有标志性意义的国际盛会，为不同文明之间相互交流、相互借鉴、共同进步搭建了一个很好的平台。

文明因交流而多彩，文明因互鉴而丰富。就在大会召开前夕，"亚洲文明联展（艺术展）：大道融通——亚洲艺术作品展"在中国美术馆开幕，其中一件来自以色列的雕塑作品格外引人注目。雕塑主体，是两个面对面、席地而坐的人，除了目光对视，无数丝线还将两者连接在一起，寓意着平等的交流、多维的联系与深刻的交融。该作品与展览主题交相呼应，寄托着"大道融通"美好期盼，正是文明之间的"恳谈"，让不同国家有可能超越社会制度、发展阶段、文化传统差异，增进政治互信，充

分挖掘合作潜力。

习近平主席多次深刻阐述文明交流互鉴的意义。他强调:"文明是多彩的,人类文明因多样才有交流互鉴的价值""文明是平等的,人类文明因平等才有交流互鉴的前提""文明是包容的,人类文明因包容才有交流互鉴的动力"。当今世界,不同文明之间,是冲突还是对话、对抗还是合作,已经成为关乎人类前途命运的重大课题,也是人类文明何去何从的"时代之问"。在一些国家之间,诸多历史的隔阂需要消除,诸多现实的误解需要澄清,诸多人为的偏见更应被摒弃。事实上,能战胜"文明较量""文明冲突""文明对抗"的,只能是文明对话、文明交流、文明互鉴。

许多人都记得这样一句歌词:"我们亚洲,山是高昂的头"。作为诸多文明的源头,亚洲的文明底色让这片土地上的人引以为荣。在这片广袤的大陆上,世界2/3的人口、1000多个民族、47个国家聚集于此,亚洲是多种文明和谐共生的代表性地区,也有条件成为多种文明互鉴交融的示范性地区。文化的多元与复杂,让文明对话始终存在现实需要;许多国家山水相连、人缘相亲、文化相通,又让文明对话有了更多可能。更重要的是,文明成果本身就是融合交流互鉴的结果。可以说,今天的文明对话,既是一种对现实的关切,也是对历史的呼应。

探讨"亚洲文明交流互鉴",是为了明晰亚洲前途在哪里。18年前,博鳌亚洲论坛应时而生,这些年来不断发展创新,始终坚持为亚洲谋发展;近6年来,"一带一路"建设在各方共同努力下,取得显著成就。作为重要参与力量,亚洲各国一起共事,也积极对话;除了经贸合作之外,更架设了不同文明互学互鉴的桥梁,深入开展教育、科学、文化、体育、旅游、卫生、考古等各个领域的人文合作,形成多元互动的人文交流格局。应该说,信任是国际关系中最好的黏合剂,广泛深入的对话则是互信的前提。坚持开放包容、合作共赢,勇于变革创新、开拓前进,亚洲的未来将链接一个接一个的新起点。

探讨"亚洲文明交流互鉴",归根到底是为了构建人类命运共同体。回答人类社会向何处去,是永恒的课题。尤其是在贸易保护主义、孤立主义、民粹主义等思潮不断抬头的背景下,文明对话更有了共迎挑战的现实针对性。世界命运应由各国共同掌握,国际规则应由各国共同书写,全球事务应由各国共同治理，发展成果应由各国共同分享。我们推动亚洲文明对话，是为了交流互鉴、取长补短、携手并进。坚持公正合理、互商互谅、同舟共济、互利共赢，我们一定能破解困扰全人类的治理赤字、信任赤字、和平赤字、发展赤字。

"各美其美，美人之美，美美与共，天下大同"。推动文明交流互鉴，让我们更好凝聚亚洲力量。祝愿亚洲文明对话大会成功举办，助推各国人民同心协力、携手前行，共创和平、安宁、繁荣、开放、美丽的亚洲和世界。

（2019年05月15日）

携手并进实现联动发展

——聚焦互联互通 共建一带一路 ①

白 龙

> 共建"一带一路"的朋友圈越来越大,好伙伴越来越多,合作质量越来越高,发展前景越来越好
>
> 构建全球互联互通伙伴关系,需要推动共建"一带一路"向高质量发展前进

"共建'一带一路',关键是互联互通。"习近平主席在第二届"一带一路"国际合作高峰论坛开幕式上的主旨演讲,深刻阐明了互联互通之于共建"一带一路"的重要意义。共建"一带一路"近6年来,正是由于聚焦互联互通,深化务实合作,各国才得以携手并进,实现了互利共赢,共同发展繁荣。

从黑海之滨到非洲之角,从欧亚大陆到万里海疆,共建"一带一路"的朋友圈越来越大,好伙伴越来越多,合作质量越来越高,发展前景越来越好。习近平主席在此次的主旨演讲中强调聚焦互联互通,深化务实合作,正是为了共同绘制好精谨细腻的"工笔画",进一步推动共建"一带一路"合作走深走实、行稳致远、高质量发展。从基础设施建设到促进贸易和投资自由化便利化、实施科技创新,再到始终从发展的视角看问题、架设不同文明互学互鉴的桥梁,共建"一带一路"正沿着各方共同确立的目标、原则、举措,日臻发展完善。

习近平主席指出，基础设施是互联互通的基石，也是许多国家发展面临的瓶颈。近6年来，"六廊六路多国多港"的互联互通架构基本形成，一大批合作项目落地生根，显著推动相关国家经济增长。世界银行不久前发布的研究文章认为，"一带一路"建设"将改善交通基础设施、提升地区经济环境水平"。坦桑尼亚巴加莫约港的建设不仅将使该国受益，也将使该地区其他国家从中受益；匈塞铁路、中老铁路等一系列标志性工程取得积极进展，助力很多国家实现"出海梦""联通梦"。通过基础设施项目合作，"一带一路"建设正帮助相关国家不断突破自身发展瓶颈。

"一带一路"沿线的广袤大陆和辽阔海天之间，中欧班列、陆海新通道等，就像千百年前流动的驼队、繁忙的货船一样，深度促进了沿线国家和地区的互联互通。不久前，一列用鲜花装饰并悬挂中国和卢森堡两国国旗的火车缓缓驶出车站，成为卢森堡至成都首发中欧班列；在德国杜伊斯堡，中欧班列的开行仅在物流领域就为这座城市创造了超过6000个就业岗位。美国《福布斯》杂志认为，中欧班列早已成为联结欧亚大陆的重要渠道。如今，四通八达的互联互通网络，把沿线国家、城市、企业，以及民心民意紧密连接在一起，勾勒出五彩斑斓的美好未来。

互联互通，最终是为了与沿线国家携手并进，实现联动发展。此次高峰论坛圆桌峰会联合公报提出，支持构建全方位、复合型的基础设施互联互通，通过基础设施投资促进经济增长，改善民生。近年来，共建"一带一路"助力沿线国家经济增长、民生改善的故事不断涌现。通过参与"一带一路"合作，有的国家建起了高速公路、现代化铁路，有的国家发展起了自己的汽车制造业，有的国家解决了困扰多年的电力紧缺问题。中国企业接管经营希腊比雷埃夫斯港后，比港集装箱吞吐量全球排名从2010年的第九十三位跃升至2017年的第三十六位，成为全球发展最快的集装箱港口之一。

构建全球互联互通伙伴关系，需要推动共建"一带一路"向高质量发展前进，这也是下一阶段的努力方向。比如，在俄罗斯，每6个人里就有1人在使用中俄跨境电商"速卖通"，从取暖用的家电到御寒衣物，都可以在这一电商平台轻松购得。以此为代表的"丝路电商"，如今已成为深入推进"一带一路"经贸合作的新平台。2016年以来，中国已与多个国家签署电子商务合作备忘录并建立双边电子商务合作机制，合作伙伴遍及五大洲，"丝路电商"成为经贸合作新渠道和互联互通新亮点，推动共建"一带一路"向高质量发展转变。

"共建'一带一路'，让我们的梦想一步步实现""提供了实现抱负的理想平台""更多年轻人的梦想将成为现实"……沿线国家人民真挚的话语，折射出共建"一带一路"应潮流、得民心、惠民生、利天下。"一带一路"这条承载各国人民希望的圆梦大道，正在发挥着促进互联互通、实现共同发展繁荣的重要作用，必将越走越宽广。

（2019年05月08日）

为经济增长提供强劲动力

——聚焦互联互通 共建一带一路 ②

李洪兴

> "一带一路"建设顺应了经济全球化的历史潮流,顺应了全球治理体系变革的时代要求,为经济增长铺设出连接各国各地区的合作桥梁
>
> 互联互通的目的,正是要使经济血脉更加通畅,从而提升发展潜力
>
> 深化商品、资金、技术、人员流通,扩大各国利益交汇点、开拓发展新空间,"一带一路"所承载的共同繁荣愿景必将实现

距离海洋路途遥远的哈萨克斯坦努尔肯特,为何成了"全球贸易的新前沿"?巴基斯坦瓜达尔港为何能成为新的投资热土?一个重要原因就在于,"一带一路"建设顺应了经济全球化的历史潮流,顺应了全球治理体系变革的时代要求,为经济增长铺设出连接各国各地区的合作桥梁。

习近平主席在第二届"一带一路"国际合作高峰论坛开幕式上强调:"商品、资金、技术、人员流通,可以为经济增长提供强劲动力和广阔空间。"在共建"一带一路"的过程中,贸易畅通是重要内容,资金融通是重要支撑,民心相通是重要保障。互联互通的目的,正是要使经济血脉更加通畅,从而提升发展潜力。共建"一带一路"之所以能成为当今世界广泛参与的国际合作平台和广受欢迎的全球公共产品,原因正在于其

大大降低了区域间商品、资金、信息、技术等交易成本,有效促进了跨区域资源要素的有序流动和优化配置,实现了互利合作、共赢发展。

"河海不择细流,故能就其深。"以世界视野观之,经济全球化是历史大势。正如习近平主席所指出的,"世界经济的大海,你要还是不要,都在那儿,是回避不了的。想人为切断各国经济的资金流、技术流、产品流、产业流、人员流,让世界经济的大海退回到一个一个孤立的小湖泊、小河流,是不可能的,也是不符合历史潮流的。"共建"一带一路"着力实现贸易大繁荣、投资大便利、人员大流动、技术大发展,不仅为中国开放发展打开了新天地,更为世界各国提供了新机遇,把沿线国家的前途和命运紧紧联系在一起。

"一带一路"是一条开放之路。打造开放型合作平台,维护和发展开放型世界经济,共同创造有利于开放发展的环境,才能促进生产要素有序流动、资源高效配置、市场深度融合。更广领域扩大外资市场准入、更大力度加强知识产权保护国际合作、更大规模增加商品和服务进口……习近平主席在第二届"一带一路"国际合作高峰论坛开幕式上宣示的一系列改革开放重大举措,充分彰显出中国扩大开放的坚定决心。在共建"一带一路"过程中,中国愿为世界各国带来共同发展新机遇,与各国积极发展符合自身国情的开放型经济。以开放谋共赢、以融合促繁荣,我们就能为推动实现互联互通作出新的更大贡献。

共建"一带一路"倡议源自中国,属于世界。在贸易保护主义和"逆全球化"思潮抬头的背景下,共建"一带一路"以脚踏实地的努力,推动各国的资金、技术、产品、人员流动畅通起来,汇聚了新智慧,拓展了新实践。通过搭建开放性合作平台,积极推进跨国、跨区域的互联互通;通过构建自贸区网络,倡导更具包容性的国际贸易,推动贸易自由化和便利化;通过鼓励有能力、有意愿的经济体开展第三方市场合作,促成优势资源和开发能力的聚合……近6年来,共建"一带一路"成为改善全球经济治理体系、促进全球共同发展繁荣的重要引擎。有经济学家感慨,"'一带一路'是经济全球化时代包含创新思想的世纪大工程"。

万物得其本者生,百事得其道者成。回望历史,在古丝绸之路这条大动脉上,资金、技术、人员等生产要素自由流动,商品、资源、成果等实现共享,创造了地区大发展大繁荣。深化商品、资金、技术、人员流通,扩大各国利益交汇点、开拓发展新空间,"一带一路"所承载的共同繁荣愿景必将实现。

(2019年05月10日)

共同探寻新的增长动能

——聚焦互联互通 共建一带一路 ③

彭 飞

> 在经济全球化不可逆转的今天，创新不能靠单打独斗，而必须在开放、合作、共享中才能实现

"数字丝路"国际科学计划在摩洛哥、泰国、巴基斯坦等国设立8个国际卓越中心；已有数百名共建"一带一路"国家的青年科学家来华开展短期科研；在东盟、南亚、阿拉伯国家、中亚和中东欧，5个技术转移平台已经建立起来……随着共建"一带一路"稳步推进，创新的种子在沿线国家和地区播撒开来。

"创新就是生产力，企业赖之以强，国家赖之以盛。"习近平主席在第二届"一带一路"国际合作高峰论坛开幕式上发表主旨演讲，倡导参与各方共同探索新技术、新业态、新模式，探寻新的增长动能和发展路径，建设数字丝绸之路、创新丝绸之路。在共建"一带一路"国家的不懈努力下，一系列创新合作正在从理念转化为行动，从构想转变为现实，取得了丰硕成果和显著成效。

没有创新就没有进步。共建"一带一路"本身就是一个伟大创举，共同参与"一带一路"建设也在向创新要动力。创新始终是推动一个国家、一个民族向前发展的重要力量，也是推动整个人类社会向前发展的重要力量。当今世界，全球经济面临的一个现实问题是增长动力不足，

必须在创新中寻找出路；同时，广大发展中国家只有抓住新一轮科技革命和产业变革的历史性机遇，才能更好融入全球供应链、产业链、价值链，实现跨越式发展。在此背景下，共建"一带一路"框架内的创新合作不仅为发展中国家创造了机遇、提供了舞台，也正在成为引领国际科技创新合作的中坚力量，为推动世界经济共同繁荣发展注入强劲动力。

在经济全球化不可逆转的今天，创新不能靠单打独斗，而必须在开放、合作、共享中才能实现。这其中一个重要原因，就在于不同国家的资源禀赋不同、比较优势各异，只有通过更好整合国际间创新资源和要素，才能形成强大的创新合力。中国是经济全球化的受益者，更是贡献者，通过搭建"一带一路"合作平台，在推动创新资源的聚合方面做了大量工作。中国—南非矿产资源开发利用联合研究中心、中国—印尼港口建设与灾害防治联合研究中心、中国—克罗地亚生态保护国际联合研究中心等首批"一带一路"联合实验室先后启动建设，在优势互补中持续推进高水平科学研究及产业前沿技术的开发。如今，共建"一带一路"已经成为各国分享创新资源、共享创新成果的有效途径，为拓展国家间合作、助力传统产业转型升级和新兴产业快速发展创造了巨大空间。

人是科技创新最关键的因素。把"一带一路"建成创新之路，离不开创新人才的培养及相应的知识产权保护制度。习近平主席在本届国际合作高峰论坛开幕式上强调，中国将"积极实施创新人才交流项目，未来5年支持5000人次中外方创新人才开展交流、培训、合作研究"，同时"着力营造尊重知识价值的营商环境，全面完善知识产权保护法律体系，大力强化执法，加强对外国知识产权人合法权益的保护"。这是中国对世界的庄严承诺，也树立起共建"一带一路"创新合作的原则和标杆。共建"一带一路"不仅是集聚创新资源的平台，更通过相应的人才培养机制和制度建设打造出优良的创新生态环境，致力于成为全球知识价值实现的热土。

本届国际合作高峰论坛上，分论坛的数量增加了一倍，扩大到12场，而新增加的6场分论坛中，"创新之路"分论坛与"数字丝绸之路"分论坛都直接与创新相关，充分说明创新对于共建"一带一路"的重要性。

进一步加强互联互通，让创新要素和资源充分涌流，各方不断贡献智慧和潜能，充分释放创新创造的活力，在实现高质量发展的同时，更好造福沿线各国人民，携手创造更加美好的未来。

（2019年05月13日）

始终从发展的视角看问题

——聚焦互联互通 共建一带一路④

李 斌

> 始终从发展的视角看问题,意味着要让发展更加平衡,让发展机会更加均等、发展成果人人共享

"带动了非洲国家互联互通和工业化进程""连接东西方的桥梁""正在为塞尔维亚和世界各国人民带来福祉"……第二届"一带一路"国际合作高峰论坛期间,沿线国家领导人对共建"一带一路"的赞誉,为共建"一带一路"促进共同发展、造福各国人民写下注脚。

"发展不平衡是当今世界最大的不平衡。在共建'一带一路'过程中,要始终从发展的视角看问题,将可持续发展理念融入项目选择、实施、管理的方方面面。"在第二届"一带一路"国际合作高峰论坛开幕式上的主旨演讲中,习近平主席围绕发展不平衡问题,阐释推动互联互通、深化务实合作的中国倡议,为推动"一带一路"合作实现高质量发展指明了重要方向。从亚欧大陆到辽阔海疆,正因为致力于加强国际发展合作,共建"一带一路"丰富了填补发展赤字、增进各国民生福祉的现实路径。展望未来,坚持以人民为中心的发展思想,努力实现高标准、惠民生、可持续目标,"一带一路"这条沿线国家共同的机遇之路、繁荣之路将越走越宽。

习近平主席在不同场合多次强调,发展是解决一切问题的总钥匙。

在各国联系日益紧密、全球性挑战此起彼伏的今天,这一道理的宝贵价值越来越凸显。当今世界经济,逆全球化思潮、保护主义的负面效应日益显现,收入分配不平等、发展空间不平衡已成为全球经济治理面临的突出问题。这不仅造成世界经济整体动力不足,人们对美好生活的期待难以满足,也成为一些国家社会动荡的重要原因。所谓"善治病者,必医其受病之处;善救弊者,必塞其起弊之原",找准病灶是前提,对症下药是关键。推动共建"一带一路"行稳致远,一个重要任务就是为解决发展不平衡问题汇聚新思路,为实现联动式发展、促进全球经济增长注入新能量。

始终从发展的视角看问题,意味着要让发展更加平衡,让发展机会更加均等、发展成果人人共享。面对发展不平衡这一当今世界的最大挑战,如果奉行你输我赢、赢者通吃的老一套逻辑,结果必然是"封上了别人的门,也堵上了自己的路",侵蚀了共同发展繁荣的根基。共建"一带一路"合作坚持发展导向,始终把各国人民福祉放在首位。从支持亚洲、非洲、拉丁美洲等地区加大基础设施建设力度,到开展中非减贫惠民合作计划、东亚减贫合作示范等活动,正是在共建"一带一路"合作框架下,中国发展的红利不断惠及更多国家。东非的亚吉铁路,南亚的科伦坡港口城,南美的美丽山水电特高压直流送出工程……一批批合作项目,为沿线国家人民构筑起通达美好生活的发展之桥。

始终从发展的视角看问题,也需要完善发展理念和模式,提升发展公平性、有效性、协同性。"构建开放、包容、联动、可持续和以人民为中心的世界经济",被写入圆桌峰会联合公报,聚合起促进均衡发展、实现共同繁荣的各国共识。举办企业家大会,为各国工商界增进相互了解、加强务实合作搭建平台;共建"一带一路"可持续城市联盟、绿色发展国际联盟,共建"一带一路"生态环保大数据服务平台,推动经济、社会、环境协调发展……第二届"一带一路"国际合作高峰论坛志在打造一条互利共赢的康庄大道,为推动各国协同发展进步、落实联合国 2030 年可持续发展议程,完善了合作平台、汇聚了治理智慧。

"高山一起爬,低谷一起下""轻的一起拎,重的一起扛",习近平主席在高峰论坛期间引用的谚语,折射出坚定走出一条相遇相知、共同发

展之路的中国决心。共建"一带一路"是伟大的事业,激荡伟大的实践,汇聚伟大的力量。紧扣发展这个根本,推动经济大融合、发展大联动、成果大共享,"一带一路"的繁荣之路将不断延伸。

(2019年05月14日)

架设不同文明互学互鉴的桥梁

——聚焦互联互通 共建一带一路 ⑤

陈 凌

世界文明的魅力在于多姿多彩,人类进步的真义在于互学互鉴

国之交在于民相亲,民相亲在于心相通。

"我们要积极架设不同文明互学互鉴的桥梁""形成多元互动的人文交流格局""汇聚各方智慧和力量"……在第二届"一带一路"国际合作高峰论坛上,习近平主席把握人类文明发展进步的历史规律,揭示文明交流互鉴在互联互通中的重要意义,郑重宣示了深入开展各领域人文合作、加强相互往来、密切群体交流的"中国倡议",提出了中国在加强人文交流方面将实施的一系列举措。深刻的洞察、务实的倡议、积极的行动,彰显了中华民族深厚的天下情怀,展现了大党大国宽广的世界视野,引发国际社会共鸣。

历史是最好的老师。透过历史的望远镜,才能更好地看清过去、把握当下、面向未来。翻开历史卷轴,从2000多年前张骞出使西域完成"凿空之旅",到600多年前郑和下西洋开辟海上通道,古丝绸之路不仅见证了"使者相望于道,商旅不绝于途""舶交海中,不知其数"的辉煌传奇,更记录了东西方文明相遇相知、互学互鉴的动人篇章。千百年来,沿线国家在互通有无中实现发展繁荣,在取长补短中绽放灿烂文明。陕西历史博物馆藏有一座"三彩骆驼载乐俑",以驼代步的舞乐者身着汉族衣冠,

使用西域传入的乐器，正在表演胡汉文化融合后的新舞乐。这一文物珍品，不仅让人见识了唐三彩的瑰丽，更生动地印证着一个道理：世界文明的魅力在于多姿多彩，人类进步的真义在于互学互鉴。

"'一带一路'建设要以文明交流超越文明隔阂、文明互鉴超越文明冲突、文明共存超越文明优越，推动各国相互理解、相互尊重、相互信任。"正是秉承这样的理念，近6年来，从设立"一带一路"专项奖学金，到成立"一带一路"新闻合作联盟；从举办各类音乐节、电影节、图书展，到互派文化交流团、开展联合考古、深化旅游合作，共建"一带一路"推动沿线国家在人文领域开展广泛合作，促进政党、青年、社会组织、智库、妇女、地方交流等协同并进，初步形成了和而不同、多元一体的发展态势。也正因此，塞尔维亚贝尔格莱德平等世界论坛主席日瓦丁·约万诺维奇不无感慨地评价道，"一带一路"不仅是带动沿线各国经济发展的高速公路，更是促进沿线各国人文交流的康庄大道。

交往多了，感情深了，心与心才能贴得更近。不同文化、文明间的交流对话、互学互鉴，不仅有助于加深彼此的了解，消除误解和隔阂，更能拉近不同国家的人民"心的距离"，增进互信互谅，凝聚发展共识。中国书法家的现场交流，激发荷兰海牙民众的参与热情，让当地旅游局局长感叹"'一带一路'让我们彼此更加亲近"；中国的"文物医生"长年在柬埔寨保护和修复吴哥古迹，让游客感念"他们对世界文化遗产作出了贡献"；不断兴起的"汉语热"，让更多人以语言为桥，了解一个"全面、真实、立体的中国"……民心相通是最基础、最坚实、最持久的互联互通。不断扩大的人文交流，不断深化的交往合作，既让"一带一路"倡议越来越深入人心，也将为"一带一路"建设提供持久的精神动力。

志合者，不以山海为远。文明交流互鉴，伴随推动"一带一路"建设走深走实、行稳致远、高质量发展，推动构建人类命运共同体。搭建更多合作平台，开辟更多合作渠道，积极架设不同文明互学互鉴的桥梁，让和而不同、美美与共的精神传承千年而不息，让开放包容、合作共赢的信念绵延万里而不绝，"一带一路"必将成为一条文明之路，我们也将在人类文明史上写下新的篇章。

（2019年05月15日）

把脱贫攻坚补短板工作做得更好

周人杰

> 一些干部在面对复杂情况时的本领恐慌,原因往往有"哲学上的贫困"。把全面建成小康社会存在的突出短板补好,迫切需要从辩证法破题

"要把握好整体目标和个体目标的关系,把握好绝对标准和相对标准的关系,把握好定量分析和定性判断的关系",日前召开的中央财经委员会第四次会议指出,总体而言我国已经基本实现全面建成小康社会目标,强调目前全面建成小康社会也有一些短板,必须加快补上,进而明确提出了工作中必须把握好的"三对关系"。补短板工作事关脱贫攻坚任务"歼灭战"的成败,各地各部门应当尽快把思想统一到党中央精神上,不打折扣、因地制宜、精准把握好"三对关系",在收官阶段打出漂亮仗,为乘势而上开启新征程做好有机衔接。

"三对关系"的提出,有着极强的现实针对性。从各地脱贫攻坚的工作实际来看,不担当不作为不多见了,但不顾主次、不加区别、眉毛胡子一把抓的现象仍有;守底线、保基本的弦绷紧了,但盲目铺摊子、上项目、搞不切实际高指标的现象仍有;定量的填表、数据的统计比较规范,但还有人喜欢拍脑袋、大呼隆。恩格斯有句名言,"蔑视辩证法是不能不受惩罚的"。可以说,一些干部在面对复杂情况时的本领恐慌,原因

往往有"哲学上的贫困",尤其是基层治理中辩证思维的缺失。把当前的突出短板补好,迫切需要我们从"三对关系"的辩证法破题。

整体目标注重共同性,个体目标着眼差异性。全面建成小康社会重在"全面",要求我们不留死角地消除贫困、改善民生,不让一个人掉队。可是,具体到特定的区域、特定的群体,情况可能会千差万别。比如有的深度贫困地区适合易地搬迁,有的适合就地开发旅游业,有的老弱病残贫困人口主要靠财政兜底,也有的条件略好些可以通过小额贷款兴业致富。所以,既要拿出硬任务的铁尺子来科学评估各地进展状况,也要善于"一把钥匙开一把锁",同本地区本领域的实际紧密结合起来,奔向共同富裕。其中,把党中央的要求具体化,难就难在实事求是,贵也贵在实事求是。

绝对标准体现原则性,相对标准反映灵活性。没有标准就没办法考核,补短板更是无从谈起。贫困线、脱贫率,可支配收入、恩格尔系数,都对应着清晰明确的标准。比如不愁吃、不愁穿的"两不愁"就属于硬杠杠、硬骨头,丝毫容不得虚招子、打折扣。再如义务教育、基本医疗、住房安全的"三保障"中,有绝对的年限和质量要求,但具体的实现形式没必要一刀切,集中入学还是分散布点,户籍地统筹还是务工地参保,老房改造还是新楼乔迁,都要给出绝对标准之上的相对标准来。值得注意的是,相对标准决不等于注水,决不能够跑偏"最后一公里",也不应该好高骛远、脱离实际。

定量分析和定性判断是辩证统一、相互补充的。互联网时代的脱贫攻坚离不开大数据、云计算,"数目字管理"是分析、比较的前提,也是动态监测、防范返贫和造假的保障。同时,也要防止工作中过于技术化、碎片化的倾向,特别是不要出现简单机械式的评价。在量化到一定程度时,就需要分门别类、分级定档给予定性判断,进而采取措施,例如,仍为短板的工作要加大力度,总拉后腿的干部要诫勉问责。2020年,是全面建成小康社会的"交卷"年,也是"十三五"规划的"到站"年,对脱贫攻坚的最终战果,有数字分析也要有结论判断,重数据考核更要重因果联系、改进方案,无论哪种形式都要经得起历史的检验。

实践第一,人民至上。习近平总书记多次强调增强辩证思维能力的重要性，明确指出"辩证唯物主义是中国共产党人的世界观和方法论"。提高驾驭复杂局面、处理复杂问题的本领，对于身处改革发展第一线的领导干部至关重要。用大气力、下真功夫调查研究、观察事物，认真履行主体责任，咬定目标、实干苦干防止弄虚作假、投机取巧，我们一定能把脱贫攻坚补短板工作做得更好，让全面建成小康社会的答卷更圆满、更精彩。

（2019 年 05 月 06 日）

北京世园会，让世界感知中国

李洪兴

在历史与现实的交汇点上，北京世园会让世界更好地感知中国；在中国与世界的交响曲中，北京世园会让文明更好地交流互鉴

不久前，北京世园会园区迎来首批外国记者，他们大多懂中文。讲解时，一位园区同志问，"有人认识'妫汭'二字吗？"这个问题让大家颇有兴致。于是，伴随妫汭（guī ruì）的发音及其由来讲解，外国记者进一步走进世园会、走进中国文化。

为何工作人员要讲"妫汭"的故事？原来，传说上古时有野象危害人类，在娥皇、女英的帮助下，舜帝制服了野象，后人就把他服象而居的地方叫做"妫"。因此，最初的"妫"字，形似女子手牵大象。2019年中国北京世界园艺博览会的举办地延庆，就位于妫水河畔、长城脚下。这就像一个象征，让人看到世园会既有中国传统文化的底蕴，又有对人与自然关系的思考。紧扣"绿色生活 美丽家园"的主题，举办一届具有时代特征、中国特色、首都特点的精彩盛会，正是要向全世界展示中国生态文明建设的成就和建设美丽中国的生动实践。

绿色理念，融入了世园会的方方面面。以中国馆为例，这个被称为"有生命、会呼吸"的建筑，馆顶全是太阳能光伏板，整个场馆犹如一个

光伏发电站，光伏板之间有导雨槽，可以综合利用雨水收集和生态滴灌等技术。一馆得以窥全园，利用科技优势创新办会模式，充分协调区域硬环境与软环境，园区建设与管理以绿色为引领，开放参展的大门以博采众长，各国在发现美、享受美、传播美中共享世园会成果……可以说，新发展理念体现在世园会的方方面面。正如外媒记者在世园会建设现场发出的感慨，"中国的生态文明建设经验值得全世界学习和借鉴"。

国际园艺生产者协会主席伯纳德·欧斯特罗姆说，"每次来到这片园区，我都能收获不一样的感受。"从无到有，让想法落地成形，北京世园会令全世界瞩目，即将谱奏一曲人与自然和谐之美的乐章。20年前，昆明举办了世界最高级别的A1类世界园艺博览会，如今世园会又回到中国。20年来，中国发生了翻天覆地的变化，特别是党的十八大以来，生态文明建设纳入"五位一体"总体布局，生态环境治理全面升级……外国专家评价道，"中国的绿色发展进程正日益成为全球关注的焦点"。时间不仅见证着中国经济社会发展的飞跃，而且印证了"绿水青山就是金山银山"的深刻判断。在历史与现实的交汇点上，北京世园会让世界更好地感知中国。

文明因交流而多彩，文明因互鉴而丰富。北京世园会，也是一个文明交流互鉴的窗口。中国馆的"锦绣如意"，体现着源远流长的东方智慧；而国外设计师打造的创意展园，同样展现出东西交汇、古今融合。美国设计师带来的"东西园"，分析中美全球空间环境，寻找东西方的"和而不同"；英国设计师受古丝绸之路的启发，用植物铺了一条"从北京到西方"的花园丝路，入口处是欧洲树种，核心区为北京乡土植物……园艺作为人类文化与自然的结晶，是文明沟通与对话的桥梁，正如国外设计师的感受，"中国正在拉近世界各国的距离"。在中国与世界的交响曲中，北京世园会让文明更好地交流互鉴。

北京世园会要来了，人们期待着，"风从长城来，春到妫水边，百花争艳百鸟唱，唱出艳阳天"。一个美丽而美好的中国，必将精彩绽放在世界文明的百花园。

（2019年04月26日）

一带一路绘就民心相通美好画卷

张 凡

在共建"一带一路"过程中,中国坚持以民生为导向的国际合作,致力于打造更多惠及老百姓切身利益的民生工程,给各国民众带去了实实在在的福祉

4月25日—27日,第二届"一带一路"国际合作高峰论坛举行,150多个国家和90多个国际组织的近5000位外宾,跨越山海,齐聚北京,共同擘画民心相通、梦想相连的美好画卷。

近6年来,"一带一路"倡议不断从理念化为行动,从愿景化为现实。今年3月份,中老铁路磨丁隧道胜利贯通,成为中老铁路建设的一个重大节点。不少老挝年轻人身着节日盛装来到隧道贯通仪式现场合影留念,见证这一重要历史时刻。而铁路沿线的村民,更是经常去看铁路施工,盼望着早点通车后,"把水果、橡胶用火车运出去,卖到中国和更多的国家"。

这条老挝人民的梦想铁路,是中国"一带一路"倡议与老挝"变陆锁国为陆联国"战略的对接项目,也是"一带一路"建设不断提升基础设施水平、推动民心相通的生动缩影。"一带一路"倡议提出以来,中国同共建"一带一路"国家贸易总额超过6万亿美元,同沿线国家共建的82个境外合作园区为当地创造近30万个就业岗位,教育合作、文化、

旅游、医疗援助等领域也取得一系列成果，不仅给各国带去满满的发展机遇，也让普通民众有了明显的参与感、获得感、幸福感。

国之交在于民相亲，民相亲在于心相通。在共建"一带一路"过程中，中国坚持以民生为导向的国际合作，致力于打造更多惠及老百姓切身利益的民生工程，给各国民众带去了实实在在的福祉。几年前的缅甸皎漂，夜晚还是漆黑一片，"当地人都不愿出门"。随着中缅天然气管道项目实施，如今的皎漂，夜晚高层建筑灯火通明，道路被排排路灯照亮，当地人直言，"感谢中缅天然气管道"。近年来，从柬埔寨额勒赛水电站、巴西美丽山特高压项目、中巴经济走廊电力项目等惠民工程落地生根，到中泰铁路、雅万高铁、匈塞铁路等项目逐步推进，越来越多老百姓受惠于"一带一路"倡议，生活上增添了更多亮色。

"一带一路"建设增加了参与共建国家百姓的福祉。蒙内铁路在建期间，为肯尼亚提供了4万多个就业岗位，中国企业在非洲建设运营的工业园区里，经常可见排队找工作的年轻人；得益于"一带一路"倡议和中欧班列，来中国学习中文的哈萨克斯坦姑娘爱尼塔，不仅与中国小伙相识相恋，还创办了自己的电子商务公司；中国车企在南非设厂，帕特里克·姆布伊作为雇员接受中国企业的培训，不仅成长为熟练技工，一家7口还住进了离工厂不远的大房子，圆了安居梦……"一带一路"把参与共建国家和百姓的梦想凝结为共同愿望，让梦想照进现实，让人民幸福安康。正因如此，"一带一路"不断在世界各地激起回响，老挝友人写歌欢迎"一带一路"，德国女司机自制宣传手册传播"一带一路"理念，"一带一路"上奏响了民心相通的动人交响。

约万诺维奇·安娜是塞尔维亚贝尔格莱德大学的一名中文老师。20多年前，她上大学时，汉语还是个冷门专业。如今，她惊奇地发现，汉语已经从冷门专业变成了热门专业，每年中文专业的招生人数也翻了倍。不只在塞尔维亚，如今，学中国话、唱中文歌，在不少"一带一路"建设参与国家已经成了新时尚。"汉语热"的到来，是经贸往来的需要，也是人文交流的成果。近6年来，"一带一路"延伸之处，人文交流聚集活跃，各类丝绸之路文化年、旅游年、艺术节、智库对话等人文合作项目百花纷呈，频繁往来的文化交流让各国人民的心越来越近，成为增进各国人民友谊的桥梁，也让"一带一路"建设拥有了深厚的土壤。

相知无远近，万里尚为邻。今年年初，中国扶贫基金会启动国际爱心包裹项目，为"一带一路"沿线发展中国家的小学生寄送包裹。一个收到包裹的尼泊尔小朋友说，原来觉得中国虽然是邻国，但是很遥远，但当她收到这个包裹以后突然有种想法，很想到中国去看一看。心的距离近了，就不惧山海之远。"一带一路"是一条充满希望的道路，沿着这条阳光大道携手前行，我们就一定能奔向更加美好的未来。

（2019年04月25日）

中国经济长期向好的奥秘

周人杰

> 观察中国经济、判断政策走向,要善于从长时间轴上看整体、看大势、看实质

近日,中共中央政治局召开会议,分析研究当前经济形势,部署当前经济工作。会议认为,一季度经济运行总体平稳、好于预期,开局良好。

科学的判断,源自扎实的数据。GDP 增长 6.4%,超出外界普遍预期;CPI 上涨 1.8%、PPI 上涨 0.2%,位于温和区间;全国城镇新增就业 324 万人,同比基本持平;3 月份规模以上工业增加值和社会消费品零售总额分别增长 8.5% 和 8.7%,呈现供销两旺……一季度亮眼的成绩单,展现了中国经济的韧性好、潜力足、回旋余地大,更验证了本轮调控的科学性和预见性。同时,国际货币基金组织发布的《世界经济展望报告》也将中国经济年度增长预期上调 0.1 个百分点。

从开年至今成效来看,积极的财政政策加力提效,中央预算内投资已下达超 80%,审批核准固定资产投资项目 50 个,总投资 3703 亿元;个人所得税同比下降 29.7%,减税降费对消费增长刺激显著。稳健的货币政策松紧适度,社会融资规模同比多增 2.34 万亿元,其中对实体经济贷款多增 1.44 万亿元。市场信心明显增强,PMI(采购经理指数)重返扩张区间,消费者信心指数逐月提升。这些积极变化,证明我们的宏观

调控是对路的、奏效的，是必须牢牢坚持、贯彻到底的。

归结起来，本轮调控一方面是保持战略定力，把握高质量发展的根本要求，不搞大水漫灌，一方面是主动预调微调，既通过"放管服"改革释放微观活力，日均新增市场主体5.3万户，又通过结构性产业政策优化供给侧，1—2月信息传输、软件和信息技术服务业增长26.5%。可见，我们的宏观调控不仅要做好短期的相机抉择、熨平波动，更要着眼于中长期的改革发展、结构优化以及新动能的培育壮大。观察中国经济、判断政策走向，要善于从长时间轴上看整体、看大势、看实质，尤其是对宏观调控的历史聚焦，更有利于我们读懂经济长期向好的奥秘。

应当讲，周期性波动是市场经济的一般特征，但改革开放40年来中国经济持续增长，根源就在于我们能将中国特色社会主义制度优势与市场经济资源配置优势有机结合起来，能较为从容地应对外部环境变化，能较为高效地完成内生动力成长，从而一次次成功避开航道上的礁石和险滩。

具体而言，我们在经济发展中充分体现的制度优势有：一是党对经济工作的集中统一领导，不折腾、不翻烧饼，大政方针贯彻落实能"一竿子插到底"，这是西方许多国家不可比拟的优势；二是计划经济体制早已终结，但作为治理手段的经济计划依然与时俱进，比如五年规划、年度计划的科学制定、严肃执行，发挥了有章可循、稳定军心的作用；三是制度日趋定型、手段日渐成熟，针对性强，不囿于本本，见招拆招，财税、货币、产业各政策协同配合，杜绝政出多门、相互掣肘，同时严厉问责、令行禁止；四是牢牢坚持"两个毫不动摇"，力促国企、民企、外企共生共赢、取长补短；五是全面深化改革发力，将专项改革作为调控政策的有力推手，比如对"融资难、融资贵"的疏通，是金融业自身健康发展的改革需要，又是精准输血的定向调控。此外区间调控等对调控自身的创新完善，也为防止经济大起大落、"硬着陆"奠定了机制化建设基础。

有松柏之茂，方经冬不凋。"让经济整体保持良好的发展节奏，这种做法值得借鉴。"一家国际媒体如此评论。社会主义宏观调控与全面深化改革的合力叠加，有力塑造并释放巨大的政治优势，辅之法治化、国际化、便利化的营商环境,创新创业创造的社会氛围,及基于此的自我革新意识,构成了中国经济的独特魅力。展望未来,继续居安思危、未雨绸缪,把问题和风险考虑得再充分些,提前制定防范预案和做好政策储备,我们定能从容应对好世界经济的不确定性,拓展宏观调控的新局面。

(2019年04月24日)

与时俱进做好党组工作

李洪兴

党政军民学，东西南北中，党是领导一切的

唯有把党务和业务更好结合起来，才能让党的领导贯穿各个环节，在各项工作中发挥党建引领的作用

电视专题片《巡视利剑》中，有这样一个案例发人深省：一汽集团原党委书记徐建一错误地认为"管党治党没有经济效益"，就把他认为能力不强的干部安排到党务岗位上。这提出了全面从严治党的一个深层问题：加强党的领导、进行党的建设，不仅要在党组织落地生根，还要在各类非党组织中落到实处。

党组是党对非党组织实施领导的重要组织形式。"确保本单位全面贯彻党的基本理论、基本路线、基本方略，确保党始终成为中国特色社会主义事业的坚强领导核心"，近日，中共中央印发修订后的《中国共产党党组工作条例》，对推进党组工作制度化规范化作出具体部署，充分体现了习近平总书记对完善党组制度、强化党组功能、加强党组建设作出的指示精神。新时代我们党要更好地管党治党、执政兴国，就要与时俱进做好党组工作。

党政军民学，东西南北中，党是领导一切的。党组作为党在中央和地方国家机关、人民团体、经济组织、文化组织和其他非党组织的领导机关中设立的领导机构，在本单位发挥着领导作用。党组制度自 1945 年

在党的七大上正式建立以来，就成为贯彻落实党的理论路线方针政策的重要载体。目前，全国从中央到县级共设有10.2万多个党组，做好党组工作、加强其在同级组织中的领导地位，是确保党的领导更加坚强有力的必然要求。只有进一步完善党组制度、强化党组功能、加强党组建设，才能让我们党更好地发挥统揽全局、协调各方的领导作用。

《条例》的一个鲜明特色，就是具有强烈的问题意识和现实针对性。比如说，针对一些地方和单位对党组承担什么职责、如何发挥领导作用的理解偏差，《条例》明确指出"党组发挥把方向、管大局、保落实的领导作用"；针对一些地方在党组设立条件、标准等把握上还存在随意性，《条例》对此给出了十分明确的标准。从党的建设全局来看，一些单位党的领导弱化、"四个意识"不强、党的建设缺失等常常被巡视组提及，这不仅削弱了党的领导作用，也不符合全面从严治党的要求。《条例》明确要求"贯彻新时代党的建设总要求，贯彻新时代党的组织路线，推动全面从严治党向纵深发展"。可以说，《条例》的修订，对解决党组设立和运行中的问题、强化党组工作的制度保障，具有重要作用。

这次《条例》修订，根据党章有关规定，紧紧围绕党组工作坚持和加强党的全面领导、履行全面从严治党责任，进一步压实了党组发挥好把方向、管大局、保落实的领导责任。在非党组织中发挥领导作用，以往会出现一些"两张皮"的问题，有的党组对业务工作大包大揽、事无巨细都去抓，有的只管干部、业务工作不闻不问，有的错误地认为抓党建是党组工作的"副业"。认真贯彻执行《条例》，各级党组既要履行好对本单位业务工作的领导责任，聚焦重大事项把方向、管大局、保落实，实现党组发挥领导作用与本单位行政领导班子依法依章程履行职责相统一；又要履行好对本单位党的建设的领导责任，担负起管党治党政治责任，坚持党建工作与业务工作同谋划、同部署、同推进、同考核，坚决克服"两张皮"和"一手硬、一手软"。唯有把党务和业务更好结合起来，才能让党的领导贯穿各个环节，在各项工作中发挥党建引领的作用。基础牢靠、支撑有力，在党的坚强领导下，国家治理就能有条不紊，伟大事业就能创造辉煌。

（2019年04月23日）

深化产权制度改革 促进生态文明建设

李 斌

> 构建归属清晰、权责明确、保护严格、流转顺畅、监管有效的自然资源资产产权制度，目的就是要以产权制度改革为杠杆，推动生态文明建设
>
> 构建中国特色自然资源资产产权制度体系，将为完善社会主义市场经济体制、维护社会公平正义、建设美丽中国提供基础支撑

一位朋友返乡探亲，在朋友圈中晒出了一幅自家"密林图"：改革开放初期分到他家的"柴山"，一直没舍得砍伐，连昔日的荒坡都长成了茂密树林。巩固集体所有权、稳定承包权、放活经营权，正是对"产权"的科学把握，让好山好水好生态有了坚实支撑。

如果说产权制度是社会主义市场经济的基石，那么自然资源资产产权制度则构成了加强生态保护、促进生态文明建设的基础性制度。"绿水青山"怎样转化成"金山银山"？生态财富怎样保值增值？回答好这些问题，产权制度都是绕不过的改革内容。近日，中办、国办印发《关于统筹推进自然资源资产产权制度改革的指导意见》，明确提出构建归属清晰、权责明确、保护严格、流转顺畅、监管有效的自然资源资产产权制度，目的就是要以产权制度改革为杠杆，统筹推进自然资源确权登记、国土

空间用途管制改革，推动生态文明建设。

理顺自然资源资产产权归属，从根本上说是理顺了生态保护与经济发展的关系。为解决自然资源所有者不到位、使用权边界模糊等问题，《意见》提出多方面主要任务，首要的就是健全自然资源资产产权体系，推动自然资源资产所有权与使用权分离，比如土地方面，落实承包土地所有权、承包权、经营权"三权分置"；矿产方面，完善探矿权、采矿权与土地使用权、海域使用权衔接机制。清晰的产权制度，既将在严格保护资源、提升生态功能中发挥基础作用，又将在优化资源配置、提高资源开发利用效率、促进高质量发展中发挥关键作用。

理顺自然资源资产产权归属，有助于提高生态环境治理水平。对于生态文明建设，政府宏观管理的"有形之手"和市场配置资源的"无形之手"皆不可或缺。诸如蓝天碧水之类的自然资源，是人人皆可享有、具有普惠效应的生态公共品，发挥好"有形之手"的作用才能克服无人负责的"公地悲剧"、避免错误示范的"破窗效应"。矿藏、森林、滩涂等自然资源的资产属性也十分鲜明，确保市场可以发挥配置资源的决定性作用，有助于提高自然资源的使用效率。《意见》明确要求"坚持市场配置、政府监管""发挥市场配置资源的决定性作用，又要通过总量和强度控制，更好发挥政府管控作用"，其意义正在于综合运用"有形之手"和"无形之手"的力量，形成生态环境治理的合力。

作为推进生态文明建设的重中之重，建立系统完整的生态文明制度体系一直是改革的目标所向。去年的党和国家机构改革，自然资源部的组建，产生了统一行使全民所有自然资源资产所有权者职责、统一行使所有国土空间用途管制和生态保护修复职责的专职部门。此次《意见》的出台，从机构改革递进到制度改革，从健全国家自然资源资产管理体制延伸到健全自然资源资产产权制度和用途管制制度，进一步推动自然资源领域的国家治理现代化取得重大突破。加快构建系统完备、科学规范、运行高效的中国特色自然资源资产产权制度体系，正如《意见》所指出的，将为完善社会主义市场经济体制、维护社会公平正义、建设美丽中国提供基础支撑。

揆诸改革开放以来的峥嵘历程，与产权制度改革相伴随的往往是历史性进步。早在担任福建省省长时，习近平同志就把集体林权制度改革作为一项重大民生工程给予特别关注，作出了"集体林权制度改革要像家庭联产承包责任制那样从山下转向山上"的重大决定。加强党对自然资源资产产权制度改革的统一领导，认真落实、统筹推进自然资源资产产权制度改革，我们必能让良好生态惠及更多人，让生态文明建设的历史性贡献镌刻在中华民族史册上。

（2019年04月22日）

充分激发中小企业发展活力

陈 凌

> 无论是从地位作用来看,还是从实际贡献来说,促进中小企业健康发展,对于推动我国经济实现高质量发展、行稳致远,具有十分重要的意义
>
> 让中小企业的活力充分迸发,要解决实际问题,通过抓落实给中小企业带来实实在在的获得感

中小企业不仅是国民经济和社会发展的生力军,也是扩大就业、改善民生、促进创业创新的重要力量,在稳增长、促改革、调结构、惠民生、防风险中发挥着重要作用。

"坚决破除各种不合理门槛和限制""进一步落实普惠金融定向降准政策""清理规范涉企收费,加快推进地方涉企行政事业性收费零收费"……前不久,中办、国办印发《关于促进中小企业健康发展的指导意见》,从营造良好发展环境、破解融资难融资贵问题、完善财税支持政策等六个方面,对促进中小企业健康发展提出了23项具体意见。"含金量"充足的惠企政策,实实在在的支持举措,为中小企业送上了一份"大礼包",让中小企业坚定了心无旁骛谋发展的信心。

管理学上有个"隐形冠军理论",指一个国家的出口贸易和经济持续发展,往往会得益于中小企业,尤其是在国际市场上处于领先地位却"籍

籍无名"的中小企业。对于中国的中小企业，更有人形象地指出，"中小企业贡献了约 50% 的税收、60% 的 GDP、70% 的技术创新、80% 的就业，我国 99% 的市场主体都是中小企业。"无论是从地位作用来看，还是从实际贡献来说，促进中小企业健康发展，对于推动我国经济实现高质量发展、行稳致远，具有十分重要的意义。

也正因此，以习近平同志为核心的党中央始终高度重视中小企业，充分肯定中小企业在中国经济发展中的重要地位，千方百计促进中小企业发展。从在广东考察时强调"中小企业能办大事"，到主持召开民营企业座谈会，再到今年全国两会参加代表团审议时要求为中小企业发展"提供有利条件"，中小企业的健康发展一直是习近平总书记念兹在兹、高度关注的问题。这次《指导意见》的出台，正是进一步贯彻落实习近平总书记要求的体现，必将有利于纾解中小企业困难，稳定和增强企业信心及预期，进一步激发中小企业活力和发展动力。

让中小企业的活力充分迸发，首先就要解决实际问题。这次《指导意见》所针对的，都是中小企业最关心、最直接、最现实的困难和问题。比如，市场歧视是不少中小企业深感烦恼的问题。对此，《指导意见》不仅要求按照竞争中性原则，打造公平便捷营商环境，更提出严格禁止各种刁难限制中小企业发展的行为，对违反规定的问责追责。软性环境的营造，加之刚性制度的约束，为破解难题注入了动力。再比如，长期以来，融资难、融资贵是制约中小企业发展的瓶颈。某地工商联曾统计，民营经济总量占当地 GDP 比重达到 50.5%，但当地民营企业获得的银行贷款不到银行贷款总额度 1/3。融资困难、成本高企，让不少中小企业、民营企业深感压力。正因此，《指导意见》专门把破解融资难融资贵问题单列出来，并从完善融资政策、拓宽融资渠道、支持利用资本市场直接融资等多方面提出务实举措，为中小企业纾解困难。

如果说，良好的外部环境是中小企业健康成长必不可少的阳光雨露，那么增强内生动力则是另一个重要因素。对很多中小企业而言，创新既是一个明显短板，也是发展的机遇所在。事实上，也只有解决创新能力不足这个关键问题，中小企业才能破茧成蝶、赢得未来。正因如此，《指导意见》明确要求"加大创新支持力度"，并把"提升创新发展能力"作为促进中小企业健康发展的重要一环。惟改革者进，惟创新者强，惟改革创新者胜。只有不断创新，一个企业才能与时俱进、兴旺发达。

为者常成，行者常至。好政策能否给中小企业带来实实在在的获得感，关键还得看落实。贯彻好促进中小企业健康发展的要求，是一项事关长远的战略任务。以落实《指导意见》为抓手，既做好"雪中送炭""雨中送伞"的帮扶工作，也多下"添柴加火""添砖加瓦"的培育功夫，我们就一定能让中小企业创新源泉充分涌流，让创造活力充分迸发。

（2019年04月17日）

新职业激发新潜力

何鼎鼎

> 职业目录是社会发展的一面镜子,它总是与时俱进、推陈出新。今天,越来越多的职业正朝着高价值、数字化、个性化方向发展
>
> 新职业层出不穷,是社会分工不断细化的必然。新职业的诞生并不只关乎部分人的就业,也关系到未来人与人如何分工协作

前不久,人力资源社会保障部等部门发布13个新职业信息,其中包括人工智能工程技术人员、电子竞技运营师、工业机器人系统操作员等。这批新职业因充满时代感而引发广泛关注。

职业目录是社会发展的一面镜子,它总是与时俱进、推陈出新。在2015版《中华人民共和国职业分类大典》修订时,话务员、BP机寻呼员等职业因为逐渐消失,自然而然地被移除,而快递员等新兴职业则被请进目录。一出一进,可说是"芳林新叶催陈叶"。产业转型升级,职业不可能不更新。当人工智能等产业风起云涌,数字化管理师、物联网安装调试员取代旧职业是大势所趋;当电子竞技逐渐被主流认可,电子竞技运营师和电子竞技员位列新职业目录,也就水到渠成。

今天,很多人说不清楚全社会究竟有多少种岗位,但一个共同感受是,越来越多的职业正朝着高价值、数字化、个性化方向发展。高价值,

意味着简单重复劳动的工种将被陆续替代,而诸如数字化管理师、剪辑创意师、游戏架构师等比拼创新创意的工作会持续增加;数字化,意味着传统岗位也会焕发新生,比如传统农田上,无人机驾驶员等新职业让农民这个古老职业融入"互联网+";个性化则意味着职业发展更讲求兴趣导向,比如有的年轻人成为调酒师、宠物美容师,只因"我喜欢"。

新职业层出不穷,是社会分工不断细化的必然。社会发展也像树的生长,越向上,越能分出新枝。如今,鲜有人既是农夫又是渔民还是猎手,人们都专注于一样工作甚至一道工序,但生活需求却被极大满足了,这是交换与合作使然。事实上,社会越朝专业化发展,合作的节点就越多,新职业诞生的几率就越大。现实中,美甲师、代驾员、闪送员、淘宝模特的诞生,都缘于此。可以预计,随着社会分工进一步精细化,还将有更多新职业接踵而至。当然,从合作角度,也能反过来理解某些职业的消亡。比如,因为简政放权力度加大,一些"代办""代理"就面临被淘汰的压力。这是因为改革删繁就简,减少了信息不对称,挤出了一些"不必要的合作"。

听闻新职业的到来,未必所有人都是喜上眉梢。正如有人所说:假如电话出现时你是个电报收发员,纺织机出现时你是个裁缝,汽车出现时你是个马车夫,它就是不小的挑战。然而,从社会发展的整体来看,只要新职业不断涌现、职业谱系日渐丰富,人们面临的机会就能不断增加。比如,电的发明让很多蜡烛工失业,但由此创造的带"电"岗位数却千百倍于制烛工人。正是沿着这个逻辑,我们无需为人工智能时代的"机器换人"忧心忡忡。智能的火花,必将点亮更多创造性的工作。最近发布的新职业信息,便是有力的证明。

新职业的诞生并不只关乎部分人的就业,也关系到未来人与人如何分工协作。因此,有关部门应积极引导新职业发展,在高校培育相关专业,并及时做好职业培训等。对于个人而言,一方面需要深耕自己的专业领域,提高自身工作的专业性,同时也要具备应有的敏锐与自觉,让学习成为一种习惯,保持与新职业连接的能力,在与各行业更好的合作中不断推动社会向前发展。

(2019年04月16日)

激发预算公开的制度力量

盛玉雷

一项项详实数据,让社会公众找得到、看得懂、能监督,成为进一步打造"阳光财政"的生动实践

政府支出的减法,换取的是企业效益和市场活力的乘法;民生投入的加法,折射的是"足国之道,节用裕民"的逻辑

加大公开力度、便利社会监督,有利于强化预算约束、严格预算执行,也必将进一步促进法治政府、廉洁政府建设

各项重点任务资金怎样安排,工资福利开支多少,"三公"经费如何使用……前不久,2019年中央部门预算集中向社会公开,102个中央部门公开"晒账本"。一项项详实数据,让社会公众找得到、看得懂、能监督,成为进一步打造"阳光财政"的生动实践。

阳光是最好的防腐剂。自2010年开始,中央部门预算公开已经进入第十个年头。这些年来,公开部门越来越多,公开范围不断扩大,公开内容也日益丰富。比如今年,中央部门预算不仅公开了收支总表、财政拨款收支总表、一般公共预算"三公"经费支出表等8张报表,还对机关运行经费、政府采购、国有资产占有使用、预算绩效、提交全国人大审议的项目等情况进行了说明。可以说,"账本"越来越厚实,条目也越来越清晰。

与往年相比，除了公开"明白账"，不少部门还主动做起了减法。比如，财政部2019年"三公"经费预算数比去年压缩4.34%，国家税务总局2019年使用中央财政拨款安排"三公"经费预算下降6.91%，住建部2019年一般公共预算当年财政拨款下降16.06%……这些务实之举，既落实了今年《政府工作报告》中"一般性支出压减5%以上""'三公'经费再压减3%左右"等硬任务、硬指标，也响应了厉行节约、反对浪费的硬约束、硬作风，赢得了各方点赞。

如果说压减非刚性、非重点项目支出是"勒紧腰带过日子"，那么补齐民生短板则是"把钱花到刀刃上"。例如，国家卫健委2019年卫生健康支出（类）公立医院（款）综合医院（项）2019年预算数比2018年执行数增长36.54%，妇产医院（项）2019年预算数比2018年执行数增长了112.37%；再比如，生态环境部节能环保支出（类）环境监测与监察（款）建设项目环评审查与监督（项）2019年预算数比2018年执行数增长72.78%。细览各部门晒出的账本可以发现，在医疗卫生、环境治理、脱贫攻坚、创新驱动等方面的投入力度有增无减，对重点领域和关键环节的支持也更加精准。

俗话说，凡事预则立。此消彼长之间，传递出的正是"党和政府带头过紧日子，目的是为了让老百姓过好日子"的理念。政府支出的减法，换取的是企业效益和市场活力的乘法；民生投入的加法，折射的是"足国之道，节用裕民"的逻辑。今年的《政府工作报告》提出，全年减轻企业税收和社保缴费负担近2万亿元。在这种情况下，越是过紧日子，越要"有所为有所不为"。在事关国家安全稳定、经济健康发展、社会民生福祉等领域尽力而为，在一般性支出、"三公"经费等项目上量力而行，这样才能把钱花出效果、花到点子上。

当然，过紧日子不能只看预算编制，还要看预算执行，以确保"不跑偏、不走样"。为此，今年中央部门公开重点项目绩效目标的个数由去年的36个扩大至今年的50个，包括中国红十字会总会贫困大病儿童救助项目、中国福利彩票发行管理中心开奖费项目、国家发改委经济体制综合改革项目，等等。公开的项目内容，包含项目概述、立项依据、实施方案、绩效目标和指标等。从这个角度来观察，加大公开力度、便利

社会监督,有利于强化预算约束、严格预算执行,也必将进一步促进法治政府、廉洁政府建设。

在今年全国两会上,财政部负责人表示,我们要当"铁公鸡",不该花的钱"一毛不拔",同时我们也要打好"铁算盘",把该花的钱花好,花在刀刃上。由此而言,唯有建立全面规范透明、标准科学、约束有力的预算制度,提高资金使用效益,才能不断提升政府公信力、增加群众获得感幸福感安全感,为老百姓过好日子提供制度保障、铺就康庄大道。

(2019 年 04 月 15 日)

写好新型城镇化建设大文章

周人杰

> 遏制城市"摊大饼"式发展的要求没有变也不会变,决不能不顾进城以后怎么过日子,决不能只有自发的、盲目的人口产业集聚,而不要自觉的、科学的规划治理调控
>
> 新型城镇化与户籍改革不能搞简单生硬的"一刀切",要努力把因地制宜、协同配合作为重要原则,推动重点任务落地生根

户籍制度改革事关群众切身利益,时常引发各方关注。近日印发的《2019年新型城镇化建设重点任务》,其中"继续加大户籍制度改革力度"部分提及:超大特大城市要调整完善积分落户政策,大幅增加落户规模、精简积分项目,确保社保缴纳年限和居住年限分数占主要比例。一石激起千层浪,有舆论认为超大城市落户有所松动,将引起人口分布的集聚,甚至会触发房地产市场的波动。对此我们需要全面把握户籍改革的要义,决不可片面误读局部政策的微调。

应当看到,这次对超大城市积分落户政策的微调,主要着眼的是简政放权、便利群众,不仅让积分项目更精简,而且要以社保和居住年限突出"真实工作"与"真实居住"。换句话说,改革是要让那些为超大城市做出贡献的新市民住有所居、心有所安,是与以往的政策一脉相承的

细化、具体化，并不存在什么"松动""扯口子"。更应重视后文的表述："要立足城市功能定位、防止无序蔓延"——由此可见，遏制城市"摊大饼"式发展的要求没有变也不会变。

不看清"大城市病"的危害与本质，就治不好任性发展的"幼稚病"。过去一段时间，北上广深等一线超大城市都走过粗放式增长的弯路，带来了诸如交通拥堵、空气污染和房价高企的民生痛点，以及教育、医疗、养老资源的紧张，短期看可能有 GDP 增速的收益，长远看却不利于城市与市民的健康发展。在超大城市发展这个问题上，决不能不顾进城以后怎么过日子，决不能只有自发的、盲目的人口产业扎堆，而不要自觉的、科学的规划治理调控。

以北京过去两年的"减量发展"为例，一方面退出一般制造业企业 1307 家，疏解提升市场和物流中心 500 个，为创新引领腾出了宝贵空间，另一方面严守人口总量上限、严控城乡建设用地规模，为环境改善和老城新颜划定了战略留白。这一实践表明了因城施策的重要性，也告诉我们应当优化城镇化布局形态，让大中小城市协调发展、各得其所。此次印发的文件提出，Ⅱ型大城市全面取消落户限制，Ⅰ型大城市全面放开放宽落户条件，并全面取消重点群体落户限制。此举意在走好合理布局、各具特色的城镇化"平衡木"，实现在不久的未来，"让生活更美好"的宜居城市越来越多，涌现出一系列健康组团的、分工协作的、由中心城市以大带小的现代化都市圈。

不管户籍制度怎么改、城镇化如何推，"房子是用来住的，不是用来炒的"这个定位不能动摇，要始终将其作为房地产市场平稳健康发展的总体要求。无论是积分落户的超大特大城市，还是 69 个放开落户限制的大城市，分解落实城镇化的重点任务时，都要把防止房价大起大落作为前提条件，坚决避免投资投机者借机钻空子，同时不断精细化限购、限售、限价政策，满足刚性和改善型需求。《2019 年新型城镇化建设重点任务》在以往"一城一策"基础上，提出"强化城市间房地产市场调控政策协同"，也即"城城协同"，充分说明人口的调节、房价的调控本身都是逆周期的政策操作、熨平波动的预调微调，压根不会有"假市场之名、行放任之实"的可能，只会把"有序"二字往实处深推。

"物之不齐，物之情也。"城镇化说到底是人的城镇化，城市的发展最终也一定体现为城市居民的自由全面发展。城市的历史文化、区位特色千差万别、千变万化，所以新型城镇化与户籍改革不能搞简单生硬的"一刀切"，要努力把因地制宜、协同配合作为重要原则，推动重点任务落地生根。以促进人的城镇化为核心，以高质量发展为导向，精准推进城市治理体系与治理能力的现代化、科学化、法治化，将市场和政府"两只手"作用都发挥好，我们一定能把新型城镇化和区域协调发展的大文章写好、写精彩。

（2019年04月12日）

让文明的甘泉浸润人心

石 羚

近年来,随着生态文明理念深入人心,我国城乡绿化水平持续提升,极大改善了人居环境。在这样的背景下,个人修养也应水涨船高、齐头并进

文明其表,制度其里。文明不是一天养成的,既需要春风化雨的涵养润泽,也离不开制度化的刚性约束

再好吃的菜品,点餐取餐也不过量;碰到再特殊的情况,也不以"机闹""路怒"的形式宣泄……近年来,随着精神文明建设的不断深入,越来越多的人在关注自我的同时也学会照顾他人,在维护自身权益的同时也习惯于思考公共利益。这样的文明举止,正是我们社会的亮丽底色。

"阳春布德泽,万物生光辉。"刚刚过去的清明假期,人们纷纷走出家门,与和风拥抱、与繁花合影,感受春天的气息。但在一些公园里,也出现了不和谐的场景:有的游客为了采摘野菜,把蒲公英整根拔去;刚刚开花的二月兰被掐尖,荠菜、马齿苋更是"在劫难逃";他们用手揪、用刀削、用钥匙挖,弄得土坑遍地、一片狼藉。虽说一些地方有春季"食野"的风俗,但真正的"春色可餐",不是追求口腹之欲,更不应以破坏公共文明、损害公共利益为代价。

公园姓"公",不是自家菜地。暂且不说园中野菜有被农药喷洒、重

金属污染的风险，自行采摘食用存在一定的健康隐患，单是公园草坪作为绿化景观这一条，就不容个人随意破坏。此外，公园绿地及其产出属于公共资源，也不容许私自占有。近年来，随着生态文明理念深入人心，我国城乡绿化水平持续提升，极大改善了人居环境。对许多居民来说，不必长途跋涉、自驾远行，也能在家门口感受到"头上飞鸟、林下鸣虫"的自然之美。在这样的背景下，个人修养也应水涨船高、齐头并进。如果一些人罔顾警示内容，私挖乱采、破坏环境，模糊"公"与"私"的界限，只能说明他们的公共文明意识还存在着"欠费"与短板。

也有人辩解，精心修饰的花草、人工种植的林木理应保护，但拔野菜无伤大雅。这样的说法并不能为"私采滥挖"提供合理化支持。事实上，野花野草的生态功能同样不可小觑，它们何尝不是绿化工程的有机组成部分？这也启示我们，现代社会的公共空间在不断拓展、生活场景愈发多样，"无心之失"甚至"好心办坏事"的可能性也在增加。例如，一句"待人以礼"的简单要求，对应着商务礼仪、外事礼仪、服务礼仪等复杂知识。如果不去努力学习掌握，那么在面对音乐会上能否于乐章间鼓掌、观看体育比赛过程中何时喝彩等问题时，就很容易失礼。从主观上增进文明意识，多学习文明礼仪知识，不断提高道德实践能力，才能做文明有礼的现代公民。

当然，真正可怕的不是"不知而犯"，而是"明知故犯"。生活中，少数人权利意识高涨，但规则意识"跟不上趟"，只遵守于己有利的规定；个别人把维护公德看做愚蠢迂腐，认为"钻空子"是一种聪明。事实上，规则不是权宜之计，文明更不是"精致利己"。向上的力量、向善的力量，根源于人们向往和追求讲道德、守道德的生活。正如习近平总书记强调的，必须加强全社会的思想道德建设，激发人们形成善良的道德意愿、道德情感，培育正确的道德判断和道德责任。携手播撒文明的种子，共同凝聚文明的共识，才能让更多人聆听到内心中的"道德律令"。

文明其表，制度其里。文明不是一天养成的，既需要春风化雨的涵养润泽，也离不开制度化的刚性约束。这一方面需要织密织牢制度之网，让公共行为有规可依；另一方面则要用好执法的手段，提高不文明行为的代价。比如，关于公园能否采摘野菜，有关部门早已出台过规定，但此类行为屡禁不绝，归根结底还是落实出了问题。现实中，无论是招募公共文明引导员，还是开设"黑名单"制度，种种创新举措的出台，就是为了让纸上的规章立起来。制止不文明行为，用制度捍卫文明，这是绝大多数人所乐见的。

岁月不居、时节如流，人们的生活方式在变化，但不变的是对文明的期许。每个人加强道德自律，自觉守护公共文明的大环境，文明的甘泉才能滋润更多人的心田。

（2019年04月11日）

让城市建设有"里"有"面"

彭 飞

在"高度""广度"不断拓展的今天,地下空间所标注的"深度",为城市打开了更加立体的发展格局

"治疗日趋显现的'大城市病',向地下要空间将是一种非常有效的手段""发展城市地下空间,将带来适度的基础设施投资增长""'地下空间'开发利用有必要纳入国家战略"……随着城市化的推进,地下空间的开发利用越来越成为媒体热点话题。在"高度""广度"不断拓展的今天,地下空间所标注的"深度",为城市打开了更加立体的发展格局。

有研究将 21 世纪称为"地下空间开发利用发展的世纪",也有国家将地下空间归为"新型国土资源"。可以说,地下空间是一座"富矿",特别是在改善基础设施、提升空间容量、缓解交通压力等方面,更发挥着不可替代的作用。近些年来,我国对地下空间的开发利用愈加重视。比如,地下综合管廊与海绵城市建设已经列入"十三五"新型城镇化建设重大工程;不少城市充分利用人民防空工程和建筑地下室,为老百姓开辟许多具有文化、休闲性质的公共空间;还有的城市全面更新地下管网,为即将到来的智慧城市铺设"路基"……做足城市"向下"的文章,正逐渐成为潮流和趋势。

如果说高楼大厦是城市的"面子",那么地下空间在一定意义上可

以称作城市的"里子"。改革开放40多年来,我国城镇化水平快速提高,与"面子"上的突飞猛进相比,"里子"确实显得有些"跟不上趟"。比如,有的城市楼越来越高、路越来越宽,然而地下管网却敷设混乱、底数不清;地上地下规划不同步,导致道路被反复挖掘,甚至一场大雨就能让城市"看海";一些城市的轨道交通设计不尽合理,与城市其它基础设施缺乏衔接……如何补上城市建设的"欠账",实现地下空间资源更充分、更高效的利用,已经成为摆在建设者面前的必答题。

利用好地下空间资源,不仅需要先进技术,更需要先进理念。去年,我国自主研发的巨型盾构机曾引发热议,这个被称为"工程机械之王"的设备代表了中国在工程建设领域高超的技术水平。可见,在地下空间的开发利用上,技术等硬实力不是大问题,理念、规则、管理等软实力才是更重要的决定性因素。比如,地下空间管理权相对分散,资源权责不明,如何构建相应制度,理顺权责关系?面对私搭乱建、无序开发现象,如何提升规划协同性、前瞻性,并保证严格实施?这些都需要在开发过程中逐渐消化、逐个解决。

习近平总书记指出,"城市管理应该像绣花一样精细",城市地下空间资源的开发与利用更应如此。那些隐藏着的细节,最能展现一座城市的"功力"。起步不久的雄安新区,在规划纲要中专辟一个章节对地下空间进行系统规划,树立了"高起点规划""规划先行"的标杆;正在建设中的京张高铁清河站,采取高铁、地铁及市政工程一体化建设,实现一次安检就能在地铁与高铁"无缝"换乘;不少城市在城市轨道建设中探索引入社会资本,以"轨道+物业"开发模式大幅提升开发质量与利用效率……这些新理念、新模式,正为城市发展注入新的动力。

今天,利用好城市地下空间资源,是一座城市现代化水平的集中体现。既善于运用现代科技手段实现智能化,又能通过绣花般的细心、耐心、巧心提高精细化水平,我国城市的治理水平就能不断向一流迈进,城市生活水平也能"水涨船高",为百姓带去更多便利。

(2019年04月10日)

让"安全第一"更加深入人心

李洪兴

> 无论政府、企业还是个人,都应始终葆有安全意识、担负起应有的责任,共同守护好安全的环境
>
> 进一步加强法规制度的落细落实,让排查风险更深入、预警机制更灵敏、监管执法更有力,以"万无一失"防止"一失万无"

平安是最基本的公共产品,"安全第一"是最广泛的社会共识。习近平总书记强调:"人命关天,发展决不能以牺牲人的生命为代价。这必须作为一条不可逾越的红线。"安全生产关乎人民福祉、事关经济社会发展大局,只有时刻绷紧安全这根弦,不断强化责任落实、筑牢制度堤坝、织密防护网络,才能防患于未然、守护好生命安全。

最近一段时间,接连发生的安全事故,为人们一再敲响警钟。一些特大安全事故,往往带有突发性、意外性、复杂性的特点,看似防不胜防、难以避免,实则萌生于日常被忽视的隐患、潜藏于不负责任的细节。有数据显示,90%以上森林草原火灾是由上坟烧纸、吸烟、烧秸秆以及燃放烟花爆竹等人为原因引发的;一些专家在分析170万宗事故后认为,由于人为因素或不安全动作与行为导致的事故,占了88%。可以说,人为疏忽与安全思想麻痹是最大的隐患,而隐患往往最终酿成事故。因此,

社会方方面面，不管面对的是生产流程还是生活空间，都应始终葆有安全意识、担负起应有的责任，共同守护好安全的环境。

一人负责一处安全，众人把关稳如磐石。抓好安全问题，关键还得依靠制度，以厘清各方责任、形成工作合力。破解安全生产难题，离不开依法治理与制度建设，需要充分运用法治思维和法治手段。事实上，补齐安全短板的过程，就是在推动安全生产责任制度化、法治化。

党的十八大以来，《中共中央国务院关于推进安全生产领域改革发展的意见》出台，我国安全生产法律法规体系不断完善，涵盖 11 部专项法律、3 部司法解释、20 余部国家行政法规、30 余部地方性法规、100 余部部门规章、近 400 部安全行业标准。我们的安全底线越来越高，责任体系越来越密，法治手段越来越硬。在此基础上，进一步加强法规制度的落细落实，让排查风险更深入、预警机制更灵敏、监管执法更有力，以"万无一失"防止"一失万无"。

近年来，随着应急管理体系的健全完善，全社会的应急反应能力和处置水平都有了显著提升，有效减少了事故损失。同时，一些地方出现的问题，也警示我们要举一反三、亡羊补牢。要加强预防工作，更有效地进行安全隐患排查，盯紧安全链条的薄弱环节进行整改，要更精准地识别灾情，救早、救小，进一步提升专业救援能力。

安全生产必须警钟长鸣、常抓不懈，容不得丝毫放松。近年来，经过共同努力，我国安全生产形势持续稳定好转。面对安全生产的责任要求，任何时候都不能麻痹大意。牢固树立安全发展理念，始终把人民群众生命安全放在第一位，将责任扛在肩上，为安全生产架设"防火墙"，我们就能守护好美丽家园，不断增强群众的获得感、幸福感和安全感。

（2019 年 04 月 09 日）

树立崇尚英雄缅怀先烈的良好风尚

彭 飞

人们帮助英烈寻根的过程,实际上也是一次精神层面的自我洗礼

每个时代都有每个时代的气质,但只有坚守信仰、崇尚光荣者,才能定义一个时代的精神风貌

在缅怀中唤醒记忆,在表达中传递真情,就能点燃人们心中的精神火炬,照亮全社会的爱国情怀与英雄精神

清明节到来之际,退役军人事务部和人民日报新媒体等联合发起"寻找英雄"行动,向全社会公布24位抗美援朝英烈的遗物和信息,帮助他们寻找亲人。消息发布后,网友们纷纷转发,崇尚英雄、缅怀先烈,引发热烈社会反响。目前,已先后有多位烈士的亲属信息确定被找到。

人们帮助英烈寻根的过程,实际上也是一次精神层面的自我洗礼。"当年,他们为我们牺牲;今天,请为他们做一件事",不少网友就是在这句行动标语的感召下,按下了转发按钮。每一个安享今日幸福生活的人都深知,和平与繁荣来之不易,是先烈们用鲜血乃至生命换来的;每一位矢志于民族复兴大业的奋斗者都懂得,拼搏进取、不停奔跑的内在动力并非凭空而来,而是源于英雄用实际行动铸就的精神丰碑。崇尚英雄、捍卫英雄、学习英雄、关爱英雄,早已融入中华儿女的血脉。

每个时代都有每个时代的气质，但只有坚守信仰、崇尚光荣者，才能定义一个时代的精神风貌。我们为什么会在国歌声中、在人民英雄纪念碑前心潮澎湃？为什么会因为听了英雄人物的事迹而热泪盈眶？为什么会在海外撤侨现场、抗震救灾一线与人民子弟兵深情相拥？坚守正确的价值理念，才能让英雄精神长存，也才能让整个民族的精神世界更加充实与饱满。如今，在人人都有麦克风的网络时代，各种观点泥沙俱下，一些错误思潮乘虚而入，也存在有人刻意歪曲历史、抹黑英雄的现象。对英雄烈士的诋毁、贬损，对英雄事迹的解构、质疑，污损的是国家和民族的集体记忆，伤害的是亿万人民的质朴情感。对此，不仅需要保持高度警惕，更要采取措施坚决予以纠正。

　　国家的意志，回应着人民崇尚英雄的心声。走过 5 个年头的烈士纪念日制度，以最高规格向先烈寄托哀思，在全社会形成缅怀英烈的浓厚氛围；去年全票通过的英雄烈士保护法，用制度刚性捍卫英雄尊严，践行着"昨天你用生命捍卫我们，今天我们用法律保护你"的动人誓言；不久前印发的《关于做好国家勋章和国家荣誉称号提名评选工作的通知》，让国家功勋荣誉制度更好引领人们崇尚英雄，向英雄和模范深深致敬……党的十八大以来，一系列强有力的国家行动，彰显着崇尚英雄、缅怀先烈的坚定决心。无论奖励还是惩处、疏导还是堵漏，我们日渐培厚制度土壤，让高尚精神的种子生根发芽。

　　传承崇尚英雄的精神，关键还要讲好英雄故事。守岛英雄王继才，上岛之初也曾被寂寞困扰，只能每天望着茫茫大海大口大口地抽烟，以排解心中苦闷；女飞行英雄余旭，曾参演央视春晚的小品，心中的小愿望是让妈妈在电视上看到自己；创造中国歼击机安全飞行纪录的王文常，总是随身携带着与妻子谈恋爱时收到的百余封情书……英雄也是有血有肉有亲情的普通人。真实、完整地再现英雄和他们的故事，在缅怀中唤醒记忆，在表达中传递真情，就能点燃人们心中的精神火炬，照亮全社会的爱国情怀与英雄精神。

　　近日，在四川凉山木里县的森林火灾中，27 名森林消防人员和 3 名地方干部群众，献出了自己的宝贵生命。在消防员最后的朋友圈里，人们看到他们跋山涉水向火场进发。救火英雄的精神，让人们充满崇高的敬意。"一个有希望的民族不能没有英雄,一个有前途的国家不能没有先锋。"崇尚英雄、缅怀先烈,激扬英雄精神,砥砺家国情怀,我们必定能汇聚起坚不可摧的前进力量,推动中国号巨轮驶向开阔水域、扬帆万里航程。

(2019年04月04日)

让党员教育管理"有力度有温度"

李浩燃

一以贯之加强党员教育管理，始终把这项工作抓紧抓实，才能让党的肌体拥有更多"活力细胞"，才能把"党要管党、从严治党"真正落实到党员队伍之中

做好党员教育管理工作，最关键的是质量，最需要的是真功，最怕的是形式主义

持之以恒、务求实效，方能使党员教育管理更加有力度有温度，促进党员更好发挥先锋模范作用

党员教育管理工作是党的建设的基础工作和长期任务。新形势下，如何突出针对性、增强实效性，切实提高党员教育管理工作的水平，是摆在各级党组织面前的一项紧迫任务。

"加强党员教育管理，就是要着力激发党组织的生机活力，建设一支信念坚定、政治可靠、素质优良、纪律严明、作用突出的党员队伍。"近日，中共中央政治局召开会议，审议《中国共产党党组工作条例》和《中国共产党党员教育管理工作条例》。会议强调，党员教育管理工作要在提高质量上下真功，增强针对性和有效性，切实防止形式主义。

做好党员教育管理工作，不仅是我们党统一思想意志、加强队伍建设的优良传统，也是传承红色基因、保持先进性纯洁性的重要途径。艰

苦卓绝的革命年代，党领导人民为何能取得一个又一个胜利？白手起家的建设岁月，共和国为何能涌现出一大批"建设标兵"？波澜壮阔的改革时期，为何会催生一大批敢闯敢试、敢为人先的"改革闯将"？其中一个重要原因就在于，我们党始终重视党员教育管理，不断创新方法手段加强这项工作，从而推动了优秀共产党员不断涌现，让"有形的正能量"激活了党组织的战斗力，以榜样这个"看得见的哲理"感召亿万人民共同奋斗。

办好中国的事情，关键在党，关键在党要管党、从严治党。习近平总书记指出，"加强党的建设，首要任务是加强思想政治建设，关键是教育管理好党员、干部。"从党的群众路线教育实践活动、"三严三实"专题教育，到"两学一做"学习教育，再到党的十九大报告提出开展"不忘初心、牢记使命"主题教育……党的十八大以来，以习近平同志为核心的党中央高度重视党员教育管理，着力加强各项工作，引领广大党员增强"四个意识"、坚定"四个自信"，党的创造力、凝聚力和战斗力不断增强，为改革发展凝聚了强大力量。事实证明，一以贯之加强党员教育管理，始终把这项工作抓紧抓实，才能让党的肌体拥有更多"活力细胞"，才能把"党要管党、从严治党"真正落实到党员队伍之中。

做好党员教育管理工作，最关键的是质量，最需要的是真功，最怕的是形式主义。近年来，在全面从严治党不断走向深入的背景下，绝大多数地方都强化了党员教育管理。但现实中，仍有少数基层党组织重业务、轻党务，没有很好坚持"三会一课"、主题党日、集中培训等基本制度，甚至编造记录应付上级检查。在巡视工作中，中央巡视组就曾向有关单位反馈过"党员干部教育管理宽松软"的问题。此外，有的地方针对不同群体党员特别是流动党员，还比较缺乏精准有效的教育管理措施，少数党员甚至与组织"失联"。还有一些单位或部门对于党员教育培训效果缺乏评估，陷入了形式主义的窠臼。这些，都值得重视并予以警惕。

全国优秀县委书记廖俊波甘为一方百姓的"樵夫"，黄群、宋月才、姜开斌3位同志为保护国家重点试验平台壮烈牺牲，守岛英雄王继才用生命践行"一生守岛，直到守不动的那一天"的承诺……奋进新时代，我们身边那些对党忠诚、恪尽职守的典型人物，生动诠释着共产党员"随时准备为党和人民牺牲一切"的誓言。肩负新使命、踏上新征程,亟待广大党员攻坚克难、接续奋斗,以担当作为标注共产党人的政治品格。同时,这也给新时期的党员教育管理工作提出了更高要求。坚持以党的政治建设为统领、让新思想武装全党,增强制度刚性、健全各项基本制度,激扬改革创新精神、提高党员教育管理工作现代化水平,持之以恒、务求实效,方能使党员教育管理更加有力度有温度,促进党员更好发挥先锋模范作用。

长征时期,3名女红军在湖南借宿一位老人家中,临走时把自己仅有的一床被子剪下一半给老人留下。"半条被子"的故事,昭示共产党人要始终同人民想在一起、干在一起。赓续好传统,不断深化和加强党员教育管理工作,我们的初心必能永不改,我们的道路必定越走越宽广。

(2019年04月03日)

有效拓展数据应用的广度和深度

何鼎鼎

从大数据到物联网,从云计算到边缘计算,数据产业方兴未艾,技术正在不断拓展想象力的边界

当前,围绕数据的开发与利用受到广泛关注,谁能有效拓展数据应用的广度和深度,谁就能占据竞争的制高点

日前,博鳌亚洲论坛2019年年会在海南博鳌举行。在"数据:有待开发的巨大资源"分论坛现场,嘉宾们被问及这样一个问题:若将来非常充分的数字化社会能以10分计,今天的数字化程度能打到几分?来自海内外、不同行业的嘉宾纷纷给出自己的分数,几乎都集中在1—3分。

从某种意义上说,人们对数字化的未来,有着大体相似的感觉:数字社会的轮廓,一眼望去难见边界。这种感觉,首先来自于日常生活。当衣食住行、运动医疗等信息逐渐被数据化,"数据人"的眉目越来越清晰,数字社会已经可感可知。与此同时,这种感觉也建立在环环相扣、不断延伸的技术链条之上。现实中,从大数据到物联网,从云计算到边缘计算,数据产业方兴未艾,技术正在不断拓展想象力的边界。

习近平总书记强调,要发展数字经济,加快推动数字产业化,依靠信息技术创新驱动,不断催生新产业新业态新模式,用新动能推动新发展。毋庸置疑,数据是一座富矿。今天,"数据官"在企业中的地位持续

提升,"数据力"影响了传统的统计与认知;大数据的应用,已从发现问题、分析问题,升级为挖掘商业机会、提供决策辅助。在博鳌,一家公司的负责人说起20年来探索数字化的心路历程,也颇为感慨:早年看市场好不好,是派业务员到工厂销售部门口看车辆多少,很原始;10年前,学着雇用专业人士做数据收集,积累了一些系统性的数据;近几年,迈入大数据时代,比如利用卫星观测全球储油罐高低,估测原油和成品油库存。可以说,在一个"万物皆数"的时代,数据正从"说"到"用",从数字变为创新。当前,围绕数据的开发与利用备受瞩目,谁能有效拓展数据应用的广度和深度,谁就能占据竞争的制高点。

数据象征着科技感,也展现着安全感。最近,"数字孪生"技术受到关注。在博鳌,人们对这一前沿科技也表示出浓厚兴趣。如果确实存在一架与物理世界飞机相对称的数字孪生飞机,让每一个零部件的信息都可感知,那么,针对飞机的异常分析与预防性维修,都将变得更加容易。当然,有些设想目前看还停留在概念层面,仍需要物联网等技术的实质性突破。此外,数据社会的发展也并非在真空中。数据之外有前沿科技,更有法律、伦理与规则。比如,无人驾驶领域似乎就存在这样一个安全悖论:无人驾驶汽车不在实际道路上跑,就难以进行海量数据采集;但要允许它自由畅快地跑起来,首先得有海量数据证明其安全性。

这促人思考:数据究竟该如何为我所用。今天,对数据的深度挖掘渐成趋势,对数据的充分共享深入人心,但纵观全球大数据产业的发展,规则制定却远远落后于实践。共享的边界在哪里?个人隐私数据是否应有不同层级?不少问题依然处在讨论之中。当然,一些共识性原则也在形成。总体而言,对数据的态度应当体现一种平衡:既需要数据流动,也需要数据保护;数据应该共享,但不能超越界限;科技企业需要更好自律,但健全法律规制同样能推动其更好发展。

今年发布的《博鳌亚洲论坛亚洲竞争力2019年度报告》显示:随着数字经济发展迅速,亚洲经济体都很重视信息通信基础设施的投资建设,借助互联网平台提高开放联通水平。可以说,这是亚洲经济社会发展的一个新亮点。18年前,博鳌亚洲论坛为应对"后亚洲金融危机时代"而生,人们在这里讨论亚洲向何处去。如今,曾经的诸多风险在发展中得以解决，新的发展课题不断增加，亚洲展示出前所未有的竞争力。搭乘数字化的快车，把握"共同命运 共同行动 共同发展"这一主题，亚洲的明天必定更加美好。

（2019年04月02日）

文明交流互鉴推动人类发展进步

李 斌

> 既讲求参差多态、各美其美,又注重美美与共、天下大同,世界从习近平主席的演讲中,触摸到了不同文明和谐发展、和平共处的密码

文明因交流而多彩,文明因互鉴而丰富。文明交流互鉴,是推动人类文明进步和世界和平发展的重要动力。

5年前,习近平主席在法国巴黎联合国教科文组织总部发表重要演讲,以"一花独放不是春,百花齐放春满园"的优美诗句、"萝卜青菜,各有所爱"的常用话语等为引,深入浅出地阐明人类文明因多样才有交流互鉴的价值、因平等才有交流互鉴的前提、因包容才有交流互鉴的动力。和而不同、兼收并蓄的文明交流理念,不仅反映中国人民"和实生物"的价值追求,彰显中国坚持开放包容、和平发展的坚定信念,也为人类文明进步带来了思想启迪,为世界各国携手和平发展凝聚了广泛共识。既讲求参差多态、各美其美,又注重美美与共、天下大同,世界从习近平主席的演讲中,触摸到了不同文明和谐发展、和平共处的密码。

透过历史长镜头端详,有交流互鉴才有今日人类文明的繁荣多彩。古丝绸之路帆影幢幢、驼铃声声,书写出文明交流、文明共存的典范。

近世以降，工业革命开启的现代化进程传播至世界各个角落，印证了互学互鉴、取长补短的可贵价值。有学者曾断言，"文明的冲突是对世界和平的最大威胁"。实际上，冲突并不是不同文明相遇之后的必然结局，傲慢和偏见才是文明交流互鉴的最大障碍。只要秉持包容精神，就不存在什么"文明冲突"，就可以实现文明和谐。一部人类发展史，就是一部多元文明共生并进的历史。中华文明是在中国大地上产生的文明，也是同其他文明不断交流互鉴而形成的文明。

透过世界广角镜俯瞰，交流互鉴是顺应时代潮流、纾解共同挑战、促进和平发展的必需。百年未有之大变局下，人类将何去何从，未来世界将会怎样，回答好这些问题，首先需要回到文明发展规律中找答案。一方面，世界多极化、经济全球化大势所趋，和平合作、开放融通、变革创新成为不可阻挡的历史潮流。坚持文明交流互鉴，才能让世界这个你中有我、我中有你的命运共同体，真正实现共赢、多赢。另一方面，应对军备竞争、难民危机、气候变化、恐怖主义、网络安全等此起彼伏的全球性挑战，任何国家都不可能独善其身，必须选择包容互鉴而不是你输我赢，聚同化异而不是激化矛盾，互利共赢而不是以邻为壑。

聚焦中国，交流互鉴见证中国梦与世界梦的同频共振、相映生辉。正在发生全面深刻变革的中国，超出了文明冲突论者们的预设，以其开放、包容、自信，成为世界和平发展、合作共赢的引领者。新时代的中国，不仅注重汲取不同国家、不同民族创造的优秀文明成果，也愿意尊重文明多样性，分享发展红利，给世界带来机遇、和平与进步。实践必将证明，中国人民与世界各国人民携手合作、取长补短，丰富多彩的文明成果将谱写出中国与世界互动的华彩篇章。

如果说和而不同、兼收并蓄的文明交流理念是一个精彩起笔，那么它所勾勒出的则是人类文明和谐发展的路线图，擘划的则是实现世界持久和平与繁荣、共建人类命运共同体的大画卷。以此为指引，"一带一路"越走越宽，中国的"朋友圈"越来越大，支持多边主义、加强国际合作、促进互利共赢的中国倡议得到国际社会积极响应。行之以躬，不言而信。

中国垂范在先,真诚以待,推动不同文明的同频共振、交流互鉴,一定能不断推进各国合作共赢,推动建设一个持久和平、普遍安全、共同繁荣、开放包容、清洁美丽的世界。

(2019 年 03 月 29 日)

网信事业，筑牢奔向未来的"路基"

彭　飞

> 网络与信息技术的应用，在中国呈现出前所未有的广度与深度
> 在网络与信息化发展的大棋局中，中国下出了漂亮的"先手棋"

"中国移动互联网的繁荣发展为中国提供了'跳跃式发展'的绝佳机会"，中国数字经济的发展，让一家国际媒体如此感慨。的确，中国凭借在网络与信息化领域的丰硕成果，正在开辟出崭新的未来。

习近平总书记强调，面对信息化潮流，只有积极抢占制高点，才能赢得发展先机。中国在短短20多年时间里，从一条网速仅有64千比特每秒的网线起步，到如今网民数量全球第一、电子商务总量全球第一、电子支付总额全球第一，已经成为名副其实的网络大国。今天，移动支付、共享经济改变了老百姓的日常生活，云计算、大数据重塑着工业生产的模式和体系，电商扶贫为区域均衡发展开辟新路径，移动互联网推动政务公开、提升公共服务效率……网络与信息技术的应用，在中国呈现出前所未有的广度与深度。

在网络与信息化发展的大棋局中，中国因势而谋、应势而动、顺势而为，下出了漂亮的"先手棋"。党的十八大以来，以习近平同志为核心的党中央重视互联网、发展互联网、治理互联网，统筹协调各领域信息化和网络安全重大问题，作出一系列重大决策、提出一系列重大举措，

推动网信事业取得历史性成就。一年前的2018年3月21日，根据《深化党和国家机构改革方案》，中央网络安全和信息化领导小组改为中央网络安全和信息化委员会，负责我国网信领域重大工作的顶层设计、总体布局、统筹协调、整体推进、督促落实，掀开了我国网信事业发展的新篇章。

过去一年来，我国网信事业发展的大方向愈加清晰明确。从召开全国网络安全和信息化工作会议为发展谋篇布局，到中央政治局集体学习聚焦人工智能、媒体融合发展，互联网正从"最大变量"转化为国家发展的"最大增量"。全方位、立体化的治理思路，针对的正是互联网作为经济社会发展"基础设施"而无处不在的特点，可谓对症下药。面对互联网"安全"与"开放"之间的张力，中国政府提出包容审慎的监管原则：对于互联网领域的新业态、新模式、新环境，既不是放任自流，也不是一下子管死，而是在划出安全底线的同时，给予充分生长发育的空间。正是这种系统论、辩证法，为中国网络与信息化发展培厚了土壤、注入了动力。

互联网迅猛发展，机遇与挑战并存。近些年来，不少社会现象和问题促使我们重新审视和反思网络与信息化发展的未来。互联网创新层出不穷，如何摆脱玩概念、圈热钱的浮躁心态？平台经济方兴未艾，如何让互联网企业在重视流量的同时把责任扛在肩上？人人都有了麦克风，如何构建更加清朗的网络空间？当"共享"成为发展潮流，如何在信息流通与隐私保护之间做到平衡？特别是在网络安全领域，一个代码、一个漏洞都可能成为"蚁穴"，更容不得丝毫懈怠。面对这些风险挑战，不只是中国，各个国家都在不断调校治理的精度和力度，以期达到趋利避害、扬长避短的效果。

习近平总书记强调，要提高网络综合治理能力，形成党委领导、政府管理、企业履责、社会监督、网民自律等多主体参与，经济、法律、技术等多种手段相结合的综合治网格局。下一步，聚焦人工智能、5G通信、物联网等前沿领域，中国将把数量优势进一步转化为质量优势，以实际行动不断挖掘数字时代的红利，带给群众更多的获得感、幸福感、安全感。

（2019年03月21日）

治理思考，因地制宜解难题

张 凡

  与代表委员面对面，探讨治理问题，是习近平总书记参加全国两会的重要方面。党的十八大以来，总书记先后36次参加团组审议讨论，听取近300位代表委员的发言。从内政外交国防，到治党治国治军，总书记那些深入人心的治理金句，饱含对人民群众的深切关怀，也凝结着对治国理政的深邃思考

  全国两会即将召开。在这个参政议政、建言献策的平台上，"治理"无疑是一个关键词。这些年来，习近平总书记在参加团组审议讨论时，常常用形象的比喻生动阐明治国理政之道，引发热议更引人深思。以"啃硬骨头"比喻改革攻坚克难，以"加减乘除"为东北老工业基地发展破题，以"像石榴籽那样紧紧抱在一起"谈民族团结……连珠妙喻，之所以让人印象深刻，不仅在于语言的精妙生动，更在于背后所蕴含的治国理政的深刻思考。

  与代表委员面对面，探讨治理问题，是习近平总书记参加全国两会的重要方面。党的十八大以来，总书记先后36次参加团组审议讨论，听取近300位代表委员的发言。从内政外交国防，到治党治国治军，总书记那些深入人心的治理金句，饱含对人民群众的深切关怀，也凝结着对治国理政的深邃思考。以"立下愚公志"强调打好脱贫攻坚战，以"三

严三实"要求作风建设,以"亲""清"定义新型政商关系,以"冰天雪地也是金山银山"阐释绿色发展……在两会上,习近平总书记深入浅出地阐述治国理政的理念,为问题找答案,为发展谋思路,标注出国家治理与社会发展的航标。

习近平总书记的牵挂,彰显着"从群众中来,到群众中去"的执政风格,也指引着新时代改革发展的宽广道路。回望过去6年,习近平总书记以"腾笼换鸟、凤凰涅槃"为喻,为广东推动产业优化升级指明方向;强调要"像保护眼睛一样保护生态环境",希望青海走绿色发展之路;强调内蒙古产业发展不能只盯着"羊、煤、土、气",要扎实推进经济高质量发展……可以看到,发展理念的升级、思想观念的更新,进而推进发展动力转换、推动发展方式转变,是总书记始终关注的重点。

国家治理,既要有"大刀阔斧"的气象,也要见"绣花针"的功夫。在2017年全国两会上,习近平总书记就两次以"绣花"为喻,强调治理的精细、精准。在上海团,他指出"城市管理应该像绣花一样精细";在四川团,他强调脱贫攻坚"全过程都要精准,有的需要下一番'绣花'功夫"。唯有精细化治理,大城市才能不断提升治理能力;唯有精准施策,脱贫攻坚才能稳扎稳打、取得实绩。习近平总书记在全国两会上察民情、问细账,充分展现着这种精准、细致的工作方法。很多人都记得2016年总书记与青海贵德县大史家村党委书记毕生忠代表那段长达20分钟的对话,"青海的砖瓦生产是过剩还是平衡""政府给你们补贴了吗""你们现在都种什么庄稼"……一连串的发问,让人印象深刻。问得细才能了解深,了解深才能行动明,以"绣花"的功夫谋治理、谋发展,才能回应好人民群众对美好生活的向往。

治国理政的思考,传递发展的理念、规划前行的目标。过去6年,习近平总书记曾四次参加东北三省代表团审议,对东北振兴非常重视。在2014年和2018年,他两次走进广东代表团,释放出将改革开放进行到底的强烈信号。在每年两会结束后,习近平总书记也会带着关注的问题、了解的情况再次进行实地调研,细化部署。2016年在黑龙江代表团参加审议后,仅过了两个月,习近平总书记就来到黑龙江考察。从会场内到会场外,习近平总书记将治国理政的深入思考、实干为民的情怀,写在祖国的大地上。

"始终与人民心心相印、与人民同甘共苦、与人民团结奋斗"。用真情回应人民期盼,用行动践行郑重诺言,这正是当代共产党人的治理理念和为民情怀。

(2019年03月01日)

民生关切,一枝一叶总关情

盛玉雷

两会中的"民生时刻",既是在检验民生答卷,也是要补齐民生短板。提出扶贫"少搞一些盆景",脱贫攻坚要经得起检验;强调民生工作"一诺千金,说到就要做到";要求乡村振兴"杜绝形象工程",保持健康有序进行……习近平总书记在两会上的民生金句,不仅成为深入人心的理念,更转化为落实到基层治理的行动。老百姓关心什么、期盼什么,改革就要抓住什么、推进什么,推动民生工作件件有着落、事事有回音,就能让老百姓看到变化、得到实惠

民之所盼,政之所向。指出"民生工作离老百姓最近,同老百姓生活最密切",强调"让群众得到看得见、摸得着的实惠",勉励"坚持不懈保障和改善民生",要求"千方百计为群众排忧解难"……习近平总书记每年两会参加团组审议讨论时,民生都是他最深的牵挂。

国家大事连着百姓生活。全国两会上,老百姓身边的事被习近平总书记反复提及、连连追问,屡屡成为两会的热议话题。在广东团询问"珠三角现在PM2.5是多少",在湖南团关心十八洞村"去年有多少人娶媳妇儿",在四川团惦念"悬崖村"的孩子们,在青海团关切庄稼长势、砖瓦生产、牛羊肉价格……从生活冷暖到乐业安居,从教育医疗到公共服务,

习近平总书记始终关心着老百姓生活的方方面面，体现了鲜明的人民立场，蕴含着深厚的人民情怀。

民生无小事，枝叶总关情。看似细致具体的小事，实则是治国理政的大事。空气中的"细颗粒物"少了，绿水青山的"大气候"就能变好；娶上了媳妇儿，说明脱贫致富可以创造美好生活；修缮的"天梯"方便了通行，教育的差距也能随之减小一些。"胸中有丘壑，眼里存山河。"几个小问题、几句家常话，考察的是土地政策、精准扶贫、产业发展的落地生根，擘画的是医疗保障、公平教育、美丽中国的发展图景，传递出以人民为中心的发展理念，彰显了为人民谋幸福的不变初心。

最动人的声音发自内心。这一幕令很多人难以忘怀：2016年习近平总书记在参加青海代表团审议时，来自贵德县河阴镇大史家村的毕生忠代表，畅谈了村子的巨大变化，对总书记说："我们那里的老百姓把你喜欢得不得了！"这说明，老百姓心里有杆秤，谁把人民放在心上，人民就把谁放在心上。以百姓之心为心，就要与人民心心相印、与人民同甘共苦、与人民团结奋斗，始终把实现好、维护好、发展好最广大人民根本利益作为一切工作的出发点和落脚点，让发展成果更多更公平惠及全体人民。

两会中的"民生时刻"，既是在检验民生答卷，也是要补齐民生短板。提出扶贫"少搞一些盆景"，脱贫攻坚要经得起检验；强调民生工作"一诺千金，说到就要做到"；要求乡村振兴"杜绝形象工程"，保持健康有序进行……习近平总书记在两会上的民生金句，不仅成为深入人心的理念，更转化为落实到基层治理的行动。老百姓关心什么、期盼什么，改革就要抓住什么、推进什么，推动民生工作件件有着落、事事有回音，就能让老百姓看到变化、得到实惠。

保障和改善民生没有终点，只有连续不断的新起点。两会问政于民、问需于民、问计于民，正是为了更好地为民服务、为民造福。2015年全国两会期间，来自江西赣州的明经华代表带来了百岁老红军王承登写给总书记的一封信，信中希望国家加大对赣南茶油等扶贫产业的支持。习近平总书记不仅收下了来信，还在参加江西代表团审议时把信念给大家听，特地叮嘱在场有关部委负责同志去做些调研。如今，油茶树已经成为当地百姓脱贫致富的"幸福树"。从提高个税起征点到取消流量漫游费,从降低景区门票价格到行政审批"只进一扇门""最多跑一次"……在两会上,总书记的为民情怀、代表和委员的民生关切、人民群众的热烈期待同频共振,这是一切为了人民的写照,也是一切依靠人民的体现。

人民对美好生活的向往,就是我们的奋斗目标。就在今年全国两会前夕,国家统计局公布2018年脱贫攻坚成绩单,过去一年全国农村贫困人口减少1386万人,党的十八大以来全国农村贫困人口累计减少8239万人。期待更响亮的两会声音、更多的民生答卷,托举起近14亿人更加美好的生活。

(2019年02月28日)

基层情怀，问计于民听心声

李浩燃

党的十八大以来，在历次全国两会期间，习近平总书记都很重视与基层代表委员交流，同他们一起聊民情、话民意、解民忧。他多次下团组，与基层代表委员共商国是、共谋未来，饱含深情与牵挂。一句句嘱托、一幅幅画面，映照着情系百姓冷暖的基层情怀，成为难忘的两会瞬间

如果说两会是观察中国民主政治运行的窗口，那么在这扇窗口中，习近平总书记与基层代表委员的互动、沟通、对话，则是媒体和公众最为关注的。

听闻郭建群代表来自湘西，询问十八洞村"现在人均收入有多少了""去年有多少人娶媳妇儿"；得知80后代表刘蕾是赫哲族，关心"现在还有多少人靠打鱼为生""江里的鱼还多不多"；了解到娘毛先代表是来自牧区的妇产科医生，关切"青海有的地方面积很大，农牧民看病怎么解决"……党的十八大以来，在历次全国两会期间，习近平总书记都很重视与基层代表委员交流，同他们一起聊民情、话民意、解民忧。他多次下团组，与基层代表委员共商国是、共谋未来，饱含深情与牵挂。一句句嘱托、一幅幅画面，映照着情系百姓冷暖的基层情怀，成为难忘的两会瞬间。

两会是议政建言的庄严殿堂。众多来自基层一线的代表委员聚首北京,凝聚众智、集聚众力,充分体现了中国特色民主政治的独特优势。在他们当中,无论是农民、一线工人,还是科研人员、大学生村官,都是来自基层普通群众的一员,对于治国理政有着自己的观察和思考。从农业发展到精准扶贫,从社会治理到生态保护,从国企改革到创新创业……每年全国两会,习近平总书记走近基层代表委员,同大家在互动交流、坦诚沟通中,汇集社情民意,凝聚改革共识,谋划发展良策。这样的安排,既是制度化的问计于民,也深刻诠释了"人心是最大的政治",有利于更好唤起众人拾柴的心劲儿。

2014年3月,习近平总书记在参加全国两会上海代表团审议时指出:"我们国家的真正稳定,靠我们基层的同志。"与代表委员面对面,就是倾听来自基层一线的声音,就是在把握一个更加真实的中国。事实上,从全国两会会场,到考察调研现场,再到其他重要场合,习近平总书记都始终重视基层、关怀基层。在兰州调研时,他语重心长地说,"希望大家都重视基层基础工作,关心基层党员,为基层搞好工作创造条件"。党的十九大上,他在参加贵州省代表团讨论时指出,"党的根基在基层""走遍基层才能心里有数"。在2019年新年贺词中,他寄语大家,"要倾听基层干部心声,让敢担当有作为的干部有干劲、有奔头"。可以说,基层始终是习近平总书记念兹在兹、一直牵挂的情感所系、重点所在。

"民可近,不可下;民惟邦本,本固邦宁。"从根本上说,基层情怀就是人民情怀。2018年全国两会,习近平总书记在参加重庆代表团审议时强调,"切实把人民赋予的权力用来造福于人民"。跟老百姓一起吃大盆菜,在地震灾区住临时板房,自己掏钱为乡亲们买年货……在一次次深入基层的考察调研中,习近平总书记访贫问苦,心系群众、不辞辛劳,倾听百姓心声。点点滴滴,为人民情怀写下了生动注解。"把人民放在心中最高位置"。党的十八大以来,以习近平同志为核心的党中央励精图治,牢记为人民谋幸福、为民族谋复兴的初心和使命,坚持以人民为中心的发展思想,让群众的获得感、幸福感、安全感持续增强。

一年之计在于春,两会将至暖人心。犹记去年全国两会上,代表委员通道首度开启,来自各个领域的代表委员特别是基层代表委员,回应社情民意、直面舆论关切，为两会带来清新之风，成为一道令人难忘的风景线，彰显了今日中国的开放与自信。像习近平总书记要求的那样，拜人民为师，以百姓之心为心，我们有理由相信，今年两会必将激发更多好声音、新智慧，为迎接新中国成立 70 周年凝聚磅礴力量。

（2019 年 02 月 27 日）

矗立家国情怀的精神灯塔

李 斌

国家功勋荣誉表彰的价值正在于,以"礼"正国,以励率民,彰显崇尚英雄的国家态度,召唤着更多人把个人奋斗汇入时代洪流

"榜样是看得见的哲理",向先锋看齐,向英雄学习,筑起的将是永不流失的精神钙质

热播的科幻电影《流浪地球》里有这样一幕:在地球即将撞击木星的危急关头,中国航天员刘培强驾驶载有数十万吨燃料的空间站主控室撞向木星,使地球得以摆脱木星引力而获救。这种为人类命运慷慨以赴的英雄精神,令无数观众为之动容。它击中了人们的心灵,更传承着千百年来生生不息的家国情怀和奉献精神。

天地英雄气,千秋尚凛然。一个懂得珍惜并奖励英雄的国家,才能激发更多英雄前赴后继。近日,中共中央办公厅印发《关于做好国家勋章和国家荣誉称号提名评选工作的通知》,以中华人民共和国成立70周年为契机,"首次开展国家勋章和国家荣誉称号评选颁授,隆重表彰一批为中华人民共和国建设和发展作出杰出贡献的功勋模范人物"。作为国家最高荣誉,国家勋章和国家荣誉称号既是对获奖者本人突出功绩和精神风范的高度肯定,也承载着一代代人筚路蓝缕建设国家、逐梦复兴的峥

嵘历程。"国家大事，唯赏与罚"。国家功勋荣誉表彰的价值正在于，以"礼"正国，以励率民，彰显崇尚英雄的国家态度、矗立家国情怀的精神灯塔，召唤着更多人把个人奋斗汇入时代洪流。

"没有国家繁荣发展，就没有家庭幸福美满。同样，没有千千万万家庭幸福美满，就没有国家繁荣发展。"习近平总书记在2019年春节团拜会上的这句话，点燃了许多人内心的家国情怀。中华民族历来崇尚家国大义，在家尽孝、为国尽忠，"小家"同"大国"同声相应。人民共和国70年基业上，镌刻着无数为家为国奋斗不已的名字。从"两弹一星"、国产航母等国之重器跃然于世，到杂交水稻、青蒿素等重大突破造福世人，再到新时代的历史性成就和变革，正因为有许许多多以身许党许国、报党报国的侠之大者，中国脊梁得以挺立，中国精神得以弘扬，中国富强得以厚积薄发。

国之英者，时之楷模。"八一勋章"激荡强军征程，"改革先锋奖章"砥砺改革传奇，国家勋章和国家荣誉称号弘扬民族精神和时代精神……党的十八大以来，以习近平同志为核心的党中央高度重视英模人物褒奖工作，在全社会汇聚起见贤思齐、崇尚英雄、争做先锋的强大正能量。从那些心怀家国天下的先进人物身上，人们读懂了"始终把祖国和人民利益高高举过头顶"的爱国精神，感佩于"宁可少活二十年，拼命也要拿下大油田"的奉献牺牲，历练着"一任接着一任干"的实干作风，找到了养浩然之气、立鸿鹄之志、成不朽之业的精神力量。"榜样是看得见的哲理"，向先锋看齐，向英雄学习，筑起的将是永不流失的精神钙质。

一代人有一代人的使命和追求。进入新时代，我们距离实现中华民族伟大复兴中国梦的目标从未如此之近。我们现在所处的，是一个船到中流浪更急、人到半山路更陡的时候，是一个愈进愈难、愈进愈险而又不进则退、非进不可的时候。越是在这样的时候，就越是呼唤群英荟萃，更加需要激荡雄风浩气。新时代是奋斗者的时代。从脱贫攻坚、乡村振兴的领头羊，到击水中流的改革先锋，从勇攀科学高峰的登攀者，到创业浪潮中搏击风浪的弄潮儿，每个人都能向英模人物学习，就能汇聚起闯关夺隘、滚石上山的磅礴之力。

乔木亭亭倚盖苍，栉风沐雨自担当。70年披荆斩棘，70年风雨兼程。

人民是共和国的坚实根基,人民是我们党执政的最大底气。以开展国家勋章和国家荣誉称号评选为契机,让拼搏奋斗、报效祖国涌动在普通人内心,中华民族的伟大复兴,必将因为亿万追梦人英雄般的奋斗而更加精彩。

(2019年02月15日)

用好治理大党大国的"法宝"

姜 赟

党的苦难辉煌史告诉我们,在生死存亡的历史关头,在何去何从的抉择时刻,是民主集中制推动我们走向胜利之路,在艰难困苦中开创未来

"船到中流浪更急、人到半山路更陡",越是在这样的时候,越需运用民主集中制,用以集思广益,凝聚智慧,攻坚克难

"我们要把民主和集中有机统一起来,真正把民主集中制的优势变成我们党的政治优势、组织优势、制度优势、工作优势",在去年底召开的中央政治局民主生活会上,习近平总书记深入阐述了民主集中制,并把贯彻执行民主集中制明确为"全党的共同政治责任"。在新时代的环境和条件下,怎样把握这一制度的精神实质,如何用好这一制度的优势,是全党同志特别是各级领导干部需要深入思考的重大问题。

揆诸历史,民主集中制经过了血与火的淬炼,才绽放了它的光芒。1927年党的五大闭幕后不久,修订的党章第一次明确"党部的指导原则为民主集中制"。然而,陈独秀的"家长"作风、王明的"左"倾错误、张国焘的分裂行为,深刻表明不能正确践行民主集中制,必然给党的事业造成严重伤害。1935年,在中国革命生死攸关的危急关头,我们党召开遵义会议,正是因为最大限度坚持了民主集中制,在充分发扬民主的

基础上，作出了一系列具有历史意义的决定，才挽救了党、挽救了红军、挽救了中国革命。遵义会议也因此成为党史上坚持民主集中制的典范。党的苦难辉煌史告诉我们，在生死存亡的历史关头，在何去何从的抉择时刻，是民主集中制推动我们走向胜利之路，在艰难困苦中开创未来。

历史是最好的老师，就在于它明白无误地揭示了经验与教训，就待我们去正确理解、准确把握。正如1945年毛泽东同志在党的七大上第一次对民主集中制所概括的"在民主基础上的集中，在集中指导下的民主"，民主集中制包括民主和集中这两个方面，互为条件、相辅相成、缺一不可。《之江新语》一书把民主集中制比作交响乐：领导班子的"一把手"，就应该成为这样的指挥，善于把"多种声音"协调为"一首乐曲"，从而使领导集体的决策尽可能反映客观实际，符合人民利益。有学者研究发现，不少发展中国家有现代化的治理体系而无现代化治理能力，关键在于缺失有效的实现机制。在某种意义上说，民主集中制是把治理体系转化为治理能力的桥梁，它把充分发扬党内民主和正确实行集中有机结合起来，既可以最大限度激发全党创造活力，又可以统一全党思想和行动，有效防止和克服议而不决、决而不行的分散主义，是科学合理而又有效率的制度。

党的十八大以来，以习近平同志为核心的党中央坚持民主集中制这一党的根本组织原则和领导制度，有力发挥了这一制度的优势。十八届三中全会通过的《中共中央关于全面深化改革若干重大问题的决定》，在起草过程中反馈意见吸收率超过40%；增写、改写等修改共539处；覆盖114个单位，8个民主党派中央、全国工商联和无党派人士的1120多条意见和建议。党中央各项决策都严格执行民主集中制，都注重充分发扬党内民主，都是经过深入调查研究、广泛听取各方面意见、进行反复讨论而形成的。正因为全党上下团结一心、步调一致，我们解决了许多长期想解决而没有解决的难题，办成了许多过去想办而没有办成的大事，消除了党和国家内部存在的严重隐患，推动党和国家事业取得历史性成就、发生历史性变革。

当今世界正处于百年未有之大变局。看国际，单边主义、保护主义抬头，不稳定性、不确定性仍然突出，"黑天鹅""灰犀牛"不时冒头。

看国内，经济社会转型面临风险挑战，三大攻坚战都是难啃的硬骨头……中华民族伟大复兴，绝不是轻轻松松、敲锣打鼓就能实现的。"船到中流浪更急、人到半山路更陡"，越是在这样的时候，越需运用民主集中制，用以集思广益，凝聚智慧，攻坚克难。正如习近平总书记所强调的："要把我们这样一个大党大国治理好，就要掌握方方面面的情况，这就要靠发扬党内民主而来，靠各级党组织和广大党员、干部广泛听取民声、汇聚民意而来。"

民主集中制贯彻得怎么样，关键看高级干部做得怎么样。每一名领导干部理应将贯彻民主集中制当作必修的"基础课"、必备的"基本功"、必守的"硬规矩"，才能"踏平坎坷成大道，斗罢艰险又出发"，与人民一道创造让世界刮目相看的新的更大奇迹。

（2019年02月13日）

春节,让世界感知中华文化

张 凡

文化不只是生活方式,更是一种精神理念。春节文化能够跨越山海,正在于它串起了人们心中共同的情愫

中华优秀传统文化所蕴含的思想观念、人文精神、道德规范,对解决人类共同面临的问题具有重要价值

展示当代中国的发展进步、当代中国人的精彩生活,为国外民众呈现一个更加立体、更加全面、更加丰富的中国

在澳大利亚,当地知名巧克力制造商为庆祝中国农历新年,特地推出了小猪造型的巧克力;在阿根廷,"欢乐春节"庙会已经成为当地的"新节日";在芬兰,人们观看舞龙舞狮表演,与中国同步庆贺新年……刚刚过去的春节假期,不仅中国涌动着浓浓的年味,全球也都遍布着中国元素,洋溢着中国年的气息。

春节文化在世界竞相绽放,为外国人带去不一样的生活烟火与文化意趣。喝一碗腊八粥,体验"过了腊八就是年";穿一身红衣,讨个红红火火的好彩头;逛一场庙会,感受中国春节热闹的氛围。不断"走出去"的春节文化,为世界节日文化带去独特的风景;在"身临其境"中领略中国文化,也为各国人民观察和感知中国打开了一扇窗口。世界对中国充满兴趣、对中华文化更加认同,这其中既有文明交往的需求,可能也

不乏经济的联系、市场的驱动，但从根本上说，还是因为中国综合国力的不断增强、中华文化影响力的不断提升。

文化不只是生活方式，更是一种精神理念。如今，越来越多外国人被中国的传统习俗所吸引，也为中华文化传递出来的价值理念和精神追求所触动。春联、窗花、爆竹、年夜饭、守岁酒、拜年送福，这些带着强烈仪式感的习俗，寄寓着中国人对美好生活的希冀、对家庭价值的坚守、对团圆共享的追求。而无论身在哪里、说着何种语言，这些朴素的情感，都是人们内心共同的祈愿。所以，第一次写春联的英国小伙，会对着手机里保存的汉字一笔一画地写下"幸福"和"爱"；对中国书法充满新奇的摩洛哥姑娘，也坚持要为家里每个人都求个毛笔字。春节文化能够跨越山海，正在于它串起了人们心中共同的情愫。

英国哲学家罗素说过，"中国至高无上的伦理品质中的一些东西，现代世界极为需要"。中华优秀传统文化所蕴含的思想观念、人文精神、道德规范，不仅涵养了中国人的精神生活、架构起中华民族的心灵空间，也对解决人类共同面临的问题具有重要价值。从"道法自然""天人合一"的发展理念，到"协和万邦""讲信修睦"的世界想象，再到"同舟共济""休戚与共"的命运共同体意识，这些由中华优秀传统文化不断滋养润泽的伦理品质，在世界各地激发更多共鸣，为解决人类共同面临的问题提供了"新的可能"。这正是春节文化在世界各地广受欢迎的深层次原因。

当然，今天中国文化"走出去"，不只要宣介优秀传统文化，还要传播优秀当代文化，展示当代中国的发展进步、当代中国人的精彩生活。今年春节期间，不少展现新形象、新风采的活动走出国门，让国外民众眼前一亮。比如，"欢乐中国年·魅力京津冀"活动亮相美国洛杉矶，让当地人近距离了解到京津冀协同发展的成果；点亮2022冬奥主题文化活动走进瑞士，与雪国人民一起见证中国的"冰雪奇缘"与"3亿人上冰雪"的憧憬与努力。而中国图书"越洋"、影视节目"出海"以及各种海外公益与志愿服务，也与春节文化相得益彰，让"走出去"的中国故事、中国文化更加鲜活生动，为国外民众呈现一个更加立体、更加全面、更加丰富的中国。

"共欢新故岁,迎送一宵中"。中华文化积淀着中华民族最深沉的精神追求,是中华民族生生不息、发展壮大的丰厚滋养。以春节文化"走出去"为契机,把更多优秀中华文化推向世界,让其"活起来""热起来",我们就能不断增强中华文化的世界感召力,为解决人类问题贡献更多中国智慧。

(2019 年 02 月 12 日)

春运，一场共享发展的旅程

盛玉雷

不断提速的车轮，让赶路的身影更加从容，让眺望的目光更加深远，让发展的阳光照进每一个普通人的回家路

春运的变与不变、快慢之间，实际上是中国迅速发展的隐喻：让普通群众能够分享经济社会快速发展的红利

这几天，2019年春运拉开了大幕，40天时间里全国旅客发送量将近30亿人次。腾空而起的航班带着牵挂穿过云霄，呼啸而过的列车满载乡愁纵横南北，乘风破浪的航船让思念跨越江海……这场一年一度"人类最大规模的周期性迁徙"，以渴望团圆的"春运表情"，勾勒出流动中国的时代图景。

时间是最客观的见证者。不久前，网络上发起了"十年对比挑战"的热门话题，有网友晒出十年前和十年后的铁路春运照片，感慨"十年什么都在变，绿皮火车驶向了远方成为追念；十年却又什么都没变，那些思念之情在高铁上依然心切。"从绿皮车到"复兴号"，从没有信号到WiFi满格，从通宵排队到网上订票，路还是那条回家的路，但旅程有了不一样的意义，时间有了不一样的刻度。春运的变与不变就像一面镜子，折射出个人回家的旅途、温暖的归程，映照着国家前进的步伐、时代发展的脉动。

千里故乡一日还,每个人都希望让思念早一点抵达。可以说,快,是春运"开足马力"的主题曲,也是读懂春运的一个关键词。1978年,全国旅客列车平均速度为每小时43公里,而时至今日,时速350公里的"复兴号"高铁川流不息。不断提速的车轮,是经济社会快速发展的一个投射,对应的正是不断前行的美好生活、日新月异的发展脚步。使用二维码可以直接乘车,自助刷脸能够快速进站,手机扫一扫就能自动识别信息、在线使用服务……无论是缩短的距离,还是节省的时间,无论是效率的提升,还是服务的优化,都让赶路的身影更加从容,让眺望的目光更加深远,让发展的阳光照进每一个普通人的回家路。

车轮再快,也不能忘记为了什么出发,"快春运"里也有"慢风景"。从内蒙古自治区根河市满归镇开往海拉尔方向有一趟"为一个人停车的'冷极'慢火车",每到大雪封山的季节就是沿途百姓出行的首选交通方式,被亲切地称为"公交招手停"。如果说"快"象征的是奔跑的姿态,那么"慢"就是守望的温情;如果说"快"代表的是风驰电掣的发展速度,那么"慢"就是要实现每个人都能上车、一个都不能少的公平与共享。从一些地方组织志愿者为农民工在网上订购车票,到铁路部门在客流高峰期加开大量临客列车,都是为了满足多元化、差异性的出行需求,让春运路上的每一次出发都能抵达回家的路。

春运的变与不变、快慢之间,实际上是中国迅速发展的隐喻:让普通群众能够分享经济社会快速发展的红利,在做大蛋糕的同时分好蛋糕,在快速发展中践行这样的理念:"共享发展是人人享有、各得其所,不是少数人共享、一部分人共享"。当然,共享也需要共建,为了让共享的发展红利最大化,还需要每一位春运旅客的参与和支持。且不论相关部门要求依法严惩"车闹""机闹""高铁霸座"等旅客严重不文明行为,就看世界最长的高铁里程,就看那些为维护春运安全而在春节期间依然坚守岗位的工作人员,我们也应该用实际行动支持春运,让自己的行为更加文明得体,让我们在回家路上虽然摩肩接踵依然善待彼此,让我们的文明真正配得上体面的回家。

户外温度-4℃,候车大厅18℃,飞机舱内25℃,拥抱的体温

36.5℃……春运开始不久，一则观察"回家温度"的视频温暖了无数人的心。让每个人都能在春运的旅途感受温暖，春运之旅就将不仅是一条回家的路，还是一条前进的路、发展的路。

（2019年02月01日）

勇立潮头，推进全媒体时代"融合+"

李浩燃

舆论生态、媒体格局、传播方式深刻变化，重组着内容生产与信息传播的链条，一个"万物皆媒"的全媒体时代渐行渐近

在物理变化的基础上，努力激发化学反应、创造更多可能性，推进"融合+"

人人都有麦克风，但主流媒体手握的是"金话筒"

人民日报全新改版、全彩印刷，做大做强报网端微十多种载体，覆盖用户7.86亿人次；新华社发布媒体人工智能平台"媒体大脑"，推出"AI合成新闻主播"，创建"媒体创意工场"；中央广播电视总台整合优势资源，集聚350多家媒体机构形成矩阵，打造全国广电"联合舰队"……观察今日之传播场域，媒体融合方兴未艾，人们眼中曾经"很传统"的主流媒体，正以加速变革不断赢得更多注意力资源。

1月25日，习近平总书记带领中共中央政治局同志来到人民日报新媒体大厦，就全媒体时代和媒体融合发展举行第十二次集体学习。习近平总书记深入分析全媒体时代的挑战和机遇，深刻洞察媒体融合发展的趋势和规律，强调推动媒体融合发展、建设全媒体成为我们面临的一项紧迫课题。要运用信息革命成果，推动媒体融合向纵深发展。高屋建瓴的

指导、清晰明确的部署，为顺应全媒体时代、推进媒体融合提供了行动指南。

一位传播学者曾说："媒介即讯息""媒介是人的延伸"。回溯历史，媒介变革与社会进步密切相关，深深影响并推动了人类文明进程。从文字、印刷术、电信技术到互联网，历经四次传播革命，"出现了全程媒体、全息媒体、全员媒体、全效媒体"。舆论生态、媒体格局、传播方式深刻变化，重组着内容生产与信息传播的链条，一个"万物皆媒"的全媒体时代也渐行渐近。

全媒体时代的传媒竞争已经变换了赛道，如果踟蹰不前，还停留在原来的"舒适区"，只会错失机遇。党的十八大以来，以习近平同志为核心的党中央作出推动媒体融合发展的战略部署，矢志推进传统媒体和新兴媒体融合发展，催动我们因应新科技革命，走上了一条具有中国特色的媒体融合发展之路。今天，从突破固有业务疆界、主动挺进新媒体战场，到打造"中央厨房"、重塑新闻生产机制，从整合渠道资源、构建全媒体新矩阵到频频先声夺人、积极创新新闻产品样态，主流媒体的全面发力，扩大了主流价值影响力版图，让正能量更强劲、主旋律更高昂。事实证明，走好媒体融合之路，激活主流媒体的生产力、创造力，就可以迎来转型发展的新气象。

也应看到，媒体融合是动态持续的过程，不可能毕其功于一役，也不存在一劳永逸的固定模式。媒体融合不是权宜之计，而是发展大计，不是"左手一只鸡、右手一只鸭"的简单相加，而是"你就是我、我就是你"的有机相融。在物理变化的基础上，努力激发化学反应、创造更多可能性，推进"融合+"，主流媒体才能不断拓展传播力、影响力，真正赢得受众、赢得竞争。

习近平总书记强调，要"使互联网这个最大变量变成事业发展的最大增量"。处身互联互通、无远弗届的移动互联时代，一切变化皆有可能。大数据、算法技术日臻成熟，5G商用在即，人工智能发展迅猛，面向未来，怎样汇聚资源，打造有影响力的平台终端？怎样抢抓机遇，提供优质内容产品？如何用好技术，让人工智能为媒体赋能？前行道路上的种种难题与挑战，还有待人们在实践中加以破解。

新故相推,日生不滞。"新"是媒体的基因,也是传播的力量所在。众声喧哗的全媒体时代,人人都有麦克风,但主流媒体手握的是"金话筒"。把握时代大势,坚持守正创新,坚定不移推进媒体深度融合,媒体融合的大手笔正等待我们去创造。

(2019年01月28日)

地方两会上,民生话题多

张 凡

  翻开各地政府工作报告,从提高公共服务质量到提升民生保障水平,从改善法治环境到降低创业门槛,每一个字符都在为美好生活注入新的动能

  给无数为梦想打拼的人提供更好保障,是各地两会传递出的明确价值理念,生动诠释着以人民为中心的发展思想

  倾听群众心声,落实好两会部署,为每一位奔跑的追梦人搭建更广阔的时代舞台

  最近一段时间,省级两会陆续召开。一份份务实的报告,一项项有力的举措,勾勒出改革发展的时间表和路线图,描绘着美好生活的绚丽图景。

  过去一年,越来越多的普通人收获了幸福感。在河北,64.8万人摆脱了贫困;在江苏,120多万人走上了新的就业岗位;在北京,2100个非京籍家庭喜迁公租房……幸福来自于每一个人向着梦想进发的顽强拼搏、不懈奋斗,也源自各地为群众创造美好生活的不变初心、坚实行动。翻开各地政府工作报告,从提高公共服务质量到提升民生保障水平,从改善法治环境到降低创业门槛,每一个字符都在为美好生活注入新的动能,每一项措施都在为奋斗拓展更宽广的空间。

观察今年地方两会，企业家、创业者，同样是拥有获得感的群体。当前，我国经济增长面临新形势、新旧动能转化进入关键期，如何激发市场主体潜力、释放市场活力？"改善营商环境""支持民营经济发展"，成为多地的鲜明政策导向。从全面落实普惠性减税政策、降低企业社保费率，到对各地营商环境进行考核排名，从把"办事不求人"写入政府工作报告，到设立企业纾困资金、支持小微企业发展、缩短企业办事时间……给企业减负，为创业铺路，致力于增强创新创造活力，各地会场频传"好声音"。这些，让更多民营企业吃下"定心丸"、安心谋发展，也让更多企业家、创业者轻装上阵，坚定信心为事业打拼。

"多士成大业，群贤济弘绩"。过去一年，对人才的重视成为共同的战略选择。今年地方两会上，"人"的热度依然不减。引智引才的效果，是多地年度成绩单中的亮点：天津通过"河海英才"行动计划引进各类人才13.3万人；湖北高校毕业生留鄂比例超过60%，改善了过去的人才流失状况。集聚人才的举措，映照着各地聚才、用才的决心：安徽将深入推进技工大省建设，造就更多"江淮杰出工匠"；黑龙江将实施"头雁计划"，留住更多科技人才。随着重视人才的氛围日益浓厚，招才引才的力度不断加大，深化人才体制机制改革的步伐日益加快，如今，人的价值、人的力量得到了更充分的重视，各地争相培育干事创业的沃土。

"我妈妈是外卖配送员，她很伟大"。前不久，一名初中生在全校同学面前向妈妈告白的视频，温暖了无数网友，也引发人们对这一类职业群体的关注。新技术、新业态不断发展，新就业群体规模越来越大，如何保障他们的权益？不少普通劳动者还面临着工作、生活方面的困扰，如何为他们排忧解难？面对这些问题，有政协委员呼吁，对以快递员、外卖送餐员、家政服务人员等为代表的群体加强权益保障；有地方立下"军令状"，让偏远落后地区的农民家庭"坐有沙发、睡有木床、吃饭有饭桌、学习有课桌"；有多个省份在政府工作报告中郑重宣示，重点解决好返乡人员再就业和高校毕业生、农民工、退役军人、就业困难人员等群体就业……说到底，每个人都是美好生活的创造者、守护者。给无数为梦想打拼的人提供更好保障，是各地两会传递出的明确价值理念，生动诠释着以人民为中心的发展思想。

R 评论员观察 ---------- 人民日报评论年编 2019

"多关心基层人员,适度涨薪""把素质教育做好,为学生减负""多开通几条公交线路,让上下班更顺畅"……近日,人民网《地方领导留言板》推出"省里开两会了,我给书记省长捎句话"活动,引发众多网友热情参与。而正在召开的地方两会,也在以实实在在的行动回应人们的期盼,擘画美好的蓝图。倾听群众心声,落实好两会部署,为每一位奔跑的追梦人搭建更广阔的时代舞台,未来必将更加可期。

(2019 年 01 月 25 日)

世园会,建设共享的"百花园"

盛玉雷

在公众的关注与期待中,2019年中国北京世界园艺博览会渐行渐近,进入倒计时

在我国举办的一系列高规格、高水平的国际性博览会,成为传递"绿水青山就是金山银山"理念、展示人与自然和谐共生愿景的亮丽舞台

着眼于未来,北京世园会既是一个园艺交流平台,也是一扇生态展示窗口,更是一次经贸合作机遇

共赏一个百园之园,共品一场文化盛宴,共读一本植物全书,共上一堂生态课程,共享一次智慧体验……在各方的关注与期待中,2019年中国北京世界园艺博览会渐行渐近,进入倒计时。暮春时节,一场以"绿色生活,美丽家园"为主题的"长城脚下的世园会",将以精彩纷呈的博览盛宴、科技文化的互鉴渠道、国际交流的合作平台,张开怀抱迎接八方来客,诠释世界园艺新境界,树立生态文明新典范。

时间是最客观的见证者。从1999年昆明世园会,到2010年上海世博会,再到落户北京延庆的2019年世园会……在我国举办的一系列高规格、高水平的国际性博览会,成为我们向世界讲述生态文明建设历程、传递"绿水青山就是金山银山"理念、展示人与自然和谐共生愿景的亮

丽舞台。北京世园会首次将园艺展示拓展到花卉、水果、蔬菜、草本的大园艺范畴，截至目前已有110个国家和国际组织确认参展，有望成为历届世园会参展国家和国际组织最多的一届。

不出国门，就能观赏全球各地奇花异草，领略世界各国园艺景观，这将是北京世园会带给观众的"福利"。漫步其间，游客可以在百果园、百蔬园、百草园中流连忘返，也可以在国家和国际组织展园、省市区展园里一睹为快；既能感受园艺文化、体验生态魅力，也能触摸前沿技术、享受优质服务。如何传递"让园艺融入自然，让自然感动心灵"的办会理念，怎样呈现建筑园艺、科技园艺、传统园艺、特色园艺的高超技艺，是本届北京世园会的匠心所在，更将吸引世界的目光。

如果说赏花看景影响着人们的第一印象，那么有关生态观、自然观、发展观的理解与诠释，则指向世园会的深刻内涵。从设计规划来看，无论是全园制高点的永宁阁，还是象征着锦绣如意的中国馆，都在通过各种方式创新绿色科技，践行可持续发展理念。在包罗万象的国际馆，由94朵"花伞"簇拥而成的"钢铁花海"景观，除了本身充满美感，还具备遮阳、太阳能光伏一体、雨水收集等实用功能，体现了人文与科技的融合。漫步园区，人与自然和谐相处的建筑景观，无处不在的绿色生活理念，将"生态优先"彰显于各个角落，"环保可持续"落实在每个细节。这些，都可说是美丽中国的生动实践。

"一花独放不是春，百花齐放春满园。"习近平总书记指出，中国对外开放"不是要营造自己的后花园，而是要建设各国共享的百花园"。着眼于未来，北京世园会既是一个园艺交流平台，也是一扇生态展示窗口，更是一次经贸合作机遇。世园会上，不仅将有2500多场文化活动，还会通过开展有针对性的馆际交流、国外代表团顺访省区市、经贸代表团交流会、对口企业对接会等活动，促进中外贸易投资合作。应当说，北京世园会的举办，是中国一以贯之拥抱经济全球化的实际行动，映照着我国对外开放的大门越开越大，必将有利于打造更高水平的开放格局，促进以包容普惠、互利共赢为基础的国际交流与合作。

北京世园会园区的一处湖面上，一群野鸭、数只天鹅游弋其中，据说它们早早就寻觅到这处胜景，见证了园区从无到有的建设过程。"春江水暖鸭先知",几十天之后,北京世园会将揭开面纱,为世界带来精彩纷呈的园艺盛典。届时,绽放在神州大地、长城脚下的花草树木,将在更多人心中种下一片绿,播撒美好未来的芬芳。

（2019年01月24日）

以作风攻坚促进脱贫攻坚

盛玉雷

干部作风，关乎脱贫攻坚成败，影响着全面小康的成色

既要强化日常监督防止"不作为"，也要正风肃纪整治"慢作为"，还要惩防并举杜绝"乱作为"

在精准扶贫中，如果说对腐败问题必须"零容忍"，对形式主义、官僚主义则要露头就打

最近，有关扶贫的两则媒体报道受到关注。一是年终岁尾，有的地方盘点一年来的脱贫攻坚成效，但少数"填表式"帮扶、"留影式"入户、"卷宗式"总结等现象，令基层干部苦不堪言；另一则是，在某国家级贫困县，一些贫困户被发现名下拥有高档汽车，当地迅速进行调查处理，并对把关不严、核查不准的相关责任人追责问责。

干部作风，关乎脱贫攻坚成败，影响着全面小康的成色。党的十八大以来，从向群众身边不正之风和腐败问题亮剑，到坚决查处民生领域侵害群众利益问题，从开展脱贫攻坚专项巡视、扶贫领域腐败和作风问题专项治理，到将扫黑除恶同基层"拍蝇"相结合，事实证明，只有把全面从严治党要求贯穿脱贫攻坚工作全过程和各环节，才能确保帮扶工作扎实、脱贫结果真实，使脱贫攻坚成效经得起实践和历史检验。前不

久,中央纪委三次全会公报明确提出,"深入推进扶贫领域腐败和作风问题专项治理,以作风攻坚促进脱贫攻坚。"加强作风建设,可说是打赢脱贫攻坚战的重要保障。

截至目前,全国脱贫攻坚工作的成效有目共睹,但"行百里者半九十",越是在这个时候,越需要把这项工作持续抓实抓好。从近期反映出来的情况看,有的地方扶贫政策和资金落实了,但扶贫机制和权力运行尚不够透明;有的村子扶贫项目增加了、覆盖范围扩大了,但监督机制还不健全,权责体系还不完善。形形色色的"微腐败""巧隐形""悄侵占",损害的是群众的切身利益,侵蚀的是困难群众的获得感,影响的是决胜全面小康的大局。

习近平总书记强调,脱贫攻坚,从严从实是要领。这就意味着,既要强化日常监督防止"不作为",也要正风肃纪整治"慢作为",还要惩防并举杜绝"乱作为"。扶贫事关群众切身利益,无论是扶贫资金还是扶贫政策,都容不得动手脚、玩猫腻。对发生在群众身边的类似腐败和作风问题,必须从具体人、具体事着手,将问题逐个破解。对扶贫领域腐败问题,发现一起就要严肃查处问责一起,切不可姑息迁就。只有时刻从严要求、处处实字当头,才能既给困难群众信心,也为基层干部减负,用作风建设的成果保障各项扶贫举措的落实。

在精准扶贫中,如果说对腐败问题必须"零容忍",对形式主义、官僚主义则要露头就打。比如,有的干部落实上级决策部署不用心、不务实、不尽力,口号喊得震天响、行动起来轻飘飘,把说的当做了,把做了当做成了;有的机关要求事事留痕,把"痕迹"当"政绩",把精准扶贫搞成了精准填表,用纸面数字来展现所谓扶贫成效;有的部门问责泛化滥用,动不动就签"责任状"、搞"一票否决",甚至把问责作为推卸责任的"挡箭牌"。扶贫工作中的形式主义、官僚主义,从根源上来说,就是功利主义、实用主义作祟,本质上则是政绩观错位、权力观扭曲、责任心缺失。

"凡作事,将成功之时,其困难最甚。"今年是全面建成小康社会、实现第一个百年奋斗目标的关键之年,脱贫攻坚也进入到最后冲刺阶段。以务实、扎实的过硬作风，持续整治群众身边腐败和作风问题，我们必能如期打赢脱贫攻坚这场硬仗，为决胜全面建成小康社会提供坚强保障，让人民群众有更多更直接更实在的获得感、幸福感、安全感。

（2019 年 01 月 23 日）

为太空探索镌刻更多中国贡献

李 斌

从"天眼"到"嫦娥",从火星到暗物质,星空浩瀚无垠,中国的探索之旅才刚刚开始

从"一曲星梦东方红",到"嫦娥奔月创奇迹",航天梦为实现中国梦凝聚起强大精神动能

目送嫦娥四号升空,见证嫦娥玉兔互拍成功,一个多月来追踪采访"月背着陆"的经历,让人心潮澎湃。

1月11日下午4时许,嫦娥四号着陆器与玉兔二号巡视器互拍成像如期进行。北京航天飞行控制中心大厅里,成像指令陆续发出。地面数据接收与处理需要一定时间,所有人都屏声敛气,把目光聚焦在大屏幕上,满是紧张的气氛。倒是大屏幕两侧的标语——"严慎细实确保万无一失,全力以赴誓夺圆满成功",给人审慎而自信的印象。16时47分,互拍影像图展现在大屏幕上,调度员声音响彻大厅:"图像下传处理显示正常,两器互拍工作正常完成"。全场一下沸腾了,爆发出持久而热烈的掌声。

互拍影像图上,鲜艳的五星红旗标识分外醒目。很长一段时间里,到月球背面去被不少人视作"不可能完成的任务"。从上世纪50年代开始,各国陆续向月球发射了100多次探测器,却从没有探测器在月球背

面软着陆。首次实现航天器在月球背面软着陆和巡视勘察,首次实现月球背面同地球的中继通信,最近又刚刚完成首次月面生物生长培育实验,这些成就足以说明,嫦娥四号迈出了"具有重要意义的人类一大步"。

正如中共中央、国务院、中央军委贺电所说,探月工程嫦娥四号任务圆满成功,"是我国由航天大国向航天强国迈进的重要标志之一,是新时代中国人民攀登世界科技高峰的新标杆新高度,是中华民族为人类探索宇宙奥秘作出的又一卓越贡献"。"广寒宫"不再清冷寂寞,嫦娥四号还将为中外科学家提供更深层次了解月球和太空的机会。这也正是为什么美国《时代》周刊网站文章强调,"无论就中国作为一个航天大国的声誉,还是就探索本身的进步而言,对这一壮举的意义再怎么强调都不为过"。

犹记一个多月前嫦娥四号发射时的热闹场景。面积不算太大的发射观景平台上,站满了全国各地来的航天爱好者。从西昌市区到发射场两个多小时路程的颠簸,近乎零下的山区低温,难阻人们见证历史的满腔热情。"……3、2、1,点火!"发射的一瞬间,所有观众都在用最大嗓音跟随指挥员倒计时。从"一曲星梦东方红"到"嫦娥奔月创奇迹",航天梦为实现中国梦凝聚起强大精神动能。既有长久夙愿与历史文化的积淀,又有科学研究与强国梦想的邂逅,正是嫦娥四号引发国人热烈关注的原因所在。面对浩瀚宇宙,嫦娥四号的价值在于,她不仅助我们逐梦深空、探索未知、延展认知视野,更点燃了中国自力更生、自主创新推进航天强国建设的雄心壮志。从"天眼"到"嫦娥",从火星到暗物质,星空浩瀚无垠,中国的探索之旅才刚刚开始。

在中国航天科技集团空间技术研究院展厅里,有一面成功发射运行航天器纪念浮雕墙。今年,嫦娥四号的身影也将登上这面功勋墙,和她的前辈东方红一号卫星、神舟五号载人飞船一样,标记下又一个中国航天里程碑。国家航天局负责人表示,中国将在2020年前后首次实施火星探测。外媒对此评价,中国正迅速成为"太空探索领域的先行者之一"。展望未来,随着中国航天事业快速发展,中国人探索太空的脚步,会迈得更大、迈向更远。

(2019年01月22日)

张开"两翼",京津冀协同发展

彭 飞

两份规划接续出台,为雄安新区和北京城市副中心建设提供了法定蓝图和施工总图。有了完善的规划,下一步关键在于保障落实

只有创建好机制、形成了抓手,才能推动城市发展行进于规划预设的轨道

无论是雄安新区还是北京城市副中心建设,都无法毕其功于一役,而是一场拼视野、拼定力、拼恒心的"马拉松"

在市民服务中心,听取雄安新区总体规划、政策体系及建设情况介绍;在服务窗口,与工作人员、办事群众和部分进驻企业代表亲切交流,并与建设工地工人进行视频连线……16日上午,习近平总书记在时隔近两年后,再次来到河北雄安新区考察调研。

2019年伊始,河北雄安新区和北京城市副中心规划建设传来好消息。经党中央、国务院同意,原则同意《河北雄安新区总体规划(2018—2035)》,两天后,党中央、国务院正式批复北京城市副中心控制性详细规划。两份规划接续出台,为雄安新区和北京城市副中心建设提供了法定蓝图和施工总图,也标志着两个地区的发展从顶层设计阶段转向实质性开工建设阶段。雄安新区一名干部在微信朋友圈转发批复消息,难掩

内心的激动：“规划出台是发令枪、是催征鼓，新的一年要大干一场！"

一位城市规划专家曾说，好的裁缝不是拿起布就开始剪裁，首先要准确测量、精心设计，才对得起这块布料。改革开放以来，我国城市建设经历了"重速度、轻质量""先建设、后规划"的阶段，遇到过"大城市病"等难题。解决类似问题，必须做好科学长远的规划，谋定而后动。雄安新区成立以来，在规划编制上下足功夫，除基础性项目和保障运行的临时建筑外，没动工一砖一瓦，就是要追求"高起点规划、高标准建设"；北京城市副中心控制性详规"五年磨一剑"，曾开展国际咨询，邀请近200位院士及各领域权威专家、组织30余次专题研讨会对方案反复打磨。"把每一寸土地都规划得清清楚楚后再开工建设"，既是对雄安新区和北京城市副中心的要求，也应成为今后中国城市建设的重要遵循。

有了完善的规划，下一步关键在于保障落实。以往的城市建设过程，容易出现雷声大雨点小、虎头蛇尾等现象，规划时常在执行中变形走样，严肃性得不到保证。如何让规划落到实处？这离不开一些实招实策。比如，雄安新区致力于将"雄安质量"转化为可以量化的"雄安标准"，形成涵盖城市建设各方面的标准体系，以便对"雄安质量"的实现情况进行评估；北京城市副中心依托智慧信息平台，搭建起规划实施的基础信息数据库，进而实现对各项规划指标执行情况的实时监测、定期报告。只有创建好机制、形成了抓手，才能推动城市发展行进于规划预设的轨道。

行百里者半九十。绘制好蓝图只是迈出了第一步，更多的困难与挑战还在后面。无论是雄安新区还是北京城市副中心建设，都无法毕其功于一役，而是一场拼视野、拼定力、拼恒心的"马拉松"。试想，如果在后续规划建设过程中出现"新官不理旧账"甚或"翻烧饼"等现象，都会影响发展的可持续性，有损城市建设的品质。只有坚持一张蓝图绘到底，一任接着一任干、一锤紧着一锤敲，才能成就千年大计的壮阔图景，创造无愧于时代的光辉业绩。

"今年是京津冀协同发展五周年，京津冀协同发展进入了攻坚克难的关键阶段。"近日，在河北雄安新区和北京城市副中心规划建设发布会上，京津冀协同发展领导小组办公室负责人如此评判下一阶段工作。雄安新区和北京城市副中心建设，堪称推进京津冀协同发展的战略举措和有力抓手，其任务的艰巨性不言而喻。攻坚克难、接续奋斗，一棒接着一棒跑下去，北京新"两翼"将不断绽放新光彩，为华北大地增添新的地标。

（2019 年 01 月 21 日）

给群众更好的出行体验

白 龙

越来越多的人选择飞机出行,民航运输在春运中发挥着日益重要的作用,本身也见证着时代的变迁

激发新动能、优化产品供给,更好满足人们的出行期待,成为摆在民航业面前的一道必答题

2018年,民航旅客运输量达6.1亿人次,运输总周转量连续14年位居世界第二,在空域资源紧张、极端天气频发等情况下,航班正常率达80.13%

一年一度的春运将于本月21日拉开大幕。随着人们对出行品质的更高要求,从"走得了"到追求"体验好"成为近年春运的一个特点。据预测,2019年春运将有7300万人次选择民航,比上年增长12%,就体现着这一特点。

"即从巴峡穿巫峡,便下襄阳向洛阳。"对于思乡的游子来说,没有什么比归乡的心情更为迫切,而飞机无疑是最能满足"速度"要求的交通工具。也正因此,民航运输在春运中发挥着日益重要的作用,本身也见证着时代的变迁。一位老机长从旅客随身携带的行李上,观察到消费结构的转变:上世纪90年代,乘坐飞机的旅客大多是公务出差人员和生意人,随身行李大多都是公文包和皮箱;现在的旅客除了白领、商务人

士,也有普通市民和农民工,随身行李除了皮箱、行李包外,也有鸡蛋、背篓这些家常的物件。

"不断满足人民日益增长的美好生活需要",这是党的十九大报告提出的明确要求。今天,从公文包到背篓的变化,一方面折射出中国人在出行方面的消费升级,坐飞机已经从"奢侈品"变为"日用品",另一方面也对民航服务的供给侧结构性改革提出了更高要求。刚刚过去的2018年,民航旅客运输量达6.1亿人次,运输总周转量连续14年位居世界第二,在空域资源紧张、极端天气频发等情况下,航班正常率达80.13%。就在不久前,首都机场迎来了2018年的第1亿位旅客。面对如此旺盛的市场需求,以及旅客对出行效率、航班准点率、机场环境、客舱服务等环节的更高期待,如何激发新动能、优化产品供给,更好满足人们的出行期待,给群众更好的出行体验?这成为摆在民航业面前的一道必答题。

习近平总书记就深入推进供给侧结构性改革强调,"扩大有效供给和中高端供给,补短板、惠民生,加快发展新技术、新产业、新产品,为经济增长培育新动力。"对民航业来说,培育新动能,需要找准民航业的核心竞争力,那就是航班正常、服务提升。一段时间里,航班延误、服务不够完善等问题,削弱了这一核心竞争力。2018年,民航力保航班正常率,同比提高8.46个百分点。"航班正常率提高之后,客流量也上来了,我们的机组人员也能按时下班回家了。"一位业内人士的话,道出了一个事实:以高质量发展提供更加贴合旅客需求的航空产品,才能赢得市场,获取最大公约数。

技术进步、服务升级,正在让旅客获得更舒适便捷的出行体验。如今,航班动态信息多方式实时推送基本实现,32家千万级机场实现国内航班旅客登机全流程电子化,国内机场全年"无纸化"乘机的旅客达2.25亿人次,大多数机场候机楼餐饮价格已与市区同级价格水平保持一致……一系列看得见摸得着的举措,较好地解决需求旺盛和保障能力不足的主要矛盾。另一方面,更好把握旅客结构和出行习惯的变化,拥抱新的技术应用,为民航市场带来新动能。随着智能化的发展,能不能通过全流程电子化、自助式服务等,让旅客像乘坐公共汽车一样实现登机?据了解,2019年民航"无纸化"服务将提质升级,同时也将鼓励人脸识别、自助值机、自助托运，探索人工智能、生物特征识别，推广旅客"差异化安检"和"诚信安检"试点经验等，着力打造以"平安、绿色、智慧、人文"为特征的未来机场体系。

从必须拿着单位介绍信才能买机票，到只需出示身份证，再到现在"刷脸"登机，人们乘坐飞机方式的变化，折射出中国民用航空的飞速发展。未来通过技术进步、管理创新、结构优化带来全要素生产率提高，不断加大民航供给侧结构性改革力度，我们就能让更多乘客拥抱蓝天、享受旅程。

（2019 年 01 月 18 日）

激浊扬清,让干部敢担当有作为

李浩燃

恶意举报的危害绝不容小觑,亟待通过更及时的干预、更有力的举措,还受诬干部以清白,让诬告者受到严肃惩处

对纪检监察机关来说,有问题的干部绝不能放过,没有问题的干部也不能耽误;严肃查处违法违纪问题是担当,及时澄清正名也是担当

"让我放下了思想包袱、消除了思想顾虑,让我倍感组织的力量、倍感关怀和温暖。"真诚的感怀,刻印着对组织的信任

最近,有两条消息引发关注。一则是,新疆维吾尔自治区纪委监委通报 5 起恶意举报典型案例,不仅为受到不实举报的干部澄清正名,还依纪依法严肃处理恶意举报者、点名道姓予以曝光;另一则是,云南省纪委、省监委在红河哈尼族彝族自治州蒙自市召开"不实举报澄清了结反馈会",首次为厅级领导干部澄清正名、消除顾虑。及时的澄清、负责的行动,体现了纪检监察机关履职担当,也激励着广大干部敢担当、有作为。

举报如同一把利剑,对于惩防腐败、维护法纪具有不可替代的作用。事实上,作为党风廉政建设和反腐败斗争重要的基础性工作,信访举报不仅是纪检监察机关获取信息和案件线索的重要来源,也是公众参与党

风廉政建设和反腐败工作的重要形式。党的十八大以来，正因我们着力畅通监督渠道、不断优化举报程序，一大批问题线索得以浮出水面，一系列大案要案得以一查到底，激发了强有力的威慑效应，推动反腐败斗争形成压倒性胜利。

然而，举报不等于诬告，反映问题不等于恶意构陷。现实中，诬告陷害、恶意举报等行为并不鲜见。或是囿于一己之私，或是出于报复心理，或是有意"把水搅浑"，一些人利用举报做文章，别有用心散布政治谣言，添油加醋编造虚假情节，在别人背后"打黑枪""使绊子"。更有甚者，干脆直接捏造事实、伪造材料，极尽恣意抹黑之能事，黑白颠倒、罔顾是非。类似行为，不仅占用了信访举报资源，增加了纪检监察机关的甄别、调查成本，更污染了政治生态、败坏了官场风气，让好干部蒙冤受屈、名誉受损，极大损害了干部队伍干事创业的积极性。正因如此，恶意举报的危害绝不容小觑，亟待通过更及时的干预、更有力的举措，还受诬干部以清白，让诬告者受到严肃惩处。

应当看到，相较于调查真相、辟谣澄清，恶意举报的成本往往很低。举报者写一封告状信，即可"花上八毛钱，折腾你一年"。虽说身正不怕影子斜，但承受着纪委监委调查、他人指指点点，心理素质再好的干部也难免会消解闯劲和锐气。特别是在少数地方，有的领导习惯于对类似情况"冷处理"、息事宁人，反倒助长了恶意举报者的不良倾向。长此以往，只会强化"逆向激励"。

其实，对于诬告陷害行为，刑法、监察法都作出了相应处理规定。而细览党内法规，《关于新形势下党内政治生活的若干准则》明确指出，"对受到诽谤、诬告、严重失实举报的党员，党组织要及时为其澄清和正名"；新修订的《中国共产党纪律处分条例》，也补充完善了针对"政治品行恶劣，匿名诬告，有意陷害或者制造其他谣言"行为的处分规定。这些都要求我们，既要让别有用心者付出代价，也要及时为干部澄清正名。

权力监督的目的是保证公权力正确行使，更好促进干部履职尽责、干事创业。习近平总书记强调，"注意保护那些敢于负责、敢于担当作为的干部，对那些受到诬告陷害的干部要及时予以澄清，形成激浊扬清、干事创业的良好政治生态"。对纪检监察机关来说，有问题的干部绝不能放过，没有问题的干部也不能耽误；严肃查处违法违纪问题是担当，及时澄清正名也是担当。要善于营造干事创业的氛围，及时为受到污蔑陷害的党员干部"撑腰"，为他们澄清正名、消除负面影响，让他们消除顾虑、轻装上阵。严管与厚爱相结合，才能更好激励广大干部在新时代敢于负责、勇于担当、善于作为。

"让我放下了思想包袱、消除了思想顾虑，让我倍感组织的力量、倍感关怀和温暖。"面对恶意举报，在纪委监委迅速查清事实、澄清了结之后，一名领导干部如此感慨。真诚的感怀，刻印着对组织的信任。扶正祛邪、激浊扬清，树立为担当者担当的鲜明导向，好干部自会免于困扰、奋力追梦，凝聚干事创业的强大正能量。

（2019年01月17日）

反腐没有休止符,重整行装再出发

陈　凌

以"反腐败斗争取得压倒性胜利"这一重大成果证明了自我监督是可能的,更以自我净化、自我完善、自我革新、自我提高的不懈努力,不断焕发更加强大的生机活力

"在全面从严治党这个问题上,我们不能有差不多了、该松口气、歇歇脚的想法,不能有打好一仗就一劳永逸的想法,不能有初见成效就见好就收的想法。"

"以党的政治建设为统领,坚决破除形式主义、官僚主义""有力削减存量、有效遏制增量,巩固发展反腐败斗争压倒性胜利""持续整治群众身边腐败和作风问题"……1月13日,备受关注的十九届中央纪委三次全会发布会议公报。一以贯之的刀刃向内,直面问题的工作部署,彰显了党要管党、从严治党的坚定决心,体现了"开弓没有回头箭"的鲜明态度,有力驳斥了各种杂音噪音。正如网友所言,"哪有什么'见好就收',哪来什么'反腐拐点'""反腐斗争永远在路上,正风肃纪只有进行时"。

这些天,一部名为《红色通缉》的纪实专题片引发热议。从号称"死都要死在美国"的"百名红通人员"头号嫌犯杨秀珠,到"狡兔十三窟"的"百名红通人员"第三号乔建军,再到从非洲被抓捕回国的"百名红

通人员"第一人钱增德,一名又一名归案的外逃人员,一个又一个"有逃必追、一追到底"的真实情节,生动注解了"管党治党不放松、正风肃纪不停步、反腐惩恶不手软"。环顾世界,没有哪个国家,像中国一样,以如此大的力度向腐败宣战;也没有哪个政党,像中国共产党一样,取得如此大的反腐成效。有外媒评价,中国的反腐成绩,是"足以同在中国这样一个世界上人口最多的国家解决温饱问题、极大消除贫困相提并论的一个巨大贡献"。

中国不断拿出的"反腐成绩单",让外界越来越关注:这个拥有8900多万名党员的世界第一大党,保持肌体健康、实现自我净化的密码在哪里?这个成立迄今已逾97年的政党,充满生机的秘诀是什么?答案就在习近平总书记在十九届中央纪委三次全会上的深刻总结中:必须坚决维护党中央权威和集中统一领导,确保全党步调一致、行动统一;必须坚持治国必先治党、治党务必从严,确保党成为中国特色社会主义事业的中流砥柱;必须坚持以人民为中心,确保立党为公、执政为民;必须坚持改革创新、艰苦奋斗作风,确保党始终走在时代前列;必须坚决同消极腐败现象作斗争,确保党永葆清正廉洁的政治本色。中国共产党人不仅以"反腐败斗争取得压倒性胜利"这一重大成果证明了自我监督是可能的,更以自我净化、自我完善、自我革新、自我提高的不懈努力,不断焕发更加强大的生机活力。

深刻的总结,既是肯定,也是鞭策。反腐败斗争已经取得压倒性胜利,但对形势的严峻性和复杂性一点也不能低估。正如一位基层干部在谈及对反腐败斗争的理解时说道:"正风反腐永远没有'潮落'时,只能'一浪赶一浪'。"没有"潮落"时,一方面是因为,我们党全面领导、长期执政,党员、干部时刻面临被"围猎"、被腐蚀的危险;另一方面也是由于,正风反腐还面临许多新挑战、新问题。正因此,习近平总书记在会上明确提出6项任务;也正因此,习近平总书记在党的十九大期间以"三个不能有"告诫全党:"在全面从严治党这个问题上,我们不能有差不多了,该松口气、歇歇脚的想法,不能有打好一仗就一劳永逸的想法,不能有初见成效就见好就收的想法。"

千锤百炼,淬火成钢。重整行装再出发,始终保持决心不变、力度不减、焦点不移，以"越是艰险越向前"的英雄气概和"狭路相逢勇者胜"的斗争精神狠抓反腐倡廉，我们就能永远保持风清气正、海晏河清。

（2019年01月16日）

从严治党，下好"先手棋"

彭 飞

制度治党、依规治党不可能"松劲""歇脚"，而是永远在路上

正因为实事求是、聚焦问题，制度和规范才能焕发出长久的活力

让制度"长牙"，让纪律"带电"，才能真正发挥党内法规的作用

过去一年，党中央以制定出台基础主干党内法规为牵引，加紧推进"立柱架梁"工作，全年共印发中央党内法规74部，朝着"到建党100周年时，形成比较完善的党内法规制度体系"的目标又迈出坚实一步。

国有国法，党有党规，国因法而治，党因规而强。党的十八大以来，以习近平同志为核心的党中央坚持"思想建党和制度治党同向发力"，举全党之力、集全党之智，全方位推进党内法规制度体系建设，取得了历史性成就。2018年2月，《中央党内法规制定工作第二个五年规划（2018—2022年）》印发，为今后一个时期的党内法规建设列出时间表、画出路线图。"二五规划"起步之年，就有74部高质量党内法规密集印发，释放出一个强烈信号：制度治党、依规治党不可能"松劲""歇脚"，而是永远在路上。

评论员观察

法学家认为：制度之治是最理想的治理模式，规则文明是最先进的文明形态。对于中国共产党这样一个拥有8900多万党员的执政党来说，通过党内法规实现自我管理、凝聚共识、激发力量，尤为必要。党的十八大以来，党内法规制定工作推进力度之大、质量之高前所未有。共制定修订140多部法规，约占现行有效中央党内法规的60%。笼子越扎越牢、网络越织越密，全面从严治党的制度化、规范化、程序化水平得到显著提高。

制度建设不能头痛医头、脚痛医脚，党内法规也不是单纯以量取胜。正如习近平总书记所指出的："制度不在多，而在于精，在于务实管用，突出针对性和指导性。"针对督查检查考核中存在的名目繁多、频率过高、多头重复、重留痕轻实绩等问题，中央印发《关于统筹规范督查检查考核工作的通知》；针对一些基层党员干部不敢担当、不愿作为问题，中央印发《关于进一步激励广大干部新时代新担当新作为的意见》；针对一些基层党组织软弱涣散问题，中央印发《中国共产党支部工作条例（试行）》……实事求是地聚焦问题，制度和规范才能焕发出长久的活力。

好的制度必须抓好认真执行。2012年12月，八项规定出台，这是党的十八大召开以后制定的第一部重要党内法规。规定出台后不久，人们发现，调研更接地气了、公务接待更规范了、开会更务实了，党风政风为之一新，党心民心为之一振。通过严格执行，让制度"长牙"，让纪律"带电"，才能真正发挥党内法规的作用。

在河北省沧州市人民检察院，每名党员每个月需要完成至少8小时学习任务，学习内容主要是党内法规和重要文献。在基层，像这样鼓励党员干部学习党内法规的例子有不少。"了解党规党纪，其实是对我们党员干部的一种保护，另一方面，也是为了让党内法规背后的价值理念真正入脑入心"，基层干部讲得朴实，道理却很深刻。任何制度规范，要想真正落地、发挥实效，最终离不开相应的文化氛围和主动意识。在这个意义上，我们的党内法规建设还要一步一个脚印，持续、深入地走下去。

（2019年01月14日）

在复兴征程上聆听"历史回声"

石 羚

实现改革开放以来的伟大飞跃,今日之中国愈发迫切地需要回答我们是谁、我们从何处来的问题

历史承载了一个民族的共同记忆、一种文化的价值追求以及一个国家对未来的研判能力

我们需要"书上"的历史,也需要"地下"的历史。我们需要民族的根脉,也需要世界的眼光

历史有什么用?不断有人这么问道。事实上,我们身处的社会、服膺的规则、使用的物件,无一不是历史的馈赠;我们的知识世界、道德律令、思维方式,也都是一辈辈人心口相传的结果。从效法尧舜禹汤到自比管仲乐毅,从"斯是陋室,惟吾德馨"的人生旨趣到"位卑未敢忘忧国"的国家使命,一面面历史之镜越千古而弥新。个人未必能通古今之变,但研读历史并与人生相互印证,会成就"无用之大用"。

知古鉴今可资政育人,回眸历史可拥抱未来。"立时代之潮头,通古今之变化,发思想之先声""加快构建中国特色历史学学科体系、学术体系、话语体系""推出一批有思想穿透力的精品力作,培养一批学贯中西的历史学家"……在中国社会科学院中国历史研究院成立之际,习近平总书记致信祝贺并勉励广大历史研究工作者。奋进新时代,我们更加需

评论员观察

要系统研究中国历史和文化，更加需要深刻把握人类发展历史规律，在对历史的深入思考中汲取智慧、走向未来。

"历史是最好的教科书，也是最好的清醒剂"。一切历史都是当代史，那些收藏在禁宫里的文物、陈列在广阔大地上的遗产、书写在古籍里的文字，都不只是关乎过去，而是构成了绵延至今的共同记忆与历史传承，与我们前后相续的奋斗息息相关。早在2014年，习近平主席就在布鲁日欧洲学院的演讲中指出，"中华民族5000多年文明史，中国人民近代以来170多年斗争史，中国共产党90多年奋斗史，中华人民共和国60多年发展史，改革开放30多年探索史，这些历史一脉相承，不可割裂。"从历经近代西方文明的强烈冲击，到实现改革开放以来的伟大飞跃，今日之中国愈发迫切地需要回答我们是谁、我们从何处来的问题。历史承载了一个民族的共同记忆、一种文化的价值追求以及一个国家对未来的研判能力。

有网友提醒：历史很"热"、历史学莫"凉"。的确，在刚刚过去的2018年，一批古装戏激起了街谈巷议的热情，《如果国宝会说话》等纪录片成为爆款，故宫开发的文创产品频频卖断货。但历史不止京剧、瓷器等符号，还有数百种地方戏、千万件文物；历史不只需要碎片化知识，更需要一以贯之的脉络体系；历史不仅要有生动的普及本，更需要有严肃的大部头。历史与现实间的窗户纸并非一捅就破，而这正是历史研究者皓首穷经的价值之所在。一个民族的史观，更需要在一次次澄清、辨伪的过程中得以明晰。"让历史说话，用史实发言"，研究者理应担纲历史的代言人。

2000多年前，《左传》《史记》与《战国策》分别为编年体、纪传体和国别体的历史书写提供了最初的范本。站在21世纪，我们又该如何书写历史？我们需要"书上"的历史，也需要"地下"的历史。因为二里头和殷墟里，矗立着一个需要我们去追寻的华夏。我们需要民族的根脉，也需要世界的眼光。因为中国的发展离不开世界，从西洋史到外国史再到全球史，学科名称的变化本身就映照出中国人认识世界、融入世界的努力。考古如同勾稽蛛丝马迹的侦探，世界史如同翻译，多种力量相互碰撞，我们将带着历史的智慧走入未来的通道。

每一次回望都是精神的洗礼，也应成为理性的奠基。70 年前，中华人民共和国宣告成立，开启了历史的新篇章。总结历史经验，揭示历史规律，把握历史趋势，我们才能听清历史的悠远回声，激荡出复兴的民族强音。

（2019 年 01 月 10 日）

保持"同困难斗争"的精气神

李 拯

> 世界面临百年未有之大变局，只有发扬斗争精神，既敢于斗争，又善于斗争，不在困难面前低头、不在挑战面前退缩，才能化危为机、转危为安
>
> 今天提倡保持斗争精神、增强斗争本领，是指不能丢失那种敢于直面矛盾、敢于较真碰硬、敢于尽责尽力、敢于善作善成的精神状态，那种迎难而上、攻坚克难、逢山开路、遇水架桥的实际行动

经济社会发展中，常常会遇到这样的选择题：面对复杂严峻的外部环境，是直面风险挑战还是抱持逃避现实的"鸵鸟心态"？面对改革发展中的问题，是敢于担当还是遇到矛盾绕着走？这些问题，考验着党员领导干部的责任担当和能力水平。

正因如此，习近平总书记在中共中央政治局民主生活会上着重强调，"必须让我们的干部特别是领导干部经风雨、见世面、长才干、壮筋骨，保持斗争精神、增强斗争本领"。前进道路上，不可能一帆风顺、一马平川，各种斗争不可避免，我们必须做好进行具有许多新的历史特点的伟大斗争的充分准备。正所谓，"宝剑锋从磨砺出，梅花香自苦寒来"。当前，世界面临百年未有之大变局，变局中危和机同生并存，我们只有发扬斗

争精神，既敢于斗争，又善于斗争，不在困难面前低头、不在挑战面前退缩，才能化危为机、转危为安，推动中国号航船劈波斩浪、行稳致远。

党的十八大以来，正因为"坚持以零容忍态度惩治腐败"，坚持同党内腐败和作风问题作斗争，才取得了反腐败斗争的压倒性胜利；正因为"众志成城实现脱贫攻坚目标"，坚持同贫困落后作斗争，才让中国的扶贫事业成为世界各国的学习对象；正因为"像保护眼睛一样保护生态环境"，坚持同环境污染作斗争，才让绿色发展的理念成为社会共识。这些年之所以"解决了许多长期想解决而没有解决的难题，办成了许多过去想办而没有办成的大事"，一个重要原因就是既有敢于斗争的勇气，又有善于斗争的本领，进而化作攻坚克难、除弊纠顽的力量，孕育推陈出新、革故鼎新的智慧。

可见，今天提倡保持斗争精神、增强斗争本领，是指不能丢失那种敢于直面矛盾、敢于较真碰硬、敢于尽责尽力、敢于善作善成的精神状态，那种迎难而上、攻坚克难、逢山开路、遇水架桥的实际行动。如今，推进改革的复杂程度、敏感程度、艰巨程度不亚于40年前。我们现在所处的，是一个船到中流浪更急、人到半山路更陡的时候，是一个愈进愈难、愈进愈险而又不进则退、非进不可的时候。风云变幻，最需要的是战略定力；竞争激烈，最重要的是急流勇进；迎接挑战，最根本的是改革创新。我们骨头要硬，不能胆怯、不当逃兵，保持那种知难而进、逆流而上的气概，那种遇强更强、愈挫愈勇的坚韧，勇立潮头、奋勇搏击，才能应对重大挑战、抵御重大风险、克服重大阻力、解决重大矛盾。

伟大梦想不是等得来、喊得来的，而是拼出来、干出来的。保持斗争精神，不是毫无章法的莽撞蛮干，不是不讲规则的东一榔头、西一棒槌，更不是无视规律的乱作为。这就需要增强斗争本领，科学预见形势发展的未来走势、蕴藏其中的机遇和挑战、有利因素和不利因素，透过现象看本质，牢牢掌握斗争主动权。比如说，如何在确保稳定的前提下更好激发微观主体活力？如何在应对经济下行压力的同时实现发展方式转变？如何更好兼顾经济发展与环境保护、做大蛋糕与分好蛋糕？解答好这些没有现成答案的课题，尤其需要增强斗争本领，把干部放到重大斗争一线去真枪真刀磨砺，强弱项、补短板，学真本领，练真功夫。

"江河之所以能冲开绝壁夺隘而出,是因其积聚了千里奔涌、万壑归流的洪荒伟力。"新时代是奋斗者的时代。保持"同困难斗争"的精气神,焕发一往无前的斗争精神,我们将克服新长征路上的"娄山关""腊子口",为实现中华民族伟大复兴提供磅礴力量。

（2019年01月08日）